Soziale Bewegung und politische Em

Prof. Dr. Peter Brandt · * 4. Oktc

Peter Brandt

Soziale Bewegung und politische Emanzipation

Studien zur Geschichte der Arbeiterbewegung und des Sozialismus

Zum 60. Geburtstag von Peter Brandt
herausgegeben von Wolfgang Kruse,
Eva Ochs und Arthur Schlegelmilch

Bibliografische Information der Deutschen Bibliothek

Die Deutsche Bibliothek verzeichnet
diese Publikation in der Deutschen Nationalbibliografie;
detaillierte bibliografische Daten sind im Internet
unter *http://dnb/ddb.de* abrufbar.

ISBN 978-3-8012-4184-1
ISSN 0941-7621

© 2008 by
Verlag J. H. W. Dietz Nachf. GmbH
Dreizehnmorgenweg 24, 53175 Bonn
Reihengestaltung: Just in Print, Bonn · Kempken DTP-Service, Marburg
Umschlagfoto: Agitationsgruppe »Eiserne Front«
[Internationales Institut für Sozialgeschichte (IISG), Amsterdam]
Frontispiz: © Bianca Wölki, Westfalenpost
Satz: Kempken DTP-Service (Büro für Satztechnik), Marburg
Druck und Verarbeitung: fgb – freiburger graphische betriebe GmbH & Co. KG, Freiburg/Br.
Alle Rechte vorbehalten
Printed in Germany 2008

Besuchen Sie uns im Internet: *www.dietz-verlag.de*

Inhaltsverzeichnis

Vorwort 7

I **Die revolutionäre Periode 1917–1920**
    1 Der Charakter der Novemberrevolution – Die stalinistische
        Geschichtsschreibung zwischen Dogmatismus und Revisionismus [1971] .. 15
    2 Deutschland 1918/19 – Revolution und Konterrevolution [1979] 43
    3 Der Platz der Revolution von 1918/19 in der deutschen Geschichte [1994] . 59
    4 Der Kapp-Putsch und die Aufstandsbewegung im Ruhrgebiet –
        Die Ereignisse des Frühjahrs 1920 in ihrem allgemeineren
        historischen Zusammenhang [1997] 75

II **Der Antifaschismus und die Auseinandersetzung
    mit dem Nationalsozialismus**
    5 Einheitsfront und Volksfront in Deutschland [1976] 95
    6 Die Kampfgemeinschaft gegen den Faschismus (KGF) in Bremen [1976] . 139
    7 Die Antifaschistischen Ausschüsse [1985] 163
    8 Antifaschismus in Deutschland –
        Eine historisch-politische Bestandsaufnahme [1985] 171
    9 Die deutsche Linke, die Arbeiterklasse und die nationalsozialistische
        »Volksgemeinschaft« in der Kriegs- und frühen Nachkriegszeit [1989] ... 209

III **Die Neuordnung nach 1945**
    10 Betriebsräte, Neuordnungsdiskussionen und
         betriebliche Mitbestimmung 1945–1948 – Das Beispiel Bremen [1984] ... 237
    11 Die Arbeiterbewegung – Deutsche Nachkriegskonzeptionen
         und ihre Perspektiven unter alliierter Besatzung [1985] 295
    12 Demokratischer Sozialismus – Deutsche Einheit –
         Europäische Friedensordnung – Kurt Schumacher in der
         deutschen Nachkriegspolitik (1945–1952) [1995] 307
    13 Stunde Null? Die Hagener Arbeiterbewegung nach 1945 [2007] 325

IV **Die deutsche Arbeiterbewegung und die nationale Frage**
    14 Von der Nachrüstungsdebatte zur deutschen Einigung (1976–1990) [1992] 339
    15 Deutschlandpolitische Optionen im linken Spektrum
         zwischen Grundlagenvertrag und Wende [1998] 373
    16 Vaterlandslose Gesellen? –
         Die Haltung der deutschen Sozialdemokratie zur nationalen Frage
         seit der Herausbildung der Partei im 19. Jahrhundert [2001] 385

V   **Die deutsche Arbeiterbewegung und die politische Linke im internationalen Kontext**
    17 Leo Bauer und der Beginn der Kontakte zwischen der SPD
        und der PCI in den 1960er Jahren [1983] 403
    18 Die kommunistische Konzeption der »Volksfront« in der Geschichte
        der Arbeiterbewegung [1987] 425
    19 Der Erste Weltkrieg und die europäische Arbeiterbewegung [1996] 437
    20 Die Arbeiterbewegung des 19. und 20. Jahrhunderts.
        Entwicklung – Wirkung – Perspektive [2002] 457
    21 Der Vorhang hält [2007] 473
    22 Vom Antikapitalismus zur Krisenpolitik.
        Die nordeuropäische Arbeiterbewegung in der Zwischenkriegszeit [2008]   477
    23 »1968« – eine radikale Demokratisierungsbewegung [2008] 509

Abkürzungsverzeichnis 539

Drucknachweis 543

Die Herausgeberin und die Herausgeber 544

Vorwort

Die Geschichte der Arbeiterbewegung und des Sozialismus nimmt einen zentralen Stellenwert im wissenschaftlichen Werk des Historikers Peter Brandt ein. Auch wenn sich der kleine Peter noch bevorzugt für Rittergeschichten und deutsche Heldensagen interessiert hatte, wurden die Weichen dafür schon früh gestellt. Als er 1968 sein Studium an der Freien Universität aufnahm, brauchte er nicht mehr für die neue Linke politisiert zu werden, wie man damals sagte. Zu diesem Zeitpunkt war Peter Brandt schon längst in den traditionellen Organisationsformen und Ideenwelten der Arbeiterbewegung verankert, keineswegs nur durch seine familiäre Herkunft. Vielmehr war er ein Aktivist der Sozialistischen Jugend Deutschlands, »Die Falken«, und bald auch der in ihrem Berliner Umfeld besonders engagierten trotzkistischen Zirkel.

So war es kein Wunder, dass Peter Brandt auch sein geschichtswissenschaftliches Interesse früh auf die Arbeiterbewegung und den Sozialismus richtete, deren Erforschung gerade in dieser Zeit in das Zentrum der sich entwickelnden Sozialgeschichtsschreibung rückte. Sein wissenschaftliches Werk ist damit allerdings, darauf soll hier nur kurz hingewiesen werden, nicht hinreichend charakterisiert. Zur großen Berliner Preußen-Ausstellung 1981 hat er eine Darstellung in Quellen über die Sozialgeschichte Preußens geschrieben.[1] Für seine Habilitation wollte er ursprünglich über die Inflationsgesellschaft der frühen Weimarer Republik arbeiten, doch wurde dies durch die Autoritäten der DDR verhindert, die dem undogmatischen, auch deutschlandpolitisch aktiven und Kontakt zu Bürgerrechtlern suchenden Linken die Forschung in ihren Archiven untersagten. Stattdessen hat sich Peter Brandt mit den Burschenschaften des frühen 19. Jahrhunderts ein ganz neues Forschungsfeld erschlossen, das für ihn besonders wegen der hier feststellbaren nationaldemokratischen Traditionen von Interesse war.[2] Sein aktueller Forschungsschwerpunkt liegt in der vergleichenden europäischen Verfassungsgeschichte, vor allem als Leiter des interdisziplinären »Instituts für europäische Verfassungswissenschaften« der FernUniversität in Hagen und als Mitherausgeber eines mehrbändigen »Handbuchs der europäischen Verfassungsge-

---

1 Peter Brandt, Preußen – Zur Sozialgeschichte eines Staates, Reinbek b. Hamburg 1981 (Preußen – Eine Bilanz, Bd. 3).
2 Peter Brandt, Studentische Lebensreform und Nationalismus. Vor- und Frühgeschichte der Deutschen Burschenschaft (1771–1819/23), Habilitationsschrift TU Berlin 1987. Diese Arbeit ist bisher leider unveröffentlicht geblieben. Wesentliche Ergebnisse sind zusammengefasst in Peter Brandt, Von der Urburschenschaft bis zum Progreß, In: Harm-Hinrich Brandt/Matthias Stickler (Hg.), »Der Burschen Herrlichkeit«. Geschichte und Gegenwart des studentischen Korporationswesens, Würzburg 1998, S. 35-53.

schichte« mit CD-ROM-Quellenedition, dessen zweiter Band im kommenden Jahr erscheinen wird.³

Trotz dieser Ausweitung seiner Arbeitsschwerpunkte hat sich Peter Brandt, anders als der *mainstream* der Sozialgeschichtsschreibung, nie von der Geschichte der Arbeiterbewegung und des Sozialismus abgewendet – auch weil er hier weiterhin politisch verankert ist, sich inzwischen in der Sozialdemokratie engagiert und, etwa als Vertrauensdozent, die Gewerkschaftsbewegung unterstützt. Ausgewählte Beiträge dazu, die von den 1970er-Jahren bis in die unmittelbare Gegenwart entstanden sind, möchten wir hier aus Anlass seines 60. Geburtstag in gebündelter Form herausgeben. Als Gliederungsprinzip haben wir uns für eine thematische Einteilung entschieden, die teilweise auch die chronologische Abfolge der thematischen Schwerpunkte einbezieht. Um die Entwicklungslinien von Peter Brandts Beschäftigung mit der Geschichte der Arbeiterbewegung und des Sozialismus deutlich zu machen, sind die Beiträge innerhalb der jeweiligen Gliederungspunkte chronologisch nach ihrem Erscheinungsdatum angeordnet. Bei der Auswahl haben wir zugleich darauf geachtet, die vielfältigen Textformen angemessen zu berücksichtigen, die Peter Brandt für die Publikation seiner geschichtswissenschaftlichen, dabei mal im engeren, mal im weiteren Sinne immer auch politisch motivierten Beiträge gewählt hat: Sie reichen von klassischen fachwissenschaftlichen Beiträgen in Zeitschriften oder Sammelbänden über eher populärwissenschaftliche Darstellungsformen bis hin zum Artikel in einer Tageszeitung. Inhaltlich sind die Texte generell unverändert geblieben, auch die originale Zitierweise wurde beibehalten.

Die thematischen Schwerpunkte und die ausgewählten Beiträge möchten wir im Folgenden kurz vorstellen.

Am Anfang steht die revolutionäre Periode der Jahre 1917–1920, mit der sich Peter Brandt vor allem bei der 1980 gemeinsam mit seinem Mentor Reinhard Rürup veröffentlichten Edition von Quellen zur Geschichte der Rätebewegung in Baden beschäftigt hat; die erweiterte Einleitung dazu ist 1991 noch einmal als selbstständige Buchpublikation erschienen.⁴ Für den vorliegenden Band wurden einige andere, als Aufsatz erschienene Publikationen ausgewählt, die sich in unterschiedlicher Weise auf die Gesamtdeutung der Novemberrevolution und ihrer gesellschaftspolitischen Zusammenhänge beziehen. Es handelt sich dabei zuerst um eine schon 1971 in engerem Zusammenhang mit Peter Brandts trotzkistischer Orientierung erschienene Auseinandersetzung mit der SED-offiziellen Deutung der deutschen Revolution. Darauf fol-

---

3   Bisher erschienen: Peter Brandt/Martin Kirsch/Arthur Schlegelmilch (Hg.), Handbuch der europäischen Verfassungsgeschichte im 19. Jahrhundert. Institutionen und Rechtspraxis im gesellschaftlichen Wandel. Bd. 1: Um 1800, Bonn 2006.
4   Peter Brandt/Reinhard Rürup (Bearb.), Arbeiter-, Soldaten- und Volksräte in Baden 1918/19, 1980 [Quellen zur Geschichte der Rätebewegung in Deutschland, Bd. 3]; Peter Brandt/Reinhard Rürup, Volksbewegung und demokratische Neuordnung in Baden 1918/19. Zur Vorgeschichte und Geschichte der Revolution, Sigmaringen 1991.

gen ein acht Jahre später veröffentlichter, populärwissenschaftlich motivierter Versuch, die deutsche Politik der Jahre 1918/19 im Spannungsfeld von Revolution und Konterrevolution zu erklären, und – weitere 15 Jahre später – ein Beitrag, der den Ort dieser Revolution in der deutschen Geschichte zu bestimmen versucht. Am Ende steht ein Vortrag aus dem Jahre 1995, der nicht zuletzt zeigt, wie sehr Peter Brandt immer wieder bereit gewesen ist, auch in seinem Hagener Umfeld politisch-historisch tätig zu werden. Für eine Aufarbeitung des Hagener Geschichtsvereins über das Denkmal der Hagener »Märzgefallenen« von 1920 hat er eine allgemeine Abhandlung über den Kapp-Putsch und die aus dem folgenden Generalstreik hervorgegangene Aufstandsbewegung verfasst, die vor allem im Ruhrgebiet zu bürgerkriegsartigen Kämpfen mit vielen Opfern geführt hatte.

Das zweite Schwerpunktthema ist die Auseinandersetzung der deutschen Arbeiterbewegung mit dem Nationalsozialismus. Dabei geht es im ersten, bereits Mitte der 1970er-Jahre verfassten Beitrag um die Projekte »Einheitsfront« und »Volksfront«. Es folgen zwei Beiträge, die aus Peter Brandts Dissertation über Antifaschismus und Arbeiterbewegung 1945/46 in Bremen hervorgegangen sind.[5] Der erste Aufsatz fasst die wissenschaftlichen Ergebnisse seiner Forschungen über die Bremer »Kampfgemeinschaft gegen den Faschismus« (KGF) zusammen, der zweite ordnet sie in den größeren Zusammenhang der antifaschistischen Ausschüsse des Jahres 1945 ein. Der folgende, Mitte der 1980er-Jahre für ein größeres Publikum geschriebene Beitrag begreift den Antifaschismus als ein historisch übergreifendes, bis in die damalige Gegenwart reichendes politisches Projekt. Abgeschlossen wird dieses Kapitel durch einen Aufsatz, der das Spannungsverhältnis zwischen der politischen Linken, der Arbeiterklasse und der NS-Volksgemeinschaft in der Kriegs- und frühen Nachkriegszeit auslotet.

Im dritten Teil geht es um den Beitrag der Arbeiterbewegung zur politischen und gesellschaftlichen Neuordnung nach 1945. Der erste Beitrag schließt wiederum an die Dissertation an, erweitert die Perspektive aber von den Antifa-Ausschüssen auf die frühen Betriebsräte und die politisch-gesellschaftlichen Auseinadersetzungen über die betriebliche Mitbestimmung. Es folgen drei Vorträge. Zuerst handelt es sich um einen im Journal für Geschichte veröffentlichten Vortrag über die allgemeinpolitischen Nachkriegskonzeptionen der sozialistischen Arbeiterbewegung, der auf der ersten, von Lutz Niethammer 1984 in Hagen organisierten Konferenz deutscher Zeithistoriker aus beiden deutschen Staaten gehalten wurde. Es folgt ein Vortrag über die Neuordnungsvorstellungen des ersten Vorsitzenden der SPD nach dem Ende der NS-Herrschaft, Kurt Schumacher, den Peter Brandt im Gesprächskreis Geschichte der Friedrich-Ebert-Stiftung gehalten hat. Der abschließende Beitrag dokumentiert erneut sein Engagement im Hagener Umfeld. Es handelt sich um einen bisher unveröffentlichten Vortrag über die Hagener Arbeiterbewegung in der frühen Nachkriegszeit.

---

5   Peter Brandt, Antifaschismus und Arbeiterbewegung. Aufbau, Ausprägung, Politik in Bremen 1945/46, Hamburg 1973 (zugleich Phil. Diss. FU Berlin 1973).

Die positive Bedeutung der nationalen Frage gerade auch für die lange als »vaterlandslose Gesellen« beschimpften Sozialdemokraten hat Peter Brandt bereits in den Zeiten betont, als große Teile der politischen Linken sich in der Bundesrepublik eher um den Abschied vom Nationalstaat bemühten und auf dem Weg waren, die deutsche Teilung zu akzeptieren. Seine gegen den damaligen Zeitgeist gerichteten Anstöße wollen wir hier nicht dokumentieren, weil sie schon in einem eigenen Sammelband zusammengefasst worden sind.[6] Stattdessen geht es vor allem um Peter Brandts rückblickende, nach der Wende veröffentlichte Analysen der deutschlandpolitischen Vorstellungen und Projekte seit den 1970er-Jahren in der SPD einerseits[7], im weiteren Spektrum der politischen Linken andererseits. Ergänzt wird dieser Teil durch einen bisher unveröffentlichten Vortrag aus dem Jahre 2001, der die Haltung der Sozialdemokratie zur nationalen Frage über das 19. und 20. Jahrhundert verfolgt.

Den Abschluss unserer Auswahl bilden Beiträge zum Themenkomplex deutsche Arbeiterbewegung und politische Linke im internationalen Kontext. Am Anfang steht dabei die Beschäftigung mit einem der vielen Grenzgänger zwischen Sozialdemokratie, Kommunismus und linkssozialistischen Splittergruppen, die die Arbeiterbewegung im 20. Jahrhundert hervorgebracht hat und die nicht zuletzt bei der programmatischen Erneuerung der SPD seit den 1950er-Jahren eine zentrale Rolle gespielt haben – man denke nur an Willy Brandt, Herbert Wehner, Ernst Reuter, Richard Löwenthal, Fritz Erler, Willy Eichler oder Waldemar von Knoeringen. Hier geht es um Leo Bauer, dessen politische Biografie zwischen Kommunismus und Sozialdemokratie Peter Brandt zusammen mit Jörg Schumacher, Götz Schwarzrock und Klaus Sühl erarbeitet hat.[8] Ausgewählt haben wir den von ihm verfassten Beitrag über die von Leo Bauer organisierten Kontakte zwischen der SPD und der eurokommunistisch orientierten Kommunistischen Partei Italiens (PCI) Ende der 1960er-Jahre. Es folgt ein Beitrag, der erneut das Thema Volksfront aufgreift, hier aber die Volksfrontkonzeptionen des internationalen Kommunismus in den Blick nimmt. Anschließend analysiert Peter Brandt in einem Beitrag aus dem Jahre 1996, der aus einem Vortrag an der Ruhr-Universität Bochum hervorgegangen ist, zusammenfassend und vergleichend die Geschichte der europäischen Arbeiterbewegung im Ersten Weltkrieg, bevor er sich in einem 2002 erschienenen Überblick über die letzten 1½ Jahrhunderte mit den Entwicklungen, Wirkungen und Perspektiven der modernen europäischen Arbeiterbewegung insgesamt auseinandersetzt. Bei dem letzten veröffentlichten Beitrag,

---

6   Vgl. Peter Brandt, Schwieriges Vaterland. Deutsche Einheit, Nationales Selbstverständnis, Soziale Emanzipation. Texte von 1980 bis heute, Berlin 2001; ferner vor allem Peter Brandt/Herbert Ammon, Die Linke und die nationale Frage, Reinbek b. Hamburg 1981.
7   Bei diesem Beitrag handelt es sich um ein Kapitel aus der großen, gemeinsam mit Dieter Groh verfassten Überblicksdarstellung: »Vaterlandslose Gesellen«. Sozialdemokratie und Nation 1860–1990, München 1992.
8   Peter Brandt u. a., Karrieren eines Außenseiters. Leo Bauer zwischen Kommunismus und Sozialdemokratie, 1912 bis 1972, Berlin/Bonn 1983.

den wir hier abdrucken, handelt es sich um einen Zeitungsartikel, der sich aus Anlass des 50. Jahrestages in pointierter Weise mit dem ungarischen Aufstand von 1956 befasst.

Am Ende stehen zwei weitere bisher unveröffentlichte Beträge, die wie mehrere andere aus überarbeiteten Vortragsmanuskripten hervorgegangen sind. Sie befassen sich zum einen mit der skandinavischen Arbeiterbewegung und ihrem Beitrag zur Entwicklung des Wohlfahrtsstaates, zum anderen mit der 68er-Revolte, die Peter Brandt aus der doppelten Perspektive des Teilnehmers und des Historikers als eine radikale Demokratisierungsbewegung deutet.

Mit unserem herzlichen Glückwunsch an Peter Brandt verbinden wir zugleich die Hoffnung, durch diese Veröffentlichung Anstöße zur weiteren Erforschung eines nicht nur für ihn wichtigen Themas, der Geschichte der Arbeiterbewegung und des Sozialismus, geben zu können.

Für die Unterstützung bei der Drucklegung danken wir Daniela Leliwa und Thorsten Scheene.

Wolfgang Kruse · Eva Ochs · Arthur Schlegelmilch

Teil I
Die revolutionäre Periode
1917–1920

1 Der Charakter der Novemberrevolution – Die stalinistische Geschichtsschreibung zwischen Dogmatismus und Revisionismus

Von 1955 bis 1958 fand in der DDR eine innerparteiliche Diskussion über den Charakter der deutschen Revolution von 1918 statt. Der Austausch von Argumenten wurde beendet durch die Annahme der Thesen »Die Novemberrevolution 1918 in Deutschland« auf der 2. Tagung des Zentralkomitees der SED am 18./19.9.1958.[1]

Diesem Beschluß zufolge »blieb die Novemberrevolution von 1918 ihrem Charakter nach eine bürgerlich-demokratische Revolution, die in gewissem Umfang mit proletarischen Mitteln und Methoden durchgeführt wurde«.[2] Eine andere Einschätzung tauchte seither in der offiziellen DDR-Literatur nicht mehr auf. Die auf den ersten Blick rein akademisch anmutende Frage wurde durch den prominentesten Verfechter der »Thesen«, Walter Ulbricht, jedoch ausdrücklich in Zusammenhang mit aktuellen politischen Streitpunkten gebracht: »Jene Genossen, die den Charakter der Novemberrevolution falsch einschätzen, sind in Widerspruch gekommen mit der gesamten Politik unserer Partei [...]«[3]. Angesichts der fraktionellen Auseinandersetzungen mit der Schirdewan-Gruppe wendete Ulbricht diese Kritik ins Konkrete: »Es ist sicher kein Zufall, daß Genosse Schirdewan auf dem internationalen Frauenseminar im Januar d. J. in seinem Referat u. a. erklärte, die Novemberrevolution habe einen ›sozialistischen Charakter‹.«[4]

Was mit diesen Vorwürfen gemeint ist, deuten die »Thesen« lediglich an. Ulbricht selbst wies nachdrücklich darauf hin, daß schließlich niemand die Meinung vertreten habe, in *Westdeutschland* stünde heute die sozialistische Revolution auf der Tagesordnung.[5]

In »Imperialismus heute« heißt es dementsprechend: »Zwischen der Herrschaft des staatsmonopolistischen Kapitalismus und der Errichtung der Diktatur des Proletariats für den Übergang zum Sozialismus liegt die Etappe der Erkämpfung, Errich-

---

1 Diese Thesen waren von einer Kommission des Politbüros ausgearbeitet worden. Zusammen mit anderen Beiträgen zur Novemberrevolution erschienen sie in einem Sonderband der *Zeitschrift für Geschichtswissenschaft* (*ZfG*) 1958: zum 40. Jahrestag der Revolution.
2 »Thesen«, *ZfG* Sonderband 1958, S. 21.
3 Walter Ulbricht: Begründung der Thesen zur Novemberrevolution, Referat auf der 2. Tagung des ZK, *ZfG* Sonderband 1958, S. 45.
4 Ebd., S. 30. Die Schirdewan-Gruppe war eine bürokratische Fraktion, die – im Zusammenhang mit der »Liberalisierung« in Polen und Ungarn 1956 – einen weniger scharfen Kurs gegenüber der inneren antistalinistischen Opposition und eine Neuorientierung in der nationalen Frage forderte (vermutlich Konzessionsbereitschaft gegenüber der SPD). Nach der ungarischen Revolution konnte diese Fraktion zerschlagen werden.
5 Vgl. ebd., S. 46.

tung und Entfaltung der gegen den staatsmonopolistischen Kapitalismus gerichteten Demokratie unter der Führung der Arbeiterklasse im Bündnis mit allen demokratischen friedliebenden Kräften [...] Die objektive Situation macht eine solche Etappe nicht nur notwendig, sondern auch möglich. Der Versuch der unmittelbaren Errichtung des Sozialismus wäre unter diesen Bedingungen eine sektiererische Schützenhilfe für die Herrschaft des staatsmonopolistischen Kapitalismus selbst [...]«[6].

Auch die Entwicklung der SBZ/DDR seit 1945 muß als Beweis für diese Linie herhalten. Demnach wurden in den Jahren 1945-48 »die Aufgaben der bürgerlich-demokratischen Revolution unter Führung der Arbeiterklasse und ihrer Partei auf dem Gebiet der Deutschen Demokratischen Republik gelöst«.[7] Es liegt darum auf der Hand, daß eine Auseinandersetzung mit der Interpretation der deutschen Novemberrevolution durch die DDR-Geschichtsschreibung nicht akademisch-historiographischer Natur ist, sondern direkt auf eine eminent politische Streitfrage hinführt – auf den klassenpolitischen Gehalt der revolutionären Aufgaben, die vor den Kommunisten in Westdeutschland stehen; eine Auseinandersetzung also um den Charakter und die Strategie des revolutionären Kampfes in der Bundesrepublik.

In den fünfziger Jahren war eine Minderheit unter den stalinistischen Historikern gegen die Einschätzung der Novemberrevolution als einer bürgerlich-demokratischen aufgetreten. Roland Bauer, dessen Aufsatz am qualifiziertesten die Position dieser Historiker darlegt, schlug stattdessen folgende Interpretation vor: »Die Novemberrevolution war [...] ihrem Charakter nach eine über die ersten Anfänge nicht hinausgekommene, niedergeschlagene proletarische Revolution.«[8]

Von dieser Richtung wurde nun ebenfalls eine politische Parallele aufgezeigt, welche die Mehrheitsposition in etwas zweifelhafte Gesellschaft brachte. Schreiner und Bauer wiesen darauf hin, daß seit den Novembertagen des Jahres 1918 ein beliebtes und vielzitiertes Argument der Sozialdemokratie für die Unmöglichkeit einer sozialistischen Umwälzung eben im Hinweis auf den angeblich demokratischen Charakter der Revolution bestanden hatte. In der Tat bewegte sich die offizielle DDR-Historiographie in einem unlösbaren Widerspruch, wenn sie einerseits die SPD und die rechte USPD des Verrats an der Revolution anklagte und andererseits selber die Revolution zu einer bürgerlich-demokratischen erklärte. Die vom ZK vorgenommene Einschätzung müßte konsequenterweise zur Position des »Vorwärts«-Chefredakteurs Stampfer führen: »Die Politik Eberts und seiner Freunde kann richtig oder falsch gewesen sein – ein Verrat an den Grundsätzen der Partei war sie nicht.«[9]

---

6 Imperialismus heute, Berlin 1966, S. 727 f.
7 Ulbricht: Begründung ..., a. a. O., S. 45.
8 Roland Bauer: Ueber den Charakter der deutschen Novemberrevolution, *ZfG* Nr. 1/1958, S. 168; siehe ferner: Albert Schreiner: Auswirkungen der Großen Sozialistischen Oktoberrevolution auf Deutschland vor und während der Novemberrevolution, *ZfG* Nr. 1/1958; R. Leibbrand: Zur Diskussion über den Charakter der Novemberrevolution, *Einheit*, Nr. 1/1957.
9 Friedrich Stampfer: Die ersten vierzehn Jahre der deutschen Republik, Offenbach 1947, S. 62.

Auch der von der stalinistischen Geschichtsschreibung heftig befehdete Arthur Rosenberg, der sich in den zwanziger und dreißiger Jahren vom kommunistischen Ultralinken zum linken Sozialdemokraten mauserte, legt großen Wert auf den nicht-sozialistischen Charakter der deutschen Revolution von 1918: »Es war eine bürgerliche Revolution, die von der Arbeiterschaft gegen den Feudaladel erkämpft wurde.«[10]

Wir werden noch sehen, wie sich Rosenberg – ebenso wie die DDR-Historiker – selbst ad absurdum führte. Doch bevor wir die einzelnen Positionen einer näheren Prüfung unterziehen, muß zunächst die Frage geklärt werden: Was ist überhaupt unter dem Charakter einer Revolution zu verstehen?

Was macht den Charakter einer Revolution aus?

Der Marxismus erklärt den *Charakter*, d. h. den *Klasseninhalt* einer Revolution, aus der Strukturanalyse derjenigen Gesellschaft, in der die Revolution stattfindet und gegen die sie sich richtet. An erster Stelle fordert die Frage von uns also eine genaue Bestimmung der sozialökonomischen Zusammenhänge. So konnte aus dem Zersetzungsprozeß der Feudalgesellschaft, verursacht durch die beständig anwachsende wirtschaftliche Macht der Bourgeoisie, eben nur eine *bürgerliche* Revolution hervorgehen. Selbst wenn die Bourgeoisie im revolutionären Prozeß für eine gewisse Zeit von der politischen Macht verdrängt worden war, wie unter der jakobinischen »Schreckensherrschaft«, konnte sich ein solcher Zustand nicht stabilisieren, da der Widerspruch zwischen den noch stark mit feudalen Fesseln behafteten Produktionsverhältnissen und den bereits industriellen Produktivkräften keine andere Lösung erlaubt als die kapitalistische. Die Jakobiner vermochten sich nur solange zu halten, wie sie für die Verteidigung der bürgerlichen Revolution gegen die Intervention unentbehrlich waren. Aber die radikale und utopische Gleichheits-Ideologie der kämpfenden Revolutionäre und die Vorstellungen, die sie sich von ihren Handlungen machten, konnten nichts beitragen zur Erhellung des Charakters ihrer Revolution.

»Die Einschätzung des Charakters einer Revolution sagt [...] nichts über den konkreten Verlauf des Klassenkampfs, nichts über die Organisationsformen und die Kampfformen der betreffenden Revolution.«[11] Das soll selbstverständlich nicht besagen, daß diese mannigfaltigen Aspekte unwesentlich seien. Ihre Erklärung ist im Gegenteil unbedingt erforderlich, um zu einer korrekten Gesamteinschätzung des revolutionären Prozesses, um zu einer umfassenden und insofern konkreten Analyse zu gelangen. Wenn zwar die Bestimmung seines Charakters, seines Klasseninhalts, nur ein Moment dieser Gesamteinschätzung bildet, so doch auch das *wesentlichste*.

---

10 Arthur Rosenberg: Entstehung der Weimarer Republik, Ffm. 1962, S. 189.
11 Bauer, a. a. O., S. 143.

Die Geschichte hat uns nun vielfältige Beispiele dafür geliefert, daß das Niveau der Klassenkämpfe ihren sozialökonomischen Bedingungen mitunter vorauseilte. Dieser Umstand hebt zwar die ausschlaggebende Bedeutung dieser gesellschaftlichen Voraussetzungen nicht auf, relativiert sie aber: Die sozialökonomischen Grundlagen müssen einerseits wenigstens so weit entwickelt sein, daß sie bereits die entsprechende revolutionäre Klasse hervorgebracht haben; aber das bedeutet noch nicht unmittelbar, daß damit jeder weitere wirtschaftliche Fortschritt unter den herrschenden Produktionsverhältnissen schon unmöglich geworden ist.

Dies ist der Fall der Pariser Kommune von 1871, die von Marx und Engels unzweideutig als die erste proletarische Revolution identifiziert worden ist. Auch Lenin hielt an dieser Einschätzung fest, obgleich er einen nicht unerheblichen Teil seiner Arbeitskraft auf den Nachweis verwandt hat, daß das *imperialistische* Zeitalter die höchste und letzte Entwicklungsphase des Kapitalismus ist. Wiewohl also erst der Imperialismus die geschichtliche Epoche der Proletarischen Revolution eröffnet, wird dem Pariser Kommune-Aufstand auch seitens der stalinistischen Geschichtsschreibung nicht der proletarische Klassencharakter streitig gemacht.

Wir bleiben also dabei, den objektiven Klasseninhalt, d. h. die Frage, »gegen welche Klasse die betreffende Revolution sich richtet und welchen Klasseninteressen sie dient«[12], als entscheidendes Kriterium für die Bestimmung ihres Charakters anzugeben.

Die ZK-Mehrheit von 1958 erblickte in dieser Definition eine »schematische Trennung der objektiven und subjektiven Faktoren«.[13] Dieser Schematismus wurde offensichtlich in dem Versuch gewähnt, Charakter, Ergebnisse, Aufgaben, Triebkräfte und Bewußtsein der revolutionären Massen begrifflich streng voneinander zu trennen. Wenngleich man nicht gewillt war, sich der extrem subjektivistischen Ansicht des Sowjetwissenschaftlers V. I. Billik anzuschließen, der meinte, der Charakter einer Revolution werde ausschließlich »durch das Verhalten der Mehrheit des Volkes während der Revolution«[14] bestimmt, so hielt man doch daran fest, daß die Ergebnisse, der Reife- und Organisationsgrad der revolutionären Klasse sowie die Klassenführung entscheidenden Einfluß auf den Charakter der Revolution hätten. Diese drei Gesichtspunkte wurden jedoch von den einzelnen Vertretern der ZK-»Thesen« unterschiedlich gewichtet. Walter Nimtz[15] begründet die Heranziehung dieser Aspekte mit dem fundamentalen Unterschied zwischen bürgerlicher und proletarischer Revolution: Während die bürgerliche Revolution den Abschluß der kapitalistischen Umwälzung bilde, beginne die sozialistische Umwälzung erst mit der revolutionären Machtüber-

---

12 Ebd., S. 149.
13 Ulbricht, a. a. O., S. 32.
14 V. I. Billik in: »Die Presse der Sowjetunion«, 1957, S. 2453, zitiert nach Bauer, a. a. O., S. 144.
15 Walter Nimtz: Über den Charakter der Novemberrevolution, ZfG Nr. 3/1958, Anhang, S. 697/8. Stellenweise ist eine wörtliche Übereinstimmung mit W. Ulbrichts Rede in der Kommission zur Vorbereitung der Thesen (ZfG Nr. 4/1958) festzustellen.

nahme. Ulbricht dazu: »Eine Revolution nimmt erst dann einen proletarischen Charakter an, wenn die Arbeiterklasse – und sei es auch nur vorübergehend – die Hauptfrage der Revolution, die Frage der Macht, löst.«[16] Konsequent folgert der sowjetische Historiker Drabkin: »Infolge ihrer Niederlage ging die Novemberrevolution nicht über den Rahmen einer *bürgerlichdemokratischen Revolution* hinaus.«[17] Freilich hütete man sich vor einer Verallgemeinerung dieser Anschauungsweise: Die bürgerlichen Revolutionen hätten auch im Fall einer Niederlage entscheidende bürgerliche Veränderungen erreichen können, da es sich um den Übergang der Macht aus den Händen einer Ausbeuterklasse in die einer anderen gehandelt habe.

Im Zeitalter des Übergangs vom Feudalismus zum Kapitalismus war es einem Teil der Feudalklasse möglich, sich in Agrarkapitalisten zu verwandeln. Dieser Vorgang war gesellschaftlich gesehen die Grundlage jenes Kompromisses mit der Bourgeoisie, der sich von einem gewissen Zeitpunkt an als unerläßlich erwies – selbst nachdem jene militärisch geschlagen worden war. Daraus ergab sich die Möglichkeit eines Auseinanderklaffens zwischen unmittelbarem Ausgang und letztendlichem Ergebnis der bürgerlichen Revolution.

Daß diese Lösung für die proletarische Revolution ausscheidet, dürfte unter Marxisten nicht strittig sein. Insofern muß die Machtfrage tatsächlich als das zentrale Problem der Revolution bezeichnet werden – zentral aber nicht für ihren Charakter, sondern für ihr Ergebnis, welches hier untrennbar und unmittelbar mit Sieg oder Niederlage verknüpft ist.

Die von Nimtz gemachte Unterscheidung zwischen bürgerlicher und proletarischer Revolution erscheint in dieser Form reichlich schematisch. Zwar bringt sie eine reale historische Gegebenheit zum Ausdruck, daß sich nämlich die proletarische Revolution in der Tat zum ersten Mal in der Menschheitsgeschichte die Abschaffung aller Klassenherrschaft zum Ziel setzen kann; aber wenn wir uns den geschichtlichen Prozeß dann etwas genauer anschauen, stellt sich heraus, daß es mit dieser Feststellung allein noch keineswegs getan ist, sondern daß sich im Gegenteil doch einige Einschränkungen aufdrängen. Denn weder trifft es zu, daß die bürgerliche Revolution das vollständige Ende der kapitalistischen Umwälzung markiert, wie die beiden großen bürgerlichen Revolutionen in England und Frankreich beweisen; noch läßt sich andererseits der planmäßige Aufbau des Sozialismus unter der Diktatur des Proletariats nicht so ohne weiteres von den vorangegangenen revolutionären Klassenkämpfen in der Zersetzungsphase des kapitalistischen Staates abstrahieren. In beiden Fällen handelt es sich um einen qualitativen Sprung, den der Klassenkampf macht – um einen Sprung freilich, der für das Proletariat von sehr viel größerem Gewicht ist als für die Bourgeoisie, welche bereits den Auflösungsprozeß der Feudalgesellschaft mittels ihrer wirtschaftlichen Macht bis zu einem Punkt getrieben hat, an dem es für die besit-

---

16 Ulbricht: Begründung der Thesen, a. a. O., S. 41.
17 J. S. Drabkin: Die Novemberrevolution 1918 in Deutschland, Berlin 1968. S. 561.

zenden Klassen, unabhängig vom Ausgang des militärischen Kampfes, kein Zurück ins Mittelalter gibt.

Alle Argumente, die die Bestimmung des Charakters einer – jedenfalls der proletarischen – Revolution an deren siegreichen Ausgang knüpfen wollen, müssen zu völliger Begriffsverwirrung führen. Denn von diesem Standpunkt aus kann es eine niedergeworfene oder im Sande verlaufene proletarische Revolution nicht geben. Gegenüber solchen geschichtlichen Ereignissen muß man dann entweder bestreiten, daß es sich überhaupt um eine Revolution gehandelt hat, oder man sieht sich gezwungen, sie nachträglich in ein bürgerlich-demokratisches Korsett zu zwingen.

Die Entwicklung der stalinistischen Position

In den zwanziger und in der ersten Hälfte der dreißiger Jahre gab es innerhalb des kommunistischen Lagers kaum Meinungsverschiedenheiten über den Charakter der deutschen Revolution. Zwar liegen eine Reihe von Äußerungen vor, die auf den ersten Blick die ZK-Thesen zu bestätigen scheinen. So spricht bereits Liebknecht von der »Vollendung der bürgerlichen Revolution«.[18] Auch im Manifest des II. Weltkongresses der KI wird die Novemberrevolution als »bürgerliche Revolution«[19] bezeichnet. Aus all diesen vereinzelten Äußerungen ergibt sich allerdings, sofern sie nicht mutwillig aus ihrem Zusammenhang gerissen werden, daß sie gerade die *Künstlichkeit* der Entwicklung betonen sollten, denn man sah im bürgerlichen Charakter eine »Fehlgeburt der Geschichte«.[20] Niemand glaubte an die Möglichkeit einer genuin bürgerlichen Revolution im Zeitalter des niedergehenden Imperialismus und der proletarischen Weltrevolution. Die Ausdrucksweise mag uns heute ein wenig unpräzise erscheinen, zu jener Zeit diente sie im wesentlichen dazu, den Arbeitermassen die Differenz zwischen der proletarischen Form und den Triebkräften einerseits und den mageren Ergebnissen der Revolution andererseits begreiflich zu machen. Zwei Zitate aus ungefähr demselben Zeitraum sollen verdeutlichen, wie groß der Konsens auch in der schon gespaltenen kommunistischen Weltbewegung vor der großen Wende noch war. Trotzki schreibt in der »Permanenten Revolution«: »Was die deutsche Revolution von 1918 betrifft, so ist sie keine demokratische Vollendung der bürgerlichen Revolution: es ist eine von der Sozialdemokratie enthauptete proletarische Revolution; richtiger gesagt, es ist eine bürgerliche Konterrevolution, die nach dem Sieg über das Proletariat gezwungen ist, pseudodemokratische Formen zu bewahren.«[21] Die »Illustrierte Geschichte der deutschen Revolution«, das offizielle Erinnerungswerk der KPD anläßlich des zehnten

---

18   Karl Liebknecht: Der neue Burgfrieden, in: Ausgewählte Reden Bd. 2, S. 469.
19   Protokoll des II. Weltkongresses der Kommunistischen Internationale, Hamburg 1921, S. 772.
20   Ebd.
21   Leo Trotzki: Die permanente Revolution, Berlin 1930, S. 10.

1 Der Charakter der Novemberrevolution – Die stalinistische Geschichtsschreibung

Jahrestages der Novemberrevolution, drückte diesen Tatbestand folgendermaßen aus: »Die Schaffung und Festigung der bürgerlichen Republik war also das vorläufige Ergebnis der deutschen Revolution [...] So wurde das deutsche Proletariat, indem es seine eigene Revolution einleitete, zunächst Vollstreckerin der bürgerlichen Revolution. Damit schloß die erste Etappe der proletarischen Revolution ab.«[22] Die Wendung kam einige Jahre später, bewirkt durch die Abkehr der Komintern von der ultralinken Linie der »dritten Periode« und die Hinwendung zum Volksfront-Bündnis mit der liberalen Bourgeoisie. In der »Geschichte der KPdSU(B)« wird unzweideutig gesagt, es handle sich bei der Novemberrevolution um eine »bürgerliche Revolution und keine sozialistische«.[23] Ulbricht berichtete vor dem ZK, wie diese neue Einschätzung zustande kam: Während der Vorarbeiten zum »Kurzen Lehrgang« haben die beteiligten sowjetischen Mitarbeiter das in Moskau sitzende Politbüro der KPD über die veränderte Position unterrichtet. »Nach eingehender Diskussion« habe das Politbüro die sowjetische Auffassung bestätigt. Die Stellungnahme des Politbüros der KPD sei dann 1948 der Entschließung des Parteivorstandes der SED zum 30. Jahrestag zugrunde gelegt worden[24]:

»Infolge der konterrevolutionären Rolle der rechten sozialdemokratischen Führer und des Fehlens einer revolutionären Partei der Arbeiterklasse blieb die Novemberrevolution von 1918 eine unvollendete (!) bürgerliche Revolution.«[25]

Diese überraschende Kehrtwendung der stalinistischen Geschichtsinterpretation geschah ganz offensichtlich um aktueller, tagespolitischer Vorteile willen. Wenn die bürgerliche Revolution noch nicht vollendet war, sondern noch einige selbständige demokratische Aufgaben übriggelassen hatte, so konnte man sich guten Gewissens auf ein Bündnis mit den »demokratischen« und »friedliebenden« Teilen der Bourgeoisie einlassen – nicht etwa, um mit ihnen gemeinsam den Sozialismus zu errichten, sondern zwecks »Erkämpfung, Errichtung und Entfaltung der gegen den staatsmonopolistischen Kapitalismus gerichteten Demokratie«.[26] In den dreißiger Jahren die »Volksfront« gegen den deutschen Faschismus, Ende der Vierziger der Versuch, die »demokratisch« und »patriotisch« gesonnenen Teile des Bürgertums gegen den offen pro-amerikanischen Flügel der Bourgeoisie zu manövrieren, heute die diversen »Aktionen« für demokratischen und sonst welchen Fortschritt – die stalinistische Geschichtswissenschaft ist insofern »parteilich«, als sie für die jeweilige Generallinie eilfertig das passende Geschichtsbild liefert, maßgeschneidert, aber aus fadenscheinigem Material. Sie ist Ideologie im allerschlechtesten Sinn.

---

22   Illustrierte Geschichte der Deutschen Revolution, Berlin 1929, S. 511.
23   Geschichte der KPdSU (B), Kurzer Lehrgang, Berlin 1950, S. 288.
24   Ulbricht: Begründung der Thesen, a. a. O., S. 30.
25   Dokumente der Sozialistischen Einheitspartei Deutschlands, Bd. 2, Berlin 1950, S. 109.
26   Thesen, a. a. O., S. 8.

Nachdem aber im Zuge der Entstalinisierung auch gewisse Kritik an den ideologischen Produkten dieser Zeit geübt worden war, meinten Bauer, Schreiner und Leibbrand, sogar die Aussagen des »Kurzen Lehrgangs« in Frage stellen zu dürfen, ohne zu bemerken, daß sie damit der gesamten stalinistischen Theorie der Revolution in Etappen, jedenfalls sofern sie die entwickelten Länder betrifft, den Boden unter den Füßen streitig machten. Und weil Ulbricht diese Konsequenz so deutlich witterte, setzte gerade er sich so nachdrücklich für die Abfassung der ausführlichen Thesen zum 40. Jahrestag und deren Annahme durch das ZK ein.

Die Begründung für die Beibehaltung der Einschätzung des Charakters der Novemberrevolution als einer bürgerlich-demokratischen kann auf einige Kernthesen reduziert werden (wobei wir stets die Ablehnung einer exakten Definition des Charakter-Begriffes im Gedächtnis behalten müssen):

1. Sozialökonomisch gesehen stand in Deutschland die proletarische Revolution auf der Tagesordnung.
2. Dennoch bestanden zahlreiche feudale Relikte, die sich auf das Ausbleiben einer bürgerlich-demokratischen Revolution in Deutschland gründeten. Daher bestand die Aufgabe der Revolution in Deutschland darin, »zunächst die bürgerlich-demokratische Revolution zu Ende zu führen, den Militarismus zu vernichten und die Säuberung des Staatsapparates sowie die Enteignung der Junker und Kriegsverbrecher durchzuführen.«
3. »Die Arbeiterklasse [...] war die Haupttriebkraft der Revolution.«[27] Aber wegen des überragenden Einflusses der SPD und rechten USPD und des Fehlens einer marxistisch-leninistischen Kaderpartei gelang es nicht, die Revolution in ein sozialistisches Stadium weiterzutreiben.
4. Der Zusammenbruch des kaiserlichen Deutschlands »war eine schwere Niederlage für die Militaristen, die Konzernherren und Großgrundbesitzer, deren Machtpositionen gefährdet waren.«[28]
5. Der Sturz der Monarchie, die Eroberung demokratischer Rechte und einige soziale Verbesserungen (Achtstunden-Tag) waren das unmittelbare Ergebnis des Kampfes. Die offen konterrevolutionäre SPD-Führung verhinderte sogar die vollständige Lösung der bürgerlich-demokratischen Aufgaben.

Diese Thesen stellen uns vor zwei wesentliche Fragen, die beantwortet sein müssen, bevor wir zu verbindlichen Aussagen über den Charakter der Novemberrevolution kommen können:

- Gab es in Deutschland vor 1918 eine bürgerliche Revolution?
- Welchen gesellschaftlichen und politischen Charakter besaß das Zweite Reich, gegen das die Novemberrevolution gerichtet war?

---

27 Ebd., S. 10.
28 Ebd., S. 11.

Die Problemstellung

Die extremste Bestimmung der deutschen Gesellschaft vor 1918 aus marxistischer Sicht nahm der bereits erwähnte Rosenberg vor, der Deutschland zu einem feudal-absolutistischen Staat mit den Junkern als herrschender Klasse erklärte. Er stützte sich bei dieser Einschätzung letztlich allein auf die Tatsache, daß die Bourgeoisie die politische Macht niemals direkt ausgeübt hatte. Aus dieser politologischen, nur den Überbau betrachtenden Sicht der Gesellschaft ergab sich bei ihm eine ebenso »rein politische« Einschätzung des Charakters der Revolution. Der sonst betont unorthodoxe Rosenberg entpuppt sich hier als dogmatischer Formalist. Die bürgerliche Revolution erscheint ihm nicht als Funktion eines konkreten historischen Prozesses, sondern als Abstraktion einer *ganz bestimmten*, »per Definition« bürgerlichen Aufgabe stets gleicher Art: der Herbeiführung eines parlamentarischen Regierungssystems.

Vor diesem Hintergrund war er freilich genötigt, ein Ereignis wie die von der militärischen Führung angesichts der sich abzeichnenden Niederlage befohlenen »Oktoberreform«, die Deutschland zu einer parlamentarischen Monarchie machte, als den »vollen Sieg der bürgerlichen Revolution« zu entziffern.[29] Die Novemberrevolution wird bei ihm dadurch zur »wunderlichsten aller Revolutionen [...] Die Massen [...] rebellieren gegen die Regierung Max von Baden, das heißt eigentlich gegen sich selbst.«[30] Dieses Durcheinander ließ sich dann nur noch dadurch erklären, daß die »wirkliche Bedeutung dieser friedlichen Revolution (im Oktober, P. B.) [...] den Massen gar nicht klargeworden« war.[31] Da Rosenberg der Novemberrevolution ebenfalls nur einen bürgerlichen Charakter zugestehen wollte, könnte er sie sich eigentlich nur noch als eine sinnlose Meuterei erklären, verursacht durch die »politische Naivität und Unerfahrenheit deutscher Volksmassen«.[32] Diesen Schluß hat Rosenberg selbst indessen nicht ziehen mögen, aber das Beispiel zeigt immerhin recht anschaulich, wohin ein fahrlässiges Umgehen mit marxistischen Begriffen führen kann. Die DDR-Historiographie teilt nicht die Einschätzung des kaiserlichen Deutschlands als absolutistischer Feudalstaat. »Auf Grund der nicht vollendeten bürgerlich-demokratischen Revolution im 19. Jahrhundert war Deutschland eine halbabsolutistische Monarchie geblieben. Die Junker behaupteten ihre privilegierten Stellungen auf ökonomischem Gebiet, im Staatsapparat und in der Armee. Auf der Grundlage gemeinsamer Klasseninteressen verbanden sich Junker und Monopolisten eng miteinander.«[33] Insbesondere die Rolle des als »halbfeudal« gekennzeichneten Junkertums wird im folgenden zu untersuchen sein.

---

29 Arthur Rosenberg, a. a. O., S. 219.
30 Ebd., S. 224.
31 Ebd., S. 226.
32 Ebd., S. 236.
33 Thesen, a. a. O., S. 2.

Die deutsche Misere

Vor allem zwei Tendenzen der deutschen Geschichte, die sich bereits im späten Mittelalter herausbildeten, sind verantwortlich für die spätere Sonderentwicklung der Nation: erstens die Tatsache, daß die Stellung der Monarchie im Reich während des Hoch- und Spätmittelalters statt stärker immer schwächer wurde; und zweitens die agrarische Spaltung Deutschlands entlang der Elbe. Auf die Ursachen der ersten Tendenz kann hier nur oberflächlich eingegangen werden; zum wesentlichen liegt sie in dem Umstand begründet, daß sich Norditalien im Besitz der Kaiserkrone befand, wodurch das Deutsche Reich zeitweilig zur Hegemonialmacht in Europa wurde, und darin, daß die deutsche Krone nicht erblich war. Während die Könige Englands und Frankreichs jahrhundertelang all ihre Anstrengungen darauf konzentrierten, den Besitz der Krone zu mehren und ihr die großen Feudalherren zu unterwerfen, verschliß das deutsche Königtum seine Kraft in nicht enden wollenden Streitereien mit Papst und Fürsten um die Anerkennung des jeweiligen Herrschers. So kam es, daß bei Herausbildung des frühen Absolutismus Anfang des sechzehnten Jahrhunderts gerade seine wesentliche fortschrittliche Dimension, die Herstellung eines einheitlichen Nationalstaates und die Schaffung eines nationalen Marktes, in Deutschland nicht zum Tragen kommen konnte. Stattdessen entstand eine ganze Fülle von kleinstaatlichen Duodez-Absolutismen, die das Reich vollends zerstörten und den Niedergang des deutschen Handels seit 1550 nicht aufzuhalten vermochten. Zur selben Zeit bereiteten Frankreichs Könige, im Bündnis mit dem Bürgertum der Städte und gestützt auf eine mächtige und willfährige Bürokratie, durch blutige Bürgerkriege gegen Feudaladel und Bauernerhebungen den kapitalistischen Aufstieg der Nation vor.

Die deutschen Bauern und Plebejer waren in den Bauernkriegen geschlagen worden, den Fürsten gelang die Usurpation des reformatorischen Gedankenguts für ihre Zwecke, das Bürgertum der Städte verlor mit dem Niedergang des Handels an ökonomischer Kraft. In einem solchen Zustand wurde Deutschland während des Dreißigjährigen Krieges eine Beute seiner erstarkten Nachbarn: »Um zweihundert Jahre wurde Deutschland in seiner Entwicklung zurückgeworfen [...]«[34]

Im Moment der tiefsten Erniedrigung der deutschen Nation begann der Aufstieg Preußens. Die innere Struktur dieses äußerst rückständigen Gebietes läßt sich ihrerseits nur begreifen, wenn wir uns dem zweiten prägenden Element der deutschen Geschichte zuwenden. Der Zerfall des Feudalismus hinterließ eine Spaltung hinsichtlich der agrarischen Besitzverhältnisse, die Deutschland und Europa längs der Elbe in zwei Teile zerlegte. Während in Westeuropa und Westdeutschland die abhängigen Bauern seit dem 13. Jahrhundert an Selbständigkeit gewannen und die Feudalherren sich im Zuge der Einbeziehung auch des flachen Landes in die Geldwirtschaft und damit in den kapitalistischen Markt zunehmend darauf beschränkten, eine Rente für die Über-

---

34 Franz Mehring: Zur deutschen Geschichte, Berlin 1931, S. 75.

lassung des Nutzungsrechts an ihrem Boden zu erheben, während hier also das gesellschaftliche Gewicht der feudalen Klassen ständig abnahm, verläuft im Osten – einschließlich des deutschen Ostens! – die Entwicklung genau umgekehrt: Die feudalen Grundbesitzer nützten den rapide anwachsenden Fernhandel mit Getreide im Zeichen steigender Agrarpreise zu einer neuen brutalen Unterwerfung der Bauern, die seit dem 15. Jahrhundert einsetzt – einer »zweiten Leibeigenschaft«.

Im Gegensatz zur ersten beruhte die zweite Leibeigenschaft auf der profitorientierten Produktion für den Markt mit Hilfe völlig rechtloser Arbeitskräfte. Der so entstehende Junkeradel Ostdeutschlands war einerseits in seinen Ausbeutungsformen, das heißt hinsichtlich der persönlichen Beziehungen zwischen Ausbeuter und Ausgebeutetem, eine feudale Klasse, andererseits aber in seiner Stellung innerhalb der Gesamtgesellschaft, der Totalität aller Klassen, indem er für den Markt produzierte, eine Art Agrarbourgeoisie. Dieses neofeudale Junkertum, dem seine Umwälzung der Agrarverhältnisse eine Jahrhunderte währende Machtposition sicherte, verband sich nun auf Gedeih und Verderb mit dem preußischen Staat, von dessen König er sich 1653 politisch unterwerfen ließ, damit er zugleich seine gesellschaftliche Stellung retten möge. Das Junkertum als ausschließliches Rekrutierungsfeld für Militär und Administration blieb die Grundlage des preußischen Staates – bis zu seiner Niederwerfung im Schlachtfeld durch Napoleon. Folgen dieser Heiligen Allianz: völliger Niedergang der Städte, also Fehlen eines irgendwie bedeutenden Bürgertums, und verschärfte Ausplünderung der Bauern.

Das aufgrund eines ausgezeichneten Heerwesens und seiner fortwährenden Kollaboration mit den äußeren Feinden des Reichs zur zweitstärksten deutschen Macht emporgestiegene Preußen verstand es im Zusammenspiel mit Österreich, Deutschland in jenem Zustand der Zersplitterung und Stagnation zu halten, der die Entwicklung einer starken und selbstbewußten nationalen Bourgeoisie unmöglich machte.

Der Niederlage gegen Napoleon folgten die preußischen Reformen, der Versuch, ohne Revolution das Land zu modernisieren. Wichtiger Teil des Reformpaketes war das Oktoberedikt. Es »enthielt zwei Hauptbestimmungen: Erstens beseitigte es die Einschachtelung des preußischen Staates in Geburtsstände, indem es den Junkern erlaubte, auch Gewerbe und Handel zu treiben, während es den Bürgern und Bauern erlaubte, auch adlige Güter zu erwerben, womit nicht mehr erreicht war, als daß sich der Kastenstaat in einen Klassenstaat umwandelte, dessen Klassen auf der Gleichheit der ökonomischen Interessen beruhten. Dann aber beseitigte das Oktoberedikt die bäuerliche Erbuntertänigkeit, was auch nicht sowohl bedeutete, daß der ländliche Arbeiter von feudalen Ketten befreit, als daß er aus einem feudalen in ein kapitalistisches Ausbeutungsobjekt verwandelt wurde.«[35] Die Bauern dürften nun das Gut verlassen, ohne sich loskaufen zu müssen, und galten auch sonst als »freie Leute«. Die Frondienste und Abgaben sowie auch die Patrimonialgerichtsbarkeit der Junker blieben jedoch unange-

---

35 Ebd., S. 114.

tastet. Trotz des Fortbestehens der junkerlichen Allmacht und zahlreicher damit verbundener feudaler Überbleibsel war doch der entscheidende Schritt zur Durchsetzung kapitalistischer Produktionsverhältnisse auf dem Lande getan. Auch wurden Arbeitskräfte für die langsam einsetzende Industrialisierung freigesetzt. Als bedeutendstes Ergebnis der Zeit nach den Befreiungskriegen bildete sich eine starke Bourgeoisie heraus, die – anders als die französische am Ende des achtzehnten Jahrhunderts – bereits einen industriellen Flügel aufwies, dessen Hauptstützpunkt im preußischen Rheinland lag.

Mit der Schaffung des Deutschen Zollvereins 1834 und dem beginnenden Eisenbahnbau begann die wirtschaftliche Einheit Deutschlands – allerdings unter Ausschluß Deutsch-Österreichs –, Wirklichkeit zu werden. Den monarchischen Regierungen war schließlich kein anderer Ausweg beschieden, wollten sie ihre Staaten nicht schutzlos der ausländischen Konkurrenz preisgeben. Doch je mehr die nationale deutsche Bourgeoisie erstarkte, desto unzufriedener wurde sie mit all dem feudalen Plunder, der noch wie Bleigewicht an ihren Füßen hing: die verschiedenen Münzen, Maße und Gewichte, die zahllosen Portotarife, die mangelhafte Vertretung deutscher Wirtschaftsinteressen durch den Bundestag, die Fürstenversammlung, nicht zuletzt die fortbestehenden Zunftgesetze.

Die Niederlage der Demokratie und die Folgen

Auf die Revolution von 1848/49 brauchen wir an dieser Stelle nicht ausführlich einzugehen; ihre Ursachen lagen in der Unvereinbarkeit der deutschen Zustände mit den Interessen der Bourgeoisie. Der Grund für ihr Scheitern war ein sehr einfacher: Mit ihrer industriellen Macht hatte die Bourgeoisie auch ein Proletariat hervorgebracht, das ihr einen gehörigen Schrecken einflößte, zumal es begann, in der bürgerlich-demokratischen Revolution seine eigenen Forderungen zu erheben. Konsequent demokratisch gesinnt war ohnehin nur eine kleine Minderheit der Bourgeoisie, deren Masse als linkere oder rechtere Liberale bereit war, sich mit einer konstitutionellen Monarchie zu bescheiden. Vollends schockiert durch den Juni-Aufstand des Pariser Proletariats suchte die Bourgeoisie den Kompromiß mit den alten Gewalten und half ihnen bei der Niederschlagung der kleinbürgerlichen Demokratie. Als Dank für diesen Dienst verdrängte die Reaktion alle Vertreter des Bürgertums aus verantwortlichen Regierungsfunktionen. Die Gegenrevolution triumphierte, aber eine vollständige Rückkehr zu den Verhältnissen von vor 1848 war ausgeschlossen. Preußen als größter Staat der Zollunion, der weitere norddeutsche Staaten beitraten, mußte immerhin einen Schein-Konstitutionalismus zugestehen. Was sich vor allem aber »als unmöglich erwies, war die Aufrechterhaltung des gutsherrlich-bäuerlichen Verhältnisses«[36], wie es trotz der Reform von 1810 noch fortbestanden hatte. Unter der Oberfläche des völligen Sieges

---

36 Ebd., S. 178.

der Konterrevolution nahmen Industrie und Handel einen gigantischen Aufschwung, machten die Junker einen weiteren entscheidenden Schritt im Prozeß ihrer vollständigen Entfeudalisierung.

Nach dem Ablösungsgesetz von 1850 wurde der Bauer endgültig Eigentümer seines Bodens, mußte sich aber von allen feudalen Pflichten, soweit sie noch bestanden, wie Spanndienste, Naturalabgaben und Geldzins, gegen hohe Entschädigungen freikaufen. Das galt jetzt für alle bäuerlichen Wirtschaften. Da die wenigsten Besitzer die Summe auf einmal aufbringen konnten und es daher mit Ratenzahlungen versuchen mußten, gerieten sie umgehend in Schuldknechtschaft.

Die Ablösungssummen investierten die Junker in Maschinen und Kunstdünger und trugen so zu einer empfindlichen Steigerung der Produktivität des Bodens bei. Da die nunmehr vollständige Abhängigkeit von den Schwankungen des Weltmarktes trotz junkerfreundlicher Gesetzgebung zum Ruin zahlreicher Güter führte, gingen immer mehr Rittergüter in bürgerliche Hand über, während sich andererseits die Großagrarier in der Schwerindustrie ansiedelten. Auch in Süddeutschland, wo der Adel in den Städten von den Geldeinkünften seines verpachteten Landes lebt, räumte die Ablösung mit den letzten feudalen Hindernissen auf. »In den 50er und 60er Jahren bildete sich also die kapitalistische Klassenstruktur auf dem Lande endgültig heraus.«[37] Das, was Lenin den preußischen Weg der kapitalistischen Entwicklung auf dem Lande nennt, war die Voraussetzung für den besonderen Verlauf der nationalen Einigung in Deutschland und für das spezifische Wesen des Kaiserreichs. Die Verwandlung der Feudalklasse in den agrarischen Flügel der Bourgeoisie[38] veränderte auch den sozialen Charakter des preußischen Staates und schuf damit die ökonomische Vorbedingung für den von der städtischen Bourgeoisie angestrebten Kompromiß.

Die Einigung des Reiches

Nach der Niederlage der 48er Revolution standen in Deutschland theoretisch zwei Wege zur nationalen Einigung offen: der revolutionär-demokratische oder die »Revolution von oben« unter der Führung Preußens. Die Bourgeoisie hatte sich nach den Lehren der Revolution und den Erfahrungen des Zollvereins konsequent für den zweiten Weg entschieden. Daran änderte auch das Schattenboxen zwischen dem preußischen Ministerpräsidenten Bismarck und den liberalen Vertretern der Bourgeoisie

---

37 Ernst Engelbert: Deutschland von 1849 bis 1871, in: Deutsche Geschichte, Bd. 2, Berlin 1965, S. 374.
38 »Wir sprechen von zwei Interessen der Bourgeoisie, denn das große Grundeigentum, trotz seiner feudalen Koketterie und seines Rassenstolzes, war durch die Entwicklung der modernen Gesellschaft vollständig verbürgerlicht.« K. Marx: Der achtzehnte Brumaire des Louis Bonaparte, in: Karl Marx/Friedrich Engels: Werke, Bd. 8, hg. v. Institut für Marxismus-Leninismus b. ZK der SED (IML), Berlin 1960, S. 139.

im Parlament Anfang der sechziger Jahre gar nichts. Andererseits hatte die Arbeiterklasse zwar an Kraft gewonnen, aber noch nicht so sehr, daß sie die Führung der Volksmassen unmittelbar hätte übernehmen können, um die bürgerliche Revolution gegen die Bourgeoisie demokratisch zu vollenden. Das Kleinbürgertum schließlich, das zwischen den beiden Klassen aufgerieben wurde, verlor auch politisch zunehmend an Vitalität. Der ursprünglich ultrareaktionäre Junker Bismarck erkannte als intelligenter Sachwalter seiner Kaste, daß die Einheit Deutschlands am Ende doch auf demokratischem Weg unvermeidlich sein würde, wenn Preußen nicht freiwillig die ihm von der Bourgeoisie zugeschobene Rolle übernahm. In den drei Kriegen – gegen Dänemark 1864, Österreich 1866 und gegen Frankreich 1870/71 – legte er die Grundsteine zum zweiten Deutschen Kaiserreich. Über die wichtigste Etappe, den »Deutschen Krieg«, schrieb Engels 1884 an Bebel: »In Deutschland beruht der bestehende Zustand auf der Revolution, die mit 1848 anfing und mit 1866 abschloß. 1866 war eine vollständige Revolution. Wie Preußen nur durch Verrat und Krieg gegen das deutsche Reich, im Bunde mit dem Auslande (1740, 1756, 1795) zu etwas geworden, so hat es das deutschpreußische Reich nur zustande gebracht durch gewaltsamen Umsturz des Deutschen Bundes und Bürgerkrieg […] Es provozierte den Bürgerkrieg und damit die Revolution. Nach dem Sieg stürzte es drei Throne, von ›Gottes Gnaden‹ um und annexierte die Gebiete nebst der ex-freien Stadt Frankfurt. Wenn das nicht revolutionär war, so weiß ich nicht, was das Wort bedeutet. Damit nicht genug, konfiszierte es das Privateigentum der verjagten Fürsten.«[39] Bismarck konnte so vorgehen, weil er den gemeinsamen Nenner der Interessen beider Bourgeoisfraktionen, der junkerlichen und der industriellen, ja, bis zu einem gewissen Grade des ganzen Volkes, einschließlich der Arbeiterklasse, gefunden hatte. Das war ihm möglich, einzig, indem er sich der Regierungsform und -methode des *Bonapartismus* bediente.

Das Wesen des französischen Bonapartismus versucht Marx in folgenden Sätzen zusammenzufassen: »Das Kaisertum, mit dem Staatsstreich als Geburtsschein, dem allgemeinen Stimmrecht als Beglaubigung und dem Säbel als Zepter, gab vor, sich auf die Bauern zu stützen, auf jene große Masse der Produzenten, die nicht unmittelbar in den Kampf zwischen Kapital und Arbeit verwickelt waren. Es gab vor, die Arbeiterklasse zu retten, indem es den Parlamentarismus brach und mit ihm die unverhüllte Unterwürfigkeit der Regierung unter die besitzenden Klassen. Es gab vor, die besitzenden Klassen zu retten durch Aufrechterhaltung ihrer ökonomischen Hoheit über die Arbeiterklasse; und schließlich gab es vor, alle Klassen zu vereinigen durch die Wiederherstellung des Trugbilds des nationalen Ruhms. In Wirklichkeit war es die einzige mögliche Regierungsform zu einer Zeit, wo die Bourgeoisie die Fähigkeit, die Nation zu beherrschen, schon verloren und wo die Arbeiterklasse diese Fähigkeit noch nicht erworben hatte.«[40] »Bismarck ist Louis-Napoleon, übersetzt aus dem fran-

---

39 18. Nov. 1884 Engels an Bebel, zitiert nach: Jürgen Kuczynski: Die Geschichte der Lage der Arbeiter im Kapitalismus, Bd. 2, Berlin 1962, S. 3.

zösischen abenteuernden Kronprätendenten in den preußischen Krautjunker und Korpsburschen.«[41]

Aber anstatt »Chef des Lumpenproletariats«[42], wie Louis Bonaparte, war Bismarck der Häuptling der Krautjunker, denen er durch seine Politik ihre dominierende Stellung in der Armee und in der Verwaltung bewahrte. Im Gegensatz zu jenem verfügte er über keine bäuerliche oder städtisch-kleinbürgerliche Massenbasis und mußte sich deshalb noch stärker als er auf die Repressionsorgane seines bürokratischen Staates stützen. Aber genau wie Louis Bonaparte konnte er seinen Staatsstreich nur unter Bedingung der weitgehenden Handlungsunfähigkeit aller Klassen und Fraktionen durchführen. Genau wie Bonaparte paralysierte er den Widerstand der Volksmassen durch die Oktroyierung des allgemeinen und gleichen Stimmrechts für den Reichstag. Wie die französische Bourgeoisie ihre parlamentarischen Vertreter im Stich ließ und sich Bonaparte zu Füßen warf, so scheute die preußische Bourgeoisie den ernsten Konflikt mit Bismarck, trennte sich vom Ballast ihrer freiheitlichen Ideale zugunsten ihrer handfesten wirtschaftlichen Interessen, indem sie ihre parlamentarische Vertretung desavouierte. In gewisser Weise tat Bismarck »der Bourgeoisie gegen den Willen den Willen«[43], indem er durch dynastische Kriege die Einheit Deutschlands herstellte.

Die Bourgeoisie sollte ihre Kollaboration nicht bereuen. Mit der Schaffung des Zollparlaments, der vollständigen Gewerbefreiheit und der Abschaffung der bis dahin noch bestehenden Pflicht, bei der Gründung einer Aktiengesellschaft die staatlichen Behörden um eine Konzession zu ersuchen, »wurden die letzten feudal-bürokratischen Hemmnisse in der Entwicklung der großkapitalistischen Produktion beseitigt«.[44]

Vom Standpunkt des Kapitalismus bestand Bismarcks historische Leistung darin, »die militärische Aristokratie Preußens mit dem deutschen Bürgertum vereinigt« zu haben.[45]

Unter den gegebenen Umständen ließ sich dieses Ziel nicht anders als durch den Bonapartismus erreichen. Marx und Engels ließen keinen Zweifel daran, daß sie den Bonapartismus als bürgerliche Regierungsform ansahen, der in Deutschland bestimmte feudale Reste anhafteten.[46] Unter Bismarck hörte der preußische Staat auf in erster Linie die Kasteninteressen der Junker zu vertreten, sondern wurde vielmehr zum Sach-

---

40 K. Marx: Der Bürgerkrieg in Frankreich, Berlin 1952, S. 68.
41 F. Engels: Die Rolle der Gewalt in der Geschichte, in: Marx/Engels: Deutsche Geschichte im 19. Jahrhundert, Frankfurt/M. 1969, S. 232.
42 K. Marx: Der achtzehnte Brumaire ..., a. a. O., S. 161.
43 F. Engels: Die Rolle der Gewalt ..., a. a. O., S. 237.
44 Ernst Engelbert, a. a. O., S. 448.
45 Arthur Rosenberg, a. a. O., S. 448.
46 Vgl. den Brief Engels' an Marx vom 13. April 1866, in: Marx/Engels: Briefwechsel Bd. III, Berlin 1950, S. 390; und »[a]usnahmsweise indes kommen Perioden vor, wo die kämpfenden Klassen einander so nahe das Gleichgewicht halten, daß die Staatsgewalt als scheinbare Vermittlerin momentan eine gewisse Selbständigkeit gegenüber beiden erhält. So die absolute Monarchie des 17. und 18. Jahrhunderts, die Adel und Bürgertum gegeneinander balanciert; so der Bonapartismus des

walter der kapitalistischen Klasseninteressen insgesamt (obgleich freilich bis 1918 die Junker im Staatsapparat eine Stellung innehatten, die in keinem Verhältnis zu ihrem wirtschaftlichen Gewicht stand). Insofern muß die Einschätzung des Kaiserreichs als absolutistische oder halbabsolutistische Herrschaftsform, wie sie sowohl in den »Thesen« als auch bei Drabkin zum Ausdruck kommt, als verwirrend und unklar abgelehnt werden.

Die politische Struktur des Reiches beruhte auf dem preußischen Militarismus; er war der Kitt, der das Bündnis Junker-Industrie zusammenhielt. Dieses Bündnis »ließ eben nichts anderes zu als die politische Unterdrückung der Arbeiterklasse«.[47] Die Art und Weise, in der Bismarck sich seine parlamentarischen Mehrheiten verschaffte, indem er nämlich die verschiedenen Bourgeois-Fraktionen gegeneinander ausspielte und dabei bewies, wie gut er die bonapartistische Klaviatur zu spielen wußte, vermag unserer Analyse keine entscheidenden Erkenntnisse hinzuzufügen. Wenden wir uns also der weiteren Entwicklung des Deutschen Reiches zu.

Der junkerlich-bourgeoise Imperialismus

War ein weiterer Schritt zur ökonomischen Verschmelzung zwischen Junkern und städtischer Bourgeoisie bereits in den Spekulationsgeschäften der Gründerjahre getan worden, so trat die endgültige Wende im Jahre 1878 ein. Bismarck hatte sich bis dahin vor allem auf die Nationalliberalen als Partei der Hauptfraktion der Industriebourgeoisie gestützt; er wurde nun zum Geburtshelfer jener Koalition von »Roggen und Stahl«, die seitdem die Grundlage der deutschen Politik bildete. Das neue Bündnis, das sich parlamentarisch als Block der Konservativen (Junker), der Deutschen Reichspartei (Schwerindustrie), teilweise der Nationalliberalen und des katholischen Zentrums (Adel, Bourgeoisie und Kleinbürgertum) darstellte, war möglich geworden durch einen Kurswechsel der Junker in der Frage der Schutzzölle. Hatten sie diese bislang abgelehnt, um die Industriepartei nicht noch weiter erstarken zu lassen, sahen sie nun ihre eigenen Profite bedroht durch das billige amerikanische Getreide, das den europäischen Markt zu überschwemmen drohte. Als Kehrseite des Bündnisses begann mit den Sozialistengesetzen der Vernichtungsfeldzug gegen die Sozialdemokratie, dessen erfolglose erste Runde mit der Entlassung Bismarcks durch den neuen Kaiser Wilhelm II. im Jahr 1890 und einem überwältigenden Wahlsieg für die SPD zu Ende ging.

---

ersten und namentlich des zweiten französischen Kaiserreichs, der das Proletariat gegen die Bourgeoisie und die Bourgeoisie gegen das Proletariat ausspielte. Die neueste Leistung in dieser Art, bei der Herrscher und Beherrschte gleich komisch erscheinen, ist das neue deutsche Reich Bismarckscher Nation: Hier werden Kapitalisten und Arbeiter gegeneinander balanciert und gleichmäßig geprellt zum Besten der verkommenen preußischen Krautjunker.« F. Engels, Der Ursprung der Familie, des Privateigentums und des Staats, Berlin 1964, S. 193.

47 Arthur Rosenberg, a. a. O., S. 29.

1 Der Charakter der Novemberrevolution – Die stalinistische Geschichtsschreibung

Unter Reichskanzler Caprivi – 1890–1894 – machte die Industriebourgeoisie den nach 1848 ersten und letzten Versuch, ohne die Junker zu regieren, d. h. ohne auf deren Sonderinteressen ständig Rücksicht nehmen zu müssen. Parallel dazu liefen einige Avancen gegenüber der Arbeiterklasse und eine außenpolitische Neuorientierung, die bereits den Beginn des imperialistischen Zeitalters in Deutschland anzeigte.

Der Sturz Caprivis und die erneute Stärkung der extremen Reaktion konnten das langsame, aber stetige Vordringen der Industriebourgeoisie auf Kosten des Junkertums nicht aufhalten. Im Gegenteil: Die Spitzen der Schwerindustrie, wie Krupp und Stumm, standen selber auf dem reaktionären Flügel, nicht auf dem liberalen. Rosenbergs Behauptung, »Deutschland wurde unter Wilhelm II. konservativ-agrarisch regiert, und das Bürgertum stand daneben«[48], entspricht einem Bild vom Bürgertum, das der Wirklichkeit längst nicht mehr gerecht wurde. Im Zuge eines enormen Zentralisations- und Konzentrationsprozesses des Kapitals und eines erneuten wirtschaftlichen Aufschwunges, der Deutschland an die Spitze der europäischen kapitalistischen Länder setzte, bildete sich durch die Verschmelzung von Industrie- und Bankkapital ein monopolisiertes Finanzkapital heraus, das nach kolonialen Extraprofiten gierte. Auf der einen Seite produzierte die Entwicklung des Kapitalismus eine kleine oligarchische Schicht, zu der die Monopole der Schwerindustrie, der Chemie- und Elektroindustrie und die Großbanken zählten. Andererseits nahmen die wirtschaftlichen Schwierigkeiten der Junker zu, die mehr als je auf den hilfreichen Arm des Staates angewiesen waren. Abgesehen von der fortschreitenden Verflechtung von landwirtschaftlichem und industriellem Kapital, hatte der Großgrundbesitz kein direktes Interesse an einer imperialistischen Außenpolitik. Indem die Monopole seine zahlreichen Vergünstigungen im Zoll- und Steuerwesen unangetastet ließen, versicherten sie sich der Unterstützung der Junker für die Rüstungspolitik.

Das besonders aggressive Wesen des deutschen Imperialismus beruhte nicht etwa auf seinen feudalen Überbleibseln, sondern darauf, daß er zu spät auf der internationalen Arena erschienen war und nun eine Neuverteilung der Welt nur noch auf kriegerischem Wege erhoffen konnte. Der sprunghafte Regierungsstil Wilhelms II. mag – von höherer Warte betrachtet – für die Monopole manche wertvolle Chance verspielt haben, war aber im Wesen des deutschen Imperialismus selbst begründet – und nicht in irgendwelchen feudal-absolutistischen Relikten.

Der Spielraum für Bismarcks Bonapartismus hatte sich nach 1878 wesentlich verengt, als ihn das politische Auftreten der deutschen Arbeiterklasse auf die Seite der offenen Reaktion drängte. Die Tatsache, daß er später wiederholt mit dem Gedanken der Militärdiktatur spielte, zeigt deutlich die Krise, in die das politische Gebäude seines Regimes geraten war. Nach der Verfassung des Deutschen Reiches sollte der König von Preußen eine Art erblicher Bonaparte sein – aber nicht Wilhelm I., sondern sein Kanzler und Ministerpräsident Bismarck hatte diese Rolle wahrgenommen. Die

---
48 Ders., a. a. O., S. 40.

politische Konstruktion des Bonapartismus bedarf der Ausrichtung auf eine bestimmte Persönlichkeit, und insofern mußte das bonapartistische Regime zu zerbröckeln beginnen, nachdem Bismarck seines Amtes entkleidet worden war.

Aber unter den politischen Bedingungen einer rasch wachsenden Sozialdemokratie und noch immer nicht völlig überwundener Fraktionskämpfe zwischen dem industriellen und dem agrarischen Flügel der Großbourgeoisie sah die herrschende Klasse keine Alternative zum selbstherrlichen Regiment Wilhelms II. Dieser versuchte, selbst die bis dahin von Bismarck gespielte Rolle zu übernehmen. Anstatt aber wie Bismarck mit den Fraktionen und ihren Parteien zu jonglieren, jonglierten diese mit ihm: Die Einflußnahme der Monopole vollzog sich vorwiegend durch persönliche Bearbeitung des Monarchen, ein »planloses Durcheinander der einzelnen Firmeninteressen«[49] paralysierte die kaiserliche Politik.

So schleppte sich das Kaiserreich von einer Krise zur anderen. Es war ein Bonapartismus, der nicht mehr funktionieren wollte, ein Bonapartismus mit einem Möchtegern-Bonaparte an der Spitze; aber wie ehedem bestimmt durch die Unfähigkeit jeder der beiden Hauptfraktionen der Bourgeoisie, allein und aus eigenen Kräften zu regieren, bestimmt durch die besondere Form der politischen Unterdrückung der Arbeiterklasse, die ihrerseits noch nicht stark genug war, gestützt auf das Kleinbürgertum in den Städten und auf dem Lande ihrem Anspruch auf die politische Macht erfolgreich Geltung zu verschaffen. Charakteristisch für das Hohenzollern-Reich blieben seine verselbständigte Bürokratie, sein Militarismus und die Unverantwortlichkeit der Regierung gegenüber dem Parlament.

Die kommende Revolution

Die Dinge trieben in Deutschland vor 1914 zielstrebig auf eine revolutionäre Krise zu, »Von 1908 bis 1914 hatte sich der Gegensatz zwischen der regierenden Aristokratie und den Massen des Volkes immer mehr zugespitzt. Ereignisse wie die ›Daily-Telegraph‹-Affäre, die Wahlen von 1912 [bei der die SPD nun auch nach der Zahl der Reichstagsmandate zur stärksten Partei geworden war, P. B.] und der Zabern-Streit bedeuteten zwar noch keine Revolution, aber es waren die typischen Vorgänge einer vorrevolutionären Epoche.«[50] Was für eine Revolution war das, die da auf Deutschland zukam? Die bürgerliche Umwälzung hatte sich in Deutschland in einem qualvollen, langwierigen Prozess vollzogen. Voraussetzungen dafür waren einerseits die Verwandlung des feudalen Großgrundbesitzes in einen kapitalistischen und andererseits die Schwäche und Feigheit der Bourgeoisie. Vollstrecker des entscheidenden Schlußaktes der bürgerlichen Umwälzung wurde der Bismarcksche Bonapartismus. Unter

---

49 Ders., a. a. O., S. 58.
50 Ders., a. a. O., S. 57.

dem Gewicht der nunmehr ungehinderten Industrialisierung mußte sich das Kräfteverhältnis zwischen den konkurrierenden Fraktionen des herrschenden Blocks langsam, aber sicher zu Gunsten der Industriebourgeoisie verschieben.

Kuczynski unterscheidet folgende Stadien:

»1850 bis 1880: Der Staat ist in der Hand von kapitalistisch wirtschaftenden Junkern und von Industriekapitalisten, deren letzteren Interessen *er* seit den sechziger Jahren überwiegend dient.

1880 bis 1900: Der Staat ist in der Hand des Finanzkapitals und der Junker, wobei das Finanzkapital die größere Rolle spielt.

1900 bis 1945 (bzw. bis zur Gegenwart in Westdeutschland): Der Staat ist in der Hand der Monopole (des monopolistischen Finanzkapitals) und der Junker, welch letztere aber eine seit 1918 schnell abfallende Rolle spielen.«[51] Nach dem, was wir über den Charakter des Kaiserreiches gesagt haben, konnte die Monopolbourgeoisie auch objektiv gar kein Interesse an einer Revolution haben: Das Kaiserreich vertrat ihre Interessen ausgezeichnet, und sie konnte hoffen, nach und nach einen überragenden, direkten Einfluß auf die Regierungsgeschäfte zu erlangen.

Auf der anderen Seite der Gesellschaftspyramide stand die Arbeiterklasse, die mit fünfzehn Millionen etwa die Hälfte der erwerbstätigen Bevölkerung stellte. Zwischen diesen beiden Polen bewegten sich die kleinbürgerlichen Massen auf dem Lande und in der Stadt und die nichtmonopolistische Bourgeoisie. Die Differenzierung auf dem Dorf – über die Hälfte der Bauern besaßen Parzellen bis höchstens 2 ha – und die schleichende Zerstörung des Handwerks und des Kleinhandels in der Stadt, die zusammen mit den Angestellten und Beamten sowie der kleinbürgerlichen Intelligenz etwa 20 % der Gesamtbevölkerung ausmachten, zersetzten die ehemals stärksten Klassen zu einer atomisierten Masse, die zur Bildung einer eigenen politischen Partei unfähig war. Noch weniger als das Kleinbürgertum vermochte die nichtmonopolistische Bourgeoisie eine unabhängige Rolle zu spielen und unterstützte aus Angst vor der Arbeiterklasse die Nationalliberalen.

Es existierte nun allerdings eine bürgerliche Opposition, die linksliberale Freisinnige Partei, welche Kaufleute und Intellektuelle vertrat – die Oberschicht des Kleinbürgertums. Die Linksliberalen traten zwar für eine Demokratisierung des Reiches ein, lehnten aber den außerparlamentarischen Kampf um dieses Ziel ab. »Für sich allein genommen war die Kraft der linksliberalen Opposition gering, zumal, da die Industrie mit der Regierung ging. Die politische Bedeutung der Linksliberalen lag nur in der Möglichkeit des Zusammenwirkens mit der Sozialdemokratie.«[52]

So blieb als einzige Partei, die den demokratischen Kampf konsequent führte, die SPD übrig. Unter der gegebenen Klassenkonstellation, in der die Arbeiterklasse als Führer des demokratischen Kampfes auftrat, konnte sich dieser nicht nur gegen Jun-

---

51 Jürgen Kuczynski: Geschichte der Lage ..., Bd. 14, Berlin 1962, S. 154.
52 Arthur Rosenberg, a. a. O., S. 42.

ker und Monarchie, sondern mußte sich gleichermaßen gegen die Machtpositionen der Kapitalistenklasse überhaupt richten.

In der Frühzeit des Kapitalismus, als noch viele kapitalistische Interessengruppen miteinander um ihren Anteil an der Macht rangen, hatte es *politische Revolutionen* einer Bourgeois-Fraktion gegen die andere gegeben. So beseitigte die französische Juli-Revolution (1830) die Vorherrschaft der Großgrundbesitzer und installierte diejenige der Bankiers. Die Revolution von 1848 richtete sich gegen die privilegierte Position der Bankiers im Interesse des Industriekapitals. In beiden Fällen erkämpfte freilich »das Volk«, d. h. die Pariser Arbeiter und Handwerker, den Sieg der Revolution; Triebkräfte und Ergebnis der Revolution klafften also schon 1848 auseinander.

Im Zeitalter des Imperialismus konnte jedoch eine solche politische bürgerliche Revolution nicht mehr stattfinden. Eine Schicht der Bourgeoisie, das Monopolkapital, hatte den unumstrittenen Vorrang errungen. Die nichtmonopolistische Bourgeoisie und die Oberschicht des Kleinbürgertums hatten weder den Willen, noch die gesellschaftliche Kraft, an die Spitze einer Volksrevolution gegen die Monopole zu treten. Sie spürten zu deutlich, daß im Zeitalter des Imperialismus eine antimonopolistische Revolution von Anfang an antikapitalistisch sein müßte. Es ist unbestritten, daß eine Revolution gegen das Kaiserreich nur von der Arbeiterklasse getragen werden konnte. Erlaubt uns diese Feststellung, die auch unabhängig vom tatsächlichen Verlauf der Novemberrevolution getroffen werden kann, trotzdem von der Möglichkeit einer bürgerlichen Revolution zu sprechen?

Entweder man geht, indem man vom konkreten historischen Verlauf abstrahiert, allein vom Ergebnis aus. Dann kommt man, wie wir am Beispiel Rosenbergs gesehen haben, dahin, die von Ludendorff befohlene Parlamentarisierung des Reiches im Oktober 1818 – den letzten Damm gegen die heraufziehende Revolution – als den Sieg der bürgerlichen Revolution zu bezeichnen. Oder aber man erfindet eine ganz neue Art von Revolution, die weder mit der klassischen bürgerlichen Revolution gegen den Feudalismus noch mit der proletarischen Revolution gleichzusetzen ist. Das ist der Weg der DDR-Historiker. Unter Berufung auf Lenins »Zwei Taktiken« heißt es: »Das Ziel der bürgerlich-demokratischen Revolution war nicht, wie bei der bürgerlichen Revolution der Vergangenheit, die Diktatur der Bourgeoisie, sondern die revolutionär-demokratische Diktatur des Proletariats und der Bauernschaft, die unmittelbar an die proletarische Revolution heranführte.«[53]

Als Lenin die »Zwei Taktiken« schrieb, ging er in der Tat noch von der Möglichkeit und Notwendigkeit der demokratischen Diktatur als radikales Stadium der bürgerlichen Revolution aus. Es ist allerdings für unsere Argumentation gar nicht von Bedeutung, daß Lenin selbst diese Auffassung später, aufgrund der wirklichen Entwicklung der russischen Revolution, mit der Formulierung der *Aprilthesen* zurückgenommen hat. Die russische Revolution hat eine solche »demokratische Diktatur« nie erlebt. Die

---

53 Walter Nimtz, a. a. O., S. 694.

Oktoberrevolution wurde möglich und notwendig, weil die Bourgeoisie die demokratischen Aufgaben nicht zu lösen vermochte; die aus dem Oktoberaufstand hervorgegangene Regierung aber war nichts anderes als die *Diktatur des Proletariats*, die die demokratischen Aufgaben Rußlands »im Vorübergehen« mitbewältigte, ohne jedoch dabei stehen zu bleiben: »Wir haben die Fragen der bürgerlich-demokratischen Revolution während des Vorrückens, im Vorbeigehen, als ›Nebenprodukt‹ unserer hauptsächlichen und eigentlichen, unserer proletarisch-revolutionären, sozialistischen Arbeit gelöst. [...] Die bürgerlich-demokratischen Umgestaltungen – haben wir gesagt und haben wir durch Taten bewiesen – sind ein Nebenprodukt der proletarischen, das heißt der sozialistischen Revolution.«[54] Nehmen wir aber selbst an, Lenins »Zwei Taktiken« hätten ihre Gültigkeit für Rußland behalten, so entbehrt es doch jeder Grundlage, Lenin die Prognose zu unterstellen, in *allen* kapitalistischen Ländern würde zunächst eine bürgerlich-demokratische Revolution stattfinden: Bereits im Oktober 1918 bereiteten sich die Bolschewiki auf Lenins Initiative hin darauf vor, der unmittelbar bevorstehenden »proletarischen Revolution in Deutschland« zu Hilfe zu eilen.[55]

Die Aufgaben der Novemberrevolution

Zahlreiche Aufgaben der bürgerlich-demokratischen Revolution blieben in Deutschland auch nach der Oktoberreform ungelöst:
- die Monarchie im Reich und den Einzelstaaten bestand fort;
- die Rolle der Einzelstaaten, ihr Verhältnis zueinander, hatten sich nicht verändert, die bevorrechtigte Stellung einiger Staaten blieb unangetastet;
- der Einfluß der Junker auf Armee und Verwaltung blieb ungebrochen;
- die Privilegien des Adels waren nicht aufgehoben worden, und
- die Allmacht der Junker auf dem Lande, die Rechtlosigkeit der Landarbeiter blieben unverändert.

Die Lösung dieser Aufgaben ließ sich durchaus bewerkstelligen, ohne die Macht des Kapitals anzutasten. Die Novemberrevolution hat sie auch – allerdings nicht einmal gründlich – gelöst und war in ihrem Ergebnis insofern bürgerlich-demokratisch. Dieses Ergebnis war aber nicht der krönende Höhepunkt einer positiven, genuinen, revolutionär-demokratischen Entwicklung, sondern war, wie die Oktoberreformen, *das negative Resultat eines konterrevolutionären Anschlages auf die bereits begonnene proletarische Revolution!* Die Aufgaben dagegen, die die DDR-Historiker der »bürgerlich-demokratischen« Novemberrevolution unterschieben, waren indessen keineswegs so ohne weiteres mit den Interessen des Kapitals vereinbar: »[...] den Militarismus zu vernichten und die Säuberung des Staatsapparates sowie die Enteignung der

---
54 W. I. Lenin; Zum 4. Jahrestag der Oktoberrevolution, in: Ausgewählte Werke, Bd. III, S. 730.
55 W. I. Lenin: Über Deutschland und die deutsche Arbeiterbewegung, Berlin 1957, S. 455.

Junker und Kriegsverbrecher durchzuführen«.[56] Wenn nämlich die Säuberung des Staatsapparats eventuell noch zu verdauen war, so konnte doch »Enteignung der Kriegsverbrecher« nur heißen: Enteignung der Rüstungsindustrie, also der monopolistischen Giganten! Und die »Vernichtung des Militarismus« läuft endlich auf die »Abschaffung« des Imperialismus hinaus – eine vollends *antikapitalistische* Aufgabe (sofern die stalinistischen Geschichtsschreiber sich mit uns auf Lenins Einsicht verstehen wollen, daß der Imperialismus eben nichts anderes ist als die höchste Stufe der kapitalistischen Entwicklung)! Aber freilich waren eben dies die Aufgaben, die sich die in Bewegung geratenen Massen gesteckt hatten. Und die Eberts und Noskes wußten nur zu genau, weshalb sie gerade *diese* Aufgaben nicht anpacken dürften. Sie wußten, daß die Arbeitermassen sich nicht irgendwo auf halbem Wege aufhalten lassen würden, nachdem sie diese Richtung erst einmal eingeschlagen hätten. Schon in den ersten großen Streiks Anfang Dezember tauchte – neben den ökonomischen und demokratischen Forderungen – die Forderung nach der Sozialisierung der Schwerindustrie auf. Weil die konterrevolutionäre Ebert-Noske-Regierung den Zusammenhang zwischen der Vernichtung des Militarismus, der Säuberung des Staatsapparates und der Entmachtung der Junker mit der Macht der Monopole besser durchschaute als die stalinistische Geschichtsschreibung, gab sie dem Druck der Massen – auch der mehrheitssozialdemokratischen Massen! – nicht nach; die demokratischen Aufgaben konnten eben nur – »im Vorbeigehen« – von der Diktatur des Proletariats mit gelöst werden.

Die Kontinuität des revolutionären Prozesses

Die inneren Widersprüche und die wissenschaftliche wie politische Untauglichkeit der stalinistischen Interpretation der Novemberrevolution als einer »bürgerlich-demokratischen« treten indes vollends bei der Beurteilung der unmittelbaren Folgezeit zu Tage. Die DDR-Geschichtsschreibung muß nämlich, um jenen »bürgerlich-demokratischen« Charakter zu konstruieren, den Komplex der deutschen Revolution nach dem I. Weltkrieg willkürlich auf die wenigen Wochen vom November 1918 bis zum Januar 1919 reduzieren; die Zeit vom Sturz des Kaisers bis zur Spartakus-Woche muß als eine in sich abgeschlossene Entwicklungsetappe behandelt werden. Nur indem die tatsächliche Kontinuität zwischen den Novemberkämpfen und den großen proletarischen Klassenbewegungen der folgenden Jahre kaschiert wird, kann die Fiktion einer besonderen, eigenständigen »bürgerlich-demokratischen Etappe« aufrechterhalten werden. Wir werden sehen, daß dieses Zerreißen des inneren Zusammenhangs, der *Prozeßhaftigkeit* der Revolution nicht nur einerseits die logisch notwendige Konsequenz der *Konstruktion* eines »bürgerlich-demokratischen Charakters«, sondern andererseits ebenso das Wesensmerkmal der stalinistischen Ideologie und in sofern die

---

56 Thesen, a. a. O., S. 8.

theoretische *Voraussetzung* einer solchen Konstruktion darstellt. Nach dem Willen der DDR-Historiker hatte es sich im November ja nicht einfach um eine bürgerlich demokratische Revolution, sondern vielmehr um eine unvollendete bürgerlich-demokratische Revolution gehandelt, denn wir wurden ja belehrt, daß erst in den Jahren 1945–48 »die Aufgaben der bürgerlich-demokratischen Revolution unter Führung der Arbeiterklasse und ihrer Partei auf dem Gebiet der Deutschen Demokratischen Republik gelöst wurden«[57]. Also bleiben zwei Möglichkeiten: *Entweder* es handelte sich bei den proletarischen Massenkämpfen der Jahre 1919–1923 wiederum nur um bürgerliche Bewegungen – *oder* sie dürfen nicht die folgerichtige Fortführung der November/Januar-Kämpfe gewesen sein; entweder wird der proletarisch-sozialistische Charakter von Arbeiter-Massenkämpfen geleugnet, die immerhin weitgehend unter der Führung der Kommunistischen Partei standen, oder die innere Einheit des revolutionären Prozesses in den Nachkriegsjahren, die wesentliche Kontinuität der Massenbewegung muß zerrissen werden.

Aus welchen Gründen die SED-Hofhistoriker dem zweiten Weg den Vorzug geben, liegt auf der Hand. Aber sehen wir uns genauer an, was es mit beiden alternativen Interpretationsmöglichkeiten auf sich hat. In der Tat bezeichnet die Entwicklung der Kämpfe vom November bis Januar nicht etwa die Revolution selbst, sondern nur eine *Episode* des revolutionären Entwicklungsprozesses. Nicht der November ist der Beginn und der Januar das Ende der Revolution, sondern die ganze November-Januar-Periode bildet den Auftakt eines Prozesses, der erst im *Oktober 1923* seinen vorläufigen Abschluß findet. Und wie sah dieser Prozeß konkret aus? Auf die Niederlage des Spartakus-Aufstandes im Januar und der Bremer Räterepublik im folgenden Monat folgt statt eines Niedergangs ein neuer Aufschwung der Bewegung, folgt der mitteldeutsche Generalstreik vom Februar-März, seinerseits fortgeführt im blutigen Berliner Generalstreik desselben Monats, auf den dann im April der nicht minder blutige Generalstreik im Ruhrgebiet folgt – gleichzeitig mit der Münchener Räterepublik! Diese Bewegungen sind nicht weniger als eine unmittelbare Fortführung der Spartakus-Kämpfe um die Jahreswende. Der Januar war alles andere als ein Ende der Revolution. Obwohl der revolutionäre Teil des Berliner Proletariats – in einem gewissen Sinn die Avantgarde der deutschen Arbeiterklasse – so blindlings in jene Falle getappt war, vor der die Bolschewiki die russischen Arbeiter im Juli so geschickt zu bewahren vermocht hatten, waren weder die revolutionären Energien der proletarischen Massen verausgabt noch die Dynamik der Massenbewegung auch nur für einen Moment unterbrochen. Was wir in der zweiten Hälfte des Jahres 1919 erleben, ist keineswegs ein Zurückfluten des Klassenkampfs, sondern lediglich eine *Verlagerung* des Kampfterrains, wie sie ähnlich Rosa Luxemburg bereits in der russischen Revolution des Jahres 1905 beobachtet hatte – eine zeitweilige Verschiebung der Auseinandersetzung von der politischen auf die wirtschaftliche Ebene: »Allein die Bewegung im ganzen geht nicht bloß

---

57 Vgl. Ulbricht: Begründung ..., a. a. O., S. 45.

nach der Richtung vom ökonomischen zum politischen Kampf, sondern auch umgekehrt. Jede von den großen politischen Massenaktionen schlägt, nachdem sie ihren politischen Höhepunkt erreicht hat, in einen ganzen Wust ökonomischer Streiks um. Und dies bezieht sich wieder nicht bloß auf jeden einzelnen von den großen Massenstreiks, sondern auch auf die Revolution im ganzen. Mit der Verbreitung, Klärung und Potenzierung des politischen Kampfes tritt nicht bloß der ökonomische Kampf nicht zurück, sondern er verbreitet sich, organisiert sich und potenziert sich seinerseits in gleichem Schritt. Es besteht zwischen beiden eine völlige Wechselwirkung.

Jeder neue Anlauf und neue Sieg des politischen Kampfes verwandelt sich in einen mächtigen Anstoß für den wirtschaftlichen Kampf, indem er zugleich seine äußeren Möglichkeiten erweitert und den inneren Antrieb der Arbeiter, ihre Lage zu bessern, ihre Kampflust erhöht. Nach jeder schäumenden Welle der politischen Aktion bleibt ein befruchtender Niederschlag zurück, aus dem sofort tausendfältige Halme des ökonomischen Kampfes emporschießen. Und umgekehrt. Der unaufhörliche ökonomische Kriegszustand der Arbeiter mit dem Kapital hält die Kampfenergie in allen politischen Pausen wach, er bildet sozusagen das ständig frische Reservoir der proletarischen Klassenkraft, aus dem der politische Kampf immer von neuem seine Macht hervorholt, und zugleich führt das unermüdliche Bohren des Proletariats alle Augenblicke bald hier, bald dort zu einzelnen scharfen Konflikten, aus denen unversehens politische Konflikte auf großem Maßstab explodieren.«[58]

Nachdem das deutsche Proletariat im Enthusiasmus des ersten Augenblicks an vielen Stellen zu weit vorgeprescht war, nachdem es sich von der Reaktion zu zahlreichen planlosen, voneinander isolierten und deshalb aussichtslosen Angriffs-Unternehmungen hatte provozieren lassen – an den Spartakus-Aufstand knüpft sich eine lange Kette von äußerst kurzlebigen »Räterepubliken« in allen Teilen Deutschlands! –, zieht sich die Arbeiterklasse für einen kurzen Augenblick vom Schauplatz des politischen Kampfes auf die wirtschaftlichen Auseinandersetzungen zurück, ernüchtert von den ersten überschwenglichen Erwartungen, aber keineswegs demoralisiert. In dieser kurzen Zeitspanne werden die Erfahrungen der vergangenen Wochen und Monate verarbeitet, klären sich die ideologischen Fronten, werden die Reihen der Avantgarde umgruppiert. Die Arbeiterklasse tritt einen Schritt zurück, wie um für einen neuen großen Sprung nach vorn möglichst viel Schwung zu bekommen.

Die Kette der wirtschaftlichen Streiks mit ihren beiden Höhepunkten, dem Streik der Reichsbahner vom Juni/Juli und der Streik der Berliner Metallarbeiter vom September bis November, stellt die Kontinuität der Massenbewegung von den politischen Kämpfen des ersten Halbjahres 1919 bis hin zum großen politischen Generalstreik ge-

---

58 Rosa Luxemburg, Massenstreik, Partei und Gewerkschaften, in: Politische Schriften, Bd. I, Ffm. 1966, S. 177; es handelt sich hier wohlbemerkt nicht um das allgemeine Verhältnis zwischen wirtschaftlichem und politischem Kampf, sondern um das Verhältnis, wie es sich während der Revolution herausbildet!

gen den Putsch der Kapp-Lüttwitzschen Freikorps im März 1920 her. Dieser Generalstreik bietet der deutschen Arbeiterklasse eine einzigartige Chance, an die Eroberung der politischen Macht planmäßig und konkret heranzugehen. Jedoch aufgrund der ultralinken Enthaltsamkeits-Politik der linken USPD und der Wankelmütigkeit der jungen und unerfahrenen KPD-Führung wird die Chance vertan. Es wäre möglich gewesen, der Mehrheitsverhältnisse im bürgerlichen Parlament ungeachtet, eine Arbeiterregierung zu bilden, die ihre Macht und Legitimität ausschließlich aus der organisierten Arbeiterklasse bezogen hätte, ohne jegliche Verantwortung gegenüber den legalen Institutionen der bürgerlichen Republik, als selbst die ultra-rechte Führungsspitze des ADGB angesichts des offensichtlichen Verrats ihrer bürgerlichen Bundesgenossen von gestern bei der revolutionären Vorhut der Arbeiterklasse Rückhalt suchen mußte. Aber auch nach diesem ungenutzten Sieg, dieser halben Niederlage, reicht die revolutionäre Energie der Arbeitermassen aus, um die *Rote Ruhrarmee* in den Kampf gegen die Reichswehr zu führen, und am Ende des Jahres entsteht schließlich mit dem Anschluß der linken USPD an die Kommunistische Internationale in Deutschland eine kommunistische Massenpartei mit einigen hunderttausend Mitgliedern – als folgerichtiges Resultat des ideologischen Reifungsprozesses, den die Vorhut der deutschen Arbeiterklasse im Verlauf der revolutionären Ereignisse seit dem Herbst 1918 durchlaufen hat, auch dies ein Element der Kontinuität des revolutionären Prozesses.

Erst die putschistische »März-Aktion« und die bewaffneten Kämpfe in Mitteldeutschland 1921 vermögen es, die Dynamik der proletarischen Massenkämpfe wenn schon nicht zu zerreißen, so doch erstmalig ernsthaft einzudämmen. Und so erlebt das Jahr 1922 eine vergleichsweise »friedliche« Entwicklung der Klassenkämpfe, aber bereits am Ende des Jahres wird in der beginnenden Inflation der neue revolutionäre Aufschwung ahnbar. Im Januar besetzen die französischen Imperialisten das Ruhrgebiet, der von der Reichsregierung verkündete »passive Widerstand« erschüttert das ohnehin nicht eben stabile Gebäude der bürgerlichen Republik bis in die Grundmauern. Mit dem Metallarbeiterstreik im Mai, dem Kampf um den Antifaschistentag Ende Juli und schließlich dem siegreichen politischen Generalstreik gegen die Regierung Cuno spitzen sich sämtliche politischen Entwicklungsströme auf eine radikale Lösung der politischen Krise zu: hier das Anwachsen der faschistischen Massenbewegungen und Kampfverbände, dort die Sammlung der proletarischen Avantgarde zur entscheidenden Schlacht. Die Eroberung der politischen Macht durch die Arbeiterklasse, die proletarische Revolution ist im Spätsommer/Herbst noch einmal und noch greifbarer als je zuvor eine konkrete Aktualität. Wieder ist es die falsche Politik der *Führung*, die die Chance ungenutzt verstreichen läßt – und diesmal ist es bereits vor allem die langsam aber sicher verbürokratisierende Komintern-Spitze, die die Hauptverantwortung trifft. Aber die ungenutzte Chance stellt sich diesmal als eine entscheidende *Niederlage* heraus, die böseste Niederlage, die der revolutionäre Klassenkampf kennt: die kampflose Kapitulation. Und diese Niederlage fällt zusammen mit dem Beginn der wirtschaftlichen Stabilisierung der kapitalistischen Weltwirtschaft, die Inflation wird liquidiert, die bürgerlichen Regierungskoalitionen werden strapazierfähiger. Jetzt erst, nach fünf Jahren ununterbrochener, häufig blutiger revolutionärer Massenkämpfe findet der durch den Sturz der Hohenzollern eingeleitet revolutionäre Prozeß seinen vorläufig endgültigen Abschluß. Und wir haben gesehen, wie jede neue Initiative der Arbeiterklasse mit zwingender Logik aus den Kämpfen des gestrigen Tages hervorgeht, dort ansetzt, wo der letzte Vorstoß steckengeblieben war, die gescheiterten Ansätze wieder aufnimmt und weiterentwickelt, kurz: wie sich die wechselhafte Kurve der einzelnen, teilweise vereinzelten proletarischen Attacken in das Gesamtbild einer einzigen großen und komplexen Offensive fügt.

Es ist ein *Prozeß*, mit Ebbe und Flut sicherlich, aber ohne *Bruch* in der Entwicklungslinie, ohne *Unterbrechung*. Und es dürfte selbst intelligenteren Vertretern der stalinistischen Schule schwerfallen, in diesem Prozeß nicht mehr zu sehen als den bloßen Versuch, den Militarismus zu vernichten und die Säuberung des Staatsapparates sowie die Enteignung der Junker und Kriegsverbrecher durchzuführen. Die Räterepubliken von 1919, die Kämpfe der Ruhrarmee 1920, die März-Aktion 1921, der Hamburger Aufstand im Oktober 1923 – alles nur, um irgendeinem Spießerideal der »reinen« bürgerlichen Demokratie nachzujagen?! Das ist selbst für einen stalinistischen »Theoretiker« etwas zu viel. Wenn aber einerseits die sogenannte »bürgerlichdemokratische Revolution« vom November/Januar unvollendet geblieben ist, wie uns die DDR-Historiographie versichert, wenn andererseits der Versuch der Arbeitermassen, diese Revolution weiterzuführen und zu »vollenden«, zu nichts anderem als der proletarischen Machtergreifung und zur Räterepublik führen mußte, dann hatten wir es also wohl doch nicht mit einer besonderen, eigenständigen »bürgerlichdemokratischen Etappe« der Revolution, sondern mit einer *Verflechtung* der demokratischen mit den proletarisch-sozialistischen Aufgaben, hätten wir es also mit einem *ununterbrochenen Prozeß* zu tun und wären also selbst mit der stalinistischen Prämisse vom ursprünglich bürgerlichen Charakter der Novemberrevolution bei der Theorie von der *permanenten Revolution* gelandet?!! Und da dies nun am allerwenigsten das Ergebnis stalinistischer Geschichtsforschung sein darf, muß eben die Einheit des revolutionären Prozesses, müssen Kontinuität und innere Folgerichtigkeit der Massenkämpfe zerrissen und dem leblosen Dogma von den »Etappen« geopfert werden.

Der Kern der stalinistischen Ideologie

Aber das war, wie gesagt, nicht allein eine notwendige Konsequenz aus der immanenten Unstimmigkeit der These von der bürgerlich-demokratischen Novemberrevolution, war auch nicht bloß eine ideologische Rechtfertigung der in den materiellen Interessen der sowjetischen und DDR-Bürokratie bedingten opportunistischen These von der »demokratischen, antimonopolistischen Etappe« in der Bundesrepublik, sondern sie ist zugleich der theoretische *Ausgangspunkt* für die Revision der marxistischen Theorie der proletarischen Revolution durch den Stalinismus.

Denn gerade die Weigerung, die *Prozeßhaftigkeit* der proletarischen Revolution einzusehen, macht das gemeinsame Wesen der beiden stalinistischen Theoreme *par excellence* aus: der »Revolution in Etappen« und des »Sozialismus in einem Land«. Beide Theorien sind im Grunde sogar identisch: Es handelt sich um die Anwendung ein und desselben Prinzips auf die beiden Dimensionen der prozeßhaften *Einheit* der proletarischen Weltrevolution – einmal auf die zeitliche, das andermal auf die räumliche Dimension.

Die stalinistische Geschichtsschreibung nimmt die deutsche Revolution nach dem I. Weltkrieg »an und für sich«, nämlich losgelöst aus ihrem internationalen Zusammenhang. Sie geht *nicht* aus von der *allgemeinen Krise des internationalen imperialistischen Systems* als Ergebnis des Weltkrieges, sondern sie geht aus von dem isoliert betrachteten, vereinzelten Phänomen der »Ereignisse« (oder sollte man sagen: der historischen *facts*?!) in Deutschland zwischen dem November 1918 und dem Januar 1919. Sie begreift nicht, daß der Weltkrieg die Niedergangsepoche des Imperialismus und damit die Epoche der proletarischen Weltrevolution eröffnet, sie nimmt weder die deutsche noch die russische Revolution als Bestandteil und Ausdruck ein und derselben internationalen Krise, die sie zwar durchaus wahrnimmt, aber nicht zum *Ausgangspunkt* ihrer Untersuchung macht, sondern allenfalls zum *Accessoire*: es gab eine Revolution in Rußland und eine in Deutschland – und »außerdem« gab es da auch noch eine internationale Krise ... So wird zwar an gegebener Stelle eine »Auswirkung« der Oktoberrevolution auf die revolutionäre Entwicklung in Deutschland festgestellt, aber diese »Auswirkungen« sind durchaus äußerlich, denn sie bezeichnen keinen inneren *Zusammenhang*; ja, sie sind so äußerlich, daß sie mit Vorliebe auf den ideellen Einfluß der Bolschewiki und insbesondere Lenins auf die deutsche Bewegung verengt werden.[59] Denn würde die stalinistische Geschichtsschreibung die internationale Krise des Imperialismus im und nach dem Weltkrieg zu ihrem *Ausgangspunkt* machen, würde sie die Analyse unter dem Gesichtspunkt des Anbruchs einer neuen Epoche, der *Epoche der proletarischen Weltrevolution* beginnen, so könnte sie weder die Einheit des revolutionären Prozesses in Deutschland bis 1923 übersehen – denn bis in dieses Jahr reicht die ökonomische wie politische Zerrüttung des gesamten imperialistischen Gefüges, erst Ende jenes Jahres setzt die sogenannte »relative Stabili-

---

59 Siehe z. B.: Paul Winkler, Lenins' Hilfe für die deutschen Linken, in: »Die Gründung der Kommunistischen Partei Deutschlands«, (Ost-)Berlin 1959: In diesem Sammelband, einem »Protokoll der wissenschaftlichen Tagung des Instituts für Gesellschaftswissenschaften, der Parteihochschule »Karl Marx« und des Instituts für Marxismus-Leninismus beim ZK der SED« zum 40. Jahrestag der KPD-Gründung, findet sich außer dem genannten lediglich ein weiterer Beitrag, der etwas vom internationalen Zusammenhang der deutschen Revolution ahnen läßt – er trägt den bezeichnenden Titel: Der Widerhall (!) der deutschen Novemberrevolution und der Gründung der KPD in der tschechoslowakischen Arbeiterbewegung.

sierung« des Weltkapitalismus endgültig ein! –, noch hätte sie so bedenkenlos im Beginn der proletarischen Weltrevolution eine bürgerlich-demokratische Revolution wahrnehmen können!

Aber eben dies macht die stalinistische Methode aus. Für den Marxismus ist der *internationale Charakter der Arbeiterklasse* – der einzigen internationalen Klasse in der Geschichte – die theoretische Voraussetzung für den Begriff der proletarischen Revolution; die proletarische Revolution bildet als Selbstbefreiungskampf dieser einzigen internationalen Klasse einen ganzheitlichen Prozeß. Wenn das Proletariat als Klasse nur international existieren kann, so kann es sich letzten Endes auch nur international befreien. Die proletarische Revolution ist bereits begrifflich und von Anfang an *Weltrevolution*; die einzelnen Umstürze, Machtergreifungen, Diktaturen in den einzelnen Ländern werden so von Anbeginn nur als besondere Momente, als *Ausdruck* ein und desselben historischen Prozesses angesehen. Der Stalinismus reißt dagegen diesen einen, ganzheitlichen Prozeß in zeitliche und räumliche Fetzen. Räumlich wird die Revolution in einzelne »Sozialismen« in dem jeweils »einen Land« aufgesplittert, und der »Aufbau« dieser nationalen Sozialismen wird seinerseits in zeitlich von einander säuberlich geschiedene »Etappen« zergliedert. Sollte sich aus den diversen räumlichen und zeitlichen »Etappen« als Resultante so was ähnliches wie eine Weltrevolution ergeben, so nur nachträglich – und allenfalls als ein glücklicher Zufall. Es handelt sich um eine vollständige Umkehrung der marxistischen Methode. Statt von einer komplexen Totalität, geht der Stalinismus von simplen Partikularitäten aus. Die dialektisch-historische Methode ersetzt er durch eine eklektisch-empirische. Die Eklektik jedoch, diese frivole Person, – das wußte schon der alte Bernstein – ist die Mutter allen Revisionismus', und die Empirie ist ihr fruchtbarer Schoß. Und so müssen wir am Ende Walter Ulbricht doch in einem Punkt rechtgeben. Beim Streit um den Klassencharakter der Novemberrevolution geht es tatsächlich nicht um eine akademische Rechthaberei von Fachgelehrten: Es geht um die »*gesamte Politik*« seiner Partei!

2 Deutschland 1918/19 – Revolution und Konterrevolution

1979

Die deutsche Revolution 1918/19 war Bestandteil einer internationalen revolutionären Krise der kapitalistischen Länder, die durch den Ersten Weltkrieg ausgelöst wurde. Obwohl diese Krise in irgendeiner Form alle am Krieg beteiligten und einen Teil der neutralen Länder erfaßte, führte sie zum Umsturz nur in Verbindung mit einer militärischen Niederlage der betreffenden Staaten: Rußland, Österreich-Ungarn und Deutschland, in denen zugleich die politische Ordnung – wenn auch in ganz unterschiedlichem Maß – noch vorbürgerliche Züge trug.

Man hat die deutschen Vorgänge vielfach lediglich als »Zusammenbruch« eines überlebten und militärisch geschlagenen Systems, aber nicht als »Revolution« gesehen. Aber jede Revolution ist an die Zersetzung der vorrevolutionären Ordnung geknüpft und beginnt damit. Die revolutionäre Massenbewegung von 1918/19 war nicht ein Phänomen weniger Tage zur Zeit des Staatsumsturzes, sondern hielt – wenn auch in zwei deutlich voneinander zu unterscheidenden Phasen – bis weit in das Frühjahr 1919 an; sie erlebte noch einmal einen gewaltigen Aufschwung im Generalstreik gegen den Kapp-Putsch und den Kämpfen der »Roten Ruhr-Armee« im Frühjahr 1920 und konnte vollends erst mit der ökonomischen und politischen Stabilisierung des deutschen Kapitalismus im Herbst 1923 überwunden werden.

Die deutschen Arbeiter und Soldaten, die sich im November 1918 erhoben, waren in einem autoritären »Obrigkeitsstaat« und in Arbeiterorganisationen, die davon zwangsläufig bis zu einem gewissen Grade mitgeprägt worden waren, sozialisiert worden. In der revolutionären Nachkriegskrise machten die Massen nicht nur einen politischen Lernprozeß durch, sondern veränderten in diesem Zusammenhang insbesondere auch ihr Verhalten gegenüber Autoritäten jeder Art. Gewiß: Diese Lernprozesse verliefen widersprüchlich und uneinheitlich und konnten vor allem mit der bereits im Dezember 1918 beginnenden Verschiebung des Kräfteverhältnisses zugunsten der Gegenrevolution nicht Schritt halten. Aber bei intensiver Betrachtung unterscheidet sich die viel beklagte und verspottete »Naivität« der deutschen Arbeiter 1918/19 nicht fundamental von den Zielvorstellungen und dem Verhalten der Volksmassen in anderen Revolutionen.

Daß die Ergebnisse der deutschen Revolution von 1918/19 weit hinter das zurückfielen, was auch die gemäßigten Teile der Bewegung angestrebt hatten, steht außer Zweifel. Aber welchen Sinn macht es, nur erfolgreiche Revolutionen als solche anzuerkennen? Aus gutem Grund sprechen wir von der Revolution von 1848/49, der Russischen Revolution von 1905, der Ungarischen Revolution von 1956 usw.

Noch unsinniger scheint es mir, der deutschen Revolution 1918/19 *wegen ihrer Niederlage* einen »bürgerlich-demokratischen« Charakter zuzusprechen, wie es vor allem in der DDR geschieht. Natürlich wird dabei nicht bestritten, daß die »objektiven Bedingungen« für den Sozialismus reif waren und daß die Arbeiterklasse die Trägerin der Revolution war; doch habe das Proletariat wegen des Fehlens einer marxistisch-leninistischen Partei die Machtfrage nicht zu lösen vermocht, und damit habe die Grundvoraussetzung für die sozialistische Umwälzung gefehlt. Eine erfolgreiche Revolution in einem entwickelten kapitalistischen Land, an der man die deutschen Ereignisse von 1918/19 messen könnte, hat es jedoch bisher nicht gegeben. Und den Verlauf der Russischen Revolution 1917 zum allgemeingültigen Modell des revolutionären Prozesses zu machen, scheint mir wegen der ganz unterschiedlichen sozialen und politischen Voraussetzungen Rußlands gegenüber Deutschland (Vorherrschen der Agrarbevölkerung und -wirtschaft auf noch weitgehend vorkapitalistischer Grundlage; geringe Zahl, aber hohe Konzentration und Homogenität des Industrieproletariats; keine demokratische und reformistische Tradition) irreführend zu sein.

Die These vom bürgerlichen Charakter der deutschen Revolution 1918/19 kann nur dadurch aufrechterhalten werden, daß die zweite Phase der Revolution im Winter und Frühjahr 1919, in der die antikapitalistische Stoßrichtung der Bewegung deutlicher zutage trat, von der »Novemberrevolution« abgetrennt wird. Aber auch in der ersten Phase wiesen die antimilitaristischen und demokratischen Forderungen der Massen über die einfache Übernahme des westlichen Parlamentarismus hinaus; sie wandten sich mit der Bekämpfung des alten Systems tendenziell auch bereits gegen die Machtpositionen des Großkapitals. *Die deutsche Revolution von 1918/19 war eine hauptsächlich von der Arbeiterklasse getragene Revolution, deren Charakter gerade in der eigentümlichen Verschränkung ihrer demokratischen und sozialistischen Komponenten bestand.*

Die Strukturkrise des Kaiserreichs

Die reale Verfassung des Kaiserreichs – politische Hegemonie und soziale Privilegierung des (ökonomisch nicht mehr feudalen, sondern agrarkapitalistischen) Grundbesitzeradels bei Schutz und Förderung der wirtschaftlichen Interessen und der gesellschaftlichen Herrschaftsposition des Industrie- und Finanzkapitals unter einem autoritären, von seiner sozialen Basis relativ autonomen, monarchisch-bürokratischen Regime mit bonapartistischen Zügen – beruhte auf einem labilen Gleichgewicht, das in den Jahren vor dem Ersten Weltkrieg zunehmend ins Wanken geriet. Die Kapitalistenklasse insgesamt hatte zwar gute Gründe, die liberalen Traditionen des Bürgertums zugunsten der Stabilisierung des gesellschaftlichen Status quo zu desavouieren: Das Kaiserreich garantierte nicht nur die rechtlichen, institutionellen und machtpolitischen Voraussetzungen der Kapitalakkumulation; es hinderte vor allem die sozialdemokratische Arbeiterbewegung, ihre wachsende Anhängerschaft in politischen Einfluß umzusetzen. Der Preis dafür wurde jedoch für große Teile der Bourgeoisie und der Mittelschichten immer untragbarer: Trotz sinkender Konkurrenzfähigkeit der Großagrarwirtschaft mußte deren ökonomische Position künstlich durch hohe Agrarzölle abgesichert werden. Diese konsumentenfeindliche Zollpolitik, die natürlich auch die wirtschaftlichen Interessen der im Handel engagierten Kapitalien unmittelbar verletzte, trieb die städtischen Volksmassen – über das Industrieproletariat hinaus – der Sozialdemokratie zu. Die politische Machtstellung des Großgrundbesitzes war auch dafür verantwortlich, daß in dem Jahrzehnt vor dem Weltkrieg die zur Sicherung der Staatsausgaben notwendige Finanzreform nicht zustande kam; die Bismarcksche Verfassungskonstruktion wurde ad absurdum geführt.

In der Außenpolitik war Deutschland als verspätete imperialistische Macht auf eine offensive Strategie festgelegt, um das Mißverhältnis zwischen den ökonomischen Potenzen und den Beschränkungen hinsichtlich der Rohstoffversorgung, der Absatzmärkte und der Kapitalexportmöglichkeiten zu korrigieren. Die Koalition von Grundbesitz und Industrie erzwang indessen dabei eine gleichermaßen antibritische und antirussische Außenwirtschaftspolitik und bereitete selbst die »Einkreisung« vor, der sich Deutschland vor dem Weltkrieg gegenüber sah.

In der Innenpolitik erschwerten die Einflußlosigkeit des Reichstages gegenüber der Regierung und das preußische Dreiklassen-Wahlrecht von vornherein jeden Versuch entscheidend, die Sozialdemokratie oder Teile von ihr in den Staat zu integrieren. Deren Kampf um demokratische Rechte wurde so zu einem Angriff auf die Substanz des bestehenden Systems. Schließlich zeigten sich zwischen 1908 und 1913 in mehreren politischen Affären die Nachteile der halbautokratischen Regierungsform, die das Regime im Volk zeitweise stark isolierten und vorübergehend eine Protestkoalition gegen die Selbstherrlichkeit des Kaisers und der preußischen Herrenkaste entstehen ließen, die von den Sozialdemokraten bis zu den Nationalliberalen reichte.

Andererseits festigte die Schwerindustrie als der Teil der Wirtschaft, der mit den härtesten Arbeiterkämpfen konfrontiert war, ihr Bündnis mit dem Großgrundbesitz, um die sozialistische und demokratische Bedrohung – wenn nötig durch staatsstreichartige Änderung der Verfassung – definitiv zu zerschlagen. Die »Sammlungspolitik« versuchte nicht nur die einzelnen Fraktionen der herrschenden Klasse, sondern auch die Kleineigentümer, Beamten und Angestellten im Sinne einer präventiven Konterrevolution zu mobilisieren. Die beabsichtigte Vereinheitlichung aller agrarischen, bürgerlichen und kleinbürgerlichen Klassen und Schichten unter Führung des »Blocks an der Macht« wurde nicht erreicht, doch standen die letzten Vorkriegsjahre im Zeichen scharfer Reaktionen der Unternehmer bei Streiks, einer latenten Staatsstreichdrohung und schleichender Entliberalisierung in allen (auch den süddeutschen) Bundesstaaten. Die immer offensichtlicher werdende Krise des Obrigkeitsstaates fiel dabei zusammen mit einer – auch in anderen Ländern zu verzeichnenden – allgemeinen Verschärfung der Klassenkämpfe in der Periode des voll ausgebildeten Imperialismus. Höhepunkt der Arbeiterkämpfe neuen Typus war der große Bergarbeiterstreik von 1912.

Die Politik der Gewerkschaften und beider großen Flügel der SPD – des »zentristischen« wie des reformistischen; die revolutionären Marxisten waren eine kleine Minderheit – befand sich in der Sackgasse; eine revolutionäre Aufhebung der blockierten Verfassungsentwicklung galt als illusionär.

Die Vorbereitung der Revolution durch den Krieg

Der im August 1914 begonnene Präventivkrieg schien das außen- und innenpolitische Dilemma des Deutschen Reiches zu lösen: Galt er den Herrschenden als Reformersatz, so sahen die führenden Funktionäre der Arbeiterbewegung in seiner Unterstützung die Chance, die Demokratisierung entscheidend voranzutreiben. Vor allem die Gewerkschaften nutzten ihre Unentbehrlichkeit, um innerhalb des Systems der Kriegswirtschaft durch »konstruktive Mitarbeit« Einfluß zu gewinnen. Das »Hilfsdienstgesetz« von 1916, mit dem die Oberste Heeresleitung die Militarisierung der Arbeit hatte durchsetzen wollen, bestätigte die neuen Positionen der Gewerkschaften, u. a. durch Errichtung von »Arbeiterausschüssen« in den Betrieben. Die Mehrheitsfraktion der Sozialdemokratie betrieb durch Zusammenarbeit mit den bürgerlichen Parteien – vor allem seit der Bildung des »Interfraktionellen Ausschusses« 1917 – die Parlamentarisierung des Reiches. Diese Integrationspolitik von Gewerkschaften und SPD entfernte sich jedoch ständig mehr von der Entwicklung an der gesellschaftlichen Basis; die im Sommer und Herbst 1914 zweifellos vorhandene Übereinstimmung von Führung, Mitgliedschaft und Anhängerschaft der Arbeiterorganisationen ging verloren.

Der Erste Weltkrieg aktualisierte und verschärfte alle in der deutschen Gesellschaft strukturell angelegten Widersprüche. Durch die Einbeziehung männlicher Arbeiter zum Kriegsdienst und die Umstellung der Produktion auf kriegswirtschaftlichen Bedarf, die die Konzentration des Kapitals und die Tendenz zu normierter Massenproduktion und damit die Ersetzung gelernter durch angelernte Arbeitskräfte erheblich beschleunigten, kam es zu einer kurzfristigen starken Zusammenballung von Arbeitern in einzelnen Betrieben und Regionen. Dabei handelte es sich zum großen Teil um Frauen und Jugendliche sowie um Menschen, die aus einem nicht-industriellen, häufig agrarischen Milieu kamen. In den Belegschaften aufgeblähter Mammutbetriebe wie Thyssen (Mühlheim, Maschinenfabrik), Leuna (Merseburg, Chemie) usw. entstand die Basis eines rebellischen Arbeiterradikalismus, der in der Geschichte der deutschen Arbeiterbewegung bis dahin ein Randphänomen gewesen war. Gleichzeitig waren es besonders hochqualifizierte und gut verdienende Arbeitergruppen, wie etwa die Berliner Revolverdreher – die Kader der »Revolutionären Obleute« – die aufgrund einer bestimmten politischen Tradition zur Avantgarde der Oppositionsbewegung gegen den Krieg wurden.

Spätestens seit Frühjahr 1917 läßt sich von einer Massenbewegung der Arbeiterschaft sprechen, die sich gegen die absolute Verelendung (Sinken des Reallohnes bei unzureichender Lebensmittelversorgung), gegen politische Unterdrückung und die Kriegspolitik der herrschenden Klasse wandte. Ihren vorläufigen Höhepunkt erreichte diese Bewegung im Januar 1918, als über eine Million Arbeiter – davon mehr als ein Drittel in Berlin – unter der Drohung und mit der Konsequenz massenhafter Einberufungen zur Armee in den Ausstand traten. In die »Arbeiterrat« genannte Streikleitung wählten die Streikenden auch bekannte Führer beider sozialdemokratischer Parteien und erzwangen so eine Einheit, die auf parteipolitischer Ebene nicht mehr bestand.

Von der SPD hatte sich – endgültig Ostern 1917 – die USPD abgespalten, die eine relativ lose Föderation aller pazifistischen und antimilitaristischen Gruppen der Sozialdemokratie darstellte; zu ihr gehörte neben dem führenden Theoretiker des Parteizentrums, Karl Kautsky, z. B. auch der Protagonist des Revisionismus, Eduard Bernstein. Nachwahlen in einzelnen Reichstagswahlkreisen zeigten jedoch, daß die Mehrheit der Arbeiterschaft nach wie vor der SPD vertraute. Der USPD schloß sich auch die revolutionäre Spartakusgruppe mit Karl Liebknecht und Rosa Luxemburg an. Mit wenigen tausend Mitgliedern war sie jedoch kaum mehr als eine Propagandagruppe, die angesichts scharfer Verfolgung und mangels Verankerung in den Großbetrieben kaum Einfluß auf das Geschehen hatte. Demgegenüber gelang es der Gruppe der Revolutionären Obleute, die ebenfalls dem linken Flügel der USPD angehörte, ein dichtes Netz von Vertrauensleuten in den Berliner Metallbetrieben aufzubauen, durch das sie nicht nur genau über die Stimmung in der Arbeiterschaft orientiert war, sondern auch viel eher die Möglichkeit aktiven Eingreifens besaß.

Da die Differenzen innerhalb der Arbeiterbewegung nicht ungehindert diskutiert werden konnten, hatten die breiten Volksmassen – wenn überhaupt – nur äußerst grobe Vorstellungen über die Unterschiede der sozialistischen Parteien und Gruppierungen. Die Popularität von Philipp Scheidemann, dem mehrheitssozialdemokratischen Wortführer eines »Verständigungsfriedens« im Reichstag, wuchs ebenso wie die von Karl Liebknecht, dem wegen seines kompromißlosen Eintretens gegen den Krieg als Parlamentarier an die Front geschickten und später inhaftierten Revolutionär.

Neben der proletarischen Opposition entwickelte sich eine breitere, aber diffusere Unzufriedenheit aller Klassen und Schichten, die nicht vom Krieg profitierten. Der Protest entzündete sich, wie bei den meisten Arbeiterunruhen, vor allem am Problem der Lebensmittelversorgung. Noch stärker als die unzureichende Menge wirkten die ungleiche Verteilung und der »Schwarze Markt« als Provokation. Die soziale Ungleichheit kam offener als in »normalen« Zeiten zum Ausdruck.

Die abhängigen Mittelschichten – Angestellte und Beamte – wurden in ihrer Lebenshaltung im Verlauf des Krieges durch die Teuerung stark gedrückt und den Arbeitern angenähert, worauf sie mit einer begrenzten und – wie sich in der Revolution zeigen sollte – nur vorübergehenden Linkswendung reagierten. Das selbständige Kleinbürgertum und die Bauern sahen sich angesichts der kriegswirtschaftlichen Zwangsmaßnahmen als Opfer eines die Großindustrie begünstigenden staatlichen Dirigismus. Der Haß auf »den Staat«, »das große Geld« und »die Industrie«, teilweise auch »die Juden« und – in Süd- und Westdeutschland – »die Preußen« bildete den Gegenstand kleinbürgerlich-bäuerlichen Unmuts. Daß die Einheit der nichtkapitalistischen Klassen und Schichten sich im wesentlichen nur negativ herstellte – als Protest gegen die Begleiterscheinungen des Krieges –, erleichterte der Gegenrevolution nach dem Umsturz entscheidend die Isolierung der Arbeiterklasse von den übrigen Sektoren der Gesellschaft. Insbesondere die durch die Ernährungssituation bedingte Verschärfung des Gegensatzes von Stadt und Land spaltete objektiv das Volk. Auch durch eine systematische Bündnispolitik der Arbeiterbewegung mit der Bauernschaft, die es außerdem nicht einmal in Ansätzen gab, wäre diesem Problem nur schwer beizukommen gewesen.

Als die Oberste Heeresleitung nach dem Scheitern der letzten deutschen Großoffensive im Sommer 1918 erkannte, daß der Krieg verloren war, drängte sie auf raschen Waffenstillstand und eine Reform der Staatsinstitutionen in parlamentarischem Sinne. Dieser Vorstoß fiel mit einer Initiative der SPD und der bürgerlichen Parteien zusammen. Die sog. »Oktober-Reform« machte Deutschland zu einer parlamentarischen Monarchie britischen Typs. Der neuen Regierung traten Vertreter der Liberalen, des Zentrums und der SPD bei. Dieser Versuch, der Revolution durch die Selbstreform des alten Systems zuvorzukommen, hat manche Beobachter veranlaßt zu meinen, der Aufstand vom November sei lediglich ein Mißverständnis gewesen, da bereits alles durchgesetzt gewesen sei, was die Massen erstrebt hätten. Aber selbst wenn man davon ausgeht, daß sich die politischen Ziele der Bewegung auf die Durchsetzung des Parlamentarismus reduzieren lassen (was nicht zutrifft), war doch das erste unmittelbare Ziel, der Friedensschluß, noch keineswegs gesichert. Vor allem die Machtstellung des Militärs, namentlich die diktatorische Gewalt der kommandierenden Generäle, war nicht beseitigt. Die Reform hätte bei Änderung der militärischen bzw. politischen Konjunktur unter Umständen zurückgenommen werden können; erst der Umsturz vom November 1918 hat diese Möglichkeit definitiv ausgeschlossen.

Der Staatsumsturz als Beginn der Revolution

Revolutionen werden nicht »gemacht« von bewußten Revolutionären, sondern entstehen aus spontanem Aufbegehren unzufriedener Volksmassen, dem ein Erosionsprozeß des herrschenden Systems vorausgeht. Obwohl die Ereignisse in Deutschland in der zweiten Jahreshälfte 1918 auf den Zusammenbruch des alten Systems zutrieben, erwiesen sich die Vorbereitungen der revolutionären Gruppen auf den Aufstand als völlig irrelevant für den Verlauf der Umsturzbewegung, die – ausgehend von den Seehäfen – wie ein Lauffeuer durch das Reich ging, um nach wenigen Tagen die Hauptstadt Berlin zu erreichen. Die Monarchie brach fast widerstandslos zusammen. Ausgangspunkt der Erhebung des Heimatheeres – die Arbeiterschaft trat im allgemeinen mit leichter zeitlicher Verzögerung hinzu – war die Hochseeflotte, die, nachdem die Kriegsniederlage von der deutschen Führung durch den Notenwechsel mit der amerikanischen Regierung bereits öffentlich faktisch anerkannt worden war, von ihren Admirälen ohne Wissen der Reichsregierung in eine militärisch sinnlose und für die Waffenstillstandsverhandlungen ggf. verheerende »letzte Schlacht« geschickt werden sollte. Die ab 28. Oktober 1918 meuternden Matrosen verhinderten das Auslaufen der Flotte, konnten aber gefangengenommen und nach Kiel gebracht werden. In Kiel begann sich die Meuterei zum Umsturz zu entwickeln, als die dort stationierten Truppenteile – ursprünglich getrieben von der Sorge um die inhaftierten Kameraden – am 4./5. November die öffentliche Gewalt übernahmen. In den 14 Forderungen der Kieler Matrosen, die überwiegend von den sich in den folgenden Tagen erhebenden Einheiten übernommen wurden, ist der Protest gegen den »Militarismus« formuliert. Formal von defensivem Charakter ist der symbolische Gehalt des Programms – gerade der scheinbar am wenigsten politischen Forderungen (wie der nach Änderung der Grußordnung und Anredeform) – unverkennbar. Es ging um das Ende des verhaßten Militärsystems. Die Aufstandsbewegung breitete sich zwischen dem 5. und 9. November von den Hansestädten ins Innere Deutschlands aus. Bereits am 7. November stürzte in München die bayerische Regierung. Daß der Aufstand in großen Teilen des Reiches schon gesiegt hatte und im Rest des Landes in Gang gekommen war, verringerte die Chance militärischer Gegenwehr seitens der alten Gewalten in entscheidendem Maße, als die revolutionäre Welle am 9. November Berlin erreichte. Mit dem Umsturz in Berlin war der Erfolg des Aufstandes gesichert, wenngleich der revolutionäre Wechsel in vielen, insbesondere den kleineren Städten erst in den folgenden Tagen vollzogen wurde.

Ohne damit zunächst eine längerfristige politische Perspektive zu verbinden, schufen sich die aufständischen Massen eigene Vertretungsorgane. Die Soldaten wählten – meistens entsprechend den vorgegebenen militärischen Einheiten – Soldatenräte. Die Soldatenräte traten nicht an die Stelle, sondern neben die alte militärische Struktur. Die jeweiligen militärischen Führungsinstanzen erkannten sie durchweg an und sagten Zusammenarbeit zu. In den Soldatenräten waren vielfach auch Offiziere vertreten, vor allem aber mittlere Ränge. Von der sozialen Zusammensetzung her war das kleinbürgerliche Element mindestens so stark vertreten wie das proletarische. Es kann daher nicht verwundern, daß die Soldatenräte in der revolutionären Bewegung meist auf dem rechten Flügel standen.

Die Arbeiterräte, deren Bildung im allgemeinen von einem Generalstreik begleitet war, wurden entweder, wie in einer Reihe großer Städte, in den Betrieben gewählt, häufiger aber gingen sie aus einer Absprache der örtlichen Parteiführungen von SPD und USPD hervor, teils unter Einschluß von freien Gewerkschaften, manchmal auch bürgerlichen Organisationen. Verschiedentlich wurden Arbeiterräte auch auf »Volksversammlungen« gebildet bzw. bestätigt. Normalerweise schlossen sich Soldatenrat und Arbeiterrat am jeweilgen Ort zum Arbeiter- und Soldatenrat zusammen, der als oberste Machtinstanz fungierte. Faktisch hatte er vor allem die Polizeigewalt inne. Die alte Verwaltung wurde mit der Weiterarbeit beauftragt; der Arbeiter- und Soldatenrat beschränkte sich fast durchweg auf die (in ihrem Ausmaß allerdings sehr unterschiedliche) Kontrolle ihrer Tätigkeit. Das gilt im wesentlichen auch für die wenigen von der radikalen Linken dominierten Räte. Die Arbeiter- und Soldatenräte schufen sich in den Wochen nach dem Umsturz, entsprechend der jeweiligen Verwaltungsgliederung, eine eigene organisatorische Struktur; der erste nationale Rätekongreß wählte am 19. Dezember 1918 einen – allerdings ziemlich machtlosen – »Zentralrat der deutschen sozialistischen Republik«.

Der Verlauf des Umsturzes in Berlin bedeutete eine wichtige Weichenstellung für den gesamten weiteren Gang der Revolution. Hier war von vornherein die – stärker als in den meisten Teilen des Reiches linksorientierte – Arbeiterschaft die treibende Kraft; die zu ihrer Bekämpfung vorgesehenen Truppen schlossen sich ihr am Vormittag des 9. November an.

Die SPD war durch ihre Beteiligung an der Regierung des Prinzen Max von Baden in eine schwierige Situation geraten. Am 7. November hatte sie ultimativ u. a. die Abdankung des Kaisers gefordert und damit die Forderung der Volksbewegung aufgegriffen, die sich im Verlauf der vorangegangenen Tage als zentrale Lösung des Bruchs mit dem alten System herauskristallisiert hatte. Am folgenden Tag gaben Berichte der mehrheitssozialdemokratischen Vertrauensleute in den Betrieben den Anstoß zum Übertritt der SPD auf die Seite der Aufständischen. *Um die politische Initiative zu behalten und den Linkssozialisten nicht das Feld zu überlassen, setzte sie sich an die Spitze einer Revolution, die gegen ihren Willen ausgebrochen war.*

Am 10. November bildeten beide sozialdemokratischen Parteien nach intensiven Verhandlungen einen paritätisch zusammengesetzten »Rat der Volksbeauftragten«, dem seitens der SPD Ebert, Landsberg und Scheidemann, seitens der USPD Haase, Dittmann und Barth angehörten. Die als »Fachleute« beteiligten bürgerlichen Vertreter agierten mit Duldung der SPD-Führer vielfach praktisch wie Ressortchefs. Die Loyalität der – bis in die höchste Ebene aus dem alten Regime übernommenen – Beamten gehörte ausschließlich den mehrheitssozialdemokratischen Volksbeauftragten, vor allem dem am 9. November vom letzten kaiserlichen Reichskanzler angesichts des Umsturzes als Nachfolger »ernannten« Friedrich Ebert, der von Anfang an systematisch versuchte, den Einfluß der USPD-Volksbeauftragten einzuschränken.

Eine Delegiertenversammlung der Groß-Berliner Arbeiter- und Soldatenräte am 10. November bestätigte die neue Regierung, schuf als Kontrollorgan aber – ohne daß seine Kompetenzen genau geregelt waren – zugleich einen »Vollzugsrat«, dem neben 14 Soldaten und sieben mehrheitssozialdemokratischen Arbeitervertretern auch sieben Revolutionäre Obleute angehörten. Die SPD-Führer waren an einer Kooperation mit dem Vollzugsrat nicht interessiert und konnten sich mit Unterstützung der Soldaten in der Folgezeit in allen wesentlichen Fragen gegen ihn behaupten.

Die Einigung der sozialdemokratischen Parteien entsprach dem Wunsch der Arbeiter und Soldaten. Die SPD-Agitation hatte sich erfolgreich die Begeisterung der Massen über die Einheit der Arbeiterbewegung zunutze gemacht, während die Gruppen der radikalen Linken durch ihre scharfen Angriffe auf die Führer der SPD sich der vorherrschenden Stimmung entgegenstellten.

Die Parteien und die Massenbewegung

Die große Mehrheit der deutschen Arbeiterklasse vertraute im November und Dezember 1918 zweifellos der SPD-Führung, eine Minderheit folgte dem gemäßigten Flügel der USPD. Die radikale Linke dominierte lediglich in wenigen industriellen Zentren, und auch hier stellte der Spartakusbund innerhalb der Linken eine Minorität dar. Das Übergewicht der SPD verstärkte sich durch die massive Unterstützung von Seiten der Soldatenbewegung und großer Teile des Kleinbürgertums. Auf dem 1. Rätekongreß kamen drei Mehrheitssozialdemokraten auf einen Unabhängigen. Nicht einmal 5 % der Delegierten gehörten kommunistischen Gruppierungen an. Das entsprach zu diesem Zeitpunkt in etwa den tatsächlichen Mehrheitsverhältnissen in der Arbeiterklasse. Bei den ersten Nachkriegswahlen am 19. Januar 1919 stimmten gegenüber 7,6 % für die USPD 37,9 % der Wähler für die SPD, wobei allerdings ein erheblicher kleinbürgerlicher Anteil zu berücksichtigen ist. Die zum Jahreswechsel aus Spartakusbund und den vor allem in Bremen verankerten »Linksradikalen« gegründete KPD nahm an den Wahlen nicht teil.

Von den verschiedenen Richtungen und Gruppierungen innerhalb der Arbeiterbewegung besaß allein die SPD-Führung ein klares politisches Konzept, auf Grundlage dessen sie zielgerichtet und konsequent handelte. So wie die SPD in den Wochen und Tagen vor dem Umsturz die Massen beschworen hatte, die durch die »Oktober-Reform« errungene Freiheit nicht durch Streiks und Unruhen aufs Spiel zu setzen, so erklärte sie die Revolution – nachdem das alte System dann doch gestürzt worden war – sogleich für beendet. Die mehrheitssozialdemokratische Politik war auf die schnellstmögliche Überführung der Revolution in ein legales, d. h. parlamentarisches Stadium gerichtet. Den Entscheidungen einer nach gleichem Wahlrecht zu wählenden »Nationalversammlung« sollte keinesfalls vorgegriffen werden. Der Rat der Volksbeauftragten sollte – außer auf dem Gebiet wichtiger sozialpolitischer Reformen – praktisch als bloße Interimsregierung fungieren. Die Arbeiter- und Soldatenräte sollten ausschließlich Hilfsfunktionen für die Verwaltung wahrnehmen und so schnell wie möglich überflüssig gemacht werden.

Diese Politik der *Nicht*-Revolution, die in der Bekämpfung weiterreichender Bestrebungen notwendigerweise zu einer Politik der *Konterrevolution* werden mußte, hatte mehrere Wurzeln. Im Vordergrund stand die Überzeugung der SPD-Führer, die sich durch die Kriegsniederlage stellenden Aufgaben – Waffenstillstand und Friedensschluß, Rückführung des Heeres und Demobilisierung, Umstellung der Wirtschaft auf Friedensproduktion und Wiedereingliederung von sechs bis sieben Million Soldaten in den Arbeitsprozeß, Sicherung der Volksernährung, Bewahrung der Reichseinheit – könnten ohne die Hilfe der Beamtenschaft, des Offizierskorps und der Unternehmer (einschließlich der Großgrundbesitzer) nicht gelöst werden. Revolutionäre Experimente verböten sich damit von selbst. Dazu kam eine panische Furcht vor der Unkalkulierbarkeit der sozialen Revolution, die man mit dem »Bolschewismus« gleichsetzte. Die von der radikalen Linken ausgehende »Gefahr« wurde dabei weit überschätzt, z. T. auch bewußt aufgebauscht, um die eigenen Anhänger zu disziplinieren. Schließlich hatte sich in der SPD seit langem eine Staatsauffassung durchgesetzt, die den Herrschaftscharakter des Staates an sich (nicht einer bestimmten Staats- oder Regierungsform) kaum mehr wahrnahm und seine Apparate nur noch funktional begriff, so daß die Durchsetzung des Parlamentarismus mit der Demokratisierung des Staates im Sinne von Volksherrschaft gleichgesetzt wurde, die zugleich den Weg für einen gewissermaßen fließenden langfristigen Übergang zum »Sozialismus«, verstanden als Verstaatlichung der Wirtschaft, eröffne.

Die USPD war von ihrer Gründung im Frühjahr 1917 bis zu ihrer Spaltung im Herbst 1920 eher ein *Ausdruck* der sich radikalisierenden Massenbewegung, als daß sie als Partei geschlossen auf diese eingewirkt hätte. Vom Beginn der Revolution bis zum Januar 1919 vergrößerte sie ihre Mitgliederzahl von ca. 100.000 auf ca. 300.000. Danach setzte sich der Aufschwung weiter fort und brachte eine nochmalige Verdreifachung der Mitgliederzahl bis Herbst 1920, wachsenden Einfluß in den Gewerkschaften und seit Frühjahr 1919 große Wahlerfolge (1919: 7,6 %; Juni 1920: 18,8 %) mit sich.

Der in der Parteiführung zunächst vorherrschende rechte Flügel formulierte Auffassungen, die am ehesten die Bestrebungen der revolutionär-demokratischen Massenbewegung ausdrückten. Die Zusammenarbeit mit den traditionellen Eliten sollte auf das sachlich unbedingt für erforderlich gehaltene Maß begrenzt werden; Machtpositionen der revolutionären Kräfte sollten dadurch auf keinen Fall aufgegeben werden. Die Wahl der Nationalversammlung wurde grundsätzlich akzeptiert, doch sollte sie mehrere Monate hinausgeschoben werden, in denen kraft revolutionären Rechts irreversible Tatsachen geschaffen werden sollten. Um diese Veränderungen durchsetzen zu können, glaubten die USPD-Führer – im Rahmen dieses Konzepts zu Recht –, auf die SPD angewiesen zu sein; auf deren konterrevolutionäre Politik reagierte die rechte USPD daher schwankend und hilflos.

Die Stellung der USPD-Führung wurde dadurch erschwert, daß ein erheblicher Teil der Parteibasis ihre Politik der Zusammenarbeit mit der SPD von links kritisierte. Der Ablehnung der Nationalversammlung, die bei der USPD-Linken zunehmend grundsätzlichen Charakter annahm, lag keine theoretische Parlamentarismuskritik zugrunde, sondern die Erfahrung mit den Parteien des alten Reichstages, die nun sämtlich wieder, unter anderer Benennung und mit »volkstümlicher« Programmatik, zur Wahl antraten, und die Einsicht, daß ein Gremium wie die geplante Nationalversammlung der Dynamik des revolutionären Prozesses keinen Ausdruck geben könne. Die Alternative wurde in der Übertragung der gesamten Macht an die Arbeiter- und Soldatenräte gesehen.

Aber weder die Revolutionären Obleute, noch der Spartakusbund oder die außerhalb der USPD stehenden Linksradikalen konnten eine konkrete strategische Perspektive zur Erreichung dieses Zieles angeben. Für die im Vergleich zum Tempo revolutionärer Prozesse lange Dauer und Kompliziertheit des Differenzierungsprozesses von Spitze und Basis in den sozialdemokratischen Parteien und Gewerkschaften bestand schon in den Führungsgruppen der radikalen Linken kaum Verständnis, geschweige denn in jener Minderheit (häufig kurzfristig) radikalisierter Arbeiter, die sich der sozialistischen Linken anschlossen. Die rein agitatorische »Entlarvung« der »Regierungssozialisten« konnte die realen Erfahrungen der Massen nicht ersetzen. Die – von den Obleuten als »revolutionäre Gymnastik« verspottete – Demonstrationspolitik des Spartakusbundes ersetzte keine längerfristige Arbeit in Großbetrieben und Räten. Erst in späteren Jahren versuchte die KPD durch systematische Gewerkschafts- und Betriebsarbeit und Einheitsfrontpolitik auf der Basis von Teil- und Übergangsforderungen, mit denen an das Bewußtsein der Mehrheit der Klasse angeknüpft werden sollte, die Konsequenz aus dem Scheitern ihrer Politik in der ersten Phase ihrer Existenz zu ziehen.

Die Massenbewegung vom November-Dezember 1918 zeichnete sich – wenn man die Verhältnisse in ganz Deutschland und nicht allein in Berlin zugrunde legt – durch eine weitgehende politische Einheitlichkeit aus. Sie stützte sich auf die Arbeiterklasse, reichte aber über diese hinaus, indem sie nichtproletarische Soldaten, Angehörige der Intelligenz, der abhängigen Mittelschichten, seltener auch Bauern, einschloß. Die Bewegung war ganz in der sozialdemokratischen Tradition befangen; die institutionelle Demokratisierung des Staates im Sinne der parlamentarischen Republik galt als Voraussetzung und Grundlage für die sozialistische Umgestaltung der Gesellschaft. Daher wurden die ganz überwiegende Zustimmung zur Wahl der Nationalversammlung und die vielerorts erfolgte Proklamation der »sozialistischen« bzw. »sozialen« Republik (damals meist synonym benutzt) seitens der Arbeiter- und Soldatenräte nicht als Widerspruch empfunden.

Die Aufrechterhaltung von »Ruhe und Ordnung«, die geordnete Durchführung der Demobilisierung, die Sicherung der Ernährung usw. wurden von den Arbeiter- und Soldatenräten in Übereinstimmung mit der Regierung als zentrale Aufgaben angesehen. Allerdings wurde erwartet, daß die revolutionäre Übergangsperiode zu entschiedenen demokratischen Strukturreformen genutzt würde: Schaffung eines »demokratischen Volksheeres«, Demokratisierung der Verwaltung, Arbeitermitbestimmung und Teilverstaatlichung der Wirtschaft, namentlich des Bergbaus.

Die Loyalität der Räte und ihrer Massenbasis gegenüber der Regierung der Volksbeauftragten beruhte auf der Erwartung, die Initiative zu grundlegenden politischen Veränderungen müsse von oben, von Seiten der Regierung, kommen. Als sich zeigte, daß die in der Regierung dominierenden Führer der SPD sich praktisch in jedem Konflikt zwischen der alten Bürokratie und den Arbeiter- und Soldatenräten gegen die Räte stellten, auch wenn sie politisch noch so gemäßigt waren, und keinerlei Anstalten machten, die Ziele der »sozialdemokratischen« Rätebewegung in Angriff zu nehmen, sondern vielmehr dagegen arbeiteten, setzte die Kritik an der SPD und der Regierung ein. Ein Teil der Bewegung radikalisierte sich, ein anderer zog sich resigniert zurück, ein großer Teil stützte jedoch auch weiterhin die Politik der SPD-Führer.

Gegenrevolution statt Fortführung der Revolution

Da der Krieg für den »Block an der Macht« im Deutschen Kaiserreich maßgeblich auch ein Kampf um die Erhaltung seiner Machtstellung nach innen gewesen war, führte das Eingeständnis der Niederlage seitens der Obersten Heeresleitung zu jener Demoralisierung und Willenslähmung auf Seiten der Herrschenden, die der Revolution den ersten, fast unblutigen Siegeslauf ermöglichten. Die herrschende Klasse stellte sich auf Enteignungen und Umbesetzungen in der Verwaltungsbürokratie ein. Als die Generalität, die hohen Beamten, die Junker und die Bourgeoisie jedoch erkannten, daß die Führer der SPD sich auf ihre Kooperationsbereitschaft angewiesen glaubten, erwies sich ihr kampfloses und z. T. auch kopfloses Zurückweichen vor der revolutionären Welle in der ersten November-Hälfte als angemessene Taktik.

Die herrschende Klasse, die ja an keiner Stelle (Militär, Verwaltung, Justiz, Industrie, Landwirtschaft) definitiv aus ihren Positionen verdrängt war, begriff sehr schnell, daß nur die Spaltung der Massenbewegung der Gegenrevolution einen Ansatzpunkt bot. Daher wurde die rechte SPD- und Gewerkschaftsführung gezielt unterstützt und gegen die eigene Basis aufgewiegelt. Die Gewerkschaften erhielten von den Unternehmerverbänden, mit denen sie eine »Zentrale Arbeitsgemeinschaft« bildeten, Zugeständnisse, für die sie jahrzehntelang gekämpft hatten, in erster Linie den 8-Stunden-Tag und die Anerkennung als Tarifpartner.

Militär, Bürokratie und Bürgertum verstärkten ständig ihren Druck auf die SPD-Führung, damit diese sich von ihrer Abhängigkeit von der revolutionären Bewegung befreie. Der Rätekongreß vom 16.–20. Dezember 1918 machte noch einmal das Dilemma deutlich, das durch die Abhängigkeit der Regierung von der Revolution entstand. Einerseits billigte der Kongreß mit großer Mehrheit die Wahlen zur Nationalversammlung am 19. Januar; andererseits beschloß er gegen den mehr oder weniger offenen Widerstand der SPD-Führer den Beginn der Sozialisierung, zunächst des Bergbaus, die Bekämpfung der Gegenrevolution und vor allem eine radikale Demokratisierung des Heeres. Insbesondere der letzte Beschluß stellte die weitere Zusammenarbeit der militärischen Führung mit der Regierung infrage, so daß Ebert der alarmierten Armeeführung zu verstehen geben mußte, daß eine Ausführung des Beschlusses nicht beabsichtigt sei.

Dieser Konflikt und die zunehmende Polarisierung der Kräfte in der Reichshauptstadt ließen es notwendig erscheinen, die Autorität der Regierung zweifelsfrei durchzusetzen. In Berlin war es schon am 6. Dezember zu einem dilettantischen konterrevolutionären Putschversuch gekommen, bei dem Ebert eine nie ganz geklärte Rolle gespielt hatte. Auch im Zusammenhang mit dem Einmarsch der Fronttruppen einige Tage darauf waren gegenrevolutionäre Aktionen, wie die Entwaffnung der Arbeiter und Soldaten, erwogen worden. Anläßlich der von der SPD-Spitze beabsichtigten Reduzierung der »Volksmarinedivision« kam es dann um Weihnachten zum ersten blutigen Zusammenstoß zwischen von kaiserlichen Offizieren geführten Regierungstruppen und revolutionären Einheiten. Da große Teile der Arbeiterschaft sich auf die Seite der Matrosen stellten, wurden die gegenrevolutionären Verbände rasch demoralisiert, und die Kämpfe mußten abgebrochen werden.

Die Weihnachtskämpfe machten deutlich, wie weit in Berlin der Ablösungsprozeß der Arbeiterschaft von der Mehrheitssozialdemokratie fortgeschritten war, und beschleunigten diesen Prozeß zugleich: Die USPD-Volksbeauftragten, deren Stellung durch die Entscheidung der USPD-Fraktion auf dem Rätekongreß, sich wegen unzureichender Kompetenzen dieser Institution nicht an der Wahl des Zentralrats zu beteiligen, ohnehin unhaltbar geworden war, schieden aus der Regierung aus. Zugleich hatte sich gezeigt, daß die Regierung über keine im gegenrevolutionären Sinne zuverlässigen Truppen verfügte.

Der aus einer Massendemonstration gegen die Entlassung des der USPD angehörenden Berliner Polizeipräsidenten Eichhorn hervorgegangene – was die aktive Teilnahme anging, aber keine Massen erfassende – Januaraufstand bot Gelegenheit, den linken Flügel der Arbeiterbewegung gewaltsam auszuschalten und neue militärische Formationen aus Freiwilligen, sog. »Freikorps«, aufzustellen, deren Oberkommando der Volksbeauftragte Gustav Noske übernahm. Um die Freikorps auf jeden Fall zum Einsatz kommen zu lassen, wurde die Möglichkeit, den schon kurz nach seinem Beginn gescheiterten Aufstand auf dem Verhandlungsweg zu beenden, nicht ernsthaft verfolgt.

Wie im Januar in Berlin gingen die Freikorps in den folgenden Monaten überall in Deutschland gegen die aufständische radikale Linke, gegen Massenstreiks und kritische Arbeiter- und Soldatenräte vor. Mit jedem Erfolg wuchs die Macht der Freikorps; *die SPD-Führung tauschte die Abhängigkeit von der Revolution gegen die Abhängigkeit von der terroristischen Konterrevolution.*

Mit den Januarkämpfen, dem Beginn des »weißen Terrors« und der Ermordung Rosa Luxemburgs und Karl Liebknechts war die Einheit der revolutionären Bewegung endgültig zerbrochen. Die Forderung nach Aktionseinheit der Arbeiterorganisationen, wie sie von großen Teilen der Berliner Arbeiterschaft in Reaktion auf den »Bruderkrieg« erhoben wurde, hatte nunmehr einen gegen die Führer der Parteien schlechthin gerichteten Akzent.

In der zweiten Phase der Revolution – dem Versuch, die Revolution angesichts der begonnenen Gegenrevolution zu sichern und weiterzutreiben – kam es zu einer Reihe lokaler Aufstände der radikalen Linken, in deren Verlauf auch »Räterepubliken« gegründet wurden, in erster Linie in Bremen (Januar/Februar 1919) und München (April 1919). Die lokalen Aufstände und Räterepubliken verfügten trotz teilweise beträchtlicher Massenmobilisierung über kein ausreichendes Gewicht, um auch nur vorübergehend die Macht der Bourgeoisie zu brechen. Das Lager der Aufständischen zerfiel durchweg an inneren Widersprüchen, bevor die Freikorps in Aktion traten.

Parallel zu diesen Kämpfen entstand jedoch, anknüpfend an die seit Ende November 1918 sich ausbreitenden ökonomischen Streiks, eine neue Massenbewegung, die einen anderen Charakter hatte als die Massenbewegung vom November/Dezember 1918. In den industriellen Zentren Deutschlands verlagerte sich das Schwergewicht des Kampfes von der staatlichen Ebene auf die Ebene der direkten Konfrontation von Kapital und Arbeit in den Betrieben. Die Bergarbeiter des Ruhrgebiets traten im Februar und im April in den Generalstreik, die mitteldeutschen Bergarbeiter im Februar, die Berliner Arbeiter Ende Februar/Anfang März. Die Parole der »Sozialisierung« beschränkte sich hier keineswegs auf Verstaatlichung, sondern drückte – verbunden mit konkreten Forderungen nach besseren Lebens- und Arbeitsverhältnissen und insbesondere nach einem inner- und überbetrieblichen »wirtschaftlichen« Rätesystem – das Verlangen der Arbeiter nach Selbstbestimmung und Selbstverwaltung aus.

Die Bewegung umfaßte Arbeiter aller politischen Richtungen; zeitweilig sahen sich alle drei sozialistischen Parteien gezwungen, in ihrem Rahmen mitzuarbeiten. In erster Linie ging es hier aber nicht um ein Bündnis von politischen Parteien, sondern um neuartige Formen rätesozialistischer und »syndikalistischer« Massenaktionen, die sich mit keiner Gruppierung ohne weiteres identifizieren lassen. Mit den Räten aus der ersten Phase der Revolution – soweit sie noch bestanden – hatte die spontane Streik- und Sozialisierungsbewegung, abgesehen von Ausnahmefällen, nichts zu tun; sie schuf sich eine eigene Infrastruktur. Diese betrieblichen Räte waren weitaus stärker von der Basis abhängig. Von daher ist es kein Zufall, daß erst jetzt eine systematische Rätetheorie entstand, deren Verfechter vor allem aus der Gruppe der Revolutionären Obleute kamen.

Was die Bewegung an antikapitalistischer Radikalität gewann, büßte sie an Breite ein. Die – allerdings erheblich schrumpfende – Anhängerschaft der SPD konnte nur zeitweise mobilisiert werden. Die Mittelschichten standen jetzt fast geschlossen auf der anderen, Seite. Da die Streikbewegung regional unkoordiniert verlief, wurde auch sie nie zu einer existentiellen Bedrohung der Reichsregierung, der es mit Versprechungen und massiver Gewaltanwendung gelang, sie zu paralysieren und schließlich zu zerschlagen.

Im Mai 1919, nach der Niederschlagung der Münchener Räterepublik, war die Revolution durch das Bündnis der SPD-Führung mit der herrschenden Klasse und ihrem Gewaltapparat zunächst einmal besiegt. Geschlagen waren nicht nur die radikale

Linke und die rätesozialistische Bewegung des Industrieproletariats; auch die sozialdemokratischen Massen hatten eine Niederlage erlitten. Es blieb eine bürgerliche Republik, die es in Deutschland nie zuvor gegeben hatte und die ohne den Aufstand im November 1918 nicht entstanden wäre. Die Weimarer Republik fand aber keine verläßliche Stütze in der Bourgeoisie, da sie der reformistischen Arbeiterbewegung eine unerwünscht starke Machtposition beließ.

Die Revolution war gerade deshalb gescheitert, weil auch ihre demokratischen Aufgaben in der gegebenen historischen Konstellation ohne Eingriffe in das überkommene Staats- und Gesellschaftsgefüge nicht gelöst werden konnten. Diese Konsequenz trieb die SPD-Führung zur Gegenrevolution. Die Ziele der sozialdemokratischen Massen in der ersten Phase der Revolution zur Sicherung der Demokratie waren zwar logisch überwiegend mit dem Fortbestand des Kapitalismus zu vereinbaren. Sie waren aber nur zu verwirklichen unter der gesellschaftspolitischen Hegemonie der Arbeiterklasse. Die definitive und unversöhnliche Spaltung der Arbeiterbewegung in Sozialdemokraten und Kommunisten als Ergebnis des Scheiterns der Revolution engte indessen den Spielraum sowohl revolutionärer als auch reformistischer Politik in der ganzen Zeit der Weimarer Republik entscheidend ein und machte die Arbeiterklasse unfähig, eine politische Führungsrolle zu übernehmen. Die bürgerliche Republik von Weimar, die 1919 durch eine fehlgeschlagene Revolution entstanden war, ging 1933 an dem Bündnis der seinerzeit vor der Entmachtung bewahrten herrschenden Klasse mit der faschistischen Konterrevolution zugrunde.

Literaturhinweise

Nach wie vor anregend sind die beiden erstmals 1928 bzw. 1935 (im Exil) erschienenen Bücher des sozialistischen Historikers **Arthur Rosenberg**, Entstehung der Weimarer Republik; Geschichte der Weimarer Republik, Frankfurt 1961 u. ö. Schwerpunktmäßig wird die Zeit des Ersten Weltkriegs und der revolutionären Nachkriegskrise behandelt. Zur Geschichte des Kaiserreichs als Überblick **Hans Ulrich Wehler**, Das deutsche Kaiserreich 1871–1918, Göttingen 1973 u. ö. (mit weiterer Literatur). Zu den sozialgeschichtlichen Voraussetzungen der Revolution vor allem **Jürgen Kocka**, Klassengesellschaft im Krieg. Deutsche Sozialgeschichte 1914–1918, Göttingen 1973, und **Jürgen Kuczynski**, Die Geschichte der Lage der Arbeiter unter dem Kapitalismus, Bde. 4 und 5, Berlin (Ost) 1966/67. Die wichtigsten Dokumente sind gesammelt von Gerhard A. Ritter/Susanne Miller (Hg.), Die deutsche Revolution 1918/19, Hamburg ²1975: Einer Gesamtdarstellung am nächsten kommt nach wie vor das, zuerst 1962 erschienen, bahnbrechende Werk von Eberhard Kolb, Die Arbeiterräte in der deutschen Innenpolitik 1918/19, Berlin (West) ²1978. Als Ergänzungen Peter von Oertzen, Betriebsräte in der Novemberrevolution, Bonn ²1976, und Ulrich Kluge, Soldatenräte und Revolution. Studien zur Militärpolitik in Deutschland 1918/19, Göttingen 1975. Kolb und

Oertzen sind in der 2. Auflage relativ preiswert. Alle drei Bücher können als Standardwerke betrachtet werden. Zusammen mit der Sammlung vieler wichtiger Aufsätze bzw. Buchauszüge von Eberhard Kolb (Hg.), Vom Kaiserreich zur Weimarer Republik, Köln 1972, und den Lokalstudien in Reinhard Rürup (Hg.), Arbeiter- und Soldatenräte im rheinischwestfälischen Industriegebiet. Studien zur Geschichte der Revolution 1918/19, Wuppertal 1975, geben sie den Stand der neueren westdeutschen Revolutionsforschung wieder, die von einem (teils links-)sozialdemokratischen Standpunkt durchweg SPD-kritisch urteilt. Die wichtigste osteuropäische Darstellung bleibt J. S. Drabkin, Die Novemberrevolution in Deutschland, Berlin (Ost) 1968. Relativ preiswert auch die Illustrierte Geschichte der deutschen Novemberrevolution 1918/19 in Berlin (Ost), ²1978. Aus der Perspektive der alten KPD hingegen die erstmals 1929 erschienene Illustrierte Geschichte der deutschen Revolution, Neudruck Frankfurt 1970. Als Versuch, die Geschichte der Revolution, ausgehend vom proletarischen Lebenszusammenhang, neu zu schreiben, besonders empfehlenswert Erhard Lucas, Zwei Formen von Radikalismus in der deutschen Arbeiterbewegung, Frankfurt 1976. Wer sich schnell mit den Kernproblemen der Revolution auf der Basis des neueren Forschungsstandes vertraut machen will, greife zu Gerald D. Feldman/Eberhard Kolb/Reinhard Rürup, Die Massenbewegungen der Arbeiterschaft in Deutschland am Ende des Ersten Weltkrieges (1917–1920), in: Politische Vierteljahresschrift, Jg. 13 (1972), Heft 1, S. 84-105. Von den Erinnerungen der Zeitgenossen seien die vom Standpunkt der Revolutionären Obleute geschriebenen, neu aufgelegten Bände von Richard Müller, Vom Kaiserreich zur Republik; Die Novemberrevolution; Der Bürgerkrieg in Deutschland, Berlin (West) 1973/7 hervorgehoben. Die beiden wichtigsten Räterepubliken werden dokumentiert in Peter Kuckuk (Hg.), Revolution und Räterepublik in Bremen, Frankfurt/M. 1969 (edition suhrkamp 367); Gerhard Schmölze (Hg.), Revolution und Räterepublik in München 1918/19 in Augenzeugenberichten, München 1978 (dtv 1365). Weitere Literatur – besonders zu Spezialproblemen – in der sachlich untergliederten, umfassenden Bibliographie von Georg P. Meyer, Bibliographie zur deutschen Revolution 1918/19, Göttingen 1977, sowie im Anhang von Kolb, Arbeiterräte, 2. Auflage (s. o.).

3 Der Platz der Revolution von 1918/19 in der deutschen Geschichte[1]

1994

Die deutsche Revolution 1918/19 war Bestandteil einer internationalen revolutionären Krise, die durch den Ersten Weltkrieg ausgelöst wurde. Obwohl diese Krise in irgendeiner Form alle am Krieg beteiligten und einen Teil der neutralen Länder erfaßte, führte sie zum Umsturz nur in Verbindung mit einer militärischen Niederlage, namentlich in Rußland, Österreich-Ungarn und Deutschland, in denen zugleich die politische Ordnung – wenn auch in ganz unterschiedlichem Maß – noch vorbürgerliche Züge trug.

Man hat die deutschen Vorgänge vielfach lediglich als »Zusammenbruch« eines überlebten und militärisch geschlagenen Systems, aber nicht als »Revolution« gesehen. Aber jede Revolution ist an die Zersetzung der vorrevolutionären Ordnung geknüpft und beginnt damit. Die revolutionäre Massenbewegung von 1918/19 war nicht ein Phänomen weniger Tage zur Zeit des Staatsumsturzes, sondern hielt – in zwei deutlich voneinander zu unterscheidenden Phasen – bis weit in das Frühjahr 1919 an; sie erlebte noch einmal einen Aufschwung im Generalstreik gegen den Kapp-Putsch und den Kämpfen der »Roten Ruhr-Armee« im Frühjahr 1920.

Daß die Ergebnisse der deutschen Revolution von 1918/19 weit hinter das zurückfielen, was auch die gemäßigten Teile der Bewegung angestrebt hatten, steht außer Zweifel. Doch es macht keinen Sinn, nur erfolgreiche Revolutionen als solche anzuerkennen. Aus gutem Grund sprechen wir von den Revolutionen von 1848/49, der Russischen Revolution von 1905, der Ungarischen Revolution von 1956 usw.

Aber welches war der spezifische Charakter der deutschen Revolution von 1918/ 19? SED-Historiker haben in den fünfziger Jahren eine Debatte darüber geführt. Die schließlich zurückgewiesene Auffassung der Minderheit wollte in der Novemberrevolution »eine über die ersten Anfänge nicht hinausgekommene, niedergeschlagene« proletarisch-sozialistische Revolution sehen; die Mehrheit bestand trotz der herausragenden Rolle der Arbeiterschaft auf dem »bürgerlich-demokratischen« Charakter der Revolution.[2] Aus welchen politischen Gründen so entschieden wurde, soll im Mo-

---

1 Vortrag anläßlich der Vorstellung des Buches von Peter Brandt und Reinhard Rürup, Volksbewegung und demokratische Neuordnung in Baden 1918/19. Zur Vorgeschichte und Geschichte der Revolution. Hg. von den Stadtarchiven Karlsruhe und Mannheim, Jan Thorbecke Verlag Sigmaringen 1991, am 29. November 1990 in Mannheim. – Die Anmerkungen beschränken sich auf den Nachweis von Zitaten und die namentliche Zuordnung von Forschungsbeiträgen. Weitere allgemeine und badenspezifische Literatur im Anhang des oben genannten Buches.
2 Roland Bauer, Über den Charakter der deutschen Novemberrevolution, in: ZfG 6 (1958), H. 1, Zitat S. 168; Thesen des ZK der SED, Die Novemberrevolution 1918 in Deutschland, in: ZfG 6 (1958), Sonderband zum 40. Jahrestag der Novemberrevolution.

ment nicht interessieren. So problematisch die Begriffe »proletarische« und »bürgerliche Revolution« scheinen mögen – nicht nur wegen des Fehlens einer erfolgreichen antikapitalistischen Revolution in entwickelten Industrieländern, sondern auch im Hinblick auf die Forschung über die großen sogenannten bürgerlichen Revolutionen des 17. bis 19. Jahrhunderts –, beide Positionen der SED-Historiker beschrieben (einseitig-dogmatisch) durchaus *reale* Aspekte der Revolutionsbewegung von 1918/19. Diese Revolution war alles drei zugleich: Endpunkt jahrzehntelanger Liberalisierungs- und Demokratisierungsbestrebungen, spontane Volkserhebung zur Beendigung des längst verlorenen Krieges und sozialdemokratisch geprägte Klassenbewegung mit antikapitalistischer Tendenz.

Die Verschränkung liberal-demokratischer, antimilitaristischer und proletarisch-sozialistischer Komponenten in der Revolution ergab sich aus dem Charakter des Kaiserreichs von 1871 und der Doppelrolle der sozialdemokratischen Arbeiterbewegung in ihm als Interessenvertretung der städtischen Arbeiterschaft einerseits und als einzige Partei, die vorbehaltlos für die parlamentarische Demokratie eintrat, andererseits.

Die Bismarcksche Reichsverfassung war bewußt so angelegt, daß eine politische Umgestaltung sehr erschwert wurde. In dem pro forma föderativen Reich war faktisch die Hegemonie Preußens, dessen innere Ordnung ihrerseits auf dem Dreiklassenwahlrecht beruhte, mehrfach abgesichert. Dazu diente die Einrichtung des Bundesrats, der die einzelstaatlichen Regierungen vertrat, ebenso wie die Personalunion des Deutschen Kaisers und Königs von Preußen, dem die Kommandogewalt über Heer und Marine sowie die volle Exekutive zustand, ferner die Abhängigkeit der anfangs wenig ausgebauten Reichsverwaltung von der preußischen Regierung und Verwaltung. Der Reichstag wurde zwar im Unterschied zu Preußen und anderen Einzelstaaten nach allgemeinem, gleichem und direktem Wahlrecht von Männern gewählt. Er hatte aber keinen Anteil an der Exekutive und keine Kontrolle über sie und wurde auch in seiner gesetzgeberischen Tätigkeit durch den Bundesrat eingeschränkt.

Diese Staatsverfassung war auf die gesellschaftlichen Herrschaftsverhältnisse zugeschnitten. Der privilegierte, namentlich ostelbische Großgrundbesitzeradel hatte seit den Agrarreformen des frühen und mittleren 19. Jahrhunderts ein großes Maß an Anpassungsfähigkeit an die gesellschaftliche Entwicklung gezeigt und konnte als eine ehemals feudale, aber längst agrarkapitalistisch transformierte Klasse allein deshalb mit Hilfe des Staatsapparats seine führende Rolle bis 1918 aufrechterhalten. Die Spitzenstellungen in der Staatsbürokratie entfielen, trotz eines wachsenden bürgerlichen Anteils an der höheren Beamtenschaft, auf den Adel, zumal in Preußen. Die süddeutsche, zunehmend auch die hohe Reichsbürokratie öffnete sich jedoch stärker liberalbürgerlichen Einflüssen.

Den wirklich harten Kern der autokratischen Verfassungselemente bildete das Militär. Auch in anderen und selbst in parlamentarisch regierten Ländern tendierte das Offizierskorps dazu, sich mit eigenem militärischem Kodex von der bürgerlichen Gesellschaft abzusetzen und einen »Staat im Staate« zu bilden. In Deutschland jedoch war die permanente Staatsstreichdrohung mit der weitestgehend außerkonstitutionellen Stellung der Armee quasi Bestandteil des Systems. Wohl nirgendwo entwickelten militärische Leitbilder eine solche Prägekraft auf das Zivilleben wie im Deutschen Reich vor 1918.

Die großagrarisch-schwerindustrielle Schutzzollallianz, sozusagen die gesellschaftspolitische Achse des Kaiserreichs, war nicht nur konsumentenfeindlich, weil sie die Lebensmittelpreise in die Höhe trieb. Sie verletzte neben denen des Handels auch die Interessen der eher klein- und mittelbetrieblichen, großenteils stärker exportorientierten Verbrauchsgüterindustrien.

Kleinere und spezialisierte Industriebetriebe waren wegen der relativ starken Marktposition der dort beschäftigten Facharbeiter eher zu Kompromissen mit den Gewerkschaften und zum Abschluß von Tarifverträgen bereit. Lagen die Standorte der Großunternehmen vor allem in preußischen Territorien, so vor allem die der Schwerindustrie in Rheinland-Westfalen, an der Saar und in Oberschlesien, so waren die Konsumgüterindustrien besonders über Mittel- und Süddeutschland verstreut.

Der Zuspitzung der direkten Auseinandersetzung von Arbeit und Kapital, vor allem im Gefolge der Streikwelle von 1904 bis 1906, entsprach die Klassenkonfrontation auf der politischen Ebene, ebenfalls mit der Schwerindustrie als treibender Kraft im Unternehmerlager. Angesichts des scheinbar kaum aufzuhaltenden Vormarschs der Arbeiterbewegung sahen die Schwerindustriellen, aber auch andere Unternehmer, ihre sozialen Interessen am besten bei dem bestehenden Staat aufgehoben. Zumindest schien es sehr riskant, die Machtposition des ostelbischen Gutsbesitzer-, Beamten- und Militäradels zu beseitigen, auch wenn deren Beibehaltung bedeutete, daß die materielle Position der Agrarier durch die Außenzölle künstlich gestützt werden mußte. Aus diesem Grunde und nicht *nur* wegen ideologischer Vorbehalte mußte jeder Versuch, die bestehende politische Ordnung zu demokratisieren, von vornherein mit dem entschiedenen Widerstand nicht nur der aristokratisch-bürokratisch-militärischen Kräfte, sondern auch eines Teils des Großbürgertums und mit der Skepsis eines weiteren Teils rechnen. Dazu kam die antiliberale Orientierung der Mehrheit der Bauern und eines Großteils des »alten Mittelstands«, die ihre Interessen am ehesten durch die von der politischen Rechten garantierte protektionistische Wirtschaftspolitik gewahrt sahen. Bei der Auseinandersetzung um die parlamentarisch-demokratische Weiterentwicklung der Reichsverfassung hatten die auf politische Veränderung drängenden Kräfte somit gegen eine aus groß- und kleinagrarischen, industriellen und kleingewerblichen Produzenten gebildete konservative Front anzukämpfen.

Wie Gerhard A. Ritter mehrfach argumentiert hat[3], bildete auch das deutsche Parteiensystem ein Hindernis für die Parlamentarisierung des Kaiserreichs. Es war auf Einflußnahme im Rahmen des bestehenden konstitutionellen Systems zugeschnitten

---

3   Siehe u. a. Gerhard A. Ritter, Die deutschen Parteien 1830–1914. Parteien und Gesellschaft im konstitutionellen Regierungssystem, Göttingen 1985.

und förderte trotz aller parlamentarischen Lernprozesse die Konkurrenz um die Gunst der Exekutive. Die in den verschiedenen Parteien gebündelten sozialen und regionalen Interessen ließen sich nur schwer nach verfassungspolitischen Kriterien formieren. Eine zielgerichtete und eindeutige Parlamentarisierungspolitik des Reichstags, die eine feste Mehrheitsbildung vorausgesetzt hätte, gab es nicht.

Ungeachtet dessen hat vor allem Manfred Rauh eine erhebliche Veränderung der Verfassungswirklichkeit seit 1890 konstatiert.[4] Tatsächlich verlor der Bundesrat gegenüber den zentralstaatlichen Behörden an Einfluß; die Reichsleitung entwickelte sich zu einem eigenen Machtzentrum und damit faktisch zu einer von den einzelstaatlichen Regierungen weitgehend unabhängigen Reichsregierung; der hegemoniale preußische Einfluß ging zurück; der Reichstag gewann an Macht; Reichstag und Reichsleitung kooperierten zunehmend miteinander. Auch ich will nicht bestreiten, daß es eine sozusagen systemimmanente Parlamentarisierungs*tendenz* gab. Ich möchte aber stärker hervorheben, daß diese immer wieder von Rückschlägen und Gegentendenzen gestoppt wurde und definitiv erst angesichts der Kriegsniederlage im Herbst 1918 zum Durchbruch gelangte.

In allen Reichstagsfraktionen jenseits der Freikonservativen gab es in unterschiedlicher Stärke, aber in zunehmendem Maß heterogene Gruppierungen, die auf Reformen drangen. Aber keine der nichtsozialistischen Parteien trat vorbehaltlos gleichermaßen für Parlamentarisierung und Demokratisierung ein. Die Linksliberalen befürworteten die schrittweise Einführung einer parlamentarischen Monarchie und das gleiche Wahlrecht für Preußen, schreckten aber vor der Forderung nach Abschaffung des Klassenwahlrechts bei den Gemeindewahlen zurück, um nicht ihre letzten Bastionen an die SPD zu verlieren. Das Zentrum und die Nationalliberalen standen dem Parlamentarismus mehrheitlich bis 1914 und darüber hinaus ängstlich und skeptisch gegenüber, wenn sie auch Schritte in diese Richtung bejahten; das preußische Dreiklassenwahlrecht wollten die meisten von ihnen nicht einfach dem Reichstagswahlrecht angleichen, sondern durch eine mildere Form ungleichen Wahlrechts ersetzen.

Für dieses Zögern spielte die Existenz der SPD eine zentrale Rolle. Deren Stimmenanteil betrug bei den Reichstagswahlen nach 1900 zwischen 29 % und 35 %. Die gemäßigte Mitte fürchtete – ebenso wie die Rechte – die von der SPD propagierte soziale Revolution durch den Stimmzettel. In der SPD, zu Beginn des 20. Jahrhunderts noch fast ausschließlich eine Facharbeiterpartei, hatte sich zwar längst eine Politik der praktischen sozialen Verbesserungen durchgesetzt. Eine durchdachte Reformstrategie, die über den tagespolitischen Praktizismus hinausging, propagierte jedoch nur eine Minderheit von namentlich in Süddeutschland beheimateten Reformisten.

---

4   Manfred Rauh, Föderalismus und Parlamentarismus im wilhelminischen Reich. Der Bundesrat 1890–1909, Düsseldorf 1973; Ders., Die Parlamentarisierung des Deutschen Reiches, Düsseldorf 1977.

Manche Historiker haben die marxistische Orthodoxie und die Unbeweglichkeit der SPD für das Scheitern einer Reform des Kaiserreichs mitverantwortlich gemacht. Das mag als Tatsachenbeschreibung möglicherweise zutreffen. Aber dabei bleibt außer acht, daß die Diskrepanz zwischen praktischer Reformpolitik in Gewerkschaften und Kommunen und der theoretischen Unversöhnlichkeit des Klassenstandpunkts für die meisten Sozialdemokraten den Zwiespälten eigener Erfahrungen in der wilhelminischen Gesellschaft entsprach. Auf der Gegenseite stellten zwar alle bürgerlichen Parteien ihrerseits die prinzipielle Gegnerschaft zur Sozialdemokratie heraus. Gleichzeitig aber trug gerade die Bedrohung durch eine als Konkurrentin um Wählerstimmen erfolgreiche, vermeintlich revolutionäre Arbeiterbewegung maßgeblich dazu bei, nach 1908 bei den bürgerlichen Parteien die Einsicht zu fördern, daß eine Reformpolitik nötig und der Bruch mit den Großagrariern unvermeidlich sei. Denn nur genuin bürgerlichen Politikern, nur einer liberalisierenden und in Maßen demokratisierenden Politik (einschließlich der von rechts behinderten Fortführung einer fortschrittlichen Sozialpolitik) traute man die Rekonsolidierung bürgerlicher Herrschaft zu. Insofern ist die Wirkung der Sozialdemokratie auf die oppositionelle Energie des Bürgertums durchaus ambivalent.

Nur unter Berücksichtigung dieser Ambivalenz sind das Zustandekommen und der schließliche Zerfall des weitestgehenden parteipolitischen Experiments im Kaiserreich überhaupt, des badischen »Großblocks«, zu begreifen, des Quasi-Regierungsbündnisses der Nationalliberalen, kleinerer liberaler Gruppen und der SPD gegen das Zentrum.

Die besondere Bedeutung des badischen »Großblocks« lag in einer möglichen Kombination landes- und reichspolitischer Entwicklungen. Die Linkswendung der badischen Nationalliberalen nach der Wahl von 1909 fiel zeitlich mit dem Zerfall des konservativ-liberalen »Bülow-Blocks« auf Reichsebene zusammen. Der badischen Entwicklung konnte in dieser Situation für die Nationalliberale Partei eine Modellfunktion zukommen. Gleichzeitig zielte auch die »Großblock«-Konzeption der badischen Sozialdemokratie darauf ab, von Baden aus die politischen Fronten Deutschlands in Bewegung zu bringen. Die Zusammenarbeit mit der nationalliberalen Regierungspartei bot eine Gelegenheit, die Fähigkeit der SPD nicht nur zu taktischen Oppositionsbündnissen, sondern auch zur Übernahme von Verantwortung und zu konstruktiver Mitarbeit unter Beweis zu stellen. Eine Übertragung des »Großblock«-Modells auf die Reichsebene sollte dazu beitragen, das Dilemma der Partei, »daß sie in der Praxis nicht konsequent reformistisch und nicht konsequent revolutionär«[5] sei, durch eine konsequent reformistische Politik aufzuheben.

Das Scheitern des badischen »Großblocks« unterstreicht die Hemmnisse, die sich einem so breiten Bündnis sogar unter günstigsten äußeren Bedingungen (einer reformistischen SPD-Führung, einer kooperationsbereiten nationalliberalen Führung und

---

5 Wilhelm Kolb, Die Taktik der badischen Sozialdemokratie und ihre Kritik, Karlsruhe 1910, S. 38.

einer zunächst wohlwollenden Exekutive) entgegenstellten. Mehr als die Fortschrittsliberalen mußten die Nationalliberalen befürchten, bei einem Bündnis mit der SPD gegen das Zentrum nicht nur die Unterstützung wichtiger Industriegruppen, so der Schwerindustrie, sondern auch einen Teil ihrer Wählerschaft zu verlieren. Es war die nationalliberale Mitgliederbasis, die in Baden dafür sorgte, daß die Partei vom »Großblock« mehr und mehr abrückte, nicht die Führung.

Der rechte, schwerindustrielle Flügel der nationalliberalen Gesamtpartei ging nach der Reichstagswahl 1912 innerparteilich sofort wieder in die Offensive, ohne jedoch die Protagonisten eines reformerischen Kurses wieder ganz zurückdrängen zu können. Mit der Einbeziehung des Zentrums in die punktuellen parlamentarisch-parteipolitischen Arrangements über die Zusammenarbeit in konkreten Sachfragen wollten die Nationalliberalen die Risiken vermindern, die eine auf Reformen gerichtete Politik für die Stabilität auch der sozialen Ordnung in sich barg.

Auch wenn die Beharrungstendenzen unmittelbar vor Kriegsausbruch wieder stärker wurden, kann von Stagnation des politischen Systems keine Rede sein. Die mit der politischen und sozialen Verfassung verbundenen grundlegenden Probleme der Staatsfinanzen, des preußischen Wahlrechts, der Stellung des Militärs und der Sozialpolitik blieben zwar ungelöst. Aber sie wurden doch zunehmend zum Gegenstand parlamentarischer Initiativen. Nur mit Hilfe der bürgerlichen Mittelparteien war es der Reichsleitung noch möglich, den Staat handlungsfähig zu bewahren.

Allerdings: Was sich andeutete und teilweise vollzog, war eine neue Austarierung des Gleichgewichts der Verfassungsorgane und der staatstragenden Sozialgruppen und Parteien, nicht jedoch der Durchbruch zur politischen Demokratie. Die Seniorpartner von 1871, die Konservativen und ihre Trägerschichten, waren dabei, zu Juniorpartnern zu werden. Der Agrarprotektionismus war selbst für die Schwerindustriellen in der früheren Rigorosität nicht mehr akzeptabel. Die Staatsstreich-Option wurde zwar gedanklich durchgespielt, aber – gerade angesichts der Kriegsgefahr – von den wichtigen Entscheidungsträgern verworfen.

Die sukzessive Konzentration der politischen Macht im Reichstag lief indessen auf einen Parlamentarismus ohne durchgreifende Demokratisierung des politischen Systems hinaus. Die Mitwirkung der SPD beim Zustandekommen von Gesetzen blieb die Ausnahme, während sich auf Reichs- wie auf Landesebene die alltägliche Repression gegen die Arbeiterbewegung wieder verschärfte, und das auch in Süddeutschland. Eine Integration der SPD lehnten auch die Reformpolitiker der Nationalliberalen und des Zentrums eindeutig ab. Gleichzeitig war die katholische Arbeiterbewegung innerhalb des Zentrums mehr denn je an den Rand gedrängt. Das enorme Konfliktpotential der späten wilhelminischen Gesellschaft konnte von dem mancher autoritärer Elemente des Bismarckreichs entkleideten Halbparlamentarismus, wie er sich unmittelbar vor 1914 abzeichnete, keinesfalls abgebaut werden. Gegen die Stabilität eines solchen Regimes und damit gegen die Vorstellung, ein schmerzloser Übergang zur parlamentarischen Demokratie wäre bei Ausbleiben der Novemberrevolution möglich gewesen, spricht die mit der Parlamentarisierung allenfalls mittelbar verbundene politische Mobilisierung der Massen seit den 1890er Jahren, nicht nur von links, sondern auch von rechts.

Galt der Präventivkrieg den Herrschenden als Reformersatz, so sahen die führenden Funktionäre der Arbeiterbewegung in seiner Unterstützung die Chance, die Demokratisierung entscheidend voranzutreiben. Das »Hilfsdienstgesetz« von 1916, mit dem die Oberste Heeresleitung die Militarisierung der Arbeit hatte durchsetzen wollen, bestätigte die neuen Positionen der Gewerkschaften, u. a. durch Errichtung von »Arbeiterausschüssen« in den Betrieben. Die Mehrheitsfraktion der Sozialdemokratie arbeitete mit den bürgerlichen Parteien zusammen. Diese Integrationspolitik von Gewerkschaften und SPD entfernte sich jedoch ständig mehr von der Entwicklung an der gesellschaftlichen Basis; die im Sommer und Herbst 1914 zweifellos vorhandene Übereinstimmung von Führung, Mitgliedschaft und Anhängerschaft der Arbeiterorganisationen ging verloren.

Der Erste Weltkrieg aktualisierte und verschärfte alle in der deutschen Gesellschaft strukturell angelegten Widersprüche. Durch die Einziehung männlicher Arbeiter zum Kriegsdienst und die Umstellung der Produktion auf kriegswirtschaftlichen Bedarf, die die Konzentration des Kapitals und die Tendenz zu normierter Massenproduktion und damit die Ersetzung gelernter durch angelernte Arbeitskräfte erheblich beschleunigten, kam es zu einer kurzfristigen starken Zusammenballung von Arbeitern in einzelnen Betrieben und Regionen. Dabei handelte es sich zum großen Teil um Frauen und Jugendliche sowie um Menschen, die aus einem nicht-industriellen, häufig agrarischen Milieu kamen. In den Belegschaften aufgeblähter Mammutbetriebe wie Thyssen oder Leuna entstand die Basis eines rebellischen Arbeiterradikalismus, der in der Geschichte der deutschen Arbeiterbewegung bis dahin ein Randphänomen gewesen war. Gleichzeitig waren es besonders hochqualifizierte und gut verdienende Arbeitergruppen, wie etwa die Berliner Revolverdreher – die Kader der »Revolutionären Obleute« –, die aufgrund einer bestimmten politischen Tradition zur Avantgarde der Oppositionsbewegung gegen den Krieg wurden.

Spätestens seit Frühjahr 1917 läßt sich von einer Massenbewegung der Arbeiterschaft sprechen, die sich gegen das Sinken des Reallohnes bei unzureichender Lebensmittelversorgung, gegen politische Unterdrückung und die Kriegspolitik der Herrschenden wandte. Ihren vorläufigen Höhepunkt erreichte diese Bewegung im Januar 1918.

Von der SPD hatte sich – endgültig Ostern 1917 – die USPD abgespalten, eine relativ lose Föderation aller pazifistischen und antimilitaristischen Gruppen der Sozialdemokratie; zu ihr gehörte neben dem führenden Theoretiker des Parteizentrums, Karl Kautsky, z. B. auch der Protagonist des Revisionismus, Eduard Bernstein. Nachwahlen in einzelnen Reichstagswahlkreisen zeigten jedoch, daß die Mehrheit der Arbeiterschaft nach wie vor der SPD vertraute. Der USPD schloß sich auch die revolutionäre »Spartakusgruppe« mit Karl Liebknecht und Rosa Luxemburg an. Mit allen-

65

falls einigen tausend Mitgliedern war sie jedoch kaum mehr als eine Propagandagruppe, die angesichts scharfer Verfolgung und mangels Verankerung in den Großbetrieben kaum Einfluß auf das Geschehen hatte.

Neben der proletarischen Opposition entwickelte sich eine breitere, aber diffusere Unzufriedenheit aller Schichten, die nicht vom Krieg profitierten. Der Protest entzündete sich, wie bei den meisten Arbeiterunruhen, vor allem am Problem der Lebensmittelversorgung. Noch stärker als die unzureichende Menge wirkten die ungleiche Verteilung und der »Schwarze Markt« als Provokation. Die soziale Ungleichheit kam offener als in »normalen« Zeiten zum Ausdruck.

Die abhängigen Mittelschichten – Angestellte und Beamte – wurden in ihrer Lebenshaltung im Verlauf des Krieges durch die Teuerung stark gedrückt und den Arbeitern angenähert, worauf Teile mit einer begrenzten und vorübergehenden Linkswendung reagierten. Das selbständige Kleinbürgertum und die Bauern sahen sich angesichts der kriegswirtschaftlichen Zwangsmaßnahmen als Opfer eines die Großindustrie begünstigenden staatlichen Dirigismus. Der Haß auf »den Staat«, »das große Geld« und »die Industrie«, teilweise auch »die Juden« und – in Süd- und Westdeutschland – »die Preußen« bildete den Gegenstand kleinbürgerlich-bäuerlichen Unmuts. Auch große Teile der bürgerlichen Intelligenz waren gegen Ende des Krieges tief desillusioniert.

Nach den Entbehrungen der Kriegszeit war auch außerhalb der Arbeiterschaft die Vorstellung weit verbreitet, daß es zu grundlegenden Neuerungen kommen müsse, um die Sterilität des wilhelminischen Obrigkeitsstaates zu überwinden. Es war eine diffuse Aufbruchstimmung, die bei Enttäuschungen schnell wieder umschlagen konnte.

Friedrich Meinecke beklagte im März 1919 rückblickend den strukturellen »Mangel an nationaler Kohärenz zwischen den regierenden Schichten und dem Volk« und sah darin »eine Hauptursache der Revolution«[6]. Zwar trieben die Parteien der späteren Weimarer Koalition – unter Einschluß der Nationalliberalen im Interfraktionellen Ausschuß zusammengefaßt – in der zweiten Kriegshälfte die Parlamentarisierung des Kaiserreichs weiter voran, doch vermochten sie die in zentralen Bereichen beinahe diktatorische Machtposition der Obersten Heeresleitung nicht zurückzudrängen, geschweige denn: zu brechen. Weil dem Kaiser zwischen den Parlamentarisierungsbestrebungen und der Tendenz zur Militärdiktatur kaum noch ein eigener Entscheidungsspielraum blieb, war die Monarchie am Ende des Weltkriegs ausgehöhlt.

Die nach dem Eingeständnis der militärischen Niederlage von der Obersten Heeresleitung initiierte sogenannte Oktober-Reform machte Deutschland zu einer parlamentarischen Monarchie britischen Typs. Der neuen Regierung traten Vertreter der Liberalen, des Zentrums und der SPD bei. Dieser Versuch, der Revolution durch die Selbstreform des alten Systems zuvorzukommen, hat manche Beobachter veranlaßt

---

6   Friedrich Meinecke, Die geschichtlichen Ursachen der deutschen Revolution, in: Ders., Nach der Revolution. Geschichtliche Betrachtungen über unsere Lage, München 1919, S. 27.

zu meinen, der Aufstand vom November sei lediglich ein Mißverständnis gewesen, da bereits alles durchgesetzt gewesen sei, was die Massen erstrebt hätten. Aber selbst wenn man davon ausgeht, daß sich die politischen Ziele der Bewegung auf die Durchsetzung des Parlamentarismus reduzieren lassen (was nicht zutrifft), war doch das erste unmittelbare Ziel, der Friedensschluß, noch keineswegs gesichert. Vor allem war die Machtstellung des Militärs, namentlich die diktatorische Gewalt der kommandierenden Generäle, nicht beseitigt. Die Reform hätte bei Änderung der militärischen bzw. politischen Konjunktur unter Umständen zurückgenommen werden können; erst der Umsturz vom November 1918 hat diese Möglichkeit definitiv ausgeschlossen.

Revolutionen werden nicht »gemacht« von bewußten Revolutionären, sondern entstehen aus spontanem Aufbegehren unzufriedener Volksmassen, dem ein Erosionsprozeß des herrschenden Systems vorausgeht. Obwohl die Ereignisse in Deutschland in der zweiten Jahreshälfte 1918 auf den Zusammenbruch des alten Systems zutrieben, erwiesen sich die Vorbereitungen der revolutionären Gruppen auf den Aufstand als völlig irrelevant für den Verlauf der Umsturzbewegung, die – ausgehend von den Seehäfen – wie ein Lauffeuer durch das Reich ging, um nach wenigen Tagen die Hauptstadt Berlin zu erreichen. Die Monarchie brach fast widerstandslos zusammen.

Die Aufstandsbewegung breitete sich zwischen dem 4. und 9. November von den Küstenstädten ins Innere Deutschlands aus. Bereits am 7. November stürzten in München die bayerische Regierung und die Monarchie. Daß der Aufstand in großen Teilen des Reiches schon gesiegt hatte und im Rest des Landes in Gang gekommen war, verringerte die Chance militärischer Gegenwehr seitens der alten Gewalten in entscheidendem Maße, als die revolutionäre Welle am 9. November Berlin erreichte. Mit dem Umsturz in Berlin war der Erfolg des Aufstandes gesichert, wenngleich der revolutionäre Wechsel in vielen, insbesondere den kleineren Städten erst in den folgenden Tagen vollzogen wurde. In den Garnisonen und Städten Badens vollzog sich der Umsturz zwischen dem 8. und dem 11. November.

Ohne damit zunächst eine längerfristige politische Perspektive zu verbinden, schufen sich die aufständischen Massen eigene Vertretungsorgane. Die Soldaten wählten – meistens entsprechend den vorgegebenen militärischen Einheiten – Soldatenräte. Die Soldatenräte traten nicht an die Stelle, sondern neben die alte militärische Struktur. Die jeweiligen militärischen Führungsinstanzen erkannten sie durchweg an und sagten Zusammenarbeit zu. In den Soldatenräten waren vielfach auch Offiziere vertreten, vor allem aber mittlere Ränge. Von der sozialen Zusammensetzung her war das kleinbürgerliche Element mindestens so stark vertreten wie das proletarische. Es kann daher nicht verwundern, daß die Soldatenräte in der revolutionären Bewegung meist auf dem rechten Flügel standen.

Die Arbeiterräte, deren Bildung im allgemeinen von einem Generalstreik begleitet war, wurden entweder, wie in einer Reihe großer Städte, in den Betrieben gewählt, häufiger aber gingen sie aus einer Absprache der örtlichen Parteiführungen von SPD und USPD hervor, teils unter Einschluß von freien Gewerkschaften, manchmal auch nichtsozialistischer Organisationen. Verschiedentlich wurden Arbeiterräte auch auf »Volksversammlungen« gebildet bzw. bestätigt. Normalerweise schlossen sich Soldatenrat und Arbeiterrat am jeweiligen Ort zum Arbeiter- und Soldatenrat zusammen, der als oberste Machtinstanz fungierte. Faktisch hatte er vor allem die Polizeigewalt inne. Die alte Verwaltung wurde mit der Weiterarbeit beauftragt; der Arbeiter- und Soldatenrat beschränkte sich fast durchweg auf die (in ihrem Ausmaß allerdings sehr unterschiedliche) Kontrolle ihrer Tätigkeit. Das gilt cum grano salis auch für die wenigen von der radikalen Linken dominierten Räte.

Der Verlauf des Umsturzes in Berlin bedeutete eine wichtige Weichenstellung für den gesamten weiteren Gang der Revolution. Am 10. November bildeten beide sozialdemokratischen Parteien unter dem Druck ihrer Basis und nach intensiven Verhandlungen einen paritätisch zusammengesetzten »Rat der Volksbeauftragten« unter faktischer Leitung Friedrich Eberts. Die als »Fachleute« beteiligten bürgerlichen Vertreter agierten vielfach praktisch wie Ressortchefs. In Württemberg und Baden waren die Regierungen ganz offen als breite Koalitionen von den Nationalliberalen und dem Zentrum bis zur SPD und USPD angelegt.

Die große Mehrheit der deutschen Arbeiter vertraute im November und Dezember 1918 zweifellos der SPD-Führung, eine Minderheit folgte dem gemäßigten Flügel der USPD. Die radikale Linke dominierte lediglich in wenigen industriellen Zentren, und auch hier stellte der Spartakusbund innerhalb der Linken eine Minorität dar. Das Übergewicht der SPD verstärkte sich durch die massive Unterstützung von seiten der Soldatenbewegung und von Teilen des Kleinbürgertums. Auf dem 1. nationalen Rätekongreß Mitte Dezember kamen drei Mehrheitssozialdemokraten auf einen Unabhängigen. Nicht einmal 5 % der Delegierten gehörten kommunistischen Gruppierungen an. Das entsprach zu diesem Zeitpunkt in etwa den tatsächlichen Mehrheitsverhältnissen in der Arbeiterschaft.

Die Forschung seit den frühen sechziger Jahren – ich nenne nur Eberhard Kolb, Ulrich Kluge und Heinrich August Winkler[7] – neigt ganz überwiegend zu der Auffassung, die SPD-Führung habe den real vorhandenen Spielraum nicht genutzt, um durch tiefgreifende Gesellschaftsreformen kraft revolutionären Rechts die Demokratie in Deutschland zu sichern. Die mehrheitssozialdemokratische Politik war auf die schnellstmögliche Überführung der Revolution in ein legales, d. h. parlamentarisches Stadium gerichtet. Den Entscheidungen einer nach gleichem Wahlrecht zu wählenden

---

[7] Von diesen Autoren vor allem: Eberhard Kolb, Die Arbeiterräte in der deutschen Innenpolitik 1918/19, 2. Auflage Frankfurt am Main 1978; Ulrich Kluge, Soldatenräte und Revolution. Studien zur Militärpolitik in Deutschland 1918/19, Göttingen 1975; Heinrich August Winkler, Von der Revolution zur Stabilisierung. Arbeiter und Arbeiterbewegung in der Weimarer Republik 1918 bis 1924, 2. Auflage Bonn 1985. – Für die betriebliche Bewegung grundlegend: Peter von Oertzen, Betriebsräte in der Novemberrevolution. Eine politikwissenschaftliche Untersuchung über Ideengehalt und Struktur der betrieblichen und wirtschaftlichen Arbeiterräte in der deutschen Revolution 1918/19, 2. Auflage Bonn 1976.

»Nationalversammlung« sollte keinesfalls vorgegriffen werden. Der Rat der Volksbeauftragten sollte – außer auf dem Gebiet wichtiger sozialpolitischer Reformen – praktisch als bloße Interimsregierung fungieren. Die Arbeiter- und Soldatenräte sollten ausschließlich Hilfsfunktionen für die Verwaltung wahrnehmen und so schnell wie möglich überflüssig gemacht werden.

Dieser Politik der Nicht-Revolution lag die Überzeugung der SPD-Führer zugrunde, die sich durch die Kriegsniederlage stellenden Aufgaben – Waffenstillstand und Friedensschluß, Rückführung des Heeres und Demobilisierung, Umstellung der Wirtschaft auf Friedensproduktion und Wiedereingliederung von sechs bis sieben Millionen Soldaten in den Arbeitsprozeß, Sicherung der Volksernährung, Bewahrung der Reichseinheit – könnten ohne die Hilfe der Beamtenschaft, des Offizierskorps und der Unternehmer (einschließlich der Großgrundbesitzer) nicht gelöst werden. Dazu kam eine panische Furcht vor der Unkalkulierbarkeit der sozialen Revolution, die man mit dem »Bolschewismus« gleichsetzte.

Die USPD war von ihrer Gründung im Frühjahr 1917 bis zu ihrer Spaltung im Herbst 1920 eher ein Ausdruck der sich radikalisierenden Massenbewegung, als daß sie als Partei geschlossen auf diese eingewirkt hätte. Der in der Parteiführung zunächst vorherrschende rechte Flügel formulierte Auffassungen, die vielfach die Bestrebungen der revolutionärdemokratischen Massenbewegung ausdrückten. Die Wahl der Nationalversammlung wurde grundsätzlich akzeptiert, doch sollte sie mehrere Monate hinausgeschoben werden, in denen irreversible Tatsachen geschaffen werden sollten. Die Stellung der USPD-Führung wurde indessen dadurch erschwert, daß ein zunehmender Teil der Parteibasis ihre Politik der Zusammenarbeit mit der SPD von links kritisierte.

Die Massenbewegung vom November-Dezember 1918 zeichnete sich – wenn man die Verhältnisse in ganz Deutschland und nicht allein in Berlin zugrunde legt – durch eine weitgehende politische Einheitlichkeit aus. Sie stützte sich auf die Arbeiter, reichte aber bald über diese hinaus, indem sie nichtproletarische Soldaten, Angehörige der Intelligenz, der abhängigen Mittelschichten, seltener auch Bauern einschloß. Gerade in Baden öffneten sich die Räte den nichtproletarischen Bevölkerungsgruppen und deren Organisationen, die ihrerseits vielfach Bauern-, Bürger- und Beamten-, ja sogar Gymnasiasten-, Pfarrer- und Hausbesitzerräte gründeten. Einen entscheidenden Einfluß konnten alle diese, überwiegend defensiven, Gründungen nicht erlangen. Die Bewegung war vielmehr ganz in der sozialdemokratischen Tradition verankert; die institutionelle Demokratisierung des Staates im Sinne der parlamentarischen Republik galt als Voraussetzung und Grundlage für die spätere schrittweise sozialistische Umgestaltung der Gesellschaft. Daher wurden die ganz überwiegende Zustimmung zur Wahl der Nationalversammlung und die vielerorts erfolgte Proklamation der »sozialistischen« bzw. »sozialen« Republik seitens der Arbeiter- und Soldatenräte nicht als Widerspruch empfunden.

Die Aufrechterhaltung von »Ruhe und Ordnung«, die geordnete Durchführung der Demobilisierung, die Sicherung der Ernährung usw. wurden von den Arbeiter- und Soldatenräten in Übereinstimmung mit den Regierungen als zentrale Aufgaben angesehen, und darauf war ihre praktische Arbeit hauptsächlich ausgerichtet. Allerdings wurde erwartet, daß die revolutionäre Übergangsperiode zu entschiedenen demokratischen Strukturreformen genutzt würde: Schaffung eines »demokratischen Volksheeres«, Demokratisierung der Verwaltung, Arbeitermitbestimmung und Teilverstaatlichung der Wirtschaft, namentlich des Bergbaus.

Rürup und ich glauben in unserem Buch nachgewiesen zu haben, daß trotz eines Maximums an Mäßigung und Kooperationsbereitschaft und eines Minimums an linksradikalem Potential die grundlegenden Merkmale der revolutionär-demokratischen Massenbewegung auch für Baden gelten. Dieser Nachweis ist von großer Bedeutung für die Interpretation der Revolutionsereignisse. Denn wenn die Massenbewegung ein über die formale und reale Verfassung der Weimarer Republik hinausweisendes Demokratisierungspotential enthielt, dann muß das auch in den peripheren, vergleichsweise stärker ländlichen und weniger industrialisierten Regionen sichtbar werden.

Mit dem aus der Polarisierung in der Berliner Arbeiterschaft entstandenen sogenannten Spartakusaufstand und der Ermordung Rosa Luxemburgs und Karl Liebknechts zerbrach im Januar 1919 die Einheit der revolutionären Bewegung endgültig. Die USPD gehörte der Regierung seit dem Jahreswechsel nicht mehr an.

In der zweiten Phase der Revolution – dem Versuch, die Revolution zu sichern und weiterzutreiben – kam es zu einer Reihe lokaler Aufstände der radikalen Linken, in deren Verlauf auch »Räterepubliken« gegründet wurden, in erster Linie in Bremen (Januar/Februar 1919) und München (April 1919). Auch in Mannheim wurde für einen Tag eine Räterepublik proklamiert. Die lokalen Aufstände und Räterepubliken verfügten trotz teilweise beträchtlicher Massenmobilisierung über kein ausreichendes Gewicht, um auch nur vorübergehend die Machtfrage zu lösen. Das Lager der Aufständischen zerfiel durchweg an inneren Widersprüchen, noch bevor die Freikorps im Auftrag der Reichsregierung in Aktion traten und mehrfach Zustände herbeiführten, für die der Ausdruck »weißer Terror« keine polemische Übertreibung ist.

Parallel zu diesen Kämpfen entstand jedoch, anknüpfend an die seit Ende November 1918 sich ausbreitenden ökonomischen Streiks, eine neue Massenbewegung, die einen anderen Charakter hatte als die Massenbewegung vom November/Dezember 1918. In den industriellen Zentren Deutschlands verlagerte sich das Schwergewicht des Kampfes von der staatlichen Ebene auf die Ebene der direkten Konfrontation von Arbeit und Kapital in den Betrieben. Die Bergarbeiter des Ruhrgebiets traten im Februar und im April in den Generalstreik, die mitteldeutschen Arbeiter im Februar, die Berliner Arbeiter Ende Februar/Anfang März. Auch in Oberschlesien, in Württemberg und an anderen Orten kam es zu General- oder Massenstreiks. Die Parole der »Sozialisierung« beschränkte sich hier keineswegs auf Verstaatlichung, sondern drückte – verbunden mit konkreten Forderungen nach besseren Lebens-

und Arbeitsverhältnissen und insbesondere nach einem inner- und überbetrieblichen »wirtschaftlichen« Rätesystem – das Verlangen der Arbeiter nach Selbstbestimmung und Selbstverwaltung aus.

Die Bewegung umfaßte Arbeiter aller politischen Richtungen. In erster Linie ging es hier aber nicht um ein Bündnis von politischen Parteien, sondern um neuartige Formen rätesozialistischer und »syndikalistischer« Massenaktionen, die sich mit keiner Gruppierung ohne weiteres identifizieren lassen. Mit den Räten aus der ersten Phase der Revolution – soweit sie noch bestanden – hatte die spontane Streik- und Sozialisierungsbewegung, abgesehen von Ausnahmefällen, nichts zu tun; sie schuf sich eine eigene Infrastruktur. Von daher ist es kein Zufall, daß erst jetzt eine systematische Rätetheorie entstand, deren Verfechter vor allem aus der Gruppe der Revolutionären Obleute kamen.

Was die Bewegung an antikapitalistischer Radikalität gewann, büßte sie an Breite ein. Der Novemberumsturz hatte offenbar die übergroße Mehrheit des Volkes hinter sich, die Sozialisierungsbewegung die Mehrheit der Arbeiter der Großbetriebe, aber schätzungsweise nicht mehr als ein Viertel der Bevölkerung insgesamt.

Im Mai 1919, nach der Niederschlagung der Münchner Räterepublik und dem Scheitern der Massenstreiks, war die Revolution zunächst einmal besiegt. Geschlagen waren nicht nur die radikale Linke und die rätesozialistische Bewegung; auch die gemäßigten sozialdemokratischen Massen hatten eine Niederlage erlitten.

Einige abschließende Bemerkungen: Der sachlich durchaus zutreffende Terminus »Rätebewegung« für die demokratische Volksbewegung der Arbeiter- und Soldatenräte 1918/19 in Deutschland hat wohl manchen Mißverständnissen Vorschub geleistet. In der zeitgenössischen Polemik hatten nicht nur Konservative und Liberale, sondern auch viele Mehrheitssozialdemokraten die deutschen Arbeiter- und Soldatenräte mit den russischen Sowjets und damit mit dem Bolschewismus gleichgesetzt. Ende der 1960er-/Anfang der 1970er-Jahre überlagerte dann vielfach die Wiederbelebung rätesozialistischer Positionen durch die Ausläufer der Studentenbewegung im Bewußtsein der interessierten Öffentlichkeit die Befunde der empirischen Forschung.

Fast überall, wo Massenbewegungen vorwiegend großindustrieller Arbeiter eine bestimmte Ausdehnung und Radikalität annahmen, ist es in der Vergangenheit zur Bildung von überparteilichen Vertretungskörpern vom Typ der Räte gekommen, teilweise unter anderem Namen. Der Bogen spannt sich von den Sowjets der Russischen Revolution von 1905 und den britischen Shop Stewards vor und nach dem Ersten Weltkrieg über die Räte der süd-, mittel- und osteuropäischen Revolutionen der Jahre 1917–21 (wobei in Rußland die vorübergehend von den Bolschewiki instrumentalisierten Sowjets schon ab 1918 systematisch zurückgedrängt wurden), über die räteähnlichen Komitees des spanischen Stadt- und Landproletariats 1936, vergleichbare Erscheinungen in verschiedenen Ländern am Ende des Zweiten Weltkriegs und in der frühen Nachkriegszeit bis zum französischen Generalstreik vom Mai 1968 und der portugiesischen Nelken-Revolution von 1974/75.

Auch im System des »real existierenden Sozialismus« haben sich oppositionelle Massenbewegungen in Arbeiterräten organisiert: Kronstadt 1921, rudimentär Ostdeutschland 1953, deutlicher Polen und Ungarn 1956, China nach 1966, Tschechoslowakei 1968 und Polen ab 1980. Gewiß lassen sich gute Argumente dafür anführen, daß eine von Räten getragene direkte Demokratie als Regierungssystem nicht funktionieren kann, besonders in einer modernen Industriegesellschaft. Das ändert aber nichts an der Leistungsfähigkeit von Räten als Kampforganen hinsichtlich ihrer Offenheit und vereinheitlichenden Mobilisierungsfähigkeit. In den jüngsten demokratischen Umwälzungen Mittel- und Osteuropas haben Räteorgane deshalb keine wesentliche Rolle gespielt, weil die Arbeiterschaft als Klasse – im Unterschied etwa zum 17. Juni 1953 – nicht oder nicht mehr die Haupttriebkraft der Bewegung darstellte bzw. darstellt.

Was die Bewegung von 1918/19 in Deutschland betrifft, gab es aber nicht nur keine nennenswerte bolschewistische oder quasibolschewistische Kraft, sondern auch die bestehenden linksradikalen Gruppen – linkssozialistischen oder anarcho-kommunistischen Zuschnitts – waren viel zu schwach, um der realen Rätebewegung ihren Stempel aufzudrücken. Insofern ist die Frage nach dem Charakter und der prinzipiellen Durchführbarkeit eines »reinen Rätesystems« im Zusammenhang unseres Themas allenfalls von zweitrangiger Bedeutung.

Kommen wir noch einmal zu den realen Alternativen: Karl-Dietrich Erdmann hat die These aufgestellt, ein Fortbestehen der Monarchie nach dem Ersten Weltkrieg hätte die konservativen Kräfte eher mit der parlamentarischen Demokratie versöhnt.[8] Diese Annahme scheint mir in jeder Hinsicht fragwürdig. Erstens war die Monarchie am Ende des Krieges für breite Massen, nicht nur der Arbeiterschaft, das Symbol für Krieg, Militarismus, Hunger und Unterdrückung, und ein Festhalten der Mitte-Links-Parteien an der monarchischen Staatsform hätte viele auf die Seite der radikalen Linken getrieben. Zweitens ist bereits die Oktober-Reform von einem erheblichen Teil der alten Führungsschicht abgelehnt worden. Die Entscheidung zum Auslaufen der Hochseeflotte, die die Revolution Ende Oktober 1918 auslöste, war faktisch ein Staatsstreichversuch der Admiralität gegen den Verfassungswandel. Drittens war die europäische Demokratisierungsbewegung nach 1900 nicht nur in Deutschland von schweren innenpolitischen Auseinandersetzungen begleitet. Um erfolgreich zu sein, benötigte sie in der Regel die Schubkraft einer außerparlamentarischen Volksbewegung, häufig verbunden mit Massenstreiks oder sogar einem Generalstreik (wie in Belgien). Eine solche Massenbewegung hätte vermutlich gerade angesichts der Kriegsniederlage auch ohne Sturz der Monarchie eine längerfristige innenpolitische Polarisierung hervorgerufen. Um es zu wiederholen: Die parlamentarische Demokratie war durch die Regierungsneubildung und durch die Verfassungsänderungen vom Oktober 1918 noch keineswegs gesichert.

---

8   Karl Dietrich Erdmann, Rätestand oder parlamentarische Demokratie. Neuere Forschungen zur Novemberrevolution 1918 in Deutschland, Kopenhagen 1979, S. 3.

3 Der Platz der Revolution von 1918/19 in der deutschen Geschichte

Gewiß: Die revolutionäre Ablösung der Hohenzollernmonarchie und der übrigen Dynastien war dem Deutschen Reich nicht zwangsläufig vorherbestimmt. Es waren immer wieder andere Weichenstellungen möglich – vor 1878, Anfang der 1890er Jahre, vor 1914, um 1917 –, und der internationale Vergleich macht deutlich, wie unstet die Entwicklung zur bzw. der parlamentarischen Demokratie auch in den westeuropäischen Ländern vor den 1950er Jahren verlief. Und ebensowenig läßt sich der Untergang der Weimarer Republik 1933 aus den Entscheidungen und Unterlassungen von 1918/19 geradlinig ableiten. Es kann aber auch nicht bestritten werden, daß zu den Voraussetzungen des Aufstiegs der NSDAP neben dem Versailler Vertrag und der Weltwirtschaftskrise auch die innere Schwäche der Republik gehörte, die hauptsächlich aus ihrer revolutionär-gegenrevolutionären Entstehungsgeschichte resultierte. Das gilt insbesondere für den Einsatz der Freikorps gegen die sozialistischen Massenbewegungen, die die bis dahin vielleicht noch revidierbare Spaltung der Arbeiterbewegung endgültig machte, statt daß sich die mehrheitssozialdemokratisch geführte Reichsregierung um den Aufbau republikanischer Formationen bemüht hätte.

Es war das Spannungsverhältnis zwischen der demokratischen Verfassung und einer stark durch antidemokratische Kräfte geprägten gesellschaftlichen Wirklichkeit, die die Weimarer Republik in so hohem Maße krisenanfällig machte. Erst der totale militärische Zusammenbruch von 1945 – verbunden mit den Veränderungen, die die Abtrennung der Oder-Neiße-Gebiete, die Auflösung der Wehrmacht sowie des Staates Preußen und des Deutschen Reiches für die soziopolitische Architektur mit sich brachten – löste auf eine besonders schmerzhafte Weise das Dilemma von 1918/19 auf: Daß die Demokratie wahrscheinlich nur hätte gesichert werden können durch Maßnahmen, die die Eliten des Kaiserreichs entmachtet, die mit den dafür erforderlichen Eingriffen in die Gesellschaftsordnung aber auch den erbitterten Widerstand weiter bürgerlicher Kreise gefunden hätten. Weil sie der Arbeiterbewegung immer noch eine unerwünscht starke Machtposition beließ, fand die Weimarer Republik trotz der Mäßigung der SPD-Führung 1918/19 gegenüber den Trägern der alten Ordnung keine verläßliche Stütze im Bürgertum.

4 Der Kapp-Putsch und die Aufstandsbewegung im Ruhrgebiet – Die Ereignisse des Frühjahrs 1920 in ihrem allgemeinen historischen Zusammenhang

1997

Wenn von dem ersten Versuch die Rede ist, die Demokratie in Deutschland als Staatsform zu etablieren – in den 14 Jahren, die der Hitler-Diktatur vorangingen –, dann wird sehr schnell das schon von den Zeitgenossen benutzte Schlagwort von der »Republik ohne Republikaner« angeführt, in der politischen ebenso wie in der wissenschaftlichen Diskussion. Wie in vielen Klischees steckt in dem Schlagwort ja auch ein wahrer Kern: So, wie sie war, wurde die Weimarer Republik von den wenigsten ihrer Staatsbürger gewollt. Das gilt sogar für die Sozialdemokratie, die sich seit 1918/19 mehrheitlich als eine Art Staatspartei verstand und bis zum Schluß die einzige wirklich verläßliche Stütze der Republik mit Masseneinfluß blieb. Man kann deshalb mit einiger Berechtigung das Schlagwort von der »Republik ohne Republikaner« auch umdrehen. In den Worten Carl von Ossietzkys, des linksbürgerlichen Publizisten, bestand das Problem des Weimarer Gemeinwesens dann vielmehr darin, daß »*die Republikaner [...] ohne Republik*« waren[1], d. h. daß die überzeugten Republikaner nicht auf den Staat und seine Repräsentanten rechnen konnten. Rudolf Wissell, 1919 einige Monate sozialdemokratischer Wirtschaftsminister, hatte schon auf dem ersten Nachkriegsparteitag der SPD eine vernichtende Bilanz gezogen: »*Trotz der Revolution*«, so meinte er, »*sieht sich das Volk in seinen Erwartungen enttäuscht [...] Wir haben die formale politische Demokratie weiter ausgebaut [... Doch] wir konnten den dumpfen Groll, der in den Massen steckt, nicht befriedigen [...] Wir haben im wesentlichen in den alten Formen unseres staatlichen Lebens regiert.*«[2]

»Trotz der Revolution« – daß es tatsächlich eine Revolution in Deutschland gegeben hatte, wurde in den ersten Jahren der Weimarer Republik kaum bestritten, anders als später, da man die Vorgänge der frühen Nachkriegszeit vielfach lediglich als Reflex des »Zusammenbruchs« eines überlebten und militärisch geschlagenen Systems begreifen wollte. Doch jede Revolution ist an die Zersetzung der vorrevolutionären Ordnung geknüpft und beginnt damit. Die revolutionäre Massenbewegung von

---
1 Bärbel Boldt u. a. (Hg.): Carl von Ossietzky: Sämtliche Schriften. Reinbek 1994, S. 368 (in der Zeitschrift »Tage-Buch« v. 20.9.1924). – Bei diesem Aufsatz handelt es sich um den für den Druck überarbeiteten Text des Vortrags, den ich am 15.3.1995 auf der Gedenkveranstaltung der SPD, Unterbezirk Hagen, und des Hagener Geschichtsvereins zum 75. Jahrestag des Kapp-Putsches gehalten habe. Bei den Anmerkungen beschränke ich mich im folgenden auf den Nachweis wörtlicher Zitate und die Nennung der wichtigsten Literatur.
2 Protokoll der Verhandlungen des Parteitags der Sozialdemokratischen Partei Deutschlands, abgehalten in Weimar vom 10. bis 15. Juni 1919 (ND Bonn 1973), S. 363-364: Zitat Rudolf Wissell.

1918/19 war nicht ein Phänomen weniger Tage zur Zeit des Staatsumsturzes, sondern hielt – in zwei deutlich voneinander zu unterscheidenden Phasen – ununterbrochen bis weit in das Frühjahr 1919 an; sie erlebte noch einmal einen Aufschwung im Generalstreik gegen den Kapp-Putsch und in den Kämpfen der »Roten Ruhrarmee« im Frühjahr 1920, sozusagen ihrer dritten Phase. Diese Revolution war alles drei zugleich: Endpunkt jahrzehntelanger Liberalisierungs- und Demokratisierungsbestrebungen, spontane Volkserhebung zur Beendigung des längst verlorenen Krieges und sozialdemokratisch geprägte Klassenbewegung mit antikapitalistischer Tendenz. Die Verschränkung liberal-demokratischer, antimilitaristischer und proletarisch-sozialistischer Komponenten in der Revolution ergab sich aus dem Charakter des Kaiserreichs von 1871 und der Doppelrolle der sozialdemokratischen Bewegung in ihr als Organisation der klassenbewußten Arbeiter wie als einzige Kraft, die vorbehaltlos für die Demokratisierung des Deutschen Reiches eintrat. Das wilhelminische Deutsche Reich um 1900 war ein Rechts- und Verfassungsstaat mit einem regen kulturellen und politischen Leben – ökonomisch in Europa an der Spitze –, aber gleichzeitig unterschied sich die staatliche Ordnung durch das Übergewicht der monarchischen Exekutive, abgesichert durch die gleichsam außerkonstitutionelle Stellung des Militärs, doch grundlegend von denjenigen kapitalistischen Gesellschaften Europas und Nordamerikas, die parlamentarisch-demokratisch verfaßt waren. Nicht zuletzt gehörte zu den prägenden Elementen der politischen Wirklichkeit Deutschlands, daß die sozialdemokratische Arbeiterbewegung (seit 1890 war die SPD die wählerstärkste Partei) aus dem politischen Geschäft bis 1914 ausgegrenzt blieb und auf allen Ebenen einer teilweise sehr empfindlichen Diskriminierung ausgesetzt war.

Bei allen Auflockerungstendenzen und Krisen des autoritär-konstitutionellen Systems, vor allem ab 1908, gelang der Durchbruch zur parlamentarischen Demokratie bis 1918 nicht. Angesichts des andernfalls scheinbar kaum aufzuhaltenden Vormarschs der Arbeiterbewegung sahen die Schwerindustriellen, aber auch andere Unternehmer ihre sozialen Interessen am besten bei dem bestehenden System aufgehoben. Zumindest schien es sehr riskant, die Machtposition des ostelbischen Gutsbesitzer-, Beamten- und Militäradels, also der politischen Führungsschicht, zu beseitigen, auch wenn deren Beibehaltung bedeutete, daß die materielle Position der Agrarier durch Schutzzölle künstlich gestützt werden mußte. Aus diesem Grunde und nicht nur wegen ideologischer Vorbehalte mußte jeder Versuch, die bestehende politische Ordnung zu demokratisieren, von vornherein mit dem entschiedenen Widerstand nicht allein der aristokratisch-bürokratisch-militärischen Kräfte, sondern auch eines Teils des Großbürgertums sowie mit der Skepsis eines weiteren Teils rechnen. Dazu kam die antiliberale Orientierung eines Großteils der Bauern und des »alten Mittelstands«, die ihre Interessen am ehesten durch die von der politischen Rechten garantierte protektionistische Wirtschaftspolitik gewahrt sahen.[3]

Der 1. Weltkrieg aktualisierte und verschärfte – nicht nur in Deutschland – alle in der Gesellschaft strukturell angelegten Widersprüche. Spätestens seit Frühjahr 1917 läßt sich von einer Massenbewegung der Arbeiterschaft sprechen, die sich gegen die unzureichende Lebensmittelversorgung, gegen politische Unterdrückung und die Kriegspolitik der Herrschenden wandte. Der soziale Protest und das Friedensverlangen wurden durch den Sturz des Zarismus und die revolutionäre Entwicklung in Rußland bestärkt. Neben der proletarisch-sozialistischen Opposition entwickelte sich eine breitere, aber diffusere Unzufriedenheit aller Schichten, die nicht vom Krieg profitierten. Auch entzündete sich diese vor allem am Problem der Lebensmittelversorgung. Noch stärker als die unzureichende Menge wirkten die ungleiche Verteilung und der ›Schwarze Markt‹ als Provokation.[4] Die SPD hatte sich 1914 dem ›Burgfrieden‹ angeschlossen, wobei u. a. die Hoffnung auf innenpolitische Reformen eine Rolle spielte. Von der Parteimehrheit spaltete sich – endgültig Ostern 1917 – die USPD ab, eine relativ lose Föderation aller kriegsgegnerischen Gruppen der Sozialdemokratie; zu ihr gehörte neben dem führenden Theoretiker des Parteizentrums, Karl Kautsky, z. B. auch der Protagonist des Revisionismus, Eduard Bernstein, außerdem die radikal-linke Spartakusgruppe mit Karl Liebknecht und Rosa Luxemburg. Obwohl die Ereignisse in Deutschland in der zweiten Jahreshälfte 1918 – nach dem Scheitern der letzten Großoffensive an der Westfront – auf das Ende des alten Systems zutrieben, erwiesen sich die Vorbereitungen der revolutionären Gruppen auf den Aufstand als ziemlich irrelevant für den Verlauf der Umsturzbewegung, die – ausgehend von den Seehäfen – Anfang November wie ein Lauffeuer durch das Reich ging, um nach wenigen Tagen die Hauptstadt Berlin zu erreichen. Die Monarchie brach fast widerstandslos zusammen. Nach den Entbehrungen der Kriegszeit war auch außerhalb der Arbeiterschaft die Vorstellung weit verbreitet, daß es zu grundlegenden Neuerungen kommen müsse, um die Sterilität des wilhelminischen Obrigkeitsstaates zu überwinden. Es war eine diffuse Aufbruchstimmung, die bei Enttäuschungen schnell wieder umschlagen konnte. Ohne damit zunächst eine längerfristige politische Perspektive zu verbinden, schufen sich die aufständischen Massen eigene Vertretungsorgane, die Arbeiter- und Soldatenräte, die die weiterbestehenden zivilen und militärischen Einrichtungen kontrollierten. Die Praxis der deutschen Rätebewegung hatte mit den Schreckensbildern, die in der bürgerlichen Presse gezeichnet wurden, wenig zu tun. Die Aufrechterhaltung von »Ruhe und Ordnung«, die geordnete Durchführung der Demobilisierung, die Sicherung der Ernährung usw. wurden von den Arbeiter- und Soldatenräten in Übereinstimmung mit den Regierungen, dem Rat der Volksbeauftragten aus SPD und USPD, als zentrale Aufgaben angesehen,

---

3   Peter Brandt: War das Deutsche Kaiserreich reformierbar? Parteien, politisches System und Gesellschaftsordnung vor 1914, in: Karsten Rudolph/Christi Wickert (Hg.): Geschichte als Möglichkeit. Über die Chancen von Demokratie. Festschrift für Helga Grebing. Essen 1995, S. 190-210 (mit weiterer Literatur).
4   Jürgen Kocka: Klassengesellschaft im Krieg. Deutsche Sozialgeschichte 1914–1918. Göttingen 1973; Susanne Miller: Burgfrieden und Klassenkampf. Die deutsche Sozialdemokratie im Ersten Weltkrieg. Düsseldorf 1974.

und darauf war ihre praktische Arbeit hauptsächlich ausgerichtet. Allerdings wurde erwartet, daß die revolutionäre Übergangsperiode zu entschiedenen demokratischen Strukturreformen genutzt würde: Schaffung eines demokratischen Volksheeres, Demokratisierung der Verwaltung, Arbeitermitbestimmung und Teilsozialisierung der Wirtschaft, namentlich des Bergbaus.[5] Die große Mehrheit der deutschen Arbeiter vertraute im November und Dezember 1918 zweifellos der SPD-Führung, eine Minderheit folgte dem gemäßigten Flügel der USPD. Die radikale Linke dominierte lediglich in wenigen industriellen Zentren. Die aus dem Spartakusbund hervorgehende KPD blieb relativ unbedeutend, bis sie sich im Herbst 1920 mit dem linken Flügel der USPD vereinigte. In den beiden Jahren davor hatte man es eher mit einem Konglomerat linksradikaler Gruppen zu tun, die – teilweise innerhalb, teilweise außerhalb der jungen KPD agierend – in den spontanen Streikbewegungen der Arbeiter als ein revolutionäres Ferment wirkten. Mit der zielgerichteten Strategie und der straffen Organisation der russischen Bolschewiki hatten die deutschen Linksradikalen indessen anfangs wenig gemein, obwohl viele Zeitgenossen sie »dem Bolschewismus« zurechneten. Und die USPD, im November/Dezember 1918 vorübergehend in der Regierung vertreten, war von ihrer Gründung im Frühjahr 1917 bis zu ihrer Spaltung im Herbst 1920 eher ein Ausdruck der sich radikalisierenden Massenbewegung, als daß sie als Partei geschlossen auf diese eingewirkt hätte.

Die Politik der mehrheitssozialdemokratischen Führung war auf die schnellstmögliche Überführung der Revolution in ein legales, parlamentarisches Stadium gerichtet. Den Entscheidungen einer nach allgemeinem, gleichem Wahlrecht zu wählenden »Nationalversammlung« sollte keinesfalls vorgegriffen werden. Der Rat der Volksbeauftragten sollte – außer auf dem Gebiet wichtiger sozialpolitischer Reformen – praktisch als bloße Interimsregierung fungieren. Die Arbeiter- und Soldatenräte sollten ausschließlich Hilfsfunktionen für die Verwaltung wahrnehmen und so schnell wie möglich überflüssig gemacht werden. Dieser Politik der Nicht-Revolution lag die Überzeugung der SPD-Führer zugrunde, die sich durch die Kriegsniederlage stellenden Aufgaben – Waffenstillstand und Friedensschluß, Rückführung des Heeres und Demobilisierung, Umstellung der Wirtschaft auf Friedensproduktion und Wiedereingliederung von sechs bis sieben Millionen Soldaten in den Arbeitsprozeß, Sicherung der Volksernährung, Bewahrung der Reichseinheit – könnten ohne Hilfe der Beamtenschaft, des Offizierskorps und der Unternehmer (einschließlich der Großgrundbesitzer) nicht gelöst werden. Dazu kam eine panische Furcht vor der Unkalkulierbarkeit

---

5   Siehe – auch für das Folgende – Eberhard Kolb: Die Arbeiterräte in der deutschen Innenpolitik 1918/19. Frankfurt/M. 1978; Ulrich Kluge: Soldatenräte und Revolution. Studien zur Militärpolitik in Deutschland 1918/19. Göttingen 1975; Peter von Oertzen: Betriebsräte in der Novemberrevolution. Eine politikwissenschaftliche Untersuchung über Ideengehalt und Struktur der betrieblichen und wirtschaftlichen Arbeiterräte in der deutschen Revolution 1918/19. Bonn ²1976; Heinrich August Winkler: Von der Revolution zur Stabilisierung. Arbeiter und Arbeiterbewegung in der Weimarer Republik 1918–1924. Bonn ²1985.

der sozialen Revolution. In der zweiten Phase der Revolution – dem Versuch, die Revolution zu sichern und weiterzutreiben – kam es ab Januar 1919 zu einer Reihe lokaler Aufstände der radikalen Linken, in deren Verlauf auch einige kurzlebige lokale »Räterepubliken« gegründet wurden, in erster Linie in Bremen und München. Das Lager der Aufständischen zerfiel durchweg an inneren Widersprüchen, noch bevor die gegenrevolutionären Freiwilligen-Einheiten, die Freikorps, im Auftrag der Reichsregierung in Aktion traten und mehrfach Zustände herbeiführten, für die der Ausdruck »weißer Terror« keine polemische Übertreibung ist. Parallel zu diesen Kämpfen entstand jedoch, anknüpfend an die seit Ende November 1918 sich ausbreitenden ökonomischen Streiks, eine neue Massenbewegung, die einen anderen Charakter hatte als diejenige vom November/Dezember 1918. In den industriellen Zentren Deutschlands verlagerte sich das Schwergewicht des Kampfes von der staatlichen Ebene auf die Ebene der direkten Konfrontation von Arbeit und Kapital in den Betrieben. Die Bergarbeiter des Ruhrgebiets etwa traten im Februar und im April 1919 in den Generalstreik. Die Parole der »Sozialisierung« beschränkte sich hier keineswegs auf Verstaatlichung, sondern drückte – verbunden mit konkreten Forderungen nach besseren Lebens- und Arbeitsverhältnissen und insbesondere nach einem inner- und überbetrieblichen »wirtschaftlichen« Rätesystem – das Verlangen der Arbeiter nach Selbstbestimmung und Selbstverwaltung aus.

Die Bewegung umfaßte Arbeiter aller politischen Richtungen. In erster Linie ging es hier aber nicht um ein Bündnis von politischen Parteien, sondern um neuartige Formen rätesozialistischer und syndikalistischer Massenaktionen, die sich mit keiner Gruppierung ohne weiteres identifizieren lassen. Doch was die Bewegung an antikapitalistischer Radikalität gewann, büßte sie an Breite ein. Der Novemberumsturz hatte offenbar die übergroße Mehrheit des Volkes hinter sich gehabt, die Sozialisierungsbewegung des Frühjahrs 1919 die Mehrheit der Arbeiter der Großbetriebe, aber schätzungsweise nicht mehr als ein Viertel der deutschen Gesamtbevölkerung. Auf die Niederlage der radikalen Linken und der Massenstreiks des Frühjahrs 1919 folgte im Sommer die widerstrebende Annahme des Versailler Friedensvertrags – er wurde auch in der Mitte und auf der Linken meist als Gewaltfrieden angesehen – und der Weimarer Reichsverfassung durch die Nationalversammlung. Diese beruhte auf einem Kompromiß zwischen der Mehrheitssozialdemokratie und den bürgerlichen Befürwortern der Republik in den Parteien des Liberalismus und des politischen Katholizismus. Zusammen hatte diese sog. Weimarer Koalition im Januar 1919 rund drei Viertel der Stimmen erhalten. Allerdings entsprachen die parlamentarischen Mehrheitsverhältnisse schon bald nicht mehr den gesellschaftlichen Kräfteverhältnissen: Nicht nur waren im großen ganzen die alten Eliten in Wirtschaft, Militär, Verwaltung und Justiz in ihren Positionen verblieben. Auch lehnte ein beträchtlicher Teil des bürgerlichen Spektrums die demokratische Republik ab, die mit den Folgen der Kriegsniederlage identifiziert wurde. Zumindest sollten die Republik ihrer sozialstaatlichen Elemente entkleidet und die reale Verfassung autoritär umgebildet werden. Gleichzeitig setzte innerhalb der Arbeiterbewegung ein Zustrom zur USPD ein, die sich währenddessen deutlich nach links entwickelte. Der Hauptgrund für die Tendenz der Arbeiter nach links bestand in dem, was »Noske-Politik« genannt wurde. Ein Teil der SPD-Führung, festzumachen vor allem an der Person des Reichswehrministers Gustav Noske, sah in der Zusammenarbeit mit dem alten Offizierskorps nicht nur eine unvermeidliche Notwendigkeit der Übergangszeit, sondern geradezu die gesellschaftspolitische Achse des neuen Staates. Diese Kooperation mit den Kräften des vordemokratischen Systems, dem die meisten Offiziere innerlich noch anhingen, sollte der Republik Anerkennung auch in denjenigen Bevölkerungsschichten verschaffen, die der Demokratie distanziert gegenüberstanden.

Nach der Annahme des Friedensvertrags und der Verfassung trat im Herbst 1919 eine oberflächliche Entspannung der deutschen Innenpolitik ein. Spätestens um die Jahreswende 1919/20 zeigten ein reichsweiter Eisenbahnerstreik und die Protestbewegung der USPD gegen das neue Betriebsrätegesetz, das den Unternehmern jedoch schon zu weit ging, wie die Polarisierung der sozialen Klassen und politischen Formationen weiter vorangeschritten war. In der Folge eines Blutbades vor dem Reichstag am 13. Januar 1920 – Sicherheitskräfte beschossen eine linke Massenkundgebung – wurde zum wiederholten Mal der Ausnahmezustand verhängt, den die Arbeiterschaft, weit über die radikale Linke hinaus, als gegen sich gerichtet empfand. Als aufgrund des Versailler Friedensvertrags mit der Beschränkung der Armee auf 100.000 Mann die Freikorps-Marinebrigaden Ehrhardt und Löwenfeld aufgelöst werden sollten, sahen sich General Walther von Lüttwitz, unter dessen Kommando diese Einheiten standen, und der ostpreußische Generallandschaftsdirektor und Alldeutsche Wolfgang Kapp veranlaßt, den schon länger erwogenen Putsch auszulösen, indem sie die Brigade Ehrhardt (»*Hakenkreuz am Stahlhelm/Schwarzweißrot das Band ...*«) zum Sturz der Reichsregierung am 12./13. März nach Berlin einmarschieren ließen. In der im Oktober 1919 in Berlin gegründeten »Nationalen Vereinigung« hatten führende Militärs bzw. ehemalige Militärs wie General Ludendorff und Oberst Bauer gemeinsam mit Politikern aus der annexionistischen Deutschen Vaterlandspartei von 1917 einen gegenrevolutionären Umsturz vorbereitet.[6]

Mit Ausnahme von General Walther Reinhardt, Chef der Heeresleitung, weigerte sich die Reichswehrführung, dem Staatsstreich bewaffnet entgegenzutreten. Der nicht mit absoluter Sicherheit überlieferte Spruch des Generals Hans von Seeckt, Leiter des Truppenamts: »Truppe schießt nicht auf Truppe«, gab die Haltung der meisten Spit-

---

6   Für das Folgende siehe Johannes Erger: Der Kapp-Lüttwitz-Putsch. Ein Beitrag zur deutschen Innenpolitik 1919/20. Düsseldorf 1967; Erwin Könnemann/Gerhard Schulze (Hg.): Der Kapp-Lüttwitz-Ludendorff-Putsch. Dokumente. München 1996; Heinrich Potthoff: Gewerkschaften und Politik zwischen Revolution und Inflation. Düsseldorf 1979; Susanne Miller: Die Bürde der Macht. Die deutsche Sozialdemokratie 1918–1920. Düsseldorf 1978; Francis L Carsten: Reichswehr und Politik 1918–1933. Köln 1964; Hans-Ulrich Ludewig: Arbeiterbewegung und Aufstand. Eine Untersuchung zum Verhalten der Arbeiterparteien in den Aufstandsbewegungen der frühen Weimarer Republik 1920–1923. Husum 1978.

zenoffiziere in der Sache genau wieder, auch derjenigen, die mit dem Putsch nichts zu tun haben wollten. Nachdem es über diese verfassungswidrige Illoyalität der Militärs keinen Zweifel mehr geben konnte, entschloß sich das Kabinett dazu, mit den meisten Ministern nach Dresden, dann nach Stuttgart auszuweichen. Einige Kabinettsmitglieder blieben verabredungsgemäß in Berlin; Justizminister Eugen Schiffer (Deutsche Demokratische Partei: DDP) ging indessen so weit, mit den Putschisten, die eine ›nationale‹ Gegenregierung unter Kapp als »Reichskanzler« installierten, eigenmächtig Verständigungsmöglichkeiten zu sondieren. Schiffer gehörte zu denen, die bei der Umbildung des Kabinetts am 27. März 1920 ihren Posten räumen mußten. Das gilt ebenso für die der SPD angehörenden preußischen Minister Wolfgang Heine und Albert Südekum; auch sie machten ihre Stellung unhaltbar, indem sie eine Verhandlungslösung als den vermeintlich einzigen Ausweg befürworteten. Der rechtsliberale Politiker Gustav Stresemann (Deutsche Volkspartei: DVP) unterstützte aus der parlamentarischen Opposition heraus inhaltlich Forderungen von Kapp/Lüttwitz, indem er die vorzeitige Neuwahl des Reichspräsidenten durch die Bevölkerung und die Neubildung der Regierung durch »Fachleute« ins Gespräch brachte.

Erst der Widerstand von unten legte Reichsregierung und Nationalversammlung auf eine Linie prinzipieller Kompromißlosigkeit fest. Zusätzlich zu einem von den leitenden Organen der Reichsexekutive erlassenen Aufruf an das deutsche Volk, der namentlich die Beamten zur Treue gegenüber der verfassungsmäßigen Regierung mahnte, riefen die sozialdemokratischen Minister zusammen mit der SPD und den Freien Gewerkschaften den Generalstreik aus. Inhaltlich wie im Ton, der recht militant ausfiel, mußte der Text des Appells den Eindruck eines regelrechten Bruchs mit der mehrheitssozialdemokratischen Politik der vorausgegangenen Periode, namentlich mit der Noske-Politik, erwecken. Die liberalen und christlichen Arbeitnehmerverbände einschließlich von Beamtenorganisationen schlossen sich dem Generalstreik-Aufruf an.

Die USPD unterstützte nachhaltig den Ausstand, bildete aber mit ihren Anhängern eine eigene, linkssozialistische Streikleitung, und auch die KPD, die sich anfangs geweigert hatte, für die »Arbeiterverräter« der SPD in den Kampf zu treten, gab ihre sektiererische Haltung auf. An dem Generalstreik beteiligten sich zwölf Millionen Arbeiter, Angestellte und Beamte; für jeden erkennbar, wies er über eine schlichte Abwehr des Putsches hinaus und dokumentierte den spontanen und breiten Protest der sozialistischen bzw. republikanisch gesinnten Bevölkerung gegen »den Militarismus« und »die Reaktion«. Demgegenüber spielte sogar die Tatsache eine sekundäre Rolle, daß im Hinblick auf das Wochenende die direkte Wirkung des Streiks begrenzt war.

Mit hoher Wahrscheinlichkeit hätten sich die Putschisten auch ohne Generalstreik nicht durchsetzen können, sondern wären an ihrem eigenen politischen Dilettantismus, an der Uneinigkeit der politischen Rechten und an der fehlenden Kooperationsbereitschaft der meisten Beamten, namentlich der Ministerialbürokratie und der Reichsbank, gescheitert. Ebenso wahrscheinlich ist aber, daß sich die bürgerlichen Parteien – möglicherweise einschließlich eines Teils der SPD – mit den Verschwörern bzw. den hinter ihnen stehenden Kräften auf einen Kompromiß im formalen Rahmen der Verfassung eingelassen hätten. Es ist bezeichnend, daß der Reichskanzler Bauer die Verantwortung für den Generalstreik ausdrücklich ablehnte.

Im Grunde war diese Art Kompromiß das, was General Lüttwitz anstrebte, der sich mit einer Verschiebung nach rechts ohne offenen gegenrevolutionären Bruch mit der Verfassungsordnung zufriedengeben und den rechten Flügel der SPD einbinden wollte. Demgegenüber hatte Kapp ein ganz anderes, ständestaatlich-diktatorisches System im Auge. Dieser Unterschied zwischen Lüttwitz und Kapp beinhaltete insofern nicht nur taktische, sondern auch konzeptionell-strategische Differenzen.

Offene Unterstützung fanden die Putschisten in weiten Kreisen des ostelbischen Großgrundbesitzes, den mit ihnen sozial und politisch verbundenen Gruppen einschließlich einer ganzen Reihe von Landräten, vereinzelt auch Regierungs- und Oberpräsidenten, der völkischen und deutschnationalen Rechten (allerdings nicht der Deutschnationalen Volkspartei, DNVP) insgesamt. Sympathien gab es auch unter den industriellen Unternehmern, namentlich unter den Schwerindustriellen. Der Zechenverband hielt während der Kämpfe im Ruhrgebiet enge Verbindung zum Münsteraner Generalkommando, obgleich die Unternehmerverbände eine neutrale Stellung zum Putsch einnahmen. Sie befürchteten zu Recht, daß der gegenrevolutionäre Vorstoß von Kapp und Lüttwitz die Arbeiterschaft zu eigenen Aktionen anreizen würde, und sahen somit die politischen wie die wirtschaftlichen Risiken.

Mit einer ähnlichen Grundhaltung vermieden die meisten Militärbefehlshaber, die zudem an ihren Eid gebunden waren, in dem Konflikt zwischen gewählter Regierung und Putschregierung eine Festlegung, zumal die Installierung einer »nationalen Diktatur« mit unverhüllt revisionistischer Zielsetzung in der Außenpolitik separatistische Tendenzen im Westen Deutschlands und die dahinterstehenden Interventions- und Expansionsbestrebungen Frankreichs – so befürchtete man – fördern würde. Auch war nicht sicher, daß die noch nicht fest formierte und abgeschottete Reichswehr in einem offenen Bürgerkrieg beieinander bliebe. Deshalb vermochte Lüttwitz sich im Reichswehrministerium als Oberbefehlshaber nicht durchzusetzen, und es war durchaus folgerichtig, daß dieselben militärischen Führungskader, die sich dem Kapp-Lüttwitzschen Abenteuer verweigerten, angesichts der Drohung des »Bolschewismus«, also der Klassenaktion der Arbeiter, mit den am Putsch Beteiligten schnell wieder zu einer gemeinsamen Linie fanden.

Nach dem sich schnell abzeichnenden Scheitern des Putsches war es der Regierung nicht möglich, die breite, überparteiliche Mobilisierung der werktätigen Bevölkerung zu ignorieren. Als gälte es, die Entwicklung seit Jahresbeginn 1919 nachträglich zu korrigieren, schickten sich die Massen an, die Spaltung der Arbeiterbewegung zu überwinden – räteähnliche, überparteiliche Aktionsausschüsse traten überall ins Leben – und forderten ein energisches Vorgehen gegen die Republikfeinde in Militär und Verwaltung sowie erste Schritte zu einer sozialen Neuordnung. Die Führung des ADGB, des Zusammenschlusses der Freien Gewerkschaften, schien für einen Moment bereit, als

Einheitsorganisation dich das Verlangen der Arbeiterschaft zu eigen zu machen; sie stand selbst unter dem Druck einer gewerkschaftsinternen linken Opposition und teilweise auch von radikalen Konkurrenzverbänden syndikalistischen bzw. unionistischen Charakters. Es war schwer erkennbar, wo echte Überzeugung und wo taktisches Kalkül überwog, als der ADGB unter der Federführung Karl Legiens ein Neun-Punkte-Programm verabschiedete. Darin forderten die Gewerkschaften vor dem Abbruch des Generalstreiks eindeutige Garantien für die Entwaffnung republikfeindlicher militärischer Verbände, die Bestrafung bzw. Absetzung durch den Putsch Belasteter, die Übergabe der Aufrechterhaltung öffentlicher Sicherheit an republikanische Wehren, umfassende soziale Reformen, die unverzügliche Sozialisierung des Kohlebergbaus sowie die Bildung einer »Arbeiterregierung«, zusammengesetzt aus den sozialdemokratischen Parteien und Gewerkschaften, eventuell ergänzt durch Arbeitnehmervertreter aus den bürgerlich-demokratischen Parteien. Das war das erneuerte Programm der revolutionär-demokratischen Volksbewegung vom November 1918. Indem die DDP die Forderung nach der Arbeiterregierung als verfassungswidrig zurückwies, hatte sie, formal gesehen, recht. Lediglich die Duldung einer eigentlich verfassungsfremden Regierungsbildung durch einen Teil der Vertreter bürgerlicher Parteien zum höheren Zweck des Schutzes der Republik hätte die Konstruktion ohne Umsturz möglich machen und legitimieren können. Als Legien nicht bereit war, die Kanzlerschaft einer solchen Arbeiterregierung zu übernehmen, andererseits die USPD es ablehnte, mit den Mehrheitssozialisten der SPD in einer Regierung zu sitzen, und das freigewerkschaftliche Streikkomitee am 20. März zur Wiederaufnahme der Arbeit aufrief, stellte sich schnell heraus, daß die Bewegung stärkere Antriebskräfte besaß, als manche Arbeiterführer es annahmen und wünschten. Namentlich im rheinisch-westfälischen Industriegebiet gingen die Arbeiter, vielfach unter Einbeziehung ihrer tradierten Organisationen, auf lokaler Ebene selbsttätig gegen die zunächst unter schwarz-weiß-roten Fahnen einrückenden Freikorps vor, statt einseitig die Waffen niederzulegen. Während die Ruhrarbeiter in den Tagen vor dem 20. März die wichtigsten Städte des Reviers eingenommen hatten, war in Sachsen und Thüringen, wo der Streik ebenfalls in einen bewaffneten Kampf übergegangen war, das Militär siegreich geblieben.[7]

Dem ad hoc zum Reichskommissar für das Ruhrgebiet ernannten Carl Severing gelang es am 23. März, ein mit Vertretern der Gewerkschaften, von SPD, USPD und KPD in Bielefeld ausgehandeltes Abkommen zustande zu bekommen. Das »Bielefelder Abkommen« enthielt acht der neun Punkte des ADGB; einer war durch den Rücktritt Gustav Noskes vom Posten des Reichswehrministers gegenstandslos geworden. Vordergründig scheiterte die Übereinkunft an der Verweigerung großer Teile der

---

[7] Für das Folgende siehe George Eliasberg: Der Ruhrkrieg von 1920. Bonn 1974; Hans Spethmann: Die Rote Armee an Ruhr und Rhein. Aus den Kapptagen 1920. Berlin 1930 (verfaßt im Auftrag des Zechenverbandes); und vor allem Erhard Lucas: Märzrevolution 1920. 3 Bde. Frankfurt/M. 1970–1978.

Ruhrarbeiterschaft, die über das Verhalten und die reaktionäre Gesinnung der einmarschierenden militärischen Einheiten, darunter das Freikorps »Lichtschlag«, empört waren und sich diesen nicht in die Hand geben wollten. Doch konnte auch die Reichsregierung die Einhaltung des halbherzig akzeptierten Bielefelder Abkommens nicht gewährleisten, was die Einrichtung lokaler republikanischer Sicherheitswehren betraf. Der Befehlshaber der Reichswehrtruppen in Münster, General Oskar von Watter, protestierte gegen das Abkommen und lehnte es für seinen Einflußbereich ab, danach zu verfahren. Aus den lokalen Arbeitertruppen formierte sich ein »Rote Armee« genanntes proletarisches Heer, zu dem bis zu 50.000 oder mehr bewaffnete Arbeiter gehörten – viele mit Fronterfahrung – und das zeitweise recht erfolgreich operierte. Es war die größte und nachhaltigste proletarische Aufstandsbewegung, die Deutschland je gesehen hatte und hat, und der größte Volksaufstand seit den Bauernkriegen von 1524/25 überhaupt. Unverkennbar lag das politische Schwergewicht bei den Linkssozialisten, doch reichte sie über die radikale Linke weit hinaus und schloß die gemäßigten Kräfte großenteils ein. Unter den Kämpfern der Roten Ruhrarmee, soweit sie gewerkschaftlich organisiert waren, lagen die Freien Gewerkschaften, danach die Freie Arbeiter-Union (Syndikalisten) vor allen anderen Verbänden; soweit sie parteipolitisch organisiert waren, fiel der USPD mit 60 % vor der KPD mir 30 % der Löwenteil zu; Mehrheitssozialdemokraten stellten lediglich ein Zehntel.[8]

Die Aufstandsbewegung bot ein differenziertes Bild, wobei die Kontrolle der Kommunalverwaltung, die Zensur der nichtsozialistischen Presse und die Eingriffe in das private Eigentum durch umfangreiche Requirierungsmaßnahmen unmittelbar auf die Kampfhandlungen bezogen waren. In der Regel wichen die Verhältnisse in den Bergbaugebieten des »Wilden Westens«, wo Linkskommunisten, Syndikalisten und Anarchisten einen starken Anhang besaßen, von den südlichen und östlichen Gegenden des Industriegebiets ab. Mit der Metallverarbeitung dominierte dort ein traditionelles Facharbeitermilieu, das seine politische Heimat in der USPD fand. Dem zu einer Haltung des Alles oder Nichts neigenden Rebellentum des westlichen Ruhrgebiets stand eine programmatisch u. U. radikale, aber kalkulierende, auch taktische Gesichtspunkte berücksichtigende Herangehensweise gegenüber. Diese Differenzierung trug dazu bei, daß keine einheitliche Befehlszentrale gebildet werden konnte. Neben dem Essener Zentralrat operierte der linksradikal-syndikalistische Mülheimer Vollzugsrat, der indessen seinerseits nicht imstande war, die ultra-radikale, anarchistisch geprägte Entwicklung in Duisburg zu beeinflussen. Und auch die relativ gemäßigte, sehr überlegt agierende Hagener Zentrale mit Josef Ernst war de facto unabhängig von Essen. Bis Ende März war die Bewegung der Ruhrarbeiterschaft noch nicht gebrochen. Allerdings setzte sich die Erkenntnis mehr und mehr durch, daß auf einen ganz großen Erfolg nicht zu hoffen war. Er hätte die Ausdehnung des Aufstands in andere Regionen

---

8   Die Prozentzahlen nach Gerhard Colm: Beitrag zur Geschichte und Soziologie des Ruhraufstands vom März/April 1920. Essen 1921, S. 49.

des Reiches erfordert. Am 29. März standen mit 330.000 Mann mehr als drei Viertel aller Kumpel im Ausstand, nachdem der Essener Zentralrat ein weiteres Mal den Generalstreik proklamiert hatte. Das war die Reaktion darauf, daß Generalleutnant von Watter einem Ultimatum der Reichsregierung über die Ablieferung der Waffen Bedingungen hinzugefügt hatte, die schon aus technischen Gründen nicht durchzuführen waren. In der Tat gehörte die Reichswehr ebensowenig wie die Rote Ruhrarmee zu den Unterzeichnern des Bielefelder Abkommens und fühlte sich schon deshalb nicht dadurch gebunden. Die Wünsche, die die Regierung an die Verbände Watters richtete, um die Arbeiter nicht unnötig herauszufordern, hatten wenig Aussicht, vollständig beachtet zu werden. Denn überwiegend kamen Freikorps zum Einsatz, die soeben noch am Putsch gegen die Republik beteiligt gewesen waren. Diese Verbände sollten jetzt statt schwarz-weiß-roter Abzeichen schwarz-rot-goldene anlegen, Provokationen unterlassen und Hagen sowie das Bergische Land, die Hochburgen der Gemäßigten, meiden. Durch die Verlängerung der Frist für die Ablieferung der Waffen und angesichts einer realistischen Lagebeurteilung auch seitens der Kampfleiter der Roten Ruhrarmee sah es kurz vor dem Monatswechsel so aus, als könne wenigstens eine unblutige und für die Arbeiter nicht demütigende Abwicklung erreicht werden. Doch reagierte nur eine Minderheit der Kämpfer auf die Beschlüsse des Essener Vollzugsrats, dessen Autorität nichts mehr galt. Die Rote Armee zerfiel in selbständig handelnde Gruppen, und ihre Waffen wurden nur zum geringen Teil abgeliefert.

Was jetzt folgte, bestätigte das Mißtrauen der Arbeiterschaft gegen das Militär. Die vereinzelten Ansätze zu einem »roten Terror« nach bolschewistischem Muster verblichen schnell hinter dem brutalen und nicht selten grausamen Vorgehen des Militärs, das bereits vor dem Verstreichen des Regierungsultimatums am 2. April mit dem Vormarsch begann. Unter den vielfach »auf der Flucht« erschossenen Angehörigen der Roten Ruhrarmee sind vor allem die Opfer des Massakers in Pelkum zu nennen, wo neben im Gefecht verwundeten Arbeitern auch zehn mit Pistolen bewaffnete Sanitäterinnen umgebracht wurden. Neben den 249 Toten und 123 Vermißten auf seiten der Reichswehr und der Polizei waren weit über 1.000 Tote seitens der Arbeiter zu beklagen, von denen die meisten nach ihrer Gefangennahme getötet wurden. Militärische Standgerichte verhängten 205 Todesurteile, von denen 50 vollstreckt wurden, bevor die Regierung die Standgerichte am 3. April abschaffte – aber dieser Beschluß beendete nicht die Tätigkeit außerordentlicher Kriegsgerichte. Die Protestbewegung gegen den Kapp-Putsch und der Bürgerkrieg an der Ruhr vom März/April 1920 beendeten auf höchst dramatische Weise die Periode proletarischer Massenkämpfe in Deutschland, die mit den Spontanstreiks des Frühjahrs 1917 begonnen hatte. Die sozialen Unruhen und kommunistischen Erhebungen der Jahre 1921–1923 reichten in keiner Weise an die Massenrevolte von 1920 heran. Allerdings formierte sich nach der Ermordung des liberalen Außenministers Walter Rathenau durch Rechtsextremisten im Juni 1922 kurzzeitig eine ähnlich breite, nach links erweiterte und hauptsächlich auf die Arbeiterschaft gestützte republikanische Volksbewegung wie gleich nach dem Kapp-

Putsch. Das Dilemma der Arbeiterbewegung vom Staatsumsturz 1918 bis zum Ruhrarbeiteraufstand 1920 bestand darin, daß die den Burgfrieden von 1914 fortsetzende Politik von SPD- und ADGB-Führung linken Strömungen berechtigten Anlaß zum Protest boten, während umgekehrt das oppositionelle linkssozialistische Potential nicht für entschiedene Reformpolitik genutzt werden konnte, unter den gegebenen Umständen sogar die Stellung der reformistischen Arbeiterbewegung in der prekären Zusammenarbeit mit den verfassungsloyalen bürgerlichen Kräften schwächte.

Stellt man die deutschen Ereignisse in einen gesamteuropäischen Zusammenhang, dann wird schnell klar, daß es sich um einen internationalen Kampfzyklus handelte, der – bei allen nationalen bzw. regionalen Besonderheiten und in unterschiedlichem Mischungsgrad – nach denselben Grundmustern verlief: Mit dem Frühjahr 1917 hatte ein beispielloser Aufschwung der europäischen Arbeiterbewegung eingesetzt; er hielt drei bis vier Jahre an und endete dann in der Wirtschaftsdepression (der ersten kapitalistischen Nachkriegskrise, die Deutschland infolge der Inflation mehrere Jahre hinausschieben konnte) und dem Wiedererstarken der bürgerlichen Ordnung (in Italien im Aufkommen des Faschismus).[9]

Der Aufschwung der Jahre 1917–1920/21 erfaßte mehr oder weniger alle Länder, die am 1. Weltkrieg beteiligten, die neutralen und die neu gegründeten Staaten. Er schloß sowohl die reformistische als auch die revolutionäre Richtung ein. Nicht nur in den Nachfolgestaaten der geschlagenen Mittelmächte Deutschland und Österreich-Ungarn, sondern auch in einer ganzen Reihe west- und nordeuropäischer Staaten, nicht zuletzt in Großbritannien, traten kurz nach Kriegsende demokratisierende Wahlrechtsänderungen in Kraft. Die gewerkschaftlichen Verbände expandierten teilweise explosionsartig und konnten vielfach langjährige Forderungen der Arbeiterbewegung nach allgemeiner Arbeitszeitverkürzung und nach erweiterter sozialer Sicherung durchsetzen. Es kam vermehrt zu sozialdemokratischen Regierungsbeteiligungen. Parallel dazu und teilweise damit kombiniert wurden etliche Länder Europas, hauptsächlich, aber nicht ausschließlich unter den Verlierern des Krieges, von der revolutionären Welle erfaßt, die im März 1917 in Rußland angestoßen worden war. Im Herbst 1920 war die sozialistische Arbeiterbewegung dann praktisch überall wieder in die Defensive geraten, selbst in Österreich, wo durch den territorialen Zerfall der Habsburger-Monarchie und die weitgehende Bewahrung der politischen Einheit des

---

9   Für das Folgende s. Charles S. Maier: Recasting Bourgeois Europe. Stabilization in France, Germany und Italy in the Decade after World War I. Princeton 1975; Julius Braunthal: Geschichte der Internationale. Bd. 2, Hannover 1963; Dick Geary: Arbeiterprotest und Arbeiterbewegung in Europa 1848–1939. München 1983; Leopold Haimson/Charles Tilly (Hg.): Strikes, Wars, and Revolution in an International Perspective. Strike Waves in the Late Nineteenth und Early Twentieth Centuries. Cambridge Mass. 1989; Helmut Konrad/Karin M. Schiedlechner (Hg.): Revolutionäres Potential in Europa am Ende des Ersten Weltkrieges – Die Rolle von Strukturen, Konjunkturen und Massenbewegungen. Wien 1991; Francis L Carsten: Revolution in Mitteleuropa 1918–1919. Köln 1973.

Sozialismus in mancher Hinsicht günstige Voraussetzungen für einen entschiedenen Neubeginn bestanden. Doch blieben die Sozialisten bei den Nationalratswahlen im Oktober 1920 hinter den Christlich-Sozialen zurück und mußten in die Opposition. In Ungarn, das den Kern der anderen Reichshälfte der Donaumonarchie ausgemacht hatte, regierte zu diesem Zeitpunkt bereits »Reichsverweser« Nikolaus von Horthy in einer Quasi-Diktatur, die aus dem Sieg der von den Westmächten unterschätzten Gegenrevolutionäre über die ungarische Räterepublik des Frühjahrs und Sommers 1919 hervorgegangen war, die einzige gesamtnationale Räterepublik, die westlich Rußlands, übrigens nicht nur von Kommunisten und Linkssozialisten, errichtet worden war. Von Österreich und Ungarn abgesehen, konnten die Sozialisten weder in den neutralen oder neu gegründeten noch in den Siegerstaaten einen bestimmenden Einfluß auf die Staatsmacht erringen. Am offenkundigsten war die Behauptung des Bürgertums in Großbritannien und Frankreich. In England, wo seit 1915 ebenfalls eine soziale und zunehmend politisierte Protestbewegung entstanden war – ausgehend von den Engineers am schottischen Clyde – stand die größte Kraftprobe noch bevor: der Generalstreik von 1926. Unmittelbar nach dem Krieg, im Dezember 1918, siegte trotz enormer Stimmengewinne der Labour Party, die erst jetzt zur Hauptoppositionspartei wurde, die liberal-konservative Koalition von Lloyd George. Ähnlich gingen die französischen Wahlen vom November 1918 aus, die der von Georges Clemenceau geführte Bloc National der Rechts- und Mittelparteien gewann. Ebenso wie Lloyd George konnte Clemenceau die innenpolitischen Früchte seiner vor dem Herbst 1918 auf Siegfrieden setzenden Politik ernten, während der Zuwachs an sozialistischen Stimmen nicht ausreichte, einen Wechsel herbeizuführen. Allerdings ging die Linksentwicklung der französischen Arbeiterbewegung weiter als die der englischen (die Mehrheit der französischen Sozialisten stimmte für den Anschluß an die Kommunistische Internationale), ohne daß die Sozialisten sich in den sozialen Erschütterungen der Nachkriegszeit durchsetzen konnten. In dem schwersten Kampf dieser Jahre, dem landesweiten Streik der Eisenbahner vom Mai 1920, mußten die französischen Gewerkschaften eine Niederlage einstecken. Labil blieb über das Jahr 1920 hinaus die Lage Italiens, das formell zu den Siegermächten gehörte, dessen Kriegseintritt – gegen den Widerstand der gesamten Sozialistischen Partei von etablierten Machtpolitikern und einer bürgerlich-nationalistischen Bewegung durchgesetzt – aber im Hinblick auf den territorialen Gewinn nur einen, so hieß es »verstümmelten Sieg« zur Folge gehabt hatte. Die Sozialisten wurden bei den Parlamentswahlen vom November 1919 stärkste Partei, blieben aber weiter unterhalb der Mehrheit. Die Unruhen und Massenstreiks des »biennio rosso« in Industrie und Landwirtschaft gipfelten in den Fabrik- und Landbesetzungen des Spätsommers 1920, wodurch de facto die Machtfrage gestellt war. Daß die Sozialistische Partei und die Gewerkschaften vor dem Umsturz zurückschreckten und auch das selbstgesteckte Ziel der Fabrikkontrolle verfehlten, deutete die neue faschistische Bewegung Benito Mussolinis als Anzeichen für die innere Schwäche der sozialistischen Linken. Mit Unterstützung von Teilen des etablierten Staatsapparats traten die Faschisten – zunächst auf lokaler Ebene – zum Bürgerkrieg gegen die Arbeiterbewegung an. Die italienische Entwicklung der Jahre 1919/20 war ein Ausdruck jener Radikalisierung großer Teile der Arbeiter, die gerade infolge von Fehlschlägen oder vermeintlich unzureichenden Erfolgen der tradierten Organisationen beschleunigt wurde. Die Vorstellung des reformerischen Flügels, angesichts der veränderten Kräfteverhältnisse die Stellung der organisierten Arbeiterschaft auf der institutionellen Ebene zu stärken, um dann in einem langen Ringen im Rahmen einer demokratischen Verfassung die Machtpositionen des Privatkapitals Schritt für Schritt zurückzudrängen und so die Gesellschaft qualitativ zu ändern, widersprach der Stimmungslage, aber auch der durch Krieg und die damit mehr oder weniger verbundene innenpolitische Unterdrückung und soziale Not bestimmten Erfahrung einer großen Zahl von Lohnabhängigen. Die martialische Losung Lenins von 1914 – damals in hoffnungsloser Isolation –: »Umwandlung des imperialistischen Krieges in den Bürgerkrieg«, erschien nach vier Jahren des Völkermordens vielen nicht mehr abwegig.

Die Träger des Arbeiterradikalismus dieser Periode waren sowohl bestimmte Gruppen qualifizierter Facharbeiter als auch un- und angelernte, vielfach erst durch den Krieg ins moderne Fabriksystem integrierte, zu spontaner Rebellion neigende Arbeiterschichten. Das Modell, an dem sich der radikale Flügel nach 1917 mehr und mehr orientierte, war Sowjetrußland, das einzige Land, das eine, wie es schien, erfolgreiche sozialistische Revolution durchgeführt hatte und daher als eine reale Alternative zur bürgerlich-kapitalistischen Ordnung gelten konnte, und die Niederlagen der Jahre 1919/20 verstärkten noch die Bindung der Linksradikalen an die neue internationale Führung in Moskau als einzige stabile Bastion des Weltproletariats. In Rußland hatten die Bolschewiki den Bürgerkrieg gegen die »Weißen« im Winter 1919/20 im wesentlichen für sich entschieden, auch wenn die Kämpfe noch eine Zeitlang weitergingen. Der Angriff Polens, das die innere Schwäche des russischen Staates zu Eroberungen nutzen wollte, und die erfolgreiche, bis Warschau vorstoßende Gegenoffensive der Roten Armee ließen die »Weltrevolution« in einem ganz unmittelbaren Sinn für einen Moment noch einmal in den Bereich des Möglichen rücken – als Kombination von Revolutionskrieg und Aufstandsbewegung. Der französisch unterstützte polnische Abwehrsieg vom August 1920, das »Wunder an der Weichsel«, versperrte diesen Weg. Er schuf damit die Voraussetzungen für einen »Sozialismus in einem Lande«, den die führenden Bolschewiki ursprünglich weder angestrebt noch für möglich gehalten hatten und auf den der eine Teil der europäischen Arbeiterbewegung, der sich in den kommunistischen Parteien sammelte, jetzt als Gewähr des letztendlichen, lediglich verzögerten Sieges eingeschworen wurde.

Die Bindung eines großen Teils des europäischen Linkssozialismus an das dogmatisierte Partei- und Revolutionsmodell der Bolschewiki und – mehr noch – an die außenpolitischen Interessen des Sowjetstaates trug dazu bei, die Spaltung der Arbeiterbewegung unüberbrückbar zu machen; sie wirkte, auch aus revolutionär-sozialistischer Sicht, zunehmend destruktiv. In Rußland selbst waren erhebliche Teile gerade der radikalen, probolschewistischen Industriearbeiterschaft schon bald nach dem Jahr 1917 in Opposition zu den Kommunisten geraten. Der überwiegend rätesozialistisch orientierte Kronstädter Aufstand vom Februar/März 1921 machte diesen Prozeß sichtbar. Die Niederschlagung des Aufstands mit äußerster Härte kappte die emanzipatorische Strömung in der Russischen Revolution. Die Einführung der gemischtwirtschaftlichen »Neuen Ökonomischen Politik« (NEP) ging nicht zufällig Hand in Hand mit der Unterdrückung der Arbeiteropposition, dem endgültigen Verbot der anderen sozialistischen Parteien und dem Ende der innerparteilichen Demokratie der Bolschewiki (Fraktionsverbot). Die Konsolidierung der Sowjetmacht fügt sich insofern durchaus ins Bild.[10]

Unter ganz anderen politischen und gesellschaftlichen Verhältnissen endete die revolutionäre Periode 1917–1920/21 auch in Deutschland mit der militärischen Disziplinierung einer selbstbewußt gewordenen, rebellischen Arbeiterschaft. Es spricht manches für die Annahme, mit der breiten und erfolgreichen Abwehr des Putsches habe sich den Sozialisten und entschiedenen Republikanern noch einmal eine Chance aufgetan, Versäumnisse der ersten Nachkriegsmonate nachzuholen und die parlamentarische Demokratie durch eine nachhaltigere Entmachtung der alten aristokratisch-großbürgerlichen Eliten zu fundieren. In Preußen, dem mit Abstand größten Gliedstaat des Deutschen Reiches, begann im Gefolge der Märzereignisse unter einer neuen Führung von SPD und Regierung immerhin eine Auswechslung demokratiefeindlicher oder unzuverlässiger Beamter im Staatsapparat einschließlich der Polizei. Preußen wurde zum republikanischen »Bollwerk«, während in Bayern der Kapp-Putsch zu einer staatsstreichähnlichen Verschiebung der politischen Achse nach rechts genutzt wurde, die die Position des süddeutschen Freistaates als antirepublikanische »Ordnungszelle« befestigte.

Eine nachhaltige Wende in der innenpolitischen Entwicklung Deutschlands, die seit Anfang 1919 in Richtung Gegenrevolution verlief, wurde unmöglich durch den Einsatz der Reichswehr gegen die aufständischen Ruhrarbeiter. Von der Konfrontation »Klasse gegen Klasse« profitierten jene Teile der Rechten, die den Putsch im Hinblick auf den Zeitpunkt oder in der Methode ablehnten, aber zumindest teilweise mit den Zielen der Verschwörer übereinstimmten. Schon seit 1919 hatte sich die – damals in allen ihren Teilen demokratiefeindliche – Rechte politisch neu formiert und sich in einem ganzen Netzwerk von Verbänden, Ringen und Zirkeln eine Gegenwelt zur verhaßten Weimarer Republik geschaffen.

---

10   Bernd Bonwetsch: Die Russische Revolution 1917. Eine Sozialgeschichte von der Bauernbefreiung 1861 bis zur Oktoberrevolution. Darmstadt 1991; Manfred Hildermeier: Die Russische Revolution 1905–1921. Frankfurt/M. 1989; Edward Acton: Rethinking the Russian Revolution. London 1990; Vladimir S. Brovkin: Behind the Front Lines of the Civil War. Political Parties and Social Movements in Russia 1918–1922. Princeton N. J. 1994.

Diese Kreise mußten die Reaktion der Staatsmacht auf den Kapp-Lüttwitz-Putsch eher als Ermutigung empfinden. Die Reichswehrführung hatte für ihre Abstinenz im Konflikt zwischen der verfassungsmäßigen Regierung und den Insurgenten des Putsches keine Konsequenzen zu gewärtigen. Vereinzelte personelle Veränderungen unterstrichen den Rückzug der Armee aus »der Politik« – das beinhaltete indessen auch und gerade die Abwehr aller Bestrebungen, die Reichswehr in ihrer Zusammensetzung und in ihrem Geist zu demokratisieren. Es war deshalb nur scheinbar paradox, daß just solche Offiziere und Soldaten gemaßregelt wurden, die in den kritischen Tagen im Gegensatz zu ihren Vorgesetzten für die gewählte Regierung eingetreten waren.

Während man aufständische Arbeiter teilweise in Internierungslagern gefangen hielt, war die strafrechtliche Aufarbeitung des Staatsstreichs vom März 1920 von kaum überbietbarer Milde gekennzeichnet – lediglich ein einziger Putschist, der Berliner Polizeipräsident von Jagow, mußte für drei Jahre in Haft – und wurde schließlich durch eine Amnestie beendet. Wenigstens gelang es dem umgebildeten Koalitionskabinett Hermann Müller (SPD), gegen den heftigen Widerstand der militärischen Befehlshaber eine Neuregelung des Ausnahmezustands durchzusetzen, durch die nunmehr die zivile Verwaltung (und nicht die Reichswehr) die zentrale Rolle spielte. Unter den gegebenen Umständen wurden die vorgezogenen Neuwahlen vom 6. Juni 1920 ein Fiasko für die Parteien der Weimarer Koalition, besonders für die SPD und die DDP. Das republikanisch-staatstragende Bündnis verlor seine Mehrheit und gewann sie – trotz einer gewissen Rekonsolidierung der Sozialdemokratie in den Jahren nach 1924 – nicht wieder zurück. 1920 verlor die Mehrheitssozialdemokratie (21,7 %) einen großen Teil ihrer Wähler an die USPD, die mit 17,9 % auf dem Weg schien, zur größeren der beiden Arbeiterparteien zu werden; namentlich in etlichen Industriezentren ließ sie die SPD hinter sich. (Die KPD erreichte nicht mehr als 2,1 % der Stimmen.) Innerhalb des bürgerlichen Lagers steigerten die rechtsliberale DVP und die konservativ-nationalistische DNVP ihren Anteil erheblich auf Kosten der republikanischen Parteien des Bürgertums. Zusammen lagen sie jetzt bei 29,0 % (1919: 14,7 %). Die Polarisierung bedeutete, daß der ohnehin prekäre gesellschaftspolitische Kompromiß von Weimar auf beiden Seiten immer weniger akzeptiert wurde. Die neugebildete Sozialisierungskommission, die sich mit der Überführung der Kohlebergwerke in öffentliches Eigentum beschäftigte, bewirkte im Ergebnis gar nichts; es ist mehr als zweifelhaft, ob hinter ihrer Konstituierung überhaupt ernsthafte Absichten standen. In der Sache ging es nicht einmal, wie es viele Arbeiter sahen, in erster Linie um einen Schritt auf den Sozialismus hin, sondern – ähnlich wie beim ostelbischen Großgrundbesitz – mehr noch darum, eine auch politisch besonders unnachgiebige und reaktionäre Gruppierung der Unternehmerschaft auszuschalten und damit die Demokratie von einem belastenden Element zu befreien. Zweifellos hätte eine solche Maßnahme das Vertrauen der Arbeiterschaft in die demokratische Republik gestärkt, gewiß aber auch die Furcht weiter bürgerlicher und selbst kleinbürgerlicher Kreise vor einer Umwälzung der Sozialordnung angestachelt. Allenfalls unter dem Druck revolutionärdemokratischer Massenbewegungen wie im Spätjahr 1918 und im Angesicht des März-Putsches 1920 waren auch Vertreter des republikanischen Bürgertums bereit, die Enteignung einer ganzen Wirtschaftsbranche mitzutragen.

Insofern werfen die Auseinandersetzungen des Frühjahrs 1920 ein Schlaglicht auf das Grunddilemma der Weimarer Republik: Durch revolutionäre Aktion der Soldaten und Arbeiter zustandegekommen, blieb die Demokratie von Weimar hinter den Erwartungen auch der gemäßigteren Teile der Volksbewegung zurück. Für eine von Anfang an große und später noch wachsende Fraktion des Bürgertums ging der Verfassungskompromiß indessen schon viel zu weit, indem er der reformistischen Arbeiterbewegung eine unerwünscht starke Machtposition beließ. Man identifizierte die neue, parlamentarisch-demokratische Ordnung nicht nur mit dem Versailler Frieden, sondern auch mit dem Sozial- oder (wie man rechts der Mitte meinte) Gewerkschaftsstaat. Einen Bruch mit der republikanischen Legalität und eine autoritäre Umbildung der Verfassung ließ in der Frühphase der Weimarer Republik die außenpolitische Abhängigkeit in Verbindung mit der wirtschaftlichen Instabilität nicht zu: weder im Frühjahr 1920 noch im Herbst 1923, als die vorübergehende Übertragung der vollziehenden Gewalt an General von Seeckt, jetzt Chef der Heeresleitung, manchen Beobachtern wie der Beginn einer Militärdiktatur erschien. In den Jahren 1924–1928, einer Phase relativer Stabilisierung im politischen wie im wirtschaftlichen Bereich, schien sich die Mehrheit auch des konservativen Bürgertums mehr und mehr mit der Republik abzufinden, symbolisiert durch den Reichspräsidenten Paul von Hindenburg, den legendären Feldherrn des Weltkriegs. Die Sozialdemokratie befand sich in der Opposition, bildete aber – gerade auch für die Außenpolitik Gustav Stresemanns – mit den Freien Gewerkschaften einen Faktor, der berücksichtigt werden mußte. Doch angesichts der erwähnten Strukturmängel und der Unterlassungen in den ersten Monaten und Jahren nach dem Novemberumsturz von 1918 wurde das Sich-Einlassen der gemäßigten Rechten auf die demokratische Regierungsform nach 1923 konterkariert von einer Art schleichender Gegenrevolution, nicht zuletzt auf dem Feld der politischen Ideen, mit dem Ziel einer autoritär-bürokratischen Veränderung des »Systems«, wie sie die der Hitler-Diktatur vorausgehenden und ihr in mancher Hinsicht vorarbeitenden präsidialen Notverordnungsregierungen der Jahre 1930–1932/33 – ermöglicht durch die Wirtschaftskrise – dann schrittweise in die Tat umsetzten. Die Vorgänge um den Kapp-Lüttwitz-Putsch trugen frühzeitig dazu bei, die deutsche Rechte auf diese Bahn zu verweisen.

Teil II
Der Antifaschismus und die Auseinandersetzung mit dem Nationalsozialismus

5   Einheitsfront und Volksfront in Deutschland

»Die Dialektik der Entwicklung in Deutschland
ist etwas eigenartig.«[1] [W. Ulbricht 1945]

Die Geschichte der Bemühungen um die Herstellung der Einheit der Linken in Deutschland seit der Spaltung der Sozialdemokratie im Ersten Weltkrieg ist – von wichtigen und richtungweisenden Ausnahmen abgesehen – die Geschichte ihres Scheiterns. Dabei scheint im Nachhinein gerade hier die Notwendigkeit des gemeinsamen Kampfes gegen die monarchistisch-militärische und die faschistische Konterrevolution auf der Hand zu liegen. Die kampflose Niederlage 1933 mit ihren kaum zu überschätzenden demoralisierenden Folgen und die Unfähigkeit der deutschen Arbeiterklasse, eine nennenswerte Rolle bei der Niederschlagung des Nationalsozialismus zu spielen, verleihen der Bündnisfrage in Bezug auf Deutschland eine besonders dramatische Note. Sowohl die Träger der revolutionären Tradition des Bolschewismus (Trotzkisten, Blandlerianer) als auch die Apologeten der diversen – realen oder imaginären – Zusammenschlüsse aller »antimonopolistischen Demokraten«, »Patrioten«, »Friedensfreunde« o. ä. glauben eine Strategie sozialistischer Transformation und zugleich eine hinreichend ausgearbeitete und flexible Bündnispolitik zu besitzen, die – seinerzeit konsequent angewendet – den Sieg des Faschismus verhindert und eine progressive Entwicklung der deutschen Gesellschaft eingeleitet hätte, zum Teil werden die aktuellen politischen Strategien gerade auch als theoretische Verallgemeinerungen der »Lehren« des antifaschistischen Kampfes angesehen. Als Ergebnis einer solchen Haltung wird der Streit um historisch oder geographisch abliegende Linkskoalitionen – in der Bundesrepublik gibt es »Volksfronttendenzen« nicht ohne Grund nur in marginalen Bereichen – von den westdeutschen Sozialisten und Kommunisten zwar ohne Bereitschaft zu wirklicher Auseinandersetzung, dafür aber mit umso mehr Emotionen geführt: Während die einen in allem, was nicht durch die von den Bolschewiki und den ersten Weltkongressen der Komintern erarbeiteten Schemata abgedeckt scheint, »Verrat« und »Opportunismus« sehen (dabei unterstützt von linkskommunistischen Gruppen, die bündnispolitische Überlegungen von vornherein ablehnen), widmen sich die anderen der Verklärung einer von ihnen bejahten Politik, die rationale Kritik praktisch ausschließt. So basteln beide auf ihre Weise an einem Volksfrontmythos.

---

1   W. Ulbricht, Schlußwort auf der ersten Reichs-Konferenz der KPD am 3.3.1946 in Berlin, in: ders., Zur Geschichte der deutschen Arbeiterbewegung. Aus Reden und Schriften, Bd. 2, 1. Zusatzband, Berlin (Ost) 1966, S. 358.

Die folgende Abhandlung versucht demgegenüber, den ideologischen Schleier zu lüften und, wenn schon keine gültigen Antworten, so doch wenigstens die zentralen bündnisstrategischen Fragen, mit denen sich die traditionelle deutsche Arbeiterbewegung konfrontiert sah, und die Richtung, in der eine Antwort zu suchen ist, zu formulieren. Damit soll gleichermaßen verhängnisvoller Legendenbildung entgegengewirkt wie auch ein Beitrag zur politisch-programmatischen Diskussion innerhalb der heutigen deutschen Linken geleistet werden.

Es erweist sich dabei als Vorteil und Nachteil zugleich, daß der Autor angesichts der historischen Erfahrungen mit reformistischen Regierungen und vermeintlich revolutionären »sozialistischen« Systemen nicht von in ihrem Kern fertigen Modellen einer sozialistischen Gesellschaft für entwickelte Länder, noch weniger der Machteroberung und der Übergangsperiode *zum* Sozialismus auszugehen vermag. Dieses zu betonen ist insofern wichtig, als vor allem seitens der KPD-DKP allen Überlegungen zur Bündnispolitik die Orientierung an einem solchen niemals infrage gestellten Modell (in diesem Fall der sowjetischen Parteidiktatur) zugrunde lag und liegt. Die im folgenden geäußerte Kritik an der Politik der KPD geht von der aktuellen Bedeutung der Einheitsfront- und Volksfrontpolitik der 20er und 30er Jahre aus; sie warf wichtige Probleme auf, die in der sozialistischen Bewegung bis dahin nicht genügend Beachtung gefunden hatten.

Meine Kritik daran ist aber insofern prinzipieller Art, als diese Politik seit den 20er Jahren zunehmend im Interesse einer Machteroberung der KPD als einer bürokratisch-zentralistischen Partei und/oder unmittelbarer außenpolitischer Interessen der UdSSR instrumentalisiert wurde. Daraus ergab sich der – im schlechten Sinne des Wortes – Manöver-Charakter der gesamten KPD-Politik, und daraus ergab sich auch die fast völlige Eliminierung der rücksichtslosen Analyse gesellschaftlicher Realität und der Bedürfnisse der Arbeiterklasse und des Volkes[2] in Deutschland als Grundlage programmatischer Weiterentwicklung.

Einheitsfrontpolitik in den 20er Jahren

Die alte deutsche Sozialdemokratie vor dem Ersten Weltkrieg hatte keine spezifische Bündnispolitik gekannt. Die glänzenden Wahlerfolge ab 1890 ließen es realistisch erscheinen, mittels des allgemeinen Stimmrechts die Mehrheit des Volkes für den Sozialismus zu gewinnen. Überdies war die SPD des Kaiserreichs nicht nur die einzige sozi-

---

2   Unter *Arbeiterklasse* wird im folgenden die Gesamtheit der im Marxschen Sinne produktiven Lohnarbeiter verstanden. Der Begriff *Werktätige* soll demgegenüber alle abhängig Beschäftigten mit Ausnahme der gemäß Einkommen und/oder Funktion zur Bourgeoisie zu rechnenden Gruppen (Top-Management, hohe Bürokratie) bezeichnen. Zum *Volk* rechne ich zusätzlich das klassische Kleinbürgertum einschließlich der Klein- und Mittelbauern.

alistische Partei, sondern wegen der Blockbildung der beherrschenden Fraktionen des industriellen Kapitals mit dem politisch dominierenden Großgrundbesitz und der nur schwächlichen Opposition der minoritären liberalen Bourgeoisie gegen das Regime auch fast der alleinige Verfechter konsequent demokratischer Forderungen. Diese Tatsache bestärkte unterschwellige (»lassaleanische«) Tendenzen, in allen »bürgerlichen« (= nichtsozialistischen) Kräften eine einzige »reaktionäre Masse« zu sehen.

Die Spaltung der SPD im Verlauf des Weltkriegs machte die Herstellung der Klasseneinheit zum zentralen Problem sozialistischer Politik, ohne daß die Tragweite dieses Problems zunächst erkannt worden wäre. Die Ursache des nahezu vollständigen Scheiterns der deutschen Revolution 1918/19[3] lag in dem Vertrauen begründet, das die große Mehrheit der Arbeiter und Soldaten, aber auch erhebliche Teile der Mittelschichten in die Politik der rechten SPD-Führung setzten, von der sie Frieden, gründliche Demokratisierung des Heeres und der Verwaltung, industrielle Mitbestimmung sowie erste »sozialistische« Maßnahmen wie die Verstaatlichung der Bergwerke erwarteten. Nur eine Minderheit, die allenfalls in einigen Zentren die Mehrheit der Arbeiter umfaßte, stand den Mehrheitssozialisten von Anfang an mit Mißtrauen oder Ablehnung gegenüber. Und selbst innerhalb dieser Minderheit bildeten die Anhänger der jungen KPD bzw. ihrer Vorläufer noch einmal eine Minderheit. Der linksradikale Aktivismus ihrer Basis war zwar Ausdruck revolutionärer Ungeduld und der Bereitschaft zu selbsttätigem Handeln in bestimmten Schichten des Industrieproletariats – deren quasi moralische Abqualifizierung als lumpenproletarischer Bodensatz der Bewegung vom histgraphisch-analytischen wie vom praktischpolitischen Standpunkt ebenso irreführend ist wie die Kennzeichnung der SPD-Arbeiter als »Arbeiteraristokraten« –; aber gerade weil er nicht allein auf die heftige Agitation des Spartakusbundes gegen die »Regierungssozialisten« zurückzuführen war, sondern

---

3   Die immer noch umfassendste Untersuchung zur deutschen Revolution stammt von E. Kolb, Die Arbeiterräte in der deutschen Innenpolitik 1918–1919, Düsseldorf 1962. Daneben siehe P. v. Oertzen, Betriebsräte in der Novemberrevolution. Eine politikwissenschaftliche Untersuchung über Ideengehalt und Struktur der betrieblichen und wirtschaftlichen Arbeiterräte in der deutschen Revolution 1918/19. 2. erw. Aufl. Bonn-Bad Godesberg 1976; U. Kluge, Soldatenräte und Revolution. Studien zur Militärpolitik in Deutschland 1918/19, Göttingen 1975; J. S. Drabkin, Die Novemberrevolution 1918 in Deutschland, Berlin (Ost) 1968. Eine Reihe wichtiger Aufsätze sind gesammelt in E. Kolb (Hg.), Vom Kaiserreich zur Weimarer Republik, Köln 1972. Zur Problematisierung eignen sich neben den Beiträgen Kolbs und H. Grebings darin vor allem R. Rürup, Probleme der Revolution in Deutschland 1918/19, Wiesbaden 1968; G. D. Feldmann/E. Kolb/R. Rürup, Die Massenbewegung der Arbeiterschaft in Deutschland am Ende des Ersten Weltkrieges (1917–1920), in: PVS 13 (197 2), S. 84 ff.; R. Rürup, Einleitung zu: ders. (Hg.), Arbeiter und Soldatenräte im rheinisch-westfälischen Industriegebiet, Wuppertal 1975; immer noch anregend: A. Rosenberg, Entstehung der Weimarer Republik, Frankfurt/M. 1961; ders., Geschichte der Weimarer Republik, Frankfurt 1961 (zuerst 1928 bzw. 1935). Als Arbeitsbibliographie (auch für das folgende) siehe K. Klotzbach, Bibliographie zur Geschichte der deutschen Arbeiterbewegung 1914–1945. Sozialdemokratie, Freie Gewerkschaften, Christlich-Soziale Bewegungen, Kommunistische Bewegung und linke Splittergruppen, Bonn-Bad Godesberg 1974.

einen politischen Prozeß innerhalb der Klasse widerspiegelte, erschwerte er die für den Erfolg der Revolution unumgängliche Herstellung der proletarischen Aktionseinheit. Putschistische Aktionen wie der sog. »Januar-Aufstand« festigten das Bündnis der SPD-Führung mit der Obersten Heeresleitung und boten den Anlaß für eine ganze Reihe von Strafexpeditionen, durch die die bürgerlichen Freikorps im Auftrag Reichswehrminister Noskes (SPD) unliebsame lokale Arbeiter- und Soldatenräte ausschalteten. Die gewaltsame Auseinandersetzung zwischen Rechtssozialisten und Kommunisten in Berlin zu Beginn des Jahres 1919 rief erstmals eine massive Gegenbewegung unter den Betriebsarbeitern, also der Basis der Arbeiterparteien hervor, die einen solchen »Bruderkampf« nicht dulden wollten.[4] In den regionalen Massenstreiks der folgenden Monate stellten die Arbeiter und ihre Organisationen immer wieder die Aktionseinheit her, aber die Bewegung verlief zeitlich unkoordiniert und der Einfluß der SPD-Führung war immer noch groß genug, die Einheitsfront der Arbeiter durch Teilzugeständnisse und Versprechungen zu spalten. Das Ergebnis war ein Ablösungsprozeß der desillusionierten Anhänger von der SPD – die USPD war trotz innerer Richtungskämpfe vor ihrer Spaltung Ende 1920 auf dem besten Wege, die Mehrheit der deutschen Arbeiterklasse zu gewinnen.[5] Gleichzeitig jedoch hatte sich das militärische Kräfteverhältnis entscheidend zugunsten der offen gegenrevolutionären Kräfte verändert und die kurz nach dem Umsturz zum Bündnis mit der Arbeiterbewegung bereiten kleinbürgerlichen Massen trieben wieder nach rechts. Die machtpolitisch extrem günstige Situation zu Ende des Jahres 1918 hatte also nicht für einschneidende gesellschaftliche Veränderungen ausgenutzt werden können. Auch der in einem sogar die Beamten umfassenden Generalstreik zusammengebrochene Kapp-Putsch im März 1920 und die folgenden Diskussionen und Kämpfe – es ging um die Möglichkeit der Bildung einer »Arbeiterregierung« und die nachhaltige Entmachtung der Gegenrevolution – hatte nur noch einmal die Kampfkraft des geeinten werktätigen Volkes demonstriert, die sozialistischen Parteien jedoch nicht zu einem Konsens führen können.[6]

---

4   Kolb, Arbeiterräte, S. 233 ff.
5   Der Stimmenanteil der USPD stieg von Januar 1919 bis Juni 1920 im ganzen Reich von 7,6 % auf 18,0 %, in Berlin von 27,6 % auf 42,7 %. Dieser Umschwung drückte sich auch auf gewerkschaftlicher Ebene aus. Zur USPD jetzt: H. Krause, USPD. Zur Geschichte der Unabhängigen Sozialdemokratischen Partei Deutschlands, Frankfurt/M. 1975, und R. F. Wheeler, USPD und Internationale, Berlin (West) 1975.
6   H. H. Biegert, Gewerkschaftspolitik in der Phase des Kapp-Lüttwitz-Putsches, in H. Mommsen u. a. (Hg.), Industrielles System und politische Entwicklung in der Weimarer Republik, Düsseldorf 1974, S. 190 ff.: Rosenberg, Geschichte, S. 89 ff.; E. Lucas, Märzrevolution im Ruhrgebiet. Vom Generalstreik gegen den Militärputsch zum bewaffneten Arbeiteraufstand; März 1920, Frankfurt/M. 1970; ders., Märzrevolution 1920. Der bewaffnete Arbeiteraufstand im Ruhrgebiet in seiner inneren Struktur und in seinem Verhältnis zu den Klassenkämpfen in den verschiedenen Regionen des Reiches, Frankfurt/M. 1973; G. Eliasberg, Der Ruhrkrieg von 1920, Bonn-Bad Go-

Nach dem Scheitern der Revolution im Frühjahr 1919 sah sich die durch deren Ermordung ihrer wichtigsten Führer beraubte, illegale und kaum handlungsfähige KPD vor die Frage gestellt, wie angesichts der bewiesenen Aussichtslosigkeit minoritärer Aktionen der Anschluß an die rechts- und linkssozialistische Mehrheit der Arbeiter gefunden werden konnte. Der wichtigste Ansatzpunkt einer revolutionären Strategie, nämlich die Diskrepanz zwischen den Erwartungen der sozialdemokratischen Basis – gerade auch der die Räte tragenden unteren Kader – und der realen Politik des »Rates der Volksbeauftragten«, war praktisch gar nicht genutzt worden. Das Verhalten der Mehrheit der Arbeiter und Soldaten hatte sich durch allgemeine Appelle und Beschimpfungen ihrer Führer nicht verändern lassen, eher im Gegenteil. Die abstraktpropagandistische Gegenüberstellung von Räten und Nationalversammlung hatte ebenso vom Unverständnis des majoritären Arbeiterbewußtseins und der Beharrungskraft reformistischer Organisationen gezeugt, wie die Ablehnung der immerhin auf die eine oder andere Weise gewählten sozialdemokratischen Räte und die Forderung nach ihrer Ersetzung durch »wirkliche«, »revolutionäre« Räte[7], die es unmöglich machte, an die sich tendenziell radikalisierenden Demokratisierungs- und Sozialisierungsforderungen gerade dieser reformistisch orientierten Organe der Arbeiter anzuknüpfen, weitgehendes Unverständnis des Charakters von Räten als Verwirklichung der Einheit der Werktätigen auf der Grundlage deren *tatsächlicher* (und nicht gewünschter) bewußtseinsmäßiger Zusammensetzung hatte erkennen lassen.

Die Einheitsfrontpolitik, die die KPD in den folgenden Jahren entwickelte, beruhte ganz maßgeblich auf den Erfahrungen der Revolution – und später des gescheiterten März-Abenteuers 1921.[8] Es kann gewiß mit Recht bezweifelt werden, ob sich diese Politik durchgesetzt hätte, wenn nicht auch die Bolschewiki als führende Partei der

---

desberg 1974; E. Könnemann/H.-J. Krusch, Aktionseinheit contra Kapp-Putsch. Der Kapp-Putsch im März 1920 und der Kampf der deutschen Arbeiterklasse sowie anderer Werktätiger gegen die Militärdiktatur und für demokratische Verhältnisse, Berlin (Ost) 1972; J. Erger, Der Kapp-Lüttwitz-Putsch. Ein Beitrag zur deutschen Innenpolitik 1919/20, Düsseldorf 1967.

7 Wo es machtpolitisch möglich war, wurden lokale Räte z. T. putschistisch »gesäubert«. Kolb, Arbeiterräte, S. 303 ff., bes. S. 321 ff.

8 Die eingehendste Untersuchung über die Einheitsfrontpolitik der KPD in der Phase bis 1923 stammt von A. Reisberg, An den Quellen der Einheitsfront. Der Kampf der KPD um die Aktionseinheit in Deutschland 1921–1922. Ein Beitrag zur Erforschung der Hilfe W. I. Lenins und der Komintern für die KPD, 2 Bde., Berlin (Ost) 1971. Siehe für das folgende daneben auch D. Hemie-Oltmanns. Arbeiterbewegung und Einheitsfront, Zur Diskussion der Einheitsfronttaktik in der KPD 1920/21, Berlin (West) 1973, und W. T. Angress, Die Kampfzeit der KPD 1921–1923, Düsseldorf 1973. Für die ganze Phase der Weimarer Republik: Geschichte der deutschen Arbeiterbewegung, Bde. 3 u. 4, Berlin (Ost) 1966; O. K. Flechtheim, Die KPD in der Weimarer Republik, Frankfurt/M. 1969. In der genannten Literatur auch näheres zu den März-Kämpfen von 1921. Die vernichtende Kritik von Paul Levi, wegen deren Veröffentlichung er aus der KPD ausgeschlossen wurde, mit dem Titel: Unser Weg. Wider den Putschismus, 1921 in Berlin erschienen ist in dem von Ch. Beradt herausgegebenen Sammelband enthalten: P. Levi, Zwischen Spartakus und Sozialdemokratie. Schriften, Aufsätze, Reden und Briefe, Frankfurt/M. 1969. S. 44 ff. Der III. Weltkongreß der

1919 gegen den anfänglichen Widerstand der KPD-Führung gegründeten Kommunistischen Internationale (Komintern) angesichts einer vermeintlichen relativen Stabilisierung des kapitalistischen Europa auf eine taktische Wendung der KPen gedrängt hätten. Aber die ganze Einheitsfrontpolitik der KPD auf die Weisung Moskaus zurückzuführen, ist nicht nur faktisch unrichtig, sondern verstellt auch den Blick auf die Dynamik dieser neuen Politik.

Rosa Luxemburg hatte für das Programm des Spartakusbundes als eindeutige Absage an den Putschismus formuliert, Spartakus werde »nie anders die Regierungsgewalt übernehmen als durch den klaren, unzweideutigen Willen der übergroßen Mehrheit der proletarischen Masse in ganz Deutschland, nie anders als kraft ihrer bewußten Zustimmung zu den Ansichten, Zielen und Kampfmethoden des Spartakusbundes«[9]. Das vor der Übernahme der Macht zu lösende strategische Ziel war also die Gewinnung der Mehrheit der Arbeiterklasse. Damit war zwar noch kein konkreter Weg zur Erreichung dieses Ziels gewiesen, doch bestimmte Praktiken sowohl bolschewistischer als auch linkskommunistischer Art waren ausgeschlossen. Da Rosa Luxemburg nicht gewillt war, die gerade gegründete KPD gleich wieder zu spalten, als sie in der Frage der Beteiligung zu den Wahlen zur Nationalversammlung in der Minderheit blieb (ein Beschluß gegen Gewerkschaftsarbeit von Kommunisten konnte gerade noch verhindert werden), blieb die Partei nach ihrer, Liebknechts und Jogiches' Ermordung unter dem Einfluß ultralinker Kräfte. Erst die von Paul Levi provozierte Spaltung über die Gewerkschaftsfrage machte die KPD politisch manövrierfähig. Die machiavellistische Methode, mit der diese Spaltung durchgeführt wurde[10], setzte indessen erstmals »bolschewistische« Maßstäbe, über die Levi sich selbst später bitter beklagen sollte. Doch war diese Maßnahme wahrscheinlich unumgänglich, um den ersten wichtigen Schritt aus der Isolierung zu tun, der darin bestand, gemeinsam mit den sich nach links entwickelnden USPD-Arbeitern eine revolutionäre Massenpartei aufzubauen, die der SPD die Führung der deutschen Arbeiterbewegung streitig zu machen vermöchte. Was die in der USPD organisierten Arbeitermassen nach links trieb, war nicht das Beispiel der kleinen KPD, sondern neben der Politik der rechten SPD-Führer das Vorbild der Russischen Revolution, deren Prestige in demselben Maße stieg, wie das der Sozialdemokratie sank. Über die angestrebte Mitgliedschaft in der Komintern wurde der Zusammenschluß mit der KPD für den linken Flügel der USPD zu einem lohnenden Ziel. Im Dezember 1920 vereinigten sich diese beiden

---

Kommunistischen Internationale, insbesondere Lenin, schloß sich im wesentlichen Teilen Levis Kritik inhaltlich an, hielt aber nichtsdestoweniger seinen »Disziplinbruch« für unentschuldbar.

9   Programm des Spartakusbundes, abgedruckt in: H. Weber (Hg.), Der Gründungsparteitag der KPD. Protokolle und Materialien, Frankfurt/M. 1969, S. 301.

10 Siehe Flechtheim, S. 143 ff.; H. M. Bock, Syndikalismus und Linkskommunismus von 1918–1923. Zur Geschichte und Soziologie der Freien Arbeiter-Union Deutschlands (Syndikalisten), der Allgemeinen Arbeiter-Union Deutschlands und der Kommunistischen Arbeiter-Partei Deutschlands, Meisenheim 1969, S. 139 ff.; Angress, S. 65 ff.

Gruppen; die Vereinigte Kommunistische Partei umfaßte zunächst ca. 450.000 Mitglieder. Während jedoch die Mehrheit der Delegierten des USPD-Parteitags in Halle für die Komintern und damit für die VKPD votierte, und etwa die Hälfte der USPD-Mitglieder zur neuen Partei übertrat, zeigte sich bei Wahlen, daß selbst die Rest-USPD im allgemeinen stärker blieb als diese.[11] Es stellt sich die Frage, ob die künstliche Spaltung der USPD durch die 21 Bedingungen der Komintern – ähnliches wiederholte sich kurz darauf noch krasser in Italien – die Linkswendung der Arbeiterklasse nicht eher gebremst hatte, als sie zu beschleunigen, zumal hier, insofern ein Präzedenzfall, die Modalitäten der Spaltung aus den politischen Manövern der Komintern und den sie führenden Bolschewiki und nicht aus der Entwicklung der Klassenbewegung in Deutschland resultierten.

Trotzdem: Die KPD war eine Massenpartei geworden. Sie repräsentierte nun eine so beachtliche Minderheit des Proletariats einschließlich erstmals nennenswerter Stützpunkte in Gewerkschaften und Betriebsräten, daß die anderen Arbeiterparteien, namentlich die SPD, sie nicht mehr ignorieren konnten; damit war überhaupt erst die materielle Voraussetzung für eine wirksame Einheitsfrontpolitik gegeben. Erste, noch widersprüchliche Ansätze wurden nach der schweren Niederlage der Partei in den Märzkämpfen 1921 und der anschließenden Kritik auf dem III. Weltkongreß der Komintern systematisch wiederaufgenommen und nach und nach zu einer neuen Strategie und Taktik der Kommunisten entwickelt. Es handelte sich dabei gewiß *auch* um ein »Manöver«, das außenpolitischen Erfordernissen der Sowjetunion[12] Rechnung trug; gleichzeitig ging es aber um viel mehr, nämlich um die Herstellung eines qualitativ und grundsätzlich veränderten Verhältnisses zu den nichtkommunistischen Arbeitern. Es ist nicht möglich, hier die einzelnen Schritte und Etappen bei der Herausbildung der Einheitsfrontpolitik der KPD nachzuzeichnen, doch sei die Tatsache ihrer schrittweisen Entstehung unterstrichen, ebenso daß mit ihr Erfahrungen der Russischen Revolution und der deutschen Klassenkämpfe von der Novemberrevolution über den Kapp-Putsch und den ihm folgenden Ruhr-Krieg bis zur miß-

---

11 Bei den sieben Landtagswahlen im Winter 1920/21 erhielt die VKPD 1.440.000 Stimmen gegenüber 1.481.000 für die USPD und 5.309.000 für die SPD; für Berlin lauten die entsprechenden Zahlen 112.000, 197.000, 221.000. Von 900.000 Mitgliedern der USPD traten etwa 370.000 zur VKPD über (von denen sie nach der Märzaktion die Mehrheit wieder verlor); 340.000 blieben in der USPD (die sich 1922 bis auf einen kleinen Rest mit der SPD vereinigte); etwa 180.000 USPD-Mitglieder gingen der parteipolitischen Arbeit verloren. Wheeler, S. 163 f.

12 Das durch den Bürgerkrieg ausgeblutete Land schien nach dem Kronstädter Aufstand und dem Rückfluten der revolutionären Welle in Europa dringend einer Atempause bedürftig. Die innenpolitische Antwort auf diese Situation war die Verschärfung der Parteidiktatur bei Wiedereinführung gewisser Elemente kapitalistischer Ökonomie (NEP). Außenpolitisch begann die erste Phase der »Friedlichen Koexistenz« einschließlich der Inanspruchnahme westlichen Kapitals beim ökonomischen Wiederaufbau und der Integration in die internationale Diplomatie. Eine enge militärische Zusammenarbeit mit der deutschen Reichswehr, ein zentraler Kritikpunkt deutscher Linkskommunisten, begann bereits 1920.

glückten März-Aktion nachvollzogen wurden. Es hatte sich gezeigt, daß die Arbeiterklasse nur vereint aktionsfähig war und daß sie spontan dazu neigte, die Aktionseinheit über die Parteigrenzen hinweg herzustellen, ohne daß die Bindung an ihre jeweilige Organisation dadurch aufgehoben worden wäre. Die Ziele der gemeinsamen Kämpfe konnten nicht von der revolutionären Minderheit oktroyiert werden, sondern mußten sich nach dem Bewußtseinsstand der breiten Massen richten. Eine revolutionäre Partei, die diese Erfahrungen ignorierte, sich »dem, um das die Massen kämpften, doktrinär entgegen(stellten)«[13], isolierte sich und vertiefte objektiv die politische Spaltung der Arbeiterbewegung.

Die Einheitsfrontpolitik verband die Erkenntnis, daß alle Lohnarbeiter, unabhängig von ihrer politischen und weltanschaulichen Orientierung, gezwungen waren, ihre Reproduktionsinteressen zu verteidigen, und auf dieser Basis gemeinsame »Tageskämpfe« führten, mit der Einsicht, daß eine Verbreiterung, Zusammenfassung und Politisierung dieser Kämpfe nicht möglich war, ohne die gewerkschaftlichen und parteipolitischen Bindungen der Werktätigen zu akzeptieren und ernst zu nehmen, also alle Arbeiterorganisationen in die Einheitsfront zu integrieren zu versuchen. Dazu war es unumgänglich, auch an die Führer dieser Organisationen heranzutreten und mit ihnen zusammenzuarbeiten. Da der Ausgangspunkt der Einheitsfrontpolitik somit darin bestand, »Tagesforderungen« aufzugreifen und darauf zu drängen, daß die Reformisten um ihre eigenen Ziele kämpften, argwöhnten die Linkskommunisten, der Unterschied zwischen Revolutionären und Reformisten würde verwischt. Sie übersahen bzw. ignorierten, daß den Tagesforderungen ein System von Teil- und Übergangsforderungen zu Seite gestellt wurde, das – an erstere anknüpfend – die Massen lehren sollte, »größere Bedürfnisse zu haben: das Bedürfnis nach Eroberung der Macht.«[14] Keine dieser Losungen implizierte automatisch die sozialistische Revolution, insofern waren sie – für sich allein genommen – reformistisch. In ihrem Zusammenhang jedoch, der sich aus den konkreten Klassenverhältnissen einer konkreten historischen Situation ergab, stellten sie das bürgerlich-kapitalistische Herrschaftssystem infrage und führten die Arbeiter direkt an die Sprengung dieses Systems heran. Der Übergangscharakter dieser Forderungen beruhte also nicht auf abstrakter Konstruktion unerfüllbarer Parolen, sondern verlangte wiederum das Anknüpfen an die subjektiven Interessen und Artikulationen der nichtkommunistischen Teile der Arbeiterklasse und des Volkes.

Ausgehend von diesen Überlegungen, stellte die KPD 1921–23 in den Mittelpunkt ihres »Übergangsprogramms« die Losungen: Arbeiterkontrolle über Produktion, Distribution und Bankwesen; Erfassung der Sachwerte (= Staatsbeteiligung an allen Wirtschaftsunternehmungen zur Verhinderung der Abwälzung der Reparationszahlungen auf das Volk –; Arbeiterregierungen (= sozialdemokratische bzw. sozialdemo-

---

13 Protokoll des III. Kongresses der Kommunistischen Internationale, 22.6.–12.7.1921 Hamburg 1921, S. 479 (Radek).
14 Ders., ebd.

kratisch-kommunistische Regierungen) in Gemeinden, in Ländern und auf Reichsebene zur Durchsetzung von Teil- und Übergangsforderungen. Damit wurden weitere innen- und außenpolitische Forderungen verbunden wie die Entwaffnung der konterrevolutionären militärischen Verbände und die Schaffung von Arbeitsmilizen zum Schutz der Republik und ihrer Errungenschaften für die Arbeiterbewegung und die Herstellung eines engen Bündnisses mit der Sowjetunion gegen den Entente-Imperialismus. Als Kampforganen zur Durchsetzung dieses Programms kam den Räten oder räteähnlichen Institutionen eine entscheidende Funktion bei der Entfaltung der proletarischen Einheitsfront zu. Dabei wurde nun auch erkannt, daß es nicht so sehr darum gehe, ideale Rätesysteme zu entwerfen, sondern die real vorhandenen, wenn auch noch so verkrüppelten Ansätze zur Selbstorganisation zu stärken, zu konzentrieren und weiterzuentwickeln.

Die Erfolge der Einheitsfrontpolitik blieben, gemessen am Ziel der proletarischen Machteroberung, begrenzt, die relativen Fortschritte der Partei während der Phase 1921–23 sind jedoch nicht zu leugnen: Hatte sie bei den preußischen Landtagswahlen im Februar 1921 1,2 Millionen Stimmen (7,4 %) erhalten, so waren es bei den Reichstagswahlen im Mai 1924 – ebenfalls auf Preußen bezogen – 2,4 Millionen (13 %), wobei zu berücksichtigen ist, daß die ökonomische und politische Stabilisierung bereits mehrere Monate wirkte. Bei der Beurteilung der vielen Kampagnen und Aktionen der KPD seit 1921 ist nicht so sehr die vollständige oder teilweise unmittelbare Erfolgslosigkeit der meisten von ihnen hervorzuheben, sondern die in der Geschichte der KPD (bis auf 1945) einmalige Annäherung an die nichtkommunistischen Arbeiter, zumal wenn man die hemmenden Faktoren in Betracht zieht: die Folgen der Märzniederlage, die nicht nur in einem erheblichen Rückgang der Mitgliederzahlen, sondern auch in einer vorübergehenden verstärkten Isolierung von der SPD- und USPD-Basis bestanden; die kaum verhüllte Sabotage der neuen Politik durch die – durchaus nicht nur intellektuelle – linke Opposition innerhalb der Partei; nicht zuletzt die Schwankungen und Widersprüche, die sich nicht allein aus den KPD-internen Fraktionskämpfen, sondern vor allem aus dem empirischen und schrittweisen Übergang zur Einheitsfrontpolitik sowie der Ambivalenz des Konzepts selbst ergaben.

Die Einheitsfrontpolitik identifizierte Parteipolitik und Klassenpolitik miteinander. Bis zu einem gewissen Grade entsprach das der Realität: Ultralinke »Kinderkrankheiten« wie abstrakte Revolutionspropaganda, Ablehnung aller Teilforderungen und Verachtung aller Machtpositionen der Arbeiterbewegung unterhalb der Diktatur des Proletariats waren überwunden. Indessen blieb die Stellung zu den reformistischen Parteien unklar. Waren sie ein für alle mal konterrevolutionär, also Agenturen der Bourgeoisie innerhalb der Arbeiterklasse und insofern ein entscheidendes Hindernis auf dem Wege zur Revolution, so daß die Aufgabe nach wie vor darin bestehe, sie zu zerschlagen, nur eben mit einer klügeren Taktik? Oder drückten sie nicht in erster Linie ein bestimmtes Bewußtsein der von ihnen vertretenen Arbeiterschichten aus, so daß ihre politische Funktion ein Problem der Arbeiterklasse selbst (und nicht nur einer verselbständigten Führung) und somit auch von dieser beeinflußbar war? Während die erste Alternative die Einheitsfrontpolitik letztlich auf eine *Taktik* zur Eroberung der Massen durch die Kommunistische Partei reduzierte und darauf hinauslief, die reformistischen Führer zu stützen, »wie der Strick den Gehängten«[15], mußte die zweite Alternative das legitime Recht der Werktätigen auf verschiedene Parteien (darunter auch reformistische) anerkennen, deren Politik durch deren Mitglieder selbst zu verändern sei; daraus ergab sich als Ziel, daß »die sozialdemokratischen Führer unter dem Druck der Massen [...] sich vom linken Flügel der Bourgeoisie abwenden und zum rechten Flügel der Arbeiterklasse werden«[16] würden. Die Voraussetzung einer solchen Perspektive war u. a. ein veränderter Stil der Auseinandersetzung mit diesen Führern: sachliche, wenn auch harte Kritik anstelle von Beschimpfungen und Hervorhebung ihrer ideologischen und funktionalen Befangenheit gegenüber dem Kapitalismus und dem bürgerlichen Staat anstelle des Schürens von persönlichem Haß.

Diese von mir skizzierte Alternative wurde in dieser Form nicht diskutiert, entsprach aber doch einem realen Dilemma. In der Konzeption ging es sowohl um die Einbeziehung der anderen Arbeiterorganisationen in die Einheitsfront als auch um die (Selbst-)»Entlarvung« der reformistischen Führer – entweder im Rahmen der Aktionseinheit oder durch die Weigerung der Teilnahme daran. Praktisch mußte jedoch die Absicht, die Sozialdemokratie zu liquidieren, nicht nur bei deren Führern, sondern auch bei den mittleren und unteren Funktionären und nicht zuletzt bei den sozialdemokratischen Arbeitern das ohnehin nur langsam abzubauende Mißtrauen verstärken, die Einheitsfrontpolitik sei lediglich ein Manöver zur Zersetzung der SPD, zumal die Bolschewiki in Rußland 1921 mit der Vernichtung der letzten Reste der Legalität der anderen sozialistischen Parteien, die sie pauschal der aktiven Teilnahme an der Konterrevolution beschuldigten, der innerparteilichen Demokratie (Anti-Fraktions-Beschluß) und damit auch der noch verbliebenen Sowjetdemokratie demonstrierten, daß unter »Diktatur des Proletariats« fortan eine Einparteiendiktatur zu verstehen sei – eine Entwicklung, die unter den europäischen Kommunisten, mit Ausnahme der rätekommunistischen Richtung, kaum problematisiert wurde. In der Ausarbeitung und Umsetzung der KPD-Politik bis 1923, besonders deutlich in der Frage der »Arbeiterregierung«, scheint mir jedoch eine Tendenz angelegt zu sein, die über das rein instrumentelle Verständnis der Einheitsfront hinauswies und bei weiterer Entfaltung auch das bolschewistische Modell infrage stellen mußte.[17]

---

15 W. I. Lenin, Der »linke Radikalismus«, die Kinderkrankheit des Kommunismus, in: Werke, Bd. 31, Berlin (Ost) ⁴1970, S. 75.

16 Bericht über die Verhandlungen des 8. Parteitags der KPD, Leipzig, 28.1.–1.2.1923, Berlin 1923, S. 328 (Brandler); vgl. Zitat bei Reisberg, S. 610.

17 Ein Anzeichen dafür, daß Parteipolitik (im leninistischen Sinne) und Klassenpolitik eben doch nicht deckungsgleich waren, läßt sich in den Klagen der KPD-Zentrale über »opportunistische« Fehler von Gliederungen der Partei bei der Einheitsfrontpolitik – neben der vorherrschenden Sorge über die »linken Abweichungen« – erkennen. Beispiele bei Reisberg, S. 453.

So wie die linksradikale Komponente der KPD seit der Novemberrevolution die »Bolschewismus«-Furcht der sozialdemokratischen Führer – ein wesentliches Motiv ihres politischen Handelns – auch bei den rechtssozialistischen Arbeitern installierte bzw. befestigte, förderte die »ihrem Wesen nach antirevolutionäre«[18] SPD-Politik auf Seiten der Kommunisten gerade jenes Sektierertum und jenen »Putschismus«, die sie zu bekämpfen vorgab. Innerhalb der SPD stellte sich die politische Spaltung der deutschen Arbeiterbewegung praktisch nur dem linken Flügel als strategisches und taktisches Problem dar. Solange die USPD als selbständige Formation neben der SPD bestand – bis 1922 –, war die Linke in der Mehrheitspartei äußerst schwach vertreten. Erst die Wiedervereinigung der beiden sozialdemokratischen Parteien machte die Linke wieder zu einem gewichtigen innerparteilichen Faktor. Während die rechte Mehrheit Regierungskoalitionen mit bürgerlichen Parteien favorisierte, war die Linke unter der Perspektive der Klasseneinheit zur Zusammenarbeit mit der KPD, sofern möglich, auch auf Regierungsebene, bereit.[19] 1923 kam es sogar zur offenen Konfrontation dieser beiden sich ausschließenden sozialdemokratischen Richtungen, als die Reichswehrführung mit Billigung des Kabinetts der Großen Koalition den Einmarsch ihrer Truppen in Sachsen anordnete, der den Sturz der dortigen SPD-KPD-»Arbeiterregierung« zur Folge hatte.[20]

Die rechte Führung der Sozialdemokratie und wohl auch große Teile der Mitgliedschaft sahen bereits in den 20er Jahren in der KPD ein künstliches Produkt Moskaus, das sich auf unsolide Klassenelemente stützte. Die moralische Abqualifizierung der Kommunisten[21] schloß eine ernsthafte Diskussion des Bündnisproblems der deutschen Arbeiterbewegung aus. Die Kommunisten mußten für die SPD gewonnen, ihr unbelehrbarer Teil mußte isoliert werden. Inwieweit sich diese Linie, die notwendig zu einer Vertiefung der Spaltung der Arbeiterbewegung führte, innerhalb der SPD durchzusetzen vermochte, hing wiederum nicht zuletzt von der Glaubwürdigkeit der KPD bei der nichtkommunistischen Majorität der Arbeiterklasse ab.

Es wird im allgemeinen übersehen, daß die Einheitsfrontpolitik der KPD während der frühen 20er Jahre bereits manche der Probleme anzugehen suchte, die später unter der Parole der Volksfront ins Blickfeld der Partei gerückt wurden: die Einbeziehung christlicher Arbeiter, das Bündnis mit den Mittelschichten, die Verteidigung der bürgerlich-demokratischen Republik und die nationale Frage. Mit der Einbeziehung der

---

18 P. Lösche, Der Bolschewismus im Urteil der deutschen Sozialdemokratie 1903–1920, Berlin (West) 1967, S. 165.
19 Für die innerparteiliche Diskussion über die Frage der Regierungsbeteiligung der SPD und damit auch ihres Verhältnisses zur bürgerlichen Republik siehe A. Kastning, Die deutsche Sozialdemokratie zwischen Koalition und Opposition 1919–1923, Paderborn 1970; M. Stürmer, Koalition und Opposition in der Weimarer Republik 1924–1928, Düsseldorf 1967.
20 Angress, S. 413 ff.; W. Fabian, Klassenkampf um Sachsen. Ein Stück Geschichte 1918–1930, Löbau, S. 131 ff.
21 Mommsen (Anm. 28), S. 122.

Christlichen Gewerkschaften in ihre Einheitsfront-Angebote machte die KPD den Versuch, ein langjähriges Versäumnis der Freien Gewerkschaften nachzuholen, die die Zusammenarbeit mit der zweitstärksten gewerkschaftlichen Arbeiterorganisation, die 1922 immerhin 1 Million Mitglieder zählte (ADGB 7,8 Mill.) und besonders im Ruhrgebiet einen nicht zu vernachlässigenden Faktor bildete, stets abgelehnt hatten. Politisch wurden die Christlichen Gewerkschaften durch die katholische Zentrumspartei repräsentiert. In dieser einzigen wirklichen »Volkspartei« waren alle Klassen und Schichten vertreten, die Bourgeoisie jedoch charakteristischerweise unterrepräsentiert. Während das Zentrum im Kaiserreich im Bündnis mit den Konservativen gestanden hatte und innerparteilich der katholische Adel und der hohe Klerus dominiert hatten, trat im Zuge des Revolutionsprozesses der linke Flügel aus christlich-sozialen und bürgerlich-demokratischen Kräften stärker hervor, der auch der Protagonist des Bündnisses mit der Sozialdemokratie war.

Bemerkenswerterweise gab es in der kommunistischen Führung neben dem Versuch, die Christlichen Gewerkschaften in die Kämpfe der Arbeiter einzubeziehen, auch schon vereinzelte Überlegungen, die auf eine Hereinnahme der Zentrumspartei in eine Arbeiterregierung zielten.[22] Natürlich konnte nicht damit gerechnet werden, die gesamte katholische Partei für ein sozialistisches Übergangsprogramm zu gewinnen, aber ein entsprechendes Angebot war möglicherweise geeignet, den Differenzierungsprozeß innerhalb des Zentrums voranzutreiben. Praktische Schritte wurden in dieser Richtung kaum getan, und die Überlegung hinsichtlich einer Arbeiterregierung einschließlich des Zentrums hätte wohl nur relevant werden können, wenn die sozialistischen Parteien unter sich bereits über die Grundzüge eines Regierungsprogramms Einigkeit erzielt hätten. Aber immerhin beweist das Beispiel, daß es ein Dogma, das die Beschränkung der Einheitsfront auf Arbeiterparteien und Gewerkschaften verlangte, nicht gab.

Das Bündnis der Arbeiterklasse mit den abhängigen und selbständigen Mittelschichten stellte sich als Problem besonders dringlich angesichts der Inflation, die – von der Großindustrie zwecks beschleunigter Kapitalkonzentration systematisch angeheizt – den Lohn und die reinen Geldvermögen vernichtete. Große Teile vor allem des städtischen Kleinbürgertums waren betroffen und hatten nicht einmal, wie die abhängig Beschäftigten, die Möglichkeit, die erlittenen Verluste durch erkämpfte Lohnerhöhungen wenigstens teilweise zu kompensieren. Hier ergaben sich gemeinsame Interessen, die die KPD durch die Forderung nach Volksausschüssen zur Kontrolle des Preiswesens zu vertreten suchte.[23] Die Angestellten und Beamten sollten vor allem durch die zunehmende Einbeziehung ihrer gewerkschaftlichen und ständischen Or-

---

22 Reisberg, bes. S. 296 ff. Für eine erste Orientierung über die christliche Arbeiterbewegung in Deutschland siehe H. Grebing, Geschichte der deutschen Arbeiterbewegung. Ein Überblick, München 1975, S. 120 ff., 188 ff.
23 Reisberg, S. 552 ff.

ganisationen in den ökonomischen Klassenkampf an die Arbeiterbewegung herangeführt werden. In dieser Hinsicht bedeutete der Eisenbahnerstreik im Februar 1922, der von der KPD als einziger Partei vorbehaltlos unterstützt wurde, einen großen Fortschritt. Insgesamt wurden allenfalls erste Schritte in Richtung auf die Herstellung der Volkseinheit unternommen. Das gilt auch namentlich für die Verbindung mit den Klein- und Mittelbauern.

Wesentlich weiter fortgeschritten war der Kampf für die Verteidigung der Republik, der seinen Höhepunkt in der betreffenden Phase mit den Protesten anläßlich der Ermordung des deutschen Außenministers Walter Rathenau durch Rechtsextremisten am 24. Juni 1922 erreichte. Niemals seit dem Kapp-Putsch waren die Arbeiterklasse und die entschiedenen republikanisch gesinnten Teile der Mittelschichten so einig und entschlossen gewesen, die Empörung über den Mord zur Ausschaltung der reaktionären Umtriebe, insbesondere der bewaffneten konterrevolutionären Verbände, auszunutzen. Wenngleich das Ergebnis des Drucks der Massen nur in einem insgesamt ziemlich unwirksamen »Republikschutz-Gesetz« bestand, so hatten sich die sozialdemokratischen Parteien und die Gewerkschatten doch zeitweise zu einer Vereinbarung mit der KPD über die Forderungen der Arbeiterklasse bereit gefunden.[24] Das gemeinsame Programm der Arbeiterorganisationen war allerdings parlamentarisch nicht durchzusetzen, so daß sich SPD und USPD schließlich davon abwandten. Die KPD hatte aber deutlich demonstriert, daß es in der Auseinandersetzung mit den monarchistischen und völkischen Feinden der bürgerlichen Demokratie für sie kerne Neutralität gab.

Der Versailler Diktatfrieden nötigte der KPD auch eine Stellungnahme zur nationalen Frage auf. Ihre Ablehnung des Friedensvertrages gemeinsam mit den anderen Komintern-Sektionen auf der Grundlage einer revolutionär-internationalistischen Haltung war zwar abstrakt eine Alternative sowohl zur Erfüllungspolitik der republikanischen Parteien als auch zum Revanchismus der Nationalisten. In der Realität zeigte sich, daß der Versuch, Zugang zu den nichtproletarischen Volksschichten, insbesondere der Intelligenz, zu finden, ohne eine Position zu der besonderen nationalen Unterdrückung Deutschlands aussichtslos war. In ihrer Propaganda für das Bündnis mit Rußland konnte sich die KPD auf entsprechende Neigungen in breiten Teilen der nationalistischen Rechten stützen, die jedoch durchweg revanchistisch motiviert waren. Gegenüber einer solchen aus der Isolierung der Sowjetunion erklärbaren partiellen taktischen Übereinstimmung bedeutete die ideologische Offensive der Partei gegenüber den nationalrevolutionären Kräften innerhalb der Rechten im Zusammenhang mit dem Widerstand Deutschlands gegen die Ruhrbesetzung 1923 einen neuen

---

24 Ebd., S. 493 ff.; Angress, S. 277 ff. Das »Berliner Abkommen« der deutschen Arbeiterorganisationen verlangte neben einer Amnestie für die (linken) politischen Gefangenen die strafrechtliche Unterbindung monarchistischer Agitation, die Entfernung von Monarchisten aus dem Staatsapparat (einschließlich der Reichswehr) und die Aktionseinheit der Arbeiterparteien. Die Gewerkschaften und Arbeiterparteien des Auslands wurden zur Hilfe gegen die Politik der Entente gegenüber Deutschland aufgerufen.

taktischen Schritt. Die Argumentation dieser Kampagne, die keineswegs an die Stelle, sondern an die Seite der proletarischen Einheitsfrontpolitik und der antifaschistischen Mobilisierung trat, war noch sehr grob: Die nationalistischen Idealisten könnten ihr Ziel, die Aufhebung der nationalen Unterdrückung Deutschlands, nur im Zusammenwirken mit der Arbeiterklasse erreichen, da die Bourgeoisie zum Teil mit der Entente kooperiere, zum anderen Teil niemals wieder in der Lage sein werde, die Volksmassen an sich zu binden.[25] Die erwähnten Ansätze, die Einheitsfrontpolitik über ihren proletarisch-sozialistischen Kern hinaus zu erweitern, waren teilweise rein taktisch bestimmt – nicht zuletzt im Zusammenhang mit den Erfordernissen der sowjetischen Außenpolitik. Erst eine eingehende Darstellung und Analyse würde die mannigfaltigen Probleme dieser taktischen Manöver für eine sozialistische Strategie deutlich werden lassen. An dieser Stelle sollte nur gezeigt werden, wie weitgehend die Einheitsfrontpolitik der KPD 1921–23 auf Bereiche vorstieß, die der revolutionäre Sozialismus lange vernachlässigt hatte. Da die Entwicklung der kommunistischen Bündnispolitik noch keineswegs abgeschlossen war, als die innerparteiliche Machtübernahme durch die Linken« vorübergehend einen neuen ultralinken Kurs mit sich brachte, kann davon ausgegangen werden, daß die wegen der gebotenen Kürze notwendigerweise etwas apologetisch geschilderten Ansätze bei einer Kontinuität der Parteiführung weiterentwickelt worden wären. Ebensowenig darf das strategische und taktische Konzept zur Herstellung der Klasseneinheit als fertig gelten, dem selbstverständlich durchgehend oberste Priorität innerhalb der KPD-Bündnispolitik zukam, da sie die notwendige Voraussetzung für die Einbeziehung der Mittelschichten in den ökonomischen und politischen Kampf bildete. Die Beendigung der relativ erfolgreichen Periode der KPD-Einheitsfrontpolitik zeigte, wie stark bereits zu diesem Zeitpunkt der Einfluß der sowjetischen Führer auf die Politik der deutschen Partei war: Gegen den anfänglichen Widerstand der KPD-Führung setzten die Bolschewiki 1923 die Vorbereitung des bewaffneten Aufstandes durch, als der Höhepunkt der Krise in Deutschland bereits überschritten war. Die vermeintliche Sabotage der »rechten« KPD-Spitze lieferte dann den Grund für ihren Sturz.[26] Alle Tendenzen zur Entwicklung einer eigenständigen, auf den Bedingungen Deutschlands fußenden revolutionär-sozialistischen Politik waren schlagartig unterbrochen. Der zuvor bereits problematische Balanceakt der KPD-Politik zwischen der Wahrnehmung deutscher Arbeiterinteressen einerseits und der Rücksichtnahme auf den Führungsanspruch der Bol-

---

25 Angress, S. 362 ff.; E. O. Schüddekopf, Nationalbolschewismus in Deutschland, 1918–1933, Frankfurt/Berlin/Wien 1973, S. 108 ff.
26 Zum »deutschen Oktober« neben Angress, S. 413 ff., Flechtheim, S. 171; Rosenberg, Geschichte, S. 125 ff.; O. Wenzel, Die Kommunistische Partei Deutschlands im Jahre 1923, Phil. Diss. Berlin (West) 1955; A. Thalheimer, 1923 – eine verpaßte Revolution?, Berlin 1931. — Die Absetzung der »rechten« Führung leitete jenen Prozeß forcierter Bürokratisierung der KPD ein, den H. Weber in seinem Werk: Die Wandlung des deutschen Kommunismus. Die Stalinisierung der KPD in der Weimarer Republik, 2 Bde., Frankfurt/M. 1969, genau untersucht hat.

schewiki andererseits wurde durch die »Bolschewisierung« der KPD und der Komintern beendet, die die Möglichkeit innerparteilicher Opposition und damit der Kurskorrektur auf demokratische Weise entscheidend verminderte: Die im innerrussischen Fraktionskampf gerade siegreichen Gruppen erhielten immer stärker den Status von Schiedsrichtern über die fraktionellen Auseinandersetzungen innerhalb der anderen Komintern-Sektionen, die nun auch zunehmend direkt für die Außenpolitik des Sowjetstaates funktionalisiert wurden. Obwohl die KPD nach einer »linken« Phase ab 1925 wieder zu einer Art Einheitsfrontpolitik zurückfand, zahlte sich diese – maßgeblich durch die Komintern veranlaßte – Wende angesichts der Unterbrechung der »rechten« Politik und der inzwischen deutlichen Stabilisierung der Weimarer Republik nur langsam und partiell aus. Dennoch fällt in diese Phase die seit dem Kapp-Putsch und dem Rathenau-Mord erfolgreichste einheitliche Aktion der deutschen Arbeiterbewegung: der Volksentscheid über die Fürstenenteignung 1926. Die KPD hatte die Initiative ergriffen, jede weitere Zahlung deutscher Länder an die 1918 gestürzten Fürsten, die in wachsendem Maße ihnen angeblich zustehende Gelder einklagten, gesetzlich zu unterbinden und deren Eigentum ohne weitere Entschädigung zu konfiszieren. Unter dem Druck ihrer Basis schloß sich die SPD dem Volksbegehren an. Es ist aber charakteristisch für die Schwäche der linksbürgerlichen Kräfte in Deutschland, daß alle bürgerlichen Parteien (einschließlich der republikanischen) zur Nichtteilnahme an der Abstimmung aufforderten. Dadurch wurden Zustimmung und Teilnahme fast identisch, was den Erfolg des Volksentscheids vor allem in konservativen ländlichen Gebieten erschwerte.[27] Nur Einzelpersönlichkeiten aus der bürgerlichen Intelligenz, vereinzelt auch bürgerlich-demokratische Politiker minderen Ranges, sprachen sich neben SPD und KPD für die Annahme der Gesetzesinitiative aus. Für einen Erfolg des Volksentscheids wäre über die Hälfte der Stimmberechtigten erforderlich gewesen, also ca. 20 Millionen. Das war von vornherein nahezu aussichtslos. Die Mobilisierung von 14,4 Millionen Stimmen war unter dieser Voraussetzung ein großer moralischer Sieg der Arbeiterparteien, die bei der vorangegangenen Reichstagswahl zusammen weniger als 11 Millionen erreicht hatten. Erneut war demonstriert worden, welche Sogwirkung ein Zusammengehen von SPD und KPD auf die nicht politisierten Teile der Arbeiterklasse und auf viele Angehörige der Mittelschichten auszuüben vermochte, wenn sie demokratische Forderungen aufgriffen, die das Bürgertum nicht zu erheben wagte, weil es die bei einem Erfolg zu erwartende Verschiebung des politischen Kräfteverhältnisses fürchtete.

---

27 Für Ostpreußen z. B., eine überwiegend ländliche und politisch konservative Provinz, bedeutete dieser Boykott, daß nur ca. 20 % der Wahlberechtigten an der Abstimmung teilnahmen.

Faschismus und Arbeiterbewegung bis 1933

Daß das Aufkommen der faschistischen Bewegung eine tödliche Bedrohung für die Arbeiterbewegung insgesamt darstellte, erkannten vor 1933 fast nur die linken Splittergruppen, während die SPD durch ihre legalistische Stillhaltepolitik selbst gegenüber den reaktionären Übergangsregierungen, die sich anschickten, die sozialpolitischen und demokratischen Errungenschaften langjähriger gewerkschaftlicher und sozialdemokratischer Arbeit abzubauen, und die KPD durch ihren an Wahlerfolgen orientierten Verbalradikalismus, der die reale Schwäche der Partei auf der Ebene des Klassenkampfes verdeckte – zum maßgeblichen Teil sicher gegen ihre Intentionen – alles taten, um die Arbeiterklasse zu desorientieren und vom Kampf gegen den Faschismus abzuhalten.[28] Zweifellos gab es Faktoren, die eine erfolgreiche Gegenwehr erschwerten: Die gewichtigsten waren das Versagen der Arbeiterbewegung in der revolutionären Nachkriegskrise und die wesentlich darauf zurückzuführende Enttäuschung breiter kleinbürgerlicher Massen, die nun dem Faschismus zuliefen, und die ökonomische Spaltung des Proletariats durch die Krise. Die Tatsache, daß die Arbeitslosen in Deutschland bis zu 8 Millionen zählten (einschließlich der nicht Registrierten), bedeutete nicht nur eine enorme Schwächung der Gewerkschaften (deren Mitglieder 1932 zu über zwei Dritteln Erwerbslose oder Kurzarbeiter waren)[29], sondern begünstigte auch die politische Verschärfung dieser Spaltung: Die KPD wurde durch ihren ultraradikalen Kurs (Hauptstoß gegen den »Sozialfaschismus«, Bildung »revolutionärer« Gewerkschaften etc.) zunehmend zum Sammelpunkt verzweifelter Arbeitsloser; das Gesicht der SPD bestimmten weiterhin die traditionellen Facharbeiter.[30] Trotz dieser objektiven Faktoren gelang der Einbruch der NSDAP in die Arbeiterklasse nur langsam über die politischen und sozialen »Randschichten« des Proletariats. Erst nachdem die traditionellen Organisationen in den ersten Wochen nach der

---

28 Siehe für diese Phase der deutschen Arbeiterbewegung neben den in Anm. 8 genannten Standardwerken vor allem S. Bahne, Die KPD und das Ende von Weimar, Frankfurt/M. 1976; T. Weingartner, Stalin und der Aufstieg Hitlers. Die Deutschlandpolitik der Sowjetunion und der Kommunistischen Internationale 1929–1934, Berlin (West) 1969; E. Matthias, Die Sozialdemokratische Partei Deutschlands, in ders./R. Morsey (Hg.), Das Ende der Parteien, Düsseldorf 1960; H. Mommsen, Die Sozialdemokratie in der Defensive: Der Immobilismus der SPD und der Aufstieg des Nationalsozialismus, in: ders. (Hg.), Sozialdemokratie zwischen Klassenbewegung und Volkspartei, Frankfurt/M. 1974.

29 So die offizielle Gewerkschaftsstatistik nach F. Sternberg, Der Faschismus an der Macht, Amsterdam 1935, S. 8; vgl. T. W. Mason, Arbeiterklasse und Volksgemeinschaft. Dokumente und Materiahen zur deutschen Arbeiterpolitik 1936–1939, Opladen, 1975, S. 26.

30 Nach Bahne, S. 16, waren Ende 1932 nur noch 11 % der KPD-Mitglieder Betriebsarbeiter. Vgl. Flechtheim, S. 317. Überdies war eine enorme Fluktuation zu verzeichnen. Für die SPD Mommsen Sozialdemokratie, S. 119 ff., und S. 32 ff.; Neumann, Die Parteien der Weimarer Republik, Stuttgart/Berlin/Köln/Mainz 1965, (hier S. 33), der von einer »relativen Vorherrschaft der gelernten Arbeiterschaft« spricht. Ausführlicher R. N. Hunt, German Social Democracy 1918–1933, New Haven/London 1964, S. 99 ff.

Machtübernahme Hitlers ihre totale Unfähigkeit gezeigt hatten, den Kampf gegen den Faschismus doch noch aufzunehmen, begannen die Massendesertionen – vorwiegend seitens der Kommunisten – ins Lager der Sieger. Aber selbst 1935 stand die Mehrheit der Industriearbeiter – wie die Vertrauensrätewahlen indizierten – vermutlich noch in Opposition zum Dritten Reich.[31]

Die Krise verstärkte das Sicherheitsbedürfnis der Arbeiter und damit auch ihr Festhalten an den tradierten Organisationen, die nicht durch weitere Spaltung geschwächt werden sollten. So ging der innerparteiliche Einfluß der SPD-Linken zurück, statt zu wachsen, die Splittergruppen – einschließlich der immerhin bis zu 25.000 Mitglieder umfassenden SAP – konnten nur begrenzte Erfolge erzielen.[32] Die Schlüsselrolle beim Abwehrkampf gegen den Nationalsozialismus kam der SPD und den sozialdemokratischen Gewerkschaften zu, die bis zum Schluß die Mehrheit vor allem der beschäftigten Arbeiter hinter sich wußten. Die Kampfbereitschaft der sozialdemokratischen Arbeiter – mit ihren diversen Organisationen, seit 1931 zusammengeschlossen in der »Eisernen Front« – ist vielfach dokumentiert[33], das gilt insbesondere für die paramilitärischen »Schutzformationen« des »Reichsbanners Schwarz-Rot-Gold«. Allerdings wurde diese Kampfbereitschaft durch die Kapitulation des republikanischen »Bollwerks Preußen«[34] vor dem Staatsstreich der Regierung Papen am 20. Juli 1932 bereits stark unterminiert. Niemals sollte eine so günstige Chance wiederkommen, von dem Boden der Legalität aus zusammen mit der überwiegend sozialdemokratischen preußischen Polizei der konservativen und der faschistischen Reakti-

---

31 Nachdem 1934 nur ca. 40 % der stimmberechtigten Arbeiter und Angestellten an der »Wahl« teilgenommen und schätzungsweise zusätzlich ca. 15 % ungültige, ablehnende oder für oppositionelle Kandidaten abgegebene Stimmen verbucht wurden, mußte die NSDAP auch 1935 intern eingestehen, daß bei dem angeblichen Ergebnis von fast 85 % Ja-Stimmen nur das Verhältnis von Ja- zu abgegebenen Stimmen berechnet worden war. Das nicht bekannte tatsächliche Wahlergebnis empfanden die Nazis also so negativ, daß bis 1945 keine Vertrauensrätewahlen mehr stattfanden. H.-G. Schumann, Nationalsozialismus und Gewerkschaftsbewegung. Die Vernichtung der deutschen Gewerkschaften und der Aufbau der »Deutschen Arbeitsfront«, Hannover/Frankfurt 1958, S. 128; G. Groß, Der gewerkschaftliche Widerstandskampf der deutschen Arbeiterklasse während der faschistischen Vertrauensrätewahlen 1934, Berlin (Ost) 1962, S. 46 ff.; Seidel (Beauftragter der NS-Parteileitung) an Hoffmann (Stab des Stellvertreters des Führers), in VfZ 3 (1955), Dokumentation, S. 315.
32 Für die Splittergruppen: W. Link, Die Geschichte des Internationalen Jugendbundes (IJB) und des Internationalen Sozialistischen Kampfbundes (ISK). Ein Beitrag zur Geschichte der Arbeiterbewegung in der Weimarer Republik und im Dritten Reich, Meisenheim 1964; H. Drechsler, Die Sozialistische Arbeiterpartei Deutschlands (SAPD). Ein Beitrag zur Geschichte der deutschen Arbeiterbewegung am Ende der Weimarer Republik, Meisenheim 1965; K. H. Tjaden, Struktur und Funktion der »KPD-Opposition« (KPO). Eine organisationssoziologische Untersuchung zur »Rechts«-Opposition im deutschen Kommunismus zur Zeit der Weimarer Republik, Meisenheim 1964.
33 Siehe vor allem Matthias, Die Sozialdemokratische Partei, passim.
34 H.-P. Ehni, Bollwerk Preußen. Preußen-Regierung, Reich-Länder-Problem und Sozialdemokratie 1918–1932, Bonn-Bad Godesberg 1975.

on entgegenzutreten. Aber selbst nach der Ernennung Hitlers zum Reichskanzler kam es noch einmal zu einem unübersehbaren Aufbäumen der Arbeiterschaft, die in gewaltigen Demonstrationen ihren Protest bekundete.

Wiederum war der Wille der SPD-Basis, endlich loszuschlagen, so stark, daß der Parteivorstand den Funktionären aus dem Reich den Eindruck vermittelte, als sei alles für die Erhebung vorbereitet; das Signal werde zur rechten Zeit gegeben.[35] Der Reichstagsbrand und die unmittelbar folgende Verhaftungs- und Terrorwelle machten alle tatsächlichen oder fingierten Pläne dieser Art zunichte: Die Zerschlagung der Arbeiterorganisationen konnte praktisch kampflos abgewickelt werden.

Einer der schafsichtigsten Warner vor der katastrophalen Wirkung eines Sieges der Faschisten, Leo Trotzki, sah den Schlüssel der Entwicklung in Deutschland nicht bei der SPD, sondern bei der KPD. Unter der Voraussetzung, daß die sozialdemokratischen Führer von sich aus kaum von ihrer quietistischen Politik abgehen würden, fiele die wichtigste Rolle der Kommunistischen Partei zu.[36] Trotzki beging m. E. insofern eine Fehleinschätzung, als er den Faschismus als konterrevolutionäre Antwort auf die Bedrohung des Kapitalismus durch eine proletarische Revolution ansah und die vorausgegangene Niederlage der Arbeiterbewegung (Italien 1920, Deutschland 1919–23) zwar in eine Argumentation aufnahm, aber in ihrer Bedeutung unterbewertete. Daher hing für ihn die Defensive (Abwehr des Faschismus) zu eng mit der darauf folgenden Offensive (proletarische Revolution) zusammen.[37] Auch wenn man diese Position

---

35 Matthias, Sozialdemokratie, S. 151 f. – Werner Blumenberg, der Führer der »Sozialistischen Front« in Hannover, schrieb rückblickend in einem Erfahrungsbericht vom »November 1936: Erlebnis und Lehren des Zusammenbruchs«, abgedruckt bei Matthias, S. 269 ff. (hier S. 269): »Die Massendemonstrationen der Eisernen Front im Februar (1933, P. B.) waren von überwältigender Wucht; niemals vorher marschierten diese Massen so sehr von einem Willen beseelt und mit solchem Ernst [...]«

36 L. Trotzki, Schriften über Deutschland, 2 Bde., Frankfurt/M. 1971. Eine systematische Faschismus-Theorie im strengen Sinne hat Trotzki freilich nicht entwickelt, wie sie E. Mandel in seiner Einleitung zu den o. g. »Schriften« zusammenzufassen versucht. Trotzkis Broschüren und Artikel sind brillante journalistische Arbeiten zur Strategie und Taktik der deutschen Arbeiterbewegung angesichts der faschistischen Bedrohung, die unter diesem Aspekt auch zentrale Einsichten über die nationalsozialistische Bewegung und den Faschismus als Herrschaftssystem enthalten. Eine Kritik an Trotzki vom Standpunkt der damaligen KPD lieferte jüngst A. v. Plato, Zur Einschätzung der Klassenkämpfe in der Weimarer Republik: KPD und Komintern, Sozialdemokratie und Trotzkismus, Berlin (West) 1973. Siehe dazu die Auseinandersetzung zwischen N. Kadritzke und Plato in Prokla 11/12, S. 59 ff., und 14/15, S. 153 ff. Die wertvollsten Analysen aus der Zeit vor 1933 (neben denen Trotzkis) lieferten die KPO und ihr potentester Theoretiker, A. Thalheimer. Siehe ders., Über den Faschismus, in: W. Abendroth (Hg.), Faschismus und Kapitalismus, Frankfurt/M. 1967; Gruppe Arbeiterpolitik (Hg.), Der Faschismus in Deutschland. Analysen der KPD-Opposition aus den Jahren 1928–1933, Frankfurt/M. 1973.

37 Ich halte es für wahrscheinlicher, daß die Zersetzung der NS-Bewegung, die im Herbst 1932 ja bereits begonnen hatte, durch eine defensive Einheitsfront der Arbeiterorganisationen – möglicherweise hätte bereits die unzweideutige Drohung mit Widerstand für den Fall der Betrauung Hitlers mit der Regierung ausgereicht, den Reichspräsidenten und die hinter ihm stehenden militärischen,

Trotzkis nicht teilt, so bleibt doch seine Hauptthese, wie sie auch von anderen Marxisten vertreten wurde, richtig, daß allein eine konsequente Anwendung der Einheitsfrontpolitik im Sinne der KPD- und Komintern-Tradition der Jahre 1921–23 in der Lage wäre, die sozialdemokratischen Organisationen zu beeinflussen. Natürlich läßt sich der Erfolg einer solchen Politik selbst durch noch so viele Indizien im Nachhinein nicht mit Sicherheit beweisen. Sie hätte jedoch ohne Zweifel größere *Erfolgschancen* geboten, indem sie der sozialdemokratischen Basis, die zwar gegen den Faschismus kämpfen, aber nicht mit ihrer Führung brechen wollte, eine klare politische Orientierung geboten und so ihren Druck auf die Leitungsgremien der SPD und der Gewerkschaften vervielfacht hätte.

Die Reaktion der Arbeiterbewegung auf den Sieg des Nationalsozialismus

Die Wendung der Komintern und der KPD 1934/35 zur Volksfrontpolitik gilt allgemein als Antwort auf den Sieg des Faschismus in Deutschland und das dadurch bedingte Anwachsen der faschistischen Bewegungen auch in anderen europäischen Ländern. Diese Ansicht ist jedoch nur bedingt richtig. Der erste ernsthafte Ansatz, erst einmal ein anderes Verhältnis zur Sozialdemokratie wiederherzustellen, wie ihn die tschechoslowakische KP einige Wochen nach der Machtübernahme Hitlers unternahm, wurde seitens der Komintern bald als »Fehler« verurteilt.[38] In Frankreich, wo die Arbeiterbasis der Sozialistischen und der Kommunistischen Partei im Februar die

---

großagrarischen und großkapitalistischen Kräfte davon abzuhalten; denn den Bürgerkrieg wollten sie gerade verhindern – zur Stabilisierung eines legalen bonapartistischen Regimes à la Schleicher geführt hätte (für die SPD ohnehin das »kleinere Übel«), das über kurz oder lang an den mit den ihm zur Verfügung stehenden Mitteln nicht zu lösenden Verwertungsproblemen bei angesichts langsam anziehender Konjunktur erhöhter ökonomischer Kampfbereitschaft der Arbeiter zerbrochen wäre. Für die NSDAP war die Lage im Herbst 1932 tatsächlich äußerst prekär: Ihre Beteiligung am Berliner Verkehrsarbeiter-Streik, dem letzten größeren Streikkampf der deutschen Arbeiter vor dem Faschismus, konnte die Niederlage bei den Novemberwahlen nicht verhindern (Rückgang des Stimmenanteils von 37,2 % auf 33,1 % bei weiterer Zunahme der KPD auf 16,9 %). Finanzielle Probleme und Fraktionskämpfe führten vorübergehend zu einer akuten Parteikrise.
Die sozialrevolutionäre Infizierung der NSDAP-Basis, deren Ausbreitung – etwa durch eine politische Initiative der Arbeiterparteien – zur Sprengung der faschistischen Partei führen mußte, wird deutlich bei Schüddekopf, S. 390 ff. Vgl. auch Rosenberg, Geschichte, S. 197 ff. Zur generellen Charakterisierung der innenpolitischen Situation im Deutschen Reich 1932/33 siehe immer noch das Standardwerk von K. D. Bracher, Die Auflösung der Weimarer Republik. Eine Studie zum Problem des Machtverfalls in der Demokratie, Villingen ⁵1971, bes. S. 546 ff.
38 J. Wegmüller, Das Experiment der Volksfront. Untersuchungen zur Taktik der Kommunistischen Internationale der Jahre 1934 bis 1938, Bern/Frankfurt 1972, S. 36 f. Für das folgende ebd., S. 45 ff.; J. Braunthal, Geschichte der Internationale, Bd. 2, Hannover 1963, S. 437 ff.

Aktionseinheit gegen die faschistischen Vereinigungen erzwang, kehrt die KP zunächst zu ihrer ultralinken Politik zurück; die neue Linie setzte sich erst im Mai/ Juni 1934 nach dem definitiven Scheitern der sowjetrussischen Bemühungen durch, mit Hitler-Deutschland zu einer außenpolitischen Kooperation zu gelangen. Noch langwieriger gestaltete sich der Übergang zur Volksfrontpolitik auf Seiten der KPD. Trotz des staatlichen Terrors gelang es der Partei immer wieder, neue illegale Gruppen aufzubauen und den Apparat zu rekonsolidieren. Das auf diese Weise gegenüber der zunächst gänzlich auseinandergefallenen und durch die offene Kapitulationspolitik der Gewerkschafts- und eines Teils der SPD-Führung in der letzten Phase der Legalität demoralisierten Sozialdemokratie relativ erhöhte Gewicht der KPD verstärkte die unter Kommunisten weitverbreitete Illusion, der Faschismus arbeite durch die Liquidierung des Reformismus der Revolution zu. Die Stabilisierung des NS-Regimes und eine gewisse Rekonsolidierung der SPD ließen diese Perspektive 1934 immer unrealistischer erscheinen. Die praktische Relevanz der an diese Erfahrung anknüpfenden kommunistischen Wendung für die deutsche Arbeiterbewegung ist unter der Voraussetzung zu beurteilen, daß die »Massenillegalität«, an der nach Schätzungen bis zu einem Zehntel der früheren Mitglieder von SPD und KPD, also ca. 100–150.000 Personen, teilnahmen, von der Gestapo in den Jahren 1934–1936 zerschlagen werden konnte.[39] Gerade in dieser Phase war die Wende der KPD-Politik im Gange. Sie begann seitens der Exil-Führung im Sommer 1934 mit der Diskussion des Verhältnisses zur linken Sozialdemokratie, die ja bis dahin 1« besonders gefährlicher Teil des »Sozialfaschismus« gegolten hatte, und fand ihre parteioffizielle Bestätigung mit der im Anschluß an den VII. Weltkongreß der Komintern abgehaltenen »Brüsseler Konferenz« vom Oktober 1935.[40]

---

39 Schätzung nach H. J. Reichhardt, Möglichkeiten und Grenzen des Widerstands der Arbeiterbewegung gegen den Nationalsozialismus, in: W. Schmitthenner/H. Buchheim (Hg.), Der deutsche Widerstand gegen Hitler, Köln/Berlin 1966, S. 209. – Zu den deutschen Arbeiterorganisationen während der Illegalität außer den in Anm. 32 genannten Titeln vor allem: H. Duhnke, Die KPD von 1933 bis 1945, Köln 1972; K. Mammach, Die KPD und die antifaschistische Widerstandsbewegung 1933–1939, Berlin (Ost) 1974; L. J. Edinger, Sozialdemokratie und Nationalsozialismus. Der Parteivorstand der SPD im Exil von 1933–1945, Hannover/Frankfurt 1960; E. Matthias (Hg.)/W. Link (Bearb.), Mit dem Gesicht nach Deutschland. Eine Dokumentation über die sozialdemokratische Emigration. Aus dem Nachlaß von Friedrich Stampfer ergänzt durch andere Überlieferungen, Düsseldorf 1968; K. Kliem, Der sozialistische Widerstand gegen das Dritte Reich, dargestellt an der »Gruppe Neu Beginnen«, Phil. Diss., Marburg 1957; J. v. Freyberg, Sozialdemokraten und Kommunisten. Die Revolutionären Sozialisten Deutschlands vor dem Problem der Aktionseinheit 1934–1937, Köln 1973; F. Moraw, Die Parole der »Einheit« und die Sozialdemokratie. Zur parteiorganisatorischen und gesellschaftspolitischen Orientierung der SPD in der Periode der Illegalität und in der ersten Phase der Nachkriegszeit 1933–1948. Bonn-Bad Godesberg 1973.
40 Dazu vor allem S. Vietzke, Die KPD auf dem Weg zur Brüsseler Konferenz, Berlin (Ost) 1966. A. Sywottek, Deutsche Volksdemokratie. Studien zur politischen Konzeption der KPD 1935–1946, Düsseldorf 1971, S. 23 ff. (S. hat die bislang gründlichste und systematischste Untersuchung

Aber selbst danach dauerte es oft noch Monate, wenn nicht Jahre, bis die Illegalen die Beschlüsse dieser Konferenz erfuhren. Schon vor 1935 kam es im Reich vielfach zur Zusammenarbeit von SPD- und KPD-Einheiten, die jedoch noch nichts mit der Volksfrontlinie zu tun hatten, sondern an die Einheitsfronterfahrungen der 20er Jahre anknüpften oder der neuen Erfahrung gemeinsam erlittener Verfolgung entsprangen.[41]

Die Mitglieder und Anhänger beider Arbeiterparteien hatten uneinheitlich auf den definitiven Sieg des Nationalsozialismus reagiert. Ein großer Teil wurde inhaftiert; seitens der Kommunisten, die mit Abstand am schärfsten verfolgt wurden und die bei weitem die zahlreichsten und kühnsten (zum Teil ausgesprochen leichtsinnigen) Widerstandsgruppen stellten, sollen 1933 rund 100.000, 1934 60.000 Militante in Haft gewesen sein.[42] Übertritte in rechtsextreme Organisationen erfolgten nicht durchweg aus Opportunismus; auch die Tarnung oppositioneller Betätigung, Illusionen über den »Sozialismus« der Nazis oder zumindest die Hoffnung auf weitere Radikalisierung der die Unternehmer und Bürokratie durchaus beunruhigenden linksfaschistischen Kräfte waren in vielen Fällen die tatsächlichen Beweggründe. Dabei tendierten Sozialdemokraten eher zum konservativen »Stahlhelm«, Kommunisten eher zu den in SA und NSBO zusammengefaßten aktivistischen, subjektiv zum Teil sozial-revolutionären NS-Gruppen. Neben dem vollständigen Rückzug ins Privatleben gab es zahlreiche Formen der Aufrechterhaltung von Kommunikationsstrukturen, die sich auf legale Vereinigungen (Konsumgenossenschaften, Versicherungen, Sängervereine und deren Konzerte usw.) stützten, wie sie vor allem von Sozialdemokraten genutzt wurden. Die in ihren Aktivitäten wiederum sehr verschiedenen illegalen Gruppen umfaßten nur einen Bruchteil der früher in Arbeiterparteien Organisierten. Während der KPD-Apparat bald wiederaufgebaut werden konnte, die Autorität der Führung kaum infrage gestellt wurde und Übertritte zu anderen Organisationen relativ selten waren – die Kommunisten fühlten sich bei allen Opfern anfangs eher bestätigt –, standen der SPD weniger Personen zur Verfügung, die bereit waren, sich illegal zu betätigen; ein Teil von ihnen suchte die Kontinuität der alten Sozialdemokratie aufrechtzuerhalten, indem sie die Publikationen des Exilvorstandes verteilten und die sozialdemokratische »Gesinnungsgemeinschaft« aufrechthielten, andere Teile – die meisten

---

über die Konzeption der KPD in der hier interessierenden Zeitspanne verfaßt.) Siehe auch Duhnke, S. 85 ff. Seit kurzem liegt auszugsweise das Protokoll der »Brüsseler Konferenz« vor: K. Mammach (Hg.), Die Brüsseler Konferenz der KPD, Berlin (Ost) 1975.

41 Die wichtigsten dieser Vereinbarungen: Hessen-Süd (September 1934), Mittel- und Ostbaden (März 1935), Berlin (Juni 1935, hier zwischen SPD und Roter Hilfe). Die beiden ersten waren gemeinsame Aufrufe mit ausgesprochen revolutionär-sozialistischen Parolen. H. Laschitza/S. Vietzke, Deutschland und die deutsche Arbeiterbewegung 1933–1945, Berlin (Ost) 1964, S. 357 f.; Moraw, S. 38 ff. Duhnke, S. 142, erwähnt außerdem Einheitsabkommen in Thüringen, Ostsachsen, der Pfalz, Württemberg und einigen westdeutschen Städten.

42 Duhnke, S. 101, Anm. 1.

der eigentlichen Widerstandsgruppen – grenzten sich scharf vom Prager Exilvorstand (Sopade) und der letzten Phase der Legalität der Partei ab. Typische Namen lauteten »Roter Stoßtrupp«, »Roter Stab«, »Rote Rebellen, »Sozialistische Front«. Die alten Parteigrenzen galten als überholt (»Die Firma ist uns gleich.« Die Illegalen wollten »nur Sozialisten sein«.), es war auch die Rede von der »proletarischen Revolution«[43].

Das spezifische Gewicht der sozialistischen und kommunistischen Splittergruppen wuchs, da sie es durch ihre Organisationsstruktur, teilweise auch durch intensivere Vorbereitung auf die Illegalität, besser verstanden, sich den Verfolgungen der Gestapo zu entziehen. Sie konnten auch vielfach Zuwachs vor allem von Seiten der Sozialdemokratie verbuchen. Die »Machtergreifung« hatte offenbar die versteinerten Fronten innerhalb der Arbeiterbewegung in Bewegung gebracht. Die Sopade befand sich eindeutig in der Defensive und sah sich veranlaßt, im Januar 1934 ein Programm zu veröffentlichen (»Prager Manifest«)[44], das sich für eine von einer sozialistischen Kaderorganisation vorbereitete antifaschistische Revolution aussprach, die erst in ein legales parlamentarisches Stadium übergehen sollte, wenn die Zerschlagung der (auch wirtschaftlichen) Machtpositionen der herrschenden Klasse die Dominanz der Arbeiter gesichert haben würde. Auch die Frage der sozialistischen Einheit wurde – wenn auch in unklarer Weise – aufgeworfen. Das Prager Manifest war taktisches Instrument und zugleich bereits Ausdruck einer relativen Konsolidierung der Sopade, die nicht nur mit der ablehnenden Haltung vieler Illegaler, sondern auch mit der Opposition seitens einer »alten« und einer »neuen« Linken unter den Emigranten (Arbeitskreis revolutionärer Sozialisten, dann Revolutionäre Sozialisten Deutschland (RSD, RS); Gruppe »Neu Beginnen«) zu rechnen hatte, die über eigene Widerstandsnetze verfügten. Es war mehr als ein taktischer Fehler der KPD, das »Prager Manifest« erst zu einem Zeitpunkt aufzugreifen, als die Sopade davon nichts mehr wissen wollte.[45] Die ganze ultralinke Linie, deren »Einheitsfront«-Politik darin bestand, die Anhänger der angeblich zerstörten SPD zum Anschluß an die KPD aufzufordern, machte es unmöglich, die Herausbildung von Organen der Aktionseinheit und die politische Diskussion zu einem Zeitpunkt voranzutreiben, als die Autorität der SPD-Spitze schwer angeschlagen war. Als die KPD ihre Haltung zur Sozialdemokratie zögernd revidieren begann, war nicht nur der Einfluß der Sopade gefestigt, sondern saß auch das NS-

---

43 O. g. Zitate in einem Bericht vom »8.9.1935: Die illegale Arbeit in Dresden seit dem Sommer 1933«, abgedruckt bei Matthias, S. 268; letztgenanntes Zitat belegt bei Reichhardt, S. 179.
44 Abgedruckt in: D. Dowe/K. Klotzbach (Hg.), Programmatische Dokumente der deutschen Sozialdemokratie, Bonn-Bad Godesberg 1973, S. 213 ff. In der Stellungnahme der KPD zum Prager Manifest, das sie einen »Gipfelpunkt sozialfaschistischer Demagogie« nannte (Rundschau Nr. 14/ 9134, S. 508 ff., zit. nach D. Staritz, Sozialismus in einem halben Land. Zur Programmatik und Politik der KPD/SED in der Phase der antifaschistisch-demokratischen Umwälzung in der DDR, Berlin (West) 1976, S. 43), kommt das Festhalten der Partei an der ultralinken Politik auch nach dem Sieg des Nationalsozialismus zum Ausdruck.
45 Vietzke, S. 227 f. Vietzke wertet das Prager Manifest als »bedeutenden Fortschritt« (S. 60).

Regime fester im Sattel. Es soll nicht der Eindruck erweckt werden, als ob eine frühzeitige Hinwendung der KPD zur Einheitsfront mit den anderen Resten der Arbeiterbewegung die Herrschaft des Faschismus unmittelbar bedroht hätte. Aber im Unterschied zur späteren Volksfrontpolitik der Kommunisten hätte sie einen weit weniger fiktiven Charakter gehabt, da sie direkt an reale Erfahrungs- und Bewußtseinsprozesse hätte anknüpfen können.

Die Volksfrontpolitik in Frankreich und Spanien war eine Antwort auf reale Massenbewegungen zur Verteidigung gegen Reaktion und Faschismus. Der Sieg der Volksfrontkoalitionen bei den Parlamentswahlen war möglicherweise in beiden Fällen ein notwendiges Kettenglied in der Entfaltung der revolutionären Massenkämpfe. In Frankreich konnte die spezifische Volksfrontideologie überdies an gewisse linksrepublikanische Traditionen der Intelligenz und des Kleinbürgertums anknüpfen. Mehrere linkssozialistische oder oppositionell-kommunistische Gruppen dieser Länder nahmen daher eine differenzierte Haltung zur Volksfront ein: Sie unterschieden zwischen der tendenziell antikapitalistischen Bewegung der Arbeiter, Bauern und städtischen Mittelschichten einerseits und dem Bündnis der Arbeiterparteien mit den demokratischen Politikern des Bürgertums andererseits.

Obwohl die politischen Bedingungen im faschistischen Deutschland in jeder Hinsicht abwichen, wurde die Volksfrontpolitik auch für die KPD verbindlich gemacht. Die schon vom XIII. EKKI-Plenum der Komintern im Dezember 1933 beschlossene Definition des Faschismus als der »offenen terroristischen Diktatur der reaktionärsten, chauvinistischsten, am meisten imperialistischen Elemente des Finanzkapitals«[46] konstruierte damit einen Gegensatz zwischen dieser Gruppe und allen anderen Klassen und Schichten der Bevölkerung. Wie sollte nun die KPD auf diese neue Situation reagieren, die jeden, der nicht unmittelbar Nutznießer des faschistischen Systems war, zum objektiven Gegner des Faschismus erklärte, nachdem in der Phase zuvor jeder als Faschist gegolten hatte, der sich nicht der Führung der KPD unterstellen wollte?

Die neue Bündnispolitik der KPD

Die auf der »Brüsseler Konferenz« thematisierte neue Bündnispolitik der KPD enthielt mindestens vier verschiedene Elemente:
1. Gewerkschaftseinheit und proletarische Einheitsfront der Arbeiterparteien.
2. Antifaschistische Volksfront der Arbeiterklasse mit allen übrigen Lohnabhängigen, den Bauern, Handwerkern und Kleinhändlern sowie der Intelligenz.

---

46 Zit. nach G. Dimitroff, Die Offensive des Faschismus und die Aufgaben der Kommunistischen Internationale im Kampf für die Einheit der Arbeiterklasse gegen den Faschismus in: Die Kommunistische Internationale 1935, S. 1395.

3. Zusammenarbeit mit Vertretern der religiösen und konservativen Opposition, die man in Anhängern der ehemaligen Zentrumspartei, der Volkskonservativen und auch der Deutschnationalen Partei und des Stahlhelms zu erkennen glaubte.
4. Zersetzungsarbeit in den nationalsozialistischen Massenorganisationen, die auf unterer Ebene umzufunktionieren seien (Taktik des »Trojanischen Pferdes«).

Der gemeinsame Bezugspunkt dieser verschiedenen, sich nur teilweise gegenseitig bedingenden Ansätze einer breitangelegten Strategie und Taktik des antifaschistischen Kampfes war zunächst nur negativ bestimmt: Es war der Sturz des NS-Regimes, der durch die Betonung gemeinsamer Interessen (politische und religiöse Freiheit, Erhaltung des Friedens) beschleunigt werden sollte. Was den Charakter des Nach-Hitler-Regimes angeht, hielt die KPD wie die Komintern zunächst noch am traditionellen Schema fest: Das kommunistische Ziel blieb die »Sowjetmacht«, während die Möglichkeit einer Staatsordnung neuen Typs, die weder als »Diktatur des Proletariats« noch als klassische bürgerliche Demokratie (»Diktatur der Bourgeoisie«) bestimmt werden könne, von Dimitroff auf dem Weltkongreß noch nachdrücklich zurückgewiesen wurde.[47] Die Bestimmung der Aufgaben einer »Einheitsfront-« oder »Volksfront-«Regierung bezog sich ausdrücklich auf die Diskussionen der 20er Jahre über »Arbeiter-« bzw. »Arbeiter- und Bauern-Regierungen«, hob also deren Übergangscharakter hervor.[48] Sywottek hat aufgezeigt, daß das Schwergewicht während der ersten Phase der KPD-Volksfrontpolitik (1935) auf der Herstellung des Bündnisses *von unten* lag, unter Führung der KPD bzw. der – wie man hoffte – von ihr politisch dominierten proletarischen Einheitsfront.[49] Die Organe dieser Volksfront von unten sollten möglichst umfassende antinazistische Volksausschüsse im Reich sein. Die Verbindung zu bürgerlichen NS-Gegnern in der Emigration hatte die Herstellung einer solchen Volksfront von unten zu erleichtern, war diesem Ziel aber eindeutig untergeordnet.

Die Kritik an dieser Konzeption der KPD hat zunächst von der Frage auszugehen, inwieweit hier – nach der, wenn auch halbherzigen, Selbstkritik an der ultralinken Politik – eine realistische Perspektive deutlich wurde. Von daher scheinen mir, neben der ganz unzulänglichen Analyse des »Blocks an der Macht« im Faschismus und seinen inneren Widersprüchen[50], vor allem zwei Aspekte hervorzustehen: die Überschätzung der Agitation und Propaganda der KPD für den illegalen Kampf in Deutschland und – damit eng verknüpft – die Anlehnung an die politischen Organisations- und Kampfformen in der Zeit der Weimarer Republik. Die Form, in der die KPD sich an das deutsche Volk wandte – nämlich vermittels eines Aufrufs[51] – zeugte in doppelter Hinsicht von Illusionen: Erstens war davon auszugehen, daß dieser Aufruf nur einen winzigen

---

47 Ders., ebd., S. 1434 f.
48 Ders., ebd., S. 1429 ff.
49 Sywottek, S. 51 ff.
50 Dazu jetzt N. Poulantzas, Faschismus und Diktatur. Die Kommunistische Internationale und der Faschismus, München 1973.

Teil seiner Adressaten erreichen würde, und zweitens war von vornherein klar, daß das langjährige Mißtrauen, ja die Feindschaft der Mittelschichten gegen die Arbeiterbewegung, besonders die Kommunisten, nicht durch Proklamationen aus der Welt geschafft werden konnten, sondern allenfalls durch die Erfahrung eines gemeinsamen Kampfes gegen den Faschismus für gemeinsame Interessen. Dazu gehörten genaue Analysen der sozio-ökonomischen und sozio-politischen Entwicklung des Dritten Reiches, besonders in Bezug auf die verschiedenen kleinbürgerlichen Schichten. Die Propagierung einer Art Massenwiderstandes« des Volkes gegen den Faschismus – hierin bestand eine der Konstanten gegenüber der ultralinken Phase – war nur geeignet, Illusionen unter den Illegalen zu züchten. Gewiß gab es religiös und ökonomisch bedingte Opposition einzelner Volksgruppen bzw. Schichten. Der Kirchenkampf war von diesen Bewegungen die breiteste, und die KPD hatte gegenüber manchen sektiererischen Äußerungen von linkssozialistischer Seite absolut recht, auf dessen Bedeutung hinzuweisen. Es galt jedoch ebenso deutlich zu erkennen, daß die illegalen Arbeiterkader unter den gegebenen Umständen kaum in der Lage waren, auf diesen Konflikt Einfluß zu nehmen, und daß die meisten Führer des kirchlichen Widerstandes momentan keineswegs bereit waren, sich in den politischen (sozialistischen oder auch demokratischen) Kampf einzureihen. Erst die Entfaltung breiter Kämpfe der Arbeiterklasse, die wiederum in erster Linie von der beginnenden Zersetzung des Regimes, also von objektiven Faktoren, abhingen, konnte eine Situation hervorbringen, die eine über das Proletariat hinausreichende Bündnispolitik möglich machte. Bis dahin konnte es nur um die Herstellung von Einzelkontakten zu bürgerlichen NS-Gegnern und um gegenseitige praktische Unterstützung gehen. Dafür war aber die Programmatik der KPD eher hinderlich, weil sie die Beschränktheit der Arbeitsmöglichkeiten unter der faschistischen Diktatur verschleierte und die Konzentration auf die Hauptaufgabe, die Bildung illegaler Kader der Arbeiterbewegung auf der Basis der Einheitsfront, erschwerte.

Daß der Liberalismus schon vor 1933 seine Basis im deutschen Bürgertum verloren hatte, war unübersehbar; an dessen Stelle als »eigentlicher« Partner einer Volksfront traten für die KPD daher Angehörige des Zentrums und bürgerlicher Rechtsparteien. Die beiden wichtigsten Fragen in diesem Zusammenhang wurden gar nicht gestellt: ob nämlich Persönlichkeiten wie Treviranus und Brüning noch irgendwelche realen Kräfte in Deutschland repräsentierten und – selbst wenn dem so war – ob die bürgerliche Opposition überhaupt an einem Bündnis mit den Kommunisten interessiert sein konnte. Die Verhältnisse zwangen sie offenbar nicht dazu, sondern legten viel eher den Gedanken an einen Militärputsch nahe.

Die Hervorhebung der Notwendigkeit, in die faschistischen Massenorganisationen einzutreten und dort zu arbeiten, hatte konzeptionell mit der Volksfront gar nichts zu tun, außer der formalen Gemeinsamkeit, an allen vermeintlichen Regungen der Massen

---

51 An das werktätige deutsche Volk! Arbeiter, Angestellte, Beamte, Intellektuelle, Mittelständler, Bauern!, in: K. Mammach, Die Brüsseler Konferenz der KPD, S. 606 ff.

teilzunehmen, um sie zu kanalisieren. Der Taktik des Trojanischen Pferdes lagen zwei im Kern richtige Überlegungen zugrunde, die jedoch durch Übertreibung wiederum stark entwertet wurden: Erstens waren die Werktätigen nun einmal in den offiziellen Organisationen zusammengefaßt, z. T. quasi zwangsweise (DAF), zweitens reflektierten die institutionellen Gegensätze zwischen verschiedenen NS-Organisationen gebrochen die fortbestehenden sozialen Widersprüche und Interessenunterschiede. So wurde die DAF – z. T. auch die Partei – ihm Rahmen des Systems in begrenztem Maße zum Verteidiger der Reproduktionsinteressen des Proletariats.[52] Dazu kam der immer wieder aktualisierte Widerspruch zwischen der »Gemeinwohl«-Ideologie und der gesellschaftlichen Realität, dessen direkte politische Relevanz nach der Liquidierung der SA-Führung am 30. Juni 1934 und der Entmachtung der NSBO eigentlich nicht mehr überschätzt werden durfte. Die Struktur der DAF erlaubte praktisch keine Organisierung autonomer Gruppen; ähnliches galt für die »Vertrauensräte« in den Betrieben. Eine Exponierung in den legalen Institutionen bedeutete auch eine starke Gefährdung der eigenen Kader – zumal wenn sie als frühere Kommunisten bekannt waren. Überdies war im Einzelfall die äußerst beschränkte oppositionelle legale Aktivität gegen die Wirkung demonstrativer Aktionen abzuwägen. Was die Nazis bei den Vertrauensleutewahlen 1934 und 1935 so schockierte, daß diese Wahlen seitdem ausgesetzt wurden, waren nicht die vereinzelt gewählten »oppositionellen« Kandidaten, sondern die überwiegende Zahl von Wahlenthaltungen, ungültigen oder Nein-Stimmen. Auch die Taktik des »Trojanischen Pferdes« hätte wohl erst bei beginnender Desintegration des Regimes praktische Bedeutung gewinnen können. Bis dahin blieben nur ganz reduzierte Aktivitäten auf diesem Sektor realistisch, wie etwa die SAP sie durchzuführen versuchte.

Auch in anderer Hinsicht warf die neue Politik der KPD mehr Fragen auf, als daß sie sie beantwortete. Zwei dieser grundsätzlichen Probleme, die – wie oben gezeigt – die Partei schon zu Beginn der 20er Jahre beschäftigt hatten, waren die demokratischen Freiheitsrechte und die Nation. Die Erfahrung mit der faschistischen Diktatur wie auch mit dem bolschewistischen System in der Sowjetunion legte die Überlegung nahe, ob nicht die pauschale Abqualifizierung der Werte der bürgerlichen Demokratie durch die revolutionäre Linke ein Fehler gewesen war. Aber natürlich war die KPD nicht bereit, eine prinzipielle Debatte über die Bedeutung von demokratischen und Rechtsgarantien zu führen. Das sowjetische Modell galt nach wie vor als höchste Form der Demokratie, der demokratische Kampf in Deutschland nur als Instrument zum Sturz des Faschismus.

Die nationale Frage stellte sich für die deutsche Linke noch krasser als für die Sozialisten anderer Länder. Gerade 1935 bewiesen die Nazis, welche Massenwirkung vom Nationalismus ausging: Im Saarland besiegten die Befürworter eines Anschlusses an Deutschland vernichtend die Anhänger der aus Kommunisten, Sozialdemokraten so-

---

52 Siehe dazu vor allem Mason, Arbeiterklasse, sowie ders., Labour in the Third Reich 1933–1939, in Past and Present 33 (1960), S. 112 ff.

wie liberalen und christlichen Dissidenten des Bürgertums gebildeten »Freiheitsfront«, die mit 8,8 % nur gut die Hälfte der Stimmen erhielt, die die KPD 1932 allein hatte erobern können, im Sudetenland fügten die Henlein-Faschisten der dortigen deutschen Sozialdemokratie eine schwere Niederlage zu; in Danzig stellte die NSDAP seit den – allerdings manipulierten – Wahlen von 1935 allein den Senat. Daß die Mobilisierung des Nationalbewußtseins in Deutschland fast immer die Linke traf, beruhte auf einem Problem, dessen Wurzeln schon im 19. Jahrhundert lagen: In Frankreich, Großbritannien, den USA, auch in Italien war die Nationbildung verknüpft gewesen mit dem Prozeß der bürgerlichen Emanzipation und der demokratischen Revolution, in Deutschland war die nationale Einheit nach dem Scheitern der bürgerlichen Revolution von 1848/49 durch den preußischen Machtstaat militärisch herbeigeführt worden, damit zugleich den bürgerlichen Liberalismus als politischen Faktor von eigenem Gewicht ausschaltend. Im Kaiserreich gehörte die sozialistische Arbeiterschaft von vornherein zu den »Reichsfeinden«. Dem offiziellen, militaristisch geprägten preußisch-deutschen Patriotismus setzte die Sozialdemokratie eine abstrakte internationale Solidarität entgegen, die in der Stunde der Wahrheit, am 4. August 1914, unter dem Ansturm nationaler Begeisterung versagte. Die deutsche Linke fand keine nationale Identität, die gegenüber der vaterländischen Tradition der Rechten hätte bestehen können. Versuche während der Weimarer Republik, deren Friedensschluß mit der Entente die SPD und die bürgerlichen Republikaner auch noch mit der Erfüllungspolitik belastete, die Tradition von 1848 wiederzubeleben, blieben künstlich. Anderseits wirkte das Programm der KPD zur »nationalen und sozialen Befreiung des deutschen Volkes« aus dem Jahre 1930 als Versuch der revolutionären Linken, das nationale Problem anzugehen, auf die breiten Volksschichten kaum glaubwürdig. Die lärmende Agitation gegen die nationale Unterdrückung mit deutlichen Anklängen an die Parolen der Rechtsextremisten[53] konnte das viel tiefer liegende Problem der Identitätskrise der deutschen Linken in Bezug auf die eigene Nation nicht lösen. Hieran änderten auch die nationalen Töne der Volksfrontpropaganda nichts. Die sozialdemokratische Emigration diskutierte demgegenüber das nationale Problem wesentlich gründlicher, wenn auch ohne abschließendes Ergebnis.[54] Die meisten Sozialdemokraten – durchaus nicht nur solche des rechten Flügels – betrachteten es als eine Erfahrung der Weimarer Periode, daß eine sozialistische Bewegung ohne innere Beziehung zur nationalen Kultur, zur nationalen

---

53 So hieß es z. B. in der »Programmerklärung zur nationalen und sozialen Befreiung des deutschen Volkes«, abgedruckt in: L. Berthold, Das Programm der KPD zur nationalen und sozialen Befreiung des deutschen Volkes vom August 1930, Berlin (Ost) 1956, S. 230: »Die sozialdemokratischen Führer [...] sind nicht nur die Henkersknechte der deutschen Bourgeoisie, sondern gleichzeitig die freiwilligen (!) Agenten des französischen und polnischen Imperialismus.«
54 Siehe E. Matthias, Sozialdemokratie und Nation. Ein Beitrag zur Ideengeschichte der sozialdemokratischen Emigration in der Prager Zeit des Parteivorstandes 1933–1938, Stuttgart 1952; Zeitschrift für Sozialismus, Karlsbad 1933 ff., Neudruck 1970.

Tradition ihres Landes nicht der Führer einer antikapitalistischen Volksrevolution sein kann, die ja zugleich eine Reorganisation der Nation bedeutet.

Es war der KPD klar, daß ihre ganze Volksfrontpolitik in der Luft hing, wenn es nicht möglich war, die proletarische Einheitsfront mit den Sozialdemokraten zu realisieren. Aus dieser Erkenntnis heraus suchte die KPD seit 1935 systematisch die Verbindung zur Sopade. Im Unterschied zu der früheren »Einheitsfront von unten« erklärte man sich jetzt zu Spitzenverhandlungen bereit und schlug vor, die Parteivorstände der SPD und KPD sollten alle Splittergruppen aus ihrem Bündnis heraushalten; deren Anhänger dürften sich nur als Einzelpersonen beteiligen. So leicht war jedoch das Mißtrauen der SPD-Führer nicht zu beseitigen. Ein erstes Gespräch verlief im Wesentlichen ohne Resultat. Als die KPD dann entgegen dem ausdrücklichen Wunsch der Sozialdemokraten in ihrer Presse tendenziös über das Treffen berichtete, wurden die kaum begonnenen Kontakte von der Sopade wieder eingefroren. In den folgenden Jahren erließ die KPD immer wieder Aufrufe zur Zusammenarbeit an die Sopade, die diese ablehnte oder gar nicht beantwortete.[55]

Die sozialistischen und kommunistischen Splittergruppen und die linken Sozialdemokraten sahen – sofern sie nicht, wie die Trotzkisten, von vornherein die aus ihrer Sicht konterrevolutionären Aspekte der Komintern – und damit auch der KPD-Politik stärker gewichteten – in der Hinwendung der KPD zur proletarischen Einheitsfrontpolitik das eigentlich Positive an ihrer Kursänderung und maßen dieser auch die größte Relevanz für den antifaschistischen Kampf zu. Die spezifische Volksfrontprogrammatik und -politik der KPD, die seit dem Juni 1936 die »demokratische Republik« als Ziel des jetzt auch für die Zeit nach dem Sturz Hitlers vorgesehenen Bündnisses proklamierten, lehnten alle diese Gruppen mehr oder weniger entschieden ab. Die Trennung des antifaschistischen vom antikapitalistischen Kampf und daher auch das Bündnis mit Vertretern der Bourgeoisie wiesen sie zurück; die kleinbürgerlichen Schichten seien in erster Linie durch entschlossenen Klassenkampf und Führungswillen des Proletariats zu gewinnen.[56] Der Terminus »Volksfront« wurde zwar meist aufgenommen, nicht zuletzt, um sich von der Einheitsbewegung in der Emigration und im Widerstand nicht zu isolieren, aber inhaltlich anders bestimmt als seitens der KPD. Die Revolutionären Sozialisten (RS), die Organisation linker Sozialdemokraten, stell-

---

55 Duhnke, S. 153, 170 ff., 182, Anm. 148; Protokoll, der Spitzenbesprechung zwischen Sopade und KPD am 23.11.1935 abgedruckt in: E. Matthias (Hg.)/W. Link (Bearb.), Mit dem Gesicht nach Deutschland, Dok. 15; Entwurf eines Spitzenabkommens zwischen Sopade und KPD von Mitte Oktober 1935, dokumentiert in: U. Langkau-Alex, Vorgeschichte und Gründung des »Ausschusses zur Vorbereitung einer deutschen Volksfront«, Phil. Diss. MS, S. 338 f. (Liegt demnächst gedruckt vor.).

56 Siehe z. B. Neue Front (Organ der SAP), 24/1934, SAP zur Plattform der Linken in der SPD; 4/1936, Was kommt nach Hitler?; Internationaler Klassenkampf (KPO), Nov. 1938, S. 12 f.; Richtlinien der Revolutionären Sozialisten zur Volksfront von Mitte November 1935, dokumentiert in: Langkau-Alex, Diss., S. 340 ff.

ten sich die Vereinheitlichung der gegen den Nationalsozialismus gerichteten Opposition demzufolge anders vor als die KPD. Als ersten Schritt dachte man sich eine »Aktionszentrale« aller Gruppen der Arbeiterbewegung in der Emigration, die die tradeunionistischen Aktivitäten der Werktätigen im Reich über Grenzsekretariate und »Vollzugsausschüsse« der illegalen Kader koordinieren und politisch tendenziell vereinheitlichen sollte. Der zweite Schritt bestand den RS zufolge in der Institutionalisierung der Zusammenarbeit von Kommunisten, Sozialdemokraten und Linkssozialisten, garantiert durch einen Einheitsfront-Pakt der emigrierten Parteiführungen von KPD und SPD. Das Endziel des damit eingeleiteten Prozesses war eine marxistische »Einheitspartei«. Um die »proletarische Einheitsfront« würde sich als dritter Schritt die als »Antifaschistische Arbeiterfront« bezeichnete Klassenbewegung des gesamten Proletariats unter Einschluß früherer christlicher Verbände bilden, deren Ziel in der Wahrnehmung der Tagesinteressen über die Initiierung einer »Einheits-Gewerkschaftsbewegung« bestünde. Die »Arbeiterfront« würde dann »Kreise des pauperisierten und deklassierten Kleinbürgertums und Mittelstandes« sowie religiöser und anderer oppositioneller Gruppen an sich ziehen, ohne daß programmatische Zugeständnisse gemacht werden müßten.[57]

Dieser Alternativplan zur Volksfrontpolitik der KPD, der auch die Stoßrichtung der Programme der anderen Splittergruppen für den antifaschistischen Kampf anzeigte, war schwerlich sehr viel realistischer als die Vorstellungen der KPD, was die aktuellen Bedingungen unter dem Faschismus betrifft. Offensichtlich lag auch eine Unterschätzung der Bündnisproblematik hinsichtlich der Mittelschichten vor. Die Ausführungen machen aber deutlich, daß die Gruppen links von der Sopade – das galt auch für die Illegalität – wenig von der KPD-Bündnispolitik hielten; diese sei eine »opportunistische Auslegung der ›Volksfront‹« und als solche eine »ernste Gefahr für die Entwicklung der Einheitsbewegung« der klassenbewußten Arbeiter.[58] Die KPD drohte sich also zwischen zwei Stühle zu setzen: Nicht nur fehlten die bürgerlichen Partner für eine Volksfront im Reich, auch die Sopade verweigerte sich, deren gesellschaftspolitische Zielvorstellungen den von der KPD bezugnehmend auf Spanien propagierten nahestanden.[59] Andererseits gab es viele Sozialisten, die nichts sehnlicher wünschten als die Schaffung einer festen Aktions- und möglichst auch programmatischen Einheit aller Gruppen der Arbeiterbewegung, denen aber das Verständnis für die Bündnispolitik der KPD abging, wenn sie sie nicht sogar aggressiv zurückwiesen.

---

57 Nach ebd., S. 262 ff.
58 Zit. nach ebd., S. 267.
59 Der ehemalige »Vorwärts«-Redakteur Kuttner schrieb am 4.6.1937 aus Spanien an Friedrich Stampfer: »Ihr könntet hier das sehen, was uns doch immer als Ziel vorgeschwebt hat: eine demokratische Entwicklung auf der Grundlage eines gebändigten Kapitalismus, eines aufgeteilten Großgrundbesitzes und sozialisierter Schlüssel-Industrien. Wenn jemand Grund hat, mit voller Begeisterung für die hiesige Sache einzutreten, dann wirklich wir.« In: E. Matthias/Link (Hg.), Mit dem Gesicht …, S. 294.

Ansätze einer »Deutschen Volksfront«

Diese These wird durch die beiden relevantesten Versuche, eine »Deutsche Volksfront« zu initiieren – einer davon im Widerstand, einer in der Emigration – nur bestätigt. Nach der Zerschlagung der relativen »Massenillegalität« in den ersten Jahren der NS-Diktatur entstanden allenthalben kleinere, aber »härtere« Widerstandsgruppen. Es handelte sich zum Teil um eine Weiterentwicklung der aus der vorangegangenen Phase übriggebliebenen Zirkel, zum Teil um Neugründungen. Die alten Parteigrenzen verloren an Gewicht, so daß gemischte Gruppen immer zahlreicher wurden. In diesen Zusammenhang gehört auch eine vorwiegend sozialdemokratische Widerstandsorganisation unter Leitung der früher dem linken Flügel der Partei angehörenden ehemaligen SPD-Politiker Brill und Brass. Der »Deutschen Volksfront« (1936–1938)[60], wie diese Gruppe sich nannte, war als einer der wenigen illegalen Organisationen der Aufbau eines überregionalen Verbindungsnetzes ohne jede Hilfe der Emigration gelungen; sie arbeitete eng mit der Gruppe Neu Beginnen zusammen. Der Name sollte in erster Linie die Notwendigkeit des Zusammenschlusses aller Antifaschisten nach dem Vorbild Frankreichs und Spaniens ausdrücken, in deren Volksfront man vor allem die endlich eingetretene antifaschistische Gegenoffensive und erste Ansätze zur Erneuerung der internationalen Arbeiterbewegung sah.

Das Zehn-Punkte-Programm der »Deutschen Volksfront« umfaßte sowohl allgemein-demokratische, freiheitliche und sozialpolitische als auch dezidiert antikapitalistische Forderungen. Die antifaschistische Umwälzung wurde zwar von der sozialistischen Revolution abgesetzt, aber zugleich betonte man, daß sie ohne Eingriffe in das Sozialgefüge nicht denkbar sei (ähnlich die Gruppe Neu Beginnen). Die unausgesprochene Schlußfolgerung mußte lauten: Die antifaschistische Revolution beseitigt noch nicht den Kapitalismus, aber die Machtpositionen des Großkapitals und den tradierten Staatsapparat und schafft somit die Voraussetzung für den friedlichen Übergang zu einem deutschen Modell des Sozialismus. In der Tat wurden antifaschistischer und sozialistisch-proletarischer Kampf nicht gegenübergestellt, sondern als Einheit betrachtet. Die »Volksfront« war hier der Zusammenschluß deutscher Sozialisten, die sich alle von der Tradition ihrer früheren Parteien (dem Reformismus der SPD, dem Linksradikalismus der KPD) gelöst hatten und der konsequentesten Individuen aus dem bürgerlichen Widerstand, wobei die »proletarische Einheit« mit dem Ziel einer »revolutionär-marxistischen Einheitspartei« eindeutig im Mittelpunkt stand. Von der Emigration verlangte man die Unterordnung unter den vermeintlichen Willen der Illegalen und die Auflösung der alten überlebten Parteien und Organisationen. An einem Volksfront-Programmentwurf der KPD kritisierte man »die Emigrantenluft, die

---

60 Die folgenden Ausführungen stützen sich auf R. Griepenburg, Volksfront und deutsche Sozialdemokratie. Zur Auswirkung der Volksfronttaktik im sozialistischen Widerstand gegen den Nationalsozialismus, Marburg o. J., S. 70 ff., und Moraw, S. 47 ff.

Erlebnisferne, die künstliche Konstruktion.« »Er operiert noch mit der Vorstellung einer aktionsbereiten Masse – *die es aber nicht gibt*. Er glaubt, daß man durch Organisationsarbeit etwas erreichen könne, was nur durch *große geschichtliche Ereignisse* möglich ist.«[61] Die »Deutsche Volksfront« kritisierte auch die Fixierung der KPD auf die Sopade, der sie die Fähigkeit und das Recht bestritt, für die Sozialdemokraten im Widerstand zu sprechen.

Nun war die Folge des sich permanent verschärfenden NS-Terrors nicht nur die wachsende Entfremdung zwischen Emigration und Inland, sondern auch die zunehmende Isolierung der sozialistischen Widerstandszirkel von der realen Arbeiterklasse. Diese Entwicklung förderte elitäre Tendenzen unter der »Avantgarde«, den illegalen Gruppen, und Unverständnis für die angemessenen Kampfformen der Arbeiter. So wandte sich die »Deutsche Volksfront« gegen die – im Zuge der Erreichung der Vollbeschäftigung zunehmenden – partikularen ökonomischen Kämpfe; sie kämen verfrüht und gefährdeten die nur mühsam wiederentstehende Klassensolidarität. Die antifaschistische Arbeit müsse vielmehr mit Aufklärungsarbeit beginnen.[62] Dieses Konzept war allerdings nicht weniger künstlich als das der KPD: Das Charakteristische der Klassensituation im faschistischen Deutschland in der zweiten Hälfte der 30er Jahre bestand ja gerade darin, daß die spontanen Streiks und individuellen Widersetzlichkeiten, deren Anwachsen die Nazis mehr beunruhigte und die das System stärker gefährdeten als alle Widerstandsgruppen zusammen[63], mit den Resten der alten Arbeiterbewegung, auch wenn sie sich situationsangemessen neu konstituiert hatten, kaum etwas zu tun hatten. Die Neigung der »Widerstandselite«, in den zweifellos zersplitterten, aber immerhin wieder anwachsenden Arbeiterkämpfen – wobei der politische Widerstand ohnehin keine Möglichkeit hatte, diese zu lenken, d. h. zu bremsen oder voranzutreiben – vorwiegend das Negative zu sehen, zeigte, in welchem Maße es den Nazis gelungen war, eine Schere zwischen der »Vorhut« und ihrer sozialen Basis zu öffnen.

Gleichzeitig mit der innerdeutschen Volksfrontgruppe bildete sich eine Volksfrontinitiative innerhalb der deutschen Emigration in Frankreich. Der Pariser »Ausschuß zur Vorbereitung einer deutschen Volksfront«, dessen Vorgeschichte und Gründung von Ursula Langkau-Alex in einer Dissertation eingehend untersucht wurden[64], verdankte seine Entstehung den Bemühungen von zwei Seiten: der Kommunisten und der im »Schutzverband Deutscher Schriftsteller« zusammengeschlossenen linkslibera-

---

61 Zit. nach Griepenburg, S. 75.
62 Ebd., S. 84 f.
63 Dazu vor allem Mason, Arbeiterklasse; auch E. Behrens, Arbeiterkampf und kapitalistischer Gegenangriff unter dem Nationalsozialismus, in: K. H. Roth, Die »andere« Arbeiterbewegung und die Entwicklung der kapitalistischen Repression von 1880 bis zur Gegenwart. Ein Beitrag zum Neuverständnis der Klassengeschichte in Deutschland, München 1974, S. 120 ff.
64 Langkau-Alex (Anm. 55) für das folgende; auch dies., Deutsche Emigrationspresse (Auch eine Geschichte des »Ausschusses zur Vorbereitung einer deutschen Volksfront« in Paris), in: International Review of Social History Vol. XV (1970), S. 167 ff.

len Schriftsteller. Diese Emigranten-Volksfront, an deren Tagungen außer den beiden genannten Gruppen die SAP, einzelne Sozialdemokraten wie Rudolf Breitscheid und zeitweise der ISK teilnahmen, war geradezu eine Karikatur auf die Front Populaire des Gastlandes. Dadurch, daß es den teilnehmenden Sozialdemokraten ebensowenig wie der KPD gelang, die Sopade für die Mitarbeit zu gewinnen, blieb der politisch relevanteste potentielle Partner ausgeschlossen und das Gewicht der Linksintellektuellen stieg weiter. Bemerkenswerterweise waren Arbeiter – die deutsche Emigration in Frankreich setzte sich zu 34 % aus Facharbeitern, zu weiteren 3 % aus ungelernten Arbeitern (wohlgemerkt: ohne hauptamtliche Arbeiter*funktionäre*) zusammen[65] – in dem Ausschuß kaum vertreten.

Die dominierenden Literaten repräsentierten sicherlich die besten demokratischen Traditionen des deutschen Bürgertums wie der Ausschuß-Vorsitzende Heinrich Mann, aber gerade deswegen waren sie für keine gesellschaftlich gewichtige Gruppe des Groß- oder Kleinbürgertums im Reich repräsentativ. Sie hatten größtenteils während der Weimarer Zeit mit einer der Arbeiterparteien sympathisiert und wären vermutlich ebenso bereit gewesen, auch eine sozialistische Einheitsfront zu unterstützen wie eine Volksfront. Eine Reihe von Schriftstellern gehörte sogar einer Linkspartei an, trat aber dennoch als Bündnispartner dieser Parteien auf. So bleiben letztlich nur zwei Persönlichkeiten übrig, die echte Volksfrontpartner aus der Intelligenz waren: die beiden bürgerlichen nonkonformistischen Journalisten Georg Bernhard und Leopold Schwarzschild. Aber auch sie konnten in keiner Weise als Repräsentanten irgendwelcher relevanten Kräfte in Deutschland gelten. Sie beschäftigten sich hauptsächlich mit der Erstellung von Verfassungsentwürfen, die ausgeprägt autoritäre Züge trugen, bis Schwarzschild, maßgeblich aufgrund einer nur halbpolitischen Emigranten-Affäre, aus dem Ausschuß ausschied und wieder in seine frühere antikommunistische Haltung zurückfiel.

Die Kommunisten hatten sich anläßlich der Bildung des Volksfrontausschusses auf die »demokratische Republik« festgelegt. Angesichts des spanischen Modells, das sie als Vorbild für ein deutsches Volksfrontregime hinstellten, sprachen sie seit Anfang 1937 dann von der »demokratischen Volksrepublik«.[66] Die SAP wurde im Zusammenhang mit ihrer Unterstützung der spanischen POUM und ihrer Kritik an den Moskauer Prozessen der Begünstigung des Trotzkismus und damit Hitlers und Francos gescholten. Ironischerweise waren es gerade solche grotesken Angriffe gegen den linken Flügel des Ausschusses, der die Sozialdemokraten und andere, die durch die Ausschaltung der SAP eigentlich enger an die KPD gebunden werden sollten, abstieß. Schon 1937 war die Emigrantenvolksfront wenig mehr als ein Aushängeschild und Rekrutierungsfeld für die KPD. Nicht einmal die vorgeschlagenen Minimalaufgaben

---

65 Langkau-Alex, Diss., S. 59.
66 Sywottek, S. 71 ff.

wie die Einleitung einer praktischen Zusammenarbeit bei Hilfsleistungen für die Illegalen waren gelöst worden.

Einem neuen Ansatz der KPD zu einem breiten antinazistischen Bündnis war in der Periode des Hitler-Stalin-Pakts ein Rückfall in quasi Sozialfaschismus-Polemik vorausgegangen, kombiniert mit einer Nazideutschland gegenüber wohlwollenden Neutralität im Krieg und der Propagierung eines neuartigen Bündnisses mit sozialdemokratischen und nationalsozialistischen Werktätigen zur Garantie des Nichtangriffspaktes mit der Sowjetunion und gegen die Feinde dieses Bündnisses (die »Thyssen-Clique«)[67]. Diese Periode erneuerter Erzfeindschaft zwischen SPD und KPD (nicht nur in der Emigration) hinterließ ihre Spuren; in ihr machte die Annäherung der linkssozialistischen Gruppen SAP, ISK und Neu Beginnen an die Sopade einen qualitativen Sprung. Erst der deutsche Angriff auf die Sowjetunion am 22.6.1941 schuf die Voraussetzungen für die Wiederanknüpfung der KPD an die Volksfrontpolitik der Vorkriegszeit. Die von den europäischen Kommunisten favorisierten Bündnisse sollten nach den Vorstellungen Moskaus jetzt auf noch breiterer Basis stehen und – mindestens in den besetzten Ländern – alle »patriotischen« Kräfte einschließen. Eine entsprechende Ausweitung schien den Sowjetführern auch bezüglich Deutschlands geboten, nachdem die anfänglichen Bemühungen, die deutschen Soldaten und die Heimatfront propagandistisch zu beeinflussen, insgesamt erfolglos geblieben waren. Die unmittelbare existentielle Bedrohung der Sowjetunion war zwar mit der Schlacht um Stalingrad abgewendet, aber die enormen Opfer an Menschen und materiellen Gütern nötigten dazu, alle Friedensmöglichkeiten auszuloten. So entstand der Plan, sich direkt an den in sowjetischer Gefangenschaft befindlichen Teil des deutschen Offizierskorps zu wenden, dem bei erfolgreicher Beeinflussung ihrer kämpfenden Standesgenossen zwecks »Rückführung der Truppen hinter die Reichsgrenze« und des Sturzes der Hitler-Regierung eine günstige Grenzziehung nach Kriegsende und die Erhaltung der Wehrmacht als eines innenpolitischen Machtfaktors in Aussicht gestellt wurde. Der »Bund deutscher Offiziere« und das »Nationalkomitee Freies Deutschland« (NKFD)[68], das außer in Gefangenschaft geratenen Offizieren und kriegsgefangenen Soldaten vorwiegend deutsche Exilkommunisten umfaßte, konnte auf die bis in die Zeiten der anti-napoleonischen Befreiungskriege zurückreichenden Traditionen deutsch-russischer Waffenbrüderschaft verweisen, an die die Sowjets nicht ohne Geschick anknüpften. Unter der schwarz-

---

67 W. Ulbricht gebrauchte diesen Ausdruck – Thyssen war gerade aus Deutschland geflohen – im Februar 1940 in einem Artikel in der »Welt«, der – zusammen mit einer Erklärung linkssozialistischer Organisationen dazu – bei Kliem, S. 50 ff. des Anhangs, dokumentiert ist. Siehe auch Sywottek, S. 101 ff.; Duhnke, S. 333 ff.

68 Für dieses Kapitel kommunistischer Politik neben Sywottek, S. 123 ff., B. Scheurig, Freies Deutschland. Das Nationalkomitee und der Bund deutscher Offiziere in der Sowjetunion, 1943–1945, München 1960, und E. Weinert, Das Nationalkomitee »Freies Deutschland« 1943–1945. Bericht über seine Tätigkeit und seine Auswirkung, Berlin 1957 (verf. 1945).

weiß-roten Fahne des NKFD versicherten sich die deutschen Offiziere und Kommunisten, 1918 dürfe sich nicht wiederholen, wobei erstere die Revolution, letztere wohl eher die Halbheiten der Revolution im Auge hatten.[69] Der Zynismus der kommunistischen Bündnispolitik hatte eine neue Stufe erreicht.

Da es dem NKFD nicht gelang, auf die kämpfende Truppe einzuwirken, blieb die Verständigung mit den deutschen Offizieren eine Episode, und das NKFD bekam nach dem Treffen Roosevelts, Churchills und Stalins in Teheran im Dezember 1943 nur noch eine Hilfsfunktion für die sowjetische Propaganda und die »Umschulung« von Kriegsgefangenen zugeteilt. Andererseits drangen wieder stärker plebiszitäre Elemente in die Programmatik und Propaganda der KPD – und zugleich des NKFD – ein: Ab Anfang 1944 wurde zur Bildung von »Volksausschüssen« in Deutschland zum Sturz des Hitlerregimes aufgerufen, deren Funktion ähnlich gesehen wurde wie die acht Jahre zuvor propagierten »Volksausschüsse«. Die Programmentwürfe der KPD für einen »Block der kämpferischen Demokratie« vom Herbst 1944[70] machten deutlich, daß unter der »demokratischen Republik« bzw. »Volksrepublik« kein parlamentarisches, aber auch kein Rätesystem, sondern eine – hinter der Fassade allgemeiner antifaschistisch-demokratischer Ziele – versteckte Parteiherrschaft der KPD verstanden wurde.

In der Westemigration stieß die NKFD-Politik bei Sozialdemokraten und Linkssozialisten auf Mißtrauen und erschwerte daher eher die Position der KPD, zumal sich bald zeigte, daß die Kommunisten entsprechend den Interessen der Sowjetunion schnell von Patriotismus auf Kollektivschuldthese und Bejahung territorialer Abtretungen Deutschlands umschwenkten. Im kommunistischen Widerstand, der nach dem Überfall Deutschlands auf die UdSSR einen Aufschwung nahm und 1943/44 wieder in der Lage war, ein reichübergreifendes Kommunikationsnetz mit regionalen Schwerpunkten in Berlin/Brandenburg, Sachsen und Thüringen aufzurichten, dominierten KPD-traditionalistische Strömungen, die teilweise mit dem Gedanken spielten, den Krieg gegen die Westmächte nach der erstrebten sozialistischen Umwälzung an der Seite der Roten Armee fortzusetzen. Selbst ein schließlich verabschiedetes Kompromißdokument wollte eine NKFD-Regierung nur als kurze Etappe auf dem Weg zur proletarischen Revolution, als eine deutsche Kerenski-Periode, gelten lassen. Im Zusammenhang mit dem 20. Juli-Putsch wurde diese letzte bedeutende KPD-Organisation zerschlagen.[71]

---

69 Sywottek, S. 134. Abgedruckt bei H. Laschitza, Kämpferische Demokratie gegen Faschismus. Die programmatische Vorbereitung auf die antifaschistisch-demokratische Umwälzung in Deutschland durch die Parteiführung der KPD, Berlin (Ost) 1969, Anhang.

70 Abgedruckt bei H. Laschitza, Kämpferische Demokratie gegen Faschismus. Die programmatische Vorbereitung auf die antifaschistisch-demokratische Umwälzung in Deutschland durch die Parteiführung der KPD, Berlin (Ost) 1969, Anhang.

71 Duhnke, S. 485 ff.; G. Rossmann, Der Kampf der KPD um die Einheit aller Hitlergegner, Berlin (Ost) 1963; H. Weber (Hg.), Aus dem Kadermaterial der illegalen KPD 1943, in: VfZ 20 (1972)

Arbeiterbewegung im Umbruch

Die NKFD-Propaganda für die Bildung von Volksausschüssen und eine Erhebung des deutschen Volkes wurden für die Sowjetunion funktionslos, als die Komplizierung der deutschen Situation durch Bildung eigener Organe des werktätigen Volkes den militärischen Nutzen eines Aufstandes aus sowjetischer Sicht überwog. Das war der Fall nach der Jalta-Konferenz mit ihrer Einteilung von Einflußsphären in Europa: Die Aufstands-Propaganda wurde eingestellt. Zwar ist dieser Schritt bezeichnend für die sowjetische Deutschlandpolitik im und nach dem Zeiten Weltkrieg, aber er war gewiß nicht ursächlich verantwortlich für das Ausbleiben relevanter Aktionen der deutschen Antifaschisten zur Beendigung des Krieges, sondern reflektierte dieses. Stimmungsberichte sprechen sogar dafür, daß – nach einem vorübergehenden Ablösungsprozeß der meisten Deutschen vom NS-Regime in der ersten Jahreshälfte 1943 – die Bindung der Bevölkerung an die Diktatur während des Jahres 1944 eher wieder stärker wurde.[72] Die ersten Erfahrungen mit der Roten Armee in Ostdeutschland, von den Flüchtlingen im ganzen Reich verbreitet, stachelten die Furcht vor »den Russen« und dem Widerstandswillen der Soldaten an der Ostfront gewaltig an. Die Unfähigkeit des Volkes, namentlich der Arbeiterklasse, zu einer den Krieg beendenden Aktion selbst in der Phase, da seine Fortführung ganz aussichtslos geworden war, verweist auf die zugrundeliegenden sozialen Prozesse:

Die Integration der Mehrheit der Arbeiter in die Wehrmacht, die aus hier nur anzudeutenden Gründen (gute Verpflegung, relativ geringe und daher wenig provozierende Privilegierung der Offiziere, Beteiligung an Kriegsverbrechen) regimestabilisierend wirkte, und die Ersetzung der Eingezogenen durch Kleinbesitzer (deren Betriebe geschlossen wurden), bis dahin berufslose Frauen, KZ-Häftlinge und vor allem Ausländer, die 1944 ca. ein Drittel der Industriearbeiter stellten, bedeuteten massive Umschichtungen innerhalb der Arbeiterklasse. Die Fremdarbeiter, Kriegsgefangenen und Häftlinge verrichteten durchweg minderqualifizierte und schlechter bezahlte Arbeiten, wurden von den deutschen Kollegen isoliert und einer – in sich noch abgestuften – besonderen Unterdrückung und hemmungslosen Ausbeutung unterworfen, die mehrere Millionen Menschen das Leben kostete. Demgegenüber wurden die deutschen Arbeiter in wachsendem Maße in dem betrieblichen Repressionsapparat einbezogen und mit Überwachungstätigkeiten betraut. Die Tendenz, den Deutschen zum Vorarbeiter Europas« zu machen, war in den einzelnen Industrien und Regionen un-

---

S. 422 ff.; G. Glondajewski/G. Rossmann, Ein bedeutungsvolles politisches Dokument, in: BzG 8 (1966) S. 644 ff.

72 H. Boberach (Hg.), Meldungen aus dem Reich. Auswahl aus den geheimen Lageberichten des Sicherheitsdienstes der SS 1939–1944, Neuwied/Berlin 1965; M. G. Steinert, Hitlers Krieg und die Deutschen. Stimmung und Haltung der deutschen Bevölkerung im Zweiten Weltkrieg, Düsseldorf/Wien 1970. Zu dieser Problematik aus Sicht eines ehemaligen sowjetischen Offiziers jetzt die Erinnerungen von L. Kopelew, Aufbewahren für alle Zeit, Hamburg 1976, S. 55 ff.

terschiedlich weit fortgeschritten, wirkte sich aber unverkennbar zu Ungunsten von Klassenaktionen aus. Über 90 % der wegen Streikaktionen Verhafteten waren 1944 Ausländer.[73] Auch nach der Besetzung Deutschlands gelang nur vereinzelt eine Zusammenarbeit zwischen deutschen und ausländischen Arbeitern.

Neben der Klassenspaltung war es vor allem die durch das Ineinanderwirken der im nationalsozialistischen Herrschaftssystem des »totalen Krieges« angelegten und der durch Kriegseinwirkung hervorgerufenen territorialen und institutionellen Zersplitterung der deutschen Gesellschaft in der Endphase der NS-Diktatur, die einer nationalen Aktion zur Beendigung des Krieges entgegenwirkte.[74] Die Bildung gleichsam autarker Inseln durch die Zerstörung der Verkehrswege fixierte das Handeln beider Hauptklassen auf die lokale Ebene. Hier kam es dann auch vielfach zu erfolgreichen Versuchen von Unternehmern und/oder überlebenden Kadern der Arbeiterbewegung (zum Teil im Zusammenwirken), die Verbrannte-Erde-Befehle Hitlers zu hintertreiben und eine kampflose Übergabe an die Alliierten zu ermöglichen.

Spätestens nach der Besetzung entstanden praktisch überall in Deutschland – in Großbetrieben, Stadtteilen, aber häufig auch auf gesamtstädtischer, in einigen Fällen sogar auf regionaler Ebene – sogenannte Antifaschistische Ausschüsse[75], organisiert vorwiegend von früheren unteren Funktionären der KPD, der SPD, der Splittergruppen, der Gewerkschaften und der Betriebsräte, die in einigen Fällen durchaus über eine Massenbasis verfügten und zum Teil früher nicht organisierte Arbeiter und antinazistische Teile der Mittelschichten einbezogen. Entsprechend der vorgefundenen Situation konzentrierten sich die Ausschüsse darauf, das Überleben der Bevölkerung zu sichern (Enttrümmerung und dringendste Reparaturen, Schutz vor Plünderungen, Bergung und Bestattung der Toten, Organisierung und Verteilung von Lebensmitteln, Kleidung und Heizmaterial usw.) und eine spontane »Entnazifizierung« von unten einzuleiten; als gefährlich angesehene Nazis und solche, die sich Verbrechen hatten zuschulden kommen lassen, als Denunzianten hervorgetreten waren etc., wurden festgenommen und den Besatzungsmächten übergeben, die übrigen zu Zwangsarbeiten eingesetzt. Die »Antifas«, wie die Amerikaner sie nannten, waren ein erster Ansatz räteähnlicher Organe; der Augenzeuge Paul Sweezy, 1945 Offizier des amerikani-

---

73 G. Weisenborn, Der lautlose Aufstand. Bericht über die Widerstandsbewegung des deutschen Volkes 1933–1945, Hamburg, 1953, S. 150. Für das vorausgegangene neben Behrens/Roth, S. 131 ff., vor allem K. Drobisch/D. Eichholz, Die Zwangsarbeit ausländischer Arbeitskräfte in Deutschland während des zweiten Weltkriegs, in ZfG 18 (1970), S. 626 ff.

74 Die »Zersplitterungsthese« wurde von H. Dröll systematisch in seiner Frankfurter Examensarbeit, Bedingungen der Reorganisation und erste spontane Organisationsformen der deutschen Arbeiterbewegung nach dem Zusammenbruch des Faschismus, entwickelt. Sie liegt auch dem Kapitel über die Zusammenbruchkrise in: L. Niethammer/U. Borsdorf/P. Brandt (Hg.), Arbeiterinitiative 1945. Antifaschistische Ausschüsse und Reorganisation der Arbeiterbewegung in Deutschland, Wuppertal 1976, zugrunde.

75 Für das folgende L. Niethammer/U. Borsdorf/P. Brandt. Dort umfassendes Quellen- und Literaturverzeichnis.

schen Geheimdienstes OSS, sah in ihnen »eine genuine Wiederbelebung revolutionärer Aktivitäten der Arbeiterklasse.«[76]

In den Westzonen wurden die Ausschüsse bereits im Frühjahr, spätestens im Sommer durch die Besatzungsmächte und die Auftragsverwaltungen, die die basisdemokratische Dynamik der Ausschüsse erkannten, verboten oder zu reinen Hilfsorganen offizieller Institutionen umgebogen. In dem von der Roten Armee besetzten Gebiet, wo seit Anfang Mai drei »Initiativgruppen« deutscher Kommunisten aus dem sowjetischen Exil tätig waren, gingen diese ebenfalls daran, alle Ausschüsse aufzulösen und deren personelles Potential in die Verwaltungen zu übernehmen, denen jetzt absoluter Vorrang zukam. Dabei entsprachen die Antifas in ihrer Zielsetzung, soweit überhaupt schriftlich fixiert, weitgehend den vom NKFD propagierten Volksausschüssen. Die überlebenden Kader der Arbeiterbewegung im Reich waren durch die Konfrontation mit der gesellschaftlichen und politischen Realität des Faschismus, insbesondere in der Zusammenbruchskrise, auf eine Programmatik gelenkt worden, die im weiteren Sinne Volksfront-Charakter hatte. In den wenigsten Fällen lag der Grund für diese zunächst frappierende Übereinstimmung (Verzicht auf die sozialistische Umwälzung für die nächste Periode stattdessen Konzentration auf Beseitigung der materiellen Verwüstungen und Personalsäuberungen; auf dieser Basis Hervorhebung allgemein-antifaschistischer statt klassenpolitisch-sozialistischer Ziele) in Einflüssen der Emigration. Vielmehr reflektierte die reduzierte Programmatik der Antifas konkrete Erfahrungen, die sich auf den ersten Blick mit einem bestimmten taktischen Konzept der Exil-KPD deckten. Die Kommunisten hätten die Antifas als Volksfront von unten« betrachten, ausbauen, zusammenfassen und weiterentwickeln können. Alles das schien nun aber nicht mehr nötig, da die Rote Armee im Lande war, so daß die Rücksichtnahme auf die Basisbewegung der Antifas nur Risiken mit sich gebracht und die Konzentrierung aller Kräfte auf die Stadtverwaltungen infrage gestellt hätte. Hier wird wiederum die alleinige Ausrichtung der Politik der deutschen Kommunisten an den Bedürfnissen der Sowjetunion deutlich, die einen Aufbau des gesamten politischen Lebens der Ostzone von oben unter ihrer Kontrolle als die einfachste und ihren Interessen adäquateste Lösung betrachtete. Die Einheitsfront- und Volksfrontpolitik in ihrer ursprünglichen Formulierung wurden hier ins Gegenteil verkehrt: die Partner nicht mehr durch Überzeugung der Massen, sondern durch Druck auf die Führer und Funktionäre in die antifaschistische Politik einbezogen. Die Tatsache, daß der Prozeß der Umwandlung Ostdeutschlands in eine nichtkapitalistische Gesellschaft bürokratisch-kollektivistischen Typs hinter der Fassade antifaschistisch-demokratischer Parolen vor sich ging[77], war

---

76 P. M. Sweezy, The Present as History, New York 1953, S. 249.
77 Staritz, passim. Zum Konzept des »bürokratischen Kollektivismus« als Klassengesellschaft neuen Typs A. Carlo, Politische und ökonomische Struktur der UdSSR (1917–1975). Diktatur des Proletariats oder bürokratischer Kollektivismus, Berlin (West) 1972.

geeignet, nicht nur den Sozialismus, sondern auch jede *demokratische* Bündnispolitik der Linken in Deutschland gründlich zu diskreditieren.

Ein maßgebliches Motiv der Antifa-Bestrebungen war das Verlangen nach Einheit der Arbeiterbewegung, deren Verwirklichung bei Kriegsende wahrscheinlich die überwiegende Mehrheit der Sozialdemokraten und Kommunisten als »Lehre« aus dem Sieg des Faschismus und als Vermächtnis der Widerstandskämpfer und Verfolgten betrachtete. Auf gewerkschaftlicher Ebene kam diese Einheit tatsächlich zustande, geriet jedoch im Westen rasch wieder unter die Kontrolle einer sozialdemokratisch ausgerichteten verselbständigten Führung; im Osten diente die Einheitsgewerkschaft als »Transmissionsriemen« zwischen Partei und Arbeiterklasse und ging nach und nach jeder Autonomie verlustig.[78] Auf parteipolitischer Ebene war der Erfolg Kurt Schumachers bei der antikommunistischen Formierung der SPD nur möglich, weil die KPD in den ersten Wochen und Monaten alle Angebote von sozialdemokratischer Seite, sich umgehend zu einer Arbeiterpartei zusammenzuschließen, überging, bereits bestehende Einheitsparteien auflöste und durch den Wiederaufbau ihrer Parteiorganisationen den prinzipiellen Gegnern der Einheit innerhalb der SPD die nötige Verschnaufpause gab, um Verbindungen zu knüpfen und zur Gegenoffensive überzugehen.[79] Die KPD meinte mit ihrer »Klarheit«, die vor der »Einheit« hergestellt werden müsse, schwerlich kommunistische Programmatik. Vertretet sozialistischer Forderungen waren »Linkssektierer«, die durch die Hereinnahme von »Antifaschisten« in die Partei neutralisiert werden sollten.[80] Vielmehr ging es um die Disziplinierung der eigenen Anhängerschaft. Die kommunistische Einheitskampagne begann, als in der Bevölkerung der SBZ, nicht zuletzt unter den Arbeitern, und bei den Sozialdemokraten die Abneigung gegen die »Russen-Partei« wuchs. Die nur durch Druck erzwungene Vereinigung zur SED in der Ostzone tötete zugleich die Einheitsbewegung im Westen. Die Urabstimmung der Westberliner SPD am 31. März 1946 – im Ostteil der Stadt wurde die Abstimmung von den Sowjets unterbunden – zeigte das Dilemma der sozialdemokratischen Basis, die eine Zwangsvereinigung unter der Führung der von der Sowjetunion gesteuerten KPD nach den Erfahrungen des ersten Nachkriegsjahres entschieden ablehnte (82,2 % der abgegebenen Stimmen), aber mehrheitlich immer noch ein »Bündnis« mit der KPD befürwortete (61,7 %). Dem Aufruf des vereinigungsbereiten »Zentralausschusses« der SPD um Otto Grotewohl, der Urabstimmung fernzubleiben, folgten knapp 30 % der Westberliner Sozialdemokraten.[81] Statt die Spaltung der Arbeiterbewegung aufzuhe-

---

78 J. Klein, Bürgerliche Demokraten oder christliche, sozialdemokratische und kommunistische Gewerkschafter Hand in Hand gegen die Arbeiter, Hamburg 1974; B. Sarel, Arbeiter gegen den »Kommunismus«, München 1975; Staritz, S. 102 ff.
79 Moraw, S. 65 ff.; A. Kaden, Einheit oder Freiheit. Die Wiedergründung der SPD 1945/46, Hannover 1964; P. Brandt, Antifaschismus und Arbeiterbewegung. Aufbau – Ausprägung – Politik in Bremen 1945/46, Hamburg 1976, S. 167 ff.
80 Siehe z. B. Ulbricht an Pieck, 17.5.1945, in: ders. (Anm. 1), S. 205.

ben, wobei die Motive dieses Strebens stark emotional bestimmt und politisch durchaus nicht einheitlich waren, fügte die SED-Gründung der richtungsmäßigen Spaltung eine geographische hinzu.

Die Block-Konzeption, die in der Ostzone die Parteidiktatur der zur SED erweiterten KPD verschleierte, hatte in den Westzonen den gegenteiligen Effekt. Sie veranlaßte die Kommunisten, wenn möglich, zur Teilnahme an Koalitionsregierungen auf lokaler und Länderebene, wo sie angesichts ihrer Schwäche und der Anwesenheit westlicher Besatzungsmächte kaum Einfluß auf die allgemeine Richtung der Politik nehmen konnte. Zudem diskreditierte sich die KPD durch die anfängliche maßgebliche Beteiligung an der westalliierten »Entnazifizierung«[82]. Eine »nationale« Wende der KPD-Politik Ende der 40er/Anfang der 50er Jahre zur Einheit aller »Patrioten« gegen den US-Imperialismus bei gleichzeitigen ultralinken Tendenzen in der Gewerkschaftsarbeit[83] beschleunigte eher den Abstieg der Partei zur Bedeutungslosigkeit schon vor ihrem Verbot. Die Identifikation mit der durch die Abtrennung der Oder-Neiße-Gebiete und anschließende Vertreibung der Deutschen, durch besonders brutales Auftreten der sowjetischen Truppen bei der Eroberung Ostdeutschlands, durch rücksichtslose Demontagen und Reparationen aus der Produktion usw. belasteten UdSSR, machte jeden nur denkbaren taktischen Schritt weitgehend wirkungslos. Die insofern, begünstigt durch den wirtschaftlichen Aufschwung im Westen, objektiv begründete »Sozialdemokratisierung« der KPD-Anhänger – 1946/47 konnte die KPD noch auf ca. 10 % der Wähler in den Westzonen rechnen und dominierte in vielen Großbetrieben, 1953 erhielt sie noch 2,2 % der Stimmen bei entsprechender Verringerung ihres Einflusses in Betrieben und Gewerkschaften – machte die SPD in den 50er Jahren zur Einheitspartei der westdeutschen Arbeiter. Ihre auf der spezifischen ökonomischen und gesellschaftspolitischen Situation in der Bundesrepublik beruhende Dominanz über die Arbeiterbewegung, vor allem vermittels der Gewerkschaftsführung, wurde auf parteipolitischer Ebene zum zentralen bündnisstrategischen Problem der westdeutschen Linken.

---

81 Absolute Zahlen z. B. in F. Osterroth/D. Schuster: Chronik der deutschen Sozialdemokratie, Hannover 1963, S. 412.
82 L. Niethammer, Entnazifizierung in Bayern. Säuberung und Rehabilitierung unter amerikanischer Besatzung, Frankfurt/M. 1972, bes. S. 338 ff.
83 Marxistische Aufbauorganisation, Die Krise der kommunistischen Parteien. Probleme der gegenwärtigen Revisionismuskritik, München/Erlangen 1973, S. 77 ff.; T. Fichter, Betriebspolitik der KPD nach 1945. Am Beispiel der Firma Bosch, in: ders./E. Eberle, Kampf um Bosch, Berlin (West) 1974, S. 115 ff.

Fragestellungen linker Bündnispolitik heute

Die politische Praxis der KPD zu Beginn der 20er Jahre hat gezeigt, daß konsequente Einheitsfrontpolitik dazu tendiert, sowohl die Führungsrolle der Kommunistischen Partei innerhalb der Klasseneinheit als auch die Beschränkung der Bündnispolitik auf die Arbeiterklasse infrage zu stellen. Gesellschaftliche Erfahrungen werden nicht nur vom Proletariat, sondern auch von anderen Klassen und Schichten des Volkes gemacht. Aufgabe jeder linken Bündnispolitik muß es sein, auf der Grundlage dieser sozialen Erfahrungen alle in irgendeiner Weise ausgebeuteten, unterdrückten und unterprivilegierten Teile des Volkes in den Klassenkampf der Arbeiter gegen das Kapital zu integrieren. Diese Aufgabenstellung ist denn auch das einzige, das die traditionelle Einheitsfront- und Volksfrontpolitik mit den aktuellen Aufgaben linker Bündnispolitik verbindet. Erstere konnte sich auf eine minoritäre Massenpartei der Arbeiter stützen, die alle potentiellen Bündnispartner als Objekte ihrer Politik betrachtete. Dieses Subjekt fehlt gegenwärtig in der Bundesrepublik nicht nur empirisch; das Auftauchen der DKP und der K-Gruppen hat auch dazu beigetragen, den Führungsanspruch einer Partei mit der angeblichen »korrekten« Linie wieder in stärkerem Maße grundsätzlich zu bestreiten. Alle historischen Erfahrungen – nicht zuletzt die gegenwärtigen Entwicklungen in den lateineuropäischen Ländern – verweisen uns auf ein pluralistisches Bündnismodell, das über den Rahmen der Arbeiterklasse hinausreicht. Es widerspräche den Interessen der sozialistischen Bewegung, ihrer Zielsetzung nach echte *Volkskämpfe* (z. B. die Auseinandersetzung um die Errichtung von Kernkraftwerken, der Widerstand gegen die Erhöhung von Verkehrstarifen usw.) in ein klassenpolitisch-proletarisches Korsett zwingen zu wollen. Im Gegenteil: Es gilt, die weitgehende und zunehmende Gemeinsamkeit von Interessen und Bedürfnissen der Werktätigen und der Mittelschichten gegenüber den destruktiven Tendenzen des modernen Kapitalismus zu unterstreichen und in Aktionen umzusetzen, ohne partielle Divergenzen zu übertünchen. Solche Interessenunterschiede, wie sie etwa zwischen den Lohnabhängigen als Konsumenten und den Bauern als Produzenten auftreten, sind im Rahmen des Kapitalismus auch durch die raffinierteste Taktik nicht aus der Welt zu schaffen. Doch zeigen sich Widersprüche auch innerhalb der Arbeiterklasse selbst. Das Scheitern des Ford-Streiks 1973 findet seinen tieferen Grund nicht im »Verrat« des Betriebsrats oder einer kleinen Gruppe von »Arbeiteraristokraten«, sondern in der aus objektiven Gründen mangelnden Identität der Forderungen – vorwiegend ausländischer – angelernter Fließbandarbeiter und einheimischer Facharbeiter. Letztere nun einfach zu einer absterbenden Spezies mit entsprechendem reaktionären defensiven Sozialverhalten zu erklären, würde nicht nur die sozioökonomischen Trends unzulässig vereinfachen, sondern hieße, die Bewegung des »multinationalen Massenarbeiters« bestenfalls zu einer nicht nur aktuell, sondern langfristig minoritären und isolierten, darum politisch aussichtslosen Dauerrebellion zu verdammen.

Die Ablehnung des bolschewistischen Bündnismodells bedeutet allerdings die Zurückweisung der anmaßenden Regulierung spontaner Kämpfe durch eine »Partei der Arbeiterklasse«; es kann sich auch nicht darum handeln, besonders unterdrückten Teilen der Arbeiterklasse und des Volkes das Recht auf Rebellion, unabhängig von »höheren« politischen Zielen, zu bestreiten. Aber Sozialisten haben die Aufgabe, diese absolut legitimen Artikulationen mit dem strategischen Ziel der Klasseneinheit und Volkseinheit gegen das kapitalistische System in Beziehung zu setzen. Die Mythologisierung der »anderen Arbeiterbewegung«[84] ist insofern in ihrer politischen Wirkung noch schädlicher als die traditionelle marxistische Verachtung für das Kleinbürgertum.

Von den bereits durch die Praxis und konzeptionelle Ausarbeitung der Einheitsfrontpolitik 1921–23 aufgeworfenen Problemen jenseits der Arbeitereinheit, die dann zwölf Jahre später unter der Parole der Volksfront wieder aufgegriffen wurden – deren vollständiger Mißerfolg resultierte, wie zu zeigen versucht wurde, nicht aus der Benennung der Probleme und ihrer bündnispolitischen Aspekte als solcher, sondern aus ihrer Verknüpfung mit außenpolitischen Interessen der UdSSR statt ihrer Ableitung aus praktischen Erfahrungen und Realanalysen der deutschen Gesellschaft –, kann keines heute als auch nur theoretisch bewältigt gelten. Insofern haben uns die bündnispolitischen Experimente während der 20er und 30er Jahre auch heute noch etwas zu sagen. Die wichtigste Lehre: Großartige Resolutionen, Deklarationen, Aufrufe nützen gar nichts, wenn dahinter nicht bestimmte gemeinsame Interessen – *erfahrene* Interessen – stehen. Viel relevanter als die Formulierung von Bündnisangeboten an »das Volk« ist die Liquidierung einer Haltung, die in allen nichtproletarischen Klassen und Schichten nur Objekte der Politik sieht, denen gegenüber eine »kluge Taktik« in Anwendung zu bringen sei, um sie zu »neutralisieren«. Den Vorwurf populistischer Abweichung von der »proletarischen Klassenlinie« nehme man in Kauf: Jede revolutionäre Massenbewegung ist bis zu einem gewissen Grade »populistisch«, und wer die nichtproletarischen Massen lediglich als Manövriermasse betrachtet, wird auch dazu neigen, die reale Arbeiterbewegung zu verklären, um deren Unvollkommenheit schließlich terroristisch zu korrigieren.

Im hochentwickelten Kapitalismus der Bundesrepublik besteht das zentrale bündnisstrategische Problem nicht mehr in der Gewinnung der selbständigen Mittelschichten (obwohl etwa die Bauernfrage damit keineswegs erledigt ist), sondern in der Vereinheitlichung der über 80 % lohnabhängig Beschäftigten. Damit ist Bündnispolitik

---

84 Heinrich Böll stellt in seinem Nachwort zu Kopelew die simple, aber umso berechtigtere Frage (S. 599): »Hat man sich je überlegt, ist man sich je klar geworden innerhalb der westlichen Kommunistischen Parteien, innerhalb der gesamten ›linken‹ internationalen Szene, warum Deutschland, das einst die stärkste KP hatte, auf die man *viele* Hoffnungen setzte, nach 1945 die schwächste kommunistische Bewegung gehabt hat – *trotz* aller Einsicht in den Wahnsinn des Faschismus? Ob für die überlebenden und heimkehrenden Kommunisten dieser Anschauungsunterricht nicht weitaus abschreckender war als aller gepredigter Antikommunismus – und wie viele ehemaligen Kommunisten haben in ihn eingestimmt?«

zwar unkomplizierter geworden, denn in den Gewerkschaften gibt es bereits ein Instrument, diese Vereinheitlichung voranzutreiben. Es besteht jedoch die Gefahr, aufgrund des gemeinsamen Lohnabhängigen-Status der großen Bevölkerungsmehrheit die Nicht-Identität ihrer Interessen zu übersehen, aus der sich ja erst die speziellen *Bündnis*aufgaben ergeben.

Wie gegenüber den Mittelschichten ist jeder Dogmatismus auch gegenüber den bürgerlichen Parteien fehl am Platze, insbesondere wenn organisierte werktätige Gruppen in ihnen wirken. Das Hauptproblem der westdeutschen Linken in ihrem Verhältnis zu den etablierten Parteien besteht eindeutig darin, eine emotionale und sektiererische Haltung gegenüber der SPD zu überwinden – unabhängig davon, ob es sich nun um eine »bürgerliche Arbeiterpartei«, um eine »bürgerliche Partei, die sich auf die Arbeiter stützt«, oder um eine »vollständig bürgerliche Partei« handelt, in jedem Fall geht es um ihre Anhänger und Mitglieder, die die relativ politisierteren Teile der Arbeiterklasse und der Werktätigen ausmachen. Dennoch gibt es keinen Grund, die parteitaktisch motivierte Verfemung christlich-demokratischer Werktätiger und Ihrer Vertrauensleute in Betriebsräten und Gewerkschaften mitzumachen, sofern sich diese nur aus deren Parteimitgliedschaft ergibt. Im Übrigen kann es sich für uns auf absehbare Zeit nicht um ein Bündnis zwischen Parteien handeln, sondern »nur« um ein Beziehungsnetz sozialer Erfahrungen, um die praxisbezogene Kommunikation zwischen Basisansätzen verschiedensten Ursprungs und deren Verbindung mit einer offenen Diskussion theoretisch-analytischer und strategisch-taktischer Probleme. Daß die undogmatische Linke dabei von der DKP – von noch kleineren »Parteien« können wir dabei getrost absehen – überspielt oder ins Schlepptau genommen wird, ist desto unwahrscheinlicher, je klarer wir uns die absolute Unselbständigkeit dieses politischen Gebildes vor Augen führen und unsere Hauptkritik daran festmachen statt an ihrem »Revisionismus«.

Was unsere Stellung zur Verteidigung des Rechtsstaates und der demokratischen Freiheiten angeht, die durch die verschärfte politische Repression seit Anfang der 70er Jahre wieder am praktischer Bedeutung gewonnen hat, so erweist sich die – zum Teil gewiß zu wenig reflektierte – Hinwendung der westeuropäischen Kommunistischen Parteien zu den politischen Prinzipien der parlamentarischen Demokratie bei vielen offenbar eher als Hindernis für eine mehr als defensive Berufung auf die vermeintlichen Errungenschaften der bürgerlichen Emanzipation. Tatsächlich sind viele der heute als konstitutive Merkmale der bürgerlichen Demokratie geltenden Rechte erst von der modernen Arbeiterbewegung erkämpft worden, wie z. B. das Koalitionsrecht und das allgemeine Wahlrecht. Ohne die radikaldemokratische Kritik am Parlamentarismus zurückzunehmen, muß festgestellt werden, daß kein anderes bestehendes politisches System, am wenigsten der »reale Sozialismus«, ein entsprechend hohes Maß an Rechtssicherheit und politischen Spielraum für die spontanen Kämpfe und die Organisierung der Arbeiterklasse garantiert. Damit ist das Problem gewiß nicht erschöpft, eigentlich beginnt es an dieser Stelle überhaupt erst. Indessen scheint es mir zunehmend unfruchtbar zu sein, der gesellschaftlich-politischen Realität in West und Ost mehr oder weniger idealtypische Utopien (von der Parteidiktatur altstalinistischen Charakters bis zur Auflösung des Staates in der Assoziation freier Individuen) gegenüberzustellen, ohne wirkliche Konsequenzen aus der Tatsache zu ziehen, daß bisher in keinem einzigen »sozialistischen« Land die demokratischen Rechte des Volkes und die Arbeiterdemokratie realisiert sind. Es handelt sich hier um eine grundsätzliche Frage, die weit über taktische Überlegungen hinausgeht.

Das gilt ebenso für das nationale Problem Deutschlands: Das oben aufgezeigte Fehlen einer nationalen Identität der deutschen Linken mit seinen objektiven Gründen steht in auffälligem Gegensatz zur Verwurzelung der sozialistischen Bewegung in der nationalen Tradition nicht nur unterdrückter, wirtschaftlich zurückgebliebener und kleiner Länder, sondern auch Italiens, Frankreichs, ja selbst Großbritanniens.

Dieses alte Dilemma der deutschen Linken wurde natürlich durch das Ausbleiben einer Volkserhebung am Ende des Zweiten Weltkriegs (im Unterschied zu den besetzten Ländern), das die Sozialisten aller Tendenzen nach der »Befreiung« zur Zusammenarbeit mit den Okkupationsmächten nötigte, erheblich verschärft. Aber auch die bürgerlichen Kräfte – vor allem in den Westzonen – suchten die Kollaboration und waren dabei oft wesentlich nachgiebiger. In der Tat hatte das Ende des Deutschen Reiches auch deren nationale Identität mit der – wenigstens äußerlich – definitiven Beendigung der preußisch-deutschen Traditionslinie infrage gestellt. Der Separatstaatspatriotismus des Adenauer-Regimes, an den die heutigen CDU/CSU-Führer anzuknüpfen versuchen, war zum geringsten Teil traditioneller deutscher Nationalismus, überwiegend Antikommunismus und Abendlandideologie. Diesem prowestlichen bundesrepublikanischen Staatsbewußtsein setzte die SPD während der 50er Jahre ihre nationalstaatliche Wiedervereinigungspolitik entgegen, fand damit jedoch mehr Resonanz in Ost- als in Westdeutschland. Sowenig es der SPD in den 50er Jahren gelang, der westdeutschen Bevölkerung plausibel zu machen, daß die Sozialdemokratie nationale Interessen verteidigte und nicht die die Westintegration vorantreibende Regierung Adenauer, sowenig wurde die deutsche Frage durch die Spaltungspolitik seitens der westlich und der östlich orientierten politischen Kräfte im Bewußtsein des deutschen Volkes gelöst. Die »zwei Nationen« bleiben auf absehbare Zeit eine Schreibtischkonstruktion der SED-Führer zu Legitimationszwecken. Es gibt sogar Anzeichen dafür, daß das nationale Zusammengehörigkeitsgefühl durch die »neue Ostpolitik« der SPD/FDP-Regierung seit 1969 eher gestärkt wurde.

Die Spaltung der deutschen Arbeiterbewegung in eine östliche und eine westliche Strömung ging der staatlichen Spaltung Deutschlands voraus und war zugleich ein wesentliches Moment davon. Indem beide deutschen Teilstaaten in ihren jeweiligen von den Supermächten kontrollierten hochgerüsteten Machtblöcken unentbehrliche militärische und ordnungspolitische Sicherungsfunktionen ausüben, behält die deutsche Spaltung ihre politische Relevanz als entscheidender Stützpfeiler des Status quo. Die politische Brisanz dieses Problems für eine gegen das System von Jalta gerichtete

Strategie der sozialen und nationalen Emanzipation und die Schlüsselrolle der deutschen Arbeiterklasse in diesem Zusammenhang sind offensichtlich. Nur die antistalinistische Linke ist von ihrer politischen Interessenlage her imstande, die deutsche Frage radikal anzugehen. Aber kann eine politische Bewegung nationale Bedeutung gewinnen, die nicht zugleich eine nationale Bewegung ist?

6 Die Kampfgemeinschaft gegen den Faschismus (KGF) in Bremen[1]

Der spezifische sozioökonomische Charakter Bremens als hanseatische Seehandelsstadt konservierte die gesellschaftlich hegemoniale Stellung der Großkaufleute auch über die hier erst Ende des 19. Jahrhunderts zum Durchbruch gelangte Industrialisierung hinaus. Politisch dominierte seitens des Bürgertums ein traditionalistischer Altliberalismus. Die Bremer Arbeiterbewegung war ursprünglich reformistisch geprägt gewesen. In den Jahren vor dem Ersten Weltkrieg wurde die Stadt indessen zu einem Zentrum der sozialdemokratischen Linken, die sich während des Krieges in USPD und Linksradikale, später Internationale Kommunisten Deutschlands (IKD), spaltete.[2] Die IKD schlossen sich Ende 1918 mit dem Spartakusbund zur KPD zusammen. Die Bremer Linke war das Ergebnis eines Verschmelzungsprozesses einer vor allem auf den Werften – zum Großteil aus zugereisten Handwerksgesellen – entstandenen Arbeitervorhut und einer durch den Bremer Schulkonflikt radikalisierten Gruppe sozialistischer Lehrer.[3] Die Werftarbeiter – namentlich der AG Weser – standen seit dem Ende des 19. Jahrhunderts an der Spitze des ökonomischen und politischen Kampfes der revolutionären Arbeiterbewegung der Hansestadt. Die aus diesem Milieu hervorgegangenen proletarischen Kader verliehen der Bremer Linken eine außergewöhnliche personelle und programmatische Kontinuität.[4]

---

1   Da über den Wiederaufbau der Bremer Arbeiterbewegung 1945/46 eine ausführliche Untersuchung des Autors vorliegt (P. Brandt: Antifaschismus und Arbeiterbewegung, Hamburg 1976), ist die Darstellung der KGF hier relativ knapp gehalten. Umfassendes Quellen- und Literaturverzeichnis bei Brandt, S. 421 ff.; daher an dieser Stelle nur der Hinweis auf die wichtigsten Materialsammlungen zur KGF von Bürgermeister i. R. Adolf Ehlers und Hermann Lücke sowie zu den Betriebsausschüssen – vorwiegend der Atlas-Werke – von Johann Reiners und dem Betriebsrat der Fried. Krupp Maschinenfabriken, Maschinenbau Bremen (früher Atlas-Werke), erhalten durch Richard Gregor (Mat. Atlas).
2   K. E. Moring: Die Sozialdemokratische Partei in Bremen 1890–1914, Hannover 1968; E. Lucas: Die Sozialdemokratie in Bremen während des Ersten Weltkrieges, Bremen 1969; O. K. Flechtheim: Die KPD in der Weimarer Republik, Frankfurt 1969, S. 90 f.; Gruppe Arbeiterpolitik (Hrsg.): Die Bremer Linksradikalen, Bremen 1969; Peter Kuckuk: Bremer Linksradikale bzw. Kommunisten von der Militärrevolte im November 1918 bis zum Kapp-Putsch im März 1920, Phil. Diss., Hamburg 1970; W. Eildermann: Jugend im Ersten Weltkrieg, Berlin (Ost) 1972.
3   Die Auseinandersetzungen entzündeten sich 1905 an obrigkeitlichen Bestrebungen, den Schulunterricht in einer für Bremen ungewohnten Weise orthodox-kirchlich zu beeinflussen. Gruppe Arbeiterpolitik, S. 6 ff.; Moring, bes. S. 120 f.; H. Wulff: Geschichte und Gesicht der bremischen Lehrerschaft, 2 Bde., Bremen 1950.
4   Moring, S. 69 ff.; Eildermann, passim.

Die Kommunisten, die trotz ihrer Verankerung in der Arbeiterklasse niemals deren Mehrheit zu erobern vermochten, büßten in der Phase der »Bolschewisierung« (seit 1924) einen Großteil ihrer Mitgliedschaft und ihres Einflusses ein.[5] Auch in der Zeit der Weltwirtschaftskrise vermochte sie die SPD aus ihrer eindeutig führenden Stellung in der Arbeiterbewegung nicht zu verdrängen.[6] Die NSDAP blieb in Bremen durchweg wesentlich schwächer als in den meisten anderen Großstädten. Selbst bei den März-Wahlen 1933 vereinigten die Linksparteien annähernd so viele Stimmen auf sich wie die antidemokratische Rechte (NSDAP und DNVP).[7]

Der sozialistische Widerstand in Bremen

Die beiden sozialdemokratischen Widerstandsgruppen – ein Kreis von SPD-Funktionären und eine illegale Reichsbannerorganisation – konnten bereits 1934 zerschlagen werden.[8] Danach wurde der Zusammenhalt der Sozialdemokraten neben der privaten Ebene durch legale Vereinigungen wie den »Arbeitersängerchor Bremen«, die »Verbrauchergenossenschaft Vorwärts«, die »Volksfürsorge« und Feuerbestattungsvereine aufrecht erhalten, bis während des Zweiten Weltkrieges auch die meisten dieser Möglichkeiten verloren gingen.[9]

Auf die KPD konzentrierte sich in Bremen wie anderswo die Hauptaufmerksamkeit der Repressionsorgane, so daß nur ein kleiner Teil der Mitgliedschaft nach den Verhaftungswellen der ersten Monate als illegale Parteiorganisation zurückblieb.[10] Doch immer wieder folgte den Verhaftungswellen der Gestapo der Aufbau neuer Gruppen. Die Zellenarbeit in den Großbetrieben erhielt 1936 mit der Verhaftung der

---

5   Brandt, S. 18, 292 (Anm. 22).
6   Wählerstimmen bei den Reichstagswahlen 1928 und im November 1932: SPD 41,8 %–30,6 %, KPD 10,5 %–17,2 %. Wahlen zur Arbeiterkammer 1931: ADGB ca. 15.500 Stimmen, RGO ca. 5.000, Christliche ca. 1.300, NS ca. 500, Stahlhelm ca. 650. Die SPD hatte zu Beginn der Krise ca. 10.000 Mitglieder, deren Zahl fast stabil blieb, die KPD verdreifachte ihren Mitgliederbestand zwischen 1928 und 1932/33, als er 3.500–4.000 betrug. Davon war jedoch nur ein kleiner Prozentsatz in Betrieben beschäftigt. Brandt, S. 17 ff., und die dazugehörigen Anmerkungen.
7   NSDAP 32,3 % (im Reich 43,9 %), DNVP 14,4 % (8 %), DVP 5,7 % (1,1 %), SPD 30,1 % (18,3 %), KPD 13,5 % (12,3 %). Absolut gewann die SPD gegenüber dem November 1932 5.000 Stimmen dazu und glich damit die Verluste der KPD aus. Die Gewinne der NSDAP resultieren wahrscheinlich ganz überwiegend aus der hohen Wahlbeteiligung. Brandt, S. 24, 300 (Anm. 72).
8   Gestapo-Berichte, Anklageschriften und Urteile im BA, R 58/322, R 60 II, Bd. 63, und IML/ZPA NJ-920, 926, 1023, 8043, 8355, 9788, St 3/718.
9   Gestapo-Lageberichte aus den Jahren 1935, 37, 38 im BA, R 58/322, 446, 457.
10 Geschichte der antifaschistischen Bewegung in Bremen (vervielfältigtes Manuskript, wahrscheinlich von einem KGF-Vorstandsmitglied nach Auflösung der KGF verfaßt), S. 5, Mat. A. Ehlers. Danach sollen etwa 200 Kommunisten nach den ersten Terrorwellen zurückgeblieben sein. Antifaschistischer Widerstand 1933–1945 in Bremen, Bremen 1974, S. 5 ff.; F. Peters: Zwölf Jahre Bremen 1933–1945, Bremen 1951, S. 32, 57.

auf der AG Weser tätigen Kommunisten den entscheidenden Schlag.[11] 1937 vermerkte die Gestapo Bremen »eingeschränkte Tätigkeit zusammenhängender illegaler Organisationsgebilde« der KPD.[12] Einen größeren Umfang erreichte der kommunistische Widerstand in Bremen bis 1945 nicht mehr, wenngleich Instrukteure des ZK sich in der ersten Kriegshälfte dort aufgehalten haben sollen.[13] Die Hamburger Bästlein-Organisation konnte einige Bremer Kommunisten gewinnen, die jedoch nicht bis zu ihrer Verhaftung dazu kamen, eine größere Aktivität zu entfalten.[14]

Eine sehr aktive Widerstandsgruppe war der Bremer ISK, der nach einer Aufbauphase der politischen Schulung etwa 1935 mit spektakulären Aktionen begann. Als Teil des ISK-Netzes wurde die Gruppe Anfang 1938 aufgerollt.[15] Die verurteilten ISK-Mitglieder nahmen jedoch nach ihrer Freilassung wieder Kontakt mit einigen führenden SAP-Kadern auf, mit denen sie schon in der ersten Widerstandsphase regelmäßig diskutiert hatten.[16]

Eine organisatorische Kontinuität konnte in Bremen allein die SAP bewahren, deren Zerschlagung den Verfolgungsinstanzen bis zuletzt nicht gelang.[17] Über die KPO, die sich hier fast vollzählig der SAP angeschlossen hatte, waren dieser Gruppe eine Reihe erfahrener kommunistischer Kader zugeführt worden. Obwohl auch die SAP durch einzelne Verhaftungen, durch Einberufungen zum Arbeitsdienst und später zur Wehrmacht – die Mehrheit ihrer Mitglieder waren junge Leute – in ihrem Umfang erheblich reduziert wurde, war die Aufrechterhaltung miteinander verbundener, beständig kommunizierender politischer Zirkel eine Besonderheit, deren politische Bedeutung sich nach Kriegsende zeigen sollte.

---

11 Inf. Gumpert. Gumpert war der Verbindungsmann der AG Weser-Zellen zur KPD-Führung. Die Nationalsozialisten sollen bei der Zerschlagung dieser Gruppe geäußert haben: »Wollte man diese Widerstandsarbeit aufrollen, müßte man das ganze AG-Weser-Gelände zum KZ erklären« (ebd.). Tagesmeldungen der Gestapo vom 13.6., 1.8., 5.8., 19.10., 24.10., 11.11., 5.12.1936, IML/ZPA St 3/ 370.
12 Bericht der Stapo-Stelle Bremen für 1937, S. 1, BA, R 58/457.
13 H. Duhnke: Die KPD von 1933 bis 1945, Köln 1972, S. 461, 483; Geschichte der deutschen Arbeiterbewegung (hrsg. vom IML), Bd. 5, Berlin (Ost) 1966, S. 259, 326.
14 Inf. M. Krüger; U. Puls: Die Bästlein-Jacob-Abshagen-Gruppe, Berlin (Ost), 1959, S. 95 f., 119, 191 f., 203 f.; U. Hochmuth/G. Meyer: Streiflichter aus dem Hamburger Widerstand 1933–1945, Frankfurt 1969, S. 271, 347.
15 »Auszüge aus einem Brief vom Sommer 1946 an den heutigen Bundestagsabgeordneten Willi Eichler« (Unterschrift unleserlich), DGB, Bestand Hans Böckler, Material von Lübbe und Eberhard; Werner Link: Die Geschichte des Internationalen Jugend-Bundes (IJB) und des Internationalen Sozialistischen Kampfbundes (ISK), Meisenheim 1964, S. 183 ff.; Inf. Frida u. Fritz Paul; Inf. H. Lücke.
16 Inf. Frida u. Fritz Paul.
17 Daher ist der Historiker hier in besonderem Maße auf Befragungen angewiesen. Für das Folgende: Inf. A. Ehlers, F. Hallerstede, M. Meyer; Geschichte der antifaschistischen Bewegung in Bremen, S. 5.

Bis zum Kriegsausbruch bestand von Bremen aus ein reger Kontakt zu ausländischen Stützpunkten der SAP, besonders zu August Enderle in Schweden.[18] Die Nachrichtenübermittlung und Materiallieferung geschah durch Parteikuriere und skandinavische Seeleute. Bremer SAP-Mitglieder reisten mehrfach nach Schweden, um an Besprechungen und Konferenzen teilzunehmen.[19] Bis in die letzte Kriegsphase konnte der Kontakt mit der Berliner Organisation, die als eine Art Koordinationszentrum zu arbeiten versuchte, aufrechterhalten werden.[20]

Die Werftbetriebe, allen voran die AG Weser, blieben während der NS-Zeit die Hauptstützpunkte der illegalen Opposition. Die Stammbelegschaften waren hier auch während des Krieges vergleichsweise groß. Auf der Weser-Werft sollen nach späteren Angaben der Beteiligten im Krieg 150–200 Arbeiter in parteipolitisch gemischten antifaschistischen Zirkeln zusammengefaßt gewesen sein.[21] Problematischer war die Situation für die Antifaschisten in den durch die Rüstungsproduktion rasch aufgeblähten Betrieben wie Borgward oder Focke-Wulff. Auch in allen anderen Bremer Großbetrieben hätten während des Krieges antifaschistische Zellen mit jeweils 30 bis 40 Mitgliedern existiert.[22] Diese vorwiegend von qualifizierten Arbeitern gebildeten Gruppen konnten auf die Sympathie der meist sozialdemokratischen Meister und zum Teil sogar auf die Protektion durch die Betriebsleitungen zählen.[23] Diese – selbst wenn einzelne Zahlenangaben übertrieben sein sollten – umfangreichen Betriebsgruppen hatten erst geschaffen werden können, nachdem sich die Euphorie der Blitzkrieg-Sieger unter dem Eindruck der alliierten Bombenangriffe und des Rußlandfeldzuges zunehmend in eine »stumme, um sich greifende Opposition gegen den Krieg«[24] verwandelt hatte.

In Bremen standen auch Teile der im Überseehandel engagierten Großkaufleute, des industriellen Managements und der Intelligenz dem Nationalsozialismus distanziert oder sogar feindselig gegenüber.[25] Einige bürgerliche Oppositionsgruppen – eine unter der Leitung des Syndikus der Gauwirtschaftskammer, Dr. Karl Kohl – standen mit dem SAP-Kreis in Verbindung.[26] Der Adjutant der Wehrersatzinspektion, Oberst-

---

18 Siehe Anm. 17; Inf. I. Enderle; H. Müssener: Exil in Schweden, München 1974, S. 251.
19 Inf. I. Enderle, M. Meyer.
20 J. Walcher an W. Brandt (nach dem Bericht eines im August 1944 gefangengenommenen Bremer SAP-Mitgliedes), 14.6.1945, Mat. W. Brandt; Inf. H. Kundel.
21 Geschichte der antifaschistischen Bewegung in Bremen, S. 7.
22 Ebd.
23 Inf. G. Gumpert, J. Reiners, M. Meyer.
24 Geschichte der antifaschistischen Bewegung in Bremen, S. 10.
25 Bericht des Leiters der Bremer Kriminalpolizei für Oktober 1934, IML/ZPA St 3/718; nicht näher gekennzeichnetes kritisches Schreiben vom Herbst 1939, BA, R 43 II, Bd. 1322b; Inf. H. Lücke, A. Hogrefe; H. Schwarzwälder: Bremen und Nordwestdeutschland am Kriegsende 1945, Bd. 2, Bremen 1973, S. 192 ff.
26 Inf. A. Hogrefe; Schwarzwälder, Bd. 2, S. 200. Die Verbindung hatte August Hogrefe hergestellt, ein Bremer Altkommunist (SPD–KPD–KPO), der sich in Erwartung eines Sieges der NSDAP

leutnant Raspe, Führer einer Gruppe oppositioneller Offiziere, rettete viele von der Verhaftung bedrohte Antifaschisten durch die Einberufung zur Wehrmacht.[27] In den Wochen vor der Besetzung diskutierten die Antifaschisten und die Raspegruppe den Plan, zuverlässige Werftarbeiter der AG Weser einzuziehen und mit antinazistischen Garnisonsteilen zu vereinigen, um die NS-Herrschaft in Bremen zu stürzen. Der Plan wurde wegen der Übermacht der bei Verden stationierten SS-Einheiten verworfen.[28] Die illegalen Aktivisten vermieden bis zur Einnahme der Stadt alles, was die Nazis zu einer umfangreichen Säuberung hätte provozieren können. Weder den ihren noch den diversen bürgerlichen Bemühungen gelang es, die Verteidigung der Stadt zu verhindern. Die letzten Monate vor der Besetzung wurden jedoch genutzt, um die Kontakte zu den Hitlergegnern jeder Art zu erweitern. Bei regelmäßigen Gesprächen von Angehörigen verschiedener ehemaliger Arbeiterorganisationen hatte sich seit 1944 der Kern des späteren Zentralvorstandes der KGF herausgebildet. Nach verschiedenen Angaben waren etwa 400 bzw. 250 Antifaschisten mit diesem Kreis verbunden.[29]

Die Bedingungen antifaschistischer Arbeit nach der Besetzung

Bremen wurde am 25.–27. April von den Briten eingenommen, war jedoch samt den Unterweserorten und dem umliegenden Landgebiet den USA als Enklave für die Versorgung ihrer Besatzungstruppen in Hessen und Süddeutschland zugesprochen worden.[30] Schon am 27. April traf das amerikanische Detachment in der Stadt ein, unterstand aber zunächst noch dem britischen Divisionskommandeur. In den folgenden drei Wochen traten amerikanische Besatzungstruppen an die Stelle der Briten.[31] Ohne die juristisch und verwaltungsmäßig äußerst komplizierte Situation Bremens näher zu schildern, sei darauf hingewiesen, daß kein einheitliches amerikanisches Oberkommando existierte. Die drei amerikanischen Einheiten (»Port Command«, MR., Besat-

---

1930 dieser Partei angeschlossen hatte, um dort den »sozialistischen Flügel« zu stärken, dabei aber Kontakt mit seinen 1932 zur SAP übergewechselten früheren Parteigenossen hielt. Hogrefe, der in der Bremer NSDAP Ortsgruppenleiter und bei der Machtübernahme Präsident der Arbeiterkammer wurde, mußte diese Ämter 1934 (wegen öffentlicher Kritik am AOG) bzw. 1936 (Auflösung der Arbeiterkammer) aufgeben, blieb aber Pg mit diversen Kontakten zu unterschiedlichen Personen und Institutionen. Inf. A. Hogrefe; Erklärung [der KGF, d. V.] zum Fall des Kameraden Hogrefe, Mat. H. Lücke.

27 Inf. A. Ehlers, A. Hogrefe; vgl. Schwarzwälder, Bd. 2, S. 198 ff.
28 Geschichte der antifaschistischen Bewegung in Bremen, S. 11; Inf. A. Ehlers; Schwarzwälder, Bd. 2, S. 200 ff.
29 Geschichte der antifaschistischen Bewegung in Bremen, S. 12; Inf. A. Hogrefe.
30 Schwarzwälder, Bd. 3; Foreign Relations of the United States: The Conferences of Malta and Yalta 1945, Washington 1955, S. 212 ff., 639.
31 Senatsprotokolle, 17.5.1945; Functional History of Military Government 27 April 1945–30 June 1946, Bremen Enclave, Part I, S. 6, 13 ff., HQ USAREUR, Operations Divisions, Mil. Hist. Branch, Heidelberg.

zungstruppe) unterstanden verschiedenen Führungsstellen.[32] Zum »Regierenden Bürgermeister« ernannte die Militärregierung am 2. Mai 1945 nach dem Zwischenspiel des Bremer Polizeichefs Schroers Erich Vagts, den ehemaligen Fraktionsvorsitzenden der DNVP in der Bürgerschaft, der während des Dritten Reiches eine Reihe von Jahren Vertreter Bremens beim Reich gewesen war.[33] Er bildete zunächst eine Ersatzregierung aus leitenden Beamten.[34]

Die Bremer Innenstadt war bei Kriegsende ein einziges Trümmerfeld. Fast 50.000 Wohnungen – vor allem in Arbeiterbezirken – waren völlig, 15.500 schwer und 14.500 leicht zerstört.[35] Das bedeutete, daß 55 % der Wohnungen nicht bewohnbar waren. Zwar hatte sich die Bevölkerung der Stadt im Krieg um ca. ein Drittel auf weniger als 300.000 vermindert[36], sie begann aber schon kurz nach der Besetzung durch die Rückkehr von Evakuierten und Kriegsheimkehrern und durch die Ansiedlung ostdeutscher Flüchtlinge und Vertriebener wieder anzuwachsen. Nach einer Erhebung des Wohnungsamtes vom Frühsommer 1945 stand für zwei Personen durchschnittlich nur ein Wohnraum zur Verfügung.[37] (Beschlagnahmungen der Besatzer verschärften die Wohnungsnot.[38]) Alle Elektrizitätswerke, die Gaswerke, das Wasserwerk und die Weserbrücken waren zerstört, die Kanalisation und die Pumpwerke beschädigt. 9/10 der gesamten Schuppen- und Speicherfläche der bremischen Häfen waren zerstört. Im Hafenbecken und im Fahrwasser der Weser oberhalb und unterhalb des Hafens lagen über 200 Schiffswracks.[39] Erst im September 1945 konnte das erste Handelsschiff Bremen-Stadt anlaufen.[40] Da jedoch die US Army die Bremer Häfen neben Bremerhaven für ihren Nachschub benötigte, entwickelte sich der Warenumschlag trotz der Zerstörungen relativ schnell.

Da die meisten Großbetriebe für die Rüstung gearbeitet hatten, ergaben sich nach der Besetzung Umstellungsprobleme verschiedener Art. Neben Aufräumungs- und Reparaturarbeiten, mit denen im Juni 1945 ca. die Hälfte der in der Industrie Tätigen beschäftigt war[41], begannen im Mai die ersten Betriebe mit der Herstellung und Repa-

---

32 Functional History of Military Government in the Bremen Enclave. 10 Dec. 1945–31 Jan. 1946, Part I, S. 3 ff.
33 Peters, S. 288 f.; Functional History 1945/46 (s. Anm. 31), S. 6 f., 54, 57 f.; Dorn, S. 41 f.; Brandt, S. 71, 329 f. (Anm. 36).
34 Senatsprotokolle, 7.5.; Dorn, S. 40 (Anm. 67).
35 Bericht der Bauverwaltung, 10.9.1945, StA Bremen, 3-S Ia Nr. 374.
36 Ebd.
37 Bericht des Wohnungsamtes, o. D., IML/ZPA V 20/16/1.
38 Bis September 1946 mußten 10.000–12.000 Deutsche ihre guterhaltenen Wohnungen räumen. Bericht der Bauverwaltung, 10.9.1946, StA Bremen, 3-S Ia Nr. 374; Verhandlungen der Bremischen Bürgerschaft, 4.7.1946, S. 85.
39 Verhandlungen der Bremischen Bürgerschaft, 15.8.1946, S. 169; H. Apelt: Bremens Häfen, Schiffahrt und Verkehr, in: H. Meyer (Hrsg.): Schaffendes Bremen, Bremen 1960, S. 109 f.
40 Ebd., S. 111.
41 Weser-Kurier, Weihnachten 1945, S. 4.

ratur von Gebrauchsgegenständen.[42] Die 192 Betriebe mit mehr als 10 Belegschaftsmitgliedern, die bis dahin eine Produktionsgenehmigung erhalten hatten, beschäftigten Ende Juli nicht mehr als 10.000 Beschäftigte.[43] Einen Monat später arbeiteten ca. 14.300 Bremer in der Industrie, 8.000 im Handwerk, je 11.000 in Handel und Verkehr und in öffentlichen oder privaten Diensten, 12.000 Personen waren unmittelbar bei der Militärregierung beschäftigt. Die über 5.000 übrigen Beschäftigten waren in der Haus- und Landwirtschaft tätig.[44] Neben dem kriegsbedingten Anwachsen des Anteils der nicht erwerbsfähigen Bevölkerung (Rentner, Versehrte, Kranke)[45] und der zunächst noch hohen Arbeitslosigkeit[46] bot der Arbeitsmarkt ein gespaltenes Bild: Dem akuten Arbeitskräftemangel für bestimmte Berufe (z. B. Baufacharbeiter)[47] standen viele Scheinarbeitsverhältnisse gegenüber, bei denen die Betroffenen nur einen Teil der Woche im Betrieb arbeiteten und die restliche Zeit mit Tauschgeschäften, Kleingartenbestellung etc. zubrachten.[48] Den Unternehmen war die Arbeitskräftehortung unter den Bedingungen der »zurückgestauten Inflation«, d. h. der »Geldfülle«, möglich.

Organisation und Programmatik der KGF

Am 29. April 1945 – das Ausgehverbot war erstmals auch für Männer für einige Stunden aufgehoben – traf sich in Sebaldsbrück der Kern der Bremer Illegalen zu einer Lagebesprechung.[49] Am selben Tag nahmen Adolf Ehlers, ehemals führender Funktionär der Bremer KPO und SAP, und Hermann Wolters (KPD) Kontakt zu den Briten auf, denen sie einen Tag darauf einen als »Sofortprogramm der Werktätigen« bezeichneten Forderungskatalog zusandten. In einem Begleitschreiben erklärten sie die Bereitschaft der Antifaschisten zur Zusammenarbeit mit den Besatzungsbehörden.[50] Am 3. Mai konstituierten sich 23 Vertreter ehemaliger Arbeiterorganisationen offiziell als »Kampfgemeinschaft gegen den Faschismus«. Ein gewählter zehnköpfiger Vorstand, der sich ausschließlich aus Sozialisten zusammensetzte, kooptierte in den folgenden Tagen einen weiteren ehemaligen Arbeiterfunktionär. Schließlich wurde auf Wunsch

---

42 Atlas-Werke an MR, 20.6.1945, Archiv der Handelskammer Bremen, 20 000; Aufbau Nr. 7 (Organ der KGF), S. 9.
43 Siehe die Listen der Industriebetriebe, die ihre Fertigung wiederaufgenommen hatten, im Archiv der Handelskammer Bremen, 20 000.
44 Handelskammer an Senator für Wirtschaft, 28.8.1945, Anlage 2, StA Bremen, 3-B 10d Nr. 100/5.
45 Stat. Landesamt Bremen (Hrsg.): Die Volks- und Berufszählung am 29. 10. 1946 im Lande Bremen, Sonderheft 2 der Stat. Mittlgg. aus Bremen, S. 59; Stat. Mittlgg. 1948, H. 1/3, S. 7.
46 Im August 1945 waren nach dem Schreiben der Handelskammer an den Senator für Wirtschaft, 28.8.1945, Anlage 2, StA Bremen, 3-B 10d Nr. 100/5, ca. 36.000 Bremer ohne Arbeit.
47 Brandt, S. 89.
48 Ebd., S. 83.
49 Zur Geschichte der Bremer Gruppe Arbeiterpolitik, Mskr., S. II/1. (Dort fälschlich 27.4.).
50 Ehlers/Wolters/Buckendahl an MR, 30.4.1945, Mat. H. Lücke.

der Amerikaner der vor 1933 parteilose Studienrat und Privatgelehrte für Indologie, Dr. Nawrath, hinzugezogen, der das repräsentative Amt des »Präsidenten« übertragen bekam, aber politisch nicht nennenswert hervortrat.[51] Abgesehen von Nawrath gaben die Vorstandsmitglieder folgende Berufszugehörigkeit an: 1 Dreher, 2 Schlosser, 1 Isolierer, 1 Schriftsetzer, 3 kaufmännische Angestellte (davon 2 frühere Arbeiter), 1 Vermessungsbeamter, 1 Gewerbeoberlehrer, 1 Hausfrau. Drei Vorstandsmitglieder kamen aus der SAP, eines aus der Rest-KPO, zwei aus dem ISK, zwei aus der KPD (von denen eines später durch einen in der KPO organisierten Malermeister ersetzt wurde) und drei aus der SPD (von denen eines als Mitglied der Deutschen Friedensgesellschaft dem pazifistischen Flügel der Partei angehört hatte).[52] Es ist also eine gewisse Dominanz der Linkssozialisten und oppositionellen Kommunisten in der KGF-Spitze feststellbar. Ein »Vorläufiges Organisationsstatut« der KGF räumte dem Vorstand umfangreiche Befugnisse ein, ohne daß seine Bestätigung durch eine Wahl vorgesehen war.[53]

Nach seiner Konstituierung ging der Vorstand daran, die Verbindung zu den Stadtteilen und Betrieben herzustellen. Ein erstes Rundschreiben an »alle Ortsgruppen« setzte die Bremer Antifaschisten von der Existenz der Organisation in Kenntnis. »Die Kampfgemeinschaft gegen den Faschismus ist eine politische Zweckorganisation, die in ihrem Rahmen bereits Vorarbeiten zu leisten hat für Organisationen, die im Lauf der Zeit von den anglo-amerikanischen Besatzungsbehörden wieder zugelassen werden (Parteien, Gewerkschaften usw.). Das bedeutet nicht, daß die Kampfgemeinschaft nur eine Zusammenfassung aller Antifaschisten für eine beschränkte Zeit ist, sondern sie wird als *Dachorganisation* aller *Antifaschisten* und der neu erstehenden Organisation *von langer Dauer sein.*«[54] Die Bremer Antifaschisten wurden aufgefordert, in »allen Stadtteilen bzw. Bezirken der Stadt und des Landgebietes [...] Ortsgruppen oder Bezirksstellen«[55] zu schaffen. Die ersten Gründungsversammlungen – zum Teil von Vorstandsmitgliedern initiiert – hatten bereits vor der Versendung des Rundschreibens stattgefunden. Entsprechend der Mahnung des Vorstandes hatten sich zunächst nur bekannte Antifaschisten getroffen: in Hemelingen am 5. Mai 15 Sozialdemokraten und 6 Kommunisten, in Sebaldsbrück am 6. Mai 21 Sozialdemokraten, 27 Kommunisten, 4 ehemalige SAP-Mitglieder und 3 Parteilose, in Hastedt am 8. Mai 18 Sozialdemokraten, 31 Kommunisten und 19 Parteilose.[56]

---

51 Sitzungsprotokoll faksimiliert in: Antifaschistischer Widerstand, S. 91; Inf. A. Ehlers, A. Hogrefe; H. Wolters. Erste Erwähnung Nawraths im Vorstandsprotokoll vom 14.5.1945, Mat. A. Ehlers.
52 KGF an MR, 27.5.1945, Mat. H. Lücke; Inf. A. Ehlers, Frida u. Fritz Paul.
53 In: Aufbau Nr. 1, 6.5.1945.
54 KGF: An alle Ortsgruppen, Mai 1945, S. 1 f., Mat. A. Ehlers.
55 Ebd., S. 4.
56 Protokolle im Mat. A. Ehlers.

6 Die Kampfgemeinschaft gegen den Faschismus (KGF) in Bremen

Unterhalb der Ortsgruppen-Ebene sollten die Antifaschisten »Straßengemeinschaften« bilden zur »Wahrung des organisatorischen Zusammenhalts der Mitglieder, solange die KGF nicht legalisiert ist«, die wöchentliche »Diskussions- und Leseabende« abhalten sollten.[57] In den Straßengemeinschaften sah die KGF »Zellen des öffentlichen Lebens« und »Garanten gegen die Gefahr einer neuen Bürokratie«. Vor ihrer Auflösung mahnte die KGF vergeblich zur Fortführung der überparteilichen »Ausspracheabende«[58].

Nach ihren eigenen Angaben, die in Hinsicht auf die Legitimierung der Organisation gegenüber der Besatzungsmacht vermutlich übertrieben waren, zählte die KGF im engeren Stadtgebiet schon zwei Wochen nach ihrer Gründung 14 Ortsgruppen mit 4.265 Mitgliedern[59]:

Oslebshausen	100	Osterholz-Tenever	85
Gröpelingen	1.500	Hemelingen	80
Walle	500	Findorff	110
Schwachhausen	120	Neustadt	320
Hastedt	500	Buntentor	180
Sebaldsbrück	350	Woltmershausen	75
Ostertor	165	Westliche Vorstadt	180

Außerdem bestanden 14 Ortsgruppen am Stadtrand und in der Enklave mit angeblich weiteren 2.230 Mitgliedern.

Delmenhorst	170	Lilienthal	30
Huchting	60	Ihlpol	20
Habenhausen	35	Ritterhude	115
Baden	45	Vegesack	350
Verden	135	Blumenthal	170
Achim	145	Grohn	70
Oberneuland	35	Bremerhaven	
		Wesermünde	850

Danach hatte die KGF Mitte Mai 6.495 Mitglieder. Im Laufe des Frühjahrs und Sommers bildeten sich weitere Stadtteil- und Ortsgruppen.[60] Außer einer einwand-

---

57 Rundschreiben Nr. 7, Mat. A. Ehlers.
58 Der zukünftige Weg, in: Aufbau Nr. 10, November 1945.
59 Geschichte der antifaschistischen Bewegung in Bremen, S. 12 f.
60 Rundschreiben Nr. 10, 2.7.1945, Mat. H. Lücke.

freien politischen Vergangenheit (im Sinne der KGF) war die Mitgliedschaft an keine Bedingungen geknüpft.[61] Aktiv war nur eine Minderheit.[62] Bis zur Auflösung der Organisation wurden etwa 5.000 Mitgliedsausweise ausgestellt.[63] Von diesen 5.000 Mitgliedern hatten 3.100 vor 1933 einer Arbeiterpartei angehört, während die restlichen 1.900 als »Bürgerliche« verzeichnet wurden.[64] Eine solche Zählung war indessen soziologisch wenig aussagekräftig, nach der alle diejenigen als »Bürgerliche« galten, die vor 1933 keiner Arbeiterorganisation angehört hatten, selbst wenn sie Arbeiter oder untere Angestellte waren.[65] Dennoch mag besonders der Anteil der Intellektuellen relativ hoch gewesen sein. Auch eine Gruppe von ca. 50 liberalen Kaufleuten, die »Hanseatische Aufbaugemeinschaft«, suchte die Zusammenarbeit mit der KGF.[66] Ihrer Tradition und ihrer Zusammensetzung nach blieb die Kampfgemeinschaft jedoch eine Organisation der Arbeiterbewegung, der es teilweise gelang, auch Angehörige der Zwischenschichten und des Bürgertums zu integrieren.

Während im Vorstand der KGF die Angehörigen der unabhängigen Linksgruppen überwogen, wurde das untere Funktionärskorps mehrheitlich von Kommunisten gestellt. Von den Delegierten und Gästen, die sich bei der Bezirkskonferenz der KGF am 27. Juli 1945 in Anwesenheitslisten eingetragen hatten, gaben 102 ihre frühere Parteizugehörigkeit mit KPD, 45 mit SPD, 8 mit SAP, 3 mit ISK und 1 mit KPO an. 26 Anwesende bezeichneten sich als parteilos.[67] Wie das zahlenmäßige Verhältnis zwischen den verschiedenen sozialistischen Richtungen in der Gesamtmitgliedschaft beschaffen war, kann nur vermutet werden. Verschiedene Indizien – die erwähnten Zahlen der Gründungsversammlungen in Hemelingen, Sebaldsbrück und Hastedt und die, wenn auch meist formale, Mitgliedschaft fast aller bekannten Sozialdemokraten in der KGF[68] – deuten darauf hin, daß der sozialdemokratische Anteil insgesamt größer war, aber diese Mitglieder weniger zum aktiven Einsatz für die Antifa neigten.[69]

Das Statut und das leicht überarbeitete Sofortprogramm der KGF waren am 6. Mai 1945 als Nr. 1 des »Aufbau. (Organ der Kampfgemeinschaft gegen den Faschismus)« in Umlauf gebracht worden. Das »Sofortprogramm« war das Ergebnis von Diskussionen zwischen den verschiedenen politischen Tendenzen im Lager der Antinazis. Es war darauf zugeschnitten, die wiederentstehende Arbeiterbewegung über

---

61 Brandt, S. 111.
62 Ebd., S. 111 f., 344 (Anm. 32).
63 Geschichte der antifaschistischen Bewegung in Bremen, S. 13.
64 Ebd.
65 Siehe ebd.; vgl. Inf. A. Ehlers.
66 Protokoll der KGF-Vorstandssitzung vom 5.6.1945, Mat. H. Lücke; Inf. A. Ehlers; Geschichte der antifaschistischen Bewegung in Bremen, S. 15.
67 Protokoll (Rundschr. Nr. 12) und Anwesenheitsliste im Mat. H. Lücke.
68 So gehörten alle drei sozialdemokratischen Senatoren (Kaisen, Paulmann, Theil) der KGF an. Dep. of State, Office of Research and Intelligence No. 3 200: The Revival of Political Life in Germany, S. 64, 68; KGF-Rundschreiben Nr. 12, Mat. H. Lücke.
69 Siehe Anm. 67.

unmittelbar (wie man hoffte: mit Hilfe der Militärregierung) realisierbare Forderungen unter Einbeziehung möglichst großer Teile der Zwischenschichten zu einigen und zu mobilisieren. Der erste Teil des Programms beinhaltete die Säuberung des Staatsapparates und die Wiederherstellung demokratischer Grundrechte; die übrigen Teile verlangten die Wiedererrichtung von Betriebsräten und Gewerkschaften, die Beschlagnahmung der Wohnungen der NS-Funktionäre und verschiedene soziale Maßnahmen, die sich aus der konkreten Notsituation ergaben wie die sofortige Instandsetzung der Gas-, Wasser- und Stromversorgung und die schnellstmögliche Reparatur und Inbetriebsetzung der öffentlichen Verkehrsmittel durch den Einsatz aller erforderlichen Arbeitskräfte, die Ausschaltung des Zwischenhandels und zentrale Lebensmittelbewirtschaftung durch Konsumgenossenschaften, die von Kontrollausschüssen der Arbeiter und Angestellten zu überwachen sei.

Im Unterschied zu den meisten anderen Antifas liegen seitens der KGF durch den »Aufbau« eine Reihe programmatischer Äußerungen vor, die die Rekonstruktion ihres politischen Konzepts erleichtern. Die Beseitigung des für beide Weltkriege verantwortlichen Monopolkapitals und Großgrundbesitzes sei »Voraussetzung für eine wirklich stabile Demokratie«. Zur Verwirklichung dieses Ziels sei eine »breite kämpferische Volksfront« aller Werktätigen und Menschen guten Willens anzustreben.[70] Die im »Aufbau« propagierten wirtschaftspolitischen Vorstellungen waren zwiespältigen Charakters. Einerseits wurde die Privatinitiative ermutigt[71], andererseits die Erweiterung staatlicher Wirtschaftsplanung und -kontrolle über den Handel (zur Unterbindung von Schwarzmarkt- und Kompensationsgeschäften) gefordert. Vor allem wurde nachdrücklich »ein weitestgehendes Mitbestimmungs- und Kontrollrecht auf Produktionsgestaltung und Preisbildung« durch die wiederzuerrichtenden »Organe des schaffenden Volkes« (Gewerkschaften und Genossenschaften) verlangt.[72] Oberflächlich betrachtet mag es scheinen, als habe die KGF hier die gleiche Strategie befürwortet, wie das ZK der KPD mit seinem Aufruf vom 11. Juni. Beim Vergleich mit anderen »Aufbau«-Artikeln und mit einem internen Diskussionspapier des alten SAP-/KPO-Kreises über die »Perspektiven des Sozialismus«[73] drängt sich jedoch die Interpretation auf, daß es sich bei der volksdemokratischen Diktion eher um ein terminologisches Zugeständnis der linkssozialistischen Tendenz an die sozialdemokratischen und kommunistischen Bundesgenossen und an die Besatzungsmacht handelte. Weitgehend einig war man sich mit der Berliner KPD-Führung über das Gewicht der Siegermächte und über die verheerenden Konsequenzen des Nationalsozialismus für die aktuelle Fähigkeit der Arbeiterklasse, die Macht zu ergreifen und den Kapitalismus zu stürzen. Während die KPD jedoch dazu neigte, aus der *Unmöglichkeit* der sozialisti-

---

70 Was bedeutet uns Demokratie, in: Aufbau Nr. 6, Juli 1945.
71 Der Wiederaufbau und seine Voraussetzungen, in: Aufbau Nr. 7, August 1945.
72 Ebd.
73 Mat. A. Hogrefe.

schen Revolution die *Möglichkeit* einer nachholenden bürgerlich-demokratischen Revolution zu schließen, zeigen die sehr vorsichtigen Formulierungen der KGF deutlicher das Bestreben, wieder Elemente von sozialistischem Bewußtsein unter der Arbeiterschaft zu verbreiten. Nicht zuletzt lehnte die KGF die Kollektivschuldthese, die ideologische Rechtfertigung der von der KPD praktizierten vollständigen Unterordnung unter die Besatzungsmächte, entschieden ab.[74] Nach der Niederschlagung des Faschismus durch die Alliierten könne dessen Ideologie »nur von den deutschen Antifaschisten ausgemerzt werden«. Erst die richtigen Methoden der Anwendung der Demokratie« verliehe den »demokratischen Formen« dabei ihre Schlagkraft. »Offensichtlichen Feinden der Demokratie und damit allen offenen und verkappten Nazisten, allen Kapitalisten und Bürokraten, die ihre ökonomische oder sonstige Machtstellung ausnutzen, um sich selbst Vorteile auf Kosten der übrigen Bevölkerung zu verschaffen, müssen die demokratischen Bürgerrechte verweigert werden.«[75] Die politischen Artikel im »Aufbau«[76] waren freilich in keiner Weise verbindlich. Sie sind lediglich ein Indiz dafür, auf welche Weise der Führungskreis der KGF den Graben zwischen der objektiven und subjektiven Situation der Werktätigen (siehe Kap. III) und dem langfristigen sozialistischen Ziel zu überbrücken versuchte. Eine systematische politisch-programmatische Diskussion auf breiter Ebene gab es nicht. Als vordringlich galten unmittelbare Maßnahmen gegen die Nationalsozialisten.

Die Tätigkeit der KGF

Die militärischen Operationen im Bremer Raum waren noch nicht vollständig beendet, als sich die in Bremen einrückenden Truppen antifaschistischen Aktionen gegenübersahen. Leitende Beamte klagten im Senat über Wohnungsbeschlagnahmungen durch die »sogenannte Antifaschistische Bewegung«, vor allem in der westlichen Vorstadt, die »auch in sonstiger Weise die Außenstellen des Ernährungs- und Wirtschaftsamtes terrorisiere«[77].

Der von Vagts informierte Leiter der amerikanischen MR, Oberst Welker, ordnete an, daß die deutsche Polizei ggf. eingreifen sollte, um ungesetzliches Vorgehen zu verhindern.[78] Das Eingreifen der Amerikaner veranlaßte die KGF am 14. Mai zu einem zweiten Rundschreiben, in dem sie alle Ortsgruppenleitungen bat, »ihren ganzen Einfluß geltend zu machen, daß die eigenmächtigen Handlungen sowohl von Mitgliedern

---

74 Ist das ganze deutsche Volk schuld?, in: Aufbau Nr. 4, Juli 1945.
75 Ebd.; siehe Anm. 70.
76 Abgesehen von Nr. 1 (Sofortprogramm) und Nr. 11 (Referate der Abschlußkonferenz), enthielten fünf der neun Ausgaben politisch-programmatische Beiträge.
77 Senatsprotokolle, 11.5., 14.5.1945.
78 Senatsprotokolle, 12.5.1945; Functional History 1945/46 (s. Anm. 31), S. 279 f.; KGF-Vorstandsprotokoll, 16.5.1945, Mat. H. Lücke.

der KGF als auch von anderen Teilen der Bevölkerung unterbleiben«[79]. In der Tat scheinen sich Vorfälle dieser Art danach nicht mehr ereignet zu haben.

In der Übergangszeit bis zum vollständigen Abzug der Briten hatten die Antifaschisten aus dem Kompetenzendschungel, aus fehlenden Richtlinien usw. einige Vorteile gezogen. Sie hatten Gebäude der DAF und andere Räume beschlagnahmt und eine organisatorische Struktur geschaffen.[80] Um den 20. Mai wurden alle Geschäftsräume der KGF, auch wenn sie sich in Privatwohnungen befanden, von der deutschen Polizei beschlagnahmt und versiegelt. Versammlungen mit mehr als sechs Personen mußten von Bürgermeister Vagts genehmigt werden.[81] Gouverneur Welker erklärte der KGF jedoch ausdrücklich, daß er eine formelle Auflösung nicht wünsche. Nur nach außen solle sie nicht in Erscheinung treten.[82]

Prof. Walter Dorn, Berater General Clays und dem MR-Detachment E2C2 für die Vorbereitung der Senatsbildung attachiert, strebte eine Integration der KGF-Antifaschisten in die Verwaltung an, da er deren Hilfe bei der Entnazifizierung, beim materiellen und politischen Wiederaufbau für unentbehrlich hielt und offene Auseinandersetzungen zwischen den verschiedensten politischen Lagern gerade im Nachschubhafen Bremen vermieden werden sollten. Dorn suchte die KGF von ihrem Programm und ihrer angeblich einseitig sozialistischen Politik abzubringen.[83] Welker, Dorn gegenüber nicht weisungsgebunden, deckte Vagts und dessen konservative Politik.[84] Daß die KGF nach den Repressionsmaßnahmen der ersten Wochen – es kam, abgesehen von den erwähnten Beschränkungen, zu Hausdurchsuchungen und zur vorübergehenden Verhaftung zweier Vorstandsmitglieder[85] – ungestörter arbeiten konnte, verdankte sie nicht zuletzt einigen sympathisierenden Angehörigen der Besatzungsmacht, zu denen neben dem Arbeitsoffizier Major Marshall vor allem der OSS-Mitarbeiter Paul Sweezy und der für das Pressewesen zuständige Leutnant Rosenberg – beide nicht dem Detachment E2C2 unterstellt – gehörten.[86]

Neben Bürgermeister Vagts waren drei verschiedene Gruppierungen in Bezug auf die Senatsbildung tätig geworden: eine bürgerliche Fraktion, die die Traditionen des bremischen Liberalismus verkörperte, Sozialdemokraten wie Kaisen und Theil, die, obgleich Mitglieder der KGF – Theil sogar im Vorstand –, eine andere politische Richtung als die KGF vertraten, und die KGF selbst. Um die Heranziehung aller drei Grup-

---

79 KGF-Rundschreiben Nr. 2, 14.5.1945, Mat. Ehlers.
80 Inf. A. Ehlers, H. Wolters; Geschichte der antifaschistischen Bewegung in Bremen, S. 13.
81 Ebd.; Reg. Bm. an KGF, 23.5.1945, StA Bremen, 3-R 1 m Nr. 23; KGF-Rundschreiben Nr. 4, 22.5.1945, Mat. A. Ehlers.
82 KGF-Vorstandsprotokoll, 4.6.1945, Mat. H. Lücke.
83 KGF-Vorstandsprotokoll, 18.5.1945, Mat. H. Lücke.
84 StA Bremen, 3-R 1 m Nr. 117/3, 2.6.1945; Tagebuch Spitta, 24.7., 31.7.1945, IfZ, ED 125; Inf. E. Vagts.
85 Inf. Frida u. Fritz Paul.
86 Inf. A. Ehlers, H. Wolters; vgl. P. Sweezy: The Present as History, New York 1953, S. 248 f.

pierungen bemühte sich Prof. Dorn.[87] Die KGF bot in einem Schreiben an die MR vom 8. Mai 1945 ihre Mitarbeit an, drückte aber ihr Unverständnis über die Ernennung Vagts' aus.[88] In den folgenden Verhandlungen forderte die KGF für sich die Zuständigkeit für das Polizeiwesen, das Wohnungsamt und das Arbeitsamt.[89] Die Aussicht, mit dem von der KGF nominierten Wolters (KPD) zusammenarbeiten zu müssen, löste bei der bürgerlichen Fraktion Entsetzen aus.[90] Nur die Angst vor den Folgen eines solchen Schrittes hielt die Altliberalen Apelt und Spitta davor zurück, die Mitarbeit abzulehnen. In diesem Fall drohe »die Herrschaft der Antifaschisten-Liga, die eine Tarnung bolschewistischer Elemente ist«[91]. Angesichts dessen setzte sich Vagts mit seinem Vorschlag durch, wichtige Fragen unter den bürgerlichen Senatsmitgliedern vorzuklären und im Übrigen auf die diktatorischen Machtbefugnisse des »Regierenden Bürgermeisters« zu setzen.[92] Die Verweigerung der Betreuung Wolters' mit dem Polizeiressort entsprach jedoch nicht allein der ablehnenden Haltung von Bürgermeister Vagts, sondern vor allem dem Mißtrauen der MR gegenüber einer linksgerichteten Antifa-Organisation. Intern wurde gerade die Beauftragung Wolters' mit dem Ressort »Ernährung und Arbeitseinsatz«, mit dem die Organisierung deutscher Arbeitskräfte zur Verladung des amerikanischen Nachschubs verbunden war, als raffiniertes Manöver gerechtfertigt, um den als gefährlich angesehenen Wolters von politischen Aktivitäten fernzuhalten und die radikale Linke – so hoffte man – dadurch ihres Führers zu berauben.[93] Die Zusammensetzung des am 6. Juni ernannten Senats bot nach früherer Parteizugehörigkeit folgendes Bild: 1 DNVP, 1 parteilos, 1 DVP, 1 DDP, 3 SPD, 1 KPD. Dazu kamen vier bürgerliche halbamtliche Senatoren.[94] Im August trat mit Adolf Ehlers (seit 1944 wieder KPD) als Senator für das Wohlfahrtswesen ein weiteres führendes Mitglied der KGF in den Senat ein.[95] Die Integration mindestens eines Teils der KGF-Führung in die bremische Verwaltung wurde insbesondere durch die Rolle Wilhelm Kaisens erleichtert, der einerseits die Tradition der Bremer sozialdemokratisch-bürgerlichen Koalitionspolitik verkörperte, andererseits aber selbst der KGF angehörte. Er

---

87 KGF-Vorstandssitzung, 14.5.1945, Mat. H. Lücke; Ch. Paulmann: Die Sozialdemokratie in Bremen 1864–1964, Bremen 1964, S. 154; Tagebuch Spitta, 14.5.1945; vgl. L. Niethammer (Hrsg.): W. L. Dorn: Inspektionsreisen in der US-Zone, Stuttgart 1973, S. 39 ff.
88 KGF an MR, 8.5.1945, Mat. H. Lücke.
89 Tagebuch Spitta, 23.5.1945; vgl. auch KGF an Dorn, 25.5.1945, Mat. A. Ehlers.
90 Tagebuch Spitta, 14.5., 30.5.1945. Die Existenz dieser »Fraktion« geht eindeutig aus dem Tagebuch Spittas hervor.
91 Ebd., 14.5.1945.
92 Ebd. — Zu den Befugnissen des Bürgermeisters: Decree Concerning the Appointment of the Senate for the Free Hanseatic Town of Bremen, 4.6.1945, StA Bremen, 3-S 1 a Nr. 363; Entscheidung des Col. Welker, 2.6.1945, StA Bremen, 3-R 1 m Nr. 117/3; Prot. einer Besprechung bei Major Bechtel, 8.6.1945, StA Bremen, 3-S 1a Nr. 364; Ermächtigung Vagts' durch Welker, 22.6.1945, ebd.
93 Functional History 1945/46 (s. Anm. 31), S. 279 f.
94 Decree (s. Anm. 92); Weser-Bote, 23.6.1945, S. 2.
95 Senatsprotokolle, 17.8.1945.

stellte durch seine Person die Verbindung zwischen den bürgerlichen Liberalen und den antifaschistischen Arbeiterfunktionären her und bot sich u. a. daher nach der Absetzung Vagts' am 31. Juli 1945 als dessen Nachfolger an.[96]

Trotz engen Spielraums blieb die KGF auf keinem dieser Gebiete ganz erfolglos. Auf dem Wohnungssektor leitete die KGF-Zentrale kurz nach der Besetzung Verhandlungen mit dem Quartier- und Wohnungsamt ein, das seit Anfang Mai unter der Leitung des KGF-Vorstandsmitglieds Heinrich Gotthard (SPD) stand. Ende Mai 1945 wurde in einem Rundschreiben als Ergebnis dieser Verhandlungen mitgeteilt, daß jede Ortsgruppe der KGF einen »Vertrauensmann für die Bezirksstellen« bestimmen sollte. Die Hauptaufgabe dieser Vertrauensleute bestünde darin, »die Beschlagnahme freistehender Wohnungen und nicht voll ausgenutzter Räume zu veranlassen und die Einweisung von obdachlosen antifaschistischen Volksgenossen vornehmen zu lassen«[97]. An der Spitze des Wohnungsamtes hatte die KGF ebenfalls einen Ausschuß gebildet, der die Arbeit der einzelnen Vertrauensleute in den Bezirksstellen anleitete.[98] Als Senator Ehlers im September 1945 auch das Wohnungsamt unterstellt bekam, konnte er die Ad-hoc-Kommissare der KGF als ordentliche Leiter der Bezirksstellen des Wohnungsamtes bestätigen.[99] Die alte Bürokratie, soweit sie noch im Amt war, scheint unter dem Druck der in einigen Bereichen von den zuständigen US-Offizieren betriebenen radikalen Entnazifizierung[100] völlig eingeschüchtert gewesen zu sein. Sie soll alle Vorschläge der KGF widerstandslos akzeptiert haben.[101]

Die Aktionen der KGF bewegten sich in den ersten Wochen im halblegalen Bereich. Am 10. Juli 1945 erließ der Regierende Bürgermeister Vagts endlich Richtlinien, die den Maßnahmen gegen führende Nationalsozialisten eine juristische Grundlage verschafften. Die Räumungsmaßnahmen sollten sich nur gegen höhere Funktionäre, Gestapo-Angehörige und Aktivisten richten. Für diese Kategorie wurde ausdrücklich festgelegt, daß sie unter schlechteren Wohnbedingungen als die übrige Bevölkerung leben sollte.[102] Die Unterbringung ehemaliger KZ-Insassen und Zuchthäusler geschah überwiegend in Wohnungen, die Nationalsozialisten gehörten. Dabei wurden den betreffenden Nationalsozialisten mehrere Zimmer oder sogar die ganze Wohnung entzogen.[103] Ein wirklich »gerechter« Ausgleich hätte vor allem die wohlhabenden Vier-

---

96 Ebd., 3.8.1945. – Die bürgerlichen Senatoren Apelt und Spitta setzten in »Kaisens Persönlichkeit größtes Vertrauen. Die Frage ist nur: kann er dem Druck von links [...] standhalten.« Tagebuch Spitta, 1.8.1945.
97 KGF-Rundschreiben Nr. 5, 23.5.1945, Mat. A. Ehlers.
98 Inf. A. Ehlers.
99 Ebd.
100 Vor allem in der Bau- und Schulverwaltung. Senatsprotokolle, 6.7., 13.7., 5.10.1945; Tagebuch Spitta, 11.8.1945.
101 Inf. A. Ehlers.
102 Richtlinien über die Inanspruchnahme von Wohnraum führender Nationalsozialisten, 10.7.1945, StA Bremen, 3-W 11 Nr. 49b/96, Nr. 1.
103 Inf. A. Ehlers.

tel berücksichtigen müssen. Doch erwies sich eine solch tiefgreifende Veränderung der Wohnstruktur als machtpolitisch undurchführbar. Da sich die Tätigkeit der Ämter hauptsächlich im Rahmen der jeweiligen Bezirksstelle abspielte, mußten sich die alten Verhältnisse auf engerem Raum reproduzieren. Die Arbeiterviertel wurden schärfer erfaßt und ausgewertet als die bürgerlichen Wohngegenden. Gut erhaltene Häuser konnten nicht ausgelastet werden, weil die »geforderte Miete für die Wohnungssuchenden viel zu hoch« war.[104] Als die Requirierung mehrerer Häuserblocks durch die Amerikaner zu starker Empörung unter den Bremern führte, weil die Betroffenen durchweg als Antifaschisten galten, schlug die KGF in einer Eingabe an Vagts vor, die Evakuierten in einem anderen, von Nationalsozialisten bewohnten, Block unterzubringen, um »begangenes Unrecht wieder gutzumachen«[105]. Die Drohungen der KGF[106] fruchteten ebensowenig wie ihre erklärte Bereitschaft, an der Aktion mitzuwirken. Im Ganzen blieben also die Ergebnisse der KGF-Arbeit in den Wohnungsämtern bescheiden.

Noch schwieriger gestaltete sich die Arbeit im Arbeitsamt, das mit der Ernennung von Adolf Ehlers zu seinem Leiter Anfang Juni ebenfalls unter die Kontrolle der KGF geriet: Die Heranziehung von aktiven Beamten mit NSDAP-Mitgliedschaft zu Hafen- und Erdarbeiten führte im Juli zu einem Konflikt zwischen Wolters als zuständigem Senator und Vagts, der die entsprechende Anordnung Wolters' rückgängig machte.[107] Zudem war die Autorität des Arbeitsamtes bei den von Arbeitseinsätzen betroffenen Pgs nicht allzu groß. Ein großer Prozentsatz von ihnen leistete den Aufforderungen der Behörde nicht Folge.[108]

Den dritten Schwerpunkt der Tätigkeit der KGF bildete die Entnazifizierung, wobei sie der MR auf diesem Gebiet unentbehrliche Hilfsdienste leistete. Die KGF wies ihre Untergliederung an, straßenweise die Erfassung aller Aktivisten der NSDAP anzugehen: Dabei sollte zwischen Mitgliedern der NSDAP und denen, »die durch ihr Verhalten in der Vergangenheit sich als Denunzianten und Verfechter der ideellen Einschüchterung betätigt haben«, unterschieden werden.[109] Wichtige Unterlagen waren der KGF im Chaos des Umbruchs in die Hände gefallen: in erster Linie eine Liste sämtlicher NS-Spitzel in Bremer Betrieben.[110] Die angestrebte vollständige Erfassung der Nationalsozialisten gelang wohl nie. Ein Versuch der KGF, eine unter Heranzie-

---

104 Aufbau Nr. 7, August 1945, S. 7.
105 KGF an Reg. Bm., 10.7.1945, StA Bremen, 3-W 11 Nr. 49b/96, Nr. 2.
106 Ebd.: »Es dürfte wohl nicht im Interesse der hierfür zuständigen Stellen liegen, bei Nichtbeachtung der vorliegenden Beschwerde in den Verdacht zu kommen, daß sie gegen alles Antifaschistische nach wie vor eine feindliche, den Nazis gegenüber aber eine umso mehr freundliche Haltung bewahren.«
107 Senatsprotokolle, 10.7.1945; Tagebuch Spitta, 9., 10.7.1945.
108 Senatsprotokolle, 29.6.1945; KGF-Vorstandsprotokoll, 16.5.1945; Haider (Landesarbeitsamt) an Kaisen, 19.10.1945, StA Bremen, 3-A 18 Nr. 282.
109 KGF: An alle Ortsgruppen, Mai 1945, S. 3, Mat. A. Ehlers.

hung ihrer gesamten Mitgliedschaft als Hilfskräfte vom Arbeitsamt eingeleitete Fragebogenaktion zwecks Erfassung sämtlicher Arbeitskräfte zur gleichzeitigen Registrierung aller politisch Belasteten zu benutzen, mußte im August auf Anordnung der Besatzungsmacht – angeblich kurz vor ihrem Abschluß – abgebrochen werden. Die KGF hatte eigenmächtig auf der Rückseite der 70.000 gedruckten Fragebögen Fragen hinsichtlich der politischen Vergangenheit der Befragten hinzugefügt.[111]

Die KGF legte Wert darauf, nicht nur ihr Material der MR bedingungslos zu übergeben, sondern auch aktiv an der Verfolgung der Nationalsozialisten mitzuwirken. Hierzu wurde die quasi halbpolizeiliche »Abteilung Bruns« (i. e. Wolters) geschaffen, deren Mitglieder von den Besatzungsmächten Ausweise erhielten, die sie berechtigten, Wohnungen zu betreten, Verhöre durchzuführen und ggf. auch Verhaftungen vorzunehmen.[112] Die Verhafteten mußten jedoch in jedem Fall der MR übergeben werden, so daß die reale Bedeutung der Abteilung Bruns gering war. Zudem scheinen nicht nur integre Personen zu dieser »Abteilung« gehört zu haben. Außerdem geriet sie dadurch in Mißkredit, daß sich Außenstehende als Mitglieder ausgaben, um zur persönlichen Bereicherung Beschlagnahmungen durchzuführen.[113] Regelrechte Berufsverbrecher eröffneten eine »KZ-Betreuungsstelle« zur ausschließlichen Betreuung Krimineller, wobei sie anfänglich vom Senat aus Unkenntnis unterstützt wurden, bis diese Stelle von Antifaschisten geschlossen wurde.[114] Vorkommnisse dieser Art führten im Hochsommer 1945 zur Beendigung der Verfolgungstätigkeit der »Abteilung Bruns«, die jedoch als »Abteilung Beschwerde und Sichtung« weiterhin Anzeigen aus den Stadtteil- und Ortsgruppen der KGF bearbeitete.[115]

Die KGF und die Betriebsausschüsse

Die Wiedererrichtung betrieblicher Interessenvertretungen nahm die KGF durch die »Abteilung Betrieb und Gewerkschaft« in Angriff. Deren Tätigkeit war wesentlich dadurch erleichtert, daß Adolf Ehlers Anfang Juni 1945 zum Leiter des Arbeitsamtes ernannt wurde und so engste berufliche Kontakte zu den Betrieben hatte.[116] Ein erstes Rundschreiben der »Abteilung Betrieb und Gewerkschaft« an alle Stadtteilleitungen

---

110 Inf. A. Ehlers; KGF-Abteilung Betrieb und Gewerkschaft, Rundschreiben Nr. 1, 1.6.1945, S. 1, Mat. A. Ehlers.
111 KGF Bremen: An alle Distrikte, 27.7.1945, Mat. H. Lücke; Inf. G. Gumpert; Senatsprotokolle, 3.8.1945; Geschichte der antifaschistischen Bewegung in Bremen, S. 14.
112 Ebd., S. 12; Inf. A. Ehlers, G. Gumpert, H. Wolters.
113 Inf. G. Gumpert, A. Hogrefe, M. Meyer.
114 Inf. G. Gumpert, Frida u. Fritz Paul.
115 Diverse Anzeigen im Mat. H. Lücke, die, sofern KGF-intern, offenbar von drei Zeugen unterzeichnet werden sollten.
116 Inf. A. Ehlers.

und an alle in der Kampfgemeinschaft organisierten Betriebsarbeiter vom 1. Juni 1945 drückte deutlicher als andere Verlautbarungen der Organisation eine antikapitalistische Tendenz aus. Nach einer kritischen Darstellung der nationalsozialistischen Betriebsverfassung wurde festgestellt: »Wenn wir nun vor der Frage der Reinigung der Betriebe stehen und solcher Elemente, die für diese verbrecherische Politik tätig waren, so muß für uns in ganz eindeutiger Weise klar sein, daß die deutschen Monopolkapitalisten in vollem Umfange mitverantwortlich sind für das Aufkommen der Nationalsozialisten, daß sie als Geldgeber und Förderer dieser Bewegung die Eroberungspolitik des Faschismus nicht nur gebilligt haben, sondern dieser geradezu Geschäftsführer ihrer Interessen gewesen ist. Der Nationalsozialismus war nur die zugespitzteste, die gewaltsamste Form, um die Ansprüche des deutschen Monopolkapitals in der Welt zu vertreten. Er hat eine einseitig kapitalistische Interessenpolitik unter dem Deckmantel der sogenannten Volksgemeinschaft vertreten.« Der Kampf gegen die Unternehmer erschien somit als wesentlicher Bestandteil des Antifaschismus. Die KGF rief die »aktivsten Antifaschisten« zur sofortigen Bildung provisorischer Betriebsausschüsse auf, die ihre Anerkennung als vorläufige Betriebsräte durch die Betriebsleitung anstreben sollten. Ein von der KGF vorgeschlagener Forderungskatalog sah neben der umgehenden Entlassung des NS-Vertrauensrates der Auflösung des Werkschutzes und der Besetzung bestimmter Positionen (Pförtner, soziale Betreuung, Lehrlingsausbildung) durch »zuverlässige Antifaschisten« die Gewährleistung von Arbeitsmöglichkeiten des Betriebsausschusses vor (Zuweisung eines Raumes, Freistellungen von der Arbeit), der ein Vetorecht bei Einstellungen und Entlassungen verlangen sollte.[117] Dem Rundschreiben Nr. 1 der »Abteilung Betrieb und Gewerkschaft« war das Muster eines Aufrufs an die Belegschaften beigelegt, der nach »Käuflichkeit und Korruption, Unkameradschaftlichkeit und Gesinnungslumperei« in den Betrieben während der NS-Zeit zu gegenseitigem Vertrauen und Solidarität aufforderte.[118]

Bevor das Rundschreiben der KGF seine Leser erreichte, waren ehemalige Arbeiterfunktionäre bereits in mehreren Betrieben von sich aus darangegangen, die Initiative zur Bildung von Betriebsausschüssen zu ergreifen. In den Atlas-Werken hatte sich in der zweiten Maihälfte aus Sozialdemokraten und Kommunisten ein Vertrauensleutekörper gebildet, der nach Anerkennung durch die Betriebsleitung einen achtköpfigen provisorischen »Betriebsrat« wählte.[119] Auch auf der AG Weser hatten die Arbeiterkader unverzüglich begonnen, einen Betriebsausschuß einzurichten.[120] Den Ausschüssen bei Borgward und beim Reichsbahnausbesserungswerk Sebaldsbrück war die Durchsetzung wesentlicher KGF-Forderungen (s. o.) gelungen.[121] Die grundsätzliche Aner-

---

117 KGF-Abteilung Betrieb und Gewerkschaft, Rundschreiben Nr. 1, 1.6.1945, S. 4 f., Mat. A. Ehlers.
118 »Arbeitskollegen!« (Anlage zum Rundschreiben Nr. 1.)
119 Protokoll der Sitzung des Arbeiter- und Angestelltenrates der Atlas-Werke am 26.5.1945, Mat. Atlas.
120 IML/ZPAV 20/16/1.

kennung von Betriebsausschüssen war Mitte Juni außerdem in folgenden Betrieben durchgesetzt: Fahrzeug- und Gerätebau (vormals Focke-Wulff), Weserflug, Überlandwerke Hannover, Bremer Straßenbahn, Kraftwerke Farge, Wissenschaftliche Forschungsgesellschaft Farge, Bremer Vulkan (Werft) in Vegesack, Grohner Steingutfabrik, Tesch in Farge, Bremer Wollkämmerei in Blumenthal.[122]

Die Betriebsausschüsse konzentrierten sich auf unmittelbare Belange und entwickelten aus der konkreten Situation Mitbestimmungs- und Kontrollforderungen. Diese Forderungen erstreckten sich auf ein Mitspracherecht bei Einstellungen und Entlassungen, Einsicht in Produktionspläne (Atlas-Werke) und Festsetzung von Löhnen. So gelang es der Betriebsvertretung bei Borgward, eine geplante Senkung von Löhnen völlig zu verhindern. Hinsichtlich der Gehälter wurde eine progressive Belastung der höheren Einkommen vereinbart.[123] Leider stehen keine Unterlagen zur Verfügung, um zu einem umfassenden Bild der Entnazifizierungsanstrengungen der Bremer Betriebsausschüsse und deren Resultate zu gelangen. Der Betriebsrat der Atlas-Werke setzte Ende Juni die »Entlassung bzw. Degradierung der besonders durch Mißhandlungen und Angebereien belasteten Nazis«, durch.[124] Die Entlassung eines Meisters der Abteilung »Apparatebau«, der sich im Kriege der Teilnahme an der Kristallnacht gerühmt hatte, konnte nur durch die Arbeitsverweigerung der Arbeiter dieser Abteilung erzwungen werden.[125] Eine systematische Entnazifizierung war auch in den Atlas-Werken erst im Herbst 1945 vermittels des Gesetzes Nr. 8 möglich, das dem Betriebsrat die legale Grundlage lieferte, weitergehende Maßnahmen zu erzwingen.[126]

Nachdem am 2. Juni 1945 eine Vorbesprechung von Delegierten verschiedener Betriebe stattgefunden hatte[127], konstituierte sich am 17. Juni der »Zentralausschuß der Belegschaftsvertretungen der Bremer Enclave«. Vertreter aller bis dahin bestehenden 35 Betriebsausschüsse wählten ein siebenköpfiges Lenkungsgremium.[128] Dieser »Siebener-Ausschuß« verstand sich gleichzeitig als Organ der KGF. Dementsprechend hieß es in einem Papier des »Siebener-Ausschusses«: »Das erforderliche Vertrauen der Belegschaft genießen jene Kollegen, die in den Jahren der Hitlerherrschaft aufrecht und mannhaft ihrer proletarisch-revolutionären Überzeugung treu geblieben sind, in diesem Sinne unter der Belegschaft gewirkt und sich jetzt in der KGF zusammengefunden haben. Solange also eine Wahl noch nicht stattfinden kann, können daher Mitglieder einer Betriebsvertretung nur jene Kollegen sein, die von der KGF als solche

---

121 KGF-Abt. Betrieb u. Gew., Rundschr. Nr. 1, S. 3, Mat. A. Ehlers.
122 Inf. W. Eimers; KGF-Abt. Betrieb u. Gew., Rundschr. Nr. 2, 14.6.1945, S. 4, Mat. A. Ehlers.
123 Ebd., S. 3; Prot. Arbeiter- u. Angestelltenrat Atlas-Werke, 26.6.1945, Mat. Atlas.
124 Ebd.; vgl. Inf. F. Heinemann (Borgward), W. Eimers (Fahrzeug- und Gerätebau).
125 Aufbau Nr. 7, August 1945.
126 Brandt, S. 148, und die dazugehörigen Anm.
127 Resolution der Tagung im Mat. J. Reiners.
128 Prot. Arbeiter- u. Angestelltenrat Atlas-Werke, 19.6.1945, Mat. Atlas; Betriebe im Aufbau (KPD Bremen), DGB, Bestand Schneider (Box 1945/46).

anerkannt werden. Ob ein solches Anerkenntnis vorliegt, muß erforderlichenfalls vom Zentralausschuß der provisorischen Betriebsräte festgestellt werden.«[129]

Der finanzielle Zusammenbruch des Reiches hatte dazu geführt, daß viele Betriebe in akute Zahlungsschwierigkeiten gerieten. Der Übergang zur Friedensproduktion verstärkte die ökonomischen Schwierigkeiten. Am 6. Juni 1945 teilte die Handelskammer Bremen ihren Mitgliedern mit, daß in Kürze mit einer Verordnung zur Aufhebung des Kündigungsschutzes zu rechnen sei.[130] Nach der Verordnung des Regierenden Bürgermeisters Vagts zur Aufhebung des Kündigungsschutzes vom 15. Juni konnten zum Monatsende »Arbeitsverhältnisse aller Art ohne Einhaltung gesetzlicher, tariflicher oder vertraglicher Kündigungspflichten und ohne Rücksicht auf bestehende Kündigungsbestimmungen gekündigt werden«, »um einer drohenden Finanzkrise vorzubeugen«[131]. Die Vagts'sche Verordnung legalisierte auch die ohne Rechtsgrundlage bereits erfolgten Kündigungen. Gegen die Praxis der Unternehmer, die Verordnung durch Kündigung und anschließende Neueinstellung von Beschäftigten mit niedrigeren Löhnen bzw. Gehältern auch zur Lohnsenkung zu benutzen, wurde von Seiten des Senats Einspruch erhoben.[132] Die von der Handelskammer angeregte Aufhebung des Kündigungsschutzes wurde von Vagts mit Zustimmung der Militärregierung, aber ohne Unterrichtung des Senats verordnet.[133] Die KGF klagte Vagts an, er betätige sich »als der Geschäftsführer einer noch in der Hauptsache nationalsozialistisch besetzten Industrie- und Handelskammer«. Zwar sei einsichtig, daß Massenkündigungen nicht zu umgehen seien, doch dürften die »Lasten des Krieges« nicht allein auf die Werktätigen abgewälzt werden, deren Mehrheit seit zwei Monaten kein Einkommen mehr erhalten habe.[134] Der vereinte Widerstand der KGF, der Betriebsausschüsse und der sozialistischen Senatoren gegen die Vagts'sche Verordnung veranlaßte die Militärregierung zu einer Ermächtigung, aufgrund derer Vagts am 7. Juli 1945 eine Ergänzungsverordnung erließ: Die Kündigung wurde wieder an gewisse Bedingungen geknüpft und zugleich erhielten die Betriebsausschüsse ein Mitspracherecht eingeräumt.[135]

---

129 Kommentar zur Ergänzungsverordnung vom 6.7.1945, Archiv der Handelskammer Bremen.
130 Handelskammer Bremen, Industrieabteilung: Behelfsmäßiger Rundschreibdienst Nr. 1/VI, 6.6.1945, Archiv der Handelskammer Bremen, 20 000.
131 Vorspann zur VO über die Kündigung von Arbeitsverhältnissen zum 30.6.1945, Mat. A. Ehlers. Die VO abgedruckt im Weser-Boten, 23.6.1945.
132 Apelt an Handelskammer, 20.6.1945, Archiv der Handelskammer Bremen.
133 StA Bremen, 3-R 1 m Nr. 117/3, Bd. 1, 11.6.1945; Entscheidungen des Col. Welker, StA Bremen, 3-R 1 m Nr. 24; Exposé des ZA der Betriebsausschüsse zur VO, 21.6.1945, StA Bremen, 3-A 18 Nr. 268; siehe auch die Senatsprotokolle, aus denen hervorgeht, daß die VO erst nach ihrer Inkraftsetzung diskutiert wurde.
134 Aufbau Nr. 3, Sonderbeilage: Eine Verordnung des Regierenden Bürgermeisters.
135 Amtliche Mitteilungen der Freien Hansestadt Bremen, 7.7.1945.

Das Wiederentstehen von Parteien und Gewerkschaften und das Ende der KGF

Der Wille, die Spaltung der Arbeiterbewegung zu überwinden und eine einheitliche sozialistische Partei aufzubauen, war unter der Bremer Arbeiterschaft stark entwickelt. Auch nach dem Aufruf des ZK der KPD vom 11. Juni 1945 gingen die Sozialdemokraten und teilweise auch die Kommunisten davon aus, daß es sich nur um eine vorübergehende Sammlung unter den alten Fahnen handele.[136] Informelle Gruppen ehemaliger Funktionäre der SPD und der KPD waren schon bald nach der Besetzung dazu übergegangen, die alten Genossen zusammenzufassen. Bei der KPD hatte sich eine Bezirksleitung Weser-Ems konstituiert, die die Verbindung zu Berlin herstellte.[137] Auf sozialdemokratischer Seite war es der im Juni im Auftrag des Londoner Sopade-Vorstandes aus dem Exil eingereiste Walter Rother-Romberg, der als provisorischer Bezirkssekretär tätig wurde und den überregionalen Kontakt zum Büro Schumacher herstellte.[138] Diese Verbindung hinderte die Bremer SPD nicht, nach Berliner Vorbild am 14. August 1945 einen Einheitsaktionsvertrag mit der KPD abzuschließen. Für die Bezirksverbände und ihre Untergliederungen entstanden paritätische Einheitskomitees.[139] Selbst Wilhelm Kaisen, der immer auf dem rechten Flügel der Sozialdemokratie gestanden hatte, machte sich zum Sprecher einer engen Zusammenarbeit beider Parteien.[140] Wegen der Entwicklung auf nationaler Ebene konnte dieser Ansatz zur politischen Einheit jedoch nicht zum Tragen kommen.

Die früheren SAP-Mitglieder teilten sich auf beide Parteien auf: Die Neugründung einer dritten Arbeiterpartei galt als aussichtslos. Ehlers hatte sich der KPD angeschlossen und war zusammen mit Wolters in die Bezirksleitung aufgenommen worden.[141] Hermann Lücke, Heinrich Busch und andere traten zusammen mit der ISK-Gruppe der SPD bei.[142] Die Mehrheit der KGF-Mitglieder blieb den Parteien zu-

---

136 Ein anonymer Bericht über die politische Lage in Bremen aus KGF-Kreisen vom Herbst 1945 (Mat. H. Lücke) erwähnt, daß die meisten Funktionäre der SPD mit der Schaffung einer Einheitspartei in 6 bis 12 Monaten rechneten.
137 Inf. A. Ehlers, H. Wolters, H. Landwehr; OMG for Bremen, ICD, Pol. Intelligence Summary for March 1946, S. 7, NA, OMGUS, RG 260.
138 Siehe Rother-Romberg an Schumacher, 26.8.1945, AdsD, Bestand Schumacher, J 9; A. Kaden: Einheit oder Freiheit, Hannover 1964, S. 70; SPD, Bez. Nord-Niedersachsen: Geschäftsbericht 1970/71, Stade 1972, S. 105.
139 Der Vertrag ist abgedruckt im Rundschreiben 2/45 der SPD-Bezirksleitung Wasserkante-Nordwest, 17.7.1945, Mat. H. Lücke; vgl. Kaden, S. 155 f; Rundschr. 3/45, 15.11.1945, AdsD, Bestand Schumacher, J 9.
140 Siehe die Äußerungen Kaisens auf der Bezirkskonferenz der KGF am 27.7.1945, KGF-Rundschr. Nr. 12, Mat. H. Lücke, und seine Ausführungen auf der zentralen Kundgebung der Bremer Arbeiterparteien anläßlich ihrer Legalisierung am 21.10.1945, Weser-Kurier, 24. 10. 1945, S. 3.
141 Inf. A. Ehlers; Inf. H. Wolters.
142 SAP/ISK Bremen an SPD-Bezirksvorstand, 20.7. und »Juli« 1945, Mat. H. Lücke.

nächst fern.[143] Der bereits in den Parteien organisierte Teil schlug gegen die erneut sich entwickelnde Spaltung Alarm. Das Einheits-Aktionskomitee in Huchting verlangte Ende August 1945, daß »die Bildung der Einheitspartei des Proletariats *unbedingt jetzt* schon erfolgen muß«. Das Hinausschieben bis zur Legalisierung gefährde dieses Ziel.[144] Im September konstituierte sich in den Atlas-Werken ein Einheitskomitee, daß die Bremer Parteiführungen im Namen der Belegschaft aufforderte, die Vereinigung sofort vorzunehmen, »auch wenn Weisungen der Parteivorstände oder Zentralen im Reich ausbleiben oder dem entgegenstehen«[145]. Als Reaktion auf die weitere Abgrenzung der Parteien gegeneinander entwickelte sich vor allem unter den kommunistischen Komiteemitgliedern eine Art »Verzweiflungsradikalisierung«, die in einer Diskussionsveranstaltung mit Vertretern der KGF und der Parteien am 6. Dezember zum Ausdruck kam. Hier wurde erstmals wieder vom »Kampf für ein sozialistisches Deutschland«, notfalls gegen die Besatzungsmächte, gesprochen.[146] Der Appell, sich ggf. über die Köpfe der Vorstände hinweg zu einigen[147], ging ins Leere. Es fehlte eine vorantreibende, wirklich Druck ausübende Massenbewegung; es fehlte auch an eigenen Führern. Die meisten KGF-Kader waren bereits in eine der beiden Parteien integriert. So blieb es bei Deklamationen der mit der Entwicklung Unzufriedenen, die auf breiter Ebene allenfalls mit passiver Zustimmung rechnen konnten.

Während in den Parteien von Anfang an die traditionellen Kräfte den Ton angaben, konnte es in der Gewerkschaftsbewegung kurze Zeit so scheinen, als würde sich die KGF mit ihrem Konzept einer einheitlichen und demokratisierten Gewerkschaft durchsetzen. Ehemalige Gewerkschaftsfunktionäre hatten sich als »Provisorischer Orts-Ausschuß des ADGB« (genannt »Dreizehner-Ausschuß«) konstituiert, nachdem ein erster Versuch, die Bremer Gewerkschaften wieder zu errichten, gescheitert war.[148] Die treibende Kraft der Gruppe war Oskar Schulze, in der Weimarer Republik Bremer Bevollmächtigter des DMV.[149] Die ehemaligen Gewerkschaftsfunktionäre konnten die KGF nicht ignorieren. Da diese von den Besatzungsbehörden wenigstens geduldet wurde, diente ihr Büro den Arbeitern und Angestellten, die sich wieder gewerkschaftlich betätigen wollten, als Anlaufstelle.[150] So galt auch der »Dreizehner-Ausschuß« als Organ der KGF.[151] Neben dem »Dreizehner-Ausschuß« begann auch der »Siebener-Ausschuß«, die Vertretung der provisorischen Betriebsräte, mit dem

---

143 Siehe Anm. 136.
144 Resolution, Mat. J. Reiners.
145 Resolution vom 7.9.1945, abgedruckt im Aufbau Nr. 9, September 1945.
146 So das kommunistische Komitee-Mitglied Rauhof. Von der Sitzung existieren zwei verschiedene, sich ergänzende ausführliche Protokolle im Mat. J. Reiners.
147 Rauhof in einem schriftlich vorbereiteten Diskussionsbeitrag, Mat. J. Reiners.
148 Zur Gewerkschaftsfrage (Eingabe d. KGF an MR), 17.6.1945, S. 4, Mat. A. Ehlers.
149 J. Kolb: Metallgewerkschaften in der Nachkriegszeit, Frankfurt 1970, S. 33; Brandt, S. 153 ff., 361 (Anm. 57).
150 Zur Gewerkschaftsfrage, S. 4, Mat. A. Ehlers.
151 Aufbau Nr. 11, Januar 1946, S. 3.

Aufbau der Gewerkschaften. Im Gegensatz zum »Dreizehner-Ausschuß« bestand der »Siebener-Ausschuß« mehrheitlich aus Kommunisten und Linkssozialisten.[152] Konnte sich der »Dreizehner-Ausschuß« darauf berufen, die Kontinuität der alten Gewerkschaften zu repräsentieren, so besaß der »Siebener-Ausschuß« von seinem Charakter her eine viel engere Verknüpfung mit den Betrieben, wo die Betriebsräte seit Juli 1945 begannen, Aufbaubeiträge für die neuen Gewerkschaften zu sammeln.[153]

Ende Juli 1945 schlossen sich der »Dreizehner-« und der »Siebener-Ausschuß« unter Hinzuziehung von fünf Vertretern der Stadtteilgruppen der KGF zum »Vorbereitenden Ausschuß der Freien Gewerkschaften in Bremen«, dem sogenannten »Fünfundzwanziger-Ausschuß«, zusammen.[154] Offenbar hatte die Militärregierung durchblicken lassen, daß die Gewerkschaften in absehbarer Zeit zugelassen würden und einen Zusammenschluß der beiden Ausschüsse unterstützt.[155] Obwohl ehemalige Funktionäre Sonderverhandlungen mit der Militärregierung geführt haben sollen[156], konnten sich in den Diskussionen zunächst die Anhänger der zentralen Einheitsgewerkschaft durchsetzen.[157] Letztlich war es die Militärregierung, die eine Änderung der Organisationsstruktur erzwang, indem sie im Herbst 1945 nur autonome Einzelverbände genehmigte. Oskar Schulze erklärte daraufhin den Bremer Gewerkschaftsmitgliedern im Weser-Kurier sein Bedauern über diese Entwicklung[158], obgleich er selbst den Amerikanern am 8. Juni 1945 die Schaffung einer föderalistischen Organisation vorgeschlagen hatte.[159] Der Verdacht liegt nahe, daß auch in Bremen – wie in Hamburg – ein Intrigenspiel mit der Besatzungsmacht vorausgegangen war.

Am 16. Dezember 1945 erklärte die zweite Bezirkskonferenz der KGF die Auflösung der Organisation (die die Parteiführungen – freilich vergebens – schon im August beschlossen hatten), nicht ohne noch ein leidenschaftliches Bekenntnis zur Einheitspartei als Ausdruck der »allgemeinen Klasseninteressen« der deutschen Arbeiter abzugeben.[160] Die KGF war nicht in der Lage gewesen, die Einigung und Erneuerung der Arbeiterbewegung zu erreichen. Es zeigte sich sehr schnell, daß nur deren relativ starke Position im Widerstand den linkssozialistischen Gruppen eine Schlüsselrolle

---

152 Inf. A. Ehlers; J. Reiners.
153 Quittung, 27.7.1945, Mat. Atlas.
154 Betriebe im Aufbau (s. Anm. 128), S. 4; Vorbereitender Ausschuß der Gewerkschaften an Ehlers, 26.7.1945, Mat. A. Ehlers.
155 Ehlers an Schulze, 17.7.1945, Mat. A. Ehlers; Abt. f. Gewerkschaftsfragen der KGF an MR (Entwurf), StA Bremen, 3-R 1 m Nr. 24.
156 Betriebe im Aufbau (s. Anm. 128), S. 4.
157 Siehe die Einladung des »Vorbereitenden Ausschusses der Freien Gewerkschaften in Bremen, Sektion Metallindustrie« (!), Mat. A. Ehlers; Satzung der Freien Gewerkschaft für Bremen und Umgebung, DGB, Bestand Schneider, Box 1945/46. S. 3.
158 O. Schulze: Gewerkschaften kommen, in: Weser-Kurier, 22.9.1945.
159 Schulze/Schwarz/Götze an MR, 8.6.1945, StA Bremen, 3-R 1 m Nr. 24, und DGB, Bestand Schneider, Box 1945/46.
160 Aufbau Nr. 11, S. 5.

beim Neubeginn des politischen Lebens gesichert hatte. Der Vorsprung wurde aber täglich kleiner, ohne daß sie – wie in der Endphase der Weimarer Republik – eine klare politische Konzeption besessen hätten. Der Bremer KGF war es in wohl einmaliger Weise gelungen, die antifaschistische politische Tätigkeit für eine gewisse Phase zu monopolisieren. Unterschiedliche, ja gegensätzliche Tendenzen (wie der »Dreizehner-Ausschuß« und der »Siebener-Ausschuß«) konnten für mehrere Monate zusammengefaßt werden. Die Stärke der KGF, ihre Einheit, war jedoch zugleich ihre Schwäche, weil sie ihren politischen Kern gegenüber den wiederentstehenden Partei- und Gewerkschaftsbürokratien in eine rein defensive Position brachte.

7 Die Antifaschistischen Ausschüsse

1985

Als die Truppen der späteren Siegermächte 1945 nach Deutschland vorrückten, begegneten ihnen häufig im einzelnen Ort – neben den zurückgebliebenen leitenden Verwaltungsbeamten, dem Management der Betriebe und vielfach der Industrie- und Handelskammer – als einzige politische Gruppierung auf deutscher Seite ein Ausschuß, der in der Regel umgehend den Kontakt zur Besatzungsmacht herzustellen suchte und den Anspruch erhob, die gesamte antinazistische Bevölkerung zu vertreten. Mit dem – im Umbruch von der nationalsozialistischen Herrschaft zum Besatzungsregime unabhängig voneinander vollzogenen – Zusammenschluß auf der Ebene von Kleinstädten, Stadtteilen (und parallel dazu industriellen Großbetrieben), teils auch auf großstädtischer und vereinzelt sogar regionaler Ebene reagierten die überlebenden Kader der Arbeiterbewegung auf die besondere gesellschaftliche und politische Situation Deutschlands im Frühjahr 1945. Amerikanische Beobachter sprachen nach dem häufigsten Namensbestandteil dieser Gruppen von »Antifaschistischen Bewegungen« oder einfach von »Antifas« und betonten zu Recht die relative Einheitlichkeit im Erscheinungsbild und in den Zielen der Ausschüsse. Antifas von unterschiedlicher Größe und Bedeutung entstanden im Zuge der schrittweisen militärischen Besetzung fast überall in den vier Besatzungsgebieten Deutschlands; teilweise gingen sie unmittelbar aus früheren Widerstandsgruppen bzw. illegalen Zirkeln hervor. Während die Grenzen der Antifas zu provisorischen Betriebsausschüssen, örtlichen Gewerkschaftsgründungen und Zusammenschlüssen von Sozialdemokraten und Kommunisten in einer vereinigten Arbeiterpartei fließend waren, lassen sich – neben der Sonderentwicklung der »Freiheitsaktion Bayern«, die demokratische und partikularistische Strömungen umfaßte – von der Antifa-Bewegung diejenigen Komitees abgrenzen, die als Koalitionen bereits bestehender, wenn auch noch nicht unbedingt legalisierter parteipolitischer Gruppierungen oder als Beiräte der neuen Kommunalverwaltungen in der Regel erst ab Sommer 1945 gebildet wurden.

Voraussetzungen

Die Situation, in der die Antifas antraten, unterschied sich grundlegend von der am Ende des Ersten Weltkriegs (als Soldaten und Arbeiter gegen die Militärmonarchie aufgestanden waren): Auch nachdem die Kriegsniederlage mit der erfolgreichen Invasion der Anglo-Amerikaner in der Normandie (Juni 1944) und dem etwa gleichzeitigen Zusammenbruch der Heeresgruppe Mitte an der Ostfront offenbar geworden war, zeigten weder die sozial herrschende Klasse noch die breiten Volksmassen sich in der Lage, die Hitlerdiktatur zu stürzen. Sofern ein wachsender Teil der Bevölkerung der Katastrophe gewahr wurde, erwuchs daraus keine oppositionelle Energie; die Mehrheit der Deutschen erfüllte fast bis zum Schluß loyal die Pflichten, die ihnen die NS-Führung auferlegt hatte. Verbreitete Bemühungen – »von oben« wie »von unten« – in letzter Stunde eine militärisch sinnlose Verteidigung und die von Hitler befohlene Selbstzerstörung von Transport- und Produktionsmitteln am jeweiligen Ort zu verhindern oder zu sabotieren, können diesen Gesamtbefund nicht in Frage stellen. Die Antifas waren kein Ausdruck einer revolutionär-demokratischen Massenbewegung, auch wenn sie verschiedentlich Tausende von Mitgliedern gewannen, sondern hatten es mit einem entpolitisierten, verstörten und zu einem erheblichen Teil mehr oder weniger vom Nationalsozialismus beeinflußten Volk zu tun. Sie standen vor der Aufgabe, sich ihre Massenbasis erst nachträglich zu schaffen.

Der wichtigste Grund für den wenig trostreichen Bewußtseinsstand der deutschen Bevölkerung einschließlich vieler Arbeiter bei Kriegsende ist in der Funktionsweise der nationalsozialistischen Ordnung zu suchen, deren Träger nicht nur radikaler als in anderen faschistischen Diktaturen die Arbeiterbewegung zerschlagen, jede eigenständige Äußerung der Massen unterdrückt und das Terrorsystem vervollkommnet hatten, sondern es auch verstanden, Wünsche und Sehnsüchte der Menschen, insbesondere der Jugend, anzusprechen und im Krieg Millionen in ihre Verbrechen verstrickten. Die Kriegführung der Alliierten, die sich zunehmend gegen die Deutschen insgesamt richtete (Bombardierung von Wohnvierteln und Forderung nach bedingungsloser Kapitulation seitens der Westmächte; harte Behandlung deutscher Kriegsgefangener und brutales Vorgehen gegenüber der Zivilbevölkerung in den deutschen Ostprovinzen seitens der UdSSR), verstärkte die Wirkung der NS-Propaganda, derzufolge das deutsche Volk nach einer militärischen Niederlage keine Zukunft hätte.

Als mit der Verschwörung des 20. Juli 1944, an der unterschiedlichste politische Kräfte beteiligt gewesen waren, der letzte mögliche Versuch, den Streitkräften der Anti-Hitler-Koalition zuvorzukommen, gescheitert war und Deutschland im Verlauf der Eroberung durch die Alliierten – verbunden mit Wohnraumvernichtung und der Lähmung des gesamten Verkehrs- und Verbindungsnetzes einer hochindustrialisierten Gesellschaft – faktisch immer mehr in kleine Einheiten zerfiel, die militärisch, wirtschaftlich, verwaltungs- und versorgungsmäßig auf sich gestellt waren, wurde der örtliche Bereich zum entscheidenden politischen Handlungsraum für den »Tag danach«.

Darstellung

Die Organisationsform der meisten Antifas war die einer prinzipiell offenen Initiativgruppe; sie entsprach eher der einer heutigen »Bürgerinitiative« als der einer Partei- oder Gewerkschaftsgliederung. In den großen Antifa-Organisationen – unter anderen die Bremer Kampfgemeinschaft gegen den Faschismus (ca. 5.000 Mitglieder), der Wiederaufbau-Ausschuß in Hannover, die Antifaschistische Aktion in Braunschweig (ca. 1.100 Mitglieder), das Nationalkomitee Freies Deutschland in Leipzig (ca. 4.500 Mitglieder) sowie die Kampfkomitees und Arbeitsausschüsse in Stuttgart – muß man die Stadtteilkomitees, vereinzelt sogar Straßenzellen und Betriebsausschüsse, die ähnlich strukturiert waren wie die Vielzahl der selbständigen kleinen Ausschüsse, von den gesamtstädtischen leitenden Komitees unterscheiden. Sofern in der kurzen Zeit der Existenz der Antifas überhaupt eine verbindlich festgelegte Organisationsstruktur entwickelt wurde, trug sie noch die Merkmale der Illegalität und des chaotischen Zusammenbruchs; gewählt wurde wohl kaum ein Leitungsgremium.

Bei den Initiatoren und Führern der Antifa-Ausschüsse lassen sich vier Gruppen ausmachen: frühere Angehörige von linkssozialistischen Splittergruppen (SAP, ISK u. a.), Kommunisten, bürgerliche Demokraten und schließlich Sozialdemokraten, vor allem sozialdemokratische Gewerkschafter. Die Linkssozialisten wollten – das war die Lehre, die sie aus dem Sieg des Faschismus gezogen hatten – den Umbruch nutzen, um von unten eine erneuerte einheitliche Arbeiterbewegung aufzubauen, indem sie, ausgehend von den konkreten Bedürfnissen in Betrieb und Gemeinde, eine Mobilisierung der Arbeiter in räteähnlichen Formen anregten, die den erstrebten politischen und gewerkschaftlichen Einheitsorganisationen eine stärker demokratisch fundierte Struktur und eine eindeutiger sozialistische Zielsetzung schaffen sollten. Aufgrund ihrer zahlenmäßigen Schwäche und ihres geringen unmittelbaren Anhangs wurden die Linkssozialisten schon bald in die Defensive gedrängt. Die kommunistisch dominierten Antifas waren besonders durch zwei Faktoren geprägt: Einmal durch den Verlust der meisten profilierten KPD-Führer im Kampf gegen den Nationalsozialismus und zum anderen durch die fehlende Verbindung mit der Parteiführung, die erst nach der Besetzung nach und nach wiederhergestellt werden konnte. Die meisten Kommunisten waren bestrebt, sich an der Linie des Moskauer »Nationalkomitees Freies Deutschland«, das aus Kriegsgefangenen und Emigranten bestand, zu orientieren. Unterschiedliche Auslegungen der NKFD-Konzeption bestimmten die große Aktivität und den Pragmatismus der KPD-Anhänger im Rahmen der Antifa-Bewegung. Nichtsozialistische Angehörige der Mittelschichten, vor allem der Intelligenzberufe, gehörten fast durchweg den Antifa-Ausschüssen an, während die Masse des Groß- und des Kleinbürgertums den Antifas zumindest reserviert gegenüberstand. Trotz der praktisch überall anzutreffenden Beteiligung von Sozialdemokraten blieb die Mehrzahl der früheren SPD- und ADGB-Funktionäre abseits. Der sozialdemokratische Wiederaufbau-Ausschuß in Hannover steht einzig da. Der Wiederaufbau der Verwaltung, der SPD und der Gewerkschaften ließ für diese Gruppe schon bald die Frage nach der Repräsentativität der Ausschüsse entstehen und verstärkte die Absonderungstendenz der Sozialdemokraten.

Die politische und soziale Zusammensetzung der Antifa-Mitgliedschaft entsprach nicht unbedingt derjenigen der Spitze. So kam es vor, daß Repräsentanten des »freiheitlichen Bürgertums« stärker an den Führungsgremien beteiligt wurden, als es dem Verhältnis an der Basis entsprochen hätte. Auch war es nicht ungewöhnlich, daß der Anteil von Mitgliedern ehemaliger Arbeiterparteien und Gewerkschaften infolge des im Dritten Reich vielfach notgedrungen vollzogenen individuellen sozialen Aufstiegs von Arbeiterfunktionären zu Selbständigen höher lag als der Anteil von Angehörigen der Arbeiterklasse. Eine Überrepräsentierung der Linkssozialisten in der Führung verschiedener Antifas – gemessen an ihrer Anhängerschaft –, eine Unterrepräsentierung der Sozialdemokraten in der Mitgliedschaft und in den Führungsgremien und ein Überwiegen der Kommunisten auf beiden Ebenen kennzeichnen insgesamt die politische Zusammensetzung. Der für Stuttgart nachgewiesene hohe Anteil vor 1933 parteiloser Antifa-Mitglieder deutet auf ein – teils proletarisches, teils kleinbürgerliches – Mobilisierungspotential hin, das über die 1933 in den Arbeiterparteien organisierten Werktätigen hinausreichte.

Die Programme der Antifas enthielten überall den Aufruf zur Entnazifizierung, der größtenteils mit der Forderung nach begrenzten Eingriffen in die Eigentumsverhältnisse verbunden war. Die NSDAP wurde als Haftungsgemeinschaft verstanden, die besonders zur Beseitigung der Kriegsschäden heranzuziehen sei. Dabei wußten die Antifaschisten zwischen einfachen Mitgliedern, Funktionären, »Schindern« und Denunzianten sehr wohl zu unterscheiden. Der andere Hauptteil der Programmatik befaßte sich mit den Tagesaufgaben im Rahmen des materiellen Wiederaufbaus, daneben mit der Wiederherstellung von Grundfreiheiten, der Wiedergutmachung gegenüber den NS-Opfern und dem Wiederaufbau von Gewerkschaften. Viele Antifas verstanden sich als Alternative zur Neugründung von SPD und KPD, ohne daß dieses Motiv allerdings programmatisch niedergelegt worden wäre.

Ein zuverlässigeres Bild über den Charakter der Antifas als die häufig vage und hastig formulierten Programme kann ihre Tätigkeit zeigen. Besonders dort, wo eine kampflose Übergabe nicht zustande gekommen war und zuletzt noch erhebliche zusätzliche Zerstörungen erfolgt waren, trat nach der Besetzung das Bedürfnis nach Versorgung der Bevölkerung mit Energie, Wasser, Nahrungs- und Transportmitteln, nach Trümmerräumung und Leichenbestattung, nach Bekämpfung der Seuchengefahr, nach Reparierung der Produktionsmittel und Umstellung der Produktion von Tag zu Tag stärker hervor. Die Verantwortlichen hatten oft die Flucht ergriffen oder waren inhaftiert. Hier setzten die Ausschüsse an und organisierten die Ingangsetzung des täglichen Lebens, wobei sie mit Vorliebe Nationalsozialisten zu Notstandsarbeiten heranzogen. Neben der gemeinschaftlichen Selbsthilfe standen die »Säuberung« der Verwaltung und der Wirtschaft von Nationalsozialisten und die Bestrafung von verantwortlichen Trägern des Regimes im Mittelpunkt der Tätigkeit. Auf diesem Gebiet wurden den Besatzungsmächten für sie wertvolle Hilfsdienste geleistet.

Als Beispiel für Selbsthilfe in Wohngebieten seien die Aktivitäten der Antifaschisten in der damaligen bremischen Landgemeinde Huchting (knapp 10.000 Einwohner, mehrheitlich Arbeiter) geschildert.

Der Ort wurde am 20. April von britischen Truppen eingenommen, die in drei verschiedenen Stadtteilen je einen Bürgermeister einsetzten. Zunächst verhinderte eine tagelange Ausgangssperre für Männer jede Initiative. Eine von rund einem halben Dutzend Antifaschisten (darunter ein Maurer- und ein Zimmermeister) nach Aufhebung des Ausgangsverbots gebildete »Wiederaufbau-Kommission« organisierte mit Unterstützung des in Kirchhuchting von den Briten eingesetzten Bürgermeisters, einem Pastor, einen obligatorisch gemeinten Arbeitseinsatz aller männlichen Einwohner von 14 bis 65 Jahren, von dem Landwirte und andere Lebensmittelberufe ausgenommen waren. Zunächst sollen sich 250 bis 300 Personen am Arbeitseinsatz beteiligt haben. Aber schon Mitte Mai wurde das Fernbleiben gerade der Nationalsozialisten registriert. Auch die Wiederingangsetzung der Betriebe führte bald zu einem Teilnahmeschwund. Der antifaschistische Kreis übernahm die Funktion einer provisorischen Gemeindeverwaltung. Die dringendsten Aufgaben waren zunächst die Bergung der Toten und die Unterbringung der Obdachlosen. Die Familien aus 21 ausgebrannten Häusern konnten durch das Umstellen von Flakbaracken notdürftig untergebracht werden. Mit dem requirierten Baumaterial eines zur Standortverlagerung vorgesehenen Sauerstoffwerkes konnten die Lebensmittelläden repariert werden. Auch der ehemalige Wehrwirtschaftsführer Theodor Klatte sah sich veranlaßt, nicht mehr zu verwendendes Baumaterial aus der Abteilung Flugzeugbau seiner Fabrik zur Verfügung zu stellen. Mit Einverständnis des bremischen Landherrenamtes, der Dienstaufsichtsbehörde, wurde an die im Arbeitseinsatz Tätigen Lohn ausgezahlt. Da Huchting nicht stark zerstört worden war, konnten die notwendigsten Reparatur- und Aufräumarbeiten innerhalb der ersten Wochen erledigt werden. Aus dem Kreis um die »Wiederaufbau-Kommission« wurden Ende Mai 1945 ein Sozialdemokrat und ein Kommunist als Bürgermeister und Stellvertretender Bürgermeister und daneben ein zwölfköpfiger Gemeinderat eingesetzt. Der Bürgermeister will sofort nach seiner Amtsübernahme alle Nationalsozialisten aus der Gemeindeverwaltung entlassen haben.

In einer Situation, in der die traditionelle Verwaltung zumindest behindert war, berührten die Aktivitäten von Antifa-Ausschüssen den Wirkungsbereich der kommunalen Behörden. Nur in wenigen Fällen gelang es, führende Verwaltungsämter bzw. Schlüsselpositionen (Polizei, Personalamt, Arbeitsamt, Wohnungsamt) mit aktiven Antifaschisten zu besetzen. Mangels einer gründlichen Auswechslung der belasteten Verwaltungsbeamten blieb in den westlichen Besatzungsgebieten die, lediglich durch Vertreter der Weimarer Republik ergänzte, überkommene Bürokratie in dieser Phase weitgehend erhalten und nutzte ihren Handlungsspielraum meist ungeniert aus. Aktivitäten der Antifas, die auf Sicherung der materiellen Existenzbedingungen (vornehmlich der Arbeiterbevölkerung) und auf Entnazifizierung abzielten, führten zu Konflikten mit der kommunalen Bürokratie, die darin nicht nur illegale Eingriffe in ihren Zuständigkeitsbereich, sondern auch eine Bedrohung ihrer Existenz sah. Nach unterschiedlich langer Konsolidierungsdauer – verbunden häufig mit aus vorübergehender Unsicherheit resultierendem kurzfristigem Zurückweichen – drängten die Verwaltungsleiter die Antifas unter Berufung auf die ihnen von der Besatzungsmacht übertragene Autorität zurück, wobei sie häufig die Militärregierung zum Eingreifen drängten. Andererseits integrierten die Verwaltungen auch gemäßigtes Antifa-Potential, in erster Linie Sozialdemokraten. Im sowjetischen Besatzungsgebiet wurden die Verwaltungsorgane unter exilkommunistischer Anleitung und Kontrolle planmäßig aufgebaut. Durch sofortige politische Personalsäuberung und Übernahme eines Großteils der Antifa-Mitglieder änderte sich die Zusammensetzung der Verwaltungsapparate, deren nach einheitlichen Direktiven durchgeführte Maßnahmen bezüglich ihres sozialen Inhalts den Forderungen der Antifas weitgehend entsprachen und insofern an diese anknüpften, die zugleich aber zur politischen Disziplinierung des in den Antifas organisierten Potentials im Sinne der kommunistischen Blockpolitik beitrugen. Unabhängig vom Zeitpunkt ihrer Auflösung begannen die Rekonsolidierung der Verwaltung und die Reorganisierung der alten Arbeiterparteien von vornherein die Funktion der Antifas in Frage zu stellen.

Alle vier Besatzungsmächte beeinträchtigten in massiver Weise die Aktivität der Antifas, indem sie sie zu reinen Hilfskräften machten, sie einschränkten oder sie gar verboten. Am schärfsten gegen die Antifas gingen die Amerikaner vor, die das allgemeine politische Betätigungsverbot nachdrücklich erzwangen. Freilich gab es auch hier Ausnahmen wie Bremen und Stuttgart; aber die besonders harte Form des Einschreitens im April und Mai 1945 (oft mit Verhaftungen) brach hier vielfach schon in den ersten Wochen den Ansatz der Antifa-Ausschüsse. In der sowjetischen Besatzungszone (SBZ) wurden die Antifas als eigenständige Organisation ebenfalls frühzeitig aufgelöst. In der Regel überlebten die Antifas aller vier Zonen nicht den Sommer 1945. Dort, wo sie weiter bestanden, degenerierten sie mit wenigen Ausnahmen zu Hilfsapparaten für die Verwaltung oder zu Frontorganisationen der KPD. Den Amerikanern und den Westmächten insgesamt waren die Antifas verdächtig, kommunistische Unterwanderung zu betreiben; teilweise empfanden konservative Offiziere den politischen Anspruch von deutschen Antifaschisten, die doch zu dem soeben besiegten Volk gehörten, auch einfach als anmaßend oder als störend für den Wiederaufbau. Die letztgenannten Gründe galten vielfach auch für die Rote Armee, deren deutsche kommunistische Ratgeber und Beauftragte auf die Beendigung der vermeintlich sektiererischen und spontaneistischen »Rummurkserei« (W. Ulbricht) der Antifas drängten.

Welche Dynamik die Antifa-Bewegung unter günstigen äußeren Bedingungen entwickeln konnte, zeigt vor allem das Beispiel des Kreises Schwarzenberg im Erzgebirge, der bis Ende Juni 1945 aus ungeklärten Gründen unbesetzt blieb. Nach der historischen Monographie von Werner Gross (1961) hat Stephan Heym diesen Fall jüngst literarisch verarbeitet. Im Anschluß an die Kapitulation der Wehrmacht fanden sich in Schwarzenberg – vor allem kommunistische – Arbeiter zusammen. Der am 11. Mai 1945 gebildete »Antifaschistische Aktionsausschuß« umfaßte vier Kommunisten und zwei Sozialdemokraten, die sofort die nationalsozialistische Verwaltung auflösten und durch Vertreter der Arbeiterschaft ersetzten. Eine bewaffnete antifaschistische Polizei sicherte die neuen Machtverhältnisse. Die führenden Nationalsozialisten wurden festgesetzt. Der Stadtverwaltung stellte man einen »Beratenden Ausschuß« zur Seite, dem Menschen verschiedener Berufe angehörten. Seit Ende Mai wurden in den Betrieben Arbeitervertretungen gebildet, die am 1. Juni auf Kreisebene einen Gewerkschaftsausschuß konstituierten. Der größte Teil der Zeit mußte auch in Schwarzenberg der Wiederingangsetzung der Produktion, dem Wohnungs- und Ernährungsproblem gewidmet werden.

Beurteilung

War die Antifa-Bewegung mehr als eine *gedankliche* Alternative zur Wiederherstellung der alten Arbeiterbewegung mit ihrer parteipolitischen Spaltung und mit ihren traditionellen Führungs- und Verwaltungsstrukturen? Sicherlich nicht in dem Sinne, daß alles anders gekommen wäre, wenn nur die Besatzungsmächte nicht gegen die Ausschüsse eingeschritten wären. Auf sich selbst gestellt, wären wohl die meisten Antifas – einige Zeit später – trotzdem an der Konkurrenz seitens der Kommunalbürokratie und der Linksparteien zugrunde gegangen. Ohne Frage handelte es sich um eine – von Ort zu Ort unterschiedlich kleine – Minderheit der deutschen Bevölkerung, die auf diese Weise tätig wurde. Sie fand eine gewisse Resonanz vor allem deshalb, weil sie sich in einer akuten gesellschaftlichen Krisensituation um die Befriedigung der dringendsten Bedürfnisse durch kollektive Selbsthilfe bemühte und dabei anfangs nicht selten erfolgreicher, weil beweglicher, operierte als die städtischen Verwaltungen. Unklarheiten in der politischen Einschätzung und Zielvorstellung sind jedoch offensichtlich, und der örtliche Rahmen hätte auch aus objektiven Gründen nur schwer überschritten werden können: Außer daß die Verkehrs-, Post- und Telefonverbindungen wegen der Kriegszerstörungen noch nicht wieder funktionierten, waren auch die Besatzungsmächte, zumindest im Westen, bestrebt, noch keine überlokalen Zusammenhänge zustande kommen zu lassen. Die situationsangemessene Offenheit der Ausschußform und die örtliche Begrenzung der Antifas ließen die Zusammenfassung der Kräfte und die Entwicklung einer gemeinsamen politischen Perspektive nicht zu.

Bei dieser Beschreibung grundlegender Schwächen der Antifas stehenzubleiben, reicht aber nicht aus. Wenn es auch eine Minderheit war, die sich den Antifas anschloß, so war es doch der am wenigsten demoralisierte, der aktivste und der am entschiedensten demokratische Teil des deutschen Volkes, der die Zusammenbruchskrise gemeinschaftlich – statt, wie vorherrschend, individualistisch – zu lösen versuchte und dabei als eine gesellschaftsstiftende Kraft wirkte. Die Selbsthilfe- und Demokratisierungsimpulse der Antifas verliefen nicht aus unabänderlichen Sachzwängen im Sande, sondern wegen des – selbstverständlich nicht zufälligen, sondern interessenpolitisch oder historisch begründeten – abwehrenden Verhaltens der Militärregierungen und Verwaltungen, auf einer anderen Ebene auch der führenden Sozialdemokraten und Kommunisten, deren Unterstützung die Antifas zwingend benötigten. Diese Verantwortung zu benennen, beinhaltet keine moralische Anklage, die unhistorisch wäre, und dient keiner Legendenbildung über das Jahr 1945. Es geht vielmehr darum, daß die 1945 bestimmenden Kräfte, während sie vielfach die »politische Apathie« der deutschen Bevölkerung beklagten, ausgerechnet diejenigen entmutigten, auf die dieses Urteil am wenigsten zutraf.

Literaturhinweise

U. Borsdorf/L. Niethammer (Hrsg.), Zwischen Befreiung und Besatzung. Analysen des US-Geheimdienstes über Positionen und Strukturen deutscher Politik, Wuppertal 1976.

L. Niethammer/U. Borsdorf/P. Brandt (Hrsg.), Arbeiterinitiative 1945. Antifaschistische Ausschüsse und Reorganisation der Arbeiterbewegung in Deutschland, Wuppertal 1976 (mit einem ausführlichen Literaturverzeichnis).

P. Brandt, Antifaschismus und Arbeiterbewegung. Aufbau – Ausprägung – Politik in Bremen 1945/46, Hamburg 1976.

A. Lein, Antifaschistische Aktion 1945. Die »Stunde Null« in Braunschweig, Göttingen 1978.

G. Benser, Antifa-Ausschüsse – Staatsorgane – Parteiorganisation. Überlegungen zu Ausmaß, Rolle und Grenzen der antifaschistischen Bewegung am Ende des Zweiten Weltkriegs, in: Zeitschrift für Geschichtswissenschaft 26 (1978), S. 785-802 (neueste Gesamteinschätzung aus SED-Sicht).

W. Gross, Die ersten Schritte. Der Kampf der Schwarzenberger Antifaschisten während der unbesetzten Zeit, Berlin (Ost) 1961.

K.-F. Müller, Antifa-Ausschüsse in Südbaden (April–Dezember 1945), in: H. Haumann (Hrsg.), Vom Hotzenwald bis Wyhl. Demokratische Tradition in Baden, Köln 1977, S. 155-175.

8 Antifaschismus in Deutschland – Eine historisch-politische Bestandsaufnahme

1985

Nicht ganz ohne Berechtigung gilt der Begriff »Antifaschismus« (wie in abgeschwächter Weise auch sein Gegenbegriff »Faschismus«) in der Bundesrepublik Deutschland als ein der politischen Linken zuzurechnender Terminus. Für die Führungsschicht – bis in die Sozialdemokratie hinein – dieses Staates, der von der Gleichung »rot = braun« im Sinne der Totalitarismus-Theorie ideologisch schon eine Generation lang lebt, liegt in einer dezidiert antifaschistischen Position eine Provokation; haben doch die wissenschaftlichen Forschungen der letzten Jahrzehnte bei allen Differenzen in der näheren Bestimmung dieses Zusammenhangs das Horkheimersche Diktum, daß vom Faschismus schweigen solle, wer über den Kapitalismus nicht reden wolle, unumstößlich untermauert. Versuche, mit dem Faschismus-Begriff gegen links zu operieren (von den unbestrittenermaßen bedeutenden Forschungen Ernst Noltes bis zu den bekannten Ausfällen Franz Josef Strauß' gegen die – sozialistischen – »Linksfaschisten«), sind auf der Rechten daher bislang eher zurückhaltend aufgenommen worden.

Andererseits ist auf der Linken die Vokabel (denn von Begriff kann da vielfach nicht mehr die Rede sein) »Faschismus« bzw. »faschistisch« – z. T. abgeschwächt als »faschistoid« – allzuoft und von mehr als einer Gruppierung zur denunzierenden, inflationär gebrauchten Formel für alles Bekämpfenswerte (bei fraktionellen Auseinandersetzungen sogar zur Charakterisierung mißliebiger sozialistischer Strömungen) degradiert worden. Was für eine Art »Antifaschismus« mit welchen fatalen Folgen für linke demokratische Bündnispolitik daraus resultiert, sollte seit über 50 Jahren bekannt sein und kann in diesem Band ein weiteres Mal studiert werden. Waren es doch erst jüngst sogenannte »Antifaschistische Aktionsgruppen«, die die Berliner Wohnung eines Redakteurs der »tageszeitung« mit der Begründung demolierten, dieser habe »zionistisch-faschistische« Propaganda betrieben.

Zur Begriffsbestimmung von Faschismus und Antifaschismus

Wenn wir im folgenden den Versuch unternehmen, in groben Umrissen unseren Faschismus-Begriff (und, darauf aufbauend, unseren Antifaschismus-Begriff) darzulegen, dann sind wir uns der Problematik bewußt, die darin liegt, daß wir die Elemente einer solchen Definition aus Gründen der Proportionierung des Textes hier nur *setzen*, aber nicht argumentativ *entwickeln* können. Begriffsbildung ist kein Selbstzweck und dient nicht dem Einordnungsbedürfnis von doktrinären Theoretikern. Ihr Zweck ist durchaus praktischer Art, wenn wir neben dem unmittelbaren politischen Handeln auch die fortschreitende wissenschaftliche Erkenntnis der Realität als eine Aufgabe menschlicher Praxis erkennen. Da realitätswidrige theoretisch-analytische Einschätzungen negative Folgen für die politische Aktion nach sich ziehen, muß auch ein politisch unmittelbar relevanter Begriff zur Charakterisierung eines gegebenen Phänomens gerade durch *Eingrenzung*, durch seine Unterscheidung von ähnlichen Erscheinungen, taugen, nicht anders als in der Wissenschaft. Andererseits kann er nur dann prognostischen Wert entwickeln, wenn er, über einen beliebigen Einzelfall hinausgehend, bestimmte Regelmäßigkeiten erfaßt. Nur eine wechselseitige Bezugnahme von Begriffsbildung und empirisch-historischer Untersuchung vermag sowohl die historische Überlieferung zu strukturieren und dadurch Zusammenhänge aufzudecken, als auch die Begriffe durch materialmäßige »Sättigung« zu präzisieren und zu konkretisieren, zu modifizieren und, wenn nötig, auch zu revidieren.

An N. Poulantzas anknüpfend, schlagen wir vor, den *Faschismus* als Reaktion in der Form des *Ausnahmestaates* auf eine tiefgreifende (ökonomische, soziale, politische und ideologische) Krise bürgerlicher Herrschaft in ihrer imperialistischen Phase zu definieren. Obwohl die Führungsschicht der faschistischen Bewegung als »neue Elite« die »alten Eliten« in den Staatsapparaten zu verdrängen sucht und teilweise ersetzt bzw. überlagert, muß der *soziale Inhalt* des faschistischen Systems als *kapitalistisch* und – spezifischer – als strukturelle Begünstigung der *monopolistischen* Großindustrie bestimmt werden. Die *relative Autonomie* der faschistischen Führungsschicht gegenüber der sozial herrschenden Klasse zeigt sich nicht zuletzt in der weitgehenden Einschränkung der Dispositionsfreiheit der einzelnen Wirtschaftsunternehmen bei der Umsetzung eines neuen, staatsinterventionistisch-rüstungswirtschaftlichen Akkumulationsmodells, dessen Kernelement die Ausschaltung der Lohnabhängigen als organisierten Faktors auf dem Arbeitsmarkt bildet. Die Voraussetzung für eine solche Politik muß durch die *terroristische Zerschlagung* (einschließlich physischer Vernichtung einer ganzen Schicht von Kadern) *aller* selbständigen *Arbeiterorganisationen* und die Beseitigung der bürgerlichen Demokratie geschaffen werden.

Das notwendige positive Gegenstück zur Zerstörung der Arbeiterbewegung (und darüber hinaus jeder anderen autonomen Organisierung der Volksmassen) und zum Aufbau eines umfassenden Terror- und Verfolgungsapparates bildet die Schaffung eines ganzen Systems von *Massenorganisationen mit Zwangscharakter* zur Kontrolle und Mobilisierung der Bevölkerung. Zwang und Terror machen indessen nur die eine Seite der faschistischen »Volksgemeinschaft« aus, dessen andere Seite die Fähigkeit der Faschisten bildet, durch das Anknüpfen an reale Bedürfnisse, namentlich der Mittelschichten und der Jugend, den zwiespältigen »Volksprotest« gegen die bürgerliche Ordnung, die »antikapitalistische Sehnsucht« (G. Strasser) der Volksmassen aufzufangen und zu kanalisieren. Durch ein entwickeltes ideologisches Instrumentarium symbolischer Äußerungen und Handlungen gelingt es, ein hohes Maß an *Massenloyalität* (wenn auch nicht durchgängig in gleichem Umfang) aufrechtzuerhalten.

8 Antifaschismus in Deutschland – Eine historisch-politische Bestandsaufnahme

Der »Machtübernahme«, die faktisch eine Machteinsetzung durch die traditionelle bürgerliche Rechte darstellt, geht ein *Faschisierungsprozeß* voraus, dessen Inhalt die Abwendung der nichtsozialistischen Teile der Volksmassen von den alten bürgerlichen Parteien sowie eine politische *Umgruppierung innerhalb der Bourgeoisie* ist. Im Faschisierungsprozeß (der nicht etwa »schleichend« vor sich geht, sondern Brüche und qualitative Sprünge einschließt) tritt die *faschistische Bewegung als eigenständiger Faktor* in Erscheinung, was ihr nur als *Massenbewegung* möglich ist.

Die faschistische Bewegung und ihre Wählerbasis setzen sich aus allen Klassen und Sozialgruppen zusammen, haben ihren *Schwerpunkt* aber *in den* (städtischen und agrarischen, »alten« und »neuen«) *Mittelschichten*, die sich vom Großkapital einerseits und von der Arbeiterklasse andererseits bedroht fühlen und im Faschismus die »dritte Kraft« sehen. Eine unverzichtbare Rolle bei der Formierung faschistischer Bewegungen und ihrer Offensive spielen *spezielle bewaffnete Kampfverbände*, in denen sich anfangs vor allem ehemalige Offiziere und Berufssoldaten sammeln. Die Ideologie des Faschismus knüpft an ältere reaktionäre Ideologien bzw. Ideologeme an: Ultra-Nationalismus, Sozialimperialismus, Militarismus, Rassismus und Sündenbockphilosophie (häufig in Form von Antisemitismus), Antiintellektualismus, Antiliberalismus und Antimarxismus, besonders Antibolschewismus, und verbindet diese mit pseudosozialistischen Elementen (»Volksgemeinschaft« statt Klassenkampf; Kampf gegen das »raffende Kapital« usw.). Im Zentrum steht ein hochgradig gesteigerter Führerkult, der der tatsächlichen Rolle des »Führers« als obersten Schiedsrichters von Bewegung und Staat teilweise durchaus entspricht und das Führerprinzip der *hierarchisch* gegliederten Bewegung ideologisch absichert.

Vom Faschismus zu unterscheiden sind die reaktionären Polizei- und Militärdiktaturen (vor allem zurückgebliebener Länder) sowie die rechtsautoritären Übergangsregimes von der bürgerlichen Demokratie zur faschistischen Diktatur (die Regierungen Brüning, Papen und Schleicher in Deutschland), denen jeweils entscheidende Merkmale des Faschismus fehlen und die daher wesentlich instabiler sind.

Häufiger als eindeutig faschistische Systeme – bisher nur Italien und Deutschland – sind kombinierte Herrschaftsformen. So handelt es sich sowohl in Spanien nach 1939 als auch in Chile nach 1973 um eine Kombination von Militärdiktatur und Faschismus; das gleiche gilt für einen Großteil der mit dem »Dritten Reich« verbündeten Staaten bis 1945. Auch in modernen kapitalistischen Industriestaaten ist die Errichtung einer Militärdiktatur mit faschistischen Teilelementen zur Verhinderung demokratischer Veränderungen unter bestimmten Bedingungen (Fehlen einer rechtsextremistischen Massenbewegung) eher wahrscheinlich als eine eigentlich faschistische Diktatur – siehe für die beiden letzten Jahrzehnte die Vorbereitung eines Putsches in Italien seitens relevanter Gruppen der Sicherheitsapparate (1964) und ähnliche Überlegungen in England einige Jahre später.

Der Sieg des Faschismus in Italien und Deutschland (einschließlich des Grenzfalls Japan) – gegenüber der Behauptung des Parlamentarismus in den »alten« bürgerlichen

Demokratien – hat schon frühzeitig die Frage nach den besonderen Bedingungen aufkommen lassen, die in bestimmten Ländern seine Durchsetzung begünstigten. Sowohl der italienische als auch der deutsche (sowie der japanische) Imperialismus traten historisch relativ verspätet in Aktion und kamen daher bei der Aufteilung der Welt zu kurz. Die Stellung dieser Staaten im internationalen System, ihr geringfügiger Besitz an Kolonien bzw. wirtschaftlichen Einflußgebieten stand in Widerspruch zu den Expansionsbedürfnissen ihrer Wirtschaft – besonders eklatant im Fall Deutschlands, zumal nach seiner Niederlage im Ersten Weltkrieg. Die bürgerlich-kapitalistische Umwälzung im 19. Jahrhundert war in diesen Ländern teils unter Führung einer sich zum Agrarkapitalismus entwickelnden Gutsbesitzerklasse (Deutschland), teils nur in einer Hälfte des Landes (Italien) vollzogen worden, so daß die Zusammensetzung des herrschenden Machtblocks dem industriellen Großkapital jeweils bestimmte Hemmnisse auferlegte, die – auch in Deutschland – erst der Faschismus zu beseitigen vermochte. Mit dieser Konstellation zusammenhängende eigentümliche, teilweise vorbürgerlich-archaische Elemente des Geisteslebens und ausgeprägt obrigkeitsstaatliche Traditionen machten mindestens Deutschland und Japan für die faschistische Ideologie und Herrschaftsform besonders aufnahmebereit.

Exkurs

Die qualitativ einmalige terroristische Perfektion und rassenideologische Zielsetzung des deutschen »Radikalfaschismus« (E. Nolte) legen es nahe, noch einmal eine Differenzierung zwischen den Faschismen Italiens und Deutschlands vorzunehmen. Dabei ist hauptsächlich auf den millionenfachen, fabrikmäßig organisierten Massenmord vor allem an Juden und Zigeunern zu verweisen, der u. E. nach wie vor nur mit der verselbständigten Dynamik bestimmter Herrschaftsformen erklärt werden kann; denn obschon natürlich aus dem bestehenden gesellschaftlichen Zusammenhang hervorgegangen, kann dieser Akt aus einem noch so vermittelten rationalen Interesse der Monopolbourgeoisie und/oder der politisch regierenden Schicht nicht hergeleitet werden. (Daß selbst daran noch kräftig verdient wurde, besagt für dieses Argument nichts.)

In Absetzung von der älteren, totalitarismustheoretischen These, das »Dritte Reich« sei ein völlig monolithisches System mit nur geringem Entscheidungsspielraum selbst für die oberen Ränge gewesen, verweisen die empirischen Forschungen der letzten 15–20 Jahre auf einen wild wuchernden Kompetenzendschungel aufgrund von Konkurrenzstreitigkeiten und Machtkämpfen der einzelnen »Apparate« (Polizei/SS, Parteiorganisation, Wehrmacht usw.) und ihrer jeweiligen Führer, wobei Hitler als unverzichtbare letzte Instanz fungierte. Zum Teil reflektierten unter faschistischen Verhältnissen diese Machtkämpfe auch soziale Gegensätze und Antagonismen. (Diese waren ja nicht als solche aufgehoben, sondern nur die alten Mechanismen ihrer Austragung.) Wohlgemerkt: diese »Polykratie«-These bezieht sich auf die Beziehungen der Herrschenden und Regierenden untereinander, nicht auf das Verhältnis Herrschende/Beherrschte; für letztere konnte die systemimmanente Überlagerung von Zuständigkeiten (z. B. im Verfolgungs- und Überwachungswesen) sogar negative Wirkungen nach sich ziehen. Trotzdem stellt sich das Problem, inwieweit ein Staat, der die Regelmäßigkeit von Verwaltung und Justiz auf einen zunehmend eingeengten Teil des staatlichen Lebens (den »Normenstaat«) begrenzte und ansonsten (im Bereich des expandierenden »Maßnahmenstaates«) keinerlei allgemeingültige Gesetze anerkannte, seiner Funktion in der bürgerlichen Gesellschaft überhaupt noch gerecht werden konnte. Die tendenzielle Aufhebung der Trennung von »Staat« und »Gesellschaft« im deutschen Faschismus setzte somit Verselbständigungstendenzen der partikularen Gewalten frei, die in der zweiten Kriegshälfte verstärkt zum Durchbruch gelangten: einerseits in der Übertragung von staatlichen Funktionen an industrielle Einzelkonzerne bzw. Monopolorganisationen und andererseits in der partiellen Ablösung der staatlichen bzw. quasi staatlichen Gewaltapparate von der Interessenstruktur des Faschismus als Gesamtsystems. Daß diese Tendenz sich in Deutschland stärker entfalten konnte als in Italien, hängt offenbar mit dem unterschiedlichen Industrialisierungsgrad und dem entsprechenden Grad der faschistischen Durchdringung und Durchorganisierung der Gesellschaft zusammen.

Unter *Antifaschismus* werden im folgenden eine individuelle politische Haltung, ein Programm oder eine Bewegung verstanden, die in prinzipiellem Gegensatz zu jeder Form faschistischer und rechtsautoritärer Ideologie und Politik stehen, und dem Kampf dagegen, nicht zuletzt durch die Entwicklung einer entsprechenden *Bündnispolitik*, gegebenenfalls Priorität einräumen. Das Programm des Antifaschismus erhält seinen historischen Sinn nur als das einer gründlichen *demokratischen* Umgestaltung von Staat und Gesellschaft, die sich nicht auf die Durchsetzung der demokratischen Rechte des Volkes und die Sicherung bzw. Wiederherstellung des Parlamentarismus beschränkt, sondern mit den Schlüsselindustrien, der Großfinanz und gegebenenfalls dem Großgrundbesitz sowie dem alten Staatsapparat die Machtpositionen der gesellschaftlichen Stützen des Faschismus in Frage stellt. Es entspricht dieser Logik, daß antifaschistischen Bewegungen stets eine anti-(groß)kapitalistische Tendenz innewohnt. Das heißt jedoch nicht, daß der Begriff des Antifaschismus in dem des Sozialismus einfach aufgeht. Darüber, ob demokratische Strukturreformen die erste Etappe einer sozialistischen Transformation oder gerade die Stabilisierung der bürgerlichen Demokratie darstellen, und über deren Ausmaß kann im antifaschistischen Bündnis kein Einverständnis vorausgesetzt werden. Demzufolge kann es eine einheitliche verbindliche Faschismus-Theorie nicht geben, wohl aber muß es eine umfassende handlungsleitende theoretische Diskussion geben.

Die wichtigste soziale Kraft antifaschistischer Massenbewegungen ist stets die Arbeiterbewegung gewesen, die von faschistischen Parteien ihrerseits durchweg als Hauptgegnerin angesehen wird, daneben die radikal-demokratische Intelligenz und unter günstigen Bedingungen auch größere Teile der Mittelschichten. Auch im illegalen Widerstand gegen den Faschismus an der Macht hat sich das Hauptkontingent der Kämpfer (sozial wie politisch) immer aus der Arbeiterklasse rekrutiert. Daher ist die Kernfrage antifaschistischer Bündnispolitik stets die der Aktionseinheit der Arbeiterbewegung und ihrer Organisationen gewesen.

Die mit Mussolinis »Marsch auf Rom« im Oktober 1922 in die Wege geleitete, sich hier allerdings über Jahre hinziehende Installierung faschistischer Herrschaft führte auch außerhalb Italiens neben dem Begriff des Faschismus den des Antifaschismus in die politische Auseinandersetzung ein. Während der zwanziger Jahre wurde »Antifaschismus« in erster Linie ein Kampfbegriff der kommunistischen Weltbewegung, obwohl er ursprünglich nichts anderes als Gegnerschaft gegenüber der faschistischen Diktatur ausgedrückt hatte.

Deutschland 1930–33

Zwar hatten schon der Sieg des Faschismus in Italien und die zeitlich unmittelbar folgende schwere innenpolitische Krise in Deutschland nach der Besetzung des Ruhrgebiets durch Frankreich (mit einem ersten Aufschwung der NSDAP und dem mißglückten Hitler Ludendorff-Putsch im November 1923 in München), deren Beendigung mit Hilfe einer Art Ausnahmezustands zunächst als Sieg des Faschismus auch in Deutschland fehlinterpretiert worden war, zu einer (bemerkenswert gehaltvollen) Debatte der kommunistischen und teilweise der sozialistischen Weltbewegung über die Qualität der neuen Herausforderung geführt. Doch wurden diese Ansätze im weiteren Verlauf des Jahrzehnts – angesichts einer »relativen Stabilisierung« des Kapitalismus – nicht weiterentwickelt, sondern verflachten eher.

Zum Kernproblem der europäischen Arbeiterbewegung wurde die Abwehr des Faschismus durch den erneuten Aufstieg der NSDAP in Deutschland seit Beginn der Weltwirtschaftskrise im Herbst 1929. Das nationalsozialistische Krisenlösungsmodell – durch staatliche Aufträge begründete und durch repressive Niederhaltung der Lohnkosten abgesicherte Rüstungskonjunktur mit der Perspektive der imperialistischen »Neuordnung Europas« unter deutscher Vorherrschaft – verlangte nicht nur die Ausschaltung des revolutionären Flügels der Arbeiterbewegung, sondern insbesondere auch die Zerschlagung der Gewerkschaften und der Sozialdemokratie und die Aufhebung aller demokratischen Rechte, deren Existenz dem Kampf der Arbeiterbewegung eine legale Grundlage verschaffte. Es bestand daher ein objektives gemeinsames Interesse der Gewerkschaften, der SPD und der KPD, sich ungeachtet auch prinzipieller Differenzen zu einem antifaschistischen Abwehrbündnis zusammenzuschließen. Diese Notwendigkeit trat um so gebieterischer hervor, je mehr die Wähler der bürgerlichen Rechts- und Mittelparteien zur NSDAP überliefen, bzw. diese Parteien selbst – auch das katholische Zentrum – sich zunehmend autoritären (wenn auch nicht faschistischen) Ordnungskonzepten zuwandten. Das antifaschistische Potential war daher in Deutschland faktisch auf die Arbeiterbewegung reduziert, deren Wählerbasis, bei deutlicher Verschiebung nach links, zwischen 1928 und Ende 1932 im großen und ganzen stabil blieb.

In Bezug auf die Sozialdemokratie (einschließlich der de facto sozialdemokratischen freien Gewerkschaften) ist verschiedentlich auf unzulängliche Analysen des deutschen Faschismus als wesentliche Ursache für ihre strategisch-taktische Hilflosigkeit hingewiesen worden. Tatsächlich lagen von Vertretern aller Parteiflügel ziemlich realistische Einschätzungen über die faschistische Gefahr vor. Das Problem lag nicht hauptsächlich in der mangelhaften theoretischen Analyse, sondern in der – durch traditionelle Denk- und Verhaltensweisen und bürokratische Organisationsstrukturen bedingten – Unfähigkeit von SPD und Gewerkschaften (die natürlich nicht von der politischen Funktion dieser Institutionen zu trennen ist), diese Erkenntnisse in praktische Politik umzusetzen.

Am schlagendsten bewies sich der Konservativismus des sozialdemokratisch-freigewerkschaftlichen Denkens in der Beurteilung der Weltwirtschaftskrise. Man vertraute lange auf die Überwindung der Krise durch die »Selbstheilungskräfte« des kapitalistischen Marktes, hoffte auf baldige Rückkehr zur wirtschaftlichen und damit auch politischen »Normalität«. In der Zwischenzeit sollten möglichst viele der demokratischen und sozialpolitischen Errungenschaften der Weimarer Republik bewahrt werden, zugleich aber sollte durch strikten Legalitätskurs und Vermeidung von klassenpolitischen Konfrontationen die Bourgeoisie davon abgehalten werden, beim Faschismus Hilfe zu suchen. Dazu kam die Furcht vor einem Bürgerkrieg mit hohem Risiko und vor der damit verbundenen Gefahr der Radikalisierung nach links, so daß auch ein eindeutiger Verstoß der reaktionären Kräfte gegen Buchstaben oder »Geist« der Reichsverfassung, wie die Absetzung der preußischen Regierung durch Reichskanzler von Papen am 20. Juli 1932, nur verbalen Protest hervorrief. Daß die Kommunisten (»Kozis«) bei der Verfolgung dieser Politik als Störfaktor ersten Ranges und als objektive Verbündete der »Nazis« galten, ergibt sich aus der inneren Logik der Position. Die Ende 1931 aus der SPD, den freien Gewerkschaften, der republikanischen Wehrorganisation »Reichsbanner Schwarz-Rot-Gold« und den Arbeitersportvereinen als Gegenstück zur »Harzburger Front« der extremen Rechten gebildete »Eiserne Front« diente eher der Beruhigung der eigenen Anhängerschaft als der Vorbereitung auf einen außerparlamentarischen Kampf. Die sozialdemokratisch-freigewerkschaftliche Stillhaltepolitik setzte nicht nur die SPD erheblichem Wählerschwund aus und beschleunigte den in der Krise ohnehin kaum zu vermeidenden Rückgang der Mitgliederzahlen der Gewerkschaften, sondern demoralisierte auch die Basis der sozialdemokratischen Organisationen, solange ihre Kampfkraft noch ungebrochen war.

Die KPD ging seit Ende der zwanziger Jahre davon aus, daß sich im Zuge der herannahenden »Untergangskrise« des Kapitalismus zwangsläufig ein allgemeiner Faschisierungsprozeß durchsetzen würde, als dessen Hauptträger die sozialdemokratische (»sozialfaschistische«) »Arbeiteraristokratie« aufträte. Eine qualitative Unterscheidung zwischen Parlamentarismus, rechtsautoritärem Regime und faschistischer Diktatur wurde ausdrücklich abgelehnt. »Antifaschismus« war ein Synonym für die Beteiligung am Kampf der Kommunisten. Ein Verteidigungsbündnis mit der SPD kam daher grundsätzlich nicht in Frage; die »Einheitsfront« sollte »von unten«, unter Führung der KPD, verwirklicht werden. (In diesem Zusammenhang wurde auch versucht, eigene »revolutionäre« Gewerkschaften, Sport- und Kulturorganisationen aufzubauen.) Ein Instrument dieser Art »Einheitsfront-Politik« war die im Frühjahr 1932 gebildete »Antifaschistische Aktion«, die jedoch ebenso wie seitens der SPD die »Eiserne Front« im wesentlichen auf die Sympathisanten der eigenen Partei beschränkt blieb.

Die NSDAP wurde von der KPD lange Zeit unterschätzt, ihre Anhängerschaft vor allem als ein revolutionäres Potential gesehen, das es (ebenso wie die Basis der SPD) zu gewinnen gelte. Die vorsichtigen Versuche ab Frühjahr 1932, die Politik gegenüber der SPD zu modifizieren (darunter die Angebote an SPD und ADGB anläßlich des »Preußenschlags« (20.7.1932) und der Ernennung Hitlers zum Reichskanzler (30.1.1933), ein Bündnis auch »von oben« zu bilden, blieben angesichts der Generallinie des »Hauptstoßes gegen den Sozialfaschismus« in sich widersprüchlich und daher ohne die erhoffte Resonanz.

Die »Sozialfaschismus«-Politik war kein deutsches Phänomen, sondern wurde auf dem VI. Weltkongreß der Kommunistischen Internationale (1928) für alle Sektionen verbindlich beschlossen. Die zeitliche Übereinstimmung mit dem Übergang zur beschleunigten Industrialisierung und Zwangskollektivierung der Landwirtschaft in der UdSSR und der schrittweisen Ausschaltung der »Rechten« in der KPdSU ist offensichtlich. In Bezug auf Deutschland überschätzte die sowjetische Führung offenbar bei weitem die Abneigung der herrschenden Klasse, insbesondere der Reichswehrführung, die als Garant einer Zusammenarbeit Deutschlands mit der UdSSR galt, gegen die NSDAP. Vor allem fürchtete sie stärker noch als den Sieg des Nationalsozialismus eine gegen die Sowjetunion gerichtete Kooperation zwischen Deutschland und Frankreich, als deren Protagonist sie die SPD ansah. Vielmehr bestärkte die sowjetische Partei die KPD in ihrem antisozialdemokratischen Kurs und intervenierte z. B. 1931, um die Beteiligung der KPD am (gescheiterten) Volksentscheid der extremen Rechten gegen die sozialdemokratisch-bürgerliche Koalitionsregierung in Preußen durchzusetzen.

Diese Fehleinschätzung der Interessenlage der Sowjetunion durch die Führung der KPdSU wie der KPD vermag allerdings nicht zu erklären, warum sich die KPD-Führung mit ihrer politischen Linie innerhalb der Partei relativ leicht durchzusetzen vermochte – ebensowenig, wie die innere Logik der sozialdemokratischen Position erklären kann, warum die Basis der SPD und der Gewerkschaften in ihrer großen Mehrheit der Führung gegenüber loyal blieb. Zwar gibt es viele Anzeichen dafür, daß die Mitglieder und Anhänger der Arbeiterorganisationen den gemeinsamen Abwehrkampf gegen den Faschismus wollten. Die Initiative wurde jedoch von den Führungen erwartet. Ansätze auf lokaler Ebene konnten stets isoliert werden. Größere Aktionen – zuletzt die Demonstrationen in den Tagen nach dem 30. Januar 1933, die in einigen Orten die größten politischen Massenansammlungen seit dem November 1918 darstellten und die neuen Autoritäten erheblich beunruhigten – blieben folgenlos. Die linkssozialistischen und oppositionell-kommunistischen Gruppierungen (SAP, ISK, KPO, zeitweise auch »Neu Beginnen«, als die relevantesten), die die antifaschistische Aktionseinheit der Arbeiterklasse zu ihrem wichtigsten aktuellen Ziel machten, erzielten keine größeren Einbrüche in die beiden Hauptströmungen und verharrten in ihrer Minderheiten-Position. Die große Mehrheit stellte die Organisationsdisziplin über den Willen zur Zusammenarbeit und zu gemeinsamer Gegenwehr.

Diese Haltung entsprang nicht nur dem Wunsch, gerade in der Krisenperiode seit 1929 jede zusätzliche Spaltung zu vermeiden, die die Arbeiterbewegung möglicherweise weiter schwächen würde, sondern beruhte auch auf grundlegenden historischen Erfahrungen. Stärker als in der jedes anderen Landes war in der deutschen Arbeiterschaft, insbesondere in ihrem sozialdemokratischen Teil, das Bewußtsein lebendig, nur durch die Macht der Organisation zu einem zentralen politischen Faktor geworden zu sein. Insbesondere die Behauptung der einheitlichen deutschen Sozialdemokratie unter dem Sozialistengesetz (1878–90) und ihr Aufstieg zur stärksten Partei des Reiches hatte den Glauben befestigt, daß der Erhaltung und der Stärkung der Organisation oberste Priorität zukomme.

Außerdem ergänzte sich die Politik beider großer Richtungen der Arbeiterbewegung negativ und bestärkte sich dadurch gegenseitig. Jede der beiden Führungsgruppen fand eine durchaus plausible Begründung für ihre Haltung in derjenigen der anderen. Schien die Repressionspolitik der SPD gegenüber der radikalen Linken, namentlich das unter der Verantwortung des sozialdemokratischen Polizeipräsidenten Zörgiebel am 1. Mai 1929 in Berlin unter kommunistischen Demonstranten angerichtete Blutbad (31 Tote), die Charakterisierung der Sozialdemokratie als »sozialfaschistisch« für die Anhänger der KPD mindestens moralisch zu rechtfertigen, so wirkten die haßerfüllte Agitation gegen die »sozialfaschistischen Führer« (zeitweise auch gegen sozialdemokratische und gewerkschaftliche Kader an der Basis), die Beteiligung am Volksentscheid gegen die Preußenregierung und der – wenn auch tatsächlich damit gar nicht zu vergleichende – Streik der kommunistisch geführten Berliner Verkehrsarbeiter im November 1932, an dem sich auch die NSBO aktiv beteiligte, als Bestätigung des Antikommunismus der SPD.

Schließlich ist nicht zu verkennen, daß die parteipolitische Spaltung der deutschen Arbeiter zunehmend sozial untermauert und damit immer unversöhnlicher wurde, als die Wirtschaftskrise von den »Arbeitsplatzbesitzern« eine schließlich nur wenig schwächere Gruppe von Erwerbslosen (mit einem wachsenden Anteil von nicht, nicht mehr oder kaum noch vom Staat materiell unterstützten Dauerarbeitslosen) dissoziierte. SPD und Gewerkschaften, die schon immer Domänen der Facharbeiter gewesen waren, drückten in verstärktem Maße die Mentalität des relativ besser gestellten

Teils der Klasse aus; die laut- und wortstarke Agitation der KPD entsprach dagegen der Verzweiflung der verelendeten Erwerbslosen. Die KPD wurde – verstärkt durch politisch motivierte Entlassungen von Kommunisten aus den Betrieben – ganz überwiegend zu einer Erwerbslosenpartei. Die objektiv bedingte soziale Klassenspaltung wurde indessen nicht zum Gegenstand einer vereinheitlichenden Strategie, sondern parteipolitisch noch zugespitzt. Beide Hauptrichtungen der Arbeiterbewegung zeigten sich somit unfähig, eine systematische antifaschistische Politik zu entwickeln.

War die Spaltung der Arbeiterbewegung eine wesentliche Ursache für den Erfolg der Nazis, so darf darüber nicht vergessen werden, daß der Aufstieg der NSDAP bis auf über ein Drittel der Wählerstimmen 1932 auch die gesellschaftspolitische Isolierung der Arbeiterbewegung insgesamt von den breiten Massen der Bauern, des selbständigen städtischen Kleinbürgertums, der abhängigen Mittelschichten und der bürgerlichen Intelligenz ausdrückte. Große Teile dieser Bevölkerungsgruppen hatten unmittelbar nach dem Umsturz vom November 1918 mit der Sozialdemokratie oder dem linken Flügel des Liberalismus bzw. des Zentrums sympathisiert und waren für gesellschaftliche Strukturreformen durchaus aufgeschlossen gewesen. Das vermeintliche wirtschafts-, innen- und außenpolitische Versagen der »Novemberrepublik« und die Angst vor der »roten Gefahr« ließ die Mehrheit der Mittelschichten schon seit 1919 zu den Rechtsparteien (vor allem zur DNVP) zurückschwenken, lange bevor der große Aufschwung der NSDAP begann.

Zu simple Vorstellungen über die zwangsläufige Proletarisierung des Kleinbürgertums einerseits, andererseits das – durch die Erfahrungen im Kaiserreich genährte – Weiterwirken der These von der »einen reaktionären Masse«, die der Arbeiterbewegung gegenüberstehe, hatten kein theoretisches und praktisches Verständnis für die Notwendigkeit einer systematischen Bündnispolitik gegen das Monopolkapital aufkommen lassen. Ansätze in dieser Richtung aus den zwanziger Jahren – im Zusammenhang mit der Einheitsfrontpolitik der KPD – waren Episoden geblieben. Nicht nur der kommunistische, auch der gemäßigt-sozialdemokratische Arbeiter verachtete das unzuverlässige, »schwankende« Kleinbürgertum und hatte für dessen materielle und geistige Interessen und Bedürfnisse nur sehr begrenztes Verständnis. Die KPD gab ihrem klassenreduktionistischen Politikkonzept mit der – später relativierten – Parole »Klasse gegen Klasse« beredten Ausdruck (Versuche ab 1930, gezielt um Bündnispartner zu werben, wie z. B. das Bauernhilfsprogramm vom Mai 1931, vermochten diesen Rahmen nicht zu sprengen), während es auf sozialdemokratischer Seite gerade die auf die (immer machtloseren) Vertreter der liberalen Bourgeoisie gerichtete Koalitionspolitik war, die die SPD – indem sie diese als »Systempartei« erscheinen ließ – unfähig machte, plebejisch-rebellische Elemente des von der NSDAP reaktionär artikulierten Protests gegen »Weimar« und »Versailles« progressiv zu wenden. – Dieses Problem wurde von den Kommunisten und teilweise auch von den Sozialdemokraten erst einige Zeit nach der »Machtübernahme« der NSDAP erkannt und strategisch zu beantworten versucht.

Von der Volksfront zum bewaffneten Widerstand

Die Übergabe der Macht an die Nationalsozialisten und, als deren Folge, die Verstärkung faschistischer Tendenzen überall in Europa machten die fatalen Konsequenzen der sozialdemokratischen und kommunistischen Politik gegenüber der faschistischen Bedrohung sichtbar. Unter der Verfolgung durch SA, SS und Polizei lernten Sozialdemokraten und Kommunisten, sich erstmals als gemeinsame »Opfer des Faschismus« zu begreifen, und begannen die Auseinandersetzung über die Lehren aus der Niederlage.

Zu einer internationalen Massenbewegung wurde der Antifaschismus durch die politischen Ereignisse des Jahres 1934. Im Februar erhoben sich die Wiener Arbeiter gegen das sich immer deutlicher in faschistische Richtung entwickelnde klerikale Dollfuß-Regime. Im Saarland, seit 1919 Protektorat des Völkerbunds, bildeten beide Arbeiterparteien sowie christliche und liberale Minderheitsgruppen für die Abstimmung über die staatliche Zugehörigkeit eine »Freiheitsfront«, die zwar im Januar 1935 mit über 90 % Stimmen für die Wiederangliederung an Deutschland vernichtend geschlagen wurde, aber ebenfalls eine Steigerung der Bereitschaft zur Zusammenarbeit gegen den Faschismus signalisierte.

Entscheidend waren indessen die innenpolitischen Vorgänge in Frankreich. Der Druck der Basis erzwang hier im Februar 1934 die Ausrufung eines Generalstreiks und gemeinsame Demonstrationen der Sozialisten und Kommunisten gegen die Bedrohung der Republik durch die faschistischen Kampfbünde. Eine außenpolitische Umorientierung der UdSSR auf ein Bündnis mit den bürgerlichen Demokratien ermöglichte im Sommer 1934 die strategische Wende der französischen Kommunistischen Partei, der eine deutliche Linksentwicklung in der Sozialistischen Partei entsprach. Einem formellen Vertrag zur Zusammenarbeit beider Arbeiterparteien folgte, ebenfalls vorwiegend durch Druck von unten, die Einbeziehung der Radikalen Partei, der klassischen, von liberalen Berufspolitikern geführten Partei des französischen Kleinbürgertums. Daß es in Frankreich, wo die Weltwirtschaftskrise mit Verzögerung spürbar geworden war, möglich gewesen war, die Verunsicherung des Kleinbürgertums demokratisch zu wenden, lag nicht nur an der noch stark früh- und vorindustriell-mittelständischen Sozialstruktur, sondern maßgeblich auch an der besonderen politischen Tradition dieses Landes, nicht zuletzt an der Existenz einer breiten demokratischen Intelligenz.

Die »Volksfront«, wie das neue Bündnis genannt wurde, siegte bei den Parlamentswahlen im April/Mai 1936. Indessen zeigte sich bald, daß eine radikaldemokratische, antimonopolkapitalistische Politik mit der Gesamtheit der Radikalen unmöglich war; auch entwickelten sich in wachsendem Maße Differenzen zwischen Sozialisten und Kommunisten über die Behandlung der aufgetretenen Widerstände. Die Volksfront-Regierung unter dem Sozialisten Leon Blum war im Juni 1937 am Ende. Faktisch war die Volksfront damit bereits gescheitert. Einer ihrer Väter, der Radikale Daladier, kehrte als Ministerpräsident (1938–40) zu einer eindeutig prokapitalistischen Wirtschaftspolitik zurück, nahm das soziale Reformwerk der Regierung Blum großenteils zurück – ein Generalstreik dagegen scheiterte – und verfocht mit seiner Zustimmung zur Aufteilung der Tschechoslowakei nach außen eine den Faschismus begünstigende Beschwichtigungspolitik.

Hatte die französische Entwicklung als Mobilisierung für den Zusammenschluß aller entschiedenen Gegner des Faschismus gewirkt, so wurde Spanien nach dem Putsch Francos gegen die aus den Parlamentswahlen im Februar 1936 hervorgegangene Volksfrontregierung (seit November 1936 unter Einschluß der mächtigen anarchosyndikalistischen CNT) zum Schlachtfeld eines internationalen Bürgerkriegs zwischen Faschismus und Antifaschismus. Angesichts der Nicht-Interventionspolitik der Westmächte bei gleichzeitiger massiver und wahrscheinlich kriegsentscheidender Einmischung Deutschlands und Italiens auf Seiten Francos (in geringerem Maße lieferte die Sowjetunion Waffen an die Republik) zeichnete sich die militärische Niederlage der Republikaner schon bald ab, wenn der Kampf sich auch noch bis zum Frühjahr 1939 hinzog. Auch die antifaschistischen »Internationalen Brigaden«, darunter insgesamt ca. 5.000 Deutsche, konnten das Kräfteverhältnis nicht ausgleichen. In Spanien – wie zuvor schon bei dem französischen Generalstreik vom Frühjahr 1936 – wurde zudem die Problematik des Verhältnisses von spontaner sozialer Revolution und antifaschistischem Bündnis deutlich.

Die kommunistische Auffassung vom Spanienkrieg als einem »national-revolutionären«, also vorwiegend gegen die Intervention der faschistischen Mächte gerichteten Befreiungskampf, verabsolutierte *einen* (in der Realität durchaus vorhandenen) Aspekt – nicht zuletzt im Interesse der am Ausbau des Beistandspakts mit Frankreich interessierten sowjetischen Außenpolitik. Es spricht einiges dafür, daß mit der partiell gewaltsamen Eindämmung des sozialrevolutionären Aufbegehrens der unteren Klassen auch ein Teil der Dynamik des Volkswiderstandes gegen den Faschismus gebrochen wurde.

Aufgrund der französischen und spanischen Volksfront konkretisierte sich auch die antifaschistische Strategie der Kommunistischen Internationale. Bereits auf dem VII. Weltkongreß im August 1935 war verbindlich festgelegt worden, daß die Politik

8 Antifaschismus in Deutschland – Eine historisch-politische Bestandsaufnahme

der Sektionen auf die Herstellung von Volksfront-Bündnissen (antifaschistisch-antimonopolkapitalistischen Koalitionen der Lohnabhängigen, der Bauern, des städtischen Kleinbürgertums und der Intelligenz unter der Hegemonie der Arbeiterklasse) ausgerichtet werden sollte. Voraussetzung und wichtigste Stütze der Volksfront sei die »proletarische Einheitsfront« von Sozialdemokraten und Kommunisten unter gleichberechtigter Einbeziehung der bestehenden, meist reformistischen, Führungen der Sozialdemokratie. Dabei sei auch die Gewerkschaftsspaltung, wo sie bestehe, so schnell wie möglich zu überwinden.

Im Unterschied zur Periode bis 1934 erklärte sich die Kommunistische Internationale jetzt an der Verteidigung der demokratischen Rechte interessiert. Neben dem Schutz der bürgerlichen Demokratie gegen Angriffe von rechts, womit zugleich der innerimperialistische Gegensatz zwischen faschistischen und parlamentarischen Staaten gefördert werden sollte, erhielt die Volksfrontpolitik die Aufgabe, die Sowjetunion vor einer bewaffneten Aggression zu bewahren. Ihre klassenpolitische Funktion wurde zunächst darin gesehen, ein Übergangsregime zur »Sowjetmacht« zu installieren. Erst aufgrund der spanischen Erfahrung 1936/37 – der Konfrontation mit »Trotzkisten«, Linkssozialisten und Anarcho-Syndikalisten – wurde die angestrebte »demokratische Volksrepublik« als eine eigenständige, längere Periode unterhalb sozialistischer Verhältnisse konzipiert – seitdem ein Kernstück kommunistischer Programmatik.

Die historisch bedeutsamste Etappe der internationalen antifaschistischen Bewegung begann mit dem Überfall Deutschlands auf die Sowjetunion und dem Kriegseintritt der USA 1941. In der Phase der großen nationalsozialistischen Siege hatten nicht nur die meisten kommunistischen Parteien im Zeichen des deutsch-sowjetischen Nichtangriffspakts eine Deutschland begünstigende defaitistische bzw. neutrale Position bezogen – das Begriffspaar Faschismus/Antifaschismus verschwand zeitweise fast aus dem Wortschatz der Kommunistischen Internationale; auch im sozialdemokratischen, ganz zu schweigen vom bürgerlichen Lager (namentlich Frankreichs) hatte der militärische Zusammenbruch politische Anpassung an den Faschismus begünstigt.

Die Bildung der »Anti-Hitler-Koalition« aus der UdSSR, Großbritannien und den USA, der sich in der letzten Kriegsphase die meisten Länder der Erde anschlossen, gegen die um Deutschland, Italien und Japan gruppierten faschistischen und halbfaschistischen Staaten bedeutete die Überlagerung imperialistischer Rivalitäten durch einen ideologischen und Systemkonflikt. In den von Deutschland besetzten oder dominierten Ländern Europas verschmolz die Sache der nationalen Befreiung mit der des Antifaschismus. Seit 1943 wurde die europäische Résistance so zu einer (überwiegend linken) Massenbewegung, meist geführt von den kommunistischen Parteien. In Jugoslawien, Albanien und Griechenland trugen die Widerstandsbewegungen entscheidend zur militärischen Befreiung bei, und auch in den übrigen Ländern, namentlich in Frankreich und Italien, wurde die Résistance so stark, daß sie erhebliche Kräfte des Gegners band und initiativ in den Krieg eingreifen konnte. Die Ideologie der europäischen Résistance kann als patriotisch, linkspopulistisch und radikal-demokratisch gekennzeichnet werden. Ihre antimonopolkapitalistische Tendenz – weitgehend auch auf Seiten der nichtsozialistischen Gruppen – war nicht zuletzt die Reaktion auf die zweideutige und in starkem Maße auf Kollaboration mit der antibolschewistischen Ordnungsmacht Deutschland gerichtete Haltung wichtiger Teile der einheimischen herrschenden Klassen. (Überhaupt sollte die Basis der mit Deutschland verbündeten Regimes, z. T. auch in den besetzten Ländern – namentlich in Vichy-Frankreich – die auch eine eigenständige Vorgeschichte hatten, unter der Bourgeoisie bzw. dem Großgrundbesitz und den Mittelschichten nicht unterschätzt werden.)

Die deutsche Opposition gegen das NS-Regime

Trug die europäische Résistance überwiegend einen – im eingangs definierten Sinne – antifaschistischen Charakter, so läßt sich das für die innerdeutsche Opposition nicht in demselben Maße behaupten. Die breitesten Oppositionsbewegungen, die vom Regime auch am ehesten als Bedrohung empfunden wurden, erwuchsen – neben dem nonkonformen Verhalten von Teilen der Jugend – aus den Auseinandersetzungen der NSDAP mit den Kirchen und aus der Schwierigkeit, die Arbeiterklasse in die nationalsozialistische »Volksgemeinschaft« zu integrieren. Der von erheblichen Teilen der Bevölkerung unterstützte Widerstand gegen die Schmälerung der kirchlichen Autonomie war in seiner Gesamtheit weder subjektiv noch objektiv antifaschistisch. Nur die konsequentesten Vertreter der protestantischen »Bekenntniskirche« und des katholischen Klerus radikalisierten sich in Richtung auf eine grundsätzliche, zunehmend auch politisch fundierte Ablehnung der Diktatur. Einzelne Priester und Pastoren wirkten am antifaschistischen Widerstand mit oder näherten sich in der Haft dem Antifaschismus. Insgesamt gelang es aber dem Regime immer wieder, den politisch meist konservativen Episkopat und Klerus beider Konfessionen sowie die religiöse »Volksopposition« durch taktische Zugeständnisse zu beschwichtigen.

Die Industriearbeiterschaft, die sich in den Betriebsrätewahlen 1933 und den »Vertrauensrätewahlen« 1934 und 1935 teils durch Wahlboykott, teils durch »Nein«-Stimmen oder Teilstreichungen so deutlich gegen die offiziellen Kandidaten aussprach, daß bis 1945 keine Wahlen dieser Art mehr stattfanden, konnte trotz staatlichen Lohnstopps im Zuge des seit 1935 für immer mehr Gruppen einsetzenden Facharbeitermangels ihre Position auf dem Arbeitsmarkt zur individuellen Verbesserung ihrer ökonomischen Situation nutzen. Es kam zunehmend zu kleineren Streiks, vorwiegend auf Abteilungsebene. Daneben nahmen Absentismus, besonders verstärkt bei politischen Schlüsselereignissen wie der Sudetenkrise im Herbst 1938, und »absinkende Arbeitsmoral« epidemische Ausmaße an. So kam es in Lagern des »Arbeitsdienstes« und der »Organisation Todt« vereinzelt zu offenen Rebellionen gegen die Arbeitsbedingungen. Diese die Partei- und Staatsführung alarmierenden Aktionen ereigneten sich jedoch vor dem Hintergrund einer gründlich zerschlagenen politischen Arbeiterbewegung und eines ständig verschärften Terrorismus, so daß die Widerstandsgruppen in die Loyalitätskrisen des Regimes 1934/35, 1938/39 und 1943/44 gar nicht oder nicht erfolgreich intervenieren konnten. Die spontane Arbeiteropposition und die antifaschistische Widerstandselite blieben auch dort funktional voneinander getrennt, wo personelle Verbindungen gegeben waren. Die Diskussionszirkel, die auf der Basis einer regimefeindlichen Stimmung in etlichen Großbetrieben entstanden und im Weltkrieg etwa die Kriegsnachrichten der BBC oder von Radio Moskau austauschten und besprachen, waren offenbar eher Ausdruck des Bedürfnisses nach Aufhebung der politischen Isolation als eine Vorstufe für Kampfaktionen.

Der (relative) »Massenwiderstand« der alten Arbeiterbewegung, mehrheitlich der kommunistischen Richtung, konnte in den ersten drei bis vier Jahren nach der »Machtergreifung« zerschlagen werden. Während die Kommunisten ihre zentralistische Parteiorganisation – in den ersten beiden Jahren in Erwartung eines baldigen Wechsels – nach jeder Verhaftungswelle wieder aufbauten – selbst im Krieg wurden dreimal (1940/41, 1941/42 und 1943/44) Anstrengungen zur Bildung einer nationalen »operativen« Inlandsleitung gemacht – und in wagemutigen Aktionen die Weiterexistenz der KPD im »Dritten Reich« zu beweisen suchten, neigten die Sozialdemokraten – mit Ausnahme einiger aktivistischer Gruppen jüngerer Parteigenossen – zu wesentlich vorsichtigerem Vorgehen, das teilweise interne Aufklärung und Diskussion, teilweise auch nur die Aufrechterhaltung der »sozialdemokratischen Gesinnungsgemeinschaft« über Sport- und Gesangvereine, Konsumgenossenschaften usw. beinhaltete. Die kleineren linkssozialistischen Organisationen konnten aus unterschiedlichen Gründen (realistischere Einschätzung des Faschismus, Kaderstruktur und Vorbereitung auf die Illegalität, aber auch zunächst geringere Aufmerksamkeit der Repressionsorgane) einige Jahre vergleichsweise effektiv arbeiten, bis auch sie 1937/38 durch Verhaftungen entscheidend geschwächt wurden.

Soweit es in dieser Phase zur Zusammenarbeit – bis hin zu regionalen Vereinbarungen – von Sozialdemokraten und Kommunisten kam, handelte es sich meist um eine Einigung auf der Basis von eher traditioneller, revolutionär-sozialistischer (statt »antifaschistisch-demokratischer«) Programmatik. Ein erheblicher Teil des kommunistischen Widerstands hielt auch noch im Zweiten Weltkrieg an der traditionellen kommunistischen Programmatik fest und sah in der antifaschistischen Umwälzung – in Abweichung von der Exilführung der KPD und einem anderen Teil des KPD-Widerstands – lediglich eine kurze Übergangsetappe.

Seit Mitte der 30er Jahre bildeten sich neue, nunmehr stärker gemischt zusammengesetzte, kleinere, aber »härtere« Widerstandszirkel. Das ständig perfektionierte Terrorsystem und die gewaltsame Atomisierung der Arbeiterklasse und der Gesamtbevölkerung ließen jedoch weder eine proletarisch-sozialistische noch eine antifaschistische Massenbewegung entstehen. Im Weltkrieg unterschied sich die Lage der deutschen Antifaschisten grundlegend von der der besetzten Länder dadurch, daß sie keinen ausländischen Feind bekämpften, sondern mit ihrem Gegner die Nationalität teilten. Jeder Widerstand galt jetzt nicht mehr nur als »Hochverrat«, sondern als »Landesverrat«. Die Antifaschisten mußten gegen die Identifikation der Interessen des deutschen Volkes mit denen der herrschenden Oligarchie angehen, wie sie in wachsendem Maße nicht nur die Goebbels-Propaganda, sondern auch die Propaganda und Kriegsführung (Bombenkrieg) der Alliierten suggerierten.

In weitgehender Isolierung von der Masse der Bevölkerung war jedoch im Widerstand, in den Zuchthäusern und Konzentrationslagern ein gemeinsamer, auch programmatisch zu bestimmender deutscher Antifaschismus entstanden. Am eindeutigsten galt das für die Gruppe »Deutsche Volksfront« (1936–1938), deren Aussagen stark ethisch geprägt waren. Ihre konkreten Forderungen waren teils allgemein-demokratischer oder freiheitlicher, teils sozialpolitischer und teils dezidiert antigroßkapitalistischer Art. Die »Volksfront« wurde als Zusammenschluß der Sozialisten und der freiheitsliebenden Angehörigen des Bürgertums gesehen, die sich alle von früheren Parteibindungen gelöst hätten. Man ging davon aus, daß die faschistische Diktatur die Grundlage für eine neue antifaschistische Konstellation geschaffen habe, die sich von Parteien- und Gruppenkoalitionen früherer Zeit qualitativ unterscheide. Daher wurde den Parteiresten in der Emigration auch jeder Führungsanspruch bestritten.

Wenn von der Emigration die Rede ist, wird zuerst an jenen Exodus gedacht, der einen Großteil des deutschen Geisteslebens ins Ausland verlagerte. Das politische Exil – mehrheitlich Angehörige und Funktionäre der Arbeiterbewegung – blieb naturgemäß stärker als der Widerstand im Reich den parteipolitischen Traditionen der vorfaschistischen Zeit verhaftet; daneben machten sich direkte oder indirekte (atmosphärische) Einflüsse der Aufnahmeländer geltend. Zu einem antifaschistischen Bündnis der Exilorganisationen, das auf die illegale Arbeit zweifellos mobilisierend gewirkt hätte, ist es nie gekommen. Am ehesten gab es Ansätze dazu in den gewerkschaftlichen Auslandsorganisationen in Schweden und Großbritannien seit 1941/42.

Die Kernfrage hinsichtlich einer Zusammenarbeit der deutschen antifaschistischen Emigration war die Verständigung zwischen den sozialdemokratischen und den kommunistischen Organisationen, insbesondere dem Vorstand der SPD und dem Zentralkomitee der KPD. Seitens der SPD war der günstigste Zeitpunkt für Vereinbarungen zwischen den Arbeiterparteien bereits spätestens Mitte 1934 vorüber – scharfe Kritik an der eigenen politischen Vergangenheit und eine tiefe Verunsicherung der Führung hatten mit dem »Prager Manifest« vom Januar 1934 das Programm einer radikalen antifaschistischen Revolution mit antikapitalistischer Perspektive hervorgebracht –, als die Abkehr der KPD vom ultralinken Kurs (beschleunigte Entwicklung Deutschlands zur proletarischen Revolution, daher Fortsetzung des Kampfes gegen den »Sozialfaschismus«) gerade erst begonnen hatte.

Eine ausführliche Selbstkritik ihrer Politik leistete die KPD auf der »Brüsseler Konferenz« im Oktober 1935, auf der sie die Strategie der antifaschistischen Volksfront für Deutschland konkretisierte und ihre Bereitschaft erklärte, »mit allen und mit jedem zusammenzuarbeiten und zusammen zu kämpfen, die willens sind, auf den Sturz der Hitlerregierung und des faschistischen Barbaren-Regimes hinzuwirken«. Inzwischen hatte sich aber die SPD-Führung politisch rekonsolidiert und lehnte nach einem ersten, gegen ihren Willen von der KPD publik gemachten Kontaktgespräch alle Angebote auf Zusammenarbeit ab, wenn sie sie überhaupt beantwortete. Neben der unterschiedlichen Haltung zur Sowjetunion und zu den Westmächten gingen beide Richtungen weiterhin von unterschiedlichen Widerstandskonzepten aus, wobei sie im großen und ganzen die Mehrheitsmeinung ihrer Anhänger im Reich (s. o.) vertraten.

Den Bestrebungen im französischen Exil 1935–38, die deutsche Opposition durch die Bildung eines vorbereitenden »Volksfront-Ausschusses« zusammenzufassen, schlossen sich zwar neben den Kommunisten, linkssozialistischen Organisationen, dem radikaldemokratischen »Schutzverband Deutscher Schriftsteller« und einzelnen bürgerlichen Journalisten auch eine Reihe bekannter Sozialdemokraten, nicht aber der SPD-Vorstand an. Trotz der Bemühungen seines Vorsitzenden Heinrich Mann konnte sich der Ausschuß weder über seine praktischen Funktionen noch über ein gemeinsames Programm einigen. Die SAP sprach sich gegen die Losung der »demokratischen Republik« aus. Insbesondere die KPD wandte sich gegen jede Erwähnung einer sozialistischen Zielsetzung; zugleich versuchten die Kommunisten im Zusammenhang mit den Moskauer Prozessen und den »Trotzkisten«-Verfolgungen in der UdSSR und in Spanien, die linkssozialistische SAP aus dem Ausschuß zu verdrängen. Die deutsche Emigranten-Volksfront war bereits 1937, wie ihr französisches Vorbild, faktisch gescheitert.

Die zugespitzte, an die Zeit eine Dekade zuvor erinnernde Polemik zwischen SPD und KPD in der Phase des deutsch-sowjetischen Nichtangriffspakts – die SPD stellte sich bedingungslos auf die Seite der kapitalistischen Westmächte, die KPD verteidigte bedingungslos nicht nur die Notwendigkeit des Vertragsabschlusses durch die UdSSR, sondern verlagerte auch das Schwergewicht ihrer Propaganda vom »Antifaschismus« auf allgemeinen »Antiimperialismus« mit besonderer Betonung der Gefährlichkeit der westlichen »Plutokratie« (ohne allerdings jemals die illegale Arbeit einzustellen) – riß den Graben so weit auf, daß er auch im Zeichen der »Anti-Hitler-Koalition« nicht mehr überbrückt werden konnte. Zwar stiftete der »Hitler-Stalin-Pakt« auch unter den Antifaschisten im Reich erhebliche Verwirrung, doch scheint die Beurteilung unter den Bedingungen gemeinsamer Verfolgung und gemeinsamen Widerstands von beiden Seiten eher nüchterner gewesen zu sein.

In den großen alliierten Staaten wurden deutsche antinazistische Kriegsgefangene in speziellen Lagern zusammengefaßt, um sie für politische Aufgaben nach Beendigung des Krieges zu schulen. Aber allein in der Sowjetunion wurde diesen Bemühungen mit der Gründung des »Nationalkomitees Freies Deutschland« (NKFD) 1943 ein fester organisatorischer Rahmen und eine politische Perspektive zugewiesen. Dem NKFD, dem außer deutschen Kriegsgefangenen verschiedener politischer Richtungen führende kommunistische Emigranten angehörten, trat ein »Bund Deutscher Offiziere« unter Vorsitz des Generals Seydlitz bei. In seiner ersten Etappe propagierte das NKFD faktisch eine Verständigung der deutschen Generalität mit der Sowjetunion. Für die Zeit nach dem Sturz Hitlers und der »Rückführung« des Heeres wurde dem deutschen Offizierskorps die Fortexistenz der Armee als eines innenpolitischen Faktors und die wohlwollende Behandlung der Grenzfragen zugesichert. Dieses Konzept des NKFD, das auf starkes Mißtrauen der Westmächte und der deutschen Sozialdemokraten (und Linkssozialisten) stieß, blieb aufgrund des Kriegsverlaufs und der Stabilität des Nazi-Regimes eine Episode, doch wurde das Nationalkomitee in den Jahren 1944/45 zu einer großen Auffangorganisation für alte und neubekehrte Antifaschisten und Hitlergegner. In »Antifa-Schulen« als politische Kader ausgebildete deutsche Soldaten übernahmen nach Kriegsende in der SBZ diverse Aufgaben. Daß bei dem Bekenntnis zum NKFD häufig auch die Überlegung im Spiel war, die äußerst harten Bedingungen der sowjetischen Gefangenschaft zu verbessern, belegte den »Antifaschismus« bei der Mehrheit der deutschen Soldaten mit dem Odium des Opportunismus.

Hinsichtlich der beabsichtigten Beeinflussung der deutschen Kampftruppen und der Heimatbevölkerung blieb die Wirkung des NKFD relativ gering. Die Propaganda des Nationalkomitees übernahm in wachsendem Maße die Konzeption der Kommunisten für eine von räteähnlichen »Volksausschüssen« getragene antifaschistische Erhebung der Bevölkerung. In der programmatischen Substanz handelte es sich um eine Konkretisierung der Politik seit 1935. In der Westemigration vermochte die Bewegung »Freies Deutschland« den Aktionsradius der KPD nicht unwesentlich zu verbreitern; in den letzten beiden Kriegsjahren fungierte sie mindestens in Großbritannien als Sprachrohr alliierter Kriegszielpolitik. Im besetzten Frankreich nahmen deutsche Kommunisten, aber auch Sozialdemokraten und andere Antifaschisten, über das dortige »Komitee Freies Deutschland für den Westen« (CALPO) durch Agitation unter deutschen Soldaten sowie auch durch die Aufstellung besonderer Partisaneneinheiten am Kampf der Résistance teil.

Die Zweifel am antifaschistischen Charakter des gesamten deutschen Widerstands gründen sich in erster Linie auf die Haltung der antinazistischen Teile der herrschenden Klasse (einschließlich der Staatsapparate) und der Mittelschichten. Daß ein bürgerlich-demokratisches Potential in Deutschland 1932/33 praktisch nicht mehr existierte, ist weiter oben schon erwähnt worden. Bezeichnend für den totalen Bankrott des deutschen Liberalismus war die Tatsache, daß die fünf Abgeordneten der Deutschen Staatspartei (von 584), die 1919 als Deutsche Demokratische Partei noch 18,5 Prozent der Stimmen errungen hatte, am 23. März 1933 dem Hitlerschen Ermächtigungsgesetz zustimmten. (Das gleiche taten die übrigen bürgerlichen Parteien.) Ein eigener liberaler Widerstand hat sich in der Folgezeit ebensowenig entwickelt wie ein christlichdemokratischer. Widerstand von Angehörigen der bürgerlichen Mittelschichten, meist der Intelligenz, erwuchs vielfach ohne parteipolitische Anknüpfung an die Zeit vor 1933, aus einem elementaren humanistischen Protest, wie die Aktion der Geschwister Scholl, verband sich nicht selten auch mit dem sozialistischen Widerstand, wie z. B. in der Schulze-Boysen/Harnack-Organisation (»Rote Kapelle«).

Historisch relevant wurde auf nichtsozialistischer Seite jedoch vor allem der Widerstand der »Eliten«. In der zweiten Hälfte der 30er Jahre nahmen bürgerliche und militärische Gruppenbildungen zunehmend Verschwörungscharakter an, wobei dem früheren Leipziger Bürgermeister Carl Goerdeler eine Schlüsselrolle zukam. Für den Fall des Kriegsausbruchs war schon für den Herbst 1938 ein Putsch vorbereitet. Im Laufe der Zeit bildete sich ein weitverzweigtes Geflecht verschiedener Zirkel in den administrativen und militärischen Apparaten heraus – unter Einbeziehung von Sozialdemokraten und Gewerkschaften, die eigene Vertrauensmänner-Netze aufgebaut hatten, sowie mit Querverbindungen zu einigen Industriekonzernen. Die programmatischen Diskussionen lassen einen Lernprozeß bei je einem Flügel sowohl des zivilen (Kreisauer Kreis) als auch des militärischen (die Gruppe junger Offiziere um Oberst Stauffenberg) »Arms« der Verschwörung in Richtung auf antifaschistisch-antiimperialistische Positionen erkennen, der mit dem 20. Juli 1944 noch keineswegs abgeschlossen war.

Die Koalition der Verschwörer des 20. Juli umfaßte Repräsentanten aller politischen Richtungen des deutschen Volkes, die antifaschistisch und, darüber hinaus, »antihitlerisch« eingestellt waren. (Als wichtigste Gruppe fehlten die Kommunisten, zu denen führende Sozialdemokraten erst wenige Wochen vor dem Putsch eine feste Verbindung herstellen wollten, kurz darauf aber verhaftet wurden.) Zivile und militärische Kreise waren – unter den gegebenen Bedingungen, wie auch der Grundgedanke der NKFD-Gründung belegt, eine absolute Notwendigkeit – im 20. Juli-Putsch vereint. Zwar war die Mehrheit der hinter dem Aufstand des 20. Juli 1944 stehenden Gruppierungen (nicht Personen) – bei unbedingter moralischer Anerkennung ihres Handelns – rechtsautoritär-antidemokratischen Staats- und Gesellschaftskonzepten verpflichtet. Der gemeinsame Minimalkonsens hieß nicht Wiederherstellung der Demokratie (in welchem Sinne auch immer), sondern Restauration des Rechtsstaats. Mit der Verteidigung der traditionellen Werte verband sich das Interesse an der Bewahrung der -durch die Politik Hitlers und des nationalsozialistischen Regimes gefährdet geglaubten - Herrschaftsposition der wirtschaftlichen, militärischen und bürokratischen Eliten. Höchstwahrscheinlich hätte ein Gelingen des 20. Juli-Putsches der Welt, nicht zuletzt dem deutschen Volk, trotzdem weitere Zerstörungen und Menschenopfer erspart; die Chancen für den Fortbestand Deutschlands als einheitlichen Nationalstaates wären unvergleichlich besser gewesen. Es kann auch füglich bezweifelt werden, ob der Aufstand auf der Stufe eines reinen Militärputsches verharrt hätte, zumal die beteiligten Sozialdemokraten ein Weitertreiben des Umsturzprozesses anstrebten. Auch in Italien kam eine antifaschistische Massenbewegung erst *nach* Mussolinis Quasi-Absetzung durch den »Faschistischen Großrat« in Gang.

Teil II Der Antifaschismus und die Auseinandersetzung mit dem Nationalsozialismus

Antifaschismus in der Nachkriegszeit

Der internationale Antifaschismus der Kriegszeit unter dem Patronat der »Anti-Hitler-Koalition« drückte dem politischen Leben in Europa auch während der ersten beiden Nachkriegsjahre den Stempel auf. Beide Hauptströmungen der sich neu konstituierenden Arbeiterbewegung, aber auch linksliberale und christlich-soziale Parteien gingen davon aus, daß die gemeinsame Erfahrung von Verfolgung und Widerstand einen Konsens über eine Politik antifaschistisch-demokratischer Strukturreformen in allen gesellschaftlichen Bereichen erfordere und möglich mache. Die interalliierte Zusammenarbeit schien eine solche Perspektive machtpolitisch abzusichern. Auch bei der Wiedergründung der Gewerkschaften als Einheitsgewerkschaften in mehreren Ländern Europas, auch in Deutschland, spielte das antifaschistische Motiv eine maßgebliche Rolle. Obgleich die ideologische Bedeutung des Antifaschismus mit dem offenen Ausbruch des Ost-West-Konfliktes seit 1947 deutlich abnam, die Kommunisten aus den Regierungen Westeuropas ausscheiden mußten und die Periode der Strukturreformen zu Ende ging (in Osteuropa verschärfte sich parallel dazu die »Sowjetisierung«), ist die Tradition des antifaschistischen Widerstands nie ganz verschüttet worden und ist insbesondere in Frankreich und Italien bis heute ein relevanter innenpolitischer Faktor.

Das deutsche Volk hatte weder vermocht, die nationalsozialistische Diktatur aus eigener Kraft zu stürzen, noch hatte es einen militärisch wesentlichen Beitrag zur Niederringung der faschistischen Mächte im Zweiten Weltkrieg geleistet. Wie ist die Loyalität zum NS-Regime fast bis »fünf Minuten nach zwölf« zu erklären? Wenn auch Kritik an der Innen- und Gesellschaftspolitik und an der Rolle der NSDAP wesentlich stärker ausgeprägt waren als häufig angenommen – nicht nur unter Arbeitern, sondern auch unter Bauern und Kleingewerbetreibenden, Katholiken und einem Teil der Jugend –, gelang es dem Regime angesichts des Fehlens jeder Gegenöffentlichkeit und damit der Möglichkeit kritisch-systematischer Überprüfung der eigenen Erfahrungen dennoch, namentlich durch die Anbindung aller »positiven Leistungen« (neben der Beseitigung der Arbeitslosigkeit durch Aufrüstung vor allem die bis in antifaschistische Kreise begrüßte schrittweise Revision des Versailler Vertrags) an die Person des »Führers«, die unvergleichlich populärer war als sein Anhang, eine weitgehende, wenn auch nur partielle ideologische Integration zu erreichen. Die Volksmassen konnten so, sofern sie nicht dem Nationalsozialismus anhingen, wenigstens neutralisiert werden. Was die Arbeiterklasse betrifft, so spielte während des Krieges die – vermittels der Ausplünderung Europas – relativ günstige Ernährungslage und die Klassenspaltung durch Einsatz von Millionen »Fremdarbeitern« und Kriegsgefangenen (bis zu einem Drittel der Industriearbeiter), die gegen das »Dritte Reich« vergleichsweise massiven Widerstand – z. T. in Zusammenarbeit mit deutschen Kommunisten – leisteten, eine große Rolle. In Bezug auf die deutschen Soldaten ist, verglichen mit dem Ersten Weltkrieg, auf eine weniger provozierende Privilegierung des Offizierskorps

8 Antifaschismus in Deutschland – Eine historisch-politische Bestandsaufnahme

zu verweisen sowie auf die Beteiligung einer wachsenden Gruppe von Soldaten an Kriegsverbrechen, die deren Schicksal mit dem der NS-Führung verknüpften.

Es scheint überdies so, als ob die historisch einmalige Steigerung des Terrors und die selbstzerstörerische Dynamik der nationalsozialistischen Herrschaft beide Hauptklassen der Gesellschaft, sowohl die Arbeiterklasse als auch die Bourgeoisie, mit dem Fortgang des Krieges zu größeren politischen Aktionen immer unfähiger gemacht hätten. Die regionale Zersplitterung Deutschlands durch Kriegseinwirkungen, vor allem die Zerstörung des Transportsystems und des Wohnraums 1944/45, beschränkte das Handeln zunehmend auf den lokalen Bereich. Zwar kam es nur in Ausnahmefällen zu Selbstbefreiungsaktionen, wesentlich zahlreicher waren jedoch – häufig erfolgreiche – Versuche, eine militärische Verteidigung des Heimatorts durch organisiertes Hissen weißer Fahnen, Beeinflussung deutscher Truppen usw. zu verhindern. Obwohl eher ein Reflex des Selbsterhaltungswillens der gesamten Bevölkerung einschließlich der Großbourgeoisie, spielten Antifaschisten bei diesen vielfach riskanten Aktionen eine herausragende Rolle.

Spätestens nach dem Einmarsch der Alliierten bildeten praktisch überall in Deutschland Kommunisten, Linkssozialisten und Sozialdemokraten, parteilose Werktätige und demokratische Intellektuelle sogenannte »Antifaschistische Ausschüsse« (»Antifas«), die die Enttrümmerung und die dringendsten Aufräum- und Reparaturarbeiten, die Sicherstellung der Ernährung, die Erfassung und oft selbständige Verhaftung von »Nazi-Aktivisten«, Beschlagnahmungen von Wohn- und Büroräumen durchführten, NSDAP-Mitglieder zum Arbeitseinsatz verpflichteten und von der Besatzungsmacht maßgeblichen Einfluß auf die lokale Verwaltung verlangten. In den Großbetrieben konstituierten sich aus Antifaschisten provisorische Betriebsausschüsse, die weitgehend ähnliche Funktionen wahrnahmen.

In einer Reihe von Fällen kam es innerhalb weniger Tage und Wochen zur Herausbildung großstädtischer oder gar regionaler Organisationen mit mehreren tausend Mitgliedern. Vorherrschend waren jedoch selbständige Ausschüsse in (meist proletarischen) Stadtteilen und kleineren Städten. Die Ziele der »Antifas« waren durchweg auf die unmittelbaren Tagesaufgaben (Sicherung der physischen Existenz, Entnazifizierung, Aufbau einer antifaschistischen Verwaltung) gerichtet und enthielten eine weitere Perspektive am ehesten durch die improvisierte und basisorientierte Form ihrer Politik. Der Aufbau politischer Parteien galt im Unterschied zu dem der Gewerkschaften nicht als vorrangig; wenn überhaupt, sollte eine Sozialistische Einheitspartei entstehen. Ungeachtet ihrer reduzierten Programmatik waren die Antifas dort, wo es besondere lokale Verhältnisse gestatteten, in der Lage, antifaschistische Machtorgane zu errichten und das gesellschaftliche Leben zu reorganisieren. Zweifellos handelte es sich um aktivistische Minderheiten, vor allem vom linken Flügel der alten Arbeiterbewegung, die oft in direkter personeller Kontinuität zum Widerstand standen, doch gelang es, in erheblichem Maße auch »neue« Antifaschisten heranzuziehen. Das Mobilisierungspotential der Antifas reichte über die antifaschistischen Kerngruppen vielfach weit hinaus und schloß neben einem erheblichen Teil der Arbeiterschaft auch Teile der Mittelschichten ein.

Der genuine, aus den politischen Prozessen im Lande selbst sich entwickelnde Antifaschismus, der bei aller zahlenmäßigen und programmatischen Begrenzung doch die am wenigsten demoralisierten und eindeutig demokratisch gesinnten Teile des deutschen Volkes umfaßte, erhielt keine Chance. Die Alliierten und ihre Auftragsverwaltungen sahen in ihnen dysfunktionale, den Wiederaufbau störende Sonderbestrebungen; die Westmächte – besonders die Amerikaner –, in deren Besatzungszonen bis zur Potsdamer Konferenz (Juli/August 1945) jede politische Tätigkeit verboten war, meinten sehr bald, die vermeintlich prokommunistischen und sozialrevolutionären Bestrebungen der Antifas unterbinden zu müssen. Im allgemeinen wurden sie noch im Frühjahr aufgelöst. Die von der Roten Armee mit der Reorganisation der Verwaltung beauftragten »Initiativgruppen« deutscher Kommunisten hielten die Tätigkeit der Antifas für sektiererische »Rummurkserei« (so die Formulierung von Walter Ulbricht auf einer KPD-Konferenz am 27.6.1945), die schleunigst aufhören müsse. Das personelle Potential der Antifas wurde in der SBZ jedoch meist weiter verwendet.

War zwar der Ansatz zu einer antifaschistischen *Bewegung* gebrochen, so setzte sich doch mit der Erkenntnis der nationalen Katastrophe und ihrer Ursachen in der Bevölkerung ganz Deutschlands die Zustimmung zu antifaschistischen, antimonopolkapitalistischen und demokratischen Maßnahmen durch. In den in mehreren deutschen Ländern 1946/47 durchgeführten Volksabstimmungen fanden sich eindeutige Mehrheiten für Enteignungs- und Mitbestimmungsartikel von Länderverfassungen bzw. -gesetzen. Die anfängliche Zustimmung zur Entnazifizierung (vor allem bei den unteren Bildungs- und Einkommensgruppen) wich in den Westzonen erst in dem Maße, wie der inquisitorische Charakter, insbesondere der amerikanischen »Säuberung«, und die als ungerecht empfundene Einstufungspraxis, die die sozial herrschende Klasse weitgehend schonte, offenbar wurden. Ernsthaft betroffen war im Endeffekt ein relativ kleiner Personenkreis – vorwiegend aus den mittleren Stufen der Staats- und Parteihierarchie.

Diese – wenn auch passive, ideologisch diffuse, labile und in sich widersprüchliche – antifaschistische Massenströmung drückte sich politisch in einem »antifaschistischen Grundkonsens« (personelle und ideologische Entnazifizierung und Entmilitarisierung, Sicherung des Rechtsstaats und der Demokratie, Enteignung, mindestens Entflechtung des Monopolkapitals, Zusammenarbeit der Antifaschisten) der vier großen Parteien und der Gewerkschaften aus. Reste dieses antifaschistischen Grundkonsenses haben sich noch im Grundgesetz der Bundesrepublik niedergeschlagen. Hinsichtlich sozialökonomischer Veränderungen entzogen sich am ehesten die Liberalen diesem Konsens, ohne ihn aber grundsätzlich in Frage zu stellen. In beiden bürgerlichen Parteien, besonders in der CDU, traten vorübergehend entschieden demokratische Politiker hervor. Dennoch lag in der (zudem äußerst vage formulierten) Zustimmung der bürgerlichen Parteien zu antifaschistischen Reformen von Anfang an vor al-

8 Antifaschismus in Deutschland – Eine historisch-politische Bestandsaufnahme

lem ein taktisches Zugeständnis an den »Zeitgeist«. Eine stabile Basis hätte antifaschistische Politik wiederum nur bei KPD, SPD und Gewerkschaften finden können. Das Verhältnis beider Richtungen zueinander bestimmte daher nicht nur über die Perspektive der Arbeiterbewegung, sondern zugleich über die Möglichkeit einer Reorganisation der deutschen Nation auf antifaschistischer Basis.

Die Siegermächte waren sich einig, Deutschland als imperialistische Großmacht auszuschalten und seine Entwicklung für längere Zeit unter Kontrolle zu halten. Das konnte durch Gebietsabtretungen, Reparationen und wirtschaftliche Beschränkungen, aber auch durch gesellschaftliche Reformen geschehen. Aufgrund unterschiedlicher ökonomischer und politischer Interessen und verschiedener Einschätzungen des Nationalsozialismus war eine dauerhafte Einigung weder über die eine noch über die andere Art von Maßnahmen möglich. Das Potsdamer Abkommen blieb weitgehend ein Formelkompromiß, der die grundlegenden Gegensätze in der »Anti-Hitler-Koalition« nicht aufheben und die Auseinanderentwicklung der Besatzungszonen nicht verhindern konnte. Während der antifaschistische Aufbruch nach dem Zweiten Weltkrieg in den anderen europäischen Ländern (auch in mit Deutschland verbündeten Staaten) überwiegend als »nationale Wiedergeburt« empfunden und propagiert wurde, verband sich der Sieg über den Faschismus für die Deutschen mit Besatzungsherrschaft, territorialer Aufteilung, Vertreibung aus den Oder-Neiße-Gebieten, Zurückhaltung deutscher Kriegsgefangener, moralischer Kollektiv-Verurteilung und wirtschaftlicher Ausplünderung. Diese Tatbestände betrafen vor allem die durch den Krieg am weitaus stärksten beeinträchtigte Sowjetunion und die ihr zugeordneten politischen Kräfte, die als Hauptpropagandisten des Antifaschismus hervortraten. In allen vier Zonen wirkten außerdem die katastrophalen, sich weiter verschlechternden Lebensverhältnisse als Belastung der neuen politischen Verhältnisse. Da ein einheitliches Vorgehen der Alliierten in Deutschland nach Kriegsende im Wesentlichen nur als vorübergehende gemeinsame Niederhaltung des Gesamtvolkes im besiegten Deutschland realisierbar war, konnte der Antifaschismus hier nie eine echte Massenbewegung werden.

In den Westzonen Deutschlands wurde der Antifaschismus – deutlicher noch als in Westeuropa – ein Opfer des Kalten Krieges. Obwohl zunächst auch hier Allparteien-Regierungen vorherrschten, dominierten zunehmend konservative bürgerliche Kräfte. Aber auch wo die Arbeiterparteien stark vertreten waren, wie in den Hansestädten, besaßen die Verantwortlichen unter den gegebenen wirtschaftlichen und machtpolitischen Verhältnissen nur äußerst begrenzten Spielraum für gesellschaftspolitische Eingriffe.

Die Spaltung der Arbeiterbewegung erneuerte sich, nachdem anfangs Einheitsbestrebungen vorherrschend gewesen waren, krasser als jemals zuvor. Von der Polemik im Vorfeld der in der SBZ im Frühjahr 1946 vollzogenen Verschmelzung von KPD und SPD zur SED bis zum Unvereinbarkeitsbeschluß der SPD gegenüber der in ganz Deutschland 300.000 Mitglieder umfassenden »Vereinigung der Verfolgten des Naziregimes« (VVN) 1948, mit dem sie sich von dem gemeinsamen Erbe des Widerstands abwandte (als Ersatz entstanden die »Arbeitsgemeinschaft verfolgter Sozialdemokraten« und der »Bund der Verfolgten des Naziregimes«), führt ein gerader Weg, wenn auch die Arbeiterparteien auf lokaler und Länderebene noch über diesen Zeitpunkt hinaus oft genug gemeinsame Sache machten.

In der sowjetischen Zone wurden ab 1945 in einer »antifaschistisch-demokratischen Umwälzung« mit der Enteignung des Großgrundbesitzes, der Banken und des Großkapitals und mit der radikalen personellen und organisatorischen Umgestaltung des Verwaltungsapparats, der Polizei, der Justiz und des Erziehungswesens die gesellschaftlichen Grundlagen des Faschismus definitiv zerstört. Diese Maßnahmen, die zugleich den Weg für eine nichtkapitalistische Entwicklung entsprechend den neuen »Volksdemokratien« Osteuropas freimachten, waren jedoch in erster Linie nicht das Werk selbsttätiger Volksmassen, sondern einer importierten »Revolution von oben«. Die eigenständigen Organisationsansätze der Werktätigen wurden liquidiert, wie die Antifas (1945) und die autonomen Betriebsräte (1948), weil sie der Durchsetzung des bürokratisch-zentralistischen Transformationsmodells im Wege standen; neben tatsächlichen Faschisten und bürgerlichen Gegenrevolutionären waren auch Sozialdemokraten und oppositionelle Kommunisten Verfolgungen ausgesetzt. Die »antifaschistischdemokratische Ordnung« trat als eine von der Besatzungsmacht abhängige Erziehungsdiktatur ins Leben, die auf der Basis der veränderten gesellschaftlichen Bedingungen neue soziale Widersprüche produzierte. Daß vermittels des bereits im Juli 1945 gebildeten »Blocks der antifaschistisch-demokratischen Parteien« auch die politischen Repräsentanten des Bürgertums veranlaßt werden konnten, den Transformationsprozeß mitzutragen, war nur unter der besonderen machtpolitischen Konstellation der SBZ möglich. Die totale Funktionalisierung des Begriffs »Antifaschismus« durch die Identifikation mit dem System und der jeweiligen Politik der DDR seitens der SED – so galt der Bruch der Sowjetunion mit dem »faschistischen Tito-Regime« in Jugoslawien ebenso wie die Niederschlagung des Arbeiteraufstands vom 17. Juni 1953 und der Bau der Berliner Mauer am 13. August 1961 als antifaschistische Maßnahme – hat die Diskreditierung antifaschistischen Bewußtseins in Westdeutschland zweifellos erleichtert, die Forcierung der »Revolution von oben« ohne Rücksichtnahme auf den Stand der Arbeiter- und demokratischen Bewegung in den Westzonen bzw. der Bundesrepublik deren Kampfposition – ungeachtet der Bewertung des »realen Sozialismus« »an sich« – wesentlich erschwert (wie u. a. die Reduzierung der KPD zu einer Splitterpartei noch vor ihrem Verbot 1956 belegt).

Inwieweit es in Teilen der DDR-Bevölkerung auf der ideologischen Ebene heute noch oder wieder rechtsextreme Tendenzen gibt, ist eine spekulative Frage; verschiedentlich kommen aus der Evangelischen Kirche Warnungen vor weit verbreiteter Xenophobie. Auch berichten ehemalige Häftlinge über eine Radikalisierung nach rechts bei einem Teil der politischen Gefangenen als Reaktion auf Erfahrungen mit dem Repressionsapparat. Insgesamt unterscheiden sich jedoch die Bedingungen für antifaschistische Arbeit in der DDR so fundamental von denen in der Bundesrepublik, daß es nicht sinnvoll erscheint, Vorgänge auf ostdeutschem Territorium – abgesehen von der unmittelbaren Nachkriegszeit – hier mit zu dokumentieren und zu behandeln.

Vom Antifaschismus zum Antitotalitarismus

Die totale Niederlage des deutschen Imperialismus, die Ausschaltung der ostelbischen Gutsbesitzerkaste durch Enteignung, die Auflösung der NSDAP und der Wehrmacht seitens der Besatzungsmächte zwangen die deutsche Großbourgeoisie zu einer grundlegenden innen- und außenpolitischen Wende. Angesichts der vor allem von den USA forcierten Spaltung Deutschlands beim Übergang zum offenen Kalten Krieg 1947/48 setzte sich der CDU-Politiker Konrad Adenauer mit einem auf Rückgewinnung deutscher Gleichberechtigung über Integration in den Westblock gerichteten außenpolitischen Konzept durch, das seine innenpolitische Entsprechung in einer marktkapitalistischen Wirtschaftspolitik, verwirklicht durch einen antisozialistischen Bürgerblock unter Führung der CDU/CSU, fand. Die ideologischen Instrumente der Einbeziehung früherer Nationalsozialisten und Deutschnationaler waren Antikommunismus und Antisowjetismus, durch die sich nationalistisch-revanchistische Motive und Ziele in den »freiheitlich-abendländischen« Diskurs der CDU/CSU mühelos einfügen ließen. Das überstürzte Ende der »Entnazifizierung« und die bald folgende Renazifizierung der Staatsbürokratie, die Verwendung von Wehrmachtsoffizieren beim Aufbau der Bundeswehr, die praktisch vollständige Rehabilitierung der »Wirtschaftsführer« sowie schließlich die verspätet begonnene und teilweise provozierend milde Bestrafung der NS-Verbrechen erfolgten mit Duldung, teilweise unter direktem Druck der USA, die sich in der Auseinandersetzung mit der UdSSR die Opposition eines erheblichen Teils der Bourgeoisie und der Mittelschichten Westdeutschlands nicht leisten wollten.

So gelangten Ex-Nazis schon zu Beginn der Bundesrepublik in führende Positionen öffentlicher Institutionen und der bürgerlichen Parteien; vor allem der FDP, der DP und dem BHE strömten die ehemaligen »PGs« zu. Gegenmaßnahmen wurden nur dann ergriffen, wenn eine regelrechte Unterwanderungsstrategie sichtbar wurde, die sich *gegen* die Adenauer-Politik richtete – wie im Fall des 1953 von den Briten zerschlagenen Zirkels um den früheren Staatssekretär im Goebbelsschen Propagandaministerium, Werner Naumann.

Neben den erwähnten bürgerlichen Parteien rechts von der CDU/CSU bildeten sich schon seit 1946 auch wieder regelrecht rechtsextreme Parteien und Organisationen, deren wichtigste die DRP war, unmittelbarer Vorläufer der NPD. (Der Begriff des »Rechtsextremismus« schließt aggressiv konservative und rechtsautoritäre Strömungen ein und ist von daher für die Beschreibung der Nachkriegssituation vielfach geeigneter als der analytisch klarere des Faschismus.) Abgesehen von der 1949 von offenen Neonazis gegründeten und 1952 wieder verbotenen SRP, blieben den rechtsextremen

Parteien bis 1966/67 spektakuläre Wahlerfolge verwehrt. Die Gründe dafür sind zunächst in der günstigen Wirtschaftskonjunktur während der »Rekonstruktionsperiode« zu suchen, die neben hohen Profiten und Monopolprofiten nicht nur kontinuierlich (wenn auch bescheiden) steigende Reallöhne bei wachsendem Beschäftigungsgrad, sondern auch erhebliche Subventionen für große Teile der selbständigen Mittelschichten (und dadurch die Abschwächung der Deklassierungstendenz) und nicht zuletzt die gesellschaftliche Integration von vielen Millionen Heimkehrern, Vertriebenen und Flüchtlingen ermöglichte. Außerdem provozierte die restaurative Atmosphäre in der Alltagskultur der Adenauer-Zeit – die amerikanische »Reeducation« bewirkte lediglich eine Übernahme liberaldemokratischer Formen – wenig Protest von rechts. Demgegenüber blieb der faktische Verzicht auf Wiedervereinigungspolitik seitens der CDU-geführten Bundesregierungen, in deren Politik die Wiederherstellung der staatlichen Einheit Deutschlands als Kapitulation des Ostens konzipiert wurde, bis zum Bau der Berliner Mauer für die meisten Nationalisten hinter einer Nebelwand von »Rechtsansprüchen« und pseudonationalen aggressiven Parolen verborgen.

Das wichtigste ideologische Instrument zur Paralysierung antifaschistischen Bewußtseins war die Totalitarismus-Theorie, die aus ähnlichen Erscheinungen faschistischer und »realsozialistischer« Staaten eine Wesensgleichheit herleitete und bis heute zur Ausgrenzung der »Extreme« von rechts und links aus dem demokratischen Spektrum dient. Der offizielle Antitotalitarismus, dessen Interpreten auch nicht versäumten, darauf hinzuweisen, »daß Hitler tot ist und Ulbricht lebt« (Rainer Barzel am 10.3.1965 im Bundestag), ließ die reale Kontinuität des Antikommunismus der Rechten als Läuterung zu freiheitlicher Gesinnung erscheinen. Ebenso muß aber bedacht werden, daß der Antikommunismus *der Massen* nicht allein aktualisiertes Gedankengut der Nazizeit war, sondern *auch* auf Anschauung und Erfahrungen mit dem als gegnerisch und bedrohlich erlebten östlichen System beruhte. (Daß übrigens der antitotalitäre Impetus z. T. durchaus echt war, zeigt die Haltung der Westberliner, die für Rechtsextremismus und -konservativismus vergleichsweise unempfänglich, aber gleichzeitig mehrheitlich glühende Antikommunisten waren.)

Unter den geschilderten Umständen war es für die antikommunistische SPD- und Gewerkschaftsführung ein leichtes, in ihren Organisationen einen strikten Abgrenzungskurs gegen den »Totalitarismus« durchzusetzen. Kaum eine Protestresolution gegen Neonazismus ohne gleichzeitige Distanzierung von den Kommunisten, wobei letzterer meist noch mit ersterem gleichgesetzt wurde. (In der Praxis ließ sich allerdings das Verbot, mit der KPD zusammenzuarbeiten, nicht vollständig durchsetzen. Auch in den fünfziger Jahren kam es immer wieder zu gemeinsamen Aktionen von Kommunisten und – vorwiegend jungen – Sozialdemokraten gegen öffentliche Auftritte der Rechtsextremisten.) Da die KPD seit 1948 nicht ohne eigene Schuld zunehmend in eine fast vollständige Isolierung geriet und schon seit 1950 staatlichen Repressionsmaßnahmen ausgesetzt war, begann der westdeutsche Staat auch gegen die VVN, die sich am »nationalen Widerstand« der KPD und kleinerer bürgerlicher Gruppen gegen Spaltung und Remilitarisierung beteiligte, mit Polizeimaßnahmen und Teilverboten vorzugehen. Höhepunkt dieser Versuche war ein Antrag der Bundesregierung auf Feststellung der Verfassungswidrigkeit der VVN am 20. Oktober 1959, der jedoch drei Jahre später kläglich scheiterte.

Ein neuer Antifaschismus

War der organisierte Rechtsextremismus seit Mitte der fünfziger Jahre, als mit dem NATO-Beitritt die außen- und sicherheitspolitische Grundentscheidung gefallen war und das anhaltende »Wirtschaftswunder« rechter Kritik an der Gesellschaftspolitik der CDU/CSU den Resonanzboden fast völlig entzog, deutlich im Rückgang begriffen gewesen, so deutete sich schon in der ersten Hälfte der sechziger Jahre (Berliner Mauer, amerikanisch-sowjetische Entspannungsbemühungen) in der Auflagensteigerung seiner Presseorgane und der Gründung der NPD (1964) ein neuer Aufschwung an. Die Rezession von 1966/67, die Große Koalition und der Beginn der Studentenbewegung hatten die Verunsicherung größerer Teile der Mittelschichten und kleinerer Teile der Arbeiterklasse zur Folge, die die NPD mit ihrer halb faschistischen, halb national-konservativen Propaganda zum Protest zu mobilisieren verstand. Der Mitgliederzuwachs der NPD und ihr Einzug in mehrere Landesparlamente mit Stimmanteilen bis zu 10 % ließ auch das Überspringen der 5 %-Klausel im Bund befürchten und löste eine massive und breite Gegenbewegung aus, die, von Gewerkschaftern, Sozialdemokraten, Kommunisten, der entstehenden Außerparlamentarischen Opposition (APO) und anderen getragen, den Wiederbeginn eines neuen kämpferischen Antifaschismus in der Bundesrepublik markieren. Das Scheitern der NPD bei den Bundestagswahlen 1969 bei 4,3 % und ihr Niedergang in den folgenden Jahren – ihr Wählerpotential wurde ganz überwiegend von der CDU/CSU aufgesogen – hat seine Ursache gewiß nicht allein in der Welle der Gegendemonstrationen. Diese sollten aber auch nicht unterschätzt werden, weil sie für viele Demokraten die Gefahr bewußt machten und für potentielle »law-and-order«-Wähler die NPD mit dem Signum des Krawalls und der Unruhe belegten; mancherorts wurde der Aufbau ihrer organisatorischen Infrastruktur ernsthaft behindert.

In dem Maße, wie auch die Totalitarismus-Theorie nicht mehr akzeptiert wurde, wandte sich die APO außer gegen die NPD vor allem auch gegen autoritäre Tendenzen der etablierten Parteien, die z. T. sogar fälschlicherweise als faschistisch bezeichnet wurden. Der Protest, der von den Universitäten auf Gymnasien und teilweise auch auf Berufsschulen übergriff, ist zu Recht auch als eine quasi kulturelle Revolte gegen den Konformismus der westdeutschen Nachkriegsgesellschaft gedeutet worden. Die noch von scheinbar intakten bürgerlichen Elternhäusern geprägten Studenten erhoben sich gegen die Vätergeneration und machten dieser für ihr vermeintliches Versagen im »Dritten Reich« und die bequeme Methode der »Vergangenheitsbewältigung« durch

Abwendung und Verschweigen öffentlich den Prozeß. Hinter der Denunziationsformel »faschistisch« für soziale Verhaltensweisen und Strukturen steckte auch der Versuch einer eigenen, nachholenden Vergangenheitsbewältigung und eine verspätete Form des Widerstands, die ihre moralische Rechtfertigung aus der hysterisch-aggressiven Reaktion der westdeutschen Öffentlichkeit auf die neue Bewegung erfuhr.

Die breite Ablehnung der 1968 verabschiedeten verfassungsändernden Notstandsgesetze fand ihre Fortsetzung im Widerstand gegen den Abbau demokratischer Rechte in den siebziger Jahren, der sich insbesondere im Kampf gegen den »Radikalenerlaß« und die »Anti-Terror«-Gesetze manifestierte. Auch die Kampagne »Enteignet Springer!« (von 1967/68) gehört wegen des (wenn nicht faschistischen, so doch antidemokratischen) Charakters der Erzeugnisse dieses Pressekonzerns ebenso in diesen politischen Zusammenhang wie die Mobilisierung gegen das »Rechtskartell«, dessen Führung der militante Flügel der sich seit 1969 in der Opposition nach rechts orientierenden CDU/CSU übernahm.

In dem Engagement für die Durchsetzung der Entspannungspolitik zu Beginn der siebziger und gegen die Strauß-Kandidatur zum Bundeskanzler am Ende der siebziger Jahre engagierten sich neben linken Sozialdemokraten auch besonders die Mitglieder und Sympathisanten der (im September 1968 legalisierten) DKP. Politisch gehört auch die VVN seit ihrer Reorganisation 1972 als »Bund der Antifaschisten«, der auch Jüngere aufnimmt, zum Spektrum der engeren Bündnispartner der DKP (der Unvereinbarkeitsbeschluß der SPD gilt weiterhin!). Angefangen mit dem 30. Jahrestag der »Befreiung vom Faschismus« hat die VVN mit ihren Bündnisorganisationen in den letzten Jahren mehrfach Zehntausende von Antifaschisten zu zentralen und regionalen Manifestationen zusammenzurufen vermocht. Daneben entwickelte sich die Bewegung »Rock gegen rechts«, die stärker im spontaneistischen Jugendmilieu verankert war, und es entstand – parallel zur Intensivierung der wissenschaftlichen Forschung über Faschismus und Antifaschismus – ein inzwischen enges Netz von lokalen antifaschistischen Studien- und Aktionsgruppen.

Der gegenwärtige Rechtsextremismus

Dieser neueste Antifaschismus ist – ebenso wie die gegen die NPD gerichteten Aktivitäten Ende der sechziger Jahre – Reaktion auf neue Phänomene, vor allem auf zunehmende und nicht mehr zu verschleiernde neonazistische Tendenzen unter Jugendlichen, von denen die festorganisierten illegalen NS-Gruppen nur die Spitze des Eisbergs bilden. Das Hervortreten neonazistischer Strömungen, antisemitische Vorfälle in Schulen, Polizei- und Bundeswehrkasernen veranlassen die staatlichen Autoritäten, die eine Schädigung des westdeutschen Ansehens im Ausland befürchten müssen, noch am ehesten zum Eingreifen. Die SPD hat zwar notgedrungen die offensiv propagierte Behauptung der CSU, »Nationalsozialismus« sei vor allem Sozialismus und entstamme daher der gleichen kollektivistischen Geistestradition wie die SPD, zurückgewiesen und Straußens Ansicht widersprochen, hinter den deutschen Neonazis stünde der KGB (also letztlich wieder der *linke* Feind), scheut aber vor einer ideologischen Gegenoffensive gegen den Rechtsextremismus zurück, da sie den Bruch mit den Tabus des Antitotalitarismus bzw. Antiextremismus beinhalten müßte.

Der Kampf der Antifaschisten in der Bundesrepublik darf aber keinesfalls auf die Neonazis im engeren Sinne beschränkt werden; er muß sich gegen den Rechtsextremismus insgesamt richten (insbesondere gegen den publizistischen) und auch die autoritären und repressiven Tendenzen des bestehenden politischen Systems einschließen. Der »starke Staat« der »freiheitlich-demokratischen Grundordnung« repräsentiert keinen »neuen Faschismus« – auch nicht unter einer CDU/CSU-Regierung. Aber er schränkt mit den individuellen und demokratischen Rechten und mit der Verbreitung einer ihm entsprechenden Ideologie (vgl. schon Erhards »formierte Gesellschaft«) zugleich die Abwehrmöglichkeiten gegen einen potentiellen neuen Faschismus bzw. Rechtsextremismus ein.

Von den *ehemaligen* Nazis, die Geist und Körper der Bundesrepublik maßgeblich mitgestaltet haben und noch mitgestalten, droht keine spezifische Gefahr mehr; sie stützen meist reaktionäre Tendenzen im bürgerlichen Lager. Wir haben uns auf neue Generationen von deutschen Faschisten einzustellen. Ungeachtet dessen läßt sich in den ideologischen Grundrichtungen des Rechtsextremismus eine Kontinuität bis in die frühe Nachkriegszeit (und z. T. bis in die Weimarer Republik) zurückverfolgen.

1. Der sogenannte »Alte Nationalismus«, dessen Programmatik – vereinfacht gesagt – eine Mixtur aus rechter CSU und Neonazismus darstellt (in letzter Zeit verschiedentlich auch mit ökologischen Anleihen, die als »Biopolitik« ausgegeben werden), wird vor allem von der »Deutschen Volksunion« (10.000 Mitglieder) des Herausgebers der »Nationalzeitung« (über 100.000 Auflage), Gerhard Frey, einerseits, von der NPD (ca. noch 7.000 Mitglieder) mit den (militanteren) »Jungen Nationaldemokraten« andererseits getragen. Dazu wären als dritte Komponente auch rechtsextreme Jugendbünde wie die »Wiking-Jugend« zu zählen.

2. Die offenen Neonazis bilden keine einheitliche Organisation, sondern sind in eine ganze Reihe kleiner Zirkel, Jugendgruppen und Zeitschriften zersplittert. Sie teilen sich in einen legalen und einen illegalen, z. T. terroristischen Flügel. Am bekanntesten wurden die »Wehrsportgruppe Hoffmann«, Michael Kühnens »Aktionsfront Nationaler Sozialisten«, Manfred Roeders »Deutsche Bürgerinitiative« und die »Bürger- und Bauerninitiative« des Thies Christophersen (»Die Auschwitzlüge«) sowie der »Kampfbund Deutscher Soldaten« des Erwin Schönborn. Die Neonazigruppen erhalten Zulauf von insbesondere jüngeren, enttäuschten Mitgliedern größerer, sich eher staatstragend gebender rechtsextremer Organisationen.

3. Dürfte es bei der Beurteilung der Neonazis und des traditionellen Rechtsextremismus unter Antifaschisten kaum Differenzen geben, so gilt das nicht in gleichem Maße für den sogenannten »Neuen Nationalismus«, d. h. vor allem die Überreste

der AUD in den »Grünen« – ein Großteil der vermeintlichen »Ökofaschisten« ist inzwischen in der Ökologisch-Demokratischen Partei Gruhls und Springmanns gelandet – und die diversen »nationalrevolutionären« Gruppen. Der »Neue Nationalismus«, in seinem gemäßigten Teil aus der 1949 gegründeten »Deutschen Gemeinschaft«, dem Vorläufer der AUD, in seinem militanten Teil 1974 aus dem Zerfall der NPD-Abspaltung »Aktion Neue Rechte« hervorgegangen, tritt seit jeher antiimperialistisch, antigroßkapitalistisch und gegen die Westorientierung der Bundesrepublik, seit den sechziger Jahren auch »radikaldemokratisch« und spätestens seit den siebziger Jahren streng ökologisch und lebensreformerisch-alternativ« auf. Für den »Befreiungsnationalismus« der »Nationalrevolutionäre« spielen die Begriffe »nationale Identität« und »Ethnopluralismus« eine zentrale Rolle (siehe besonders die Zeitschrift »Wir selbst« auf dem linken Flügel des Spektrums); sie knüpfen z. T. an die Ideen des linken Flügels der »konservativen Revolution« vor 1933 (besonders an Ernst Niekisch) an.

Manche halten den »Neuen Nationalismus« für eine besonders gefährliche Strömung, der sie zutrauen, dem faschistischen Potential ein zeitgemäßeres ideologisches Fundament anbieten zu können. Zweifellos handelt es sich der Herkunft und wohl auch überwiegend dem Milieu nach um eine rechte Strömung; die praktischpolitischen Entscheidungen dieser Gruppierungen und die Ambivalenz des Programms (zwischen autoritären, ständestaatlichen und biologistischen Elementen und eindeutig linken, die in den einzelnen Gruppen in unterschiedlichem Mischungsverhältnis auftreten) lassen eine Funktionalisierung des »Neuen Nationalismus« für konterrevolutionäre bzw. konterreformatorische Politik schwierig und damit eine einfache Rubrizierung als rechtsextrem fragwürdig erscheinen. Faktisch wirken die »nationalrevolutionären Organisationen häufig als Durchgangsstufen für junge Menschen auf dem Weg von der faschistischen Rechten zur antifaschistischen Linken, vereinzelt allerdings auch umgekehrt.

Der rechte Block und die Notwendigkeit des Kampfes dagegen

Eine akute faschistische Gefahr besteht in der Bundesrepublik sicherlich nicht; diese Möglichkeit kann bei katastrophalen gesellschaftlichen Krisenerscheinungen allerdings durchaus wieder Bedeutung gewinnen. Zunächst geht es um etwas anderes: Die faschistischen bzw. rechtsextremen Organisationen und Publikationen können als Ferment jenes rechten, christlich-konservativen Populismus wirken, als dessen Repräsentant Franz Josef Strauß 1980 immerhin 44,4 % der Wählerstimmen zu erobern vermochte. Bei dem Versuch, den Protest des »kleinen Mannes« gegen volksfremde »Bonzen« und Technokraten in einen rechtskonservativen Sinnzusammenhang einzubringen – unter verstärktem Rückgriff auf chauvinistische Affekte –, leistet der rechte Flügel der Union der Methode und teilweise dem Inhalt nach eine ähnliche ideologische Transformationsarbeit wie eine faschistische Partei. Trotz der vielfältigen Verbindungen zwischen rechten Teilen der Union und Rechtsextremisten soll damit nicht der qualitative Unterschied zwischen einem formal demokratischen, durch reaktionäre Mobilisierung abgestützten autoritären Regime à la Strauß (das nicht in erster Linie durch die Persönlichkeit seines führenden Vertreters, sondern durch die Faschismus weder zulassende noch erfordernde allgemeine gesellschaftliche Kräftekonstellation und durch die Zusammensetzung des eigenen Lagers bestimmt würde) und einem faschistischen System verwischt werden. Bedrohlich erscheint diese Perspektive dennoch: nicht nur wegen der zu erwartenden verschärften Repression gegen die demokratische Linke und alle minoritären Basisbewegungen, sondern auch wegen der Freisetzung, Bündelung und Ausrichtung jenes rechtsautoritären Potentials in der westdeutschen Bevölkerung, das – der SINUS-Studie zufolge – neben den 13 % Profaschisten 37 % der Wähler ausmacht. Als zentrales Thema der Mobilisierung von rechts und wichtigstes Verbindungsglied zwischen Rechten und Rechtsextremen kristallisiert sich immer deutlicher die »Ausländerfrage« heraus, über die es dem reaktionären Block zudem möglich wird, bis in den gewerkschaftlich organisierten Kern hinein auch die Arbeiterschaft zu beeinflussen. Außer der (notwendigen) moralischen Solidarisierung mit den ausländischen Kollegen haben die Antifaschisten bislang wenig dagegenzusetzen vermocht.

Daher verdient bei allen Überlegungen über eine wirksame antifaschistische Praxis – zu der intensivierte Forschung und gezielte Aufklärung (einschließlich der neuen Formen antifaschistischer Jugendarbeit) ebenso gehören können wie, je nach konkreter Situation, die physische Verhinderung provokativer Auftritte, antifaschistische Manifestationen, die ideologische bzw. pädagogische Einwirkung auf die rechte »Szene« und Verbotsforderungen, die Verknüpfung von Antifaschismus mit den materiellen (Arbeitslosigkeit) und ideellen (Identitäts- und Sinnkrise) Problemen der zu immunisierenden Individuen und Gruppen sowie die Entwicklung einer breiten und offenen, bewußt »pluralistischen« Bündnispolitik – ein neuer ideologietheoretischer Ansatz Aufmerksamkeit, der vor allem von Ernesto Laclau (Politik und Ideologie im Marxismus, 1981) und dem Kreis um die Zeitschrift »Das Argument« vertreten wird. Laclau wendet sich gegen die Vorstellung, daß bestimmte Ideologien bzw. ideologische Elemente (wie z. B. Patriotismus und Antibürokratismus) *an sich* bestimmten Klassen zugeordnet seien, sondern stellt die These auf, erst die spezifische Gruppierung dieser Elemente entscheide über ihre gesellschaftspolitische Funktion. Die »Artikulation« von Ideologemen in einen politischen »Diskurs« bzw. ihre »Desartikulation« bilde den Inhalt des ideologischen Kampfes, der auf der Ebene der Gesellschaftsformation um »das Volk« (hier erstmals als objektive Größe gefaßt) ausgefochten werden (während die Realität der Klassen auf der Ebene der Produktionsweise angesiedelt sei). Faschismus bzw. Antifaschismus setzten sich jeweils dann durch, wenn es gelinge, über »popular-demokratische Anrufungen« den Volksprotest gegen den herrschenden Machtblock (gegen »das System«) in einen entsprechenden rechts- bzw. linkspopulistischen

Diskurs zu artikulieren. Hier liege die entscheidende Herausforderung sozialistischer und antifaschistischer Politik.

Die Probleme, die eine Strategie »popular-demokratischer Anrufungen«, die nicht als Anpassung an empirisch vorhandene Mehrheitsmeinungen mißverstanden werden darf, aufwirft (insbesondere das Verhältnis von »Klasse« und »Volk« unter dem Aspekt der Hegemonie) liegen gerade in der Bundesrepublik auf der Hand und erfordern daher breite Diskussion. Dennoch scheint uns der Diskurs-Ansatz in der Ideologie-Theorie nicht nur außerordentlich erkenntnisfördernd, sondern lenkt uns auf das Unvermeidliche und Wichtigste, wenn das »Nie wieder ...« Substanz erhalten soll: die Gewinnung der breiten Massen unseres Volkes für antifaschistische Demokratie.

Im Interesse inhaltlicher Klärung, nicht zum Zweck administrativer Ausgrenzung, soll abschließend versucht werden, die Substanz einer spezifisch antifaschistischen Position unter den heutigen Bedingungen Westdeutschlands in 15 Punkten zu benennen. Dabei wird auch im Falle des Einverständnisses im einzelnen umstritten sein, was sich praktisch aus einem solchen Katalog zu ergeben hätte; nichtsdestoweniger erlauben diese Prinzipien eine klare Unterscheidung zu profaschistischen Meinungen und indifferenten Haltungen. Die notwendige Konkretisierung kann ohnehin nur in den praktisch-politischen Auseinandersetzungen erfolgen. – Wir schlagen als antifaschistischen Grundkonsens vor:

1. Anerkennung des Faschismus und anderer Formen des Rechtsextremismus als einer *spezifischen* Gefahr, die besondere theoretische und politische Aktivitäten verlangt.
2. *Ausschöpfung bestehender legaler Möglichkeiten* und nötigenfalls deren Erweiterung beim Kampf gegen rechtsextreme Bestrebungen außerhalb und innerhalb der staatlichen Institutionen und etablierten Parteien.
3. Anerkennung und Verteidigung der *individuellen, politischen und sozialen Menschenrechte*, wie sie in der Charta bzw. Deklaration der Vereinten Nationen und im Grundrechtskatalog des Grundgesetzes als Normen verankert sind.
4. Verteidigung des *Rechtsstaats und der politischen Demokratie* gegen faschistische Bedrohung und immanente autoritäre Tendenzen.
5. Verteidigung des *Sozialstaatsprinzips*, insbesondere des Rechts auf Arbeit, und der sozialstaatlichen Errungenschaften.
6. Eintreten für *Demokratisierung* und demokratische Basisbewegungen in allen gesellschaftlichen Bereichen; insbesondere für die *Zurückdrängung* der Machtpositionen *des Monopolkapitals* als Förderers und Nutznießers des früheren und eines potentiellen neuen Faschismus.
7. Anerkennung der *kollektiven Verantwortung* für die Verbrechen des Nazismus und der Notwendigkeit deren angemessener strafrechtlicher Verfolgung.
8. Förderung der *systematischen* wissenschaftlichen Forschung und *Aufklärung* über Faschismus (einschließlich seiner besonderen historischen Voraussetzungen in Deutschland), Neofaschismus und Antifaschismus.

9. *Ablehnung der Kollektivschuld-These*; Entwicklung demokratischen Nationalbewußtseins aus der Traditionslinie des »*anderen Deutschland*«, der humanistischen, freiheitlichen, rebellischen und revolutionären Überlieferungen, insbesondere des antifaschistischen Widerstandskampfes.
10. Kampf *gegen Militarismus*, Kriegsverherrlichung und Kriegshetze; Eintreten für Frieden, allgemeine Abrüstung, Völkerverständigung und gleichberechtigte Zusammenarbeit zwischen den Staaten.
11. Kampf *gegen Imperialismus und Kolonialismus*; Eintreten für Unabhängigkeit der unterentwickelt gehaltenen Länder und für deren solidarische Unterstützung durch die Industriestaaten.
12. Kampf gegen Chauvinismus, Minderheitenhaß, Antisemitismus und Rassismus jeder Art; *Verteidigung* der in Westdeutschland arbeitenden und lebenden *Ausländer*.
13 Anerkennung der *Bedeutung der organisierten Arbeiterbewegung*, insbesondere einheitlicher Gewerkschaften, für Demokratie und sozialen Fortschritt.
14. *Zurückweisung* der Totalitarismus-Theorie und der *Extremismus-These* (rot = braun), Bekämpfung des Antisozialismus und Antikommunismus, sofern damit nicht sachliche Kritik oder Ablehnung, sondern die »Leugnung der Existenzberechtigung des Kommunismus schlechthin und im Grunde jeglicher Alternative zur kapitalistischen Gesellschaftsordnung« (T. Doerry) ausgedrückt wird.
15. Bereitschaft zum breiten demokratischen Bündnis und zur Einheit der Antifaschisten unter Akzeptierung von unterschiedlichen Strömungen und offenen weltanschaulichen, programmatischen und strategisch-taktischen Kontroversen; Verzicht auf Ausgrenzung politisch mißliebiger Strömungen, wenn sie sich – und sei es nur im einzelnen Fall – beteiligen wollen: *Einheit in der Vielfalt*.

Teil II Der Antifaschismus und die Auseinandersetzung mit dem Nationalsozialismus

Literaturhinweise

Die Literatur zu den hier angesprochenen Themen ist für den Laien inzwischen kaum noch zu überschauen. Eine erste, recht zuverlässige (allerdings vor fast 20 Jahren verfaßte) Orientierung, auch über die »westliche« und »östliche« Forschungsentwicklung, liefern die einschlägigen Artikel (Antifaschismus, Faschismus, Nationalsozialismus, Volksfront, Widerstandsbewegungen u. a.) in: Sowjetsystem und Demokratische Gesellschaft. Eine vergleichende Enzyklopädie, 6 Bde., Freiburg/Basel/Wien 1966 ff. (dort auch weiterführende Literaturangaben). Für die »östliche« Position außerdem die entsprechenden Artikel in: Sachwörterbuch der Geschichte Deutschlands und der deutschen Arbeiterbewegung, 2 Bde., Berlin/DDR 1969/70, und in: Kleines politisches Wörterbuch, Berlin/DDR 1973. Als problematisierenden Überblick unter bündnispolitischen Aspekten siehe auch den Aufsatz des Verfassers: Einheitsfront und Volksfront in Deutschland, in: Probleme des Klassenkampfs. Zeitschrift für politische Ökonomie und sozialistische Politik 26 (1977), S. 35-74 (ebenfalls mit Angaben über die einschlägige Literatur).

Einen Einstieg in die Entwicklung der *Faschismus-Theorien* ermöglichen *Ernst Nolte* (Hrsg.), Theorien über den Faschismus, Köln/Berlin 1970 (2), und *Reinhard Kühnl* (Hrsg.), Texte zur Faschismusdiskussion, 2 Bde., Reinbek 1974, 1979.

Als problematisierende Forschungsberichte siehe außerdem *Axel Kuhn*, Das faschistische Herrschaftssystem und die moderne Gesellschaft, Hamburg 1973, *Wolfgang Wippermann*, Faschismustheorien, Darmstadt 1975 (2), *Helga Grebing*, Aktuelle Theorien über Faschismus und Konservatismus. Eine Kritik, Stuttgart u. a. 1974, und besonders *Eike Hennig*, Bürgerliche Gesellschaft und Faschismus in Deutschland, Frankfurt/M. 1977.

Hingewiesen sei ferner auf die in den »Argument-Studienheften« 6 und 29 gesammelten wichtigen Aufsätze (1966-73), die hauptsächlich die Problematik des Verhältnisses von »Politik« und »Wirtschaft« bzw. von Faschismus und sozial herrschender Klasse betreffen, die beiden »Argument-Sonderbände« 60 und 62 des »Projekts Ideologie-Theorie« über: Faschismus und Ideologie, 1 und 2, Berlin (West) 1980, sowie mit Nachdruck auch auf *Nicos Poulantzas*, Faschismus und Diktatur. Die Kommunistische Internationale und der Faschismus, München 1973, und *Ernesto Laclau*, Politik und Ideologie im Marxismus. Kapitalismus – Faschismus – Populismus, Berlin (West) 1981.

Zum *Faschismus und Antifaschismus* in Europa bis 1945 siehe *Ernst Nolte*, Die faschistischen Bewegungen. Die Krise des liberalen Systems und die Entwicklung der Faschismen, München 1977 (6) (dtv 4004). *Wolfgang Schieder* (Hrsg.), Faschismus als soziale Bewegung, Deutschland und Italien im Vergleich, Hamburg 1976; *Hans Rogger/Eugen Weber* (Hrsg.), The European Right. A Historical Profile, Berkeley/Los Angeles 1965; *Karin Priester*, Der italienische Faschismus. Ökonomische und ideologische Grundlagen, Köln 1972, *Giorgio Amendola*, Der Antifaschismus in Italien, Stuttgart 1977; *Julius Braunthal*, Geschichte der Internationale, Bd. 2, Hannover 1963; *G. Lefranc*, Histoire du Front Populaire (1934-1938), Paris 1965; *Hugh Thomas*, Der spanische Bürgerkrieg, Berlin/Frankfurt/M. 1961; *Pierre Broué/Emile Témime*, Revolution und Krieg in Spanien, Frankfurt/Zürich 1969; *Lothar Gruchmann*, Der Zweite Weltkrieg, München 1978 (5) (dtv 4010); *Wilfried Loth*, Die Teilung der Welt 1941-1955, München 1982 (2) (dtv 4012); *G. A. Deborin*, Der Zweite Weltkrieg, Berlin (Ost) 1960; European Resistance Movements 1939-1945, 2 Bde., London 1961, 1969.

Zu den Diktaturen in Griechenland (1967-74) und Chile (seit 1973) *M. Nikolinakos/K. Nikolaou* (Hrsg.), Die verhinderte Demokratie. Modell Griechenland, Frankfurt/M. 1969, und *Hugo Calderon* u. a., Chile. Der Monetarismus an der Macht, Hamburg 1981. Zum *Faschisierungsprozeß*, seinen Voraussetzungen und Widerständen *in Deutschland* vor 1933 siehe *Arthur Rosenberg*, Geschichte der Weimarer Republik, Frankfurt/M. 1961; *Karl Dietrich Bracher*, Die Auflösung der Weimarer Republik, Villingen 1971 (5); *Reinhard Kühnl/Gerd Hardach* (Hrsg.), Die Zerstörung der Weimarer Republik, Köln 1977; *Erich Matthias/Rudolf Morsey* (Hrsg.), Das Ende der Parteien, Düsseldorf 1960; *Hans Mommsen* (Hrsg.), Sozialdemokratie zwischen Klassenbewegung und Volkspartei, Frankfurt/M. 1974; *Thomas Weingartner*, Stalin und der Aufstieg Hitlers. Die Deutschlandpolitik der Sowjetunion und der Kommunistischen Internationale 1929-1934, Berlin (West) 1969; *Heinrich August Winkler*, Mittelstand, Demokratie und Nationalsozialismus, Köln 1972; *Reinhard Mann* (Hrsg.), Die Nationalsozialisten, Stuttgart 1980; *Dietrich Orlow*, The History of the Nazi Party, Vol. I, II, Newton Abbok 1971, 1973. *Bernd Weisbrod*, Schwerindustrie in der Weimarer Republik, Wuppertal 1978; *Dirk Stegmann*, Kapitalismus und Faschismus in Deutschland 1929-1934, in: Gesellschaft 6, Frankfurt 1976, S. 9-91; *Kurt Gossweiler*, Großbanken, Industriemonopole, Staat. Ökonomie und Politik des staatsmonopolistischen Kapitalismus in Deutschland 1914-1932, Berlin/DDR 1971; *R. Neebe*, Großindustrie, Staat und NSDAP 1930-1933, Göttingen 1981.

Zur *politischen und Gesellschaftsgeschichte des »Dritten Reiches«* siehe neben den preiswerten Dokumentensammlungen von *Walter Hofer* (Hrsg.), Der Nationalsozialismus, Frankfurt 1957 u. ö., *Reinhard Kühnl* (Hrsg.), Der

8 Antifaschismus in Deutschland – Eine historisch-politische Bestandsaufnahme

deutsche Faschismus in Quellen und Dokumenten, Köln 1978 (3) und *Harald Focke/Uwe Reimer* (Hrsg.), Alltag unterm Hakenkreuz. Wie die Nazis das Leben der Deutschen veränderten, Reinbek 1979, das Quellenwerk von *Timothy W. Mason*, Arbeiterklasse und Volksgemeinschaft. Dokumente und Materialien zur deutschen Arbeiterpolitik 1933–1939, Opladen 1975 (mit sehr ausführlicher einleitender Darstellung). Als Gesamtdarstellung u. E. immer noch unübertroffen *Franz Neumann*, Behemoth. Struktur und Praxis des Nationalsozialismus 1933–1944, Köln/Frankfurt/M. 1977 (mit einem ausführlichen Nachwort von Gert Schäfer); daneben auch *Martin Broszat*, Der Staat Hitlers, München 1978 (2) (dtv 4009) und *Karl Dietrich Bracher*, Die deutsche Diktatur. Entstehung, Struktur und Folgen des Nationalsozialismus, Frankfurt/M. 1979 (6). Den neueren Forschungsstand in der DDR geben wieder: *Dietrich Eichholz/Kurt Gossweiler* (Hrsg.), Faschismusforschung. Positionen, Probleme, Polemik, Berlin/DDR 1980. – Hingewiesen sei auch auf die umfassenden mehrbändigen Publikationsvorhaben *Deutschland im Zweiten Weltkrieg*, Berlin/DDR 1974 ff. und *Bayern in der NS-Zeit*, Stuttgart 1977 ff.

Zum Verfolgungsapparat grundlegend *Hans Buchheim* u. a., Anatomie des SS-Staates, 2 Bde., Olten/Freiburg 1965.

Wirtschaftsgeschichtliche Perspektiven vermitteln Eike Hennig, Thesen zur deutschen Sozial- und Wirtschaftsgeschichte 1933–1938, Frankfurt/M. 1973, *Karl Hardach*, Wirtschaftsgeschichte Deutschlands im 20. Jahrhundert, Göttingen 1976, *Hans Mottek* u. a., Wirtschaftsgeschichte Deutschlands, Bd. III, Berlin/DDR 1974, *Charles Bettelheim*, Die deutsche Wirtschaft unter dem Nationalsozialismus, München 1974, *Charles P. Kindleberger*, Die Weltwirtschaftskrise 1929/1939, München 1973.

Mit einer Fülle alltagsgeschichtlicher Aspekte jetzt *Detlev Peukert/Jürgen Reulecke* (Hrsg.), Die Reihen fast geschlossen, Wuppertal 1981, *Heinz Bergschicker*, Deutsche Chronik. Alltag im Faschismus 1933–1945, Berlin (West) 1982, sowie als ältere, in der Deutung nicht unproblematische Arbeit von *David Schoenbaum*, Die braune Revolution. Eine Sozialgeschichte des Dritten Reiches 1933–1939, Köln 1968.

Als Bibliographie sei empfohlen: *Ursel Hochmuth*, Faschismus und Widerstand. Ein Verzeichnis deutschsprachiger Literatur, Frankfurt/M. 1973, sowie zum deutschen Faschismus allgemein: *Peter Hüttenberger*, Bibliographie zum Nationalsozialismus, Göttingen 1980.

Die neueste knappe *Gesamtdarstellung* über den antifaschistischen und antihitlerischen Widerstand in Deutschland stammt von *Ger van Roon*, Widerstand im Dritten Reich, München 1979; daneben *Peter Altmann* u. a. (Hrsg.), Der deutsche antifaschistische Widerstand 1933–1945, Frankfurt/M. 1978.

Gute, problematisierende Sammelbände sind *Hans Buchheim/Walter Schmittbenner* (Hrsg.), Der deutsche Widerstand gegen Hitler, Köln 1966, *Christoph Kleßmann/Falk Pingel* (Hrsg.), Gegner des Nationalsozialismus. Wissenschaftler und Widerstandskämpfer auf der Suche nach historischer Wirklichkeit, Frankfurt/New York 1980, sowie *Richard Löwenthal/Patrik van zur Mühlen* (Hrsg.), Widerstand und Verweigerung in Deutschland 1933–1945. Berlin/Bonn 1982. Zum *KPD-Widerstand* neben *Klaus Mammach*, Die KPD und die deutsche antifaschistische Widerstandsbewegung 1933–1939, Frankfurt/M. 1974, und der seinerzeit SED-offiziellen achtbändigen *Geschichte der deutschen Arbeiterbewegung*, Berlin/DDR 1966, *Horst Duhnke*, Die KPD von 1933–1945, Köln 1971, und *Detlev Peukert*, Die KPD im Widerstand. Verfolgung und Untergrundarbeit an Rhein und Ruhr, Wuppertal 1980. Speziell zur konzeptionellen Entwicklung siehe *Arnold Sywottek*, Deutsche Volksdemokratie. Studien zur politischen Konzeption der KPD 1935–1946, Düsseldorf 1971, und *Gert Schäfer*, Die Kommunistische Internationale und der Faschismus, Offenbach 1973.

Zum *sozialdemokratischen, gewerkschaftlichen und linkssozialistischen Widerstand*: *Peter Grasmann*, Sozialdemokraten gegen Hitler 1933–1945, München u. a. 1976, *Lewis J. Edinger*, Sozialdemokratie und Nationalsozialismus. Der Parteivorstand der SPD im Exil von 1933–1945, Frankfurt/Hannover 1960; *Frank Moraw*, Die Parole der »Einheit« und die Sozialdemokratie. Zur parteiorganisatorischen und gesellschaftspolitischen Orientierung der SPD in der Periode der Illegalität und in der ersten Phase der Nachkriegszeit 1933–1948, Bonn-Bad Godesberg 1973; *Bärbel Hebel-Kunze*, SPD und Faschismus. Zur politischen und organisatorischen Entwicklung der SPD 1933–1935, Frankfurt 1977; *Helmut Esters/Hans Pelger*, Gewerkschafter im Widerstand, Bonn 1983 (2); *Kurt Kliem*, Der sozialistische Widerstand gegen das Dritte Reich, dargestellt an der Gruppe »Neu Beginnen«, Phil. Diss. Marburg 1957; *Jörg Bremer*, Die Sozialistische Arbeiterpartei Deutschlands (SAP). Untergrund und Exil 1933–1945, Frankfurt/New York 1978; *Werner Link*, Die Geschichte des Internationalen Jugendbundes (IJB) und des Internationalen Sozialistischen Kampfbundes (ISK). Ein Beitrag zur Geschichte der Arbeiterbewegung in der Weimarer Republik und im Dritten Reich, Meisenheim 1964; *Werner Röder*, Die deutschen sozialistischen Exilgruppen in Großbritannien 1940–1945. Ein Beitrag zur Geschichte des Widerstandes gegen den Nationalsozialismus, Bonn-Bad Godesberg 1973 (2).

Zu den besonderen Problemen des *Exils* siehe *Hans Albert Walter*, Deutsche Exilliteratur 1933–1950, Band 4: Exilpresse, Stuttgart 1978, ders., Deutsche Exilliteratur, 3 Bde., Darmstadt/Neuwied 1972, *Ernst Loewy* (Hrsg.),

Teil II Der Antifaschismus und die Auseinandersetzung mit dem Nationalsozialismus

Exil. Literarische und politische Texte aus dem deutschen Exil 1933–1945, Stuttgart 1979 (auch als Taschenbuchausgabe, 3 Bde., Frankfurt/M. 1981, erhältlich), die mittlerweile vollständig vorliegende Reihe *Kunst und Literatur im antifaschistischen Exil 1933–1945*, 7 Bde., Frankfurt/M. 1979–1981, und *Wolfgang Frühwald/Wolfgang Schieder* (Hrsg.), Leben im Exil. Probleme der Integration deutscher Flüchtlinge im Ausland 1933–1945, Hamburg 1981. Die Geschichte der antifaschistischen deutschen Spanienkämpfer schildert *Patrik van zur Mühlen*, Spanien war ihre Hoffnung. Die deutsche Linke im Spanischen Bürgerkrieg 1936–1939, Bonn 1983.

Stellvertretend für die inzwischen zahlreichen *regionalen und lokalen Untersuchungen* seien hier hervorgehoben *Hans-Josef Steinberg*, Widerstand und Verfolgung in Essen 1933–1945, Bonn-Bad Godesberg 1973 (2), *Barbara Mausbach-Brombacher*, Arbeiterwiderstand in Frankfurt am Main 1933–1945, Frankfurt/M. 1976 und *Patrik von zur Mühlen*, »Schlagt Hitler an der Saar«. Abstimmungskampf, Emigration und Widerstand im Saargebiet 1933–1935. Bonn 1981 (2).

Zu den Ansätzen einer *Deutschen Volksfront* siehe speziell *Rüdiger Griepenburg*, Volksfront und deutsche Sozialdemokratie. Zur Auswirkung der Volksfronttaktik im sozialistischen Widerstand gegen den Nationalsozialismus, Marburg o. J., und *Ursula Langkau-Alex*, Volksfront für Deutschland? Bd. 1: Vorgeschichte und Gründung des »Ausschusses zur Vorbereitung einer deutschen Volksfront«, 1933–1936, Frankfurt/M. 1977.

Zur Auseinandersetzung der *christlichen Konfessionen* mit dem Nationalsozialismus siehe vor allem *Klaus Scholder*, Die Kirchen und das Dritte Reich, 2 Bde., Frankfurt 1977.

Zum *bürgerlichen und militärischen Widerstand: Klaus-Jürgen Müller*, Das Heer und Hitler, Stuttgart 1969; *Ger van Roon*, Neuordnung im Widerstand. Der Kreisauer Kreis innerhalb der deutschen Widerstandsbewegung, München 1967; *Peter Hoffmann*, Widerstand, Staatsstreich, Attentat. Der Kampf der Opposition gegen Hitler, München 1979 (3); *Kurt Finker*, Stauffenberg und der 20. Juli 1944, Köln 1978 (zuerst in der DDR erschienen); *Bodo Scheurig*, Freies Deutschland. Das Nationalkomitee und der Bund deutscher Offiziere in der Sowjetunion, 1943–1945, München 1960.

Zu *weiteren Bereichen* des Widerstands: *Arno Klönne*, Gegen den Strom. Bericht über den Jugendwiderstand im Dritten Reich, Hannover/Frankfurt/M. 1982; *Detlev Peukert* (Hrsg.), Edelweißpiraten, Köln 1980; *Christian Petry*, Studenten aufs Schafott. Die Weiße Rose und ihr Scheitern, München 1968; *Falk Pingel*, Häftlinge unter SS-Herrschaft. Widerstand, Selbstbehauptung und Vernichtung im Konzentrationslager, Hamburg 1978, *J. A. Brodski*, Im Kampf gegen den Faschismus. Sowjetische Widerstandskämpfer in Hitlerdeutschland 1941 bis 1945, Berlin/DDR 1975.

Als *Überblicksartikel zu Rechtsextremismus bzw. Antifaschismus* in Westdeutschland *seit 1945* eignen sich *Richard Stöss*, Väter und Enkel: Alter und neuer Nationalismus in der Bundesrepublik, in: Ästhetik und Kommunikation 32 (1978), S. 35-57; *Lutz Niethammer*, Nach dem Dritten Reich ein neuer Faschismus? Zum Wandel der rechtsextremen Szene in der Geschichte der Bundesrepublik, in: Paul Lersch (Hrsg.), Die verkannte Gefahr. Rechtsradikalismus in der Bundesrepublik, Reinbek 1981, S. 105-127, *Thomas Doerry*, Antifaschismus in der Bundesrepublik. Vom antifaschistischen Konsens 1945 bis zur Gegenwart, Frankfurt/M. 1980, und *Reinhard Kühnl*, Deutschland zwischen Demokratie und Faschismus. Zur Problematik der bürgerlichen Gesellschaft seit 1918, München 1972 (4).

Zur »*Antifa-Bewegung*« im Frühjahr/Sommer 1945 *Lutz Niethammer/Ulrich Borsdorf/Peter Brandt* (Hrsg.), Arbeiterinitiative 1945. Antifaschistische Ausschüsse und Reorganisation der Arbeiterbewegung in Deutschland, Wuppertal 1976.

Zur Entwicklung *Westdeutschlands in den ersten Nachkriegsjahren* siehe *Ernst Ulrich Huster* u. a., Determinanten der westdeutschen Restauration 1945–1949, Frankfurt/M. 1972; *Institut für Zeitgeschichte*, Westdeutschlands Weg zur Bundesrepublik 1945–1949, München 1976; *Rolf Badstübner/Siegfried Thomas*, Restauration und Spaltung. Entstehung und Entwicklung der BRD 1945–1955, Köln 1975; *Justus Fürstenau*, Entnazifizierung. Ein Kapitel deutscher Nachkriegspolitik, Neuwied/Berlin 1969; *Lutz Niethammer*, Entnazifizierung in Bayern, Säuberung und Rehabilitierung unter amerikanischer Besatzung, Frankfurt/M. 1972; *Karl Ernst Bungenstab*, Umerziehung zur Demokratie? Reeducation-Politik im Bildungswesen der US-Zone 1945–1949, Düsseldorf 1971; *Udo Mayer/Gerhard Stuby* (Hrsg.), Die Entstehung des Grundgesetzes. Beiträge und Dokumente, Köln 1976.

Die *parallele Entwicklung in Ostdeutschland* analysiert *Dietrich Staritz*, Sozialismus in einem halben Land. Zur Programmatik und Politik der KPD/SED in der Phase der antifaschistisch-demokratischen Umwälzung in der DDR, Berlin (West) 1976; ergänzend *Hermann Weber*, Von der SBZ zur DDR, Bd. 1, Hannover 1966, und *Stefan Doernberg*, Kurze Geschichte der DDR, Berlin/DDR 1959.

Zu den rechtlichen Voraussetzungen *Fritz Faust*, Das Potsdamer Abkommen und seine völkerrechtliche Bedeutung, Frankfurt/M./Berlin 1964 (3).

Bundesrepublik seit Gründung *allgemein*: *Urs Jaeggi*, Kapital und Arbeit in der Bundesrepublik. Elemente einer gesamtgesellschaftlichen Analyse, Frankfurt/M. 1973; *Elmar Altvater/Jürgen Hoffmann/Willi Semmler*, Vom

8 Antifaschismus in Deutschland – Eine historisch-politische Bestandsaufnahme

Wirtschaftswunder zur Wirtschaftskrise. Ökonomie und Politik in der Bundesrepublik, Berlin (West) 1979; *Martin* und *Sylvia Greiffenhagen*, Ein schwieriges Vaterland. Zur politischen Kultur Deutschlands, Frankfurt/M. 1981; *Hans Karl Rupp*, Politische Geschichte der Bundesrepublik Deutschland. Entstehung und Entwicklung. Eine Einführung, Stuttgart 1978; *Ulrich Albrecht* u. a., Beiträge zu einer Geschichte der Bundesrepublik Deutschland, Köln 1980 (2); *Bernhard Blanke* u. a., Die Linke im Rechtsstaat, 2 Bde., Berlin (West) 1976, 1979.

Zum *Rechtsextremismus in Westdeutschland* seit 1945 eingehend *Kurt P. Tauber*, Beyond Eagle and Swastika. German Nationalism since 1945, 2 Bde., Middletown 1967; *Reinhard Kühnl/Rainer Rilling/Christine Sager*, Die NPD. Struktur, Ideologie und Funktion einer neofaschistischen Partei, Frankfurt/M. 1969; *Lutz Niethammer*, Angepaßter Faschismus. Politische Praxis der NPD, Frankfurt/M. 1969; *Jürgen Pomerin/Reinhard Junge*, Die Neonazis, 2 Bde., Dortmund 1978 f.; *Günter Bartsch*, Revolution von rechts? Ideologie und Organisation der Neuen Rechten, Freiburg u. a. 1975. Von den diversen Arbeiten von *Peter Dudek/Hans-Gert Jaschke* sei hier nur erwähnt: Jugend rechtsaußen. Analysen. Essays. Kritik, Bensheim 1982. Hinzuweisen ist ferner auf die PDI-Veröffentlichungen (besonders *Dudek/Jaschke*, Die Deutsche Nationalzeitung, 1981) und die Publikationen des Hamburger buntbuch-Verlags (besonders »Wie kriminell ist die NPD?«, das neueste Buch über diese Partei).

1982 hat das Bundesinnenministerium herausgegeben: *Gewalt von rechts*. Beiträge aus Wissenschaft und Publizistik (dort auch eine Zusammenfassung der Ergebnisse der SINUS-Studie). Eine Bilanz der »Strafverfolgung von NS-Verbrechen 1945–1978« zieht *Adalbert Rückert*, Karlsruhe 1979.

Zur Problematik eines neuen *Konservativismus und rechten Populismus* siehe *Martin Greiffenhagen* (Hrsg.), Der neue Konservativismus der siebziger Jahre, Reinbek 1974, *L. Kraus/M. Imhof*, Das Rechtskartell in der Bundesrepublik, Frankfurt/M. 1972, und »Argument-Sonderband« 51: Sozialliberalismus oder rechter Populismus?, Berlin (West) 1980.

Zum *Antifaschismus in der Bundesrepublik* siehe – neben einigen schon genannten Arbeiten – *Max Oppenheimer* (Hrsg.), Antifaschismus. Tradition. Politik. Perspektive. Geschichte und Ziele der VVN – Bund der Antifaschisten, Frankfurt/M. 1978 (offiziöse Darstellung) und als Beispiele für den »neuen Antifaschismus« *Bernd Leukert* (Hrsg.), Rock gegen rechts. Musik als politisches Instrument, Frankfurt/M. 1980, sowie *GEW Berlin* (Hrsg.), Wider das Vergessen. Antifaschistische Erziehung in der Schule, Frankfurt 1981. Eine wichtige Ideologiekritik leistete 1967 *Wolfgang Fritz Haug*, Der hilflose Antifaschismus. Zur Kritik der Vorlesungsreihen über Wissenschaft und Nationalsozialismus an deutschen Universitäten, Köln 1977 (4).

Mit der *Totalitarismus-Theorie* bzw. dem *Antikommunismus* setzen sich kritisch auseinander *Martin Greiffenhagen/Reinhard Kühnl/Johann Baptist Müller*, Totalitarismus. Zur Problematik eines politischen Begriffs, München 1972, und *Werner Hofmann*, Stalinismus und Antikommunismus. Zur Soziologie des Ost-West-Konflikts, Frankfurt/M. 1969 (3) sowie *Totalitarismus und Faschismus*. Eine wissenschaftliche und politische Begriffskontroverse, München 1980.

9 Die deutsche Linke, die Arbeiterklasse und die nationalsozialistische »Volksgemeinschaft« in der Kriegs- und frühen Nachkriegszeit

1989

»[...] wir sind Söhne unseres Volkes und wir müssen heute den schweren Weg unseres Volkes gemeinsam mit ihm gehen.« Der linkssozialistische Kölner Widerstandskämpfer Ludwig A. Jacobsen am 18.9.1946 in einem Brief an Erna und Joseph Lang in New York[1]

1. Die NS-Diktatur und der von ihr entfesselte Zweite Weltkrieg, die größte Katastrophe in der Geschichte der internationalen Arbeiterbewegung, wirken sich bis heute lähmend auf die Entfaltung sozialistischer und radikaldemokratischer Politikansätze in Deutschland aus, dessen parteipolitische und gewerkschaftliche Organisationen einmal die Bewunderung der Sozialisten auf der ganzen Welt erregt hatten. Die Nachkriegsentwicklung, die mit der Rekonsolidierung kapitalistischer Strukturen in Westeuropa und der Ausdehnung des sowjetischen Systems einschließlich seiner stalinistischen Deformationserscheinungen auf die südost- und ostmitteleuropäischen Staaten, mit der Teilung des Kontinents und dem Kalten Krieg eine jahrzehntelange Blockierung einer gesamteuropäischen demokratisch-sozialistischen Perspektive mit sich brachte, ist mittelbar eine Folge der Zerstörung der deutschen Arbeiterbewegung als der größten antifaschistischen Potenz durch den Nationalsozialismus.

Als die sich neu konstituierenden SPD-, KPD- und Gewerkschaftsführungen 1945 vor den Trümmern jahrzehntelanger sozialistischer Aufbau- und Erziehungsarbeit standen, steckten sie in einem fast unlösbaren Dilemma. Die Tatsache, daß sie wieder tätig werden konnten, verdankten sie nicht ihrem eigenen Erfolg, sondern dem militärischen Sieg der Alliierten. Damit war ihre Legitimität doppelt in Frage gestellt: Erstens waren sie für viele ihrer Landsleute Nutznießer der deutschen Kriegsniederlage mit ihren verheerenden Folgeerscheinungen. Zweitens durften sie nach den Schrecken der vorausgegangenen Kriegsjahre nicht darauf rechnen, in den Staaten der Anti-Hitler-Koalition und bei den alliierten Militärregierungen besonderes Verständnis zu finden. Auch die ausländischen Genossen, die ihrerseits vor 1941 nicht immer die gebotene Festigkeit gegenüber dem Imperialismus Hitler-Deutschlands gezeigt hatten, zögerten, die deutschen Sozialisten als Vertreter eines »anderen Deutschland« zu akzeptieren.

---

1 Abgedruckt in: H. Grebing (Hg.), Lehrstücke in Solidarität, Briefe und Biographien deutscher Sozialisten 1945–1949, Stuttgart 1983, S. 58.

Die deutsche Sozialdemokratie scheint bis heute die Auseinandersetzung mit der Frage zu scheuen, mit was für einer Bevölkerung sie es nach Kriegsende zu tun hatte und welche Konsequenzen sich – auch längerfristig – für sie aus der Gemengelage mit den anderen Segmenten ihres Volkes ergaben. Die kommunistische Geschichtsschreibung hat diese Schwierigkeiten auf ihre Weise seit jeher thematisiert, dabei aber das eigentliche Problem, die Rückwirkung der Mentalität der Bevölkerungsmehrheit auf die sozialistische Avantgarde, allenfalls verschlüsselt angesprochen. Nonkonforme Äußerungen zeugen andererseits nicht selten von einem selbstgerechten und ignoranten Moralismus Nachgeborener. Meine Gedankenskizze versucht, systematischer, als das hier und dort schon gelegentlich geschehen ist, zur Diskussion über die spezielle unbewältigte Vergangenheit der Linken in Deutschland anzuregen.

2. Obwohl die Hoffnung darauf, daß die deutschen Werktätigen analog den Ereignissen von 1918 den alliierten Armeen zuvorkommen würden, im Verlauf des Kriegs zunehmend schwand, hatten doch fast alle Oppositionsgruppen – vor allem im Exil, im Inland sah man das realistischer – bis in die Endphase hinein gehofft, daß die Deutschen wenigstens mitwirken würden an der militärischen Niederringung des Hitlerregimes. Tatsächlich kam es aber nur vereinzelt zu kleineren Selbstbefreiungsaktionen; häufiger waren dagegen Initiativen, die am jeweiligen Ort Verteidigungshandlungen zu verhindern suchten. Gewiß hatte seit der Vernichtung der Stalingrad-Armee eine Ablösung großer Teile der Bevölkerung von der nationalsozialistischen Führungsschicht eingesetzt, die aber, da man keine Alternative sah, diskontinuierlich verlief. Bereits in der Phase der siegreichen Blitzkriege hatte ein Geschäftsmann aus dem neutralen Ausland die Einschätzung formuliert, die Deutschen folgten Hitler nicht, weil sie den Parolen des NS-Regimes ohne weiteres glaubten, »sondern weil sie darum bangen, hinter ihm und mit ihm im großen Nichts zu versinken«.[2]

Daß die Nationalsozialisten große Teile des deutschen Volkes – bis in die frühere Wählerschaft der Arbeiterparteien hinein – hatten an sich binden können, war unverkennbar. Doch liegen die Dinge nicht so eindeutig, wie es auf den ersten Blick scheint. Trotz der in die Zehntausende gehenden Opfer des Terrors, unter denen sich naturgemäß gerade die entschlossensten Elemente der Linken befanden, stand 1945 eine Schicht vorwiegend proletarischer Basiskader bereit, die zwar nur teilweise in irgendeiner Form Widerstand geleistet hatten, auf jeden Fall aber unbelastet waren und darauf warteten, mit »den Nazis« abzurechnen und den Neuaufbau Deutschlands auf antifaschistischer Grundlage in die Hand zu nehmen. Zu diesen »Aktivisten der ersten Stunde«, die mit ihrem Engagement im Chaos des Umbruchs die wichtigste gesellschaftsstiftende Kraft bildeten, zählten je nach den Kriterien, die man anlegt, immerhin einige zehntausend bis mehrere hunderttausend Personen. Es war diese Gruppe,

---

2 Deutschlandberichte der Sozialdemokratischen Partei Deutschlands (Sopade), Jahrgang 7, 7.3.1940, S. 161, ND Frankfurt am Main 1980

9 Die deutsche Linke, die Arbeiterklasse und die nationalsozialistische »Volksgemeinschaft«

aus deren Bestand sich die direkt nach der Besetzung fast überall in Deutschland spontan gebildeten, aber meist nach wenigen Wochen von den Besatzungsmächten oder ihren Auftragsverwaltungen wieder aufgelösten »Antifaschistischen Ausschüsse«, die provisorischen Betriebsräte sowie die Gründungszirkel von Gewerkschaften und Linksparteien rekrutierten. Diese, zunächst auf die elementare Wiederingangsetzung des sozialen Lebens und die Rekonstruktion der Organisationen gerichteten Aktivitäten waren nicht Ausdruck einer revolutionären Massenbewegung, sondern ein Minderheitenphänomen. Immerhin wird man das vor allem von alliierten Beobachtern beschriebene Bild vollständiger politischer Apathie im nachfaschistischen Deutschland modifizieren müssen (das gilt auch für die bürgerliche Seite). Ob es ohne die politische Quarantäne der Besatzungsmächte, die dann, zuerst in der SBZ, durch die Wiederzulassung der Gewerkschaften und Parteien schrittweise aufgehoben wurde, zu der vom Großbürgertum befürchteten, von vielen Inhaftierten und Exilierten erwarteten nachträglichen Revolution gekommen wäre, ist allerdings durchaus fraglich. Die Vorstellung, die Alliierten hätten den deutschen Antifaschisten zur Abrechnung mit den Nationalsozialisten die »Straße freigeben« sollen, scheint weniger in der breiteren Anhängerschaft als bei einem Teil der unteren und mittleren Kader der sich reorganisierenden Arbeiterbewegung verbreitet gewesen zu sein.

Welche Faktoren waren dafür verantwortlich, daß die Klasse der Lohnabhängigen bzw. ihr industrieller Kern sich nicht einmal dann fähig zeigte, über den betrieblichen und lokalen Rahmen hinaus kollektiv zu handeln, als mit dem Zerfall des »Dritten Reiches« bei Kriegsende der repressive Druck von außen an Bedeutung verlor? Die NS-Ideologie war mit dem unrühmlichen Ende des Regimes für die meisten Deutschen entzaubert. Amerikanische Repräsentativumfragen zeigten, daß rechtsextremistische Auffassungen von einer deutlichen Mehrheit zurückgewiesen wurden; den harten nationalsozialistischen Kern bildete nach 1945 etwa ein Sechstel der Deutschen. Das hervorstechende Merkmal der Bewußtseinsverfassung der deutschen Bevölkerung in der unmittelbaren Nachkriegszeit war hingegen ihre Fragilität und Diffusität. Die einzigen intakten Großorganisationen, die Kirchen, die durch Selbstbehauptung im Kirchenkampf nach 1933 und angesichts des allgemeinen psychischen Elends eine Aufwertung erfuhren, boten in der Regel ausgeprägt konservative, ja restaurative und antiaufklärerische Leitbilder an. Von »ideologischem Chaos« spricht ein DDR-Autor. Eine neuere Westberliner Untersuchung diagnostiziert eine »disparate Form des Reflektierens«.[3] Die Orientierungslosigkeit fand Nahrung in den politisch-gesellschaftlichen Verhältnissen: in den unübersehbar erscheinenden materiellen Zerstörungen, den sozialen Verwerfungen der Kriegs- und Nachkriegsjahre, in der

---

3 S. Thomas, Entscheidung in Berlin. Zur Entstehungsgeschichte der SED in der deutschen Hauptstadt 1945/46, Berlin (Ost) 1967(2), S. 27; H. Hurwitz, Demokratie und Antikommunismus in Berlin nach 1945, Bd. 1: Die politische Kultur der Bevölkerung und der Neubeginn konservativer Politik, Köln 1983, S. 15.

Versorgungsnot und der Primitivisierung der Ökonomie mit ihren »schwarzen« und »grauen« Märkten, auch in der in letzter Instanz diktatorischen Herrschaft der Besatzungsmächte. Die Klassenstruktur der kapitalistischen Gesellschaft bestand zwar ebenso wie die ihr zugrunde liegenden Eigentumsverhältnisse fort; Faktoren wie die (im Westen nur vorübergehende) Suspendierung von Eigentümerrechten, politisch bedingte Entlassungen, Verluste durch Kriegseinwirkungen, Verbindungen zu den Okkupationsstreitkräften (und damit zu Lebensmitteln) überlagerten sie in der Wahrnehmung jedoch weitgehend. Diese, zumindest teilweise, klassenunspezifischen Vorgänge knüpften indessen an Erfahrungen an, die in der Zeit des »Dritten Reiches« gemacht worden waren.

3. Die proletarisch-sozialistische Widerstandsbewegung, auf die sich die Linke vor und nach 1945 berief, umfaßte etliche Zehntausende, konnte aber bereits um die Mitte der 1930er Jahre überwiegend zerschlagen werden, ohne jemals ganz zerstört werden zu können. Die übrigbleibenden kleineren Widerstandsgruppen, aber auch die reduzierten Formen getarnter Illegalität, wie sie vielfach von Sozialdemokraten praktiziert wurden, gerieten zunehmend in eine politische Isolierung von der Mehrheit der Arbeiter. Dafür war nicht nur der historisch einmalige und immer weiter perfektionierte Terror einschließlich des ausgedehnten Spitzelwesens verantwortlich, auch nicht allein der riesige Manipulationsapparat. Damit dieser erfolgreich arbeiten konnte, waren objektive soziale Veränderungen nötig, die von den zeitgenössischen Antifaschisten nicht in ihrer ganzen Tragweite begriffen werden konnten.

Das Gefühl, eine schwere, überdies kampflose und insofern besonders demoralisierende Niederlage erlitten zu haben, herrschte 1933 wohl nicht nur bei den Funktionären, sondern auch bei den Mitgliedern und in der Wählerschaft der sozialistischen Arbeiterorganisationen vor. Da sich das Regime stabilisierte und die Mehrheit der Gesamtbevölkerung unverkennbar mehr oder weniger mit dem Nationalsozialismus sympathisierte, blieb den SPD- und KPD-Anhängern nichts anderes übrig, als ihre persönliche Lebensplanung und -führung von ihren ursprünglichen politischen Positionen abzukoppeln. Bei der durch die Umstände erzwungenen Anpassung darf nicht vergessen werden, daß der neueren historischen Wahlforschung zufolge mindestens ein Drittel der Arbeiterschaft, vor allem außerhalb der industriellen Zentren, für die sozialistische Bewegung niemals ansprechbar gewesen war. Und auch von den in den beiden Reichstagswahlen des Jahres 1932 gut 13 Millionen sozialistischer Wähler (35,9 bzw. 37,3 % der Stimmen) war eine große Zahl nur lose mit dieser verbunden. Die weitgehende Stabilität des gesamtsozialistischen Wählerpotentials per saldo während der Endphase der Weimarer Republik täuscht zudem darüber hinweg, daß auch die Parteien der Linken, namentlich die SPD, mehr als nur marginal an die NSDAP verloren. Die Arbeiter waren zwar in der Wähler- und Mitgliedschaft der NSDAP unterrepräsentiert, aber bei weitem nicht in dem Maß, wie die Forschung lange angenommen hat.[4] Bereits vor 1933 war die politische Bindekraft der organisierten Arbeiterbewe-

9 Die deutsche Linke, die Arbeiterklasse und die nationalsozialistische »Volksgemeinschaft«

gung mit ihrem Geflecht von Vereinen und Verbänden schwächer, als diejenigen annahmen, die sich nur in diesem Milieu bewegten. Bei der Einschätzung des Widerstandspotentials der Arbeiter ist zudem an die pauperisierenden, desillusionierenden und entsolidarisierenden Wirkungen der Arbeitslosigkeit (bis zu 8 Millionen) – auch für die Vertiefung der sozialdemokratisch-kommunistischen Spaltung – in den Endjahren der Weimarer Republik zu denken.

Zwar gelang es den Nationalsozialisten – jedenfalls vor dem Krieg – nicht, das spezifisch proletarische Milieu in den Betrieben und Wohngebieten zu zerstören, aber es konnte doch zunehmend entpolitisiert werden, nachdem die Arbeiter ihrer Kommunikationsmedien, ihrer Organisationen und ihres breitgefächerten Vereinswesens beraubt worden waren. In allen ihren Strömungen hatte die traditionelle Arbeiterbewegung Millionen die Fähigkeit vermittelt, aus häufig widersprüchlichen persönlichen Erfahrungen und den unterschiedlichen äußeren Einflüssen gesellschaftliche Zusammenhänge, vielfach gar eine gesellschaftliche Totalität wahrzunehmen. Seit 1933 vollzog sich eine Partikularisierung oder »Dissoziierung« (T. Mason) des Arbeiterbewußtseins. Obwohl die großbetrieblichen Industriearbeiter – neben einem Teil der gläubigen, vor allem katholischen Christen, enttäuschten Konservativen und einer nonkonformistischen Minderheit der Jugend – in relativer Distanz zum Regime blieben, wurden die Grenzen zu den übrigen Klassen und Schichten des Volkes hinsichtlich der politischen Einstellung doch zunehmend undeutlicher. Manche Kritikpunkte, die die Versorgungs-, Einkommens- und Arbeitsverhältnisse betrafen, behielten eine klassenspezifische Ausprägung, andere wie die Klagen über die nationalsozialistische »Bonzenwirtschaft«, vor allem aber die positiven Wertungen, die sich namentlich auf die Revision des Versailler Friedens und – in enger Verbindung damit – auf die Person des »Führers« bezogen, deckten sich tendenziell mit den Meinungen der Gesamtbevölkerung. Selbst dezidierte Sozialisten, die sich ansonsten nicht opportunistisch verhielten, blieben von den »nationalen« Erfolgen in der Außenpolitik nicht immer unberührt. Auch der massive Einsatz neuer Medien, der Massensport und die Freizeit- und Ferienangebote der »Kraft durch Freude«-Organisation wirkten in Richtung auf die Erosion proletarisch-sozialistischen Bewußtseins.

Außerhalb der politischen Sphäre wurde die zweite Hälfte der 1930er Jahre überwiegend als Periode steigenden Wohlstands und sozialer Ruhe erlebt. Trotz der staatlichen Niedriglohnpolitik stiegen die Reallöhne dem Konjunkturverlauf entsprechend, wenn der Anstieg des Familieneinkommens auch insgesamt weniger steil verlief, als die offiziellen Statistiken suggerierten, branchenspezifisch erheblich differierte und zum überwiegenden Teil auf die Erhöhung der Wochenarbeitszeit und der Er-

---

4   J. W. Falter/D. Hänisch, Die Anfälligkeit von Arbeitern gegenüber der NSDAP bei den Reichstagswahlen 1928–1933, in: Archiv für Sozialgeschichte 26 (1986), S. 179-216; P. Manstein, Die Mitglieder und Wähler der NSDAP 1919–1933. Untersuchungen zu ihrer schichtmäßigen Zusammensetzung, Frankfurt am Main u. a. 1988

werbstätigenzahl zurückging. Für die Wahrnehmung war indessen mindestens so bedeutsam, daß nach Jahrzehnten Krieg, Inflation und Wirtschaftskrisen – mit der Prosperitätsphase vor 1929 lediglich als Zwischenspiel – endlich Aussicht auf anhaltenden Wirtschaftsaufschwung unter stabilen gesellschaftlichen Verhältnissen zu bestehen schien. Die Arbeitslosigkeit ging allmählich, für Facharbeiter wesentlich schneller, zurück, und der früher sozialdemokratische oder kommunistische qualifizierte Arbeiter konnte – trotz Rationalisierungsoffensive und, dem Regime auch aus politischen Gründen erwünschter, Umschichtung der Belegschaften – durch »Wertarbeit« und ein gutes Verhältnis zu den Vorgesetzten seine Stellung sichern. So entsprach dem Rückzug in die familiäre Privatsphäre eine zunehmende berufs- und betriebspatriotische Orientierung in der Arbeitswelt, die durch die symbolische »Ästhetisierung von Politik« (W. Benjamin) von der Propaganda außerordentlich geschickt verstärkt wurde. Differenzierungsprozessen innerhalb der Arbeiterschaft, die nur zum geringeren Teil Ergebnis politischer Eingriffe waren, standen verbesserte Aufstiegschancen gerade für Angelernte und eine planmäßige Nivellierung des Arbeiter-Angestellten-Gegensatzes gegenüber.

Die Rüstungskonjunktur wirkte auf die Haltung der Arbeiter allerdings durchaus nicht nur im Sinne der Machthaber: Zu wiederholten Rebellionen auf Großbaustellen und in Lagern des Arbeitsdienstes oder der »Organisation Todt«, zu epidemischer »Bummelei« und Überstundenverweigerung namentlich seitens der unteren Arbeiterschichten traten vermehrt kleinere industrielle Abteilungsstreiks und vor allem das individuelle Ausnutzen der Marktgesetze durch gezielten Arbeitsplatzwechsel von Facharbeitern in bestimmten Branchen, so daß mit dem Lohngefüge ab 1938 das gesamte nationalsozialistische Akkumulationsmodell aus den Fugen zu geraten drohte. Dieses interessenadäquate Verhalten beunruhigte zwar die Behörden, die marxistische Umtriebe witterten, signalisierte aber den Facharbeitern auch, daß die Unternehmer ihnen bei günstiger Arbeitsmarktlage selbst unter dem Nationalsozialismus und trotz des Widerspruchs von Staatsseite entgegenkommen mußten, ja sogar, daß die »Deutsche Arbeitsfront« (DAF) genötigt wurde, partiell eine quasi gewerkschaftliche Rolle einzunehmen. Auch die »Vertrauensräte« scheinen für die Arbeiter nicht durchweg vollkommen funktionslos und ohne Ansehen gewesen zu sein, zumal wenn frühere Gewerkschafter in ihnen mitwirkten. Es ist bezeichnend für die Diskrepanz zwischen Widerstandselite und spontaner, realer Arbeiteraktivität, daß etwa die linkssozialistische »Deutsche Volksfront« in den Aktionen der Arbeiter hauptsächlich Entsolidarisierungsvorgänge und somit eine Zersplitterung der Arbeiterklasse zu sehen vermochte.[5] In der Tat war deren Effekt ambivalent: Sie schwächten den totalitären Anspruch des NS-Staates, aber vermittelten zugleich den Eindruck zunehmender gesellschaftlicher Normalität.

---

5 R. Griepenburg, Volksfront und deutsche Sozialdemokratie. Zur Auswirkung der Volksfronttaktik im sozialistischen Widerstand gegen den Nationalsozialismus, Marburg o. J., S. 84 f.

9 Die deutsche Linke, die Arbeiterklasse und die nationalsozialistische »Volksgemeinschaft«

Bis zum Beginn des Polenfeldzugs und vielleicht sogar bis zum Scheitern des Blitzkriegskonzepts, das in Erinnerung an den Ersten Weltkrieg eine friedensähnliche Versorgung sichern sollte, wäre es im Fall eines Umsturzes den sozialistischen Parteien wohl gelungen, an ihre Tradition in der vorfaschistischen Zeit und im Widerstand unmittelbar anzuknüpfen. Indessen griff der »totale Krieg«, je länger er dauerte, bis in die Wurzeln hinein die Kontinuitätsstränge der Arbeiterbewegung an. Das geschah erstens durch Integration von Millionen, insbesondere jüngerer, Arbeiter in die Wehrmacht oder auch in die Waffen-SS, wo sie – hierarchisch abgestuft – an riesigen Beutezügen beteiligt waren und in wachsender Zahl auch in Kriegsverbrechen verwickelt wurden. Die Wahrnehmung von Verbrechen, indirekt auch in der Heimat, vermittelte den Eindruck, mit der politischen Führung in einem Boot zu sitzen und verstärkte das Gefühl der Alternativlosigkeit. Die Forderung nach bedingungsloser Kapitulation, der Bombenkrieg der Westalliierten und die harte Behandlung deutscher Kriegsgefangener in der UdSSR sowie das Verhalten der Roten Armee bei der Eroberung Ostdeutschlands trugen von der anderen Seite dazu bei, Oppositionsregungen zu paralysieren. Währenddessen blieb die Versorgung durch die Ausplünderung der eroberten Länder bis wenige Monate vor der Kapitulation im Vergleich zum Ersten Weltkrieg erträglich. Die Verausgabung der Industriearbeiter in zehn- bis zwölfstündigen Schichten bei naturgemäß schlechter werdender Versorgung stachelte – ebenso wie die Flächenbombardements – nicht zum Aufruhr an, sondern förderte ein Klima der passiven Resignation. Hinzu kam aber noch etwas anderes: Die großdeutsche Wehrmacht hatte im Vergleich mit dem kaiserlichen Heer und der Reichswehr nicht nur einen neuen völkischen Geist eingepflanzt bekommen, sondern wurde auch von einem – deutlich weniger privilegierten und kastenmäßig abgeschlossenen – Offizierskorps neuen, stärker bürgerlichen Typs geführt, in das auch Männer aus der Bauernschaft, dem Kleinbürgertum und sogar der Arbeiterschaft, vor allem ab 1941/42, mehr und mehr aufstiegen. Und schienen nicht die Leistungen der Wehrmacht die nationalsozialistische Weltanschauung in ihren Grundannahmen zu bestätigen?

Den zweiten entscheidenden Gesichtspunkt bildete die Spaltung der Arbeiterklasse durch den Fremdarbeitereinsatz, der sich aus der Einziehung immer neuer Arbeitergruppen zum Militär ergab. Bis zum Herbst 1944 stieg die Zahl der ausländischen Zivilarbeiter und zur Zwangsarbeit herangezogenen Kriegsgefangenen auf 7,7 Millionen, mehr als ein Viertel aller in der deutschen Wirtschaft Beschäftigten. In einigen Branchen lag ihr Anteil über 50 %, hier und dort bis zu 90 %. Vom Kriegsdienst als »unabkömmlich« freigestellt wurden außer den Älteren ohnehin vorwiegend Fach- und Spezialarbeiter, die jetzt in erheblicher Anzahl zu Meistern und Vorarbeitern aufsteigen konnten, während die Ausländer untergeordnete und körperlich schwere Arbeiten übernahmen. Damit entstand eine neue betriebliche Hierarchie, in der nach Lebens- und Arbeitsverhältnissen noch einmal zwischen den verschiedenen Nationalitäten differenziert wurde. Eine Solidarisierung der deutschen Arbeiter mit den in vielerlei Hinsicht unterdrückten Ausländern, die über individuelle Hilfe hinausgegangen wäre, war die große Ausnahme. Auch war jede Verbrüderung streng untersagt. Der Nationalsozialismus bündelte und verstärkte gezielt die in der Gesellschaft, auch unter Arbeitern, latent vorhandenen Aggressionen gegen das als bedrohlich wahrgenommene Fremde, zu dem neben den Ausländern auch die »gemeinschaftsfremden« Deutschen gehörten. Die lange unterschätzte »rassenhygienische« Aussonderung und Einweisung von Homosexuellen, »Asozialen« und »Arbeitsscheuen« in Konzentrations- und Arbeitserziehungslagern hatte schon in den 1930er Jahren begonnen und wurde während des Krieges in verstärktem Umfang, jetzt vor allem auch gegen Ausländer, fortgesetzt.

Schließlich kam es – drittens – noch in der letzten Kriegsphase mit den, vor allem die Arbeiterviertel treffenden, Bombenangriffen und Bodenkämpfen, mit der kriegsbedingt ständig fortschreitenden territorialen Zersplitterung des Reichsgebiets in autonome Einheiten, mit den Massenwanderungen von »displaced persons«, Flüchtlingen (später Vertriebenen), Evakuierten, rückflutenden Soldaten (und später entlassenen Kriegsgefangenen) zu einer Unterbrechung der überlokalen Kommunikation und gleichzeitig zu einer gewaltigen Durchmischung der Bevölkerung, die viele tradierte Milieubindungen radikal zerstörte. Die Erhebung der Deutschen gegen Hitler, die schon aus Gründen der physischen und nationalen Selbsterhaltung immer nötiger wurde, wurde gleichzeitig immer schwerer möglich.

Die hier angeführten Tendenzen setzten sich nicht überall in gleichem Maße durch und beeinflußten das Bewußtsein aller deutschen Arbeiter nicht auf gleiche Weise. Viel kam darauf an, welches lokale und betriebliche Klima herrschte, wie hoch im konkreten Fall der Ausländeranteil war und wie sich die Meister und Vorarbeiter – vielfach immer noch wegen ihrer Befähigung geschätzte alte Sozialdemokraten – äußerten und verhielten. Es gab Betriebe, wo offen über die Nachrichten-Sendungen von BBC und Radio Moskau diskutiert wurde, Nationalsozialisten keine Chance hatten und auch nicht vom Management unterstützt wurden. Ein amerikanischer Autor schätzte 1948 aufgrund von Befragungen den Anteil der eindeutig nationalsozialistisch orientierten Arbeiter während des Dritten Reiches auf 15–20 % und den der eindeutigen NS-Gegner auf 20–25 %, während die restlichen 60 % die Verhältnisse passiv akzeptiert hätten.[6] Vieles spricht dafür, daß die Unterstützung für den Nationalsozialismus vor der Wende des Krieges eher noch breiter war.

4. Die Reaktion der Antifaschisten auf die Dissoziierung des Arbeiterbewußtseins war nicht einheitlich. Ein gewisses Mißtrauen gegenüber den Deutschen insgesamt oder jedenfalls ihrer Mehrheit verband in den 1940er Jahren jedoch fast alle deutschen Sozialisten. Sogar diejenigen, die – wie Julius Leber – ganz frei von antiplebiszitären Affekten waren, hielten eine autoritäre Lenkung der Demokratie im nachfaschistischen Deutschland für geboten. Autoritäre und sogar erziehungsdiktatorische

---

6   D. Rodnick, Postwar Germans. An Anthropologist Account, New Haven 1948, S. 12.

9 Die deutsche Linke, die Arbeiterklasse und die nationalsozialistische »Volksgemeinschaft«

Elemente fanden sich auf unterschiedliche Weise in den Konzepten fast aller linken Exil- und Widerstandsgruppen; bisweilen waren sie mit basisdemokratischen Ansätzen kombiniert wie etwa bei Hermann Brill.[7] Die Neuordnungspläne des linken Widerstands – und das gilt selbstverständlich noch mehr für den bürgerlich-konservativen – mit den Maßstäben des liberalen, rechtsstaatlichen Parlamentarismus des Westens zu messen, ginge an der Gedankenwelt und den Existenzbedingungen der deutschen NS-Gegner vorbei.

Im Exil und im Lande selbst standen neben denen, die versuchten, nüchtern zu analysieren und politische Schlußfolgerungen zu ziehen, solche, die aus Enttäuschung nun die Existenz jeder nennenswerten Opposition überhaupt leugneten. Viele, vor allem in den sozialdemokratisch-sozialistischen Auslandsgruppen, sahen die Gefahr eines alliierten Gewaltfriedens, der auch der Linken alle Arbeitsmöglichkeiten entziehen würde, bestanden über 1945 hinaus energisch auf der Existenz des »anderen Deutschland« und warben um Verständnis für die Bedingungen, unter denen die deutschen Genossen zu kämpfen hatten. Demgegenüber behauptete die KPD-Gruppe in London um Wilhelm Koenen im Januar 1945, »die gewaltige Mehrheit des deutschen Volkes« stehe immer noch mit »Enthusiasmus« hinter Hitler und kämpfe »hartnäckiger und fanatischer denn je« gegen die alliierten Streitkräfte. Die »faschistische und nationalistische Verseuchung des deutschen Volkes, die deutsche Arbeiterklasse nicht ausgenommen«, müsse endlich aufgedeckt werden.[8] Möglicherweise glaubte der Londoner KPD-Zirkel, daß seine – sicher nicht nur taktisch gemeinten – Ausführungen auf der zu diesem Zeitpunkt von der Sowjetunion vertretenen Linie einer hauptsächlich punitiven Besatzungspolitik lägen. Daß die deutschen Kommunisten mit einer solchen Analyse ihre eigene Legitimität in Frage stellten, machte demgegenüber Koenens Genosse Paul Merker von Mexiko aus deutlich. Auch Merker gab zu, daß Hitler eine Massenanhängerschaft bis in die Arbeiterschaft hinein – wenn auch nicht in dem behaupteten Ausmaß – hatte gewinnen können. Die Mehrheit der Bevölkerung stehe aber inzwischen, kurz vor Kriegsende, »teils bewußt, teils gefühlsmäßig gegen Hitler und sein Gangsterregime«. Statt einen vermeintlichen Verrat deutscher Arbeiter an ihren historischen Aufgaben zu denunzieren, sollten die Antifaschisten über eigene Fehler nachdenken, die sie vor 1933 begangen hätten. Ohne eine maßgebliche Beteiligung der Deutschen selbst werde es eine demokratische Umwälzung in Deutschland nicht geben. »Wie [...] kann unsere Bewegung die Regierungsverantwortung in Deutschland übernehmen, wenn angeblich nur eine winzige demokratische Minderheit vorhanden ist?« Die deutschen Antifaschisten könnten nur dann das Vertrauen der Volksmassen gewinnen und mit den »nazisti-

---

7 Siehe F. Moraw, Die Parole der »Einheit« und die Sozialdemokratie. Zur parteiorganisatorischen und gesellschaftspolitischen Orientierung der SPD in der Periode der Illegalität und in der ersten Phase der Nachkriegszeit 1933–1948, Bonn 1973; H. Brill, Gegen den Strom, Offenbach 1946.
8 Freie Tribüne, London, 7 (1945), No. 1, S. 1 f.

schen Verbrechern« aufräumen, wenn sie »Schulmeisterei, Überheblichkeit, Oberflächlichkeit und Herzlosigkeit gegenüber dem Volke« ausschalteten.⁹

Die Exil-Führung der KPD in Moskau hatte bei der Arbeit unter deutschen Kriegsgefangenen und bei ihrer Frontpropaganda seit 1941 ernüchternde Erfahrungen gemacht, hatte mit der Gründung des betont patriotischen »Nationalkomitees Freies Deutschland« und des »Bundes Deutscher Offiziere« aber immerhin einige bemerkenswerte Erfolge erzielt, allerdings kaum gegenüber der noch kämpfenden Truppe. Das Zentralkomitee der KPD betonte nach Kriegsende besonders nachdrücklich die Verstrickung der Deutschen insgesamt in den Nationalsozialismus und ihre – im Grundsatz auch von anderen NS-Gegnern kaum bestrittene – Pflicht zur Wiedergutmachung, schloß sich aber letztlich eher der Merkerschen Argumentationslinie an.

Den Hintergrund der innerkommunistischen Kontroverse bildete die in allen Fraktionen des Antifaschismus ausgetragene Debatte über die kollektive Schuld und Verantwortung des deutschen Volkes für den Krieg und die nationalsozialistischen Verbrechen. Die Debatte hatte eine machtpolitische Seite, weil mit der Kollektivschuldthese, die teilweise mit einem deutschen – auch die Arbeiterbewegung prägenden – Volkscharakter in Verbindung gebracht wurde, jede Unterdrückungs-, Zerstückelungs- und Reparationsmaßnahme gerechtfertigt werden konnte. Zugleich war damit aber die Identität der deutschen Linken im Innersten berührt, die sich doch, mit unterschiedlichem Nachdruck, als die besseren Deutschen begriffen und darstellten. Standpunkte, die auf die, meist historisch-kulturell hergeleitete, Schuld des ganzen deutschen Volkes abhoben, wie sie in Frankreich (schon vor dem Krieg) Henri de Kerillis, in England Lord Robert Vansittart, in Amerika Henry Morgenthau und in Rußland Ilja Ehrenburg vertraten, wurden von der großen Mehrheit des politischen Exils wie der Antifaschisten in Deutschland abgelehnt. Die »Vansittartisten« waren eine kleine, lautstarke Minderheit innerhalb der deutschen Linken, gesellschaftspolitisch meist eher auf dem rechten Flügel angesiedelt. Gleichzeitig waren sich die Antifaschisten jedoch fast durchweg darin einig, daß es nicht angehe, die Deutschen ausschließlich als das erste Opfer der braunen Machthaber darzustellen, sondern daß es gelte, die zumindest zeitweilige Zustimmung und Mitwirkung des deutschen Volkes kritisch zu reflektieren. Lediglich über die Einschätzung des Grades der Massenloyalität und über ihre Ursachen gab es Meinungsverschiedenheiten. Die große Mehrheit der deutschen Bevölkerung hingegen lehnte, jedenfalls in der US-Zone, die These der Gesamtverantwortung von vornherein ab.¹⁰

---

9 Freies Deutschland, Mexiko, 4 (1945), Nr. 6, S. 6-8. Die Kontroverse Koenen/Merker ist verschiedentlich in der Literatur angesprochen. Siehe zuletzt: L. Maas, »Unerschüttert bleibt mein Vertrauen in den guten Kern unseres Volkes«. Der Kommunist Paul Merker und die Exil-Diskussion um Deutschlands Schuld, Verantwortung und Zukunft, in: T. Koebner u. a. (Hg.), Deutschland nach Hitler. Zukunftspläne im Exil und aus der Besatzungszeit, Opladen 1987, S. 181 ff.

10 A. J. und R. L. Merritt (Hg.), Public Opinion in Occupied Germany. The OMGUS Surveys, 1945–1949, Urbana u. a. 1970, S. 36.

9 Die deutsche Linke, die Arbeiterklasse und die nationalsozialistische »Volksgemeinschaft«

Willy Brandts Aussage wäre wohl unter deutschen Linken allenfalls in den Formulierungen strittig gewesen. Brandt schrieb in einem an ein norwegisches Publikum gerichteten Reportage-Buch über das erste Nachkriegsjahr: »Die Deutschen müssen Verantwortung tragen. Verantwortung ist jedoch nicht dasselbe wie Schuld [...] Die Nazis – in Deutschland und anderen Ländern – sind schuldig [...] Die Nazigegner [...] sind nicht schuldig. Sie können sich jedoch nicht der Mitverantwortung dafür entziehen, daß Hitler an die Macht kam. Sie kommen auch nicht um die Folgen der nazistischen Mordpolitik herum [...] Zwischen den Nazis und den Nazigegnern steht die große Masse der mehr oder weniger Indifferenten. Ihre Verantwortung ist groß. Es hat aber keinen Sinn, ihnen eine übermäßige Schuld aufzuladen [...] Nun kommt es zunächst darauf an, daß neuerworbene Erkenntnisse nicht deshalb verloren gehen, weil die Bevölkerung in nationale und soziale Verzweiflung gerät.«[11]

Im »Aufbau«, einer hektographierten Zeitschrift der Bremer »Kampfgemeinschaft gegen den Faschismus«, wurde im Juli 1945 gegenüber einer pauschalen Verurteilung der Deutschen auf die soziale Zusammensetzung der NSDAP sowie auf ihre Unterstützer und Nutznießer aus der sozial herrschenden Klasse und den konservativen Eliten verwiesen. Das Versagen der Führungen der Arbeiterbewegung und der bürgerlich-demokratischen Kräfte wurde ebenso benannt wie der staatliche Terror als Beweis für die Existenz einer Opposition. Auch hier bestritt man nicht, daß die »naziverseuchten Massen« einen Großteil des deutschen Volkes ausmachten.[12]

Kurt Schumacher, der die Wiedergründung der SPD in den Westzonen betrieb, akzeptierte ebenfalls eine kollektive Verantwortung der deutschen Nation: »Die Mitschuld großer Volksteile [...] liegt an ihrem Diktatur- und Gewaltglauben. Weil die Deutschen sich die Kontrolle über ihre eigene Regierung haben entziehen lassen, deshalb werden sie heute von anderen kontrolliert.« Die eigentliche Schuld liege aber bei der NSDAP, der »Partei der nationalistischen Unternehmerknechte« aus »Lumpenbourgeoisie« und »Lumpenproletariat« und ihren kapitalistisch-militaristischen Geburtshelfern. Nicht akzeptabel sei es für die demokratischen Sozialisten, »die eigentlichen Gegenspieler des Nazitums«, jedoch, »mit anderen in einen Topf geworfen zu werden«.[13]

Insbesondere von einer marxistischen Position aus war die Kollektivschuldthese indiskutabel; bereits die These von der kollektiven Verantwortung der Deutschen entsprach nicht unbedingt dem klassenanalytischen Zugang des Marxismus, so daß gezielt nach dem qualitativ Neuen in der Entwicklung des deutschen Imperialismus als eines »totalitärem Monopolkapitalismus« (F.L. Neumann) gefragt wurde. Verstärkt wiesen Sozialisten seit Kriegsbeginn auf die vermeintliche antiliberale Sonderent-

---

11 W. Brandt, Draußen. Schriften während der Emigration, hg. v. G. Struwe, München 1966, S. 129 ff.
12 Aufbau Nr. 6, S. 1 f. ND Frankfurt am Main 1978, S. 294.
13 K. Schumacher, Wir verzweifeln nicht!, in: ders./E. Ollenhauer/W. Brandt, Der Auftrag des demokratischen Sozialismus, Bonn 1972, S. 3 ff.

wicklung Deutschlands mit dem Fehlen einer bürgerlich-demokratischen Revolution hin, die die notorische Neigung der Deutschen zu »Untertänigkeit« und »Unterwürfigkeit« erklären sollte.[14] Gesellschaftliche Strukturreformen kraft revolutionären Rechts neben der Aburteilung von NS-Verbrechern und gründlicher Personalsäuberung sollten – darin stimmte praktisch die gesamte deutsche Linke einschließlich des rechten Flügels der Sozialdemokratie überein – auch die Aufgabe einer nachholenden demokratischen Revolution lösen, die unter den gegebenen Bedingungen auch gegen das Großkapital gerichtet sein müsse und somit zugleich eine sozialistische Perspektive eröffne.

5. Damit ist ein zentrales Problem sozialistischer Politik in Deutschland nach 1945 angesprochen, nämlich das Verhältnis antifaschistischer und antikapitalistischer Umwälzung, eines klassenspezifischen, hauptsächlich in der Tradition des Marxismus stehenden und eines popular-demokratischen, auf möglichst breiten Konsens orientierenden Ansatzes. Die KPD/SED konnte das Problem für sich durch den Rückgriff auf die Konzeption der Volksfront und die Erfahrungen des »Nationalkomitees Freies Deutschland« grundsätzlich lösen, wurde aber in der Praxis trotzdem mit dem Spannungsverhältnis von antifaschistischen und antikapitalistischen Zielen konfrontiert, etwa durch das eigenmächtige offensive Vorgehen von radikalen Betriebsräten. Die ersten Schritte im Transformationsprozeß sollten, der kommunistischen Linie im ganzen befreiten Europa entsprechend, im festen Bündnis (»Block«) mit den bürgerlich-demokratischen Parteien gemeinsam gegangen werden und wurden deshalb ausdrücklich als nichtsozialistisch deklariert. Die Festigung der neuen »antifaschistisch-demokratischen Staatsmacht« und der Wiederaufbau der KPD bzw. der SED als hegemoniale und sozial breit verankerte Massenpartei würden dann die Voraussetzungen für den späteren Übergang zum Sozialismus sowjetischen Typs schaffen.

Die SPD- und Gewerkschaftsführer gingen im Unterschied dazu überwiegend von einem Zusammenbruch des kapitalistischen Systems in Deutschland aus und verlangten, den Neuaufbau unter »sozialistischen« Vorzeichen vorzunehmen; dabei war in der Regel eher an eine »mixed economy« nach dem Vorbild der damaligen britischen Labour-Regierung gedacht. Das Programm der Linken sollte allerdings, zumindest nach der Meinung Schumachers, nicht durch All-Parteien-Konsens, sondern durch kämpferische parlamentarische Parteienkonkurrenz verwirklicht werden, auf deren politisierenden Effekt man setzte. Durch die Not und Verarmung der großen Masse des Volkes, neben den Lohnabhängigen hauptsächlich der Ostflüchtlinge und -vertriebenen und der weitgehend depossedierten Mittelschichten, habe objektiv eine Annäherung aller nichtkapitalistischen Klassen und Schichten stattgefunden, so daß die SPD ohne Aufgabe ihrer Programmatik zu einer Art Volkspartei mit industriepro-

---

14 Siehe etwa E. L. Neumann, Wirtschaft, Staat, Demokratie. Aufsätze 1930–1954, Frankfurt am Main 1978; Zitat von R. Küstermeier, Widerstand, in: Geist und Tat, 3/1948, S. 205.

letarischem Kern werden sollte – eine bemerkenswerte Parallele zum Selbstverständnis der KPD.

Das Eintreten der Bevölkerungsmehrheit für die teilweise Enteignung oder Entmachtung des Großkapitals – durch Volksabstimmungen in Sachsen, Hessen und Bremen objektiviert –, ein öffentlich eher progressives Meinungsklima, Sozialisierungsforderungen bei Hungerrevolten: all dem stand nach 1945 die mit gewissen Schwankungen immer wiederkehrende Aussage einer großen Zahl (um 50 % mit steigender Tendenz) der sich bei Umfragen Äußernden gegenüber, der Nationalsozialismus sei »eine gute Idee« gewesen, die »schlecht ausgeführt« worden sei.[15] Was bei dieser Antwort konkret gemeint war, unterliegt der Spekulation, da nicht versucht wurde, dies durch Nachfragen zu klären. Offenbar empfand die Mehrheit der Deutschen in den ersten Nachkriegsjahren – über die Arbeiterschaft hinaus – Abscheu über Kriegsverbrecher, Denunzianten, »Schinder« und »Goldfasanen«, wünschte ihre Ausschaltung und Bestrafung und wollte auch großbourgeoise Profiteure und andere Konjunkturritter des NS-Regimes nicht ungeschoren davonkommen lassen. Die Frage lautet nun, inwieweit in die antigroßkapitalistische Grundstimmung auch – um in der entsprechenden Terminologie zu bleiben – ein »antiplutokratischer« Affekt, zumindest aber eine Verinnerlichung des, so meinte man wohl, lediglich pervertierten Leitbilds einer sozialstaatlich organisierten Volksgemeinschaft mit einging. Diese Deutung würde auch erklären helfen, daß im Sommer und Herbst 1947 bei einer unter Bewohnern der britischen Zone durchgeführten Umfrage die SPD-Sympathisanten häufiger als die CDU-/Zentrumsanhänger und die KPD-Anhänger (selbst unter den Kommunisten waren es rund zwei Fünftel) die Frage nach der guten, aber schlecht ausgeführten Idee des Nationalsozialismus zustimmend beantworteten. Und im amerikanischen Besatzungsgebiet lagen die entsprechenden Anteile im April 1948 bei einem Durchschnittswert für die US-Zone von 54 % gerade in Hochburgen der Sozialdemokratie wie Bremen (72 %) und West-Berlin (62 %) eklatant hoch.[16]

6. Wie aber stand es mit dem eigentlich sozialistischen Potential? Berliner Umfragen der Amerikaner machten deutlich, daß ein sozialistischer Klassenstandpunkt, sei es in der sozialdemokratischen, sei es in der kommunistischen Version, auch unter Arbeitern explizit nur noch von einer Minderheit geteilt wurde. Auf Selbsttätigkeit der Lohnabhängigen und auf Partizipation gerichtete Positionen, konkretisiert in Meinungen über Koalitionsfreiheit, Streikrecht und Tarifhoheit, Mitbestimmung und in der Beurteilung der Rolle der DAF, fanden unter abhängig Beschäftigten nicht unbedingt Mehrheiten, selbst unter Gewerkschaftern.[17] Bremer Linkssozialisten hatten

---

15 Merritt/Merritt (Hg.), Public Opinion, S. 32 f.
16 E. Holtmann, Die neuen Lassalleaner. SPD und HJ-Generation nach 1945, in: M. Broszat u. a. (Hg.), Von Stalingrad zur Währungsreform, München 1988, S. 209; Merritt/Merritt (Hg.), Public Opinion, S. 225.
17 Hurwitz, Demokratie, Bd. 1, S. 191 ff.

schon gleich nach Kriegsende in einem internen Papier das Fehlen »politischer Stoßkraft und Aktionsfähigkeit der Arbeitermassen« und einer »klaren politischen Willensbildung« diagnostiziert. Daher müsse zunächst alle Energie auf den »Aufbau lebendiger, zielklarer und moderner Arbeiterorganisationen« konzentriert werden. In einem ähnlichen Sinn stellte Otto Brenner noch drei Jahre später fest: »Wenn wir bis 1933 mit einem vorhandenen Klassenbewußtsein bei einem Teil der Arbeiterschaft rechnen konnten, so muß dieses jetzt erst wieder langsam herausgebildet werden.«[18]

Walter Ulbricht hatte mit der Formel vom »weitgehend verschütteten« Klassenbewußtsein 1945 eine für einen Großteil der Arbeiter sachlich zutreffende Formulierung gefunden, der allerdings auch die politische Funktion zukam, innerhalb der KPD den Führungsanspruch des ZK gegenüber den im Inland gebliebenen und nicht unbedingt mit der vorgegebenen Parteilinie einverstandenen Altkommunisten durchzusetzen. Außer einer sofortigen Prüfung der Tätigkeit der Illegalen und nach 1933 nicht für die Partei tätig gewordenen Ex-Genossen bei der Wiederaufnahme wurde bei früheren »Abweichlern«, die etwa der SAP oder KPD-Opposition angehört hatten, aber auch bei früheren Sozialdemokraten eine strenge Selektion verlangt, wenn sie der KPD beitreten wollten. Bei ganz neu rekrutierten Antifaschisten, etwa solchen mit religiöser Bindung, wurde hingegen Großzügigkeit angeordnet. Gemeinsam mit den »sektiererischen« Altkommunisten sollten sie in intensiver Schulungsarbeit mit der »Weiterentwicklung der marxistisch-leninistischen Theorie« und Strategie seit Mitte der 1930er Jahre vertraut gemacht werden. Nach dem »Trommelfeuer faschistischer Irrlehren« müsse »in diesen Köpfen erst einmal Klarheit geschaffen werden«.[19]

Eine solche zentralistisch-kadermäßige Ausrichtung entsprach nicht der Organisationsform und dem Selbstverständnis der SPD, aber auch für die Sozialdemokratie stellte sich das Problem, nach welchen Gesichtspunkten Aufnahmeanträge zu bearbeiten seien. Kurt Schumacher wollte Neumitglieder nur aufnehmen, »wenn ihr Verhalten gegenüber Nazismus und Reaktion sie als passend für uns erscheinen lässt«. »Einwandfrei« müßten sich auch solche gehalten haben, die früher schon einmal der SPD angehört hätten. Belastete Exmitglieder, »mag ihre Stellung vorher noch so bedeutend gewesen sein«, seien »unbedingt abzulehnen«.[20] In Berlin wurden alle Beitrittswilligen und solche mit NS-Mitgliedschaften besonders penibel überprüft. 11 % der bis zum Frühjahr 1946 im Bezirk Schöneberg Aufgenommenen waren inhaftiert

---

18 Das Bremer Papier zit. nach P. Brandt, Antifaschismus und Arbeiterbewegung. Aufbau – Ausprägung – Politik in Bremen 1945/46, Hamburg 1976, S. 244; O. Brenner an J. und E. Lang v. 16.6.1948, in: H. Grebing (Hg.), Lehrstücke, S. 157.

19 Zitate bei W Ulbricht, Zur Geschichte der deutschen Arbeiterbewegung. Aus Reden und Aufsätzen, Bd. II: 1933–1946, Berlin (Ost) 1963, S. 435; H. Matern, Kampf für Frieden, Demokratie, Sozialismus. Ausgewählte Reden und Schriften, Bd. 1: 1926–1936, Berlin (Ost) 1963, S. 140.

20 K. Schumacher, Politische Richtlinien für die SPD in ihrem Verhältnis zu den anderen politischen Faktoren, in: D. Dowe/K. Klotzbach (Hg.), Programmatische Dokumente der deutschen Sozialdemokratie, Berlin/Bonn 1973, S. 278.

gewesen oder hatten organisierten Widerstand geleistet. Unter den sozialdemokratischen Stadträten und Parlamentskandidaten lag dieser Anteil dreimal so hoch.[21]

Die sozialdemokratischen Problemfälle waren weniger die regelrechten Überläufer, deren Zahl sich in engen Grenzen hielt, als diejenigen früheren Amtsträger meist des rechten Parteiflügels, die, wie Carl Severing, Wilhelm Kaisen, Erich Roßmann und Wilhelm Keil, nicht verfolgt worden waren, sich auch von jeder illegalen Verbindung ferngehalten und in Zurückgezogenheit von ihrer Pension gelebt hatten. Paul Löbe hatte zwar zum Umkreis der Verschwörer des 20. Juli gehört, die ihn wieder zum Reichstagspräsidenten hatten machen wollen, war aber – wie in besonders krasser Form Roßmann und Keil – mit dem Anpassungs- bzw. Kapitulationskurs eines Teils der SPD-Führung im Frühjahr 1933 identifiziert. Gustav Noske, den man weithin für das mehrheitssozialdemokratische Bündnis mit der militärischen Gegenrevolution in den Jahren nach dem Ersten Weltkrieg verantwortlich machte, gehörte ebenfalls in mancher Hinsicht zu dieser Gruppierung. Schumacher, der die Gruppe aus prinzipiellen wie aus Konkurrenz-Erwägungen stark beargwöhnte, konnte indessen nicht verhindern, daß einige der Genannten aufgrund alter Loyalitäten und teilweise über ihre Funktionen in den von den Besatzungsmächten installierten Auftragsverwaltungen auch in der Partei wieder in führende Positionen gelangten.

Eindeutiger als auf seiten der KPD mit ihren rund 20.000 Blutopfern bestand die erste Rekrutierungswelle der SPD aus vierzig- bis sechzigjährigen Mitgliedern der Zeit vor 1933 – meist mit Facharbeiterausbildung –, von denen die meisten integer und dem sozialdemokratischen Gedankengut treu geblieben waren, aber auch tatenlos auf das Ende der Hitler-Diktatur gewartet hatten. Was die Sache so kompliziert machte: Ein solches abwartendes Verhalten konnte durchaus sachlich begründet sein, galt es doch – so ließ sich argumentieren –, bei einem gegen Hitler gerichteten Putsch oder einem Sturz des Regimes von außen bereit zu stehen, um dem demokratischen Neuaufbau dienen zu können, statt die Kräfte der Sozialdemokratie in aussichtslosen Widerstandsaktionen zu verausgaben. In der Tat wissen wir, daß die am 20. Juli (der mehr war als ein Rettungsversuch reaktionärer Generäle) beteiligten Zivilisten, vor allem die Gewerkschafter und Sozialdemokraten, ein in konzentrischen Kreisen angelegtes Netz von Vertrauensleuten gespannt hatten. Allein im Main-Neckar-Gebiet sollen rund 1.000 Personen direkt und mindestens 10.000–15.000 indirekt in dieses Netz eingebunden gewesen sein[22], die, um das geplante Unternehmen nicht zu gefährden, jeden Anschein von offenem Widerstand oder Konspiration zu vermeiden hatten und die Zusammenhänge größtenteils gar nicht kennen durften. Die Grenzen zwischen Anpassung und Widerstand waren fließend, wenn Sozialdemokraten den menschlichen Zusammen-

---

21 H. Hurwitz, Demokratie und Antikommunismus in Berlin nach 1945, Bd. 2; Autoritäre Tradierung und Demokratiepotential in der sozialdemokratischen Arbeiterbewegung, Köln 1984, S. 203 ff.
22 E. Henk, Die Tragödie des 20. Juli 1944. Ein Beitrag zur politischen Vorgeschichte, Heidelberg 1946 (2), zit. nach M. Geis u. a., Widerstand und Exil der deutschen Arbeiterbewegung 1933–1945, Bonn 1982, hier S. 341.

halt, vor dem Krieg häufig noch in organisierter, scheinlegaler Form, wahrten oder über geschäftliche Verbindungen – als Selbständige nach der Entlassung aus dem Staatsdienst oder der Gewerkschafts- bzw. Parteianstellung – den Kontakt aufrechterhielten.

Für die Minderheit der Widerstandsaktivisten, Verfolgten und Emigranten war es auch in den ab 1945 neu entstehenden Organisationen der Arbeiterbewegung nicht leicht, Verständnis zu finden, wichen ihre Erfahrungen doch von denen der meisten Genossen und Kollegen ab, deren ganze Energie nach 1945 wie auf andere Weise schon in der zweiten Kriegsphase vom nackten Existenzkampf absorbiert wurde. Die Schrecken, die der Krieg ab 1941/42 auch für die Deutschen, ob nationalsozialistisch orientiert oder nicht, mit sich gebracht hatte, bewirkten offenbar eine gewisse Abstumpfung gegenüber dem Unvorstellbaren, das Juden, Zigeunern und Angehörigen unterjochter Völker, aber auch politischen NS-Gegnern und »Gemeinschaftsfremden« deutscher Nationalität angetan worden war. Eindringliche moralische Belehrungen seitens der Besatzungsbehörden und gelegentlich auch deutscher Antifaschisten provozierten eher Abwehr und Trotz.

Schumacher, der zehn Jahre im Konzentrationslager gesessen hatte, betonte die Pflicht der Deutschen (und der deutschen Sozialdemokraten im besonderen) zur Selbstreinigung, verlor aber in der Öffentlichkeit kaum ein Wort über seine eigenen Leiden, die ja auch daraus resultierten, daß andere nicht seine Kühnheit besessen hatten. Von den Märtyrern der Arbeiterbewegung war zwar bei Schumacher und anderen öfters die Rede, aber meist im Sinne der Legitimierung des eigenen Führungsanspruchs und des Verlangens nach Schonung und Gleichberechtigung des neuen, demokratischen Deutschland. Die besondere Hervorhebung einer heroischen Widerstandshaltung von Individuen schien die Gefahr in sich zu bergen, die psychologische Kluft zur Mehrheit der breiteren Anhängerschaft noch zu vergrößern.

Die Sozialdemokratie reproduzierte in der Folgezeit das Desinteresse der westdeutschen Gesellschaft an konkreten Informationen über Widerstand und Verfolgung, das mit dem offenen Ausbruch des Kalten Krieges und dem Bruch des antifaschistischen Nachkriegskonsenses kaum noch zu durchbrechen war. Eine im Februar 1946 vom Londoner Exil-Vorstand der SPD veröffentlichte »Erste Zusammenstellung ermordeter, hingerichteter oder zu Freiheitsstrafen verurteilter Gegner des Nationalsozialismus« wurde nicht weitergeführt. Der antifaschistische Widerstand tauchte unter dem Rubrum des Antitotalitarismus bald fast nur noch in einem Atemzug mit der Distanzierung vom stalinistischen System in der SBZ/DDR auf. Man legte zwar Wert auf die Beteiligung der eigenen Leute an der Erhebung des 20. Juli 1944, die jetzt als »Aufstand des Gewissens« deklariert wurde, wagte aber erst seit den 1970er Jahren wieder, offensiv auf den Arbeiterwiderstand und damit indirekt zugleich auf die bedeutende Rolle, die Kommunisten darin spielten, hinzuweisen.

Die KPD/SED schlug einen anderen Weg ein, indem sie sich – und später die ganze DDR – in die Traditionslinie des antifaschistischen Kampfes stellte. Militanter Antifaschismus wurde Partei- und Staatsdoktrin. In mancher Hinsicht hatte das Vorteile, weil es gerade den Nachwachsenden ermöglichte, sich positiv mit dem »anderen Deutschland« zu identifizieren und damit deprimierenden Schuldgefühlen zu entgehen. Die antifaschistische Erziehungsdiktatur der SED bestärkte jedoch andererseits autoritäre Verhaltensdispositionen, indem sie Anpassung belohnte und somit als unproblematisch erscheinen ließ.

7. Übereinstimmung herrschte nach 1945 auf der Linken darüber, daß man der Jugend eine Chance geben müsse. Dabei ging man bei der Definition der aufgrund ihres Alters, falls nicht beweisbare Verbrechen vorlägen, automatisch Unbelasteten teilweise bis zum Jahrgang 1913 zurück. In der Tat handelte es sich hier um den Teil des deutschen Volkes, der am stärksten nationalsozialistischer Indoktrination ausgesetzt gewesen war und in der Kinderlandverschickung, dem Jungvolk bzw. den Jungmädeln, der HJ bzw. dem BDM, dem Reichsarbeitsdienst bzw. dem Pflichtjahr und der Wehrmacht oder der Waffen-SS spezifische, auf die Psychologie junger Menschen ausgerichtete und in gewisser Weise klassenübergreifende Lebensformen kennengelernt hatte. Vielfach war die Mitgliedschaft in diesen Organisationen – verstärkt durch den nationalsozialistischen Jugendkult – als Entlastung von der »reaktionären« Enge familiärer Bindungen empfunden worden. In der Konfrontation mit Eltern, Nachbarn, Lehrern und Pfarrern konnte der »Dienst« speziell in den Jugendorganisationen regelrecht antiautoritäre Züge annehmen. Nicht zu unterschätzen sind ferner die Aufstiegsmöglichkeiten, die die NS-Organisationen schon ganz jungen Menschen boten. Selbst in überzeugt kommunistischen und sozialdemokratischen Elternhäusern hatte man meist nicht gewagt, den Kindern explizit eine alternative Orientierung anzubieten.

Während relevante Teile der älteren Generationen, namentlich in der Arbeiterschaft, das Kriegsende als »Befreiung vom Faschismus« empfanden, scheint das bei den Jungen kaum der Fall gewesen zu sein. Restbestände der nationalsozialistischen Ideologie fanden sich, wie alle demoskopischen Umfragen zeigten, überproportional bei der jungen Generation. Abgesehen davon kehrten diejenigen, die bereits im Krieg gewesen waren, fast alle mit einem beschädigten Selbstbild zurück und litten darunter, jahrelang Opfer gebracht zu haben, die jetzt als »sinnlos« galten. Sie registrierten auf Seiten der Zivilisten immer wieder Unverständnis und Ablehnung. Die, gerade bei den Gläubigsten, mit dem Zusammenbruch des NS-Regimes platzgreifende Desillusionierung äußerte sich in einer, vielfach zynischen, Verweigerungshaltung. »Entwurzelt, rechtlos, verbittert schauen wir zu, wie man uns alles nimmt und außer einer neuen Phraseologie nichts dafür gibt«, hieß es 1947 in einem Leserbrief an die Sozialistischen Monatshefte.[23] Die junge Generation »schweigt, weil man sie nicht verstehen will, sie schweigt, weil sie nicht verstehen kann«, schrieb Hans Werner Richter.[24] Man nahm indes aus dem »Dritten Reich« die individualistische Leistungs- und Aufstiegs-

---

23 H. E. Schmid, Das Gesicht der Jugend, in: Sozialistische Monatshefte, Jg. 3 (1947), Nr. 3, S. 23.
24 H. W. Richter, Warum schweigt die junge Generation, Der Ruf 1 (1946), H. 2, S. 1 f.

orientierung mit in die neue Zeit, die die nationalsozialistische Gesellschaftspolitik trotz der atavistischen Propagandabilder befördert hatte, und akzeptierte die Autorität der Älteren so wenig wie überkommene Klassenunterschiede.

Hier und dort gab es bemerkenswerte Beispiele für erfolgreiche Neuorientierung. Nicht selten scheint die Abwendung vom Nationalsozialismus schon vor 1945 begonnen zu haben, wobei etwa Diskussionen in den Kriegsgefangenenlagern – wie verschiedentlich berichtet – eine bewußtseinserweiternde Rolle spielen konnten. Die möglicherweise bedeutendste nonkonformistische linke Zeitschrift der frühen Nachkriegszeit, »Der Ruf«, ging aus einer Kriegsgefangenenzeitschrift in den USA hervor. »Der Ruf« formulierte eine klare Abwehrposition gegen die Siegermächte und verteidigte insbesondere auch die deutschen Soldaten gegen vermeintlich ungerechtfertigte Anklagen. Theo Pirker, trotz kommunistischer Familientradition im Weltkrieg begeisterter Fallschirmjäger, gehörte nach seiner Verwundung 1943 einem illegalen Münchener Studentenzirkel an, der nach Kriegsende weiterdiskutierte, sich gewerkschaftlich engagierte und sich dann nach einem Zwischenstadium des christlichen Sozialismus im sozialdemokratisch-kommunistischen Richtungsstreit auflöste.[25] Von auskunftsbereiten 45 Delegierten der 2. SDS-Konferenz im August 1947 hatten 40 aktiv am Krieg teilgenommen, davon 14 in Offiziersrängen vom Leutnant bis zum Major. Insofern sollte man Helmut Schmidts Expost-Äußerung, »daß viele Soldaten im Grunde aus dem spezifischen Kameradschaftserlebnis des Krieges und der Kriegsgefangenschaft [...] eigentlich prädisponiert waren für den Sozialismus, wenn dessen Träger das bloß richtig begriffen und ausgenutzt hätten«[26], insofern ernst nehmen, ohne die problematische Seite dieser angenommenen Affinität zu übersehen.

Faktisch waren ja auch beide großen Parteien der Linken, die SPD wie die KPD/SED, in ihrer Außendarstellung bemüht, dem diffusen Volkssozialismus, der der Mentalität der HJ- und Kriegsteilnehmergeneration entsprach, entgegenzukommen. Im Westen warb Schumacher nachdrücklich um Großzügigkeit bei der Aufnahme junger Menschen in die SPD, unterstützte die sozialen Forderungen der Kriegsopfer und setzte sich für die Rückkehr der Kriegsgefangenen ein. Er warnte 1951 sogar ausdrücklich davor, die 900.000 Angehörigen der Waffen-SS in eine »Pariarolle« zu drängen. Es gelte, »einer großen Menge von Menschen den Fluch einer Kollektivdiffamierung abzunehmen«.[27] Für die Bundestagswahl 1953 habe Schumacher, so wird berichtet, die Kandidatur einer Reihe von ehemaligen HJ-Führern auf der Liste der SPD vorbereitet, die dann nach seinem Tod wegen der Vorbehalte von Angehörigen des Parteiapparats nicht zustande gekommen sei.[28] Fritz Erler, wegen illegaler Arbeit für die Gruppe »Neu Beginnen« jahrelang inhaftiert, der das irregeleitete Engagement der

---

25 M. Jander, Theo Pirker über »Pirker«. Ein Gespräch, Marburg 1988, S. 29 ff.
26 Zit. nach T. Fichter, SDS und SPD. Parteilichkeit jenseits der Partei, Opladen 1988, S. 69; ebd., S. 67, auch die Angaben über die SDS-Konferenz.
27 K. Schumacher an L. Hersch v. 30.10.1951, in: K. Schumacher, Reden – Schriften – Korrespondenzen 1945–1952, hg. v. W. Albrecht, Berlin/Bonn 1985, hier S. 898.

9 Die deutsche Linke, die Arbeiterklasse und die nationalsozialistische »Volksgemeinschaft«

jungen Nationalsozialisten höher bewertete als das indifferente Abseitsstehen, unterstützte ein von Carlo Schmid mitbegründetes »Jugendsozialwerk« für berufs- und heimatlose Jugendliche gerade aus den Reihen der HJ.[29]

Auf dem ersten Nachkriegsparteitag der Westzonen-SPD im Mai 1946 entstand eine engagierte Debatte über den Resolutionsentwurf, der eine allgemeine Jugendamnestie forderte (die dann, allerdings nur einschließlich des Jahrgangs 1919, auch zustande kam). »Wir können den Zustand nicht ertragen, daß einfach junge Menschen vom politischen Leben ausgeschlossen sind«, formulierte Herbert Kriedemann, Schumachers enger Mitarbeiter, das Motiv der Antragsteller. Man wolle »den minderbelasteten, den verführten Mitgliedern« der NS-Organisationen Gelegenheit geben, »auch in unseren Reihen mitzuarbeiten«. Es gelte, meinte Andreas Gayk aus Kiel, eine Zerklüftung des deutschen Volkes in frühere Nationalsozialisten und deren Gegner zu verhindern und die »besten Elemente«, insbesondere der Jungen, mitzureißen. Diese Intention war jedoch einer Reihe Delegierter schwer verständlich zu machen, die darauf bestanden, daß sich unter den damals 25- bis 31-jährigen, die die Parteispitze unbedingt einbezogen wissen wollte, die aktivsten und nach wie vor unbelehrten Nationalsozialisten befänden.[30]

Eine ähnliche Kontroverse spielte sich zwei Jahre danach auf dem Landesparteitag der Berliner Sozialdemokraten ab, als sich insbesondere die jüdische Delegierte Jeanette Wolff vehement dagegen aussprach, die Opfer von Krieg, Flucht und Vertreibung mit den »Opfern des Faschismus« auf eine Stufe zu stellen, wie sie es in einem Entschließungsantrag zu erkennen meinte. Willy Brandt plädierte demgegenüber – unter dem Protest eines Teils der Delegierten – für die »große [...] versöhnende Geste« und den »offenen Appell an die Jugend«, um »die breiten Massen« in einer »Volksbewegung« für Demokratie und Sozialismus zu mobilisieren. Mit einer Auffassung, der zufolge »jeder Landser, der entweder aus falscher Erziehung oder aus mißverstandenem Idealismus ein guter Soldat war«, als politischer Gegner anzusehen sei, drohe die SPD den Anschluß an die Jugend zu verpassen.[31]

Es liegt auf der Hand, daß ein solches kalkuliertes Herangehen die Masse der sozialdemokratischen Funktionäre und Mitglieder überforderte – und das galt ähnlich auch für die Kommunisten. Man war stolz darauf, daß man Abstand zum NS-Regime gehalten und sich weder materiell noch ideologisch hatte korrumpieren lassen. Nun fand man es nicht akzeptabel, daß die Partei den vielfach nicht einmal schuldbewußten

---

28 Mdl. Auskunft W. Brandt. Der m. W. nicht schriftlich überlieferte Gedanke liegt vollkommen auf Schumachers Linie.
29 H. Soell, Fritz Erler – Eine politische Biographie, Bd. II, Berlin/Bonn 1976, S. 143 ff.; Schumacher, Reden – Schriften – Korrespondenzen, Einleitung von W. Albrecht, S. 176 f.
30 Protokoll der Verhandlungen des Parteitages der Sozialdemokratischen Partei Deutschlands vom 9. bis 11. Mai 1946 in Hannover, Hamburg 1947, S. 172 ff.
31 Sozialdemokratische Partei Deutschlands, Landesverband Groß-Berlin, 3. Landesparteitag 8. und 9. Mai 1948 (MS), S. 213 ff., in: Archiv der sozialen Demokratie, LV Berlin, Nr. 65.

»Nazibengeln« und »Militaristenjünglingen« Avancen machte. Wenn den führenden Genossen auch nur vereinzelt offen widersprochen wurde, so ließ man die politisch »völlig unreifen« jungen Leute, selbst wenn sie nur pro forma zur HJ oder zum BDM gehört hatten, spüren, daß man Demut von ihnen erwartete. Umgekehrt kam es vor, daß Sprecher der jüngeren Generation – wie ein Delegierter auf dem ersten Kongreß des hessischen Gewerkschaftsbundes 1946 – den älteren Gewerkschaftern, die keinen Grund zur Selbstkritik sahen, ihr Versagen vorhielten: »Wer hat uns in diese Situation gebracht? [...] Wer so maßlos getroffen wurde wie wir, der glaubt nicht mehr vorbehaltlos.«[32]

In der gewerkschaftlichen Jugendarbeit, wo man aufgrund des Allgemeinheitsanspruchs der Gewerkschaften bei der Aufnahme von neuen Mitgliedern nicht wählerisch sein konnte, akzeptierte man zwar die Jugendlichen mit ihren noch vom Nationalsozialismus geprägten Vorurteilen, ging aber unreflektiert von den – schon vor 1933 nur für eine kleine Minderheit verbindlichen – idealistischen Werten der alten Arbeiterjugendbewegung aus, zu denen man die »naziverseuchte« Nachkriegsjugend bekehren wollte. Die Sozialisten und Gewerkschafter suchten den Zugang zur Jugend, wenn sie sie nicht durch ihr Mißtrauen von vornherein abschreckten, meist pädagogisch. Nur ausnahmsweise war man bereit und imstande, einen wirklichen Dialog in Gang zu setzen. Eberhard Holtmann hat für die Kamener SPD aufgezeigt, wie es wenigen jüngeren Funktionsträgern, die als Frontoffiziere die seelische Verfassung des jugendlichen Erfahrungskollektivs kannten, gelang, mit einer ganzen Gruppe früherer HJ-Führer teilweise aus bürgerlichen Elternhäusern ins Gespräch zu kommen und die meisten von ihnen in einem längeren Diskussionsprozeß für die SPD zu gewinnen. Die ehemaligen HJler fühlten sich von dem sozialen Profil der SPD im allgemeinen und Schumachers lassalleanischem Patriotismus im besonderen angesprochen, während die klerikale und besitzbürgerliche Befangenheit der CDU sowie der dogmatische Marxismus und die »Sowjethörigkeit« der KPD abstoßend wirkten. Von dem Kamener Zirkel (»Bergheimer Kreis«) wurde eine breite und offenbar niveauvolle Bildungsarbeit entfaltet, die auch marxistische Texte und Fragestellungen einschloß, insgesamt aber eine Kritik am arbeiterparteilichen Traditionalismus der SPD beinhaltete. Holtmann sieht in diesem Vorgang nur das spektakulärste Ergebnis einer Bereitschaft der Kamener SPD zur Öffnung, die einen im Vergleich zur Endphase der Weimarer Republik dramatischen Anstieg der Mitglieder- und Wählerzahlen ermöglichte.[33] Fraglos blieb die Umkehr neu rekrutierter Mitglieder der SPD, SED oder KPD, die früher nationalsozialistischen Organisationen angehört hatten, zunächst häufig an der Oberfläche und wurde erst im Lauf der Jahre ideologisch und ethisch fundiert.

---

32 Niederschrift der Verhandlungen des 1. Hessischen Gewerkschaftskongresses, Frankfurt am Main/Enkheim, am 24. und 25. August 1946, S. 36.
33 Zit. nach L. Kamp, Geschichte der Gewerkschaftsjugend 1945–1956, unveröffentlichter Projektbericht, Frankfurt am Main 1986, S. 38 f.

8. Mit der Problematik der »schweigenden Generation« eng verknüpft und teilweise sogar damit identisch war die Frage der Behandlung nomineller NS-Parteigenossen (PGs), der sogenannten »kleinen Nazis«. Im Unterschied zu den bürgerlichen Parteien, die auch die Angehörigen der Herrschaftseliten in Wirtschaft und Verwaltung darunter faßten, wenn sie nicht als politische Aktivisten in Erscheinung getreten waren, verstanden Kommunisten und Sozialdemokraten unter einem »kleinen Nazi« in der Regel proletarische oder kleinbürgerliche Mitglieder nationalsozialistischer Organisationen, die nicht als Funktionsträger oder in anderer Weise besonders hervorgetreten waren. Das »einfache nationalsozialistische Parteimitglied« sei »selbst ein Ausbeutungsobjekt« gewesen, meinte ein kommunistischer Parlamentsredner 1946.[34] Man war sich darüber im klaren, »daß die Herrschaft in Deutschland auf die Dauer nur die Ideen und Organisationen behaupten können, denen es gelingt, die führerlos gewordenen Massen an sich zu ziehen, die vorher aus den verschiedensten Motiven und in verschiedener Stärke Anhänger des Dritten Reiches waren oder sich als solche gaben«.[35]

Die Diskrepanz zwischen dem Bedürfnis der ehemaligen Verfolgten, mit ihren Peinigern abzurechnen, und dem strategischen Postulat einer massenfreundlichen, popular-demokratischen Politik brachte manchen Antifaschisten in tragikomische Argumentationsschwierigkeiten. So behauptete ein Vertreter des »Komitees ehemaliger politischer Häftlinge« im Nordwestdeutschen Rundfunk – angesichts von (1945) 8,5 Millionen NSDAP-Mitgliedern –, »daß der Prozentsatz der Parteigenossen zur Gesamtzahl des deutschen Volkes, ja, sogar zur Gesamtzahl der durch das vergangene System besonders Geschädigten, derart gering ist, daß Deutschlands Wiederaufbau durch ihre Ausmerzung nicht gefährdet wird«.[36]

In der SBZ war die »Nazi-Frage« jahrelang zwischen der Führung und einem großen Teil der Basis der SED umstritten. Nachdem man schon im Herbst 1945 – häufig gegen Widerstand der Mitglieder in den Betrieben – begonnen hatte, nominelle PGs wieder beruflich einzugliedern, begann die SED bereits ein Jahr nach Kriegsende den Wettlauf um die Gunst der »ehrlichen und aufbauwilligen Kräfte« unter ihnen. Maßnahmen unterer SED-Parteiinstanzen gegen frühere NSDAP-Mitglieder vor allem aus den Mittelschichten wie etwa Wohnraumbeschlagnahmung für Flüchtlinge (analog den Eingriffen der Antifa-Ausschüsse aller Besatzungszonen im Frühjahr 1945) störten natürlich die Bemühungen der Parteispitze um die Loyalität möglichst breiter Schichten. »Es würde aber diese Aufgabe sehr erschweren«, meinte Wilhelm Pieck im Februar 1947, wenn gegen die nominellen PGs »auch jetzt noch mit Strafmaßnahmen, Entlassung aus der Arbeit, Beschlagnahme ihres Eigentums oder Verächtlichmachung

---

34 Zit. nach P. Brandt, Antifaschismus und Arbeiterbewegung, S. 216.
35 K. Schumacher, Politische Richtlinien, in: Dowe/Klotzbach (Hg.), Programmatische Dokumente, S. 279.
36 »Entnazifizierung«. Notbrücken zum Verstehen, in: Nordwestdeutsche Hefte, 1 (1946), H. 4, S. 13.

vorgegangen wird«.³⁷ Gleichzeitig mußte die Parteiführung auf der Hut sein, daß die Linie auf den mittleren und unteren Ebenen nicht zu großzügig ausgelegt wurde.

Eine neue Qualität bekam die Politik der inneren Aussöhnung in der SBZ/DDR dann beim offenen Ausbruch des Kalten Krieges. In diesem Zusammenhang wurde 1948 die NDPD als Sammelbecken für frühere Nationalsozialisten, Nationalkonservative und Berufsoffiziere gegründet. Diese, auch gesamtdeutsch motivierte Politik der »Nationalen Front« führte insbesondere zu Konflikten mit der »Vereinigung der Verfolgten des Naziregimes«. »Von der Bewegung der Nationalen Front des demokratischen Deutschland soll keiner ausgeschlossen werden, der bereit ist, für die berechtigten nationalen Interessen des deutschen Volkes einzutreten einschließlich der früheren Beamten, Soldaten, Offiziere und Generale der deutschen Wehrmacht sowie der früheren Nazis«, formulierte der SED-Parteivorstand wenige Tage vor der Staatsgründung der DDR. Die Stellungnahme »in dem großen nationalen Befreiungskampf des deutschen Volkes« gegen die Westmächte und die Adenauer-Regierung müsse der entscheidende Gradmesser für die Beurteilung jedes Deutschen sein und nicht die frühere Organisationszugehörigkeit.³⁸ Auch die SED als Partei war schon seit 1946, örtlich in erheblichem Umfang, dazu übergegangen, ihre Reihen um nominelle PGs zu erweitern.

In der SPD war dieses Problem weniger umstritten, was aber nicht bedeutet, daß es nicht auch dort örtlich bedenkliche Konzentrationen früherer NSDAP-Mitglieder geben konnte. Schumacher hatte im Sommer 1945 gemeint, solche Personen dürften in die SPD aufgenommen werden, die einen »unwiderstehlichen Zwang« zum NSDAP-Beitritt nachweisen könnten oder sich wegen ihrer Fehler auf überzeugende Weise einsichtig zeigten.³⁹

Ab Sommer 1950 führten Schumacher und Erler Gespräche mit ehemaligen hohen Wehrmachtsoffizieren über die Bedingungen einer eventuellen Wiederbewaffnung, die dann in regelmäßigen Tagungen unter Beteiligung einer größeren Zahl von Sozialdemokraten fortgeführt wurden. Daneben öffnete sich die SPD-Spitze auch den sozialen Anliegen der früheren Waffen-SS-Angehörigen und sprach mit deren Vertretern. Alle diese Kontakte, die auch aus Gründen der innenpolitischen Konkurrenz mit den bürgerlichen Parteien erfolgten, standen bereits im Zeichen des Kalten Krieges. Gerade auch die SED bemühte sich ja nun im Zuge ihrer »nationalen« Opposition gegen die Westintegration der Bundesrepublik um teils verdeckte, teils offene Bündnisse mit national-neutralistischen Kräften auf der Rechten. 1947/48 hatten beide Arbeiterparteien noch übereinstimmend die militaristisch-antidemokratische Traditionslinie des deutschen Offizierskorps gebrandmarkt.

---

37 W. Pieck, Reden und Aufsätze, Bd. II, Berlin (DDR) 1952, S. 125.
38 Zit. nach P. Brandt/U. Schulze-Marmeling (Hg.), Antifaschismus – Ein Lesebuch. Deutsche Stimmen gegen Nationalsozialismus und Rechtsextremismus von 1922 bis zur Gegenwart, Berlin (West) 1985, S. 313 f.
39 Wie Anm. 35.

9 Die deutsche Linke, die Arbeiterklasse und die nationalsozialistische »Volksgemeinschaft«

Die von den Westalliierten, in erster Linie von den Amerikanern, mit riesigem bürokratischen Aufwand zwecks Durchleuchtung und Kategorisierung der Gesamtbevölkerung in Gang gesetzte »Entnazifizierung« entsprach aufgrund ihres Zwittercharakters zwischen Strafmaßnahme und politischer Säuberung von vornherein nicht den Vorstellungen der deutschen Linken. Deren Vertrauensleute beteiligten sich zunächst engagiert, wurden aber in diesen Verfahren verschlissen und waren später in ihrem Lebensbereich gesellschaftlich beinahe einer Verfemung ausgesetzt. Die KPD begann ihre Vertreter schon seit dem Frühjahr 1947 aus den Spruchkammern zurückzuziehen und schloß sich damit der volkstümlichen, im nachhinein offenbar sogar von den Mitgliedern der Spruchkammern weitgehend geteilten Kritik an, nach der die Kleinen gehängt und die Großen laufengelassen würden. In der Tat war die Idee einer Entnazifizierung anfangs von der Mehrheit der deutschen Bevölkerung, vor allem in den unteren Einkommens- und Bildungsschichten, Meinungsumfragen zufolge positiv bewertet worden, doch war diese Einstellung schon seit 1946 überwiegender Skepsis und Ablehnung gewichen, was die konkrete Durchführung betraf.[40]

Zwar teilten auch die Sozialdemokraten partiell die kommunistische Kritik an der üblichen Vorgehensweise, nach der die klassenkämpferisch akzentuierten Sprüche gegen Angehörige des Besitz- und Bildungsbürgertums in der von Juristen besetzten Berufungsinstanz abgeschwächt oder sogar aufgehoben wurden, ferner die Fälle der schwerer Belasteten erst einmal zurückgestellt wurden (bis sie beim Ausbruch des Kalten Krieges unter dem Rehabilitierungsdruck der Amerikaner und angesichts des Überdrusses der Bevölkerung allzu schnell und milde abgehandelt wurden), außerdem an der »Fragebogenmentalität« und an der Kompetenz der zuständigen Ministerien und Spruchkammern. Doch versuchten die Sozialdemokraten, die Entnazifizierung ungeachtet ihrer Verfahrensmängel zu einem geordneten Abschluß zu bringen. Dabei hatten die SPD-Repräsentanten – stärker als die KPD mit ihrer viel eindeutiger auf die Nutznießer und vermeintlichen Auftraggeber aus dem Monopolkapital zielenden Faschismus-Theorie – auch Gefolgsleute Hitlers aus dem Kleinbürgertum und der Intelligenz im Blick. Die Ansicht Ernst Tillichs jedoch, die er im »Sozialistischen Jahrhundert« äußerte, daß nämlich die Entnazifizierung letzten Endes an der »nationalsozialistischen Gesinnung des Volkes als ganzem« gescheitert sei[41], beschrieb auch in der Sozialdemokratie keineswegs die Mehrheitsmeinung und wäre in einer kommunistischen Zeitschrift wohl gar nicht erst gedruckt worden.

In der SBZ erfolgte mit voller Zustimmung und Mithilfe der KPD/SED eine radikale personelle Auswechselung früherer Nationalsozialisten und »Reaktionäre« in der Verwaltung, der Justiz und dem Erziehungswesen. In der Wirtschaft stand nicht die Personalsäuberung, sondern die Entmachtung und Enteignung des Großgrundbesitzes, des Bankwesens und der Großindustrie (als Maßnahme gegen »Nazi- und

---
40 Merritt/Merritt (Hg.), Public Opinion, S. 79 f., 163, 304 f.
41 E. Tillich, Die Bereitschaft zum Faschismus, in: Das Sozialistische Jahrhundert 1947/48, S. 222.

Kriegsverbrecher«) im Vordergrund. Nach einer etwas chaotischen Frühphase konnte durch den Verzicht auf die Verfolgung der nominellen PGs und parallel zu deren schrittweiser Gleichstellung und Wiedereingliederung die Entnazifizierung in Ostdeutschland zügig durchgeführt und im Frühjahr 1948 noch vor den anderen Besatzungszonen abgeschlossen werden. In Mißkredit geriet der Säuberungsvorgang hier deswegen, weil die Entlassung früherer Nationalsozialisten aus ihren beruflichen Stellungen sowie Inhaftierung und Verurteilung nationalsozialistischer Straftäter Hand in Hand ging mit der zunehmend verschärften Bekämpfung politischer Opposition, namentlich von Sozialdemokraten, und mit willkürlichen Verhaftungen ohne jede erkennbare politische Begründung.

9. Die einmalig komplizierte Situation, in der sich die deutsche Linke nach der Kapitulation der Wehrmacht befand, hatte mehrere Aspekte. Dabei ist an erster Stelle an die gespaltene Ökonomie, das Nebeneinander von Bewirtschaftung und Schwarzmarkt bzw. Kompensationshandel zu denken, die zwar den Arbeitern und namentlich den Betriebsräten gewisse Einflußmöglichkeiten bot, aber zugleich gesamtgesellschaftliche Lösungen, zumal eine kapitalismusüberwindende Perspektive, immer weniger zuließ. Ihre für die Arbeiterbewegung destruktive Wirkung konnte die »währungslose Wirtschaft« in vollem Maß aber erst auf der Grundlage der besonderen deutschen Nachkriegsverhältnisse entfalten.

Im Unterschied zu den von Deutschland besetzten Ländern, wo die Résistance einen nationalen Befreiungskrieg geführt hatte und nach der militärischen Wende des Krieges zur Massenbewegung angeschwollen war, war Deutschland in den Augen der meisten seiner Bewohner »erobert, nicht befreit«[42] worden, und dem entsprach die Grundlinie der Besatzungspolitik. Die Siegermächte wollten ihre unterschiedlichen Interessen gegenüber dem besiegten Deutschland wie gegeneinander durchsetzen. Sofern sich diese Interessen mit denen der deutschen NS-Gegner deckten, wurden deren Bemühungen gefördert, ansonsten hatten namentlich die linken Parteien, in erster Linie die KPD/SED in der SBZ, die Hypothek ihrer Kooperation mit den Siegern zu tragen, auf die sie ihrerseits kaum Einfluß ausüben konnten. Fraglos überschätzten fast alle Sozialisten, die Emigranten wie die im Lande gebliebenen, die antifaschistischen Motive in der Kriegsführung der Alliierten und in ihrer Deutschlandpolitik nach 1945. Die bis zu einem gewissen Grad sicherlich unvermeidliche Unterordnung unter die Okkupationsmächte behinderte jede eigenständige antifaschistische Aktion. Alfred Kantorowicz meinte schon vor Kriegsende in New York konstatieren zu können: »Der Reinigungsvorgang der Selbstbefreiung ist entmutigt, wo nicht unterdrückt worden.« Es wurde die meist bedingungslose Anpassung an die Militärregierungen durch den zutreffenden Eindruck, im Volk über eine zwar nicht schmale, aber höchst

---

42 So der Titel einer kritischen Broschüre des Linkssozialisten P. Hagen (i. e. Karl Frank), die 1946 in New York erschien.

labile Basis zu verfügen. Die Forderung des nach Kuba emigrierten KPD-O-Theoretikers August Thalheimer vom September 1945, den Kampf um die soziale Emanzipation mit dem Kampf um die »nationale Freiheit des eigenen Volkes« zu verbinden[43], hätte die Bereitschaft zum offenen Bruch mit den Alliierten und damit zu einem Risiko verlangt, das außerhalb der Vorstellungskraft der allermeisten dem Terrorregime Entkommenen lag.

Wenn aber die Möglichkeit ausschied, daß die in Teilen noch vom Nationalsozialismus beeinflußten, demoralisierten und verwirrten Volksmassen den gewünschten Lernprozeß in Form einer revolutionär-demokratischen Massenbewegung durchmachten, blieb nur das mühselige Werben der Linken um Unterstützung unter den nun einmal gegebenen, denkbar ungünstigen Verhältnissen. Die deutschen Sozialisten konnten ihr Volk 1945 nicht auflösen und sich ein neues wählen, um Brechts auf den 17. Juni 1953 gemünztes Diktum abzuwandeln. Ihre Aufgabe bestand auch nicht darin, unter allen Umständen saubere Hände zu behalten, sondern sie mußten versuchen, ihrer nationalen und internationalen Verantwortung, das Wiederaufkommen einer Rechtsdiktatur zu verhindern, so gut es eben ging, gerecht zu werden. Daß sich die erneute Zuspitzung der sozialdemokratisch-kommunistischen Spaltung – wie immer die Verantwortung verteilt werden muß – bereits ab 1946 dabei verheerend auswirkte, kann hier nur beiläufig festgestellt werden. Ungeachtet dessen darf keinesfalls aus dem Blick geraten, daß beide parteipolitischen Formationen der Linken bei allem Bemühen um die »Mitläufer« des Nationalsozialismus gegen die NS-Apologie, gegen chauvinistische und antisemitische Ressentiments, die bis in die eigenen Reihen reichten, einen ständigen ideologischen Kleinkrieg zu führen hatten. Insbesondere die SPD stand schon bald unter dem Druck, der von dem Erstarken »abendländisch«- und »national«-konservativer Kreise ausging.[44]

In den Nachkriegsjahren blieb den deutschen Sozialisten gar nichts anderes übrig, als an das real vorhandene Bewußtsein anzuknüpfen. Dazu gehörten Restbestände der Ideologie des Nationalsozialismus, dessen, dort antidemokratisch und antisozialistisch artikulierte, populäre Elemente aus ihrem reaktionären Kontext herauszulösen und in einen progressiven Sinnzusammenhang zu integrieren waren. Dazu, wie man sich anschickte, dieser Aufgabe gerecht zu werden, wäre auch Kritisches zu sagen. Der Grat zwischen opportunistischer Anpassung an majoritäre Stimmungen einerseits, verbissenem Bekehrungseifer und sektiererischer Abkapselung andererseits war aber aus objektiven Gründen äußerst schmal. Vor jeder Kritik an dem Umgang auch der Linken mit dem nationalsozialistischen Erbe in der Nachkriegszeit müssen – und hier setzt die aufklärerische Funktion professioneller Historiker ein – die Analyse der Bedingungen des Handelns und die Darstellung der Motive der Handelnden stehen.

---

43 A. Kantorowicz, Deutsches Tagebuch. Erster Teil, München 1959, S. 71.
44 Zit. nach Brandt/Schulze-Marmeling (Hg.), Antifaschismus, S. 298.

Literaturhinweise

W. **Albrecht**, Kurt Schumacher. Ein Leben für den demokratischen Sozialismus, Bonn 1985.

M. **Broszat/E. Fröhlich** (Hg.), Bayern in der NS-Zeit, 6 Bde., München/Wien 1977–1983.

M. **Broszat/K.-D. Henke/H. Woller** (Hg.), Von Stalingrad zur Währungsreform, München 1988.

U. **Herbert**, Arbeiterschaft im »Dritten Reich«. Zwischenbilanz und offene Fragen, in: Geschichte und Gesellschaft 15 (1989), S. 320-360 (neueste und bislang beste Zusammenfassung und Problematisierung).

Ders., Fremdarbeiter. Politik und Praxis des »Ausländer-Einsatzes« in der Kriegswirtschaft des Dritten Reiches, Berlin/Bonn 1985.

L. **Herbst** (Hg.), Westdeutschland 1945–1955. Unterwerfung, Kontrolle, Integration, München 1986 H. Hurwitz, Demokratie und Antikommunismus in Berlin nach 1945, bisher 4 Bde., Köln 1983–1989.

I. **Kershaw**, Der Hitler-Mythos. Volksmeinung und Propaganda im Dritten Reich, Stuttgart 1980.

C. **Kleßmann**, Die doppelte Staatsgründung. Deutsche Geschichte 1945–1955, Göttingen 1982.

A. **Klönne**, Jugend im Dritten Reich. Die Hitler-Jugend und ihre Gegner, Düsseldorf 1982.

T. **Koebner/G. Sautermeister/S. Schneider** (Hg.), Deutschland nach Hitler. Zukunftspläne im Exil und aus der Besatzungszeit 1939–1949, Opladen 1987.

W. **Meinicke**, Die Entnazifizierung in der sowjetischen Besatzungszone 1945 bis 1948, in: Zeitschrift für Geschichtswissenschaft 32 (1984), S. 968-979.

L. **Niethammer/U. Borsdorf/P. Brandt** (Hg.), Arbeiterinitiative 1945. Antifaschistische Ausschüsse und Reorganisation der Arbeiterbewegung in Deutschland, Wuppertal 1976.

L. **Niethammer**, Entnazifizierung in Bayern. Säuberung und Rehabilitierung unter amerikanischer Besatzung, Frankfurt a. M. 1972.

Ders. (Hg.), Lebensgeschichte und Sozialkultur im Ruhrgebiet, 3 Bde., Berlin/Bonn 1983–1985.

W. **Röder**, Die deutschen sozialistischen Exilgruppen in Großbritannien 1940–1945, Hannover 1968.

J. **Schmädecke/P. Steinbach** (Hg.), Der Widerstand gegen den Nationalsozialismus, München 1985.

F. T. **Stößel**, Positionen und Strömungen in der KPD/SED 1945–1954, Köln 1985.

A. **Sywottek**, Deutsche Volksdemokratie. Studien zur politischen Konzeption der KPD 1935-1946, Düsseldorf 1971.

W. F. **Werner**, »Bleib übrig«. Deutsche Arbeiter in der nationalsozialistischen Kriegswirtschaft, Düsseldorf 1983.

Teil III
Die Neuordnung nach 1945

10 Betriebsräte, Neuordnungsdiskussionen und betriebliche Mitbestimmung 1945–1948 – Das Beispiel Bremen

Im Vergleich zu den anderen Organisationsformen der 1945 neu entstehenden deutschen Arbeiterbewegung einschließlich situationstypischer, kurzlebiger Ansätze wie der »Antifaschistischen Ausschüsse« sind die betrieblichen Vertretungskörperschaften, mit Ausnahme des Territoriums der SBZ, bisher nur unzureichend erforscht.[1] Diese Lücke soll mit dem vorliegenden Aufsatz, dem neben den einschlägigen Periodika und Protokollen sowie Akten des Bremer Staates, der Handelskammer und der Militärregierung eine – nur teilweise ertragreiche – systematische – Umfrage unter Archiven und Betriebsräten Bremer Betriebe zugrunde liegt[2], für Bremen wenn nicht geschlossen, so doch verkleinert werden. Den Angelpunkt bildet die Auseinandersetzung über das gescheiterte Ausführungsgesetz zu Artikel 47 der Bremer Verfassung, das weitestgehende westdeutsche Mitbestimmungsgesetz jener Zeit überhaupt. Eine gesellschafts- oder wirtschaftspolitische Würdigung der Mitbestimmungsidee oder anderer Reformprojekte ist nicht beabsichtigt. Immerhin mögen die folgenden Ausführungen wegen der exemplarischen Bedeutung des Bremer Mitbestimmungsstreits – was die Argumentationsstruktur beider Seiten, die Polarisierung und das Scheitern der Neuordnungsbestrebungen betrifft – auch einige Anhaltspunkte für die keineswegs beendete Debatte über die »Demokratisierung der Wirtschaft« in der Bundesrepublik liefern.

---

1   Siehe Christoph Kleßmann, Betriebsräte und Gewerkschaften in Deutschland 1945–1952, in: Heinrich August Winkler (Hrsg.), Politische Weichenstellungen im Nachkriegsdeutschland 1945–1953 (= Geschichte und Gesellschaft, Sonderheft 5), Göttingen 1979, S. 44–73; speziell für die ersten Monate nach Kriegsende Lutz Niethammer, Ulrich Borsdorf und Peter Brandt (Hrsg.), Arbeiterinitiative 1945. Antifaschistische Ausschüsse und Reorganisation der Arbeiterbewegung in Deutschland, Wuppertal 1976, bes. S. 281 ff.; als Fallbeispiel Tilman Fichter und Eugen Eberle, Kampf um Bosch, Berlin (West) 1974. Hinweise auch in Regionalstudien wie Franz Hartmann, Entstehung und Entwicklung der Gewerkschaftsbewegung in Niedersachsen nach dem Zweiten Weltkrieg, Phil. Diss., Göttingen 1977, und Inge Marßolek, Arbeiterbewegung nach dem Krieg (1945–1948). Am Beispiel Remscheid, Solingen, Wuppertal, Frankfurt/M. und New York 1983.
2   In Ergänzung meiner eigenen Recherchen ist ein erheblicher Teil dieses Materials für ein späteres gemeinsames Projekt von Ernst Michael Becker gesammelt worden. – Meine Untersuchung: Antifaschismus und Arbeiterbewegung. Aufbau – Ausprägung – Politik in Bremen 1945/46, Hamburg 1976, wird im folgenden nur im Sinne des Verweises auf die dort ausführlichere Darstellung, nicht im Sinne des Einzelbelegs – anstelle der Originalquellen – extra angegeben.

Handlungsbedingungen der Betriebsräte

Bremens Situation war in den Jahren 1945 und 1946 durch eine Art britisch-amerikanischen Koimperiums über die Bremer Enklave bestimmt, unmittelbar zuständig war die amerikanische Militärregierung. Ab Januar 1947 bildete Bremen mit Wesermünde/Bremerhaven ein viertes Land der amerikanischen Besatzungszone und mußte allein amerikanische Richtlinien beachten. Eine gemäß britischem Wunsch im Juli 1946 verabschiedete Verfassung wurde nie genehmigt, aber als Geschäftsordnung geduldet. Nachdem die Militärregierung im April 1946 eine Bürgerschaft ernannt hatte, fanden die ersten Wahlen nach einem komplizierten Mehrheitswahlrecht im Oktober 1946, die zweiten Wahlen nach Verhältniswahlrecht ein Jahr darauf statt. Trotz Stimmenverlusten 1947 stellten SPD und KPD zusammen etwa im Verhältnis 4 zu 1 bis 1951 knapp die Mehrheit in der Bürgerschaft. Die Regierung setzte sich seit der Berufung eines Senats unter Erich Vagts (bis 1933 DNVP), unter dessen Leitung bereits ab 2. Mai 1945 ein geschäftsführender Senat amtiert hatte, am 6. Juni 1945 (ab 1. August unter Wilhelm Kaisen, SPD) aus Liberalen, Sozialdemokraten und Kommunisten zusammen; nach den Wahlen von 1947 schied die KPD aus.[3]

Außer von der allgemeinen wirtschaftlichen Lähmung bei Kriegsende 1945, die jedoch nicht lange anhielt, war Bremen von der Einschränkung bzw. dem Verbot ganzer Erwerbszweige (Außenhandel und Hochseeschiffbau, auch Flugzeugbau und Hüttenindustrie) sowie durch Demontage wichtiger Betriebe, in erster Linie der AG Weser, tangiert. Andererseits förderten die Amerikaner im eigenen Interesse eine rasche Wiederherstellung der Hafenanlagen, beschäftigten 1946 unmittelbar über 20.000 Personen und vergaben an eine Reihe von Betrieben Aufträge. Die Zahl der Industriebeschäftigten betrug Ende 1945 wieder knapp 30.000, 36,5 % der Durchschnittszahl von 1939, veränderte sich bis zum Frühjahr 1947 nicht gravierend, um dann, verstärkt ab Frühjahr 1948, deutlich anzusteigen. Anfang April 1947 waren in Bremen insgesamt ca. 146.000 Personen als Beschäftigte beim Arbeitsamt registriert (in Bremerhaven zusätzlich ca. 43.000). Von diesen 146.000 arbeiteten – neben den noch 16.400, deren Arbeitgeber die US-Streitkräfte waren – 55.500 für Projekte der Militärregierung und 74.300 für zivile Firmen. Allerdings verbargen sich hinter den Statistiken manche Scheinar-

---

3 Peter Brandt, Antifaschismus und Arbeiterbewegung; Fritz Peters, Zwölf Jahre Bremen 1945–1956, Bremen 1976; Conrad F. Latour und Thilo Vogelsang, Okkupation und Wiederaufbau. Die Tätigkeit der Militärregierung in der amerikanischen Besatzungszone Deutschlands 1944–1947, Stuttgart 1973, S. 101 ff.; Reinhold Roth, Parteien und Wahlen in Bremen 1945–1975, in: ders. und Peter Seibt (Hrsg.), Etablierte Parteien im Wahlkampf. Studien zur Bremer Bürgerschaftswahl 1975, Meisenheim am Glan 1979, S. 10 ff.; Rainer Buchholz, Der politische Wiederaufbau in Bremen 1945–47, Zulassungsarbeit PH Hannover 1977; Joachim Wenzlau, Entstehungsgeschichte des Landes Bremen 1947, Staatsexamensarbeit Hamburg 1976; Engelbert Kulenkampff und Helmut Coenen, Die Landesverfassung der Freien Hansestadt Bremen vom 21. Oktober 1947, in: Jahrbuch des öffentlichen Rechts, N. F., Bd. 3 (1954), S. 179 ff.

beitsverhältnisse, da es für den Einzelnen oft lohnender war, sich – wenn irgend möglich – statt dem Erwerb relativ wertlosen Papiergeldes der Instandsetzung seiner Wohnung oder Nebengeschäften verschiedener Art zu widmen und die Arbeitsstelle nur unter dem Gesichtspunkt der daran geknüpften Lebensmittelzuteilungen anzusehen.[4]

Die soziale und bewußtseinsmäßige Lage der Bevölkerung ist durch die materiellen und finanziellen Folgen des Krieges: gravierende Zerstörungen, namentlich von Wohnraum und Transporteinrichtungen[5], Versorgungsschwierigkeiten, namentlich mit Lebensmitteln, Nachfrageüberhang und »zurückgestaute Inflation«, nicht hinreichend zu charakterisieren. Daneben müssen einerseits die Auswirkungen und Begleiterscheinungen der Besatzungsherrschaft, andererseits die sozialen Verwerfungen der Kriegs- und Nachkriegszeit ins Auge gefaßt werden. Faktoren wie der Verlust von Eigentum durch den Bombenkrieg, die Sperrung von Bankguthaben, der Verlust des Arbeitsplatzes wegen politischer Belastung, oder aber hohe Gewinne durch Schwarzmarktgeschäfte, unmittelbarer Zugang zu Lebensmitteln, Kontakte zur Besatzungsmacht, zerstörten zwar nicht die traditionelle Hierarchie von Besitz und Herrschaft, überlagerten sie jedoch im Bewußtsein auch der Industriearbeiter, um die es hier vor allem geht, in einem gewissen Grad. Die Zusammenbruchsgesellschaft und das Besatzungsregime förderten objektiv nicht vereinheitlichende, sondern sektorale oder sogar individuelle Lösungsversuche.

Die Partikularisierung des Arbeiterbewußtseins während des Nationalsozialismus fand in den gesellschaftlichen Verhältnissen der unmittelbaren Nachkriegszeit eine Fortsetzung[6]: Tendenzen zu Passivität und Selbstmitleid standen neben Aktivismus, das Warten auf Anordnungen »von oben« neben Initiative und Risikobereitschaft,

---

4 Gerhard Deissmann (Bearb.), Bremen im Wiederaufbau 1945–1957, Bremen o. J., S. 17 ff.; Nachkriegsbericht der Handelskammer Bremen über die Jahre 1945–1947, Bremen o. J.; Bericht der Handelskammer Bremen über das Jahr 1948, Bremen o. J.; Peter Brandt, Antifaschismus und Arbeiterbewegung, S. 78 ff.

5 Zwar gilt die inzwischen unumstrittene Feststellung, die Kriegsschäden der industriellen Produktionsanlagen seien – insbesondere bei Berücksichtigung des Ausbaus der Kapazitäten bis in den Krieg hinein – geringer gewesen, als nach Beendigung der Kampfhandlungen angenommen wurde, auch für Bremen. Doch hatten hier die Lage der Stadt als Verkehrsknotenpunkt, Hafenstadt und Standort von unmittelbar kriegswichtigen Industrien ebenso wie die Kämpfe vor dem Einmarsch der Briten besonders schwere Zerstörungen auch industrieller Anlagen hervorgerufen. Zum Ausmaß der Kriegszerstörungen in Bremen siehe Peter Brandt, Antifaschismus ..., S. 76 f. und die Titel in Anm. 4. Zur allgemeinen Charakterisierung der Zusammenbruchsgesellschaft siehe neben Peter Brandt, Antifaschismus ..., S. 68 ff., Christoph Kleßmann, Die doppelte Staatsgründung. Deutsche Geschichte 1945–1955, Bonn 1982, bes. S. 53 ff.; Helga Grebing, Peter Pozorski und Rainer Schulze, Die Nachkriegsentwicklung in Westdeutschland 1945–1949, Bd. 1, Stuttgart 1980; Richard Detje u. a., Von der Westzone zum Kalten Krieg. Restauration und Gewerkschaftspolitik im Nachkriegsdeutschland, Hamburg 1982.

6 Für das Folgende siehe auch Frank Deppe, Gewerkschaftspolitik und Arbeiterbewußtsein in der Periode der Neugründung der westdeutschen Gewerkschaften nach 1945, in: ders., Das Bewußtsein der Arbeiter. Studien zur politischen Soziologie des Arbeiterbewußtseins, Köln 1971, S. 255 ff.; Pe-

kruder Egoismus neben Solidarität, »volksgemeinschaftliches« neben klassenkämpferischem Denken, Anerkennung der »guten Seiten« des Nationalsozialismus neben militantem Antifaschismus, Fügsamkeit neben rebellischem Verhalten. Die Widersprüchlichkeit und Diffusität des kollektiven, häufig auch des individuellen Bewußtseins machte die Neuordnungskonzepte der Linken zwar nicht zu einer reinen Fiktion, bedeuteten aber, daß diese sich im Volk auf eine eher labile Basis stützen mußten – eine Tatsache, die die Unterordnung der Gewerkschaften und Arbeiterparteien unter die Besatzungsmächte über das unvermeidbare Maß hinaus zweifellos begünstigte.

Während Bremen einerseits 1946/48 zu den Ländern der Westzonen mit einer absoluten Mehrheit der Arbeiterparteien (zwischen 60 und 50 %) gehörte und seine Bevölkerung in der Volksabstimmung über den Artikel 47 der Verfassung mehrheitlich die Bereitschaft zu einer gesellschaftlichen Umgestaltung zeigte, ließ eine amerikanische Repräsentativumfrage vom Frühjahr 1948 andererseits eine deutlich positivere Einstellung – 72 % zu 54 % – zu den »Idealen« des Nationalsozialismus (»eine gute Idee, die schlecht ausgeführt wurde«) und einen weiter verbreiteten Antikommunismus erkennen als in den anderen großen Städten der amerikanischen Besatzungszone. Im Frühjahr 1949 nannten in Bremen von der guten Hälfte, die überhaupt eine Meinung auf die Frage äußerte, wer am meisten für die »Wohlfahrt der Arbeit« getan hätte, ebenso viele die DAF (27 %) wie die Gewerkschaften vor 1933 (15 %) und nach 1945 (12 %) zusammen.[7]

Mehrheiten für antigroßkapitalistische Strukturreformen, zum Teil (Sachsen, Hessen, Bremen) durch Volksabstimmungen objektiviert, beinhalteten außerdem nicht ohne weiteres die Bereitschaft, für diese Reformen aktiv einzutreten. Die von zeitgenössischen Beobachtern immer wieder konstatierte »politische Apathie« der deutschen Bevölkerung, deren Interesse nur den nächstliegenden materiellen Fragen gelte, steht zu einem reformerischen Meinungsklima insofern nicht unbedingt im Gegensatz. Es muß jedoch innerhalb des »werktätigen Volkes« (einschließlich der Frauen, Jugendlichen, Rentner, Flüchtlinge, ehemaligen Kriegsgefangenen) stark differenziert werden. Gewerkschaftlich und politisch mobilisierbar war nur eine Minderheit, die industriellen Arbeiter der Großbetriebe, und auch diese nur begrenzt; kontinuierlich interessenpolitisch tätig war von dieser Kernschicht wiederum nur eine »Elite« aus sozialdemokratisch oder kommunistisch orientierten Basiskadern: Vertrauensleute, Betriebsräte, untere Gewerkschaftsfunktionäre.

---

ter Brandt, Antifaschismus. ..., S. 45 ff. und S. 244 ff.; Lutz Niethammer, Ulrich Borsdorf und Peter Brandt, Arbeiterinitiative 1945, S. 171 ff.; Siegfried Suckut, Die Betriebsrätebewegung in der Sowjetisch Besetzten Zone Deutschlands (1945–1948), Frankfurt/M. 1982, S. 66 ff.; Christoph Kleßmann, Die doppelte Staatsgründung, Berlin und Bonn 1982, bes. S. 53 ff.; jetzt Lutz Niethammer (Hrsg.), Lebensgeschichte und Sozialkultur im Ruhrgebiet 1930–1960, bisher 2 Bde, Berlin und Bonn-Bad Godesberg 1983; siehe auch David Rodnick, Postwar Germans, New Haven 1948.

7 Akten des Office of Military Government (OMGBr), Staatsarchiv Bremen, OMGBr 6/40-2/1;6/41-2/6.

Entstehung und Institutionalisierung von Betriebsräten

Die nach Kriegsende sofortige Neubildung von eigenständigen Vertretungsorganen der Betriebsbelegschaften, die die Nationalsozialisten zerschlagen hatten, war in den Planungen deutscher gewerkschaftlicher und sozialistisch-kommunistischer Exilgruppen antizipiert worden. Teilweise wurde diesen Organen eine wichtige Funktion bei der erwarteten und erstrebten antifaschistischen Umwälzung zugesprochen.[8] Auch viele derjenigen Anhänger der tradierten Arbeiterbewegung, die nach 1933 in Deutschland verblieben waren, sahen die Wiedererrichtung von Betriebsausschüssen als selbstverständlich an; diese wurden in den Wochen nach Kriegsende, meist durch die Initiative einer Teilgruppe, überall in Deutschland konstituiert. Dabei spielte in manchen Fällen die Erinnerung an die revolutionären Betriebsräte von 1918–20, die neben den lokalen Arbeiter-, Volks- und Soldatenräten entstanden waren, ebenso eine Rolle wie die Verrechtlichung der Betriebsräte durch das Betriebsrätegesetz von 1920 mit seinem integrativen Charakter. Daneben traten aber auch Betriebsausschüsse ins Leben – wohl vor allem außerhalb der Großbetriebe, der großstädtischen und industriellen Zentren –, die, wenn sie sich nicht gar von den Unternehmensleitungen hatten einsetzen lassen, in ihrer Willfährigkeit die Sozialisten eher an die »Vertrauensräte« des »Gesetzes zur Ordnung der nationalen Arbeit« von 1934 erinnerten.[9]

Eine gesellschaftsverändernde Rolle spielten die Betriebsausschüsse und später die Betriebsräte in der SBZ, wo sie in der ersten Transformationsphase – abweichend von den Vorstellungen der Besatzungsmacht und teilweise auch der KPD – in hohem Maße betriebliche Leitungsfunktionen usurpierten und vielfach durchaus erfolgreich ausübten. Dieser weitgehende Ansatz einer betrieblichen Arbeiterselbstbestimmung kollidierte jedoch schließlich mit dem Revolutionskonzept der KPD/SED-Spitze; die Betriebsräte wurden 1948 – während des Übergangs zu einer stärker zentralistischen Stufe der Wirtschaftsplanung, zur Betonung individueller Leistung, zur Umwandlung der SED in eine »Partei neuen Typs« und nach der Verurteilung der Doktrin vom »besonderen deutschen Weg zum Sozialismus« – entmachtet und durch »Betriebsgewerkschaftsleitungen« ersetzt.[10] Das betriebsdemokratische Experiment in der Ost-

---

8 Lutz Niethammer, Ulrich Borsdorf und Peter Brandt, Arbeiterinitiative 1945, S. 78 ff.; Michael Fichter, Besatzungsmacht und Gewerkschaften. Zur Entwicklung und Anwendung der US-Gewerkschaftspolitik in Deutschland 1944–1948, Opladen 1982, S. 55 ff.; Werner Röder, Die deutschen sozialistischen Exilgruppen in Großbritannien 1940–1945, Hannover 1968, S. 221 ff. und S. 242; Werner Link, Die Geschichte des Internationalen Jugend-Bundes (IJB) und des Internationalen Sozialistischen Kampfbundes (ISK), Meisenheim am Glan 1964, S. 281 ff.
9 Kommentar zur Ergänzungsverordnung vom 6.7.1945, Archiv der Handelskammer Bremen.
10 Dazu jetzt die grundlegende Arbeit von Siegfried Suckut, Die Betriebsrätebewegung ...; daneben Dietrich Staritz, Sozialismus in einem halben Land. Zur Programmatik und Politik der KPD/SED in der Phase der antifaschistisch-demokratischen Umwälzung in der DDR, Berlin (West) 1976; Fred Klinger, Betriebsräte und Neuordnung in der Sowjetischen Besatzungszone, in: Rolf Eb-

zone und die Haltung der Sowjets dazu dienten den Gegnern des vollen Mitbestimmungsrechts auch in Bremen als Argument für dessen Untauglichkeit.[11]

Gegenüber der Rolle, die die Betriebsräte der SBZ in einer Übergangszeit zu spielen vermochten, fungierten die Betriebsräte in manchen Teilen der Westzonen, namentlich im Ruhrgebiet, eher als Repräsentanten einer proletarischen Gegenmacht und des Arbeiterprotests. Die Demonstrationen und Streiks von 1946/48 im rheinisch-westfälischen Industriegebiet, in denen sich Hungerrevolten mit Neuordnungsforderungen verbanden, standen unter der organisatorischen und politischen Leitung von linken, großenteils kommunistischen, Betriebsräten.[12] Das Mißtrauen, das die Besatzungsmächte den Betriebsräten entgegenbrachten, weil deren Existenz eine reibungslose Kontrolle der Arbeiterschaft durch die kooperationsbereiten Gewerkschaftsführungen erschwerte, war vom Standpunkt der Militärregierungen insofern nicht durchweg unberechtigt.

Die Aktivität der Betriebsräte in Bremen nach 1945 nahm nur selten spektakuläre Formen an und dürfte für Industriestädte entsprechender Größenordnung nicht untypisch gewesen sein. Wir finden hier Verläufe und Praxen, die auch andernorts beobachtet worden sind. Daß ein Betriebsausschuß im Frühjahr 1945 von der Gesamtbelegschaft gewählt wurde – sei es auch durch Akklamation – war die Ausnahme. Gesamtbetriebliche Zusammenkünfte waren kaum möglich, weil die Besatzungsmacht sie als Verletzung des zunächst geltenden Versammlungsverbots angesehen hätte. Außerdem begannen die Betriebe 1945 erst nach und nach wieder zu arbeiten. Ebenfalls nur nach und nach kehrten die Beschäftigten zu ihrem Arbeitsplatz zurück, wenn auch Teilbelegschaften vielfach schon vor der offiziellen Wiedereröffnung tätig wurden. Ohne die »beispielhafte Aktivität einer meist kleinen Gruppe älterer Stammarbeiter mit entwickeltem politischen Bewußtsein und qualifiziertem Fachwissen«[13], die in Zusammenarbeit mit der Geschäftsführung oder einem Teil derselben, nicht selten aber auch auf eigene Faust tätig wurde, wäre – wenn überhaupt – die Produktion

---

binghausen und Friedrich Tiemann (Hrsg.), Das Ende der Arbeiterbewegung in Deutschland? Ein Diskussionsband zum 60. Geburtstag von Theo Pirker, Opladen 1984, S. 336 ff.

11 Siehe die undatierte Stellungnahme des Allgemeinen Arbeitgeberverbandes in: OMGBr 6/40-2/6.
12 Christoph Kleßmann und Peter Friedemann, Streiks und Hungermärsche im Ruhrgebiet 1946–1948, Frankfurt/M. und New York 1977; Gerhard Mannschatz und Josef Seider, Zum Kampf der KPD im Ruhrgebiet für die Einigung der Arbeiterklasse und die Entmachtung der Monopolherren (1945–1947), Berlin (Ost) 1962; Ute Schmidt und Tilman Fichter, Der erzwungene Kapitalismus. Klassenkämpfe in den Westzonen 1945–1948, Berlin (West) 1971, S. 23 ff. und S. 40 ff.; Hartmut Pietsch, Militärregierung, Bürokratie und Sozialisierung. Zur Entwicklung des politischen Systems in den Städten des Ruhrgebiets 1945 bis 1948, Duisburg 1978, S. 79 ff. und S. 276 ff.
13 Diese Formulierung von Siegfried Suckut, Die Betriebsrätebewegung …, S. 124, gilt – wie manche anderen seiner verallgemeinernden Feststellungen – nicht nur für die Sowjetzone Deutschlands. Eine Systematisierung der Entstehung und Tätigkeit von Betriebsräten nach dem Zweiten Weltkrieg leistet – unter starker Bezugnahme auf meine angegebene Untersuchung über Bremen – auch Klaus Koopmann, Gewerkschaftliche Vertrauensleute, München 1979, S. 331 ff.

wesentlich langsamer in Gang gekommen. Diese Stammarbeiter waren 1939–45 in der Regel als »unabkömmliche« Fachkräfte vom Militär zurückgestellt worden; sie fühlten sich ihrem Werk stark verbunden und meldeten sich bei erster Gelegenheit zurück, während die Mehrheit noch zögerte. In dem wenig zerstörten Industriegebiet in und um Vegesack hatten sich z. B. beim Bremer Vulkan, einem Werftbetrieb, der im Krieg bis zu 4.900 Menschen beschäftigt hatte, Ende Mai 1945 ca. 2.000 Arbeiter und Angestellte zurückgemeldet; es waren aber erst 670 Personen im Werk an der Arbeit; teilweise noch geringer war dieser Anteil in anderen nordbremischen Großbetrieben.[14]

Aus diesem Kreis rekrutierten sich die ersten provisorischen Betriebsvertretungen, deren Mitglieder fast durchweg mehr als 35 Jahre alt (wenn auch in Bremen häufig nicht viel darüber) und in der Zeit der Weimarer Republik in der Regel bereits gewerkschaftlich bzw. parteipolitisch tätig gewesen waren und bisweilen dem letzten oder einem der letzten Betriebsräte vor 1933 angehört hatten. Jedenfalls gehört die Zeit vor dem Dritten Reich zum Erfahrungshintergrund dieser »Männer der ersten Stunde« (Frauen waren kaum darunter), deren Bewußtsein also noch von der klassischen Arbeiterbewegung und ihren Leitbildern geprägt war. Wer 1945 50 Jahre alt war, war im Kaiserreich aufgewachsen, hatte im Allgemeinen den Ersten Weltkrieg (nicht hingegen den Zweiten) mitgemacht, die Revolution von 1918/19 als Erwachsener erlebt und sich möglicherweise an den Kämpfen um die Bremer Räterepublik[15] beteiligt. 1933 befand er sich bereits im reifen Mannesalter. Diejenigen, die 40 und jünger waren, hatten von der alten Arbeiterbewegung vor allem den »Bruderkampf« und das Versagen gegenüber dem Nationalsozialismus mitbekommen. Die immer wiederkehrende Beschwörung, die politische Entwicklung zwischen 1918 und 1933 dürfe sich nicht wiederholen[16], entsprach insofern eigenem Erleben. Antifaschistischen Widerstand im engeren Sinne hatten die wenigsten geleistet; aber die Gruppe, von der hier die Rede ist, hatte zumindest zum Regime Distanz gehalten und stellte auch deshalb 1945 das Hauptpotential für den Wiederaufbau der Arbeiterbewegung in Deutschland.

---

14 Notiz über eine Besprechung zwischen nordbremischen Firmen am 29.5.1945, Firmenarchiv Bremer Vulkan.
15 Siehe Peter Kuckuk (Hrsg.), Revolution und Räterepublik in Bremen, Frankfurt/M. 1969. Die Erinnerung an die Räterepublik von 1919 und die Februarkämpfe wurde in Bremen nicht nur von der KPD, sondern auch von der (hier stark von ehemaligen USPD-Mitgliedern bestimmten) SPD gepflegt. Renate Meyer-Braun, Die Bremer SPD 1949–1959, Frankfurt/M. und New York 1982, S. 145, berichtet von sozialdemokratischen Feiern zum Gedenken an das blutige Ende der Bremer Räterepublik noch in den 50er Jahren.
16 So immer wieder in Stellungnahmen des Betriebsrates und des Einheits-Aktions-Komitees der Atlas-Werke, Material Johann Reiners; und des Vorsitzenden des Betriebsrats des Gaswerks, Johann Onasch, Protokolle im Material des Betriebsrats des Gaswerks; vgl. auch Oskar Schulze in: Weser-Kurier vom 7.8.1947.

In verschiedenen Bremer Betrieben – so auch auf der AG Weser[17] – wurde noch im Mai 1945 mit der Einrichtung eines Betriebsausschusses begonnen. In den Atlas-Werken, deren Entwicklung 1945/46 bezüglich der hier behandelten Thematik recht gut dokumentiert ist, ging der Anstoß von einem Obermeister, einem Meister und einem Kalkulator (zwei Sozialdemokraten, ein Kommunist) aus. Zu der Dreiergruppe gesellten sich weitere NS-Gegner, die in dem Werk seit längerem Verbindung gehalten hatten. Am 17. Mai 1945 sprachen die Initiatoren beim Direktor vor und erwirkten einige Tage darauf eine De-facto-Anerkennung ihres Zirkels. (Die endgültige Anerkennung zog sich noch bis in den Juni hin.) Am 26. Mai 1945 versammelten sich 31 Mitglieder eines »Arbeiter- und Angestelltenrates«, die ein breiter Vertrauensmännerkörper bestimmt hatte. Die Vertrauensleute sollen sogar in den jeweiligen Abteilungen direkt gewählt worden sein. Der »Arbeiter- und Angestelltenrat« wählte einen (engeren) »Betriebsrat«. Bei den 31 am 26. Mai Anwesenden handelte es sich hauptsächlich um Facharbeiter, Industriemeister und Angehörige der technischen Intelligenz.[18]

Die Größe der Betriebsausschüsse lag – soweit bekannt – zwischen zwei und acht Mitgliedern. Bisweilen waren es auch Einzelne, die anfangs die Funktionen des provisorischen Betriebsrates allein wahrzunehmen versuchten. Diese Selbstorganisation fand von Anfang an eine Stütze und Ergänzung in den Bemühungen der recht bedeutenden »Kampfgemeinschaft gegen den Faschismus« (KGF), die noch im Umbruch die Bildung von Betriebsausschüssen gefordert hatte und, seitdem einer ihrer Führer, Adolf Ehlers, ab Anfang Juni 1945 das Arbeitsamt leitete, mit amtlicher Hilfe auf die Betriebsbelegschaften einwirken konnte. In einem ersten Rundschreiben der »Abteilung Betrieb und Gewerkschaft« der KGF hieß es[19]: »Wenn wir nun vor der Frage der Reinigung der Betriebe stehen und solcher Elemente, die für diese verbrecherische Politik tätig waren, so muß für uns in ganz eindeutiger Weise klar sein, daß die deutschen Monopolkapitalisten in vollem Umfange mitverantwortlich sind für das Aufkommen der Nationalsozialisten, daß sie als Geldgeber und Förderer dieser Bewegung die Eroberungspolitik des Faschismus nicht nur gebilligt haben, sondern dieser geradezu Geschäftsführer ihrer Interessen gewesen ist. Der Nationalsozialismus war nur die zugespitzteste, die gewaltsamste Form, um die Ansprüche des deutschen Monopolkapitals in der Welt zu vertreten. Er hat eine einseitig kapitalistische Interessenpolitik unter dem Deckmantel der sogenannten Volksgemeinschaft vertreten.«

Die KGF rief die »aktivsten Antifaschisten« zur sofortigen Bildung provisorischer Betriebsausschüsse auf, die ihre Anerkennung als vorläufige Betriebsräte durch die

---

17 Institut für Marxismus-Leninismus, Zentrales Parteiarchiv beim ZK der SED (IML/ZPA). V 20/16/1.
18 Protokollbuch der Sitzungen ab Mai 1945 im Besitz des Betriebsrats der Fried. Krupp Maschinenfabriken (früher Atlas-Werke); Johann Reiners, Wi sin daför, wi möt dadör. Bremer Arbeiter bauen Betrieb und Organisation auf, in: Erasmus Schöfer (Hrsg.), Die Kinder des roten Großvaters erzählen, Frankfurt/M. 1976, S. 32 ff.; Interview Johann Reiners.
19 Material Adolf Ehlers.

Betriebsleitungen anstreben sollten. Ein von der KGF vorgeschlagener Forderungskatalog sah neben der umgehenden Entlassung des NS-Vertrauensrates, der Auflösung des Werkschutzes und der Besetzung bestimmter Positionen (Pförtner, soziale Betreuung, Lehrlingsausbildung) durch »zuverlässige Antifaschisten« die Gewährleistung von Arbeitsmöglichkeiten des Betriebsausschusses vor (Zuweisung eines Raumes, Freistellungen von der Arbeit), der ein Vetorecht bei Einstellungen und Entlassungen verlangen sollte. Dem Rundschreiben Nr. 1 der KGF-»Abteilung Betrieb und Gewerkschaft« war das Muster eines Aufrufs an die Belegschaften beigelegt, der nach »Käuflichkeit und Korruption, Unkameradschaftlichkeit und Gesinnungslumperei« in den Betrieben während der NS-Zeit zu gegenseitigem Vertrauen und Solidarität aufforderte.

Außer bei den beiden bereits erwähnten Betrieben war die Anerkennung von Betriebsausschüssen Mitte Juni 1945 bei Borgward, Weserflug, dem Reichsbahn-Ausbesserungswerk Sebaldsbrück, den Überlandwerken Hannover, der Bremer Straßenbahn, dem Kraftwerk Farge, der Wissenschaftlichen Forschungsgesellschaft Farge, der Firma Fahrzeug- und Gerätebau (vormals Focke-Wulff), der Vulkan-Werft in Vegesack, der Grohner Steingutfabrik, der Bremer Wollkämmerei in Blumenthal und Tesch in Farge durchgesetzt. Zusammen mit den noch nicht von den Unternehmern anerkannten Ausschüssen bestanden zu diesem Zeitpunkt in Bremen und Umgebung mindestens 35 Betriebsvertretungen.[20] Stark übertrieben dürfte aber die Behauptung des Repräsentanten der Bremer Betriebsausschüsse sein, in »jedem Bremer [gemeint ist wohl: Groß-] Betrieb« hätten sich Vertretungsorgane gebildet.[21]

Wie repräsentativ diese Körperschaften waren, läßt sich nicht mit Bestimmtheit sagen. Eine, zumindest teilweise, personelle Kontinuität von den provisorischen Betriebsausschüssen zu den ersten ordentlich gewählten Gremien im Herbst 1945 dürfte die Regel gewesen sein.[22]

Jedenfalls gestaltete sich die Anerkennung durch das Management manchmal schwierig. Am 29. Mai 1945 hatten sich drei Vegesacker Firmen, darunter die Vulkan-Werft, noch gegenseitig die erfolgreiche Abwehr von Vorstößen seitens einzelner Arbeiter, die als Vertreter des »Antifa-Verbandes« – der KGF – aufgetreten seien, bestätigt. »Beim Bremer Vulkan ist am heutigen Tage der alte Betriebsrats-Obmann [aus der Zeit vor 1933] auf Wunsch der Arbeiter bei der Direktion vorstellig geworden. Eine Aussprache hat in sehr ordentlicher Form mit diesem langjährigen und allseitig geachteten Gefolgschaftsmitglied stattgefunden und dahin geführt, daß er bis zur Re-

---

20 Protokoll Atlas-Werke vom 19.6.1945; KGF-Abteilung Betrieb und Gewerkschaft, Rundschreiben Nr. 2, Material Adolf Ehlers.
21 Zentral-Ausschuß der Bremer Belegschaftsvertretungen an [Industrie- und] Handelskammer Bremen vom 1.7.1945, Material Adolf Ehlers.
22 Dem am 5. Oktober 1945 gewählten, elfköpfigen Betriebsrat der Atlas-Werke gehörten sechs der acht Mitglieder des am 26. Mai 1945 konstituierten provisorischen »Betriebsrats« an. Protokoll Atlas-Werke vom 8.10.1945. Ansonsten nur vereinzelte Hinweise.

gelung der Arbeitsgesetze interimistisch allein und ohne irgendeinen Beirat als Sprecher der Arbeiterschaft fungieren soll.«[23] Der Direktor der Bremer Stadtwerke berichtete in einem Brief an Bürgermeister Vagts vom 13. Juli 1945, er selbst habe die Initiative zur Errichtung einer »neuen Betriebsvertretung« ergriffen. »Ich habe tüchtige, politisch nicht belastete Werksangehörige ausfindig gemacht und Gegenvorschläge, die aus der Belegschaft heraus auftraten, berücksichtigt.«[24]

Dem amerikanischen Militärgouverneur, Colonel Bion C. Welker, waren »besondere Betriebsausschüsse« im Hinblick auf Ruhe und Ordnung – ebenso wie Gewerkschaften – im Sommer 1945 noch »nicht erwünscht«.[25] Sie gewaltsam aufzulösen, wäre sehr viel schwerer möglich gewesen als bei Organisationen mit individueller Mitgliedschaft; der Betrieb als strukturelle Einheit blieb in jedem Fall erhalten. So duldete die Militärregierung neben der KGF auch die Betriebsausschüsse, erkannte sie faktisch an und kooperierte vielfach mit ihnen. Die Einrichtung der Betriebsräte war den Amerikanern (wie den anderen Alliierten) fremd; sowohl die Vertreter des »free trade unionism«, die das US-amerikanische Gesellschafts- und Gewerkschaftsmodell mit Hilfe der früheren Funktionäre des ADGB nach Deutschland übertragen wollten, als auch die bis Ende 1945 recht einflußreichen Anhänger der »grassroots«-Politik hatten – bei gegensätzlichem Ziel – eigentlich statt der Betriebsräte die organisatorische Verankerung der Gewerkschaften in den Betrieben im Auge. Die Angst vor kommunistischem Einfluß scheint dabei anfangs noch keine bestimmende Rolle gespielt zu haben.[26]

So war die Zukunft der Betriebsvertretungen auch noch nicht gesichert, als die Alliierten nach der Potsdamer Konferenz erstmals die Wahl von Betriebsräten genehmigten, parallel zur Wiederzulassung der Gewerkschaften. Bis Mitte November 1945 waren – auf Antrag jeweils eines Viertels der Belegschaft – in 196 Bremer Betrieben mit 31.000 Beschäftigten 931 Betriebsratsmitglieder gewählt, eine Zahl, die sich in der Folgezeit nur noch geringfügig erhöhte. Der »Aufbau«, das Organ der KGF, vermerkte, »in fast allen Fällen« seien Mitglieder der KGF gewählt worden.[27] Erst das Kontrollratsgesetz Nr. 22 vom 10. April 1946, das für die Repräsentanten der wiederentstehenden Arbeiterbewegung überraschend kam, schrieb die Institution »Betriebsrat« rechtlich bis auf weiteres fest. Seit Februar 1947 galt das Gesetz auch bei den Behörden und öffentlichen Betrieben Bremens. Für die USA sollte das Gesetz Nr. 22 im Wesentlichen die Funktion haben, weitreichende Ansprüche von radikalen Betriebsräten – speziell in der Ostzone – zu begrenzen. Nach dem Urteil etlicher deutscher Gewerkschafter blieb es in seinem positiven Gehalt hinter dem Betriebsrätegesetz von 1920 zurück.[28]

---

23 Aktennotiz vom 25.5.1945 und Notiz über die Besprechung vom 29.5.1945 im Firmenarchiv des Bremer Vulkan.
24 Dettmar an Vagts vom 13.7.1945, StA Bremen 3-R Im Nr. 24.
25 Aktennotiz Vagts' vom 9.7.1945, StA Bremen 3-R Im Nr. 24.
26 Michael Fichter, Besatzungsmacht und Gewerkschaften, passim.
27 Weser-Kurier vom 17.11.1945; Aufbau, Nr. 10 (Nachdruck Frankfurt/M. 1978).

Das Gesetz Nr. 22 war ein Rahmengesetz, das die Wahl von Betriebsräten erlaubte, aber nicht vorschrieb. Wie der Spielraum dieses Gesetzes zu deuten sei, war zwischen den Repräsentanten des Kapitals und denen der Arbeitskraft in den kommenden Jahren heftig umstritten. Während das Kontrollratsgesetz die Verbindung zwischen Betriebsräten und Gewerkschaften eher förderte, erneuerte es nicht die im Gesetz von 1920 enthaltene Bindung des Betriebsrats an die Interessen des Unternehmens. Mitbestimmung in wirtschaftlichen Fragen war nur in Gestalt von »Vorschlägen« technologischer und arbeitsorganisatorischer Art »zur Vermeidung von Arbeitslosigkeit« vorgesehen. Ansonsten bot das Gesetz einer energischen und – durch die Verpflichtung zu mindestens vierteljährlichen Betriebsversammlungen – basisdemokratisch fundierten Politik der Betriebsräte und Gewerkschaften durchaus Möglichkeiten. Es blieb in den Westzonen mehr als zwei Jahre lang allein bestimmend.

Die offene Mißachtung der Betriebsratsrechte war in Privatbetrieben wohl die Ausnahme. Immerhin liegen auch dafür Beispiele vor.[29] Höchst umstritten war hingegen die Stellung von Arbeitnehmervertretungen in Militärbetrieben, aber auch in Betrieben, die für die Militärregierung arbeiteten. Im Sommer und Herbst 1946 waren die Gewerkschaften mit den Zuständen in einem amerikanischen Depot befaßt, dessen Leitung angeblich die Wahl eines Betriebsrats hintertrieb und gezielt gewerkschaftlich Organisierte entließ. In der Union-Brauerei drohte im Herbst 1946 die Entlassung des Betriebsrats. In Farge verboten die zuständigen Offiziere im Sommer 1947 Gewerkschaftswahlen, lösten Betriebsausschüsse auf und setzten in mindestens einem Fall selbst eine Arbeitervertretung ein.[30] Drohungen von Besatzungsoffizieren in Vegesack, die die Bildung von Betriebsräten ver- oder behinderten, kamen im Februar 1947 in der Bürgerschaft zur Sprache und veranlaßten die Parlamentarier, die Militärregierung über den Senat zu einer Beachtung des Kontrollratsgesetzes Nr. 22 auch in ihrem Einflußbereich aufzufordern.[31] Belegschaften Vegesacker Werften wurde zumindest 1946 auch verboten, den 1. Mai als Feiertag zu begehen und an der Gewerkschaftsdemonstration teilzunehmen, obwohl sie angeboten hatten, die versäumte Arbeitszeit sonntags nachzuholen.[32] Aufsehen erregten im Frühjahr 1948 umfangreiche Entlassungen aus amerikanischen Einrichtungen, die mit Hinweis auf eine Sicherheitsdirektive begründet, aber nicht erläutert wurden. Die allgemein als politisch mo-

---

28 Gesetzestext und gewerkschaftliche »Richtlinien« in: Das Betriebsrätegesetz. Hrsg. vom Zonenausschuß und Zonenvorstand der Gewerkschaften der britischen Besatzungszone, Bielefeld 1947; Michael Fichter, a. a. O., S. 184 ff.; Eberhard Schmidt, Die verhinderte Neuordnung 1945–1952, Frankfurt/M. und Köln 1970, S. 90 f.
29 Nahrungsmittel- und Getränkearbeiter-Verband an OMGBr vom 3.3.1947, OMGBr 6/40-1/8; Deutscher *Metallarbeiterverband* an Präsidenten des Senats vom 21.10.1946, StA Bremen, 3-16 Nr. 3,
30 OMGBr 6/39-3/3 (Bericht Friedrich Düßmann; Manpower Division vom 12.7.1947); 6/37-1/6 (Bericht der Arbeiterkammer für Oktober 1946); 6/40-1/8 (14.5., 16.6.1947).
31 Verhandlungen der Bremischen Bürgerschaft vom 27.2.1947, S. 91 ff.
32 OMGBr 6/125-1/1 (Bericht über den 1.5.1946).

tiviert angesehenen Maßnahmen trafen – ohne jede Einspruchsmöglichkeit – vorwiegend Kommunisten und aktive Betriebsräte, die über die »schmutzige Art und Weise« des Entlassungsvorgangs empört waren.[33]

Die frühe organisatorische Zusammenfassung der Bremer Betriebsausschüsse zielte – neben der Koordinierung der betrieblichen Arbeit im engeren Sinne – von vornherein auf die gewerkschaftliche und politische Ebene. Nachdem am 2. Juni 1945 eine Vorbesprechung von Delegierten verschiedener Betriebe stattgefunden hatte, konstituierte sich am 17. Juni der »Zentralausschuß der Belegschaftsvertretungen der Bremer Enclave«. Vertreter aller auf der Sitzung vertretenen 35 Betriebsausschüsse wählten ein siebenköpfiges Lenkungsgremium. Dieser »Siebener-Ausschuß« verstand sich gleichzeitig als Organ der KGF.[34] Dementsprechend hieß es in einem Papier des »Siebener-Ausschusses«: »Das erforderliche Vertrauen der Belegschaft genießen jene Kollegen, die in den Jahren der Hitlerherrschaft aufrecht und mannhaft ihrer proletarisch-revolutionären Überzeugung treu geblieben sind, in diesem Sinne unter der Belegschaft gewirkt und sich jetzt in der KGF zusammengefunden haben. Solange also eine Wahl noch nicht stattfinden kann, können daher Mitglieder einer Betriebsvertretung nur jene Kollegen sein, die von der KGF als solche anerkannt werden. Ob ein solches Anerkenntnis vorliegt, muß erforderlichenfalls vom Zentralausschuß der provisorischen Betriebsräte festgestellt werden.«[35]

Außer dem Zentralausschuß wirkten auch die einzelnen Betriebsräte – etwa durch die Kassierung von Gründungsbeiträgen – am organisatorischen Wiederaufbau freier Gewerkschaften mit.[36] Nach deren Legalisierung verstanden sich die Betriebsräte als »Organe der Gewerkschaften in den Betrieben«[37], während ihnen umgekehrt eine unmittelbare Beteiligung am gewerkschaftlichen Meinungsbildungsprozeß zugestanden wurde. Vollversammlungen der Bremer Betriebsräte mit jeweils mehreren hundert Teilnehmern fanden den gesamten hier untersuchten Zeitraum hindurch statt und wurden als repräsentative Äußerungen registriert. Allgemein-politische bzw. gesamtgesellschaftliche Forderungen und Neuordnungsvorstellungen artikulierte vor allem dieses derzeit sogenannte »Betriebsräte-Parlament«; in den einzelnen Betriebsräten taten das die besonders engagierten Individuen, meist vom linken Flügel der Arbeiterbewegung.

---

33 OMGBr 6/90-2/21 (Konferenz Dunn/Kaisen vom 4.5.1948); 6/125-1/39 (Berichte vom 20.4.1948); 6/41-1/3; 6/41-1/10 (IG Holz an OMG Bremen vom 5.5.1948); Verhandlungen der Bremischen Bürgerschaft vom 13.5.1948, S. 192; Tribüne der Demokratie, Nr. 14/1948.

34 Resolution im Material Johann Reiners; Protokoll Atlas-Werke vom 19.6.1945; Betriebe im Aufbau, DGB-Archiv, Bestand Schneider, Box 1945/46; Aufbau, Nr. 11.

35 Wie Anm. 9.

36 Johann Reiners, Wi sin daför ..., S. 47 ff.; Quittungen im Protokollbuch Atlas-Werke; Erklärung der Vertrauensleute der Schiffbau-Gesellschaft »Unterweser«, DGB-Archiv, Bestand Schneider, Box 1945/46.

37 Redemanuskript für den 28.11.1945, Material Johann Reiners.

In der Praxis und auch in den politischen Forderungen stimmten kommunistische, sozialdemokratische und parteilose Betriebsräte in hohem Maße überein. Gerade aus den Reihen der Betriebsräte wurde immer wieder nach einheitlichem Handeln der Arbeiterbewegung gerufen, wie aus ihrem Kreis auch der Wunsch nach Bildung einer vereinigten sozialistischen Partei 1945 noch vor der Legalisierung von SPD und KPD und durchaus mit einer nach beiden Seiten kritischen Note engagiert geäußert wurde.[38]

Andererseits wird man nicht von einer Art proletarischer Harmonie ausgehen dürfen. Unterschiede und Gegensätze – nicht nur zwischen Kommunisten und Sozialdemokraten, sondern auch innerhalb beider Richtungen – konnten sich, häufig vermengt mit persönlichen Querelen, aus verschiedenen Traditionen und aus abweichenden Antworten auf akute Gegenwartsfragen ergeben. Die Einwirkung der Großorganisationen – so die Intervention der Bremer SPD gegen das »Einheits-Aktions-Komitee« der Atlas-Werke und die Abwahl des kommunistischen Betriebsratsvorsitzenden durch seine sozialdemokratischen Kollegen nach der Neuwahl des Betriebsrats im März 1946[39] – bildete verschiedentlich einen zusätzlichen Faktor der Differenzierung. Nach außen waren stärker als die Konflikte innerhalb der einzelnen Betriebsräte die Unterschiede zwischen den Betriebsratskollektiven der verschiedenen Betriebe sichtbar. Zumindest im Auftreten, häufig auch in der Radikalität der Forderungen stachen die mehrheitlich kommunistisch orientierten Betriebsräte unter der Masse der Betriebsräte hervor. Dies gilt ebenfalls für die Belegschaftsversammlungen der entsprechenden Betriebe. Auch bei Kundgebungen unter freiem Himmel fielen die »KP-Betriebe« – etwa bei der großen Manifestation am 9. November 1948 – Beobachtern sofort auf.[40]

Die Tätigkeit der Betriebsräte

Was die praktische Tätigkeit der Betriebsräte in den ersten drei bis vier Nachkriegsjahren betrifft, erscheint es wenig sinnvoll, der Festigung des rechtlichen Status entsprechend, mehrere Phasen klar voneinander abzugrenzen. Wie bei dem materiellen und staatlich-institutionellen Wiederaufbau waren die Grenzen hier durchaus fließend. Folgende Aktionsfelder lassen sich unterscheiden:

1. Insbesondere in den ersten Monaten ging es vorrangig darum, die Produktionsstätten wiederherzustellen. Im Juni 1945 wurde rund die Hälfte der Industriebeschäftigten Bremens für Aufräumungs- und Instandsetzungsarbeiten eingesetzt. Die Wiederaufnahme der Fertigung hatte nicht nur ein »permit« (später »licence«) der

---

38 Peter Brandt, Antifaschismus …, S. 190 ff.; Johann Reiners, Wi sin daför …, S. 50 ff.
39 Peter Brandt, Antifaschismus …, S. 202 f.; Johann Reiners, Wi sin daför …, S. 52 f. Zu den erwähnten Auseinandersetzungen siehe Protokolle Atlas-Werke und Gaswerk bzw. Stadtwerke.
40 OMGBr 6/125-1/9.

Militärregierung zur Voraussetzung; sie war vor allem mit der Umstellung von Rüstungs- auf »Friedensproduktion« verknüpft. Da in Bremen Investitionsgüterindustrie vorherrschte, die bis 1945 fast ausschließlich Rüstungsartikel hergestellt hatte, gestaltete sich die Produktionsumstellung sehr schwierig. Produziert wurden im zivilen Sektor anfangs aus vorhandenen Materialbeständen fast ausschließlich Gebrauchsgegenstände wie Feuerzeuge, Öfen, Kleinherde, Kochtöpfe, Schränke usw. Daneben wurden dringend benötigte Produktionsmittel wie Kräne, Bagger, Lokomotiven und Waggons sowie Maschinen für die Landwirtschaft und die Lebensmittelindustrie, aber auch Fahrräder, Fernsprecher und medizinische Geräte repariert. Vielfach mußte Maschinenarbeit vorübergehend wieder durch Handarbeit ersetzt werden. Die dabei erforderliche Improvisation ließ besonders die technischen und organisatorischen Fähigkeiten der Schicht qualifizierter Stammarbeiter zur Geltung kommen und stärkte fast automatisch die innerbetriebliche Stellung ihrer Vertrauensleute, d. h. des Betriebsrats. Die Facharbeiter und Ingenieure waren zudem nicht selten in der Lage, das Fertigungsprogramm rasch den betrieblichen Möglichkeiten und den speziellen gesellschaftlichen Anforderungen anzupassen. Kontakte von Betriebsräten verschiedener Betriebe untereinander wurden auch ökonomisch genutzt. So vermittelte der Zentralausschuß der Bremer Betriebsräte Aufträge.[41]

2. Die Arbeitsverhältnisse unterlagen in ihren vorrangigen Aspekten (Lohn und Arbeitszeit) den Bestimmungen der Besatzungsmacht, in diesem Rahmen ab 1946/47 zunehmend auch wieder tarifvertraglichen Regelungen von Gewerkschaften und Arbeitgeberverbänden. Dem Betriebsausschuß bei Borgward gelang es, gleich nach der Besetzung eine geplante Senkung von Löhnen völlig zu verhindern und bei den Gehältern eine progressive Belastung der höheren Einkommen durchzusetzen. Über die Festsetzung von Löhnen und Arbeitsbedingungen im engeren Sinne hinaus erstreckten sich die Bestrebungen der Betriebsräte auch auf eine Mitwirkung in personellen und wirtschaftlichen Fragen. Der Betriebsausschuß des Reichsbahn-Ausbesserungswerkes in Sebaldsbrück erlangte ein Mitbestimmungsrecht bei Einstellungen und Entlassungen. Dem Betriebsrat der Atlas-Werke wurden im Sommer 1945 ein Vorschlagsrecht bei Einstellungen und Entlassungen sowie die Einsicht in die Produktionspläne der Firma zugestanden. Diese Befugnisse, die auf dem Papier klar unterhalb einer Gleichberechtigung blieben, bewilligte die Direktion dem Betriebsrat erst nach langwierigen Verhandlungen.[42]

Einen ersten größeren Erfolg auf überbetrieblicher Ebene erzielten die Betriebsräte und ihr Zentralausschuß mit Unterstützung der KGF und der sozialistischen Senato-

---

41 Weser-Kurier, Weihnachten 1945; Atlas-Werke an Handelskammer vom 20.6.1945, Archiv der Handelskammer Bremen; Aufbau, Nr. 7; Monatsbericht des Betriebsrats der Atlas-Werke an die Arbeiterkammer vom 14.1.1946, Material Johann Reiners; Johann Reiners, Wi sin daför ..., S. 43; außerdem wie Anm. 4.

42 KGF-Abteilung Betrieb und Gewerkschaft, Rundschreiben Nr. 2; Protokolle Atlas-Werke, bes. vom 17.7.1945.

ren im Juni/Juli 1945, als Bürgermeister Vagts eine unter dem Einfluß der Handelskammer erlassene Verordnung zur Aufhebung des Kündigungsschutzes erheblich revidieren mußte. In der Ergänzungsverordnung wurde ein Mitspracherecht der Betriebsausschüsse bei Entlassungen festgelegt, womit diese zugleich indirekt anerkannt waren.[43]

Wie weit Kontrolle und Mitbestimmung von den Betriebsvertretungen realisiert werden konnten, hing neben den allgemeinen, überbetrieblichen Voraussetzungen von deren Energie und Rückhalt in den Belegschaften ab. Die Praxis variierte auch in Großbetrieben offenbar ganz erheblich. Zumindest in den Jahren 1945 und 1946 scheinen die Unternehmer den Betriebsräten gegenüber im allgemeinen Entgegenkommen gezeigt zu haben[44]; deren faktischer Einfluß übertraf in der Regel ihre verbrieften Rechte. Die Mehrheit der Betriebsräte beanspruche mehr Macht, als ihnen das Kontrollratsgesetz Nr. 22 zuspreche, beklagte die Militärregierung Bremens im Frühjahr 1947.[45] Wenn auch, bisweilen euphorische, Aussagen von Zeitzeugen auf keinen Fall verallgemeinert werden dürfen, ist doch unstrittig, daß die Betriebsräte vieler Produktionsstätten in den drei Nachkriegsjahren, vor allem bis 1946/47, einen erheblichen Einfluß ausübten und nicht selten so handelten, als ob der Betrieb den Beschäftigten gehörte. Die Eigentumstitel wurden angesichts der Einschränkung oder Aufhebung der privaten Verfügungsgewalt seitens der Besatzungsmächte eher als juristisches Relikt betrachtet, das nicht überdauern werde. Zugleich wurde ein Widerspruch zwischen einer privatwirtschaftlichen Betriebsverfassung und den politischen Deklarationen der Alliierten gesehen.

Man hat es verschiedentlich für einen Grundfehler der Arbeiterbewegung gehalten, die Schwächung und Verunsicherung der Kapitaleigentümer und Manager bis 1946/47, als sich die politischen und wirtschaftspolitischen Rahmenbedingungen sichtbar zu ändern begannen, nicht zur Festschreibung betrieblicher Gegenmachtpositionen genutzt zu haben. Das Kontrollratsgesetz Nr. 22 ließ diesen Weg zu, der allerdings – wie der Bode-Panzer-Streik in Hannover Ende 1946 zeigte[46] – eine erhebliche Konfliktbereitschaft verlangte. Seinen Musterentwurf für eine Betriebsvereinbarung legte der DGB (britische Zone) erst im April 1947, also ein Jahr nach Erlaß des Gesetzes Nr. 22, vor.[47] Eine strategische Vermittlung zwischen den Bemühungen der Gewerkschaften, auf die zentralen Entscheidungen Einfluß zu nehmen, und der Gewin-

---

43 Peter Brandt, Antifaschismus ..., S. 151 ff.
44 Vgl. die Einschätzung Oskar Schulzes im Weser-Kurier vom 7.8.1947 und in der Bürgerschaft am 24.6.1948.
45 Bericht der Labor Relation Branch und Labor Standards Branch, OMGBr 6/39-3/3.
46 Die 320 Arbeiter und Angestellten der Firma Bode-Panzer AG in Hannover setzten in einem 23tägigen, von der Bezirksleitung der IG Metall unter Otto Brenner massiv unterstützten Ausstand die Verankerung einer weitgehenden Mitbestimmung des Betriebsrats in einer Betriebsvereinbarung durch. Siehe Franz Hartmann, Entstehung und Entwicklung ..., S. 354 ff.
47 Abgedruckt in: Die Gewerkschaftsbewegung in der britischen Besatzungszone. Geschäftsbericht des Deutschen Gewerkschafts-Bundes (britische Besatzungszone) 1947–1949, Köln o. J., S. 304 ff. –

nung bzw. Sicherung von Betriebsräterechten im Einzelbetrieb gab es nicht – wohl auch deswegen, weil die Gewerkschaftsspitzen dem »Betriebsegoismus« und zugleich der Neigung der Betriebsräte zu vergleichsweise größerer Radikalität mißtrauten. Der dann beschrittene Weg über Gesetze der Länder berührte indessen die Vetomöglichkeiten der Besatzungsmächte und wurde dadurch schließlich blockiert.

Die ersten Betriebsvereinbarungen waren Bremer Unternehmen von den Betriebsräten noch 1946 vorgelegt worden. Tatsächlich konnten kurz nach Jahreswechsel eine Vereinbarung bei dem Räumungsbetrieb der AG Weser, die der KPD-Zeitung »Tribüne der Demokratie« zufolge »alle wesentlichen Vereinbarungen« enthielt, und eine Vereinbarung bei der Bremer Maschinenbau- und Dockgesellschaft, einem mit Maschinen der AG Weser gebildeten Reparaturbetrieb, die nach Einschätzung des sozialdemokratischen Betriebsratsvorsitzenden dem bei Bode-Panzer erstreikten Modell entsprach, unterzeichnet werden.[48] Verhandlungen zwischen den Gewerkschaften und dem neu lizenzierten Allgemeinen Arbeitgeberverband erfüllten jedoch nicht die von manchen gehegten optimistischen Erwartungen. Statt dessen wußte die Arbeiterkammer in ihrem monatlichen Bericht an die Militärregierung für Januar 1947 mitzuteilen, »daß seitens der Unternehmer den Betriebsräten vielfach erhebliche Schwierigkeiten gemacht werden. Der Abschluß von Betriebsvereinbarungen stößt auf besonders starken Widerstand«.[49]

Mit der Unterzeichnung von Betriebsvereinbarungen beim Bremer Vulkan und bei den Atlas-Werken im Februar 1947 leisteten dann die betreffenden Betriebsräte – fraglos in Abstimmung mit den Gewerkschaften – den folgenschweren Verzicht auf die Verwirklichung einer gleichberechtigten Mitbestimmung auf dem Wege betrieblicher Abmachungen. In beiden Firmen sollten die Betriebsräte künftig in sozialen Fragen weitgehende und vielfältige Mitbestimmungsmöglichkeiten besitzen. Ihre Mitwirkung bei Einstellungen und Entlassungen war vorgesehen, aber nur eine begrenzte Mitbestimmung. Die bei Atlas zudem festgelegte Mitwirkung des Betriebsrats in sozial relevanten wirtschaftlichen Fragen berührte nicht die Entscheidungsbefugnis der Direktion. Für die konsultative Teilnahme von Vertretern des Betriebsrats am Aufsichtsrat wollten sich die Vorstände von Atlas und Vulkan einsetzen.[50]

Die Betriebsvereinbarung der Atlas-Werke diente anderen Firmen und besonders den unter Property Control stehenden, treuhänderisch verwalteten als Muster, wie die Amerikaner in einer speziellen Konferenz über diese Frage entschieden. In Bremen wurden zwischen April und Juni 1947 in den bedeutenderen Firmen 53 Betriebsvereinbarungen unterzeichnet, von denen 42 Mitbestimmungsklauseln enthielten; diese

---

Allerdings hatte die Allgemeine Gewerkschaft Niedersachsen, der auch Bremen locker angegliedert war, bereits im Frühjahr und Sommer 1946 Musterbetriebsvereinbarungen entworfen.
48 Tribüne der Demokratie, Nr. 1/1947; OMGBr 6/91-1/32 (Konferenz mit Paul Hug am 7.1.1947).
49 OMGBr 6/40-1/3.
50 Texte der Betriebsvereinbarungen in OMGBr 6/40-1/13.

blieben in der Regel weit hinter den gewerkschaftlichen Forderungen zurück.[51] Die am 14. April 1947 unterzeichnete Betriebsvereinbarung beim Bremerhavener Hafenbetrieb wurde jedoch vom DGB der britischen Zone später in eine Sammlung von 12 besonders gehaltvollen Betriebsvereinbarungen aufgenommen.[52] In einem Rahmenabkommen mit den Gewerkschaften akzeptierten die Arbeitgeber der Bremer Edelmetallindustrie Anfang August 1947 eine Mitbestimmung in personellen, nicht jedoch in wirtschaftlichen Fragen.[53] Direktion und Betriebsrat der Firma Kaffee Hag rangen monatelang, bis sie sich geeinigt hatten.[54] In den öffentlichen Betrieben ergaben sich, da Senat und Besatzungsmacht unmittelbar betroffen waren, Schwierigkeiten, so daß Übergangsvereinbarungen getroffen werden mußten.[55]

3. Nachdrücklich traten die Betriebsausschüsse bzw. Betriebsräte Bremens für eine gründliche Entnazifizierung der Betriebe ein. Dabei ging es ihnen erstens um die »Säuberung« der Belegschaften von Funktionären und Aktivisten nationalsozialistischer Organisationen, von Denunzianten und »Schindern«. In diesem Punkt scheinen die Unternehmensleitungen, wenigstens teilweise, Entgegenkommen gezeigt zu haben, soweit ihnen die Arbeitsfähigkeit des Betriebes nicht in Frage gestellt schien. Allerdings taten sich die Unternehmer in den ersten Wochen und Monaten nach der Besetzung auch in dieser Hinsicht schwer, auf die krass und bisweilen ultimativ formulierten Forderungen antifaschistischer Arbeitervertreter einzugehen. Wo sie die innerbetrieblichen Autoritätsverhältnisse nicht oder noch nicht erschüttert wähnten, weigerten sie sich hier und dort auch einfach, Nationalsozialisten zu entlassen.[56] Bereits durch die Bekanntmachung der Militärregierung vom 22. August 1945 über die Wahl von Arbeitnehmervertretungen waren die Betriebsräte ausdrücklich beauftragt worden, die Entnazifizierung der Privatwirtschaft zu unterstützen und zu überwachen.[57] Als das amerikanische Gesetz Nr. 8 zur Entnazifizierung der Wirtschaft eine Verschärfung der Personalsäuberung anzeigte, konnten die Betriebsräte vielfach weitergehende Maßnahmen erzwingen.

---

51 Weekly Report vom 5.4.1947, OMGBr 6/39-3/4; Functional History of Military Government in the Bremen Enclave. 1 Jan–31 March 1947, Part I, S. 232; Functional History 1 July 1946–30 June 1947, S. 254 (vorhanden im StA Bremen).
52 Das neue Recht im Betriebsrätewesen. Sozialpolitische Schriftenreihe des DGB (brit. Zone), Heft 2, Köln 1948, S. 32 ff.
53 Weser-Kurier vom 9.8.1947.
54 Protokolle von Betriebsratssitzungen bzw. Betriebsversammlungen zwischen dem 4.4.1947 und dem 29.4.1948, Material des Betriebsrats der Firma Kaffee Hag. Diese Protokolle deuten darauf hin, daß die zu 90 % gewerkschaftlich organisierte Belegschaft an den Auseinandersetzungen kaum beteiligt wurde bzw. sich kaum beteiligte.
55 Aktennotiz vom 2.6.1947 im Protokollbuch des Betriebsrats des Gaswerks, Material des Betriebsrats des Bremer Gaswerks; Stadtwerke Bremen an OMG vom 11.4.1947, OMGBr 6/40-1/2.
56 Aktennotiz vom 25.5.1945, Firmenarchiv Bremer Vulkan und wie Anm. 14.
57 OMG an Präsidenten des Senats vom 22.8.1945, StA Bremen, 3-R Im Nr. 24; Weser-Kurier vom 19.9.1945.

Der Betriebsrat der Atlas-Werke hatte Ende Juni die »Entlassung bzw. Degradierung der besonders durch Mißhandlungen und Angebereien belasteten Nazis« durchgesetzt. Die Entlassung eines Meisters der Abteilung »Apparatebau«, der sich im Kriege der Teilnahme an der Reichspogromnacht gerühmt hatte, war erst durch die Arbeitsverweigerung der Arbeiter dieser Abteilung bewirkt worden. Von den 80 Angestellten (27 % aller Angestellten des Betriebes) und den 38 Arbeitern (5 % aller Arbeiter des Betriebes), die der Atlas-Belegschaft am 31. Januar 1945 als NSDAP-Mitglieder angehört hatten, bestand der Betriebsrat nach Veröffentlichung des Gesetzes Nr. 8 im Herbst 1945 bei insgesamt 30 Personen auf Entlassung. Rache an nominellen PGs wurde dort offenbar vermieden, wenn auch die Erwartungen des Betriebsrats zunächst weiter gegangen waren. Eine Abmachung mit der Geschäftsleitung über Entnazifizierung soll es auch bei Borgward gegeben haben.[58]

Weit weniger erfolgreich waren die Betriebsräte in Bezug auf die zweite Stoßrichtung der »Bereinigung der Betriebe«[59], die Entnazifizierung des Managements, das von ihnen – weitgehend unabhängig von seiner je spezifischen Einstellung zum NS-Regime – als ein Funktionsträger des Dritten Reiches, als »faschistisches Unternehmertum«[60], angesehen wurde. Die Ersetzung von selbständigen Unternehmern durch Verwandte und von Direktoren durch Treuhänder aus dem zweiten Glied der betrieblichen Hierarchie oder wenigstens aus demselben Sozialmilieu konnte die Betriebsräte keinesfalls befriedigen. Eine Betriebsräte-Vollversammlung verlangte am 28. Oktober 1945, daß die Prüfungsausschüsse zu zwei Dritteln mit antifaschistischen Arbeiter-Vertretern besetzt werden müßten.[61] Damit verkannten die Betriebsräte allerdings die Diskrepanz zwischen ihren letzten Endes antikapitalistischen Zielsetzungen und der von den USA betriebenen »diktatorischen Liberalisierung« (L. Niethammer).

Schon frühzeitig wurden Klagen über die Praxis der Entnazifizierung der Betriebe laut, die sich in der Folgezeit verschärften. Nationalsozialisten in wichtigen Positionen würden lediglich zu Tarnungszwecken degradiert, während ihre Entlassung notwendig sei. Selbst offiziell Ausgeschiedene könnten manchmal faktisch weiter für das betreffende Unternehmen tätig sein.[62] Einzelne Betriebsräte, die bei der Entnazifizierung ihres Betriebes eine Verzögerungstaktik der Unternehmensleitung zu spüren

---

58 Protokoll Atlas-Werke vom 26.6.1945; Aufbau, Nr. 7; Betriebsrat an Direktion vom 18.10.1945 (StA Bremen, 3-B 10b Nr. 19), vom 29.10.1945 und vom 5.11.1945 (Material Johann Reiners); ebd. auch Bekanntmachung vom 27.11.1945; Johann Reiners, Wi sin daför ..., S. 40 ff.; Interviews mit Johann Reiners und Erwin Heinemann (für Borgward). Siehe auch Protokoll der Betriebsratssitzung des Gesamthafenbetriebs vom 23.9.1947, Material des Betriebsrats des Gesamthafenbetriebs.
59 Bekanntmachung vom 27.11.1945, Material Johann Reiners.
60 Resolution vom 2.6.1945, Material Johann Reiners.
61 Weser-Kurier vom 31.10.1945.
62 Protokolle Atlas-Werke, besonders vom 19.10.1945; »Die Umstellung« vom 1.10.1945, Material Johann Reiners; Interview Johann Reiners; siehe auch Weser-Kurier vom 5.6.1946; Verhandlungen der Bremischen Bürgerschaft vom 6.6.1946; Protokoll Kaffee Hag vom 29.12.1947.

meinten oder deren – nach ihrer Ansicht belasteter – Betriebsleiter vom Prüfungsausschuß rehabilitiert worden war, wandten sich hilfesuchend an Militärregierung, Behörden oder Gewerkschaften.[63]

Während ein Teil selbst der Arbeiterschaft bereit war, Unternehmer mit entlastenden »Persilscheinen« zu versorgen, nahmen die Betriebsräte in der Regel eine härtere Position ein. Der (sozialdemokratische) Betriebsrat von Kaffee Hag verweigerte Ende November 1945 nicht nur dem Direktor der Firma die erbetene Bürgschaft für den Prüfungsausschuß, sondern bestand einige Wochen später auf der Vernichtung eines entsprechenden Umlaufs, den etwa 15 % der Belegschaft unterzeichnet hatten. Bei der Wiedereinstellung bzw. Einstellung früherer Nationalsozialisten 1947/48 bestand der Betriebsrat von Kaffee Hag – ebenso wie der der Stadtwerke – auf einer Vetomöglichkeit.[64] Über die Entnazifizierung konnte es auch zu offenen Unstimmigkeiten zwischen Betriebsrat und Belegschaft kommen wie im Fall des Besitzers der Rolandmühle, Johannes Erling.[65] Der Betriebsrat der Bremer Bank trat im Frühjahr 1948 sogar zurück, weil die Betriebsversammlung die Wiedereinsetzung des, als Mitläufer eingestuften, früheren stellvertretenden Direktors mit knapper Mehrheit gebilligt hatte.[66] Die Belegschaft der Gaswerke protestierte demgegenüber am 8. Juni 1948 einstimmig gegen die Haftentlassung des ehemaligen Direktors und verlangte ein »gerechtes«[67] Urteil.

In der Entnazifizierungsfrage verbanden die Betriebsräte, die sich politisch durchaus als eine Art Avantgarde verstanden – in Erkenntnis des Bewußtseinsstandes der Bevölkerung – einen in Form und Inhalt radikaldemokratischen Impuls mit eher erziehungsdiktatorischen Überlegungen: Man dürfe die politisch meist unaufgeklärten Belegschaften der Kleinbetriebe nicht über den Verbleib Belasteter in untergeordneter Tätigkeit entscheiden lassen, verlangten die am 28. Oktober 1945 versammelten Bremer Betriebsräte.[68] Die nichtproletarischen Bevölkerungsgruppen – weit über das Großbürgertum hinaus – galten ihnen durchaus nicht, wie es die Führungen von KPD und SPD auf je spezifische Weise postulierten, als Bündnispartner der Arbeiterbewegung. Gerade die sozialen Folgen und Begleiterscheinungen des Zusammenbruchs boten Anlaß zu eher noch verschärften Aversionen der, zumal antifaschistisch gesinnten, Industriearbeiter gegen andere Sozialgruppen. Wenn die Belegschaft der Atlas-Werke laut Resolutionsentwurf am 14. Februar 1946 gegen die Rekrutierung eines Viertels der

---

63 Betriebsrat Reichsbahn-Ausbesserungswerk an OMG vom 19.9.1946, OMGBr 6/36-3/2; Betriebsrat J. H. Wilhelms an Arbeitsamt Wesermünde vom 31.7.1946, 6/36-1/18; Bericht der Arbeiterkammer für August 1947, 6/40-1/3; Betriebsrat Theodor Klatte an Arbeiterkammer, 6/37-1/6.
64 Protokolle Kaffee Hag vom 26.11.1945, 5.1.1946 und 7.8.1947.
65 KPD-Flugblatt, IML/ZPA V 20/15/2; siehe allgemein auch SPD-Rundschreiben vom 18.7.1946, Nachlaß Emil Theil.
66 Weser-Kurier vom 4.5.1948.
67 Protokoll Gaswerk vom 8.6.1948.
68 Entschließung im Material Johann Reiners.

Beschäftigten für städtische Aufräumungsarbeiten protestieren sollte und stattdessen die »schärfste Heranziehung« von »Nazibummelanten«, die sich durch manipulierte ärztliche Atteste solchen Aufgaben entzögen, von »nur halb beschäftigten Ladenbesitzern«, »jungen geschmückten Dämchen aus [dem bürgerlichen] Schwachhausen« sowie Handwerkern aus den umliegenden Dörfern verlangen sollte[69], dann drückte diese Resolution ein gängiges Feindbild aus und beschrieb zugleich eines der Hindernisse neuordnungsorientierter Politik.

4. Den mit Abstand größten Aufwand an Zeit und Energie mußten die Betriebsräte Versorgungsproblemen widmen. Obwohl sie die Ursachen für die schwierige Versorgungslage nicht grundlegend ändern konnten, wurden sie von ihren Kollegen vorwiegend daran gemessen, ob und wie sie in der Lage waren, die Ernährung, Bekleidung und Wohnsituation der Arbeiter und Angestellten des jeweiligen Betriebes wenigstens graduell zu verbessern. Die Funktionen des Betriebsrats erstreckten sich dabei auf Beschaffung und (vor allem) auf Verteilung. Hinsichtlich der Linderung der Wohnungsnot – den Bremern stand durchschnittlich nur die Hälfte an Wohnraum zur Verfügung wie vor dem Kriege – konnte es sich, sofern nicht unzerstörte Werkswohnungen existierten, nur um die Instandsetzung noch reparabler Häuser oder Wohnungen handeln. Als Hilfe für Alte, Kranke, Gebrechliche und Kriegsversehrte und als Hilfe zur Selbsthilfe organisierte der Betriebsrat der Atlas-Werke eine »Gegenseitige Hilfe«, bei der die Belegschaftsmitglieder direkt durch Fachkräfte und indirekt finanziell unterstützt wurden.[70] Daneben bemühten sich die Betriebsräte gezielt um Sonderzuteilungen von Arbeits- und Privatkleidung und waren an gesamtstädtischen Bekleidungsaktionen der Behörden und der Gewerkschaften beteiligt. Der Gewinnung von Heizmaterial diente das – betriebliche und überbetriebliche – gemeinsame Torfstechen, Holzfällen und Stubbenroden. Nur in Ausnahmefällen, so bei der Kohlenhandelsgesellschaft, konnten die Arbeiter mit Deputatkohle rechnen.[71] Als noch dringlicher wurde – je länger die Hungerperiode andauerte – eine Besserung der Lebensmittelversorgung angesehen. Handarbeitern standen zwar in unterschiedlicher Höhe Lebensmittelzulagen zu; diese reichten jedoch keinesfalls hin. Der Erwerb von Grabeland für den Kartoffel- und Gemüseanbau durch Betriebsräte[72] dürfte insgesamt keine größere Rolle gespielt haben. Bevorzugt waren die Beschäftigten der Amerikaner und diejenigen, die dauerhaft oder kurzfristig im Hafen arbeiteten, wo – ungeachtet des damaligen guten Rufes der Bremer Häfen – sich hin und wieder etwas »organisieren« ließ. Die mit Abstand wichtigste Quelle betrieblicher Zusatzverpflegung

---

69 A. a. O.
70 Arbeitsplan vom 20.2.1946, Material Johann Reiners; Protokolle Atlas-Werke; Johann Reiners, Wi sin daför ..., S. 45 f.
71 Diverse Hinweise in: Protokolle Atlas-Werke, Gaswerk, Kaffee Hag; Sitzung vom 25.11.1946, Firmenarchiv Bremer Vulkan; Bericht über die Betriebs- und Sozialarbeit auf dem Werk Seebeck, IML/ZPA V G 20/7; Tribüne der Demokratie, Nr. 16/1947; Weser-Kurier vom 19.2.1947.
72 Johann Reiners, Wi sin daför ..., S. 46.

war der kompensatorische Tauschhandel auf dem »grauen Markt«. Kaum ein Betriebsrat konnte es sich leisten, sich der Beteiligung am Kompensationshandel des Betriebes im Interesse der Belegschaft zu verweigern. Dabei war das Bewußtsein für die Notwendigkeit gesamtgesellschaftlicher Lösungen mindestens bei den gewerkschaftlich und politisch aktiven Betriebsräten durchaus vorhanden: Es kam vor, daß Betriebsräte ihre Firmen bei den staatlichen Behörden wegen Materialverschiebungen anzeigten.[73] Während der Debatten um den Artikel 47 der Bremer Verfassung und dann um das Ausführungsgesetz wurde die Mitbestimmungsforderung von Betriebsräten und Gewerkschaftsfunktionären städtischer Versorgungsbetriebe damit begründet, daß nur so Hortungen unterbunden und die Lebensmittelversorgung verbessert werden könnten.[74] Mit der Forderung nach der Kontrolle der »Produktion und Verteilung wichtigster Verbrauchsgüter und Nahrungsmittel«[75] durch Gewerkschaften und Betriebsvertretungen schlug die Betriebsversammlung der AG Weser/Räumung eine vereinheitlichende Lösung vor, die jedoch nicht realisierbar war.

In Wirklichkeit breitete sich das Kompensationswesen in einem Maße aus, daß das ökonomische Leben desintegriert, die Bewirtschaftung paralysiert und die Handlungsfähigkeit der Arbeiterbewegung ernsthaft beeinträchtigt wurden. Wenn die Bremer Gewerkschaften bei Beginn eines »Antikorruptionsfeldzuges« zum Jahreswechsel 1947/48 erklärten, nicht die kleinen, der Zusatzversorgung der Werktätigen dienenden Kompensationen sollten bekämpft werden[76], verschleierte eine solche Feststellung eher das Problem. So war etwa der – mehrheitlich kommunistische – Betriebsrat der Norddeutschen Hütte im Sommer 1947 an einem Kompensationsgeschäft beteiligt gewesen, bei dem große Mengen Zement für Lebensmittel und Gebrauchsartikel getauscht worden waren.[77] In solchen Fällen handelte es sich nicht nur um eine geschickte Einbindung der Betriebsräte in illegale oder halblegale Geschäftspraktiken, sondern um eine – wenn auch begrenzte – echte Interessenverknüpfung auf betrieblicher Ebene, wie sie ähnlich auch in der von Unternehmern und Arbeitern gemeinsam betriebenen Verzögerung und Behinderung von Demontagemaßnahmen gegeben war.

5. Schließlich traten die Betriebsräte zunehmend als Sprachrohre sozialen Protests in Erscheinung, teils in Verbindung mit den Gewerkschaften, teils aber auch unabhängig von ihnen oder sogar gegen deren Willen. Wie seit jeher in Bremen waren es die Werft- und die Hafenarbeiter, die hauptsächlich aktiv wurden. Bei diesem Protest ging es meist um die unzureichende Lebensmittelversorgung, in diesem Zusammen-

---

73 Betriebsrat der Atlas-Werke an Senator Hermann Wolters vom 16.11.1945 (mit einem Hinweis auf zumindest eine frühere Anzeige), Material Johann Reiners; vgl. Johann Reiners, Wi sin daför ..., S. 45.
74 Protokoll der Sitzung von Gewerkschaftsfunktionären der öffentlichen Betriebe vom 7.9.1948, Material des Betriebsrats des Bremer Gaswerks.
75 Tribüne der Demokratie, Nr. 16/1947.
76 Rundfunkmanuskript vom 19.1.1948, Material Johann Reiners; Weser-Kurier vom 11.12.1947.
77 StA Bremen, 3-B 10d Nr. 66.

hang um die Arbeitszeit, später auch um Entlassungen und Preissteigerungen. In manchen Fällen dominierten betriebs- oder gruppenspezifische, in anderen Fällen auf die Gesamtheit der Werktätigen gerichtete Forderungen.

Weder die Militärregierung noch antikommunistische Gewerkschafter versäumten, auf die Rolle hinzuweisen, die kommunistisch geführte Betriebsräte dabei spielten. Es ist nicht zu übersehen, daß die seit 1947 feindseligere Haltung der KPD zur amerikanischen Besatzungsmacht und zur allgemeinen politischen Entwicklung in den Westzonen[78] Protestaktionen förderte, da die politischen Motive für Produktionsdisziplin damit für eine relevante Minderheit der Arbeiter entfielen. Dennoch wäre es weit übertrieben, die wachsende Protestbereitschaft vorwiegend mit kommunistischer Zersetzungsarbeit zu erklären. Vielmehr fanden radikale, nicht notwendig kommunistische, Betriebsräte nur dann Resonanz, wenn sie eine viel weiter verbreitete Stimmung zu artikulieren vermochten.

Arbeitsniederlegungen gab es in Bremen in den ersten zweieinhalb Nachkriegsjahren nur vereinzelt in Form von kurzen Spontan-Streiks auf Betriebs- oder Abteilungsebene. Eine »allgemeine Streikpsychose«[79] unter den Bremer Arbeitern konnte jeweils am Ende der Winter 1945/46 und 1946/47 registriert werden, als es zu einschneidenden Rationskürzungen kam. In beiden Fällen war es die Belegschaft der unter US-Kontrolle stehenden Vulkan-Werft in Vegesack, die in Aktion trat. Am 1. April 1946 legte ein Großteil von ihr für einen Tag die Arbeit nieder, um die von der Betriebsräte-Vollversammlung geforderte Arbeitszeitverkürzung bei Lohnausgleich in ihrem Betrieb durchzusetzen. 1947 praktizierte sie nach einer Urabstimmung seit dem 12. Mai eigenmächtig die 35-Stundenwoche. Einige Abteilungen verweigerten zeitweise jede Arbeit. Beide Protestaktionen scheiterten an Direktiven bzw. direkter Intervention der Besatzungsmacht, die mit dem Entzug von Essenskarten drohte. Die durchschnittliche Arbeitszeit wurde 1947 für männliche Industriearbeiter in Bremen mit 38,4 Wochenstunden angegeben – bei offiziell weiter geltender 48-Stunden-Woche. Tatsächlich dürfte sogar weniger gearbeitet worden sein.[80] Selbst diese stark reduzierte Arbeitszeit wurde jedoch angesichts der gravierenden Versorgungsmängel und eines, trotz Preisstopps, fortschreitenden Reallohnverfalls als zu hoch angesehen.

Im Juni 1947 machte die Arbeiterkammer die Militärregierung auf die wachsenden Schwierigkeiten der Gewerkschaften aufmerksam, den Arbeitsfrieden zu sichern.[81]

---

78 Siehe für Bremen z. B. die Ausführungen Wilhelm Knigges in einer KPD-Funktionärssitzung am 14.10.1947, OMGBr 6/125-1/39; ders. am 23.4.1948, 6/125-1/3.

79 Hermann Wolters dem Protokoll zufolge am 2.4.1946 im Bremer Senat. Für das Folgende Weser-Kurier vom 20.3., 6.4., 13.4.1946 und 14.5.1947; Protokolle Bremer Vulkan vom 1.4. und 2.4.1946; Information Control Weekly Review, No. 27/1947.

80 Gerhard Deissmann, Bremen im Wiederaufbau ..., S. 213; Stellungnahme des Maschinenbau-Betriebsbüros vom 28.3.1946, Firmenarchiv des Bremer Vulkan.

81 OMGBr 6/40-1/3.

Zwar wiesen DGB und SPD in einer gemeinsamen Besprechung am 25. November 1947 das Ansinnen der Kommunisten, gegen die Versorgungsmisere in Bremen einen allgemeinen Streik zu organisieren, zurück[82], ohne jedoch mit dem gleichen Erfolg wie bisher Arbeitsniederlegungen verhindern zu können. Im Januar bedurfte es »eines vollen Einsatzes der Gewerkschaftsangestellten, um die Arbeiterschaft von unüberlegten Aktionen abzuhalten.«[83] Am 5. Januar 1948 hatten zwei Bremerhavener Werften aus Protest gegen Rationskürzungen gestreikt, und Ende Januar war es zu einer kurzen Arbeitsniederlegung im Bremer Hafen gekommen. Am 5. Februar legten die Arbeiter der Schweißerei und Brennerei der Bremer Maschinenbau- und Dockgesellschaft wegen des Entzugs der ihnen gewährten Milchzuwendungen die Arbeit nieder.

Ein größeres Ausmaß nahmen die Artikulationen der Arbeiter, deren Forderungen daraufhin zum Teil bewilligt wurden, in der letzten Februar-Woche an, als die Beschäftigten mehrerer wichtiger Betriebe, insbesondere auch die der Stadtwerke, mit Streik gegen die angekündigte Nichtauslieferung von Fett für Normalverbraucher (zwei Drittel der Gesamtbevölkerung, darunter die Angehörigen der Industriearbeiter) drohten. Bei dem Sitzstreik, den die Vulkan-Arbeiter, ausgehend von den Kesselschmieden, am 25. Februar veranstalteten, ging es außerdem um die vermeintliche Bevorzugung der Bauern in der Ernährungswirtschaft. Am 3. März streikten ein Teil der AG-Weser-Räumungsarbeiter und mit ihnen 30 zur Norddeutschen Hütte ausgeliehene Beschäftigte gegen eine Niedergruppierung bezüglich ihrer Zusatzversorgung. Außerdem nahm an diesem Tag die Mehrzahl der Bremer Angestellten an dem bizonalen Streik der DAG teil.[84] Protestresolutionen gingen den Gewerkschaften, Parteien und Behörden aus den meisten wichtigen Bremer Betrieben zu. Bezeichnend war dabei die Tendenz zur Politisierung der Auseinandersetzungen, wie sie auch eine Betriebsräte-Vollversammlung am 4. März 1948 anzeigte. Die Versammlung nahm eine von der Betriebsversammlung der Firma Fahrzeug- und Gerätebau eingebrachte Resolution an, die den Generalstreik in der ganzen Bizone und den Rücktritt aller Länderchefs und ihrer Mitarbeiter vorschlug, um gegen das »rapide fortschreitende Verhungern des deutschen Volkes« zu demonstrieren. Die Kritik der Betriebsräte richtete sich gegen die bizonale Wirtschaftspolitik und insbesondere gegen den Leiter des Zentralamtes für Ernährung und Landwirtschaft, Hans Schlange-Schöningen, dem Begünstigung der Besitzenden und Versagen bei der Erfassung und der Verteilung der Lebensmittel vorgeworfen wurde.[85] (Tatsächlich war Schlange ein konservativer Fachmann, der aber entschieden für Bewirtschaftungsmaßnahmen

---

82 OMGBr 6/125-1/9.
83 Bericht der Arbeiterkammer Bremen über die Entwicklung der Gewerkschaften im Monat Januar 1948, OMGBr 6/41-1/2.
84 Situationsberichte der Militärregierung und der Gewerkschaften in: OMGBr 6/41-1/6, 6/41-1/2, 6/125-1/9 und 6/41-1/10 (mit weiteren Hinweisen auf kleinere Arbeitsniederlegungen); Tribüne der Demokratie, Nr. 2/1948 ff.; Weser-Kurier vom 31.1., 3.2. und 5.2.1948.
85 OMGBr 6/41-1/6; Resolution von Fahrzeug- und Gerätebau in: OMGBr 6/41-1/10.

eintrat.) Eine Resolution des Betriebsrats von Vacuum Öl hatte sich bereits im Januar 1948 gegen die »geplante Politik des Aushungerns« gewandt.[86]

In den stadtbremischen Häfen hatte starker Arbeitsanfall zu Beginn des Jahres 1948 die Einstellung von knapp 2.000 Aushilfsarbeitern (neben den rund 3.000 Ring- und Kartenarbeitern) notwendig gemacht, deren Stellung arbeitsrechtlich sehr unzureichend abgesichert war. Im Sommer 1948 wurden die Aushilfsarbeiter entlassen; außerdem kündigte der Gesamthafenbetrieb kurz vor der Währungsreform das Garantielohnabkommen. Diese, bald darauf modifizierte, Kündigung sahen Gewerkschaft und Betriebsrat als offenen Vertragsbruch an; der Entlassung der Aushilfsarbeiter hatte der Betriebsrat jedoch zugestimmt, um die ständigen Arbeiter zu halten. Gleichzeitig regten die kommunistischen Betriebsräte die Entlassenen an, bezahlten Urlaub und Arbeitslosenunterstützung zu verlangen, und organisierten am 7. Juli 1948 eine Demonstration von 400–500 Hafenarbeitern zum Rathaus, wo eine Besprechung mit sozialdemokratischen Senatoren stattfand, die den Forderungen der Hafenarbeiter eine weitgehende Unterstützung zusagten. Die übriggebliebenen Hafenbeschäftigten mußten den Übergang zur – anfangs abgelehnten – Schichtarbeit ab Mitte Juli 1948 akzeptieren; so lange sollte der Garantielohn nachgezahlt werden.[87] Im Juni 1948 hatten sich Bremerhavener Hafenarbeiter gegen die Einführung von Erkennungsmarken aus Sicherheitsgründen gewandt; der Protest scheiterte aber an der unnachgiebigen Haltung der Militärregierung.[88] Zum Hafenarbeiterstreik kam es im Sommer ebensowenig wie im Herbst 1948, obwohl weitere Entlassungen vorgenommen wurden. Neben der Furcht vor einer Konfrontation mit der Besatzungsmacht wirkten auch KPD-interne Differenzen über die Betriebs- und Gewerkschaftspolitik – neben der Betriebsratsmehrheit gehörte auch der zuständige Gewerkschaftssekretär der KPD an – auf den kommunistisch orientierten, konfliktbereiten Teil der Hafenarbeiter demobilisierend.[89]

Nach der Währungsreform konzentrierte sich der Arbeiterprotest vor allem auf die Preiserhöhungen und die Fortdauer des Lohnstopps, und der Druck eines Teils der Betriebsarbeiter auf die Gewerkschaften, die Verteidigung der Lebenshaltung zu organisieren, nahm zu. Der eher symbolische Proteststreik der bizonalen Gewerkschaften am 12. November 1948 gegen die Teuerungswelle wurde auch in Bremen ganz überwiegend befolgt. Massendemonstrationen in Bremen (25–35.000 Teilnehmer), Vegesack (9–15.000 Teilnehmer) und Bremerhaven (9–10.000) waren am 9. November vorausgegangen.[90]

---

86 OMGBr 6/90-2/21 (Anlage zur Konferenz Dunn/Kaisen).
87 OMGBr 6/41-1/6; 6/40-2/3; 6/125-1/1; Weser-Kurier vom 8.7.1948 und 12.10.1948.
88 Annual Functional History 1948, S. 181; OMGBr 6/125-1/1.
89 OMGBr 6/125-1/5.
90 Protokolle von Funktionärssitzungen der ÖTV, Betriebsrats- und Betriebsversammlungen der Stadtwerke ab 20.7.1948, Material des Betriebsrats des Bremer Gaswerks; OMGBr 6/125-1/11, 6/125-1/9 und 6/41-1/1; Annual Functional History 1948, S. 186; Weser-Kurier vom 8., 9., 11. und 15.11.1948.

10 Betriebsräte, Neuordnungsdiskussionen und betriebliche Mitbestimmung 1945–1948

Arbeiterorganisationen und Betriebsräte

Der rasche organisatorische Wiederaufbau der deutschen Gewerkschaften als Einheitsgewerkschaften nach dem Dritten Reich und ihre rapide Mitgliederentwicklung sind als das »Wunder der Organisation«[91] bezeichnet worden. Daß freie Gewerkschaften wiederentstehen und eine gewichtige Rolle im neuen Deutschland einnehmen sollten, gehörte zu dem zwischen den vier Alliierten und den deutschen Antinazis – bis weit ins nichtsozialistische Spektrum hinein – Unumstrittenen. Die Gewerkschaftsführer, und zwar nicht nur die des FDGB in der SBZ, sahen ihre Rolle – zumal unter den Bedingungen der Zusammenbruchsgesellschaft und des Lohnstopps – stärker ordnungspolitisch als tarifpolitisch: Die von ihnen repräsentierte Gesamtheit der unselbständig Arbeitenden sollte zur bestimmenden Kraft in der neuen demokratischen Republik Deutschland werden. Dafür müßten die Gewerkschaften sich von vornherein der »Volksgemeinschaft« verantwortlich fühlen und als Ordnungsmacht wirken.[92]

Frühere Bremer ADGB-Funktionäre hatten schon im Mai 1945 mit Genehmigung der Besatzungsmacht erste Schritte für die Wiedergründung der Gewerkschaften unternommen, hatten jedoch ihre Vorbereitungen im Hinblick auf das Verbot politischer und gewerkschaftlicher Betätigung nach kurzer Zeit einstellen müssen. Im Juli 1945 schlossen sich der Funktionärszirkel, der Zentralausschuß der Betriebsräte und Delegierte der KGF zu einem – später erweiterten – »Fünfundzwanziger-Ausschuß« zusammen, der die Satzung einer »Freien Gewerkschaft für Bremen« als einer zentralisierten Einheitsgewerkschaft ausarbeitete und noch bis zum Februar 1946, als der Ausschuß von der Militärregierung aufgelöst wurde, die Leitungen der Bremer Gewerkschaften kontrollierte.[93] Waren wegen der Genehmigungsprozedur der Militärregierung zu Jahresbeginn 1946 in Bremen erst 10.000 Gewerkschaftsmitglieder offiziell registriert, so stieg diese Zahl im folgenden Quartal fast auf das Dreifache an (1.4.1946: 29.000) und überstieg zum Jahresende 1946 50.000; dazu kamen 14.000 Wesermünder (Bremerhavener) Mitglieder. Im Laufe der Jahre 1947 und 1948 hielt dieser Zu-

---

91 Theo Pirker, Die blinde Macht ... Die Gewerkschaftsbewegung in Westdeutschland, 2 Teile, Berlin (West) 2. Aufl. 1979, Teil 1, S. 21 ff.
92 Siehe etwa die Äußerungen Hans Böcklers in: Protokoll der ersten Gewerkschaftskonferenz der britischen Zone vom 12. bis 14. März 1946 im Katholischen Vereinshaus in Hannover-Linden, o. O., o. J., S. 18 f.; vgl. Oskar Schulze im Weser-Kurier vom 31.12.1947; generell Lutz Niethammer, Strukturreform und Wachstumspakt. Westeuropäische Bedingungen der einheitsgewerkschaftlichen Bewegung nach dem Zusammenbruch des Faschismus, in: Heinz Oskar Vetter (Hrsg.), Vom Sozialistengesetz zur Mitbestimmung, Köln 1975; Ernst-Ulrich Huster, Gerhard Kraiker, Burkhard Scherer, Friedrich Karl Schlotmann und Marianne Welteke, Determinanten der westdeutschen Restauration 1945–1949, Frankfurt/M. 1972, S. 135 ff.
93 Peter Brandt, Antifaschismus ..., S. 153 ff.; Heiderose Kilper, Brüder reicht die Hand zum Bunde. Untersuchungen zur Konstituierung und Politik der Gewerkschaft Nahrung – Genuß – Gaststätten als Einheitsgewerkschaft (1945–1949), Marburg 1982, S. 174 ff.; OMGBr 6/125-1/10.

strom an: Von 64.000 Ende 1946 auf 107.000 Ende 1948.[94] Eindeutiger, als es der parteipolitischen Orientierung der Gewerkschaftsbasis entsprochen hätte, durch das Delegationssystem verstärkt, dominierten in den Vorständen und Verwaltungen Sozialdemokraten, die häufig schon vor 1933 Gewerkschaftsangestellte gewesen waren. Doch hatten Kommunisten, insbesondere anfangs, einige wichtige Positionen inne. Nach einem »Sieg«[95] der Kommunisten bei den Gewerkschaftswahlen des Metallarbeiterverbandes 1946 entsandte die Vertreterversammlung zwei Kommunisten in den vierköpfigen engeren Vorstand (den stellvertretenden Vorsitzenden und den Kassierer) und besetzte die Ortsverwaltung sogar mehrheitlich mit KPD-Mitgliedern. Diese Positionen gingen der KPD jedoch seit 1947 verloren. Übrig blieben einige wenige Sekretärsstellen. 1949 waren Vorstand und Ortsausschuß der IG Metall fast rein sozialdemokratisch; nur dem kommunistischen Kassierer beließ man sein Amt. Auf der Vertreterversammlung bildeten die Kommunisten mit ihren Sympathisanten indessen noch nach 1946 einen starken Stimmenblock von bis zu 40 %. Außer dem der Metallgewerkschaft gehörten zumindest auch den Vorständen der Einzelverbände der Transportarbeiter, Holzarbeiter und »Fabrikarbeiter« zwischen 1945 und 1948 zeitweise Kommunisten an. Während die Gewerkschaften bereits zur Jahreswende 1946/47 Mitgliederzahlen erreichten, die denen in der Weimarer Republik entsprachen, blieben die Arbeiterparteien deutlich dahinter zurück. Ursprünglich hatte vermutlich die Mehrheit der Sozialdemokraten und Kommunisten, aber auch der parteilosen Arbeiter Bremens den Aufbau einer einheitlichen sozialistischen Partei gewünscht. Diese Stimmung begann in der SPD jedoch noch vor der Legalisierung der Parteien am 12. Oktober 1945 umzuschlagen, und im Januar 1946 standen die Anhänger einer Verschmelzung mit der KPD in der Sozialdemokratie bereits auf verlorenem Posten. Dennoch blieb das Verhältnis zwischen den Mitgliedern von SPD und KPD in Bremen, trotz aller Zuspitzungen auch dort, relativ sachlich und freundlich.[96]

Zu Beginn des Jahres 1946 zählte die SPD im Ortsverein Bremen ca. 2.300 Mitglieder, die KPD zumindest 1.000; Anfang 1947 die SPD ca. 5.000, die KPD ca. 2.500, Anfang 1948 die SPD ca. 6.300, die KPD ca. 2.800. Zu diesem Zeitpunkt betrug die Mitgliederzahl der SPD auf Landesebene (Ortsverein Bremen, Kreisverbände Bremen-Nord und Bremerhaven) ca. 9.300, die der KPD zumindest 4.000. 1948 stagnierten dann – nicht nur in Bremen – die Mitgliederzahlen der Parteien und waren, namentlich nach der Währungsreform, sogar leicht rückläufig. Die KPD führte 1948 überdies

---

94 Jahresbericht für 1946 des Ortsausschusses der Freien Gewerkschaften Bremens, Material Johann Reiners; Annual Functional History 1948, S. 187; nach Einzelverbänden aufgeschlüsselt in den Monatsberichten der Arbeiterkammer an OMG Bremen.
95 So ein Bericht für die Militärregierung über den 1. Mai 1946, OMGBr 6/125-1/10; für das Folgende diverse Zusammenstellungen ebd. sowie 6/125-1/11; 6/41-1/10; 6/37-2/1; Interviews mit Johann Reiners und Erwin Heinemann.
96 Peter Brandt, Antifaschismus ..., S. 167 ff.; Willi Schmidt-Wulff, Der Wiederaufbau einer lokalen SPD-Organisation von 1945–1947 am Beispiel Bremens, Examensarbeit Bremen 1978.

eine »Überprüfung« ihrer Mitglieder durch. Am Jahresanfang 1949 waren dann in Bremen-Stadt ca. 6.200 Sozialdemokraten und 2.400 Kommunisten registriert.[97]

Für unseren Zusammenhang ist vor allem von Bedeutung, daß der Niedergang der KPD nach 1945 keinesfalls so geradlinig verlief, wie es auf den ersten Blick scheint. Ihr relativer Wähleranteil ging zwar in Bremen nahezu kontinuierlich zurück wie anderswo auch. Bei den absoluten Zahlen der Bürgerschafts- und Bundestagswahlen sind jedoch durchaus Schwankungen erkennbar: 1949 und 1951 erhielt die Bremer KPD absolut mehr Stimmen als 1947.[98] Allein im Land Bremen gelang der KPD selbst 1955 noch ganz knapp der Sprung über die 5 %. Die darin zum Ausdruck kommende Stabilität der Bremer KPD als Minderheitspartei der Arbeiterbewegung bis in die fünfziger Jahre läßt sich noch deutlicher im Gewerkschafts- und Betriebsbereich beobachten, obgleich zunehmende öffentliche Stigmatisierung und staatliche Behinderung, sozialdemokratischer Verdrängungswettbewerb sowie forcierte politische Selbstisolierung, gehäufte Ausschlüsse und Austritte die Partei auch in Bremen hart trafen.

Der SPD-Bezirksvorstand fühlte sich durch die kommunistischen Aktivitäten im Sommer 1946 veranlaßt, die Untergliederungen der Partei zu einer Verstärkung der sozialdemokratischen Propaganda in den Betrieben aufzufordern. Zumindest eine sozialdemokratische Betriebsgruppe hatte sich bereits Anfang 1946 – in den Atlas-Werken – in Reaktion auf die Aktivitäten der kommunistischen Betriebsgruppe zusammengefunden. Zu einem systematischen Aufbau von SPD-Betriebsgruppen kam es jedoch nicht vor 1948.[99] Diese Zurückhaltung war sowohl durch die Organisationstradition der SPD begründet, als auch durch die überlieferte Arbeitsteilung zwischen freien Gewerkschaften, die für den wirtschaftlichen Kampf zuständig waren, und sozialdemokratischer Partei, die den politischen Kampf zu führen hatte. Demgegenüber fungierten die Betriebsgruppen in der KPD als gleichberechtigte Gliederungen, denen besondere Aufmerksamkeit geschenkt wurde. Anfang 1946 verfügte die KPD in Bre-

---

97 Mitteilungen der Sozialdemokratischen Partei Deutschlands Bremen, Bremerhaven und Vegesack, Februar 1947 und Januar 1948; Functional History 1 Sept – 31 Dec 1946, S. 15; US National Archives, OMGUS, Political Party Reports, 91-2/6.
98 Die KPD erhielt im Land Bremen bei den Bürgerschaftswahlen 1947 19.290 Stimmen (8,8 %), bei den Bundestagswahlen 1949 20.530 Stimmen (6,8 %), bei den Bürgerschaftswahlen 1951 21.244 Stimmen (6,4 %), bei den Bundestagswahlen 1953 13.885 Stimmen (3,9 %) und bei den Bürgerschaftswahlen 1955 18.229 Stimmen (5,0 %). Die Zahlen für 1946 (KPD: 11,5 %) beziehen sich auf ein kleineres Wahlgebiet. Vgl. Richard Schachtner, Die deutschen Nachkriegswahlen, München 1956, S. 37.
99 Protokoll der Bezirksvorstandssitzung vom 10.7.1946, Archiv der sozialen Demokratie (AdsD), Bonn, Bestand SPD-Bezirk Weser-Ems, Mappe 1; Interviews mit Richard Gregor und Johann Reiners; Renate Meyer-Braun, Die Bremer SPD 1949–1959, S. 100. Allgemein siehe Christoph Kleßmann, Betriebsparteigruppen und Einheitsgewerkschaft. Zur betrieblichen Arbeit der politischen Parteien in der Frühphase der westdeutschen Arbeiterbewegung 1945–1952, in: Vierteljahrshefte für Zeitgeschichte, Jg. 31 (1983), S. 272 ff.; Herbert Kuehl, Zur Betriebs- und Gewerkschaftspolitik der KPD nach 1945, in: Rolf Ebbinghausen und Friedrich Tiemann (Hrsg.), Das Ende der Arbeiterbewegung in Deutschland?, S. 323-335.

men über 17 Betriebsgruppen, von denen die bei der AG Weser, bei Borgward, im Hafen und beim Arbeitsamt jeweils um 40 Mitglieder zählten.[100] Die Kommunisten traten jedoch in den Betrieben die ersten Jahre hindurch nur selten als Partei in Erscheinung, sondern suchten sich als besonders tatkräftige und konsequente Arbeitervertreter und Gewerkschafter zu profilieren. Obwohl sie insgesamt stets in der Minderheit blieben, stellten sie eine so aktive Minderheit dar, daß sie – etwa auf Betriebsräte-Vollversammlungen – manchmal als Mehrheit erscheinen konnten. Auch waren sie in wichtigen Betrieben meist besonders stark vertreten. Um bei Gewerkschafts- oder Betriebsratswahlen seine Stimme einem Kommunisten zu geben, mußte ein Arbeiter nicht mit der KPD als Partei übereinstimmen. Andererseits wird man einem solchen Wahlverhalten auch nicht jede parteipolitische Aussagekraft absprechen dürfen, da die Konkurrenz zwischen SPD und KPD sowie die antikommunistische Ausrichtung der öffentlichen Meinung sich schon ab 1946 verstärkten, so daß die Wählbarkeit eines KPD-Betriebsratskandidaten zunehmend weniger selbstverständlich wurde.

Für 1945 und 1946 liegen mir nur von der KPD nach dem Kriterium des kommunistischen Einflusses ausgewählte Wahlergebnisse vor. Daraus ergibt sich, daß 1945 19 von 24 aufgeführten Betrieben mit insgesamt 13 bis 14.000 Beschäftigten mehr kommunistische als sozialdemokratische Betriebsratssitze aufwiesen. Einzelne Rückschläge – etwa in den Atlas-Werken – mußte die KPD schon 1946 hinnehmen; diese waren aber nicht unbedingt von Dauer. Die Aufstellung der KPD über Ergebnisse des Sommers und Herbstes 1946 zeigt für 15 von 22 Betrieben mehr kommunistische Betriebsräte als sozialdemokratische.[101] Wie bei den politischen Wahlen läßt sich auch bei den Betriebsratswahlen zumindest ab 1947 ein langfristiger ständiger Rückgang des kommunistischen Anteils feststellen. Allerdings waren dem allgemeinen Trend entgegenlaufende Ergebnisse gerade in wichtigen Betrieben nicht außergewöhnlich, zumal kommunistische Betriebsratsvorsitzende nicht ausschließlich in Betriebsräten gewählt wurden, in denen die KPD und ihre engeren Sympathisanten über eine Mehrheit verfügten. Eine vom amerikanischen Konsulat am 1. Oktober weitergegebene Teilzählung für 1947, die 375 Betriebe mit 90 % der Wahlberechtigten im Land Bremen betraf, wies auf das Anwachsen des Anteils der Parteilosen von der Hälfte auf drei Fünftel hin. Diese Entwicklung, die offenbar zum überwiegenden Teil auf die Erweiterung der wählenden Betriebe und Wähler zurückzuführen war, ging 1948 weiter. Auffällig ist in den Nachkriegsjahren die gerade in manchen Großbetrieben niedrige Wahlbeteiligung. Von den bis zum 1. Oktober 1947 gewählten 651 Betriebsräten mit Parteizugehörigkeit wurden 10 bürgerlichen Parteien, meist der CDU, 144 der KPD und 487 der SPD zugerechnet. Der US-Bericht sprach von durchgängigen Sitzverlusten der KPD um 5 % und Gewinnen der SPD um 8 %. Eine Teilzählung des US-Konsulats für 1948, die 273 Betriebe betraf, zeigte nur 68 Betriebsräte an, die der KPD, und 233, die der SPD

---

100 IML/ZPAV-G20/7.
101 Ebda.

angehörten. Gerade bei den Betriebsrätewahlen des Jahres 1948 konnte die KPD indessen ihre Stellung in wichtigen Großbetrieben ausbauen und dabei teilweise sogar die Mehrheitsverhältnisse verändern.[102] Zählungen der Bremer Gewerkschaften, die sich offenbar nur auf die Stadt Bremen bezogen, zeigten für 1947 1.353 Betriebsräte in 369 Betrieben, von denen 1.215 gewerkschaftlich organisiert, 2 Mitglieder der CDU, 115 Mitglieder der KPD und 320 Mitglieder der SPD waren; für 1948 waren 1.448 Betriebsräte in 517 Betrieben erfaßt, von denen 1.260 den Gewerkschaften, 1 der Bremer Demokratischen Volkspartei (BDV), 75 der KPD und 270 der SPD angehörten.[103] Die parteilosen Betriebsräte scheinen in ihrer Orientierung dieses Kräfteverhältnis annähernd reproduziert zu haben.

Neuordnungskonzepte

Die Forderung nach der gesetzlichen Verankerung eines betrieblichen Mitbestimmungsrechts stand nach 1945 im Zusammenhang mit weitreichenden gesamtgesellschaftlichen Reformprojekten, die die innenpolitische Diskussion prägten. Neben den Einheitsgewerkschaften, der SPD und der KPD trat auch der linke, aus christlichen Arbeitnehmervertretern und demokratischen Intellektuellen bestehende Flügel der CDU mit Neuordnungsvorschlägen hervor. Auf die Politik der Bremer CDU gewann diese, hauptsächlich in der Ostzone, dem Rhein-Ruhr- und dem Rhein-Main-Gebiet verankerte Strömung, deren Stärke bereits ab 1947 zurückging, nur unbedeutenden Einfluß, so daß hier die Reformkräfte letztlich doch auf die tradierten Organisationen der Arbeiterbewegung reduziert waren. Während die unter Führung Kurt Schumachers sich reorganisierende westdeutsche SPD mit dem Kriegsende den Zeitpunkt für den sozialistischen Umbau der Gesellschaft gekommen sah (»Sozialismus, die große Gegenwartsaufgabe«)[104], legten die KPD-Gliederungen in den Westzonen programmatische Erklärungen vor, die sich – bei allen Nuancen – wie der Gründungsaufruf des ZK für eine »Demokratisierung« von Staat und Gesellschaft im liberalen Sinne aussprachen und lediglich begrenzte Eingriffe in das private Eigentum verlangten (Bodenreform, Enteignung von Nationalsozialisten und »Kriegsverbrechern«).[105] Dieser Ge-

---

102 OMGBr 6/124-1/10; 6/124-3/18 (Brief vom 12.11.1948).
103 OMGBr 6/41-1/10; 6/41-3/11. Die auch bei Berücksichtigung des unterschiedlichen Territoriums und Vollständigkeitsgrades teilweise offensichtliche Unstimmigkeit zwischen diesen Angaben und denen des US-Konsulats kann hier nur konstatiert werden.
104 Aufruf der SPD zur Bürgerschaftswahl 1946, AdsD, Landesorganisation (LO) Bremen.
105 Für die SPD siehe die ersten systematischen Äußerungen Kurt Schumachers in: Arno Scholz und Walther G. Oschilewski (Hrsg.), Turmwächter der Demokratie. Ein Lebensbild von Kurt Schumacher, 3 Bde, Berlin (West) 1952-54, Bd. 2; für die KPD siehe: Dokumente der Kommunistischen Partei Deutschlands 1945-1956, Berlin (Ost) 1965; speziell für Bremen die Gründungsaufrufe beider Parteien im Weser-Kurier vom 20.10.1945 sowie vom 17.4. und 14.8.1946.

gensatz einer radikal-sozialistisch auftretenden Sozialdemokratie und eines sich gemäßigt-liberal gebenden Kommunismus in den ersten Nachkriegsmonaten läßt sich auf unterschiedliche Situationseinschätzungen und Durchsetzungsstrategien zurückführen. Auf Seiten der SPD- und Gewerkschaftsführer war die Vorstellung weit verbreitet, mit dem Ende des nationalsozialistischen Herrschaftssystems und mit der Paralysierung des Wirtschaftsablaufs sei auch die kapitalistische Ordnung zusammengebrochen. Ihre Wiederaufrichtung könne im Hinblick auf die Erfahrungen mit der politischen Rolle des deutschen Großkapitals nicht im Interesse der Siegermächte (auch nicht der westlichen Alliierten) liegen, und sie sei auch aus wirtschaftlichen und sozialen Gründen undenkbar.[106] Diese Einschätzung bedeutete einerseits, daß die Westalliierten prinzipiell als Verbündete der Arbeiterbewegung gesehen wurden; andererseits mußten die angestrebten Strukturreformen über Wahlen und Parlamentsbeschlüsse durchgesetzt werden – wobei die Entscheidungen bis zur Rekonstituierung eines gesamtdeutschen Staates auf die Länder- oder Zonenebene beschränkt blieben. Der Weg zum Sozialismus führte für die SPD über sozialdemokratische Mehrheiten; die Bremer SPD warb 1946 mit einem Plakat »Deutschland muß sozialistisch werden«.[107]

Die KPD-Spitze sah die Hindernisse für eine sozialistische Entwicklung in Deutschland – ohne sie immer offen zu nennen – realistischer. Neben dem durch den Nationalsozialismus bewirkten »ideologischen Chaos«[108] in den Köpfen der Menschen, das auch rein »demokratische« Reformen ernsthaft erschweren mußte, handelte es sich um die Anwesenheit der westalliierten, namentlich der amerikanischen, Truppen. Die UdSSR war trotz ihres Sieges durch Menschenverluste und Zerstörungen stark geschwächt und keiner militärischen Konfrontation gewachsen; die Wiederaufbaubedürfnisse ihrer Wirtschaft und ihre extensiven Sicherheitsinteressen ließen eher eine Abgrenzung der Machtsphären in Europa als eine Unterstützung sozialrevolutionärer Bewegungen geraten erscheinen. In Deutschland bildete die anfängliche Linie der KPD die Ergänzung zum Potsdamer Abkommen, wie die UdSSR es verstand: wirtschaftliche Abrüstung und politische Umgestaltung eines unter Viermächte-Kontrolle stehenden, aber wirtschaftlich und administrativ einheitlichen Deutsch-

---

106 Siehe etwa Hans Böckler (Anm. 92) und: Kundgebung der Sozialdemokratischen Partei Deutschlands. Beschlossen auf dem Parteitag in Hannover am 11. Mai 1946. Als Manuskript gedruckt, S. 1, und wie Anm. 105; für Bremen Protokoll einer Wahlversammlung am 8.9.1946, AdsD, LO Bremen, und wie Anm. 116, und den gedruckten Vortrag von Hermann Brill vor Bremer SPD-Funktionären am 8.3.1947: Verfassungsfragen (= Sozialistische Schriftenreihe), Bremen (1947), bes. S. 14.
107 AdsD, LO Bremen.
108 So etwa die Formulierung von Siegfried Thomas, Entscheidung in Berlin. Zur Entstehungsgeschichte der SED in der deutschen Hauptstadt 1945/46, Berlin (Ost) 2. Aufl. 1967, S. 22. Walter Ulbricht sprach 1945 von einem weithin »verschütteten« Klassenbewußtsein. Ders., Zur Geschichte der deutschen Arbeiterbewegung. Aus Reden und Aufsätzen, 3 Bde, Berlin (Ost), 5. Aufl. 1963, Bd. 2, S. 435.

land.[109] Die Programmatik der KPD, wie sie im Gründungsaufruf[110] niedergelegt wurde, drückte einen klaren Primat der politischen Macht aus, demgegenüber die einzelnen wirtschafts- und gesellschaftspolitischen Forderungen variable Elemente darstellten. Solange die KPD auf den Block der vier neugegründeten Parteien als Instrument einer auf breiten Konsens (unter maßgeblichem Einfluß der Kommunisten) gegründeten »antifaschistischen Demokratie« und nicht, wie die SPD Schumachers, auf Parteienkampf orientierte, war ein gemäßigtes Programm angemessen. In dem Maße, wie deutlich wurde, daß diese Voraussetzung, auch wegen der Entwicklung der Ostzone, sich faktisch nicht realisieren ließ und die interalliierten Konflikte eine Einigung der vier Siegermächte unwahrscheinlicher machten, wurden die KPD-Forderungen von 1945 nach und nach antikapitalistisch uminterpretiert.[111] Konkretere wirtschafts- und gesellschaftspolitische Vorstellungen entwickelten KPD, SPD und Gewerkschaften erst im Laufe der Jahre 1946 und 1947. Diese Ansätze liefen in ihrem Zusammenhang auf tiefe Eingriffe in die tradierte Sozialordnung hinaus. Auf die angestrebten Veränderungen im Erziehungswesen, in der Justiz und Verwaltung soll hier nicht weiter eingegangen werden, obwohl die Auseinandersetzung um die Schulpolitik in Bremen zwischen 1947 und 1956 erbittert geführt wurde.[112] Auch die Bodenreform-Versuche in den Westzonen Deutschlands seien hier nur beiläufig erwähnt. Sie spielten zwar in den Neuordnungskonzepten der Linksparteien – vorwiegend aus politischen Gründen – eine wichtige Rolle, besaßen aber für den Zwei-Städte-Staat Bremen, sofern es um die Landwirtschaft ging, nur marginale Bedeutung.[113]

Die Wirtschaftspolitik der KPD wurde auf einer nationalen Konferenz um die Jahreswende 1945/46 in Berlin erstmals systematisch behandelt, die »Richtlinien« zum

---

109 Die Sowjetunion hatte im März 1945 ihre Linie entsprechend korrigiert. Siehe generell Hans-Peter Schwarz, Vom Reich zur Bundesrepublik, Neuwied und Berlin 1966, S. 203 ff.; Alexander Fischer, Sowjetische Deutschlandpolitik im Zweiten Weltkrieg 1941–1945, Stuttgart 1975; Wallrab von Buttlar, Ziele und Zielkonflikte der sowjetischen Deutschlandpolitik 1945–1947, Stuttgart 1980; Arnold Sywottek, Deutsche Volksdemokratie. Studien zur politischen Konzeption der KPD 1935–1946, Düsseldorf 1971; Dietrich Staritz, Sozialismus in einem halben Land, a. a. O.
110 In: Dokumente der Kommunistischen Partei Deutschlands, S. 1 ff.; vgl. Wie bauen wir Deutschland wieder auf? Sofortprogramm der KPD Bremen (1945); auch Weser-Kurier vom 20.10.1945.
111 Werner Müller, Die KPD und die »Einheit der Arbeiterklasse«, Frankfurt/M. und New York 1979, bes. S. 304 ff.
112 Denzil T. Clifton, Bremen under U.S. Military Occupation, 1945–1949. The Reform of Education, Ph. D. University of Delaware 1973; Peter Ibeling, Schulreform in Bremen und Bayern 1945–1949, Staatsexamensarbeit Bochum 1980; Klaus Peter Meyer, Die bildungspolitischen Konzeptionen der Parteien KPD und SPD und ihre Relevanz für die schulpolitische Entscheidung in Bremen in den Jahren 1945 bis 1949, Staatsexamensarbeit Bremen 1977; Renate Meyer-Braun, Die Bremer SPD 1949–1959, S. 61 ff. und S. 90 f.
113 Siehe Art. 45 der Bremer Verfassung, der relativ weitgehende Bodenreform-Maßnahmen ermöglicht. Allgemein siehe Ernst-Ulrich Huster, Die Politik der SPD 1945–1950, Frankfurt/M. und New York 1978, S. 88 ff.; Günter J. Trittel, Die Bodenreform in der Britischen Zone 1945–1949, Stuttgart 1975.

»Neuaufbau der deutschen Wirtschaft« annahm. Offenbar im Anschluß daran bildete die Bezirksleitung Weser-Ems der KPD eine eigene Wirtschaftsabteilung. Was deren Vorsitzender Max Schimmeck als »Wirtschaftspolitik der mittleren Linie« im Sinne »vernünftiger Sozialreform« und »gemäßigter Sozialisierung« beschrieb – konfiskatorische Steuer- und Einkommenspolitik, Enteignung von Nationalsozialisten, Kriegs- und Wuchergewinnlern, Sozialisierung »aller monopolartigen Wirtschaftszweige«, namentlich der Grundindustrien und der Finanzwirtschaft, Förderung des Genossenschaftswesens, Planwirtschaft – fügte sich in den »Richtlinien« zu einer Transformationsstrategie zusammen. Die »Enteignung der Nazi- und Kriegsverbrecher« in den Ländern der SBZ im Herbst 1946 nach ihrer bereits im Vorjahr erfolgten Ausschaltung machte klar, daß – mit einer antifaschistischen und antimonopolistischen Begründung – faktisch die Großindustrie in die Hände des Staates übergehen sollte. Scharf herausgearbeitet wurde die »neue Rolle der Betriebsräte und Gewerkschaften« als »Träger der neuen demokratischen Ordnung«. Die überbetriebliche Mitbestimmung sollte vor allem durch drittelparitätische Besetzung (Unternehmer/Werktätige/öffentliche Verwaltungen) der Industrie- und Handelskammern und die Beteiligung der Arbeiter an anderen Institutionen, die betriebliche Mitbestimmung durch die gleichberechtigte Teilnahme an den wesentlichen Entscheidungen der Betriebsleitungen auf allen Gebieten gewährleistet werden.[114]

Die sozialdemokratischen Neuordnungsvorstellungen wurden zuerst durch im Auftrag Kurt Schumachers von Ernst Nölting entworfene »Leitsätze« für ein SPD-Wirtschaftsprogramm vom Herbst 1945 und durch das Referat von Viktor Agartz auf dem Parteitag im Mai 1946 in eine Konzeption gebracht.[115] Der linke Bremer Sozialdemokrat Willy Ewert hatte bereits im August 1945 ein planwirtschaftliches Modell skizziert, das zum Jahresbeginn 1946 von den beiden bremischen Arbeitnehmerkammern dem Senat vorgelegt wurde. Das »Landes-Plan- und Wirtschaftsamt Bremen« sollte als eine von einem Senatorenausschuß beaufsichtigte Behörde, gegliedert in die dem Leiter direkt unterstehenden Abteilungen für »Beschaffung« und »Finanzierung« und mehrere Wirtschaftsgruppen, das Erwerbsleben Bremens reorganisieren, wobei die Vergesellschaftung der Produktionsmittel zu einem erheblichen Teil vor-

---

114 Neuaufbau der deutschen Wirtschaft. Richtlinien der KPD zur Wirtschaftspolitik, Berlin 1946; Wirtschaftsabteilung der Stadtleitung Bremen der KPD, Vortragsdispositionen Nr. 1, Material der Bremer Gruppe Arbeiterpolitik. Dort auch die von der Wirtschaftsabteilung herausgegebene Zeitschrift »Der Wiederaufbau«.
115 Kurt Schumacher, Programmatische Erklärungen auf der Konferenz in Hannover am 5.10.1945. Leitsätze zum Wirtschaftsprogramm der Sozialdemokratischen Partei, o. O. u. J.; Viktor Agartz, Sozialistische Wirtschaftspolitik, Hamburg o. J. Siehe (auch für das Folgende) Erich Ott, Die Wirtschaftskonzeption der SPD nach 1945, Marburg 1978; Ernst-Ulrich Huster, Die Politik der SPD 1945–1950, a. a. O.; für Bremen Dieter Pfliegensdörfer, Die ökonomische Neuordnungskonzeption der deutschen Sozialdemokratie in der unmittelbaren Nachkriegszeit. Inhalte, Realisierungsversuche und Determinanten der Niederlage in Bremen 1945–1951, Diplomarbeit Bremen 1979.

ausgesetzt wurde. Die parallele Gründung von Planämtern in anderen Gemeinden und deren Assoziation wurde als Alternative zu einer von vornherein auf nationaler Ebene zentralisierten Planung verstanden, die politisch erst einmal blockiert war.[116]

Die staatliche Lenkung der Produktion und des Bankwesens und die Sozialisierung mindestens der Grundstoffindustrien, wie die Bremer SPD sie anläßlich ihrer Wiederzulassung am 20. Oktober 1945 verlangte[117], waren in der Partei völlig unumstritten. Es lag auf der Hand, daß man an die konzeptionellen Ansätze der Weimarer Zeit mehr oder weniger kritisch anzuknüpfen versuchte (»Gemeinwirtschaft«, »Wirtschaftsdemokratie«), wobei sozialistische, korporatistische und quasi keynesianische Ideen koexistierten und zum Teil ineinander verwoben waren. Es gab abweichende Auffassungen von Planung und von Sozialisierung nicht nur zwischen KPD und SPD, sondern auch innerhalb der SPD und der Gewerkschaften. Betonte die KPD bei der Verstaatlichung der Betriebe vor allem die Bedeutung der unmittelbaren Mitwirkung der Werktätigen, so hoben etliche Vertreter der SPD auf die Notwendigkeit ab, für die gemeinwirtschaftlichen Unternehmungen neue Rechtsformen zu entwickeln und ihnen die wirtschaftliche Autonomie zu sichern. Der Bremer Gewerkschaftsführer Oskar Schulze wollte die Verwaltung der sozialisierten Betriebe in die Hände von Gesellschaften öffentlichen Rechts legen, die sich aus den Gewerkschaften und den Wirtschaftsverbänden (nicht dagegen aus Vertretern des Staates) zusammensetzen sollten.[118] Trotz aller Einschränkungen dominierte in den Jahren 1946/47 seitens der SPD und der Gewerkschaften eine Programmatik, in deren Mittelpunkt die Aneignung der monopolisierten Schlüsselindustrien und Banken durch die Gesellschaft und eine umfassende Rahmenplanung von Produktion, Investitionen, Preisen usw. stand. Vor allem unter dem Einfluß der Gewerkschaften kam als drittes wesentliches Element die gleichberechtigte Mitbestimmung der Beschäftigten hinzu. In dieser Kombination – und nur insgesamt – bedeutete die Verwirklichung dieses Programms den Bruch mit der Logik des Profits als des zentralen Steuerungsprinzips der kapitalistischen Produktionsweise.

Tatsächlich war die volle Durchsetzung der linken Neuordnungskonzepte bereits vor den machtpolitischen Weichenstellungen der Jahre 1948/49 immer unwahrscheinlicher geworden. Nur die frühzeitige Inbesitznahme der staatlichen Schaltzentralen auf nationaler Ebene durch die organisierte Arbeiterbewegung bei gleichzeitiger Entfaltung der Betriebsräteaktivität von unten sowie die Freigabe der von den Alliierten beschlagnahmten und kontrollierten Betriebe zur Sozialisierung hätten erlaubt, das auch unter Arbeitern zunehmend unpopuläre Bewirtschaftungssystem planwirtschaftlich weiterzuentwickeln, statt seine durch die bürgerlichen Parteien unter Duldung der Besatzungsmächte betriebene Liberalisierung wegen der Mehrheitsverhältnisse in den bi-

---

116 DGB-Archiv, Bestand Schneider, Box 1945/46; StA Bremen, 3-B 10c Nr. 14.
117 Was will die Sozialdemokratie? in: Weser-Kurier vom 20.10.1945.
118 Oskar Schulze, Die Bremer Gewerkschaften an der Jahreswende, Material Johann Reiners; allgemein Erich Ott, a. a. O., bes. S. 127 ff.; Ernst-Ulrich Huster, Die Politik der SPD 1945–1950.

zonalen Institutionen und zugleich unter dem Druck der eigenen Anhängerschaft halbherzig-defensiv geschehen lassen zu müssen.[119]

Die parlamentarischen und plebiszitären Abstimmungskämpfe um die Bremer Mitbestimmungsregelung 1947 und 1948 fielen – ebenso wie die Konflikte um Mitbestimmung und Sozialisierung in anderen deutschen Ländern – in eine Phase, in der sich das gesellschaftspolitische Kräfteverhältnis – nicht nur, aber maßgeblich durch den Einfluß der USA[120] – rapide zuungunsten der Linken veränderte. Die Entscheidungen des Jahres 1948 – Londoner Empfehlungen, Lähmung des Kontrollrats, Währungsreform und Berlin-Blockade, Bildung des Parlamentarischen Rates – drückten diese Veränderung lediglich aus. Ein Teil der Erbitterung, mit der die bürgerlichen und die Arbeiterparteien nach der Verabschiedung der Verfassung in Bremen um ein Betriebsrätegesetz rangen, erklärt sich gerade daher, daß die Würfel bereits gefallen waren: Unternehmern, Konservativen und Liberalen schien die Absicht der Linken, eine gleichberechtigte Mitbestimmung der Betriebsräte gesetzlich zu verankern, vor und nach der unternehmensfreundlichen Währungsreform vom 21. Juni 1948 völlig dysfunktional und wie Sabotage an der nach markt- und privatwirtschaftlichen Grundsätzen eingeleiteten Stabilisierung. Auf der anderen Seite hatten Gewerkschaften, Betriebsräte und Sozialisten nach und nach die Konsequenzen des Kurses der bürgerlichen Mehrheit in der bizonalen Wirtschaftsverwaltung und die Implikationen des Marshallplans erkannt. Da die große Neuordnung offensichtlich immer unwahrscheinlicher wurde, hielt man umso hartnäckiger daran fest, wenigstens wirtschaftsdemokratische Teilelemente in der Sozialverfassung zu verankern. Die dabei an die Durchsetzung der Mitbestimmung geknüpften Erwartungen waren vielfältiger Art: Nicht nur sollte sie die innerbetrieblichen Machtverhältnisse zugunsten der Arbeit-

---

119 Zum Zusammenhang von Wirtschaftsentwicklung, Wirtschafts- und Gesellschaftspolitik, besonders im Entscheidungsjahr 1947, siehe Werner Abelshauser, Wirtschaft in Westdeutschland 1945–1948. Rekonstruktion und Wachstumsbedingungen in der amerikanischen und britischen Zone, Stuttgart 1975; Gerold Ambrosius, Die Durchsetzung der Sozialen Marktwirtschaft in Westdeutschland 1945–1949, Stuttgart 1977; Richard Detje u. a., Von der Westzone zum Kalten Krieg, a. a. O.; Horst Thum, Mitbestimmung in der Montanindustrie. Der Mythos vom Sieg der Gewerkschaften, Stuttgart 1983; Ulrich Borsdorf, Speck oder Sozialisierung. Produktionssteigerungskampagnen im Ruhrbergbau 1945–1947, in: Hans Mommsen und Ulrich Borsdorf (Hrsg.), Glück auf Kameraden! Die Bergarbeiter und ihre Organisationen in Deutschland, Düsseldorf 1979, S. 345 ff.; Ernst-Ulrich Huster, Gerhard Kraiker, Burkhard Scherer, Friedrich Karl Schlotmann und Marianne Welteke, Determinanten der westdeutschen Restauration 1945–1949, S. 69 ff.; Ernst-Ulrich Huster, Die Politik der SPD 1945–1950, S. 92 ff.; für Bremen auch: Renate Meyer-Braun, Die Bremer SPD 1949–1959, S. 31 f.

120 John Gimbel, Amerikanische Besatzungspolitik in Deutschland 1945–1949, Frankfurt/M. 1971; ders., The Origins of the Marshall Plan, Stanford 1976 [dazu Manfred Knapp in: Politische Vierteljahrsschrift, Jg. 19 (1978), S. 48 ff.]. Für die weltpolitischen Zusammenhänge siehe neben Daniel Yergin, Der zerbrochene Friede. Die Ursprünge des Kalten Krieges und die Teilung Europas, Frankfurt/M. 1979, auch Wilfried Loth, Die Teilung der Welt. Geschichte des Kalten Krieges 1941–1955, München 1980, bes. S. 135 ff.

nehmer verändern, sondern auch eine Kontrolle gegen einen neuen Imperialismus gewährleisten, einen Übergang zur gelenkten Wirtschaft einleiten und ein »menschenwürdiges Leben für alle Volksgenossen«, vor allem eine bessere Ernährung, ermöglichen.[121] Insbesondere unter den gegebenen Größenverhältnissen (Bremen als kleinstes deutsches Land), die etwa eine Teilsozialisierung vergleichsweise irrelevant erscheinen ließen, bildete in Bremen die Regelung der betrieblichen Mitbestimmung objektiv den wichtigsten Streitpunkt zwischen den sozialen und politischen Formationen, dem auch eine symbolische und exemplarische Bedeutung zukam. Zudem repräsentierte die Forderung nach Beteiligung der Betriebsräte an der innerbetrieblichen Macht noch am ehesten so etwas wie eine soziale Bewegung, während die konzeptionellen Neuordnungsdiskussionen ansonsten selbst an den Aktivisten der Arbeiterbewegung weitgehend vorbeigingen.[122] Die Mitbestimmung berührte das einzige Feld, wo Ansätze »von unten« und »von oben« zusammentrafen.

Der Gedanke der betrieblichen Mitbestimmung als eines Kernstücks der angestrebten Wirtschaftsverfassung war relativ neu. Von der Rätebewegung 1918/19 ausgehende Impulse hatten die Gewerkschaften in der Weimarer Republik nicht aufgenommen, sondern eher als betriebssyndikalistisch abgewehrt. Das von dem ADGB-Theoretiker Naphtali in der zweiten Hälfte der 1920er Jahre ausgearbeitete Konzept der »Wirtschaftsdemokratie« war stärker auf die Mitarbeit der Gewerkschaften in überbetrieblichen Gremien gerichtet gewesen[123], während andererseits die zeitweilige kommunistische Forderung nach der Kontrolle der Arbeiter über die Produktion ihren Stellenwert nur im Zusammenhang mit einem auf »Doppelherrschaft« als Zwischenstufe zur »Diktatur des Proletariats« gerichteten Übergangsprogramm gewann.[124] Demgegenüber erlaubte die Neueinschätzung der politischen Aufgaben nach Kriegsende allen Organisationen der Arbeiterbewegung eine positivere Wahrnehmung betriebsdemokratischer Forderungen und Praktiken seitens der von den Werktätigen gebildeten Betriebsausschüsse. Diese gewannen beim Wiederaufbau der Produktionsstätten, als sie vielfach unentbehrliche Funktionen wahrnahmen, ein

---

121 Protokoll Gaswerk vom 24.3.1948; Rundfunkmanuskript o. D. (1947), Material Johann Reiners; wie Anm. 85.
122 Dieser Eindruck drängt sich beim Studium nahezu aller verfügbaren Sitzungsprotokolle auf unterer Ebene (Betriebsräte und Betriebsbelegschaften, Ortsvereine und Distrikte der SPD und KPD, gewerkschaftliche Mitglieder- oder Funktionärskonferenzen) auf. Wohlgemerkt: Nicht der Wunsch nach, z. T. revolutionären, Veränderungen wird hier bezweifelt, sondern die Vermittlung der Ebenen. Auch wenn es sich dabei um ein generelles Problem in der Geschichte der sozialistischen Arbeiterbewegung handelt, stellte sich dieses nach 1945 in Deutschland besonders kraß.
123 Fritz Naphtali, Wirtschaftsdemokratie. Ihr Wesen, Weg und Ziel, Frankfurt/M. 2. Aufl. 1966; Hans Willi Weinzen, Gewerkschaften und Sozialismus. Naphtalis Wirtschaftsdemokratie und Agartz' Wirtschaftsneuordnung, Frankfurt/M. und New York 1982.
124 Arnold Reisberg, An den Quellen der Einheitsfront. Der Kampf der KPD um die Aktionseinheit in Deutschland 1921–1922, 2 Bde, Berlin (Ost) 1971; Karl Hermann Tjaden, Struktur und Funktion der »KPD-Opposition« (KPO), Meisenheim am Glan 1964, S. 1 ff., Anhang S. 15 ff.

neues Selbstbewußtsein, das sich gegen die Rückkehr in einen subalternen Status sperrte.

Überlegungen zur gesetzlichen Sicherung paritätischer Mitbestimmung stellten die Arbeiterorganisationen, namentlich die Gewerkschaften, verstärkt nach dem Erlaß des für sie unbefriedigenden Kontrollratsgesetzes Nr. 22 im Frühjahr 1946 an. Auf den regionalen, zonalen und interzonalen Gewerkschaftskonferenzen wurde diese Forderung jetzt regelmäßig erhoben.[125] Die Mitbestimmungsprogrammatik nicht nur der Gewerkschaften, sondern vor allem auch linken Parteien gewann jedoch erst nach und nach die Verbindlichkeit und Eindeutigkeit, die die Auseinandersetzung um den Artikel 47 und das Ausführungsgesetz in Bremen bestimmten. Der Gründungsaufruf der KPD – der zentrale wie der Bremer – hatte zwar die Bildung von Betriebsvertretungen (im Rahmen einer privatwirtschaftlichen Ordnung) gefordert, ohne aber etwas über deren Rechte auszusagen. Obwohl diese restriktive Haltung in der SBZ bereits seit Spätsommer 1945 aufgegeben worden war, veröffentlichte die Bremer KPD noch Anfang 1946 intern den Entwurf eines Betriebsrätegesetzes, der eine gleichberechtigte Mitbestimmung bei Einstellungen und Entlassungen, nicht aber in der im engeren Sinne ökonomischen Sphäre vorsah.[126] Die frühen Programme und Wirtschaftskonzepte der SPD – sei es auf zentraler Ebene, sei es in Bremen – enthielten, wenn überhaupt, zu diesem Komplex – gemessen an späteren sozialdemokratischen Forderungen – nur unzureichende Aussagen.

Um die Bremer Verfassung

Die Differenzen zwischen den Neuordnungskonzeptionen der KPD, der SPD und der Gewerkschaften als solchen waren sachlich nicht unüberwindlich. Ihre Gegensätze beruhten vielmehr auf einer unterschiedlichen Einschätzung des sozialen Charakters und des politischen Stellenwerts der Staatsmacht, auf einem anderen Demokratieverständnis und abweichenden außenpolitischen Orientierungen. Diese Faktoren – zusammen mit dem Trauma der SED-Gründung in der Ostzone und der Befürchtung, die Bildung eines »Sozialistenblocks« würde die SPD nur Stimmen kosten[127], waren es, die die SPD daran hinderten, die relativ breite sachliche Übereinstimmung systematisch zu nutzen, sie vielmehr, soweit das möglich war wie beim Sozialisierungsartikel der Hessischen Verfassung, eher zu Kompromissen nach rechts geneigt machten. Kommunistische Unterstützung einfach zurückzuweisen, hätte von der SPD ange-

---

125 Siehe u. a. die Entschließungen der II. und V. Interzonenkonferenz, auszugsweise in: Thomas Blanke, Rainer Erd, Ulrich Mückenberger und Ulrich Stascheit (Hrsg.), Kollektives Arbeitsrecht, 2 Bde, Reinbek bei Hamburg 1975, Bd. 2, S. 194 ff.
126 Die Grundlagen der freien Gewerkschaften, Material Johann Reiners.
127 So etwa Wilhelm Kaisen, Das Wahlergebnis (1946), StA Bremen, Depositum Kaisen; Zitat: Carl Stockhinger am 31.7.1947 in der Bremer Bürgerschaft.

sichts der Mehrheitsverhältnisse in den Westzonen andererseits a priori den Verzicht auf die Durchsetzung ihrer Neuordnungskonzeption verlangt. Die eigentümliche Ambivalenz des Verhältnisses zwischen Sozialdemokraten und Kommunisten, namentlich auf der parlamentarischen Ebene, in den ersten Nachkriegsjahren resultierte insofern aus einem objektiven Dilemma, das auch Schumachers antibolschewistische Rhetorik letztlich nicht aufheben konnte.

Als Bremen zum Jahresbeginn 1947 ein Land der amerikanischen Zone wurde, was einen Neubeginn der Verfassungsdiskussion erzwang, konnte das Ergebnis der Verfassungsarbeit in Bayern, Württemberg-Baden und in Hessen bereits berücksichtigt werden. Vor allem die durch Verständigung der SPD mit der KPD und der CDU zustandegekommene Hessische Verfassung bot sich der SPD als Vorbild für Bremen an. Die KPD als eine konsequent national-unitarisch auftretende Partei hatte einzelstaatliche Verfassungen wegen der Gefahr von Präjudizierungen ursprünglich abgelehnt, entschloß sich aber im Frühjahr 1946, an den Verfassungsberatungen in der US-Zone teilzunehmen und nach inhaltlichen Kriterien zu entscheiden.[128] Diese Kriterien wurden präzisiert in dem im November 1946 vorgelegten Entwurf der ostdeutschen SED, der die westdeutsche KPD faktisch weitgehend angeschlossen war, für die Verfassung einer (Gesamt-)Deutschen Demokratischen Republik.[129] Der im Februar 1947 veröffentlichte Entwurf der Bremer KPD für eine Landesverfassung orientierte sich stark an dem Ostberliner Vorbild. Er beruhte auf einer extensiven Deutung des Prinzips der Volkssouveränität im Sinne einer »kämpferischen«, antifaschistisch-antimonopolistischen, nur durch individuelle Grundrechte, nicht aber durch eine Teilung der Gewalten eingeschränkten Parlamentsherrschaft mit systemtranszendierender Tendenz.[130] Während der Entwurf der CDU – ebenso wie der der KPD – vor Beginn der Beratungen wohl vor allem eigene Positionen markieren sollte, kam den Entwürfen des Senats (aus der Hand des Altliberalen Theodor Spitta, des Vaters der Verfassung von 1920) und der SPD das größte Gewicht zu. Der sozialdemokratische Entwurf, der von einem größeren Gremium verabschiedet worden war, versuchte das eher liberal-demokratische Verfassungsverständnis der SPD mit deren Neuordnungsbestrebungen in Einklang zu bringen. Der SPD-Fraktionsvorsitzende in der Bürgerschaft, Carl Stockhinger, bekannte sich im Mai 1947 zum revolutionären Charakter des Teils »Arbeit und Wirtschaft« des Entwurfs seiner Partei, und im August 1947 hieß es in einer gedruckten Disposition für Parteiredner: »Die Sozialdemokratie ist willens, diese Verfassung zum Kampfinstrument der Schaffenden gegen die Reaktion und Besitzbürgertum zu machen.«[131]

---

128 Werner Müller, Die KPD und die »Einheit der Arbeiterklasse«, S. 293 ff.
129 In: Neues Deutschland vom 16.11.1946. Zusammenfassung in: Geschichte der deutschen Arbeiterbewegung in acht Bänden, Berlin (Ost) 1966, Bd. 2, S. 183 ff.
130 IML/ZPA V 20/4/5; auch in StA Bremen, 3-V 1 Nr. 100 (27). Dort auch die anderen Entwürfe.
131 Protokolle der Verfassungs-Deputation und ihrer Ausschüsse (2. April 1947–15. Sept. 1947), als Manuskript vervielfältigt, S. 74; Der SPD-Redner. Informationen und Unterlagen. Ausgabe 8, August 1947, S. 7.

In den Beratungen der im April 1947 aus sechs Sozialdemokraten, drei Christdemokraten sowie je zwei Abgeordneten der BDV, der FDP und der KPD konstituierten Verfassungsdeputation der Bürgerschaft kristallisierten sich rasch die wichtigsten Streitpunkte heraus: Schulwesen, Sozialisierung und Mitbestimmung. Über die Schaffung einer paritätisch besetzten Wirtschaftskammer oberhalb der bestehenden Arbeitgeber- und Arbeitnehmerkammern – die Linksparteien hatten zugleich deren Aufhebung angestrebt – wurde hingegen Einigung erzielt.[132] Bis zum Sommer 1947 rangen die Deputierten und deren politische Klientel um die Fassung der die Wirtschaftsordnung, vor allem die Sozialisierung, betreffenden Artikel. Der Senatsentwurf beschränkte sich auf eine Kann-Regelung, der sozialdemokratische und der kommunistische Entwurf beinhalteten weitgehende Festlegungen: Die KPD verlangte neben einem Verbot von Monopolbildungen die Verstaatlichung der Großindustrie und des Kreditwesens; die Enteignung von Nationalsozialisten, Kriegsverbrechern und -gewinnlern (bewußt dehnbar gehaltene Kategorien) sollte dabei ohne Entschädigung erfolgen. Die SPD wollte nach den Kriterien: Verhinderung von Machtzusammenballungen, Sicherung des Allgemeinwohls und des Wirtschaftszwecks, wie die KPD »vor allem« »die Großindustrie und die ehemaligen Konzernbetriebe, die Großunternehmen des Schiffbaues, des Hafenumschlags, der privaten Kreditinstitute, der Energie- und Gasversorgung sowie der Großbetriebe der Ernährungswirtschaft und des allgemeinen öffentlichen Verkehrs des Landes« sofort mit Inkrafttreten der Verfassung in das »Eigentum des Volkes« überführen. Da es sich bei dieser sozialdemokratisch-kommunistischen Forderung um die Infragestellung des großen Kapitaleigentums als Institution und nicht nur um Teilenteignungen im Rahmen einer weiterhin dominierenden Privatwirtschaft handelte, wie sie 1946/47 auch die CDU propagierte und bürgerliche Senatoren – auf ganz Deutschland bezogen – für erwägenswert hielten[133], schien ein Kompromiß zunächst kaum denkbar. Daß er dennoch zustande kam, war

---

132 Siehe dazu Weser-Kurier vom 1.7., 12.7. und 29.7.1947; Art. 46 Bremer Verfassung; Wirtschaftskammergesetz vom 15.6.1950 (Gesetzblatt, S. 71 f.); vgl. Ernst-Ulrich Huster, Die Politik der SPD 1945–1950, S. 119 ff. sowie Dieter Pfliegensdörfer, Die ökonomische Neuordnungskonzeption ..., S. 89 ff. Zu den bremischen Selbständigen- und (den am 12.7.1945 wiedererrichteten) Arbeitnehmerkammern siehe Gerhard Fischer, Entstehung und Entwicklung von bremischen Kammern als Körperschaften des öffentlichen Rechts, Diss. Kiel 1974; Angestelltenkammer und Arbeiterkammer Bremen (Hrsg.), Geschichte und Gegenwart der Arbeitnehmerkammern in Bremen, Bremen 1971.

133 Siehe die Äußerungen von Johann Degener in der Verfassungsdeputation am 5.5.1947; Flugblatt der Bremer CDU mit dem Parteiprogramm, in: AdsD, LO Bremen (eine Tagung der CDU-Sozialausschüsse des Nordostgebiets der britischen Zone in Bremerhaven forderte im Frühjahr 1947, deutlich weitergehend, sogar die »Vergesellschaftung der Schlüsselindustrien mit dem Ziel, eine neue Wirtschaftsordnung zu errichten«, Weser-Kurier vom 21.5.1947); allgemein Rudolf Uertz, Christentum und Sozialismus in der frühen CDU. Grundlagen und Wirkungen der christlich-sozialen Ideen in der Union 1945–1949, Stuttgart 1981; Senator Nolting-Hauff am 17.1.1947 vor dem wirtschaftspolitischen Ausschuß der Gewerkschaften der britischen Zone, StA Bremen, 3-S 33 Nr. 17 und Spitta am 2.5.1947 im Senat.

vor allem dem Einsatz von Bürgermeister Wilhelm Kaisen geschuldet, der – nicht zuletzt im Hinblick auf seine bürgerlichen Koalitionspartner – eine politische Konfrontation über die Verfassung für außerordentlich schädlich hielt. Es gelte, die gerade wieder errungene Selbständigkeit Bremens als eines deutschen Landes durch eine auf breiter Zustimmung beruhende Verfassung zu sichern; außerdem habe es keinen Zweck, Grundsatzfragen ausgerechnet im bremischen Zwei-Städte-Staat durchfechten zu wollen. Kaisen unterstützte zwar, seiner Auffassung entsprechend, die Verankerung gemeinwirtschaftlicher Maximen, beurteilte die Zweckmäßigkeit aller speziellen Regelungen aber nach seinen eigenen Prioritäten: Berücksichtigung von Bremens Stellung als Seehandelsstadt und Ausbau des Bündnisses von Arbeiterschaft und Kaufleuten.[134] Als Vorsitzender der Verfassungsdeputation trat im bürgerlichen Lager Justizsenator Theodor Spitta für eine Kompromißlösung ein. Auch der CDU-Politiker Johannes Degener bemühte sich als Mitglied der Verfassungsdeputation anfangs um ein über Kann-Bestimmungen hinausgehendes Ergebnis. So wurden Kaisens Vorschläge zur Sozialisierung vom 5. und 11. Mai 1947 in dem Unterausschuß der Verfassungsdeputation für Wirtschaft im Wesentlichen akzeptiert.[135] Die SPD paßte sich der »Kaisenschen Entschärfungsstrategie«[136] schrittweise an; auch der KPD-Vertreter leistete keinen energischen Widerstand und stimmte schließlich sogar zu. Von der Ausgangsposition der Sozialdemokraten und Kommunisten blieb am Ende nicht mehr viel übrig: Vorgeschrieben wurde eine Überführung in Gemeineigentum nur noch bei wirtschaftlichen Machtzusammenballungen und bei »Unternehmen, deren Wirtschaftszweck besser in gemeinwirtschaftlicher Form erreicht werden kann«. Voraussetzung war ein spezielles Enteignungsgesetz. Immer noch umfangreich, aber unkonkret war der Katalog von Kriterien gehalten, nach denen Sozialisierung möglich, aber nicht zwingend war.

Daß es trotz der Einigung in der Sozialisierungsfrage zunächst dennoch zu keiner breiten Mehrheitsbildung kam, lag an der parteipolitisch bedingten Verschränkung der Schul- und der Betriebsrätefrage. Erstere lag vor allem der CDU, namentlich ihrer

---

134 Zur Person und politischen Rolle Wilhelm Kaisens siehe ders., Meine Arbeit, mein Leben, München 1967; Hans Koschnick (Hrsg.), Zuversicht und Beständigkeit, Dokumentation, Bremen 1977; Walter L. Dorn, Inspektionsreisen in der US-Zone. Hrsg. von Lutz Niethammer, Stuttgart 1973, S. 167 ff.; Horst Adamietz, Das erste Kapitel. Bremer Parlamentarier 1945–1950, Bremen 1975; ders., Die fünfziger Jahre. Bremer Parlamentarier 1951–1959, Bremen 1978; auch Renate Meyer-Braun, Die Bremer SPD 1949–1959. Speziell zu seiner Rolle 1946/48 Peter Brandt, Antifaschismus..., S. 229 ff. und S. 246 f. sowie laufend die Functional History.
135 Siehe die Protokolle der Verfassungs-Deputation (Anm. 131) und zusätzliche Dokumente in StA Bremen, 3-V 1 Nr. 100. Dort auch Belege für Spittas und Degeners Kompromißsuche. Degener wurde in den folgenden Bürgerschaftsdebatten über die Mitbestimmung von sozialistischer Seite besonders scharf angegriffen, weil man von ihm als früherem »freiheitlich-nationalen« Gewerkschafter in dieser Frage Unterstützung erhofft hatte.
136 So die treffende Formulierung von Dieter Pfliegensdörfer, Die ökonomische Neuordnungskonzeption, mehrfach.

katholischen Gruppe, am Herzen, letztere berührte zunächst die Klientel der BDV, dann auch die der FDP und an dritter Stelle schließlich die der CDU. (Die BDV repräsentierte am ehesten die liberal-konservativen, spezifischen Traditionen des Bremer Großbürgertums, namentlich der Kaufleute; die FDP-Gründung daneben beruhte zwar großenteils auf persönlichen Querelen, drückte aber dennoch eine etwas stärker radikal-liberale Tendenz aus; die CDU trat im Vergleich zu den Liberalen als christliche Weltanschauungspartei auf und ließ einen gewissen populistischen Einschlag erkennen.[137]) Die bürgerlichen Parteien befanden sich in der Verfassungsdeputation zwar in der Minderheit, konnten aber zusammen doch einen gewissen Druck ausüben. Insbesondere die beiden größeren, die CDU und die BDV, mußten daran interessiert sein, sich nicht von den Linksparteien gegeneinander ausspielen zu lassen, zumal gleichzeitig mit der Abstimmung über die Verfassung eine Neuwahl der Bürgerschaft bevorstand. Gegen den scharfen Protest der CDU, aber auch der BDV, beschloß die SPD/KPD-Mehrheit in der Deputation, nur »Gemeinschaftsschulen« und keine Konfessionsschulen als staatliche Anstalten zuzulassen und Privatschulen generell einer Genehmigungspflicht zu unterwerfen. Die Diskussion über das Mitbestimmungsrecht der Betriebsräte (Artikel 47) ist von den Arbeiterparteien selber kompliziert worden. Der allein strittige Absatz 2 des Artikels hatte im SPD-Verfassungsentwurf gelautet: »Die Betriebsvertretungen sind dazu berufen, im Rahmen der Gesetze und Betriebsvereinbarungen in allen wirtschaftlichen, sozialen und personellen Fragen des Betriebes mitzubestimmen.« Der KPD-Entwurf sprach den Gewerkschaften und Betriebsräten die Gleichberechtigung »an der Lenkung und Planung sowie Entwicklung der Produktivkräfte in allen Wirtschaftsorganisationen und in den Betrieben« zu. Als ausdrücklich »uneingeschränkt« wurde das Mitbestimmungsrecht aber nur bezüglich der Regelung von Lohn- und Arbeitsbedingungen bezeichnet.

Die ursprüngliche SPD-Version war von den bürgerlichen Parteien – seitens der BDV eher zögernd – bereits akzeptiert worden, als Oskar Schulze – offenbar aufgrund innergewerkschaftlicher Willensbildungsprozesse – am 20. Juni 1947 den in der Hessischen Verfassung niedergelegten Wortlaut in die Deputation einbrachte und jeden Änderungsvorschlag kompromißlos zurückwies. Nachdem dann auch noch das Wort »allen« hineingesetzt worden war, lautete der Absatz: »Die Betriebsvertretungen sind dazu berufen, im Benehmen mit den Gewerkschaften gleichberechtigt mit den Unternehmern in allen wirtschaftlichen, sozialen und personellen Fragen des Betriebes mitzubestimmen.« Die dreifache Verschärfung des Abschnitts (Einbeziehung der Gewerkschaften, Fehlen eines Hinweises auf andere Gesetze und Bestimmungen, Gleichberechtigung) wurde von den übrigen Sozialdemokraten und den Kommunisten umgehend übernommen, die Bedenken der Bürgerlichen, die sich hauptsächlich auf den vermehrten gewerkschaftlichen Einfluß, eine mögliche Kapitalflucht und er-

---

137 Peter Brandt, Antifaschismus ..., S. 223 ff.; Reinhold Roth und Peter Seibt, Etablierte Parteien im Wahlkampf, S. 18 ff.; Horst Adamietz, Das erste Kapitel, S. 73 ff.

hoffte ausländische, namentlich amerikanische, Kredite bezogen, wurden niedergestimmt. In der Schlußabstimmung der Verfassungsdeputation am 23. Juli 1947 standen die Nein-Stimmen der BDV und CDU gegen die Ja-Stimmen der SPD und der KPD; die FDP-Vertreter enthielten sich.[138]

Dieses Bild verschob sich in der Abstimmung der Bürgerschaft nach der ersten Lesung am 31. Juli und 1. August 1947 insofern, als die FDP sich zu einem positiven Votum durchrang, während die KPD von ihrer Unterstützung der SPD-Position in der Verfassungsdeputation abrückte. Indessen konnte auch die Bereitschaft der SPD, den 2. Abschnitt des Artikels 47 einem gesonderten Volksentscheid zu unterwerfen, die beiden großen bürgerlichen Parteien, BDV und CDU, nicht umstimmen. Erst als die Sozialdemokraten einwilligten, das Wort »allen« zu streichen und die Worte »im Benehmen mit den Gewerkschaften« ebenso wie die Gleichberechtigung in wirtschaftlichen und personellen Fragen (in »sozialen Fragen« erkannten auch die bürgerlichen Parteien die Gleichberechtigung an) in den Sondervolksentscheid aufzunehmen und sie der CDU bei den beiden umstrittenen Schularikeln – wiederum unter dem Einfluß Kaisens – auf halbem Wege entgegenkam, sahen sich BDV und CDU imstande, bei der zweiten Lesung am 15. September 1947 der Gesamtverfassung zuzustimmen, die jetzt von allen Parteien außer der KPD unterstützt wurde.[139] Bei der innerhalb der letzten Juli-Woche erfolgten Abwendung der Kommunisten von dem gemeinsam mit der SPD erarbeiteten Verfassungswerk konnten die Bremer Kommunisten zwar auf Zugeständnisse der SPD gegenüber den bürgerlichen Parteien verweisen. Die wichtigsten dieser Konzessionen waren jedoch von den Vertretern der KPD in der Verfassungsdeputation hingenommen worden, und die Bremer Verfassung brauchte nach wie vor den Vergleich mit der von den dortigen Kommunisten mitgetragenen Verfassung Hessens nicht zu scheuen. Wäre die Ablehnung der Verfassung seitens der KPD nach der Verständigung der Sozialdemokraten mit dem bürgerlichen Lager zwischen der ersten und zweiten Lesung einigermaßen plausibel gewesen, so zeigte die Diskrepanz zwischen dem Votum der KPD in der Verfassungsdeputation und im Plenum der Bürgerschaft eine Inkonsistenz der Linie, die zu Vermutungen über eine Einflußnahme der SED Anlaß gab. Nach Angaben des KPD-Fraktionsvorsitzenden Rudolf Rafoth war der Beschluß, die Bremer Verfassung abzulehnen, erst einen Tag vor Beginn der Debatte gefallen.[140]

Die Kommunisten richteten ihre Argumentation innerhalb der Bürgerschaft einschließlich der Verfassungsdeputation und in der Öffentlichkeit nunmehr auf eine Reihe von teils grundsätzlichen, teils speziellen Punkten, die die negative Entscheidung

---

138 Protokolle (Anm. 131), S. 161.
139 Protokolle der Verfassungsdeputation vom 1.8., 12.9. und 15.9.1947; Verhandlungen der Bremischen Bürgerschaft vom 15.9.1947 (im folgenden nur noch angegeben, wenn sich die Quelle nicht implizit aus dem Text ergibt).
140 Erklärung der Industriegewerkschaft für das graphische Gewerbe und Papierverarbeitung, IML/ZPA V 20/4/5; Verhandlungen der Bremischen Bürgerschaft vom 31.7. und 1.8.1947.

der KPD sichtbar und nachvollziehbar machen sollten. Die KPD verlangte die Verstaatlichung der Monopole und Konzerne, ein Aussperrungsverbot und das uneingeschränkte Streikrecht sowie die Selbstbestimmung der in der NS-Zeit der Stadt Bremen angegliederten Landgemeinden; sie wandte sich vor allem gegen das Prinzip der Gewaltenteilung, namentlich gegen die Einrichtung eines Staatsgerichtshofs, gegen das Notverordnungsrecht des Senats sowie gegen die Trennung von Bürgerschaftsmandat und Senatorenamt. Zu den betreffenden Artikeln stellte die KPD in der Bürgerschaft auch einige – von der SPD als taktisch bewertete – Abänderungsanträge.[141] Ihre Bemühungen, mit der SPD nach der ersten Lesung zu einer Verständigung über die kommunistischen Bedingungen für die Zustimmung zur Gesamtverfassung oder zu einer gemeinsamen Ablehnung zu gelangen[142], blieben erfolglos. Parallel dazu trat die KPD weiterhin für das »Ja« beim Sondervolksentscheid über den Artikel 47 ein.

Die wichtigste Unterstützung für die SPD kam von den Gewerkschaften, denen der amtliche historische Bericht der Militärregierung eine »imponierende Kampagne« für den Sondervolksentscheid, zu der drei Massenversammlungen mit teilweise auswärtigen Rednern gehörten, bescheinigte.[143] Bezüglich der Gesamtverfassung hatte sich zwar Oskar Schulze für die Gewerkschaften am 7. August 1947 unzufrieden mit dem Resultat der ersten Lesung geäußert[144]; seine Kritik bezog sich aber praktisch allein auf die Fassung des Artikels 47,2, die nur noch durch den Sondervolksentscheid im Sinne einer allseitigen gleichberechtigten Mitbestimmung korrigiert werden konnte. Ungeachtet dessen riefen die Gewerkschaften und – gegen nur wenige Stimmen – die Betriebsräte-Vollversammlung die Bremer Arbeitnehmer auf, neben der weitergehenden Version des Artikels 47 auch der Gesamtverfassung zuzustimmen.[145] Auch die Mehrheit der kommunistisch orientierten Betriebsräte muß in diesem Sinne votiert haben. Nachdem die Verfassung in zweiter Lesung am 15. September 1947 angenommen worden war, konnte ihre Annahme in der Volksabstimmung mit 72,5 % nicht mehr überraschen. Das politisch bemerkenswerte Ergebnis bestand stattdessen in der, wenn auch knappen, Zustimmung zum erweiterten Artikel 47,2, der von 52,3 % der Wähler befürwortet wurde. Damit war die Mitbestimmungsfrage noch nicht entschieden. Vielmehr geriet sie für mehr als ein Jahr ins Zentrum der bremischen Innenpolitik.

---

141 Siehe außer den entsprechenden Protokollen die Rede Wilhelm Knigges vor einer Pol.- und Org.-Leiter-Sitzung am 6.8.1947 und den Aufruf: Recht und Wahrheit müssen siegen!, IML/ZPA V 20/4/5; Tribüne der Demokratie, Nr. 30 und 31/1947.
142 KPD an SPD vom 3.9.1947, IML/ZPA V 20/4/5.
143 Functional History 1 July–30 Sept 1947, S. 159; Weser-Kurier vom 9.10.1947; Protokoll Gaswerk vom 18.9.1947.
144 Weser-Kurier vom 7.8.1947.
145 Weser-Kurier vom 19.8.1947; Tribüne der Demokratie, Nr. 29/1947; Functional History 1 July–30 Sept 1947, S. 159; OMGBr 6/125-1/10 (Bericht über KPD-Einfluß in den Gewerkschaften).

Gleichzeitig mit der Volksabstimmung über die Verfassung und den Sondervolksentscheid fanden Bürgerschaftswahlen statt. Die andauernden Versorgungsschwierigkeiten, insbesondere die Ernährungslage, ließen die zum Teil beachtliche Aufbauarbeit, die unter Leitung des Bremer Senats in Angriff genommen worden war, im Bewußtsein der Bevölkerung zurücktreten. Bei einer gegenüber 1946 um 14 % niedrigeren Wahlbeteiligung – vor allem in Arbeiterbezirken – büßten alle drei Regierungsparteien, in erster Linie die SPD, aber auch KPD und BDV, Stimmen ein, während die CDU als Oppositionspartei mit einer aggressiven Werbung ihren Anteil ausbauen konnte.

Die Agitation der KPD, die unter Bezug auf den Artikel 47 für eine SPD/KPD-»Arbeiterregierung« warb, da es mit den bürgerlichen »Feinden des werktätigen Volkes« keine Regierungszusammenarbeit geben dürfe[146], fiel nur bei einer Minderheit von Sozialdemokraten auf fruchtbaren Boden. Stärkere Unterstützung fand sie in Gewerkschaften und Betrieben.[147] Kaisen führte gegen einen Linkssenat vor allem »finanzielle und wirtschaftliche Gründe« an.[148] Die bürgerlichen Parteien, vor allem die CDU, machten ihre Beteiligung am Senat nicht nur vom Ausschluß der KPD abhängig, sondern zunächst auch von einer für sie erträglichen Regelung der Mitbestimmungsfrage oder deren Vertagung bis zu einer überregionalen Lösung. Die SPD-Fraktion zeigte zwar keine Neigung, mit der KPD eine »Arbeiterregierung« zu bilden, wandte sich aber anfangs deutlich gegen die Ausgrenzung der Kommunisten, die ihrerseits bereit waren, unter bestimmten Bedingungen auch an einer bürgerlich-sozialistischen Koalition teilzunehmen. Nach langen und schwierigen Verhandlungen bildeten schließlich SPD und BDV allein am 22. Januar 1948 einen neuen Senat – unter Verzicht auf eine inhaltliche Einigung der Regierungspartner über die Mitbestimmung, die der Bürgerschaft überlassen wurde.

Der Kampf um das Betriebsrätegesetz

Die Konflikte zwischen dem Parteisekretariat der SPD und denjenigen Teilen der Partei, die am sozialdemokratischen Neuordnungsprogramm unter allen Umständen festhalten wollten, auf der einen Seite und ihrem gouvernementalen Flügel, der hinter der Strategie Kaisens stand, auf der anderen Seite gewannen jetzt an Schärfe, wobei

---
146 Siehe Flugblatt im IML/ZPA V 20/4/5.
147 Tribüne der Demokratie, Nr. 37-42/1947; Functional History 1 Oct–31 Dec 1947, S. 5.
148 Protokoll einer Besprechung Wilhelm Kaisens mit zwei KPD-Vertretern am 22.10.1947., StA Bremen, 3-S la Nr. 387; siehe auch das Referat Kaisens über das Wahlergebnis am 17.10.1947, StA Bremen, Depositum Kaisen. Für das Folgende Weser-Kurier vom 8., 15.11.1947, 24.1.1948 sowie Reinhold Roth und Peter Seibt, Etablierte Parteien ..., S. 9 ff.; Renate Meyer-Braun, Die Bremer SPD ..., S. 59 f.; Peter Brandt, Antifaschismus ..., S. 236 f.; Dieter Pfliegensdörfer, Die ökonomische Neuordnungskonzeption, S. 66 ff.

Wilhelm Kaisens Position aufgrund von dessen Popularität weit über die SPD-Anhängerschaft hinaus schon zu diesem Zeitpunkt nahezu unanfechtbar schien. Außer einer amorphen Linken in der SPD waren auch die traditionell-reformistisch ausgerichtete Mehrheit der SPD-Basis, des hauptamtlichen Funktionärskorps der Partei und vor allem die sozialdemokratischen Führer und Funktionsträger der Gewerkschaften entschlossen, die inzwischen in den Mittelpunkt des Neuordnungsprogramms getretene Reform der Betriebsverfassung nicht der Zusammenarbeit mit den Liberalen zu opfern.[149] Soweit es um die gesetzliche Verankerung einer gleichberechtigten Mitbestimmung ging, war der Bremer DGB- und IG-Metall-Vorsitzende Oskar Schulze dabei die treibende Kraft, flankiert von anderen Gewerkschaftsfunktionären und von Betriebsräten.

Oskar Schulze war ein überzeugter Gegner der KPD und Vertreter einer klassenpartnerschaftlichen, produktivitätsorientierten und staatserhaltenden Gewerkschaftspolitik. Den Marshallplan begrüßte er im Einklang mit der SPD-Führung und den meisten sozialdemokratischen Gewerkschaftern; die Militärregierung in Bremen brachte Oskar Schulze ebenso wie Wilhelm Kaisen volles Vertrauen entgegen.[150] Der sozialpolitische Berater General Clays, Joe Keenan (AFL), stellte bei einem Besuch Anfang Mai 1947 sogar fest, nirgendwo in der US-Zone arbeiteten Arbeitgeber und Arbeitnehmer so eng zusammen wie in Bremen.[151] Diese Tatbestände scheinen auf den ersten Blick in einem Spannungsverhältnis zu Schulzes vehementem Einsatz (jedenfalls bis zum Sommer 1948) für die Durchsetzung der Mitbestimmung in Bremen zu stehen. Wenn sich die Bremer Gewerkschaftsführer seit 1945 der Militärregierung als Ordnungsmacht anboten[152], lag darin weder einfacher Opportunismus noch reiner Illusionismus. Die Anzeichen für eine Bevorzugung des »free enterprise« durch die USA auch in Deutschland wurden von den Gewerkschaftern wohl registriert. Andererseits lag es im Interesse der Amerikaner, gerade in dem sich verschärfenden Konflikt mit der Sowjetunion die gemäßigte Linke als Verbündeten zu gewinnen. Sozialdemokraten, wenn sie die Linie von Wilhelm Kaisen (oder Ernst Reuter) vertraten, waren den USA als Partner auf deutscher Seite mindestens so willkommen wie Repräsentanten des liberal-

---

149 Zu den SPD-internen Konflikten Functional History 1946/47, S. 9; 1948, S. 13 f.
150 Functional History, 1 July–30 Sept 1947, S. 154; 1948, S. 186. Zu Schulze auch Horst Adamietz, Das erste Kapitel, bes. S. 339 ff.; zu seiner Rolle beim überlokalen Gewerkschaftsaufbau Johannes Kolb, Metallgewerkschaften in der Nachkriegszeit. Der Organisationsaufbau der Metallgewerkschaften in den drei westlichen Besatzungszonen Deutschlands, Frankfurt/M. 1970. Schulze fungierte außer als Ortsvorsitzender der Metallarbeitergewerkschaft und des Gewerkschaftsbundes auch als Distriktleiter der SPD in Schwachhausen, als Mitglied der Bürgerschaft, Syndikus der Arbeiterkammer, Mitglied des Gesamtvorstandes des DGB (britische Zone) und Vertreter Bremens im Wirtschaftsrat der Bizone.
151 Weser-Kurier vom 5.7.1947.
152 Siehe bereits die Eingabe dreier ehemaliger (und bald wieder) führender Gewerkschafter, darunter Oskar Schulze, an die Militärregierung vom 8.6.1945, abgedruckt im Anhang von Peter Brandt, Antifaschismus ..., S. 260 f.

10 Betriebsräte, Neuordnungsdiskussionen und betriebliche Mitbestimmung 1945–1948

konservativen oder klerikalen Bürgertums. Die Annahme der Sozialdemokraten und Gewerkschafter, die Amerikaner müßten ihnen als zugleich antinazistischer und antikommunistischer Kraft einen erheblichen Gestaltungsraum zugestehen, klammerte mindestens eine Dimension aus; sie war aber nicht absurd.[153]

Bisher hätten die Gewerkschaften Streiks verhindern können, drohte Schulze am 5. Mai 1947 in der Verfassungsdeputation, »aber sie könnten sich nicht nur darauf beschränken, die Arbeiterschaft immer zur Ruhe zu mahnen [...]. Die Verfassung müsse auf jeden Fall der Arbeiterschaft ihre Rechte geben«. Bereits in der ersten regulären Betriebsräte-Vollversammlung, am 28. Oktober 1945, hatte Schulze »die Kontrolle und das Mitbestimmungsrecht der Betriebsräte und Gewerkschaften in der gesamten Produktion« gefordert. Arbeitnehmervertreter müßten »hinein in die Betriebsdirektionen«.[154] Der Kommunist Johann Reiners, 1945/46 Betriebsratsvorsitzender der Atlas-Werke und seit 1946 Kassierer der IG-Metall, nannte im Juni 1946 im »Weser-Kurier« folgende Bereiche, auf die sich die Mitbestimmung der Betriebsräte erstrecken sollte: »die Beschaffung und Verwendung von Material, die Kalkulation, Auswahl und Ausbildung der Arbeitskräfte, Absatz der erzeugten Waren und die Verwendung der Betriebsergebnisse«. Demgegenüber sollten die Aufgaben der Gewerkschaften »mehr wirtschaftsplanender Art der Warenerzeugung, aber auch der Warenverteilung« sein.[155]

Wie in Äußerungen solcher Art deuteten sich auch in Diskussionen im Senat und Stellungnahmen der bremischen Kammern um die Jahreswende 1945/46, bei denen es um einen, durch Gesetz Nr. 22 im Frühjahr 1946 gegenstandslos gewordenen, braunschweigischen Entwurf eines »Vorläufigen Betriebsrätegesetzes« ging, die späteren Argumentationsmuster an. Der Entwurf, der am 20. Dezember 1945 in den Gebietsrat Hannover–Oldenburg–Braunschweig–Bremen eingebracht worden war, enthielt einen umfangreichen Katalog von Kontroll- und Mitbestimmungsrechten der Betriebsräte.[156] Man kann davon ausgehen, daß die Mitbestimmungsdebatte, wäre Bremen von vornherein amerikanischen Verfassungsrichtlinien unterworfen gewesen, sicher schon ein Jahr früher mit voller Wucht eingesetzt hätte. Anfang Dezember 1947 legten die Bremer Gewerkschaften die im Vormonat fertiggestellte, erste Fassung des Entwurfs eines Ausführungsgesetzes zu Artikel 47 vor; sie enthielt einen umfassenden Katalog zur Bestimmung der Felder, auf die sich die wirtschaftliche Mitbestimmung erstrecken sollte.[157] Ein fast gleichzeitig veröffentlichter Entwurf der KPD stimmte in

---

[153] Siehe zu diesem Problem Dörte Winkler, Die amerikanische Sozialisierungspolitik in Deutschland 1945–1948, in: Heinrich August Winkler (Hrsg.), Politische Weichenstellungen ..., S. 88 ff. (mit einer, m. E. überzogenen, Kritik an einer zu kurzschlüssigen Einschätzung der amerikanischen Politik).
[154] Weser-Kurier vom 31.10.1945. Ähnlich dort auch August Raschen (KPD).
[155] Weser-Kurier vom 26.6.1946.
[156] StA Bremen, 3-V 1 Nr. 100 (19).
[157] Weser-Kurier vom 13.11. und 2.12.1947.

diesem Bereich mit dem gewerkschaftlichen Rohentwurf weitgehend überein, ging aber bei der Mitbestimmung in personellen Fragen weiter und führte mit den Betriebsversammlungen als der auf der Arbeitnehmerseite letzten Instanz ein zusätzliches, plebiszitäres Element in die Debatte ein.[158] Die Diskussionsgrundlage und die Vorlage für die Beratungen der Bürgerschaft bildete dann der im Januar 1948 als Sonderdruck der »Gewerkschafts-Mitteilungen« veröffentlichte, unter Mitwirkung des DGB der britischen Zone bereits leicht gemilderte, endgültige Gewerkschaftsentwurf.[159] Er wurde von der SPD-Bürgerschaftsfraktion unverändert übernommen und in der Folgezeit auch von der KPD-Fraktion unterstützt.

Entsprechend diesem Gewerkschaftsentwurf sollte das Gesetz für alle Betriebe ab 20 Beschäftigten bzw. mit einem Jahresumsatz ab 500.000 Mark gelten, wodurch auch die Handelsunternehmungen in hohem Maße eingeschlossen waren. Das Mitbestimmungsrecht in personellen Fragen (Zustimmung zu Einstellung, Wiedereinstellung, Umgruppierung, Beförderung und Versetzung; weitgehende Mitwirkung bei Kündigung und Entlassung) und in wirtschaftlichen Fragen (»a) wesentliche Änderung des Betriebszwecks und der Rechtsform des Unternehmens, b) Anschaffung, Verwertung und Veräußerung von Betriebsanlagen und Grundstücken, c) grundlegende Umstellung des Einkaufs, der Erzeugung und des Absatzes, d) Einführung neuer Erzeugungs- und Arbeitsmethoden, e) wesentliche Betriebseinschränkungen und Betriebserweiterungen sowie Verschmelzungen und Stillegungen, f) wesentliche Veränderung des Geschäftskapitals und der Geschäftskredite sowie Kapitalbeteiligungen, g) Kalkulation der Preise, h) Entscheidung über die Verwendung des Betriebsergebnisses«) war dem Entwurf zufolge durch den Betriebsrat auszuüben, dem Einsicht in alle Bücher gewährt werden müsse. Die paritätische Beteiligung von Arbeitnehmervertretern in den Aufsichtsräten von Kapitalgesellschaften, wie sie der KPD-Entwurf vorgesehen hatte, war nur als eine durch Betriebsvereinbarungen zu verwirklichende Möglichkeit in Aussicht gestellt. Der von dem am 11. März gebildeten Bürgerschaftsausschuß am 31. Mai 1948, nach nur anderthalb Monaten, vorgelegte Entwurf[160] – mit 5 zu 4 Stimmen gegen die bürgerliche Minderheit durchgesetzt – blieb im wesentlichen bei dem Gewerkschaftsentwurf vom Januar 1948.

Die wichtigste Konzession hatten die Gewerkschaften bereits in ihrem Rohentwurf gemacht. Behörden, öffentliche Betriebe und Tendenzbetriebe waren von der Mitbestimmung in personellen und wirtschaftlichen Fragen ausgenommen, weil hier eine demokratische Kontrolle über das Parlament erfolge. Diese Einschränkung traf bei den Betriebsräten und Gewerkschaftern der öffentlich Bediensteten teilweise auf Empörung[161], doch blieb die Kritik an diesen und anderen Zugeständnissen der Ge-

---

158 Gedruckt unter dem Titel: Der Schlüssel zur Gleichberechtigung; Text des KPD-Entwurfes auch in StA Bremen, 3-V 1 Nr. 100 (13) 1; vgl. Weser-Kurier vom 4.12.1947.
159 Siehe auch StA Bremen, 3 – V 1 Nr. 100 (13) I.
160 Bericht des Bürgerschaftlichen Ausschusses Nr. 7 vom 31.5.1948.

werkschaftsführung wohl auf die kommunistisch und linkssozialistisch orientierte Minderheit der Arbeitnehmer beschränkt. Von einem Massendruck von unten, aus den Betrieben, zu sprechen, wäre wohl verkehrt. Aus der Tatsache, daß in den mir bekannt gewordenen Betriebsratsprotokollen das Ausführungsgesetz nur gelegentlich und auch dann nicht zentral vorkommt, zu schließen, diese Problematik habe nicht einmal den politisierten Kern der Arbeiter und Angestellten beschäftigt, ginge andererseits – nicht nur im Hinblick auf den Charakter der meisten dieser Protokolle – ebenfalls zu weit: Beide Arbeiterparteien schienen fest entschlossen, dem durch Volksentscheid erteilten Verfassungsauftrag im Parlament zur Durchsetzung zu verhelfen. Die einzelnen Betriebsräte hatten im Winter und Frühjahr 1948 Gelegenheit gehabt, den Gewerkschaftsentwurf zu beraten und Verbesserungsvorschläge einzubringen. Im Mai 1948 drängte dann die Betriebsräte-Versammlung des öffentlichen Dienstes in einem Schreiben die Bürgerschaft, die Gesetzgebungsarbeit zügig abzuschließen.[162]

Was die Haltung der abhängig Beschäftigten zum vollen Mitbestimmungsrecht betrifft, so war der Hinweis des Arbeitgeberverbandes, große Teile der Arbeitnehmer stünden dem Artikel 47,2 ablehnend gegenüber[163], ebenso richtig wie der der Gesetzesbefürworter auf die Mehrheitsentscheidung. Darin lag indessen nichts Außergewöhnliches; seitdem es sozialistische Parteien gab, hatte nie die Gesamtheit der Arbeiter (und schon gar nicht aller Lohn- und Gehaltsempfänger) bei Wahlen für deren Ziele gestimmt. Die Anzahl der Ja-Stimmen im Sondervolksentscheid entsprach annähernd der Stimmenzahl, die SPD und KPD zusammen bei den gleichzeitigen Bürgerschaftswahlen erzielt hatten. Daraus konnte schwerlich ein Dissens zwischen Führung und Basis der Arbeiterbewegung in der Frage des Artikels 47,2 abgeleitet werden. Durchaus denkbar war es jedoch, daß die Unterstützung für Gewerkschaften und Arbeiterparteien im Verlauf des Gesetzgebungsvorgangs und der ihn begleitenden öffentlichen Diskussion abnahm und die Befürworter des Ausführungsgesetzes unter erhöhten Legitimationsdruck gerieten.

Aufschluß darüber sollte eine von der amerikanischen Militärregierung Bremens im Mai und Juli 1948 durchgeführte Repräsentativumfrage geben.[164] Ausgewählt waren drei in der sozialen Struktur und dem Abstimmungsverhalten im Oktober 1947 unterschiedliche Distrikte: Gröpelingen, Schwachhausen und Neustadt. Die Antworten auf die im Sondervolksentscheid 1947 gestellte und 1948 wiederholte Frage ließen keine nennenswerte Meinungsänderung erkennen. In Gröpelingen hatten 1947 65 %

---

161 Protokolle der Funktionärssitzungen vom 21.12.1947 und 29.1.1948, Material des Betriebsrats des Bremer Gaswerks.
162 Verhandlungen der Bremischen Bürgerschaft 1948, S. 192.
163 Wie Anm. 11.
164 Ergebnisse in: OMGBr 6/41-1/6; auch Handelskammer Bremen an Militärregierung vom 27.7.1948, Militärregierung an Handelskammer vom 15.8.1948 und Beilage zum Rundschreiben Nr. 17 der Handelskammer Bremen, Archiv der Handelskammer Bremen, 270, 53a) Bd. 1.

mit Ja, 35 % mit Nein gestimmt (1948 64 zu 36); in Schwachhausen waren 1947 15 % Ja- und 85 % Nein-Stimmen zu verzeichnen gewesen (1948 12 zu 86), in der Neustadt 1947 47,4 % Ja- und 52,6 % Nein-Stimmen (1948 46 zu 50). Sowohl bei den Befürwortern als auch bei den Gegnern der allseitigen gleichberechtigten Mitbestimmung überwogen 1948 diejenigen, die von dem Ausführungsgesetz keine Kenntnis besaßen (jeweils etwa im Verhältnis 3 zu 2). Aus der Tatsache, daß der Inhalt des Ausführungsgesetzes im bürgerlichen Schwachhausen mit 58 % zu 42 % deutlich besser bekannt war als im Arbeiterdistrikt Gröpelingen (38 % zu 62 %) und – krasser noch – im kleinbürgerlich-proletarischen Mischwohnbezirk Neustadt (22 % zu 78 %) schloß die Militärregierung auf ein unreflektiertes Gefolgschaftsverhalten insbesondere von Gewerkschaftsanhängern. Daß der politische Kenntnisstand unter den bürgerlichen Bildungsschichten höher war als unter der Industriearbeiterschaft, konnte nicht verwundern. Andererseits waren unter den 38 % in Gröpelingen, die das Ausführungsgesetz kannten, fast vier Fünftel, die sich positiv dazu stellten. Diese entsprachen in etwa dem Anteil von Gewerkschaftsmitgliedern unter den Befragten, so daß die Vermutung nahe liegt, in der im Vergleich zu Schwachhausen (nicht dagegen zur Neustadt) schlecht informierten Gröpelinger Bevölkerung bildeten gerade die engagierten Befürworter den besser informierten Teil. Insofern gingen die Gewerkschaften und die sozialistischen Parteien – wenn auch selbst im kommunistischen Lager vereinzelt Zweifel an der Fähigkeit der Betriebsräte, das Mitbestimmungsrecht qualifiziert wahrzunehmen, laut wurden[165] – bei der Beratung des Ausführungsgesetzes in der Bürgerschaft am 24. Juni und 15. Juli 1948 zu Recht davon aus, daß ihre Anhänger von ihnen weiterhin die Verwirklichung des Artikels 47,2 erwarteten. Die erste Lesung fand vier Tage nach der trizonalen Währungsreform statt, die das ganze Ausmaß der Warenhortungen während der Monate zuvor offenbarte. Die Empörung darüber floß spürbar in die Debatte ein und wurde als zusätzliches Argument für die Dringlichkeit einer weitgehenden Mitbestimmungsregelung angeführt. »Denn was sich jetzt die freien Unternehmer leisten, das stinkt zum Himmel.« (Oskar Schulze). Mit den Herren der Handelskammer, die eine kritische Eingabe vorgelegt hatten, könne es keine Einigung geben; ihnen gegenüber sei »nach wie vor eine Kampfstellung« einzunehmen. Ein Jahr zuvor seien die Arbeitgeber »noch ziemlich klein« gewesen, »heute wittern sie amerikanische Morgenluft«. Es gelte aber nicht, »Gesetze zu machen, die den Amerikanern passen, weil sie sie auf Grund ihres Wirtschaftssystems für richtig halten, sondern […] Gesetze zu schaffen, die dem Wohle der deutschen Bevölkerung dienen.« Gleichzeitig mit dieser präventiven Kritik an der Besatzungsmacht bekannte sich Oskar Schulze, der formell als Berichterstatter des Bürgerschaftsausschusses sprach, aber faktisch nur den Standpunkt der Mehrheit kämpferisch darlegte, noch einmal ausdrücklich zum systemüberwindenden Charakter der sozialdemokratisch-gewerkschaftlichen Neuordnungsplä-

---

165 Siehe Bericht über eine Sitzung aller Prop.- u. Org.-Leiter der KPD am 14.11.1947, US National Archives, OMGUS, KPD unclassified 125-1/6; Protokoll Gaswerk vom 29.1.1948.

ne: Die Sozialisierung werde nach wie vor angestrebt. »Aber das wollen wir nicht durch gewaltsame Eingriffe machen, sondern für uns ist das ein vielleicht langsamer Weg, der aber zielbewußt gegangen werden muß.« Der KPD-Sprecher Heinrich Nolte wertete das Gesetz als ersten Schritt »zur realen Demokratie und zum Sozialismus«. – Zudem verwiesen Sozialdemokraten und Kommunisten zur Rechtfertigung des Reformgesetzes auf die Verantwortung der Großunternehmer für Faschismus und Krieg, »weil wir wissen, daß bereits heute wieder die alten Personen aus der Versenkung auftauchen [...]« (R. Rafoth, KPD). Neben dieser, auf die Notwendigkeit von Gegenmachtpositionen der Arbeiterklasse abhebenden, konfliktorientierten Argumentation entwickelte namentlich Oskar Schulze einen auf das »Allgemeinwohl« abhebenden, eher sozialpartnerschaftlichen Argumentationsstrang: Das Gesetz sei »die Verwirklichung dessen, was zu großen Teilen in der Praxis bereits durchgeführt ist«. In Bremen sei »sehr viel Fortschrittliches für die Arbeitnehmerschaft geleistet gegenüber den anderen Ländern«. Nur deshalb sei bislang kein ernsthafter Streik zu verzeichnen. Arbeitsleistung und Arbeitsmoral müßten gehoben werden. »Aber die Arbeitnehmerschaft soll zugleich wissen, daß, wenn sie mehr arbeiten muß, ihr das auch selber zugute kommt.« »Wir wollen [...] einen gerechten Anteil und mitbestimmen, was aus der Wirtschaft werden soll.« Die Einflußnahme der Gewerkschaften liege im »Gesamtinteresse der Wirtschaft«; sie solle verhindern, daß kurzsichtige Betriebsräte aus »betriebsegoistischen« Motiven ökonomisch notwendige Maßnahmen, z. B. Rationalisierungen, blockierten. Für die Vertreter der bürgerlichen Parteien war gerade die Verpflichtung der Betriebsräte zur Zusammenarbeit mit den Gewerkschaften, die damit »einen ungeheuren Einfluß auf das Gesamtgeschehen in allen wirtschaftlichen Betrieben unseres Landes gewinnen« würden (J. Degener, CDU), ein Stein des Anstoßes. Dieser Aspekt war allerdings in der Volksabstimmung zweifelsfrei geklärt worden, ebenso wie die Gleichberechtigung in wirtschaftlichen und personellen neben der in sozialen Angelegenheiten, so daß der Kommunist Rudolf Rafoth den bürgerlichen Parteien eine »fast hochverräterische« Diskussion vorwarf. Denn es dürfe nach dem Sondervolksentscheid nur noch um das Wie, nicht mehr um das Ob gehen.

Der BDV-Abgeordnete Dr. Emil Lueken verwies seinerseits darauf, daß die Sozialdemokraten noch vor der Volksabstimmung einer Änderung des Artikels 47,2 zugestimmt hätten, durch die die gleichberechtigte Mitbestimmung nicht mehr in »allen« Fragen zu gelten habe, sondern ein unbestimmter Artikel eingesetzt worden sei. Auch wenn die Kampagne beider Seiten 1947 im Sinne der gleichberechtigten Mitbestimmung in mindestens allen relevanten Fragen geführt worden war, hätte vom Wortsinn her an dieser Stelle Spielraum für eine Kompromißlösung bestanden. Aber weder die Gewerkschaften – und damit die SPD –, noch die bürgerlichen Kräfte waren auf einen solchen Kompromiß eingestellt. Die einen, weil für sie angesichts der höchst unsicheren Aussichten der anderen Kernelemente der angestrebten Neuordnung die Mitbestimmung als letzte Rückzugsposition eine überragende Bedeutung und teilweise eine Substitutionsfunktion erhielt. Von dieser Bastion aus sollte eine neue gesellschaftspolitische Offensive der Linken eingeleitet werden. Demgegenüber zielte die Opposition der bürgerlichen Parteien erheblich weiter, als die SPD zu graduellen Zugeständnissen zu zwingen; sie kalkulierte wohl von Anfang an die amerikanische Deutschlandpolitik als unterstützenden Faktor mit ein. Außer der erwähnten Abneigung gegen eine Festschreibung gewerkschaftlichen Einflusses wurde der Gesetzesentwurf von der BDV und der CDU vor allem unter folgenden Gesichtspunkten kritisiert: Formal verstießen die Ausführungsbestimmungen gegen gültige Reichsgesetze, das Kontrollratsgesetz Nr. 22 und sogar »gegen andere bedeutungsvolle Artikel« der Bremer Verfassung. Politisch gefährdeten sie die Rechtseinheit Deutschlands und die notwendigen amerikanischen Kredite; sie machten das kleinste deutsche Land zum Schauplatz für »Experimente, die sich bisher noch nirgends in der Welt bewährt haben und noch nicht einmal versucht worden sind« (M. Wilkens, Präses der Handelskammer, CDU). Leistungsstarke Betriebe würden andere Standorte suchen, und insbesondere der Außenhandel würde stark gefährdet. Innerbetrieblich seien die Voraussetzungen einer konstruktiven Zusammenarbeit von gleichberechtigten Partnern (restloses persönliches Vertrauen, gegenseitige Ergänzung von Kenntnissen und Fähigkeiten, gleicher Wille, das Unternehmen zu fördern) zwischen Unternehmern und Betriebsräten nicht gegeben.

Diese Grundauffassungen waren teilweise schon bei früheren Gelegenheiten von Einzelunternehmern oder von der Handelskammer geäußert worden[166] und hatten namentlich bei der Kontroverse über die Verfassung eine Rolle gespielt. Der Arbeitgeberverband bezeichnete den gewerkschaftlichen Rohentwurf vom November 1947 – in Reaktion auf die Presseberichterstattung darüber – als »völlig indiskutabel«.[167] Die Handelskammer bemühte sich dann, eine systematische Argumentation gegen den Gewerkschaftsentwurf vom Januar 1948 zu entwickeln, die von den Vertretern der BDV, aber weitgehend auch der CDU – soweit diese nicht ohnehin der Kammer führend angehörten – dann in vieler Hinsicht übernommen wurde. Diese Argumentation zielte auch auf die Militärregierung. In einer im Frühjahr 1948 abgeschlossenen ausführlichen Stellungnahme sprach die Handelskammer von einer drohenden »verfassungswidrigen Beschränkung des Eigentums« und einer »teilweisen, entschädigungslosen Enteignung zugunsten der Arbeitnehmer bzw. des in den Gewerkschaften organisierten Teils der Bevölkerung«.

Die Schärfe der Kritik nahm in dem Maße zu, wie – trotz aller Einwände – das Gesetz von SPD und KPD unter voller Ausnutzung ihrer knappen gemeinsamen Mehrheit durchgezogen wurde, und erreichte nach der zweiten Lesung und der Schlußabstimmung ihren polemischen Höhepunkt. In der oben erwähnten Eingabe an den Präsidenten der Bürgerschaft vom 16. Juni 1948[168] beklagte sich die Handelskammer dar-

---

166 Siehe z. B. die Stellungnahme des Direktors des Bremer Vulkan, Robert Kabelac, im Weser-Kurier vom 26.6.1946; Martin H. Wilkens, a. a. O., vom 9.8.1947.
167 Wie Anm. 11. Das im folgenden zitierte Papier im Archiv der Handelskammer Bremen, 270, 53a) Bd. 1.

über, nicht zuvor, »der bewährten Tradition eines Jahrhunderts folgend«, zum Gesetzentwurf gehört worden zu sein. Die Stellungnahme zielte offenbar darauf ab, den parlamentarischen Entscheidungsprozeß – mit Argumenten, wie sie auch in der Debatte vorgebracht wurden – doch noch zu beeinflussen. Der Hinweis auf die vermeintliche unbedingte Verfassungswidrigkeit des Ausführungsgesetzes warf ein Licht auf die Härte der Auseinandersetzung. Nachdem der wenig veränderte Entwurf dann angenommen worden war, druckte die Handelskammer als Beilage zu ihrem Rundschreiben Nr. 14 noch einmal einen ausführlichen Artikel über das beschlossene Gesetz aus der Feder des Syndikus Dr. J. E. Noltenius. Darin rechnete der Autor scharf mit seinen Gegnern ab. Es gehe den Betreibern des Gesetzes letztlich gar nicht um die Rechte der Betriebsräte. Diese seien nur Mittel zum Zweck: »eine wirtschaftliche Revolution, durch die die Betriebsräte zu Instrumenten gewerkschaftlicher Machtpolitik werden«. Man wolle durch die Mitbestimmung, die eine vollständige Aushöhlung des Eigentums an Betriebsmitteln bedeute, »die Sozialisierung sozusagen auf kaltem Wege herbeiführen«. Die Kommunisten, »die eigentlichen Treiber und Urheber der ganzen Aktion«, versuchten über ihren Einfluß in Gewerkschaften und Betriebsräten »die Herrschaft über die Wirtschaft zu erlangen und damit einer Volksdemokratie östlicher Prägung auch in Westdeutschland den Weg zu bereiten«. Wer das vorliegende Gesetz akzeptiere, »sollte sich darüber klar sein, daß er seine Stimme für den Osten, für ein bolschewistisches Deutschland abgibt.«

Vor der ersten Lesung hatte die Handelskammer sich vor allem bemüht, ihre rechtlichen Bedenken zu fundieren und zu diesem Zweck zwei Rechtsgutachten, eines von Prof. Dr. Richard Thoma, Bonn, und eines von Prof. Dr. Hans Würdinger, Hamburg, eingeholt, mit denen sie den gewerkschaftlichen Entwurf zu Fall zu bringen hoffte.[169] Den Ausgangspunkt bildete der Brief General Clays an den Präsidenten der Bürgerschaft vom 5. September 1947[170], mit dem das Office of Military Government, United States (OMGUS) die Bremer Verfassung – unter der Voraussetzung einiger kleinerer Änderungen – gebilligt hatte. Zum Mitbestimmungsrecht der Betriebsräte hatte Clay ausgeführt, er werde Ausführungsgesetze auf ihre Vereinbarkeit mit dem Kontrollratsgesetz Nr. 22 prüfen. »Fernerhin ist die Militärregierung der Meinung, daß eine Landesgesetzgebung über diese Dinge sich innerhalb des Rahmens des allgemein in Deutschland bestehenden Systems der Leitung von Industriebetrieben halten muß.« Da »eine jede grundlegende Änderung in den Methoden der Leitung von Industriebetrieben« zudem der Auffassung des deutschen Gesamtvolks entsprechen müsse, diese Auffassung zur Zeit aber nicht geäußert werden könne, sollten die Beziehungen zwischen Betriebsleitungen und Betriebsräten in der Zwischenzeit durch Kollektivver-

---

168 Beilage zum Rundschreiben Nr. 10 der Handelskammer Bremen, Archiv der Handelskammer Bremen, 270, 53a) Bd. 1; dort auch das im folgenden erwähnte Rundschreiben Nr. 14.
169 Beide Gutachten im Archiv der Handelskammer Bremen, 270, 53a) Bd. 1.
170 In: Verhandlungen der Bremischen Bürgerschaft 1947, S. 315 f.

einbarungen geregelt werden. – Aufgrund dieses Briefes war der Absatz 3 des Artikels 47 neu formuliert worden.

Das Gutachten von Professor Thoma, das die Vereinbarkeit des Gewerkschaftsentwurfs mit der bremischen Verfassung und mit dem Kontrollratsgesetz Nr. 22 untersuchte, kam zu dem Ergebnis, daß ein Verstoß gegen die Verfassung nicht vorliege, wohl aber eine Kollision mit Gesetz Nr. 22, das als »ein grundsätzlich reichseinheitliches, sozialpolitisch-konservatives Rahmengesetz« »die obere Grenze der Aufgaben und Machtbefugnisse« der Betriebsräte ziehe. Im Unterschied zu Thoma, der die Bindung an das in Artikel 47,3 benannte »zentrale Recht« nur auf die von den Alliierten erlassenen Gesetze bezog, ging Würdinger, der die Vereinbarkeit des Gewerkschaftsentwurfs mit dem Gesellschaftsrecht untersuchte, von einem fortdauernden Vorrang der alten Reichsgesetzgebung aus. Würdinger unterschied zwischen regelrechter Unvereinbarkeit mit dem bestehenden Reichsrecht (und seiner Interpretation nach mithin mit Artikel 47,3 der Bremer Verfassung), die bei der Aufhebung der Einzelgeschäftsbefugnis durch das volle Mitbestimmungsrecht gegeben sei, und rechtlicher Unzulänglichkeit des Gesetzentwurfs, die sich in der Verletzung des Prinzips der »Verbindung von Herrschaft und Verantwortung, von Dispositionsbefugnis und Haftung, von Risikobeherrschung und Gefahrtragung« zeige. Man dürfe nicht die Entscheidungsmacht teilen und das Risiko ungeteilt dem Unternehmer belassen. Hierzu hatte die Handelskammer in ihrem eigenen Rechtsgutachten bereits vorher festgestellt: »Die unverantwortliche Mitbestimmung des Betriebsrates ist somit keine gleichberechtigte, sondern gibt dem Betriebsrat ein fühlbares Übergewicht gegenüber dem Vorstand und gegenüber dem Unternehmer überhaupt.«[171]

Diese gravierenden Einwände, die, entgegen den Versicherungen der Gutachter, von politischen Urteilen kaum zu trennen waren – etwa in der Frage, inwieweit der deutsche Staat mit seinem Rechtssystem einfach weiterbestehe –, stießen bei den Gewerkschaften und den Arbeiterparteien auf strikte Ablehnung. Die Kommunisten sahen darin »juristische Spitzfindigkeiten«, mit denen die Bürgerlichen den Erfolg der Arbeiterklasse »vermasseln« wollten (H. Nolte). »Mit Juristen aber hat Gott die Welt gestraft«, kommentierte Rudolf Rafoth.[172]

In der Tat waren rechtliche Hürden aufgetürmt, die dem ganzen Gesetz gefährlich werden konnten. Das betraf vor allem die Mitbestimmung der Betriebsräte des öffentlichen Dienstes, der nicht nur die liberalen, sondern auch die sozialdemokratischen Senatoren skeptisch bis ablehnend gegenüberstanden.

Im Auftrag des Senats wandte sich Justizsenator Spitta am 22. Juni 1948 in einem Schreiben an den Präsidenten der Bürgerschaft.[173] Außer der allgemeinen Aufforderung, den Entwurf in einer Reihe von Einzelheiten noch einmal unter formalen Ge-

---

171 Wie Anm. 167.
172 Verhandlungen der Bremischen Bürgerschaft 1948, S. 247 und S. 254.
173 OMGBr 6/40-2/3.

sichtspunkten zu prüfen, enthielt der Brief die Forderung nach einer weiteren Einschränkung des Mitbestimmungsrechts in den Behörden. Diesem Verlangen suchte die Bürgerschaft in der zweiten Lesung nach einer entsprechenden Stellungnahme des Verfassungs- und Geschäftsordnungsausschusses nachzukommen. Wesentlich problematischer war der zweite Punkt: Da der Gesetzentwurf in mehrerlei Hinsicht Reichsrecht tangiere, sei gemäß Artikel 150 der Bremer Verfassung eine Zwei-Drittel-Mehrheit zu seiner Verabschiedung erforderlich. Der Verfassungs- und Geschäftsordnungsausschuß der Bürgerschaft pflichtete zwar (5 zu 4) der Auffassung bei, daß eine Diskrepanz zwischen dem Gesellschaftsrecht des Deutschen Reiches und dem Bremer Betriebsrätegesetzentwurf bestehe. Allerdings sei diese Frage durch den Sondervolksentscheid bereits geregelt. Der Ausschuß wies daher mit den Stimmen von SPD und KPD die Rechtsauffassung des Senats zurück.[174] Sie zu akzeptieren, hätte bedeutet, daß sich die Arbeiterparteien mit mindestens einer der bürgerlichen Parteien hätten über das Betriebsrätegesetz verständigen müssen, was in Bremen – im Unterschied zu Hessen – jedoch nur bei Verzicht auf seine Substanz möglich gewesen wäre. Als sich die Bürgerschaftsfraktionen von SPD und KPD am 15. Juli dem Verfassungs- und Geschäftsordnungsausschuß anschlossen, reagierten BDV und CDU mit dem Auszug ihrer Abgeordneten, da die Verfahrensweise der Mehrheit verfassungswidrig sei, so daß SPD und KPD die Beratungen allein abschlossen.

Das Land Bremen hatte einen handfesten Verfassungskonflikt, während der für die Klärung einer solchen Frage zuständige Staatsgerichtshof noch nicht existierte. Der Senat weigerte sich – wohl auch aus taktischen Gründen – nicht einfach, das Gesetz zu verkünden, sondern schob die Entscheidung OMGUS zu, dem er das Gesetz am 6. August 1948 über Office of Military Government (OMG) Bremen zur Prüfung zusandte. Die Mitteilung des Senats an die Bürgerschaft darüber (mit Hinweis auf Clays Schreiben vom 5. September 1947)[175] steigerte die Unruhe im Lager der Gesetzesbefürworter, die bereits durch den Auszug der bürgerlichen Parteien aus der Bürgerschaft am 15. Juli 1948, den sie als »Denunziation bei der Militärregierung« (H. Nolte, KPD) ansahen, höchst irritiert waren. Richard Boljahn gab am 2. September für die SPD-Bürgerschaftsfraktion eine öffentliche Erklärung ab, die eine kaum verhüllte Kritik am Verhalten des Senats enthielt. Dieser hätte das am 15. Juli beschlossene Gesetz verkünden sollen: »Wenn die Demokratie nicht zu einer inhaltlosen Formel herabgewürdigt werden soll, ist der Brief des Herrn General Clay durch den Volksentscheid gegenstandslos geworden.« Die SPD-Fraktion erwarte vom Senat, »auf baldigste Genehmigung« des Gesetzes zu dringen.[176] Die »Bremer Volksstimme« der SPD mahnte die Amerikaner, den Mehrheitswillen der Deutschen zu respektieren,

---

174 Protokoll vom 12.7.1948, StA Bremen, 3-V 1 Nr. 100.
175 Verhandlungen zwischen dem Senate und der Bürgerschaft vom Jahre 1948, S. 129.
176 Abgedruckt in: Verhandlungen der Bremischen Bürgerschaft 1948, S. 349; Weser-Kurier vom 4.9.1948.

»auch und besonders dann, wenn sich dieser Wille für die Beseitigung des deutschen Kapitalismus ausspricht«.[177]

Als die Militärregierung mit Schreiben vom 22. Oktober 1948 schließlich die entscheidenden, auf das Mitbestimmungsrecht in wirtschaftlichen Fragen bezüglichen Paragraphen suspendierte[178], war das jedoch keine Überraschung mehr. Parallel zum Bremer Gesetz standen im Sommer 1948 mehrere gesellschaftsreformerische Gesetze deutscher Länder – in erster Linie die Betriebsrätegesetze Hessens und Württemberg-Badens sowie, in der britischen Zone, das Gesetz zur Sozialisierung des nordrhein-westfälischen Bergbaus – zur Genehmigung durch die Besatzungsmacht an. Dieser gesamtnationale Zusammenhang war von den Gesetzesgegnern in Bremen, insbesondere der Handelskammer, die auf die Militärregierung mündlich und schriftlich einzuwirken versuchte, durchaus erkannt und thematisiert worden. In dem Moment, als den amerikanischen Interessen widersprechende Entscheidungen auf Länderbasis gefallen waren, desavouierten die USA, die stets um das Eigengewicht der Länder besorgt gewesen waren, den Föderalismus: In den umstrittenen Fällen entschied die Besatzungsmacht im Sinne eines suspensiven Vetos.[179]

In Hessen hatte General Clay Ende Juli 1948 zunächst die Zurückweisung des gesamten Betriebsrätegesetzes angekündigt, damit aber landesweite Protestkundgebungen von insgesamt 3–400.000 Arbeitnehmern, die die Gewerkschaften am 12. August durchführten, hervorgerufen. Clay genehmigte schließlich Ende August das Gesetz und beschränkte sich auf die Suspendierung der die Mitbestimmung in wirtschaftlichen Fragen betreffenden Teile.[180] Spätestens jetzt begann sich die Führung der Bremer Gewerkschaften umzuorientieren. Bereits am 31. Juli war Oskar Schulze in einem Gespräch mit dem Direktor der Militärregierung in Bremen, Thomas F. Dunn, angedeutet worden, daß mit einer Genehmigung des Gesetzes in der vorliegenden Form kaum zu rechnen sei. General Clay habe nicht nur auf die Notwendigkeit einer einheitlichen Lösung für den künftigen trizonalen Staat hingewiesen, sondern auch von der Gefahr gesprochen, »daß durch diese Gesetzgebung den kommunistischen Ideen über Sozialisierung und Kollektivismus eine gesetzliche Handhabe« gegeben werde – zum Nachteil für die weitere wirtschaftliche Entwicklung. Dunn verwies außerdem auf die

---

177 Bremer Volksstimme vom 20.8.1948.
178 Abgedruckt in: Verhandlungen zwischen dem Senate und der Bürgerschaft vom Jahre 1948, S. 213.
179 Anne Weiß-Hartmann, Der Freie Gewerkschaftsbund Hessen 1945–1949, Marburg 2. Aufl. 1978, S. 179 ff.; Christfried Seifert, Entstehung und Entwicklung des Gewerkschaftsbundes Württemberg-Baden bis zur Gründung des DGB 1945 bis 1949, Marburg 1980, S. 263 ff.; Rolf Steininger, Ruhrfrage und Sozialisierung in der anglo-amerikanischen Deutschlandpolitik 1947/48, in: Vierteljahrshefte für Zeitgeschichte, Jg. 27 (1979), S. 167 ff.; John Gimbel, Amerikanische Besatzungspolitik, bes. S. 301 ff.; Ernst-Ulrich Huster, Die Politik der SPD ..., S. 71 ff. und S. 118 ff.; Hans-Hermann Hartwich, Sozialstaatspostulat und gesellschaftlicher Status quo, Köln und Opladen 1970, S. 621 f.; Eberhard Schmidt, Die verhinderte Neuordnung 1945–1952, S. 105 ff.
180 Anne Weiß-Hartmann, Der Freie Gewerkschaftsbund Hessen 1945–1949, S. 202 ff.

Schwierigkeiten Clays, vor den amerikanischen Wahlen eine solche Gesetzgebung zu genehmigen. Er empfahl Schulze, aus diesen Gründen »doch möglichst mit seinen Gewerkschaftskollegen für die nächste Zeit einen nicht allzu starken Druck anzuwenden.« Die erwähnten Gesichtspunkte wurden von Schulze dem amerikanischen Protokoll zufolge »anerkannt«.[181] Am selben Tag, dem 18. September 1948, als der Vorstand der hessischen Gewerkschaften den Landtag (vergeblich) aufforderte, das Betriebsrätegesetz ohne die von OMGUS monierten Passagen keinesfalls in Kraft zu setzen und dadurch Druck auf die Amerikaner auszuüben, bat Oskar Schulze für den Ortsausschuß Bremen des DGB den Senat, die Militärregierung zu ersuchen, das Bremer Gesetz ohne den vierten Abschnitt in Kraft zu setzen.[182] Der Senat lehnte schließlich ab. Wichtiger als juristische Bedenken dürfte dabei die politische Überlegung gewesen sein, nach Aufhebung der am meisten umkämpften Passagen doch noch eine einvernehmliche Lösung zu erreichen. In diese Richtung hatte auch die Handelskammer argumentiert und agiert, die sich mit einer hessischen Lösung nicht zufrieden geben wollte.[183] Die Grundlinien des Kompromisses scheinen in Spitzengesprächen zwischen Gewerkschaften und Unternehmervertretern festgelegt worden zu sein; an der Ausarbeitung wurden dann die verschiedenen Kammern beteiligt. Die SPD-Bürgerschaftsfraktion akzeptierte ohne erkennbaren Widerstand den neuen, vor allem bezüglich des Mitbestimmungsrechts in personellen Fragen weiter abgeschwächten Gesetzentwurf des Senats, der am 30. Dezember 1948 gegen die Stimmen und heftigen verbalen Widerstand der KPD von der Bürgerschaft angenommen und am 17. Januar 1949 vom Senat im Gesetzblatt verkündet wurde.

Oskar Schulzes beflissenes Umschwenken auf eine Verständigung mit den Bürgerlichen blieb nicht ohne Folgen. Wahrscheinlich verlor er aus diesem Grund den Vorsitz in der IG Metall. 1948 hatte Schulze in der Vertreterversammlung noch ca. 70 % der Stimmen erhalten; 1949 setzten die Kommunisten alles daran, den wegen seines despotischen Führungsstils ohnehin mehr gefürchteten als beliebten Vorsitzenden zu stürzen. Nach dem Scheitern des Mitbestimmungsgedankens in der zweiten Jahreshälfte 1948 erhoben auch sozialdemokratische Betriebsräte schwere Vorwürfe gegen Schulze. Die Enttäuschung war zum Teil so groß, daß sie sich weigern wollten, mit dem endgültigen Betriebsrätegesetz zu arbeiten. Der Unwille richtete sich sowohl gegen den Inhalt des Gesetzes als auch gegen die mangelnde Bereitschaft Schulzes, sich der Kritik aus den eigenen Reihen zu stellen. So sei die Einberufung einer Betriebsräte-Vollversammlung zur Beratung über das revidierte Gesetz über Monate gezielt verschleppt worden. Als auf einer sozialdemokratischen Metallarbeiterversammlung am

---

181 OMGBr 6/41-1/6.
182 Oskar Schulze an Wilhelm Kaisen vom 18.9.1948, englische Übersetzung in OMGBr 6/90-1/6; vgl. Weser-Kurier vom 28.10.1948.
183 Handelskammer an OMG vom 14.10.1948, OMGBr 6/90-2/6; Sitzungsprotokoll des Arbeitsausschusses der Handelskammer Bremen für das Mitbestimmungsrecht der Betriebsräte vom 8.11.1948 Archiv der Handelskammer Bremen, 270, 53a) Bd. 1.

7. Januar 1949 von 700 Eingeladenen nur 100 erschienen, deutete die SPD das als Protest gegen Schulze, der unter wachsenden Druck geriet, auf eine erneute Kandidatur zu verzichten. Schulzes Verteidigungs- und Abschiedsrede am 21. Januar 1949 auf der Fraktionssitzung der sozialdemokratischen Delegierten für die Vertreterversammlung der IG Metall »wurde völlig kalt aufgenommen. [...]. Es war ganz deutlich zu spüren, daß O. Schulze von allen abgelehnt wurde«. Mit dem Kandidaten Oskar Schwarz gelang es der SPD dann noch kurzfristig, ihre Anhänger zu mobilisieren und die Mehrzahl der parteilosen Delegierten zu gewinnen. Schwarz erhielt gegen den KPD-Kandidaten Heinrich Nolte drei Fünftel der Stimmen.[184]

Die Führung der Gewerkschaften und der SPD in Bremen stellte sich so reibungslos auf den Boden der neuen Tatsachen, daß Zweifel an der Ernsthaftigkeit ihrer in den Jahren zuvor öffentlich bezogenen und mit viel Aufwand durchgesetzten Position nahelegen. In der Tat hatte die Militärregierung bereits früher gemeint, unter den führenden Sozialdemokraten – soweit sie nicht unmittelbar mit dem DGB verbunden waren – eine deutliche Distanz zur radikalen Mitbestimmungsforderung erkennen zu können. Und daß von seiten der Gewerkschaften letzten Endes kein Widerstand zu erwarten sei, hatte Wilhelm Kaisen der Militärregierung schon am 21. Januar 1948, vor dem Beginn der parlamentarischen Beratungen, prophezeit. Er gehe davon aus, daß der Gesetzentwurf der Gewerkschaften für die Amerikaner nicht akzeptabel sei und daß die Gewerkschaften das wüßten. Sie seien lediglich bestrebt, auf diese Weise die Verantwortung dafür, »extreme Arbeiterforderungen« zu verändern, von sich auf die Militärregierung umzulenken.[185]

Die Annahme einer Art »Verrats«, wie sie ein Teil der desillusionierten Betriebsräte äußerte, lenkt jedoch auch in diesem Fall von den wirklichen Motiven der Handelnden wie von den objektiven Bedingungen ihrer Entscheidungen eher ab. Zur Zeit der Auseinandersetzung über das Bremer Betriebsrätegesetz begann die Marshallplan-Hilfe, zu der neben Investitionskrediten direkte Lieferungen von Nahrungs- und Genußmitteln, Textilien usw. gehörten, auch für das Land Bremen wirksam zu werden. Gleichzeitig verhandelte neben Kaisen auch Schulze mit den Amerikanern über die Beendigung der Demontagen und eine Lockerung der wirtschaftlichen Beschränkungen. Entscheidend ist hier nicht, ab wann bzw. in welchem Maße das amerikanische Wiederaufbauprogramm für Europa tatsächlich dem Wirtschaftsaufschwung Westdeutschlands zugrunde lag. SPD und Gewerkschaften waren dringend daran interessiert, zwischen der Aussicht auf amerikanische Finanz- und Warenhilfe einerseits und dem Führungsanspruch der sozialdemokratischen Arbeiterbewegung andererseits keinen unüberbrückbaren Widerspruch sichtbar werden zu lassen. Auch nach dem Sommer 1948 hielt man an dieser Absicht fest; allerdings bedeuteten die Währungsreform und die teilweise Außerkraftsetzung der o. g. Landesgesetze einen Einschnitt. Es

---

184 OMGBr 6/125-1/10; 6/125-1/11. Zitat aus Versammlungsbericht vom 21.1.1949.
185 Bericht über die Besprechung in OMGBr 6/90-2/21.

war jetzt offensichtlich, daß eine marktkapitalistische »Normalisierung« der westdeutschen Gesellschaft unvermeidbar war und wenigstens bis zu den ersten westdeutschen Parlamentswahlen erst einmal hingenommen werden mußte. Sich daraufhin in Konfrontation mit den Westalliierten zu begeben, widersprach nicht nur der Mentalität und Tradition der Sozialdemokraten und Gewerkschafter, sondern hätte auch die – nach wie vor unterstellte – Möglichkeit eines späteren Arrangements mit den Westmächten definitiv zerstört. Nicht zuletzt dürfte schließlich eine Rolle gespielt haben, daß der Marshallplan für die Mehrheit der Bevölkerung von Anfang an Hoffnungen auf ein weniger erbärmliches Leben weckte, an denen die KPD-Parole von der drohenden »Kolonialisierung« Westdeutschlands – abgesehen von deren realem Gehalt – völlig vorbeiging. Bereits die Maikundgebung der Bremer Gewerkschaften 1948, auf der der Marshallplan von dem Hauptredner, dem sozialdemokratischen Schulsenator Christian Paulmann, ausdrücklich thematisiert worden war, hatte – nach dem Eindruck des »Weser-Kurier« – erstmals ein weniger ernstes und stärker von Optimismus geprägtes Bild geboten.[186] Dieser Grundstimmung gegenüber traten die Erkenntnis des sozialen Charakters der Währungsreform, der Protest gegen Preissteigerungen und allemal die Enttäuschung über die »verhinderte Neuordnung« zurück.

Epilog

Nachdem der amerikanische Hochkommissar John McCloy im April 1950 die Teilsuspendierung der Mitbestimmungsgesetze von Hessen und Württemberg-Baden aufgehoben hatte, drängten Gewerkschaften und SPD auch in Bremen auf eine Ergänzung des Betriebsrätegesetzes hinsichtlich der Mitbestimmung in wirtschaftlichen Fragen. Während die KPD einfach die seinerzeit suspendierten Paragraphen übernehmen wollte und Kaisen wegen der bevorstehenden bundeseinheitlichen Regelung die ganze Initiative für sinnlos hielt, setzte sich Schulze mit der Meinung durch, der 1948 gebildete Bürgerschaftsausschuß solle seine Beratungen wieder aufnehmen, um die Entwicklung auf Bundesebene mit berücksichtigen zu können. Das am 15. März 1951 in erster Lesung – wiederum von einer SPD/KPD-Mehrheit – verabschiedete Gesetz war gegenüber Juli 1948 gemildert und entsprach jetzt etwa der hessischen Variante. Ungeachtet dessen lehnte der Senat mit Hinweis auf das zu Bundesrecht gewordene Reichsrecht die Verkündung des Gesetzes ab, das durch das von den Bundestagsfraktionen der Mitte-Rechts-Koalition in Bonn am 19. Juli 1952 verabschiedete Betriebsverfassungsgesetz schließlich gegenstandslos wurde.[187]

---

186 Weser-Kurier vom 4.5.1948.
187 Renate Meyer-Braun, Die Politik der SPD ..., S. 61; Dieter Pfliegensdörfer, Die ökonomische Neuordnungskonzeption, S. 97 ff. Für die Entwicklung auf Bundesebene nach 1949 Eberhard Schmidt, Die verhinderte Neuordnung 1945–1952, S. 173 ff.

11 Die Arbeiterbewegung – Deutsche Nachkriegskonzeptionen und ihre Perspektiven unter alliierter Besatzung

Spätestens als mit der erfolgreichen Invasion in der Normandie und dem Zusammenbruch der Heeresgruppe Mitte an der Ostfront im Sommer 1944 die Kriegsniederlage des Deutschen Reiches für alle antinazistischen deutschen Gruppierungen zur Gewißheit wurde, erhielten die seit längerem angestellten konzeptionellen Überlegungen für eine innen- und gesellschaftspolitische Neuordnung und außen- und sicherheitspolitische Neuorientierung Deutschlands einen unmittelbaren Bezug zur Realität. Während manche die Hoffnung auf einen inneren Umsturz im Reich bereits früher aufgegeben hatten – neben den sog. Vansittartisten traf das vor allem für rechte Sozialdemokraten zu, rechneten andere noch immer mit der Möglichkeit einer deutschen Revolution analog der vom Herbst 1918, so etwa Teile des kommunistischen Widerstands. Die meisten stellten sich indes auf die Besetzung Deutschlands ein (spätestens nach den interalliierten Konferenzen in Moskau und Teheran), hielten aber zugleich daran fest, daß die deutschen Antifaschisten in der Lage sein würden, einen mehr oder weniger gewichtigen, jedenfalls nicht ganz irrelevanten Beitrag zur Niederringung der Hitlerdiktatur zu leisten.

Die Exilführung der KPD in der Sowjetunion knüpfte mit der Gründung des »Nationalkomitees Freies Deutschland« (NKFD) und dessen Erweiterung durch den »Bund Deutscher Offiziere« zwar an die ab 1935 entwickelte Volksfrontprogrammatik an, fügte aber als spezielles Element die Zusammenarbeit von Zivilisten und Militärs hinzu – ein Gedanke, der auch der Verschwörung des 20. Juli 1944 zugrunde lag. In der Ausprägung des Herbstes 1943 – als bei den beteiligten Offizieren Hoffnungen auf die Erhaltung der territorialen Integrität des Reiches und die Weiterexistenz der preußisch-deutschen Armee nach einem Sturz Hitlers genährt wurden – blieb die NKFD-Linie eine Episode. (Allerdings war gerade diese Variante geeignet, das Mißtrauen der meisten deutschen Sozialdemokraten und Linkssozialisten eher zu vergrößern. Ganz überwiegend blieben sie den »freideutschen« Organisationen in den verschiedenen Exilländern fern). Als Instrument antifaschistischer Umerziehung der Kriegsgefangenen und psychologischer Kriegsführung an der Front expandierte das NKFD quantitativ gerade in seiner zweiten Phase 1944/45; sein qualitativer politischer Stellenwert, namentlich für die Nachkriegskonzeption der KPD, ging jedoch zurück. In den Ausarbeitungen der KPD vom Herbst und Winter 1944/45 hatte jedenfalls das Nationalkomitee keine Funktion mehr. Stattdessen war jetzt von einem »Block der kämpferischen Demokratie« die Rede.

Offenbar war die KPD-Führung noch unsicher, ob sie in ihren Planungen eine Gesamtkapitulation vor der militärischen Eroberung des deutschen Kerngebiets oder eine Teilbesetzung durch die Rote Armee vor der Kapitulation voraussetzen sollte. Je weiter die Alliierten vorrückten, desto geringer mußte das Interesse der Sowjetunion, der die KPD erklärtermaßen eng verbunden war, an einer Erhebung in Deutschland werden, da der militärische Nutzen die damit verbundenen politischen Unsicherheiten nicht mehr aufwiegen konnte. Entsprechend trat das plebiszitäre Element, das in den Entwürfen für ein Aktionsprogramm des »Blocks der kämpferischen Demokratie« (und in der NKFD-Agitation seit Anfang 1944) enthalten war, nach der Konferenz von Jalta ganz zurück. Der bis zum 17. Februar 1945 wiederholte Aufruf zur Bildung von »Volksausschüssen« zielte zum einen auf die illegale Arbeit im Reich und auf den Sturz Hitlers von innen. Zugleich sollten die Volksausschüsse die Basis für die revolutionär-demokratische Staatsmacht in der Phase danach abgeben.

Ähnlich wie in der zweiten Hälfte der 30er Jahre strebte die KPD diesen Entwürfen zufolge eine »Demokratie neuen Typs« an, in der neben dem Parlament auch die neuen Massenorganisationen und andere »Volksorgane« an der politischen Willensbildung mitwirken sollten. Der »Block der kämpferischen Demokratie« war als Sammlungsorganisation aus korporativen und individuellen Mitgliedern gedacht, die politische Parteien zusammenfassen, aber eventuell auch zunächst ersetzen konnten. Die gesellschaftspolitischen Ziele des »Blocks der kämpferischen Demokratie« formulierte die KPD im Hinblick und zum Teil mit ausdrücklichem Hinweis auf die Entwicklung in den befreiten osteuropäischen Staaten: Politische Demokratisierung im geschilderten Sinne, Bodenreform (auch als Basis eines Bündnisses mit der Bauernschaft), Entmachtung des Monopolkapitals bei Förderung des kleinen und mittleren Eigentums, antimilitaristische und antifaschistische Säuberung und Umerziehung.

Die Programmatik der KPD war für ganz Deutschland entworfen worden und sollte für die als unabdingbar erachtete Regierungsbeteiligung die Plattform abgeben. Sie bot aber auch die Möglichkeit, als Leitschnur für die Aktivität der Kommunisten speziell im sowjetisch besetzten Gebiet zu dienen. Allein für diesen Zweck waren Richtlinien bestimmt, die die KPD-Spitze am 5. April 1945 für den Einsatz von Instrukteursgruppen vor allem aus Exilkommunisten in den Frontstäben der Roten Armee beschloß. Die drei Gruppen unter Führung von Walter Ulbricht, Anton Ackermann und Gustav Sobottka nahmen erste Aufgaben wahr, die militärischen bzw. Besatzungsinteressen der Sowjetunion entsprachen (Herstellung der Ordnung, Liquidierung der NS-Institutionen usw.); andererseits suchten sie die einheimischen Kommunisten zu sammeln und damit faktisch Vorarbeit für die Wiederbelebung der KPD zu leisten. Dabei ging es ihnen zunächst darum, alle Kräfte auf die Kommunalverwaltungen zu konzentrieren und die anderen antifaschistischen Gruppierungen an deren personeller Neubesetzung zu beteiligen. »Antifaschistische Ausschüsse«, die sich bei der Besetzung vielerorts bildeten, schienen diesem Ziel eher im Wege zu stehen und wurden – unter Heranziehung eines Großteils ihrer Mitglieder für die Verwaltungsarbeit – zur Auflösung veranlaßt.

Kommunistische Konzepte

Der drohende Verlust jeder Autonomie deutscher politischer Faktoren nach Kriegsende war der KPD-Spitze – wie auch anderen – spätestens um die Jahreswende 1943/44 klar geworden. Insbesondere über die Abtretung größerer Gebietsteile an Polen, eine zumindest zeitweilige Besetzung Restdeutschlands und eine Inanspruchnahme der deutschen Ressourcen für den Wiederaufbau Europas bei einem Sieg der Alliierten konnte es seitdem kaum noch Zweifel geben. Auch eine Aufgliederung Restdeutschlands in mehrere Staaten war nicht auszuschließen. Auf diese Perspektive reagierte die Exil-KPD in zweierlei Hinsicht: Erstens betonte sie die Berechtigung alliierter Sicherungs- und Strafmaßnahmen – hier profilierte sich namentlich die kommunistische Gruppe in Großbritannien; und zweitens unterstrich sie bzw. das NKFD in der Rundfunk- und Frontpropaganda, daß nur eine Selbstbefreiung Deutschlands die Alliierten zu entgegenkommendem Verhalten werde veranlassen können. Diese Argumentation – der Aufruf zur Rettung der (nie präzise benannten) Restsubstanz der Nation – war geeignet, die Diskrepanz zu früheren Bekundungen zu überbrücken, die sich gegen alle Kollektivschuldthesen gewandt hatten.

Im Unterschied zur Führung in Moskau und den anderen Exil-Gruppen der KPD hielt ein Teil des kommunistischen Widerstands im Reich an der Orientierung auf die proletarische Revolution und die Diktatur des Proletariats fest. Die »imperialistischen Westmächte« wurden als Gegner angesehen, das revolutionäre Deutschland, dessen Stellung in Europa entsprechend dem Prinzip der nationalen Selbstbestimmung zu regeln sei, als künftiger gleichberechtigter Partner der Sowjetunion. Wenn die kommunistischen Widerstandsgruppen, sofern sie abweichende Positionen vertraten, sich 1944 auch der Linie der Exil-Führung annäherten, blieben die Differenzen doch beträchtlich. Das antifaschistische Bündnis stellte für sie eher eine kurzfristige *taktische* Etappe, die im Sinne einer »permanenten Revolution« zur Diktatur des Proletariats weitergetrieben werden sollte, als eine *Strategie* dar. Durch die Zerschlagung der wichtigsten kommunistischen Widerstandsgruppen und die Hinrichtung ihrer Führer war diese Tendenz in der KPD bei Kriegsende ohne profilierte Sprecher. Zwar klagten die im Frühjahr 1945 in Deutschland tätigen Exilkommunisten vielfach über »sektiererische« Strömungen unter den Altgenossen; bemerkenswert ist angesichts der zwölfjährigen Illegalität und der damit zusammenhängenden Kommunikationsprobleme jedoch eher die schnelle Rezeption der seit 1935 entwickelten Parteiprogrammatik.

Wenn wir nach der Aufnahmebereitschaft gegenüber den kommunistischen Konzepten nach Kriegsende fragen, genügt es indes nicht, auf den Übergang zur Einheitsfront- und Volksfrontpolitik seit 1934/35 zu verweisen und deren angeblich angebrochene Kontinuität mit einzelnen Indizien zu belegen. Im Rahmen einer volksfrontähnlichen Grundorientierung waren verschiedene politische Methoden und programmatische Varianten denkbar. Auf die Jahre des Spanischen Bürgerkriegs und der französischen Volksfront folgte die Etappe des deutsch-sowjetischen Nichtangriffspakts, begleitet von extremer Polemik gegen die SPD; nach einer Übergangsphase 1941/42 fand die KPD dann erst wieder Anschluß an die Volksfrontperiode mit dem westdeutschen Friedensmanifest vom 6. Dezember 1942 und mit der NKFD-Gründung. Auch von da an blieben die verschiedenen Umorientierungen beträchtlich. Ich nenne nur als Problembereiche das Verhältnis zum deutschen Militär, die Frage der Kollektivschuld und der alliierten Kriegsziele, die Volksausschüsse und die selbständige Rolle der deutschen Antifaschisten, dazu Unklarheiten wie die über den Zeitpunkt der Parteineugründung und über die Frage der sozialistischen Einheitspartei.

Das sozialdemokratisch-sozialistische Spektrum, dem hier auch die sozialdemokratischen Gewerkschafter zugeordnet werden, war in der ersten Hälfte der 40er Jahre von einer Tendenz zur organisatorischen und programmatischen Vereinheitlichung geprägt, die den Weg der linkssozialistischen Gruppen in die SPD der Westzonen vorzeichnete. In erster Linie betrifft das die »Union deutscher sozialistischer Organisationen in Großbritannien«. Für den Widerstand läßt sich das nicht ganz so eindeutig sagen, weil hier parteipolitisch zuzuordnende Gruppen außerhalb der KPD und der reduzierten Formen, in denen die sozialdemokratische Gesinnungsgemeinschaft aufrecht erhalten wurde, in der Kriegszeit praktisch nicht mehr bestanden. Eine Ausnahme von dem genannten Trend bildete das Exil in den USA, wo die rechtssozialdemokratische Gruppe um Friedrich Stampfer (German Labor Delegation) jede Verständigung mit radikalsozialistischen Gruppierungen ablehnte.

Londoner Gruppe

Neben dieser Gruppe sah sich auch die Parteivorstandsgruppe in London um Hans Vogel und Erich Ollenhauer in der nicht nur organisatorischen, sondern auch politischen Tradition der SPD der Weimarer Republik. Das Ziel war nach wie vor ein parlamentarischer Parteienstaat westlichen Typs, der allerdings durch die Enteignung des Großbesitzes abgesichert werden sollte. Außenpolitisch wurde die eindeutige Westorientierung dieser Richtung auch durch den Kriegseintritt der UdSSR nach dem Überfall Deutschlands nicht in Frage gestellt, sondern nur modifiziert. Die Hauptbefürchtung galt einem zu großen Einfluß des Bolschewismus in Nachkriegsdeutschland.

Allerdings hat die Londoner Gruppe im Rahmen der »Union« den anderen beteiligten Organisationen (Neu Beginnen, SAP, ISK) eine Reihe programmatischer Zugeständnisse machen müssen, die ihrerseits manches von ihren revolutionär-sozialistischen bzw. (was den ISK betrifft) führerstaatlichen und marktwirtschaftlichen Zielvorstellungen aufgeben mußten. Trotz betonter Distanz zur Sowjetunion und zur KPD vor allem seit dem deutsch-sowjetischen Nichtangriffspakt von 1939, sahen die Linkssozialisten in der UdSSR nicht einfach eine totalitäre Macht, sondern ein Bollwerk des Antifaschismus und des Antikapitalismus. Die Ablehnung bezog sich nicht auf die Oktoberrevolution, sondern auf ihre vermeintliche Deformation und deren befürchtete Übertragung auf Mittel- und Westeuropa. Die Westmächte würden auf Grund ihres sozialen Charakters einerseits zu einer reaktionären und prokapitalistischen Nachkriegspolitik gegenüber Deutschland neigen, andererseits erfordere ihr Interesse eine Zerschlagung des deutschen Imperialismus, so daß die Propagierung einer »dependent revolution« der deutschen Arbeiter und Antifaschisten durchaus realistisch sei. Inwieweit die Alliierten eine solche Entwicklung dulden würden, hing – wie die Vertreter des Gedankens der »dependent revolution« wußten – nicht zuletzt davon ab, ob und in welchem Maße die deutschen Antifaschisten doch noch imstande wären, den Zusammenbruch der Hitlerdiktatur mitzubeeinflussen. Eine Gemeinsamkeit bestand darin, daß die sozialdemokratisch-sozialistischen Gruppen auch in der letzten Kriegsphase auf der politischen Selbständigkeit der deutschen Arbeiterbewegung gegenüber den Siegermächten beharrten und sich gegen Forderungen nach einem sogenannten harten Frieden wandten. Die konzeptionelle Arbeit im Exil galt zunehmend vor allem der Legitimierung gegenüber den späteren Besatzungsmächten und der Beeinflussung von deren Planungen.

Sozialdemokraten

Das Programm der von Sozialdemokraten und Linkssozialisten angestrebten »demokratischen Revolution« mit sozialistischer Entwicklungsperspektive ist z. B. in den Ausarbeitungen der »Union« und in einer als Konsensdokument gedachten Broschüre in Stockholm lebender SAP-Mitglieder vom Herbst 1944 niedergelegt. Seine Kernelemente sind: parlamentarische Republik, Bodenreform, weitgehende Teilverstaatlichungen, Planwirtschaft. Entscheidend ist, daß alle diese Planungen mehr oder weniger deutlich vor der Wahl zentraler Körperschaften eine Übergangsperiode mit einer teils erziehungsdiktatorisch verstandenen, teils über Räteelemente durchzusetzenden Hegemonie der Arbeiterbewegung postulieren, um so, anders als 1918/19, die Demokratie zu sichern. (Programmgeschichtlich läßt sich am ehesten eine Parallele zu den Überlegungen der rechten USPD nach dem Ersten Weltkrieg ziehen). Vor allem unter dem Einfluß des ISK hob der in Deutschland verbreitete Unionstext »Die neue deutsche Republik« auf die Rolle revolutionärer Betriebsräte und lokaler Selbstverwaltungskörperschaften aus Arbeitern und Angehörigen der Mittelschichten ab, denen in erster Linie die Aufgabe der Zerschlagung und Verhaftung von NS-Funktionären und Angehörigen der sozial herrschenden Klasse zufallen sollte.

Ein geschlossenes Programm einer antifaschistischen Umwälzung entstand 1944/45 unter Federführung des linken Sozialdemokraten Hermann Brill auch im Konzentrationslager Buchenwald. Das »Buchenwalder Manifest« vom 13. April 1945 legte die Gruppe der »demokratischen Sozialisten« allein vor; die im Lager wesentlich stärkeren Kommunisten distanzierten sich. Brills Grundidee und zugleich seine konzeptionelle Schwierigkeit bestanden darin, daß sozialistische und antifaschistisch-demokratische Politik bei ihm annähernd deckungsgleich waren. Seine Idee der Volksfront und der sozialistischen Einheitspartei wandte sich gegen die Tradition der alten Parteien. Die Volksfront müsse »Ergebnis einer antinazistischen Bewegung der breiten Massen in Stadt und Land« sein. Zugleich postulierte Brill die Führungsrolle der von alten Parteibindungen gelösten Widerstandselite. Dieses elitäre Moment hat er bei der Wahrnehmung der Situation am Kriegsende noch erheblich verstärkt; er sprach jetzt von einer »autoritären Demokratie«. Brills Vorstellung von »Volkskomitees«, die auf allen Stufen aus den verschiedenen antifaschistischen Richtungen gebildet und in einem »Deutschen Volkskongreß« zusammengefaßt werden sollten, der eine Regierung und eine Volksvertretung einsetzen sollte, also eine Art Rätesystem, abstrahierte weitgehend von der Rolle der Besatzungsmächte.

Demgegenüber wurden die konzeptionellen Ideen der am Putschversuch des 20. Juli 1944 beteiligten Sozialdemokraten und Freigewerkschafter, vor allem Julius Lebers und Wilhelm Leuschners, in ständigem Kontakt und ständiger Auseinandersetzung mit der konservativen Mehrheit der Verschwörer entwickelt, mit denen man den Affekt gegen den Weimarer Parteienstaat durchaus teilte. Die unkritische Orientierung der Sozialdemokratie an der westlichen Regierungsform 1918 stieß auf vehemente Kritik insbesondere Lebers. Leuschner hatte – zusammen mit Jakob Kaiser – den Plan Goerdelers für eine Weiterführung einer reformierten DAF abändern können. Aber auch die geplante »Deutsche Gewerkschaft« sollte auf Zwangsmitgliedschaft beruhen; in dem vorgesehenen »Reichsständehaus« sollte sie die Arbeiter und Angestellten repräsentieren, Arbeitsvermittlung und Sozialversicherung verwalten und – neben der verstaatlichten Grundindustrie – auch eigene Unternehmen unterhalten. (In eine ähnliche Richtung ging Fritz Tarnows im schwedischen Exil entwickelte Idee einer Übernahme der DAF durch frühere Gewerkschafter). Leuschners Versuch, der »Deutschen Gewerkschaft« eine zentrale Rolle für die Zeit nach dem Putsch zuzuschreiben, stieß sowohl beim äußersten rechten Flügel der Verschwörer (Popitz, Hassel), als auch beim Kreisauer Kreis, der mit der Bildung kleiner Einheiten ein anderes Ordnungsprinzip verfocht, auf entschiedene Ablehnung. Als Kompromiß einigte man sich darauf, die Leuschnersche Einheitsgewerkschaft als Zwischenlösung zu betrachten.

Im Unterschied zu denen der anderen Beteiligten fehlte Julius Lebers Überlegungen weitgehend die antiplebiszitäre Komponente. Auch das, was ihm vorschwebte, läßt sich wohl mit dem von Brill zitierten Terminus »autoritäre Demokratie« recht gut beschreiben. Die geplante »Volksbewegung«, die in der ersten Phase nach dem Putsch als politische Sammlungsorganisation antinazistischer Gruppen und als Parteienersatz fungieren sollte, mußte nach Lebers Vorstellung ihr Schwergewicht auf dem linken Flügel besitzen. Wie auch Leuschner und die Kreisauer betrachtete er die vorgesehene Regierung Goerdeler als ein Übergangskabinett. Den Umsturz weiterzutreiben, schien ihm besonders in den Monaten vor dem Putschversuch dringend geboten, als er seine Verbindung zu Oberst Stauffenberg intensivierte und andererseits – wohl mit dessen Wissen – Kontakte zum kommunistischen Widerstand knüpfte. Anders als etliche Mitverschwörer war Leber schon früh von der Unumgänglichkeit der bedingungslosen Kapitulation und territorialer Opfer überzeugt, wodurch die Rolle des deutschen Offizierskorps im Wesentlichen auf die des vermeintlichen Garanten des Umsturzes reduziert wurde.

Wenn wir die Nachkriegskonzeptionen von Exil und Widerstand der sozialdemokratisch-sozialistischen Gruppen in der zweiten Kriegsphase untereinander und mit denen der Kommunisten vergleichen, fällt das große Maß an Übereinstimmung sowohl hinsichtlich der grundlegenden gesellschaftlichen Strukturreformen auf – man könnte sie als antimonopolkapitalistisch bezeichnen – als auch hinsichtlich der Distanz zur Weimarer Republik und des Bemühens, die »Fehler von 1918« zu vermeiden. Kaum eine Gruppe wollte auf eine semidiktatorische Übergangsphase verzichten. Allerdings unterschieden sich die kommunistische »kämpferische Demokratie« von der »kämpferischen Demokratie« der Linkssozialisten und Sozialdemokraten, die ebenfalls hier und dort diesen Terminus benutzten, durch die Perspektive. Für die Sozialdemokraten war der Wechsel von Regierung und Opposition ein, wenn nicht *das* entscheidende Kriterium der Demokratie (die Linkssozialisten hatten sich in der Hoffnung auf linke Mehrheit angepaßt), für die Kommunisten galt das gewiß nicht. Daneben unterschieden sich die Konzepte in dem unterschiedlichen Maß, in dem sie die Besatzungssituation antizipierten und wie sie die Qualität des Verhältnisses zwischen der deutschen Arbeiterbewegung und den Besatzungsmächten beschrieben. Zum Teil waren das Differenzen, die eine Bindung an eine oder mehrere Besatzungsmächte bewirkten, aber z. T. handelte es sich auch nur um unterschiedliche Situationseinschätzungen oder einen unterschiedlichen Grad von Informiertheit. Die wichtigste Differenz lag also m. E. nicht in den konkreten gesellschaftspolitischen Forderungen, auch nicht so sehr in der Radikalität der verlangten Abrechnung mit den Nationalsozialisten und den traditionellen Eliten, sondern in einem abweichenden Staats- und Demokratieverständnis und, davon häufig nicht zu trennen, in unterschiedlichen außenpolitischen Orientierungen, denen diese gesellschaftspolitischen Forderungen zugeordnet werden müssen, um interpretierbar zu werden.

Nach Kriegsende versuchten die neu entstehenden Parteien (und Gewerkschaften) auf unterschiedliche Weise, den Bedingungen der alliierten Besatzungsherrschaft gerecht zu werden. Die KPD-Führung ging mit ihrem Gründungsaufruf vom 11. Juni 1945 voran, der vielfach mißverstanden wurde und wird. Der Aufruf war nicht als Parteiprogramm im engeren Sinne gedacht, sondern als Angebot an die anderen antifaschistischen Kräfte, als Vorschlag der KPD für den angestrebten Parteienblock. Die dem Aufruf zugrunde liegende These von der Existenz eines breiten Konsenses der deutschen Antifaschisten würde, wollte man sie überprüfen, einen eigenen Text erfordern. Es genügt hier festzuhalten, daß dieser Konsens – wie zahlreiche Indizien (die frühen Partei- und Gewerkschaftsprogramme, Wahlen und Volksabstimmungen, Umfragen) belegen – bei aller Brüchigkeit des Zusammenhalts der Parteien und bei aller Labilität der Massenstimmung keine reine Fiktion war.

Unter dieser Voraussetzung hielt der KPD-Aufruf vom 11. Juni 1945 mehrere Alternativen offen:

- Entweder würde es gelingen, seine gemäßigten, aber nicht beliebigen Forderungen und seine bündnisstrategische Orientierung in ganz Deutschland durchzusetzen. Selbstverständlich konnte das nur bei einer länger andauernden deutschlandpolitischen Kooperation der Alliierten gelingen, die früher oder später gesamtdeutsche Verwaltungsbehörden und eine gesamtdeutsche politische Repräsentation nach sich gezogen hätte.
- Oder die zehn Punkte des Aufrufs würden nur in der Ostzone realisiert werden. Dann müßte vom politischen Leben und von der Reform im Osten eine werbende Wirkung, vielleicht sogar eine Sogwirkung auf die Westzonen ausgehen, wo ja bis zur Potsdamer Konferenz noch »politische Quarantäne« herrschte. Anfang Juni 1945 war noch nicht abzusehen, wie lange das Verbot politischer Betätigung andauern würde.
- Sollten sich die Hoffnungen auf eine »antifaschistisch-demokratische Umwälzung« in ganz Deutschland oder auf zumindest eine Anerkennung der politischen Führungsrolle des Ostens durch die Westdeutschen nicht erfüllen, war schließlich in der sowjetisch besetzten Zone mit dem Rückhalt der Roten Armee jederzeit der Übergang zur Ausdehnung und Beschleunigung der Reformmaßnahmen möglich. Der Aufruf vom 11. Juni war entsprechend flexibel formuliert.

Allerdings war die Hegemonie der KPD im Parteienblock, wie er für die Ostzone am 14. Juli 1945 konstituiert wurde, unabdingbar, um zu gegebener Zeit eine dieser Alternativen auswählen zu können. Indessen vermochte die KPD – und darin lag ihr politisches Problem in der ersten Nachkriegsphase und eine der Vorentscheidungen für den weiteren Verlauf – ihre hegemoniale Position nur unter den Machtverhältnissen der sowjetischen Zone durchzusetzen, während sie in den auch im Westen anfangs dominierenden Allparteien-Koalitionen frühzeitig an den Rand geriet.

Auf Seiten der SPD konkurrierten hauptsächlich zwei verschiedene strategische Konzeptionen: Kurt Schumacher, seit dem Frühjahr 1945 für den Wiederaufbau der SPD engagiert und seit Herbst 1945 kaum noch bestrittener Führer der Sozialdemokratie in den Westzonen, ging in den gesellschaftspolitischen Forderungen anfangs weiter als die KPD (»Sozialismus als Tagesaufgabe«). Andererseits bildete für ihn der Parteienkampf das wesentliche Element der Demokratie und das wichtigste Politisierungsinstrument. Er suchte die SPD vor allem von der Sowjetunion, deren System er als totalitären Staatskapitalismus begriff, und von der KPD, in der er eine Filiale des sowjetischen Staates sah, abzugrenzen. Den Westmächten gegenüber war Schumacher keineswegs unkritisch, orientierte sich aber im Kern an deren innerer Ordnung; New Deal und Labour-Regierung würden beweisen, daß der demokratisch-parlamentarischen Staatsform des Westens die Möglichkeit sozialistischer Veränderungen innewohne. Diese Weltsicht, die durch Schumachers nationale Rhetorik nur unwesentlich berührt wurde, macht es verständlich, daß er mit der vollen Unterstützung der Londoner SOPADE-Gruppe rechnen konnte, nachdem deren Programm für eine Umwälzung in Deutschland durch die Besetzung und das Ausbleiben revolutionärer Volkserhebungen im Umbruch scheinbar obsolet geworden war.

Der »Zentralausschuß« der SPD in Berlin um Otto Grotewohl lehnte sich in seinem Gründungsaufruf vom 15. Juni 1945 – bei einigen Akzentverschiebungen – stark an den Aufruf der KPD vom 11. Juni 1945 an. Verbindend zur KPD wirkte vor allem die Bereitschaft, die neue deutsche Demokratie nicht allein nach den Konkurrenzmechanismen des westlichen Parlamentarismus auszurichten und nach außen ein gutes Verhältnis zur Sowjetunion anzustreben. (Zeitweilig wurde sogar – mit irrealen Annahmen – eine Ostorientierung ins Auge gefaßt). Nach einer kurzen Phase der Unsicherheit sah der Zentralausschuß, namentlich Otto Grotewohl, seine Funktion darin, als »Sammellinse« der deutschen Politik zwischen den Parteien und ihren unterschiedlichen Demokratiekonzepten zu vermitteln. Dadurch würde die SPD zur (gesamtdeutsch) führenden Kraft; nur sie sei überdies für alle vier Besatzungsmächte akzeptabel und in der Lage, eine Zerklüftung des deutschen Parteiensystems entsprechend der Anlehnung an die verschiedenen Alliierten zu verhindern.

In der Tat hätte eine Verständigung zwischen den deutschen Antifaschisten, insbesondere zwischen der KPD und der SPD, wohl nur auf der Linie des Zentralausschusses erfolgen können, die auch am ehesten der Situation der Vier-Mächte-Besatzung adäquat war. Seitdem sich ab Herbst 1945 die Gründung der SED abzeichnete, war jedoch die Politik des Zentralausschusses blockiert, da sich jetzt Schumacher ohne größeren Widerstand mit seiner Auffassung im Westen durchsetzen konnte. Die Alternative Grotewohls hätte ein ungefähres Gleichgewicht von Zugeständnissen bedeutet; nicht auszuschalten war dabei für alle Beteiligten ein gewisses Risiko. Weder die SPD-Mehrheit in den Westzonen unter Schumacher, noch die KPD wollte jedoch das Risiko eingehen, daß sich die Führung der einen oder anderen Partei mit allen daraus folgenden Konsequenzen in ganz Deutschland durchsetzte. Ohne diese Bereitschaft macht es aber wenig Sinn, von einer »Offenheit« des Konzepts der antifaschistischen Demokratie zu sprechen.

Einheitspartei

Wegen der eingeschränkten Politikfähigkeit der bürgerlichen Kräfte wurde die Einigung der KPD und SPD 1945/46 zu Recht als die entscheidende Frage bei der antifaschistischen Konsensfindung und umgekehrt beim Bruch des Konsenses im Gefolge der SED-Gründung angesehen. Die traditionelle parteipolitische Spaltung der deutschen Arbeiterbewegung wurde seit Anfang 1946 sozusagen geographisch bereinigt und zugespitzt. Da der bei der SED-Gründung propagierte Magnetismus (Einheit der

Arbeiterbewegung in der SBZ, dann in ganz Deutschland, dann Einheit Deutschlands) nicht funktionierte, stellte die isolierte Konstituierung einer vereinigten sozialistischen Partei in nur einer Zone faktisch einen Schritt zur Auseinanderentwicklung der beiden Gebiete, Ostzone und Westzonen, dar.

Bekanntlich wünschten viele Sozialdemokraten und Kommunisten – vermutlich sogar die Mehrheit – und parteilose Arbeiter im Frühjahr 1945 eine Einheitspartei der Arbeiterbewegung. Der Berliner Zentralausschuß der SPD strebte ursprünglich die sofortige Begründung einer vereinigten Partei an. Nicht nur Linkssozialisten und linke Sozialdemokraten, auch Vertreter des rechten Flügels, wie der Bremer Bürgermeister Wilhelm Kaisen, tendierten in diese Richtung oder paßten sich ihr zumindest zeitweilig an, ohne ihre je besonderen politischen Traditionen und Mentalitäten zu verleugnen. Die Erwartungen an die »Einheit der Arbeiterbewegung« wichen also nicht unerheblich voneinander ab.

Die KPD hatte die Einheitspartei erstmals 1935, auf der »Brüsseler Konferenz«, als Ziel formuliert, allerdings noch mit der Bedingung, die neue Formation müsse einen marxistisch-leninistischen Charakter besitzen. Auf der »Berner Konferenz« 1939 wurde erstmals ein Zusammenschluß von KPD und SPD auf der Basis einer antifaschistischen Aktionsplattform für erstrebenswert erklärt. Nach der Zuspitzung des Richtungskampfes 1939–41 und dem insgesamt weiterhin unbefriedigenden Verhältnis zur Sozialdemokratie in den Jahren danach vertrat die KPD in der letzten Kriegsphase bezüglich der Einheitspartei keine klar erkennbare Position. Die separate Rekonstruktion der KPD ab Frühjahr 1945 diente dann vor allem der Wiederherstellung der Disziplin und ideologischen Geschlossenheit der kommunistischen Anhängerschaft, die sich andernfalls in einer Einheitspartei leicht aufgelöst hätte.

»Ideologisches« Chaos?

M. E. war diese Befürchtung sogar realistischer als die Warnung Schumachers vor einer zwangsläufigen Bolschewisierung einer in allen vier Zonen gebildeten Einheitspartei. Daher wandte sich die KPD in den ersten Wochen und Monaten nach Kriegsende mit der Parole: »Erst Klarheit, dann Einheit!« gegen die spontanen Einheitsbestrebungen. In der zweiten Phase zerstörte Schumacher Grotewohls Taktik, der Bildung von Reichsparteien den Vorrang zu geben und Reichsparteitagen die Entscheidung über den Zusammenschluß von KPD und SPD zu überlassen. Dadurch wurde es in der dritten Phase möglich, die Gründung der Sozialistischen Einheitspartei nur in der Ostzone durchzusetzen. In der Form, in der die SED in der sowjetischen Zone unter kommunistischer Führung realisiert wurde, stellte sie – auf gesamtdeutscher Ebene – nur eine theoretische Alternative zur späteren tatsächlichen Entwicklung dar. Als Reichspartei hätte die vereinigte sozialistische Partei wahrscheinlich nur als eine Art deutscher Labour Party mit neuem Programm und veränderter Struktur geschaffen werden können.

11 Die Arbeiterbewegung – Deutsche Nachkriegskonzeptionen und ihre Perspektiven

Damit sind die Alternativen, von denen schon mehrfach die Rede war, einschließlich ihrer sozialgeschichtlichen Dimension, noch einmal direkt angesprochen. Abschließend soll in Frageform versucht werden, drei Problembereiche zu kennzeichnen, mit denen – außer den bereits thematisierten – die in der Tradition der Arbeiterbewegung stehenden Organisationen bei Kriegsende m. E. vor allem konfrontiert waren:

1. Welchen Spielraum boten die Besatzung und die Vier-Mächte-Verwaltung tatsächlich der Linken? Verstand sie sich als Beauftragte der Siegerkoalition bzw. einzelner Siegermächte oder als Repräsentantin der bewußt antifaschistischen Minderheit des deutschen Volkes, für die – bei aller grundsätzlichen Bereitschaft zur Kooperation – die Zusammenarbeit auch Grenzen hatte? Eine selbstbestimmte revolutionäre Umwälzung war unter Besatzungsverhältnissen nicht denkbar. Indessen wird man behaupten dürfen, daß die Chancen für eine Beeinflussung der Alliierten und für die Durchsetzung gleichartiger Strukturreformen in ganz Deutschland bei einer Verständigung der deutschen Antifaschisten untereinander größer gewesen wären.

2. Wie sollte man den Erscheinungen des »ideologischen« Chaos (S. Thomas) und der politischen Passivität und der Individualisierung, die Beobachter ganz unterschiedlicher Tendenz in Deutschland bemerkten, entgegenwirken? Kurt Schumacher empfahl den Parteienkampf, die KPD-Spitze das Block-System, die antifaschistischen Ausschüsse bemühten sich in der kurzen Zeit ihrer Existenz um eine Massenmobilisierung durch die Wahrnehmung von Tagesinteressen an der gesellschaftlichen Basis. Sind mit der Auflösung der Antifas, einer gewiß zersplitterten und politisch diffusen Minderheit, nicht gerade diejenigen entmutigt worden, für die Passivität und ideologische Trübung am wenigsten kennzeichnend waren? Die Politik der Großorganisationen hat jedenfalls die Initiative der Massen nicht gefördert, sondern eher gebremst. Dabei spielte auch die These von der umfassenden nazistischen Verseuchung des deutschen Volkes eine Rolle, die der Mißachtung von Bestrebungen an der Basis als Rechtfertigung dienen konnte.

3. Bedeutete die Gründung der Einheitsgewerkschaft, die das gemeinsame Ziel aller Strömungen der Arbeiterbewegung gewesen war, mit vorwiegend sozialpolitischen Funktionen und einer Art linker Gemeinwohlideologie (Selbstverpflichtung auf das »Volksganze«) wirklich die situationsangemessenste Antwort auf die Zusammenbruchgesellschaft mit ihren Zerstörungen und Versorgungsmängeln, mit zurückgestauter Inflation, Lohnstopp, Schwarzmarkt und Kompensationshandel, usw.? Hätte es eine effektivere Verbindung zwischen handlungsfähigen, aber die Fragmentierung der Gesellschaft reproduzierenden Betriebsräten einerseits und staatstragenden und erzieherisch wirkenden Gewerkschaften andererseits geben können? Offenkundig wurden die Schwächen des antifaschistischen Einheitsgewerkschaftsmodells bei der Rekonsolidierung des Kapitalismus in Westdeutschland.

Literatur

W. Schmitthenner/H. Buchheim (Hg), Der deutsche Widerstand gegen Hitler. Köln/Berlin 1966.
A. Sywottek, Deutsche Volksdemokratie. Studien zur politischen Konzeption der KPD 1935–1946. Düsseldorf 1971.
J. Klotz, Das »kommende Deutschland«. Vorstellungen und Konzeption des sozialdemokratischen Parteivorstands im Exil 1933–1945 zu Staat und Wirtschaft. Köln 1983.
H. Laschitza, Kämpferische Demokratie gegen Faschismus. Die programmatische Vorbereitung auf die antifaschistisch-demokratische Umwälzung in Deutschland durch die Parteiführung der KPD. Berlin (Ost) 1969.
F. Moraw, Die Parole der »Einheit« und die Sozialdemokratie. Zur parteiorganisatorischen und gesellschaftspolitischen Orientierung der SPD in der Periode der Illegalität und in der ersten Phase der Nachkriegszeit 1933–1948. Bonn 1973.
L. Niethammer/U. Borsdorf/P. Brandt (Hg.), Arbeiterinitiative 1945. Antifaschistische Ausschüsse und Reorganisation der Arbeiterbewegung in Deutschland. Wuppertal 1976.

Für die eingehende Beschäftigung siehe die Quellen- und Literaturverzeichnisse der angegebenen Werke.

12 Demokratischer Sozialismus – Deutsche Einheit – Europäische Friedensordnung – Kurt Schumacher in der deutschen Nachkriegspolitik (1945–1952)*

»Er schien mir ein Sinnbild der ganzen Tragödie Deutschlands. Er verlor seinen rechten Arm im Ersten Weltkrieg. Sein Gesicht spiegelt die Qual von zwölf [tatsächlich: zehn] Jahren Konzentrationslager, die ihr Mal darauf zurückgelassen haben – seine Augen sind starr, und die Zähne wurden ihm von Gestapoleuten aus dem Mund geschlagen [...] Seine Nase sieht ungewöhnlich groß aus, weil so wenig Fleisch auf seinen Knochen geblieben ist. Furchen markieren sein Gesicht. Die Lippen sind dünn und gerade. Seine Schultern sind gesenkt, sein Körper ist mager, und er sieht schwindsüchtig aus. [...] Aber was für ein Wandel, wenn er spricht! Die verhaltene Stärke und die vorwärtstreibende Kraft in ihm, die Herausforderung und die Wucht, die Menschlichkeit und das Licht der Vision! Und lachen kann er, dieser gemarterte Mann [...] Noch ehe er fünf Minuten gesprochen hat, vergißt man seine körperlichen Entstellungen. Man wird von seiner Persönlichkeit ergriffen, und der Geist wird gepackt durch die klare Zusammenfassung seiner Gedanken [...] Hier war die Geistesrichtung, nach der ich ausgeschaut hatte, ein Geist, der mehr auf die Gegenwart und in die Zukunft schaute statt in die Vergangenheit, der die deutsche Reaktion und den diktatorischen ›Kommunismus‹ angriff, der aber auch gegen die Militärregierung der westlichen Alliierten vorging und die deutschen Arbeiter aufrief zu einem auf sich selbst vertrauenden und unabhängigen Sozialismus, der das Abbrechen deutschen Friedenszwecken dienender Industrie anprangerte ebenso wie die Zerstückelung Deutschlands, der aber zur gleichen Zeit den Akkord europäischer Solidarität und Weltzusammenarbeit anschlug.«[1]

---

*   Eine gekürzte Version erschien in: Die Neue Gesellschaft/Frankfurter Hefte, Jg. 42,1995, S. 882-890.
1   Fenner Brockway in »The New Leader«, abgedruckt bei Arno Scholz/Walther G. Oschilewski (Hrsg.), Turmwächter der Demokratie. Ein Lebensbild von Kurt Schumacher, Bd. 1, Berlin 1954, S. 62 f. – Es handelt sich bei diesem Text um einen für den Druck überarbeiteten Vortrag, dessen erste Version anlässlich des 60. Geburtstags von Prof. Dr. Reinhard Rürup (TU Berlin) am 27. Mai 1994 gehalten worden ist, der auch meinen Statements bei der Bonner Schumacher-Tagung zugrunde gelegen hat. Im Hinblick darauf werden im folgenden außer wörtlichen Zitaten und ansonsten zwingend Nachzuweisendem nur einige außerhalb der gängigen Darstellungen und Deutungen liegende Passagen extra belegt. Im Übrigen sei für vieles andere lediglich pauschal verwiesen auf Willy Albrecht, Kurt Schumacher. Ein Leben für den demokratischen Sozialismus, Bonn 1985; ders. (Bearb.), Kurt Schumacher als deutscher und europäischer Sozialist, Bonn 1988; Waldemar Ritter, Kurt Schumacher. Eine Untersuchung seiner politischen Konzeption, Hannover 1964; Lewis J. Edinger,

Mit diesen Worten gab der der britischen Labour Party angehörende Politiker und Journalist Fenner Brockway den Eindruck wieder, den der Auftritt Kurt Schumachers auf dem ersten Nachkriegsparteitag der SPD im Mai 1946 auf ihn machte. Seine hymnischen Sätze lassen einiges von der Faszination erkennen, die Schumacher – in den ersten Jahren nach 1945 nicht nur der profilierteste, sondern auch der einflußreichste deutsche Parteiführer – in der Nachkriegszeit auslöste. Er vermochte auch Menschen zu fesseln, die niemals mit der Arbeiterbewegung in Berührung gekommen waren, denn er formulierte, was andere unklar empfanden, bot Orientierung in einer Zeit nicht nur materieller, sondern auch geistiger Verwüstung. Seine Versammlungen wirkten indessen auf viele Beobachter, namentlich ausländische, auch beängstigend, und das war nicht nur den Inhalten geschuldet.

Schumachers Redetechnik stammte aus einer Zeit ohne Mikrophone. Dazu kam die ihm eigene temperamentvolle, aggressive Rhetorik – am bekanntesten sein, allerdings provozierter, Zuruf zu Adenauer: »Bundeskanzler der Alliierten«. Die Bundesrepublik um 1950 nannte er »einen Staat der überwiegenden sozialen Restauration«, der Hauptregierungspartei CDU bescheinigte er, sie leide an der »Profitgier der Kriegsgewinnler« und einer »unhumanen und unsozialen Haltung«, die Katholische Kirche bezeichnete er als »fünfte Besatzungsmacht«, die deutschen Kommunisten als »russische Staatspartei« und ihre Bündnispartner als »trojanische Kavallerie«. Seinen Gegnern wie dem amerikanischen Militärgouverneur Lucius D. Clay erschien Kurt Schumacher seinerseits als ein kompromißloser Fanatiker, der »zwar nur einen Arm, aber ein Dutzend Ellbogen« habe und ungeeignet sei, in Deutschland die Regierung zu übernehmen.[2]

Kurt Schumacher. Persönlichkeit und politisches Verhalten, Köln/Opladen 1967; Günther Scholz, Kurt Schumacher. Düsseldorf u. a. 1988; Hans-Peter Schwarz, Vom Reich zur Bundesrepublik. Deutschland im Widerstreit der außenpolitischen Konzeptionen in den Jahren der Besatzungsherrschaft 1945–1949, Stuttgart 1980; Rudolf Hrbek, Die SPD, Deutschland und Europa. Die Haltung der Sozialdemokratie zum Verhältnis von Deutschland-Politik und Westintegration (1945–1957), Bonn 1972; Ernst-Ulrich Huster, Die Politik der SPD 1945–1950, Frankfurt am Main/New York 1978; Arno Klönne unter Mitarbeit von Barbara Klaus und Karl Theodor Stiller, Die deutsche Arbeiterbewegung. Geschichte – Ziele – Wirkungen, Düsseldorf/Köln 1980; von den Erinnerungen Beteiligter sei hervorgehoben Annemarie Renger, Ein politisches Leben, Stuttgart 1993, S. 65-169. – Mit der vorzüglichen Edition von Willy Albrecht (Hrsg.), Kurt Schumacher. Reden – Schriften – Korrespondenzen 1945–1952, Berlin/Bonn 1985 (im Folgenden: Schumacher 1985) sind frühere Sammlungen von Reden und Schriften weitgehend entbehrlich geworden. Kurz nach Manuskriptabschluß erschien die verdienstvolle, aber hier keine Änderungen erforderlich machende Biographie von Peter Merseburger, Der schwierige Deutsche. Kurt Schumacher, Stuttgart 1995.

2 Zitate in Schumacher 1985, S. 732 (25.11.1949); ebd., S. 704 (21.9.1949); Scholz, Kurt Schumacher (wie Anm. 1), S. 241; Schumacher 1985, S. 676 f. (Mitte Juli 1949); ebd., S. 538 (3.12.1947) u. ö.; ebd., S. 936 (9.3.1951); Lucius D. Clay in der »New York Times« v. 31.7.1949, zit. nach Edinger, Kurt Schumacher (wie Anm. 1), S. 262 f. – Behutsam, aber ohne Beschönigung wird die Wahrnehmung des Politikers Schumacher durch seine Zeitgenossen behandelt von Susanne Miller, Kurt Schumacher, Vorsitzender der Sozialdemokratischen Partei Deutschlands, im Urteil von Zeitge-

12 Demokratischer Sozialismus – Deutsche Einheit – Europäische Friedensordnung

Schon vor fast drei Jahrzehnten wies Reinhard Rürup auf das Desinteresse an Kurt Schumacher in der westdeutschen Gesellschaft einschließlich der Sozialdemokratie hin und beklagte das Fehlen einer wissenschaftlich befriedigenden Schumacher-Biographie. Er führte diesen Mangel auf die gegenüber den frühen 50er Jahren gravierend veränderten sozialen und politischen Bedingungen zurück.[3] Um so mehr wirkt Schumacher heute fremd, und zwar bezeichnenderweise fremder als sein großer Antipode Konrad Adenauer. Während Adenauer, der vom katholischen Bürgertum geprägte Rheinländer mit dem antipreußischen Affekt, der konsequente Verfechter der Westbindung, ganz überwiegend eine verständnisvolle Würdigung erfährt, wird das Bild Schumachers mehr als vier Jahrzehnte nach seinem Tod vielfach von Negativ-Klischees bestimmt. Bei sozialdemokratischen Zeithistorikern, für die das natürlich nicht zutrifft, fällt ebenfalls eine betont kritische Beurteilung auf, etwa in dem Standardwerk der SPD-Geschichte 1945–1965 von Kurt Klotzbach, gipfelnd in dem Vorwurf, Kurt Schumachers Politik sei ein Anachronismus gewesen.[4] Wenn Heinrich Potthoff vor einigen Jahren gefordert hat, »die Heroengestalt Schumacher nicht länger mit einem Glorienschein zu versehen, sondern sich ihm mit kritischer Distanz zu nähern«[5], wird man dieser Maxime nicht widersprechen können. Zu warnen ist allerdings vor der Neigung, zum Maßstab der Kritik die vordergründig erfolgreichere SPD der 60er und 70er Jahre zu machen, die Wesentliches von dem aufgegeben hatte, was Schumacher repräsentierte.

1   Schumachers politische Konzeption

Kurt Schumacher hat zeitlebens nie ein Staatsamt bekleidet. Er war Parteijournalist, Agitator und Parlamentarier – ein Mann des Wortes. Kein Theoretiker, aber ein Analytiker und konzeptioneller Denker von hohem Rang. Er konnte nur wenige seiner Ideen verwirklichen, aber er bestimmte in ungewöhnlichem Maß das Bewußtsein und das Handeln seiner Parteigenossen. Im Gegensatz zu den beiden in der SPD-Spitze der Weimarer Zeit und ebenso nach 1945 vorherrschenden Typen des Parteifunktionärs und des gouvernementalen öffentlichen Amtsträgers verkörperte Schumacher einen speziellen Typus des linken Volkstribunen: autoritär, von eiserner Willenskraft, asketisch und unbestechlich.

---

    nossen, in: Jürgen Kocka u. a. (Hrsg.), Von der Arbeiterbewegung zum modernen Sozialstaat, München u. a. 1994, S. 156-172.
3 Reinhard Rürup, Kurt Schumacher – Persönlichkeit und politische Konzeption, in: Neue politische Literatur 11, 1966, S. 424-434.
4 Kurt Klotzbach, Der Weg zur Staatspartei. Programmatik, praktische Politik und Organisation der deutschen Sozialdemokratie 1945–1965, Berlin/Bonn 1982, bes. S. 181 (Neuaufl. 1996).
5 Heinrich Potthoff, Aufstieg und Niedergang der SPD, in: Die Neue Gesellschaft/Frankfurter Hefte 38, 1991, S. 354-361, hier S. 355.

Fehlenden Machtwillen kann man Schumacher – in einem gewissen Kontrast zur SPD der Weimarer Republik – nicht attestieren. Gerade auch innerparteilich setzte er das für richtig Erkannte rigoros gegen Widersacher und Widerstrebende durch; sein Führungsstil wurde vielfach als diktatorisch empfunden. Während er mit eigenwilligen Politikern und eigenständigen Köpfen leicht in Konflikt geriet, war er beim Wiederaufbau der Partei trotzdem auf dieselbe Schicht von Parteifunktionären traditionellen Zuschnitts angewiesen, die er nur bedingt für politisch brauchbar hielt. So förderte er faktisch einen ganz anderen Typus von sozialdemokratischen Spitzenfunktionären, als er selbst verkörperte. Doch war er zu klug, um unabhängige Persönlichkeiten gar nicht zu berücksichtigen, selbst wenn sie unbequem waren. Es war Schumacher, der trotz offenkundiger Mentalitäts- und auch einiger Auffassungsunterschiede Willy Brandt mit Jahresbeginn 1948 zum Beauftragten des SPD-Parteivorstands in Berlin machte.

Schumachers Außenseiterrolle in der Endphase der Weimarer Republik und während des »Dritten Reiches« wie auch die ihm eigenen, typischen Persönlichkeitsmerkmale ließen ihn 1945 zum idealen Repräsentanten eines erneuerten sozialdemokratischen Selbstbewußtseins werden. Er hatte wie Julius Leber, Theodor Haubach und Carlo Mierendorff vor 1933 zu den »militanten Reformsozialisten« mit Betonung des Nationalen gehört, deren Kritik am Attentismus des Parteivorstands eine Reihe Berührungspunkte mit der innerparteilichen Opposition von links aufwies. In Stuttgart, dem Ort seiner hauptsächlichen politischen und publizistischen Wirksamkeit, war Schumacher der von den Nationalsozialisten meistgehaßte Mann gewesen. Im Reichstag hatte er 1932 in einer der schärfsten Attacken in der deutschen Parlamentsgeschichte den Nationalsozialismus als »dauernden Appell an den inneren Schweinehund im Menschen« bezeichnet.[6]

Die meisten sozialdemokratischen Spitzenfunktionäre hatten das »Dritte Reich« abseits von Widerstandstätigkeit als Privatleute erlebt. Einige galten als Versager und Kapitulanten, etwa der frühere preußische Ministerpräsident Otto Braun und sein Innenminister Carl Severing. Eine selbstkritische Haltung zur Politik der SPD vor 1933 scheint unter den ehemaligen Funktionären die Ausnahme gewesen zu sein. Es herrschte die Ansicht vor, die Politik der Parteiführung sei im Ganzen richtig gewesen, die Massen hätten sie nur nicht verstanden. Trotzdem waren fast alle in gewisser Weise politisch verunsichert. Neben der Neigung zur Verschmelzung mit den Kommunisten, die in den ersten Monaten auch unter den ehemaligen Funktionären verbreitet war, gab es Strömungen, die eine deutsche Labour Party unter Einschluß des linken Zentrumsflügels und bürgerlich-demokratischer Kräfte erstrebten. Und dort, wo man die Sammlung der Sozialdemokraten sogleich unter der Fahne der alten SPD in Angriff nahm, erfolgte dieser Schritt meist unreflektiert.

---

6 Verhandlungen des Deutschen Reichstags. Stenographische Berichte, Bd. 446, S. 2254 f. (23.2.1932).

Schumacher, der sich zunächst in Hannover eine Hausmacht schuf, bevor er seinen Einfluß in der gesamten SPD der Westzonen geltend machte, unterschied sich von fast allen anderen sozialdemokratischen Altfunktionären durch seine »granitene politische Konzeption« (Theo Pirker), in der der SPD eine eindeutige Rolle als unabhängige und zentralistische Reichspartei zugedacht war. Nur ein Mann wie Schumacher konnte ein neues sozialdemokratisches Selbstbewußtsein darstellen. Die Zustimmung, die er fand, beruhte nicht zuletzt auf einer Projektion: Die wenigsten Sozialdemokraten hatten nach 1933 eine so mutige und kompromißlose Haltung eingenommen wie er.

Bereits im Frühjahr und Sommer 1945 legte Schumacher in Ansprachen und Positionspapieren die Grundzüge seiner Konzeption fest. Sie richteten sich zunächst an jenen zahlenmäßig begrenzten Funktionärskreis, der beim lokalen Parteiaufbau die Schlüsselpositionen einnahm, wirkten aber bald auch auf zonaler und überzonaler Ebene. Die Sozialdemokratie wurde als eigentlicher Gegenpol des Nationalsozialismus stilisiert. Sowohl gegenüber dem kapitalistischen Großbesitz, dem die soziale Verantwortung für den Faschismus zukomme, und den bürgerlichen Parteien, die gänzlich versagt hätten, als auch gegenüber den Kommunisten, die durch ihren Kampf gegen die Weimarer Republik ebenfalls ihren Teil zur Machtergreifung der NSDAP beigetragen hätten, stellte sich die SPD als einzige unzweifelhaft demokratische Partei dar. Daraus ergab sich für Schumacher ungeachtet aller Schwächen der Parteiführung vor 1933 ein unabweisbarer Führungsanspruch der deutschen Sozialdemokratie. In deutlichem Kontrast zu der in der Sowjetischen Besatzungszone propagierten Block-Konzeption wie auch zu den späteren Allparteienkoalitionen auf Landesebene in den Westzonen sah Schumacher gerade im Parteienkampf das entscheidende Element politischen Fortschritts und politischer Aufklärung. Demokratie war für ihn nur denkbar als parlamentarischer Mehrparteienstaat. Am 6. Mai 1945 stellt er mit Nachdruck fest, »dass es von vornherein keine bloß ›formale‹ oder ›kapitalistische‹ oder ›proletarische‹ oder mit einem sonstigen Beiwort geschmückte Demokratie gibt. [...] *Es gibt nur eine Demokratie schlechthin, und das, was die Einsicht und die Kraft einer Klasse aus ihr machen!*«[7]

Das ist ein Schlüsselsatz, weil er verständlich macht, warum Schumacher im Ost-West-Konflikt von Anfang an grundsätzlich auf der Seite des Westens stand. Es ging für ihn um die Abwehr eines totalitären, staatskapitalistischen, großrussischen Imperialismus seitens der von ihm so genannten »Weltdemokratie«. Dieser Kampf war der innergesellschaftlichen Klassenauseinandersetzung gleichsam übergeordnet, obschon er überzeugt war, daß nur eine sozial progressive Entwicklung in den Staaten des Westens diesen in die Lage versetzen würde, die kommunistische Herausforderung zu bestehen. Er trat in diesem Sinne bereits 1947 für eine Strategie der »Magnetisierung« der Sowjetzone durch wirtschaftlichen Aufbau *und* sozialpolitische Aus- und Umgestaltung der Westzonen ein.

---

7   Schumacher 1985, S. 220 (6.5.1945). Hervorhebung im Original.

Schumachers Demokratieverständnis beinhaltete die Ablehnung der Konsenssuche um ihrer selbst willen, des Harmonisierens der politisch-sozialen Gegensätze in Inhalt und Form. Dem Bremer Bürgermeister Wilhelm Kaisen, einem hartnäckigen innerparteilichen Gegner, hielt er 1950 entgegen: »Der Todfeind der Demokratie sind nicht die polaren gegensätzlichen Prinzipien, der Todfeind der Demokratie ist ihre Passivität, ihr Nichtkämpfenwollen, ihr Gleitenlassen!« Und kurz vor seinem Tod: »Wer nicht die Kraft hat, in gewissen Situationen Nein zu sagen, dessen Ja ist völlig wertlos.«[8]

Die Opposition war für Kurt Schumacher ein lebenswichtiges Organ der parlamentarischen Demokratie wie die Regierung auch, ihr Wesen »der permanente Versuch, an konkreten Tatbeständen mit konkreten Vorschlägen der Regierung und ihren Parteien ihren positiven Gestaltungswillen aufzuzwingen«, so in seiner Antwort auf die erste Regierungserklärung des Bundeskanzlers Adenauer im September 1949.[9] Diese Kontroll- und Mitgestaltungsfunktion der Opposition bezog sich sowohl auf eine Richtungskritik entsprechend der der Regierung entgegengesetzten gesellschaftspolitischen Zielsetzung, als auch auf eine Leistungskritik, die der in den Tagesgeschäften verstrickten Administration die größeren Perspektiven und den Tiefblick voraushaben sollte.

Um den Staat für die Interessen der Werktätigen einsetzen zu können, müsse die SPD, wie Schumacher sogleich nach Kriegsende erklärte, die Mehrheit der Wählerschaft an sich binden. Das sei nicht möglich, wenn sie auf die Industriearbeiterschaft beschränkt bleibe. Die zentrale wahlstrategische Aufgabe bestehe darin, durch den Krieg depossedierte und daher objektiv überwiegend ins »Gesamtproletariat« abgesunkene Mittelschichten für die SPD zu gewinnen. Mit der Bewältigung dieser Aufgabe erfülle die Partei zugleich eine entscheidende staatspolitische Funktion, nämlich die endliche Fesselung des deutschen Kleinbürgertums an die Demokratie. Neu war, daß er glaubte, das *gemeinsame* Interesse des ganzen schaffenden Volkes durch ein weitgehendes antikapitalistisches Programm ausdrücken zu können: »die Überführung der Produktionsmittel aus der Hand der großen Besitzenden in gesellschaftliches Eigentum, die Lenkung der gesamten Wirtschaft nicht nach Profitinteressen, sondern nach den Grundsätzen volkswirtschaftlich notwendiger Planung«[10] – bei Schutz des kleinen und mittleren Besitzes.

Für Schumacher hatte die sozialistische Umgestaltung der Gesellschaft in erster Linie die Funktion der Befestigung der Demokratie durch Brechung der ökonomischen Macht des Großbesitzes, wie er auch im Hinblick auf die Besatzungsmächte ständig betonte. Die katastrophale ökonomische Lage erlaube Deutschland zudem

---

8   Schumacher 1985, S. 662 (20.4.1949); ebd., S. 827 (6.8.1952).
9   Schumacher 1985, S. 691 (21.9.1949).
10 Arno Scholz/Walther G. Oschilewski (Hrsg.), Turmwächter der Demokratie. Ein Lebensbild von Kurt Schumacher, Bd. 2, Berlin 1953, S. 37.

nicht länger den Luxus kapitalistischer Profitwirtschaft, sondern mache den Übergang vom wirtschaftlich, politisch und moralisch zusammengebrochenen kapitalistischen System zur sozialistischen Planung notwendig.

Hier unterlag Schumacher demselben Trugschluß wie andere Funktionäre der Arbeiterbewegung und viele Basisaktivisten in den Betrieben und Gewerkschaften, die die Diskreditierung der Großkapitalisten, die zeitweilige Suspendierung von Eigentümerrechten auch im Westen und die bedeutende Rolle der Betriebsräte beim Wiederingangsetzen der Produktion als Schritte zur Aufhebung des Kapitalverhältnisses interpretierten. Angesichts der materiellen Zerstörungen konnten sie sich nicht vorstellen, wie ein sozial erträglicher Aufbau im Rahmen des Marktkapitalismus möglich sein sollte, und setzten dem die Alternative der »Wirtschaftsdemokratie« entgegen.

Nur vor dem Hintergrund einer Situationseinschätzung, nach der die SPD eine reale Chance besaß, in der Folgezeit durch Wählerwillen zur eindeutig führenden Kraft zu werden, wird die von Schumacher in der Parteiführung durchgesetzte Entscheidung plausibel, im Wirtschaftsrat der amerikanisch-britischen Bizone freiwillig in die Opposition zu gehen, nachdem der sozialdemokratische Personalvorschlag für das Wirtschaftsressort im Direktorium im Sommer 1947 an der CDU-geführten bürgerlichen Mehrheit gescheitert war. Die Verschiebung der gesellschaftlichen Kräfteverhältnisse zu Lasten der Arbeiterbewegung spätestens seit 1947 sah und beklagte Schumacher. Insofern revidierte er stillschweigend seine anfängliche Einschätzung. Die Verelendungstendenz schien ihm jedoch keineswegs mit der Währungsreform gebrochen – trotz der schlagartig verbesserten Versorgung. Ein krasser Akt des »Klassenkampfes von oben« sei diese in ihrer Durchführung gewesen, und in der Tat schien bis zum Korea-Boom und selbst darüber hinaus eher die kapitalistische Normalität wiederhergestellt, als daß schon der kommende epochale Aufschwung mit gravierenden Folgen für das Lebensniveau sichtbar gewesen wäre. Und auch auf der politischen Ebene schien es bis weit in die 50er Jahre noch keineswegs sicher zu sein, daß Bonn nicht Weimar sein würde.

In seinen geistigen Ursprüngen Lasalleaner eher als Marxist war das Nationale ebenso wie der Staat für Schumacher ein Wert im Sinne Max Webers. Nach 1945 verbanden sich mit seinem Nationalpatriotismus indessen ganz konkrete politische Forderungen und Aufgaben. Das Ziel: die Neuschaffung Deutschlands als eines selbstbestimmten, demokratischen Nationalstaats. Das erforderte, neben der sozialen Neuordnung, die Verteidigung der Lebensinteressen des deutschen Volkes nach außen, gegen die Siegermächte, aber auch das Annehmen der kollektiven Verantwortung für die Verbrechen Hitler-Deutschlands und die unsentimentale Bestrafung krimineller Taten bei gleichzeitiger unzweideutiger Ablehnung der These von der Kollektivschuld. Es müsse die Aufgabe der Sozialdemokratie sein, »diesem Volk bei aller Anerkennung des Verschuldens, das es durch das Dritte Reich auf sich genommen hat, zu einem inneren, klaren und freien Selbstbewusstsein zu verhelfen.«[11] Andernfalls würden die

---

11 Kurt Schumacher: Bundestagsreden, hrsg. v. Annemarie Renger, Bonn 1972, S. 137 (1.6.1947).

Deutschen auch nicht lernen, Achtung vor anderen Völkern zu haben, international zu denken und zu handeln.

Bezeichnenderweise hat Schumacher unmittelbar nach Kriegsende auf die Judenvernichtung als ein *besonderes* moralisches und politisches Problem der Auseinandersetzung Deutschlands mit dem Nationalsozialismus hingewiesen. Er half den Weg zur Regelung der materiellen Wiedergutmachung so weit ebnen, daß die SPD als einzige Bundestagsfraktion einige Monate nach seinem Tod dem diesbezüglichen Gesetz geschlossen zustimmte. Schumacher trat aber andererseits nachdrücklich dafür ein, die unbelasteten oder gering belasteten früheren Anhänger des »Dritten Reiches«, insbesondere in den jüngeren Jahrgängen, großzügig zu behandeln und schnellstmöglich politisch zu integrieren. Schon der erste SPD-Nachkriegsparteitag verlangte eine Jugendamnestie. Vergleichbare Bemühungen unternahmen alle Parteien, auch die SED im Osten. Das Charakteristische an Schumacher war der Versuch, auf die seelische Verfassung der desillusionierten Frontkämpfer- und HJ-Generation einzugehen, die große versöhnende Geste zu wagen. Er mußte dabei keine inhaltlichen Konzessionen machen, denn nicht wenige der Umworbenen fühlten sich von dem gesellschaftspolitischen Profil der SPD in Verbindung mit Schumachers lassalleanischem Patriotismus angesprochen.

2 Das Dilemma der Schumacher-SPD

Es gehört zu den unbestrittenen Leistungen Kurt Schumachers, daß er sofort nach Kriegsende – noch ohne legale Basis – die Initiative ergriff, um aus den zahlreichen lokalen SPD-Gründungszirkeln eine überregionale Partei zu bilden. Die Geschwindigkeit und die zahlenmäßige Ausdehnung des Organisationsaufbaus der SPD, ähnlich wie auf Seiten der Gewerkschaften, sind allein schon ein Argument gegen die pauschale These von der politischen Apathie der Deutschen nach 1945. Bereits gut ein Jahr nach dem Beginn der Legalisierung, Ende 1946, hatte die Sozialdemokratie in den Westzonen rund 700.000 Mitglieder; das entsprach unter Berücksichtigung der Ostflüchtlinge und -vertriebenen ungefähr den Ziffern der späten Weimarer Zeit. Gleichzeitig vermochte Schumacher die wiedergegründete sozialdemokratische Massenpartei, deren Mitglieder und Wähler zunächst wie bis 1933 überwiegend aus der, zumal gelernten, Industriearbeiterschaft kamen, für seine Linie zu gewinnen. Das ist um so bemerkenswerter, als anfangs viele Vorbehalte dagegen bestanden. Zudem war Schumacher 1945 ein, auch unter Sozialdemokraten, relativ unbekannter Mann.

Darüber hinaus gelang ihm bis Anfang der 50er Jahre, was die SPD in der Weimarer Republik nicht geschafft hatte: die Sozialdemokratie faktisch zur Einheitspartei der Arbeiterbewegung zu machen, zuerst durch die Hereinnahme der früheren, vor allem qualitativ gewichtigen sozialistischen Splittergruppen, dann durch das, was Schumacher die »Sozialdemokratisierung der kommunistischen Anhänger«[12] nannte.

Erleichtert durch den beginnenden Kalten Krieg und die ultra-radikale Wendung der KPD ab 1948, saugte die SPD den größten Teil der Wählerschaft und einen erheblichen Teil der Mitgliedschaft der westdeutschen KPD auf. Das war kein Automatismus, sondern – zumindest auch – das Ergebnis eines auf allen Ebenen, bis in die Betriebe hinein, erbittert geführten Verdrängungskampfes.

Drei wichtige Einschränkungen sind zu machen: Erstens gelang in dieser Phase kein Einbruch in die katholische Arbeiterschaft und ihr Vereinswesen. Die Bindekraft der neuen, überkonfessionellen bürgerlichen Sammlungspartei CDU/CSU wurde von Schumacher unterschätzt. Der Frontalangriff hatte hier statt des gewünschten den gegenteiligen Effekt: Trotz zurückgehenden innerparteilichen Einflusses wurden der Arbeitnehmerflügel der CDU und seine Klientel an diese Partei gebunden. Auch die Möglichkeit, über die in den ersten Nachkriegsjahren noch als relevanter Faktor existierende, links von der CDU angesiedelte katholische Zentrumspartei einen Differenzierungsprozeß im bürgerlichen Lager zu fördern, scheint von Schumacher nicht systematisch bedacht worden zu sein.

Zweitens war die sukzessive Marginalisierung der Kommunisten von einem Rückgang der Wahlunterstützung für die Arbeiterbewegung insgesamt begleitet. Bei den Landtagswahlen 1946/47 standen sich in den Westzonen die beiden großen Parteien mit einem durchschnittlichen Stimmenanteil von gut einem Drittel gegenüber, mit einem kleinen Vorsprung der CDU/CSU. Sowohl die Rechtsliberalen, die spätere FDP, als auch die Kommunisten lagen nicht weit unter einem Zehntel. Bei der ersten Bundestagswahl 1949 änderte sich an dem Abstand der beiden Großen nichts. Beide mußten prozentual gegenüber 1946/47 Einbußen in der Wählergunst hinnehmen. Während aber die geschrumpfte Sozialdemokratie eine ebenfalls geschrumpfte Kommunistische Partei neben sich hatte, wurden die Verluste der CDU/CSU von der FDP und verschiedenen bürgerlichen Splitterparteien aufgefangen und überkompensiert. Diese Verschiebung zwischen den sozio-politischen Wählerblöcken setzte sich 1953 mit dem großen Wahlsieg der CDU fort. Die ersten Landtagswahlen als Ausgangsbasis zugrunde gelegt, war eine SPD-Alleinregierung als Voraussetzung für die Verwirklichung des Schumacherschen Programms schon 1949 nahezu ausgeschlossen. Günstigstenfalls konnten ein deutlicher Vorsprung der SPD und damit der Anspruch auf die Kanzlerschaft herauskommen, der eine Koalition mit zumindest einem Teil der CDU ermöglicht, mangels inhaltlicher Alternativen aber auch erzwungen hätte. Schumacher selbst scheint auf einen Zerfall der CDU/CSU gehofft zu haben, eine zu diesem Zeitpunkt nicht ganz abwegige Spekulation, aber kein strategischer Plan.

Drittens und vor allem wurde die Vereinheitlichung der westdeutschen Arbeiterbewegung in der Sozialdemokratischen Partei bezahlt mit der territorialen Spaltung der gesamtdeutschen Arbeiterbewegung durch Bildung der SED in der Ostzone. Der weitgehend erfolgreiche Widerstand der Berliner Sozialdemokraten gegen den massi-

---

12 Schumacher 1985, S. 268 (25.8.1945).

ven Fusionsdruck seitens der Roten Armee und der ostdeutschen Kommunisten ging übrigens nicht von Kurt Schumacher aus, wenngleich er ihn dann unterstützte. Die sozusagen geographische Bereinigung des sozialdemokratisch-kommunistischen Schismas 1946 war für die SPD der Westzonen nach ihren eigenen Maßstäben eigentlich eine Katastrophe und zudem ein erster, über die Besatzungsmaßnahmen hinausgehender Schritt der Teilung Deutschlands. Die Partei war überzeugt, traditionelle Hochburgen verloren zu haben, deren Einbeziehung ihnen bei gesamtdeutschen freien Wahlen zumindest die relative, vermutlich die absolute Mehrheit bringen würde. Schumacher selbst hielt drei Viertel der Ostdeutschen für verhinderte Sozialdemokraten, und die Entschiedenheit seines Wiedervereinigungsengagements, wie das der Nachkriegs-SPD überhaupt, ist ohne solche Erwartungen nicht hinreichend zu begreifen.

Um so auffälliger, wie unflexibel Schumacher 1945/46 auf das Dilemma des »Zentralausschusses« der ostdeutschen und Berliner Sozialdemokraten reagierte. Die Auseinandersetzung innerhalb der SPD zwischen dem »Büro Schumacher« in Hannover und dem Zentralausschuß unter Vorsitz Otto Grotewohls in Berlin um die »Einheit der Arbeiterklasse«, zugleich um die Führung der wiederentstehenden Partei, war keine zwischen »links« und »rechts«. Beide setzten deutliche patriotische Akzente, und die gesellschaftspolitischen Positionen der beiden konkurrierenden Zentren waren nicht so weit voneinander entfernt, wie Schumachers Parole vom »Sozialismus als Tagesaufgabe« gegenüber der Grotewohlschen Übernahme der KPD-Losung von der »Aufrichtung eines antifaschistischen, demokratischen Regimes« als Etappenziel signalisierte. In der Einstellung zu den Kommunisten und in der Demokratie-Konzeption näherte sich angesichts unmittelbarer Erfahrungen in der Sowjetzone der Standpunkt des Zentralausschusses dem des Büros Schumacher seit Sommer 1945 immerhin an. Und die Differenzen im Verhältnis zu den Siegermächten hätten nicht unbedingt parteisprengend wirken müssen. Sie waren trotz des zeitweiligen Spielens mit einer »Ostorientierung« auf Seiten der Berliner nicht fest gefügt.

Von zentraler Bedeutung für die Abwehr kommunistischer Hegemonieansprüche und die Herstellung der nationalen Einheit – so meinte Grotewohl – sei die schnelle Bildung von Reichsparteien. Nur ein sozialdemokratischer Reichsparteitag könne über die Vereinigung der Arbeiterparteien entscheiden. Entweder wäre – so sein Hintergedanke – die Aufrechterhaltung einer unabhängigen Sozialdemokratie oder eine sozialdemokratisch dominierte Einheitspartei in Deutschland insgesamt das Ergebnis.

Also kam für die ostdeutschen Sozialdemokraten, seitdem die KPD mit Unterstützung der Roten Armee im Herbst 1945 ihre Fusionskampagne startete, alles darauf an, so schnell wie möglich politisch und organisatorisch Verbindungen zur Partei in den Westzonen zu knüpfen und zu festigen. Nur dann hatten sie eine Chance, dem kommunistischen Druck auszuweichen und das damalige sowjetische Interesse am Offenhalten der deutschen Frage für sich zu nutzen. Ihre Situation erforderte ein gewisses Lavieren und die Unterstützung, mindestens die Tolerierung dieses Lavierens durch die SPD im Westen. Man mag mit guten Gründen bezweifeln, daß eine flexiblere Haltung der West-SPD die ostdeutsche SPD hätte retten können, auch hatte Schumacher sicher recht mit seinem skeptischen Urteil hinsichtlich der persönlichen Standfestigkeit Grotewohls und seiner engeren Genossen. Es bleibt – auch unter Berücksichtigung britischer Quellen – der sichere Eindruck, daß nicht alle Möglichkeiten der SPD ausgetestet wurden. Die Vereinigung mit der KPD wurde deshalb gar nicht erst zu einem Problem der gesamtdeutschen Sozialdemokratie, und daran hatte Kurt Schumacher einen maßgeblichen Anteil. Statt sich um Zusammenarbeit mit dem Zentralausschuß zu bemühen, war er hauptsächlich um Abgrenzung der Operationsgebiete bemüht, um eine Einflußnahme der Berliner auf die Westzonen-SPD zu verhindern.[13]

Der Politiker Kurt Schumacher zeichnete sich durch ein hohes Maß an Risikobereitschaft aus, wenn es um Konfrontationen mit klaren Fronten ging. Er haßte politische Gemengelagen, wagte sich nicht in Konstellationen und Prozesse mit unkalkulierbaren, gar unbekannten Elementen. Das galt nicht nur für die Vorbereitungsphase der SED, sondern auch für die 1947 im Osten erwogene mögliche Relegalisierung der SPD. Ebenso für die interzonalen Kontakte der Landes-Ministerpräsidenten und für die Bemühungen um eine »Nationale [d. h. gesamtdeutsche] Repräsentation« der Parteien, wie sie neben der SED Teile des bürgerlichen Spektrums unternahmen, etwa der ostdeutsche CDU-Vorsitzende Jakob Kaiser, mit einem ähnlichen Motiv wie seinerzeit Grotewohl: nämlich durch gesamtdeutsche Kombinationen den Sowjetisierungsdruck auszubalancieren.

In allen diesen Fällen sah Schumacher scharf die Gefahren und leugnete jede echte Chance. Dafür gab es auch inhaltlich einen gemeinsamen Nenner: In Erinnerung an die Weimarer Republik fürchtete er die Wiederbelebung eines rechten bürgerlichen Nationalismus, der versucht sein könnte, auf Rußland zu setzen oder traditionelle Schaukelpolitik zu treiben, und dessen Zusammenspiel mit einem national drapierten Kommunismus. Seine Ablehnung neutralistischer und pazifistischer Ansätze im echten Sinne des Wortes und ebenso von Konzepten, denen zufolge Deutschland »Brücke zwischen Ost und West« (Jakob Kaiser) sein sollte, erklärt sich hauptsächlich aus dieser Sicht.

---

13 Albrecht Kaden, Einheit oder Freiheit. Die Wiedergründung der SPD 1945/46, Hannover 1964; Frank Moraw, Die Parole der »Einheit« und die Sozialdemokratie. Zur parteiorganisatorischen und gesellschaftspolitischen Orientierung der SPD in der Periode der Illegalität und in der ersten Phase der Nachkriegszeit 1933–1948, Bonn 1973; Harold Hurwitz u. a., Demokratie und Antikommunismus in Berlin nach 1945, 4 Bde., Köln 1983–1990; Lucio Carraciolo, Der Untergang der Sozialdemokratie in der sowjetischen Besatzungszone. Otto Grotewohl und die »Einheit der Arbeiterklasse« 1945/46, in: Vierteljahrshefte für Zeitgeschichte 36, 1988, S. 281-318; Klaus Sühl, Arbeiterbewegung, SPD und deutsche Einheit 1945/46, in: Rolf Ebbinghausen/Friedrich Tiemann (Hrsg.), Das Ende der Arbeiterbewegung in Deutschland?, Opladen 1984, S. 274-300.

3 Patriotismus und Internationalismus

Was hat es also mit dem angeblichen Primat des Nationalen bei Schumacher auf sich? Es ging ihm zunächst um einen handlungsfähigen und damit auch zur sozialen Neuordnung fähigen deutschen Staat, um die Verhinderung weiterer Separationen, namentlich im Saarland, sowie um die Zurückdrängung staatenbündischer Tendenzen, die er vor allem in Bayern, auch unter bayerischen Sozialdemokraten, angesiedelt sah. Ohne die sozialdemokratische Drohung vom 20. April 1949, das Grundgesetz abzulehnen, wenn nicht die ausgeprägt föderalistischen Richtlinien der westalliierten Besatzungsmächte verändert würden, wäre die Bundesrepublik laut Schumacher nur ein »koddriger Rheinbund« geworden. Das bezog sich vor allem auf die Finanzhoheit des Bundes gegenüber den Ländern, ein Prinzip, auf das sich auch die sozialdemokratischen Ministerpräsidenten nur zögernd einschwören ließen. Angesichts der Propaganda aus dem Osten, wo der »nationale Widerstand« gegen die trizonale Separatstaatsgründung propagiert wurde, und angesichts des sozialen Elends wäre sogar ein Oktroi der Besatzungsmächte für Schumacher das geringere Übel gewesen. Die SPD sollte nicht wieder, wie in der Weimarer Republik, die Mitverantwortung für Verhältnisse und Entscheidungen übernehmen, die ihren eigenen Auffassungen diametral widersprachen.

Anders als beim Rückzug aus dem Bizonen-Direktorium 1947 hat Schumachers Boykott-Drohung vom 20. April 1949 Erfolg gehabt. Selbst wenn er – wie Adenauer sogleich verkündete – durch britische Gewährsleute gewußt haben sollte, daß die Alliierten ohnehin entschlossen waren, unitarischen Bestrebungen unter den Deutschen entgegenzukommen, so war doch die Umsetzung dieses Eventual-Beschlusses ohne massiven Druck von deutscher Seite unwahrscheinlich. Auch Ernst Reuter, der aus der Berliner Erfahrung für größere Flexibilität plädiert hatte, erkannte später die konstruktive Wirkung des Schumacherschen Nein an.[14]

Die Weststaatsgründung, die sich spätestens Anfang 1948 abzeichnete, enthielt für die SPD und für ihren Vorsitzenden im besonderen ein unlösbares Dilemma. Einerseits war man ängstlich bemüht, den fragmentarischen und provisorischen Charakter des zu schaffenden Gebildes zu betonen, andererseits bot allein die Effektivierung des Staatsfragments eine Aussicht, wieder echte politische Gestaltungsmöglichkeiten zu erhalten: sowohl im Hinblick auf das Ziel des gesellschaftlichen Neubaus, als auch im Hinblick auf die Wiederherstellung der deutschen Einheit. Wiederherstellung, nicht Erhaltung, denn Schumacher ging schon seit 1947 davon aus, daß Deutschland durch einseitige Aktionen der Sowjetunion bereits in Teilung begriffen sei. Aber wie sollte einerseits die Vier-Mächte-Verantwortung für Deutschland festgehalten werden, wo doch andererseits offenkundig keiner der Siegerstaaten an der Wiederherstellung der

---

14 Willy Brandt/Richard Löwenthal, Ernst Reuter. Ein Leben für die Freiheit, München 1957, S. 488.

deutschen Einheit interessiert war, zumindest nicht bei Gefahr eigener Machteinbußen bzw. von Machtgewinnen der weltpolitischen Kontrahenten oder mit der Aussicht auf einen unabhängigen deutschen Nationalstaat im Zentrum Europas?

Es spricht vieles dafür, daß die scharfe Opposition der Schumacher-SPD gegen die Adenauersche Regierungspolitik der schrittweisen Wiedergewinnung von Souveränität, auch durch einseitige Zugeständnisse, vermittels Westintegration und Einpassung in die amerikanische Blockbildungsstrategie, dem Kanzler in seinen Verhandlungen mit den Westmächten faktisch geholfen hat. Das ändert nichts daran, daß Adenauers Linie von Schumacher in der Methode wie in der vermuteten Wirkung entschieden abgelehnt wurde. Er hatte – neben den gesellschaftspolitischen Implikationen – stets die Kriterien sowohl der Unabhängigkeit der westdeutschen Politik von den Besatzungsmächten als auch der Wiedervereinigung Deutschlands im Auge. »Wer diesem Generalvertrag [zur Aufhebung des Besatzungsstatus] zustimmt, hört auf, ein Deutscher zu sein.«[15] In solchen, auch von Wohlwollenden als deplaziert empfundenen Formulierungen drückte Schumacher seine Erbitterung darüber aus, mit welcher Bedenkenlosigkeit Adenauer seiner Meinung nach den Kurs forcierter Westintegration um jeden Preis fortsetzte.

Nach Ausbruch des Koreakrieges brachte Adenauer von sich aus einen westdeutschen Verteidigungsbeitrag ins Gespräch, was Schumacher unter den gegebenen Umständen für einen schweren Fehler hielt. Ab Sommer 1950 entwickelte er ein eigenes Konzept, das er dem Plan einer kleineuropäischen, von Frankreich geführten Verteidigungsgemeinschaft entgegenstellte. Auch Schumacher ging vom aggressiven Charakter der sowjetischen Weltpolitik aus, glaubte allerdings weder an einen Einmarsch der Kasernierten Volkspolizei in die Bundesrepublik nach koreanischem Muster, wie ihn Adenauer beschwor, noch an den Abzug der Amerikaner aus Deutschland, deren Truppen aufgrund eigener Interessen dort stünden. Ein westdeutscher Wehrbeitrag sei aber nur denkbar, wenn die deutschen Truppen keinen minderen Status erhielten und die gemeinsame Aufrüstung des Westens in Deutschland nach Zahl und Bewaffnung erheblich forciert werde. Deutschland dürfe keinesfalls zum Schlachtfeld einer Strategie hinhaltenden Widerstands werden, sondern es müsse gewährleistet sein, daß bei einem sowjetischen Angriff die Entscheidung östlich der Weichsel gesucht werde.

Diese Offensivstrategie war wohl *auch* taktisch gemeint, denn an der Basis der SPD und in der Bevölkerung war die teils pazifistisch, teils gesamtdeutsch begründete Abneigung gegen neuen Waffendienst weit verbreitet, und es galt für die kritische Haltung der Sozialdemokratie auch Begründungen zu finden, die an ihre kämpferisch antikommunistische Linie anknüpften. Entscheidend ist aber etwas anderes: Schumacher erkannte offenbar in der zweiten Hälfte des Jahres 1951 die politische Undurchführbarkeit seines Verteidigungskonzepts und – so scheint es – des Versuchs überhaupt, durch militärischen Druck auf die Sowjetunion den Status quo zu verändern.

---

15 Schumacher 1985, S. 902 (15.5.1952).

Er begann, den östlichen Standpunkt und die Möglichkeit von Kompromissen zwischen den Großmächten differenzierter nach Ansatzpunkten für eine Lösung der deutschen Frage zu untersuchen. Damit trat die Wiedervereinigung als Nahziel erneut in den Vordergrund.

Die Stalin-Noten vom Frühjahr 1952 schienen dann zu belegen, daß die UdSSR tatsächlich bereit sein könnte, die DDR freizugeben, um die – jetzt auch militärische – Koppelung des westdeutschen Potentials an den Westen zu verhindern. Es ist hier nicht zu entscheiden, ob diese Chance tatsächlich bestand und ob es gegebenenfalls hätte gelingen können, die Westalliierten dafür zu interessieren. Schumacher hielt Adenauer vor, nichts getan zu haben, das Angebot auszuloten, vielmehr dahin gewirkt zu haben, daß eine ernsthafte Prüfung seitens des Westens in Verhandlungen nicht erfolgte. Hier hätte ein Kanzler Schumacher mit Sicherheit anders operiert. Mehr noch: Schumacher scheint bereit gewesen zu sein, das Dogma von der souveränen Entscheidung einer frei gewählten gesamtdeutschen Regierung über ihre außen- und sicherheitspolitische Orientierung aufzugeben. Und sogar die Anerkennung der Oder-Neiße-Grenze – damals für alle Parteien noch eine wirkliche Zumutung – scheint für Schumacher nicht mehr tabu gewesen zu sein. So war für ihn in den letzten Monaten seines Lebens die deutsche Einheit mehr denn je »Maßstab aller Dinge«, wie er kurz vor seinem Tod in einer Rundfunkansprache an die Menschen in der DDR versicherte.[16] Man muß jedoch unterstreichen, daß die je spezifischen Akzentsetzungen Varianten einer einheitlichen, grundsätzlich offensiven deutschlandpolitischen Position waren.

Der Nationalstaatsgedanke stand für Schumacher nicht im Widerspruch zum Internationalismus. Wie Jean Jaurès konnte er sich eine neue internationale Ordnung nur als freiwillige Zusammenarbeit unabhängiger Völker vorstellen – die Nationen sozusagen als Bausteine eines universellen demokratischen Prinzips. In diesem Sinne nahm Schumacher auch wiederholt Bezug auf die Forderung des Heidelberger Programms der SPD von 1925 nach den Vereinigten Staaten von Europa.

Unverzichtbar sei dabei die Gleichberechtigung der Deutschen. Unter dieser Voraussetzung sei nicht nur eine enge politische, wirtschaftliche und soziale Kooperation, sondern auch eine Aufgabe von Souveränitätsrechten zugunsten supranationaler Integration denkbar und wünschenswert. Dabei dachte Schumacher zunächst an ganz Europa, seit der Ablehnung des Marshall-Plans durch das sowjetische Lager (Sommer 1947) an Westeuropa, aber unbedingt unter Einschluß Großbritanniens und Skandinaviens. Dabei gingen Schumacher und andere konzeptionelle Denker der SPD davon

---

16 Zitat in Schumacher 1985, S. 964 (15.7.1952). Siehe ansonsten, neben den in Anm. 1 genannten Titeln, besonders Albrecht, Kurt Schumacher, S. 75-87, und Scholz, Kurt Schumacher, S. 267-306; Ulrich Bucykowski, Kurt Schumacher und die deutsche Frage. Sicherheitspolitik und strategische Offensivkonzeption vom August 1950 bis September 1951, Stuttgart 1973; Udo F. Löwke, Für den Fall, daß ... Die Haltung der SPD zur Wehrfrage 1949–1955, Hannover 1969.

aus, ein demokratisch-sozialistisch bestimmtes Europa würde gesellschaftspolitisch eine viel stärkere Anziehungskraft auf den sich formierenden Ostblock entwickeln als ein liberal-kapitalistisches.

Ursprünglich setzte die SPD, wie die Sozialdemokratie ganz Europas, große Hoffnungen in die britische Labour-Regierung. Diese verweigerte sich einer eigenständigen europäischen Führungsrolle nicht nur wegen der finanziellen Abhängigkeit von den USA, zu deren Juniorpartner Großbritannien herabgesunken war, sondern auch, weil sie das traditionelle Verständnis von britischem nationalen Interesse nicht überwinden konnte, am wenigsten in der Deutschlandpolitik.

Daß Schumacher dann in den ersten beiden Jahren der Bundesrepublik im Prinzip eine wirtschaftlich-politische Blockbildung des Westens favorisierte, wurde nicht nur durch die scharfe innenpolitische Frontstellung gegen die Adenauer-Regierung überdeckt, sondern auch durch die Ablehnung aller konkreten Integrationsansätze seitens der SPD: des Beitritts zur Ruhrbehörde, der Mitgliedschaft im Europarat und der Montanunion, in der Europäischen Verteidigungsgemeinschaft sowie in der (ebenfalls nicht verwirklichten) Europäischen Politischen Gemeinschaft. Einem der berühmten Schumacher-Worte zufolge war das sich abzeichnende Klein-Europa der Sechs »konservativ und klerikal [...] kapitalistisch und kartellistisch«[17], überdies auf einen minderen Status und die fortdauernde Teilung Deutschlands angelegt.

4 Schluß

Mißt man es an der »granitenen Konzeption« von 1945, dem in sich geschlossenen Neuordnungsprogramm, dann war Schumachers politischer Ansatz spätestens Mitte 1948 gescheitert: mit den Londoner Empfehlungen, mit der Blockierung wichtiger auf Länderebene beschlossener Sozialisierungs- und Mitbestimmungsgesetze, mit der marktkapitalistischen Wirtschaftspolitik der Bizonen-Verwaltung, gekrönt von der Währungsreform. Die Bewirtschaftungsökonomie der ersten Nachkriegsperiode mit den »schwarzen« und »grauen« Märkten als Kompensation, mit zurückgestauter Inflation und den allgemeinen Mangelerscheinungen mußte schnell in eine demokratisch geleitete, volkswirtschaftliche Rahmenplanung, die Treuhandverwaltung wichtiger Unternehmen in neue gemeinwirtschaftliche Eigentumsformen, die wilde in eine legale betriebliche Mitbestimmung überführt werden, wenn das Experiment des gesellschaftlichen Neubaus eine Chance haben sollte. Denn die währungslose Wirtschaft förderte bestenfalls Nachbarschaftshilfe auf Stadtteilebene und Betriebssyndikalismus, aber nicht vereinheitlichende Lösungen. Überdies schadete die Zwangswirtschaft, je länger sie dauerte, im Ansehen der Bevölkerung massiv den Verfechtern von Wirtschaftsplanung.

---

17 Schumacher 1985, S. 808 (24.5.1951) u. ö.

Das antikapitalistische Strukturreformen begünstigende Massenbewußtsein in den frühen Nachkriegsjahren war diffus und fragil. Die zunächst offenbar vorhandenen Mehrheiten hätten nur dann politisch relevant werden können, wenn sie von den Besatzungsmächten nicht entmutigt worden wären. Hier lag Schumachers Hoffnung, der noch im Herbst 1947 bei einem Amerika-Besuch plausibel zu machen versuchte, daß in Deutschland allein die Entmachtung des Großkapitals eine Gewähr für Friedenssicherung und Demokratisierung biete.[18] So sehr er die internen restaurativen Tendenzen in Deutschland spürte, so wenig wollte er sich die antisozialistischen Konsequenzen des Kalten Krieges eingestehen.

Sowohl im ganzen wie in den wichtigen Teilelementen, etwa beim Lastenausgleich, bestimmte die CDU-geführte bürgerliche Koalition den Kurs in die Bundesrepublik. In diesem Rahmen allerdings gestaltete die Schumacher-SPD die zweite deutsche Demokratie maßgeblich mit, auch auf Bundesebene. Das gilt in erster Linie für das Grundgesetz, aber auch für die großen sozialpolitischen Herausforderungen der frühen Bundesrepublik wie den Wohnungsbau und die Eingliederung der Heimatvertriebenen. Man kann natürlich fragen, ob ein konzilianterer Parteiführer, etwa vom Bürgermeisterflügel, hier nicht mindestens so viel erreicht hätte. Sicher ist das aber nicht, jedenfalls nicht durchweg, wie das von Schumacher inspirierte Nein zu den Verfassungsvorstellungen der Westalliierten 1949 zeigt, zweifellos eine Konfrontation mit konstruktiven Folgen.

Das Ziel der deutschen Einheit in einem freien, nicht blockgeteilten Europa trieb Schumacher zu frühzeitigem Protest gegen die sowjetische Macht und zu heftiger Opposition gegen Adenauer. Dessen Bewunderer sehen heute im Zusammenbruch des Ostblocks die späte Frucht der 1949 eingeleiteten Außen- und Sicherheitspolitik. Von anderen Einwänden abgesehen: Die Aussicht auf vier Jahrzehnte Teilung wäre damals für viele, auch aus dem bürgerlichen Lager, einem Verdammungsurteil über die Politik Adenauers gleichgekommen. Zweifellos hat der erste Kanzler die Entwicklungslogik der internationalen Beziehungen mit ihren Auswirkungen auf den Handlungsspielraum der Bundesrepublik besser erkannt als der Oppositionsführer, der zu stark in den Kategorien der Zwischenkriegszeit dachte. Analytisch scharf sah Schumacher aber die Folgen der, zumal militärischen, Westintegration für die deutsche Frage.

Anders als bei Adenauer, für den die Prioritätenfolge klar war, stand Schumachers Deutschlandpolitik im Spannungsverhältnis von Antitotalitarismus, demokratisch-sozialistischer Orientierung und Wiedervereinigungsziel. Das schloß die Bereitschaft und Fähigkeit nicht aus, in konkreten Situationen – wie beim Vorgehen gegen den Zentralausschuß 1945/46 – eindeutige Prioritäten zu setzen. Möglicherweise war die Einheit Deutschlands in den späten 40er und frühen 50er Jahren unter demokratischen Vorzeichen überhaupt nicht zu erreichen. In keinem Fall war sie denkbar, ohne die Interessen der Sowjetunion nüchtern in Rechnung zu stellen. Erst ganz zu Ende

---

18 Schumacher 1985, S. 562-569 (Rede vor der AFL am 14.10.1947).

seines Lebens scheint Schumacher klar geworden zu sein, daß weder der demokratische Sozialismus als unabhängige Formation noch die sogenannte »Weltdemokratie« mit der Sozialdemokratie als linkem Flügel die Sowjetunion würde aus Deutschland verdrängen können, daß also irgendein Arrangement unvermeidlich sein würde. Immerhin erlaubte sein Denken eine solche vorsichtige Neuorientierung.

Ungeachtet aller kritischen Anmerkungen gehörte Kurt Schumacher – beinahe gleichrangig mit Adenauer – zu den prägenden Führungspersönlichkeiten der Vor- und Frühgeschichte der Bundesrepublik, »und er stellte darüber hinaus eine politisch-moralische Kraft dar, deren Bedeutung für den Geist des Neuanfangs nach dem Zusammenbruch des NS-Regimes nicht leicht zu überschätzen ist.«[19]

---

19   Rürup, Kurt Schumacher (wie Anm. 3), S. 424.

13 Stunde Null?
Die Hagener Arbeiterbewegung nach 1945[1]

Natürlich bedeutete das katastrophische Ende des Krieges im Frühjahr 1945, das zugleich die Befreiung von der NS-Diktatur brachte, keine »Stunde Null« im buchstäblichen Sinn. Das in einer gegebenen Gesellschaft materiell und menschlich (auch mental) Vorhandene wirkt stets weiter, selbst bei noch so radikalen Brüchen. Und der militärische Zusammenbruch des »Dritten Reiches« markierte einen der tiefsten Einschnitte in der deutschen Geschichte. Diejenigen, die wieder politisch bzw. gewerkschaftlich tätig werden wollen, waren mit völlig neuartigen und einmalig komplizierten Bedingungen konfrontiert. Dabei ist in erster Linie an die enormen Zerstörungen und die sozialen Verwerfungen der Kriegs- und Nachkriegsjahre mit der Flucht und den Vertreibungen aus den Gebieten östlich der Oder-Neiße-Linie zu denken, ferner an die Versorgungsnot.

Zudem war Deutschland, nachdem ein Systemwechsel von innen heraus nicht zu Stande gekommen war, ab Mai 1945 auf allen territorialen Ebenen der, prinzipiell uneingeschränkten, Herrschaft der Besatzungsmächte unterworfen. Bei Kriegsende war völlig unklar, wann Deutschland aus seiner Objektrolle würde heraustreten können, wo die Außengrenzen gezogen würden, ob die nationale Einheit überhaupt bewahrt werden könnte, wieweit sich Straf-, Rache- und Sicherungsmaßnahmen in der Deutschlandpolitik der Siegermächte geltend machen würden. Die Beschlüsse der Potsdamer Konferenz vom Juli/August 1945 begrenzten die (faktischen) Gebietsabtretungen zunächst auf die preußischen Ostprovinzen und gingen von der Weiterexistenz eines einheitlichen, unter Verwaltung der vier Mächte stehenden Deutschland aus, schufen aber kaum institutionelle Hebel, um die auf Interzoneneinheit gerichteten Verabredungen in die Wirklichkeit umzusetzen.

Der Untergang der nationalsozialistischen Herrschaft war seit der Kriegswende überall in Europa vom Aufschwung antifaschistischer Massenbewegungen mit sozialrevolutionärer Tendenz begleitet, der sich nach der Befreiung in einer Veränderung des politischen Klimas zu Gunsten demokratischer Strukturreformen niederschlug, einen Aufschwung der Gewerkschaftsbewegung und auch beeindruckende Wahlerfolge der Linken mit sich brachte. In Deutschland hingegen nahm die Massenunterstützung für den Nationalsozialismus, als sich die militärische Niederlage 1943 abzuzeichnen begann, nur langsam und diskontinuierlich ab, und selbst angesichts der völlig aussichtslosen Fortsetzung des Krieges in den ersten Monaten des Jahres 1945 kam es nur auf lokaler Ebene zur Sabotage der von Hitler angeordneten Zerstörungsakte

---

1 Vortrag anlässlich der Eröffnung der Ausstellung »60 Jahre DGB in Hagen« (29.10.2007).

und zu Anstrengungen, die Verteidigung zu unterlaufen. Die selbstzerstörerische Dynamik des »Dritten Reiches«, die tendenziell staats- und gesellschaftsauflösend wirkte, machte zusammen mit der kriegsbedingten territorialen Zersplitterung paradoxerweise alle sozialen Gruppen, einschließlich der Eliten, immer handlungsunfähiger, je stärker die Fortsetzung der nationalsozialistischen Herrschaft objektiv das deutsche Volk insgesamt bedrohte.

Für das unter den Deutschen im Zweiten Weltkrieg mehr und mehr verbreitete Gefühl der Ausweg- und Alternativlosigkeit waren neben der zunehmenden, wenn auch ganz unvollständigen und ungenauen, Kenntnis deutscher Kriegsverbrechen auch die Forderung nach bedingungsloser Kapitulation und die alliierte Kriegführung, namentlich die Bombardierung der städtischen Wohngebiete, mitverantwortlich. Es gab aber auch tiefer, im Charakter des Herrschaftssystems liegende Ursachen. Der Nationalsozialismus vermochte erhebliche Teile des deutschen Volkes aktiv zu mobilisieren und die Loyalität der Mehrheit zweifellos zu bewahren, wenn es auch unzutreffend ist, wie es heutzutage häufig geschieht, eine weitestgehende Übereinstimmung von Regime und Bevölkerung anzunehmen. Dagegen zeugt der Widerstand, der auch in Hagen vor allem aus der sozialistischen Arbeiterbewegung kam. Allerdings war die organisierte Illegalität hier schon Mitte der 30er-Jahre in mehreren Verhaftungswellen und Massenprozessen zerschlagen worden, die sich gegen rund 200 Hagener Antifaschisten richteten.

Als das hervorstechendste Merkmal der deutschen Wirtschaft und Gesellschaft in den ersten drei Nachkriegsjahren ist die Atomisierung und »Primitivisierung« des ökonomischen Lebens bezeichnet worden, die sich aus dem Funktionsverlust des Geldes und seiner Ersetzung durch verschiedene Formen des Tauschhandels ergab. Dieser verhinderte den Aufbau eines neuen, friedensgemäßen Systems wirtschaftlicher Spezialisierung und Arbeitsteilung. Die »währungslose Wirtschaft« brachte es mit sich, dass eine größere Anzahl von Menschen mehr Zeit für die Jagd nach Gewinnen, Waren oder einfach Lebensmitteln investierte, ohne dass diese Anstrengungen zu einem entsprechenden Aufschwung von Industrie und Landwirtschaft führten. Der enorme Geldüberhang infolge der inflationistischen Kriegsfinanzierung musste angesichts chronischen Warenmangels und wenig wachsenden Warenvolumens die offiziellen Zahlungsmittel entwerten. Das Resultat war eine Flucht der Unternehmen und Individuen in die Sachwerte. Mindestens die Hälfte der ohnehin niedrigen Industrieproduktion gelangte auf illegale und halblegale Märkte oder wurde gehortet und damit der geregelten Verteilung entzogen.

Der gänzlich illegale »Schwarze Markt« trat in seiner gesamtwirtschaftlichen Bedeutung weit hinter den »Grauen Markt« der Kompensationsgeschäfte zurück. Das Prinzip des Kompensationshandels bestand darin, dass der Einzelbetrieb dringend benötigte Rohstoffe auf eigene Faust beschaffte, wobei häufig eine ganze Reihe von Kettengliedern (Kompensatoren) eingeschaltet werden musste, bis alle am Geschäft Beteiligten das gewünschte Produkt erworben hatten. Kompensationsgeschäfte, die von den Behörden notgedrungen mehr und mehr geduldet wurden, bedeuteten eine grandiose Verschwendung von Arbeitskraft und trugen zur Desorganisation der Wirtschaft bei, auch wenn sie zum Überleben unvermeidlich waren.

Obwohl grundsätzlich Löhne und Preise einem Stopp unterlagen, war der legale Spielraum für Preiserhöhungen größer als für Lohnerhöhungen. Ganz abgesehen von der mangelhaften Versorgung sank der durchschnittliche Reallohn der deutschen Arbeiter und Angestellten von 1945 bis 1948 um fast ein Drittel. Es ist davon auszugehen, dass die finanziell am schlechtesten gestellten Teile der Arbeiterschaft nicht in der Lage waren, die völlig unzureichenden Rationen zu kaufen. Laut einer Untersuchung über die Zusammensetzung des Einkommens der Arbeiterhaushalte im Ruhrgebiet reichte das reguläre Arbeitseinkommen im August 1946 nicht einmal aus, um die Hälfte der Lebenshaltungskosten zu bestreiten. Der Schwarzmarkt mit seinen z. B. zu Beginn September 1945 im Durchschnitt 125-fach überhöhten Preisen bot den Arbeitern und unteren Angestellten nur dann Möglichkeiten zur Deckung des Defizits, wenn sie z. B. auf ihre Zigarettenration verzichteten – die Zigarette war eine Art Ersatzwährung – oder ihren zweiten Anzug, ihren Teppich oder Ähnliches veräußerten.

Die materielle Notlage spiegelt sich in anschaulicher Weise in den Hagener Polizeiberichten. So hieß es in Berichten vom Juni 1946: »Die Hauptsorge der ganzen Bevölkerung ist die Ernährungsfrage. Es herrscht eine wirkliche Not. Die Hausfrauen wissen nicht, woher sie die Lebensmittel für ihre Männer und Kinder nehmen sollen, da sämtliche Nahrungsmittel, hauptsächlich Kartoffeln und Brot, in nur unzureichendem Maße zur Verfügung stehen. […] Durch die herrschende Not wird die Stimmung in der Bevölkerung sehr nachteilig beeinflusst. […] Große Not herrscht in der Beschaffung von Bekleidung und Schuhen. Letztere sind überhaupt nicht zu haben. Auch an Flickmaterial herrscht großer Mangel. Hausfrauen können ihre verbrauchte Bett-, Leibwäsche und Kleidungsstücke nicht flicken, weil sie kein Garn und Stopfgarn mehr haben. […] Bei den Verbänden der freien Wohlfahrtspflege werden fast täglich Einzelpersonen vorstellig, die um irgendein Kleidungsstück dringend bitten. Da mit einer Verbesserung der Versorgungslage in Textilien in absehbarer Zeit kaum zu rechnen ist, herrscht über den Mangel in der Bevölkerung große Erbitterung. […] Großer Mangel herrscht in weiten Bevölkerungsschichten an Töpfen, Geschirr, Reinigungsmitteln wie Besen, Bürsten, Aufnehmern und Seife. Manche Leute wissen nicht, worin sie ihr Essen zubereiten und Geschirr und notdürftiges Unterkommen sauber halten sollen. Auch wird vielfach über die geringe Zuteilung an elektrischem Strom und ferner Gas geklagt, zumal auch Kohle äußerst wenig für den Haushalt verfügbar ist […]«[2]

Hagen hatte mehr als 2.000 Zivilotte zu beklagen; 6.000 Soldaten waren an der Front gefallen. Statt 156.000 Einwohner vor Kriegsbeginn hatte Hagen bei Kriegsende nur noch 109.000. Doch begannen Evakuierte und auch Flüchtlinge aus dem Osten

---

2 Zitiert nach U. Geitz/U. Schledorn, Der Freiheit eine Gasse. Kleine Geschichte der Hagener Arbeiterbewegung, Hagen 1985, S. 142 f.

trotz Zuzugsverbots schon bald, in die Stadt zu strömen und dort die Lage zu verschlimmern. Die Innenstadt war völlig zerstört; der Zerstörungsgrad der Wohnfläche wird mit 72 % angegeben. Von den 1939 rund 46.000 Wohnungen war rund die Hälfte durch den Bombenkrieg zerstört oder jedenfalls unbewohnbar gemacht. Zusätzlich beschlagnahmten die Briten über 2.000 Wohnungen für ehemalige Zwangsarbeiter und in erheblichem Umfang weitere Wohnungen für Angehörige der Besatzungsmacht.

Unterbrochen waren anfangs die Verkehrs- und Kommunikationsverbindungen (Post und Telefon). Anordnungen und Mitteilungen der Militärregierung wurden im Rathaus und über in der Stadt aufgestellte Plakate verbreitet. An der Spitze der Stadtverwaltung – auch das gehört ja zu den Handlungsbedingungen der Arbeiterbewegung – stand, von den Briten ernannt, Oberbürgermeister Ewald Sasse, der als früherer Dezernent die Kontinuität der Bürokratie verkörperte. Er hatte vor 1933 der katholischen Zentrumspartei angehört und war insofern auch für Sozialdemokraten und Kommunisten akzeptabel. Als 1946 das Amt des Oberstadtdirektors eingerichtet wurde, wechselte Sasse dorthin. Oberbürgermeister war seit Januar 1946 Fritz Steinhoff. Zur politischen Absicherung und Unterstützung der Kommunalverwaltung ernannte der britische Stadtkommandant Major Alexander aus Vertretern der neu entstehenden Parteien einen gemeinsamen beratenden Ausschuss, dann auch eine Stadtverordnetenversammlung.

Faktoren wie der Verlust von Eigentum durch den Bombenkrieg, die Sperrung von Bankguthaben, der Verlust des Arbeitsplatzes wegen politischer Belastung, oder aber hohe Gewinne durch Schwarzmarktgeschäfte, unmittelbarer Zugang zu Lebensmitteln, Kontakte zur Besatzungsmacht zerstörten zwar nicht die traditionelle Hierarchie von Besitz und Herrschaft, überlagerten sie jedoch im Bewusstsein der Werktätigen zu einem gewissen Grad. Die Zusammenbruchsgesellschaft und das Besatzungsregime förderten objektiv nicht unbedingt vereinheitlichende, sondern eher sektorale oder sogar individuelle Lösungsversuche.

Die Partikularisierung des Arbeiterbewusstseins während des Nationalsozialismus fand in den gesellschaftlichen Verhältnissen der unmittelbaren Nachkriegszeit eine Fortsetzung: Tendenzen zu Passivität und Selbstmitleid standen neben Aktivismus, das Warten auf Anordnungen »von oben« neben Initiative und Risikobereitschaft, kruder Egoismus neben Solidarität, »volksgemeinschaftliches« neben klassenkämpferischem Denken, Anerkennung der »guten Seiten« des Nationalsozialismus neben militantem Antifaschismus, Fügsamkeit neben rebellischem Verhalten. Die Widersprüchlichkeit und Unbestimmtheit des kollektiven, häufig auch des individuellen Bewusstseins machten die Neuordnungskonzepte der Arbeiterbewegung zwar nicht zu einer reinen Fiktion, bedeuteten aber, dass diese sich im Volk auf eine eher labile Basis stützen mussten – eine Tatsache, die die Unterordnung der Gewerkschaften und Arbeiterparteien unter die Besatzungsmächte über das unvermeidbare Maß hinaus zweifellos begünstigte.

Mehrheiten für antikapitalistische Strukturreformen (vor allem die Sozialisierung von Banken und Schlüsselindustrien sowie die Mitbestimmung der Arbeitnehmer auf betrieblicher und überbetrieblicher Ebene), zum Teil (Sachsen, Hessen, Bremen) durch Volksabstimmungen objektiviert, beinhalteten nicht ohne Weiteres die Bereitschaft, für diese Reformen aktiv einzutreten. Die von zeitgenössischen Beobachtern immer wieder konstatierte »politische Apathie« der deutschen Bevölkerung, deren Interesse nur den nächstliegenden materiellen Fragen gelte, steht zu einem reformerischen Meinungsklima insofern nicht unbedingt im Gegensatz. Es muss jedoch innerhalb des »werktätigen Volkes« (einschließlich der Frauen, Jugendlichen, Rentner, Flüchtlinge, ehemaligen Kriegsgefangenen) stark differenziert werden. Gewerkschaftlich und politisch mobilisierbar war nur eine Minderheit, die industriellen Arbeiter der Großbetriebe, und auch diese nur begrenzt; kontinuierlich interessenpolitisch tätig war von dieser Kernschicht wiederum nur eine »Elite« aus sozialdemokratisch oder kommunistisch, in unserer Region teilweise auch christdemokratisch orientierten Basiskadern: Vertrauensleute, Betriebsräte, untere Gewerkschaftsfunktionäre.

Sie waren fast durchweg mehr als 35 Jahre alt und in der Zeit der Weimarer Republik in der Regel bereits gewerkschaftlich bzw. parteipolitisch tätig gewesen. Jedenfalls gehörte die Zeit vor dem Dritten Reich zum Erfahrungshintergrund dieser »Männer der ersten Stunde« (Frauen waren kaum darunter), deren Bewusstsein also noch von der klassischen Arbeiterbewegung und deren Leitbildern geprägt war. Wer 1945 50 Jahre alt war, war im Kaiserreich aufgewachsen, hatte im Allgemeinen den Ersten Weltkrieg (nicht hingegen den Zweiten) als Soldat mitgemacht, die Revolution 1918/19 als Erwachsener erlebt und sich möglicherweise an dem großen Aufstand der Ruhrarbeiterschaft im März 1920 beteiligt, dessen eines Zentrum ja in Hagen lag. 1933 befand er sich bereits im reifen Mannesalter. Diejenigen, die 40 und jünger waren, hatten von der alten Arbeiterbewegung vor allem den »Bruderkampf« zwischen SPD und KPD und das Versagen gegenüber dem Nationalsozialismus mitbekommen. Die immer wiederkehrende Beschwörung, die politische Entwicklung zwischen 1918 und 1933 dürfe sich nicht wiederholen, entsprach insofern eigenem Erleben. Antifaschistischen Widerstand im engeren Sinne hatten die wenigsten geleistet; aber die Gruppe, von der hier die Rede ist, hatte zumindest zum Regime kritische Distanz gehalten und stellte auch deshalb 1945 das Hauptpotenzial für den Wiederaufbau der Arbeiterbewegung in Deutschland.

Im Zuge der Besetzung des Deutschen Reichs kam es vielerorts zur Bildung von lokalen Antifaschistischen Ausschüssen, in Einzelfällen Organisationen mit tausenden von Mitgliedern, meist hingegen kleinere Ad-hoc-Gruppen auf Wohngebietsebene, mit denen die überlebenden Kader der alten Arbeiterbewegung beider Richtungen auf die Situation der Zusammenbruchsgesellschaft reagierten. In den vier Besatzungszonen Deutschlands gab es insgesamt etliche Hunderte »Antifas«, wie die Amerikaner sagten, auch in kleineren Orten. Sie widmeten, wie die gleichzeitig entstehenden provisorischen Betriebsausschüsse auch, ihre Energie hauptsächlich dem Überleben durch gemeinschaftliche Selbsthilfe, bemühten sich um die Ausschaltung der »Nazis«, kümmerten sich um die Vorbereitung der Wiedergründung von Gewerkschaften und sahen sich vielfach zugleich als Vorform einer einheitlichen sozialistischen Partei oder einer die Parteien ersetzenden linken Volksbewegung.

Sie konnten mit ihren Aktivitäten teilweise erheblich über den ursprünglichen Kreis der Initiatoren hinauswirken, doch Ausdruck einer revolutionären Massenbewegung waren sie nicht, anders als die Arbeiter-, Soldaten- und Volksräte 1918/19, die aus einer echten Volkserhebung gegen die Fortsetzung des Krieges hervorgegangen waren. In allen vier Besatzungszonen wurden die Antifas meist noch im Frühjahr und Sommer 1945 von den Besatzungsmächten bzw. deren Auftragsverwaltungen aufgelöst. Sie galten den Siegern als dysfunktional für die Aufrechterhaltung von Ruhe und Ordnung, zugleich aber auch als politisch zu eigenständig und schwer kontrollierbar, den Westalliierten zudem vielfach als kryptokommunistisch.

In Hagen, wo in der Endphase der Weimarer Republik die KPD hinsichtlich der Wählerstimmen stärker gewesen war als die SPD, fand sich unmittelbar nach der Besetzung der Stadt durch amerikanische Kampftruppen – nach wenigen Tagen abgelöst durch die britische Okkupationsstreitmacht – ein Kreis von 25 bis 30 früheren Arbeiterfunktionären zusammen und gründete die »Antifaschistische Front«. Neben der gewerkschaftlichen hatten die Beteiligten auch die parteipolitische Einheit der Arbeiter im Auge, wie sie im Frühjahr 1945 (nicht nur in Hagen) wahrscheinlich die Mehrheit der Sozialdemokraten und Kommunisten erhoffte. Zum 1. Mai 1945 trat die Antifaschistische Front Hagens mit einem klassenkämpferischen Aufruf an die – wie es hieß – »antifaschistischen Hagener Arbeitnehmer« hervor. Gegen ausdrückliches Verbot der Militärbehörden demonstrierten einige Dutzend Aktivisten am traditionellen Kampftag auf der Straße, was eine kurzzeitige Inhaftierung der Unterzeichner des Aufrufs und ernste Ermahnungen durch die Briten nach sich zog.

In Hagen zerbrach die Antifaschistische Front an der wieder aufkeimenden Rivalität zwischen Sozialdemokraten und Kommunisten, welch Letztere sich im Einklang mit ihrem Zentralkomitee im sowjetisch besetzten Berlin schon sehr bald wieder separat organisierten. An einer sozialistischen Einheitspartei, die sie nicht selbst kontrollierte, hatte die KPD-Führung kein Interesse. So kippte die Stimmung, beeinflusst auch durch beunruhigende Berichte aus der Sowjetzone, unter den Sozialdemokraten schon seit Sommer 1945 wieder um, und als die KPD, nachdem sie ihre Organisation gefestigt und ihre Anhänger auf »Linie« gebracht hatte, im Herbst und Winter ihre zentrale Einheitskampagne startete, konnte sie im Westen nur noch eine Minderheit erreichen. Ungeachtet dessen muss man betonen, dass die Zusammenarbeit zwischen den politischen Parteien, insbesondere zwischen SPD und KPD, bis zum offenen Ausbruch des Kalten Krieges im Jahr 1948 auf der lokalen Ebene, in den Gewerkschaften und Betrieben, dominierend blieb, vor allem in den beherrschenden Fragen der Existenzsicherung und des materiellen Wiederaufbaus.

Eine wichtige Voraussetzung dafür was das neuartige Bekenntnis der deutschen Kommunisten zur parlamentarischen Demokratie (anders als vor 1933), während sich in der neuen interkonfessionellen Sammlungspartei CDU, gerade in Hagen, vorübergehend starke christlich-soziale und kapitalismuskritische Tendenzen geltend machten. In Hagen zeigte sich das Zusammenwirken der drei in der Arbeitnehmerschaft vertretenen parteipolitischen Richtungen exemplarisch an der Besetzung führender Positionen beim Gewerkschaftsaufbau: Vorsitzende des im Oktober 1945 gegründeten »Westfälischen Gewerkschaftsbundes« – er umfasste den Hagener Raum, das südliche Ruhrgebiet und das Bergische Land – waren der Sozialdemokrat und alte Freigewerkschaftler Walter Freitag sowie der aus den Christlichen Gewerkschaften kommende Wilhelm Alef. Beide waren im Juni 1945 von der Besatzungsmacht zu Beauftragten des Gewerkschaftsaufbaus ernannt worden. Leiter der Hagener Ortsverwaltung der mit Abstand wichtigsten Einzelgewerkschaft, der IG Metall, und dann Vorsitzender des DGB-Kreisausschusses Hagen wurde Paul Harig, der Betriebsratsvorsitzende der Hasper Hütte. Er war ein prominentes KPD-Mitglied und hatte vor 1933 eine leitende Funktion in der »Revolutionären Gewerkschaftsopposition« innegehabt.

Während nach 1945 der Einfluss der Kommunisten in Hagen in den Großbetrieben und Gewerkschaften sehr groß, teilweise überragend war, mussten sie sich bei den allgemeinen Wahlen zur Stadtverordnetenversammlung (erstmals im Herbst 1946) und zum Landtag mit deutlich weniger Zustimmung als die Sozial- und Christdemokraten begnügen, die beide etwa ein Drittel der Stimmen auf sich vereinigen konnten. Die Hagener KPD, die immerhin bis zu 19 % erhielt, bewegte sich hinsichtlich der Wählerstimmen in etwa auf dem Niveau der bürgerlich-liberalen FDP, auch diese eine Neugründung.

Ich hatte bisher noch nicht ausdrücklich erwähnt, dass weder Parteien noch Gewerkschaften sogleich ungehindert tätig werden durften. Der Besatzungsmacht ging es darum, deren Wiederentstehung genau zu kontrollieren, weshalb man den sog. Organisationsaufbau »von unten« in mehreren, jeweils genehmigungspflichtigen Phasen vorschrieb, der verzögernd und komplizierend wirkte und die Arbeiterbewegung daran hinderte, in einer Periode, da ihre Gegner – nicht nur die früheren NSDAP-Anhänger – geschwächt und tief verunsichert waren, das Gewicht der großen Zahl voll in die Waagschale zu werfen.

Für den Gewerkschaftsaufbau bedeutete das, dass der erste, noch im Zeichen der Antifaschistischen Front unternommene Anlauf, für Hagen eine stark zentralisierte Einheitsgewerkschaft (die Kritiker sprachen von »Eintopfgewerkschaft«) zu schaffen, von der Militärregierung gestoppt wurde. In den Betrieben waren schon Listen herumgereicht worden, in die sich Eintrittswillige eintrugen. Immerhin duldeten die Briten die »Arbeitsgemeinschaft der Betriebsräte«, die neben vielem anderen auch auf die Legalisierung der Gewerkschaften hinarbeitete. Allerdings wurden ab August 1945 zunächst nur Betriebsgewerkschaften zugelassen; deren regionalen Zusammenschluss im Oktober 1945, den Westfälischen Gewerkschaftsbund, hatte ich bereits kurz erwähnt. Dieser erhielt im Frühjahr 1946 die Erlaubnis, die Betriebsgewerkschaften in Industrieverbände zusammenzufassen. Mitte 1947 gehörten dem inzwischen auf Zonenebene unter dem Namen DGB konstituierten Gewerkschaftsbund im Gebiet der Ortsverwaltung Hagen bereits rund 30.000 Mitglieder an, davon 18.300 der IG Metall und 5.500 der ÖTV.

Unter den Bedingungen der frühen Nachkriegszeit mit Warenmangel und Kaufkraftüberhang – ich erinnere an das oben Ausgeführte – waren traditioneller gewerkschaftlicher Interessenvertretung enge Grenzen gesetzt: Der Lohnstopp und die Arbeitszeitregelungen der Kriegswirtschaft galten weiter, und kollektive Arbeitsverträge durften zunächst nur auf Betriebsebene abgeschlossen werden. Wenn ein Arbeiter für ein zusätzliches Pfund Butter einen ganzen Monatslohn aufbringen musste, verlor die Forderung nach zehn oder zwanzig Prozent Lohnerhöhung wesentlich an Bedeutung.

Das Besatzungsregime kam auch unmittelbar zur Geltung, denn Streiks (und Aussperrungen) die die militärische Sicherheit und die Ziele der Okkupationsmächte berührten, waren untersagt. Deutsche, die bei Behörden der Militärregierung arbeiteten, oder in Betrieben, die unter deren Verwaltung wirtschafteten, unterlagen einem generellen Streikverbot. Ferner war die Interessenvertretung der Beschäftigten im öffentlichen Dienst, in Versorgungsunternehmen und anderen für die Besatzungsmächte relevanten Betrieben zumindest eingeschränkt. Auf der anderen Seite versäumten es in ihrer Gründungsphase die Gewerkschaften selbst, in Tarifverhandlungen und -verträgen die Position der Arbeitnehmer zu stärken, weil man eine Anerkennung von Arbeitgeberorganisationen als dem »natürlichen« Gegenpart der gewerkschaftlichen Verbände vermeiden wollte. Allerdings unterliefen mehrere Einzelgewerkschaften, so auch die nordrhein-westfälische IG Metall, schon 1947 diese Politik der DGB-Spitze.

Hinter deren Nichtanerkennungsdoktrin stand, weit verbreitet, die Vorstellung, der Kapitalismus sei bereits erledigt; ein privatkapitalistischer Wiederaufbau sei aus sozialen Gründen unvorstellbar, wirtschaftlich nicht möglich und liege (wegen der Rolle des Großbesitzes in der Weimarer Republik und in der NS-Zeit) letztlich auch politisch nicht im Interesse der Alliierten. Hier wurden die materiellen Zerstörungen und das soziale Elend, die zeitweilige und teilweise Suspendierung von Eigentümerrechten durch die Alliierten und die Fortführung der Zuteilungswirtschaft sowie die Diskreditierung des Großkapitals mit dem Ende des Kapitalverhältnisses verwechselt. Nicht alle Gewerkschafter teilten diesen Irrtum, aber kaum jemand hielt 1945/46 eine solche Rekonsolidierung des Kapitalismus für möglich, wie sie auf der Grundlage eines lang anhaltenden Booms dann ab 1948 tatsächlich vor sich ging.

Die geschilderte Einschränkung der gewerkschaftlichen Aktionsmöglichkeiten in den ersten drei bis vier Nachkriegsjahren verlieh den Betriebsräten bzw. ihren Vorläufern, den provisorischen Betriebsausschlüssen des Frühjahrs 1945, eine zentrale Rolle, die kaum zu überschätzen ist. Obwohl die häufig etwas radikaleren Betriebsräte auf den höheren Ebenen der Funktionärshierarchie der Gewerkschaften mit Misstrauen und Sorge betrachtet wurden – der »Betriebssyndikalismus« war tatsächlich ein Problem –, sahen sich die Betriebsräte ihrerseits als untrennbaren Teil der gewerkschaftlichen Arbeiterbewegung und nicht als Konkurrenz oder verselbstständigte Einrichtungen. Sie waren in den frühen Monaten und Jahren nach Kriegsende tatsächlich allzuständig. Das begann mit einfachsten Reparatur- und Aufräumarbeiten sowie der vielfach maßgeblichen Beteiligung an der Wiederingangsetzung der Produktion und deren Umstellung auf die Friedenswirtschaft. Fragen der Lebensmittel- und Wohnraumverteilung können als indirekte Lohnpolitik verstanden werden. Dazu kamen Initiativen zur »Entnazifizierung der Betriebe«. Vor allem hinsichtlich des Managements gingen deren Ziele deutlich über die Vorgaben der Westalliierten hinaus.

Dass ein Betriebsausschuss im Frühjahr 1945 von der Gesamtbelegschaft gewählt wurde – sei es auch durch Akklamation – war die Ausnahme. Gesamtbetriebliche Zusammenkünfte waren kaum möglich, weil die Besatzungsmacht sie als Verletzung des zunächst geltenden Versammlungsverbots ansehen konnte. Außerdem begannen die Betriebe 1945 erst nach und nach wieder zu arbeiten. Ebenfalls nur nach und nach kehrten die Beschäftigten zu ihrem Arbeitsplatz zurück, wenn auch Teilbelegschaften vielfach schon vor der offiziellen Wiedereröffnung tätig wurden. Ohne das beispielhafte Handeln einer meist kleinen Gruppe älterer Stammarbeiter mit ausgeprägtem politischen Bewusstsein und qualifiziertem Fachwissen, die in Zusammenarbeit mit der Geschäftsführung oder einem Teil derselben, nicht selten aber auch auf eigene Faust tätig wurde, wäre – wenn überhaupt – die Produktion wesentlich langsamer in Gang gekommen. Diese Stammarbeiter waren zwischen 1939 und 1945 – sofern sie nicht ohnehin schon zu alt waren – häufig als »unabkömmliche« Fachkräfte vom Militär zurückgestellt worden; sie fühlten sich ihrem Werk stark verbunden und meldeten sich bei erster Gelegenheit zurück, während die Mehrheit noch zögerte. Sie waren im buchstäblichen Sinn gesellschaftsstiftend.

Paul Harig berichtet in seinem Erinnerungsbuch »Arbeiter, Gewerkschafter, Kommunist«: »Es gab kaum einen Betrieb, der damals nicht auf die Hilfe der Betriebsräte angewiesen war.« Viele Unternehmer hätten zu ihren Betriebsräten gesagt, sie sollten in ihre Versammlungen gehen und dort fragen, was in diesem oder jenem Fall zu tun sei. Als die Firma Gummi-Becker wegen eines defekten Motors nicht arbeiten konnte, habe Harig aus Ausweichlagern mehrmals Motoren besorgt, damit Gummi-Becker Autoreifen vulkanisieren konnte, die wiederum bei Koch & Mann fehlten. Wäre dies nicht gelungen, hätten deren Autos die knappen Lebensmittel nicht heranholen können. »Da war kein Koks für die Heizung. Für die Hasper Krankenhäuser habe ich Koks besorgt und eine elektrische Leitung haben wir legen lassen, um bei Stromsperren Strom zu haben«[3]

Die Betriebsräte – und über sie die Gewerkschaften – wurden aber auch zum wichtigsten Träger sozialen Protests, so bei der großen Hagener Hungerdemonstration gegen die akut extrem niedrigen Lebensmittelrationen, als sich am 28. März 1947

---

3 Paul Harig, Arbeiter, Gewerkschafter, Kommunist, Frankfurt/M. 1973, S. 25.

20.000 Menschen auf der Springe versammelten. In einer einstimmig angenommenen Resolution forderten sie Teilnahme an den Weltnahrungsmitteln durch Güteraustausch, Freigabe der Kriegsgefangenen, Kontrolle der Verbraucher bei Erfassung und Verteilung aller Bedarfsgüter, radikale Bekämpfung des Schwarzmarktes und Schiebertums, eine deutsche Zentralverwaltung bei Fortfall der Zonengrenzen, eine gesunde Wirtschaftsreform, Beseitigung der Personen des sog. Rechtsnährstandes (unter Leitung des früheren Deutschnationalen Schlange-Schöningen), die einer gerechten Erfassung und Verteilung im Wege stünden, und eine höhere Zuteilung für Normalverbraucher.

Ebensolchen Unmut verursachte die Bekanntgabe der (wenn auch gegenüber 1946 reduzierten) alliierten Demontageliste im Oktober 1947. 2.000 Beschäftigte der Hasper Hütte besetzten den Elektroofen und das gesamte Stahlwerk, um eine Demontage zu verhindern; sie standen bewaffneten britischen Einheiten gegenüber. Am Ende beschränkten sich die Demontagen bzw. Teildemontagen in Hagen auf sechs Unternehmen.

Weitere Protestdemonstrationen und Proteststreiks folgten im Januar 1948 und dann am 11. und 12. November 1948, als rund sieben der elfeinhalb Millionen Arbeitnehmer der vereinigten britisch-amerikanischen Zone, der »Bizone«, für einen Tag die Arbeit niederlegten, um die Preiserhöhungen im Gefolge der die Sachwertbesitzer einseitig bevorzugenden Währungsreform anzuprangern. Die Währungsreform änderte zwar schlagartig die Versorgungslage (viele Waren waren vorher gezielt gehortet worden) – insofern stimmt die Legende – aber nicht die Einkommenssituation für die breiten Volksschichten. Es sollte noch Jahre dauern, bis das sog. Wirtschaftswunder bei der Arbeiterbevölkerung anzukommen begann.

Einen großen Erfolg konnten Gewerkschaften und Betriebsräte speziell in Hagen verbuchen: die Durchsetzung der paritätischen Mitbestimmung in der Hasper Hütte gemäß zweier Betriebsvereinbarungen 1946 und 1947, erstmalig in Deutschland und vorbildlich für parallele Regelungen in der von den Briten »entflochtenen« Eisen- und Stahlindustrie, von den Gewerkschaften 1951 flächendeckend verteidigt. Die Mitbestimmung in der Montanindustrie bildete dann den Kern ökonomischer Konsensstrukturen (wie sie später für das »Modell Deutschland« prägend werden sollten) in Branchen, die vor 1933 durch besonders heftige soziale und politische Konfrontationen gekennzeichnet waren. Man muss allerdings hinzufügen, dass die faktischen Befugnisse der Betriebsräte bzw. der Gewerkschaften in den ersten drei Nachkriegsjahren teilweise deutlich über die paritätische Mitbestimmung entsprechend dem Modell der Hasper Hütte hinausgingen. Sie verfielen im Zuge der Rekonsolidierung der Kapitalmacht wieder rasch, wenn sie nicht rechtlich abgesichert wurden wie in der nordrhein-westfälischen Eisen- und Stahlindustrie und dann in der gesamten bundesdeutschen Montanindustrie.

Was bleibt somit als Fazit? Auch wenn die 1945/46, so auch in Hagen, vertretenen Pläne einer zentralisierten Einheitsgewerkschaft nicht verwirklicht werden konnten und die erstrebte gesamtdeutsche Gewerkschaftseinheit wegen der politischen Gesamtlage, letztlich wegen des beginnenden Kalten Krieges, nicht zu Stande kam, muss doch die Überwindung der Richtungsgewerkschaften (wie sie vor 1933 existiert hatten) und die gemeinsame Organisierung von Arbeitern, Angestellten und Beamten in großen Industrie- bzw. Bereichsverbänden – Berufsgewerkschaften waren kein Thema mehr – als großer Fortschritt der deutschen Gewerkschaftsbewegung gewertet werden. Doch blieb der Organisationsgrad von Frauen, Jugendlichen sowie Beamten relativ niedrig, und es entstand mit der Verselbstständigung der DAG für mehrere Jahrzehnte eine eigene, konkurrierende Angestelltengewerkschaft.

Weniger erfolgreich waren die Versuche, die wirtschafts- und gesellschaftspolitischen Neuordnungsvorstellungen, wie sie nicht allein, aber nicht zuletzt von den Gewerkschaften vertreten wurden, durchzusetzen. Zwar gelang es durch eine breite Parteienzusammenarbeit von SPD, KPD und CDU, in diverse Landesverfassungen entsprechende Richtlinien aufzunehmen. Doch die Verfassungsartikel, die sich mit Teilsozialisierungen und Wirtschaftsdemokratie beschäftigten, bedurften konkreter Ausführungsgesetze, für die Mehrheiten wesentlich schwerer zu finden waren, als sich in der CDU/CSU die wirtschaftsliberalen Kräfte ab 1947 immer deutlicher durchsetzten. Das, was dennoch von den Landesparlamenten beschlossen wurde, wie z. B. das Gesetz über die Sozialisierung der Kohlegruben in Nordrhein-Westfalen, suspendierten die Besatzungsmächte mit dem Hinweis auf eine künftige, gesamtstaatliche Regelung.

Umso mehr wird man die paritätische Mitbestimmung in der Eisen- und Stahlindustrie des Ruhrgebiets als einen wichtigen Schritt zur Demokratisierung der Wirtschaft positiv würdigen müssen. Es handelte sich dabei um eine gezielte Konzession der britischen Besatzungsmacht, um in der für eine Wiederbelebung der Ökonomie grundlegend bedeutsamen Schwerindustrie eine störungsfreie Produktion zu gewährleisten. Die Mitbestimmungsregelung vom Februar 1947 war auch deshalb kein Geschenk der Militärregierung, weil sie infolge nachdrücklicher Forderungen der Arbeiterbewegung, flankiert von einer derzeit verbreiteten Betriebsratspraxis, und unter dem Druck einer sich ausbreitenden Streikwelle zu Stande kam.

Wenn die Gewerkschaften (und – wie man ergänzen könnte – die Sozialdemokratie) spätestens 1952/53 mit der Niederlage bei der Auseinandersetzung über das Betriebsverfassungsgesetz und mit der zweiten Bundestagswahl (dem großen Sieg der CDU/CSU) hinsichtlich ihres Konzepts umfassender gesellschaftlicher Neuordnung gescheitert waren, heißt das nicht, dass die von ihnen ausgehenden Anstöße in der Folgezeit nicht wirksam geworden wären. Der Ausbau des Sozialstaats hin zu einer neuen Qualität, die Gestaltung sozialpolitisch relevanter Bereiche wie des sozialen Wohnungsbaus und des zunehmend umverteilenden Steuerwesens erfolgten unter Mitwirkung, zumindest aber unter Berücksichtigung der Existenz und der Stärke der Organisationen der Arbeiterbewegung. Das, was politisch geschieht, ergibt sich ja nicht einfach logisch aus bestimmten Eigentums- und Herrschaftsstrukturen, sondern ist –

in deren Rahmen – stets eine Resultante des Ringens unterschiedlicher, lebendiger politisch-sozialer Kräfte.

Wir können in jedem Fall sagen, und damit möchte ich ganz ohne wissenschaftliche Distanz schließen: Wir haben mehr als einen Grund, denen zu danken, die 1945 unter schwierigsten Umständen neu begannen, auch für uns, für die kommenden Generationen. Es hat sich gelohnt.

A   Literatur zu Hagen

J. **Becker,** Das Verhältnis von Militärregierung, Verwaltung und Parteien in Hagen 1945–1947, Magisterarbeit Münster 1991.
P. **Harig,** Arbeiter, Gewerkschafter, Kommunist. Frankfurt/M. 1973.
F. **Keinemann,** Hagen 1933–1948. Beiträge zur Geschichte einer Stadt in kritischer Zeit, Hagen/Hamm 1977.
W. **Schmidt/T. Turck,** Kartoffelring und Mitbestimmung. Gewerkschaftlicher Neubeginn in Hagen, Hagen 1996.
R. **Stöcker,** Tatort Hagen 1933–1945. Geschichte der Hagener Arbeiterbewegung Bd. III, Essen 1993.

B   Arbeiten des Referenten zur frühen Nachkriegszeit

P. **Brandt,** Antifaschismus und Arbeiterbewegung. Aufbau – Ausprägung – Politik in Bremen 1945/46, Hamburg 1976.
Ders. (hg. mit U. Borsdorf/L Niethammer), Arbeiterinitiative 1945. Antifaschistische Ausschüsse und Reorganisation der Arbeiterbewegung in Deutschland, Wuppertal 1976.
Ders., Betriebsräte, Neuordnungsdiskussion und betriebliche Mitbestimmung 1945–1948. Das Beispiel Bremen, in: Internationale wissenschaftliche Korrespondenz zur Geschichte der deutschen Arbeiterbewegung, 20. Jg.(1984), S. 156-202.
Ders., Die deutsche Linke, die Arbeiterklasse und die nationalsozialistische »Volksgemeinschaft« in der Kriegs- und frühen Nachkriegszeit, in: H. Grebing/P. Brandt/U. Schulze-Marmeling (Hg.), Sozialismus in Europa – Bilanz und Perspektiven, Essen 1989, S. 272-296.
Ders., Deutschland nach 1945. Die Nachkriegsgesellschaft vor dem Hintergrund des Nationalsozialismus, in: Dokumentation der 5. Leverkusener Hochschultage, Juni 2005.

C   Weitere Titel zur Geschichte Deutschlands und der deutschen Arbeiterbewegung in der frühen Nachkriegszeit

J. **Foschepoth/R. Steininger** (Hg.), Britische Deutschland- und Besatzungspolitik 1945–1949, Paderborn 1985.
C. **Kleßmann,** Die doppelte Staatsgründung. Deutsche Geschichte 1945–1955, Göttingen 1982.
*Ders./*P. **Friedemann,** Streiks und Hungermärsche im Ruhrgebiet 1946–1948, Frankfurt/M./New York 1977.
S. **Mielke/P. Rütters** u. Mitarb. v. *M. Becker* (Hg.), Gewerkschaften in Politik, Wirtschaft und Gesellschaft 1945–1949, Köln 1991 (= Quellen zur Geschichte der deutschen Gewerkschaftsbewegung im 20. Jahrhundert).
H. **Pietsch,** Militärregierung, Bürokratie und Sozialisierung. Zur Entwicklung des politischen Systems in den Städten des Ruhrgebiets 1945 bis 1948, Duisburg 1978.

Teil IV
Die deutsche Arbeiterbewegung und die nationale Frage

14 Von der Nachrüstungsdebatte zur deutschen Einigung (1976–1990)

Die SPD war bis zum Herbst 1982 Regierungspartei in Bonn. Ihre – nach der von 1960 und der halben von 1966 – dritte deutschlandpolitische Umorientierung begann aber schon mehrere Jahre davor. Wie 1959/60 war es die Perzeption globaler Veränderungen, kombiniert mit der Reaktion auf parteipolitische Anpassungserfordernisse, die gegen Ende der 70er Jahre eine, zunächst nur schleichende, Erosion der bis dahin gültigen Politik bewirkten.

Daß die Sicherheitspolitik auf dem Hamburger Parteitag vom November 1977 erstmals seit zehn Jahren wieder einen herausragenden Platz einnahm, reflektierte die Veränderung der internationalen Lage. Die Niederlage der USA in Vietnam, der von sowjetischer und kubanischer Seite z. T. maßgeblich unterstützte Erfolg linker Befreiungsbewegungen und Militärregimes in mehreren Ländern Afrikas (gegen Ende des Jahrzehnts dann die antiwestlichen Revolutionen in Nicaragua und im Iran sowie die Intervention Vietnams in Kambodscha) ließen eine Verschiebung des internationalen Kräfteverhältnisses zugunsten der UdSSR befürchten. Die ungebremste sowjetische Aufrüstung wurde angesichts dessen in den USA zunehmend als Scheitern des Entspannungskonzepts wahrgenommen. Im lateinischen Europa drängten sozialistische und eurokommunistische Parteien an die Macht, die deutlich links von der mittel- und nordeuropäischen Sozialdemokratie zu stehen schienen. Umgekehrt verursachte die Menschenrechtskampagne des demokratischen US-Präsidenten Jimmy Carter (1977–81), der weniger berechenbar schien als die Republikaner Nixon, Ford und Kissinger, in Moskau große Irritationen. Im Unterschied zu dem Jahrzehnt davor mußte die SPD jetzt beinahe für eine ganze Dekade ihre Entspannungspolitik gegen die vorherrschende Tendenz der Entwicklung der internationalen Beziehungen verteidigen und weiterführen.[1]

In der westdeutschen Innenpolitik hatte sich die SPD-FDP-Koalition bei den Bundestagswahlen von 1976 gerade noch behaupten können. Trotz der im internationalen und europäischen Vergleich erfolgreichen Wirtschaftspolitik war auch für die

---

1 Schweigler: Von Kissinger; Czempiel: Amerikanische Außenpolitik. Zur weltpolitischen Rolle der UdSSR in dieser Phase s. Klaus von Beyme: Die Sowjetunion in der Weltpolitik, München/Zürich 1983; Robbin F. Laird/Erik P. Hoffmann (Hg.): Soviet Foreign Policy in a Changing World, New York 1986; Adomeit: Die Sowjetmacht. Zu den regionalen Konflikten in internationaler Perspektive s. R. Allison/Ph. Williams (Hg.): Superpower Competition and Crisis Prevention in the Third World, Cambridge 1989; Wolfgang Benz/Hermann Graml (Hg.): Weltprobleme zwischen den Machtblöcken. Das Zwanzigste Jahrhundert III, Frankfurt am Main 1981; Frank R. Pfetsch (Hg.): Konflikte seit 1945. Daten – Fakten – Hintergründe, 5 Bde., Würzburg 1991.

Bundesrepublik die Phase starken, fast ungebrochenen, langfristigen Wirtschaftswachstums und entsprechender Reallohnsteigerung vorbei; die erste »Ölkrise« hatte den weltweiten Umschwung ausgelöst, wenn auch nicht verursacht. In der Innen- wie in der Außenpolitik setzte die Regierung Schmidt-Genscher die Akzente bewußt auf Stabilität und nicht auf Veränderung. Die Aktivitäten einer terroristischen »Stadtguerilla« erreichten 1977 ihren Höhepunkt. Handelte es sich beim Terrorismus um ein von größeren politischen Bewegungen weitgehend isoliertes Phänomen, so begann sich das Spektrum links von der SPD in Initiativen für Bürgerrechte, Umweltschutz, »Frauenbefreiung« und dann vor allem für Frieden neu zu formieren. Aus dieser neuen, breiten Strömung ging nach den ersten Kandidaturen von Alternativen Listen bei Landtagswahlen die Partei Die Grünen hervor.[2]

Auch für die Debatte über Deutschlandpolitik und die nationale Frage im engeren Sinne bildeten die späten 70er Jahre einen Einschnitt. Parallel zur Wiederbelebung der Diskussion auf der Rechten meldeten sich links der Mitte mehr und mehr Nonkonformisten zu Wort, die – mit unterschiedlicher Betonung – vor einer Unterschätzung der nationalen Problematik warnten. Im ersten Band der von Jürgen Habermas 1979 herausgegebenen Bestandsaufnahme der gemäßigten linken Intelligenz Westdeutschlands beanspruchten die Beiträge zum Thema »Die nationale Frage, wiederaufgelegt« nahezu ein Drittel des Textes.[3] Der seit den frühen 60er Jahren für die SPD engagierte Schriftsteller Günter Grass propagierte die Idee einer von beiden deutschen Staaten getragenen kulturellen »Nationalstiftung«. Grass befürchtete, es könne durch die nationale Abstinenz linker und liberaler Kräfte ein »Vakuum« entstehen, das dann, der deutschen Tradition entsprechend, von rechts aufgefüllt werde.[4]

Kritische Intellektuelle meinten, gerade nach der von ihnen bejahten Normalisierung der Beziehungen zu Osteuropa und der Anerkennung der DDR sollte die Deutsche Frage ohne die ideologischen Schablonen der 50er und frühen 60er Jahre diskutiert werden. Dabei verstärkten die Ausbürgerung des Liedermachers Wolf Biermann

---

2   Jäger/Link: Republik; Roth/Rucht: Neue soziale Bewegungen; Klotzsch/R. Stöss: Die Grünen, in: Stöss: Parteien-Handbuch, Bd. 3, S. 1509-1538. Zur wirtschaftlichen Entwicklung in dieser Phase s. Haftendorn: Sicherheit und Stabilität, S. 35-92; Abelshauser: Wirtschaftsgeschichte.

3   Habermas: Stichworte, Bd. I, Teil I. Meinungsäußerungen aus dem linken Spektrum, darunter von Martin Walser (1978), der einiges Aufsehen erregte, bei P. Brandt/Ammon: Die Linke, S. 325 ff.; s. a. Vom Umgang mit der deutschen Frage, hg. v. der Juso-Hochschulgruppe der TU Berlin, Berlin 1981. – Für die Haltung im rechten Spektrum s. Caspar von Schrenck-Notzing/Armin Mohler (Hg.): Deutsche Identität, Krefeld 1982; Hubert Grosser (Hg.): Das Volk ohne Staat – Von der babylonischen Gefangenschaft der Deutschen, Bad Neustadt 1981. – Für die häufig als Scharnier angesehenen »nationalrevolutionären« Zirkel siehe die Zeitschrift »Wir selbst« und Henning Eichberg: Nationale Identität. Entfremdung und nationale Frage in der Industriegesellschaft, München/Wien 1978. – Gegenüber dieser Diskussion als Sozialdemokrat von vornherein kritisch argumentierend Klönne: Zurück.

4   Grass im Gespräch mit Lenz, Raddatz und Schmidt, abgedruckt in: Die Zeit Nr. 35 v. 22.8.1980, auszugsweise in: P. Brandt/Ammon: Die Linke, S. 365 f.

aus der DDR 1976 und die Buchveröffentlichung und Inhaftierung Rudolf Bahros 1977 – beide thematisierten vorsichtig die Teilung Deutschlands – das Interesse und das Solidaritätsgefühl mit ostdeutschen Gesinnungsgenossen auch bei solchen westdeutschen Linken, die strikt für die Zweistaatlichkeit eintraten.[5] Rudi Dutschke, der aus der Mark Brandenburg stammende Westberliner Studentenführer von 1966/68, formulierte für eine gesamtdeutsch orientierte Minderheit die These: »Die beiden deutschen Fragmente [...] sind die Grundlage der Festigung des Status quo der politisch-ökonomischen Machtzonen des kapitalistischen Imperialismus made in USA und der allgemeinen Staatssklaverei Rußlands.« Die deutsche Spaltung sei ein Hindernis für den Emanzipationskampf hüben wie drüben, die »weitere, viel weitere Annäherung der beiden deutschen Staaten«, die »reale Annäherung der Menschen« die Voraussetzung für die »Zurückgewinnung der Identität und Geschichte« und der politischen Handlungsfähigkeit der sozialistischen und demokratischen Opposition beiderseits der Grenze.[6]

Mit dem Beginn der Nachrüstungsdebatte meldeten sich am Rande der SPD auch wieder Stimmen zu Wort, die – ähnlich wie die SPD in den 50er Jahren und teilweise explizit daran anknüpfend – deutschland- und sicherheitspolitische Ziele im Sinne eines Disengagements in Mitteleuropa und eines blockersetzenden gesamteuropäischen Sicherheitssystems miteinander verknüpften. Die wenigen Verfechter eines solchen Ansatzes, meist abwehrend als »nationalneutralistisch« rubriziert, vertraten unter den aktiven Mitgliedern der SPD und der Friedensbewegung nur Minderheiten, trieben aber zweifellos die Diskussion über die Thematik insgesamt voran, zumal Meinungsumfragen in der Bevölkerung eine sehr viel breitere Resonanz für eine solche Richtung erkennen ließen als in der Publizistik und in der Parteipolitik.[7]

Disengagement-Ideen, die die Deutsche Frage bewußt mit thematisierten, machten sich dann auch in der Partei Die Grünen geltend, ohne jemals eine Mehrheit zu er-

---

5 Demonstrativ besang Biermann die (durchaus auch gesamtdeutsch gemeinte) »Einheit der Linken in Ost und West« bei seinem Kölner Konzert am 16.11.1976, das zu seiner Ausbürgerung führte. S. dazu M. Jäger: Das Ende; Nohara: Biermann; ferner Biermann: Preußischer Ikarus. Rudolf Bahros Position verdeutlicht sein Aufsatz: Überlegungen. Als Beispiel für die Solidarisierung auch wiedervereinigungskritischer Linker mit Biermann und Bahro s. etwa die Zeitschrift des Sozialistischen Büros, »links«, Nr. 85/1977 und Nr. 11 91/1977.
6 R. Dutschke: Die Deutschen und der Sozialismus, in: das da, Nr. 7 (Juli 1977). – Vgl. ders.: Aufrecht gehen, S. 77 ff. (»Von den Schwierigkeiten, Deutscher zu sein«).
7 Ammon/P. Brandt: Wege; Arbeitsgruppe Berlin- und Deutschlandpolitik; Ammon/Schweisfurth: Friedensvertrag. Die demoskopischen Ergebnisse hinsichtlich eines vereinten paktfreien Deutschland waren nicht eindeutig. Sie unterschieden sich je nach Fragestellung. Trotzdem sind die bis zu 80 % (so in einer Emnid-Umfrage laut Quick v. 27.5.1987), die gesamtdeutsche Neutralität dem gegebenen Zustand vorzogen, bemerkenswert. Relativierend dazu die Gegenüberstellung verschiedener Modelle des einheitlichen Deutschland bei Infratest Kommunikationsforschung/Die Welt: Die Deutschen und ihr Vaterland, München/Bonn 1988, S. 98: 22 % für ein Österreich-Modell, 29 % für ein gesamteuropäisches Modell, 50 % für Modell ähnlich der Bundesrepublik. – Für die frühere Zeit siehe die Allensbacher »Jahrbücher für Demoskopie«.

langen. Vorherrschend waren dort Konzepte, die auf eine Dynamik einseitiger Abrüstung setzten, und zunehmend »realpolitische«, d. h. zugleich wiedervereinigungskritische und NATO-konforme Standpunkte. Die größten faktischen Wirkungen erzielte auf dem Feld der Deutschlandpolitik ein Teil der Grünen, indem er, früher und hartnäckiger als andere Parteien und gegen die Intentionen eines anderen Teils der Grünen, demonstrativ freundschaftliche Kontakte zu den kritischen und oppositionellen Gruppen in der DDR pflegte.[8]

Die Haupttendenz der deutschlandpolitischen Diskussion unter sozialdemokratischen Intellektuellen wies in eine andere Richtung. Der Beitrag Horst Ehmkes unterschied sich von den Äußerungen anderer sozialdemokratischer Politiker zur nationalen Frage durch den expliziten und analytisch klaren gesellschaftspolitischen Bezug. Er benannte 1979 nicht nur die »europäische Dialektik« der deutschen Teilung: Von den Nachbarvölkern in ihrem Interesse liegend angesehen, werde sie von ihnen, »insbesondere von den osteuropäischen Völkern, mit dem hohen Preis der Teilung Europas bezahlt«. Die Entspannungspolitik sah er als Voraussetzung dafür, zwischenstaatliche und innerstaatliche Veränderungen konstruktiv zu verbinden. Zur »inneren Dimension der deutschen Frage«, die er für ebenso wichtig hielt wie die äußere, gehörte für Ehmke nicht zuletzt die »Spaltung der Arbeiterbewegung« durch »Abspaltung der deutschen Kommunisten von der demokratischen Arbeiterbewegung«. Es gelte, auch durch fortgesetzte gesellschaftliche Verbesserungen im Westen, »die äußeren und die inneren Bedingungen der Entwicklung der deutschen Frage« zwecks Förderung von Reformen in der DDR zu beeinflussen. »So wie die Vergangenheit des Sozialismus nicht von der Entwicklung Deutschlands zu trennen ist, so wird die Zukunft der deutschen Nation nicht von der Entwicklung des Sozialismus zu trennen sein.«[9]

Ehmkes Versuch, die Deutschlandpolitik und die Frage der Nation mit der Tradition und den gesellschaftspolitischen Zielen der SPD zu verknüpfen, blieb untypisch und wurde auch von ihm selbst nicht wiederaufgegriffen. Ein großer, weit ausholender Essay aus dem Frühjahr 1988 über »Deutsche Identität und unpolitische Tradition« variierte im wesentlichen das Thema des vermeintlichen »deutschen Sonderwegs« in Europa. Ehmke ging 1988 nach wie vor von einer einheitlichen deutschen Nation aus, die er nicht nur kulturell, sondern auch über die historisch besonders akzentuierten gemeinsamen politischen Aufgaben der Zukunftsgestaltung bestimmte. Die deutsche Nation werde aber auf absehbare Zeit in zwei Staaten leben müssen.[10] Entschiedener als Ehmke sah der Freiburger Historiker Heinrich August Winkler die vordringliche Aufgabe in der »Demokratisierung der Deutschen Demokratischen Repu-

---

8 von Bredow/Brocke: Dreimal Deutschlandpolitik; Brandt/Stolz: Deutschland; Stolz: Ein anderes Deutschland.
9 H. Ehmke: Was ist des Deutschen Vaterland?, Zitate, S. 60 f.
10 H. Ehmke: Deutsche »Identität« und unpolitische Tradition, in: Neue Gesellschaft/Frankfurter Hefte 35 (1988), S. 339-366.

blik« anstelle der staatlichen Einheit. Zur Demokratisierung der DDR beizutragen, gebiete die »Pflicht zur nationalen Solidarität«.[11] Winklers Bochumer Kollege Hans Mommsen konstatierte 1984 nicht nur die »objektiven« Tendenzen zur Bi-Nationalisierung Deutschlands, sondern er trat auch offen dafür ein, sie politisch zu unterstützen. »[…] ich sehe keine Schwierigkeiten darin, gleichzeitig kultur-nationale Beziehungen zum anderen Teil Deutschlands zu pflegen, statt krampfhaft die Legitimation einer gesamtdeutschen Idee aus den bruchstückhaften Elementen der deutschen nationalen Tradition des 19. Jahrhunderts zusammenzusetzen.«[12]

Mommsen und andere bezogen sich auf reale gesellschaftliche Entwicklungstendenzen. Die erfolgreiche wirtschaftliche und politische Entwicklung der Bundesrepublik, ihre »Modernität«, ließ die gesamtdeutsche Problematik für viele als zweitrangig oder gar unwichtig erscheinen, während der europäische Westen immer näher rückte. Auch die Sozialdemokratie identifizierte in Wahlkampfparolen von 1972 (»Deutsche. Ihr könnt stolz sein auf Euer Land!«) und 1976 (»Modell Deutschland«) dem allgemeinen Trend entsprechend die Bundesrepublik mit Deutschland. Die Tendenz zu einer separaten Nationsbildung im Westen wurde aber nicht von einer vergleichbar starken Tendenz im Osten begleitet und gestützt. Es war eine Tendenz, nicht mehr, der andere entgegenwirkten. Seit 1969 und dann noch einmal seit 1986 verdichtete sich wieder die gesamtdeutsche Kommunikation. Es trat das ein, was die Erfinder der »Politik der kleinen Schritte« gewünscht hatten. Zudem deuteten auch die Trends in den Meinungsumfragen nicht so eindeutig auf Bi-Nationalisierung, wie die Verfechter dieser These unterstellten.[13]

Die Deutschlandpolitik der Bundesregierung und ihre Selbstinterpretation blieben auch nach der Bundestagswahl 1976 unverändert. Helmut Schmidt betonte in seinem Bericht zur Lage der Nation im März 1980, daß die deutsche Frage »offengehalten« worden sei. Die Bewahrung des »Zusammenhalts der deutschen Nation und die Erhaltung des Friedens« durch die Politik der Regierung seien »unabdingbare Voraussetzungen für die deutsche Einheit, deren Vollendung wir alle wollen«. Dafür brauche man einen »langen Atem«.[14] Im SPD-Wahlprogramm 1980 hieß es noch unzweideutig: »Wir wirken auf einen Zustand des Friedens in Europa hin, in dem das deutsche Volk seine Einheit in freier Selbstbestimmung erreichen kann.«[15]

---

11 H. A. Winkler: Bismarcks Schatten. Ursachen und Folgen der deutschen Katastrophe, in: Die Neue Gesellschaft, Frankfurter Hefte 35 (1988), S. 111-121, Zitat S. 121.
12 Mommsen: Die Nation, S. 38.
13 Niethammer: Traditionen; Schweigler: Nationalbewußtsein; Weidenfeld: Die Identität; ders.: Politische Kultur; ders./Korte: Die Deutschen; Scheuch: Wie deutsch; T. Mayer: Prinzip Nation.
14 H. Schmidt: Bericht zur Lage der Nation vor dem Bundestag am 20.3.1980, in: Deutschland-Archiv 13 (1980), S. 554 f.
15 Sicherheit für Deutschland. Wahlprogramm der SPD, Wahlparteitag der SPD am 9./10. Juni 1980. Grugahalle Essen. Protokoll der Verhandlungen. Anlagen, S. 351-381, hier S. 359.

Auch nach der Erhöhung des Mindestumtauschs durch die DDR im Oktober 1980, den die Sozialdemokraten einhellig verurteilten, konzentrierten sie sich in der Praxis auf jene Bereiche, in denen gemeinsame Interessen gemeinsame Regelungen erlaubten. Trotz des großen Engagements des ersten Ständigen Vertreters der Bundesrepublik in der DDR, Günter Gaus, wurde der Grundlagenvertrag bei weitem nicht ausgeschöpft; zu einem Besuch Helmut Schmidts in der DDR kam es erst im Dezember 1981; er war belastet durch die Verhängung des Kriegsrechts in Polen.[16]

Ungeachtet der regierungs- und zum Teil parteioffiziellen Bekenntnisse hatte sich die SPD von ihrer ursprünglichen Interpretation der sozialliberalen Deutschlandpolitik nach dem vertraglich gesicherten Abschluß der Normalisierungsphase unverkennbar fortbewegt. Die außen-, sicherheits- und deutschlandpolitischen Leitanträge der Parteitage ab 1973 erwähnten jetzt kaum noch das Ziel der deutschen Einheit oder auch nur den Vorbehalt der Selbstbestimmung; selbst das Problem der Teilung Deutschlands fand in der Regel keine Erwähnung mehr. Auch die Parteitagsreden Willy Brandts verfuhren nicht anders. Allerdings wurde die Überwindung der Teilung Europas nach wie vor als Ziel herausgestellt.

Diese Zurückhaltung der SPD in der nationalen Frage ist mit dem sukzessiven Generationswechsel und mit einem Zeitgeist-Opportunismus allein nicht zu erklären. Sie entsprang offenbar zugleich taktischen bzw. operativen Überlegungen der führenden Politiker. Für diese Interpretation spricht auch, daß die deutschlandpolitische Behutsamkeit mit einem defensiven Verhalten gegenüber der demokratischen Opposition in Osteuropa korrespondierte (was nicht zwingend gewesen wäre). Der Protest des Parteitags 1979 gegen »Menschenrechtsverletzungen durch die SED«[17] stand nicht allein. Die Stellungnahmen blieben aber insgesamt sehr gedämpft, da man befürchtete, ein ungehemmter Emanzipationsprozeß im Osten könnte außer Kontrolle geraten und so das Gegenteil des Gewünschten hervorbringen. Mit ihrer distanzierten, um Verständigung mit der kommunistischen Führung bemühten Position zur Gewerkschaft Solidarnosc unter dem Militärregime in Polen[18] geriet die SPD zeitweilig sogar in die Gefahr der Isolation unter ihren sozialdemokratisch-sozialistischen Bruderparteien. Der deutlichste innerparteiliche Widerspruch kam von dem antistalinistischen Linken Peter von Oertzen, der schon 1978 die Unterstützung der demokratisch-sozialistischen Oppositionskräfte Osteuropas gefordert hatte.[19] Die Kontakte der SPD zu

---

16 Zur Position und Selbstdefinition von G. Gaus s. sein Interview in: Der Spiegel Nr. 6/1977, S. 21-24. Eine Bilanz der faktischen Verbesserungen in den 70er Jahren bei Roth: Zwei Staaten. Zum Besuch Schmidts am Werbellinsee vom 11. bis 13. Dezember 1981 s. K. Bölling: Die fernen Nachbarn. Erfahrungen in der DDR, Hamburg 1983, S. 129 ff.; Jäger/Link: Republik, S. 378 ff.
17 Entschließung zur Außen- und Deutschlandpolitik, Parteitag der SPD vom 3. bis 7. Dezember 1979. ICC Berlin, Bd. II. Angenommene und überwiesene Anträge, S. 1217-1222, hier S. 1218.
18 Der Spiegel Nr. 1 v. 4.1.1982, S. 17-24, bes. das Interview mit H.-J. Wischnewski, ebd., S. 22-24.
19 P. von Oertzen: Beteiligt auch am Kampf um die Freilassung Rudolf Bahros, in: SPD-Rundschau Nr. 4/1978; ders.: Bahro verurteilt – was nun? Diskussion um »realen Sozialismus« konsequent

den regimeunabhängigen Gruppierungen erstreckten sich in den 70er und 80er Jahren indes hauptsächlich auf ihre legalen Teile, namentlich in den Kirchen. Der Maßstab war nicht so sehr die Übereinstimmung mit den eigenen gesellschaftspolitischen Zielen, sondern die Vereinbarkeit mit dem sozialdemokratischen Entspannungskonzept, und das bedeutete, die »Schmerzgrenze« der jeweiligen kommunistischen Führungen in der Regel zu respektieren.

Die Orientierung an der Sicherung des Status quo als Voraussetzung für Entspannung und schrittweise innerstaatliche Demokratisierung wurde prekär, als die Grundpfeiler der relativen weltpolitischen Stabilität ins Rutschen kamen: durch die Intervention der UdSSR gegen die Selbstbehauptung Afghanistans, durch die Volksbewegung in Polen und durch das atomare Wettrüsten. Die Teilbarkeit der Entspannung, friedliche Koexistenz in einem Teil der Welt, während in anderen Teilen Bürgerkriege und Stellvertreterkriege tobten, war eine plausible Annahme, solange sich die Dinge in Europa einigermaßen günstig entwickelten. »[...] an den Einflußsphären, wie sie in Europa durch Teilung etabliert worden sind, dürfen wir nicht rühren«, verlangte Günter Gaus im Sommer 1982.[20] Aber wie sollte man reagieren, wenn die Menschen selbst nicht mehr bereit waren, sie für eine unabsehbare Periode hinzunehmen? In diesem Dilemma beharrte die SPD auf der Lern- und Reformfähigkeit der kommunistischen Führungen Osteuropas als dem einzig möglichen Ausweg.

Noch schwieriger war die Frage zu beantworten, wie auf die erneute Verschärfung der Spannungen zwischen den Supermächten zu reagieren sei. Es gehörte nach wie vor zu den Axiomen der sozialdemokratischen Entspannungspolitik, daß sie der Rückendeckung des militärischen Bündnisses mit dem Westen, namentlich mit den USA, bedürfe. Mit den USA, weniger mit den europäischen Verbündeten, entwickelte sich aber ein Dissens über die Ostpolitik, der zunehmend grundsätzliche Züge annahm.

Es begann 1977 mit Egon Bahrs kalkuliert polemischer Attacke gegen die Neutronenwaffe (»Perversion des Denkens«). Unter dem Eindruck einer Reihe von Anträgen verschärfte die Antragskommission unter Vorsitz Herbert Wehners auf dem Hamburger Parteitag den Leitantrag des Vorstands, wobei erstmals seit den frühen 60er Jahren auf die Forderung des Godesberger Programms Bezug genommen wurde, Massenvernichtungsmittel in der ganzen Welt zu ächten.[21]

---

führen, in: Sozialdemokratischer Pressedienst Nr. 124 v. 3.7.1978; vgl. Frankfurter Rundschau v. 5.7.1978, S. 4.
20 Interview von G. Gaus in: Die Neue Gesellschaft 28 (1982), S. 712-721, hier S. 716. Zur Position von Gaus s. ders.: Texte.
21 Parteitag der SPD vom 15. bis 19. November 1977 in Hamburg. Protokoll der Verhandlungen. S. 713-729, hier S. 716-718; vgl. den entsprechenden Passus im Godesberger Programm: Protokoll der Verhandlungen des Außerordentlichen Parteitages der SPD vom November 13.–15. November 1959 in Bad Godesberg, S. 9-31, hier S. 16. Die Beiträge von Egon Bahr im Vorwärts v. 21.7.1977 und im Flensburger Tageblatt v. 4.2.1978 in: von Schubert: Sicherheitspolitik, T. 2, S. 239 f., 250-256. – Zur sozialdemokratischen Sicherheitspolitik in den späten 70er und frühen

Die Stellungnahme gegen die Neutronenwaffe leitete eine Popularisierung der sozialdemokratischen Friedens- und Abrüstungsdiskussion ein, die die SPD-Spitze in den 60er und frühen 70er Jahren bewußt vermieden hatte. Die Mobilisierung für die neue Ostpolitik war niemals in die militär- und abrüstungspolitischen Einzelheiten gegangen. Wehner sprach jetzt von der »Erweiterung der Entspannung im militärischen Bereich« als einer »nationalen Aufgabe ersten Ranges«.[22] Zum Fokus der sicherheits- und friedenspolitischen Debatte der SPD wurde ab 1979 der Brüsseler Doppelbeschluß der NATO[23], der für den Fall, daß keine Verhandlungslösung mit der UdSSR über einen beiderseitigen Verzicht auf atomare Mittelstreckenwaffen zustande käme, die Stationierung von Präzisionswaffen neuer Art, hauptsächlich auf dem Territorium der Bundesrepublik, vorsah.

Angesichts der Destabilisierung des militärischen Kräfteverhältnisses in Europa durch die Ersetzung der alten sowjetischen Mittelstreckenraketen durch die SS 20 hatte Helmut Schmidt selbst in den Vorjahren die US-Regierung und dann auch die westliche Öffentlichkeit auf die Lücke im Waffenarsenal der NATO hingewiesen, anfangs noch in der Erwartung, Waffen dieser Kategorie in die Rüstungskontrollverhandlungen der Supermächte einzubeziehen.[24] Das besondere Problem der Brüsseler »Nachrüstung« bestand indessen darin, daß – trotz der begrenzten Zahl der zur Stationierung vorgesehenen Raketen – die technische Qualität und der strategische Vorteil die sowjetische Vorrüstung mehr als ausgleichen würden: Die USA konnten mit ihren seit Anfang der 70er Jahre entwickelten neuen Waffen den Hauptkontrahenten UdSSR direkt bedrohen, während die sowjetischen Mittelstreckenraketen ein Drohpotential gegen Westeuropa darstellten. Je nach Perspektive konnte man in den neuen, »eurostrategischen« US-Raketen entweder (wie H. Schmidt) eine Ankoppelung der USA an Europa sehen, da die Amerikaner aus der Alternative massiven Gegenschlags mit der Folge atomarer Vernichtung auch der eigenen Bevölkerung versus Kapitulation befreit würden, oder (wie die Nachrüstungsgegner) gerade ein Instrument der militärischen Abkoppelung durch Schaffung der Option eines auf Europa begrenzten Atomkriegs.

In der Zielsetzung, einen neuen Kalten Krieg zu vermeiden, die Errungenschaften der Entspannung zu bewahren und weiterzuführen und, über die bisherigen Abkom-

---

80er Jahren s. Enders: Die SPD; Notz: Die SPD; Risse-Kappen: Die Krise; Mehl: Bundestagsparteien.

22 H. Wehner: Eine nationale Aufgabe ersten Ranges, in: Sozialdemokratische Sicherheitspolitik, hg. im Auftrag des SPD-Parteivorstands von Werner Buchstaller, 7-8/78 (Oktober 1978).

23 Haftendorn: Sicherheit und Entspannung, S. 234 ff.; dies.: Sicherheit und Stabilität: Dittgen: Deutsch-amerikanische Sicherheitsbeziehungen. S. ferner die in Anm. 21 genannte Literatur.

24 H. Schmidt: Menschen, S. 90 ff.; Notz: Die SPD, S. 24 ff. Einschneidend war Schmidts Vortrag am 28.10.1977 vor dem International Institute for Strategic Studies in London, auszugsweise in: von Schubert: Sicherheitspolitik, T. 2, S. 618-631. Zur militärstrategischen Problematik der neuen Waffen s. Guha: Der Tod; Ruehl: Mittelstreckenwaffen.

men hinaus, zu substantiellen Rüstungskontroll- und Abrüstungsmaßnahmen zu kommen, waren sich die Sozialdemokraten einig. Die Tatsache, daß Helmut Schmidts Linie noch jahrelang von einer erkennbar widerstrebenden Partei toleriert und vom Parteivorsitzenden nolens volens gestützt wurde, beruht darauf, daß man den Fähigkeiten Schmidts am ehesten zutraute, die Supermächte an den Verhandlungstisch zu bringen. Im Februar 1980, wenige Wochen nach dem Brüsseler Beschluß und der allgemein schockierenden Afghanistan-Invasion, sagte der Kanzler vor dem SPD-Parteirat: »Es gibt kein Land, dessen nationalen Interessen die Gleichgewichts- und Entspannungspolitik so sehr entspricht, wie das bei der Bundesrepublik Deutschland der Fall war und ist. Wir sind in Europa in der exponierten Lage. Wir haben deshalb das größte Interesse, daß die gegenwärtige internationale Krise durch deeskalierendes Krisen-Management unter Kontrolle bleibt.«[25]

Unmittelbar vor dem Brüsseler Doppelbeschluß der NATO-Außen- und Verteidigungsminister hatte sich Schmidt mit Unterstützung Brandts auf dem Berliner Parteitag durchgesetzt. Das war jedoch erst möglich, nachdem der Leitantrag unter dem Druck der Parteibasis so stark abgeändert worden war, daß er auch die Zustimmung von Nachrüstungsgegnern hatte finden können. Der Beschluß der SPD enthielt für den Fall eines Scheiterns der Verhandlungen keinen Automatismus, lehnte diesen sogar ausdrücklich ab.[26] Er sollte nach Ansicht seiner Befürworter die Stationierung überflüssig machen und Abrüstung ermöglichen.

Die sozialdemokratische Sicherheits- und Friedensdiskussion entfaltete sich in den vier Jahren zwischen dem Berliner und dem Kölner Parteitag in einer Atmosphäre, die durch das Aufkommen und die flächenbrandartige Ausbreitung einer atompazifistischen Massenbewegung geprägt war.[27] Die Opposition der Friedensbewegung gegen die Haltung der Bundesregierung in der Stationierungsfrage trug – neben der Kontroverse über die friedliche Nutzung der Kernenergie – entscheidend zum Erfolg der Partei Die Grünen bei. Anders als die Protestbewegungen der 60er und 70er Jahre erfaßte die Friedensbewegung der frühen 80er Jahre erhebliche Segmente der westdeutschen Bevölkerung, insbesondere der evangelischen Kirche, und schloß große Teile der sozialdemokratischen und gewerkschaftlichen Basis ein.

Die Friedensbewegung war naturgemäß diffus. Es einte sie die gemeinsame Ablehnung des NATO-Doppelbeschlusses; ansonsten gehörten zu ihr das gesamte linke und linksradikale Spektrum (mit sehr unterschiedlichen in der Regel eher kritischen Positionen zur UdSSR), ethische und religiöse Pazifisten bis hin zu Wertkonservativen verschiedener Ausprägung. Obwohl die Deutsche Frage nur für wenige Gruppen

---

25 Zit. nach Notz: Die SPD, S. 64 f.
26 Parteitag der SPD vom 3. bis 7. Dezember 1979, Bd. II, S. 1215-1268, hier S. 1242-1244.
27 G. Schmid: Sicherheitspolitik; Hans A. Pestalozzi u. a. (Hg.). Frieden in Deutschland. Die Friedensbewegung, wie sie wurde, was sie ist, was sie machen kann, München 1982; Linn: Die Kampagnen; Leif: Die strategische (Ohn-)Macht. Zur Auseinandersetzung der SPD mit der Friedensbewegung s. Apel: Sicherheitspolitik.

ein Thema war, das mit den Anliegen der Friedensbewegung zu tun hatte, etwa für den von nonkonformistischen Sozialdemokraten gebildeten »Arbeitskreis atomwaffenfreies Europa« in Berlin[28], trug die Friedensbewegung dazu bei, die Diskussion über Deutschlandpolitik und über die nationale Frage neu zu beleben: erstmals seit den 50er Jahren mit einer block- und speziell NATO-kritischen Tendenz. Dabei spielten die patriotischen Äußerungen mehrerer Galionsfiguren der Friedensbewegung wie Heinrich Albertz und Heinrich Böll eine Rolle, die aber lediglich die um sich greifende Erkenntnis der lange ignorierten geostrategischen Lage des hochgerüsteten und mit Fremdtruppen und fremden Massenvernichtungswaffen angefüllten Deutschland im Zentrum der Blockkonfrontation reflektierten.[29] Auch die Aktivitäten unabhängiger Friedensgruppen in der DDR[30] und das repressive Verhalten der dortigen Staatsmacht trugen dazu bei, eine neue Art gesamtdeutschen Bewußtseins in dem entsprechenden Spektrum zu fördern, für das die Frage der staatlichen Vereinigung Deutschlands indessen kaum von wesentlicher Bedeutung war. Angesprochen war das Problem in dem Offenen Brief des ostdeutschen regimekritischen Sozialisten Robert Havemann an Leonid Breschnew anläßlich dessen Bonn-Besuchs im Oktober 1981. Havemann stellte in seinem Appell, der in einer »gesamtdeutschen Friedensinitiative« von Bürgern beider deutscher Staaten überwiegend aus dem linken Spektrum, darunter auch mehreren sozialdemokratischen Bundestagsabgeordneten, unterzeichnet wurde, einen Zusammenhang zwischen der Blockkonfrontation und der ungelösten Deutschen Frage her.[31]

Die innerparteilichen Kritiker des NATO-Doppelbeschlusses, allen voran Erhard Eppler und Oskar Lafontaine sowie die Arbeitsgemeinschaften der Frauen und der Jungsozialisten, nahmen in vorderster Linie an den Aktivitäten der Friedensbewegung teil. Die, zum Teil erbittert ausgetragene, Auseinandersetzung mit der DKP und ihren engeren Bündnispartnern in der Friedensbewegung wurde nicht in erster Linie von Sozialdemokraten geführt, sondern von einem Teil der Grünen. Auf deutliche Skepsis stieß die Friedensbewegung bei Helmut Schmidt und Sozialdemokraten des rechten Flügels. Willy Brandt und die Angehörigen der linken Mitte wie Egon Bahr, Horst Ehmke und Peter Glotz, ab 1981 Bundesgeschäftsführer, aber auch der aus der Genera-

---

28 Der Arbeitskreis entfaltete eine rege, auch publizistische Aktivität. Er bemühte sich mit seinem Geschäftsführer R. Steinke darum, den Anliegen der Friedensbewegung, genauer: ihres sowjetkritischen Teils, in der SPD und umgekehrt der sozialdemokratischen Politik in der Friedensbewegung Gehör zu verschaffen und dabei eigene Akzente zu setzen. 1983 richtete der Arbeitskreis einen internationalen Friedenskongreß in West-Berlin aus. S. im Zusammenhang mit der Diskussion der Deutschen Frage etwa U. Albrecht: Deutsche Fragen.
29 S. die Reden von Albertz, Böll u. a. auf der Abschlußkundgebung der Bonner Friedensdemonstration am 10.10.1981, auszugsweise in: Die Zeit Nr. 43 v. 16.10.1981, S. 4.
30 Klaus Ehring/Martin Dallwitz: Schwerter zu Pflugscharen. Friedensbewegung in der DDR, Reinbek bei Hamburg 1982; Wolfgang Büscher u. a. (Hg.): Friedensbewegung in der DDR, Hattingen 1982.
31 Abdruckt u. a. in: Die Zeit Nr. 48 v. 20.11.1981, S. 14.

tion des Juso-Vorstands von 1969 kommende Sicherheitsexperte Karsten Voigt, bemühten sich um einen Dialog mit der Friedensbewegung, verteidigten aber weiterhin den sozialdemokratischen Parteitagsbeschluß von 1979 – mit der starken Betonung der Verhandlungskomponente – als den aussichtsreichsten Weg zur Null-Lösung im Mittelstreckenbereich.

Als die beiden Supermächte Ende November 1981 in Genf Verhandlungen über die atomaren Mittelstreckenwaffen aufnahmen, fühlte sich die SPD bestätigt. Möglichkeiten, die Verhandlungen zu beeinflussen, hatte die Bundesrepublik oder gar die SPD angesichts der mangelnden Kompromißbereitschaft der beiden beteiligten Regierungen jedoch nicht. Insbesondere lehnten die USA die Einbeziehung der britischen und französischen Systeme ab, wie sie die UdSSR forderte und auch die SPD für richtig hielt. Auch für die von der SPD verlangte schrittweise Einbeziehung von Kurzstreckenraketen und anderen in Europa stationierten und auf Europa gerichteten Kernwaffen gab es keine Chance, und so wuchs in der SPD – auch auf den höheren Ebenen – ständig die Zahl der offenen oder heimlichen Gegner der vorgesehenen »Nachrüstung«.

Auf dem Münchener Parteitag folgte die SPD im Frühjahr 1982 noch einmal Helmut Schmidt, der sein politisches Schicksal mit der Nachrüstung verknüpft hatte. Der Leitantrag, unter Vorsitz Egon Bahrs erarbeitet, stellte fest, die Genfer Verhandlungen müßten zu einer »Verminderung der Europa bedrohenden Mittelstreckenwaffen« führen. Die Antragskommission ergänzte dann den Leitantrag um Hinweise auf traditionelle sozialdemokratische Programmpunkte, die aus Anträgen von Parteigliederungen übernommen wurden, insbesondere das Ziel eines »atomwaffenfreien Europa«.[32] Gegen wenige Stimmen des engeren Kreises um Helmut Schmidt erfolgte die Ablehnung der Stationierung, die in dem Berliner Doppelbeschluß von 1979 als Möglichkeit angelegt war, auf einem Außerordentlichen Parteitag in Köln, gut ein Jahr nach dem Verlust der Regierungsmacht.[33] Der Auftritt des Parteivorsitzenden Brandt bei der Kundgebung gegen die bevorstehende Stationierung am 23. Oktober 1983 im Bonner Hofgarten hatte das Nein der SPD bereits vorweggenommen.

Die Stationierungskontroverse veranlaßte die SPD, wieder stärker nationale Argumente anklingen zu lassen. Damit beabsichtigte sie offenbar auch, dem Vorwurf nationaler Unzuverlässigkeit in der Landesverteidigung zu begegnen. Willy Brandt stellte auf dem Münchener Parteitag vom April 1982 in diesem Sinne fest: »Wer seine Verpflichtung vor dem ganzen deutschen Volk so stark empfindet, wie ich es für die Sozialdemokraten feststellen kann, der weiß, sein Patriotismus muß auf Friedenswillen, Entspannungsbereitschaft, europäische Zusammenarbeit und internationale Zu-

---

32 Entschließung zur Außen-, Friedens- und Sicherheitspolitik, Parteitag der SPD 19. bis 23. April 1982. München, Bd. II. Angenommene und überwiesene Anträge, S. 907-911, hier S. 910.
33 Entschließung zur Friedens- und Sicherheitspolitik des Kölner Parteitages der SPD 1983, in: Jahrbuch 1982-1983, S. 594-598, hier S. 597.

verlässigkeit gegründet sein. Das schließt sehr wohl ein, daß wir von deutschen Interessen sprechen, denn unser Land ist durch Abschußrampen und als Zielscheibe vorrangiges Opfer der Rüstung mit tödlichen Waffen. Die sich hieraus ergebenden Lebensinteressen teilen wir mit den Menschen im anderen deutschen Staat, in der DDR.«[34] In der Entschließung zur Außen-, Friedens- und Sicherheitspolitik nahm der Parteitag Bezug auf »die Friedensbewegungen in beiden deutschen Staaten«, eine vorsichtige Sympathieerklärung sowohl für die westdeutsche Friedensbewegung als auch für die unabhängigen Friedensgruppen in Ostdeutschland.[35]

Es war kein Zufall, daß die engagierten Deutschlandpolitiker der SPD der Nachrüstung zurückhaltend und zunehmend skeptisch gegenüberstanden. Während Oskar Lafontaines Infragestellung der militärischen Integration in die NATO, die überdies das Problem der alliierten Vorbehaltsrechte außer acht ließ[36], jedenfalls unter den anderen führenden Sozialdemokraten keine Resonanz fand und Heinrich Albertz' provozierendes Wort von Deutschland – Ost und West – als einem »besetzten Land«[37] in seinem sachlichen Kern gar nicht zur Kenntnis genommen wurde, konnten Egon Bahr und Günter Gaus mit ihren Interventionen die inner- und außerparteiliche Debatte erheblich beeinflussen. Ausgehend von diesen beiden Politikern begann sich um 1980 eine Position zu formieren, die später treffend als deutscher »Zwei-Staaten-Patriotismus« gekennzeichnet worden ist.[38] Charakteristisch für diesen Ansatz war die Relativierung der Westbindung der Bundesrepublik.

Egon Bahr hatte schon im September 1978 in einem »Spiegel«-Interview nach Meldungen über angebliche Geheimpläne Bahrs und Wehners zur Wiedervereinigung ohne Umschweife erklärt: »Ich bin erst ein Deutscher und dann Europäer.« Eine Lösung der deutschen Frage sei »nicht mehr denkbar ohne Lösung der europäischen Teilung«, aber vor allem auch nicht ohne die beiden Weltmächte. Dabei müsse langfristig die Überwindung der beiden Bündnisse ins Auge gefaßt werden. Den Paktsystemen »Ewigkeitswert« zuzusprechen, »würde ja gleichzeitig bedeuten, daß man sich mit der Spaltung Deutschlands abfindet, daß man den Verfassungsauftrag nicht mehr ernst nimmt«.[39] Nachdrücklich unterstrich Bahr immer wieder, daß er alle Sorgen, das Thema der Nation würde »sich erübrigen oder [...] sich totlaufen« für überflüssig und gefährlich (weil zu schädlicher Phraseologie verleitend) hielt. »Ich machte mir über

---

34 W. Brandt: Rechenschaftsbericht des Vorsitzenden der SPD, Parteitag der SPD 19. bis 23. April 1982. München, Bd. I. Protokoll der Verhandlungen. Anhang S. 34-70, hier S. 62 f.
35 Parteitag der SPD 19. bis 23. April 1982, München, Bd. II, S. 907-911, hier S. 908.
36 O. Lafontaine: Angst, bes. S. 43.
37 H. Albertz. Von der Nation, hier S. 135.
38 D. Stobbe: Außenpolitische Kontinuität – ein deutscher Wunschtraum?, in: Die Neue Gesellschaft 31 (1984), S. 102-109, hier S. 106. – Eine gute Darstellung und Analyse bieten von Bredow/Brocke: Das deutschlandpolitische Konzept; Brocke: Deutschlandpolitische Positionen; Ehmke: Zwanzig Jahre.
39 Interview E. Bahrs in: Der Spiegel Nr. 37 v. 11.9.1978, S. 28-34, hier S. 29, 31.

die Nation keine Sorgen«, sagte er Anfang 1981. »Sie ist nicht zu beschließen«. Die entscheidende geschichtliche Größe sei die Nation geblieben, an deren Stelle keine supranationale westliche Gemeinschaft getreten sei. »Das werden wir [...] geschichtlich eines Tages bewiesen sehen. Laßt uns nicht mehr sehr viel darüber reden.«[40]

Etwa gleichzeitig meldete sich der soeben als Ständiger Vertreter in Ost-Berlin abgelöste Günter Gaus in der »Zeit« zu Wort und konstatierte den Bewußtseinswandel, der den Westdeutschen erfasse, wenn er erkenne, daß die Elbe »Deutschlands Strom, nicht Deutschlands Grenze« sei. Verklausuliert sprach Gaus das Verhältnis von Deutschland- und West-, insbesondere Europapolitik an.[41] In seinem 1983 erschienenen Buch »Wo Deutschland liegt« wurde er deutlicher: »Nur eine Verlangsamung der [westeuropäischen] Integration, die Teilung bedeutet, könnte als Vorstufe zu neuen Absprachen in Gesamteuropa die Bonner Behauptungen über deutsche Lösungen auf dem europäischen Weg ehrlich machen.« Über Brüssel, soviel sei gewiß, führe »nicht einmal ein Umweg zu Antworten auf deutsche Fragen«.[42] Indem sie den Finger auf den wundesten Punkt der westdeutschen Außen- und Deutschlandpolitik legten, erklärten Bahr und Gaus jedoch zugleich jede aktuelle Diskussion über Blockauflösung oder -überwindung für unrealistisch und schädlich. »Manches, was als übernächster oder hundertster Schritt zu früh in die Öffentlichkeit getragen wird, erschwert wiederum den nächsten Schritt, der dahin führen soll.« Daher wäre eine »Kabinettspolitik wie im 19. Jahrhundert« das ideale Instrument der Ost-West-Politik – eine nur in der ironischen Überspitzung scherzhafte Bemerkung.[43]

Eine Perspektive wies Peter Bender, seit den frühen 60er Jahren ostpolitischer Vordenker im Umfeld der SPD, in seinem Buch »Das Ende des ideologischen Zeitalters«, in dem er einen Stufenplan für die »Europäisierung Europas« entwickelte. »Europa ist ganz erst wieder Europa, wenn alle dort stationierten Truppen nach Hause zurückgekehrt sind.« Der Kerngedanke Benders: Es gehe nicht um ein Disengagement. Im Gegenteil: »Die Großen brauchen Garantien, daß ihnen nichts entgleitet – nur unter dem Dach der Allianzen hat eine größere Annäherung der Europäer Aussicht.« Im Verlauf eines von den Führungsmächten kontrollierten gesamteuropäischen Entspannungsprozesses könnten sich dann die Osteuropäer vom sowjetischen Modell lösen, und am Ende stünden Blockauflösung und Truppenabzug. Geradezu konstitutiv war für ihn dabei die Aufrechterhaltung der deutschen Zweistaatlichkeit.[44]

Der »Zwei-Staaten-Patriotismus« von Männern wie Günter Gaus, der sich mit seinem publizistischen Engagement die ganzen 80er Jahre hindurch darum bemühte, daß die DDR einschließlich ihrer SED-Führung in der Bundesrepublik im doppelten

---

40 Interview E. Bahrs im ZDF am 13.1.1981, in: Vorwärts Nr. 7 v. 5.2.1981.
41 Interview G. Gaus' in: Die Zeit Nr. 6 v. 30.1.1981.
42 G. Gaus: Wo Deutschland liegt. Eine Ortsbestimmung, Hamburg 1983, S. 241, 240.
43 Interview G. Gaus' in: Die Neue Gesellschaft 29 (1982), S. 712-721, hier S. 713. »Kabinettspolitik« zit. nach: Ammon/P. Brandt: Wege, S. 68.
44 Bender: Das Ende, S. 263.

Wortsinn verständnisvoll wahrgenommen würde, implizierte mit der beabsichtigten Aufwertung des anderen deutschen Staates eine Infragestellung »bundesrepublikanischen« Selbstbewußtseins. Gerade einen auf die Bundesrepublik als demokratischen und sozialen Rechtsstaat bezogenen Separat-Patriotismus hatten jedoch andere Befürworter der Zweistaatlichkeit wie Peter Glotz im Auge.

Einerseits wiederholten sozialdemokratische Sprecher und Autoren unablässig ihre Warnung vor einem »deutschen Sonderweg« aus den Blöcken[45], wobei man offenbar hauptsächlich den liberal-konservativen Kritikern der SPD im In- und Ausland begegnen wollte. Andererseits sahen sich führende Sozialdemokraten durch den vermeintlichen »neuen Patriotismus« herausgefordert, das Thema der Nation als Frage der nationalen Identität aufzuwerfen. Es ist unverkennbar, daß die Betonung der »Identität« auch dafür gedacht war, eine Entgleisung der Debatte und eine politische Zuspitzung des Themas zu verhindern.

Neben Bahr und Gaus nahm sich vor allem der Berliner Bundestagsabgeordnete Gerhard Heimann der Problematik an und stellte 1982 apodiktisch fest, die SPD sei »eine patriotische Partei«. Während Heimann von den sicherheitspolitischen Debatten der frühen 80er Jahre ausging[46], knüpfte der Fraktionsvorsitzende Hans-Jochen Vogel im Herbst 1986 an die Vorstellung der »Geschichts-, Sprach-, Kultur- und Gefühlsgemeinschaft« an, die unverändert fortbestehe und zur deutschen Identität gehöre. »Es wäre gut, wenn die deutsche Sozialdemokratie – die ja nicht zufällig als einzige Partei in der Bundesrepublik das Wort ›Deutschland‹ in ihrem Namen führt – […] die Diskussion über die deutsche Identität beleben würde. […] Denn die Frage nach der Identität der Deutschen, nach ihrem nationalen Bewußtsein und ihrem nationalen Selbstverständnis wird lauter und drängender werden.«[47]

Auch der Parteivorsitzende Willy Brandt äußerte sich verschiedentlich zur nationalen Identität der Deutschen und zur deutschen Einheit. Die Existenz der einheitlichen deutschen Nation stand für ihn nicht in Frage, wohl aber die Möglichkeit, sie staatlich zu rekonstruieren. Zum Jahreswechsel 1982/83 hielt er es am ehesten für denkbar, im Rahmen einer gesamteuropäischen Ordnung zu organisierten engeren Beziehungen zwischen den beiden »deutschen Teilstaaten« zu kommen.[48] Die Vereinigungsoption völlig aufzugeben, schien ihm weder sachlich gerechtfertigt (die Geschichte sei offen) noch taktisch klug. Andererseits empfand er aber Wiedervereinigungsrhetorik als schädlich für die Weiterführung der Entspannung. Seine vieldiskutierte Äußerung von der »Wiedervereinigung« im Rahmen der Westintegration als

---

45 Siehe z. B. H. J. Vogel: Für eine neue Entspannung. Die Position der Sozialdemokraten, in: Ehmke: Zwanzig Jahre, S. 357-370, hier S. 365 f.
46 G. Heimann: Die Sozialdemokratische Partei Deutschlands – eine patriotische Partei. Zum 30. Todestag von Kurt Schumacher, in: Die Neue Gesellschaft 29 (1982), S. 721-724, Zitat S. 724.
47 H. J. Vogel: Bemerkungen zur deutschen Identität, in: Die Neue Gesellschaft/Frankfurter Hefte, Jg. 33 (10/1986), S. 879-882, Zitat S. 882 und wie Anm. 45.
48 Die Zeit v. 31.12.1982, S. 30.

»Lebenslüge« der Bundesrepublik enthielt offenkundig eine kalkulierte Zweideutigkeit.[49] In seiner Abschiedsrede als Parteivorsitzender im Juni 1987 sagte Willy Brandt, »die nationale Komponente unserer Außen- und Sicherheitspolitik ist bei weitem nicht immer deutlich genug sichtbar gemacht worden. [...] Die Sache der Nation – in friedlicher Gesinnung und im Bewußtsein europäischer Verantwortung – ist und war von Anfang an bei der demokratischen Linken besser aufgehoben als bei anderen.«[50]

Der linke »Frankfurter Kreis« verlangte 1986 den förmlichen Verzicht der Bundesrepublik auf die »Wiederherstellung der staatlichen Einheit Deutschlands«. »Nur auf der Basis der dauerhaften Existenz zweier deutscher Staaten« sei eine allseits akzeptierte europäische Friedensordnung denkbar.[51] Nicht weit davon entfernt lag der ursprünglich vom rechten Flügel kommende Gerhard Heimann: »Das Fortbestehen der Bundesrepublik Deutschland und der Deutschen Demokratischen Republik hat den unbestreitbaren Vorteil, daß die neue Mittellage der Deutschen nicht wieder zwangsläufig zu politischer Isolierung mit schwankender Orientierung führen muß [...] Die Frage des Selbstbestimmungsrechtes wird sich unter solchen Voraussetzungen in einem historischen Sinne von selbst erledigen.«[52]

Nicht leicht sind die auf den ersten Blick sogar widersprüchlichen Aussagen Egon Bahrs aus der zweiten Hälfte der 80er Jahre zu deuten, der seinen »Schmerz über die Teilung« und seine emotionale Verbundenheit mit dem ganzen Deutschland bekundete.[53] Einerseits verlangte Bahr mit geradezu erbarmungsloser Härte den Abschied von Hoffnungen auf eine grundlegende Veränderung in Deutschland: sowohl hinsichtlich der inneren Verhältnisse in der DDR als auch hinsichtlich der deutschen Einheit.[54] Wer die Deutsche Frage aufwerfe, störe die europäischen Abrüstungs-, Kooperations- und Integrationsprozesse, meinte er 1988. »Auch am Ende dieser Prozesse wird es die beiden Staaten geben. [...] Das ist unsere Freiheit, zu den beiden deutschen Staaten zu sagen: Ich will, weil ich muß.«[55] In seiner »Antwort auf Gorbatschow« schlug Bahr

---

49 Rede W. Brandts in: Frankfurter Rundschau v. 15.9.1988; dazu Frankfurter Allgemeine Zeitung Nr. 292 v. 15.12.1990, S. 3. S. a. ders.: Die Chance der Geschichte suchen, in: Reden; sowie den Beitrag in: Berliner Lektionen, S. 72-88. Das »Lebenslüge«-Zitat wurde von Gegnern wie von vermeintlichen Anhängern Brandts häufig zusammenhanglos und somit tendenziell falsch weitergegeben.
50 W. Brandt: Die Abschiedsrede, S. 92.
51 In einem Antrag für den Parteitag 1986 in Nürnberg, zit. nach Konrad Gilges: Was ist neu, hier S. 937.
52 G. Heimann: Die Last der Geschichte, in: Sozialdemokratischer Pressedienst v. 26.6.1987.
53 E. Bahr: Rede über das eigene Land: Deutschland (1988), in: ders.: Sicherheit, S. 139-156, hier S. 156.
54 Besonders hart formulierte Bahr dieses Ansinnen bei Auftritten vor einem breiten Publikum, etwa in Fernsehsendungen. S. ferner Bahr: Rede über das eigene Land, S. 141. Die manchmal an einen Appell zur Hoffnungslosigkeit grenzende demonstrative Nüchternheit diesbezüglicher sozialdemokratischer Äußerungen berührte mit den weiterreichenden Zukunftshoffnungen der Menschen (»Illusionen«), die bei der Durchsetzung der Neuen Ostpolitik eine so große Rolle gespielt hatten, eine der Lebensadern der Sozialdemokratie.
55 Bahr: Rede über das eigene Land, S. 141.

vor, endlich auch einen juristischen Schlußstrich zu ziehen und in gleichlautenden, getrennten Friedensverträgen der Bundesrepublik (unter voller Eingliederung West-Berlins) und der DDR mit den Siegermächten des Zweiten Weltkriegs die alliierten Vorbehaltsrechte abzulösen.[56]

Die Unlösbarkeit der Deutschen Frage im Sinne der staatlichen Einheit begründete Bahr nicht nur mit den unterschiedlichen Macht- und Systemerhaltungsinteressen der großen Mächte und friedenspolitischen Notwendigkeiten, sondern auch mit der früheren Entscheidung der Bundesrepublik für die Westintegration, namentlich für die NATO und die bevorstehende westeuropäische Union. Das Insistieren auf dem Widerspruch zwischen dem nationalen Ziel und der supranationalen Westbindung hatte indes einen Hintersinn, auch wenn die Vermutung geäußert wurde, der point of no return bei der Verflechtung Westeuropas – und damit nach Bahrs Meinung der Zementierung der Teilung Deutschlands – könnte bereits erreicht sein. Die Friedensvertragsidee wäre kontraproduktiv gewesen, wenn es Bahr ausschließlich darum gegangen wäre, den Status quo festzuschreiben. Eine Diskussion über den Friedensvertrag mußte zwangsläufig alle Deutschland betreffenden Probleme wieder aufwerfen. Egon Bahr hat dies natürlich gewußt und mit einkalkuliert. Die uneingeschränkte Souveränität, die beide Staaten durch den Friedensvertrag erhalten würden, verleihe ihnen schließlich auch die Entscheidungsfreiheit bei der Regelung ihres Verhältnisses untereinander.[57]

Man geht wohl in der Spekulation nicht zu weit, wenn man das Motiv des Bahrschen Vorschlags gerade darin vermuten, eine neue – und dem Autor zufolge die einzig übriggebliebene – Chance zu eröffnen, in einer fernen Zukunft doch noch zur Einheit Deutschlands zu gelangen. Dieser Weg führte bei Bahr allerdings über eine Stabilisierung der DDR und eine Bekräftigung der Zweistaatlichkeit. Von der Kuratel der Siegermächte befreit, wenn auch eingebunden in übernationale Zusammenschlüsse, könnten beide deutsche Staaten, durch immer engere, durchaus »besondere« Beziehungen verknüpft, eine avantgardistische Rolle bei der Neugestaltung der gesamteuropäischen Architektur übernehmen und dabei auch die teilweise gegenläufigen übernationalen Integrationsprozesse zu harmonisieren versuchen. In der Logik dieses Konzepts bedurfte der Hinweis Bahrs auf die »Hoffnung auf die Geschichte«, seine Warnung vor Resignation, nicht des entschuldigenden Bekenntnisses zur Irrationalität.[58]

Die professionellen Deutschlandpolitiker der SPD standen entweder der Tradition des demokratischen Sozialismus relativ fern, auch wenn sie, wie Egon Bahr 1979, dessen historische Chancen gelegentlich beschworen[59], und betrieben Außenpolitik

---

56   Ebd., S. 149; ders.: Zum europäischen Frieden, S. 95-98.
57   Ebd.: S. 92-94; ders.: Rede über das eigene Land, S. 149.
58   Ders.: Die Chance der Geschichte in der Teilung suchen, in: ders.: Sicherheit, S. 127-134, hier S. 132.
59   Arbeitskreis atomwaffenfreies Europa: Vom Umgang.

und Deutschlandpolitik sozial indifferent; die gemäßigt linken Sicherheitspolitiker hingegen wie Karsten Voigt und Hermann Scheer zeichneten sich nicht vorrangig durch ein deutschlandpolitisches Interesse aus.[60] Es waren lediglich vereinzelte dissentierende Stimmen, die den Zusammenhang von Frieden, nationaler Frage und demokratisch-sozialer Emanzipation in den Mittelpunkt stellten wie im Frühjahr 1988 der frühere SDSler Tilman Fichter, jetzt Referent für Bildungsarbeit beim SPD-Parteivorstand und Redaktionsmitglied der »Neuen Gesellschaft/Frankfurter Hefte«. Fichter erwartete grundlegende Veränderungen in Ostdeutschland von einem Zusammentreffen der Gorbatschowschen »Revolution von oben« mit einer »DDR-weiten Jugendrevolte« und kritisierte deutlich die »mehr oder weniger abwartende, oft sogar abwiegelnde« Reaktion der Sozialdemokratie auf die Opposition im Osten.[61]

Fichter richtete den Blick auf gesellschaftliche Prozesse im Osten. Die meisten seiner Altersgenossen und der Jüngeren, die unter Fünfzigjährigen, die die Nation für eine Idee der Rechten hielten, knüpften naturgemäß an Vorgänge an, die die eigene Gesellschaft betrafen, während die Wechselwirkung zwischen Entwicklungen im Westen und solchen im Osten allenfalls als Abstraktum anerkannt, häufig völlig ausgeblendet wurde. Zutreffend verwiesen Sozialdemokraten, nicht anders als Liberale und Konservative, auf den tendenziellen Bedeutungsverlust des Nationalstaats, aus dem sie jedoch vorschnell den Schluß zogen, die Frage der staatlichen Einheit Deutschlands werde sich von selbst erledigen, wenn sie nicht künstlich thematisiert werde. Auch ein deutschlandpolitisch Engagierter wie Erhard Eppler stufte im Hinblick auf die globalen Aufgaben der Dritten-Welt-Entwicklung und der Ökologie die deutsche Einheit zu einem nachgeordneten Problem zurück. Die Priorität des Friedens gegenüber der Vereinigung Deutschlands war ohnehin in der SPD unumstritten. Früher war man aber davon ausgegangen, daß zum dauerhaften Frieden eine Lösung der Deutschen Frage gehöre; in den 80er Jahren sah man in der Aufrechterhaltung der Teilung Deutschlands, jedenfalls bis auf weiteres, mehr und mehr geradezu eine Bedingung der Sicherung des Friedens.

Alle diese Erwägungen fanden eine wichtige Ergänzung in der mit der Beleuchtung immer neuer Aspekte des Geschehens der Jahre 1933–1945 zunehmenden, teils historisch, teils moralisch, teils theologisch begründeten Neigung, den Deutschen wegen der kollektiven Verantwortung für den Nationalsozialismus das Selbstbestimmungsrecht abzusprechen.

Schließlich hatte die nationale Thematik für die Sozialdemokratie noch eine innergesellschaftliche Dimension: Die wachsende Zahl von Arbeitsimmigranten und Asyl-

---

60 H. Scheer: Die Befreiung; K. D. Voigt: Wege; ders./Proektor/Rühe: Mehr Vertrauen.
61 T. Fichter: Westeuropäische Linke und deutsche Frage, in: Die Neue Gesellschaft/Frankfurter Hefte 35 (1988), S. 366-372. – S. a. P. Brandt/G. Minnerup: Osteuropa und die deutsche Frage, in: Die Neue Gesellschaft/Frankfurter Hefte 34 (1987), S. 722-734; G. Wuthe: Nation; sowie den Kreis um die »Sozialistische Arbeiterzeitung«.

bewerbern provozierte wie andernorts so auch in Deutschland die typischen ethnozentrischen Reaktionen, denen sich die SPD entgegenstellen wollte. Sie setzte auf Ausländer-Integration, und es stellte sich die Frage, ob eine »multikulturelle Gesellschaft« noch bereit und imstande sein würde, tradierte nationalpolitische Ziele zu verfolgen.[62]

Während der ganzen 80er Jahre war die SPD mit der Ausarbeitung eines neuen sicherheits-, außen- und deutschlandpolitischen Konzepts beschäftigt, das für eine lange Periode Richtschnur des Handelns sein sollte. Hinsichtlich der möglichen staatlichen Vereinigung Deutschlands hatte sie ihre Mitte der 60er Jahre begonnene Relativierung fortgesetzt, ohne die bei der Verteidigung der Ostverträge eingenommene Position völlig aufzugeben. Im Regierungsprogramm für die Legislaturperiode 1983–87 sprach die Partei von der »Verantwortung für die Einheit der Nation« auf der Basis der Zweistaatlichkeit, im Regierungsprogramm für 1987–90 war dann wieder »der Anspruch der Deutschen auf Selbstbestimmung« erwähnt; es müsse aber offenbleiben, wie er verwirklicht werden könne. Das bedeutete, nach der Selbstinterpretation der SPD, keine Abkehr von früheren Aussagen oder vom Grundgesetz. Man solle jedoch nicht vorwegnehmen, wie die Menschen in der DDR gegebenenfalls ihr Selbstbestimmungsrecht wahrnehmen würden.[63]

---

62 Die sozialdemokratische Meinungsbildung an der Basis ist auf diesem Feld noch weniger als in anderen Bereichen von den Diskussionen des linksliberal-linken Gesamtspektrums zu trennen. S. für vieles andere etwa: Land der begrenzten Möglichkeiten; B. Engelmann: Du deutsch? Geschichte der Ausländer in unserem Land, München 1984. Kritisch T. Schmid: Multikulturelle Gesellschaft – großer linker Ringelpiez mit Anfassen, in: Die Neue Gesellschaft/Frankfurter Hefte 36 (1989), S. 541-546. Zum Problem selbst s. a. U. Herbert: Geschichte der Ausländerbeschäftigung in Deutschland 1880 bis 1980. Saisonarbeiter – Zwangsarbeiter – Gastarbeiter, Bonn 1986; Bericht '99. Zur Situation der ausländischen Arbeitnehmer und ihrer Familien – Bestandsaufnahme und Perspektiven für die 90er Jahre, hg. v. dem Beauftragten der Bundesregierung für die Integration der ausländischen Arbeitnehmer und ihrer Familienangehörigen, 2. erg. Aufl. Bonn 1990; Alexander Casella: Das Asylproblem – eine Herausforderung für Europa, in: Europa-Archiv 43 (1988), S. 371-380. – Stellungnahmen der SPD finden sich jeweils im »Jahrbuch« der Partei: Nützlich ist die dokumentarische Zusammenstellung der Positionen der Exekutive, der Parteien und der gesellschaftl. Organisationen: Friedrich-Naumann-Stiftung: Asyl. Typisch für die nicht immer von größerer Sensibilität zeugende, vielfach undifferenzierte Herangehensweise der Sozialdemokraten der jüngeren und mittleren Generation war die im Sinne mancher Kritiker geradezu widersinnige Reaktion auf die Gedenkrede P. Jenningers vor dem Bundestag am 9.11.1988, der doch gerade auf die Massenunterstützung für den Nationalsozialismus abhob; der Redetext in: Bundestag 11. Wahlperiode, Bd. 146, S. 7270-7276. – Die hier angesprochene, auch von der Entwicklung des deutschen Protestantismus nach 1945 geprägte Verknüpfung von NS-Vergangenheit und Deutschlandpolitik formulierte klassisch W. Jens im Oktober 1984 in einer Fernsehsendung: »Keine Wiedervereinigung! Schuld!« Zit. nach Ammon: Antifaschismus, hier S. 589.

63 Das Regierungsprogramm der SPD 1983–1987, in: Jahrbuch 1982–1983, S. 570-589, Abschnitt VI: »Wir wollen Frieden«, Zitat S. 588; Zukunft für alle – arbeiten für soziale Gerechtigkeit und Frieden. Regierungsprogramm 1987–1990 der SPD, Sonderdruck, S. 41; vgl. Joseph Dolezal: Die Deutschlandpolitik der SPD, in: Blumenwitz/Zieger: Die deutsche Frage, S. 67-70. Kritisch zur SPD-Deutschlandpolitik der 80er Jahre im selben Band der Überblick von J. Hacker: Die deutsche Frage aus der Sicht der SPD, S. 39-65.

Im Entwurf für ein neues Grundsatzprogramm war eine über verbesserte zwischenstaatliche Beziehungen hinausweisende nationale Perspektive beinahe eliminert. Mit ihrer Deutschlandpolitik wolle die SPD »die Chance der Selbstbestimmung erhalten, die den Deutschen zusteht wie anderen Nationen«.[64] Es ging also nicht mehr um eine noch so vage Zielsetzung der SPD, um Wege zur Durchsetzung des Selbstbestimmungsrechts oder auch nur um seine grundsätzliche Einforderung, sondern höchstens noch darum zu verhindern, daß eine theoretisch denkbare Entwicklungsmöglichkeit verschüttet würde. Widerspruch gegen die Tendenz zur definitiven Abkehr von der Wieder- bzw. Neuvereinigung Deutschlands kam von einem Teil der minoritären Parteirechten wie dem früheren Bauminister Dieter Haack, die aber mit ihren Kontrahenten die Furcht vor »Neutralismus« und »Linksnationalismus« teilten, sowie von den wenigen Vertretern einer so titulierten gesamtdeutschen, auf Blockauflösung gerichteten Politik wie dem Völkerrechtler Theodor Schweisfurth.[65]

Während die SPD eine staatliche Vereinigung Deutschlands für immer unwahrscheinlicher erachtete und eine wachsende Zahl Sozialdemokraten aus den genannten Gründen auch für unerwünscht, konnte die Parteispitze Forderungen aus den eigenen Reihen nach einer vollen völkerrechtlichen Anerkennung der DDR (bzw. der DDR-Staatsbürgerschaft) abfangen. Sie war bereit, der DDR so weit entgegenzukommen, wie es die offiziellen und verbindlichen Rechtspositionen der Bundesrepublik ihres Erachtens erlaubten:

- Verständigung über den Verlauf der Elbegrenze;
- Auflösung der Erfassungsstelle der Länder in Salzgitter, die Verstöße gegen die Menschenrechte in der DDR dokumentierte;
- Respektierung der DDR-Staatsbürgerschaft »im Rahmen des Grundgesetzes«. Das Staatsbürgerrecht bleibe unverändert »für jeden Deutschen, der es in freier Entscheidung wahrnehmen kann und will«;
- offizielle Kontakte zwischen Bundestag und Volkskammer;
- regelmäßige Konsultationen der Regierungen.

Daneben verlangte die SPD die Abschaffung des Mindestumtauschs, weitere Erleichterungen im Besucherverkehr, Städtepartnerschaften, ein Kulturabkommen u. a. m.[66]

Diese sozialdemokratischen Vorschläge waren Ausdruck der hohen Bedeutung, die die SPD den deutsch-deutschen Beziehungen im Rahmen ihres Konzepts der »zweiten Phase der Entspannungspolitik« zuwies. Nach der Stationierung der Pershing II und der Cruise missiles sowie der Aufstellung neuer sowjetischer Kurzstre-

---

64 SPD, Vorstand: Entwurf, S. 11.
65 Haack: Deutschlandpolitik; Auf das Selbstbestimmungsrecht der Deutschen nicht verzichten. Ein Positionspapier der Rechten in der Berliner SPD, in: FAZ Nr. 2. v. 4.1.1988, S. 5; Schweisfurth: Die Sozialdemokratische Partei; vgl. ders.: Die deutsche Konföderation.
66 Sozialdemokratische Thesen zur Deutschlandpolitik, in: Politik Nr. 17, November 1984; Zukunft für alle – arbeiten für soziale Gerechtigkeit und Frieden. Regierungsprogramm 1987–1990 der Sozialdemokratischen Partei Deutschlands, Kap. 8.

ckenwaffen in der DDR und der CSSR im Gegenzug hatte sich die DDR-Regierung ebenso wie die christlich-liberale Koalition in Bonn bemüht, die Verschärfung der internationalen Lage durch eine Art doppeldeutscher Dämpfungspolitik abzufedern. Man war zu diesem Zweck auch bereit, die DDR massiv finanziell zu unterstützen (»Milliardenkredit«).[67] Damit hatte sich die Rolle der beiden deutschen Staaten in den Ost-West-Beziehungen seit den 60er Jahren diametral geändert. Diese Veränderung bildete den realen Kern der sozialdemokratischen Vorstellungen über die neue Rolle Deutschlands in Europa und in der Welt.

Bereits in der ersten Hälfte der 80er Jahre war die SPD von dem Typ des Atlantizismus abgerückt, der seit 1960 zu den außenpolitischen Grundpfeilern der Partei gehört hatte. Das NATO-Bündnis blieb in den offiziellen Äußerungen unbestritten als ein bis auf weiteres nicht verzichtbares Instrument gemeinsamer Sicherheitspolitik, doch änderte sich die Perzeption des Ost-West-Konflikts nicht unerheblich, indem man, insbesondere seit dem Regierungsantritt Präsident Reagans, einen teils konjunkturell, teils aber auch strukturell und langfristig verstandenen Dissens zwischen amerikanischen Hegemonial- und westeuropäischen Entspannungs- und »Selbstbehauptungs«-Interessen konstatierte. Demgegenüber registrierte die SPD frühzeitig die Veränderung der sowjetischen Innen- und Außenpolitik unter Gorbatschow und setzte auf die Festigung des Reformprozesses und seine Unterstützung von außen.[68]

Obwohl die SPD beteuerte, sie strebe keine westeuropäische Supermacht an, blieb – angesichts der Forderung nach Intensivierung des westeuropäischen Einigungsprozesses und seiner Erweiterung auf außen- und sicherheitspolitischem Gebiet einerseits, nach Ausbau und Institutionalisierung der gesamteuropäischen Zusammenarbeit andererseits – bis zum Zusammenbruch des Ostblocks unklar, ob die west- oder die gesamteuropäische Option dominierte, bzw. wie das Verhältnis beider Ansätze gehandhabt werden sollte. So stieß eine engere militärische Zusammenarbeit zwischen der Bundesrepublik und Frankreich nicht nur bei Anhängern der staatlichen Einheit Deutschlands, sondern auch bei Sicherheitsexperten auf Skepsis.[69]

Bereits in der Endphase ihrer Regierungszeit hatte die SPD die Arbeit an einem neuen sicherheits- und friedenspolitischen Konzept begonnen, das zwischen 1982 und 1988 in den Beschlüssen der Parteitage Gestalt annahm. Ins Zentrum rückte der –

---

67 Zur Deutschlandpolitik der Bonner Regierung s. Zehn Jahre Deutschlandpolitik. Aus sozialdemokratischer Sicht Bruns: Von der Deutschland-Politik.
68 M. Müller/Klose/Heimann/Maldaner: Es gibt kein zurück (eine frühere Version 1986 intern verbreitet). Zur teilweise veränderten Perzeption des Ost-West-Konflikts durch die SPD von Bredow/Brocke: Das deutschlandpolitische Konzept, S. 47 ff. Zur Distanzierung vom Atlantischen Bündnis s. a. die Literatur in Anm. 21.
69 T. Schweisfurth: Der franco-germanische Beelzebub, in: Neue Gesellschaft 31 (1984), S. 212-216; H. Scheer: Der Zerfall wäre programmiert. Bonn sollte in seiner Sicherheitspolitik eine künftige britische Option erwägen, in: Der Spiegel Nr. 8 v. 18.2.1985, S. 112 f.; ders.: Chancen und Klippen einer deutsch-französischen Sicherheitskooperation, in: Die Neue Gesellschaft/Frankfurter Hefte 32 (1985), S. 732 ff.

1978 von Helmut Schmidt geprägte, seit Ende 1979 von der SPD gebrauchte – Begriff der »Sicherheitspartnerschaft«, der den Tatbestand beschreiben sollte, daß die beiden Bündnisse angesichts gegenseitiger Vernichtungsmöglichkeit nur noch miteinander Sicherheit entwickeln könnten. Die dazu passende militärische Doktrin fand die SPD in der »strukturellen Nichtangriffsfähigkeit«, die bei Aufrechterhaltung eines reduzierten strategischen Atomwaffenpotentials auf eine allmähliche beiderseitige Umrüstung der Paktsysteme auf konventionelle Defensivwaffen und eine entsprechende Veränderung der militärischen Planung zielte. Daß die Sicherheitspartnerschaft zwischen NATO und Warschauer Pakt darauf angelegt sein sollte, eines Tages die Militärbündnisse zu überwinden, stellte die SPD seit 1984 wieder deutlicher heraus.[70]

Gerade um die Teilung Europas langfristig überwinden zu können, müsse jede »Destabilisierung« des Status quo einschließlich der inneren Ordnung Osteuropas und Ostdeutschlands unterbleiben. »Der Schwerpunkt der Beziehungen zwischen beiden deutschen Staaten ist ihr Beitrag zur Festigung des Friedens in Europa zwischen den Blöcken«, stellte Ende November 1984 ein deutschlandpolitisches Grundsatzpapier der SPD-Bundestagsfraktion fest.[71] Diese Interessenidentität beider Staaten mache ihre sicherheitspolitische »Verantwortungsgemeinschaft« möglich, in der die SPD den wesentlichen neuen Aspekt ihrer Deutschlandpolitik sah.

Dabei ging es der SPD nicht nur um den mäßigenden und vermittelnden Beitrag der beiden Staaten innerhalb des jeweiligen Bündnisses, sie schlug gemeinsame abrüstungs- und rüstungskontrollpolitische Initiativen vor, etwa bei den Verhandlungen zwischen den Paktsystemen über konventionelle Abrüstung in Wien. 1985 und 1986 stellten gemeinsame Kommissionen von SPD und SED Vertragsentwürfe für eine chemiewaffenfreie Zone und einen atomwaffenfreien Korridor beiderseits der Paktgrenze vor. Diese Vertragsentwürfe galten den Sozialdemokraten ausdrücklich als Test für eine sicherheitspolitische Zusammenarbeit mit der führenden Partei des anderen deutschen Staates. 1988 folgte dann noch ein Vorschlag für eine »Zone des Vertrauens und der Sicherheit in Zentraleuropa«.[72]

---

70 Die Parteitagsbeschlüsse zur Friedens- und Sicherheitspolitik sind jeweils separat im SPD-Informationsdienst »Politik« erschienen. S. ferner die diesbezüglichen Teile der SPD-Jahrbücher mit Beschlüssen weiterer Parteigremien, den Informationsdienst »Sozialdemokratische Sicherheitspolitik« sowie die fortlaufende Diskussion in »Die Neue Gesellschaft/Frankfurter Hefte«. Von besonderer Bedeutung waren H. Ehmke: Überlegungen zur Selbstbehauptung Europas. Ein Diskussionspapier, in: Politik. Aktuelle Informationen der Sozialdemokratischen Partei Deutschlands, Nr. 1/1984 und A. von Bülow: Perspektiven für das Jahr 2000 – Verteidigung ohne Supermächte. Vorschläge für eine Strategie vertrauenschaffender Sicherheitsstrukturen in Europa, in: Frankfurter Rundschau v. 13./14.9.1985; K. Fuchs: Konzepte (für die Parteilinke).
71 Deutschlandpolitisches Positionspapier, in: Informationen der sozialdemokratischen Bundestagsfraktion, Ausgabe 2189 v. 7.11.1984, 2.1.
72 Text des Vorschlags von 1985 in: Deutschland-Archiv 18 (1985), S. 1010-1014; Chemische Abrüstung: Gemeinsames Kommuniqué, in: Informationen der sozialdemokratischen Bundestags-

Intensive Parteibeziehungen zur SED wie zu anderen regierenden kommunistischen Parteien existierten zu diesem Zeitpunkt bereits auf verschiedenen Ebenen, auch auf Länderebene. Eine Schallmauer glaubte die SPD mit dem am 27. August 1987 der Öffentlichkeit vorgestellten Grundsatzpapier »Der Streit der Ideologien und die gemeinsame Sicherheit« durchstoßen zu haben, das die Grundwertekommission beim Parteivorstand der SPD und die Akademie für Gesellschaftswissenschaften beim ZK der SED zusammen erarbeitet hatten.[73] Das Papier sollte einen Rahmen für die sozialdemokratischkommunistische Auseinandersetzung im Angesicht der drohenden Selbstzerstörung der Menschheit abstecken und dabei auch den Spielraum für einen DDR-internen Dialog der SED mit kritischen und oppositionellen Gruppen erweitern. Obwohl »deutsch-deutsche Gemeinschaftsarbeit [...] nicht aus prinzipiellen Gründen, sondern eher zufällig«[74], sollte das Papier, in dem beide Seiten Zugeständnisse machten, »zugleich Wegmarke einer neuen Etappe im Verhältnis der beiden deutschen Staaten und Meilenstein auf dem Weg zu neuen Beziehungen zwischen den kommunistischen Parteien des Ostens und den Parteien des Demokratischen Sozialismus im Westen« sein.[75] Karsten Voigt zufolge ging es nicht darum, den Ost-West-Antagonismus im Sinne einer Konvergenz-Vorstellung zu leugnen, sondern darum, die Auseinandersetzung im Sinne eines »qualitativ neuen Pluralismus« verschiedener sozialer und politischer Systeme so zu organisieren, daß »eine Reformdynamik innerhalb der weiterhin gegensätzlichen Systeme freigesetzt werden kann«.[76]

Was in der westdeutschen Öffentlichkeit, bis in die eigene Partei hinein, vielfach skeptisch aufgenommen wurde, die vermeintlich positivistische und wertrelativistische Argumentation des gemeinsamen Papiers[77], enthielt für die SED in der Tat ideologi-

---

fraktion, Ausgabe 2189 v. 7.11.1984; dazu K. D. Voigt: Wege zur chemischen Abrüstung in: Deutschland-Archiv 18 (1985), S. 927 ff. Zum Vorschlag von 1986: Gemeinsames Kommuniqué SPD – SED v. 21.10.1986: Grundsätze für einen atomwaffenfreien Korridor in Mitteleuropa, in: Texte, Reihe III/Bd. 4, S. 408-410; Wortlaut des Vorschlags in Neues Deutschland v. 22.10.1986. Zum Vorschlag von 1988: Gemeinsames Kommuniqué SPD – SED v. 7.7.1988: Vorschlag für eine »Zone des Vertrauens und der Sicherheit in Zentraleuropa«, in: Texte, Reihe III/Bd. 6, S. 262 f.; Wortlaut des Vorschlags in Neues Deutschland v. 8.7.1988. S. dazu die Darstellungen von Mehl: Bundestagsparteien, bes. S. 54 ff., 88 ff., 187 ff.; Uschner: Die Ostpolitik, S. 121 ff. Uschner nahm an Gesprächen und Verhandlungen auf Seiten der SED teil.

73 Abgedruckt in: Brinkel/Rodejohann: Das SPD:SED-Papier, S. 11-21. Zur Diskussion über das SPD-SED-Papier s. a. die Beiträge von T. Meyer, D. Haack, J. Schnappertz und M. Kriele in Deutschland-Archiv 21 (1988), S. 32-52.
74 T. Meyer: Ein neuer Rahmen für den Ost-West-Dialog. Das gemeinsame Grundsatzpapier von SED und SPD. Kein nationales Memorandum, in: Brinkel/Rodejohann: Das SPD:SED-Papier, S. 55-65, hier S. 55.
75 Ebd., S. 56.
76 K. D. Voigt: Von der Lagermentalität, S. 1056 f.
77 So in der SPD die Kritik von Haack: Kritische Anmerkungen. Der Wertrelativismus mancher Formulierungen war für ihn mit den demokratischen Zielen der SPD nicht vereinbar. Aus der Position

schen Sprengstoff, und das nicht nur innerparteilich. Die Relativierung von Grundpositionen, etwa durch wechselseitige Anerkennung des jeweils anderen Systems[78], war für die kommunistische Staatspartei mindestens so problematisch wie für die Sozialdemokratie. Das Papier mußte in der Presse veröffentlicht werden und ermöglichte es kritischen DDR-Bürgern, sich darauf zu berufen. Es war daher die SED-Spitze, die das Papier zuerst uminterpretierte und dann den inhaltlichen Dialog mit der SPD wieder einfror.[79]

Der von der SPD mit dem gemeinsamen Papier beschrittene Weg war dann und nur dann sinnvoll, wenn man von der längerfristigen Fortdauer der Herrschaft der SED in der DDR ausging. Das kaum auflösbare Dilemma bestand darin, daß der Dialog, wenn er Wirkung zeigte, zu einer Aufweichung der Parteidiktatur führen mußte, durch die wiederum innergesellschaftliche Konflikte offener zum Ausdruck kommen würden als vorher. Der angestrebte Liberalisierungs- und Demokratisierungsprozeß war selbst in seinen frühesten Stadien nicht so berechenbar, wie es die beschwörende Formel suggerierte, man dürfe die DDR nicht »destabilisieren«. Gut ein Jahr, nachdem die Ostberliner Führung bei den Vorgängen um die Zionskirche im Herbst 1987 und bei der Luxemburg-Liebknecht-Demonstration im Januar 1988 mit Durchsuchungen, Verhaftungen und Ausbürgerungen gegen Oppositionelle vorgegangen war, mußte die SPD die »Einengung des gesellschaftlichen Dialogs in der DDR« registrieren und öffentlich mahnen: »Der Dialog nach außen, über Systemgrenzen hinweg, und der Dialog im Innern lassen sich nicht trennen.« Die Feststellungen des gemeinsamen Papiers über die Bedingungen des zwischengesellschaftlichen und des innergesellschaftlichen Dialogs seien »weder vage noch zweideutig«.[80]

---

eines linken demokratischen Sozialismus war formuliert die kritische Stellungnahme von H. Grebing: Kein dritter Weg?, in Vorwärts Nr. 37 v. 12.9.1987, auch in: Brinkel/Rodejohann: Das SPD-SED-Papier, S. 121-123. Auch Grebing wies auf die gegensätzliche Bedeutung der Leitbegriffe für beide Partner hin, ebenso auf den voluntaristischen Ansatz. Ferner kritisierte sie, daß die Sozialdemokraten sich argumentativ »auf die Seite des bürgerl.-kapitalist. Systems« geschlagen und damit den Anspruch der SED anerkannt hätten, die Alternative zum mod. Kapitalismus zu repräsentieren. Keiner der Kritiker bestritt die Berechtigung und den Nutzen des organis. Dialogs.

78 »Keine Seite darf der anderen die Existenzberechtigung absprechen« (Abschnitt IV. 1). Schon die bloße Beschreibung nicht konsensfähiger sozialdemokratischer Positionen im gemeinsamen Papier stellte für die SED eine Zumutung dar, ebenso umgekehrt die Beschreibung kommunistischer Positionen für die SPD.

79 Uschner: Die Ostpolitik, S. 126 f., 144 f., weist darauf hin, dezidierte Anhänger des Papiers seien ausgeschaltet, die Mitarbeiter H. Axens, der die SED-Arbeitsgruppe für die sicherheitspolitische Zusammenarbeit mit der SED leitete, am 20.2.1989 auf Befehl von »höchster Seite« fristlos entlassen worden, Axen selbst von führenden Mitgliedern des Sicherheits- und Parteiapparats angegriffen worden. Zur Interpretation des gemeinsamen Papiers durch die SED s. die Aussagen von K. Hager und O. Reinhold im Neuen Deutschland, abgedruckt in: Deutschland-Archiv 21 (1988), S. 92-102.

80 Stellungnahme der Grundwertekommission beim Vorstand der SPD, in: Deutschland-Archiv 22 (1989), S. 713-715. Zu den Vorgängen 1987/88 siehe G. Helwig: Schadensbegrenzung, in: Deutsch-

Es gehört zu den Merkwürdigkeiten der späten 80er Jahre, daß gerade in einer Phase, als sich mit dem »Neuen Denken« in der UdSSR und mit der erkennbaren Krise des »realen Sozialismus«, speziell der DDR, die deutschlandpolitische Konstellation objektiv grundlegend änderte[81], die Bereitschaft in der Bundesrepublik zunahm, in der Anerkennung des Status quo weiterzugehen als bisher. In allen großen Parteien nahmen die vorherrschenden Strömungen, zumal nach dem Besuch Erich Honeckers in der Bundesrepublik im September 1987, als sicher an, daß auf absehbare Zeit die Deutsche Frage nicht akut werden würde, weil die Teilung Europas anhalte. Als Heiner Geißler im neuen Parteiprogramm der CDU das Ziel der deutschen Einheit ausdrücklich an das Einverständnis der Nachbarn in Ost und West binden wollte, scheiterte er wohl nicht deshalb, weil seine Lageeinschätzung, die Lösung der Deutschen Frage sei gegenwärtig nicht erreichbar, von der Mehrheit bestritten wurde, sondern wegen ideologischer und wahltaktischer Bedenken.[82] Politiker, die für die Wiederaufnahme einer operativen Einigungspolitik eintraten und bereit waren, die Frage nach dem sicherheitspolitischen Preis auch nur zu erwägen, wurden im Lager der FDP und CDU/ CSU, nicht viel anders als seitens der Sozialdemokratie, zur Ordnung gerufen.[83] Eine aktive Einigungspolitik leitete die Bundesregierung erst in dem Moment ein, als sich im November/Dezember 1989 abzeichnete, daß die Schwäche des Ostens es möglich machen könnte, eine vergrößerte Bundesrepublik nicht nur in der EG, sondern auch in der NATO zu halten, womit bis dahin kaum jemand gerechnet hatte.

Spätestens im Frühsommer 1989 wurde denen, die es wissen wollten, klar, daß die DDR auf eine Existenzkrise zusteuerte. Sie hatte wirtschaftlich mindestens ein Jahrzehnt lang von der Substanz und von westlicher Hilfe gelebt. Notwendige Investitionen waren unterblieben, um mit einer teuren Sozialpolitik Massenloyalität zu sichern. Trotzdem sank der Lebensstandard. Ab Mitte der 80er Jahre wandte sich namentlich die arbeitende Jugend mehr und mehr vom »realen Sozialismus« ab. Gleichzeitig übten die Reformen in der Sowjetunion und anderen osteuropäischen Staaten einen Verände-

---

land Archiv 20 (1987), S. 1233 f.; K.-W. Fricke: Die Staatsmacht und die Andersdenkenden, in: Deutschland-Archiv 21 (1988), S. 225-227; I. Spittmann: Der 17. Januar und die Folgen, in: ebd., S. 227-232.

81 W. Seiffert: Das ganze Deutschland; ders.: Kann der Ostblock; E. Bahr: Zum Europäischen Frieden, bes. S. 23-37; Heinrich Vogel (Hg.): Umbruch in Osteuropa, Köln 1990; Timothy Garton Ash: Ein Jahrhundert wird abgewählt. Aus den Zentren Mitteleuropas 1980–1990, München 1990; R. Reißig: Das Ende; Scheuch: Wie deutsch. Viel zu pauschal ist die häufig vorgebrachte Anklage, die professionelle Deutschlandforschung, namentlich der sozialliberalen Richtung, habe die Realität nicht erkannt. S. für Gegenbeispiele etwa von Bredow: Entwicklungstendenzen. Richtig ist aber, daß die Dramatik sowohl der inneren Krise als auch der weltpolitischen Machtverschiebung nur von einigen wenigen wie dem Kieler Völkerrechtler und früheren Honecker-Berater Seiffert einigermaßen zutreffend eingeschätzt wurde.

82 Christlich-demokratische Perspektiven zur Außen-, Sicherheits-, Europa- und Deutschlandpolitik, in: Frankfurter Allgemeine Zeitung Nr. 42. v. 19.2.1988, S. 4.

83 Bezeichnend dafür war die Reaktion auf die Vorstöße des CDU-Bundestagsabgeordneten Friedmann: Einheit.

rungsdruck auf die SED-Führung aus, dem mit kosmetischen Korrekturen nicht zu begegnen war. Die Politbüro-Mehrheit hatte sich deshalb – offenbar in Hoffnung auf das Scheitern Gorbatschows – vielmehr zu einer Verschärfung des repressiven Kurses entschlossen.[84]

Einer der Sozialdemokraten, der den Ernst der Lage erkannt hatte, Erhard Eppler, sprach am 17. Juni 1989 zum Tag der Deutschen Einheit vor dem Bundestag. Diese, weit über die Grenzen der SPD beachtete und positiv gewürdigte, Rede ist deshalb von einiger Bedeutung, weil ihre Rezeption der Partei den Übergang in den Einigungsprozeß wesentlich hätte erleichtern können. Eppler erinnerte daran, daß es neben den vorrangigen globalen Problemen auch »nationale Realitäten« gebe, so das Zusammengehörigkeitsgefühl der Deutschen. Unzweideutig bekräftigte er das Recht auf Selbstbestimmung. Die gesamtdeutsche Neutralität sei kein Thema mehr, es gehe um die Überwindung der Blöcke insgesamt.

Epplers Äußerungen über die Einheit Deutschlands, die »als Prozeß, als wachsende Gemeinsamkeit im Tun« zu verstehen sei, machen deutlich, daß er noch nicht an eine bevorstehende staatliche Vereinigung dachte, aber an eine neue Qualität der Annäherung. Die Stabilisierung einer reformierten DDR wollte er nicht prinzipiell ausschließen, hielt sie aber für unvereinbar mit dem Machtmonopol der SED. Er machte klar, daß die Zeit nunmehr gegen die Zweistaatlichkeit arbeite und von der »gegenwärtigen Führung der SED« keine Dialog- und Kooperationsbereitschaft mehr zu erwarten sei. Es gelte, darüber nachzudenken, »was in Deutschland geschehen soll, wenn der Eiserne Vorhang rascher als erwartet durchrostet«.[85]

Die Dringlichkeit dieses Appells wurde von der Sozialdemokratie weitgehend überhört, ebenso das Urteil Willy Brandts angesichts der Fluchtwelle des Sommers, die Politik der »kleinen Schritte« sei an ihr Ende gekommen.[86] Sofern die sozialdemokratischen Mandatsträger nicht längst auf die Zweistaatlichkeit fixiert waren, konnten sie sich nicht vorstellen und hielten es meist wohl auch nicht für wünschenswert, daß der innergesellschaftliche Prozeß in der DDR in Kombination mit der Ablösungskrise des »realen Sozialismus« insgesamt den sorgfältig erarbeiteten sozialdemokratischen Fahrplan für eine neue europäische Friedensordnung über den Haufen werfen und die unmittelbare Einigung Deutschlands auf die Tagesordnung setzen würde. Das Beharren auf den sicherheitspolitischen Grundannahmen lag für die SPD um so näher, als das Neue Denken in der Sowjetunion weitreichende Abrüstungsvereinbarungen, die Überwindung der Blöcke, ja eine Art Sozialdemokratisierung des früheren Ostblocks in den Bereich des Möglichen zu rücken schien. Beschwor nicht

---

84 Siehe die Literatur in Anm. 81.
85 Rede Epplers v. 17.6.1989, Bundestag 11. Wahlperiode, Bd. 149, S. 11296-11301, hier S. 11296-11298, 11300.
86 Rede Brandts v. 1.9.1989, Bundestag 11. Wahlperiode, Bd. 150, S. 11633-11637, hier S. 11636.

eine Zuspitzung der Konflikte am neuralgischen Punkt der Systemauseinandersetzung, in Deutschland, einen Rückfall in den Kalten Krieg oder Schlimmeres herauf?

Wenn man die deutschlandpolitischen Stellungnahmen der SPD seit dem Sommer 1989 in ihrem Ablauf verfolgt, wird man nicht pauschal sagen können, die Partei habe nicht den Umschwung gespürt, der sich in Deutschland anbahnte. Sie reagierte aber mehr auf die laufenden Ereignisse, als daß sie als ganze versucht hätte, durch eigene Initiativen der Entwicklung eine Richtung zu geben. Auch Bundeskanzler Kohl stellte sich noch im Oktober 1989 auf die Weiterexistenz einer SED-geführten DDR ein[87], er riß aber dann mit seinem Zehn-Punkte-Plan vom 28. November 1989[88] die Initiative an sich. Der Plan war noch zurückhaltend, aber er formulierte eine positive Zielperspektive, die die SPD ins Hintertreffen brachte.

Eine Entschließung des SPD-Parteivorstands vom 18. September 1989, mit der die SPD auf die Absage des Besuchs einer SPD-Delegation in der DDR durch die SED reagierte, analysierte die »Schwäche« und »Isolierung der gegenwärtig maßgebenden Kräfte gegenüber ihrer eigenen Gesellschaft« und ermutigte »diejenigen Gruppen«, die der SPD inhaltlich nahestünden. Es gelte Reisefreiheit, Meinungsfreiheit und selbstverantwortliche gesellschaftlich-politische Mitwirkung für die DDR-Bürger zu erwirken. Nur in Verbindung mit Demokratie und Freiheit könne der Sozialismus lebensfähig werden.[89] Die ganze Entschließung war hauptsächlich ein versteckter Appell an potentielle Reformer in der SED, das Ruder in die Hand zu nehmen. Eine »Lösung der deutschen Frage« stand für die Sozialdemokratie Ende September nicht auf der Tagesordnung. Egon Bahr meinte noch am 1. Oktober kategorisch, man solle aufhören, »von der Einheit zu träumen oder zu schwätzen«.[90]

Nach der Absetzung Erich Honeckers am 17. Oktober 1989 und der vorangegangenen Moskau-Reise Willy Brandts begann sich mindestens die Parteiführung auf eine Aktualisierung der Deutschen Frage einzustellen. Der Parteirat forderte am 31. Oktober freie Wahlen in der DDR und solidarisierte sich mit der neugegründeten ostdeutschen Sozialdemokratie. Die »Einheit der Deutschen« müsse »gemeinsam mit der Einheit Europas« vollendet werden. Im Mittelpunkt der sozialdemokratischen Deutschlandpolitik stehe das Selbstbestimmungsrecht. Die SPD werde die Entscheidung der Ostdeutschen akzeptieren, wie immer sie ausfalle.[91]

Die am 7. Oktober 1989 unter Mitwirkung zahlreicher evangelischer Pfarrer gegründete ostdeutsche Sozialdemokratische Partei (SDP, ab Januar 1990 SPD) verstand sich zunächst als eigenständige DDR-Partei, die sich den Umbau des »realen Sozialis-

---

87 Siehe den Abdruck seines Telefonats mit dem neugewählten Generalsekretär der SED, E. Krenz am 26.10.1989, in: Der Spiegel Nr. 48/1990, S. 108-113.
88 Zehn-Punkte-Programm zur Überwindung der Teilung Deutschlands und Europas, in: Bötcher: Materialien, S. 44-50.
89 Abgedruckt in: Jahrbuch 1988–1990, S. C 53 f.
90 Bild am Sonntag v. 1.10.1989.
91 In: Jahrbuch 1988–1990, S. C 63 f.

mus« in eine demokratisch verfaßte, gemischt-wirtschaftliche und ökologisch ausgerichtete Ordnung zum Ziel setzte. Sie strebte mit Hinweis auf die nationale Gemeinsamkeit »besondere« Beziehungen zur Bundesrepublik an, ging aber von der Zweistaatlichkeit aus, die sie auch mit der Verantwortung der Deutschen für die nationalsozialistischen Verbrechen begründete. Eine Veränderung hielt sie aber im Rahmen einer europäischen Friedensordnung für denkbar.[92] Erst wenn sich auch die Deutschen in der DDR an der Diskussion beteiligen könnten, sei eine Klärung der »deutschen Fragen« sinnvoll.[93]

Die zögernde, auf die freie Entscheidung der Ostdeutschen abhebende Haltung der SPD zur staatlichen Einigung fand ihre Legitimation also in entsprechend zurückhaltenden Stellungnahmen der Reformgruppen in der DDR, nicht nur der SDP. Tatsächlich war die Stoßrichtung der Volksbewegung im Herbst 1989 nahezu ausschließlich auf die innerstaatliche Demokratisierung bezogen (»Wir sind das Volk!«).[94] Das Hinzutreten neuer Schichten, nicht zuletzt aus der Arbeiterschaft, und der offenkundige Zerfall der DDR ließen dann ab Dezember 1989 den Ruf nach »Deutschland, einig Vaterland« (so eine Verszeile der offiziellen, aber seit den frühen 70er Jahren nur noch in der Instrumentalversion eingesetzten DDR-Hymne) immer stärker und schließlich übermächtig werden. Dieser Umschlag war bis dahin nicht erkennbar, aber daß die Deutsche Frage durch die Ereignisse in der DDR zwangsläufig wieder aktualisiert würde, war abzusehen und der SPD-Führung auch abstrakt klar. Nachdem die SPD lange Jahre jede Art von Wiedervereinigungs- oder Konföderationsplänen für nutzlos und eher schädlich erklärt hatte[95], war sie jetzt nicht imstande, rechtzeitig mit einem eigenen Lösungsvorschlag hervorzutreten und Profil zu gewinnen. Als Helmut Kohl im Bundestag seinen Zehn-Punkte-Plan vortrug, dem Karsten Voigt bescheinigte, er sei identisch mit dem Konzept der SPD[96], stürzte er die sozialdemokratische Bundestagsfraktion in große, nach außen sichtbare Verunsicherung. Hilflos reagierte die Fraktion auf Volker Rühes, eine Formulierung Norbert Gansels aufnehmende,

---

92 Gründungsaufruf, Gründungsurkunde und Rede Markus Meckels am 7.10.1989 demnächst in: Gero Neugebauer/Bernd Niedbalski (Hg.): Die SDP/SPD in der DDR 1989–1990. Aus der Bürgerbewegung in die gesamtdeutsche Sozialdemokratie, Berlin 1992; Interview mit dem SDP-Vorstandsmitglied S. Reiche, in: Der Spiegel Nr. 44 v. 30.10.1989, S. 24 f.; Fink: Die SPD.
93 Gespräch mit S. Reiche, in: Die Neue Gesellschaft/Frankfurter Hefte 36 (1989), S. 1074-1080, hier S. 1080.
94 Zur ersten Phase der revolutionären Wende in der DDR s. Müller-Enbergs: Von der Illegalität; Dokumente zur Entwicklung; s. a. noch den »Entwurf: Verfassung der Deutschen Demokratischen Republik. Arbeitsgruppe ›Neue Verfassung der DDR‹«, des Runden Tisches, Berlin, April 1990.
95 So etwa 1988 H. Ehmke: Deutsche »Identität«, hier S. 363: »Spekulationen, zu welchen Formen deutschen und europäischen Zusammenlebens die Fortführung der Entspannungspolitik eines Tages führen kann, sind wohlfeil, aber kaum hilfreich.« S. a. das Zitat von G. Gaus oben, S. 319.
96 Rede Voigts v. 28.11.1989, Bundestag 11. Wahlperiode, Bd. 151, S. 13514-13516, hier S. 13514.

polemische Attacke, die Politik des »Wandels durch Annäherung« sei zu einer des »Wandels durch Anbiederung« verkommen.[97]

Um die SPD deutschlandpolitisch in Zugzwang zu bringen, preschten Willy Brandt und Hans-Jochen Vogel im November/Dezember 1989 vor, unterstützt von einigen Jüngeren wie Karsten Voigt und Ingrid Matthäus-Maier. Als erster prominenter Sozialdemokrat sprach sich Klaus von Dohnanyi intern für die staatliche Einheit Deutschlands aus. Die von außen erzwungene Korrektur in der DDR kam gerade noch rechtzeitig, um das neue SPD-Grundsatzprogramm nicht von vornherein mit einem Anachronismus zu belasten. In einer Erklärung »Die Deutschen in Europa« bekannte sich der Berliner Parteitag vom Dezember 1989 wieder zur selbstbestimmten Vollendung der »Einheit und Freiheit Deutschlands«. Die Einheit sollte in einem stufenförmigen Prozeß von Einzelvereinbarungen auf der Basis des Grundlagenvertrags, über eine Vertragsgemeinschaft und eine Konföderation zum gesamtdeutschen Bundesstaat führen.[98] Am 20. Februar 1990 stellte die gemeinsame Kommission der SPD-West und der SPD-Ost fest, die beiden deutschen Staaten seien auf dem Weg zur Einheit, den es »zügig, aber ohne Überstürzung« zu organisieren gelte, und zwei Wochen später legte der Parteivorstand der West-SPD im Anschluß an den Leipziger Parteitag den ostdeutschen Sozialdemokraten Vorschläge für konkrete Schritte zur »bundesstaatlichen Einheit« vor. Dazu gehöre die baldige Vereinbarung einer »sozial abgesicherten Wirtschafts- und Währungsunion«.[99] Der Konföderationsgedanke wurde entgegen dem Sinn dieser Erklärungen in der Folgezeit immer wieder als eine Alternative und nicht als ein Schritt zur staatlichen Einheit ins Gespräch gebracht, so von Günter Grass und Oskar Lafontaine.[100]

Nachdem die DDR-Volkskammerwahl im Kampf um die gesellschaftspolitische Ausrichtung des Einigungsprozesses bereits eine Vorentscheidung gebracht und die Debatte über den besten, am ehesten verfassungskonformen Weg zur staatlichen Einheit (Artikel 23 oder 146 des Grundgesetzes) angesichts der fortschreitenden Auflösung der DDR keine breite Resonanz gefunden hatte, mußte die SPD im Frühjahr und Sommer 1990 erleben, wie auch zentrale Elemente ihrer sicherheitspolitischen Konzeption hinfällig wurden. Bis dahin war nicht abzusehen gewesen, wie der militärische Status Deutschlands definiert werden müßte, um einen Konsens der vier Siegermächte und insbesondere das Einverständnis der Sowjetunion zu erreichen. Die Neutralität Deutschlands, wie sie die östliche Seite noch einmal ohne größeren Nachdruck zum Vorschlag brachte, war für die SPD-Sicherheitspolitiker nicht akzeptabel; sie nahmen

---

97　Rede Rühes v. 5.9.1989, Bundestag 11. Wahlperiode, Bd. 150, S. 11723-11733, hier S. 11730.
98　Die Deutschen in Europa. Berliner Erklärung der SPD, als Faltblatt separat gedr.
99　Text der Entschließung v. 7.3.1990 in: Jahrbuch 1988–1990, S. C 52.
100　S. etwa das Gespräch von G. Grass mit Redaktionsmitgliedern in: Die Neue Gesellschaft/Frankfurter Hefte 37 (1990), S. 702-710, hier S. 704 f.; vorsichtig Lafontaine: Probleme und Perspektiven der Deutschlandpolitik. Rede anläßlich einer Veranstaltung der Friedrich-Ebert-Stiftung am 17.9.1990, S. 2.; H. Ehmke: Stichwort Deutschland, in: Vorwärts Nr. 2/1990, S. 6 f.

14 Von der Nachrüstungsdebatte zur deutschen Einigung (1976–1990)

aber an und hofften, daß die Schwierigkeiten, für das neue Deutschland »sicherheitspolitische Übergangslösungen« zu finden, auf die Herausbildung gesamteuropäischer Kooperationsstrukturen beschleunigend wirken würden.[101] Als Gorbatschow im Hinblick auf die katastrophale Situation der UdSSR im Sommer 1990 die NATO-Mitgliedschaft Gesamtdeutschlands akzeptierte, das auch der EG angehören würde, war die SPD auch in diesem Punkt desavouiert. Selbst die Regelung der deutschen Ostgrenze, die die SPD seit dem Herbst 1989 verstärkt eingefordert hatte, war kein Streitpunkt mehr, nachdem Kohl die Anerkennung der Oder-Neiße-Grenze in der CDU/CSU als Preis für die Einheit Deutschlands hatte durchsetzen können.[102]

Die herbe Niederlage der SPD, der bis zu 53 % der Stimmen vorhergesagt worden waren und die nur rund 22 % erhielt, bei der DDR-Volkskammerwahl am 18. März 1990 war auch eine persönliche Niederlage Willy Brandts. Er war seit November 1989 in der DDR unterwegs gewesen und hatte in Massenversammlungen, wie sie außer ihm nur Helmut Kohl zustande brachte, zu den Ostdeutschen gesprochen. Sein Engagement für die Vereinigung Deutschlands war unübersehbar, und er hatte möglicherweise nicht unerheblichen Anteil daran, daß sich die Entwicklung in diese Richtung beschleunigte. Sein Ausruf vor dem Schöneberger Rathaus am 10. November 1989: »Jetzt wächst zusammen, was zusammengehört«[103], war parteiübergreifend zu einer Parole geworden, die das Ziel der deutschen Einheit unaggressiv, eingängig und populär formulierte.

Schon vor dem 18. März war das Zögern, ja das Unbehagen großer Teile der West-SPD an dem Kurs Brandts sichtbar geworden[104], und diese Diskrepanz mußte neben anderem die Aussichten der SPD im Osten schmälern. Umgekehrt entzog das schlechte Wahlergebnis für die Ost-SPD dann der Brandtschen Linie viel innerparteiliche Legitimität in der SPD der alten Bundesrepublik. Mit einem Fünftel der Stimmen war es der Ost-SPD und mit ihr der gesamten deutschen Sozialdemokratie versagt, eine maßgebende Rolle im Einigungsprozeß zu spielen. Die SPD hatte nur noch die Wahl, op-

---

101 K. D. Voigt: Deutsche Einheit, hier S. 566.
102 S. die Dokumente in: Böttcher: Materialien, Teile I und III.
103 Redetext in: W. Brandt: ... was zusammengehört, hier S. 39.
104 Charakteristisch für die Schwierigkeiten der die SPD der 80er Jahre tragenden Generation, die Chance zu erkennen, die sich der SPD mit dem Einsatz W. Brandts in der DDR bot, war ein Interview des Spitzenkandidaten für die bevorstehenden niedersächsischen Landtagswahlen, das 1990 in der Februar-Ausgabe des »Vorwärts« erschien. G. Schröder äußerte seine Freude über das »Unglaubliche«, das in der DDR erkämpft worden sei. Auf einer der großen Kundgebungen Brandts habe er gespürt, was alles an Hoffnungen auf diese Person gerichtet worden sei. Vor Rührung habe er manchmal weinen müssen. Bei den »Deutschland, Deutschland«-Rufen begeisterter junger Leute überkamen Schröder jedoch auch »Anwandlungen von Angst« vor dem Nationalismus. Er habe zurückgerufen: »Das ist Brandt und nicht Beckenbauer.« Es war für den früheren Juso-Vorsitzenden schwer faßbar, daß die Zustimmung zu W. Brandt, der Symbolfigur des anderen Deutschland, sich in Sprechchören »wie bei uns in den Fußballstadien« äußerte und daß Jugendliche, die »Deutschland, Deutschland« hoch leben ließen, sich ausgerechnet für Brandt begeisterten.

ponierend zu verzögern oder sich dem vom politischen Gegner vorgegebenen Einigungskonzept mehr oder weniger anzupassen.

Das Bild der sozialdemokratischen Deutschlandpolitik zwischen Jahresmitte 1989 und Jahresende 1990 wurde mitbestimmt und in den letzten Monaten vor der Bundestagswahl hauptsächlich bestimmt durch den saarländischen Ministerpräsidenten und späteren Kanzlerkandidaten Oskar Lafontaine. Vor dem Umbruch in Ostdeutschland schien Lafontaine am ehesten geeignet, als Herausforderer Helmut Kohls der SPD wieder über die 40-Prozent-Hürde zu verhelfen. Daß die Partei auf ihn fixiert blieb und ihn trotz vollständig veränderter Rahmenbedingungen zum Kandidaten nominierte, ist ein deutliches Anzeichen dafür, daß er eine Position vertrat, die in breiteren Schichten der Mitglieder und der Anhängerschaft der SPD geteilt wurde.

Anders als »Zwei-Staaten-Patrioten« wie Bahr, die an die Geschichtsmächtigkeit der Nation glaubten und lediglich für eine ganze historische Epoche statt eines gesamtdeutschen Staates zwei immer enger miteinander verzahnte deutsche Teilstaaten im Auge hatten, stellte Lafontaine die Zukunft des Nationalstaats überhaupt in Frage. Dieser sei nicht nur zunehmend außerstande, die ökologischen und wirtschaftlichen Probleme zu lösen, sondern eigne sich auch nicht als Baustein für ein vereintes Europa. Auf dem Weg dorthin gelte es vielmehr, innerstaatlich föderative Strukturen zu stärken und das Entstehen grenzübergreifender europäischer Großregionen zu fördern.[105] Als die deutsche Einigung sich abzeichnete, wollte Lafontaine sie nicht als Eigenwert, sondern nur als Durchgangsstadium zur Einheit Europas akzeptieren.[106] Gegenüber den Friedens- und Bürgerrechtsgruppen in der DDR zeigte Lafontaine dagegen schon lange vor dem Herbst 1989 ein unbefangeneres Verhalten als manch anderer Sozialdemokrat. Der öffentliche Gruß vom Wahlparteitag 1990 an Bärbel Bohley und die Besetzer der Berliner Stasi-Zentrale in der Normannenstraße entsprach einer Sympathie, die er schon früher gezeigt hatte.[107]

Lafontaine kritisierte den auf der ethnisch-kulturellen Volkszugehörigkeit beruhenden »deutschen« Nationsbegriff, wie er auch im Artikel 116 des Grundgesetzes verankert worden war, und stellte ihn dem Nationsbegriff der Französischen Revolution, der auf universellen Werten beruhe, gegenüber.[108] Die staatliche Einheit lehnte Lafontaine, nachdem sich seine Partei dazu bekannt hatte, nicht ab, vermittelte aber

---

105 O. Lafontaine: Die Gesellschaft, S. 180 ff.
106 Ders.: Deutsche Wahrheiten, S. 197 f.
107 Rede Lafontaines v. 28.9.1990, Protokoll vom Parteitag. Berlin 27.–28.9.1990, hg. v. Vorstand der SPD› S. 142-174, hier S. 173. Zur früheren Haltung Lafontaines s. Ammer: Politische Kontakte, hier S. 1025 f.
108 Lafontaine: Die Gesellschaft, S. 185 ff.; ders.: Deutsche Wahrheiten, S. 119 ff., bes. S. 132. S. zu der von dem Politiker Lafontaine legitimerweise vereinfachten Begrifflichkeit »Nation« T. Mayer: Prinzip Nation; Alter: Nationalismus; Mármora: Nation. Die intellektuell anspruchsvollste, kenntnisreich vorgetragene, aber gewissermaßen überhistorische Kritik des Nationalstaats aus den Reihen der SPD bei P. Glotz: Der Irrweg.

den Eindruck, daß die SPD sie eher hinnehme als bejahe. Gegen die konkrete Einigungspolitik der Bundesregierung brachte er viele stichhaltige Einwände vor und kritisierte ihren (überwiegend von der anhaltenden Übersiedlerwelle erzwungenen) »hektischen Galopp«.[109]

»Weil die soziale Frage auf meiner Werteskala vor der nationalen Frage rangiert, ist die Verbesserung der Lebensverhältnisse der Menschen in der früheren DDR und die Integration der in Deutschland lebenden ›Ausländer‹ die vorrangige und allein zukunftweisende politische Zielsetzung.«[110] Hinweise auf die historische Bedeutung der Ereignisse von 1989/90 für die Deutschen boten dem durch Ovationen der Parteitagsdelegierten gefeierten Kanzlerkandidaten der »Partei des aufrechten Ganges« lediglich Anlaß zum Spott.[111] Die von Lafontaine befürwortete, aber in der Bundestagsfraktion nicht durchgesetzte Konfrontationsstrategie, etwa in der Frage des ersten Staatsvertrags[112], mußte in seinem Sinnzusammenhang so verstanden werden, als sei sie gegen die Einigungswünsche vor allem der Ostdeutschen gerichtet. Jedenfalls wurde die SPD mehr als Bedenkenträgerin denn als gestaltende Kraft wahrgenommen, deren Einwände zudem durch die erfolgreiche außenpolitische Absicherung der Vereinigung seitens der Bundesregierung immer weniger überzeugten.

Der Kandidat Oskar Lafontaine drückte eine andere Art von »Bundesrepublikanisierung« der SPD aus, als die Initiatoren des Kurswechsels von 1960 im Auge gehabt und durchgesetzt hatten. Diejenigen Sozialdemokraten, die in den 60er und 70er Jahren, teilweise über die Jusos, politisch sozialisiert worden waren, identifizierten sich nicht mehr emphatisch, wenn überhaupt, mit der Bundesrepublik als Staat, aber ihr innen- und außenpolitischer Erfahrungshorizont war – von den Westberlinern und den früheren DDR-Bürgern abgesehen – ein westdeutscher. Mangelndes Interesse für die Verhältnisse im Osten, ein Gefühl der Fremdheit, waren für die meisten von ihnen eher bestimmend als Sympathie für den »realen Sozialismus«.[113]

---

109 Ebd., S. 180.
110 Ebd., S. 17 f. – Vgl. die Rede Lafontaines vor dem Bundestag v. 23.8.1990, 11. Wahlperiode, Bd. 154, S. 17443-17448, bes. S. 17444, 17446.
111 Parteitagsrede Lafontaines v. 28.9.1990, Protokoll vom Parteitag. Berlin 27.–28.9.1990, S. 142-174, hier S. 174.
112 Lafontaine versuchte vergeblich, die Bundestagsfraktion auf die Ablehnung des Staatsvertrages zur Herstellung der Währungsunion vom 1.7.1990 festzulegen. Die heftigen Auseinandersetzungen darüber schadeten unzweifelhaft dem Ansehen der SPD.
113 Die ideologisch bedingte Hinneigung zum östlichen »Sozialismus« spielte u. E. in der SPD und links von ihr eine geringere Rolle als vielfach unterstellt, auch wenn das Phänomen einer reflexartigen Abwehr des »Antikommunismus« einzuräumen ist (s. dazu unten, S. 289). Sympathie für das System des »realen Sozialismus« gab es in den 70er und frühen 80er Jahren in Teilen des Funktionärskorps einiger Gewerkschaften und der »Juso-Linken«. Für die viel breitere SPD-Linke und gar für die Gesamtpartei war eher die Vorstellung bestimmend, jeder Druck von außen würde zu einer Verhärtung des kommunistischen Systems führen, dessen Demokratisierung man wünschte. Verglichen mit anderen politischen Feldern beschäftigten sich nur einzelne »Spezialisten« wirklich mit den Verhältnissen in Osteuropa und Ostdeutschland. Keineswegs ganz untypisch war die Äuße-

Linke Intellektuelle artikulierten jetzt vielmehr die Furcht, die stärker an traditionellen Werten, und dazu zählte man das Nationale, ausgerichteten Ostdeutschen können »ältere deutsche Spezifika einbringen« und so den zivilisatorischen Stand der verwestlichten Bundesrepublik gefährden.[114] Ohne sich mit dieser These zu identifizieren, wies Lafontaine mit ähnlicher Tendenz auf Befürchtungen in Westdeutschland hin, neben den materiellen Besitzständen könnten der europäische Lebensstil, kulturelle und liberale Qualitäten beeinträchtigt werden.[115]

Mit dieser Grundeinstellung, die sich den Wählern stärker mitteilte als die abgewogenen programmatischen Formulierungen, war im Jahr der deutschen Einigung keine Wahl zu gewinnen oder auch nur glimpflich zu überstehen. Bezeichnenderweise erlitten außer der SPD und der PDS auch die vereinigungskritischen Grünen im Dezember 1990 eine Wahlniederlage. Offenkundig kontrastierte Lafontaines Rede auf dem Wahlparteitag, der zugleich der Parteitag der Vereinigung mit der Ost-SPD war, sowohl mit der Eröffnungsansprache Willy Brandts, als auch mit der Rede des Vorsitzenden der ostdeutschen Sozialdemokratie, Wolfgang Thierse, dem Protagonisten einer sehr reflektierten gesamtdeutschen Linie.[116]

Gewiß waren die Regierungsparteien als Handelnde und potentielle Geldgeber in der Situation zwischen Jahresmitte 1989 und Jahresende 1990 im Vorteil. Gewiß waren die sozialdemokratischen Traditionen schwächer als angenommen in der DDR verankert und war die neue Sozialdemokratische Partei der DDR eher eine Intellektuellen- als eine Volkspartei. Gewiß war das Bedürfnis der Ostdeutschen nach nahezu bedingungslosem Beitritt der DDR zur Bundesrepublik seit Jahresbeginn 1990 so stark geworden, daß eine eigenständige sozialdemokratische Politik schwer dagegen angekommen wäre, auch wenn sie zweifelsfrei auf die Einheit Deutschlands gezielt hätte. Aber alle diese Tatbestände reichen nicht aus, um die doppelte Niederlage der SPD bei den DDR-internen Wahlen und bei den ersten gesamtdeutschen Wahlen zu erklären.[117]

Willy Brandt hatte die Vereinigungsoption nie ganz aufgegeben, auch wenn einige Äußerungen so gedeutet wurden. Sie hatte für ihn aber eher den Charakter einer reser-

---

rung des linken Schriftstellers F. X. Kroetz: »Mir ist die DDR so fremd wie die Mongolei«. Zit. nach Frankfurter Allgemeine Zeitung Nr. 292 v. 17.12.1986, S. 23.

114 T. Schmid: Die Invasion vom anderen deutschen Stern. Die Bundesrepublik wird besetzt, in: Die Neue Gesellschaft/Frankfurter Hefte 37 (1990), S. 880-888, hier S. 880.

115 O. Lafontaine: Deutsche Wahrheiten, S. 175 f.

116 Parteitagsreden v. W. Brandt v. 27.9.1990, Protokoll vom Parteitag. Berlin 27.–28.9.1990, S. 5-16; W. Thierse v. 27.9.1990, ebd., S. 34-47; O. Lafontaine v. 28.9.1990, ebd., S. 142-174. Zu Thierses Position s. a. dessen Gespräch mit T. Fichter v. 17.12.1990, in: Die Neue Gesellschaft/Frankfurter Hefte 38 (1991), S. 122-131.

117 Analysen der drei Wahlen von 1990 in: Der Spiegel Nr. 12. v. 19.3.1990 (DDR-Volkskammerwahl v. 18.3.1990), Nr. 43 v. 22.10.1990 (Landtagswahlen v. 14.10.1990), Nr. 49 v. 3.12.1990 (Bundestagswahl v. 2.12.1990). – SPD-intern s. U. Feist: Wahlniederlage: SPD zwischen den Stühlen, in: Vorwärts Nr. 1/1991.

vatio mentalis. Für Schmidt, Wehner und Vogel gilt ähnliches. Die SPD hatte erstens ihren Vereinigungs- und Selbstbestimmungsvorbehalt, der ohne weiteres auch in die Programmatik der 80er Jahre gepaßt hätte, im Laufe der Zeit so stark verwässert, daß die Masse der Funktionäre wie der Mitglieder eine Neuvereinigung Deutschlands nicht einmal mehr als Möglichkeit denken konnte.

Zweitens hatte die Partei den Primat des Friedens allzu rigoros mit dem Primat der Stabilität in Europa gleichgesetzt und den Eindruck aufkommen lassen, die Zusammenarbeit mit den Regierenden habe absoluten Vorrang vor anderen Erwägungen, insbesondere vor Kontakten mit nahestehenden Gruppierungen außerhalb der Staatsparteien des Ostens.

Die sozialdemokratische Kritik an der konkreten Vereinigungspolitik der Bundesregierung im Wahlkampf 1990 war drittens trotz der inzwischen erfolgten programmatischen Korrektur nicht mit einem unzweideutigen Bekenntnis zur Einheit Deutschlands verbunden, sondern konnte als Kritik an der Einigung als solcher verstanden werden. Diese Wahrnehmung vieler Wähler war aber nicht nur der Darstellung im Wahlkampf selbst geschuldet, sondern beruhte mindestens im gleichen Maß auf Versäumnissen, die länger zurücklagen.

15 Deutschlandpolitische Optionen im linken Spektrum zwischen Grundlagenvertrag und Wende

1998

Anläßlich des 25jährigen Jubiläums des Grundlagenvertrags vom 21. Dezember 1972 veranstalteten der »Brandenburgische Verein für politische Bildung ›Rosa Luxemburg‹ e. V.« im Zusammenwirken mit der »Sächsischen Rosa-Luxemburg-Stiftung« und dem Berliner Verein »Helle Panke« am 12. Dezember 1991 unter dem Titel: »Konflikt – Konfrontation – Kooperation« eine Tagung über die deutsch-deutschen Beziehungen in 40 Jahren Zweistaatlichkeit. Die Tagung wurde geleitet von Jürgen Hofmann und Detlef Nakath, die mich als Referenten zu dem – wie sie meinten – in Ostdeutschland wenig bekannten Aspekt der deutschlandpolitischen Haltung der nichtetablierten Linken in der Bundesrepublik einluden. Der Vortrag bot mir Gelegenheit zu dem Versuch, acht Jahre nach der Wende sine ira et studio zurückzublicken und zu analysieren. Dem hiesigen Abdruck liegt der 1998 erschienene Tagungsband zugrunde.

Drei Vorbemerkungen

1. Anders als bei den Führungen der großen, aus der klassischen Arbeiterbewegung hervorgegangenen parteipolitischen Formationen, der SED und der SPD, gibt es zu den deutschlandpolitischen Anschauungen und Aktivitäten jenes schwer durchschaubaren Konglomerats, das hier »linkes Spektrum« genannt wird, keinen Forschungsstand, auf den man sich beziehen könnte. Ohnehin kann man nicht von einer halbwegs systematischen linken Debatte über »deutsche Fragen« sprechen, die lediglich zu rekonstruieren wäre. Allenfalls für die Partei Die Grünen stellt sich die Lage etwas anders dar. Die Rede ist im Folgenden von allen denjenigen Organisationen, Strömungen, Zirkeln und Einzelpersonen, die in Westdeutschland und West-Berlin während der 70er und 80er Jahre – ungeachtet ihrer vielfach unterschiedlichen, ja unvereinbaren Positionen – mit sozialemanzipatorischem Anspruch politischen Einfluß zu nehmen suchten. Faktisch betraf das neben der DKP bzw. SEW und ihrem engeren Umfeld Teile der Sozialdemokratie und des Funktionärskorps der Gewerkschaften, maoistische und trotzkistische Kaderorganisationen sowie diverse lockerer verfaßte linkssozialistische und spontaneistisch-anarchoide Gruppierungen, größtenteils auch die neu entstehenden Bürgerinitiativen und links-alternativen bzw. grünen Parteibildungen, schließlich »freischwebende« Linksintellektuelle verschiedener Ausrichtung. Terroristische Vereinigungen wie die RAF übten trotz ihrer gesamtgesellschaftlich fatalen Wirksamkeit politisch-ideologisch weit weniger Einfluß aus als heute vielfach unterstellt. In ih-

rer sozialen Zusammensetzung und hinsichtlich ihrer sozialen Milieus war die damit umrissene westdeutsche und westberliner Linke zunehmend ein Phänomen der – im Nachkriegskapitalismus stark ausgeweiteten und veränderten – Intelligenz und nur noch marginal der traditionellen Arbeiterklasse.[1]

2. Deutschlandpolitische Auseinandersetzungen und Reflexionen über die deutsche Frage fanden während der 70er und 80er Jahre in einer Gesellschaft statt, die seit Jahrzehnten einem rapiden sozialen Wandel unterworfen war. Der den westlichen Nachkriegskapitalismus kennzeichnende Modernisierungsprozeß und die Integration der Bundesrepublik in die atlantischen und westeuropäischen Zusammenschlüsse stellten auch die tradierten nationalen Orientierungen immer breiterer Schichten, namentlich in der jüngeren Generation, in Frage. Manche Sozialwissenschaftler meinten in den Orientierungen der Bevölkerungsmehrheit die Herausbildung einer separaten, »bundesrepublikanischen« Nation beobachten zu können. Zweifellos gab es Tendenzen in diese Richtung, aber eben keine eindeutige und vor allem keine abgeschlossene, unumkehrbare Entwicklung. Der Fehler der These von der Bi-Nationalisierung Deutschlands bestand darin, daß die – teilweise durchaus meßbaren – bremsenden oder gegenläufigen Tendenzen unterschätzt wurden. Weil die Fragilität und innere Widersprüchlichkeit der kollektiven Meinungsbildung nicht hinreichend bedacht wurde, konnten die im engeren Sinn politischen Faktoren des Nationalen nicht gebührend einbezogen werden, namentlich was die Wechselwirkung des von oben betriebenen Nationsbildungsprozesses (und seines Scheiterns) im Osten mit dem Ansatz eigener spontaner, gesellschaftlicher Nationsbildung im Westen bei gleichzeitiger Fortdauer und teilweiser Wiederbelebung wesentlicher Elemente der alten gesamtdeutschen Nation betraf.[2]

---

1   Siehe für die Parteien und parteiähnlichen Gruppierungen der Linken die Beiträge in Richard Stöss (Hg.): Parteien-Handbuch. Die Parteien der Bundesrepublik Deutschland 1945–1980, 2 Bde., Opladen 1983; für die nicht-parteilichen Gruppierungen Roland Rodi/Dieter Rucht (Hg.): Neue soziale Bewegungen in der Bundesrepublik Deutschland, Bonn 1992; Jürgen Schröder: Ideologischer Kampf versus Regionale Hegemonie: ein Beitrag zur Untersuchung der K-Gruppen, Berlin 1990; Joachim Raschke (Hg.): Die Grünen: wie sie wurden, was sie sind, Köln 1993; Philip S. Gorski/Andrei Markovits: The German Left: Red, Green und Beyond, Cambridge 1993; Ulrike C. Wasmuth (Hg.): Alternativen zur alten Politik. Neue soziale Bewegungen in der Diskussion, Darmstadt 1989. – Im Hinblick auf den Charakter dieses Beitrages wird der Anmerkungsapparat begrenzt gehalten, insbesondere in den Randbereichen des Themas. Mein Nationsbegriff, der hier weder entwickelt noch belegt werden kann, hebt neben den ethnisch-kulturellen (allerdings eher als »Rohmaterial«) und gesellschaftlichen Aspekten besonders auf die Ebene der politischen Selbstbestimmung ab. Unter der »deutschen Frage« verstehe ich hier die nationale Frage in ihrer spezifisch deutschen Ausprägung nach dem Zweiten Weltkrieg mit der Teilungsproblematik als Kern.
2   Siehe zu diesem Komplex Gebhard Schweigler: Nationalbewußtsein in der BRD und der DDR, Düsseldorf 1973; Reinhard Kühnl: Nation – Nationalismus – Nationale Frage. Was ist das, was soll das?, Köln 1986; Werner Weidenfeld (Hg.): Politische Kultur und deutsche Frage. Materialien zum Staats- und Nationalbewußtsein in der Bundesrepublik Deutschland, Köln 1989; Erwin K.

3. Ich bin selbst ein, durchaus engagierter, Beteiligter an den hier untersuchten Vorgängen und insofern nicht unbefangen, wenn auch als Fachhistoriker beruflich auf analytische Distanz getrimmt. Anders als in den damaligen Auseinandersetzungen von gegnerischer Seite behauptet, war meine Position nicht die einer Wiedervereinigungsbesessenheit, sondern mir ging es um die Wiedergewinnung der gesamtdeutschen Dimension im Denken und Handeln der deutschen Linken, um den Zusammenhang von Sicherheitspolitik und Deutschlandpolitik sowie von sozialer und nationaler Frage im staatlich geteilten Deutschland. In letzter Konsequenz und letzten Endes gelte das nationale Selbstbestimmungsrecht, mittelfristig seien sicherheits- und deutschlandpolitische Zwischenkonstruktionen anzustreben, die, neben ihrer friedensfördernden Wirkung, den Spielraum für progressiven Wandel in beiden Systemen erweitern sollten. Diese Überlegungen standen nicht im Gegensatz zur sozialdemokratischen Entspannungspolitik, insbesondere wo diese seit den 80er Jahren wieder stärker auf eine militärische Verdünnung entlang der Grenze zwischen den Paktsystemen zielte. Die von sozialdemokratischer Seite bisweilen dogmatisierte Vorstellung, den Status-quo-überwindenden, auch beiderseits innergesellschaftlichen Veränderungsprozeß in Deutschland und Europa durchgehend von oben kontrollieren zu müssen und zu können, schien mir allerdings weder realistisch noch eine geeignete Leitlinie demokratischer und sozialemanzipatorischer Politik.[3]

Die Haltung der BRD-Linken zur deutschen Frage und zur Deutschlandpolitik wurde nach der doppelten Staatsgründung zunächst durch eine dreifache Frontstellung bestimmt: gegen neonationalistische Tendenzen im Innern, wie sie im restaurativen Klima der 50er Jahre eine gewisse Renaissance erlebten, gegen die Wiederbewaffnung im Rahmen der NATO und das Streben nach Atomwaffen einerseits, gegen die Verweigerung von praktischen Schritten und Kompromißlösungen auf dem Weg zur Einigung Deutschlands zugunsten der Aufrechterhaltung maximalistischer Rechts-

---

Scheuch u. Mitw. v. Ute Scheuch: Wie deutsch sind die Deutschen? Eine Nation wandelt ihr Gesicht, Bergisch-Gladbach 1991. – Die Position der SED wurde in verschiedenen Stadien formuliert von Alfred Kosing. Für die Zwei-Nationen-Periode ders.: Nation in Geschichte und Gegenwart. Studie zur historisch-materialistischen Theorie der Nation, Berlin (Ost) 1976; Helmut Meier/Walter Schmidt (Hg.): Erbe und Tradition. Die Diskussion der Historiker, Berlin (Ost) 1988.

3 Siehe vor allem Peter Brandt/Herbert Amnion (Hg.), Die Linke und die nationale Frage. Dokumente zur deutschen Einheit seit 1945, Reinbek 1981; dies.: Wege zur Lösung der »Deutschen Frage«. Der emanzipatorische Anspruch der Linken unter dem Zwang zur Realpolitik, in: Befreiung 21 (1981), S. 39-78; dies.: Patriotismus von links, in: Wolfgang Venohr (Hg.): Die deutsche Einheit kommt bestimmt, Bergisch-Gladbach 1982, S. 119-159; Peter Brandt/Günter Minnerup: Die deutsche Frage – Problemskizze und Thesen, in: Probleme des Klassenkampfs 47 (1982), S. 91-118; dies.: Osteuropa und die deutsche Frage, in: Die Neue Gesellschaft/Frankfurter Hefte, Jg. 34 (1987), S. 722-734; Peter Brandt: Nach der Zukunft der Blöcke wird man jetzt wohl fragen dürfen, in: Frankfurter Rundschau Nr. 17 vom 20.1.1990 (verfaßt im Juli 1989); ders.: Die deutsche Linke und ihre nationale Frage, in: Vorwärts Nr. 1/1990, S. 8 f. Letzte systematische Veröffentlichung des Verfassers zum Thema: Deutsche Identität, in: Die Neue Gesellschaft/Frankfurter Hefte, Jg. 41 (1994), S. 838-843.

positionen andererseits. Zunehmend machte sich die Forderung nach Anerkennung der Oder-Neiße-Grenze geltend; die SPD schloß sich dem nicht vor 1968 an. Die Parole der Anerkennung der DDR (de iure oder de facto) fand nach den ersten weltpolitischen Entspannungsschritten etwa seit Mitte der 60er Jahre größere Resonanz.

Positionen grundsätzlicher Ablehnung alles Nationalen bzw. – damit nicht unbedingt identisch – der Festlegung auf dauernde Zweistaatlichkeit setzten sich in der westdeutschen Linken jedoch erst in den Jahren um 1970 durch, wobei die neue Zwei-Nationen-Theorie, mit der sich die SED gegen die sozialliberale Ostpolitik wappnen wollte, ebenso eine Rolle spielte, wie die Studenten- und Jugendradikalisierung ab 1967. In der Außerparlamentarischen Opposition rebellierte die (nicht nur, aber vorwiegend akademische) Jugend gegen die Konformität der westdeutschen Nachkriegsgesellschaft. Studenten und Oberschüler, die Kinder des deutschen Bürgertums, erhoben sich gegen die Vätergeneration und machten dieser für ihr Verhalten unter dem Nazismus und für die bequeme Methode der »Vergangenheitsbewältigung« durch Abwendung und Verschweigen den Prozeß. Daß dabei alle tatsächlichen und vermeintlichen deutschen Traditionen und Verhaltensweisen ins Schußfeld gerieten, kann nicht verwundern. Allerdings war die verbreitete Vorstellung eines hoffnungslos autoritär fixierten, reaktionären bis faschistoiden deutschen Volkes mit dem Anspruch einer sozialrevolutionären Massenpolitik, wie ihn die Protestbewegung zunehmend erhob, nur schwer zu vereinbaren. Emotional bot ein auf die Befreiungsbewegungen der Dritten Welt, namentlich die südvietnamesische FNL, gerichteter Antiimperialismus Ersatz.[4]

Da die antikommunistische Rhetorik der westdeutschen Rechten lange Zeit als wirksames ideologisches Instrument gegen die innere Opposition gedient hatte, gelte es daher – so meinten viele – die Zweistaatlichkeit Deutschlands als unabänderlich zu akzeptieren und sich ganz auf die innergesellschaftlichen Auseinandersetzungen zu konzentrieren. Jeder Versuch, die deutsche Frage erneut zu stellen, müsse zur Unterminierung des »realen Sozialismus« in der DDR führen (den man meist zwar nicht unkritisch sah, aber doch überwiegend meinte, gegen Druck von außen verteidigen zu müssen). Doch auch in diesen Jahren gab es Stimmen, namentlich in West-Berlin (Rudi Dutschke u. a.), die auf die Möglichkeit abhoben, daß die deutsche Frage durch soziale Bewegungen in einem der Teilstaaten bzw. Territorien aktualisiert werden könnte. Es ist kein Zufall, daß aus der politisch und geopolitisch komplizierten, rechtlich letzten Endes auf dem Besatzungsstatus beruhenden Lage Berlins immer wieder neue Anstöße hervorgingen.

---

4 APO generell; Karl A. Otto: Vom Ostermarsch zur APO. Geschichte der außerparlamentarischen Opposition in der BRD, 1960–1970, Frankfurt/M. 1997; ders.: Die APO in Quellen und Dokumenten, Köln 1989; Volkhard Brandes: Wie der Stein ins Rollen kam. Vom Aufbruch in die Revolte der sechziger Jahre, Berlin (West) 1988; Brandt/Ammon: Die Linke und die nationale Frage; Andrea Ludwig: Neue oder Deutsche Linke? Nation und Nationalismus im Denken von Linken und Grünen, Opladen 1995.

15 Deutschlandpolitische Optionen im linken Spektrum – Grundlagenvertrag und Wende

Die Periode zwischen dem Abschluß des Grundlagenvertrages und dem Umbruch in der DDR kann im Hinblick auf unsere Problemstellung in drei Phasen unterteilt werden: 1) 1972/73–1976/77; 2) 1977–1983/84; 3) 1984–1989). Die erste der genannten Phasen war gekennzeichnet durch das weitere Zurücktreten eines spezifisch deutschlandpolitischen Interesses, überhaupt eines konkreten Interesses am anderen Deutschland in der Linken wie in der ganzen Gesellschaft. Daran konnten weder grenzüberschreitende Freundes- und Diskussionszirkel linker Nonkonformisten noch kulturpolitische Initiativen wie die Idee von Günter Grass, eine doppeldeutsche Nationalstiftung zu gründen, viel ändern. Während die DKP bzw. SEW der von der SED vorgegebenen Linie auch in der nationalen Frage folgte (bis hin zur Andeutung eines spezifisch bundesdeutschen Patriotismus), erhielt die Deutschlandpolitik mit dem Ziel der revolutionären Wiedervereinigung für die um 1970 entstandenen maoistischen Kleinparteien und Organisationen eine neue Funktion als Vehikel des Kampfes gegen die »Monopolbourgeoisie« im Westen und die »Neue Bourgeoisie« im Osten, deren Herrschaft mit der Teilung Deutschlands und der Doppelhegemonie der vermeintlichen imperialistischen Hauptmächte USA und UdSSR untrennbar verbunden sei. Teilweise wurde an ultra-linke Perioden der KPD-Geschichte (um 1930 und um 1950) angeknüpft, teilweise war der Hauptstoß gegen den »sowjetischen Sozialimperialismus« und die sozialdemokratische Entspannungspolitik, wie er sich im Gefolge der chinesischen Außenpolitik bald herauskristallisierte, von dem Werben um breite »antihegemoniale« Bündnisse begleitet. Diese Episode ist deswegen nicht gänzlich unwichtig, weil sie vielen unvoreingenommenen Linken nationale Gesichtspunkte zusätzlich verdächtig machte, und ferner, weil das Personal und anfangs auch das Gedankengut der maoistischen Gruppen, von denen sich einige nach 1980 auflösten, im Gründungsprozeß der Grünen durchaus Einfluß ausübten (neben dem »Kommunistischen Bund«, der allerdings in der nationalen Frage eine Gegenposition einnahm, vor allem die »KPD«), wenn auch in programmatischer Modifikation.[5]

Der Übergang zur zweiten Phase, die weltpolitisch von einer erneuten Zuspitzung des Systemkonflikts und der Blockkonfrontation geprägt war, deutete sich schon mit der Ausbürgerung Wolf Biermanns aus der DDR im Herbst 1976 und der sich anschließenden Verhaftung und Verurteilung Rudolf Bahros an. Beide Ereignisse führten zu Protest und Solidarisierung auch bei solchen westdeutschen Linken, die strikt für die Zweistaatlichkeit eintraten. Etwa gleichzeitig löste die Absicht, die Neutronenwaffe ins Arsenal der westlichen Allianz aufzunehmen, dann der NATO-Doppelbeschluß zur »Nachrüstung« im Bereich der atomaren Mittelstreckenraketen, eine breite Sicherheitsdebatte und, parallel dazu, eine atompazifistische Massenbewegung aus.

---

5   Ludwig: Neue oder Deutsche Linke, Kap. II/2; Brandt/Ammon: Die Linke und die nationale Frage, S. 329-331 (Auszug aus der Erklärung des Zentralkomitees der maoistischen KPD: »Für ein unabhängiges, vereintes und sozialistisches Deutschland!«).

Anders als die Protestbewegungen der 60er und 70er Jahre erfaßte die Friedensbewegung der frühen 80er Jahre erhebliche Segmente der westdeutschen Bevölkerung, insbesondere der evangelischen Kirche, und schloß große Teile der sozialdemokratischen und gewerkschaftlichen Basis ein. Es einte sie die gemeinsame Ablehnung des NATO-Doppelbeschlusses; ansonsten gehörten zu ihr das gesamte linke Spektrum (mit sehr unterschiedlichen, überwiegend eher kritischen Positionen zur UdSSR), ethische und religiöse Pazifisten bis hin zu Wertkonservativen verschiedener Ausprägung. Obwohl die deutsche Frage nur für wenige Gruppen ein Thema war, das mit den Anliegen der Friedensbewegung zu tun hatte, etwa für die »Arbeitsgruppe Berlin- und Deutschlandpolitik« in der Alternativen Liste und den von nonkonformistischen Sozialdemokraten gebildeten »Arbeitskreis atomwaffenfreies Europa« in Berlin, trug die Friedensbewegung dazu bei, die Diskussion über Deutschlandpolitik und über die nationale Frage neu zu beleben, erstmals seit den 50er Jahren breitenwirksam mit einer block- und speziell NATO-kritischen Tendenz. Dabei spielten die patriotischen Äußerungen mehrerer Galionsfiguren der Friedensbewegung wie Heinrich Albertz und Heinrich Böll eine Rolle, die die um sich greifende Erkenntnis der lange ignorierten geostrategischen Lage des hochgerüsteten und mit Fremdtruppen und fremden Massenvernichtungswaffen angefüllten Deutschland im Zentrum der Blockkonfrontation reflektierten.

Auch die Aktivitäten unabhängiger Friedensgruppen in der DDR und das repressive Verhalten der dortigen Staatsmacht trugen dazu bei, eine neue Art gesamtdeutschen Bewußtseins in dem entsprechenden Spektrum zu fördern, für das die Frage der staatlichen Vereinigung Deutschlands indessen in der Regel nicht von wesentlicher Bedeutung war. Allgemein angesprochen war das Problem in dem offenen Brief Robert Havemanns an Leonid Breschnew anläßlich dessen Bonn-Besuchs im Herbst 1981. Havemann stellte in seinem Appell, der in einer »gesamtdeutschen Friedensinitiative« von Bürgern beider deutscher Staaten überwiegend aus dem linken Spektrum unterzeichnet wurde, einen Zusammenhang zwischen der Blockkonfrontation und der ungelösten deutschen Frage her.[6]

Die DKP/SEW setzte alles daran, die Herausbildung einer Programmatik zu unterbinden, die die Großmachtinteressen der UdSSR in irgendeiner Weise berührte. Damit sanken indessen zugleich die Chancen, in der Bundesrepublik nicht nur auf eine beträchtliche Minderheit, sondern auf die Mehrheit des Volkes einzuwirken. Allein die Erwähnung der sowjetischen SS-20-Raketen galt – beispielsweise – als Sakrileg. Die weitgehend erfolgreiche Beschwörung des »Minimalkonsenses«, also der Ab-

---

6 Arbeitsgruppe Berlin- und Deutschlandpolitik in der Alternativen Liste: Paktfreiheit für beide deutsche Staaten oder bis daß der Tod uns eint?, Berlin (West) 1982; Ulrich Albrecht u. a. (Hg.): Deutsche Fragen – Europäische Antworten, Berlin (West) 1983; Hans-Jürgen Degen (Hg.): Was soll bloß aus Deutschland werden? Deutsche über die Zukunft ihres Landes, Berlin (West) 1982; Abdruck des Havemann-Briefs u. a. in der Frankfurter Rundschau v. 7.10.1981.

lehnung der Pershing II und der cruise missiles, seitens der DKP-Anhänger kam, neben der Stimmung gerade der ideologisch-politisch weniger festgelegten Kreise, etwa der kirchlich gebundenen, offenbar auch der SPD-Führung entgegen. Diese fürchtete eine »Entgleisung« der Bewegung, die die Fortsetzung der offiziellen Entspannungspolitik möglicherweise noch weiter erschweren würde.

In der dritten Phase nahm das Ost-West-Verhältnis – bei oberflächlicher Stabilisierung der Zweistaatlichkeit in Deutschland – eine neue Qualität an. Auf die Aufstellung der amerikanischen Atomraketen samt den sowjetischen Gegenmaßnahmen (SS-21–23) und der damit verbundenen Demobilisierung der westdeutschen Friedensbewegung folgte schon bald die Wahl Gorbatschows zum Generalsekretär der KPdSU, wobei die einschneidende, auch internationale Bedeutung dieses Ereignisses erst nach und nach deutlich wurde. Bereits mit der Stationierung hatte sich gezeigt, daß die beiden deutschen Staaten bestrebt waren, es im Zentrum der Konfrontation nicht zu der befürchteten »Eiszeit« kommen zu lassen, sondern vielmehr dämpfend zu wirken und die beiderseitigen Vorteile aus der Entspannung zu bewahren. Dieses Herangehen der Deutschen an die weltpolitische Konstellation bedeutete eine fundamentale Veränderung gegenüber den 50er und 60er Jahren. Das Motiv einer Art doppeldeutscher »Verantwortungsgemeinschaft« fand breiten Anklang bis ins liberal-konservative Regierungslager.[7]

Parallel zum Konzept der »Sicherheitspartnerschaft« und neben abweichenden Haltungen zur Frage der Nation bildeten Egon Bahr, Günter Gaus und andere eine Position aus, die treffend als »Zwei-Staaten-Patriotismus« bezeichnet worden ist. Sie orientierten auf das längerfristige Nebeneinander von Bundesrepublik und DDR, die aber sukzessive enger miteinander verzahnt werden sollten (wodurch sie auch eine immer wichtigere Funktion für die Zusammenarbeit der beiden Hälften Europas erhielten) und sich gleichzeitig, ohne die Blockstrukturen offen zu sprengen, von ihren Vormächten emanzipieren sollten. Diesem Ziel dienten die Gespräche und Vereinbarungen der SPD mit der SED über militärische Entflechtungsmaßnahmen in Mitteleuropa sowie auch das umstrittene Ideologiepapier.[8]

---

[7] Heinrich Potthoff (Hg.): Die »Koalition der Vernunft«. Deutschlandpolitik in den 80er Jahren, München 1995; Detlef Nakath/Gerd-Rüdiger Stephan (Hg.): Von Hubertusstock nach Bonn. Eine dokumentierte Geschichte der deutsch-deutschen Beziehungen auf höchster Ebene 1980–1987, Berlin 1995; dies.: Countdown zur deutschen Einheit. Eine dokumentierte Geschichte der deutsch-deutschen Beziehungen 1987–1990, Berlin 1996.

[8] Egon Bahr: Sicherheit für und vor Deutschland. Vom Wandel durch Annäherung zur Europäischen Sicherheitsgemeinschaft, München/Wien 1991; ders.: Zum europäischen Frieden. Eine Antwort auf Gorbatschow, Berlin (West) 1988; Günter Gaus: Texte zur deutschen Frage, Darmstadt 1981. Zur sozialdemokratischen Deutschlandpolitik in den 80er Jahren generell siehe neben Potthoff, Die Koalition der Vernunft, Dieter Dowe (Hg.): Die Deutschlandpolitik der SPD in der Opposition 1982–1989, Bonn 1993; Timothy Garton Ash: Im Namen Europas. Deutschland und der geteilte Kontinent, München/Wien 1993; Andreas Vogtmeier: Egon Bahr und die deutsche

In allen politischen Formationen – nicht unbedingt in der Gesellschaft – nahm das Interesse an Deutschlandpolitik – als Gestaltung des deutsch-deutschen Verhältnisses, nicht als operative Wiedervereinigungspolitik – während der 80er Jahre eher wieder zu. Versuche, über den Status quo hinauszudenken, die sich nicht in den mainstream einfügten[9], wurden links wie rechts meist als illusorisch und abenteuerlich abgetan, trotz der Herausforderung, die von Gorbatschows neuem Denken, der offenkundigen Systemkrise des »real existierenden Sozialismus« und insbesondere von den innergesellschaftlichen Problemen der DDR ausging.

Obwohl sich die westdeutsche Linke (und die Partei Die Grünen im Besonderen) mehrheitlich einig war, daß man sich das Recht auf Kritik an den Zuständen in der DDR nicht nehmen lassen dürfe, riefen die diversen Repressionswellen, zuletzt Herbst/Winter 1987/88, und der faktische Abbruch des Dialogs mit der SPD seitens der SED ein Jahr danach in der Regel eher Ratlosigkeit hervor. Die Kritik des Bildungsbeauftragten beim SPD-Parteivorstand und Alt-SDSlers Tilman Fichter an der vermeintlich allzu großen Zurückhaltung seiner Partei angesichts einer »DDR-weiten Jugendrevolte«, die im Verein mit Gorbatschows Revolution von oben den Wechsel erzwingen werde, blieb ebenso untypisch wie ähnlich gerichtete Äußerungen Peter von Oertzens aus den späten 70er und frühen 80er Jahren.[10]

Mit dem Einzug der Grünen in den Bundestag 1983 war erstmals seit drei Jahrzehnten eine Kraft links von der SPD im Bonner Parlament vertreten. Von einer konsistenten Deutschlandpolitik dieser Formation konnte in der Folge keine Rede sein. Und doch erforderte die parlamentarische Arbeit diesbezügliche Stellungnahmen. Auf den ersten Blick ließen sie die Grünen als eine relativ DDR-freundliche Partei erscheinen, die dem gesamtdeutschen Auftrag des Grundgesetzes nicht nur distanziert, sondern sogar ablehnend gegenüberstand. Obwohl viele Grüne eine affektive Abneigung gegen Verhandlungen auf der Regierungsebene empfanden, waren sie in ver-

---

Frage. Zur Entwicklung der sozialdemokratischen Ost- und Deutschlandpolitik vom Kriegsende bis zur Vereinigung, Bonn 1996; Manfred Uschner: Die Ostpolitik der SPD. Sieg und Niederlage einer Strategie, Berlin 1991; Wolfgang Brinkel/Jo Rodejohann (Hg.): Das SPD/SED-Papier. Der Streit der Ideologien und die gemeinsame Sicherheit, Freiburg 1988. Als Längsschnitt siehe Dieter Groh/Peter Brandt: »Vaterlandslose Gesellen«. Sozialdemokratie und Nation 1860–1990, München 1992. – Aufgrund der angewandten Methoden werden ihren Objekten nicht gerecht Untersuchungen wie Jens Hacker: Deutsche Irrtümer. Schönfärber und Helfershelfer der SED-Diktatur im Westen, Berlin/Frankfurt 1992; Sören Ross: Das Wiedervereinigungsgebot des Grundgesetzes in der deutschen Kritik zwischen 1982 und 1989; Berlin 1996.

9 Siehe neben den in den Anm. 3, 6, 10 und 14 genannten Titeln etwa die Bücher des CDU-Bundestagsabgeordneten Bernhard Friedmann: Einheit statt Raketen. Thesen zur Wiedervereinigung als Sicherheitskonzept, Herford 1987, und des Kieler Völkerrechtlers und früheren Honecker-Beraters Wolfgang Seiffert: Das ganze Deutschland. Perspektiven der Wiedervereinigung, München 1986.

10 Tilman Fichter: Westeuropäische Linke und deutsche Frage, in: Die Neue Gesellschaft/Frankfurter Hefte, Jg. 35 (1988), S. 366-372; Peter v. Oertzen: Beteiligt euch am Kampf um die Freilassung Rudolf Bahros, in: SPD-Rundschau Nr. 4/1978.

schiedenen Punkten bereit, der DDR weiter entgegenzukommen, als es die Bonner Regierung tat, etwa bei der (nicht ganz eindeutigen) Regelung der Elbegrenze und der Auflösung der von den westdeutschen Bundesländern zur Sammlung von vermeintlichen Rechtsverstößen in der DDR geschaffenen Erfassungsstelle in Salzgitter. Ähnliches galt für die SPD, die indessen strikter auf den vorgegebenen rechtlichen Rahmen achtete. Umstritten war bei den Grünen das ostdeutsche Verlangen nach formeller Anerkennung einer separaten DDR-Staatsbürgerschaft, das letztlich auf reguläre völkerrechtliche Beziehungen ohne jeden Sondercharakter zwischen Bonn und Ost-Berlin zielte. Die Implikationen dieses Problems (die Staatsangehörigkeit der Westberliner, die Stellung von asylsuchenden Ostdeutschen, die Zuständigkeit der vier Siegermächte für »Deutschland als Ganzes« u. a.) wurden in den Stellungnahmen von Seiten der Grünen über die Staatszugehörigkeit häufig übersehen.

Wie leicht eine vorschnelle Zuordnung in die Irre führen kann, zeigt das Beispiel des mehrjährigen deutschlandpolitischen Sprechers der Grünen, Dirk Schneider (West-Berlin). Schneider war, wie später bekannt wurde, Mitarbeiter des MfS und setzte seinen innerparteilichen Einfluß vor allem dafür ein, der DDR mißliebige Personen (etwa frühere ostdeutsche Oppositionelle) und Gruppierungen nicht zum Zuge kommen zu lassen. Andererseits ließen manche seiner Positionspapiere mehr Sensibilität und Offenheit für die Berliner und deutsche Teilungsproblematik erkennen als manche anderen Äußerungen auf Seiten der Grünen.[11]

Da es keine einheitliche und eindeutige deutschlandpolitische Konzeption der Grünen gab und auch die einzelnen Positionen nicht fest gefügt waren, blieb das Kräfteverhältnis zwischen ihnen labil. Es ist aber unverkennbar, daß Standpunkte, die die Option staatliche Einheit Deutschlands nicht aufgeben wollten, stets in der Minderheit blieben und tendenziell an Rückhalt verloren. Die für die SPD wichtige, weil legitimierende Vorstellung einer als »Kulturnation« »entstaatlichten« deutschen Nation, die auch in der staatlichen Teilung weiter existiere und erlebbar bleibe, wurde seitens der Grünen nur vereinzelt aufgegriffen, so von Otto Schily.[12]

---

11 Siehe in erster Linie Dirk Schneiders Positionspapier: Gedanken zur Deutschlandpolitik der Grünen, in: Rolf Stolz (Hg.): Ein anderes Deutschland. Grün-alternative Bewegung und neue Antworten auf die Deutsche Frage, Berlin (West) 1985, S. 41-50.

12 Bei dessen Idee einer »Mitteleuropäischen Friedensunion« zwischen Kanal und Bug, Skagerrak und Alpen, die ausdrücklich auf der Zweistaatlichkeit Deutschlands beruhte, spielten kulturnationale Motive mit. Otto Schily: Abschied vom nationalen Einheitsstaat, in: Frankfurter Rundschau Nr. 278 v. 28.2.1984. – Zur Deutschlandpolitik der Grünen liegen neben Ludwig, Neue oder Deutsche Linke, Kap. II. 3, mehrere Arbeiten vor: Gerd Langguth: Die Deutschlandpolitik der Grünen, in Manfred Langner (Hg.): Die Grünen auf dem Prüfstand. Analyse einer Partei, Bergisch Gladbach 1987, S. 423-480; Wilfried von Bredow/Rudolf Horst Brocke: Dreimal Deutschlandpolitik. Deutschlandpolitische Ansätze der Partei der Grünen, in: Deutschland-Archiv 19 (1986), S. 52-61; Theodor Schweisfurth: Die deutsche Frage aus der Sicht der Grünen, in: Dieter Blumenwitz/Gottfried Zieger (Hg.): Die deutsche Frage im Spiegel der Parteien, Köln 1989, S. 109-120; Peter Brandt/Rolf Stolz: Deutschland- und sicherheitspolitische Optionen der Grü-

Zu den vielfach gegenläufigen Stimmungen, die auf die Partei Die Grünen einwirkten, gehörten die aus der Ökologiebewegung kommende Wertschätzung von »Heimat« und Volkskultur bei Ablehnung der von Nordamerika ausgehenden kulturellen Nivellierung und »Kolonialisierung« sowie die Wahrnehmung gemeinsamer atomarer Bedrohung, Fremdtruppenstationierung und eingeschränkter Souveränität der deutschen Staaten, andererseits die Sympathie für ausländische Immigranten und das Leitbild einer »multikulturellen Gesellschaft«. Am wirkungsvollsten war aber wohl die sich immer mehr verfestigende Vorstellung, die Konstituierung eines einheitlichen deutschen Nationalstaats im 19. Jahrhundert sei als solche für die Weltkriege und die Verbrechen des Nazismus, bis hin zur Judenvernichtung, verantwortlich.

Das größte Aufsehen und möglicherweise die faktisch größten Wirkungen erzielten jene Mitglieder der Grünen, die – meist geleitet von einem ethisch begründeten Pazifismus wie etwa Petra Kelly – den Kern grüner Außen- und Deutschlandpolitik im direkten Kontakt mit Gleichgesinnten aus den oppositionellen und nonkonformen Gruppen auf der anderen Seite sahen. Sich wechselseitig verstärkender Druck von unten auf die Regierungen sollte in einen die bestehenden, insbesondere militärischen Blockstrukturen auflösenden Emanzipationsprozeß münden. Nationale Motive spielten hier in der Regel keine große Rolle, aber man blieb gegenüber späteren Entscheidungen der Völker und Teilvölker Europas relativ offen.

Im Unterschied dazu beharrte die Mehrheit der Bundestagsfraktion auf der Unabänderlichkeit der staatlichen Teilung Deutschlands als Voraussetzung einer blockübergreifenden europäischen Friedensordnung, wobei einige Vordenker der Partei der NATO mehr und mehr positive Seiten abgewannen; andere – auch sie auf die Zweistaatlichkeit fixiert – vertraten eine Strategie einseitiger Abrüstungs- und Disengagement-Schritte. Dazu gehörte auch die von den Grünen jahrelang mehrheitlich vertretene Forderung nach einseitigem Austritt aus der NATO. Beide Richtungen von Befürwortern der deutschen Teilung wollten den »Selbstbetrug gesamtdeutscher Identität und Perspektive beenden« und durch die »fällige Selbstanerkennung der BRD« als normalen westlichen Staat die »Herausbildung einer eigenen, demokratischen Identität« mit postnationaler Orientierung fördern. Diese »Selbstbeschränkung« würde es erleichtern, zu einem »Modus des Miteinander« mit der DDR zu kommen, »der die trennende Wirkung der Grenze aufhebt«.[13] Ähnlich wie die anderen erwähnten deutschlandpolitischen Strömungen galt für die von ihren Gegnern als »national-neutralistisch« (auch »links-« oder »sozialnationalistisch«) bezeichnete, minoritäre Denkrichtung, daß sie nicht allen von Grünen, sondern auch von Sozial-

---

nen, in: Mediatus 7-8/1988. Die Kontroversen sind außer bei Stolz, Ein anderes Deutschland, dokumentiert in den Zeitschriften »Kommune« und »links«.

13 Zitat bei Arbeitsgruppe deutsch-deutsche Beziehungen der Fraktion Die Grünen im Bundestag: Ansätze und Perspektiven grüner Politik in den deutsch-deutschen Beziehungen, in: Deutschland-Archiv 19 (1986), S. 1057; Lothar Probst: Deutschlandpolitik und Deutsche Frage aus der Sicht der Grünen, in: Blumenwitz/Ziegler, Die deutsche Frage im Spiegel der Parteien, S. 123.

demokraten, parteiunabhängigen Linken und anderen Nonkonformisten getragen wurde. Eine zum 40. Jahrestag des Kriegsendes 1985 veröffentlichte, hauptsächlich von Herbert Ammon und Theodor Schweisfurth verfaßte, u. a. von dem Friedensforscher Alfred Mechtersheimer und dem früheren General Gert Bastian (derzeit beide grüne Bundestagsabgeordnete), sowie dem bildenden Künstler Joseph Beuys und den Schriftstellern Ingeborg Drewitz, Luise Rinser und Martin Walser unterstützte Denkschrift schlug – im Anschluß an eine Analyse der militärisch-politischen und völkerrechtlichen Situation Deutschlands – eine konföderative Verknüpfung der Bundesrepublik und der DDR (ohne Wiedervereinigungsautomatik und ohne Verbot der staatlichen Vereinigung) vor, wie sie bereits in den 50er Jahren, damals u. a. von der SED, in die Diskussion gebracht worden war. Von der Annahme ausgehend, die Blockkonfrontation und die Teilung Europas stünde mit der Teilung Deutschlands in einem solchen Zusammenhang, daß die Überwindung jener zwangsläufig damit verbunden sei, diese in Frage zu stellen, verlangten die Unterzeichner, über das Konzept der »Blockentspannung« hinauszugehen und als Voraussetzung einer konkreten Friedensordnung in Europa die den Paktsystemen selbst zugrunde liegenden Konfrontationsmechanismen abzubauen. Die Deutsche und der Friedensvertrag der beiden deutschen Staaten mit den Siegermächten des Zweiten Weltkriegs im Rahmen einer ABC-Waffen-freien und rüstungsverdünnten Zone in Mitteleuropa wurden als Kernelemente eines die Militärpakte ablösenden europäischen Sicherheitssystems angesehen.

»Der Konföderationsvertrag würde sich vom Grundlagenvertrag wesentlich in drei Punkten unterscheiden: durch die Erweiterung der Gebiete der Zusammenarbeit, durch die Institutionalisierung der Zusammenarbeit und durch eine grundsätzliche Einigung in der nationalen Frage.« Und weiter: »Die Konföderation stellt die beiden Gesellschaftsordnungen auf deutschem Boden als solche nicht in Frage. Aber sie schafft eine politische Form, in der die Widersprüche innerhalb der Systeme und zwischen ihnen friedensfördernd ausgetragen werden.«[14] Letztlich gehe es dabei nicht darum, einen international uneingeschränkten nationalen Machtstaat wiederzuerrichten, nationalistische Abschottung und Interessenegoismus zu propagieren, sondern darum, Deutschland als gleichberechtigten, ungeteilten Partner in die friedliche, föderative Kooperation Gesamteuropas einzubringen. Ein Gegensatz des Konzepts der Blockauflösung bzw. -entflechtung, des Friedensvertrags und der Deutschen Konföderation mit den Aktionsformen der Friedensbewegung (Agitationskampagnen, Demonstrationen, Blockaden von Militäreinrichtungen und Boykottmaßnahmen) wurde nicht gesehen; vielmehr sollte die Friedensbewegung, als deren Bestandteil sich die Unterzeichner verstanden, durch eine positive Zielstellung gestärkt werden.

---

14 Herbert Ammon/Theodor Schweisfurth: Friedensvertrag – Deutsche Konföderation – Europäisches Sicherheitssystem. Denkschrift zur Verwirklichung einer europäischen Friedensordnung, Starnberg 1985, Zitate S. 44, 31.

Ebensowenig wurde übersehen, daß die weitgehende Entmilitarisierung und die Paktfreiheit Deutschlands nicht aus einem einfachen Willensakt der politischen Entscheidungsträger in der Bundesrepublik und der DDR hervorgehen konnte, sondern das Ergebnis – durch massiven deutschen Druck in Gang zu bringender – internationaler Verhandlungen sein mußte. Diese mittelfristige Orientierung auf staatliches Handeln und vertragliche Lösungen (Friedensvertrag) machte indessen die Vermittlung in einem auf Selbsttätigkeit orientierten politischen Spektrum nicht ganz leicht. In der Tat verband sich mit dem Konzept »Friedensvertrag – Deutsche Konföderation – Europäisches Sicherheitssystem« bei einigen seiner Verfechter eine gewisse Fixierung auf völkerrechtliche Fragen und eine Unterschätzung gesellschaftspolitischer Faktoren. Darüber hinaus fällt auf, daß die Anhänger eines solchen Konzepts ganz unterschiedlichen politischen Traditionen entstammen und insofern damit verschiedene Erwartungen und innenpolitische Ziele verbanden: Neben dezidierten Sozialisten standen frühere Mitglieder der Neutralitätsbewegung der 50er Jahre und ein Friedensforscher wie Mechtersheimer, der erst 1981 aus der CSU ausgeschieden war (und inzwischen wieder weit rechts operiert). Die unvermeidliche Heterogenität dieses Zweckbündnisses legte die Frage nahe, welche gesellschaftlich-politischen Kräfte das Programm durchsetzen sollten und inwiefern es möglich sein würde, Teile der politischen Führungsschichten in West- und Ostdeutschland und vor allem der entscheidenden östlichen Vormacht UdSSR dafür zu interessieren.

Bekanntlich nahm die historische Entwicklung einen anderen Weg. Daß diejenigen, die weder die Fortdauer des innergesellschaftlichen wie des zwischenstaatlichen Status quo in Deutschland noch ein liberal-konservativ geprägtes, kapitalistisches Groß-Westdeutschland wollten – Sozialdemokraten und Grüne im Westen, große Teile der SED wie der Oppositionsgruppen im Osten – im Umbruch 1989/90 dermaßen in die Defensive gedrängt wurden, hat eine ganze Reihe von Ursachen, von denen manche auf objektiven, kaum beeinflußbaren Faktoren beruhten. Die verbreitete Desorientierung hing aber nicht zuletzt auch mit eigenen Versäumnissen zusammen. Selbst in den letzten Jahren vor der »Wende« vermieden es die etablierten Kräfte der Linken, die vorhersehbare Aktualisierung der deutschen Frage in ihre konzeptionellen Überlegungen ernsthaft einzubeziehen und die eigenen Anhänger darauf vorzubereiten. Stattdessen wurden Versuche wie die erwähnte Denkschrift bestenfalls ignoriert, häufig aber auch diffamiert. Nachdem die deutsche Linke von den in ihr bestimmenden Gruppierungen lange auf die bestehende Nachkriegsordnung eingeschworen worden war, erwiesen sich in den ersten Stadien des Umbruchs in der DDR, als die Dinge noch im Fluß waren und die Liberal-Konservativen ihrerseits noch unsicher operierten, nur die wenigsten west- wie ostdeutschen Linken imstande, diese Blockade zu überwinden und eigene deutschlandpolitische Alternativen ins Spiel zu bringen.

16 Vaterlandslose Gesellen? – Die Haltung der deutschen Sozialdemokratie zur nationalen Frage seit der Herausbildung der Partei im 19. Jahrhundert

2001

Was ist eine Nation? Darauf gibt es mehr als eine ernstzunehmende Antwort. Die orthodox-marxistische Interpretation sieht in der Entwicklung der kapitalistischen Ökonomie die bestimmende Triebkraft der Nationsentwicklung. Der Austromarxismus, vor allem in den Arbeiten Otto Bauers, dessen Blick durch die Nationalitätenkonflikte in der österreichisch-ungarischen Doppelmonarchie geschärft war, betonte stärker die kulturellen Aspekte der Nationsbildung. Nationen waren für Bauer »geronnene Geschichte«. Und in gewisser Weise hat der berühmte Theoretiker des Nationalismus Karl Deutsch mit seinem Ansatz, der den Nationsbildungsprozess mit der Entstehung von überregionalen Kommunikationsbeziehungen erklärt, an Otto Bauer angeknüpft. Arbeiten aus den letzten zwei bis drei Jahrzehnten heben darauf ab, dass Nationen konstruiert – wie es teilweise heißt – erfunden werden. Ich könnte diese These sogar unterschreiben, wenn klar würde, dass solche »Erfindungen« nicht willkürlich erfolgen. Um etwas erfinden zu können, das funktioniert, muss man die Naturgesetze beachten. Wir können dieses weite Feld heute und hier nicht durcheilen. Das ist m. E. auch gar nicht nötig, wenn wir uns darauf verständigen, dass die »Nation« jedenfalls keine natürliche, etwa seit vorgeschichtlicher Zeit existierende, sondern eine historisch entstandene gesellschaftliche Erscheinung ist, zu der die üblicherweise angeführten ethnisch-muttersprachlichen und kulturellen Merkmale das typische Rohmaterial bilden. Dabei sollte man nicht übersehen, dass auch die in der Regel ursprünglichere Ausformung des »Volkes« im ethnischen Sinn des Wortes nicht so sehr biologisch wie historisch-gesellschaftlich zu verstehen ist.

Die Nationwerdung ist also ein dynamischer Vorgang, der mit Definitionen nach dem Muster »Eine Nation ist 1., 2., 3. ...« nur unzureichend erfasst werden kann. Die modernen Nationalbewegungen setzen ein mit der Großen Französischen Revolution von 1789, als sich die Idee der nationalen Selbstbestimmung mit der Idee des bürgerlichen Verfassungsstaates bzw. in der Radikalisierungsphase mit der der Demokratie verbindet. Das ist übrigens der Grund dafür, dass der Gedanke und der Begriff der Nation bei den reaktionären politischen Kräften Europas bis weit in die zweite Hälfte des 19. Jahrhunderts als subversiv und revolutionär belastet galten. Im zaristischen Russland war er sogar zeitweise regelrecht verboten.

Häufig stellt man den vermeintlich demokratischen, »westlichen« Nationsbegriff, also die Staatsbürgernation, dem »östlichen« oder »deutschen«, vermeintlich rein volklich definierten Nationsbegriff gegenüber. In Wirklichkeit war das im 19. Jh. in beide Richtungen komplizierter, und es trifft einfach nicht zu, dass die mittel- und osteuropäischen Nationalbewegungen, namentlich die deutsche, sich ausschließlich nach außen abgrenzend definiert hätten. Wahr ist allerdings, dass die nationalen Probleme von Anfang an viel konfliktträchtiger waren als die zugleich patriotischen und weltbürgerlichen Demokraten der 1830er- und 1840er-Jahre angenommen hatten. Das zeigte sich schon 1848 in der europäischen Revolution, als teilweise die liberalen Nationalbewegungen aneinandergerieten, so etwa in Schleswig die dänische und die deutsche.

Den Gedanken der Einheit der Nation hat die demokratische Bewegung und mit ihr die entstehende Arbeiterbewegung bereits zwischen 1830 und 1870 ebenso stark vertreten wie das liberale Bürgertum. Es wäre deshalb eine historische Verkürzung, wollte man in Bezug auf diesen Zeitraum die nationale Bewegung ausschließlich als eine des liberalen Bürgertums bezeichnen. Die nationale Frage hat im Gründungsjahrzehnt der organisierten Arbeiterbewegung, den 60er-Jahren des vorletzten Jahrhunderts, vielmehr die Diskussion innerhalb der Arbeiterbewegung beherrscht. Denn die Hauptunterschiede zwischen den Anhängern Ferdinand Lassalles und denen August Bebels und Wilhelm Liebknechts lagen nicht so sehr auf der Ebene der Gesellschaftspolitik, sondern sie bezogen sich zum einen auf die theoretische Bewertung des Staates und zum anderen auf die preußisch-österreichische Rivalität um die Vorherrschaft in Deutschland. Während die Lassalleaner weder vom bürgerlichen Liberalismus noch von der kleinbürgerlichen Demokratie mehr etwas erwarteten und daher auf Preußen als den relativ moderneren der beiden deutschen Großstaaten setzten, wollten ihre Widersacher, zeitweise sogar durch Unterstützung des morschen Österreich, den Weg für eine revolutionär-demokratische Einigung Deutschlands von unten offen halten. Die Sache lag noch etwas komplizierter: Großdeutsch und radikal-demokratisch in ihren »nationalen« Zielsetzungen waren beide Richtungen; verschieden war nur der von ihnen vertretene Weg.

Nicht nur in Deutschland, aber hier in besonderem Maß – wegen der hegemonialen Rolle des preußischen Machtstaats und seiner aristokratischen Elite bei der Nationalstaatsgründung – versuchte nach 1870 die konservative und nationalliberale Rechte den Begriff der Nation weitgehend erfolgreich zu okkupieren. Das geschah im Zeichen des entstehenden Imperialismus und einer auch im Innern autoritären Ausrichtung des Staates. Nationaler Antagonismus und Demokratiefeindschaft sollten jetzt »nationale Gesinnung« ausmachen. Heinrich August Winkler hat diesen Vorgang den Übergang »vom linken zum rechten Nationalismus« genannt – »Nationalismus« hier wie in der wissenschaftlichen Literatur generell analytisch und nicht umgangssprachlich-pejorativ verstanden.

Im Kaiserreich von 1871 stellte die Sozialdemokratie die einzige konsequent demokratische Kraft von Bedeutung dar. Demokratische Kernforderungen wie die nach Abschaffung des preußischen Dreiklassenwahlrechts und nach Parlamentarisierung wurden Ziele der Arbeiterbewegung, Bismarcks konstitutionell-monarchische Staatskonstruktion – und damit auch die darin gefundene Lösung der nationalen Frage –

wurde von der Arbeiterbewegung nicht nur durch ihre sozialistische Zielsetzung, sondern ebenso durch ihren demokratischen Kampf infrage gestellt. Doch die Demokratie war nicht mehr ohne Weiteres mit der Nation konnotiert.

Die Sozialdemokratie akzeptierte das Bismarckreich dennoch notgedrungen als relativen Fortschritt und Kampfboden. Das Verhältnis zur Nation und zum deutschen Nationalstaat – ich meine nicht die bestehende Staats- und Gesellschaftsordnung – war zwiespältig. Einerseits tendierte die SPD dazu, auf einen formellen Internationalismus auszuweichen, dessen Kehrseite die Bagatellisierung konkreter nationaler Fragen war, etwa die der polnischen Minderheit – auch hier war Karl Kautsky der führende theoretische Repräsentant. Andererseits gab es diverse Stimmen aus unterschiedlichen Parteiflügeln, die vor einer Vernachlässigung des nationalen Faktors warnten. Zu ihnen gehörte Eduard Bernstein, der Vater des Revisionismus, aber auch ein Mann wie der Parteilinke Georg Ledebour, der in der SPD wegen seines Eintretens für die Rechte der Polen den Spitznamen »Ledeburski« erhalten hatte. Ledebour attackierte anlässlich des hundertjährigen Jubiläums der antinapoleonischen Erhebung von 1813 im Reichstag die Herrschenden, die die freiheitlichen Traditionen Fichtes und anderer Patrioten missbrauchten.

Jedenfalls wäre es unzutreffend, von einem allgemeinen nationalen Nihilismus oder einer nationalen Indifferenz der klassischen Sozialdemokratie auszugehen. Bei allem menschenrechtsorientierten Universalismus und dem Bekenntnis zum proletarischen Internationalismus war die SPD doch auch bewusst eine deutsche Partei, gemessen an den Wertbezügen und den politisch-kulturellen Grundmustern, die sie geprägt hatten. Mehr noch: Parallel zu dem, was ich formellen Internationalismus genannt habe, bildete sich in den 1880er-Jahren (der Zeit des Sozialistengesetzes) ein sozialdemokratischer Vaterlandsbegriff endgültig heraus. Das geschah unter dem Eindruck der zunehmenden außenpolitischen Gefährdung des Reiches. Zwei Faktoren waren für seine Entstehung entscheidend: das Konzept eines Verteidigungskrieges sowie revolutionsstrategische Erwägungen im internationalen Rahmen. Also nicht erst in den Jahren vor dem Ersten Weltkrieg oder gar erst 1914 wurde versucht, eine Antwort auf die Frage zu finden, wie die Option für die Nation in Einklang zu bringen sei mit den Interessen der internationalen Arbeiterbewegung. Der spezifisch sozialdemokratische Vaterlandsbegriff war vielmehr von Anbeginn eine Antwort auf diese Frage.

Zur Formulierung dieser Antwort, zu ihrer Kristallisation im politischen Bewusstsein der Sozialdemokraten hat in hohem Maße Friedrich Engels beigetragen. Dessen Einfluss auf Führung und Publizistik der deutschen Sozialdemokratie ist in den Fragen der internationalen Politik stets viel größer gewesen als im Bereich der Theorie und Ideologie. Wenn von einer Kontinuität die Rede sein kann, die von Marx und Engels bis zur Sozialdemokratie von 1914 reicht, dann nicht zuletzt in Bezug auf außenpolitische Konzeptionen und auf den sozialdemokratischen Vaterlandsbegriff.

Der Vaterlandsbegriff der deutschen Sozialdemokraten negiert einerseits die bestehenden Institutionen des preußisch-deutschen Reiches zu Gunsten eines künftigen, sozial, ökonomisch und politisch ideal verfassten Gemeinwesens. Andererseits stellt er den Anspruch der herrschenden Schichten und des Bürgertums infrage, sich unter Ausschließung der sozialdemokratischen Arbeiterschaft als alleinige Vertreter des 1871 gegründeten Nationalstaats zu begreifen. Die Nation, das Vaterland, verkörperte in den Augen der Führer der deutschen Sozialdemokratie die geografische und gesellschaftspolitische Basis der Revolution, die längst nicht mehr als bewaffneter Aufstand gedacht wurde. Aus dieser Perspektive musste das Vaterland gegen jeden Angriff von außen verteidigt werden; um so entschlossener, als die meisten Sozialdemokraten bis in die 1890er-Jahre hinein überzeugt waren, binnen eines Jahrzehnts werde in Deutschland die Revolution ausbrechen. Die Verteidigung der nationalen Einheit nach außen fiel unter dem Einfluss der revolutionären Naherwartung mit der Verteidigung des Zukunftsstaates im Fall eines Krieges zusammen. Eine solche Auffassung konnte sich auch dann noch halten, als seit der zweiten Hälfte der 1890er-Jahre die revolutionäre Naherwartung allmählich verblasste und meist durch eine Art revolutionären Vorbehalts ersetzt wurde. »Wir verteidigen das Deutsche Reich auch als unser Vaterland", so August Bebel, jahrzehntelang Führer der deutschen Sozialdemokratie, in einer Reichstagsrede an die Adresse der Regierung und der konservativen Parteien, »nicht Ihnen zuliebe, sondern Ihnen zum Trotz!« Und Wilhelm Liebknecht hatte noch während des Sozialistengesetzes festgestellt, das Deutsche Reich existiere nicht mehr von Bismarcks Gnaden allein. Das allgemeine, gleiche Reichstagswahlrecht, das die Sozialdemokraten scheinbar unaufhaltsam zur Mehrheit führte, habe den deutschen Nationalstaat mit »Millionen von Wurzelfasern« festwurzeln lassen im deutschen Volk.

Für die Geschichte der sozialistischen Arbeiterbewegung bedeutet das Jahr 1914 einen folgenreichen Einschnitt. Die Tatsache, dass die große Mehrheit der Arbeiterparteien und der Gewerkschaften den Kriegsanstrengungen ihrer jeweiligen Länder zugestimmt hat, ist sowohl innerhalb der Arbeiterbewegung selbst als auch in der Geschichtsschreibung heftig und kontrovers diskutiert worden. Sahen die »Linken« im Verhalten vieler Arbeiter und vor allem ihrer Führer in der Situation vom August 1914 »Klassenverrat«, so die »Rechten« innerhalb der Arbeiterbewegung das »Wahrmachen dessen, was wir immer betont haben«, nämlich – so Hugo Haase am 4. August 1914 im Reichstag – in der Stunde der Gefahr das Vaterland nicht im Stich zu lassen.

Bei genauerer Betrachtung stellt sich jedoch heraus: Für viele Arbeiter und vor allem für die meisten Führer ging es 1914 gar nicht um eine Entscheidung zwischen internationaler Arbeiterklasse und nationalem Staat bzw. Vaterland. Mit der Entscheidung, die Verteidigung zu unterstützen, glaubten sich viele deutsche Sozialisten im Einklang mit den Prinzipien sozialistischer Theorie und mit der Tradition der Arbeiterbewegung seit den 60er-Jahren des 19. Jahrhunderts. Auf den ersten Blick hat es den Anschein, als hätten sie in jener dramatischen historischen Konstellation zum ersten Mal Sozialismus und Vaterland auf einen Nenner bringen können. Tatsächlich hatte sich der Prozess der Verschmelzung beider Loyalitäten – wie gesagt – bereits seit Jahrzehnten angebahnt.

16 Vaterlandslose Gesellen? – Haltung der deutschen Sozialdemokratie zur nationalen Frage

Es wird häufig übersehen, dass es nicht das Prinzip der Landesverteidigung oder gar die abstrakte Gegenüberstellung einer nationalen und einer internationalen Einstellung war, die die deutschen Sozialdemokraten nach 1914 auseinander trieben und schließlich zur organisatorischen Spaltung führten, sondern die mit der Entscheidung über die Kriegskredite faktisch (wenn auch nicht logisch zwingend) verbundene Politik des »Burgfriedens«, des Verzichts auf Opposition gegen das herrschende System im Krieg.

Der überaus problematische, seit 1916 allerdings schon aufgeweichte, »Burgfrieden« spielte bei Kriegsende noch einmal eine wichtige Rolle. Das gilt für die bis heute umstrittene Politik der Mehrheitssozialdemokratie im revolutionären Staatsumsturz (umstritten unter dem Gesichtspunkt, ob die Sicherung der Demokratie die Politik der Revolutionsbegrenzung erforderte oder ob diese jene nicht eher erschwerte). Das gilt auch für den Umgang mit der Kriegsniederlage, mit Waffenstillstand und Friedensvertrag. Statt den aggressiven außenpolitischen Dilettantismus der kaiserlichen Regierungen in der Vorkriegszeit und den abenteuerlichen Imperialismus der herrschenden Klasse während des Krieges vor den Augen des Volkes bloßzustellen, fühlten sich die SPD-Führer nach wie vor an den »Burgfrieden« des Weltkriegs gebunden. Als sie sich im Mai 1919 mit dem Versailler Friedensvertrag konfrontiert sahen, hatten sie sich selbst zu lange auf die Selbstrechtfertigung der Obersten Heeresleitung eingelassen.

Auch die Sozialdemokraten hielten »Versailles« für einen imperialistischen Gewaltfrieden und strebten seine Revision an, nicht anders als praktisch alle politischen Gruppen des deutschen Volkes. In grundsätzlichem Unterschied zur Rechten sollte der Versailler Vertrag aber nicht auf dem Weg der Revanche beseitigt, sondern auf ausschließlich friedlichem und kooperativem Weg überwunden werden. Die SPD trat im Sinne eines verantwortungsbewussten, gegen das vorherrschende nationalistische Klima gerichteten Patriotismus für eine längerfristig angelegte Verständigungspolitik mit den Siegern des Weltkriegs ein. Es ging ihr darum, die internationalen Beziehungen auf qualitativ neue Grundlagen zu stellen, wirtschaftlich und politisch feste Zusammenarbeitsstrukturen, eine internationale Schiedsgerichtsbarkeit, internationale Abrüstung usw. durchzusetzen. Kein im eigentlichen Sinn sozialistisches Programm, aber faktisch konsequent nur von sozialistischen Parteien vertreten, teilweise in Zusammenarbeit mit Kräften des bürgerlichen Spektrums, so mit exportorientierten Industriegruppen, den liberalen Parteien und dem katholischen Zentrum sowie mit Mitarbeitern des Auswärtigen Amtes. Jedenfalls war die SPD die verlässlichste Stütze der Außenpolitik Gustav Stresemanns.

Dennoch: Nachdem die »Politik des 4. August« durch die Kriegsniederlage und die Revolution desavouiert worden war, sahen breite Teile der SPD-Anhängerschaft den sozialdemokratischen Vaterlandsbegriff seiner Substanz beraubt. War die Weimarer Republik trotz ihres kapitalistischen Fundaments der »freie Volksstaat«, den man sich ja als parlamentarische Republik sui generis vorgestellt hatte? Während die große Mehrheit der Partei den Weimarer Staat als Rahmen sozialdemokratischer Reformpolitik und als Fortschritt gegenüber dem Kaiserreich verteidigte, blieb ihr Verhältnis zum Reich als Republik teilweise trotzdem bemerkenswert kühl. Die Parteilinke lehnte es wegen der sozialen Herrschaftsverhältnisse und des Einflusses der alten Eliten rundweg ab, die Weimarer Republik als ihren Staat anzunehmen. Auf der Rechten der SPD hingegen war die positive Staatsgesinnung oft unreflektiert und eher Ausdruck einer gemäßigten gesellschaftspolitischen Position. In dieser Situation, in der einem verbreiteten National*gefühl* in den Reihen der SPD kein adäquates National*bewusstsein* (= Bewusstsein der politischen Bedeutung des Nationalen) entsprach und in der – nicht viel anders als im Kaiserreich – die Konservativen und vor allem die Völkischen die Definitionsmacht in diesem Bereich erlangten, waren etliche Einzelpersonen und Gruppen ernsthaft darum bemüht, einen *spezifisch* sozialdemokratischen Patriotismus zum Tragen zu bringen.

Patriotisch war die SPD-Führung insgesamt, indem sie sich mit der Weimarer Republik identifizierte und sie schützte. Sinnbildlich hierfür war die Gründung des »Reichsbanners Schwarz-Rot-Gold«, das zu einem Hort nationaler Empfindungen und Äußerungen innerhalb der Sozialdemokratie (obwohl formell keine SPD-Organisation) wurde. Im Hofgeismarer Kreis der Jungsozialisten äußerte man sich nach der Ruhrbesetzung durch Frankreich 1923 national sehr engagiert – bis hin zu regelrecht irrationalen Positionen. Hier hat aber auch der angesehene Staatsrechtler Hermann Heller seine Theorien über die Nation als Werte-, Kultur- und Schicksalsgemeinschaft vertreten, die über die bürgerliche Gesellschaft hinausweise und ihre Vollendung erst im Sozialismus finden werde. Das sozialdemokratisch geführte Preußen erschien vielen damals als das deutsche Musterland und der Kern einer stärker unitarischen deutschen demokratischen und sozialen Republik. Der Weg dahin schien offen; die Verbindung von deutschem Patriotismus und sozialdemokratischem Internationalismus realisierbar. Vor allem sind die militanten Reformsozialisten wie Julius Leber, Carlo Mierendorff und auch der junge Kurt Schumacher zu nennen, die die sozialdemokratische Arbeiterbewegung gegen den aufkommenden Nazismus mit einem kämpferischen nationalen Republikanismus stärken wollten und dabei vor dem Appell an das Gefühl, die Einbeziehung des Unbewussten in die politische Agitation nicht zurückschreckten.

Für die sog. nationale Rechte mit ihren restaurativ-autoritären Ambitionen blieb die SPD Hauptzielscheibe ihrer Propaganda, die sich in ihrer wüsten Polemik gegen die »Novemberverbrecher« und »Erfüllungspolitiker«, »Juden und Marxisten« oft kaum von den Mordgesängen der NSDAP unterschied. Ungeachtet dessen bleibt festzuhalten: Für die nationalen Emotionen breiter Bevölkerungsschichten hatte die SPD nicht viel Sinn, wie das auch für spontanen sozialen Protest und sozialutopische Sehnsüchte galt. Rechte wie linke Sozialdemokraten gaben dies nach 1933 zu. Ungeachtet einer analytisch durchaus bemerkenswerten Auseinandersetzung mit dem Nationalsozialismus wurde die SPD mit ihrer Herkunft aus ihren humanistisch-aufklärerischen Traditionen, ihrem verinnerlichten Legalismus und ihrem rationalen Zugang zur Politik zunehmend hilflos gegenüber dem neuartigen Radikalfaschismus der NSDAP mit ihrem – wie Schumacher sagte – »ständigen Appell an den inneren Schweinehund im Menschen«.

Der, anfangs in seiner epochalen Bedeutung noch nicht voll erfasste, Sieg der NSDAP 1933 führte dann vor allem im sozialdemokratischen Exil zu einer intensiven Beschäftigung mit der nationalen Frage Deutschlands. Dem völkischen Konzept stellte man die Selbstbestimmung nach außen und innen als Kern eines demokratischen Begriffs von Nation gegenüber, womit man an Positionen der Sozialdemokratie vor 1914 und nach 1918 anknüpfte. Wie keine andere soziale und politische Kraft hat sich die Linke (hier darf man nicht allein von der SPD sprechen) im antifaschistischen Kampf und im Leiden als Vertreterin des »anderen Deutschland« legitimiert. Wenngleich der konservative Widerstand für das NS-Regime wegen seiner Verankerung in den gesellschaftlichen Eliten – für die Kriegssituation letztlich entscheidend in Teilen des Offizierskorps – kurzfristig gefährlicher war, so repräsentierte die Linke die Kontinuität des Widerstands. Aus dem Lager der alten Arbeiterbewegung kam die bei Weitem größte Zahl der aktiven Hitler-Gegner und der politischen Opfer des NS-Terrors.

Wir wissen nicht, wie Deutschland nach dem Kriege ausgesehen hätte, wären das Attentat auf Hitler und der Staatsstreich vom 20. Juli 1944 geglückt. Seit den 50er-Jahren hat man versucht, den 20. Juli in die Traditionslinie der Bundesrepublik einzubinden. Man ignorierte über die europäischen Friedensinitiativen aber weithin die Entschlossenheit, mit der alle Widerstandskreise an der nationalstaatlichen Einheit und Freiheit Deutschlands festhielten. Heute stellen viele dieses Ziel infrage und sind geneigt, unter Hinweis auf die weithin sozialkonservativen Leitbilder das Unternehmen 20. Juli abzuwerten. Anstelle eines pauschalen Urteils genügt es, sich zu vergegenwärtigen, dass die größten Menschenopfer und Zerstörungen gerade für Deutschland im letzten Kriegsjahr zu beklagen waren, um zu begreifen, warum das Scheitern des 20. Juli eine nationale Katastrophe war. Deutschland hätte bei einem Sieg der Putschisten, deren linker Flügel ja eng mit Sozialdemokraten und Gewerkschaften verbunden war, nicht nur moralisch, ganz anders dagestanden als 1945.

Moralisch mochte die Sozialdemokratie trotz des Scheiterns der Selbstbefreiung gestärkt dastehen, nachdem der Nationalsozialismus abgewirtschaftet hatte; aber Tausende ihrer besten Kader waren ermordet, umgekommen oder gesundheitlich ruiniert. Zudem war die Aufklärungs- und Organisationsarbeit von Jahrzehnten zunichtegemacht worden. Tatsächlich gelang es den Arbeiterorganisationen nie wieder, erneut die Wurzeln zu schlagen, die ihr gekappt worden waren, auch wenn sie beachtlichen Zulauf von Mitgliedern und Wählern verbuchen konnten. Wohl auch deshalb glaubten die meisten ihrer Funktionäre, der Unterstützung durch die Siegermächte zu bedürfen, wollten sie ihre antikapitalistischen Reformprogramme durchsetzen.

Die äußerst verlustreiche Flucht und Vertreibung von Deutschen aus den Gebieten östlich von Oder und Neiße, die Tatsache und die Umstände der Kriegsgefangenschaft, namentlich im Osten, die Aufhebung der deutschen Verwaltungs- und Wirtschaftseinheit, einschneidende Demontagen, Reparationen und Produktionsverbote und auch Übergriffe von Angehörigen der alliierten Truppen – namentlich der Roten Armee –, ganz zu schweigen von dem seit Jahrzehnten nicht gekannten materiellen Elend und pauschalen Strafmaßnahmen, die in erster Linie die sog. »kleinen Nazis« trafen, all dies hat es der Linken schwer gemacht, zugleich mit den Siegermächten zusammenzuarbeiten und im eigenen Land breite Mehrheiten zu gewinnen. Die Linke mit ihrem Reservoir politisch Unbelasteter gelangte in den ersten Jahren (nicht nur in der Ostzone) allenthalben in die politische Verantwortung, konnte aber ihre Auftraggeber, die Besatzungsmächte, ihrerseits nennenswert kaum beeinflussen. Unter allen diesen Bedingungen konnte die anfängliche Aufgeschlossenheit der Bevölkerungsmehrheit für Gesellschaftsreformen nicht zum Tragen kommen oder wurde – in der Ostzone – von einer Aversion gegen die vermeintliche Partei der Besatzungsmacht überlagert.

So war der Vertrauenskredit, mit dem die SPD 1945 ins politische Leben des besetzten Deutschland zurückkehrte, mit Hypotheken belastet, die in dem Maße anwuchsen, in welchem im Bewusstsein der Bevölkerung das Erschrecken über das Ausmaß der NS-Verbrechen vor der alltäglichen Empfindung neu erfahrenen Unrechts und von außen auferlegter Not zurückwich. Im Westen wählte man zudem den emotionalen Fluchtweg in einen bedingungslosen Antikommunismus, den der aufbrechende Kalte Krieg nahe legte. Der mörderische Vernichtungsfeldzug gegen die Sowjetunion wurde verdrängt, ebenso wie die wesentliche Mitverantwortung der Westmächte für die die Gebietsverluste im Osten besiegelnden Vertreibungen. Hinzu kamen die Erfahrungen brutaler Besatzerwillkür in der sowjetischen Zone: Verhaftungen, Deportationen sowie Beibehaltung der von den Nationalsozialisten eingerichteten KZs als Internierungslager, in die außer »kleinen Nazis« sehr bald auch missliebige Bürgerliche und Sozialdemokraten eingeliefert wurden und vielfach zu Tode kamen.

Die staatliche Teilung Deutschlands wäre zwar ohne den Aggressionskrieg des Großdeutschen Reiches nicht möglich gewesen, aber sie war keineswegs, wie heute vielfach angenommen, eine nach einem gemeinsamen Plan von den vier Besatzungsmächten verhängte Strafe (Straf- und Sicherheitsmaßnahmen bezogen sich auf die neue Grenzziehung und die Aussiedlung im Osten, die Entnazifizierung und Reparationen). Die Teilung ergab sich vielmehr daraus, dass die Hauptsiegermächte nicht bzw. nicht mehr imstande waren, eine gemeinsame Politik in und gegenüber Deutschland zu formulieren und durchzuführen. Erst sehr viel später ist es in manchen Kreisen Teilen der deutschen Linken üblich geworden, in der Teilung Deutschlands die verdiente Quittung für »Auschwitz« zu sehen.

Von der Frage der Oder-Neiße-Grenze abgesehen, hielten die relevanten Kräfte ganz Deutschlands bis in die zweite Hälfte der 1960er-Jahre zumindest deklamatorisch am Ziel der deutschen Einheit fest, wenn sich auch die Vorstellungen über den politisch-sozialen Charakter des einheitlichen Deutschland und über den Weg dorthin wesentlich unterschieden. Die großen westdeutschen Kampagnen der 1950er-Jahre gegen die Wiederbewaffnung durch militärische Westintegration sind nicht zuletzt mit nationalen Argumenten geführt worden. Die Abwendung vieler Progressiver von der nationalen Thematik ist erst die Tat einer späteren, »bundesrepublikanisch«-westeuropäisch sozialisierten Generation.

Es war nicht vorwiegend Sentimentalität oder »Deutschtümelei«, die besonders die Sozialdemokratie die Einheit Deutschlands ins Zentrum rücken ließ. Die Teilung Deutschlands hatte gesellschaftspolitisch ja vor allem die Folge, in beiden Staaten die Kräfte der sozialdemokratischen Arbeiterbewegung auszuschalten. Das ist von der SPD etwa im Zusammenhang mit dem Aufstand des 17. Juni 1953 schmerzhaft empfunden und mehr oder weniger deutlich artikuliert worden. Die Ost-SPD war in der SED aufgegangen, deren Führung sozialdemokratische und oppositionell-kommunistische Ansätze mit Rückendeckung der sowjetischen Besatzungsmacht niederhalten konnte, und die Anschauung des Experiments DDR stabilisierte im Westen Deutschlands den Bürgerblock, während die SPD ihrer alten Hochburgen im ostelbischen Deutschland beraubt war. Die Vorherrschaft der CDU in der Bundesrepublik seit 1947/48 ist ohne die nationale Spaltung so wenig zu erklären wie die besondere Ausformung des Herrschaftssystems in der DDR.

Am Anfang stand – wie erwähnt – die nur unter massivem Druck der Besatzungsmacht zu Stande gekommene Fusion von KPD und SPD in der sowjetischen Zone. Aus dem Bestreben, ihrer Politik eine breitere Basis zu sichern, forcierte die KPD seit Herbst 1945 die Vereinigung mit der SPD. Denn entgegen allen Bekenntnissen zur »Einheit der Arbeiterklasse« war die Spaltung der Linken 1933–1945 keineswegs überwunden worden. Im Frühjahr und Sommer 1945 waren gerade zahlreiche Sozialdemokraten zum Zusammenschluss mit den Kommunisten bereit gewesen – unter ganz anderen Vorzeichen, als es dann geschah –, während die KPD-Zentrale, die erst ihren Apparat aufbauen und ideologisch ausrichten wollte, gebremst hatte. Das kehrte sich bereits vom Sommer 1945 an um. Beide provisorischen Führungszirkel der SPD in Berlin (um Otto Grotewohl) und in Hannover um Kurt Schumacher konnten sich nicht auf ein gemeinsames Vorgehen einigen. Die KPD-Führung und die hinter ihr stehende sowjetische Besatzungsmacht waren nach der Kapitulation des Berlin »Zentralausschusses« der SPD imstande, die Einheitspartei zu ihren Bedingungen und auf die Ostzone begrenzt zu erzwingen.

Nach der Feindschaft in der Weimarer Zeit eröffneten die Einheitskampagne und der damit einhergehende Druck auf die Anhänger der SPD in der Ostzone für die Sozialdemokraten in Westdeutschland (und besonders die in West-Berlin, die sich in einer Urabstimmung die organisatorische Selbstständigkeit erhielten) eine neue Phase sich ständig verschärfender Konfrontationen mit den Kommunisten. Die Auseinandersetzung um die »Einheit der Arbeiterklasse« 1945/46 bildete einen entscheidenden Schritt zur Spaltung Deutschlands. Sie brachte das Ende einer unabhängigen Sozialdemokratie im Osten und bewirkte in der Folge auch die Marginalisierung der KPD im Westen. Die traditionelle Spaltung der Arbeiterbewegung war von nun an durch die Besatzungszonen geographisch fixiert.

Kurt Schumacher, der erste Nachkriegsvorsitzender der SPD, kritisierte die Sowjetunion erstens als diejenige Siegermacht, die mit ihrer rigorosen Sicherheits- und Bestrafungspolitik die Lebensinteressen des deutschen Volkes am stärksten bedrohe, und zweitens als einen totalitären, staatskapitalistischen und imperialistischen Staat, der für ihn den Gegenpol zur Demokratie und namentlich zum demokratischen Sozialismus darstellte. In diesem Sinne war Schumacher, trotz seiner Betonung der nationalen Anliegen, ein Vertreter klarer Westorientierung. Das territorial möglichst unversehrte Deutschland sollte im Rahmen eines vereinigten Europa von vornherein seinen gleichberechtigten Platz einnehmen. Auch und gerade ein demokratisch-sozialistisches Deutschland gehörte diesem Konzept zufolge grundsätzlich an die Seite der »Weltdemokratie« in ihrer Auseinandersetzung mit der sowjetischen Diktatur. In dieser Grundorientierung stimmte Schumacher mit dem Berliner Bürgermeister Ernst Reuter durchaus überein, der den Weststaatsideen der Alliierten weiter entgegenkommen wollte. Übrigens hatte in der Deutschlandpolitik auch für Reuter die Wiedervereinigung Priorität.

Überlegungen, durch die Hinnahme einer militärischen Neutralität eine Lösung der deutschen Frage zu ermöglichen, wie sie die SPD schon unter Schumacher und dann unter seinem Nachfolger Erich Ollenhauer anstellte, tangierten nicht die Grundentscheidung für den Westen. Insofern ist die Sicherheits-, Außen- und Deutschlandpolitik der SPD in den 50er-Jahren mit dem Terminus »neutralistisch« nicht zutreffend beschrieben. Um das große Engagement gerade sozialdemokratischer Politiker für die deutsche Einheit zu begreifen, genügt nicht der Hinweis auf psychologische Faktoren. Die DDR-Staatsgründung der SED im Osten als einer von außen geschaffenen »russischen Staatspartei« verhinderte den im Fall freier gesamtdeutscher Wahlen fest erwarteten Wahlsieg der Sozialdemokratie. Bei der »Wiedervereinigung« dachte man anfangs durchaus an die Grenzen von 1937. Intern nahm die Parteiführung ab Mitte der 50er-Jahre zunehmend von der Vorstellung Abstand, die früheren preußischen Ostprovinzen ganz oder überwiegend zurückgewinnen zu können. Aber erst ab Mitte der 60er-Jahre begann die Partei mehr und mehr auch nach außen zu erkennen zu geben, dass die Oder-Neiße-Grenze de facto anerkannt werden müsse und eine spätere Revision nicht mehr ins Auge gefasst werden könne.

Bei aller Kritik auch an der Deutschlandpolitik der Westmächte, namentlich Frankreichs, sah die SPD-Führung das Haupthindernis der Wiedervereinigung in der Sowjetunion. Die unablässige konzeptionelle Suche nach einem Status für Gesamtdeutschland, der für alle vier Siegermächte akzeptabel sei, hatte stets in erster Linie Moskau im Blick. Der unabhängige, blockfreie Nationalstaat (1952 in Reaktion auf die Stalin-Noten), das regionale Disengagement in Mitteleuropa (1956–59 in Reaktion auf die diesbezüglichen Pläne des polnischen Außenministers Rapacki und anderer) und die Einbindung des vereinigten Deutschland in ein blockersetzendes gesamteuropäisches Sicherheitssystem (ab 1954/55 in Reaktion auf die von Adenauer betriebene, Westdeutschland allein einbeziehende Westintegration) stellten Varianten dieses Suchens dar.

Indem die führenden Sozialdemokraten sich darauf einstellten, die legitimen Sicherheitsinteressen der UdSSR von ihren expansionistisch-repressiven Bestrebungen zu trennen, und begannen, die sowjetischen Interessen überhaupt zu berücksichtigen, näherten sie sich damit zugleich in gewisser Weise den Vorstellungen der Sowjetunion für die Lösung der deutschen und europäischen Sicherheitsfragen. Im Zuge dieser Realitätswahrnehmung ließ die SPD, die anfangs den staatlichen Charakter der DDR ebenso bestritten hatte wie die bürgerlichen Regierungsparteien, gegen Ende der 50er-Jahre auch die Bereitschaft erkennen, die Existenz eines zweiten deutschen Staates für eine begrenzte Zeit hinzunehmen und die DDR im Vereinigungsprozess prozedural zu beteiligen (Deutschlandplan vom 18. März 1959).

Eine wirkliche Wende in ihrer Außen- und Sicherheitspolitik vollzog die SPD im Anschluss an die Verabschiedung des neuen Godesberger Grundsatzprogramms mit der legendären Rede Herbert Wehners am 30. Jun 1960 im Bundestag. Eine Moskau-Reise Fritz Erlers und Carlo Schmids im Frühjahr 1959 war ohne ermutigende Resultate geblieben, und der vorzeitige Abbruch der Pariser Gipfelkonferenz im Mai 1960 schien auf eine erneute Verschärfung der Ost-West-Konfrontation hinzudeuten. Dazu kamen nicht zuletzt innenpolitische Gründe: Die relative Kompromissbereitschaft nach Osten hatte die SPD immer wieder in den Geruch der Kommunistenfreundlichkeit gebracht, während ihr Wiedervereinigungsengagement von den Wählern nicht honoriert worden war. Indem die SPD jetzt die gesellschafts- und außenpolitischen Grundentscheidungen der ersten beiden Regierungen Adenauer akzeptierte und sich geradezu als Wächterin der Stärkung des atlantischen Bündnisses profilierte, musste der Gegensatz zur Sowjetunion wieder schärfere Formen annehmen. Insbesondere nach dem Bau der Berliner Mauer im August 1961 sprachen sich Publikationen und Repräsentanten der SPD in einer Härte gegen die UdSSR als Weltmacht und ihre deutschen »Quislinge« (F. Erler) aus, die an die Höhepunkte der Schumacherschen Polemik erinnerten.

Der Mauerbau wurde aber auch zum Ausgangspunkt einer neuen Ostpolitik, zunächst für die Westberliner Sozialdemokraten um Willy Brandt, dann für die Führung der Gesamtpartei. Anfangs als schmerzliche Anpassung an die Entspannungsbedürfnisse der amerikanischen Schutzmacht empfunden, wurde das neue Konzept schon bald als die Chance begriffen, aus den »Schützengräben des Kalten Krieges« herauszukommen. 1966, vor dem Eintritt in das Kabinett der Großen Koalition, war die neue Position der SPD abgesteckt: Die Vereinigung Deutschlands sei nur noch als Ergebnis eines längeren, gesamteuropäischen Prozesses denkbar, dessen Stufen nicht im Einzelnen vorherzubestimmen seien. Innere Veränderungen im Osten müssten von oben, seitens der regierenden Kommunisten, und mit Duldung der sowjetischen Führungsmacht erfolgen. In der gesamteuropäischen Friedensordnung der Zukunft sollte dann auch das deutsche Volk selbstbestimmt über die Form seines Zusammenlebens entscheiden können.

Die Durchsetzung der neuen Ostpolitik der SPD, die sich mit weitgehend analogen Überlegungen der FDP traf, war in der westdeutschen Öffentlichkeit nicht allein der offenkundigen Hohlheit der »Sonntagsreden« (W. Brandt) der Regierenden geschuldet, in denen die Proklamation von Rechtspositionen für die Politik ausgegeben wurde. Auch der Druck einer außerparlamentarischen Protestbewegung ab 1966/67 und – damit indirekt verbunden – die jetzt erst wirklich beginnende selbstkritische Auseinandersetzung mit der Zeit des Nationalsozialismus (Auschwitz-Prozess 1964/65) trugen dazu bei, das Terrain zu verändern.

Die Entspannungspolitik der SPD beinhaltete – wie schon angedeutet – von vornherein zwei Komponenten, die nicht ohne Weiteres auf einen gemeinsamen Nenner zu bringen waren: Einerseits bedeutete sie die Fortführung jener Politik der »Normalisierung« der Beziehungen zwischen den Militärblöcken, mit der die Große Koalition der Jahre 1966–1969 allmählich Anschluss an die im Harmel-Bericht der NATO von 1967 formulierte Konzeption der westlichen Sicherheitspolitik zu finden versuchte. In diesem Bereich diplomatischer Bemühungen um Vertragslösungen waren vor allem politische Entscheidungen anzusiedeln, die unter dem Stichwort »Anerkennung der Realitäten« zusammengefasst werden können. Die Akzeptierung der Oder-Neiße-Grenze und der Existenz zweier deutscher Staaten sollte die Nachkriegsordnung stabilisieren und den Weg zu einer Ost-West-Kooperation mit weit gesteckten wirtschaftlichen Zielen ebnen.

Andererseits hatte die Entspannungspolitik der Bundesrepublik nach dem Willen ihrer maßgeblichen Verfechter in Regierung und Publizistik auch eine die bestehenden Verhältnisse dynamisierende und teilweise sogar emanzipatorische Perspektive. In dieser Hinsicht zielte die Entspannungspolitik nicht nur auf Friedenssicherung, menschliche Erleichterungen (Reise- und Besuchsmöglichkeiten) sowie den Ausbau der Zusammenarbeit, sondern zugleich auf eine Liberalisierung und Demokratisierung der gegensätzlichen Gesellschaftssysteme, namentlich des östlichen. Der Abbau der wechselseitigen Feindbilder des »expansiven Kommunismus« bzw. »aggressiven Imperialismus« sollte in der Bundesrepublik reformerische Initiativen erleichtern, die ihrerseits Reformansätze in der DDR und anderen Staaten des Warschauer Pakts beflügeln könnten. Wie die Verhandlungsergebnisse des Moskauer und Warschauer sowie des Grundlagenvertrags zwischen den beiden deutschen Staaten unterstrichen, erwiesen sich die stabilisierenden Elemente der Entspannungspolitik als tragfähig für einen ausbalancierten Interessenausgleich. Hingegen überforderten die dynamisierenden und emanzipatorischen Komponenten offenkundig die Reformfähigkeit insbesondere des östlichen Systems und die Bereitschaft der Weltmächte zur »Europäisierung Europas«.

Nachdem die Phase der Vertragsverhandlungen im Wesentlichen abgeschlossen worden war und wechselseitige Abgrenzungszwänge die Dynamik des »Wandels durch Annäherung« gebrochen hatten, begannen sich in der Entspannungspolitik auch auf innerdeutscher Ebene unverkennbar Stagnationstendenzen durchzusetzen.

Sobald die greifbaren Resultate ausblieben, konnten sich die ständigen Warnungen der CDU/CSU-Opposition vor der Preisgabe von »Rechtsstandpunkten« wieder deutlicher Gehör verschaffen. Mit dem Wechsel in der Regierungsverantwortung 1969 war zugleich ein deutschlandpolitischer Rollentausch verbunden. Während die Unionsparteien an den Wiedervereinigungspostulaten deklamatorisch festhielten, machte die sozialliberale Koalition erklärtermaßen »Realpolitik« auf dem Boden der verfestigten Nachkriegsordnung.

Schon seit dem großen Wahlerfolg der sozialliberalen Koalition im Herbst 1972 begann sich in der Sozialdemokratie eine Diskrepanz zwischen der ost- und deutschlandpolitischen Konzeption einiger Politiker und Vordenker einerseits und dem eher noch wachsenden Desinteresse große Teile der Partei (wie der Gesamtbevölkerung) an den Verhältnissen östlich der Elbe andererseits aufzutun. Die rapide Modernisierung und die alltagskulturelle Verwestlichung der westdeutschen Gesellschaft führten letztlich zu dem vielfach registrierten Rückgang des gesamtdeutschen Bewusstseins, nicht dieser oder jener Regierungswechsel. Insofern hatten diejenigen Sozialwissenschaftler, die eine schrittweise separate Nationsbildung in der Bundesrepublik diagnostizierten, nicht völlig Unrecht, wenngleich sie die diesbezüglichen Befunde zu einseitig interpretierten, Hindernisse und Gegentendenzen unterschätzten. Es ergab sich die paradoxe Situation, dass in der Bundesrepublik die Staatsführung auch und gerade unter der SPD-FDP-Regierung an der Einheit der Nation festhielt, für die Gesellschaft gesamtdeutsche Bezüge aber an Bedeutung verloren, während die DDR staatsoffiziell seit 1970 von der Existenz zweier deutscher Nationen ausging, was von deren Bevölkerung bis weit in die SED jedoch nicht ernst genommen wurde.

Mehr und mehr wurde in der bundesdeutschen Politik und Publizistik der entspannungspolitische Ansatz der Jahre um 1970 umgedeutet in eine endgültige und bedingungslose Anerkennung der Nachkriegsordnung; Überlegungen zur Errichtung einer neuen europäischen Friedensordnung, wo sie angestellt wurden, fixierten sich zunehmend auf die Zweistaatlichkeit Deutschlands als ihre Voraussetzung. Als störend empfanden viele führende Sozialdemokraten die öffentliche Erörterung der nationalen Frage. Zugleich begegneten sie dem Phänomen der osteuropäischen Opposition – die zumindest in der DDR ja der SPD näher stand als den Konservativen -, um nicht Erreichtes zu gefährden, auch nach dem Regierungswechsel in Bonn 1982 mit großer Zurückhaltung.

Die SPD musste ihre Entspannungspolitik seit den späten 70er-Jahren in Auseinandersetzung mit den USA und gegen den weltpolitischen Trend entfalten. Daraus ergab sich eine gewisse Verschiebung des politischen Standorts im Ost-West-Konflikt: Während in der Konfrontation mit der Reagan-Regierung (ab 1982 aus der Opposition heraus) wieder stärker das Ziel der Blocküberwindung und auf dem Weg dahin eine Reform des westlichen Bündnisses ins Auge gefasst wurden, wurden nach Osten hauptsächlich die stabilisierenden Elemente der Entspannungspolitik hervorgehoben. Am deutlichsten wurde das bei den Stellungnahmen zur Solidarnosc und zum Kriegsrechtsregime in Polen zu Beginn der 80er-Jahre, aber auch bei den vorsichtigen Reaktionen auf innere Repressionsmaßnahmen in der UdSSR und in der DDR. Je mehr die bipolare Blockarchitektur in Europa im Verlauf der 80er-Jahre ins Wanken geriet, desto mehr war die SPD-Führung um eine friedliche, sozusagen geordnete Transformation der osteuropäischen Systeme besorgt. Schon seit Mitte der 60er-Jahre war die Sowjetunion von sozialdemokratischen Sicherheitspolitikern eher als Status-quo-Macht, als imperialer, aber nicht expansiver Staat eingeschätzt worden. Die Möglichkeit, mit ihr als einer territorial saturierten, zum kontrollierten Wandel fähigen Großmacht zu kooperieren, lag der Vision einer gesamteuropäischen Friedensordnung zu Grunde.

Für die Erwartung – durch den Wechsel zu Gorbatschow in der UdSSR zunächst scheinbar glänzend bestätigt –, eine Veränderung in der DDR werde aus der SED-Spitze selbst hervorgehen, sprach in der Tat vieles. Das Problem lag m. E. weniger in den engen Parteikontakten der SPD mit der SED, sondern in der mangelnden Sensibilität gegenüber den unabhängigen Umwelt-, Menschenrechts- und Friedensgruppen, die aufgrund eines regierungs- und institutionenfixierten Politikverständnisses (trotz der Erfahrung mit Polen) in ihrer Bedeutung unterschätzt wurden.

Dabei hatte es während der Debatte über die Stationierung neuer atomarer Mittelstreckenraketen zu Beginn der 1980er-Jahre zeitweilig so ausgesehen, als würde es tatsächlich gelingen, die in der sozialdemokratischen Deutschlandpolitik seit jeher angelegten Verbindung von Friedenssehnsucht und deutscher Frage zu erneuern. Im Unterschied zu den 1950er-Jahren war jetzt nicht mehr der Wunsch nach Vereinigung Deutschlands ein herausragendes Motiv für das Engagement gegen die Aufrüstung, sondern das Engagement in der Friedensbewegung ließ eine große Zahl Menschen erstmals wieder die prekäre geostrategische Lage Deutschlands in der Ost-West-Konfrontation und die lange tabuisierten Statusfragen (alliierte Stationierungs- und Vorbehaltsrechte) erkennen. Die teils beabsichtigte, teils indirekte Wechselwirkung mit den im Osten Deutschlands entstehenden unabhängigen Friedensgruppen, die Sicherheitsdebatte, die auch auf die DDR (bis in die Führung hinein) ausstrahlte, und die patriotischen Äußerungen mancher Integrationsfiguren der Friedensbewegung schufen im linken Spektrum für einige Zeit ein – politisch allerdings ganz diffuses – gesamtdeutsches Zusammengehörigkeitsgefühl.

Die im westlichen Ausland überempfindlich registrierten »nationalen« Untertöne der deutschen Friedensbewegung wurden von ihren anerkannten Sprechern jedoch nicht in eine alternative politische Konzeption übergeleitet, sondern allenfalls als Stimmung transportiert. Die SPD-Führung war vor allem bestrebt, die Partei ohne Reibungsverluste auf die Ablehnung der Stationierung umzupolen und die Friedensbewegung gleichzeitig in den Rahmen der herkömmlichen Entspannungspolitik zu integrieren. Nach einer Phase der Unsicherheit setzten sich in der neuen Partei der Grünen (wie zunehmend auch in der SPD) Positionen durch, deren Vertreter – sei es »realpolitisch«, sei es fundamentaloppositionell begründet – die Zweistaatlichkeit Deutschlands für unabänderlich hielten. Es gelang der CDU/CSU-FDP-Koalition nach der Herausforderung durch die Friedensbewegung auch deswegen erstaunlich schnell, die Interpretationsmacht in der Diskussion über die deutsche Frage zurückzugewinnen. Erst die Ereignisse des Herbstes 1989 ließen in der Führung und Mitgliedschaft der SPD die latent gesamtdeutsch orientierten Kräfte hervortreten, nach meinem Eindruck ein flügelübergreifender Vorgang. Die Differenzen sind hier wohl eher an Personen festzumachen.

Ich komme zum Schluss:
Die Erfahrung des Nationalsozialismus, jener perfekt völkermordenden Variante des europäischen Faschismus, versperrt den Deutschen in der Tat nach wie vor den Ausweg in ein »normales«, affirmatives Nationalbewusstsein. Auch den Briten und Franzosen, um deren unkompliziertes Verhältnis zum Nationalstolz und zum nationalen Interesse sie hier zu Lande von manchen beneidet werden, stünden ein wenig mehr Selbstzweifel und Selbstkritik gut an. Es kann also nicht darum gehen, die Bedeutung der NS-Zeit für die nationale Identität der Deutschen zu relativieren. Aber ohne gleichzeitige positive Identifikationsangebote werden die Jüngeren nicht bereit sein, für weitere Jahrzehnte die historische Verantwortung für die »Schrecken der Vergangenheit« (Kurt Schumacher) zu übernehmen. Welche Ziele für die nationale Identität des neuen demokratischen Gesamtdeutschland bestimmend sein werden, wird auch das Ergebnis politischer Entscheidungen sein. Das beinhaltet die kontroverse Diskussion über die Ausgestaltung der deutschen Demokratie, auch im Wirtschaftlichen und Sozialen. Es bedeutet ferner, ein neues, positiveres Verhältnis zu den nationalen Traditionen zu entwickeln.

Auch die »vaterlandslosen Gesellen« der SPD und andere, die von den Herrschaftsträgern für »national unzuverlässig« gehalten wurden, waren ja Teil des Vaterlands, der Nation, die sie mitgestalteten, selbst wenn sie nicht am Ruder waren. Die Verbindung von freiheitlichem und nationalem Gedanken, die als typisch für den Patriotismus der westlichen Demokratien angesehen wird, war ihnen vertraut, wenngleich sie, und mit ihnen ihr Nationsverständnis, immer wieder unterlagen.

Gewiss: Die Demokratiegründung in Deutschland nach dem Zweiten Weltkrieg war nur möglich aufgrund des Sieges der Anti-Hitler-Koalition und der Einflussnahme der Besatzungsmächte. Aber diese Bedingung war nicht hinreichend. Ohne einen Fundus an lebendiger nationaler Tradition, verkörpert von den Männern und Frauen der ersten Stunde, wäre die Bundesrepublik tatsächlich das amerikanische Protektorat geblieben, das ihre entschiedenen Gegner damals in ihr sahen. Die obrigkeitsstaatliche Prägung der neueren deutschen Geschichte ist nicht zu leugnen; doch die Vorstellung, Demokratie sei ein reiner Importartikel, etwas im Grunde »Undeutsches«, ist ein selbstzerstörerisches Klischee.

Der Frankfurter Philosoph Jürgen Habermas hat – anknüpfend an eine Formulierung von Dolf Sternberger – in den 80er-Jahren mit anderen für einen »Verfassungspatriotismus« anstelle eines traditionellen Nationalpatriotismus geworben. Ein solcher Verfassungs- oder, um das dynamische Element zu unterstreichen, demokratischer Patriotismus stützt sich auf universelle, »westliche« Werte. Dem ist insofern zuzustimmen, als ein Nationsbegriff, der vermeintlich »objektive«, ethnisch-kulturelle Kriterien in den Mittelpunkt stellt, für völkisch-nationalistische Entgleisungen stets offen ist. Andererseits wäre ein »Verfassungspatriotismus« ohne Verankerung in der Kultur und Geschichte des betreffenden Landes ein blutleeres und wirkungsloses Kunstprodukt.

Ich plädiere nicht dafür, die Abkehr vom früheren deutschen Sonderbewusstsein rückgängig zu machen. Verstanden als Verankerung der Demokratie im öffentlichen Leben (nicht unbedingt hingegen einer bestimmten Wirtschaftsordnung oder eines bestimmten Militärbündnisses) sollte die Westorientierung zum Kernbestand der nationalen Identität der Deutschen gehören. In diesem Sinne bestünde Patriotismus nicht in Staatsvergötterung und Untertanentreue, sondern in der tätigen Verbesserung des Bestehenden, nötigenfalls im Widerspruch, im Ringen um Verteidigung und soziale Ausweitung der Demokratie; nicht in Deutschtümelei und nationalem Bildungsdünkel, sondern in der Sicherung und Pflege des nationalen Erbes, um möglichst breite Schichten des Volkes daran teilhaben zu lassen; nicht in nationaler Überhebung gegenüber anderen, sondern in der Bejahung des solidarischen Zusammenwirkens unterschiedlicher, aber gleichberechtigter Nationen und Völker; nicht in nationalstaatlicher oder westeuropäischer Abkapselung und nicht in Wohlstandschauvinismus, sondern in positiver Annahme der Brückenfunktion Deutschlands im neuen, sich vereinigenden Europa, exemplarisch zu demonstrieren im internen Vereinigungsprozess.

Wir hatten in der Bundesrepublik vor einigen Monaten eine für mich etwas eigenartige Serie von öffentlichen Bekenntnissen zum Stolz auf Deutschland. Debatte konnte man das nicht nennen. Um solche oberflächlichen Bekenntnisse geht es aber gar nicht. Es geht um das, was Gustav Heinemann anlässlich seiner Amtsübernahme als Bundespräsident vor 32 Jahren treffend und in seiner Schlichtheit ergreifend formuliert hat:

> »Es gibt schwierige Vaterländer. Eines davon ist Deutschland. Aber es ist unser Vaterland. Hier leben und arbeiten wir. Darum wollen wir unseren Beitrag für die eine Menschheit mit diesem und durch dieses unser Land leisten.«

Teil V
Die deutsche Arbeiterbewegung und die politische Linke im internationalen Kontext

17 Leo Bauer und der Beginn der Kontakte zwischen der SPD und der PCI in den 1960er Jahren

Historische Voraussetzungen und Bedingungen des Dialogs der SPD mit der PCI

Das Jahr 1968 ist im Bewußtsein der westdeutschen Öffentlichkeit vor allem als Hochphase jener Jugendradikalisierung haften geblieben, die die bereits vorher einsetzende Studentenbewegung zu einem gesamtgesellschaftlich relevanten politischen und kulturellen Phänomen werden ließ. Dieser Vorgang wurde in der Bundesrepublik deshalb als besonders gravierend empfunden, weil scharfe ideologische und soziale Konflikte als durch die Modernität der westdeutschen Gesellschaft weitgehend überholt galten. Die internationale Bewegung der (in erster Linie, aber nicht nur akademischen) Jugend war das spektakulärste, aber nicht das einzige Symptom einer Epochenscheide gegen Ende der sechziger Jahre, deren Bedingungen in dem Jahrzehnt zuvor herangereift waren.

Die Wirtschaftsrezession mehrerer kapitalistischer Länder 1966/67 kündigte das Ende eines rund zwanzigjährigen, nicht oder kaum unterbrochenen Nachkriegsbooms an, der dem Konzept des »Sozialstaats« und der Klassenkooperation außerordentlich günstige Bedingungen verschafft hatte. Die materiellen Verbesserungen regten indes verstärkt neue Bedürfnisse nach einer anderen »Lebensqualität« an; Gegenstand von Arbeiterkämpfen bildeten – neben Lohnforderungen – zunehmend qualitative, insbesondere die betriebliche Autoritätsstruktur in Frage stellende Forderungen. Für die Gewerkschaften und die traditionellen sozialdemokratischen wie kommunistischen Parteien wurde es schwieriger, die politische Kontrolle über namentlich die Jüngeren ihrer Anhänger so unangefochten wie in der Zeit zuvor aufrechtzuerhalten. Am spektakulärsten zeigte 1968 der »Pariser Mai«, daß inmitten der westlichen Konsumgesellschaft soziales Konfliktpotential angehäuft worden war, dessen Explosion den größten Massenstreik der französischen Geschichte nach sich zog; die Straßenschlachten zwischen linken Studenten und Polizei wirkten lediglich als Detonator.

In Osteuropa wurden die einzelnen Volkswirtschaften nicht mit dem Übergang vom extensiven zum intensiven industriellen Wachstum fertig. Diese Problematik, die sich in den unentschiedenen Diskussionen über Wirtschaftsreformen spiegelte, förderte Beharrungstendenzen der sozial verselbständigten bürokratischen Apparate: Die von Nikita Chruschtschow eingeleitete »Entstalinisierung« stagnierte spätestens seit Mitte der sechziger Jahre. Der »Prager Frühling« bewies, daß eine Demokratisierung des »realen Sozialismus« in der Bevölkerung ungeahnte Energien mobilisierte, die erstmals in die Lage versetzt wurde, das formale Volkseigentum an den Produktionsmitteln tatsächlich in Anspruch zu nehmen. Gerade darin lag die Herausforderung für die Führung der UdSSR.

Auf der Ebene der internationalen Beziehungen war nicht zu übersehen, daß eine Desintegration beider Paktsysteme der nördlichen Hemisphäre eingetreten war: das Veto Frankreichs gegen den Beitritt Großbritanniens zur EWG (1963) und gegen deren supranationale Weiterentwicklung sowie der Austritt Frankreichs aus der militärischen Integration der NATO (1966) einerseits, der mit der »Kulturrevolution« in China (seit 1966) endgültige Bruch Pekings mit den »Roten Zaren« im Kreml andererseits vor dem Hintergrund eines inzwischen weitgehend erreichten globalstrategischen Gleichgewichts zwischen der Sowjetunion und den USA schufen einen größeren Spielraum für eigenständige Politik der europäischen Staaten, namentlich für Osteuropa. Zwar blieb die »deutsche Frage« – aus deutscher Sicht die Teilung des Landes, aus europäischer Sicht das Sicherheitsproblem Deutschland – für Europa ungelöst; doch wurde diese Problematik von den anderen Europäern zunehmend lediglich als Hindernis für eine Normalisierung der Ost-West-Beziehungen wahrgenommen. Jedenfalls hatte sich das Terrain des Systemkonflikts seit den fünfziger Jahren in die Dritte Welt verschoben und überlagerte dort nationale Unabhängigkeitskämpfe verschiedenen Typs. Vietnam, wo die USA – während sie mit der UdSSR zu einem modus vivendi zu gelangen suchten – einen exemplarischen Krieg gegen die antiwestlichen, nationalrevolutionären Bewegungen der Dritten Welt (und in ihrer Interpretation gegen die aggressive chinesische Strömung des Weltkommunismus) führten, wurde zum Kristallisationspunkt dieser Auseinandersetzung. In dieser historischen Situation begannen – in der zweiten Jahreshälfte 1967 – regelmäßige Gespräche zwischen der größten kommunistischen und der bedeutendsten sozialdemokratischen Partei Westeuropas, PCI und SPD, bei denen auf deutscher Seite Leo Bauer als ständiger Kontaktmann eine zentrale Rolle spielte.

Mindestens ein Teil der PCI-Führung hatte längst verstanden, daß die Blockkonfrontation in Europa demokratisch-sozialistische Veränderungen in beiden Teilen des Kontinents, wenn nicht ausschloß, so doch strukturell behinderte. Auch deshalb befürwortete die PCI nachhaltig eine Politik der Ost-West-Entspannung. Das außenpolitische Konzept, das die PCI seit 1967 in die Gespräche mit der SPD einbrachte, stand mit ihrer innenpolitischen Strategie in engstem Zusammenhang. Als eine fest in der Arbeiterklasse und über ihre Rolle in der Resistenza in der nationalen politischen Kultur verankerte Massenpartei hatte die PCI bereits ein Jahrzehnt ihrer Suche nach einem »italienischen Weg zum Sozialismus« hinter sich. In gewisser Weise ließ sich ihre – wie wir heute sagen würden: eurokommunistische – Traditionslinie bis auf ihren Mitgründer und führenden Theoretiker der faschistischen Zeit, Antonio Gramsci, zurückführen, dessen Ansatz seit 1944 von Palmiro Togliatti weiterverfolgt wurde. Gramsci kritisierte an der deutschen Arbeiterbewegung – dem revolutionären wie dem reformistischen Flügel – ihre »Negativität«, wobei er sich auf den Mangel an konkreten Zielen zur Veränderung der deutschen Gesellschaft bezog, und am institutionalisierten Marxismus dessen ökonomistischen Determinismus. Lenins, aus den russischen Erfahrungen hervorgegangenen, Vorstellungen von der notwendigen »Zerschlagung« des bürgerlichen Staates modifizierte Gramsci durch seine Analyse entscheidend: Das Herrschaftssystem der entwickelten kapitalistischen Länder beruhe nicht nur auf unmittelbarem Zwang, sondern auf einem komplexen Gefüge von rechtlichen, politischen, sozialen und ideologischen Institutionen, die über die sozial herrschende Klasse hinaus gesellschaftlichen Konsens und Legitimität vermittelten. Die Strategie der sozialistischen Umwälzung als einer Transformation der Gesellschaft in »allen ihren Aspekten« müsse also mit der Einbeziehung aller politischen und kulturellen Vermittlungsinstanzen der Gesellschaft die »Hegemonie« der bürgerlichen Klasse in Frage stellen. Deren Ersetzung durch die – nicht diktatorisch verstandene – Hegemonie der Arbeiterbewegung sei jedoch nur möglich über die aktive Teilnahme breitester Volksschichten an der Lösung ihrer sozialen, ökonomischen, politischen und kulturellen Probleme durch weitestgehende Demokratisierung aller gesellschaftlichen Bereiche.[1]

Es liegt auf der Hand, daß diese Strategie und Zielsetzung eine andere Art von Beziehung zwischen Partei und Klasse (einschließlich konkurrierender sozialistischer Gruppierungen) sowie zwischen der Arbeiterpartei und ihren Bündnispartnern aus den städtischen Mittelschichten und der Bauernschaft verlangten, als sie in der Tradition der Kommunistischen Internationale angelegt war. Wenn auch der »Historische Kompromiß« als ein Bündnis zwischen PCI und Democrazia Christiana erst 1973 – in Reaktion auf den Militärputsch in Chile – festgeschrieben wurde, war die PCI seit vielen Jahren überzeugt, daß der italienische Weg zum Sozialismus auf einem Konsens der drei großen historischen Strömungen der nationalen demokratischen Tradition beruhen müsse: der kommunistischen, der sozialistischen und der christlich-populistischen. Soweit die Sozialisten/Sozialdemokraten und die Christdemokraten antikommunistisch orientiert waren, galt es, durch die eigene Politik deren progressive Evolutionstendenzen zu fördern – wobei ein solcher Annäherungsprozeß immer auch die kommunistische Seite einschloß –, nicht aber sie zu »zerschlagen«, zu »zersetzen« oder »auszumanövrieren«. Als vereinheitlichende Etappenziele wurden schon seit Beginn der sechziger Jahre demokratisch-antikapitalistische Strukturreformen (»Neuer [gemeinwirtschaftlicher] Kurs der Staatsbetriebe«, »Nationalisierung der Großindustrie«, »Antimonopolistisches Programmieren« der Gesamtwirtschaft, radikale Agrarreform) formuliert, durch die die PCI als »Träger positiver Lö-

---

1 Zur Herausbildung der PCI-Strategie vgl.: Antonio Gramsci: Philosophie der Praxis. Eine Auswahl, hrsg. von Chr. Riechers, Frankfurt/M. 1967; Palmiro Togliatti: Reden und Schriften. Eine Auswahl, hrsg. von C. Pozzoli, Frankfurt/M. 1967; Enrico Berlinguer: Für eine demokratische Wende. Ausgewählte Reden und Schriften 1969–1974, Berlin (DDR) 1975; Annegret Kramer: Gramscis Interpretation des Marxismus, in: Gesellschaft 4 (1975); Karin Priester: Studien zur Staatstheorie des italienischen Marxismus: Gramsci und Della Volpe, Frankfurt/M. 1981; Ekkehart Krippendorf: Italien: Der Historische Kompromiß, in: Kursbuch 46 (1976).

sungen« auftrete.² Die politische Demokratie erlaube es, »schon heute, unter den Bedingungen des kapitalistischen Regimes« das Monopolkapital zu entmachten, den Block der herrschenden Kräfte zu sprengen und Gegenmachtpositionen zu besetzen und für die sozialistische Umgestaltung zu nutzen.

Diese Konzeption, die die PCI zunehmend auch auf die europäische Ebene anwandte – sie trat zum Beispiel frühzeitig für eine demokratische Weiterentwicklung der EWG/EG statt für ihre Auflösung ein –, mußte, da sie ernst gemeint war, eine wachsende Entfremdung zu den regierenden kommunistischen Parteien des Ostblocks, insbesondere der KPdSU, nach sich ziehen. Togliatti hatte noch auf die Selbstreform der sowjetischen Führung gesetzt und Chruschtschow gegen dessen altstalinistische Widersacher den Rücken zu stärken versucht. In einem Interview im Sommer 1956 hatte er die Geheimrede Chruschtschows vor dem XX. Parteitag der KPdSU bestätigt und zugleich seine radikalere Problemstellung dargelegt:

»Solange man sich im wesentlichen darauf beschränkt, die persönlichen Fehler Stalins für alles verantwortlich zu machen, bleibt man immer im Rahmen des ›Personenkults‹. Früher war alles Gute den übermenschlichen positiven Eigenschaften eines Mannes zu verdanken; jetzt wird alles Schlechte seinen ebenso außergewöhnlichen, ja unglaublichen Fehlern zugeschrieben. Im einen wie im anderen Falle befinden wir uns außerhalb marxistischer Kriterien. Auf diese Weise geht man an den wahren Problemen vorbei, der Frage nämlich, wie und warum es in der sowjetischen Gesellschaft zu gewissen Formen der Abweichung von der demokratischen Praxis und von der ursprünglichen Legalität und selbst zu gewissen Entartungserscheinungen kommen konnte und gekommen ist [...] Für uns steht es außer Zweifel, daß die Fehler Stalins mit dem zunehmenden Gewicht zusammenhingen, das die bürokratischen Apparate im wirtschaftlichen und politischen Leben der Sowjetunion und besonders im Leben der Partei gewonnen haben. Und es ist schwer zu sagen, was Ursache und was Wirkung ist. Das eine wurde mehr und mehr zum Ausdruck des anderen.«³

In der weltpolitischen Situation der fünfziger und frühen sechziger Jahre konnten sich die italienischen Kommunisten nur langsam und diskontinuierlich von ihrer Loyalität zur Sowjetunion lösen. Sie nutzten allerdings den ab 1960 offen ausbrechenden sowjetisch-chinesischen (und den mit Unterbrechungen seit 1948 andauernden sowjetisch-jugoslawischen) Konflikt, ihren eigenen Spielraum systematisch zu erweitern. Ein

---

2 Alessandro Natta/Giuliano Pajetta: Der Kampf für den Sozialismus in Italien (Über die Thesen zum X. Parteitag der Kommunistischen Partei Italiens), in: Probleme des Friedens und des Sozialismus, Heft 11, 1962; Luigi Longo: Die revolutionäre Bedeutung des Kampfes für strukturelle Reformen, in: Probleme des Friedens und des Sozialismus, Heft 2, 1963.
3 Togliatti, 1967, S. 107.

Memorandum, das Palmiro Togliatti kurz vor seinem Tod im Sommer 1964 verfaßt hatte und das die PCI-Führung als sein »Testament« veröffentlichte, behauptete die Existenz »verschiedener Bereiche« der internationalen kommunistischen Bewegung, von denen Westeuropa einen eigenen bilde. Statt einer zentralistischen Internationale postulierte Togliatti (schon seit 1956) einen »Polyzentrismus« und empfahl »Bereich für Bereich« gruppenweise Zusammenkünfte der kommunistischen Parteien anstelle von Weltkonferenzen.[4] Von ganz anderen Voraussetzungen und teilweise abweichenden Zielen ging der deutsche sozialdemokratische Partner der PCI aus. Ihren dramatischen Übergang auf die außen- und sicherheitspolitischen Grundpositionen der Bundesrepublik im Jahre 1960 hatte die SPD mit der Veränderung der Weltlage seit der erfolglosen Vier-Mächte-Außenministerkonferenz in Genf im Vorjahr begründet. Die internationale und nationale Entwicklung – mit dem Mauerbau am 13. August 1961 als Höhepunkt – ließ sich jedoch ebenso als negative Bestätigung der bisherigen sozialdemokratischen Politik interpretieren. Tatsächlich hatte der Kurswechsel von 1960, dem 1959 die Verabschiedung eines neuen Grundsatzprogramms vorausgegangen war, vorwiegend innenpolitische Ursachen. Es hatte sich gezeigt, daß die politische Polarisierung über Grundsatzfragen eher der CDU/CSU zugute kam, die mit Geschick an das nach Faschismus, Krieg und Nachkriegselend vorherrschende Ruhebedürfnis der Mehrheit der Westdeutschen anknüpfte und es immer wieder verstand, die SPD als Sicherheitsrisiko hinzustellen. Die von der SPD jetzt praktizierte Umarmungstaktik gegenüber der CDU/CSU war hinsichtlich ihres unmittelbaren Ziels, die Partei in die Regierung zu bringen, letztlich erfolgreich. Allerdings wurde dabei weiterer gravierender Zeitverlust in der Deutschlandpolitik in Kauf genommen.[5]

Mit der Besinnung auf neue Wege in der Deutschlandpolitik zogen der Berliner Bürgermeister und (seit 1964) SPD-Vorsitzende Willy Brandt und sein enger Vertrauter Egon Bahr die Lehren aus Ulbrichts »Lektion in Beton und Eisen«. Dazu gehörte die Einsicht in die Rolle der westlichen Führungsmacht. Die Absperrung West-Berlins am 13. August 1961 war unter – zuvor signalisierter – amerikanischer Duldung erfolgt. So diktierte die faktische Desavouierung der deutschen Hoffnungen, die sich lange auf Berlin als »Hauptstadt im Wartestand« gerichtet hatten, die Anpassung an die amerikanische Interessenlage. Während Anfang der sechziger Jahre die Bundesregierung unter Adenauer amerikanische Verhandlungsinitiativen zu hintertreiben versuchte, forderte die SPD, die Deutschlandpolitik in den zögernd einsetzenden Prozeß des Ausgleichs zwischen der Sowjetunion und den USA einzuordnen. Im Zuge der Entspannung zwischen den Supermächten, der Annäherung der Blöcke und der fort-

---

4 Ebd., S. 210 ff.
5 Zur Revision der SPD-Deutschland-, Außen- und Sicherheitspolitik: Lothar Wilker: Die Sicherheitspolitik der SPD 1956–1966. Zwischen Wiedervereinigungs- und Bündnisorientierung, Bonn 1977; Joachim Hütter: SPD und nationale Sicherheit. Internationale und innenpolitische Determinanten des Wandels der sozialdemokratischen Sicherheitspolitik 1959–1961, Meisenheim 1975.

schreitenden »Entideologisierung« und Zusammenarbeit – so die Perspektive Egon Bahrs – sei eine Friedensordnung in Europa erreichbar, in der die deutsche Teilung – in welcher Form immer – überwunden sei. Entspannung zwischen den Blöcken erlaube in einer späteren Phase die Auflösung der Militärbündnisse; Kooperation zwischen den Staaten bilde den äußeren Rahmen des europäischen Friedens, seine innere Struktur werde Europa langfristig in der Praxis des »demokratischen Sozialismus« finden.[6]

Während der Großen Koalition brachte die Amtsübernahme Willy Brandts im Außenministerium nur begrenzte Fortschritte in der Ost- und Deutschlandpolitik. Mit Vorschlägen zum Austausch von bilateralen Gewaltverzichtserklärungen wollte die Koalitionsregierung den Ausgleich mit den osteuropäischen Staaten in Gang bringen. Schnellere Bewegung ließ die Rücksicht auf den rechten Flügel der CDU/CSU nicht zu. Dabei mußte jedem längst klar sein, daß die Zeit in der »deutschen Frage« gegen die Interessen der Deutschen arbeitete. Die westdeutschen Rechtspositionen hatten in den Augen der ehemaligen Kriegsgegner nie hohen Kurswert besessen, jetzt wurden sie durch die sich verfestigenden politischen Realitäten gegenstandslos.

Seitdem die beiden Supermächte im Gefolge der Kuba-Krise vom Herbst 1962 erste Schritte zu einem Ausgleich unternommen hatten (die allerdings deutlich von dem Bestreben gekennzeichnet waren, ihre Vormachtstellung nicht zu gefährden) und einige europäische Staaten seit Mitte der sechziger Jahre daneben eine eigenständige, auf nationale Unabhängigkeit zielende, blockübergreifende Außenpolitik eingeleitet hatten – namentlich Frankreich und Rumänien –, schien das Deutschlandproblem das letzte entscheidende Hindernis für eine einvernehmliche Neuregelung der gesamteuropäischen Sicherheitsfragen zu bilden. Der SED war die besondere Instabilität ihres Regimes in der DDR bewußt und ebenso die Schlüsselrolle, die ihr, solange sie Rückendeckung durch die KPdSU erhielt, innerhalb der kommunistischen Weltbewegung dadurch zufiel. Nachdem die SED ungefähr ein Jahrzehnt lang eine Konföderation beider deutscher Staaten – bei Neutralisierung und weitgehender Entmilitarisierung – als Etappe auf dem Weg zu einer Wiedervereinigung auf antiimperialistischer Basis propagiert hatte, war davon nach dem Amtsantritt der Bundesregierung der Großen Koalition keine Rede mehr: Während die neue westdeutsche Regierung erstmals die faktische Anerkennung der europäischen Nachkriegsordnung ins Auge faß-

---

6   Zur Politik der »kleinen Schritte« und der Konzeption Bahrs: Willy Brandt: Begegnungen und Einsichten. Die Jahre 1960–1975, Hamburg 1976; Peter Brandt/Herbert Ammon: Die Linke und die nationale Frage. Dokumente zur deutschen Einheit seit 1945, Reinbek 1981, S. 220 ff.; Egon Bahr u. a. (Streitgespräch v. 15.6.1979), in: Vom Umgang mit der Deutschen Frage, hrsg. v. der Juso-Hochschulgruppe der TU Berlin, Berlin (West) 1981; Diethelm Prowe: Die Anfänge der Brandtschen Ostpolitik 1961–1963. Eine Untersuchung zur Endphase des Kalten Krieges, in: Wolfgang Benz/Hermann Graml (Hg.), Aspekte deutscher Außenpolitik im 20. Jh. Aufsätze. Hans Rothfels zum Gedächtnis, Stuttgart 1977; Richard Löwenthal: Vom Kalten Krieg zur Ostpolitik, in: ders./Hans-Peter Schwarz (Hg.), Die Zweite Republik. 25 Jahre Bundesrepublik Deutschland – eine Bilanz, Stuttgart 1974.

te – ohne sich letztlich von den Dogmen der CDU/CSU-Deutschlandpolitik trennen zu können –, verschärfte die DDR die Abgrenzung zur Bundesrepublik; der Schaffung einer eigenen DDR-Staatsbürgerschaft 1967 folgte 1968 die Einführung eines Visums- und Gebührenzwangs auf den Zugangswegen nach West-Berlin und die Verabschiedung einer neuen Verfassung, die nicht mehr von der Einheit Deutschlands ausging – wenn diese auch im Sinne der sozialistischen Wiedervereinigung für die fernere Zukunft weiter postuliert wurde.

Ohne Zweifel waren es gerade die Anfangserfolge der Ostpolitik der Großen Koalition, vor allem die Aufnahme diplomatischer Beziehungen mit Rumänien, die die DDR veranlaßten, auf die Bremse zu treten. Unterstützung fand die SED vor allem bei den Polen, weniger bei den Sowjets und noch weniger bei den Ungarn. Die Karlsbader Konferenz von 24 kommunistischen Parteien Europas im April 1967 beschloß einstimmig ein Aktionsprogramm, das die Aufnahme diplomatischer Beziehungen osteuropäischer Staaten zur Bundesrepublik faktisch von mehreren Vorbedingungen abhängig machte: Anerkennung der Oder-Neiße-Grenze, der DDR und des Sonderstatus West-Berlins, Verzicht auf Verfügungsgewalt über Kernwaffen und andere mehr.[7] Zwar bekräftigte die Konferenz die Bindung der Ostblockstaaten an die UdSSR, bestätigte aber zugleich die Autonomie der westeuropäischen kommunistischen Parteien in ihrer Innenpolitik, insbesondere bei der Suche nach Bündnispartnern. Die PCI durfte sich ermutigt fühlen, zur Beförderung gemeinsamer Ziele – einer gesamteuropäischen Sicherheitskonferenz, der Auflösung der Militärblöcke (was im sowjetischen Verständnis nicht bilateral vereinbarte Interventionsmöglichkeiten beziehungsweise die »Gewährung brüderliche Hilfe« ausschloß) und der Verdrängung der USA aus Europa – eigene Aktivitäten zu unternehmen; dabei ist offensichtlich, daß die PCI diese Ziele bereits in den sechziger Jahren anders akzentuierte als die meisten regierenden Bruderparteien. Jedenfalls begriff sie am klarsten die Gefahr einer erneuten Blockierung des europäischen Entspannungsprozesses durch die deutsche Frage, diesmal mit der DDR als Bremser. Gleichzeitig befähigte ihre in Italien erprobte Sicht anderer politischer Formationen die PCI, die deutsche politische Konstellation und die zentrale Bedeutung der westdeutschen Sozialdemokratie nicht nur für eine Änderung der Innenpolitik in der Bundesrepublik, sondern auch für eine Neugruppierung der politischen Kräfte in Europa, nüchterner zu erkennen.

---

7   Zur Karlsbader Konferenz: Wolfgang Berner: Das Karlsbader Aktionsprogramm. Eine Bilanz der Konferenz der kommunistischen Partei Europas über Fragen der europäischen Sicherheit, in: Europa-Archiv 22 (1967), S. 393 ff.

Leo Bauer als Gesprächsführer im Dialog SPD/PCI

Am 28. September 1967 traf der Ressortleiter für Außenpolitik bei der PCI-Zeitung »Unità«, Alberto Jacoviello, auf einer Europareise in Bonn mit dem Chefredakteur des SPD-Pressedienstes, Günter Markscheffel, zusammen; vorausgegangen war ein Kontakt bei einem PCI-Parteitag, den Markscheffel als Journalist besucht hatte. Jacoviello schlug ein Informationsgespräch zwischen Vertretern der SPD und der PCI vor. Die Italiener waren daran interessiert, die sicherheits-, außen- und deutschlandpolitischen Positionen der SPD erläutert zu bekommen; sie sahen die Gespräche im Zusammenhang mit ihren Bemühungen um die Zusammenarbeit mit verschiedenen westeuropäischen sozialdemokratischen Parteien einerseits und mit dem Ziel der Blocküberwindung auf gesamteuropäischer Ebene andererseits. Beides war für sie unlösbar im Sinne eines dialektischen Zusammenhangs miteinander verbunden. Vordergründig mußte jede Unterhandlung mit der westdeutschen Regierungspartei SPD dem Prestige der PCI – innteritalienisch wie innerkommunistisch – und damit ihrem Autonomiekurs zugute kommen. Die SPD hatte an solchen Gesprächen gerade zu diesem Zeitpunkt ein ganz spezielles Interesse: Obgleich sie ihre Kontakte zur Sowjetunion seit einigen Jahren intensiviert hatte, reichten ihre Verbindungen augenscheinlich nicht aus, um den Einflüsterungen der SED-Spitze, die die Ostpolitik der Großen Koalition als ein raffiniertes Mittel zur Erreichung der alten revanchistischen Ziele darstellte, ein Gegengewicht entgegenzusetzen.[8]

Die sich mit dem Gesprächsangebot der PCI bietende Gelegenheit, aufgeschlossenen Gesprächspartnern aus dem kommunistischen Lager die eigenen Motive ohne diplomatische Verkleidung und im Zusammenhang darlegen zu können, die das Gehörte authentisch nach Moskau und in die anderen Hauptstädte weiterberichten würden, mußte verlocken. Um die Ernsthaftigkeit des PCI-Angebots zu prüfen, schickte der SPD-Vorsitzende Willy Brandt in Absprache mit seinem Stellvertreter Herbert Wehner den Mann nach Rom, der ihm aufgrund seiner politischen Erfahrungen am ehesten für eine solche Mission geeignet schien: Leo Bauer.

Leo Bauer kannte sich in Italien seit Jahren aus; das Thema »Kommunismus« hatte ihn seit seiner Rückkehr aus Sibirien ohnehin nie losgelassen. Als 1964 Togliattis »Testament« bekanntgeworden war, war es Bauer gelungen, den neuen Generalsekretär der PCI, Luigi Longo, für ein Interview mit dem »Stern« zu gewinnen.[9] Ein solches Interview in einer Massenillustrierten mit einem kommunistischen Parteiführer war um die Mitte der sechziger Jahre in der Bundesrepublik noch keineswegs normal. Si-

---

8   Allgemein zu den Kontakten SPD/PCI: Heinz Timmermann: Im Vorfeld der Neuen Ostpolitik. Der Dialog zwischen italienischen Kommunisten und deutschen Sozialdemokraten 1967/68, in: Osteuropa 21 (1971).
9   Material Katrin Kiehne (Teil des Nachlasses Bauer); Material Neue Gesellschaft; Material W. Brandt (Briefwechsel des Parteivorsitzenden mit Leo Bauer); Auskünfte Günter Markscheffel, Fried Wesemann, Egon Bahr, Sergio Segre, Willy Brandt; Der Spiegel Nr. 15 v. 8.4.1968.

cherlich erleichterte es die persönliche Bekanntschaft während der Internierung im Pariser Stade Roland Garros zu Beginn des Zweiten Weltkrieges, miteinander ins Gespräch zu kommen.

Die äußeren Umstände zeigen aber auch das anfängliche Mißtrauen: Während des Interviews, das am 28. Oktober 1964 in Rom stattfand, liefen zwei Tonbandgeräte, so daß die Italiener Gelegenheit hatten, die Authentizität vermeintlicher Aussagen Longos selbst zu überprüfen.[10] Obwohl der »Stern« nur einen Auszug abdruckte, mußten dem deutschen Leser nicht nur die Positionen des PCI-Generalsekretärs zur »Entstalinisierung«, zur Entmachtung Chruschtschows und zur Innenpolitik der PCI bemerkenswert erscheinen, sondern auch die unbefangene Art, in der Bauer und Longo zueinander sprachen. Gerade dieser Effekt lag wohl in Leo Bauers Absicht, der im letzten Teil des Interviews auf die »deutsche Frage« zu sprechen kam. Diese Passage des vollständigen ursprünglichen Textes sei hier wiedergegeben.

> »*Longo* ... Unsere Stellungnahme zur Deutschen Frage gründet sich auf die Anerkennung des Bestehens zweier Deutscher Staaten, der Bundesrepublik und der DDR. Unseres Erachtens muß sich zwischen ihnen eine Zusammenarbeit entwickeln. Voraussetzung hierfür ist jedoch eine grundlegende Änderung der von der Bundesrepublik unter Adenauer und jetzt auch in ihren wesentlichen Zügen unter Bundeskanzler Erhard verfolgten Politik. Eine Weigerung, die Oder-Neiße-Linie und die DDR anzuerkennen, der Versuch, in den Besitz von Kernwaffen in der einen oder anderen Form zu kommen, stellt eine Politik dar, die sich nur schwer mit der Suche nach einem System kollektiver Sicherheit und der friedlichen Koexistenz auch auf unserem zerrissenen Kontinent vereinen läßt. Alle europäischen Länder sollten bestrebt sein, ein solches System zu finden. Aus diesem Grunde haben wir die polnischen Vorschläge von Rapacki und Gomulka (und auch einige englische Vorschläge) zur Schaffung einer atomwaffenfreien Zone in Mitteleuropa so hoch geschätzt.
> Auf der gleichen Linie liegen die verschiedenen von der Regierung der DDR gemachten Vorschläge, die den Abschluß eines goodwill-Abkommens zwischen den beiden deutschen Staaten zum Ziele hatten. Dieses Abkommen sollte sich in erster Linie auf den Verzicht jeglicher Atombewaffnung gründen [...]
> Wir wissen selbstverständlich, daß die Deutschen aufgrund ihrer Herkunft, ihrer Sprache und so weiter ein Volk sind. Aber ich will jetzt keine Geschichtsstudien treiben. Ich muß aber doch daran erinnern, daß es nach dem Kriege nicht nur Möglichkeiten gab, sondern aufgrund zum Beispiel des Potsdamer Abkommens sogar die Verpflichtung bestand, die Einheit Deutschlands herzustellen. Wenn nun nach und nach diese Chance verspielt wurde, so ist das nach meiner Überzeu-

---

10 Tonbänder, Niederschriften und Schriftwechsel zum Longo-Interview befinden sich im Material Wehner (Teil des Nachlasses Bauer).

gung in erster Linie die Schuld des amerikanischen Imperialismus und der konservativen Kräfte in Westdeutschland. So entstand die Bundesrepublik und daraufhin die DDR. Jetzt haben wir zwei deutsche Staaten, oder wenn Sie wollen, zwei deutsche Gemeinschaften. Zwei deutsche Gemeinschaften, zwei deutsche soziale und wirtschaftliche Realitäten. Davon hat man auszugehen, um zu prüfen, welche Möglichkeiten bestehen, um Schritt für Schritt die Einheit Deutschlands wieder herzustellen. Will man aber die Realitäten nicht anerkennen und glaubt man in der Bundesrepublik, früher oder später die DDR ›schlucken‹ zu können, so fürchte ich, wird es noch sehr lange dauern, bis Sie die Einheit Deutschlands erreichen werden. […] Ich kenne niemand, der es sich hätte jemals einfallen lassen, die ›Mauer‹ in Berlin als ein ›glückliches Symbol‹ der kommunistischen Welt zu bezeichnen. Es handelt sich um eine Grenze, wie es viele in der Welt gibt. Diese Grenze wurde auch deswegen errichtet, weil West-Berlin, das rechtlich nicht zur Bundesrepublik gehört, von Westdeutschland zu einer Reihe von Handlungen ausgenutzt wurde, die gegen die DDR gerichtet waren. Kein Staat kann eine solche Lage dulden. Die DDR hat daher Abhilfe geschaffen, indem sie zum Schutz ihrer Souveränität die Trennungsmauer errichtete. Auch wir hoffen, daß die ›Mauer‹ abgerissen wird. Dies kann aber erst mit dem Beginn einer neuen Politik Bonns gegenüber der DDR erfolgen. Eine solche Politik muß von der Anerkennung eines zweiten deutschen Staates ausgehen und auf die Herstellung einer solchen Zusammenarbeit gerichtet sein. Das vom Senat von West-Berlin nach Überwindung des Widerstandes der Regierung Erhard erneuerte Passierscheinabkommen betrachten wir als einen wichtigen Schritt. Dieses Abkommen, wie auch das frühere im vergangenen Jahr, wurde von der Regierung der DDR vorgeschlagen. Dies beweist zweifellos, daß Widerstände gegen die Herstellung normaler Beziehungen zwischen den beiden Deutschland nicht von Ost-Berlin, sondern von Bonn ausgehen.«[11]

Diese Schlußfolgerung ließ sich für den Zeitpunkt, an dem sie gemacht wurde, kaum bestreiten. Es dauerte aber noch mehrere Jahre, bis sie zum Gemeingut wenigstens der linken Hälfte des politischen Spektrums der Bundesrepublik geworden war, und Leo Bauer war in dem speziellen Punkt des Verhältnisses zur DDR und ihrer führenden Partei wohl kein Vorreiter. Bis in die siebziger Jahre, als er mit Vertretern der Sowjetunion längst unbefangen verkehrte, fiel es ihm schwer, sich damit abzufinden, daß auch die DDR von der Bundesregierung – ungeachtet des Beharrens auf der »Einheit der Nation« – jetzt als gleichberechtigter Verhandlungspartner anerkannt und behandelt wurde. Mit Sicherheit hat Leo Bauer die Entwicklung der PCI nach diesem Interview noch aufmerksamer verfolgt als zuvor, so daß er nach Aufnahme der Parteigespräche seine Eindrücke rasch zu Analysen verarbeiten konnte. Schien sich hier nicht

---

11 Ebenda; vgl. Stern Nr. 46, 1964.

endlich seine Hoffnung in den Mittfünfzigern auf eine demokratische Evolution des Kommunismus zu bestätigen? Darüber hinaus sah er die italienischen Kommunisten – und zum Teil auch andere westeuropäische kommunistische Parteien – in einem historischen Prozeß, in dessen Verlauf sie eine ähnliche Entwicklung durchmachen würden wie die Sozialdemokraten in der ersten Hälfte des 20. Jahrhunderts: eine Tendenz zum Sozialreformismus in der praktischen Politik, die schließlich den Gesamtcharakter der Parteien verändern müsse.»[...] denn das Kennzeichen ist«, meinte Leo Bauer Jahre später, am 13. Juli 1969, im »Internationalen Frühschoppen« des Fernsehens – und Aufzeichnungen aus früheren Jahren zeigen, daß er diese Meinung nicht erst im direkten Kontakt gewonnen hatte –,

> »daß sie Reformarbeit leisten, daß sie akzeptieren, daß man in der Gesellschaft, in der wir leben, in dem Staat, in dem wir leben, man Kleinarbeit leisten muß, um die Lebenslage der Arbeiterschaft, der Bevölkerung zu verbessern. Das ist eine prinzipielle Sache und da ist es tatsächlich so, daß meiner Meinung nach zum Beispiel die italienischen Sozialisten, um mit Olof Palme, dem künftigen schwedischen Ministerpräsidenten zu sprechen, die italienischen Sozialisten zu jenen Sozialdemokraten in Europa gehören, die sich mehr der Ideologie, der ideologischen Diskussion, der theoretischen Diskussion hingaben als der praktischen Arbeit. Bei den Kommunisten, bei bestimmten kommunistischen Parteien erleben wir jetzt das Phänomen, den Widerspruch, daß sie auf der einen Seite noch eine sehr harte Aussage machen, theoretischer Art, ideologischer Art, daß sie aber in der Innenpolitik, in der praktischen Arbeit so arbeiten, wie zum Beispiel in Bologna oder im Pariser Stadtrat oder im Ceinture rouge de Paris, wo sie seit Jahrzehnten eine ganz hervorragende Arbeit geleistet haben. Und dadurch, dadurch und nicht durch ihre Ideologie, sondern durch ihre praktische Arbeit eine Verbindung zu den Massen bekommen haben.«[12]

Bauer konnte zu dieser – in dieser Form u. E. nicht zutreffenden – Prognose gelangen, weil er – paradoxerweise gerade wegen seiner Erfahrungen im kommunistischen Apparat – für die Bewegungselemente im Charakter der PCI wenig Verständnis aufbrachte. Jedenfalls enthalten seine Ausführungen über Italien nirgends einen Hinweis darauf, daß er die Entwicklung der PCI in einem direkten Zusammenhang mit den aktuellen Massenbewegungen dieses Landes und der Notwendigkeit, sich diesen gegenüber zu verhalten, gebracht hätte. Die »permanenten Streiks« in Italien hielt er offenbar im wesentlichen für kommunistisch angezettelt; sie erschienen ihm nur als Störfaktor für eine vernünftige Politik.

Selbst im Kalten Krieg hatte Leo Bauer nie die alte Sehnsucht aller Sozialisten nach der Überwindung des großen Schismas der Arbeiterbewegung aufgegeben. Diese

---

12 Abschrift im Material Die Neue Gesellschaft (NG).

Haltung war typisch für eine ganze Generation von Kommunisten, linken Exkommunisten, Linkssozialisten und Sozialdemokraten. Dieses Ziel der sozialistischen Einheit, das beide Hauptströmungen mit anderen und sich großenteils ausschließenden programmatischen Inhalten verbanden, hatte eine rationale Triebkraft: die Erkenntnis der historischen Wirkungen der Spaltung gerade in Deutschland, sowohl beim Sieg des Nationalsozialismus, als auch bei der Teilung des Landes nach 1945. In einer tieferen Schicht der Psyche war das Verlangen nach Einheit der Arbeiterbewegung emotional, ja vielfach sentimental begründet. Einem Mann wie Leo Bauer mußte die Möglichkeit, die historische Spaltung zu überwinden, auch als Aufhebung biographischer Brüche und Widersprüche und insofern als Versöhnung mit sich selbst erscheinen. Sergio Segre wagt aus eigener Anschauung die Einschätzung:

»Ich glaube, seine [Bauers] Überzeugung war ganz genau unsere [der PCI] Überzeugung, daß das nicht ein Phänomen sein konnte von einer allgemeinen Konvergenz von diesen beiden Strömungen, sondern daß es ein selektiver Prozeß sein wird. Das wird einige sozialistische und sozialdemokratische Parteien auf der einen Seite und einige kommunistische auf der anderen Seite geben und nicht eine allgemeine Vereinigung. Darum auch die Selektivität der Beziehungen.«[13]

Bauers Denkmodell war dabei eine Art dialektischer Konvergenztheorie. Diese hob die politische Auseinandersetzung, insbesondere zwischen Kommunisten und Sozialdemokraten, nicht auf, gab ihr aber eine neue Perspektive: Reformerische kommunistische und »moderne« (nicht unbedingt gerade »linke«) sozialdemokratische Parteien würden im Verlauf eines historischen Prozesses längerer Dauer zur gemeinsam bestimmenden Kraft in einem neugeordneten Europa.

Bei dem erwähnten Vorgespräch, das Leo Bauer am 1. und 2. November 1967 in Rom führte, traf er mit Alberto Jacoviello, Carlo Galluzzi, Leiter der Abteilung für Internationale Politik und Mitglied der PCI-Parteileitung, und Sergio Segre, Sekretär des Sekretariats des ZK der PCI, zusammen. In einem internen Bericht hob Bauer das »ausgesprochen herzliche« Verhalten der Italiener ihm als einem »Renegaten« gegenüber hervor. Gemäß seinem Verhandlungsauftrag schlug er als Themenkreis eines größeren Treffens den Komplex »Europäische Sicherheit – Gewaltverzichtserklärung – Entspannungspolitik« vor. »Die Vorschläge wurden ohne jede Diskussion angenommen und begrüßt.« Im weiteren wurden Einzelheiten der vorgesehenen Tagung der beiden Delegationen besprochen und »ausdrücklich erklärt [...], daß die Gespräche vertraulich geführt werden sollen«. Im Hinblick auf ihre Bruderparteien, in erster Linie die SED und die KPdSU, legten die Italiener »zumindest so viel Wert auf die Vertraulichkeit« wie die Deutschen. Die politischen Positionen der PCI zur Deutsch-

---

13 Interview Sergio Segre.

landpolitik, wie sie in dem Gespräch deutlich geworden seien, gab Leo Bauer zusammenfassend wieder:

»Ich habe bei den Gesprächen den Eindruck gewonnen, daß die Italiener das Verhalten der Sowjetunion und der DDR gegenüber der Bundesregierung für falsch halten. Dabei ließen sie ziemlich offen durchblicken, daß ihre Kritik sich gegen die Taktik der beiden Länder richtet. Sie meinen, das jetzige Verhalten würde auch nicht den Interessen der beiden Länder entsprechen. Die Italiener sind der Überzeugung, daß in dem Moment, in dem die Bundesrepublik mit allen Volksdemokratien diplomatischen Beziehungen aufnehmen könnte, sozusagen als Folgeerscheinung die DDR international aufgewertet werden würde. Die Bundesregierung könnte dann kaum verhindern, daß Länder der Dritten Welt und selbst westliche Länder die DDR ihrerseits anerkennen. Dabei behaupten sie, über Informationen zu verfügen, aus denen hervorginge, daß zum Beispiel Frankreich, besonders aber Belgien, an einer solchen Entwicklung interessiert seien. Es war interessant, daß in diesem Zusammenhang Galluzzi mir von den Vorbereitungen der Karlsbader Konferenz, an denen er im Auftrag der KPI teilnahm, ausführlich erzählte. Es ist in dem Vorbereitungsausschuß zu heftigen Angriffen gegen die DDR gekommen. Die Russen sollen bei dieser Gelegenheit sehr schwankend gewesen sein. Die SED-Vertreter hätten einen einzigen, aber entschiedenen Verbündeten von Beginn an gehabt: die Polen. Sie haben dann den Ausschlag gegeben. Wörtlich ergänzte Segre, der auch in Karlsbad war: ›Die Polen sind im Moment der Hauptbehinderungsgrund für eine andere Haltung der Volksdemokratien.‹ Gleichzeitig fügte er aber hinzu, daß er aufgrund einiger Gespräche, die er kürzlich mit Polen geführt habe, glaube, daß es auch dort Diskussionen über die Richtigkeit oder Falschheit der starren Haltung gäbe.
Mein Eindruck ist also, daß das Bemühen der Italiener um Informationsgespräche mit der SPD und anderen sozialdemokratischen Parteien zumindest zur Zeit weniger althergekommenen Volksfrontabsichten entspringt als vielmehr dem Versuch, in den innerkommunistischen Auseinandersetzungen anders auftreten zu können. Und das scheint mir wichtig und interessant.«[14]

Die verabredete Begegnung fand vom 28. bis 30. November 1967 in Rom statt. Zur italienischen Delegation gehörte neben Galluzzi und Segre auch Enrico Berlinguer, Mitglied des Politbüros, später nach der Erkrankung Longos wichtigster Führer der PCI; die deutsche Delegation setzte sich außer Bauer aus Egon Franke, Mitglied des SPD-Präsidiums, und Fried Wesemann, Informationsdirektor beim Parteivorstand und gelernter Journalist, zusammen. Franke war als Chef der »Kanalarbeiter« in der SPD-Bundestags-Fraktion ganz bewußt um Mitwirkung gebeten worden. Zusätzlich zu den

---
14 Protokoll Bauer, Material Kiehne.

Sitzungen der Delegierten fanden ein Arbeitsessen mit dem Generalsekretär der linken Gewerkschaft CGIL, Luciano Lama, bei dem es um Fragen der Gewerkschaftseinheit in Italien und im Rahmen der EWG – namentlich die Verständigung zwischen CGIL und DGB – ging, und ein abschließendes Essen mit Luigi Longo statt, der sein großes Interesse an den Gesprächen bereits vorher hatte ausrichten lassen.

Der Bericht der deutschen Delegation für die SPD-Führung übergeht die Ausführungen Frankes, der vermutlich die offiziellen Positionen der SPD erläuterte, und der anderen deutschen Teilnehmer, referiert dagegen ausführlich die Stellungnahme der Italiener[15]:

»Nach dem Bericht von Egon Franke über die Lage in der Bundesrepublik und über die Haltung der SPD als Regierungspartei entspann sich eine Diskussion über das Verbot der KPD und über die Möglichkeit der Aufhebung dieses Verbotes. Aus den Äußerungen der italienischen Gesprächspartner (siehe auch Gespräch mit Longo) war zu entnehmen, daß sie diese Frage für sehr wesentlich ansehen. Es entstand aber auch der Eindruck, daß sie unsere Argumente, warum das Verbot des Bundesverfassungsgerichtes nicht aufgehoben werden kann (natürlich wurde dabei von uns betont, daß gegen eine Neugründung der KPD im Rahmen und auf der Grundlage des Grundgesetzes nichts einzuwenden sei) bis zu einem gewissen Grade anerkannten. Wesentlicher war, daß sie unserer Meinung zustimmten, Ost-Berlin habe zur Zeit kein Interesse an einer Neubelebung der Partei in der Bundesrepublik.

Berlinguer sagt nach einem vorbereiteten Papier über internationale Fragen: Fragen des europäischen Friedens können nicht von den Weltproblemen getrennt werden: Vietnam, amerikanische China-Politik, Korea und Naher Osten. Vietnam-Krieg vergiftet internationale Atmosphäre, schafft neue Spannungen zwischen den Weltmächten, ermutigt andere, den gleichen Weg der Gewalt einzuschlagen. [...] Die tieferen Gründe für das schlechte Klima sind noch nicht ausgeräumt. Militärblöcke, Atombasen, fremde Truppen. Die Bundesrepublik hat noch nicht die Unverletzlichkeit der Grenzen anerkannt. Maximales Ziel: Überwindung der militärischen Blöcke und Schaffung kollektiver Sicherheit. Wir verstehen, daß das nur Schritt für Schritt gehen kann; es ist aber wichtig, daß alle am Frieden interessierten Gruppen öffentlich erklären, daß dies ihr Ziel ist, und daß sie konkret die dahin führenden Schritte nennen. Vorrangige Bedeutung der Anerkennung aller aus dem zweiten Weltkrieg hervorgegangenen Grenzen. Allgemeine Erklärungen reichen dazu nicht aus. Für Italien auch wichtig wegen Südtirol. Verstehen, daß wegen der Regierungsbeteiligung der SPD gewisse Schwierigkeiten bestehen, die aber für die Partei nicht gelten können.

---

15 Begegnung vom 28.–30.11.1967: Protokoll, Material Kiehne; dort auch ergänzende Aufzeichnungen.

Die Anerkennung der Realität der beiden deutschen Staaten bis zur internationalen Anerkennung bedeutet natürlich die Aufgabe des Ziels, das wir verstehen, das aber kurzfristig nicht zu erreichen ist, der Wiederherstellung der Einheit Deutschlands. Normalisierung zwischen beiden deutschen Staaten ist aber eine Lebensfrage für ganz Europa. Mit Unterstützung sozialistischer und katholischer Kräfte, die für eine Verbesserung der Beziehungen zu Ulbricht sind, entwickeln wir eine Bewegung in Italien. Teilen nicht die Auffassung Brandts von der alleinigen demokratischen Legitimation der Bundesregierung. Gleichzeitiger Prozeß auf zwei Wegen: Wenn die Bundesregierung es hinnehmen würde, daß Italien seine Beziehungen zur DDR verbessert, würden sich auch die Beziehungen der Ostblockstaaten zu Bonn verbessern.
KPI wünscht wie PSU [Sozialisten] Vertretung in EWG und Straßburg. *Segre* und *Galluzzi* zu Karlsbad: Unter Hinweis auf die Beziehungen Bonn – Bukarest warf Longo in Karlsbad die Frage auf, warum Italien einen anderen Status haben sollte. Diese Haltung wurde von anderen Parteien übernommen.
Während manche sagten, die neue Bundesregierung entspreche den früheren, war die Mehrheit dafür, unter Bedingungen Vertrauen zu schenken, Bereitschaft zur Diskussion, auch wenn Beschlüsse anderen Eindruck erwecken.«

Berlinguer habe unterstrichen, daß es bei den kommunistischen Parteien keine vorgefaßte Meinung bezüglich der Glaubwürdigkeit der Bonner Politik gebe – auch bei den Italienern nicht.

»Verstehen, daß Anerkennung der DDR nur am Ende eines Prozesses stehen kann, wozu auch Gegenleistungen gehören. Zur Grenzfrage können aber keine Gegenleistungen gefordert werden.«[16]

Generell würden die Standpunkte der PCI und der SPD vom jeweils anderen jetzt besser verstanden als vorher.

»*Galluzzi* anerkennt die Schwierigkeiten, die die SPD hat, eine noch weitergehende Position zu beziehen, denn sie sei ja schon sehr weit gegangen. Die deutsche Seite unterschätze aber die Lage im Osten, wo eine echte Bereitschaft zum Dialog mit Bonn bestehe, auch in der DDR.
Meint, daß in dieser Begegnung von den vier Karlsbader Punkten zu zweien – Sperrvertrag und Militärblöcke – eine Annäherung erzielt worden sei. Blieben nur Grenzfrage, wo die Argumentation der SPD eine Grundlage sein könne, und die Anerkennung der DDR. *Longo* bezeichnet dieses Treffen als Teil von Kon-

---

16 Ebenda.

takten, die die KPI seit langem mit allen sozialistischen und linksfortschrittlichen Kräften unterhält.

Karlsbad habe für die KPI eine ganz große Bedeutung, weil selbst so harte Männer wie Gomulka, Kadar und Novotny gegen den früher unvermeidlich gewesenen Ausschluß der Rumänen wegen ihres Fernbleibens auf seinen Vorschlag hin auftraten.

Man müsse den Unterschied sehen zwischen der Diskussion über die deutsche Frage und den Resolutionen. Ich bin der Meinung, daß es uns Italienern gelungen ist zu verhindern, daß der Standpunkt Ulbrichts, wonach die neue Bundesregierung schlimmer als alle früheren sei, in einer Resolution verankert wird. Gomulka stand hier an der Seite Ulbrichts. Die Rede von Breschnew erhält Hinweise, daß auch Moskau den Dialog nicht ausschließt.

Haben die innerpolitischen Argumente sehr ernst genommen, doch besteht ein Junktim zwischen Grenzfrage und ost-westlicher Auflockerung.«[17]

Die römische Begegnung beschleunigte eine positive Neubewertung der SPD und damit zum Teil auch der Bundesrepublik, die in der PCI-Führung im Gange war und sich in einer zunehmend nüchternen bis freundlichen Berichterstattung der Parteipresse niederschlug. Offenbar fühlte sich die PCI ermutigt, nunmehr den Versuch einer Vermittlung zwischen SED und SPD zu machen. Im Dezember 1967 reisten Galluzzi und Segre nach Ost-Berlin, in der zweiten Februarhälfte 1968 hielt sich eine Delegation des ZK der SED zu Gesprächen auf höchster Ebene in Rom auf. Das Kommuniqué[18] verzichtete auf Maximalforderungen und rituelle Polemik. Als wichtigster praktischer Erfolg konnte gelten, daß die SED der Neugründung einer kommunistischen Partei als einzig gangbaren Weg zu Relegalisierung der westdeutschen Kommunisten zustimmte. Damit war eines der Haupthindernisse aus dem Weg geräumt. (Die Konstituierung der DKP erfolgte ein halbes Jahr später, nachdem der Versuch von »Initiativausschüssen zur Wiedergründung der KPD«, offen aufzutreten, noch im Frühjahr polizeilich unterbunden worden war.) Als weitere Bestätigung ihrer Bemühungen konnte die PCI eine halbstündige Unterredung ansehen, die Generalsekretär Longo bei einem Empfang für den in Italien weilenden Bundeskanzler Kurt Georg Kiesinger mit diesem geführt hatte.

Welche Erwartungen sich auch immer mit der Fortsetzung der November-Begegnung verbunden haben mögen, die am 6. und 7. März 1968 in München stattfand – die Grenzen des Dialogs wurden sichtbar, als Galluzzi und Segre auf Bauer, Franke und Egon Bahr stießen. Zwar war die Entsendung des ostpolitischen Vordenkers Bahr ein Beweis für den hohen Stellenwert, den die SPD-Spitze den Gesprächen mit der PCI

---

17 Ebda.
18 Kommuniqué des Treffens PCI/SED: Neues Deutschland v. 27.2.1968; vgl. Christ und Welt v. 8.3.1968.

inzwischen einräumte, aber die am 8. März nach Bekanntwerden des Vorgangs beginnende Pressekampagne nötigte – nach einem vergeblichen Dementi — zu einer defensiven und den eigenen Spielraum begrenzenden Presseerklärung des SPD-Präsidiums, in der sie allen »Volksfront«-Tendenzen eine Absage erteilte und die Normalität des Vorgangs hervorhob. Ob Bundeskanzler Kiesinger bereits vor dem Münchener Treffen unterrichtet worden war beziehungsweise wie genau, ist nicht klar. Eine den Koalitionsfrieden rettende Information des »Kreßborner Kreises« aus CDU/CSU- und SPD-Abgeordneten des Bundestages nahm Herbert Wehner am 4. April 1968 vor.[19]

Die Bemühungen der SPD, die Führung der DDR zu größerer Flexibilität zu ermutigen, stießen in Verbindung mit der als besonders gefährlich eingeschätzten breiten Bündnispolitik der italienischen Kommunisten auf starkes Mißtrauen. Wenn man berücksichtigt, daß die westdeutsche Rechte in der Deutschland- und Außenpolitik ihre Hauptanstrengungen darauf richtete, alles zu verhindern, was das Verhältnis zwischen NATO- und Warschauer-Vertrags-Staaten, insbesondere zwischen der Bundesrepublik und der DDR, qualitativ verändern und damit eine auch innen- und gesellschaftspolitische Dynamik der Entspannung auslösen könnte, erscheint die aufgeregte Reaktion nicht als gänzlich unverständlich. Führende Sozialdemokraten galten beim Bundesnachrichtendienst (BND), dessen Beamte in die Auseinandersetzung mit »dem Bolschewismus« großenteils noch während des »Dritten Reiches« eingeführt worden waren, wegen ihrer Auffassungen als Sicherheitsrisiken. Leo Bauer, über den beim BND eine umfangreiche Akte angelegt war, wurde bei seinen Kontakten mit der PCI ohnehin observiert.[20] In den Presse-Veröffentlichungen der »Christ und Welt«, der »Welt«, der »Welt am Sonntag« und anderer Zeitungen wurden vor allem der konspirative Charakter – der so konspirativ nicht war, denn sowohl in Rom als auch in München tagten die Delegationen in bekannten Hotels – und die mangelnde Unterrichtung des christdemokratischen Koalitionspartners der SPD kritisiert. Die italienische Christdemokratie zeigte sich höchst verärgert über die vermeintliche Einmischung der SPD in die Innenpolitik Italiens (der SPD-Pressedienst hatte, vom Präsidium anschließend gerügt, auf die Möglichkeit einer späteren Regierungsbeteiligung der PCI verwiesen). Der »Welt« zufolge waren auch vom CIA informierte amerikanische Politiker besorgt. Diese Turbulenzen legten in den Gesprächen zwischen SPD und PCI eine »Denkpause« nahe, zumal sich die SED jetzt sperrte.[21]

Darüber hinaus hatte sich aber auch gezeigt, daß die SPD noch nicht bereit war, die Frage der DDR-Anerkennung in der einen oder anderen Form öffentlich aufzuwer-

---

19 Begegnung am 6./7.3.1968: Timmermann, 1971, S. 395 f.; Christ und Welt, 5.4.1968.
20 Zur Observation Bauers: Gerhard Zwerenz: Der Widerspruch, Frankfurt/M. 1974, S. 278 f.; Deutschland-Magazin 4/1978, 6/1979.
21 Zur Pressekampagne vgl.: Die Welt v. 1.4., 6.4.1968; Christ und Welt v. 5.4., 8.4.1968; Welt am Sonntag, 7.4.1968; zur SPD-Presseerklärung: Parlamentarisch-Politischer Pressedienst, 5.4.1968; vgl. Frankfurter Rundschau v. 5. u. 6.4.1968; Welt am Sonntag v. 7.4.1968 (Leserbrief Frank Sommer).

fen. Die in der Rede Willy Brandts auf dem Nürnberger Parteitag der SPD im März 1968 formulierte Bereitschaft, die Oder-Neiße-Grenze bis zu einer friedensvertraglichen Regelung »zu respektieren und anzuerkennen« und den Atomwaffensperrvertrag zu unterzeichnen, markierte die äußerste Linie dessen, was die SPD zu diesem Zeitpunkt glaubte, vertreten zu können.

Bereits im November 1967 waren Leo Bauer und Sergio Segre beauftragt worden, den ständigen Kontakt aufrechtzuerhalten.[22] Segre war in den fünfziger Jahren lange Korrespondent der »Unità« in Ost-Berlin gewesen und mit einer Deutschen verheiratet. Zwischen beiden Partnern entspann sich bald ein von Wertschätzung und Sympathie getragenes persönliches Verhältnis. Besuche Bauers in Rom sind für April und Juni 1968 belegt. Durch die Invasion der WVO-Staaten in der Tschechoslowakei am 21. August 1968 bekam der Dialog einen neuen Anstoß. Gerade weil die Scharfmacher in beiden Blöcken wieder dauerhaft an Einfluß zu gewinnen drohten – wobei sich im Osten insbesondere die SED und ihr Erster Sekretär hervortaten –, fühlten sich SPD und PCI herausgefordert, um den gerade erst zögernd begonnenen Entspannungsprozeß nicht in einen neuen Kalten Krieg umschlagen zu sehen. Dafür hatten beide Seiten auch handfeste innenpolitische Gründe. Dabei erleichterte die unzweideutig ablehnende Haltung der PCI zur CSSR-Invasion ganz ohne Zweifel eine weitere Annäherung. Luigi Longo gab kurz nach der Invasion der Wochenzeitschrift »Astrolabio« ein Interview, in dem er die Stellungnahme der PCI erläuterte. Die italienischen Kommunisten hielten an ihrer Position auch in der Folgezeit fest und trotzten, obwohl die Kritik an der Sowjetunion in der Partei nicht unumstritten war, den Drohungen Breschnews, der die mit den tschechoslowakischen Kommunisten solidarischen Bruderparteien des Westens »auf den Stand von Grüppchen reduzieren«[23] wollte. (Während die PCI-Führungsgruppe auf prosowjetische Tendenzen Rücksicht nahm, schloß sie die besonders sowjet-kritischen Linkskommunisten um die Zeitschrift »Il Manifesto« 1969 aus.) Die für die SPD besonders relevanten Äußerungen Longos vom September 1968 lauteten:

»Für uns sind die Autonomie, die Unabhängigkeit und nationale Souveränität eines jeden Staates, die Autonomie und die Souveränität jeder Kommunistischen Partei unverrückbare Prinzipien. Wir stimmen zwar zu, daß das Schicksal und die Zukunft des Sozialismus in einem Lande nicht nur die Kommunisten, die Demokraten und das Volk dieses Landes interessieren, sondern auch die Kommunisten, die Demokraten und die Völker aller Länder; jedoch kann dieses Prinzip unserer Meinung nach auf keinen Fall als ein Recht zur militärischen Intervention in das innere Leben einer anderen Kommunistischen Partei oder eines anderen Landes [interpretiert] werden. [...] Die italienischen Kommunisten können

---

22 Briefwechsel mit Segre: Material NG, Material Kiehne.
23 Roger Garaudy: Toute la vérité, Paris 1970, S. 178 f.

eine Konzeption nicht gutheißen, die davon ausgeht, daß nur über die Konsolidierung der bestehenden beiden Blöcke der Weg zur Entspannung führt. […] Wir anerkennen keinen führenden Staat und auch keine führende Partei. Die Formel von der Bipolarität der internationalen Politik läßt sich angesichts der neuen Tatsachen immer weniger aufrechterhalten, obgleich niemand die besondere Bedeutung der beiden Großmächte im Geschehen verkennen kann.«[24]

Das erste praktische Ergebnis der durch einen Besuch Bauers in Rom noch im September 1968 wieder forcierten Kontakte zwischen SPD und PCI war die Bitte der Italiener um ein Interview der linken Zeitung »Paese Sera« mit Willy Brandt. Der Grundgedanke bestand darin, Willy Stoph, dem Ministerpräsidenten der DDR, und Brandt als dem Außenminister der Bundesrepublik gleichlautende Fragen zur Deutschland- und Sicherheitspolitik zu stellen anläßlich des zwanzigjährigen Bestehens beider deutscher Staaten. Das am 6. Februar 1969 abgedruckte Interview war zuvor neben Brandt selbst von Leo Bauer, der Antworten entworfen hatte, Egon Bahr und Herbert Wehner bearbeitet worden – ein Indiz für die Brisanz, die in diesem einer prokommunistischen Zeitung gewährten Interview gesehen wurde. In dem Interview, das in Italien starke und positive Beachtung fand, verwies Brandt auf das Bestreben, zu einem geregelten »Nebeneinander« und perspektivisch zu einem »Miteinander« mit der DDR zu kommen (Formeln, die in der Regierungserklärung vom 28. Oktober 1969 einen zentralen Stellenwert erhielten) und skizzierte auf die Frage nach der Wirkung der CSSR-Invasion eine Zielrichtung, die sich mit der der PCI stark berührte.

»Der Einmarsch in die CSSR, an dem tragischerweise auch Deutsche beteiligt waren oder sich beteiligen mußten, hat die Überwindung des Blockdenkens erneut erschwert. Ich betrachte die Ereignisse um und nach dem 21. August 1968 als einen tragischen Einschnitt, aber nicht als eine historische Wende. Die Zeiten des Kalten Krieges alter Prägung sollten endgültig vorbei sein. Vom Ziel der europäischen Zusammenarbeit und Verständigung darf man sich gerade jetzt nicht abbringen lassen […]«
Die Völker Europas finden ihre relative Sicherheit heute im Rahmen der NATO und des Warschauer Paktes. Das gehört auch zu den Realitäten, die man erkennen muß. Was uns nicht dazu veranlassen kann, darauf zu verzichten, sie positiv verändern zu wollen. Die Zukunftsaussichten Europas liegen in einer Friedensordnung, die die Blöcke überwindet und ein einheitliches System der Sicherheit für Europa schafft. Die Suche danach hat begonnen: sie wird uns in den siebziger Jahren stark beschäftigen.«[25]

---

24 L'Astrolabio Nr. 35, September 1968.
25 Paese Sera v. 6.2.1969, deutsch in: SPD-Pressemitteilungen und Informationen v. 5.2.1969.

Die positiven Eindrücke Leo Bauers von der Ernsthaftigkeit der Absichten der PCI bei ihren Kontakten mit der SPD wurden bestätigt, als er im Februar 1969 als Beobachter der Zeitschrift »Die Neue Gesellschaft« am Parteitag der PCI in Bologna teilnahm. Der Parteitag bekräftigte die Ablehnung der sowjetischen Invasion der CSSR – er feierte überdies demonstrativ die tschechoslowakische Gastdelegation – und verzichtete andererseits auf alle Ausfälle gegen den »westdeutschen Revanchismus«.[26]

Über ein Telefonat Segres mit Bauer wurde die SPD-Führung Ende März 1969 von einer Umorientierung der sowjetischen Westpolitik in Kenntnis gesetzt: Es sei damit zu rechnen, »daß noch vor den [westdeutschen] Wahlen [am 28. September 1969] in der Politik der Sowjetunion gegenüber der Bundesrepublik ein grundsätzlicher Wandel bekanntgemacht werden würde«.[27] Offenbar setzten sich in der sowjetischen Führung im Frühjahr 1969 tatsächlich jene Kräfte durch, die reale Chancen für einen Ausgleich in Europa sahen, wenn auch die östliche Seite Entgegenkommen signalisiere. Die »Budapester Erklärung« der Außenminister des Warschauer Vertrags vom 17. März 1969 konnte jedenfalls so interpretiert werden. Am 29./30. März erfuhr Leo Bauer in Rom von Berlinguer, Segre und Galluzzi, daß »höchste sowjetische Stellen« tagelang mit dem PCI-Außenpolitiker Galluzzi verhandelt hätten. Dieser sei skeptischer als Berlinguer hinsichtlich des »neuen Kurses«. »Einmütig« seien die Italiener »aber der Meinung, daß die Politik der SPD gut war und ist und fortgesetzt werden sollte«. Dagegen seien die SED und ihre Rolle im kommunistischen Lager übereinstimmend scharf kritisiert worden.[28]

Neben Hinweisen auf ein Gesprächsinteresse der Polen und das Interesse der KPdSU an Parteibeziehungen mit der SPD trugen die PCI-Vertreter das sowjetische Ansinnen »einer Art Volksbewegung für eine europäische Konferenz« – parallel zu staatlichen Verhandlungen – vor, was der üblicherweise zurückhaltend kommentierende SPD-Vorsitzende mit der Randbemerkung »Quatsch!« und dem apodiktischen Satz richtete, darauf könne sich die SPD »nicht einlassen«.

Einen Monat später, am 29. April 1969, konferierte eine italienische Delegation unter Leitung von Enrico Berlinguer in Bonn mit Herbert Wehner, Egon Bahr und Leo Bauer und besprach Einzelheiten der Fortsetzung des Dialogs zwischen beiden Parteien, ohne daß ein konkretes Ergebnis zustande kam.[29]

Im Sommer 1969 häuften sich die Indizien für den Kurswechsel in Moskau; der Notenwechsel mit der Bundesregierung über ein Gewaltverzichtsabkommen kam wieder in Gang und vor allem eine Verständigung der vier Siegermächte des Zweiten Weltkriegs über die Aufnahme von Berlin-Verhandlungen.[30] Die italienischen Kom-

---

26 PCI-Parteitag: Bericht Bauers, Material Kiehne.
27 Zum Telefonat mit Segre vgl. Bericht Bauers, Material Kiehne.
28 Zum Treffen am 29./30. März 1969: Bericht Bauers, Material Kiehne.
29 Bauer an Willy Brandt, 30.4.1969, Material NG.
30 Zur außenpolitischen Wende Moskaus und dem Beginn der sozialliberalen Ostpolitik vgl. Arnulf Baring, Machtwechsel: Die Ära Brandt–Scheel, Stuttgart 1982, S. 229 ff.; Günther Schmidt: Ent-

munisten hatten die ersten Anzeichen der »Neuen Westpolitik« der UdSSR richtig erkannt, ihre Motive indes zu optimistisch gedeutet: Aufgrund ihrer Behauptung in der tschechoslowakischen Frage und der zunehmenden Isolierung Ulbrichts unter den europäischen Kommunisten – die sie dann auch durch den Verlauf der kommunistischen Weltkonferenz vom Juni 1969 bewiesen sahen – gingen die PCI-Führer davon aus, daß Moskau auf eine Kompromißlösung in der CSSR ausweichen müsse; Galluzzi interpretierte die Idee der »Volkskonferenz« als Versuch, ohne Prestigeverlust einen Rückzug einzuleiten.

Tatsächlich verhielt es sich gerade umgekehrt: Am 17. April 1969 wurde der kommunistische Generalsekretär Alexander Dubček auf sowjetischen Druck durch Gustav Husák ersetzt, der die »Normalisierung« forcierte. Erst jetzt war der sowjetische Hegemonialbereich wieder ganz unter Kontrolle – die rumänischen Extratouren in der Außenpolitik bedrohten das Imperium weniger, da sie mit einer extrem diktatorischen Innenpolitik verbunden waren – und die Gefahr einer kurzfristigen Aufweichung des Ostblocks im Gefolge einer Entspannung gemindert. Außerdem legte die Verschärfung des Konflikts mit China (Ussuri-Grenzkrieg Anfang März 1969) eine Entlastung an der sowjetischen Westfront nahe, zumal die UdSSR militärisch mittlerweile ungefähr mit den USA gleichgezogen hatte. Schließlich galt eine wirtschaftliche Modernisierung ohne Gefährdung der bürokratisch-zentralistischen Herrschaftsstrukturen nur als möglich, wenn der Westen an einer weitgehenden und langfristigen Kooperation interessiert werden könnte. Aus allen diesen Gründen konnte Willy Brandt unmittelbar nach seiner Wahl zum Bundeskanzler mit Verhandlungen beginnen, deren Grundlinien in einer Reihe von Vorgesprächen, vor allem auf der Außenministerebene mit Gromyko, aber nicht zuletzt auch mit der PCI seit 1967, ausgelotet worden waren: Anerkennung des Status quo mit dem Ziel und unter dem Vorbehalt seiner langfristigen friedlichen und einvernehmlichen Verbesserung. Während also die Entspannungspolitik aus der Sicht der PCI – und nicht unerheblicher Kräfte in den osteuropäischen Parteien – jene bipolare Struktur des europäischen Staatensystems überwinden sollte, die Demokratisierungsbestrebungen im Osten und sozialistische Bestrebungen im Westen im Sinne einer Feindbildblockade fesselte, zielte die sowjetische Version der Entspannung gerade auf die Festigung der Teilung Europas durch Garantie des 1944/45 eroberten osteuropäischen Glacis. Auf der westlichen Seite gab es vergleichbare Differenzen geostrategischen und gesellschaftspolitischen Ursprungs, die aber durch die Parallelität der US-amerikanischen und westdeutschen Entspannungsbemühungen sowie – innerhalb der Bundesrepublik – durch die zeitweise und partielle Übereinstimmung großindustrieller Osthandelsinteressen, des Verlangens nach erweitertem außenpolitischem Spielraum, der langfristigen sozialdemokratischen Konzepte und einer elementaren Sehnsucht der Bevöl-

scheidung in Bonn. Die Entstehung der Ost- und Deutschlandpolitik 1969/70, Köln 1979; Löwenthal, 1974.

kerung nach Frieden, nationaler und internationaler Verständigung überdeckt wurden.

Unterschätzt hatte vor allem die PCI – trotz aller konstruktiven Anstöße für die Entspannungspolitik – die Vielschichtigkeit und Kompliziertheit der Beziehungen zwischen den beiden deutschen Staaten und hatte wohl auch nicht klar gesehen, daß ein Neuanfang nicht ins Werk gesetzt werden konnte, ohne daß die Bundesrepublik zuvor ihre Beziehungen zur Sowjetunion geklärt hatte.

Die unmittelbare Bedeutung des Kontakts zwischen PCI und SPD nahm mit der Aufnahme der Verhandlungen Bonns mit Moskau, Ost-Berlin und Warschau ohne Frage ab. Bedeutungslos wurde er nicht, wenn man die historischen Perspektiven vor allem der PCI im Auge behält. Carlo Galluzzi verriet Bauer, allerdings als persönliche Meinung, am 1./2. November 1969 in Rom, wo diesem – auch von Berlinguer – das ernsthafte Interesse »zumindest eines Teils der Führung« des Ostblocks an den westdeutschen Angeboten bestätigt wurde, »nur auf diesem Wege [›der europäischen Sicherheit und der europäischen Friedensordnung‹] sei eine ›Loslösung‹ [der PCI] von Moskau auf die Dauer möglich«[31]. Obwohl beide Seiten ihr Interesse an der Aufrechterhaltung der Verbindung und der Fortsetzung des Dialogs wiederholt bekundeten – 1969 wurde er ja in der »Neuen Gesellschaft« und in »Rinascita« schriftlich und damit öffentlich geführt –, waren besonders auf seiten der SPD die Bedenken – erstmals auch im Hinblick auf die italienische Innenpolitik – gewachsen. Auch die Frequenz der Treffen sank ab Herbst 1969. Insgesamt fanden zwischen Herbst 1967 und Herbst 1971 mindestens 15 Treffen zwischen Vertretern der SPD und der PCI statt, an denen auf deutscher Seite in mindestens fünf Fällen zusätzlich zu Leo Bauer oder anstatt seiner weitere Vertreter beteiligt waren.

Am 29. Februar 1972 – sieben Monate vor seinem Tod – schrieb Leo Bauer an den »Lieben Sergio«: »Mein Gespräch mit Amendola fällt nicht aus. Ich muß nur die Begegnung verschieben [...] Sobald es mein Gesundheitszustand erlaubt, werde ich wieder einmal in Rom auftauchen.«[32] Es blieb bei dieser Ankündigung. Nach Leo Bauers Tod im September 1972 haben die Verbindungen zwischen SPD und PCI nach und nach den Geruch des Außergewöhnlichen verloren. Während ihre ostpolitische Relevanz – auch im Hinblick auf die Loslösung der PCI von Moskau – für die siebziger und achtziger Jahre wesentlich geringer zu veranschlagen ist, haben sie für die Westeuropa-Politik, besonders die Arbeit im Europäischen Parlament, an Gewicht gewonnen.

---

31 Vgl. dazu das Protokoll Bauers vom Treffen am 1./2.11.1969, Material Brandt.
32 Brief an Segre in: Material Kiehne.

18 Die kommunistische Konzeption der »Volksfront« in der Geschichte der Arbeiterbewegung

1987

In der innenpolitischen Diskussion Westdeutschlands wird der Ausdruck »Volksfront« seit jeher zur Diskreditierung jeder Art linker Bündnispolitik verwendet. Sogar sozialdemokratische Bemühungen um eine Entkrampfung des Verhältnisses zu kommunistischen Parteien der östlichen und der westlichen Hemisphäre, zu den neuen sozialen Bewegungen und zu den Grünen gelten als »Volksfront«-verdächtig. Aber auch diejenigen, die solchen Verständigungsbemühungen positiv gegenüberstehen, kennen vielfach nicht die genaue Bedeutung des Volksfront-Terminus. Es geht im folgenden – dem Titel entsprechend – um die *konzeptionelle* Entwicklung der Volksfrontbestrebungen; *realhistorische* Vorgänge werden nur angesprochen, sofern sie zum Verständnis der begrifflichen Entwicklung notwendig erscheinen. Eine Kritik kommunistischen Politikverständnisses und kommunistischer Strategie und Taktik erfolgt allenfalls indirekt.

Ohne von »Volksfront« zu sprechen, haben Marx und Engels zeitlebens über eine breit angelegte, »demokratische« Bündnispolitik der Arbeiterklasse gegenüber kleinbürgerlich-bäuerlichen Bevölkerungsgruppen, zeitweise unter Einschluß von Teilen der Bourgeoisie, nachgedacht. Für Lenin bildete das Bündnis des Proletariats mit dem städtischen Kleinbürgertum und vor allem mit der Bauernschaft das Kernelement seines Konzepts der Vollendung der bürgerlich-demokratischen Revolution durch eine »Volksrevolution«, ein schon von Marx benutzter Terminus.[1] An Lenin anknüpfend und teilweise über ihn hinausgehend stellte Gramsci im Rahmen seines Hegemonie-Theorems grundsätzliche wie auch praktische Überlegungen zur Bündnispolitik der revolutionären italienischen Arbeiterbewegung gegenüber den nichtproletarischen Volksmassen, vor allem gegenüber den Bauern Süditaliens, und zur Beeinflussung der »Intellektuellen« an. »In keinem Land ist das Proletariat in der Lage, allein die Macht zu erobern und aus eigener Kraft zu behaupten.«[2] Gegen den Faschismus befürwortete Gramsci ein Zusammengehen auch mit bürgerlichen Parteien. Dimitroff kam im Vorfeld des gegen die bulgarische Militärdiktatur gerichteten (gescheiterten) Aufstands vom September 1923 zu ähnlichen Schlußfolgerungen.

---

1   Wladimir I. Lenin, Werke, Bd. 9, hg. v. Institut für Marxismus-Leninismus b. ZK der SED (IML), Berlin 1958–69, S. 1 ff.; Karl Marx/Friedrich Engels, Werke, Bd. 6, hg. v. Institut für Marxismus-Leninismus b. ZK der SED (IML), Berlin 1956 ff., S. 233.
2   Gramsci, Antonio: Zu Politik, Geschichte und Kultur. Ausgewählte Schriften (hrsg. v. Guido Zamis), Frankfurt/M. 1986, S. 139.

Der Ausgangspunkt: Frankreich 1934/35

Obwohl der Terminus »Volksfront« seit Mitte der dreißiger Jahre von unterschiedlichen linken und linksliberalen Gruppierungen verwendet worden ist, läßt sich von einer dem Anspruch nach kohärenten und international verbindlichen Volksfrontpolitik allein in bezug auf die kommunistische Weltbewegung sprechen, die diese Politik 1934/35 modellhaft in und für Frankreich entwickelte. Weder in Frankreich noch in Spanien konnten die Kommunisten indes ihre Vorstellung von Volksfront ohne weiteres durchsetzen. Während linkssozialistische Gruppen und vor allem die radikalisierte Linke innerhalb der sozialistischen Parteien in der außerparlamentarischen Aktionseinheit der Arbeiterklasse den entscheidenden Aspekt der Volksfront sahen und eine unmittelbar antikapitalistische Zielsetzung verfolgten, wollten die bürgerlichen Partner und der rechte Flügel der Sozialisten die Einheit der Linken am liebsten auf ein reines Wahlbündnis nach Art früherer republikanisch-sozialistischer Zusammenarbeit reduzieren. So konnten etwa die Volksfront-Basiskomitees nicht annähernd die Bedeutung erlangen, die die Kommunisten ihnen zuerkannten.

Seit Oktober 1934 propagierte die KPF die Losung der »Volkssammlung« bzw. »Volksfront«, die auf die soziale und politische Erweiterung des am 27. Juli 1934 mit der SFIO (Französische Sektion der Arbeiter-Internationale: Sozialisten) geschlossenen »Aktionseinheitspaktes« zielte. Die »Volksfront«-Losung sollte die Notwendigkeit unterstreichen, sich mit sozialpolitischen und populär-demokratischen Forderungen auch an die nichtproletarischen Schichten des »Volkes« zu wenden.

Ungeachtet einzelner, bis zur Mitte der zwanziger Jahre zurückzuverfolgender Denkansätze hatte die KPF erst im Juni 1934 endgültig die seit dem VI. Weltkongreß der Kommunistischen Internationale (Komintern) 1928 international gültige linksradikale Linie (»Klasse gegen Klasse«; Kampf gegen den »Sozialfaschismus«) aufgegeben und sich zur Sprecherin des in Reaktion auf die gewaltsame Demonstration der rechtsextremen Bünde am 6. Februar 1934 sich spontan äußernden Strebens der Arbeiterklasse (Generalstreik am 12.2.) und der demokratischen Intelligenz (Manifest der »Wachsamkeitskomitees der antifaschistischen Intellektuellen« vom 5.3.) nach der Einheit der Linken gemacht.

Mit einer Rede am 24. Oktober 1934 in Nantes, am Vorabend des Parteitags der »Radikalen«, begann Maurice Thorez dann, um den Anschluß dieser traditionellen Vertretung der republikanischen Mittelschichten – wenn auch zunächst noch nicht der Parteispitze – an das Bündnis von KPF und SFIO zu werben. Durch die Bildung einer »Volksfront für Freiheit, Arbeit und Frieden gegen die Front der Reaktion und des Faschismus«[3] sollten die gegen die Macht der »200 Familien« der Finanzoligarchie (ein ursprünglich von dem linken Radikalen E. Daladier geprägtes Schlagwort) und gegen die Auswirkungen der Wirtschaftskrise und der Deflationspolitik aufbegehrenden Tei-

---

3 Thorez, Maurice: Ausgewählte Reden und Schriften 1933–1960. Berlin (DDR) 1962, S. 99.

le der Bauernschaft, des Kleinbürgertums und der abhängigen Mittelschichten an die parlamentarische Republik gebunden und gegen faschistische Ideologie immunisiert sowie den rechtsextremen Organisationen und autoritären Verfassungsplänen der Boden entzogen werden. Die französische Volksfront, deren Dachorganisation neben den »Radikalen«, der SFIO und der KPF auch mehrere kleinere Linksparteien, die Gewerkschaften, Beamten-, Jugend-, Sport- und Kriegsteilnehmerorganisationen, die Freimauer, die Liga für Menschenrechte, das o. g. »Wachsamkeitskomitee« und die »Bewegung Amsterdam-Pleyel«, insgesamt 48 Organisationen beitraten, wurde am 14. Juli 1935 auf einer gemeinsamen Massendemonstration offiziell aus der Taufe gehoben. Nach dem Wahlsieg vom April/Mai 1936, der vor allem der KPF zugute kam, regierten vom 4. Juni 1936 bis zum 8. April 1938 linksbürgerlich-sozialistische Kabinette mit kommunistischer Unterstützung; endgültig wurde das Volksfront-Bündnis Ende Oktober 1938 von den »Radikalen« wegen der scharfen kommunistischen Kritik an der Gesellschafts- und Außenpolitik der Mitte-Rechts-Regierung Daladier gekündigt.

Der VII. Weltkongreß der Komintern und seine Folgen

Während die SAI (Sozialistische Arbeiter-Internationale) zur Frage der Zusammenarbeit mit den Kommunisten wegen der kategorischen Verweigerung der großen Mitgliedsparteien Großbritanniens, Skandinaviens, der Niederlande und der Tschechoslowakei keine einheitliche Position entwickeln konnte, wurde die Politik der Einheitsfront und Volksfront auf dem VII. Weltkongreß der Komintern vom 25. Juli bis 20. August 1935 für deren nationale Sektionen verbindlich gemacht, nachdem sie sich – gefördert durch das Zusammenspiel der KPF-Führung mit einem Teil der Komintern-Führung – bereits seit dem Frühjahr 1934 schrittweise durchgesetzt hatte.

G. Dimitroff bestimmte in seinem Bericht die »*Schaffung einer breiten antifaschistischen Volksfront auf der Grundlage der proletarischen Einheitsfront*« zu einer »besonders wichtigen Aufgabe«[4]. Über die »Einheitsfront« der proletarischen Organisationen, in erster Linie der kommunistischen und sozialdemokratischen, hinaus, sah Dimitroff die Funktion der Volksfront darin, die »natürlichen Bundesgenossen« des Proletariats, die »werktätige Bauernschaft« und die »Hauptmasse des städtischen Kleinbürgertums« einschließlich der Intelligenz, in den Kampf der Arbeiterklasse einzubeziehen.[5] Einheitsfront und Volksfront seien »durch die *lebendige Dialektik des Kampfes* miteinander verbunden«[6]. Während die Taktik der Kommunisten »*unter allen Umständen*« darauf gerichtet sein müsse, die Bauern und Kleinbürger durch »Ver-

---
4   VII. Weltkongreß der Kommunistischen Internationale 1971: Referate. Aus der Diskussion. Schlußwort. Resolutionen. Frankfurt/M.1971, S. 96.
5   A. a. O., ebd.
6   Ebd., S. 248.

teidigung der Forderungen dieser Schichten« für die Volksfront zu gewinnen, könnten und müßten »unter bestimmten Umständen« auch »jene Organisationen und Parteien, denen die werktätige Bauernschaft und die Hauptmassen des städtischen Kleinbürgertums in großer Zahl angehören, [...] trotz ihrer bürgerlichen Leitung« in die Volksfront integriert werden.«[7] Die »Bildung einer *Regierung der proletarischen Einheitsfront* oder der *antifaschistischen Volksfront*« als »Regierung des Kampfes gegen Faschismus und Reaktion« sei möglich, wenn der bürgerliche Staatsapparat bereits paralysiert sei, wenn die »breitesten Massen der Werktätigen« zwar noch nicht zum Aufstand unter kommunistischer Führung bereit seien, aber entschieden antifaschistisch aufträten und wenn die Sozialdemokratie und die anderen beteiligten nichtkommunistischen Parteien von einem verstärkten Differenzierungs- und Radikalisierungsprozeß ergriffen seien.[8] Eine solche Regierung, die von Dimitroff ausdrücklich auf die Losung der »Arbeiter-« bzw. »Arbeiter- und Bauernregierung« bezogen wurde, wie sie der IV. Weltkongreß 1922 aufgestellt hatte, sei keineswegs als gewöhnliche parlamentarische Linksregierung zu verstehen. Außer der jetzt verlangten Verteidigung der bürgerlichen Demokratie und der Zerschlagung der faschistischen Organisationen bestünde ihre Aufgabe darin, durch die Verwirklichung »*revolutionärer Grundforderungen*« (»so z. B. Produktionskontrolle, Kontrolle über die Banken, Auflösung der Polizei, ihre Ersetzung durch eine bewaffnete Arbeitermiliz usw.«) die Massen an die proletarische Revolution heranzuführen, die allein die »endgültige Rettung« bringen werde[9].

Die veränderte Strategie und Taktik wurde theoretisch – wenn auch keineswegs mit zwingender Logik – mit der inzwischen verbindlichen Faschismus-Einschätzung des XIII. EKKI-Plenums (»offene terroristische Diktatur der reaktionärsten, chauvinistischsten, am meisten imperialistischen Elemente des Finanzkapitals«) und außerdem zunehmend mit Lenins Auffassung des Verhältnisses von Demokratie und Sozialismus im Klassenkampf, insbesondere seiner Theorie der bürgerlich-demokratischen Revolution, begründet. Die bündnispolitischen Anregungen Gramscis fanden dagegen lange Zeit weniger Beachtung. Im konzeptionellen Kern handelt es sich bei der kommunistischen Volksfrontpolitik darum, die materiellen Interessen der Mittelschichten unter Berücksichtigung ihrer ideologischen Standpunkte mit den Interessen der Arbeiterklasse und die beider mit der politischen Demokratie zu verknüpfen.

Neben der Erfahrung der Aktionseinheit der Arbeiterklasse gegen die antidemokratische Rechte in mehreren Ländern (Wiener Aufstand und französischer Massenprotest im Februar, asturischer Aufstand im Oktober 1934) und der kommunistischen Erfolge bei einer entsprechend ausgerichteten Politik spielte eine entscheidende Rolle bei der strategisch-taktischen Neuorientierung der Komintern die seit 1929/30 verän-

---

7 Ebd., S. 97.
8 Ebd., S. 120 f.
9 Ebd., S. 120, 124.

derte Weltlage. Das gemeinsame Interesse der UdSSR und der parlamentarisch regierten, aktuell nicht aggressiven imperialistischen Länder an der Eindämmung der faschistischen Mächte sollte die Grundlage für die Schaffung einer internationalen »Friedensfront« und einer »Weltvolksfront« abgeben, wobei der Kampf für den Frieden und die Verteidigung der UdSSR identisch seien. Die neue Konstellation (Eintritt der UdSSR in den Völkerbund am 18.9.1934; sowjetisch-französischer und sowjetisch-tschechoslowakischer Militärpakt am 2. bzw. 16.5.1935) veranlaßte daher die KPF zur Revision ihrer Haltung zur Landesverteidigung und ebnete somit der parlamentarischen Zusammenarbeit mit den »Radikalen« den Weg. Zur Sicherung einer gegen die Achsenmächte gerichteten Außenpolitik und der republikanischen Legalität war die KPF sogar an einer partiellen Ausweitung der politischen Zusammenarbeit direkt in das Lager der Großbourgeoisie hinein interessiert.

Bei der seit dem 6. August 1936 neben der »Volksfront« und über sie hinaus propagierten »französischen Front« ging es der KPF aber außerdem um den Appell an die einem Linksbündnis gegenüber traditionell reservierten (z. B. gläubig katholischen) Volksmassen und um das neue patriotische Element im Selbstverständnis der Partei, die das »ewige Frankreich« beschwor, alle fortschrittlichen und populären Traditionen der französischen Geschichte (bis zu Jeanne d'Arc zurückgehend) für sich beanspruchte und die »neue Begegnung der Arbeiterklasse mit Frankreich«[10] von nun an symbolisch durch den Gesang sowohl der »Marseillaise« als auch der »Internationale« und den Gebrauch sowohl der Trikolore als auch der Roten Fahne sichtbar machte.

Die französischen Volksfrontregierungen arbeiteten auf der Basis eines vollkommen systemimmanenten Reformprogramms, bei dessen Erstellung die KPF den Widerstand der »Radikalen« gegen »Strukturreformen«, Nationalisierungen und Wirtschaftsplanung sogar unterstützt hatte, um das Bündnis nicht zu gefährden. Ungeachtet der Weigerung der Kommunisten, in die Regierung einzutreten, zwang die bündnispolitische Logik der Volksfront die KPF, sich für die Beendigung der spontanen Massenstreiks im Mai/Juni 1936 einzusetzen. Bereits die massiven materiellen und sozialen Verbesserungen auf Grund des Matignon-Abkommens (Lohnerhöhungen, bezahlter Urlaub, 40-Stunden-Woche, Anerkennung von Gewerkschaftsrechten) und der darauf aufbauenden staatlichen Sozialgesetze, die neben der Entwaffnung und Auflösung der rechtsextremen Ligen unter der von Léon Blum geführten ersten Volksfrontregierung durchgesetzt wurden, mußten den Widerstand des Kleinunternehmertums, das zu einem erheblichen Teil den »Radikalen« anhing, hervorrufen und die soziale Basis der Volksfront in Frage stellen. Die notwendig inkonsistente, zeitweise auf Staatsintervention, zeitweise auf Stabilisierung des Marktmechanismus setzende, durch Strukturschwächen der französischen Wirtschaft und Kapitalflucht erschwerte Wirtschaftspolitik Blums trieb die von der Volksfront repräsentierten Klas-

---

10 Thorez, Maurice: Ausgewählte Reden und Schriften 1933–1960. Berlin (DDR) 1962, S. 125.

sen und Schichten weiter auseinander. Zusätzliche scharfe Konflikte entstanden durch die aus Rücksicht auf Frankreichs Verbündeten Großbritannien verfolgte »Nichteinmischungspolitik« gegenüber dem Spanischen Bürgerkrieg.

Die spanische Volksfront gegenüber Revolution und Krieg

Wie in Frankreich begünstigte auch in Spanien die soziale und politische Polarisierung seit dem Sturz der Monarchie 1931 die Herausbildung einer Volksfront, deren Zusammenhalt indessen durch dieselbe Dynamik der Polarisierung in Frage gestellt wurde. Die kleine KPS war im September 1934 in die »Arbeiterallianz«, eine institutionalisierte proletarische Einheitsfront, eingetreten und hatte sich im Oktober an dem (gescheiterten) Aufstand in Asturien gegen die autoritäre Rechte beteiligt. Unmittelbar danach tauchte seitens der KPS – entsprechend der Rückinterpretation des Arbeiteraufstands im Sinne eines Bündnisses mit den Mittelschichten – die Losung des »antifaschistischen Volksblocks« bzw. der »antifaschistischen Volkskonzentration« auf, die im Juni 1935 zu der der »antifaschistischen Volksfront« als Verbindung der Arbeiterparteien mit den bürgerlich-liberalen Parteien erweitert wurde. Die Durchschlagskraft der Idee eines breiten »Wahlblocks der Linken« resultierte vor allem aus der Plausibilität der Auffassung, nur in einem solchen Zusammenwirken könnten die politische Repression beseitigt und die politischen Gefangenen befreit werden. Insofern sind die Konstituierung der Volksfrontkoalition (Republikanische Linke, Republikanische Union, Katalanische Linke, PSOE [= Sozialistische Arbeiterpartei Spaniens], PCE bzw. KPS [= Kommunistische Partei Spaniens], Syndikalistische Partei, POUM [= Arbeiterpartei der Marxistischen Einheit], UGT [= Allgemeine Arbeiter-Union: sozialistische Gewerkschaft]) und ihr – durch die Wahlbeteiligung der Anarchisten ermöglichter – Sieg am 16. Februar 1936 noch weniger als in Frankreich als Ausdruck einer längerfristigen, programmatisch begründeten Gemeinsamkeit anzusehen. – Im Unterschied zu den anderen marxistischen Fraktionen ging die KPS von der Notwendigkeit aus, die Faktoren der Rückständigkeit Spaniens, zu denen sie in erster Linie den Großgrundbesitz, die Kirche und die Armee, aber auch die monopolistischen Gruppen der Bourgeoisie zählte, in einer eigenen, von der Volksfront getragenen »bürgerlich-demokratischen Revolution« zu entmachten, bevor die sozialistische Umwälzung in Angriff genommen werden könne. Die Schwierigkeit dieser Position bestand darin, daß das Programm der ersten, rein bürgerlichen Volksfrontregierung – später traten PSOE, KPS und sogar Anarchisten in die Regierung ein – sich im wesentlichen auf die Demokratisierung des Überbaus beschränkte, während die Anhänger der anarcho-syndikalistischen Nationalen Konföderation der Arbeit (CNT), aber vielfach auch der Volksfrontparteien eine spontane, direkt antikapitalistische Sozialrevolution entfesselten und die mit der Agraroligarchie ökonomisch verflochtene Großbourgeoisie, teilweise mit Ausnahme von

Katalonien und dem Baskenland, ebenso wie ein Teil der Mittelschichten fest in den reaktionären Block eingebunden war.

Nach dem Beginn des durch den Militärputsch vom 17. Juli 1936 ausgelösten Interventions- und Bürgerkriegs, den die KPS als einen »nationalrevolutionären« Krieg charakterisierte, machte sich die Kommunistische Partei daher zum Hauptverfechter einer restriktiven Auslegung der Volksfront: Um die militärisch überlegenen Kräfte der Konterrevolution schlagen zu können, sollten die soziale Revolution zurückgedrängt, deren Protagonisten (CNT, linke PSOE, POUM) ausgeschaltet oder neutralisiert, die staatliche Autorität neu befestigt, eine republikanische Armee aufgebaut und eine leistungsfähige Kriegsproduktion organisiert werden. Die sich daraus ergebenden Auseinandersetzungen machten die KPS von einer marginalen Fraktion der Arbeiterbewegung zu einer im Proletariat, aber auch im besitzenden Kleinbürgertum, der mittleren Bauernschaft und besonders im Staatsapparat und der Armee verankerten Massenpartei, die nun aus dieser Position für die Durchsetzung der »demokratischen« Revolution wirken konnte. Die »demokratische und parlamentarische Republik neuen Typs und mit einem tiefen sozialen Gehalt«, für die die KPS eintrat, sollte sich von normalen bürgerlich-demokratischen Staaten qualitativ unterscheiden. Ohne »Vernichtung der materiellen Grundlagen der Reaktion und des Faschismus« könne es »keine wirkliche politische Demokratie« geben[11]. Unter dem Eindruck der spanischen Erfahrung und mit dem Hinweis darauf legte sich die Komintern generell auf die »Demokratie neuen Typs« als eine eigenständige strategische Etappe zwischen »Diktatur der Bourgeoisie« und »Diktatur des Proletariats« fest. Die Spanische Republik mit ihrem starken staatlichen Wirtschaftssektor bildete das neue kommunistische Volksfrontmodell.

Volksfront gegen den Hitler-Faschismus?

Die von der Komintern für Spanien hergestellte Verbindung von Volksfront und demokratischer Revolution galt auch für die kolonialen und vom Imperialismus abhängigen Länder einerseits sowie für die faschistischen Staaten andererseits. In Italien und Deutschland hatte die Volksfrontpolitik die Aufgabe, ein Konzept für den Sturz eines bereits an der Macht befindlichen faschistischen Regimes bereitzustellen. Während aber Kommunisten und Sozialisten in Italien ab 1934 in einem, 1937 erweiterten, »Einheitspakt« zusammenwirkten, der bis 1956 immer wieder verlängert wurde, gelang es der KPD-Führung bis 1945 nicht, den Exil-Vorstand der SPD für die Einheitsfront zu gewinnen, so daß der aktive Kern einer breiteren Volksfront fehlte. Außerdem brauchte die KPD ein bis zwei Jahre, um mit der Ausarbeitung ihrer neuen Linie unter Zurückdrängung »sektiererischer« Hemmungen in den eigenen Reihen den Anschluß an

---

11 José Diaz: Por la unidad, hacía la victoria, in: ders., Tres anos de lucha, Paris 1970 (zuerst 1939), S. 350.

die konzeptionelle Entwicklung der Komintern zu finden. Als der Ausdruck »Volksfront« am 8. November 1934 in einem Aufruf an die »christlichen Werktätigen« erstmals von der KPD verwendet wurde, knüpfte er eher an den seit Anfang 1934 wieder verstärkt benutzten Volksterminus und entsprechende mittelschichtspezifische und populäre Forderungen in der KPD-Agitation 1930–32 als an die zeitgenössischen Bestrebungen der KPF an. Während sich im Saargebiet für die Abstimmung über die staatliche Zugehörigkeit nach einem Aktionspakt von SP und KP (2.7.1934) eine »Freiheitsfront« gebildet hatte, der auch kleinere christliche und bürgerlich-demokratische Gruppen angehörten, die aber in der Abstimmung (13.1.1935) mit etwa 90 Prozent für Deutschland vernichtend geschlagen wurde, brauchte die KPD noch Monate, bis sie nach der »Einheitsfront *von oben*« auch die »Volksfront *von oben*« als ihr verbindliches Ziel akzeptierte. Auf der im Anschluß an den VII. Weltkongreß abgehaltenen »Brüsseler Konferenz« (3.–15.10.1935) forderte die KPD zu der »breitesten Volksfront« auf, die gemeinsam »mit der Sozialdemokratischen Partei, mit der Zentrumspartei, den Demokraten und mit allen Organisationen des werktätigen Volkes«[12] geschaffen werden müßte. Seit Frühjahr 1936 propagierte die KPD die »demokratische Republik« als Ziel der Volksfront, seit Frühjahr 1937 im Sinne der »Demokratie neuen Typs« konkretisiert als »demokratische Volksrepublik«.

Bei dem Vorschlag, eine Einheitsfront und eine Volksfront zu bilden, konnte sich die KPD auf Einheitsbestrebungen der Opposition im Exil und in der Illegalität (z. B. Gruppe »Deutsche Volksfront«) stützen, deren Träger sich indessen z. T. gegen die Traditionen aller alten Parteien wandten. Das wichtigste deutsche Volksfrontkomitee im Exil wurde am 2. Februar 1936 unter dem Vorsitz Heinrich Manns in Paris gegründet. Ihm gehörten Mitglieder der KPD, der SAP, zeitweise des Internationalen Sozialistischen Kampfbundes, der Revolutionären Sozialisten Deutschlands, der Landesgruppe Frankreich der SPD und des »Schutzverbandes Deutscher Schriftsteller«, progressive Christen sowie weitere Einzelpersonen aus dem liberalen und linksbürgerlichen Spektrum an. Neben programmatischen und die praktische Arbeit betreffenden Differenzen lähmte auch eine zunehmend unversöhnliche Haltung der Kommunisten, derentwegen Willi Münzenberg 1938 mit der KPD brach, zunehmend die Arbeit des Ausschusses.

International erschwerten besonders die Moskauer Prozesse und die Form der anti-trotzkistischen Kampagne die Bündnispolitik der Komintern. Kritik an den Prozessen begegneten die Kommunisten mit dem Verlangen, die Sozialdemokraten und »alle anständigen Menschen« müßten sich gegen die im Dienste des Hitler-Faschismus stehenden »trotzkistischen Banditen«[13] aussprechen. Seit 1937, als die Stagnation

---

12 Mammach, Klaus (Hg.): Die Brüsseler Konferenz der KPD (3.–15. Oktober 1935). Frankfurt/M. 1975, S. 610.
13 Wilhelm Pieck: Hitlerfaschismus und Trotzkismus, in: *Rundschau über Politik, Wirtschaft und Arbeiterbewegung* v. 11.2.1937.

oder gar Rückläufigkeit der Volksfrontbewegung unübersehbar war, nahm auch die allgemeine Polemik der Komintern gegen die Sozialdemokratie wieder zu.

Grundprobleme einer volksfrontähnlichen Bündnispolitik

Die schärfste Kritik an der Volksfrontpolitik hatte in der Tat von Anfang an Trotzki geleistet, der meinte, ein Umschwenken der Komintern von ultralinkem Verbalradikalismus zu einer regelrecht »konterrevolutionären« Linie konstatieren zu müssen. Er sah in der Volksfront »parlamentarischen Kretinismus« und die Unterordnung des Proletariats unter die Klasseninteressen der liberalen Bourgeoisie. Im wesentlichen auf Grund von Deduktionen und Analogieschlüssen aus den Erfahrungen der Russischen Revolution stellte Trotzki fest, »ein wirklicher Kampf gegen den Faschismus ist nicht anders zu führen als mit den Methoden der proletarischen Revolution«[14]. Demokratische Losungen spielten für die trotzkistische »Vierte Internationale« eine Rolle nur als Mittel der Massenmobilisierung in der »unabhängigen Bewegung des Proletariats«, nicht als Programm für eine selbständige demokratische Etappe[15].

Diese Unterschätzung der Notwendigkeit von speziellen Bündnissen mit den nichtproletarischen Volksschichten drückte sich auch in den Stellungnahmen der »Internationalen Vereinigung der Kommunistischen Opposition« (H. Brandler, A. Thalheimer u. a.) aus. Sie bestritt, »daß die kampffähige Einheitsfront der Arbeiter und übrigen Werktätigen durch ein Bündnis mit den Spitzen der bürgerlichen Parteiführungen geschaffen werden kann«, die kein Bollwerk gegen den Faschismus, sondern stets ein Hemmnis für den antifaschistischen Kampf seien[16]. Eine ebenfalls kritische, aber differenziertere Haltung nahmen linkssozialistische und kommunistische Gruppen wie die französische »Revolutionäre Linke« in der SFIO, die deutsche SAP und die spanische POUM ein, die zwar die spezielle Volksfrontpolitik der kommunistischen Parteien (mit der Festlegung auf die »demokratische Republik«) als opportunistisch ablehnten, aber sich der realen Massenbewegung und dem positiven Mythos der Volksfront nicht sektiererisch entgegenstellen wollten. Man unterschied indes deutlich zwischen der »parlamentarischen Volksfront« und der »Volksfront des Kampfes«. Elemente einer solchen Sicht fanden sich sogar bei Linkssozialisten, die der Komintern relativ nahestanden.

Bei der Volksfrontpolitik zwischen 1934/35 und 1938/39 handelt es sich um den entscheidenden Einschnitt in der Geschichte der kommunistischen Bündnispolitik

---

14 Trotzki, Leo: Revolution und Bürgerkrieg in Spanien 1931–39. 2 Bde., Frankfurt/M. 1975, S. 302.
15 *Der Todeskampf des Kapitalismus und die Aufgaben der IV. Internationale (Übergangsprogramm)*, Ausgabe Berlin/West 1972, S. 37.
16 Gruppe Arbeiterpolitik (Hg.): Volksfrontpolitik, ihre Ursachen und Folgen am Beispiel Frankreichs und Spaniens. Artikel aus dem »Internationalen Klassenkampf« von 1935 bis 1939, Bremen o. J., S. 19.

überhaupt. Zwar war die »proletarische Einheitsfront« – und in deren Rahmen auch die Hinwendung zu bäuerlich-kleinbürgerlichen Bevölkerungsgruppen – bereits zwischen 1921 und 1928 propagiert und teilweise auch verwirklicht worden. Selbst die Zusammenarbeit mit bürgerlichen Parteien wie dem Zentrum in Deutschland, der Venstre in Norwegen, der Bauernpartei in Bulgarien und den Aventin-Parteien in Italien war gelegentlich schon erwogen oder praktiziert worden. Aber erst unter dem Eindruck der faschistischen Welle der dreißiger Jahre knüpfte die Komintern an diese jahrelang mißachteten Erfahrungen an und entwickelte sie 1934–37 zu einem neuen bündnispolitischen System weiter. Trotz erneuter Isolierung und Selbstisolierung der Kommunisten in den Phasen des deutsch-sowjetischen Nichtangriffspakts (1939–41) und des forcierten Ost-West-Konflikts (1948–56) und darauf beruhender ultra-radikaler Rückfälle, ist die kommunistische Weltbewegung immer wieder auf diese Grundorientierung zurückgekommen.

Nach dem Scheitern der von »Nationalen Fronten« getragenen »neuen Demokratie« der Jahre 1944 bis 1947/48 ließen die Anerkennung eines friedlichen und parlamentarischen Weges zum Sozialismus seitens der KPdSU und die Ausarbeitung der Theorie des Staatsmonopolistischen Kapitalismus die Kommunisten in den sechziger Jahren vor dem Hintergrund der Entschärfung des Kalten Krieges wieder verstärkt um die Aktionseinheit mit den Sozialdemokraten und um volksfrontähnliche Bündnisse werben. Ermutigt wurden solche Bemühungen durch die finnische Koalitionsregierung aus Agrarzentrum, Sozialdemokraten, Linkssozialisten und Kommunisten von 1966 bis 1970. Demgegenüber und im Unterschied zu den Volksfrontregierungen der dreißiger Jahre spielten die bürgerlichen Parteien in der französischen »Linksunion« (1972–77) und in der Regierung der chilenischen »Volkseinheit« (1970–73) keine entscheidende Rolle. Die Linksunion beruhte auf einem gemeinsamen, entschieden antimonopolistischen Regierungsprogramm, das von der KPF als Mittelpunkt der »Volkseinheit« im Kampf um die »fortschrittliche Demokratie« interpretiert wurde. In Chile scheiterte die »Volksregierung«, die sich nicht auf die eindeutige Mehrheit der Bevölkerung stützen konnte, mit einem explizit auf den Sozialismus orientierenden, antiimperialistischen und gegen die einheimische Oligarchie gerichteten Programm an der gegenrevolutionären Mobilisierung großer Teile der Mittelschichten, der die über den Rahmen der »Volkseinheit« hinausweisende Radikalisierung der Industriearbeiter und armen Agrarbevölkerung auf der Gegenseite entsprach.

Die chilenische Erfahrung veranlaßte ab 1973 die KPI, auf der »Suche nach den breitesten Konvergenzen und Bündnissen«[17] für eine »neue Etappe der demokratischen, antifaschistischen Revolution, die in die Gesellschaft sozialistische Elemente einführt«[18], einen »historischen Kompromiß« der verschiedenen demokratischen

---

17 Valenca, Pietro (Hg.): Berlinguer/Gramsci/Longo/Togliatti, Der historische Kompromiß. Berlin (West) 1976, S. 46.
18 Ebd., S. 42.

Volkskomponenten, unter Einbeziehung namentlich der populären Strömungen der Christdemokratie, vorzuschlagen. Dabei gehe es vor allem darum, eine Spaltung des Landes in zwei etwa gleich große Blöcke zu verhindern, vielmehr »die gesellschaftlichen und politischen Kräfte des Zentrums auf konsequent demokratische Positionen zu führen«[19], da für die Umgestaltung der Gesellschaft eine breite Mehrheit unabdingbar sei. Damit steht der Historische Kompromiß durchaus in der Kontinuität der kommunistischen Volksfrontpolitik.

Obwohl die unter dem Signum der Volksfront und ihrer Nachfolger betriebene kommunistische Bündnispolitik konzeptionell und in der Durchführung seit 1934/35 verschiedene Varianten aufweist, lassen sich mehrere durchgängige, offenbar strukturelle Probleme benennen, die in engem Zusammenhang miteinander stehen:

- das Verhältnis von Defensive (antifaschistische, antireaktionäre Abwehr) und Offensive (antimonopolistische Umgestaltung der Gesellschaft);
- das Verhältnis von elektoral-parlamentarischen Kombinationen und außerparlamentarischer Massenbewegung;
- die soziale und politische Breite des Bündnisses (spezielle Verbindung der Arbeiterklasse mit den Mittelschichten oder Zusammenarbeit mit der nichtmonopolistischen Bourgeoisie, u. U. sogar mit einer Monopolfraktion gegen eine andere);
- der Konflikt zwischen dem Bestreben nach Ausweitung des Bündnisses einerseits und der Notwendigkeit geschlossener Programmatik und zielgerichteter Politik andererseits;
- die Hegemonie im Bündnis (liberale bzw. nationale Bourgeoisie, demokratisches Kleinbürgertum, Sozialdemokratie oder Kommunistische Partei);
- der gesellschaftspolitische Charakter des Bündnisses und der ggf. auf ihm beruhenden Staatsmacht (»bürgerlich-demokratisch« bzw. »allgemein-demokratisch«, »volksdemokratisch« oder »sozialistisch«; eigene längere Etappe, kurzfristige Übergangsphase zum Sozialismus oder reine Mobilisierungslosung);
- der Konflikt zwischen einem tendenziell pluralen Bündnismodell und einem aus der kommunistischen Tradition entstandenen monolithischen Demokratieverständnis.

---

19 Ebd., S. 27.

Zusätzliche Literatur

Braunthal, Julius: Geschichte der Internationale, Bde. 2 und 3, Hannover 1963 u. 1971.
Broué, Pierre/Emile Témime: Revolution und Krieg in Spanien. Frankfurt/M. 1968.
Carr, E. H.: Twilight of the Comintern, 1930–1935. New York 1982.
Claudin, Fernando: Die Krise der Kommunistischen Bewegung. 2 Bde., Berlin (West) 1977 u. 1978.
Corvalan, L./E. Labarca: Kommunistische Politik in Chile. Interviews mit dem Generalsekretär der KP Chiles. Berlin (West) 1973.
Dieckmann, Götz: Die sozialistische Revolution. Theoriegeschichtlicher Abriß. Berlin (DDR) 1985.
Huhle, Rainer: Die Geschichtsvollzieher. Theorie und Politik der Kommunistischen Partei Spaniens 1936 bis 1938. Gießen 1980.
Institut für Marxismus-Leninismus beim ZK der KPdSU: Die Kommunistische Internationale. Kurzer historischer Abriß. Frankfurt/M. 1970.
Langkau-Alex, Ursula: Volksfront für Deutschland? Bd. 1: Vorgeschichte und Gründung des »Ausschusses zur Vorbereitung einer deutschen Volksfront«, 1933–1936. Frankfurt/M. 1977
Lefranc, Georges: Histoire du front populaire (1934–1938). Paris 1974.
Gemeinsames Regierungsprogramm der Französischen Kommunistischen Partei und der Sozialistischen Partei vom 17. Juni 1973. Einl. v. Georges Marchais. Frankfurt/M.
Sywottek, Arnold: Deutsche Volksdemokratie. Studien zur politischen Konzeption der KPD 1935–1946. Düsseldorf 1971.
Ziebura, Gilbert: Volksfront. In: Sowjetsystem und demokratische Gesellschaft. Eine vergleichende Enzyklopädie; Bd. VI. Freiburg u. a. 1972, S. 767-794.

19 Der Erste Weltkrieg und die europäische Arbeiterbewegung

1 Einleitung

Während des Parteitags der österreichischen Sozialisten im Herbst 1912 bot sich den Delegierten ein denkwürdiges Bild: Neben Victor Adler für die eigene Partei standen auf der Tribüne in brüderlicher Verbundenheit Friedrich Ebert (für die deutsche Sozialdemokratie), Albert Thomas (für die französische SFIO), Leo Trotzki (für die russischen Menschewiki) und Josef Pilsudski (für die polnische PPS). In demselben Jahr 1912 versammelten sich in Basel Vertreter aller Sektionen der Zweiten Internationale mit inzwischen etwa vier Millionen Mitgliedern zu einem außerordentlichen Kongreß, der zu einer eindrucksvollen Kundgebung gegen Militarismus und Kriegsgefahr wurde.[1] In mehreren Ländern gingen die Anhänger der Internationale auf die Straße. In Dresden feierte die Parteizeitung den dortigen Aufmarsch des 31. Oktober, zu dem prominente Redner aus Berlin und Wien angereist waren, als »einen der unvergeßlichsten Momente in der Geschichte der Arbeiterbewegung. Als dann die Massen den Platz voller Ordnung verließen, da waren sie durchdrungen von dem Bewußtsein, daß sie der einzige Hort des Friedens sein werden, daß an ihrer geschlossenen Phalanx alle Völkermordgelüste der herrschenden Clique dereinst scheitern werden«[2].

Einige Jahre später standen Victor Adler und Friedrich Ebert an der Spitze der staatspatriotischen Strömungen innerhalb der Sozialdemokratie Österreichs bzw. Deutschlands; Ebert wurde nach Kriegsende – darüber hinaus – zum Protagonisten einer mehrheitssozialdemokratischen Politik, die in der Bekämpfung radikalerer Bestrebungen von Teilen der Arbeiterschaft auch vor dem Einsatz militärischer Gewalt nicht zurückschreckte. Adler und Ebert hatten zum rechten Zentrum ihrer Parteien gehört. Albert Thomas hatte schon vor 1914 auf dem Boden offen reformistischer Positionen gestanden. Er wurde im Krieg erst als Staatssekretär, dann als Minister zum

---

1 Protokoll der Verhandlungen des Parteitages der deutschen Sozialdemokratischen Arbeiterpartei in Österreich, abgehalten in Wien vom 31.X.–4.XI.1912, Wien 1912; *Bernhard Degen:* Krieg dem Kriege! Der Basler Friedenskongreß der Sozialistischen Internationale von 1912. Basel 1990. – Für den Druck überarbeiteter Vortrag an der Ruhr-Universität Bochum vom 6. Dezember 1994. Angemerkt werden lediglich wörtliche Zitate und die wichtigste weiterführende Literatur.
2 Dresdner Volkszeitung vom 1.11.1912, zit. nach *Simone Lässig:* Sozialdemokratisches Friedensengagement, Julikrise und der 4. August 1914 in Ostsachsen. In: *Helga Grebing* u. a. (Hg.): Demokratie und Emanzipation zwischen Saale und Elbe. Beiträge zur Geschichte der sozialdemokratischen Arbeiterbewegung bis 1933. Essen 1993, S. 147-170, hier S. 151.

Organisator der französischen Rüstungsindustrie. 1919 verlangte er von der Internationale die Ächtung der deutschen Mehrheitssozialisten, weil sie die Reichsleitung nach 1914 unterstützt hatten. Leo Trotzki, der Vorsitzende des Petersburger Sowjets von 1905 und 1914/15 im französischen Exil um die Sammlung der entschiedenen Kriegsgegner bemüht, wurde 1917 zum engen Mitstreiter Lenins und dann im Bürgerkrieg zum Führer der Roten Armee, der er mit äußerster Härte zum Sieg verhalf. Seinen früheren Genossen aus den Parteien der Menschewiki und der Sozialrevolutionäre rief er nach – als sie unmittelbar nach dem bolschewistischen Umsturz aus dem Allrussischen Sowjetkongreß auszogen –, sie gehörten »auf den Müllhaufen der Geschichte«[3] Für Josef Pilsudski schließlich wurde der Erste Weltkrieg zum Anlaß, der nationalen Unabhängigkeit Polens absolute Priorität einzuräumen und sich ganz vom Sozialismus zu lösen. Er trat mit seinen »Polnischen Legionen« auf die Seite der Mittelmächte. Im taktischen Zusammenspiel mit innerrussischen gegenrevolutionären Verbänden versuchte er 1920 – inzwischen autoritär regierender Staatschef – durch einen Angriff auf das bolschewistische Rußland die »jagiellonische Idee« zu verwirklichen, die Wiedergewinnung der polnischen Grenzen von 1772 mit Einschluß großer Teile des Baltikums, Weißrußlands und der Ukraine. Auf dem eingangs erwähnten österreichischen Parteitag von 1912 hatte Pilsudski seine Genossen für den Fall des Krieges noch zu einem Kongreß der Internationale ins künftige, befreite Warschau eingeladen.

Diese wenigen Bemerkungen werfen bereits ein Schlaglicht auf das weltgeschichtlich Umwälzende, das Beobachter ganz unterschiedlicher Couleur im Ausbruch des Ersten Weltkriegs erblickten. Der Karlsruher »Volksfreund« schrieb einige Tage nach Kriegsbeginn: »Keiner der unter uns Lebenden hat jemals Zeiten mitgemacht, die von gleicher Bedeutung für die Geschichte der Menschheit gewesen wären wie die jetzigen ungeheuren Ereignisse. Wir stehen in einer Epoche, da die Entwicklung Sturmesflügel angenommen hat und durch die Nacht eines blutigen Chaos hindurch eine neue Epoche der Menschheitsgeschichte sich ankündigt.«[4]

Für Historiker ist es fast eine Selbstverständlichkeit geworden, den Ersten Weltkrieg als Beginn eines neuen Zeitalters zu sehen, einer Epoche existentieller Krisen des Kapitalismus, der Kriege, Revolutionen und Konterrevolutionen, zugleich der Weltanschauungs- und Modernisierungsdiktaturen, der Militarisierung, Ideologisierung und Globalisierung zwischenstaatlicher Konflikte. Alles das konnten die Zeitgenossen kaum ahnen, wenngleich es nicht an apokalyptischen Visionen mangelte. Doch der Unterschied zwischen langjährigem Frieden und einem Krieg, der sich nach und nach zum ersten totalen Weltkrieg entwickelte, war offensichtlich, ebenso die durch den Krieg bewirkte oder beschleunigte Auflösung sozialer und kultureller Normen.

---

3   Zit. nach *Dimitri Wolkogonow:* Trotzki. Das Janusgesicht der Revolution. Düsseldorf u. a. 1992, S. 130.
4   Volksfreund, Karlsruhe, vom 8.8.1914, S. 3.

Die Vorstellung eines wenn nicht automatischen, so doch letztlich unaufhaltsamen menschlichen Fortschritts, die die sozialistische Arbeiterbewegung vom liberalen Bürgertum geerbt hatte und die durch den jedenfalls seit 1890 fast ungebremsten Aufstieg der Gewerkschaften und sozialistischen Parteien bestätigt worden war, war nicht mehr ohne weiteres aufrechtzuerhalten. Angesichts der Kriegsgreuel bot die Bemerkung aus dem »Kommunistischen Manifest«, Klassenkämpfe könnten unter Umständen auch mit dem gemeinsamen Untergang enden, Rosa Luxemburg den Anknüpfungspunkt für ihre Parole, die Alternative zum Sieg des Sozialismus sei nur noch der »Rückfall in die Barbarei« auf modernem Niveau.[5]

Anders als die sich in den Jahren vor 1914 langsam herausbildende radikale Linke, die Imperialismus und Militarismus für Systemnotwendigkeiten hielt, welche unausweichlich zum Krieg führen würden, ging die große Mehrheit der Zweiten Internationale – das marxistische Zentrum nicht anders als die Reformisten – davon aus, die kriegstreibenden Tendenzen könnten durch politischen Druck der Arbeiterbewegung zurückgedrängt werden. Der von den Linksradikalen auf dem Stuttgarter Kongreß 1907 beantragte Beschluß, im Falle des Krieges seien die Sozialisten verpflichtet, die Situation zum Sturz des Kapitalismus auszunutzen, war für die meisten eine unverbindliche Formel. Sie stellten das Gedeihen der Arbeiterbewegung unter friedlichen Verhältnissen den angenommenen destruktiven Folgen eines bewaffneten Konflikts zwischen den Machtblöcken gegenüber und vertraten eine präventive Friedenspolitik.[6] Deren Instrumente deckten sich weitgehend mit dem, was bürgerliche Pazifisten vorschlugen: Abrüstung, internationale Schiedsgerichtsbarkeit, Zusammenarbeit der »Kulturstaaten«, namentlich Englands, Frankreichs und Deutschlands. Gerade im Frühsommer 1914 glaubten viele, die Bewahrung des Weltfriedens in den Krisen des zurückliegenden Jahrzehnts habe eine gewisse Stabilisierung der zwischenstaatlichen Beziehungen gebracht. Die Idee eines internationalen Generalstreiks bei Kriegsausbruch, wie er vor allem von französischen Sozialisten vorgeschlagen wurde, hielt die größte Mitgliedspartei der Internationale, die SPD, für »heroischen Wahnsinn«. Was man wirklich im Kriegsfall tun sollte, blieb weitgehend offen – abgesehen von einer Distanzierung von den jeweiligen Regierungen, die dann auch überwiegend aufgegeben wurde. Manche – so wie August Bebel – meinten, Angriff und Verteidigung seien auch zu Beginn des 20. Jahrhunderts deutlich zu unterscheiden; und das Recht auf Landesverteidigung war mehrheitlich in der Internationale akzeptiert. Andere wollten die proletarischen bzw. demokratischen Interessen zum Hauptkriterium machen. Letztlich blieb ungeklärt, welche Gesichtspunkte bestimmend sein sollten, so unklar

---

5 *Karl Marx/Friedrich Engels:* Das Kommunistische Manifest. Faksimiledruck der Erstausgabe von 1848, neu eingel. v. *Hermann Weber.* Hannover 1966, S. 3; Junius (*Rosa Luxemburg*): Die Krise der Sozialdemokratie. München 1919, S. 136.

6 *Friedhelm Boll:* Frieden ohne Revolution? Friedensstrategien der deutschen Sozialdemokratie vom Erfurter Programm 1891 bis zur Revolution 1918. Bonn 1980; *Hans-Josef Steinberg:* Die Stellung der II. Internationale zu Krieg und Frieden. Trier 1972.

wie das Verhältnis von Internationalismus und Patriotismus im Sozialismus der Zweiten Internationale, der Charakter eines sozialistischen Vaterlandsbegriffs (affirmativ oder systemkritisch) und die konkrete Umsetzung des Selbstbestimmungsrechts der Nationen, das von den meisten grundsätzlich befürwortet wurde. Nicht nur für die Internationale als ganze, sondern auch für die Einzelparteien blieben diese Fragen vielfach in der Schwebe.[7]

2 Die Entscheidung für die Kooperation

Trotz einer zunehmenden, meist wenig reflektierten Identifikation der Sozialisten Europas, namentlich Frankreichs und Deutschlands, mit ihren jeweiligen Nationalstaaten war die Entscheidung von Anfang August 1914 nicht selbstverständlich, und sie lief auch nicht glatt und automatisch. Die Demonstrationen gegen den Krieg Ende Juli (in England Anfang August) hatten – wie Jean-Jacques Becker und Wolfgang Kruse gezeigt haben – einen größeren Umfang als lange angenommen: in Frankreich rund 140, in Deutschland an die 290 Kundgebungen mit jeweils insgesamt mehreren hunderttausend Teilnehmern.[8] In Italien inszenierte die Sozialistische Partei eine heftige Kampagne gegen den Eintritt des Landes in den Krieg auf der einen oder anderen Seite. In Rußlands Hauptstadt St. Petersburg fanden noch im Juli 1914 Barrikadenkämpfe statt; bis zu 200.000 Arbeiter befanden sich im Ausstand. Wenn es dabei auch weniger um speziellen Antikriegsprotest ging als um eine allgemein sozialrevolutionäre Bewegung, die bei Kriegsbeginn dann auch aufhörte, macht der Hinweis doch das innenpolitische Konfliktpotential deutlich. In Österreich-Ungarn beugten sich die Sozialisten dem Belagerungszustand und verzichteten auf Aktionen; in Rußland agierten sie ohnehin in einem Zustand allenfalls der Halblegalität.

In Frankreich und Deutschland waren die sozialistischen Parteiführungen, keineswegs nur die Vertreter des rechten Flügels, der Meinung, in dem akuten Konflikt, der durch das Ultimatum Österreich-Ungarns an Serbien ausgelöst worden war, seien die jeweiligen Regierungen an der Erhaltung des Friedens interessiert. Das mußte nicht bedeuten, daß man auf Agitation gegen die – wie es seitens der SPD hieß – »Kriegspartei« verzichtete. Diese Einschätzung verhinderte aber, daß der Protest einen konkreten

---

[7] *Ho-Seong Park:* Sozialismus und Nationalismus. Grundsatzdiskussionen über Nationalismus, Imperialismus, Militarismus und Krieg in der deutschen Sozialdemokratie vor 1914. Berlin 1986.

[8] *Jean-Jacques Becker:* 1914. Comment les français sont entrés dans la guerre. Contribution à l'étude de l'opinion publique printemps-été 1914. Paris 1977; *Wolfgang Kruse:* Krieg und nationale Integration. Eine Neuinterpretation des sozialdemokratischen Burgfriedensschlusses 1914/15. Essen 1994; *Karl-Heinz Klär:* Der Zusammenbruch der II. Internationale. Frankfurt am Main/New York 1981. – Als knappen Überblick zur politischen und sozialen Geschichte der internationalen Arbeiterbewegung im Ersten Weltkrieg siehe *Gerd Hardach:* Der Erste Weltkrieg 1914–1918. München 1973, S. 187-240.

Adressaten und ein konkretes Ziel bekam. Es läßt sich denn auch nicht ernsthaft bezweifeln, daß die Kriegsbejahung, kaum dagegen die überschwengliche Kriegsbegeisterung, in der Arbeiterschaft aller fünf in den Krieg eintretenden Großmächte schnell die Oberhand gewann – sogar in Rußland scheint das so gewesen zu sein, wo die drei sozialistischen Fraktionen sich in der Duma der Stimme enthielten. In Großbritannien schwenkten die Mehrheit der Labour-Unterhausabgeordneten und die meisten Gewerkschafter nach dem deutschen Einmarsch in Belgien auf die Unterstützung des Kriegskurses der liberalen Regierung Asquith ein. Der am 4. August von Arthur Henderson initiierte Ausschuß zur Koordinierung der gegen den Kriegseintritt Großbritanniens gerichteten Aktivitäten wurde kurzerhand in ein »War Emergency Workers' Committee« umfunktionalisiert, das der Linderung der kriegsbedingten sozialen Not diente. Einspruch erhoben die pazifistische Independent Labour Party und ein großer Teil der marxistischen British Socialist Party, beide kollektiv der Labour Party angeschlossen. Sie sprachen der Geheimdiplomatie und dem Wettrüsten die Schuld zu und sahen es weiter als die Aufgabe der Arbeiterbewegung an, auf eine schnellstmögliche Beendigung des Kriegszustandes hinzuwirken. Diese Kontroverse führte bereits Anfang August 1914 zum Wechsel in der Führung der Parlamentsfraktion.

Entscheidend für die Handlungsfähigkeit der europäischen als einer internationalen Arbeiterbewegung war indessen die Stellungnahme der französischen und mehr noch der deutschen Partei, und zwar im Hinblick auf den Stellenwert beider sowohl im internationalen Sozialismus als auch in der Innenpolitik ihrer jeweiligen Länder, denen eine Schlüsselrolle bei dem Fortgang der Julikrise zukam. Eine gemeinsame Stimmenthaltung von SFIO und SPD im Parlament lehnten die Franzosen ab, die ihr Land von Deutschland angegriffen sahen und es verteidigen wollten; das galt auch für die dezidiert nicht- und antireformistischen Strömungen der Arbeiterbewegung Frankreichs, bis hin zu einem großen Teil der radikalen Antimilitaristen und Anarchisten.

Wenn wir heute die krisenverschärfende Rolle der deutschen Politik im Sommer 1914 noch deutlicher erkennen können, als das in der damaligen Situation möglich war, so war die Frage, welche Macht im konkreten Fall offensiv und welche defensiv operierte, für die Parteien der Zweiten Internationale doch stets allenfalls ein Gesichtspunkt unter anderen gewesen. Und es gibt, namentlich auf seiten der SPD, Anhaltspunkte, daran zu zweifeln, daß die Annahme, es handele sich im strikten Sinn um einen Verteidigungskrieg, wirklich ausschlaggebend war. Im deutschen Fall zählte mehr als die Bewertung der einzelnen diplomatischen und militärischen Schritte die schlichte Tatsache der Kriegsgegnerschaft des zaristischen Rußland, des alten »Hortes der Reaktion« und Hindernisses aller freiheitlichen Bestrebungen. Daß man außerdem gegen den Westen antrat, wurde ebenso heruntergespielt wie auf seiten der französischen und britischen Arbeiterbewegung die Problematik eines Bündnisses mit dem Zarismus gegen die »preußischen Junker«. Während die SFIO und die CGT an die Tradition des jakobinischen, linken Nationalismus von 1793 anknüpften, proklamierten deutsche Sozialdemokraten und Gewerkschafter den Befreiungskrieg nach

Osten unter Berufung auf Marx und Engels. Mehr noch: Von maßgeblichen Vertretern der jeweiligen Mehrheitsflügel wurde England als Hort der persönlichen Freiheit und Beschützer der kleinen Völker, Frankreich als Land der Zivilisation und Demokratie, Deutschland als Verkörperung spezifischer Prinzipien der »Ordnung« und »Gemeinschaft«, an die die Arbeiterbewegung anknüpfen könne, stilisiert.

Hinter diesen Selbstrechtfertigungen tauchte auch schon ein Verständnis von nationaler Verteidigung auf, das hauptsächlich auf das partikulare Interesse der jeweiligen nationalen Arbeiterklasse abhob, in einer Welt antagonistischer Imperialismen die wirtschaftlichen Entfaltungsmöglichkeiten des eigenen Landes zu fördern. Dadurch gewann etwa im Mehrheitsflügel der deutschen Arbeiterbewegung der Gegensatz zu England im Lauf des Krieges ein größeres Gewicht.

Überdies bildeten sich in Frankreich, Großbritannien und Deutschland gleichermaßen, ja sogar in einem neutralen Land wie Schweden, am rechten Rand der Arbeiterbewegung Gruppierungen heraus, die zu Recht als sozialimperialistisch bezeichnet worden sind.[9] Sie waren nicht unwichtig für die jeweilige Sinnstiftung des Krieges seitens der Arbeiterbewegung, aber entscheidenden Einfluß konnten sie nirgendwo erringen. Nur in einem Fall ging von ihnen eine nachhaltige Wirkung aus: Der in seiner Partei fast völlig isolierte ehemalige Chefredakteur des »Avanti«, Benito Mussolini, begann mit dem Eintreten für die Intervention Italiens in den Krieg auf seiten der Entente im Herbst 1914 eine politische Wendung, die ihn am Ende zum Begründer des Faschismus werden ließ.

Schon Arthur Rosenberg hat darauf hingewiesen, daß die eigentliche Bruchstelle in der Politik der sozialistischen Parteien nicht die Bewilligung der für die Kriegsführung erforderlichen finanziellen Mittel und auch nicht die Bejahung der Landesverteidigung als solche war, sondern die Abkehr von der Opposition gegen die bestehende politische und soziale Ordnung, speziell gegen die Politik der jeweiligen Regierung.[10] Diese Feststellung gilt in erster Linie für die deutsche Sozialdemokratie, ist aber auch richtig für die Parteien der anderen am Krieg beteiligten und der neutralen Staaten. Warum wurde der von Rosenberg angedeutete und im August 1914 verschiedentlich erwogene Weg nicht begangen? Also: Unterstützung des Krieges als eines vermeintlichen Verteidigungskrieges bei gleichzeitiger Aufrechterhaltung der eigenen Ziele in der Innen- und Außenpolitik?

Die Antwort ist einfach. Eine solche, durchaus denkbare Politik hätte den Graben nicht nur zu den konservativen Kräften, sondern auch zur bürgerlichen Mitte genau *so* weit aufgerissen wie der Akt der Kreditverweigerung im Parlament. Sie hätte es nicht gestattet, bei symbolischen Akten stehenzubleiben, sondern, neben dem aktiven Ein-

---

9   *Robert Sigel:* Die Lensch-Canow-Haenisch-Gruppe. Eine Studie zum rechten Flügel der deutschen Sozialdemokratie im Ersten Weltkrieg. Berlin 1976; *Roy Douglas:* The National Democratic Party and the British Workers' League. In: Historical Journal Bd. XV, S. 335-352.
10 *Arthur Rosenberg:* Entstehung der Weimarer Republik. Köln, 13. unveränd. Aufl. 1971, S. 67 ff.

treten für innenpolitische Reformen, verlangt, eigene Kriegsziele und u. U. auch davon abgeleitete militärstrategische Optionen zu verfechten, mit anderen Worten: den herrschenden Gewalten auf nahezu allen Feldern entgegenzutreten. Genau diesem Zwang wollte man sich mit der Akzeptierung des »Burgfriedens« entziehen. Bei den französischen Sozialisten kam hinzu, daß im Innern des Landes Wesentliches bereits erreicht war, nämlich die parlamentarische Demokratie, was ihren Genossen anderswo erst als ein Ziel vor Augen stand. Die dadurch gegebenen Entwicklungs- und Einflußmöglichkeiten der Arbeiterbewegung sollten durch eine Konfrontation Klasse gegen Klasse nicht gefährdet werden. Denn wenn es im Hochsommer 1914 für die europäische Sozialdemokratie einen überragenden und gemeinsamen Gesichtspunkt gab, dann war es der Primat der Innenpolitik. Und das bedeutete zunächst einmal, die Existenz und Handlungsfähigkeit der Organisationen zu bewahren. Das schien um so plausibler, je mehr man hier wie dort anfangs mit einem schnellen, siegreichen Waffengang rechnete und an die psychologische Ausgangssituation für den Tag danach dachte. In Frankreich wie in Deutschland waren umfangreiche Verhaftungs- und andere Unterdrückungsmaßnahmen für den Kriegsfall vorbereitet (in Frankreich allerdings nicht gegen die Arbeiterbewegung als ganze). Sie wurden angesichts der sich abzeichnenden sozialistischen Zustimmung zum Krieg im letzten Moment abgeblasen. Eine rigorose Pressezensur konnte dagegen nicht vermieden werden.

In den neutralen Staaten hatten es die Sozialisten leichter; denn es ging nur um den Schutz der Neutralität, die in der Regel auch die Regierungen bewahren wollten. Insofern entbehrten die Entscheidungen der Dramatik. Wenn die meisten sozialistischen Parteien der neutralen Länder einer mehr oder weniger milden Form des Burgfriedens mit Verstärkung der Streitkräfte, Regierungsvollmachten und Dämpfung der innenpolitischen Kämpfe zustimmten, tangierte das trotzdem deren Tradition und Selbstverständnis und sollte im weiteren Verlauf, nicht anders als in den Kriegsteilnehmerstaaten, die Radikalisierung von Teilen der Arbeiterschaft fördern.

Einen Sonderfall stellte Italien dar, wo – gegen die Mehrheit von Parlament und Bevölkerung – der Druck einer aktivistischen, aber minoritären Massenbewegung, vor allem der bürgerlichen Jugend, und die Manipulationen der Regierung das Land in den Krieg gegen Österreich stießen. Die italienischen Sozialisten hatten es also mit einem eher unpopulären Krieg zu tun und konnten ihre Linie des »weder unterstützen noch sabotieren« verfolgen, ohne daß sie größeren Widerspruch ihrer Anhänger befürchten mußten. Allerdings brachte der Anti-Interventionskurs die italienische Partei in Gegensatz nicht nur zu den rechten Nationalisten, sondern auch zu progressiven, dynamischen Elementen des Bürgertums.

3 Die Integration der Arbeiterbewegung in das kriegsgesellschaftliche System

Vor dem Hintergrund unterschiedlicher Bewegungstraditionen, aber auch unterschiedlicher politischer Rahmenbedingungen kam es zu verschiedenartigen Reaktionsformen. In Osteuropa, vor allem in Rußland, aber auch in Österreich-Ungarn, boten die gesellschaftlich-politischen Systembedingungen nur wenige Ansatzpunkte für eine aktive Integration in den kriegführenden Staat. Sie wurde denn auch kaum versucht. Anders stellte sich die Situation in Westeuropa und selbst im Deutschen Reich dar, doch auch hier sind im einzelnen deutliche Unterschiede feststellbar.

Cum grano salis kann man sagen, daß sowohl die britische als auch die französische Arbeiterbewegung von Kriegsbeginn an um eine aktive Einflußnahme auf die nationale Kriegspolitik bemüht waren.[11] Ein Symbol für den relativen Erfolg dieser Bemühungen war der Eintritt in die Regierung, den die SFIO bereits am 26. August unter dem Eindruck des deutschen Vormarsches auf Paris vollzog. Labour folgte acht Monate später, als im Mai 1915 die bis dahin rein liberale Regierung Asquith ihre parlamentarische Basis erweiterte.

Eine Regierungsbeteiligung lag für die deutsche Sozialdemokratie bei Kriegsbeginn noch in weiter Ferne. Ähnlich wie in Frankreich und Großbritannien hoffte man zwar, durch die Unterstützung der nationalen Kriegspolitik die Integration in das autoritär-konstitutionelle System des Kaiserreiches und auf diesem Weg dessen Reform voranzutreiben, doch waren die Ausgangsbedingungen der SPD erheblich ungünstiger. Für die immer wieder aus der Reichsnation ausgegrenzten »vaterlandslosen Gesellen« beinhaltete die Integrations- und Durchdringungsstrategie gerade angesichts des Krieges vorerst die Unterwerfung unter den herrschenden Obrigkeitsstaat.[12]

Solange die totale Mobilisierung der »Heimatfront« noch nicht zur Diskussion stand, wurde die sozialistische Arbeiterbewegung im Deutschen Reich dementsprechend von den Herrschenden hauptsächlich mit symbolischen Aufwertungen bedacht. Wie etwa die Zurückweisung einer Wahlrechtsreform in Preußen oder die Ablehnung der von den Gewerkschaften vorgeschlagenen Arbeitsgemeinschaften durch die meisten Unternehmerverbände deutlich macht, kam man substantiell wenig vor-

---

11 *John N. Horne:* Labour at War. France and Britain 1914–1918. Oxford 1991; *Duncan Tanner:* Political Change and the Labour Party 1900–1918. Cambridge u. a. 1990; *Rudolf Klepsch:* British Labour im Ersten Weltkrieg. Die Ausnahmesituation des Krieges 1914–1918 als Problem und Chance der britischen Arbeiterbewegung. Göttingen 1983; *Heinrich Grossheim:* Sozialisten in der Verantwortung. Die französischen Sozialisten und Gewerkschaften im Ersten Weltkrieg. Bonn 1978; *Frank P. Chambers:* The War behind the War 1914–1918. A History of the Political and Civilian Fronts. New York 1972 (zuerst 1939).

12 *Susanne Miller:* Burgfrieden und Klassenkampf. Die deutsche Sozialdemokratie im Ersten Weltkrieg. Düsseldorf 1974; *Hans-Joachim Bieber:* Gewerkschaften in Krieg und Revolution. Arbeiterbewegung, Industrie, Staat und Militär in Deutschland 1914–1920. 2 Bde. Hamburg 1981.

an. Erkennbare Fortschritte konnten erst in der zweiten Kriegshälfte erzielt werden, vor allem bei der Verabschiedung des Kriegshilfsdienstgesetzes und im Rahmen der Parlamentarisierungsbestrebungen der neuen Reichstagsmehrheit. Ihnen liefen allerdings die immer deutlicher hervortretenden Tendenzen zu sozialer Militarisierung und politischer Diktatur der Militärs entgegen und neutralisierten sie bis Kriegsende weitgehend.

Auch die Erfolge der britischen und französischen »Burgfriedenspolitik« sollten nicht überschätzt werden, denn namentlich in der zweiten Kriegshälfte wurde der Einfluß der Arbeiterbewegung von den bellizistischen Regierungen unter David Lloyd George und Georges Clemenceau deutlich zurückgedrängt. Allerdings hatten zuvor doch einige wichtige Positionen durchgesetzt werden können, die die Kriegspolitik von SFIO und Labour zumindest als teilweise erfolgreich erscheinen lassen. In Großbritannien gilt dies vor allem für die Gewerkschaften, die im Verlauf des ersten Kriegsjahres in Verhandlungen mit den Unternehmern und der Regierung für ihre Zustimmung zum Streikverzicht und zur sog. »Dilution«, der bislang tarifvertraglich untersagten Beschäftigung von ungelernten und angelernten Arbeitskräften in der Kriegsindustrie, eine Reihe von Gegenleistungen zugesagt bekamen: nicht nur die – indes zunehmend unrealistische – zeitliche Begrenzung dieser Maßnahmen auf die Kriegszeit, sondern auch Kontrollrechte und eine Abschöpfung der unternehmerischen Kriegsgewinne. In der Tat wurde diese insgesamt in Großbritannien effektiver praktiziert als in anderen Ländern.

Allerdings wurde im »Munitions of War Act« 1915 auch die Freizügigkeit der Rüstungsarbeiter eingeschränkt. Doch gingen die Zwangsmaßnahmen nie so weit wie in Deutschland, wo Ende 1916, zumindest pro forma, die allgemeine männliche Dienstpflicht eingeführt wurde. Auch die britische Regierung ventilierte immer wieder das Projekt einer »Industrial Conscription«, unterließ jedoch angesichts der Labour-Proteste wohlweislich jeden Versuch einer praktischen Umsetzung. Im Gegenteil, angesichts des Widerstandes der Arbeiterbewegung wurde auch die Bindung der Beschäftigten an ihre Betriebe in der Rüstungsindustrie sukzessive immer weiter zurückgenommen und schließlich fast ganz aufgehoben. Schließlich ist unübersehbar, daß die wachsende Kriegsgegnerschaft in der Arbeiterbewegung einen mäßigenden Einfluß auf die britische Kriegszielpolitik ausübte. Die bekannte, relativ moderate Kriegszielerklärung Lloyd Georges vom Januar 1918 wurde nicht ohne Grund auf einer Gewerkschaftsversammlung vorgetragen.

In Frankreich lag die spektakulärste Veränderung im Aufstieg des Sozialisten Albert Thomas in die zentrale Position des Rüstungsministers. Der Rüstungsarbeiterschaft brachte dieser Aufstieg eine Reihe sozialer Reformen, vor allem die Einführung eines Mindestlohns, die Einrichtung betrieblicher Mitbestimmungsrechte und eine rigorose staatliche Überwachung der Arbeitsbedingungen in den Betrieben. Auf politischer Ebene ist ferner der große Anteil hervorzuheben, den die sozialistische Kammerfraktion an der Wiedergewinnung der parlamentarisch-zivilen Kontrolle über die

Armeeführung hatte, wie sie, anders als in Deutschland, auch in Großbritannien weitgehend gelang.[13]

Im Jahre 1917, als die SFIO aus der Regierung austrat und sich auch Labour zunehmend von der Regierungspolitik zu lösen begann, führte die Rückkehr zu einer sozialistischen Oppositionspolitik die über die Haltung gegenüber dem Krieg tief zerstrittenen, aber nicht organisatorisch gespaltenen Flügel und Gruppierungen der Arbeiterbewegung in Frankreich und Großbritannien wieder enger zusammen. Ähnliches vollzog sich in Österreich. In Deutschland war die SPD dagegen zu diesem Zeitpunkt bereits in zwei sich heftig bekämpfende Parteien auseinandergefallen. Nachdem sich schon Anfang 1916 die Reichstagsfraktion gespalten hatte, entstand im Frühjahr 1917 eine neue Partei, die USPD.[14]

Allgemein kann festgestellt werden, daß die Bedingungen der Kriegsgesellschaft eine Radikalisierung von großen Teilen der Arbeiterschaft bewirkten. Damit war aber noch nicht darüber entschieden, in welchen parteipolitischen Formen diese Radikalisierung sich kristallisierte. Außer in Rußland, wo die Bolschewiki ihre zeitweise beherrschende Position in der Arbeiterschaft ja auch erst nach der Februarrevolution errangen, fiel die Entscheidung darüber nicht während des Krieges, sondern in der Nachkriegszeit. Sie wurde im jeweiligen Fall bestimmt von konkreten gesellschaftlichen Konstellationen, spezifischen Traditionen, dem Eingreifen der neugegründeten Kommunistischen Internationale in Moskau und dem Geschick der Vertreter der anderen Strömungen in der Arbeiterbewegung. Das ganz unterschiedliche Gewicht kommunistischer Parteien in Deutschland und Frankreich einerseits, Großbritannien und Österreich andererseits zeigt das auf den ersten Blick.

In den Ländern, in denen die politischen Rahmenbedingungen lange keine Hoffnungen auf politische Fortschritte als Folge des Krieges keimen ließen, verharrte die organisierte Arbeiterbewegung entweder in einer eher passiven Haltung, wie in Österreich, oder sie nahm zunehmend revolutionäre Züge an, wofür Rußland das zentrale Beispiel ist. Gerade die revolutionären Tendenzen, die dann auch in den anderen am Krieg beteiligten sowie in neutralen Ländern hervortraten, können aber sinnvollerweise nicht allein im Rahmen der organisierten Arbeiterbewegung betrachtet werden, sondern müssen im Zusammenhang mit der sozialen Lage und den mehr oder weniger spontanen sozialen Protesten der Arbeiterschaft gesehen werden.

---

13 *Inge Saatmann:* Parlament, Rüstung und Armee in Frankreich 1914/18. Düsseldorf 1978.
14 *Julius Braunthal:* Geschichte der Internationale, Bd. 2. Hannover 1963; *Hartfried Krause:* USPD. Zur Geschichte der Unabhängigen Sozialdemokratischen Partei Deutschlands. Frankfurt am Main/Köln 1975; *David Morgan:* The Socialist Left and the German Revolution. A History of the Independent German Social Democratic Party 1917–1922. Ithaca N. Y. 1975.

4 Die Lage der Arbeiter und die Zunahme des sozialen Protests

In allen direkt und indirekt beteiligten Ländern verschlechterte sich die soziale Lage der Arbeiter während des Krieges deutlich. Bei erheblichen Unterschieden zwischen den verschiedenen Industrien und Regionen sanken in der Gesamttendenz und im Gesamtdurchschnitt überall die Reallöhne, während zugleich die Versorgung, vor allem mit Lebensmitteln, zunehmend schlechter wurde.[15] Und überall nahm das von der staatlichen Zwangsgewalt insgesamt eher befestigte als neugestaltete Verhältnis von Kapital und Arbeit stärker ausbeuterische und repressive Züge an. Drei durchweg feststellbare Tendenzen lassen sich konstatieren:

Erstens waren die Verschlechterung der sozialen Lage, der sich dagegen entwickelnde soziale Protest und die immer deutlicher hervortretenden Antikriegsbewegungen eng miteinander verbunden. Der Krieg und die soziale Realität entlegitimierten je länger je mehr die herrschende Ordnung und begünstigten die Neigung zur Auflehnung. Sozialer Protest hatte in der Kriegsgesellschaft von vornherein einen stark politischen Charakter, und vieles spricht dafür, daß die revolutionäre Zuspitzung des Antikriegsprotestes erst in Rußland, später auch in Deutschland und Österreich-Ungarn, vor dem Hintergrund besonders deutlich ausgeprägter Verelendungsprozesse zu verstehen ist.

Zweitens wurde infolge des Krieges die Industriearbeiterschaft in hohem Maß neu zusammengesetzt. Frauen, Jugendliche und Kriegsgefangene, meist Un- und Angelernte, ersetzten die eingezogenen Arbeiter, und die Rüstungsarbeiter konnten in Relation zu den übrigen Arbeitergruppen erhebliche Lohnverbesserungen erzielen. Für soziale und politische Protestbewegungen waren diese Umstrukturierungen zu Anfang hinderlich, mittelfristig indes förderten sie die Protestbereitschaft der Arbeiterschaft. Denn einerseits wurden die Bindungen an die in die Kriegsanstrengungen integrierten traditionellen Arbeiterorganisationen schwächer; und andererseits sind trotz neuer Differenzierungen doch überall deutliche soziale Nivellierungstendenzen innerhalb der Arbeiterschaft einerseits, verschärfte Ausprägungen klassengesellschaftlicher Gegensätze und Konflikte andererseits festgestellt worden.[16] Die Voraussetzungen für kollektive Aktionen der Arbeiterschaft wurden so mittelfristig eher besser als schlechter, namentlich in den kurzfristig aufgeblähten Mammutbetrieben. In England protestierten die Facharbeiter zunächst gegen die Herabstufung der Qualifikationsanforderungen, wandten sich also gegen die Beschäftigung Minderqualifizierter, und dennoch wurde dieser Konflikt zum Ausgangspunkt einer alle Arbeiterschichten um-

---

15 *Richard Wall/Jay M. Winter* (Hg.): The Upheaval of War. Family, Work and Welfare in Europe 1914–1918. Cambridge 1988.
16 *Jürgen Kocka:* Klassengesellschaft im Krieg. Deutsche Sozialgeschichte 1914–1918. Göttingen 1973; *Bernhard Waites:* A Class Society at War. England 1914–1918. Leamington Spa u. a. 1987.

fassenden sozialen Protestbewegung, die sich schon bald zugleich gegen den Krieg richtete. An deren Ende stand ohne Zweifel eine sozial und politisch homogenere Arbeiterschaft als vor dem Krieg.

Drittens brachten die sozialen und politischen Bewegungen der Arbeiter während des Krieges fast überall auch neuartige, basisnahe Formen der Selbstorganisation hervor, die eine hohe Autonomie gegenüber den traditionellen Organisationen der Arbeiterbewegung gewannen. Diese hatten durch ihre Integration in die nationalen Kriegsanstrengungen an Vertrauen eingebüßt. Die schon früh im Industrierevier am schottischen Clyde entstehende, sich bald landesweit organisierende Bewegung der Shop Stewards waren das im Krieg erste Beispiel solcher autonomer Vertretungsorgane, die Spontaneität und politische Organisierung verbanden. In den späteren Revolutionen sollten sie unter der Bezeichnung »Sowjets« oder »Räte« eine zentrale Bedeutung gewinnen.[17]

5 Die Arbeiterbewegung und die Friedensproblematik

Die europäische Arbeiterbewegung hatte den großen Krieg nicht verhindern können. Beendet werden konnte er nur dort, wo ein militärischer Erfolg höchst unwahrscheinlich (wie in Rußland im Herbst 1917) bzw. die Niederlage offenkundig geworden war (wie bei den Mittelmächten ein Jahr später) und wo die jeweilige politische Ordnung zugleich nicht mehr imstande war, die sozialen Spannungen in der Gesellschaft so oder so aufzufangen. In Rußland und vor allem in Österreich-Ungarn trat besonders die Nationalitätenproblematik in der zweiten Kriegshälfte mehr und mehr in den Vordergrund; in der Donaumonarchie wurde sie zum Sprengsatz schlechthin. Auch das politische System scheint einen Einfluß auf die Entwicklung politisch-sozialer Krisen gehabt zu haben. Alle parlamentarischen Staaten, auch unter den Neutralen, gingen ohne grundlegende Umgestaltung, aber mit einem weiteren Demokratisierungsschub aus dem Krieg heraus; die autokratischen, obrigkeitsstaatlich-oligarchischen Regimes gerieten durch den Krieg und das Kriegsende, sofern sie es überlebten, unter noch massiveren Veränderungsdruck.[18] Allerdings ist hier vor Kurzschlüssen zu warnen. In

---

17 *James Hinton:* The First Shop Stewards Movement. London 1973; *Bernd Bonwetsch:* Die Russische Revolution 1917. Eine Sozialgeschichte von der Bauernbefreiung 1861 bis zum Oktobersturz, Darmstadt 1991, S. 109-119; *Oskar Anweiler:* Die Rätebewegung in Rußland 1905–1921. Leiden 1958; *Gilbert Hatry*: Les délégués d'atelier aux usines Renault. In: *Patrick Fridenson* (Hg.): 1914–1918: L'autre front. Paris 1977, S. 221-235; *Hans Hautmann:* Geschichte der Rätebewegung in Österreich 1918–1924. Wien/Zürich 1987; *Hans-Joachim Bieber:* Gewerkschaften in Krieg und Revolution. Arbeiterbewegung, Krieg, Staat und Militär in Deutschland 1914–1920. 2. Bde. Hamburg 1981, hier S. 313-322; zum Sonderfall der Revolutionären Obleute in der Berliner Metallindustrie vgl. *Dirk H. Müller:* Vom Geheimbund zum Arbeiterrat. Die revolutionären Obleute in der entstehenden Rätebewegung. In: *ders.*: Gewerkschaftliche Versammlungsdemokratie und Arbeiterdelegierte vor 1918. Berlin 1985, S. 285-328.

Italien, einer parlamentarischen Monarchie, wenn auch auf der Basis einer in vieler Hinsicht rückständigen Gesellschaft, trat eine politische Systemkrise mit Verzögerung ein, weil der im Spätjahr 1917 drohende militärische Zusammenbruch gerade noch verhindert worden war. Die Nachkriegskrise stand aber zweifellos im Zusammenhang mit dem Krieg; sie war durch die – von vielen überdies als höchst unzureichend empfundene – Beteiligung am Sieg der Westalliierten nur verschoben worden.

England und Frankreich, die klassischen parlamentarischen Demokratien, hatten mit Hilfe Amerikas tatsächlich gesiegt. War es hauptsächlich diese schlichte Tatsache und die dahinter stehende materielle Überlegenheit, die trotz größerer Streiks und wachsenden Friedensverlangens verhinderte, daß 1917/18 eine Revolution entstand? Die Armeen blieben intakt, und damit fehlte eine entscheidende Voraussetzung. Oder bewies der militärische Sieg die prinzipiell größere Leistungsfähigkeit der parlamentarischen Regierungssysteme im Krieg? Ich zögere, diese Frage eindeutig mit Ja zu beantworten; schließlich hielt das Hohenzollernreich einer – seit Frühjahr 1917 erdrückenden – Übermacht vier Jahre stand, errang beachtliche militärische Erfolge und schien mehrfach einem großen Sieg nahe. Der Zusammenhang von Kriegsniederlage und politischem System liegt, was Deutschland angeht, wohl hauptsächlich in der Unfähigkeit der Politik, einschließlich der Mehrheitsparteien des Reichstags von 1917, die Kriegsführung einer realistischen Lagebeurteilung und einem rationalen politischen Kalkül zu unterwerfen. Genau in diesem Punkt erwiesen sich England und Frankreich als überlegen, und auch aus diesem Grunde waren sie besser imstande, die Arbeiterschaft und die Arbeiterbewegung zu pazifizieren und zu integrieren.

Die extreme Gegenposition zur Vaterlandsverteidigung formulierte Lenin bereits 1914 mit der Parole: »Umwandlung des Völkerkrieges in den Bürgerkrieg«.[19] Lenins Bolschewiki bildeten den harten Kern des radikalen Flügels der Kriegsgegner, die sich seit 1915 übernational organisierten. Zu dieser radikalen Linken gehörten außer den Bolschewiki anfangs nur Einzelpersonen oder kleine Gruppen wie aus Deutschland u. a. die Spartakusgruppe. Sie machten zwischen den beiden kriegführenden Blöcken keinen qualitativen Unterschied; der Sieg jedes der beiden Lager werde für Sozialismus und Demokratie negative Konsequenzen haben, ein Verständigungsfriede sei kein realistisches Ziel. Die einzige Alternative zum Krieg sei die proletarische Revolution im Innern der verschiedenen Staaten. Dafür sei es erforderlich, daß die revolutionär-sozialistischen Kräfte sich von den Kriegsbefürwortern, den »Sozialpatrioten«, und ihren lediglich pazifistischen Opponenten trennten – und zwar auf nationaler wie auf internationaler Ebene.

---

18 Siehe die Überblicke in The New Cambridge Modern History. Vol. XII, second edition. Cambridge 1968; Handbuch der europäischen Geschichte, Bd. 7.1 und 7.2. Stuttgart 1979.
19 *Wladimir I. Lenin:* Lage und Aufgabe der Sozialistischen Internationale. In: *ders.*: Werke, Bd. 21: August 1914–Dezember 1915. Berlin 1960, S. 22-28, hier S. 27.

Die größere Strömung in der Opposition ging nicht so weit. Auch sie wünschte den Bruch mit der Politik des Burgfriedens und die Wiederherstellung der politischen Selbständigkeit der Arbeiterbewegung einschließlich der Wiederbelebung der internationalen Solidarität. Das war durchaus konkret gemeint: Der Kampf für den Frieden seitens der verschiedenen nationalen Organisationen sollte aufeinander bezogen werden; sie sollten sich gegenseitig in ihrer Politik stützen. Die Durchsetzung eines vertretbaren Friedens erforderte aus der Sicht dieser Strömung zwar neben dem parlamentarischen Kampf auch die außerparlamentarische Mobilisierung der Arbeiter, aber nicht zwingend den revolutionären Sturz des Kapitalismus. Eine gewisse Radikalisierung im Lauf des Krieges ist jedoch auch hier unverkennbar.

Aus der Taufe gehoben wurde der internationale Zusammenschluß der sozialistischen Kriegsgegner Anfang September 1915 im schweizerischen Zimmerwald. Offiziell vertreten waren neben der italienischen nur osteuropäische Parteien. Die Zimmerwalder Konferenz, der in den folgenden Jahren Tagungen in Kienthal und Stockholm folgten, wandte sich zur Empörung der Mehrheitsrichtungen direkt mit dem Appell an die Arbeiter Europas, die Regierungen zum raschen Friedensschluß zu zwingen: einem Frieden »ohne Annexionen und Kontributionen« auf der Grundlage des Selbstbestimmungsrechts der Völker.[20]

Es gab aber auch einen friedenspolitischen Ansatz, der aus der gemäßigten Mehrheit der europäischen Sozialdemokraten hervorging.[21] Das nach Den Haag verlegte Internationale Sozialistische Büro unter Leitung des Belgiers Camille Huysmans hoffte auf einen internen Gesundungsprozeß in den einzelnen Parteien der Internationale. Das ISB wollte die Führer der Mehrheitsflügel nicht bloßstellen, sondern suchte Anknüpfungspunkte für eine zunächst innersozialistische Verständigung.

In eine ähnliche Richtung gingen die Bemühungen der nordeuropäischen Parteien.[22] Aktiv bei der Friedenssuche wurden vor allem die beiden Parteiführer der dänischen und der schwedischen Sozialdemokraten, Thorwald Stauning und Hjalmar

---

20 Text des Manifests bei *Horst Lademacher* (Hg.): Die Zimmerwalder Bewegung. Protokolle und Korrespondenzen. 2. Bde. Den Haag 1967, S. 166 ff.; *Robert F. Wheeler:* USPD und Internationale. Sozialistischer Internationalismus in der Zeit der Revolution. Frankfurt am Main u. a. 1975; *Robert Craig Nation*: War on War. Lenin, The Zimmerwald Left and the Origins of Communist Internationalism. Durham/London 1989.

21 *Agnes Blänsdorf:* Die Zweite Internationale und der Krieg. Die Diskussion über die politische Zusammenarbeit der sozialistischen Parteien 1914–1917. Stuttgart 1979; *Brigitte Kepplinger* (Bearb.): Internationale Tagung der Historiker der Arbeiterbewegung. 23. Linzer Konferenz 1987: Friedensfrage und Arbeiterbewegung 1917–1918. Neue Formen der Vermittlung der Geschichte der Arbeiterbewegung (Massenmedien). Wien 1988; *David Kirby:* War, Peace and Revolution. International Socialism at the Crossroads 1914–1918. Aldershot 1986.

22 *Martin Graß:* Friedensaktivität und Neutralität. Die skandinavische Sozialdemokratie und die neutrale Zusammenarbeit im Krieg, August 1914 bis Februar 1917. Bonn 1975; für die gesellschaftspolitische Einordnung der nordeuropäischen Parteien, obwohl differenzierungsbedürftig und in Einzelheiten überholt, immer noch grundlegend *Edvard Bull*: Arbeiderbevaegelsens stil-

Branting. Beide saßen sie ausgeprägt reformistischen Parteien vor, wobei Branting es mit einer nicht unbedeutenden linkssozialistischen Strömung zu tun hatte. Beide arbeiteten – überwiegend miteinander – auf dasselbe Ziel hin: einen dauerhaften, gerechten Frieden, bewirkt durch einen schrittweisen Annäherungsprozeß, bei dem der europäischen Arbeiterbewegung eine wesentliche Rolle zufallen sollte. Es gab aber auch charakteristische Unterschiede, die vor allem mit der je spezifischen innenpolitischen Frontstellung zusammenhingen. In Dänemark waren der Hof, die Armee und der konservativ-rechtsliberale Teil des bürgerlichen Lagers englandfreundlich, nicht zuletzt im Hinblick auf die Schleswig-Frage, auch wenn ein allgemeiner Konsens darüber bestand, daß das Land aus wirtschaftlichen und geostrategischen Gründen auf das Wohlwollen Deutschlands angewiesen sei. Demgegenüber sympathisierten in Schweden dieselben Spitzen der Gesellschaft, dort verstärkt durch ein »junkerliches« Element, eindeutig mit Deutschland – und das auch bezüglich der politisch-sozialen Ordnung, so daß der Übergang zur parlamentarischen Demokratie – anders als in Norwegen und Dänemark – bis in den Ersten Weltkrieg hinein nicht als gesichert gelten konnte.

Während Stauning sich einen deutschen Separatfrieden als Schritt zu einem allgemeinen Frieden durchaus vorstellen konnte, lehnte Branting jeden Separatfrieden ab. Der Frieden müsse haltbar sein, und deshalb dürften die Kriegsschuldfrage und die Umsetzung des Selbstbestimmungsrechts bei den Gesprächen der sozialistischen Parteien untereinander nicht ausgeklammert werden. Weil er das Deutsche Reich als Angreifer und Hauptmacht des Militarismus auf der Welt, die Arbeiterbewegung in einer natürlichen Allianz mit der Weltdemokratie sah, lagen Brantings Sympathien eindeutig auf der Seite der Westmächte.

Die holländisch-skandinavische Idee einer internationalen sozialistischen Friedenskonferenz, vorzubereiten durch eine Reihe von Separattagungen, wurde zunächst gerettet durch die Friedensinitiative des Petrograder Sowjets.[23] Sie war mit dem Zimmerwalder Appell von 1915 inhaltlich identisch. Die russische Februarrevolution schien erstmals die Aussicht auf einen »Völkerfrieden« zu eröffnen. Der überall anwachsende soziale Protest verband sich jetzt erkennbar mit dem Verlangen nach rascher Beendigung des Krieges. In allen großen kriegführenden Staaten Europas – und darüber hinaus – kam es im Frühjahr und Sommer 1917 zu Massenstreiks und teilweise zu Meutereien von Truppenteilen. Andererseits schien der Kriegseintritt der USA den Sozialisten Englands und Frankreichs die Gewähr dafür zu bieten, daß ein deutscher Sieg nicht mehr befürchtet werden mußte. Die spezifische Hegemonie-Vorstel-

---

ling i de tre nordiske land 1914–1920. In: Tidskrift for arbeidervergaelsens historie 1/1976, S. 3-28 (zuerst 1922).

23 Wortlaut des Manifests »An die Völker der ganzen Welt« bei *Manfred Hellmann* (Hg.): Die russische Revolution 1917. Von der Abdankung des Zaren bis zum Staatsstreich der Bolschewiki. München 3. Aufl. 1977, S. 182 f. Siehe ansonsten *Jürgen Stilling:* Die russische Februarrevolution 1917 und die sozialistische Friedenspolitik. Köln/Wien 1977.

lung der US-amerikanischen Open-Door-Politik, die dem Wilsonschen Konzept zugrunde lag, wurde, wie Wilsons entschiedener Antisozialismus, entweder übersehen oder doch für weniger friedensgefährdend als der klassische Imperialismus gehalten. Der Sturz der zaristischen Selbstherrschaft befreite zugleich den Mehrheitsflügel der westeuropäischen Arbeiterbewegung von einer Hypothek. Die beiden Machtblöcke waren jetzt tatsächlich identisch mit zwei verschiedenen politischen Ordnungen.

Alles das machte es den Entente-Parteien schwer möglich, die Einladung nach Stockholm abzulehnen; im Vorstand der Labour Party fiel die Entscheidung allerdings nicht einstimmig. Labour zog dann nach der Verweigerung der Pässe auch nur ihren wichtigsten Mann, Arthur Henderson, aus der Regierung zurück, während die beiden anderen Vertreter dort verblieben. In Frankreich trat die SFIO ganz aus dem Kabinett aus. Ob mit Stockholm eine große Chance verpaßt wurde, ist schwer zu sagen. Sicher ist aber, daß sich die Stellung der beiden wichtigsten westeuropäischen Parteien im Innern ihrer Länder mit dem Ende des Stockholmer Experiments änderte.

Während die große Stockholmer sozialistische Friedenskonferenz scheiterte, tagte die Zimmerwalder im Herbst 1917 ihrerseits in der Hauptstadt Schwedens. Der Gedanke, den Krieg durch einen internationalen Generalstreik zu beenden, schien nun keineswegs mehr vollkommen abwegig. Der Appell des jungen Sowjetrußland an die Werktätigen aller Länder, Arbeiter-, Bauern- und Soldatenräte zu bilden, verhallte nicht ungehört, wenngleich das, was sich als »Arbeiterräte-Bewegung« titulierte, sich auch – wie in Norwegen – auf eine Zusammenfassung lokaler Kampfkomitees der örtlichen Arbeiterverbände gegen die Teuerung mit vereinzelten Delegierten aus den Betrieben und individuellen Mitgliedern beschränken konnte. Anders war dies in Österreich und Deutschland, wo im Januar 1918 jeweils über eine Million Arbeiter für bessere Ernährung, Demokratisierung und annexionslosen Frieden streikten. Die in den Betrieben gewählten Arbeiterräte waren hier die Vorboten der kommenden Revolution.

6 Die russische Revolution und die sozialistische Arbeiterbewegung

Mit dem Frühjahr 1917 setzte ein beispielloser Aufschwung der europäischen Arbeiterbewegung ein, der drei bis vier Jahre anhielt und dann in der Wirtschaftsdepression und dem Wiedererstarken der bürgerlichen Ordnung (in Italien im Aufkommen des Faschismus) sein Ende fand. In Rußland endete parallel dazu der Bürgerkrieg mit dem Sieg der Bolschewiki, der zugleich das endgültige Verbot der anderen sozialistischen Parteien und die Unterdrückung der Arbeiteropposition mit sich brachte.[24]

---

24 *Francis L. Carsten:* Revolution in Mitteleuropa 1918–1919. Köln 1973; *Helmut Konrad/Karin M. Schmidlechner* (Hg.): Revolutionäres Potential in Europa am Ende des Ersten Weltkrieges. Die

Der Aufschwung der Jahre 1917–1920/21 erfaßte mehr oder weniger alle Länder, die am Krieg beteiligten und die neutralen, und er galt für die revolutionäre und zugleich für die reformistische Richtung. Spektakuläre Niederlagen, wie der Schweizer Landesstreik vom November 1918 und der etwa zeitgleiche Generalstreik in Portugal, können diese Aussage lediglich relativieren. Nicht nur in den Nachfolgestaaten der geschlagenen Mittelmächte, sondern auch in einer ganzen Reihe west- und nordeuropäischer Staaten, in erster Linie in Großbritannien, traten kurz nach Kriegsende demokratisierende Wahlrechtsänderungen in Kraft. Die Gewerkschaften expandierten teilweise explosionsartig und konnten vielfach langjährige Forderungen der Arbeiterbewegung nach allgemeiner Arbeitszeitverkürzung und nach erweiterter sozialer Sicherung durchsetzen. Es kam vermehrt zu sozialdemokratischen Regierungsbeteiligungen.

Auffälliger war die revolutionäre Welle, die im März 1917 in Rußland angestoßen worden war und mit den ergebnislosen Fabrikbesetzungen und Agrarunruhen in Italien im Sommer und Herbst 1920 auszulaufen begann. Es gab mindestens zwei Formen von Radikalismus in der europäischen Arbeiterbewegung dieser Periode. Das durch Disziplin, berufliches Selbstbewußtsein und zielgerichtetes Handeln charakterisierte Facharbeitermilieu spielte auch auf dem linken Flügel eine wichtige Rolle. (Bekannte Beispiele sind die Engineers am schottischen Clyde und die Berliner Dreher). Ihre elementare Wucht erhielt die revolutionäre Welle indessen durch die kurzfristige Mobilisierung neuer, un- und angelernter Arbeiterschichten, die vielfach ebenso kurzfristig wieder aus der Bewegung ausschieden.[25]

Gewiß gab es schon vor 1914 einen Trend zur Differenzierung innerhalb der europäischen Arbeiterbewegung, und es ist durchaus nicht sicher, daß es bei Ausbleiben eines großen Krieges auf Dauer gelungen wäre, die organisatorische Spaltung zu vermeiden. Aber die Unversöhnlichkeit des Schismas, die zu Lasten der Arbeiterbewegung insgesamt ging, war zweifellos eine Folge des Ersten Weltkriegs und der Oktoberrevolution, genauer: der durch die Auseinandersetzungen des Weltkriegs und durch den Bürgerkrieg vorgeprägten Intervention der Bolschewiki in den Radikalisierungsprozeß der gesamten europäischen Arbeiterbewegung. Dieser Prozeß erfaßte ja

---

Rolle von Strukturen, Konjunkturen und Massenbewegungen. Wien 1991; *Hans Hautmann* (Bearb.): Soziale und politische Veränderungen in der Welt am Ende des Ersten Weltkrieges und die Arbeiterbewegung. (1917–1920). Quellenkritische Probleme bei der Herausgabe wissenschaftlicher Gesamtausgaben von Persönlichkeiten der Arbeiterbewegung. 15. Linzer Konferenz 1979, Internationale Tagung der Historiker der Arbeiterbewegung, Wien 1981.

25 *Dick Geary:* Arbeiterprotest und Arbeiterbewegung in Europa 1848–1939. München 1983, S. 122-161; *Leopold Haimson/Giulio Sapelli* (Hg.): Strikes, Social Conflict and the First World War. Mailand 1992; *Leopold Haimson/Charles Tilly* (Hg.): Strikes, Wars and Revolutions in an International Perspective. Strike Waves in the Late Nineteenth and Early Twentieth Centuries. Cambridge, Mass. 1989.

zeitweilig ganze Parteien wie die USPD, die Norwegische Arbeiterpartei, die italienischen und die französischen Sozialisten.

Die Russische Revolution, das welthistorisch fraglos folgenreichste Ereignis des Ersten Weltkriegs, ist ihrerseits ohne den Weltkrieg so nicht vorstellbar.[26] Damit meine ich nicht nur die Gewöhnung an Gewalt und Repression, die Brutalisierung des politischen Kampfes, sondern hebe vor allem auf die Bedeutung der Friedensfrage für den Ablauf der Revolution in Rußland ab. Die bolschewistische Machtübernahme wurde möglich und beinahe unvermeidlich, als weder der bürgerliche »Progressive Block« noch die Menschewiki und Sozialrevolutionäre sich fähig zeigten, den zerfallenden russischen Staat aus dem Krieg herauszuführen. Das Scheitern der letzten russischen Offensive Anfang Juli 1917, die den westlichen Alliierten die Zuverlässigkeit der neuen Demokratie im Osten hatte demonstrieren sollen, leitete jene Ereigniskette ein, an deren Ende die Bolschewiki die Mehrheit in den Sowjets und die Regierungsmacht eroberten. Gewiß spielten andere Faktoren eine wichtige Rolle: neben dem Machtanspruch einer selbstbewußt gewordenen Arbeiterschaft vor allem die verzögerte Agrarreform und die Ablösungsbestrebungen der nichtrussischen Nationalitäten. Momentan entscheidend war aber wohl das Problem des Friedens. Denn solange der Krieg mit den Mittelmächten andauerte, brachten die nichtbolschewistischen Sozialisten nicht die Energie auf, den Staatsumsturz vom März 1917 zu einer tiefgreifenden demokratischen Umwälzung weiterzutreiben. Die Bolschewiki haben die Konstituante bei ihrem Zusammentritt gleich wieder auseinandergejagt; die Menschewiki und Sozialrevolutionäre hatten es gar nicht erst gewagt, während des Krieges Wahlen zur verfassunggebenden Nationalversammlung durchzuführen, obwohl sie sogar in den Sowjets noch monatelang eindeutig das Übergewicht besaßen.

Lenin, Trotzki und die meisten anderen führenden Bolschewiki waren fest davon überzeugt, daß der Sowjetstaat, auf sich allein gestellt, untergehen oder entarten müsse. Die geographische Ausdehnung der Revolution, namentlich in die kapitalistischen Metropolen, war für sie eine Überlebensbedingung Sowjetrußlands als eines sozialistischen Landes. Man jagte einer Vorstellung von »proletarischer Revolution« nach, die dem russischen Oktober nachgebildet war. Das Modell enthielt indessen so viel Besonderes, nicht Verallgemeinerbares, daß die Fixierung darauf die Kette von Niederlagen des von Moskau geleiteten Zweigs der Arbeiterbewegung fast programmierte.[27] Die in-

---

26 *Edward Acton:* Rethinking the Russian Revolution. London 1990; *Manfred Hildermeier:* Die Russische Revolution 1905–1921. Frankfurt am Main 1989; *Bernd Bonwetsch:* Die Russische Revolution 1917. Eine Sozialgeschichte von der Bauernbefreiung 1861 bis zur Oktoberrevolution. Darmstadt 1991; *Roger Pethybridge:* The Social Prelude to Stalinism. New York 1974; *Vladimir N. Brovkin:* Behind the Front Lines of the Civil War. Political Parties and Social Movements in Russia, 1918–1922. Princeton N. J. 1994.

27 *Werner T. Angress:* Die Kampfzeit der KPD 1921–1923. Düsseldorf 1973; *Ossip K. Flechtheim:* Die KPD in der Weimarer Republik. Hamburg Neuauflage 1986; *Hermann Weber:* Kommunismus in Deutschland 1918–1945. Darmstadt 1983; *Annie Kriegel:* Les communistes français dans

nere Entwicklung Rußlands führte in kurzer Zeit weg nicht nur von den konkreten Artikulationen der einheimischen Arbeiter, sondern auch von den Traditionen und Zielen der klassischen Arbeiterbewegung Europas einschließlich ihres radikalen Elements – womit gemeinsame Wurzeln und Verbindungslinien natürlich nicht geleugnet werden sollen. Um es noch einmal zu wiederholen: Der Sowjetkommunismus ist in seinen Anfängen ohne den Ersten Weltkrieg und dessen Verarbeitung seitens der bolschewistischen Parteiführung nicht zu begreifen. Der »Geschichtsbruch« (P. Glotz) am Anfang des 20. Jahrhunderts erfolgte, daran sollte man festhalten, nicht 1917, sondern bereits 1914.

---

leur premier demi-siècle 1920–1970. Paris Neuauflage 1985; *Fernando Claudin:* Die Krise der Kommunistischen Bewegung. 2 Bde. Berlin 1977/78; *Franz Borkenau:* Der europäische Kommunismus. Seine Geschichte von 1917 bis zur Gegenwart. Bern 1952; *Julius Braunthal:* Geschichte der Internationale, Bd. 2. Hannover 1963; Sowjetsystem und Demokratische Gesellschaft. Sonderband: Die Kommunistischen Parteien der Welt. Freiburg u. a. 1969.

20 Die Arbeiterbewegung des 19. und 20. Jahrhunderts. Entwicklung – Wirkung – Perspektive[1]

Bis vor einem guten Jahrzehnt hätte der Hinweis auf Gültigkeit eines sich aus der proletarisch-sozialistischen Tradition herleitenden Gesellschaftsmodells des »real existierenden Sozialismus« für ein Drittel der Menschheit genügt, um die Bedeutung der Arbeiterbewegungsgeschichte klarzumachen. Unabhängig davon, was aus dessen Zusammenbruch in Osteuropa hervorgegangen ist, bleibt ja die Tatsache bestehen, dass die Auseinandersetzung mit der (wie vermittelt auch immer) auf der Aktion eines Flügels der sozialistischen Arbeiterbewegung erwachsenen Ordnung nicht zuletzt in Deutschland Jahrzehnte der Zeitgeschichte bestimmt hat.

Offenbar hat in der vergangenen Epoche die Systemkonkurrenz mit dem Sowjetkommunismus dazu beigetragen, im Westen das Bewusstsein für die Notwendigkeit zu schärfen – und zwar weit über die Sozialdemokratie hinaus –, die Marktkräfte sozialstaatlich im Zaum zu halten. Auf der anderen Seite wirkte das Beispiel einer vermeintlich sozialistischen Alternative in Ost- und Mitteleuropa auf die Arbeiterbewegung Westeuropas, insbesondere Westdeutschlands, eher abschreckend als mobilisierend.

Ich will das Verhältnis von Arbeiterbewegung und »real existierendem Sozialismus« jedoch hier nicht im Einzelnen diskutieren. Dass man, bleiben wir bei Deutschland, die SED und den von ihr geführten Staat, die DDR, nicht aus der Arbeiterbewegung hinausdefinieren kann, scheint mir klar. Die SED und die DDR sind ohne den Arbeiterbewegungszusammenhang gar nicht zu begreifen. Allerdings fängt damit das

---

[1] Für den Druck redaktionell überarbeiteter Text meines Vortrags aus Anlass des zehnten Jubiläums der Gründung des »Förderkreises Archiv und Bibliotheken zur Geschichte der Arbeiterbewegung« und des 75. Geburtstags des langjährigen Herausgebers der »Internationalen Wissenschaftlichen Korrespondenz zur Geschichte der deutschen Arbeiterbewegung« (IWK) und späteren Vorsitzenden des Förderkreises Dr. Henryk Skrzypczak, am 5. Mai 2001 in Berlin. Der Vortrag wurde, leicht abgewandelt, außerdem am 31. Mai in einer öffentlichen Veranstaltung der »Stiftung Rechtsschutzsaal« in Friedrichsthal/Saarland gehalten. – Auf eine systematische Belegstruktur ist im Hinblick auf den spezifischen Vortragscharakter des Textes und den Umfang des Themas, der jede nicht auf Überblicks- und Standardwerke reduzierte Auswahl als willkürlich erscheinen lassen müsste, verzichtet worden. Umfassend informiert die von Gerhard A. Ritter im Verlag J. H. W. Dietz Nachf., Bonn herausgegebene Gesamtdarstellung: Geschichte der Arbeiter und der Arbeiterbewegung in Deutschland seit dem Ende des 18. Jahrhunderts (bisher sind erschienen die Bde. 1, 2, 5, 9-12; die Reihe wird über 1945 hinaus fortgesetzt). Etwas Entsprechendes gibt es für andere Länder oder gar für die internationale Ebene nicht. Siehe für die außerdeutsche Arbeiterbewegung nach wie vor Klaus Tenfelde (Hg.): Arbeiter und Arbeiterbewegung im Vergleich. Berichte zur internationalen historischen Forschung, München 1986 (HZ, Sonderheft 15) sowie Dick Geary: European Labour Protest 1848–1939, London 1981 (dt. München 1983).

Problem eigentlich erst an: Es gilt, das spannungsreiche Verhältnis zwischen der realen Arbeiterschaft und ihren Artikulationen einerseits und der zumindest in den oberen Etagen verselbstständigten, aus namentlich der kommunistischen Arbeiterbewegung hervorgegangenen Führungsschicht andererseits kritisch und vorurteilsfrei zu erforschen. Um es an einem Beispiel zugespitzt zu formulieren: Auf Ostdeutschland bezogen, gehören die streikenden und demonstrierenden Arbeiter des 17. Juni 1953 ebenso als Subjekte zur Geschichte der Arbeiterbewegung wie diejenigen Partei- und Staatsfunktionäre, die sich erst um die Eindämmung und dann um die Unterdrückung des Aufstands bemühten.

Selbstverständlich ist die historische Wirkung der Arbeiterbewegung nicht auf die etatistisch-kommunistischen Systeme zu begrenzen. In der sowjetischen Diskussion tauchte in der letzten Phase die Frage auf, ob der seit über einem halben Jahrhundert fast durchgehend sozialdemokratisch regierte, damals noch weitgehend unbeschädigte schwedische Wohlfahrtsstaat den ursprünglichen Zielen der sozialistischen Arbeiterbewegung nicht näher gekommen sei als die UdSSR. Die durchgreifende Verbesserung der materiellen Lage der Arbeiter in den entwickelten kapitalistischen Industrieländern, besonders nach dem Zweiten Weltkrieg, geht nicht ausschließlich und vielleicht nicht einmal hauptsächlich auf die Aktivitäten der Arbeiterbewegung zurück. Doch ist die Entwicklung zum modernen Sozialstaat ohne Gewerkschaften und sozialistische Parteien schwer vorstellbar. Ungeachtet ihrer unterschiedlichen ideologischen Ausrichtung und wechselnder sozialistischer Regierungsbeteiligung haben die aus der klassischen Arbeiterbewegung hervorgegangenen Organisationen durch Arbeitskämpfe und Tarifpolitik, Gesetzgebungsarbeit und praktische Verwaltungstätigkeit, bis zu einem gewissen Grad auch allein durch ihre Existenz, die heutigen liberal-kapitalistischen Gesellschaften Europas wesentlich mitgeprägt.

Vielfach nicht deutlich genug gesehen wird der Beitrag der Arbeiterbewegung zur Durchsetzung und Ausgestaltung der parlamentarischen Demokratie als Verfassungsordnung. Die Demokratisierung der bürgerlichen Gesellschaft war nämlich – nicht nur in Deutschland – wesentlich ein Ergebnis des auch außerparlamentarischen Kampfes der Arbeiterbewegung, vor allem um 1900, und keineswegs allein immanenter Systemlogik entsprungen. Die erste große Arbeiterbewegung der Welt, die britischen Chartisten der 1830er- und 1840er-Jahre, kämpfte vor allem anderen für das allgemeine und gleiche Wahlrecht. Schon von Anfang an war somit die Arbeiterbewegung mehr als eine Klassenbewegung im beschränkten, ouvrieristischen Sinn. Sie verstand sich als Erbin der Aufklärung und der bürgerlichen Revolution, deren befreiende Botschaft, wie immer wieder anklagend und polemisch herausgestellt wurde, von der Bourgeoisie verraten oder vernachlässigt worden sei.

I.

Wer die Geschichte der Arbeiterbewegung erforscht und studiert, hat es in besonderem Maß mit einem allgemeinen Problem der Geschichtswissenschaft zu tun: dem Verhältnis von Standortgebundenheit und Objektivität. Zwei der bis anno 1989 großen Parteien im Nachkriegsdeutschland, die SED und die SPD, beriefen sich auf die Tradition der Arbeiterbewegung, beanspruchten, diese eigentlich zu vertreten, und warfen der jeweils anderen vor, durch Anpassung an die bürgerlich-kapitalistische Gesellschaft (so die Kommunisten über die Sozialdemokraten) bzw. durch Übernahme eines undemokratischen, aus den rückständigen russischen Verhältnissen entstandenen Sozialismus-Modells (so die Sozialdemokraten über die Kommunisten), aus der Traditionslinie ausgebrochen zu sein.

In Deutschland nahm der Streit um das historische Erbe lange Jahre besonders unversöhnliche Züge an, weil die Spaltungslinien zwischen den der Arbeiterbewegung entstammenden Parteien, die ihre Wurzeln in den erbitterten Auseinandersetzungen zwischen SPD und KPD in der Weimarer Republik hatten, seit der SED-Gründung im Osten und der Abwehr kommunistischer Fusionsbestrebungen im Westen mit der innerdeutschen Zonen- bzw. Staatsgrenze nahezu identisch waren. Die ostdeutsche Sozialdemokratie war unter starkem Druck in der kommunistisch ausgerichteten SED aufgegangen, der westdeutsche Kommunismus – schon vor dem Verbot der Jahre 1956–68 – auf eine Splittergruppe reduziert, auch dieses nicht ausschließlich durch den Stimmzettel.

Die SED war überzeugt, mit ihrer »wissenschaftlichen Weltanschauung« des »Marxismus-Leninismus« einen verlässlichen Kompass auch für die Erforschung der eigenen Geschichte zu besitzen. Es kam ihr darauf an, die jeweils »korrekte Linie« herauszuarbeiten, ihren bzw. ihrer Vorgänger vermeintlichen Einfluss zu betonen und abweichende Positionen als illegitim darzustellen. Da die Partei sich im Besitz objektiver Welterkenntnis und zugleich auf der Seite des historischen Fortschritts wähnte, bildeten »Objektivität« und »Parteilichkeit« in der inneren Logik des Gedankensystems keinen Widerspruch. Ich verweise auf die später nicht mehr opportune achtbändige »Geschichte der deutschen Arbeiterbewegung« von 1966.

Auch von der SPD beeinflusste oder geförderte Darstellungen, besonders in der Phase des offenen Kalten Krieges, waren von tendenziösen Verzerrungen nicht immer frei. So war man nach der Verabschiedung des Godesberger Programms (1959) erkennbar bestrebt, die radikalen Strömungen in der SPD-Geschichte herunterzuspielen und die reformerischen, staatsbejahenden Strömungen aufzuwerten. Parallel dazu war auch in der westdeutschen Fachwissenschaft unter Federführung Werner Conzes das Bestreben spürbar, in der Geschichte namentlich der frühen Arbeiterbewegung die gemäßigten Impulse und die auf gesellschaftliche Integration gerichteten Ansätze herauszuarbeiten. Von einer Dominanz dieser Argumentationslinie konnte aber für die Bundesrepublik schon lange vor 1990 keine Rede mehr sein. Politisch und methodisch hatte sich – nicht zuletzt in der Auseinandersetzung mit der DDR-Historiografie und zugleich angeregt durch von der Studentenbewegung ausgehende Problemstellungen – tatsächlich ein Pluralismus der Standpunkte herausgebildet, der befruchtend wirkte. Und wenn auch nicht in der Interpretation, so hatte sich doch in der Darstellung des Faktischen längst eine gewisse, teilweise recht weitgehende Annäherung der verschiedenen Positionen, auch über die innerdeutsche Staatsgrenze hinweg, vollzogen.

In der wissenschaftlichen Beschäftigung mit der Geschichte der Arbeiterbewegung in der Alt-Bundesrepublik fanden – parallel zur Veränderung des politisch-kulturellen Klimas, aber auch in Reaktion auf internationale Forschungstendenzen – während der letzten zwei Jahrzehnte ihrer separaten Existenz nämlich wesentliche Veränderungen statt. Jetzt ging es um eine Sozialgeschichte der Industrialisierung unter Einbeziehung wirtschafts-, kultur-, bevölkerungs- und technikgeschichtlicher Aspekte, um eine empirisch fundierte Geschichte der Arbeiterklasse und ihres Entwicklungs- und Emanzipationsprozesses im sich entfaltenden Industriekapitalismus. Vor allen anderen würde ich dabei den Namen Klaus Tenfelde nennen. Diesen materiellen Unterbau hatte die frühe westdeutsche Arbeiterbewegungsgeschichte der Nachkriegszeit kaum in den Blick genommen. Im Vordergrund standen vielmehr die Theorie und die politische Strategie und Taktik, daneben auch die Organisation der sozialistischen Parteien (weniger der Gewerkschaften). Behandelt wurden vorwiegend solche Themen, für die die schriftliche Überlieferung relativ leicht zugänglich war. Fraglos waren und sind Untersuchungen dieser Art nötig – insbesondere auch auf regionaler und lokaler Ebene –, sofern ihre begrenzte Aussagekraft reflektiert und deutlich gemacht wird. Insofern handelte und handelt es sich bei den Forschungsansätzen in der Sozialgeschichtsforschung, die seit den 70er-Jahren die Produktionssphäre, das Alltagsleben, die Entwicklung der sozialen Lage und der Schichtung sowie die Kultur der Arbeiter in den Mittelpunkt des Interesses rückten und nach den Trägerschichten der Arbeiterbewegung, nach den sozialen und politischen Voraussetzungen ihrer Entfaltung und nach Protestformen fragten, eher um eine – überfällige – Erweiterung des Blickfelds als um eine Alternative zur Ideen-, Organisations- und Politikgeschichte der Arbeiterbewegung.

Arbeitergeschichte und Arbeiterbewegungsgeschichte »von unten« machen jedoch die Erschließung neuer Quellengattungen erforderlich, da »die Basis« in den Broschüren und Zeitungen, Protokollen und Briefen meist sprachlos bleibt. Die vermehrte Anwendung statistischer Methoden kann manche, vordem rein spekulativ beantwortete Fragen klären helfen – etwa, ob die materielle Lage in einer bestimmten Phase für eine bestimmte Gruppe besser oder schlechter wurde –, aber trägt zur Beantwortung anderer Fragen gar nichts bei. Neben nur sporadisch überlieferten autobiografischen Zeugnissen und zeitgenössischen Schilderungen von Amtspersonen (Fabrikinspektoren, Pastoren, Ärzten, Standesbeamten usw.) sind Betriebsarchive und lokale Überlieferungen ausgewertet worden. Für die jüngste Geschichte hat man mit Befragungen noch lebender Zeitzeugen gearbeitet, wobei besondere methodische und quellenkritische Überlegungen am Platz sind. Obwohl jeder Perspektivenwechsel neue Lücken selbst auf bislang gut erforschten Feldern zu Tage fördert – weil man beginnt, Fragen zu stellen, die vorher gar nicht als Probleme erkannt wurden –, wissen wir heute aufgrund einer umfangreichen empirischen Forschung nicht nur ungleichlich mehr über die Geschichte der Arbeiter und der Arbeiterbewegung als vor dreißig oder gar vierzig Jahren, wir wissen auch mehr über die Geschichte der Arbeiter als über die anderer sozialer Gruppen.

Etwas Ähnliches wie in der alten Bundesrepublik hat – wenn ich es richtig sehe – teilweise auch in der DDR stattgefunden, wo die Arbeiterbewegung naturgemäß von Anfang an einen bevorzugten, wenn nicht gar den zentralen Interessenschwerpunkt bildete. Ich denke für die damit angesprochene strukturgeschichtliche Erweiterung der ostdeutschen Historiografie etwa an Hartmut Zwahrs auch in der Bundesrepublik viel beachtete empirische Fallstudie über die Klassenkonstituierung des Proletariats in Leipzig von 1978.

Nach der Hinwendung zur Sozialgeschichte der Arbeiter und der Arbeiterbewegung seit den 70er-Jahren, der in den 80er-Jahren die Entdeckung der Alltagsgeschichte folgte, haben wir es in den 90er-Jahren mit einer kulturalistischen Wende der Geschichtswissenschaft zu tun. Dabei haben, auf unseren Themenkomplex bezogen, etwa Fragen der Festkultur und der Symbolik verstärktes Interesse gefunden. Eine methodische Herausforderung geht von der neuen Kulturgeschichte vor allem dort aus, wo sie sich der systematischen Untersuchung sprachlicher sog. Diskurse annimmt, die – so sagt man – das Denken und Handeln vorstrukturieren. Auf die Programmatik und Ideologie der Arbeiterbewegung angewandt, könnten vom »linguistic turn« geleitete Analysen ganz neue Erkenntnisse bringen. In seiner kürzlich erschienenen, beeindruckenden Habilitationsschrift über die deutsche Sozialdemokratie vom Vormärz bis zum Sozialistengesetz hat Thomas Welskopp gezeigt, wie es möglich sein könnte, diese Art neuer Kulturgeschichte und die Diskursanalyse für die Erforschung auch der Politik- und Sozialgeschichte der Arbeiterbewegung nutzbar zu machen.

Parallel zu dem Aufblühen der Kulturgeschichte und in Westdeutschland in die Periode vor 1990 zurückreichend, hat jedoch das Interesse an der Arbeiter- und Arbeiterbewegungsgeschichte als solcher erkennbar nachgelassen, übrigens auch bei Studenten. Im westeuropäischen Ausland ist das weniger ausgeprägt als in Deutschland, aber im Wesentlichen ähnlich gelagert. Innerwissenschaftliche Entwicklungen, gesamtgesellschaftliche Tendenzen und die Veränderung der politischen Konjunktur wirken hier zusammen und lassen den Eindruck entstehen, es handele sich um eine verstaubte Teildisziplin, mit der man jahrzehntelang übersättigt worden sei. Das gilt wie gesagt nicht nur für den Osten, wo das vielleicht eher nachvollziehbar, wenn auch nicht unbedingt besser begründet ist, sondern auch für den Westen Europas.

II.

Durch den Abbau zünftiger Schranken und traditioneller Pflichten wandelte sich der Gesellenstatus in den alten Handwerksbetrieben allmählich zu einem Lohnarbeiterstatus, ablesbar an der Herauslösung der Gesellen aus Haus und Familie des Meisters, an der geringer werdenden Chance, sich selbstständig zu machen, an Lockerungen der alten Schutzbestimmungen, an der langsamen Durchsetzung von Geldlohn. Ungeachtet der vielfachen Übergangsformen und unterschiedlichen Wege im Übergang zum Fabrik- und Lohnarbeiter kristallisierte sich ein bestimmter Typus heraus. Er war gekennzeichnet

- durch den Nichtbesitz an Produktionsmitteln,
- durch die einem kapitalistisch wirtschaftenden Unternehmer gegen leistungs- und marktabhängigen Lohn zur Verfügung gestellte Arbeitskraft,
- durch Unterwerfung der ganzen Person unter die Anordnungen des Unternehmers,
- durch eine ökonomische Lage, die allein von der zur Verfügung gestellten Arbeitskraft abhing,
- durch eine zunehmende »Vererbung« des Lohnarbeiterstatus auf die nächste Generation.

Die Durchbruchsphase der Industrialisierung, die »industrielle Revolution« – in Deutschland von den 1830er- oder den 1840er-Jahren, in England 50 bis 60 Jahre früher – brachte noch nicht das quantitative Übergewicht der Arbeiterbevölkerung, wohl aber die Vorherrschaft der kapitalistischen Produktionsweise und somit des Lohnarbeitsverhältnisses. Der Prozess der Konstituierung des Proletariats als Klasse setzte erst in einem relativ fortgeschrittenen Stadium der Industrialisierung ein, in England um 1820, in Deutschland um 1860, in Frankreich noch einmal deutlich später und dauerte dann jeweils mehrere Jahrzehnte.

Das sind indessen Feststellungen auf einer hohen Abstraktionsebene, die leicht die anhaltende Inhomogenität der Arbeiterschaft, nach ethnischer und religiöser Zugehörigkeit, aber auch nach Berufstraditionen, regional und branchenbedingten Daseinsverhältnissen, verschleiern können. Teilweise sehr unterschiedlich waren die jeweilige Situation am Arbeitsplatz, das Qualifikations- und Lohnniveau sowie die reale Chance individuellen sozialen Aufstiegs. Diese Gesichtspunkte müssen stets mitbedacht werden, wenn – durchaus gut begründet – von »der« Arbeiterklasse und »der« Arbeiterbewegung die Rede ist. Auch wenn die Leninsche These von der »Arbeiteraristokratie« m. E. nicht haltbar ist, gab es nicht nur in England hoch qualifizierte, gut bezahlte Facharbeitergruppen. Sie waren aber nicht unbedingt Anhänger des Reformismus, sondern stellten einen durch Arbeitsethos, Disziplin und Selbstbewusstsein charakterisierten Typus dar, der u. U. auch Träger einer radikalen Strömung sein konnte. Bis zu einem gewissen Grad gelang es der Arbeiterbewegung, die unteren Segmente der Klasse an den größeren Erfolg der Facharbeiter (mit ihrer vergleichsweise stärkeren Stellung im Betrieb) bei den Tarifauseinandersetzungen anzukoppeln, sodass der Tendenz zu innerer Differenzierung der Klasse entgegengewirkt wurde. Das gilt namentlich für Deutschland, sogar nach der sozialdemokratisch-kommunistischen Spaltung. In jedem Fall setzte sich die nahezu alle Lebensbereiche und zuletzt die Lebenserwartung betreffende Ungleichheit zwischen der gesamten Arbeiterklasse einerseits, der Bourgeoisie, der bürgerlichen Intelligenz und (in etwas anderer Weise) dem Kleinbürgertum andererseits fort und brachte die Arbeiterbewegung sozusagen immer wieder neu hervor.

Dabei lassen sich hinsichtlich der Umstände, unter denen sich eigenständige Arbeiterbewegungen konstituierten, einige Regelmäßigkeiten benennen:

- Am Anfang standen üblicherweise nicht politische Parteien, sondern Gewerkschaften. Sie waren, ökonomisch gesehen, Kartelle der Besitzer von Arbeitskraft zur Erzielung günstiger Preise und günstiger Bedingungen auf dem Arbeitsmarkt und insofern als solche zweckmäßig, auch ohne irgendeine weiterreichende Zielsetzung. Tatsächlich gehörten von Anfang an nichtmaterielle Werte wie Berufsstolz, Gerechtigkeitsgefühl, Gemeinschaftsideal u. a. m. zu den Motiven der Gewerkschaftsgründer wie zu denen der Parteigründer.
- Die klassenbewusste, organisierte und politisch aktive Minderheit der Arbeiter war beruflich meist qualifiziert und anfangs handwerklich-kleinbetrieblich geprägt. Die eigentlichen Industriearbeiter und insbesondere die Unterschichten der Arbeiterklasse, die industriellen wie die agrarischen, blieben demgegenüber lange im Hintergrund oder passiv. In Deutschland traten sie am Ende des 19. Jahrhunderts mit den großen Streiks der Konfektionsarbeiter aktiv in die Klassenbewegung ein. Auch die Bergarbeiter erhielten erst jetzt ihre jahrzehntelang politisch wichtige Stellung.
- Die Herausbildung der Klassengegensätze, die soziale Polarisierung der Gesellschaft (nicht zu verwechseln mit der absoluten Verelendung der Arbeiter), führte zur Trennung der Arbeiterbewegung von der Bewegung der bürgerlichen Demokratie, der sie zunächst verbunden gewesen war, zumindest aber forcierte sie Bestrebungen in Richtung einer politischen Verselbstständigung der Arbeiter.
- Die Repression seitens der Unternehmer wie auch der Staatsmacht traf, mehr oder weniger massiv, die Arbeiterbewegung überall, keinesfalls nur in autokratischen oder autoritären Staaten. Es gab allerdings charakteristische Unterschiede: Während im kaiserlichen Deutschland die Sozialdemokratie wegen ihrer sozialistischen und ihrer radikal-demokratischen Ziele ausgegrenzt und zeitweise mit einem Ausnahmegesetz gegen ihre »gemeingefährlichen Bestrebungen« in die Illegalität oder Halblegalität gedrängt wurde, trat in den USA, vor 1914 eine der wenigen Republiken, die physische, teilweise äußerst brutale Polizei- und sogar Militärgewalt gegen die Arbeiter in den Vordergrund, namentlich bei Streiks. Der Niedergang der radikalen, teilweise anarcho-syndikalistisch orientierten International Workers of the World (IWW), die am Anfang des 20. Jahrhunderts einigen Einfluss besaßen, war neben anderem auf eine massive polizeiliche Unterdrückung im Ersten Weltkrieg unter der Präsidentschaft Woodrow Wilson, eines liberalen Demokraten, zurückzuführen.

Die Arbeiterschaft als soziale Kategorie ist mit der spontanen oder gar organisierten Arbeiterbewegung niemals identisch gewesen. Selbst in den Ländern mit dem höchsten Organisationsgrad gehörte vor dem Ersten Weltkrieg nicht mehr als ein Viertel aller Arbeiter den wirtschaftlichen und politischen Verbänden der Arbeiterbewegung an. Nur in wenigen Fällen gelang in späteren Zeiten die Organisierung der Mehrheit, so in Schweden. Und nur in Ausnahmesituationen kämpfte die Mehrheit oder eine große Minderheit der Arbeiter gleichzeitig für soziale oder politische Forderungen.

Es hat immer eine erhebliche Anzahl Arbeiter gegeben, die niemals in ihrem Leben eigene Interessen artikulierte, Protest ausdrückte oder sich organisierte, vor allem im ländlich-kleinstädtischen Umfeld. Dennoch haben Arbeiter stets ähnliche Formen der Interessenvertretung und des Protests entwickelt, sogar in der Illegalität, in Diktaturregimen teilweise unter Ausnutzung bestehender offizieller Organisationen. Man denke etwa an die Unterwanderung der korporatistischen Organisationen Spaniens zur Zeit des Frankismus durch die Arbeiteropposition und – ohne sonstige Parallelisierung – an die antidiktatorische Kampftradition der polnischen Arbeiter seit 1956, die 1980 schließlich in die Gründung der Gewerkschaft Solidarnosc mündete. Alle historischen Erfahrungen belegen, dass Arbeiterbewegungen, sofern sie nicht gewaltsam unterdrückt werden, offenbar quasi naturwüchsig aus der Stellung der Arbeiter im Produktionsprozess der – wie wir heute wissen, nicht zwingend nur kapitalistischen – Industriegesellschaft hervorgehen.

Ist der Zusammenhang zwischen Arbeiterbewegung, sozialem Protest und kollektiver Interessenvertretung noch eindeutig, so gilt dies weit weniger für den Zusammenhang von Arbeiterbewegung und Sozialismus. In Deutschland hatten erste Gesellen- und Arbeiterzusammenschlüsse (Auslandsvereine wie der »Bund der Kommunisten«, Handwerker- und Arbeiterbildungsvereine, »Arbeiterverbrüderung«) in den Jahren zwischen 1840 und 1870 zur ungewöhnlich frühen Entstehung zweier Arbeiterparteien geführt, die sich schließlich 1875 in Gotha vereinigten. Trotz unterschiedlicher Handlungs- und Organisationsformen, wie auch verschiedener gesellschaftlicher Zielvorstellungen innerhalb der Arbeiterschaft, korrespondierend zu ihrer unterschiedlichen Struktur und Lage, scheint der Zusammenschluss zu eigenen, auch politischen Organisationen nicht nur in Deutschland ein Grundmuster in der Geschichte der Arbeiterbewegung zu sein. Das Selbstverständnis des Beteiligten als »Arbeiter« war in den frühen Stadien nicht unbedingt an klassenmäßig eindeutigen Kriterien ausgerichtet, sondern antizünftig und popular-demokratisch akzentuiert; die große Bevölkerungsmehrheit wurde unter den Arbeiterbegriff subsummiert.

In manchen Ländern, insbesondere in den USA, haben sich zwar zeitweise recht starke und in Lohnkämpfen militante Gewerkschaften konstituiert, aber niemals eine sozialistische Partei von Bedeutung. Über die Gründe hat man seit Werner Sombart viel nachgedacht (zumal in Kanada in Gestalt der New Democratic Party mit Verzögerung eine Art sozialdemokratischer Partei entstand, in Australien und Neuseeland mit der Labour Party ohnehin). Neben dem Fehlen feudaler Traditionen in den USA und einer entsprechend geringen Staatsorientierung des politischen Verhaltens sowie der liberal-demokratischen, aber föderativen Verfassung und dem System der »Ringe« und »Bosse« in den Städten mit eher lobbyistischen Aktionsmöglichkeiten für die Gewerkschaften werden die ethnisch-nationale Zersplitterung der US-amerikanischen Gesellschaft, die Ideologie des »American Dream« und die anfängliche reale Chance des einzelnen Arbeiters für eine Landnahme im Westen angeführt. Aber auch unabhängig davon verminderte die räumliche Entzerrung der Industrie den Druck zur Koalitionsbildung. Bei der Organisierung von Arbeitern fällt zudem die Stärke berufsgewerkschaftlicher Tendenzen auf.

In England entstand die Labour Party aus der Wahlreformbewegung der 1860er-Jahre und dem liberalen Radikalismus und entwickelte sich nach ihrer Gründung 1893 zum politischen Arm der Gewerkschaften im Parlament mit sozialpolitischen Sofortforderungen und nur langfristig sozialistischer Zielausrichtung. Ein sozialistisches Programm gab sich die Labour Party erst 1918, und marxistische Ideen blieben in der britischen Arbeiterbewegung lange marginal.

Verschiedentlich versuchten Arbeiter, ihre speziellen Anliegen über andere, Klassen übergreifende politische Formationen durchzusetzen, etwa über das katholische Zentrum im kaiserlichen und republikanischen Deutschland oder – später in diesem Jahrhundert – über populistische Bewegungen wie den Peronismus in Argentinien. In Frankreich und Spanien wehrten die stärksten Gewerkschaftsbünde unter dem Einfluss des Anarcho-Syndikalismus lange jede, nach ihrer Meinung stets kompromisslerische, Parteipolitik ab – aus entgegengesetzten Gründen, warum die englischen Gewerkschaften vor 1900 und die amerikanischen Gewerkschaften bis heute die Bildung einer eigenen Arbeiterpartei ablehnten.

Trotz alledem scheint der Normalfall die Herausbildung politischer Parteien im 19. und 20. Jahrhundert zu sein, die die Interessen der Arbeiter auf der staatlichen Ebene zur Geltung brachten. Nicht zwingend und in aller Regel tatsächlich nicht bestanden diese Parteien ausschließlich aus Arbeitern. Vielmehr waren sie, mehr oder weniger ausgeprägt, stets auch für die Armen und die »kleinen Leute« schlechthin sowie für die entschiedenen, egalitär ausgerichteten Demokraten anderer Schichten offen. Die engere oder breitere (wie in Frankreich und Skandinavien) soziale Zusammensetzung einer Arbeiterpartei sagte viel über den Grad gesellschaftlicher und politischer Isolierung der Arbeiterbewegung bzw. ihrer Integration aus. Diese Parteien konnten mehr oder weniger radikal, mehr oder weniger reformerisch, mehr oder weniger vom Marxismus beeinflusst sein, aber sie bekannten sich alle in irgendeiner Weise zum Sozialismus, der die Befreiung der Arbeiter durch Überwindung oder zumindest durch eine sozialstaatliche Zähmung des Kapitalismus verhieß. Die relativ enge Verbindung von Arbeiterschaft, Arbeiterbewegung und Sozialismus in Deutschland vor 1933 ist zwar nicht typisch, entspricht aber doch der Entwicklungstendenz dieser Epoche zumindest in Europa.

III.

Die soeben getroffene Feststellung gilt ohnehin nur in ihrer allgemeinen Formulierung. Denn der besondere deutsche Typ von Arbeiterbewegung war – wie sollte es anders sein – von dem spezifischen Gesellschafts- und Verfassungstyp geprägt. Dass sich im Kaiserreich die Dynamik der kapitalistischen Wirtschaft entfalten konnte, in beträchtlichem Maß auch gesellschaftliche Modernisierung ermöglicht wurde, steht außer Frage. Der deutsche Konstitutionalismus bot aber, zumal in der wilhelminischen Phase, darüber hinaus auch Gelegenheit für politische Teilnahme, begrenzt und ständig bedroht, doch durchaus real. Die doppelte Prägung der Arbeiterbewegung durch den Entwicklungsstand des Industriekapitalismus mit den ihm eigenen Klassenverhältnissen einerseits, die komplizierte Staatsverfassung mit den autoritären Elementen sowie dem obrigkeitlichen Verhaltensstil in der Politik andererseits, förderte die charakteristische Vormachtstellung der Partei gegenüber den Gewerkschaften (und Genossenschaften). Die formelle marxistische Orthodoxie der Bebelschen Sozialdemokratie war der adäquate programmatische Ausdruck ihres bis auf Weiteres unlösbaren Dilemmas: ihren nahezu ungebremsten Aufstieg in der Mitglieder- und Wählerentwicklung nicht in sichtbare politische Teilerfolge ummünzen und zugleich die große außerparlamentarische Konfrontation mit dem Staatsapparat nicht wagen zu können.

Aus den Verfolgungen und Diskriminierungen gingen die Sozialdemokraten mit dem Nimbus der Unbeugsamen und Unbesiegbaren hervor. Die proletarischen und plebejischen Massen fanden in deren Funktionären ihre politischen Vertreter und die Repräsentanten ihrer eigenen kollektiven Würde. Es war – neben der sprichwörtlichen Disziplin – diese spezifische Würde, die auch Männer ganz anderer Herkunft wie den badischen Innenminister von Bodman beeindruckte. Er sprach 1910, während der Phase nationalliberal-sozialdemokratischer Zusammenarbeit, in der Ersten Kammer des Großherzogtums von einer »großartigen Arbeiterbewegung zur Befreiung des Vierten Standes«, als Lob eines führenden Vertreters der herrschenden Ordnung für die Verhältnisse im Deutschen Kaiserreich und seinen Einzelstaaten allerdings ganz ungewöhnlich. Insgesamt wurden die sozialen Klassenschranken nicht nur auf die politische Sphäre übertragen, sondern dort auch noch institutionell wie habituell verschärft. Modernisierende, auch liberalisierende Veränderungen innerhalb der bestehenden monarchisch-konstitutionellen Ordnung – teils beabsichtigt, teils unbeabsichtigt – sind nicht zu leugnen; eine durchgreifende Demokratisierung und Parlamentarisierung der Verfassung gelang indessen bis 1918 bekanntlich nicht.

Die das 19. Jahrhundert prägenden, sich weit in das 20. Jahrhundert hineinziehenden, scharf ausgeprägten Klassengegensätze, in Deutschland durch die besonders starke Tendenz zur Herausbildung eines proletarisch-sozialistischen Milieus, haben auch noch die ganze Zeit der Weimarer Republik bestimmt. Trotz parlamentarischer Demokratie und sozialpolitischer Errungenschaften – von der Arbeiterbewegung in der Revolution 1918/19 erkämpft – blieb die in der Selbstabgrenzung global als »bürgerlich« gekennzeichnete Welt, nicht nur die der Unternehmer, sondern auch die der breiten Schichten des ländlichen und städtischen Mittelstands, der neuen angestellten und beamteten Mittelschichten sowie der akademischen Berufe, den Arbeitern fremd. Sie hatten sich ihre eigenen Formen von Geselligkeit und Kultur, meist im Zusammenhang mit den parteipolitischen, gewerkschaftlichen, genossenschaftlichen, sportlichen und kulturellen Vereinigungen der Arbeiterbewegung, geschaffen, die den Menschen »von der Wiege bis zur Bahre« eine Heimstatt boten. Diese in die Hunderte gehenden, meist lokalen Organisationen verhießen Geborgenheit und solidarisches Zusammenwirken in einer bedrückenden sozialen und politischen Realität. Diese proletarische Gegenwelt war mit der Industrialisierung und der Herausbildung einer industriellen Arbeiterschaft in der zweiten Hälfte, insbesondere im letzten Viertel des 19. Jahrhunderts entstanden.

Nicht allein, aber vor allem in Deutschland fand die trotz allem zweifellos minoritäre Arbeiterbewegungskultur zwischen 1918 und 1933, durch die kommunistischen Konkurrenzgründungen zum Teil sogar noch vermehrt, eine quantitative Ausdehnung und Dichte wie niemals zuvor und danach. Dieses Faktum kann mit erklären, warum die Arbeiterbewegung trotz der staatstragenden Politik der SPD-Führung insgesamt in Distanz zur bürgerlichen Gesellschaft und in geringerem Maß auch zum republikanischen Staat blieb. Die fortdauernden kapitalistischen Produktionsverhältnisse mit den wiederholten Wirtschaftskrisen und dem quasi geerbten Lohnarbeiterstatus, der zwar reduzierte, aber nicht nachhaltig gebrochene Einfluss der alten Eliten in Gesellschaft und Staat, schließlich – damit verbunden – die ständige latente Infragestellung des der Weimarer Verfassungskonstruktion zugrundeliegenden Klassenkompromisses zwischen der reformistischen Arbeiterbewegung und dem »vernunftrepublikanischen« Teil des Bürgertums durch selbst die gemäßigten Kapitalgruppen und großbürgerlichen Politiker bewirkten, dass, weit über den kommunistischen Einflussbereich und den linken Flügel der SPD hinaus, die übergroße Mehrheit der Anhänger der Arbeiterbewegung sich weigerte, die Weimarer Republik vorbehaltlos als ihren Staat anzuerkennen.

Ich halte es somit für eine falsche Sicht der Weimarer Republik insgesamt, wie es heute mehr und mehr üblich wird, die fundamental-sozialistische Zielsetzung der sozialdemokratischen Arbeiterbewegung zu vernachlässigen. Gewiss war es ein anderer Sozialismus als der, den die KPD vertrat, die ihrerseits übrigens nicht nur Moskau-gesteuerter Apparat war (was sie auch war), sondern gleichzeitig Ausdruck eines autochthonen Arbeiterradikalismus.

Die sozialdemokratische Solidargemeinschaft, wie sie sich in der Weimarer Republik am deutlichsten ausprägte und in der Bundesrepublik bis weit in die 50er-Jahre, teilweise länger fortbestand, umspannte die verschiedenen Lebensbereiche, hatte ihren Kern aber am Arbeitsplatz, wo sie sich aus Facharbeitern rekrutierte. Eine spezifische Facharbeitermentalität dominierte die Sozialdemokratie auf allen Ebenen der Partei, nicht ganz so eindeutig in der Wählerschaft. Die parteieigenen Bildungsanstalten, die weit verzweigte Presse, die Posten in der kommunalen und staatlichen Parlaments- bzw. Verwaltungsarbeit schufen die Voraussetzung für die Herausbildung einer qualifizierten proletarischen Parteiintelligenz. Seiteneinsteiger mit bildungsbürgerlichem Hintergrund konnten im Einzelfall dominieren, aber nur dann, wenn sie sich dem vorherrschenden Milieu anpassten und die Regeln für partei- oder gewerkschaftsinternen Aufstieg akzeptierten.

Trotz der Prioritätensetzung der SPD auf Wahlkämpfe, parlamentarische Gesetzgebung und Regierungskombinationen erschöpften sich die Tätigkeit und das Selbstverständnis der sozialdemokratisch orientierten Arbeiterbewegung nicht darin. Das dichte und nahezu umfassende Organisationsgeflecht schützte und stärkte wie schon im Kaiserreich die Mitglieder in einem sozialen Umfeld, in dem sie strukturell unterlegen waren. Die in Jahrzehnten eingeübten solidarischen Kampfformen nach außen und Umgangsformen im Innern waren nicht nur funktional, sondern verhießen inmitten der alten kapitalistischen eine neue Gesellschaft mit einem anderen Wertemaßstab. Die Solidargemeinschaft war auch eine Vorwegnahme des künftigen Sozialismus. Das bedeutet: Für die sozialdemokratischen Facharbeiter bestand zwischen dem »Endziel« der Überwindung des Kapitalismus, der Organisationspraxis, der alltäglichen Arbeit der SPD-Politiker und der Gewerkschaftsvorstände auf allen Ebenen sowie den reformistisch-gradualistischen Transformationskonzepten, wie sie etwa Rudolf Hilferding und Fritz Naphtali vertraten, möglicherweise ein Spannungsverhältnis, aber kein grundsätzlicher Widerspruch. Die Vorstellung, den »organisierten Kapitalismus« durch die Einführung neuer »wirtschaftsdemokratischer« und sozialstaatlicher Elemente sukzessiv und graduell in sozialistische Richtung zu verändern, entsprach in hohem Maß ihrer Erfahrungswelt.

IV.

Nach den Verheerungen des Faschismus und des Zweiten Weltkriegs, im Hinblick auf unser Thema vor allem in Deutschland, schien es eine kurze Zeit so, als würde die Arbeiterbewegung zur bestimmenden politischen Kraft in ganz Europa werden. 1917 hatten der Sturz des russischen Zarismus und dann die Oktoberrevolution international eine mehrjährige revolutionäre Kriegs- und Nachkriegskrise ausgelöst, die vom Aufschwung der radikalen bzw. kommunistischen Richtung wie auch von aufsehenerregenden Wahl- und Gesetzgebungserfolgen der reformerischen bzw. sozialdemokratischen Richtung gekennzeichnet gewesen war. Jetzt, ab 1943/44, ging die Krise der bürgerlichen Ordnung von der militärischen Wende und vom Aufschwung der nationalen Widerstandsbewegungen in den deutsch besetzten Ländern aus. Der Großbesitz und die tragenden Schichten des alten Staates waren dort wegen der Zusammenarbeit mit dem Nationalsozialismus diskreditiert. Es gibt klare Indizien dafür, dass die Bevölkerung in ihrer Mehrheit den Antifaschismus nicht auf die politische Demokratisierung beschränken wollte: Die Macht des großen Kapitals sollte gebrochen und ein Entwicklungsweg »jenseits des Kapitalismus« – so der Titel des damals verbreiteten Buches von Paul Sering = Richard Löwenthal – geöffnet werden, wobei die korrekte Definition des gesellschaftpolitischen Charakters der – in ihren konkreten Elementen bemerkenswert übereinstimmenden – Transformationskonzepte hier außer Betracht bleiben kann. Als ein, verglichen mit 1917–20, günstiger Faktor erschien auch die Unterstützung tiefgreifender gesellschaftlicher Strukturreformen durch Gruppierungen außerhalb der Arbeiterbewegung. Es gab vorübergehend so etwas wie eine bürgerliche Linke von Gewicht.

Ob es sich in den Jahren 1944 bis 1947 tatsächlich um eine gesamteuropäisch vorrevolutionäre Situation handelte, wäre ein eigenes Thema. Bezüglich Deutschlands ist zu recht auf die Kompliziertheit der sozialen und politischen Bedingungen in der Zusammenbruchsgesellschaft, auf die Fragilität und Diffusität der auch hier nachweisbaren antifaschistisch-antigroßkapitalistischen Massenstimmung hingewiesen worden. Abgesehen davon scheiterte der Vormarsch der Linken hier wie anderswo bereits an der Unfähigkeit und Unwilligkeit der britischen Labour-Regierung, eine von den USA unabhängige Führungsrolle in Europa zu übernehmen. Labour wurde vielmehr zum Vorreiter einer proamerikanischen, von den US-Gewerkschaften massiv unterstützten Orientierung der westeuropäischen Sozialdemokratie einschließlich der sozialdemokratisch geführten Gewerkschaftsbewegung.

Erfolgreich konnte diese Ablenkung der sozialdemokratischen Arbeiterbewegung vom Ziel des sozialistischen Neubaus deshalb sein, weil die reale Umwälzung im östlichen Mitteleuropa und in Südosteuropa mehr und mehr, von Anbeginn spürbar auf eine Angleichung an die Methoden und Strukturen der Stalinschen Diktatur in der Sowjetunion gerichtet war. Diese stalinistische Überformung der »antifaschistisch-demokratischen« bzw. »volksdemokratischen« Umgestaltungen schlug direkt und indirekt auf Westeuropa zurück, wo die Stalinisierung bzw. Restalinisierung der kommunistischen Parteien insbesondere in Frankreich, später ebenso in Italien dazu beitrug, die breite und lebendige Aktionseinheit der Arbeiterbewegung um 1945 zu zerstören. Ab Ende der 40er-Jahre tat zudem im westlichen Europa die Verbesserung der Lebensverhältnisse aufgrund der Wiederbelebung und Neustrukturierung der kapitalistischen Weltwirtschaft ihre Wirkung. Es kam zu einer historisch einmaligen Verbesserung des Reallohns und generell der materiellen Lebensbedingungen. – Ich habe die Konstellation am Ende des Zweiten Weltkriegs etwas ausführlicher behandelt, weil sie als Erfahrungshintergrund der in den 50er- bis 70er-Jahren bestimmenden Altersgruppen den Ausgangspunkt der dann folgenden unversöhnlichen Fraktionierung der Arbeiterbewegung entsprechend den Fronten des Kalten Krieges bildete.

Von heute aus erscheinen die vier Jahrzehnte zwischen 1950 und 1990 unter dem Gesichtspunkt der Arbeiterbewegung als Übergangsperiode. Die Voraussetzungen, unter denen bestimmte historische Phänomene als Arbeiterbewegung bezeichnet werden können, änderten sich, zunächst eher schleichend. Ich habe dabei wiederum speziell Deutschland (West) im Blick. Die Einbeziehung der anderen europäischen Länder modifiziert die Aussagen lediglich. Allerdings sah es zeitweise so aus, also ob sowohl hinsichtlich der Ausformung des Klassengegensatzes, als auch hinsichtlich der Intensität und Ausdehnung der Klassenkämpfe der Trend in West- und Südeuropa umgekehrt worden sei. Schon deutlich vor 1990 war jedoch klar, dass dem nicht so war.

Streiks von teilweise beträchtlicher Ausdehnung und Militanz schienen seit den späten 60er-Jahren das Wiederaufkommen einer potenziell revolutionären Arbeiterbewegung anzuzeigen, getragen von einer jüngeren, nicht mehr von den Niederlagen und demobilisierenden Erfahrungen der Jahrzehnte davor geprägten Generation. Typisch für diese jüngeren Arbeiter war, dass sie neben den traditionellen Lohn- und Arbeitszeitforderungen vermehrt die Autoritätsverhältnisse in den Betrieben attackierten. Der französische Generalstreik vom Mai 1968, die wiederholten Massenstreiks in Italien und Großbritannien (bis zum legendären Bergarbeiterstreik von 1984/85) und andernorts konnten – zumal nach dem Übergang zu einer stärker krisenhaften Phase der kapitalistischen Weltwirtschaftsentwicklung nach 1974 – auch bei nüchterner Betrachtung den Eindruck vermitteln, als seien die 50er- und 60er-Jahre eine durch außerordentliche Bedingungen ermöglichte Zeit der vorübergehenden Flaute der Klassenkämpfe gewesen, die nun vorbei sei. In langer Perspektive handelte es sich bei den Massenstreiks der 60er- bis 80er-Jahre indessen vielmehr um das letzte Aufflammen des alten Arbeiterradikalismus.

In Westdeutschland setzte sich schon bis Mitte der 60er-Jahre so etwas wie die Entproletarisierung der Lebenshaltung der Arbeiterfamilien durch; die untere Hälfte der Gesellschaft wurde, ohne ihren Lohnabhängigenstatus zu verlieren, Teil der Konsumgesellschaft. Der Anteil der Arbeiter gegenüber dem der Angestellten im Produktionsbereich – und vor allem der Anteil der dort Beschäftigten insgesamt gegenüber dem Dienstleistungssektor – nahm jetzt kontinuierlich ab. Die alten Industrien wie Kohle und Stahl verloren ihre ganze Regionen prägende Bedeutung und wurden systematisch abgebaut. Für die Kinder der Arbeiter und noch mehr für die Kinder aus den abhängigen Mittelschichten bot die Bildungsexpansion der 70er-Jahre vorher nicht gekannte Aufstiegschancen.

Parallel dazu und sogar noch schneller als die Gesellschaft änderte sich der soziale Charakter der SPD, bei der das traditionelle Facharbeitermilieu zu Gunsten der neuen Intelligenzschichten und des öffentlichen Dienstes mehr und mehr an den Rand geriet, während sich zugleich die Reformprogrammatik der Partei von ihrem arbeiterbewegungs-sozialistischen Ursprung löste. Für die Gewerkschaften nahmen sich die Veränderungen nicht ganz so dramatisch aus, aber auch hier spielte der Kampf- und Bewegungscharakter der Organisationen zu Gunsten ihrer Eigenschaft als Dienstleistungsapparat eine abnehmende Rolle. Protestpotenzial in den unteren Schichten der Arbeiterbevölkerung, sofern es sich in Wahlen überhaupt artikuliert, schlägt inzwischen eher nach rechtsaußen als nach links aus, und das nicht nur in Deutschland.

V.

Das, was gemeinhin »Globalisierung« genannt wird, begünstigt mittlerweile eine erneute Entgrenzung des Marktkapitalismus, sodass nach dem Scheitern des sowjetkommunistischen Modells auch das wohlfahrtsstaatliche Nachkriegsmodell insbesondere der skandinavischen Sozialdemokratie, also der Idee eines Sozialismus im Rahmen des Kapitalismus, radikal infrage gestellt ist. Währenddessen verändert der Durchbruch der neuesten Technologien, namentlich der Mikroelektronik, die Arbeitswelt radikaler als alles seit der Einführung der mechanisierten Großindustrie. Die Arbeiterexistenz im traditionellen Sinn ist generell nicht mehr gesellschaftsprägend, obwohl der Anteil der selbstständigen Wirtschaftssubjekte seit den 50er-Jahren noch einmal erheblich zurückgegangen ist. Die zunehmende Segmentierung gesellschaftlicher Erfahrung und das Ausscheiden beträchtlicher Bevölkerungsgruppen aus dem – gerade in der Sicht der Arbeiterbewegung – »normalen« Status lebenslanger Vollerwerbstätigkeit machen die Wahrnehmung gesellschaftlicher Grundstrukturen durch die Individuen nur noch schwer möglich.

Die soziale Ungleichheit nimmt wieder zu, auch in den hoch entwickelten Ländern, wo teilweise ein Kapitalismus ohne Industrie, ja ohne Arbeit, entsteht. Die euphemistische Formulierung von den »Modernisierungsverlierern« beschreibt die ständig neue und schon seit den 80er-Jahren wieder verstärkte Hervorbringung marginalisierter und relativ pauperisierter Schichten noch unterhalb der etablierten Arbeiterschaft und weitgehend ohne Beziehung zur Arbeiterbewegung: Berufslose und, meist wegen geringer Qualifikation, längerfristig Erwerbslose, unter ihnen besonders Jugendliche, Kinderreiche, besonders Alleinerziehende, Alte, Behinderte und Kranke, Sozialhilfeempfänger und Kleinrentner, scheinselbstständige Kümmerexistenzen, Drogenabhängige und Kleinkriminelle sowie andere Gruppen. Sie bilden einen beträchtlichen Teil, je nach Rubrizierung bis zu einem Drittel der Bevölkerung. Die Existenz diesen neuen (Sub-)Proletariats aus den Schwächsten der Gesellschaft stellt die in Europa vielerorts regierende Sozialdemokratie vor die Frage, ob solche Pauperisierungstendenzen nicht die Grundlagen der eigenen parteipolitischen Existenz, sofern damit noch eine bestimmte inhaltliche Substanz verbunden ist, unterminieren, war doch die Arbeiterbewegung im 19. Jahrhundert aus Protest gegen die krasse Ungleichheit entstanden und hatte ihre tatsächliche Funktion darin gefunden, den Kapitalismus bis zu einem gewissen Grad zu zivilisieren und zu humanisieren.

Für die Gewerkschaften, die in der Vergangenheit – in manchen Ländern mehr als in anderen – sozial vereinheitlichend wirken konnten, liegt es nahe, das größte Manko in dem geringen Organisationsgrad der neuen Arbeitnehmergruppen mit auch individuell starker Marktposition zu sehen, statt sich den unteren und zu den Verlierern zählenden Arbeiterschichten mit derselben Intensität zuzuwenden. Die Aufgabe, einer sozialen Zerklüftung innerhalb der werktätigen Bevölkerung entgegenzuwirken, stellt sich zudem nicht nur innerhalb der einzelnen Länder, sondern auch für die Europäische Union. Bislang können die Gewerkschaften der Kapitalseite auf europäischer Ebene nicht Paroli bieten. Sie drohen, sollten sie die genannten Herausforderungen nicht bewältigen, längerfristig auf das Niveau amerikanischer oder gar japanischer Gewerkschaften reduziert zu werden.

Wenn man die neu industrialisierten bzw. sich industrialisierenden Länder, die »Dritte Welt« und die Schwellenländer, in die Betrachtung einbezieht, stellt sich die Lage gewiss anders und in mancher Hinsicht eindeutiger dar. Dort wächst unter gesellschaftlichen Verhältnissen, die vielfach von subproletarischem Massenelend gekennzeichnet sind, die Arbeiterklasse im traditionellen Sinn weiter an, und Arbeiterorganisationen spielen immer wieder eine zentrale Rolle beim Ringen um Demokratisierung und sozialen Fortschritt. Es ist wahrscheinlich, das sich das Schwergewicht der »alten« Arbeiterbewegung in die südliche Hemisphäre verlagern wird. Ich sehe allerdings derzeit keine Anzeichen dafür, dass diese Länder oder einige davon theoretisch-programmatisch und organisatorisch eine internationale Avantgarderolle übernehmen könnten.

Die Individualisierung unserer Gesellschaft, zu deren Begleiterscheinungen die Auflösung der sog. sozialmoralischen Milieus, einschließlich des Arbeitermilieus gehört, wird sich nicht einfach rückgängig machen lassen. Die Frage lautet heute wohl eher, ob kleine soziale Netzwerke auf der Grundlage und mithilfe nachindustrieller Verkehrsformen vereinheitlicht werden können. Dies wäre allerdings die Voraussetzung dafür, dass aus der Vielheit der in Netzwerke eingebundenen sozialen Proteste und Initiativen eine große solidarische und emanzipatorische Bewegung hervorgehen könnte. Es scheint jedenfalls nicht so zu sein, dass Beruf, Qualifikation und Arbeitsplatz ihre wesentliche Bedeutung für das Selbstverständnis der einzelnen Menschen eingebüßt hätten. Wird jedoch die Arbeiterbewegung oder das, was daran anschließt, imstande sein, ein Verständnis von »Arbeit« zu entwickeln, das deren markt- und industriegesellschaftliche Bestimmung erweitert und den für die Menschheit mehr denn je überlebenswichtigen solidarischen Aspekt ihrer Gestaltung integriert?

Dass die klassische Arbeiterbewegung in Europa an ihr Ende gekommen ist, bedeutet nicht, dass den Kapitalismus korrigierende oder grundsätzlich kritisierende Kräfte nicht in veränderter Gestalt wirksam werden. Alle historische Erfahrung spricht vielmehr gegen die Annahme dauerhafter Domestizierung der abhängigen Menschen, dauerhafter Zersplitterung sozialer (und heute auch ökologischer) Protestbewegungen bzw. Initiativgruppen. Ansätze zur Vereinheitlichung waren bereits zu erkennen wie die weitgehend spontane Streik- und Demonstrationsbewegung, die vor einigen Jahren den Sturz der bürgerlichen Regierung Frankreichs einleitete. Auch die Internationale der Globalisierungskritiker wäre hier zu nennen. In welchen parteipolitischen Konstellationen oder Kombinationen eine neue Sozialbewegung, vermutlich bestehend aus mehreren kleineren, auch immer Ausdruck finden könnte, ich zweifele nicht daran, das sie auf die Organisationsformen, namentlich auf die Gewerkschaften, auf die Traditionen und die Ideale der alten Arbeiterbewegung zurückgreifen wird.

21 Der Vorhang hält

2007

Wer streikt oder Mitglied in Arbeiterräten ist, dem droht die Todesstrafe. Mit dieser Maßnahme wird der ungarische Volksaufstand im Januar 1957 endgültig erstickt. Ein Rückblick

Die Ereignisse in Ungarn, die in den Herbstwochen des Jahres 1956 begannen und sich bis in den Januar 1957 hinzogen, waren von einer atemberaubenden Dramatik. Nachdem bereits der 17. Juni 1953 in Ostdeutschland ein Fanal gesetzt hatte, erreichte die antidiktatorische Befreiungsbewegung im Herbst 1956 einen ersten und hinsichtlich revolutionärer Energie und Radikalität nie mehr erreichten Höhepunkt. Schon der Posener Aufstand Ende Juni 1956 hatte eine breite Solidarisierung unter den polnischen Arbeitern und Intellektuellen ausgelöst. Der so genannte National- und Reformkommunist Wladislaw Gomulka hatte mit der Androhung bewaffneter Gegenwehr eine sowjetrussische Intervention verhindert und damit ein deutlich erweitertes Maß an Unabhängigkeit erzwungen. Bis in die frühen 60er-Jahre galt Polen als eines der freiesten Länder des Ostblocks.

Zunächst scheint auch in Ungarn alles gut zu gehen. Am 23. Oktober 1956 stoßen im Anschluss an eine Solidaritätskundgebung mit Polen erstmals breite Schichten der Arbeiter und Angestellten Budapests zu den im Petöfi-Kreis vereinigten Intellektuellen. 200.000 Menschen sind auf der Straße. Zu den wichtigsten aktuellen Forderungen der Demonstranten in Budapest gehören die Rückkehr des kommunistischen Reformers Imre Nagy in die Regierung, die Demokratisierung der kommunistischen »Partei der ungarischen Werktätigen«, geführt vom Stalinisten Ernö Gerö, und der Abzug der sowjetischen Truppen aus dem Land.

Gewehrschüsse von Staatssicherheitsleuten lösen den offenen Aufstand aus, der angesichts der faktischen Neutralität der Armee und der Sympathie der regulären Polizei im ersten Anlauf erfolgreich verläuft, als Tausende von Budapestern die Depots der Sicherheitskräfte und Waffengeschäfte plündern. Das Zentralkomitee der Partei reagiert defensiv, indem es mehrere Nagy-Anhänger in seine Reihen aufnimmt und einige notorische Stalinisten aus dem Politbüro entfernt – nicht jedoch Gerö, den Chef des Apparats.

Am frühen Morgen des 24. Oktober rollen Sowjetpanzer nach Budapest, wo sie unter anderem das ZK-Gebäude umstellen und damit den Kontakt der Nagy-Fraktion mit den Aufständischen physisch unmöglich machen. Trotz des die Weltpolitik bestimmenden Ost-West-Konflikts hatte die Krise des sowjetischen Imperiums und der monopolbürokratischen Ordnung im Jahr 1956 systemimmanente Ursachen: Chruschtschows geheime Enthüllungsrede über Stalins Verbrechen auf dem 20. Parteitag der KPdSU im Februar 1956 und der von ihm eingeleitete Versuch einer »Entstalinisierung« des Sowjetkommunismus erweiterten auch außerhalb der UdSSR den Spielraum für diejenigen KP-Spitzenfunktionäre, die die tyrannischen, terroristischen und byzantinischen Formen der stalinistischen Diktatur ablehnten. An der gesellschaftlichen Basis erlaubte die seit Stalins Tod im März 1953 spürbare Lockerung die Artikulation unmittelbarer materieller Bedürfnisse der werktätigen Bevölkerung, deren Lebensstandard in Ungarn nach einem deutlichen Aufschwung Ende der Vierzigerjahre wieder drastisch gesunken war.

Der nach einem bekannten Dichter der Revolution von 1848/49 benannte, im Frühjahr 1956 legal gegründete Budapester Petöfi-Klub wurde zum Kristallisationskern der innerkommunistischen Kritik seitens der jungen Intelligenz sowie der Opposition. Es entspricht dieser Konstellation, dass nationale, soziale und demokratische Impulse in der ungarischen Herbstrevolution untrennbar miteinander verbunden waren. Die bewusste Bezugnahme auf die Revolution begleitete die »Freiheitskämpfer« vom Anfang des Aufstands bis zu seinem Ende im Januar 1957.

In den Tagen, die dem 23. Oktober folgen, wird deutlich, dass das, was sich in Ungarn vollzieht, keine diffuse Rebellion, sondern eine regelrechte Revolution vor allem der Arbeiterklasse ist. Die großen Fabriken stehen im Zentrum des Aufstands. Aber nicht nur das: In den Industrieorten des ganzen Landes konstituieren sich, teilweise in bewusster Erinnerung an die erste ungarische Räterepublik vom März 1919, Arbeiterräte, die den bewaffneten Generalstreik organisieren, die Ordnung sichern, die Versorgung gewährleisten, die Kontrolle über die lokalen Machtorgane übernehmen und sich sukzessive auf regionaler und nationaler Ebene zusammenschließen.

In den Räten sitzen parteilose Arbeiter, Kommunisten sowie Mitglieder der neu entstehenden sozialdemokratischen Partei und kleinbürgerlich-kleinbäuerlich dominierter Parteigruppierungen. Das Programm enthält sehr ähnliche Forderungen, wobei neben dem Abzug der Sowjets aus Ungarn und der Auflösung des Staatssicherheitsdienstes vor allem auf die Herstellung demokratischer Rechte und Freiheiten, namentlich des Streikrechts und der Unabhängigkeit der Gewerkschaften, sowie die Einbeziehung von Repräsentanten der Aufständischen in die Regierung abgehoben wird.

Die ungarische Armee ist im Oktober 1956 längst nicht mehr gegen das eigene Volk einsatzfähig, und das über das weitere Vorgehen uneinige Moskauer Politbüro hat den Widerstand der Ungarn offenbar politisch wie militärisch unterschätzt; es ist sogar zu Fraternisierungs- bzw. Auflösungserscheinungen von sowjetischen Truppenverbänden gekommen, als die Sowjetarmee am 28. Oktober den Befehl zum Rückzug aus Budapest erhält. Damit gewinnt Imre Nagy Handlungsfreiheit, er nutzt sie, um unzweideutig auf die Seite der Arbeiter- und Volksrevolution zu treten. An die Stelle Gerös als Generalsekretär der kommunistischen Partei ist inzwischen János Kádár getreten, ein durchaus populärer ehemaliger antifaschistischer Untergrundkämpfer und alter Arbeiteraktivist, der später von den Stalinisten als »Titoist« inhaftiert und dabei schwer gefoltert worden war, ein somit mehrfach legitimierter Reformer. Kádár wird später zum Erfüllungsgehilfen Moskaus, als es während und nach der endgültigen militärischen Niederschlagung des Aufstands gilt, die Reste von Arbeiterwiderstand erst durch Scheinzugeständnisse zu paralysieren und dann zu zerschlagen. Im Nachhinein rechtfertigte er seine damalige Haltung mit Verweis auf die gerade in Ungarn seit den 60er-Jahren erfolgende Liberalisierung des Regimes einschließlich deutlicher materieller Verbesserungen – eine Entwicklung, die sich auch viele Aufständische als verzögerten Erfolg anrechnen.

Als drei russische Armeekorps entgegen der Abmachung der sowjetischen Führung mit der Regierung Nagy am 4. November in der »Operation Wirbelsturm« Budapest erneut besetzen – und damit auf den Austritt Ungarns aus dem Warschauer Pakt am 1. November 1956 reagieren –, beginnt ein irregulärer Krieg, in dem außer Teilen des in Auflösung befindlichen kommunistischen Parteiapparats und Resten des Geheimdienstes niemand auf die Seite der Sowjetarmee tritt, während zumindest ein Teil der ungarischen Armee, wo sich revolutionäre Soldatenkomitees gebildet haben, mit den Arbeitern und Studenten gegen die Invasoren kämpft – für »die nationale Unabhängigkeit, die Gleichheit der Rechte und den Aufbau des Sozialismus nicht durch eine Diktatur, sondern auf der Grundlage der Demokratie«, wie Pál Maléters, der autorisierte Sprecher des Verteidigungsministers der Revolutionsregierung, in jenen Tagen erklärt.

Nagy und seine Freunde, zu denen zunächst ja auch Kádár gerechnet wird, haben anstelle der diskreditierten und faktisch nicht mehr existenten Partei der ungarischen Werktätigen am 1. November – sogar mit Kádár an führender Stelle – die ungarische sozialistische Arbeiterpartei als Neubeginn des Sozialismus in Ungarn gegründet. Die Regierung ist währenddessen zu einer breiten Koalition erweitert worden.

Es folgt ein tragisch-blutiges Kapitel von Heroismus, Verrat und Verwirrung, von brutaler Repression (über 300 Hinrichtungen, rund 16.000 langjährige und bis zu 100.000 zeitweilige Einkerkerungen in Gefängnissen und Internierungslagern) und Massenflucht. Am 10. und 11. Dezember bäumt sich die Arbeiterschaft unter den Bedingungen des Kriegsrechts mit einem Generalstreik ein letztes Mal gegen die Rekonsolidierung der Diktatur auf; am 16. Dezember werden in Budapest die ersten standrechtlichen Todesurteile gefällt. Anfang Januar 1957 wird die Bildung von Arbeiterräten ebenso unter Todesstrafe gestellt wie die Beteiligung an Streiks. Der Ungarnaufstand ist damit an sein Ende gekommen.

Niemand kann mit Bestimmtheit sagen, ob bei einer klareren Zielorientierung und Führung der revolutionären Volksbewegung die Aussicht bestanden hätte, die sowjetrussische Intervention zu vermeiden; niemand weiß genau, was am Ende der ungehinderten Entfaltung oder gar eines gegen die Sowjetarmee siegreichen Aufstands gestanden hätte. Der Kreml und seine Gefolgsleute beschworen die Gefahr einer »Konterrevolution«, sogar mit autoritär-faschistischer Tendenz – eine Lesart, die bei manchen Linksintellektuellen im Westen offene Ohren fand, weil es während des Aufstands zur

Jagd auf Angehörige der Zehntausende Mitglieder umfassenden, tief verhassten politischen Polizei und selbst zu Fällen von Lynchjustiz gekommen war. Auch war nicht zu übersehen, dass rechtsnationalistische Kräfte die Situation für eine Generalabrechnung mit »den Roten« nutzen wollten, als die Artikulationsmöglichkeiten für nichtsozialistische Kräfte sich wieder vergrößerten, auch für die Politiker der jahrelang unterdrückten oder zu einem Schattendasein verurteilten bürgerlichen Parteien.

Die Symbolfigur des in diesem Sinn antikommunistischen Segments der Revolution war der aus lebenslänglicher Haft befreite, strikt konservative Kardinal József Mindszenty – auch wenn dieser sich unter dem Übergewicht der demokratischen Volksbewegung eher zurückhaltend, jedenfalls nicht zu Gunsten einer klerikalen, großagrarischen und kapitalistischen Restauration äußerte. Positionen solcher Art hätten ihre Vertreter nach damals fast allgemeiner Einschätzung vollkommen isoliert. Die Revolutionskomitees auf dem Lande allerdings waren deutlich anders zusammengesetzt als in den Ballungsräumen, und die unter staatlichem Druck entstandenen Agrarkooperationen lösten sich in großer Zahl auf.

Es waren in erster Linie auch nicht die Vertreter einer angenommenen bürgerlichen, gar faschistischen Konterrevolution, die die harte, blutige Vergeltung der Besatzungsmacht und ihrer einheimischen Unterstützer seit Ende November 1956 traf, sondern authentische Vertreter der Arbeiter und freiheitliche Sozialisten. An ihrer Spitze Imre Nagy, der mit fünf weiteren »Verschwörern« nach einem Geheimprozess noch im Juni 1958 erhängt wurde.

Namentlich in der Endphase der bewaffneten Kämpfe hatten nicht unerhebliche Teile der Aufständischen in ihrer Verzweiflung auf ein Eingreifen der USA gehofft. Die zeitgleiche Suezkrise trug zweifellos dazu bei, die weltweite Aufmerksamkeit von der Niederschlagung des Ungarnaufstandes durch die Sowjetarmee abzulenken. Die Invasion der israelischen Armee in Ägypten, gefolgt von britischen und französischen Truppen, verringerte die ohnehin nicht sehr große Aussicht auf ein Eingreifen der UNO in Ungarn, wie es die ungarische Regierung mit dem oft als unklug kritisierten Austritt aus dem Warschauer Pakt am 1. November 1956 hatte provozieren wollen.

22 Vom Antikapitalismus zur Krisenpolitik. Die nordeuropäische Arbeiterbewegung in der Zwischenkriegszeit

In einem empirisch gestützten Ranking aller OECD-Staaten hat die Forschergruppe um Thomas Meyer jüngst die vier nordeuropäischen Staaten als »hoch inklusive soziale Demokratien« klar auf die ersten vier Plätze gesetzt.[1] Bei einer gewissen Anpassung an die marktkapitalistische »Globalisierung« scheint sich das unter sozialdemokratischer Hegemonie entwickelte skandinavische Modell erfolgreich behauptet zu haben und gilt links der Mitte weltweit immer noch in wichtigen Aspekten als vorbildlich, zumal die typischen Konflikte des 19. und 20. Jahrhunderts (sieht man vom finnischen Bürgerkrieg des Winters und Frühjahrs 1918 ab, s. u.) in einer durchweg friedlichen Weise, sogar in der Kontinuität der jeweiligen Verfassungsordnung ausgetragen wurden.

Diese spezifische Entwicklung des Nordens birgt die Gefahr einer Harmonisierung und Idyllisierung seiner modernen Geschichte. Bei der Erklärung des Tatbestandes, dass in der ersten Hälfte des 20. Jahrhunderts vieles so anders verlief als in Kontinental-, insbesondere Mitteleuropa, sind weit in die Vergangenheit zurückreichende, spezifische Voraussetzungen – so ein relativ schwacher, teilweise kaum vorhandener Feudaladel bei gleichzeitiger starker Stellung der Bauern – in Betracht zu ziehen. Auch eine wohlfahrtsstaatliche Tradition spätestens seit dem frühen 20. Jahrhundert wäre hier zu nennen. Es bedurfte in der kritischen, weil krisenhaften Phase der 1920er- und 30er-Jahre, als der Klassenantagonismus zwischen Arbeit und Kapital auch und gerade im Norden gesamtgesellschaftlich bestimmend war, darüber hinaus innovativen politischen Handelns seitens der Arbeiterbewegung.

Die nordischen Länder, die im Ersten Weltkrieg sämtlich neutral zu bleiben vermochten[2], waren in der Zwischenkriegszeit fest in die Weltwirtschaft integriert und von deren Entwicklungen abhängig. Der Export konzentrierte sich auf einige wenige Warengruppen, nämlich Agrarerzeugnisse (vor allem aus Dänemark), Fisch und Schifffahrtsutensilien (Norwegen), Eisen, Stahl und Metallerzeugnisse (Schweden) sowie Holz- und Papierprodukte (Finnland, Norwegen und Schweden). Bis zum Ende der Periode gelang es, das Warenangebot im Außenhandel zu diversifizieren.

Verglichen mit Deutschland hatte die Durchbruchsphase der Industrialisierung im Norden spät eingesetzt, zuerst in Dänemark mit seinem relativ hohen städtischen Be-

---

1 Thomas Meyer u. a., Praxis der sozialen Demokratie, Wiesbaden 2006, insbes. S. 493.
2 Das gilt aufgrund seines Sonderstatus im Zarenreich de facto auch für Finnland. Im Fall Norwegens, das zur britischen Einflusssphäre gehörte, konnte seit 1916 von Neutralität nur noch im Sinne der Nichtteilnahme an den militärischen Auseinandersetzungen die Rede sein.

völkerungsanteil, das indessen vor allem durch eine weit entwickelte, bäuerliche Landwirtschaft geprägt war. Industrie und Gewerbe verarbeiteten dort in hohem Maß deren Produkte; auch ansonsten dominierten binnenmarktorientierte, meist kleinere Betriebe des Konsumgüterbereichs. Das rapide industrielle Wachstum Schwedens seit etwa 1890 setzte sich in den 20er- und 30er-Jahren einschließlich des Trends zum auch relativen Anwachsen der Lohnarbeiterklasse und der Stadtbevölkerung fort; dort und in Norwegen wurde ein beträchtlicher Teil der Industrie auf dem Lande angesiedelt, wobei in Norwegen die seit etwa 1900 genutzten, gewaltigen natürlichen Energiereserven, namentlich vermittels der Wasserfälle, bestimmend waren (elektrochemische und elektrometallurgische Industrie). Die finnische Wirtschaft blieb trotz eines erheblichen industriellen Wachstums eindeutig vom primären Sektor dominiert, von der Land-, Jagd- und Forstwirtschaft. Von Finnland abgesehen, bewegte sich in Nordeuropa die relative Verteilung der Beschäftigten zwischen allen drei Wirtschaftssektoren während der 20er- und 30er-Jahre in einer ähnlichen Größenordnung von jeweils 25 bis 40 %, wobei der Anteil der Beschäftigten des landwirtschaftlichen Sektors zwischen 1920 und 1940 um bis zu 15 % zurückging, während der Anteil derer des industriell-gewerblichen Sektors um bis zu 6 % und derer des Handels- und Transportsektors um bis zu 9 % wuchsen (alles für Schweden, wo sich die wirtschaftlich-gesellschaftliche Modernisierung am schnellsten und durchgreifendsten vollzog).[3]

Anknüpfend an ältere rechts- und verfassungsstaatliche Traditionen wurden bis zum Ende des Ersten Weltkriegs alle vier nordeuropäischen Länder zu repräsentativen Demokratien und behielten außer Finnland weiterhin eine monarchische Spitze. Wie andernorts in Europa waren die Jahrzehnte um 1900 erfüllt vom Ringen um die Demokratisierung des Stimmrechts, wobei das Frauenwahlrecht der Verallgemeinerung bzw. Egalisierung des Männerwahlrechts zügig nachfolgte. Die faktische Parlamentarisierung der Regierungsweise vollzog sich zuerst in Norwegen (1884), anschließend in Dänemark (1901), Finnland und Schweden (jeweils 1917). Aufgrund der Ausfächerung des Parteiensystems und wegen des tradierten Selbstverständnisses der Abgeordneten und ihrer Fraktionen dominierte ein Minderheitsparlamentarismus ohne stabile Regierungsbildung.

Die im Norden spätestens um 1900 ausgeformten, um 1920 erweiterten Parteiensysteme glichen sich[4]: Die exklusive Einteilung in eine konservative oder liberal-kon-

---

[3] Vgl. Lennart Jörberg, The Industrial Revolution in Scandinavia 1850–1914, in: The Fontana Economic History of Europe, Bd. IV, Kap. 8, London 1970; ders./Olle Krantz, Ekonomisk utveckling i de nordiska länderna 1914–1970, Lund 1975; William M. Lafferty, Economic Development and the Response of Labor in Scandinavia. A Multi-Level Analysis, Oslo 1971; Hans Chr. Johansen u. a., Hovedlinier i den økonomiske udvikling i de nordiske lande i mellemkrigstiden, in: (Sven A. Nilsson u. a.), Kriser og krispolitik i Norden under mellankrigstiden. Nordiska historikermötet, Uppsala 1974, S. 13-26; Fritz Hodne, Norges økonomiske historie, 1815–1970, Oslo 1981; Hans-Christian Johansen, The Danish Economy in the Twentieth Century, London 1987; Eli F. Heckscher, Sveriges ekonomiska historia från Gustav Vasa, 2 Bde., Stockholm 1935/49.

servative »Rechte« (»Høire« bzw. Högern«) und eine liberale Linke (»Venstre«) wurde schon im späten 19. Jahrhundert von den sozialistischen Arbeiterparteien gesprengt, die dann ab 1917 unter dem Einfluss des Weltkriegs und der revolutionären Welle ihrer organisatorischen Einheit verlustig gingen. Etwa gleichzeitig begannen sich aus dem Potenzial der traditionellen bürgerlichen Formationen eigene Bauernparteien zu bilden, wobei sich die finnischen Agrarier sogar zur führenden nicht-sozialistischen Partei mit einem dezidiert allgemeinpolitischen Anspruch entwickelten.

Einen vergleichbaren Platz im Parteienspektrum nahmen die dänischen Liberalen ein, die, nach der Abspaltung des radikalliberalen Flügels im Jahr 1905, zu einer fast reinen Agrarpartei wurden. In der neuen Partei der Radikalliberalen Dänemarks schloss sich ein linksliberales (intellektuelles bis kleinbürgerliches) Hauptstadtmilieu mit klein- und unterbäuerlichen Schichten auf dem Lande zusammen. Die Partei wurde schnell zu einem festen Bündnispartner der Sozialdemokratie.

Die nordeuropäischen Konservativen vertraten ursprünglich die elitären Sozialgruppen: die hohen Beamten, die Gutsbesitzer (wo sie sozialpolitisch noch eine Rolle spielten wie in Dänemark und, mehr noch, in Schweden) bzw. Großbauern und zunehmend die Mehrheitsfraktion der eigentlichen Bourgeoisie, die, vor allem größeren, Unternehmer in der Industrie, im Handel und Finanzwesen. Auch beträchtliche Kreise der agrarischen und gewerblichen Kleineigentümer sowie der Angestellten wählten eher konservativ. Insgesamt wurde der (groß-)bürgerliche Charakter der konservativen Parteien des Nordens in der Zwischenkriegszeit deutlicher ausgeprägt als vor dem Ersten Weltkrieg, da sie hauptsächlich mit dem Abwehrkampf gegen den Durchbruch der parlamentarischen Demokratie beschäftigt waren. Halb resignativ, halb aus akuter Furcht vor einer sozialistischen Revolution akzeptierten die Konservativen, nicht ohne Vorbehalte, die Demokratisierung des politischen Systems.

Die Liberalen standen für den anderen Teil des Intelligenz- und Besitzbürgertums (einschließlich etlicher Großunternehmer) sowie des städtischen Kleinbürgertums. Bemerkenswert ist zudem die Verankerung der liberalen Parteien in den Provinzstädten und auf dem Lande sowie ihre Verbindung mit laienkirchlichen Strömungen innerhalb der (lutherischen) Staatskirchen sowie mit diversen vorpolitischen Volksbewegungen wie der mächtigen antialkoholischen Temperenzlerbewegung. In Norwegen war die Geschichte der liberalen Partei eng mit dem Kampf für die nationale Selbst-

---

4   Die Verfassungsordnung und das Parteiensystem werden ausführlicher behandelt in dem parallel erscheinenden, in den arbeiterbewegungsspezifischen Teilen weitgehend identischen Beitrag von Peter Brandt, Vom endgültigen Durchbruch der parlamentarischen Demokratie bis zu den Anfängen des sozialdemokratischen Wohlfahrtsstaats – Nordeuropa in der Zwischenkriegszeit, in: Christoph Gusy (Hg.), Verfassungsentwicklungen in der Zwischenkriegszeit, Baden-Baden 2008. Dort auch weitere Literatur. Hier seien nur erwähnt Nils Herlitz, Elements of Nordic Public Law, Stockholm 1969; Sten Berglund/Ulf Lindström, The Scandinavian Party System(s). A comparative Study, Lund 1978; Frank Wende (Hg.), Lexikon zur Geschichte der Parteien in Europa, Stuttgart 1981.

ständigkeit und – wie in Dänemark – mit kulturnationalen Bestrebungen konnotiert. In Finnland war die Entstehung politischer Parteien naturgemäß noch stärker von nationalen Fragen bestimmt: der Auseinandersetzung mit der tradierten Kulturhegemonie der schwedischen Minderheit wie mit dem Verhalten gegenüber der russischen Vormacht. Es näherte sich nach 1917 dann aber dem nordeuropäischen Standard an.

Natürlich wären alle diese generalisierenden Aussagen im Einzelfall zu differenzieren und zu relativieren. Immerhin kann man – neben der sukzessiven Steigerung der Wahlbeteiligung bis auf über 80 Prozent gegen Ende der Zwischenkriegszeit – als eindeutigen Trend feststellen, dass an die Stelle der alten konservativ-liberalen Scheidungslinie am Ende des Ersten Weltkriegs die bürgerlich-sozialistische Polarisierung trat (in Dänemark modifiziert durch die Existenz einer linksliberalen Partei), auch wenn die Mittelparteien, hauptsächlich die Liberalen, einer festen Blockbildung widerstrebten und unter bestimmten Umständen – so in Norwegen in den Jahren vor 1927 – die innerbürgerlichen Kontroversen und die kulturpolitischen Streitfragen wieder in den Vordergrund treten konnten.

Innerhalb des nichtsozialistischen Spektrums, das, abgesehen von Schweden seit 1936, während der gesamten Zwischenkriegszeit in Nordeuropa die Stimmen- und Mandatsmehrheit behaupten konnte, lag der Anteil der Konservativen meist höher als der der Liberalen; beide büßten im Lauf der 20er- und 30er-Jahre tendenziell Anteile ein, Erstere sogar noch stärker. Die Bauernparteien errangen in Finnland und Dänemark (Agrarliberale) bis zur Hälfte der nichtsozialistischen Stimmen, in Norwegen und Schweden bis zu einem Drittel.

Kurz nach Beendigung des Ersten Weltkriegs gingen die sozialistischen Arbeiterparteien Nordeuropas ohne Ausnahme davon aus, dass nun die Stunde der grundlegenden Umgestaltung der Gesellschaft im Sinne ihrer programmatischen Ziele, und das bedeutete konkret: Sozialisierung der Industrie und des Transports, des Kreditwesens und des Großhandels, gekommen sei. Mit welchen Mitteln und im Rahmen welchen politischen Systems das erreicht werden sollte, darauf gaben die Parteien jedoch gemäß ihren jeweiligen Traditionen, Handlungsbedingungen und je spezifischen aktuellen Ausrichtungen recht unterschiedliche Antworten.

Die prinzipielle Zielsetzung der Überwindung des Kapitalismus wurde vom gesamten bürgerlichen Spektrum nicht allein als Torheit, sondern zudem als Bedrohung – auch der Verfassungsordnung – aufgefasst. Das galt angesichts des russischen Schreckbildes natürlich zunächst für diejenigen Gruppierungen, die auf einen revolutionären Umsturz hinarbeiteten oder sich zumindest einer revolutionären Rhetorik bedienten. Es galt in zweiter Linie aber auch für solche Parteien, die die Verwirklichung der sozialistischen Gesellschaft über den Stimmzettel und auf legalem Weg erreichen wollten. Die Furcht vor der Einführung des »Bolschewismus« durch Mehrheitsbeschluss eines von der (seit 1927 tatsächlich schon mehr oder weniger reformerisch gewendeten) Arbeiterpartei dominierten Parlaments schien seriösen konservativen Politikern vor allem in Norwegen durchaus berechtigt.[5]

Die Jahre 1917 bis 1920 markierten in ganz Europa einen einmaligen Aufschwung der Arbeiterbewegung in allen ihren Erscheinungsformen: der Parteien wie der Gewerkschaften, der reformerischen wie der revolutionären Richtung, so auch im neutralen Nordeuropa. Überall eskalierten im Frühjahr 1917 sozialer Protest, der sich meist an der Lebensmittelversorgung festmachte, und Forderungen nach Beendigung des »Völkermordens«. Der Sturz des russischen Zarismus im März (»Februarrevolution«) wirkte für diese – tatsächlich internationale – Bewegung wie ein Katalysator; die Machteroberung durch die Bolschewiki im November (»Oktoberrevolution«) fand hauptsächlich wegen der Bereitschaft der neuen Sowjetregierung, schnell einen Frieden »ohne Annexionen und Kontributionen« zu schließen, in der internationalen Arbeiterbewegung zunächst Sympathie weit über die radikale Linke hinaus.[6]

In Norwegen, wo die Versorgungslage und die Schere zwischen Preisen und Löhnen am meisten Anlass zum Protest gaben, entstanden 1917/18 nach russischem Vorbild rund 200 Arbeiter-, vereinzelt auch Soldatenräte, deren Konstituierung Ausdruck einer tiefen Unruhe in der Arbeiterbevölkerung war. Landesweiten Aktionstagen der Gewerkschaften schlossen sich im Juli 1917 rund 300.000 Menschen an; sie veranlassten die Regierung, eine Teuerungszulage zu beschließen. In Schweden (wie auch in Dänemark) spielten Bestrebungen zur Bildung von Räten eine geringere bzw. keine wesentliche Rolle, doch auch dort artikulierte sich der Unmut der Arbeiter in der zweiten Kriegshälfte neben politischer Radikalisierung, vor allem der Parteijugend, in teilweise gewaltsamen Hungerdemonstrationen, so in Stockholm im Juni 1917.[7]

Der soziale Protest ging über in eine offensive Lohnbewegung, die in deutlichen materiellen Verbesserungen resultierte, auch gemessen an den letzten Vorkriegsjahren. Dazu kamen die Durchsetzung des Achtstundentages in unterschiedlichen Kombina-

---

5 Rolf Danielsen, Borgerlig oppdemmingspolitikk 1918–1940, 2 Bde, Oslo 1984, S. 166 f.
6 Peter Brandt, Der Erste Weltkrieg und die europäische Arbeiterbewegung, in: Geschichte in Wissenschaft und Unterricht 47 (1996), S. 225-238; Helmut Konrad/Karin M. Schmidlechner (Hg.), Revolutionäres Potential in Europa am Ende des Ersten Weltkrieges. Die Rolle von Strukturen, Konjunkturen und Massenbewegungen, Wien 1991; Julius Braunthal, Geschichte der Internationale, Bd. 2, Hannover 1963. – Es war innerhalb der Arbeiterbewegung Dänemarks, Norwegens und Schwedens unstrittig, dass eventuellen Interventionen zu Gunsten gegenrevolutionärer Kräfte in Russland wie in Finnland auch mit außerparlamentarischen Mitteln, vor allem mit Streiks, begegnet werden sollte.
7 Knut Langfeldt, Det direkte demokrati. Rådsrepublikk eller parlamentarisme?, Oslo 1966; Lafferty, Economic Development, bes. S. 194 ff.; ders., Industrialization, Community Structure and Socialism. An Ecological Analysis of Norway, 1875–1924, Oslo u. a. 1974 (grundlegend nicht nur hier, knüpft – im Einzelnen differenzierend und korrigierend – an den klassischen, auch auf Deutsch erschienenen Aufsatz von Edvard Bull (sen.), Die Entwicklung der Arbeiterbewegung in den drei skandinavischen Ländern 1914–1920, in: Archiv für die Geschichte des Sozialismus und der Arbeiterbewegung 10 (1922), S. 329-361. – Für Schweden vgl. Carl Göran Andræ, Proletära organisationsformer 1917. Militärdemonstrationerna och arbetarkommitén, in: Arkiv för studier i arbetarrörelsens historia, 7/8 (1975), S. 88-108; ders., The Swedish Labor Movement and the 1917/18 Revolution, in: Koblik (Hg.), Sweden's Development, S. 232-253.

tionen von gesetzlichen Regelungen und Abmachungen der Tarifpartner sowie diverse sozialpolitische Fortschritte. Was in den Jahren 1918 bis 1920 erreicht worden war, geriet erneut in Gefahr, als die internationale konjunkturelle Nachkriegskrise mit entsprechender Preisdeflation und das allseitige Zurückfluten der revolutionären Welle die Kapitalseite zu dem Versuch veranlassten, die vormalige Steigerung der Reallöhne rückgängig zu machen, sodass es ab 1921 zu heftigen, jetzt eher defensiven Streiks und Aussperrungen kam.[8]

Alles in allem gelang es den Unternehmern wegen der Stärke der Gewerkschaften nur zum Teil, die Lohnhöhe zu drücken und die Staatsquote des Bruttosozialprodukts wieder drastisch zu reduzieren. Als Teil des Wunsches, eine wenig regulierte Marktwirtschaft, gegründet auf stabilem Geldwert und frei beweglichen Preisen und Löhnen, zu schaffen, behinderte die auf Wiederherstellung des Goldstandards der Währung gerichtete sog. »Paripolitik« insbesondere in Norwegen und Dänemark Mitte der 20er-Jahre den Konjunkturaufschwung.

In der gesamten Zwischenkriegszeit blieb Nordeuropa eine Großregion mit ausgeprägt klassenbestimmter Politik. Das gilt für die Ebene der Wahlen ebenso wie für die stets mit zu bedenkenden konfliktreichen Arbeitsbeziehungen. Die Klassenprägung wurde eher noch verstärkt durch die in Schweden und Norwegen erst gegen Ende der 20er-Jahre erfolgreich einsetzenden Bemühungen um die gewerkschaftliche Organisierung der Forst- und Landarbeiter. Diese stieß nicht nur bei Industriellen der Holz- bzw. Holzveredelungsindustrie, bei Forstwirten und Großbauern, sondern auch bei einem beträchtlichen Teil der mittleren Bauern auf Ablehnung.[9] Nordeuropa insgesamt und Norwegen in besonderem Maß zeigten in der Zwischenkriegszeit, wie schon davor, eine überdurchschnittliche Frequenz von Arbeitskonflikten, gemessen am europäischen Durchschnitt.[10] Der Stärkegrad (nicht unbedingt die Schärfe) der

---

8 Dazu und zum Folgenden vgl. Nils Elvander, Skandinavisk arbetarrörelse; Kriser og krispolitik, Stockholm 1980 (darin vor allem Jorunn Bjørgum/Christer Bogefeldt/Jorma Kalela, Krisen og arbeiderbevegelsen, S. 247-293); C. D. Kernig, Die kommunistischen Parteien der Welt, Freiburg u. a. 1969 (= Zusatzband zum Lexikon Sowjetsystem und Demokratische Gesellschaft), einschlägige Länderbeiträge; außerdem die in Anm. 14, 19 und 28 genannte Literatur.

9 Die europäisch vergleichende, breit angelegte, sehr anregende und informative, in einer seiner zentralen Thesen aber nicht überzeugende Untersuchung von Gregory M. Luebbert, Liberalism, Fascism, or Social Democracy. Social Classes and the Political Origins of Regimes in Interwar Europe, Oxford 1991, stellt einen Zusammenhang zwischen der Stabilität der demokratischen Staatsform und dem faktischen Verzicht der sozialistischen Parteien auf Einbeziehung der Landarbeiter in die organisierte Arbeiterbewegung her. Nur dadurch seien die Arbeiter- und Bauernbündnisse möglich gewesen. Dabei wird der nicht unerhebliche Einfluss der nordeuropäischen Arbeiterbewegung auf Forst- und Landarbeiter sowie Häusler, Pacht- und Kleinbauern ignoriert oder falsch zugeordnet.

10 Vgl. die Tabellen bei Elvander, Skandinavisk arbetarrörelse, S. 69 ff., die die Höhepunkte der Streik- bzw. Aussperrungsaktivität mit gewissen Verschiebungen für die frühen 20er-Jahre ausweisen, für Dänemark auch für die Jahre 1925 und 1936, für Schweden und Norwegen ferner für die frühen 30er-Jahre und noch einmal für die Jahre 1938 bzw. 1937 sowie für Norwegen auch für

Klassenkonfrontation bei gleichzeitigem relativem Kräftegleichgewicht machte es dem bürgerlichen Lager unmöglich, die eigenen Rezepte ohne Konzessionen durchzusetzen, während umgekehrt die sozialistischen Kräfte für die in den 20er-Jahren bestehende Situation der Fortexistenz einer ziemlich stabilen bürgerlich-kapitalistischen Gesellschaft ohne Aussicht auf deren kurzfristige Überwindung kein Konzept besaßen.

Es war angesichts dessen von wesentlicher Bedeutung, ob die wirtschaftlich und politisch bestimmenden Kreise des Bürgertums die Mitwirkung der Vertreter der Arbeiterschaft im politischen System für legitim hielten, wie es in Schweden seit den 20er-Jahren weitgehend der Fall war und in Dänemark noch früher anzusetzen ist. Natürlich war die Einstellung der Bürgerlichen zu den Sozialisten nicht unabhängig von Zielen und Methoden, namentlich der spezifischen Machteroberungsstrategie, der sozialistischen Arbeiterbewegung und ihrer Positionierung gegenüber dem Parlamentarismus.

Die dänische Arbeiterbewegung war – entsprechend der gewerblichen Struktur des Landes – noch weitgehend handwerklich und kleinindustriell geprägt. Einer auf die Metropole Kopenhagen gestützten starken Parteizentrale stand eine nach Facharbeiterberufen gegliederte Gewerkschaftsbewegung gegenüber, in der die Ungelernten branchenübergreifend separat zusammengefasst waren. Mehr als die vereinzelten großen Arbeitskämpfe blieb auch in der Zwischenkriegszeit die hohe Zahl kleiner Streiks typisch für Dänemark. Ungeachtet dessen war die dänische Arbeiterschaft zur Zeit des Ersten Weltkriegs die wohl bestorganisierte der Welt: Einem gewerkschaftlichen Organisationsgrad von etwa 50 % stand eine Mitgliederschaft des Sozialdemokratischen Verbandes, also der Partei, von 130.000 Personen gegenüber, eine Zahl, die im Verlauf der 20er- und 30er-Jahre auf rund 200.000 anstieg.[11]

Die Wählerunterstützung, die bei den beiden Wahlen des Jahres 1920 noch knapp unter 30 % lag, stieg kontinuierlich auf 46,1 % (1935), um bei der letzten Wahl vor dem Zweiten Weltkrieg 1939 um 3,2 % zurückzugehen. Die 1919/21 gegründete Kommunistische Partei blieb in den 20er-Jahren auf der Ebene der Wahlen wie auch sonst fast bedeutungslos, anders als die innergewerkschaftliche Opposition der Syndikalisten, die in den Jahren 1917–20 vorübergehend Teile der Arbeiterschaft beeinflussen konnte. Die Kommunistische Partei wurde seit den späten 20er-Jahren in ihrer außerparlamentarischen Aktivität, die sich vor allem auf die Erwerbslosen und einige

---

mehrere der mittleren 20er-Jahre. Unter den nordeuropäischen Ländern lag Norwegen hinsichtlich der Quantität (gemessen an der Erwerbsbevölkerung) und der Heftigkeit der sozialen Auseinandersetzungen an der Spitze.

11 Zur dänischen Arbeiterbewegung (auch im Folgenden) vgl., außer den bereits genannten Titeln, Oluf Berholt/Ernst Christian/Poul Hansen, En bygning vi rejser. Den politiske arbeiderbevegelsens historie i Danmark, 3 Bde., Kopenhagen 1954/55; Hansen/Henriksen, Sociale brydninger; Walter Galenson, The Danish System of Labor Relations. A Study in Industrial Peace, Cambridge/Mass. 1952.

Gewerkschaften richtete, stärker und gelangte 1932 auch erstmals ins Parlament. Ihr Stimmenanteil stieg von unter einem halben Prozent in den 20er-Jahren auf 2,4 % (1939). Eine Gefährdung der sozialdemokratischen Hegemonie in der Arbeiterbewegung ergab sich daraus nicht.

Die dänische Sozialdemokratie und der mit ihr eng verknüpfte Gewerkschaftsbund zeichneten sich durch die frühzeitige Festlegung auf eine strikt reformerische und pragmatische Politik aus. Sie scheute sich nicht, die Anwendung außerparlamentarischer Kampfmittel in Erwägung zu ziehen und damit zu drohen, wenn grundlegende Errungenschaften gefährdet schienen (so anlässlich der »Osterkrise« von 1920)[12] oder eine Kraftprobe unvermeidlich schien. In der Hauptsache orientierte sie sich indessen schon vor dem Ersten Weltkrieg auf Verhandlung und Vereinbarung. Nachdem 1899 erstmals Gewerkschaften und Arbeitgeber einen landesweiten mehrmonatigen Arbeitskampf ausgefochten hatten, ohne dass eine der beiden Seiten die Oberhand hatte gewinnen können, einigten sich die Dachverbände im »Septembervergleich« auf eine Art Grundgesetz künftiger Tarifauseinandersetzungen, das 1910 um die Installation eines ständigen Schiedsgerichts ergänzt wurde.

Über die Kooperation mit den Agrarliberalen, dann mit den Radikalliberalen zum Zweck der Demokratisierung der Staatsverfassung und ihrer sozialen Ausgestaltung wurde die dänische Sozialdemokratie als Erste der nordeuropäischen Arbeiterparteien in das parlamentarische System mit seinem Regelwerk integriert. Seit 1913 war sie als tolerierender Part fest in die die radikalliberale Regierung stützende Volksthingmehrheit eingebunden; im September 1916 trat der Parteivorsitzende Thorvald Stauning selbst in die radikalliberale Regierung Zahle ein, die – gegen den zunehmenden Widerstand von Agrarliberalen und Konservativen – ihre interventionistisch-wohlfahrtsstaatliche Politik im Interesse der städtischen Konsumenten und der unter- und kleinbäuerlichen Landbevölkerung zu führen versuchte.

Nicht ohne Erfolg warben die Sozialdemokraten um die Unterstützung der Landarbeiter (sie stellten in Dänemark fast die Hälfte der Erwerbsbevölkerung in den Dörfern) und Häusler. Schon bei den Wahlen 1924 gelang der Durchbruch auf dem Lande, während zusätzlich die abhängigen und selbstständigen Mittelschichten in den Städten in wachsender Zahl sozialdemokratisch wählten und sich, sofern sie Angestellte waren, mehr und mehr als Arbeitnehmer verstanden und entsprechend gewerkschaftlich organisierten.

Obwohl die Kontinuitätselemente eindeutig dominierten, waren die Jahre 1917 bis 1920 auch für die dänische Arbeiterbewegung eine kritische Phase gewesen, in der

---

12 Die konzentrierten Angriffe seitens der Großfinanz, des Hofes und der bürgerlichen Parteien auf die sozial-liberale Regierung Zahle, die Drohungen der Arbeitgeber mit einer Massenaussperrung und die Weigerung weiter Kreise, die Volksabstimmung in Südschleswig zu Gunsten Deutschlands umstandslos zu akzeptieren, vermittelten den Eindruck, hier würde die Demokratie noch einmal infrage gestellt. Die Generalstreikdrohung der Arbeiterorganisationen führte dann aber rasch zu Verhandlungen und Neuwahlen.

eine gewisse Radikalisierung der sozialdemokratisch-gewerkschaftlichen Basis spürbar war, wenn auch schwächer als in den übrigen nordeuropäischen Ländern. Im Weltkrieg war die Versorgungslage stets relativ günstig geblieben, und zudem war die Verteilungspolitik der Regierung dazu angetan, den Arbeiterunmut zu dämpfen. Provozierend wirkten allerdings, ungeachtet dessen, die erheblichen, teilweise enormen Gewinne der Kapitaleigner, vor allem im spekulativen Bereich.[13]

Das Gegenstück zum ungewöhnlich friedlichen Dänemark bildete Finnland, wo es in den ersten Monaten des Jahres 1918 zu einem regelrechten Bürgerkrieg kam, dessen Ergebnis den weiteren Handlungsmöglichkeiten der Arbeiterbewegung einen engen Rahmen setzte. Bei den Ereignissen von 1917/18 handelte es sich offenkundig nicht um einen gezielten Versuch der finnischen Sozialdemokraten, analog dem bolschewistischen Umsturz vom November 1917 die Macht zu übernehmen. Auch spielten die noch im Lande stehenden, revolutionär beeinflussten russischen Truppen militärisch keine wesentliche Rolle, anders als das kaiserlich-deutsche Expeditionskorps, das Anfang April an Land ging, um die Weißen zu unterstützen. Vielmehr muss man von einem eher spontanen Eskalationsmechanismus ausgehen, der durch wechselseitige Fehlperzeption der Führungsgruppen noch verstärkt wurde. Er ging aus von der Verschärfung der Versorgungslage und der wirtschaftlichen Lähmung im Sommer und Herbst sowie von der Bildung eines rein bürgerlichen Senats nach den Oktoberwahlen des Jahres 1917.[14]

Die finnische, wie die dänische auf individueller Mitgliedschaft beruhende, Sozialdemokratie, obwohl mit Abstand die wählerstärkste, nicht zuletzt auch auf Landarbeiter und Kleinbauern gestützte Partei, hatte unter den Bedingungen des Großfürstentums wenig Gelegenheit erhalten, praktisch-parlamentarische Politik zu gestalten. Eine abstrakte programmatische Intransigenz konnte aufrechterhalten werden, ohne dass interne Differenzierungen offen thematisiert und diskutiert werden mussten. Der vom sozialistischen Rat der Volksbeauftragten während des Bürgerkriegs vorgelegte Verfassungsentwurf zielte indessen auf eine konsequente parlamentarische Demokratie, nicht auf ein Rätesystem ab.[15]

Faktisch standen sich im Bürgerkrieg etwa 100.000 Rote, von denen allerdings nur 70.000 zum Einsatz kamen, und rund 70.000 Weiße gegenüber. Nach einer Phase der militärischen Überlegenheit geriet die rote Seite ins Hintertreffen, als sich die Führung der Weißen durch professionelle Offiziere und die operative Schulung vor allem

---

13 Hansen/Henriksen, Sociale brydninger, S. 13 ff.
14 Zur finnischen Arbeiterbewegung, auch im Folgenden, vgl. neben der in Anm. 8 genannten Literatur Juhani Paasivirta, Arbetarrörelsen i Finland, Stockholm 1949. Präzise Schilderung der Bürgerkriegsereignisse und ihrer unmittelbaren Vorgeschichte auf neuem Forschungsstand bei Jussila u. a., Politische Geschichte Finnlands seit 1809: Vom Großfürstentum zur Europäischen Union, Berlin, 1999, S. 117; sowie Heikki Ylikangas, Der Weg nach Tampere. Die Niederlage der Roten im finnischen Bürgerkrieg 1918, Berlin 2002.
15 Jussila u. a., Politische Geschichte Finnlands, S. 126.

der aus Deutschland zurückkehrenden Jäger-Einheiten[16] auswirkte. Ferner bekamen die roten Behörden die Verwaltungs- und Versorgungsaufgaben in ihrem Herrschaftsgebiet nicht in den Griff. Von insgesamt fast 30.000 Toten starben rund 7.000 im Kampf. Dem Roten Terror fielen etwa 1.600, Massenerschießungen der Weißen etwa 8.300 Menschen (darunter auch fünf Parlamentsabgeordnete) zum Opfer. Von etwa 80.000 zeitweilig internierten Roten kamen etwa 12.000 in Lagern um. Insgesamt gab es 68.000 Verurteilungen; etwa die Hälfte der 555 Todesurteile wurde vollstreckt.[17]

Noch während gekämpft wurde, wandten sich gemäßigte, am Aufstand nicht beteiligte Sozialisten unter Führung von Väinö Tanner mit einer Kritik am Kurs der Partei in den zurückliegenden Monaten an die Sozialdemokratie, deren Wiederbelebung sie sogleich nach dem Sieg der weißen Truppen in Angriff nahmen. Im Hinblick auf die vollständige Niederlage der Roten gelang es erstaunlich schnell, die Partei mit ihren Unter- und Nebenverbänden sowie die Gewerkschaften als intakte Organisationen neu zu installieren. Parallel dazu konstituierte sich aus der Gruppe der Flüchtlinge im russischen Exil im August 1918 die in Finnland nur noch verdeckt arbeitende Kommunistische Partei. Es gelang den Kommunisten in den Jahren 1919 und 1920, die Jugend- und die Frauenorganisation der Sozialdemokratie für sich zu gewinnen und vor allem die Gewerkschaften überwiegend unter ihre Kontrolle zu bringen, doch scheiterten sie daran, die Sozialdemokratische Partei als solche von innen zu erobern.[18]

Da es für die Kommunistische Partei nicht möglich war, offen und legal tätig zu sein, fasste sie das radikallinke Potenzial in einer parteiförmigen Gruppierung mit bis zu 25.000 Mitgliedern zusammen, die unter verschiedenen Namen – schließlich: »Wahlallianz der sozialistischen Arbeiter und Kleinbauern« – nicht zuletzt der Teilnahme am elektoralen und parlamentarischen Prozess diente. Daneben existierte der illegale kommunistische Apparat weiter. Trotz wiederholter massiver Repressalien – Verhaftungen trafen auch Parlamentsabgeordnete – konnten die Kommunisten ihren Einfluss bewahren und eher ausbauen; bei den Wahlen erzielten die von ihnen unterstützten Listen zwischen 10 und 15 % der Stimmen.

Die finnischen Gewerkschaften, ob kommunistisch oder sozialdemokratisch geführt, zeichneten sich durch einen geringen Organisationsgrad von wenigen Prozenten

---

16 Mitte Februar traf die Hauptgruppe der Jäger, über 1.000 Mann, in Finnland ein. Die Jäger waren nach Deutschland gegangen, um dort militärisch ausgebildet zu werden und dann an der Kurlandfront gegen die Russen zu kämpfen. Im Bürgerkrieg fungierten Sie als Offiziere, Unteroffiziere und Ausbilder.
17 Zahlenangaben nach Jussila u. a., Politische Geschichte Finnlands, S. 132 ff.
18 Zum finnischen Kommunismus vgl., neben der in Anm. 14 genannten Literatur, Anthony Frederik Upton u. a., Communism in Scandinavia and Finland. Politics of Opportunity, Garden City/ N. Y. 1973, S. 205 ff.; John H. Hodgson, Communism in Finland. A History and Interpretation, Princeton N. J. 1967; Clemens Peter Haase, Hintergründe des Schismas in der finnischen Arbeiterbewegung und ihre Neuformierung 1917–1921 in Edgar Hösch (Hg.), Finnland-Studien, Wiesbaden 1990, S. 259-284.

aus. Das lag im Wesentlichen daran, dass die Arbeitgeber sie, jedenfalls de facto, nicht als Verhandlungs- bzw. Tarifpartner akzeptierten und die Kräfteverhältnisse das auch nicht erzwangen. Unter diesen Umständen bedeutete die nicht gern gesehene Mitgliedschaft in einem Gewerkschaftsverband für den Einzelnen oft ein existenzielles Risiko. Für die sozialdemokratische Arbeiterbewegung Finnlands ergab sich aus der Schwäche des gewerkschaftlichen Zweigs, dass die parlamentarische Tätigkeit ganz ins Zentrum trat und fast ausschließlich die Perspektive auf die Politik bestimmte. Die Sozialdemokratie musste bis in die 30er-Jahre meist einen vorsichtigen, defensiven Kurs verfolgen; die Kommunistenverfolgungen übten auch in ihre Richtung Druck aus. Am deutlichsten war das um 1930, als das, nunmehr rigoros durchgesetzte, Verbot kommunistischer Betätigung und die ungefähr gleichzeitige innergewerkschaftliche und innerkommunistische Kontroverse um die ultraradikalen »Straßburger Thesen« der Roten Gewerkschaftsinternationale die Sozialdemokraten dazu brachten, sich aus den bestehenden Gewerkschaftsorganisationen zurückzuziehen (die dann unter das Verbot fielen) und eigene Verbände zu installieren.

In den 30er-Jahren wurde die Sozialdemokratie somit zur (legalen) Alleinvertretung der finnischen Arbeiterbewegung, was sich, als sich die innenpolitischen Verhältnisse sukzessive entspannten und dann auch die Wirtschaftskrise in einen neuen Aufschwung überging, als Vorteil zu erweisen begann. Doch lange zögerten die bürgerlichen Mittelparteien, mit den Sozialdemokraten mehr als ad hoc zusammenzuarbeiten. Die sozialdemokratische Minderheitsregierung Tanner (1926/27) löste die partielle Isolation der Sozialdemokratie in Finnland noch lange nicht auf. Die finnischen Sozialdemokraten blieben in der ganzen Zwischenkriegszeit bei den Reichstagswahlen die stärkste Partei mit Stimmenanteilen zwischen 25 % und 29 %, wenn – so 1924, 1927 und 1929 – eine konkurrierende linke Liste antrat, bzw. 34 % bis 40 % ab 1930 (mit aufsteigender Tendenz) als einziges sozialistisches Angebot.

Norwegen blieben gewaltsame Auseinandersetzungen größeren Ausmaßes erspart; die tief greifende Radikalisierung, die die Arbeiterbewegung dort während des Ersten Weltkriegs erfasste, entfernte diese jedoch nachhaltig vom Reformismus dänischen wie schwedischen Typs. Schon zu Beginn des 20. Jahrhunderts hatte sich bei den norwegischen Liberalen eine antisozialistische Abgrenzung durchgesetzt, und ungefähr gleichzeitig entfielen mit der Demokratisierung des Wahlrechts und der Realisierung der nationalstaatlichen Selbstständigkeit die wichtigsten Anlässe der liberal-sozialistischen Zusammenarbeit. Dennoch stand die Fortsetzung des parlamentarischen Weges zum Sozialismus für die Arbeiterpartei zunächst weiterhin außer Frage.

Das änderte sich mit dem Aufkommen einer innergewerkschaftlichen linken Opposition in den Jahren vor 1914. Ihre führende Gestalt und während der gesamten Zwischenkriegszeit der eigentliche Führer der Norwegischen Arbeiterpartei, Martin Tranmæl, war neben dem Marxismus beeinflusst vom revolutionären Syndikalismus und speziell von der US-amerikanischen Gewerkschaft IWW, mit der er während eines längeren Aufenthalts in Nordamerika in Berührung gekommen war. Unterstützung fand die über das Institut der kollektiven Mitgliedschaft direkt auch auf die Partei einwirkende Gewerkschaftsopposition, die bindende Tarifverträge ablehnte, die örtlichen Vereine zulasten der Zentrale aufwerten wollte und ungesetzliche Mittel (bis zur Sabotage) im Kampf »Klasse gegen Klasse« für legitim hielt, hauptsächlich in den peripheren, kleineren Ortsgruppen sowie bei jüngeren, wurzellosen, ungelernten Arbeitern des Bergbaus und der um 1900 entstandenen neuen Industrien, dann auch in der Parteijugend.[19]

Der innerparteiliche Vormarsch der Opposition vollzog sich parallel zur und in Verbindung mit der Protestbewegung der Arbeiterschaft von 1917/18 und kulminierte auf dem Parteitag vom April 1918 in einem Führungs- und Generationswechsel. Programmatisch äußerte sich die Kursänderung in einer Resolution, die – ohne die parlamentarische und traditionelle gewerkschaftliche Aktivität zu verwerfen – der Arbeiterpartei das Recht vorbehielt, »revolutionäre Massenaktionen im Kampf für die ökonomische Befreiung der Arbeiterklasse« in Gang zu setzen, selbst wenn »Ausbeutung und Unterdrückung« von einer Mehrheit der Volksvertretung gestützt würden.[20] Im Jahr 1919 wechselte dann auch die Führung im Gewerkschaftsdachverband zu den Linken. Die mit wachsenden Mitgliederzahlen (über 100.000 im Jahr 1920) einhergehende Radikalisierung der Arbeiterpartei setzte sich in den ersten Nachkriegsjahren noch fort, als die Partei sich zur Rätedemokratie im Sinne des »reinen Rätesystems« anstelle des Parlamentarismus und zur »Diktatur des Proletariats« bekannte, zudem 1919 der neu gegründeten Kommunistischen Internationale beitrat.

Letzteres ist allerdings zu Recht als »historisches Missverständnis« bezeichnet worden[21], weil die linkssozialistische Massenpartei zu keinem Zeitpunkt dem nahe kam, was die in bolschewistischem Geist entworfenen 21 Beitrittsbedingungen der Komintern anstrebten. Das Konzept einer internationalen Kaderorganisation, die »die Revolution« generalstabsmäßig vorbereiten und durchführen sollte, war den Nordeuropäern völlig fremd. Zudem wurde nie ganz klar, was die immer wieder be-

---

19 Einhart Lorenz, Norwegische Arbeiterbewegung und Kommunistische Internationale 1919–1930. Untersuchung zur Politik der norwegischen Sektion der Kommunistischen Internationale, Oslo 1978. Zur norwegischen Arbeiterbewegung generell, auch im Folgenden, vgl. Walter Galenson, Labor in Norway, Cambridge/Mass. 1949; Lafferty, Industrialization; Arne Kokkvoll/Jacob Sverdrup(Hg.), Arbeiderbevegelsens historie i Norge, Bd. 2-4, Oslo 1987–90; Einhart Lorenz, Arbeiderbevegelsens historie. Norsk sosialisme i internasjonalt perspektiv, 2 Bde., 2. Aufl., Oslo 1974; ders. (Hg.), Forschungen zur Arbeiterschaft und Arbeiterbewegung in Norwegen, Essen 1997 (= Mitteilungsblatt des Instituts zur Erforschung der europäischen Arbeiterbewegung, Heft 19).

20 Protokoll over forhandlingerne paa det 23. ordinære landsmøte i Kristiania 1918, Kristiania [seit 1924 Oslo] 1918, S. 28. – Der unterlegene reformistische Flügel wollte Generalstreik und revolutionäre Aktionen ausschließlich defensiv einsetzen, insbesondere falls die herrschende Klasse den in Wahlen ausgedrückten Mehrheitswillen des Volkes unterdrücken würde.

21 Lorenz, Norwegische Arbeiterbewegung, S. 381. – Vgl. auch Knut Langfeldt, Moskvatesene i norsk politik, Oslo 1961.

schworenen »revolutionären Massenaktionen« konkret bedeuten sollten, auch nicht bei dem Historiker Edvard Bull, dem bedeutendsten intellektuellen Kopf im Vorstand der Arbeiterpartei. Bull, ein durchaus nüchterner Mann, drückte in einer Ansprache zum 1. Mai 1919 die feste Erwartung aus, dass binnen eines Jahres die Revolution in Norwegen gesiegt haben würde.[22]

Als der Kreis um Tranmæl, Bull und anderen zu dem Ergebnis kam, dass zumindest das Organisationsverständnis der Norweger nicht mit dem der Moskauer Internationale in Einklang zu bringen sei (konkret ging es um die Eigenständigkeit der Gewerkschaften gegenüber der Partei), arbeitete er auf eine Trennung hin. Nachdem sich 1921 schon die sozialdemokratisch-reformistische Minderheit selbstständig gemacht hatte, spaltete sich 1923 die kominterntreue Fraktion als Kommunistische Partei Norwegens ab, anfangs unterstützt von einem beträchtlichen Teil der Arbeiterpartei auf allen Ebenen einschließlich der Parlamentsfraktion. In ihrem Selbstverständnis blieb auch die alte Arbeiterpartei noch jahrelang »kommunistisch« – die Konservativen meinten weiterhin vor allem sie, wenn sie von »den Kommunisten« sprachen –, und sie trat mit der Komintern-Partei in einen Wettbewerb um die richtige revolutionär-marxistische Politik ein, so etwa 1924/25 bei einer Kampagne der Arbeiterpartei und ihrer Jugendorganisation für offensive Wehrdienstverweigerung (»Militärstreik«), als rund 50 Funktionäre zu, teilweise mehrmonatigen, Gefängnisstrafen verurteilt wurden.[23]

Die Militanz der Norwegischen Arbeiterpartei war somit keine rein verbale. Sie spiegelte die Schärfe der sozialen Gegensätze und die Diskrepanz früh und umfassend errungener politischer Rechte zu den Herrschaftsverhältnissen im Erwerbsleben wider. Die in Norwegen besonders hohe Streikfrequenz hing außerdem zumindest teilweise mit der radikal klassenkämpferischen Ausrichtung der linken Parteien und Gewerkschaften zusammen. Das zeigte sich besonders bei den großen Arbeitskämpfen von 1921 (mit bis zu 120.000 Beteiligten) und 1923/24, als ein acht Monate andauernder Eisen- und Transportarbeiterstreik, Sympathiestreiks und Aussperrungen bis zu 60.000 Arbeiter erfasste. Während dieser sog. »Eisenstreik« letztlich erfolgreich endete, wurde der durchaus offensiv verstandene Massenstreik von 1921, trotz weitgehender Verteidigung des Reallohns, an der Basis vielfach als Niederlage empfunden und trug, neben der Wirtschaftskrise und der Dreierspaltung der politischen Arbeiterbewegung, zu einem dramatischen Einbruch in die Mitgliedschaft der Gewerkschaften, die zwischen 1920 und 1922 von fast 150.000 auf unter 90.000 sank, sowie der Parteien

---

22 Die »Wellen der Weltrevolution« würden »steigen und steigen«. Die Macht würde der Arbeiterbewegung »in die Hände fallen binnen eines Jahres. Wir sind jetzt so stark, dass wir die Macht übernehmen können«. Zit. nach Berge Furre, Norsk historie 1905–1940, Oslo, 1971, S. 185.
23 Trygve Bull, Mot Dag og Erling Falk. Bidrag til norsk historie i mellomkrigstiden, Oslo 1955. – Die linkssozialistische, stark intellektuell geprägte und in mancher Hinsicht ordensähnliche Gruppe »Mot Dag« (= Dem Tag entgegen), die damals der Arbeiterpartei angehörte, war die treibende Kraft der aussichtslosen Aktion. – Die offizielle Jugendorganisation der Arbeiterpartei hieß damals »linkskommunistisch«.

bei, die statt im Jahr 1919 105.000 1924 zusammen nur noch 61.000 Mitglieder, davon 7.000 Sozialdemokraten und 14.000 Komintern-Kommunisten, zählten.[24]

Spätestens Mitte der 20er-Jahre war die revolutionäre Naherwartung nicht länger zu konservieren, und die Notwendigkeit, auch unter den gegebenen Umständen die Lage der eigenen Klientel zu verbessern, musste einen realistischeren Blick befördern.

Die Gewerkschaften drangen auf die Wiedervereinigung der Parteien, die im Parlament ohnehin eng kooperierten. Die Vereinigung kam 1927 zwischen Arbeiterpartei und Sozialdemokraten sowie einem Teil der Kommunisten zu Stande und wurde von einem großen Wahlsieg gekrönt. Die Enttäuschung über den schnellen Sturz der ersten norwegischen Arbeiterregierung von 1928 – nach nur achtzehn Tagen im Amt – trug dazu bei, dass 1930 das Programm zwischenzeitlich noch einmal verschärft wurde (man strich die Aussage, die Arbeiterpartei wolle die Macht im Einklang mit der »Volksmehrheit« erringen).[25] In demselben Jahr 1930 erlitt die Arbeiterpartei bei den Parlamentswahlen empfindliche (relative) Stimmeneinbußen, als es den Bürgerlichen gelang, im Nichtwählerbereich ihr Potenzial in hohem Maß zu mobilisieren. Diese Niederlage gab den ersten Anstoß dafür, dass sich die Linie, das Erscheinungsbild und der politische Stil der Norwegischen Arbeiterpartei ohne größeren Widerstand aus der Mitgliedschaft im Verlauf der 30er-Jahre grundlegend änderten. Die Partei verließ bei den Wahlen endgültig den »Dreißigprozent-Turm« und etablierte sich auf dem Niveau der anderen sozialistischen Parteien Nordeuropas um und über 40 %, während die Kommunisten zu einer Splittergruppe absanken (1930 und 1933 1,7 % bzw. 1,8 % der Stimmen). Die Mitgliederzahlen von Partei und Gewerkschaften entwickelten sich schon seit 1927 wieder kontinuierlich nach oben und stiegen bis zum Ende der 30er-Jahre auf 171.000 bzw. 357.000.[26]

---

24 Zahlenangaben nach Lorenz, Arbeiderbevegelsens historie, Bd. 1, S. 85, 138, 176.
25 Nicht gestrichen wurde die Formulierung, man wolle »das ganze arbeitende Volk für die sozialistischen Grundprinzipien« gewinnen. Eine (vorübergehende) programmatische Radikalisierung bedeutete die Streichung der Worte »und damit der Volksmehrheit« allenfalls gegenüber dem Vereinigungsparteitag von 1927, keinesfalls gegenüber dem Programm der Arbeiterpartei von 1925. Vgl. die Diskussion auf dem Parteitag in: Protokoll over forhandlingene på Det norske Arbeiderpartis 28. ordinære landsmøte i Oslo 14–16 mars 1930, Oslo 1930; sowie die Synopse der programmatischen Kernaussagen von 1925 und 1930 bei Lorenz, Arbeiderbevegelsens historie, Bd. 1, S. 187 ff. – Bei den im unmittelbar Folgenden erwähnten Wahlen ging bei einer um beinahe zehn Prozent gestiegenen Beteiligung der prozentuale Anteil der Arbeiterpartei von 36,8 % auf 31,4 % zurück, während absolut sogar 6.000 zusätzliche Stimmen errungen wurden. Im äußerst hart geführten Wahlkampf spielte die genannte Programmänderung eine erhebliche Rolle. Sie wurde schon kurze Zeit später so uminterpretiert, dass das »arbeitende Volk« mit der »Volksmehrheit« erneut verknüpft wurde (Lorenz, Norwegische Arbeiterbewegung, Bd. 1, S. 317 ff.). Bei den Kommunalwahlen 1931 lag die Arbeiterpartei mit landesweit 36 % wieder auf dem alten Niveau.
26 Zahlenangaben nach Elvander, Skandinavisk arbetarrörelse, S. 75; Lorenz, Arbeiderbevegelsens historie, Bd. 2, S. 215.

22 Vom Antikapitalismus zur Krisenpolitik. Die nordeuropäische Arbeiterbewegung

Die schwedische Sozialdemokratische Arbeiterpartei stand gewissermaßen zwischen den praktizistischen, theoriefernen Dänen und den radikalen Norwegern. Sie vertrat unter Führung Hjalmar Brantings, eines Mannes mit akademischem Hintergrund, eine konsequent demokratische, reformerische und auf friedliche Veränderung gerichtete Politik, die aber – zumindest dem Anspruch nach – stets konzeptionell begründet und einer strategischen Leitlinie untergeordnet war. Man könnte von einem reflektierten und kalkulierten Gradualismus sprechen, wie er in einer 1926 erschienenen, viel gelesenen Schrift von Niels Karleby zum Ausdruck kam. Von der Überlegung ausgehend, dass das kapitalistische Eigentum kein monolithischer Block, sondern ein komplexes Gebilde aus einzelnen Rechten und faktischen Machtbefugnissen sei, formulierte der Autor das Ziel, private Verfügungsmacht sukzessive zu schwächen und gesellschaftliche Kontrolle zu stärken. Soziale Reformen bereiteten die soziale Transformation nicht einfach vor; sie seien schon als solche »tatsächlich ein Überschreiten der Grenzen des Kapitalismus«.[27]

Anders als die norwegische und die finnische war die schwedische Arbeiterbewegung niemals von den anderen sozialen und politischen Gruppen des Volkes isoliert. Vielmehr bemühte sie sich schon frühzeitig gezielt um den Zugang zum städtischen Kleinbürgertum und zur Bauernschaft. Der Wahlrechtskampf und das Ringen um Parlamentarisierung der Regierungsweise, die die Sozialdemokraten jahrzehntelang an der Seite der Liberalen führten, wurde stets auch außerparlamentarisch vorangetrieben, so in den »Volksreichstagen« von 1893 und 1896 sowie durch einen dreitägigen Generalstreik 1902. An diesen Aktionen beteiligten sich Hunderttausende. Schon vor dem Ersten Weltkrieg wurde die Sozialdemokratie als proletarische Klassenpartei gleichzeitig zum Zentrum und zur Haupttriebkraft der Demokratiebewegung.[28] Als 1920 mit der Realisierung des Demokratisierungsprogramms der Vorrat an Gemeinsamkeiten mit den Liberalen aufgebraucht schien, war die Partei zu einem fest etablierten, legitimen Faktor des politischen Lebens in Schweden geworden und aus dieser Position nicht mehr zu verdrängen.

---

27   Niels Karleby, Socialism inför verkligheten, Neuauflage Stockholm 1976, S. 85.
28   Zu diesen Bewegungen vgl. zusammenfassend Sven Lundkvist, Popular Movements and Reforms, 1900–1920, in: Koblik (Hg.), Sweden's Development, S. 177-193. Zur schwedischen Arbeiterbewegung generell vgl., neben den in Anm. 7 und 8 genannten Titeln, Knut Bäckström, Aretarrörelsen i Sverige, 3 Bde., Stockholm 1971; Herbert Tingsten, Den svenska socialdemokratins idéutveckling, 2 Bde., Stockholm 1941; Klaus Misgeld u. a. (Hg.), Socialdemokratins samhälle. SAP och Sverige under 100 år, Stockholm 1988, hierin bes. der Aufsatz von Göran Therborn, Nation och klass, tur og skickelighet. Vägar till ständig makt, S. 342-368; Tim Tilton, The Political Theory of Swedish Social Democracy. Through the Welfare State to Socialism, Oxford 1990; Sheri Berman, The Social Democratic Moment. Ideas and Politics in the Making of Interwar Europe, Cambridge/Mass. 1998; Malcolm B. Hamilton, Democratic Socialism in Britain and Sweden, London 1989. – Dass der klassenkämpferische Impuls schon vor dem Ersten Weltkrieg gebremst wurde, resultierte u. a. aus der schweren Niederlage der Gewerkschaften bei dem von einem Teil der Funktionäre ohnehin nur wider Willen exekutierten Massenstreik des Jahres 1909.

1918/19 erwarteten die schwedischen Sozialdemokraten, dass das allgemeine, gleiche Wahlrecht ihnen eine eigene Mehrheit verschaffen und sie damit in Stand setzen würde, ihr Programm der schrittweisen Sozialisierung der Wirtschaft in die Tat umzusetzen. Zu Beginn der 20er-Jahre wurde schnell klar, dass der Weg zur Stimmenmehrheit zumindest wesentlich länger sein würde als angenommen. Es stand weitgehend außer Frage, dass die Spielregeln der parlamentarischen Demokratie nicht nur im formellen Sinn zu beachten seien, die Partei also bereit sein musste, auch unter den Bedingungen der bestehenden, bürgerlich-kapitalistischen Gesellschaftsordnung Verantwortung zu übernehmen. Die in den Jahren 1920–26 wiederholt gebildeten sozialdemokratischen Minderheitsregierungen scheiterten indessen durchweg an der Unvereinbarkeit von deren sozialpolitischen Vorstellungen mit denen der bürgerlichen Reichstagsmehrheit, insbesondere in Steuerfragen und bei Maßnahmen gegen die Arbeitslosigkeit bzw. zu Gunsten der Arbeitslosen. Trotz einer gewissen Frustration an der Parteibasis hinsichtlich der Schwierigkeit, über Minderheitskabinette selbst begrenzte eigene Ziele zu verwirklichen, blieb die Kontinuität der die Tagespolitik und die sozialistische Perspektive auf eine spezifische Weise verbindenden Parteilinie stets gewahrt, was – ähnlich wie in Dänemark – von einem fast ununterbrochenen Aufschwung der Mitglieder- und Wählerzahlen begleitet wurde.

Von einem Niveau um 30 % der Stimmen im zweiten Jahrzehnt des 20. Jahrhunderts kletterte die schwedische Sozialdemokratie in den 20er-Jahren auf Werte nahe 40 %, um 1936, als der Durchbruch auf dem Lande erfolgte, fast 46 % und 1940 gar beinahe 54 % zu erreichen, vorwiegend durch die Gewinnung von Neu- und bisherigen Nichtwählern. Der relative Rückschlag um 4,1 % bei der »Kosakenwahl« von 1928, als das bürgerliche Lager, ähnlich wie in Norwegen 1930, seine Anhängerschaft maximal zu mobilisieren verstand, beinhaltete, gemessen an der Summe der Wahlberechtigten, in Wirklichkeit auch für die Sozialdemokraten einen Mobilisierungserfolg.[29]

Wie die norwegische kannte die schwedische Arbeiterpartei die kollektive Mitgliedschaft, was bei der Vervierfachung der Mitgliederzahlen, hauptsächlich in den 30er-Jahren, auf fast eine halbe Million zu bedenken ist. Der auch auf der Führungsebene eng mit der Sozialdemokratie verflochtene, relativ stark zentralisierte Gewerkschaftsbund hatte kurz vor dem Zweiten Weltkrieg rund 960.000 Mitglieder.

Der klare und entschiedene reformstrategische Kurs, den die schwedischen Sozialdemokraten steuerten, sorgte dafür, dass ihre Autorität innerhalb der Masse der Ar-

---

29 Es handelte sich um einen Rückgang von 41,1 % auf 37,0 % bei einer von 53,0 % auf 67,4 % gestiegenen Wahlbeteiligung. Absolut erhielt die SAP fast 150.000 Stimmen mehr als vier Jahre zuvor. Zu bedenken sind auch die großen relativen und, mehr noch, absoluten Gewinne der gespaltenen Kommunisten (von 5,1 % auf zusammen 9,4 % bzw. von 99.000 auf 226.000 Stimmen). Der Spitzname »Kosakenwahl« kam auf, als Wahlhelfer der Konservativen vordergründig gegen die Kommunisten, doch eigentlich gegen die Sozialdemokraten gerichtete Plakate mit Schreckbildern russisch-kosakischer Soldaten aufstellten.

beiterschaft niemals infrage stand. Allerdings waren die Kräfte links von ihr, anders als in Dänemark, nicht irrelevant, vor allem nicht in den Jahren des Ersten Weltkriegs und unmittelbar danach, als der aus der Sozialdemokratischen Partei gedrängte, heterogene linkspazifistische Flügel in der neu gegründeten Linkssozialistischen Partei (= Vänstresosialistisk Parti) 15 Reichstagsabgeordnete, 8,1 % der Stimmen (1917) und etwa 24.000 Mitglieder zu sammeln vermochte. Deren Umwandlung in die Kommunistische Partei 1921 brachte die erste von mehreren Spaltungen der radikalen Linken mit sich; die nächsten folgten 1924 und 1929, als sich die Mehrheit der übrig gebliebenen KP gegen die von Moskau inspirierte ultralinke Politik stellte und für acht Jahre eine eigene, von der Komintern unabhängige Kommunistische Partei (seit 1934: Sozialistische Partei) bildete. Während die Mitgliederzahl tendenziell zurückging und am Ende der 30er-Jahre nur noch rund 5.000 ausmachte – die abgespaltenen Gruppierungen kehrten mit ihren Führern meist nach einiger Zeit zur Sozialdemokratie zurück –, blieb die Stärke des linkssozialistisch-kommunistischen Segments bei den Parlamentswahlen beträchtlich; sie betrug mit Schwankungen zwischen 5,1 % (1924) und 9,4 % (1928).[30]

In der Vergleichsperspektive, zumal aus der zeitlichen Distanz, stellt sich der Norden als eine Region Europas dar, die gegenüber den in der Zwischenkriegszeit überall aufkommenden rechtsautoritären und faschistischen Strömungen in hohem Maß immun blieb – mit Ausnahme Finnlands, wo eine vom ostbottnischen Lapua ausgehende und danach benannte bäuerlich-antikommunistische Demonstrationsbewegung zwischen November 1929 und Februar 1932 pogromartige Züge annahm und das politische System ernsthaft infrage stellte; an der festen Haltung des an sich Lapua-freundlichen Präsidenten Svinhufvud gegenüber einem dilettantischen Putschversuch brach sich die Rechtsentwicklung.

Die größte Gefahr von rechts ging im Norden nicht von denjenigen Parteien aus, die ein nationalsozialistisches oder faschistisches Programm vertraten – unter ihnen erlangte, wiederum abgesehen von Finnland, allein die norwegische »Nationale Sammlung« zeitweise eine gewisse Bedeutung (1933 2,2 % der Stimmen, 3,5 % gemessen an den Wahlkreisen, in denen Kandidaten aufgestellt wurden). Bedenklicher schien die unter dem Eindruck Hitler-Deutschlands zunächst gesteigerte Attraktivität autoritärkorporatistischer, »volksgemeinschaftlicher« und gegenüber der Arbeiterbewegung offen repressiver Ansätze. Sympathien für solche Tendenzen waren in den agrarischen und konservativen Parteien, namentlich deren Jugend- und Studentenorganisationen, bis Mitte der 30er-Jahre weit verbreitet. Mitgliederstarke Streikbrecherorganisationen und in Norwegen auch der die bürgerliche »Sammlung« propagierende »Vaterlands-

---

30 Zum schwedischen Kommunismus mit den entsprechenden Zahlenangaben vgl. die Nachschlagewerke von Wende (Hg.), Lexikon, S. 586 ff.; und Kernig (Hg.), Die kommunistischen Parteien, S. 457-468; ferner Åke Sparring, Från Höglund till Hermansson. Om revisionismen i Sveriges kommunistiska parti, Stockholm 1967.

bund« (= Fedrelandslaget) ließen seitens der Arbeiterbewegung auch in Nordeuropa den Eindruck aufkommen, es existiere so etwas wie eine faschistische Bedrohung, zumindest als Möglichkeit. Dabei fiel zusätzlich ins Gewicht, dass auf dem Lande militante agrarische Protestbewegungen entstanden, die überwiegend nach Rechtsaußen tendierten und sich teilweise direkt mit rechtsextremen Parteien verbündeten.[31]

Das deutsche Beispiel wirkte insbesondere deswegen alarmierend, weil hier die einst stärkste und traditionsreichste Arbeiterbewegung der Welt mit ihrer Vorbildfunktion gerade für Nordeuropa vor dem Ansturm einer »nationalen Revolution« binnen weniger Monate zusammengebrochen war. Auch wenn die NSDAP vor ihrer Machtübernahme in die Kernschichten der proletarischen Milieus sozialdemokratischer oder kommunistischer Färbung nicht hatte eindringen können und der addierte Stimmenanteil der sozialistischen Parteien per saldo ziemlich unangefochten geblieben war, musste das Beispiel der nationalsozialistischen Massenmobilisierung seit 1929, die keine Bevölkerungsgruppe unberührt ließ, akute Befürchtungen auslösen. Wie immer sich das Verhältnis von Wirtschaftskrise und Massenarbeitslosigkeit einerseits, Aufstieg der NSDAP andererseits im Einzelnen darstellte – dass zwischen beiden ein enger Zusammenhang bestand, war unübersehbar.[32]

Im internationalen Vergleich wurde Nordeuropa eher schwach und (abgesehen von der finnischen Forst- und Landwirtschaft) relativ spät von der Weltwirtschaftskrise der Jahre seit Herbst 1929 erfasst, wenn man von den ökonomischen Kennziffern, namentlich der industriellen Produktion, ausgeht. Die städtischen Mittelschichten blieben zudem weitgehend verschont, wenn auch Staatsbeschäftigte und Angestellte gewisse Reallohneinbußen hinnehmen mussten.[33] Die staatlichen Institutionen waren bei allen Mängeln weit von einer Existenz- bzw. existenziellen Legitimationskrise entfernt.

Es waren die größten beiden Gesellschaftsklassen, die hauptsächlich von der Wirtschaftskrise betroffen waren und deren Lage diese zu einer tiefen sozialen Krise machte: zunächst die Landwirte, vor allem die Kleinbauern. Die Einkünfte aus agrarwirt-

---

31 Vgl. die ausführlichere Problematisierung in meinem in Anmerkung 4 genannten Aufsatz sowie Ulf Lindström, Fascism in Scandinavia, Stockholm 1985; Lauri Karvonen, From White to Blue-and-Black. Finish Fascism in the Inter-War Era, Helsinki 1988.
32 Zu Deutschland vgl. Heinrich August Winkler, Der Weg in die Katastrophe. Arbeiter und Arbeiterbewegung in der Weimarer Republik 1930 bis 1933, Berlin/Bonn 1987; Jürgen F. Falter, Hitlers Wähler, München 1991. Zur Reaktion speziell der norwegischen Arbeiterbewegung auf die vermeintliche Bedrohung Bjørgum, Arbeidsløshet, in: Tidsskrift for arbeiderbevegelsens historie 7 (1983).
33 Zu den nordeuropäischen Mittelschichten und ihrer politischen Orientierung vgl. Lindström, Fascism, S. 76 ff.; Niels Finn Christiansen/Karl Christian Lammers, Democracy and the Lower Middle Class: Interwar Denmark, in: Rudy Koskar (Hg.), Splintered Classes. Politics and the Lower Middle Classes in Interwar Europe, New York/London 1990, S. 184-209; vgl. dazu und zum Folgenden auch die Beiträge in: Kriser och krispolitik; Vagn Dybdahl u. a., Krise i Danmark, Kopenhagen 1975.

schaftlicher Betätigung gingen in einem dramatischen Ausmaß und Tempo zurück; rund ein Drittel der Bauern geriet in die Verschuldung. Auf dem Höhepunkt der Krise wurden in jedem der beteiligten nordeuropäischen Länder Tausende Zwangsversteigerungen vollzogen. Die Involvierung der bäuerlichen Bevölkerung machte den Hauptunterschied zu früheren Krisen, so der von 1920–22, aus. Die Arbeiter, speziell die erwerbslosen bzw. unmittelbar von Erwerbslosigkeit bedrohten Arbeiter, waren aufgrund der Krise ihrerseits einem verstärkten Druck der Kapitalseite ausgesetzt. Immerhin wirkten der Einfluss der Gewerkschaften und die Geschwindigkeit des Preisverfalls dahin, dass die Reallöhne insgesamt stabil blieben, jedenfalls bezogen auf die jeweilige Zeiteinheit; krisenbedingte Arbeitszeitverkürzungen tendierten zur Senkung der Wochen- bzw. Familieneinkommen, zumal unverheiratete Töchter in Arbeiterfamilien in deutlich geringerem Maß als in den Vorjahren auf dem Arbeitsmarkt in Erscheinung traten.[34]

Bereits in den 20er-Jahren war die Massenarbeitslosigkeit von den Sozialisten immer wieder thematisiert und als Versagen der bestehenden bürgerlich-kapitalistischen Gesellschaftsordnung attackiert worden. Nun, in der Krise, war, je nach Land, ein Drittel und mehr, in einigen Branchen zeitweise die Mehrzahl der Arbeiter beschäftigungslos, vor allem in den unteren Segmenten. Über ein Viertel der Gesamtbevölkerung Nordeuropas fiel in diesen Jahren früher oder später der Armenfürsorge anheim. Die Krise beinhaltete aus der Sicht der Arbeiterbewegung mit der Schwächung ihrer Aktionsmöglichkeiten somit die Gefahr chronischer materieller und moralischer Verelendung großer Teile ihrer Basis.

Auf Initiative der sozialistischen Arbeiterparteien kam es in den 30er-Jahren überall in Nordeuropa zu einer tief greifenden Umgruppierung der politischen Faktoren, indem sich die Parteien der Arbeiter und die der Bauern zur Durchführung einer mittelfristigen Regierungszusammenarbeit mit dem Ziel verbündeten, mit einer staatsinterventionistischen Wirtschaftspolitik und einer aktiven staatlichen Sozialpolitik ihre Völker aus der Krise zu führen. Dadurch, dass die jeweils dominierenden Bauernparteien Arbeiterregierungen parlamentarisch unterstützten, später dann auch Koalitionen bildeten, konnten im Norden erstmals mehr als kurzzeitige konstruktive Parlamentsmehrheiten gesichert und so nach anderthalb Jahrzehnten von überwiegenden Minderheitskabinetten schon vordergründig die Stabilität der Regierungsarbeit wiederhergestellt werden.

Zu den politischen Voraussetzungen gehörten – teilweise dramatische – Wahlerfolge der Arbeiterparteien Anfang und Mitte der 30er-Jahre, ebenso ein Generationswechsel in der Führung der Bauernverbände und Bauernparteien, der die Öffnung

---

34 Erik Helmer Pedersen, Nordens jordbruk och världskrisen 1929–1933, in: Kriser och krispolitik, S. 155-206; Bjørgum u. a., Krisen og arbeiderbevegelsen, in: Kriser och krispolitik, S. 247-293, hier bes. S. 257 f.; Karin Hansen/Lars Torpe, Socialdemokratiet og krisen i 30'erne, Århus 1977. Auch für das Folgende.

nach links im Sinne einer stärker pragmatischen Interessenpolitik ermöglichte. Noch Mitte der 30er-Jahre lag der Anteil der Landgemeinden an der Gesamtwählerschaft zwischen zwei Fünfteln (Dänemark) und drei Vierteln (Finnland), ebenfalls ein Tatbestand, der aus Sicht der sozialistischen Parteien ein Arbeiter-Bauern-Bündnis nahe legte. Für die Bauernparteien war bedeutsam, dass sie in allen nordeuropäischen Ländern unter akutem Druck der oben erwähnten, neu entstehenden agrarischen Kampforganisationen, teilweise auch kleinerer konkurrierender Parteien standen. Die Unruhe unter der eigenen Klientel veranlasste die tradierten Bauernorganisationen, alte Verhaltensweisen und Rezepte zu überprüfen, um im Rahmen des bestehenden politischen Systems für die Landwirtschaft einen Ausweg aus der Krise zu suchen.[35]

Im Agrarsektor brauchten die Arbeiterregierungen 1933/35 nur jene zwangskartellartigen Einrichtungen zu fördern und auszubauen, die – zuerst ab 1929/30 in Norwegen entstanden – auf den tradierten genossenschaftlichen Organisationen aufbauten. Unterstützt vom Staat, errichteten die Bauern (und Fischer), bezogen auf bestimmte Produkte und Fertigungsschritte, nach und nach eine monopolistische Macht über den gesamten Marktprozess. Das System verhinderte den Zusammenbruch der Agrarpreise und verbesserte über Preisfestsetzungen sowie andere gezielte Eingriffe (so in Norwegen die obligatorische Hinzufügung von Butteranteilen zur Margarine zwecks Reduzierung des Überschusses) wieder die Einkommenslage der Bauern, und zwar am meisten für diejenigen, die aufgrund ihrer Besitzverhältnisse viel liefern konnten.[36] In gewisser Weise wurde die Stützung der Agrarwirtschaft somit von den Verbrauchern, also nicht zuletzt den Wählern der Arbeiterparteien, bezahlt.

Im Gefolge der Wirtschaftskrise und der Krisenpolitik wuchsen nicht nur in bemerkenswerter Weise die Organisationen der Arbeiterbewegung, der sich nun auch die Angestellten mehr und mehr zugesellten, und die der Bauern, sondern auch die anderen, in Nordeuropa ohnehin starken gesellschaftlichen Verbände. Organisationen des Wirtschaftslebens nahmen im Lauf der 30er-Jahre mehr und mehr öffentlich-rechtlichen Charakter an, zumindest de facto. Deren Vertreter wurden nicht nur, ebenso wie die der Parteien, von der Regierung zu Konferenzen über wirtschafts- und sozialpolitische Fragen, sondern auch in diverse staatliche Untersuchungskommissionen eingeladen und dadurch frühzeitig in den Gesetzgebungsprozess einbezogen. Insofern lässt sich durchaus von einer Erweiterung der Verfassungswirklichkeit um eine korporative Komponente sprechen.[37] Führende dänische Gewerkschafter dachten zeitweilig daran, das Landesthing in eine (beratende) Wirtschaftskammer umzuwandeln.[38]

---

[35] Hans Gollwitzer (Hg.), Europäische Bauernparteien im 20. Jahrhundert, Stuttgart 1977, bes. S. 104 f., 130 ff., 153 f., 186 f.

[36] Furre, Norsk historie, S. 223 ff.; Erik Helmer Pedersen, Nordens jordbruk, in: Kriser og krispolitik i mellankrigstiden, S. 155-206, hier bes. S. 172 ff.

[37] Vgl. dazu das Heft 3 der Scandinavian Political Studies (1979) mit Analysen zum Korporatismus in Nordeuropa.

In Dänemark war der Übergang zur neuen Politik nicht besonders krass, weil die Zusammenarbeit der Sozialdemokraten und der Radikalliberalen mit ihrer sozialen Basis bei den Arbeitern, den Angestellten und den Kleinbauern schon fast eine Konstante der dänischen Politik darstellte und 1929 als Regierungskoalition formalisiert worden war. Auch wenn sich besonders Schweden später erfolgreich als Modell darstellte, war eigentlich Dänemark Vorbild und Avantgardist, zumal die Abkehr von der Freihandelspolitik für das Land insgesamt und besonders für die Agrarliberalen so etwas wie einen Paradigmenwechsel bedeutete.

Schon im Spätsommer 1931 entfaltete die sozialdemokratisch-radikalliberale Regierung Stauning eine staatliche Antikrisenpolitik mit verschiedenen regulierenden Maßnahmen in Bezug auf Währung, Handel, vor allem Außenhandel, Preisgestaltung, Produktionsbegrenzungen u. a. Ungefähr gleichzeitig mit den übrigen nordeuropäischen Ländern musste Dänemark die Orientierung der Krone am Goldstandard aufgeben. Es ging den Dänen hauptsächlich um quantitative Importregulierung. Die Ende Januar 1932 gesetzlich verankerte Valutaordnung erlaubte tiefe Eingriffe in die unternehmerische Freiheit.

Die (noch bis 1936 bestehende) agrarliberal-konservative Mehrheit im Landesthing, der Ersten Kammer, zwang die Regierung Stauning, stets den Konsens oder den Kompromiss mit den Bürgerlichen zu suchen. Als ihr die bereits getroffenen Maßnahmen unzureichend schienen und überdies ein großer Arbeitskampf drohte, weil der Arbeitgeberverband eine allgemeine Lohnreduzierung um 20 % durchsetzen wollte, gelang dem Staatsminister mit dem »Kanzlerstraßenvergleich« (= Kanslergadeforlig) – zufällig zeitgleich mit der Übernahme der Regierung durch Adolf Hitler im Deutschen Reich – eine weit reichende Verständigung mit den oppositionellen Agrarliberalen über die Wirtschafts- und Gesellschaftspolitik.[39]

Hauptsächlich im Interesse der Bauern waren die Abwertung der Krone um 12 %, Subventionen zur Stützung der Agrarpreise, Steuererleichterungen und die staatliche Unterstützung bei der Schuldenerleichterung bzw. der Erlangung günstiger Kredite. Im Interesse der Arbeiter lag die erhebliche Ausdehnung öffentlicher Beschäftigung, teilweise finanziert über Anleihen, die in der Folge von den Tarifpartnern sanktionierte Unterbindung von Aussperrungen (und Streiks) durch Verlängerung des bestehenden Rahmentarifvertrags (im Verlauf der folgenden Jahre mehrfach erneuert) sowie die nun eingeleiteten Sozialreformen. Dabei ging es um die Erweiterung, aber auch die Systematisierung und Vereinfachung der Sozialgesetzgebung. Aus einer Vielzahl von Gesetzen, Gesetzesteilen und Verordnungen wurden vier große Gesetze. Sie betrafen erstens die »Volksversicherung« (Kranken-, Alters- und Invalidensicherung), zwei-

---

38 Parallele Überlegungen stellte eine Minderheit der Konservativen an. Vgl. Hansen/Henriksen, Sociale brydninger, S. 307 ff.
39 Vgl. Hansen/Henriksen, Sociale brydninger, S. 274 ff.; Kaarsted/Samuelson (Hg.), Kilder, S. 93-117.

tens die Unfallsicherung, drittens die Arbeitslosenversicherung und viertens die Sozialhilfe, die die überkommene Armenunterstützung ablösen sollte.

Im Mai 1933 folgte ein dem dänischen Kanzlerstraßenvergleich ähnlicher Pakt in Schweden, dort als »Kuhhandel« bezeichnet, nachdem die Sozialdemokraten Ende 1932 die Regierung übernommen hatten.[40] Eine Erneuerung der früheren Zusammenarbeit mit den Liberalen bzw. Freisinnigen kam trotz teilweiser Übereinstimmung bei Tolerierungsgesprächen nicht zu Stande. Allerdings konnte sich das sozialdemokratische Ministerium Schwedens – ähnlich wie das der Arbeiterpartei in Norwegen – im weiteren Verlauf wiederholt auch auf liberale Abgeordnete stützen. Strategische, nicht nur taktische Bedeutung bekam indessen das Bündnis mit der Bauernpartei. Diese hatte sich um 1930 von ihrer ursprünglich stark konservativen, sogar rassistisch gefärbten, demokratiekritischen Haltung zu einer hinsichtlich des politischen Systems eher liberal-demokratischen Position durchgerungen. Gleichzeitig befürwortete die Partei zunehmend dirigistische Staatseingriffe zur Stützung der Landwirtschaft. Beides zusammen öffnete die Bauernpartei einem weit über das Krisenbekämpfungsprogramm hinausreichenden Zusammengehen mit den Sozialdemokraten, bei denen ihrerseits schon vor 1932/33 über eine solche Kombination nachgedacht worden war. Agrar- und bündnispolitische Überlegungen der schwedischen Arbeiterbewegung reichten bis in die Zeit vor dem Ersten Weltkrieg zurück. Insofern lag es nahe, dass das Arbeiter-Bauern-Bündnis in Schweden mehr als in den anderen Ländern des Nordens ideologisch überhöht wurde. Per Albin Hansson glaubte sich, so Ende 1935 auf einer nordischen Sozialistenkonferenz, mit den jüngeren Bauernführern einig, dass »die beiden Hauptelemente der werktätigen Bevölkerung die Basis für die künftige demokratische Politik bilden« sollten. Allein in Schweden kam es bei der kämpferischen Durchsetzung materieller Interessen sogar zu Fällen lokaler Kooperation von Arbeitern und Bauern gegen große Unternehmungen.[41]

In Norwegen war der politische Neuansatz dramatischer als in Dänemark und Schweden mit ihrer Tradition des sozialdemokratischen Reformismus, weil eine revolutionäre, nicht nur antikapitalistische, sondern auch Parlamentarismus kritische Partei des Klassenkampfs die parlamentarische Demokratie jetzt ganz und gar zu ihrer Sache machte, indem sie den demokratischen Staat als historische Errungenschaft und als zentrales Instrument ihrer Veränderungsstrategie entdeckte. Doch zunächst stand allein die pragmatische Krisenpolitik im Verbund mit der Bauernpartei im Zentrum, die der Regierungsübernahme im März 1935 schnell folgte. Auch in Norwegen ging es

---

40 Vgl. Olle Nyman, Krisuppgörelsen mellan socialdemokratarna og bondeførbundet 1933, Uppsala 1944; Sven Anders Söderpalm, The Crisis Agreement and the Social Democratic Road to Power, in: Koblik (Hg.), Sweden's Development, S. 258-278; Charakterisierung auch bei Berman, The Social Democratic Moment, S. 170 ff. Diverse Erinnerungsquellen zur Regierungsbildung 1932 sind zusammengestellt bei Nyman/Sellberg (Hg.), Svenskt 1900 – tal, S. 113 ff.

41 Söderpalm, The Crisis Agreement, in: Koblik (Hg.), Sweden's Development, S. 273 f. Dort auch das Zitat Per Albin Hanssons.

im Kern um Agrarprotektionismus einerseits, öffentliche Beschäftigungsprogramme auf der Grundlage marktgemäßer Entlohnung andererseits. Dazu kamen dann eine erweiterte Sozialgesetzgebung und die verstärkte staatliche Intervention in den Wirtschaftsablauf.[42]

Trotz der bis in die 30er-Jahre fortwirkenden radikalen Tradition der Norwegischen Arbeiterpartei blieb, wie in Schweden, ein größerer Widerstand aus der Mitgliedschaft gegen den neuen Kurs aus. Das lag, neben dessen spürbaren Resultaten, an dem Begründungszusammenhang, in den die Politik der sozialistischen Regierung gestellt wurde. Von verschiedenen Ausgangspositionen her näherten sich die skandinavischen Sozialisten einer Wirtschaftspolitik, die dem Staat einen zentralen Platz bei der Stimulierung und Regulierung der Produktion zuwies und damit die »kapitalistische Anarchie« überwinden sollte, ohne (zunächst) die Eigentumsverhältnisse im Industrie- und Finanzwesen anzutasten. Das konnte als eine unideologische, rein pragmatische Antwort auf die Auswirkungen der Weltwirtschaftskrise und die Depression verstanden werden, wurde von berufenen Sprechern der Arbeiterparteien indessen durchaus als eine Reformulierung, nicht eine Aufgabe der sozialistischen Programmatik gedeutet, bei den Norwegern noch stärker akzentuiert als bei den Schweden.

Aus den Reihen der Norwegischen Arbeiterpartei veröffentlichte der frühere Kommunist Ole Colbjørnsen, der persönliche Erfahrungen mit der sowjetischen Planwirtschaft und mit den Debatten der britischen Linken verarbeitet hatte, zusammen mit dem Geografen Axel Sømme 1933 einen Dreijahresplan für die heimische Wirtschaft.[43] Colbjørnsen stand für den Übergang der traditionellen Verteilungs- zur neuen Produktionsorientierung. Die Sozialisierung galt als aufgeschoben, nicht aufgehoben. Die Kontrolle über die Ökonomie und ihre Regulierung durch den demokratischen, von der Arbeiterpartei geführten Staat sollte – so Martin Tranmæl – »im Rahmen des jetzigen Systems«[44] dem Sozialismus vorarbeiten. Zusammen mit der Gründung großer staatlicher Industriebetriebe würde die Regulierung den kapitalistischen Sektor immer weiter zurückdrängen und schließlich marginal werden lassen. Der alte Sozialisierungsdiskurs wurde auf diese Weise in den neuen Regulierungsdiskurs integriert.

Der Akzeptanz der sozialistischen Wirtschaftspolitik im Norden kam zugute, dass – parallel zu Keynes und teilweise auch schon von ihm angeregt – verschiedene,

---

42 Für Norwegen vgl. namentlich Edvard Bull (jun.), Kriseforliket mellom Bondepartiet og Det Norske Arbeiderparti i 1935, in: (Norsk) Historisk Tidsskrift 39 (1959), S. 121-139; Jorunn Bjørgum, Venstre og kriseforliket. Landbrukspolitikk og parlamentarisk spill, 1934–1935, Oslo 1978. – Synoptische Gegenüberstellung der wesentlichen Bestandteile der drei Krisenabkommen bei Lindström, Fascism, S. 137. Vgl. dort, S. 136 ff., auch das betreffende Unterkapitel insgesamt.
43 Ole Colbjørnsen/Axel Sømme, En norsk 3 årsplan. Veien frem til en socialistisk planøkonomi i Norge, Oslo 1933; Det norske Arbeiderpartis kriseplan 1934, Oslo 1934.
44 Protokoll over forhandlingene på Det norske Arbeiderpartis 29. ordinære landsmøte i Oslo 26 til 28 mai 1933, Oslo 1933, S. 43.

nicht der Arbeiterbewegung verbundene Nationalökonomen wie Ragnar Frisch in Oslo, Bertil Ohlin und Gunnar Myrdal in Stockholm über Möglichkeiten nachdachten, den kapitalistischen Krisenzyklus politisch zu beeinflussen.[45] Faktisch war die Funktion des nordischen Quasi-Keynesianismus indessen keine initiierende, sondern eher eine legitimierende.

Für Schweden wurde vor allem der sozialdemokratische Parteitheoretiker und spätere Finanzminister Ernst Wigforss bedeutsam, der neben der Theorie von Marx auch vom Gilden-Sozialismus und von Diskussionen im Umfeld der britischen Liberalen beeinflusst war. Wigforss glaubte an die Fähigkeit der Gesellschaft in Gestalt des demokratischen Staates, schon unter kapitalistischen Bedingungen alle sozialen Bereiche rational zu koordinieren und die Wirtschaft ohne detaillierte Vorgaben zu lenken. Damit würden Demokratisierung und Effektivierung der Ökonomie nicht mehr in einem Spannungsverhältnis stehen; mit dem sukzessiven Ausbau von Elementen der Planung, Mitbestimmung, Sozialreformen und progressiven Steuern würde sich die Verfügungsgewalt über die Produktionsmittel zu Gunsten der Gesellschaft verschieben, und es würde das Privateigentum nach und nach bis zur Bedeutungslosigkeit ausgehöhlt werden.[46]

Der traditionelle sozialistische Reformismus hatte sich dadurch ausgezeichnet, dass das Verhältnis zwischen der praktischen Reformarbeit im Parlament sowie eventuell in der Regierung auf dem Boden des Bestehenden einerseits und der Zielsetzung der sozialistischen Gesellschaftstransformation andererseits – wohlgemerkt – über die demokratischen Institutionen und unter deren Aufrechterhaltung, im Unklaren blieb. In der Regel hoffte man auf die sozialistische Parlamentsmehrheit. Diese Kluft zwischen Tagespolitik und Endziel sollte mit den neuen Konzepten reformstrategisch überbrückt werden, die somit nicht nur als Notbehelf, sondern als ein demokratisch-sozialistisches Übergangsprogramm verstanden werden sollten.

Finnland war dasjenige Land, wo der politische Neuansatz, der sich in den Arbeiter- und Bauern-Bündnissen Skandinaviens von 1933/35 niederschlug, zuletzt wirksam wurde, und auch in inhaltlicher Hinsicht zeigte der finnische Fall am meisten Besonderheiten. Die Weltwirtschaftskrise war längst überwunden, als die Neuwahl sowohl des Reichstags (mit einem neuen großen Erfolg der Sozialdemokraten) wie auch

---

45 Karl Gustav Landgren, Den »nya« ekonomin i Sverige. J. M. Keynes, E. Wigforss, B. O. Ohlin och utvecklingen 1927–39, Stockholm 1960: Leif Lewin, Planhus-hållningsdebatten, 3. Aufl., Stockholm 1970; Otto Steiger, Studien zur Entstehung der neuen Wirtschaftslehren in Schweden, Berlin 1971; Svante Beckmann u. a., Ekonomisk politik och teori i norden under mellankrigstiden, in: Kriser och krispolitik, S. 27-71.

46 Wie Anm. 45 sowie Berman, The Social Democratic Moment, S. 164 ff., Tilton, The Political Theory, S. 39-69; ders., A Swedish Road to Socialism. Ernst Wigforss and the Ideological Foundations of Swedish Social Democracy, in: The American Political Science Review 73 (1979), S. 505-520; Winston Higgins, Ernst Wigforss, the Renewal of Social Democratic Theory and Practice, in: Political Power and Social Theory 5 (1985), S. 207-250.

des Staatspräsidenten (mit dem Amtsantritt des Agrariers vom linken Flügel Kyösti Kallio) 1937 erstmals eine Koalition der Sozialdemokraten, der Agrarier sowie der nur noch schwachen Liberalen ermöglichte. Charakteristisch für die finnischen Verhältnisse kam der Regierungschef aus den Reihen der liberalen Fortschrittspartei. Die neue Mehrheitsbildung als »Front der Bauern und Arbeiter« war vorbereitet worden durch die Tolerierung der Vorgängerregierung seitens der Sozialdemokratie und die – auch ideologische – Annäherung der Agrarpartei an die Arbeiterbewegung.

Es war die Agrarpartei, die beim Zustandekommen und dem Agieren der »Roterde«-Mehrheit konzeptionell die treibende Kraft war, nicht die Sozialdemokratie. Diese wurde hauptsächlich gehemmt durch ihre strikt freihändlerische Linie (die Schwäche der Gewerkschaften ließ für eine andere Art materieller Interessenwahrnehmung für die Arbeiterbevölkerung kaum Platz), während die Agrarier in den Krisenabkommen der westlichen Nachbarn eine attraktive Möglichkeit erkannten, die selbstständige Bauernschaft auch in Finnland mittelfristig zu sichern. Der Regierungsbildung ging eine Vereinbarung über ein ganzes Paket wirtschafts- und sozialpolitischer Maßnahmen im Sinne des staatsinterventionistischen Kurses der nordgermanischen Länder voraus. Faktisch wurden vom finnischen Reichstag Gesetze zur Kranken-, Alters- und Invalidenversorgung sowie eine bescheidene Mutterschaftsunterstützung beschlossen.

Dem neuen Bündnis lagen aber mindestens in demselben Maß allgemeinpolitische Motive zu Grunde, die der Sicherung der Demokratie und der »Normalisierung« der politischen Kultur Finnlands, gemessen an den skandinavischen Nachbarstaaten, galten. Zwar scheiterte der Versuch, die rechtsextreme Vaterländische Volksbewegung zu verbieten, am Einspruch des Obersten Gerichts. Doch gelang es zunehmend, die Vaterländischen und den rechten Flügel der Konservativen atmosphärisch zu isolieren, während die Verfolgung der Kommunisten weitgehend eingestellt wurde, eine Grundvoraussetzung für die Überwindung des politisch-ideologischen Grabens der Bürgerkriegszeit. Die Gewerkschaften konnten jetzt freier agieren und gewannen an Stärke; die ultralinke »Dritte Periode« der (weiterhin illegalen) Kommunisten und damit deren Selbstisolierung waren inzwischen von der Politik der »proletarischen Einheitsfront« und der »Volksfront« abgelöst worden.[47] Zusammen mit der in einer beträchtlichen Erhöhung des Lebensstandards resultierenden wirtschaftlichen Prosperität und der Sozialgesetzgebung sicherte die Politik der Versöhnung den Parteien der Koalition 1939 einen erneuten Wahlsieg.

Dem Erfolg der Arbeiterregierungen bzw. der sozialdemokratisch geführten oder unter sozialdemokratischer Beteiligung gebildeten Koalitionsregierungen Nordeuro-

---

47 Wie Anm. 18. Zur kommunistischen Bündnispolitik der Jahre ab 1934 vgl. im Allgemeinen Peter Brandt, Die kommunistische Konzeption der »Volksfront« in der Geschichte der Arbeiterbewegung. Ein Grundriss, in: Zeitschrift für sozialistische Politik und Wirtschaft Nr. 38, Jg. 10 (1987), S. 414-423.

pas lag eine sehr einfache Voraussetzung zu Grunde: Allein die sozialistischen Parteien waren in der Lage, den sozialen Frieden zu garantieren – an die Stelle der Streiks als Kampfmittel traten weitgehend die gewerkschaftliche Einflussnahme auf die staatliche Einkommenspolitik und zentrale Verhandlungen mit dem Arbeitgeberverband. Das war aus Unternehmersicht ein unschätzbarer Vorteil. Und selbst die weiterhin ungeliebte Regulierung des Wirtschaftslebens durch den Staat erlaubte es immerhin, die Produktionsbedingungen längerfristig kalkulieren zu können. Es lag in der Logik dieser Überlegung, wenn Ernst Wigforss Ende 1938 vor schwedischen Großindustriellen für ein zwischenzeitliches Produktions- und Modernisierungsbündnis von Big Labour und Big Business warb.[48]

Die Zentralabkommen zwischen Gewerkschaften und Arbeitgeberorganisationen bildeten gewissermaßen das Pendant zu den Krisenvergleichen der Arbeiter- und der Bauernparteien. Zusammen mit der simplen Tatsache, dass die »Vertrauensmänner des werktätigen Volkes« jetzt an der Regierung saßen, machten sie eine der streik- und aussperrungsgeneigtesten Regionen der Welt zu einer Region mit vorwiegendem Wirtschaftsfrieden, wobei allerdings »wilde« Streiks, vor allem dort, wo radikalere Vertreter von Arbeiterinteressen konzentriert waren, in einzelnen Jahren weiterhin erheblich zu Buche schlagen konnten.[49] Die Zentralabkommen in Norwegen (1935) und Schweden (1938) waren die Alternative zu massiven Staatseingriffen in die Arbeitsbeziehungen, wie sie in Dänemark praktiziert, aber von den norwegischen und schwedischen Gewerkschaften keinesfalls gewünscht wurden. In beiden Gewerkschaftsbünden existierte über Jahrzehnte, verstärkt seit den späten 20er-Jahren, neben der konfliktorientierten eine verhandlungs- und kooperationsorientierte Linie. Der technologische Fortschritt und der Rationalisierungsschub der 20er-Jahre waren grundsätzlich auf positive Aufgeschlossenheit gestoßen. Hinzu kam, dass die von Streiks begleitete, monatelange und als Machtkampf geführte Massenaussperrung von 1931 in Norwegen, deren Resultat auch in den anderen Ländern genau registriert wurde, die Unfähigkeit der einen wie der anderen Seite offenbart hatte, ihre Forderungen durchzusetzen.

Gewaltsame Zusammenstöße zwischen Arbeitern, Streikbrechern und Polizeikräften in Norwegen (»Menstad-Schlacht« am 8. Juni 1931) und Schweden (Ådal März 1932, wo es mehrere Tote gab) erregten die Öffentlichkeit auch außerhalb der Arbeiterbewegung, die in landesweiten Protesten eine Abkehr von unangemessen repressivem Vorgehen verlangte. Dem entsprach in der Grundtendenz ein sukzessives Umdenken im Unternehmerlager. In Schweden war man teilweise schon länger offen für einen eher kooperativen Umgang mit den Gewerkschaften, und auch in Norwe-

---

48 Bernd Hennigsen, Der Wohlfahrtsstaat Schweden, Baden-Baden 1986, S. 377.
49 In Norwegen wurde 1937, in Schweden 1938 diesbezüglich ein Höhepunkt in der Quantität der Streiks – großenteils außerhalb der Kontrolle der Gewerkschaften – erreicht, in deren Verlauf rund eine Million bzw. 1,3 Millionen Arbeitstage durch Arbeitsniederlegungen und Aussperrungen verloren gingen. In Dänemark waren es 1936 sogar fast drei Millionen. Vgl. die Tabellen bei Elvander, Skandinavisk arbetarrörelse, S. 69-71.

gen war bereits Ende der 20er-Jahre bei den Unternehmern diesbezüglich ein Stimmungsumschwung im Gange.[50] Der Einbruch der Wirtschaftskrise und die gegensätzlichen Auffassungen über ihre Bekämpfung ließ dann 1930/31 noch einmal vorübergehend das konfrontative Verhalten Oberhand gewinnen.

In Norwegen war das Zentralabkommen bereits zur Amtszeit der liberalen Regierung (und von dieser gefördert) ausgehandelt worden, wenngleich es dann der Arbeiterregierung zugutekam.[51] In Schweden gelangten die Verhandlungen erst zum Ziel, als gesetzliche Regelungen drohten, die in wichtigen Punkten den gewerkschaftlichen Standpunkten hätten entgegengesetzt sein können. Das dann im Seebad Saltsjöbaden vereinbarte Zentralabkommen, jahrzehntelang eine Art Grundgesetz der Arbeitsbeziehungen in Schweden, bestätigte die Tarifautonomie, beinhaltete aber ein hohes Maß an Selbstbindung der Vertragspartner, indem es die Tarifverhandlungen zentralisierte – nur so war es möglich, über einen längeren Zeitraum die Arbeitslosen und die unteren Einkommensgruppen gezielt zu bevorzugen (»solidarische Lohnpolitik«) – und Arbeitskämpfe einem strikten Reglement unterwarf, sodass während der Dauer von Rahmenabkommen keine Kampfmaßnahmen gestattet waren. Die Integration der Arbeiterbewegung in den Staat beinhaltete also zugleich ihre Zähmung.[52]

Die wirtschaftlichen Effekte der nordeuropäischen Krisenpolitik sind kaum zu quantifizieren, weil die Region am internationalen Konjunkturaufschwung teilnahm. Die industriellen Wachstumsraten lagen ab 1933 höher als in den 20er-Jahren, und die Investitionsrate stieg gegenüber dem privaten Verbrauch deutlich an, während die Arbeitslosigkeit, auch bedingt durch die natürliche Bevölkerungsentwicklung (starke Geburtsjahrgänge) und die Rationalisierung, auf dem Niveau der Jahre vor der Krise verharrte. In Schweden pendelte sich die Quote ab 1937 bei etwa 10 % ein; in Norwegen und Schweden lag sie in der zweiten Hälfte der 30er-Jahre ungefähr doppelt so hoch. Offenkundig war in allen Ländern die Stärkung des Binnenmarktes gegenüber dem Export. Auf die zahlreichen während und nach der Krise neu gegründeten Kleinbetriebe im Reparaturwesen, im (auch gehobenen) verarbeitenden Gewerbe bzw. im Konsumgüterbereich, technologisch vielfach wenig modern, wirkte sich die Ausweitung der Kaufkraft in breitere Schichten günstig aus. Der industrielle Aufschwung seit 1933 in Nordeuropa ging jedenfalls überwiegend auf die (nachhaltige) Ausweitung des Binnenmarktes zurück. Speziell machte sich die Ankurbelung der Bauwirtschaft, na-

---

50 Klas Åmark, Sammanhållning och interessepolitik. Socialdemokratin och fackföreningsrörelsen i samenarbete och på skilda vägar, in: Misgeld u. a. (Hg.), Socialdemokratins samhälle, S. 57 ff.; Danielsen, Borgerlig oppdemningspolitikk, S. 206 f.
51 Jardar Seim, Hvordan Hovedavtalen av 1935 ble til. Staten, organisasjonene og arbeidsfreden 1930–35, Oslo 1972.
52 Hennigsen, Der Wohlfahrtsstaat, S. 245 f., referiert zusammenfassend den Inhalt. Bereits 1928 (zunächst gegen den Widerstand der Arbeiterbewegung) waren Gesetze zur »Kollektivabsprache« und zur Vermittlung bei Arbeitskonflikten verabschiedet worden, die verbindliche Tarifverträge einschließlich einer Friedenspflicht beinhalteten.

mentlich des staatlich geförderten Wohnungsbaus, positiv bemerkbar, dem neben seiner ökonomischen auch eine sozial- und familienpolitische Funktion zugedacht war.[53]

Die Finanzpolitik blieb ziemlich restriktiv; staatliche Kreditfinanzierung spielte, ebenso wie die Balancierung des Haushalts über den Konjunkturzyklus, anders als von den nordeuropäischen »Keynesianern« verlangt, nur eine untergeordnete Rolle für die Konjunktursteuerung. Die Mittel für öffentliche Arbeiten – in Schweden stieg die Zahl der diesbezüglich Beschäftigten von 327 Personen im Juli 1933 auf rund 41.000 im Herbst 1934 und Herbst 1935, um danach wieder zu sinken[54] – wurden hauptsächlich über Steuern und Abgaben aufgebracht. Gewiss expandierte der öffentliche Sektor weit überproportional. Doch das meiste von dem, was die nordeuropäischen Arbeiterregierungen wirtschafts- und sozialpolitisch in Gang bzw. umsetzten, hatte Vorläufer in den 20er-Jahren, teilweise davor, oder fußte auf Planungen und Entwürfen der Vorgängerregierungen, detaillierten Vorarbeiten von Parlaments- und anderen Kommissionen. Schon im Ersten Weltkrieg hatten der Staatsinterventionismus und die enge Zusammenarbeit des Staates mit den diversen Wirtschaftsorganisationen einen ersten, entscheidenden Schub erhalten. Der dänische Valutarat und der handelspolitische Krisenrat in Norwegen führten in den 30er-Jahren die früheren Ansätze, stärker zentralisiert und systematisiert, weiter.

Entsprechendes lässt sich für die Sozialgesetzgebung sagen. Schon im Zeitraum 1926 bis 1932 war der Anteil der Sozial- und Gesundheitsausgaben am Bruttosozialprodukt in Schweden von rund 2 % auf etwa 5 % gesteigert worden.[55] Erst gegen Ende der 30er-Jahre nahmen die nordeuropäischen Sozialversicherungssysteme als Ganze Form an und zeigten sich imstande, Einkommensausfälle systematisch und einigermaßen effektiv auszugleichen. Es setzte sich endgültig die Auffassung vom Recht der Staatsbürger auf Sicherung der Existenzgrundlage und von der Pflicht des Gemeinwesens durch, diese zu gewährleisten.

Wie immer der Anteil der Regierungspolitik an der günstigen Entwicklung der Wirtschaftskonjunktur und des Lebensstandards nach 1933/35 zu beurteilen ist, unbestreitbar ist die Leistung des Übergangs zu einer neuen handlungsfähigen Konstellation und, zu diesem Zweck, der bewusst vorgenommenen Umgruppierung der innenpolitischen Szenerie. Es gelang, in der Bevölkerung einen psychologischen Umschwung anzustoßen, der sich zu Gunsten der Legitimität der demokratischen Verfassungsordnung auswirkte; das war die politische Psychologie des wirtschaftlichen Aufschwungs. Neben die an die engeren Anhänger der Arbeiterbewegung gerichtete sozialistische Agenda wurde eine allgemeindemokratisch-gemeinwohlorientierte Agenda der neuen

---

53 Vgl. Kriser och krispolitik, bes. den Beitrag von Jorma Ahvenainen, Trettiotalsdepressionen och industrin, S. 207-246; Arthur Montgomery, How Sweden overcame the Depression 1930–1933, Stockholm 1938.
54 Gustafsson u. a., Perspektiv, in: Kriser og Krisepolitik, S. 127.
55 Ders., a. a. O., S. 119

Politik gestellt, die in ihren Grundelementen dem Zeitgeist entsprach, weit über die Arbeiterbewegung hinaus: Aktivierung des Staates, Organisierung von Wirtschaft und Gesellschaft, Produktionssteigerung, Klassenzusammenarbeit und gesellschaftliche Solidarität. Dabei kam den Regierenden zugute, dass sich das gesellschaftliche Klima – im Unterschied zu den 20er-Jahren – in Richtung des Bedürfnisses nach Konsens veränderte, jetzt auch in Norwegen und Finnland. Spätestens zu Beginn der 30er-Jahre konnte zudem von einem einseitig liberalistischen Zuschnitt der Politik auch bei den bürgerlichen Parteien keine Rede mehr sein. Diese, auch wenn sie außerhalb der Tolerierungsbündnisse standen, trugen in der Folgezeit viele Gesetzesinitiativen der Arbeiterregierungen mit, zumal die anhaltenden sozialistischen Wahlerfolge und die Unfähigkeit eines theoretisch immer noch möglichen, doch immer knapper majoritären bürgerlich-bäuerlichen Lagers, sich über ein gemeinsames Konzept zu verständigen, mehr noch eine weitgehende Desorientierung der bürgerlichen Parteien, jeden Gedanken an eine Alternative hinfällig machten.

Für alle nordeuropäischen Länder, insbesondere für Schweden und Norwegen, bedeutete das Zustandekommen der Arbeiter-Bauern-Bündnisse eine Befestigung der parlamentarischen Regierungsweise und damit der Verfassungsordnung. Die Zeit des Minderheitsparlamentarismus war vorbei. In Schweden (wie zuvor in Dänemark und kurz darauf auch in Finnland) gelang es 1936, nach der kurzen Episode einer Minderheitsregierung der Bauernpartei, eine regelrechte sozialdemokratisch-agrarische Regierungskoalition einzugehen, sodass nur noch Norwegens Arbeiterregierung auf parlamentarische Unterstützung von außerhalb angewiesen war. Neben und teilweise an die Stelle des Zusammenwirkens mit der Bauernpartei trat dort ab 1936/37 die Kooperation mit den Liberalen. (Am größten blieb hier wie anderswo der Abstand zu den Konservativen.) Insgesamt entwickelte sich ein neues, kooperatives Verhältnis der Regierung zum Parlament sowie zu den dort vertretenen Parteien. Der Staatsminister, der persönlichkeitsbedingt namentlich in Schweden und in Dänemark zu einer geradezu patriarchalischen Figur wurde, arbeitete eng mit der sozialdemokratischen Parlamentsfraktion zusammen, wobei sich die Regierung gegenüber der Fraktions- und Parteiführung eindeutig als führende Instanz behauptete.[56]

Die Umwidmung des nordeuropäischen Verfassungsstaates in eine soziale Demokratie mit korporativen Zügen durch die Arbeiterparteien wurde flankiert von einer Erweiterung der politischen Sprache und Symbolik, in denen jetzt nationalpatriotische Elemente einen wesentlichen Stellenwert erhielten. Die sozialdemokratische Krisenpolitik fand ihren ideologischen Ausdruck in der Ergänzung und tendenziellen Ersetzung des Klassenbegriffs durch den Begriff des »Volkes«. Letzterer war für die Arbeiterbewegung nicht neu, zumal in Nordeuropa mit seinen breiten popularen Demokratisierungsbewegungen in den Jahren um 1900. Dieses »Volk« (= folket) changierte

---

56 Das gilt im Wesentlichen auch für Norwegen, wo man bewusst an einer getrennten Führung von Fraktion und Partei festhielt.

zwischen »populus« und »plebs«; nur drittrangig kam der Inhalt »gens« bzw. »natio« hinein. Meist und hauptsächlich waren die breiten Schichten, die »Volksmassen«, gemeint, sodass allenfalls die Großunternehmer und andere elitäre Gruppen aus dem »Volk« tendenziell ausgeschlossen waren.[57]

Der Volksbegriff der Arbeiterparteien war nicht nur vordergründig und bündnispolitisch relevant. Er war darüber hinaus geeignet, eine semantische Brücke zu gedanklichen Ansätzen anderer Herkunft zu schlagen, nicht nur zum populären Flügel des Liberalismus und den vorpolitischen Volksbewegungen, sondern auch zu den – häufig agrarromantisch-kulturnationalen – Strömungen, die parteipolitisch unterschiedlich konnotiert sein konnten. Selbst explizit Demokratie skeptische Positionen auf der konservativen Seite des Spektrums wurden über die Anrufung des Volkes angesprochen, sofern sie sich sozialpolitisch aufgeschlossen zeigten. Die vorbehaltlose Anerkennung der offiziellen nationalen Symbole, namentlich der Flagge und der Hymne, durch die Arbeiterparteien um die Mitte der 30er-Jahre (in Schweden schon einige Jahre früher) war tatsächlich nur der sichtbare Abschluss eines längeren ideellen und kulturellen Vorgangs. Per Albin Hansson, Parteivorsitzender der schwedischen Sozialdemokratie seit 1925, betonte schon in den späten 20er-Jahren verstärkt den Volksterminus, um die »Gemeinschaft mit allen ausgebeuteten Klassen« im Kampf gegen die »kapitalistische Diktatur« herzustellen. In diesem Sinne hatte Hansson bereits 1921 formuliert, es gäbe »keine Partei, die vaterländischer ist« als die seine.[58]

Innerhalb der Norwegischen Arbeiterpartei waren es vor allem der Historiker Halvdan Koht, der spätere Außenminister, und der Journalist Ole Øisang, die als Protagonisten einer Minderheit bereits in den 20er-Jahren für eine stärkere nationale Akzentuierung der Parteiideologie eintraten. Allein die Arbeiterbewegung sei imstande, »das norwegische Nationalgefühl zu erneuern und ihm einen positiven Inhalt zu geben«.[59] Zur Wahl 1933, parallel zum Übergang von einer auf revolutionären Umsturz des Gesellschaftssystems zu einer auf systemüberwindende Strukturreformen zielenden Programmatik, wurde das »Volk« von den norwegischen Sozialisten semantisch regelrecht strapaziert. »Das ganze Volk in Arbeit!« sowie »Verteidigung der Volksherrschaft!« lauteten die durchschlagenden Parolen.[60] Und »Norwegen dem Volk!«

---

57 Peter Brandt, Folkelighed – et oversættelsesproblem?, in: Jørn Møller (Hg.), Folk. Om et grundbegreb i demokrati og kultur, Århus 2004, S. 33-46; ders. »Volk«, in: Joachim Ritter u. a. (Hg.): Historisches Wörterbuch der Philosophie, Bd. 11, Basel 2001, S. 1080-1090; Niels Kayser Nielsen, Det politiske, de kulturelle og det sociale folk – set i en nordisk sammenhæng, in: Møller, Folk, S. 89-106.
58 Per Albin Hansson, Folk och klass, in: Tiden 21 (1929), S. 329 ff.: sowie ders., zit. nach Anders Isaksson, Per Albin, Bd. 3: Partiledaren, Stockholm 1996, S. 184 f. und wie Anm. 61.
59 Ole Øisang, Socialismen og fedrelandet, Oslo 1929, S. 28; vgl. ders., Vi vil oss et land. Arbeiderbevegelsen og det nasjonale spørsmål, Oslo 1937.
60 Hans Fredrik Dahl, Fra klassekamp til nasjonal samling. Arbeiderpartiet og det nasjonale spørsmål i 1930-årene, Oslo 1969; Jorunn Bjørgum, Det nasjonale spørsmål i norsk arbeiderbevegelse, in: Tidsskrift for arbeiderbevegelsens historie 9 (1985), S. 99-130.

fand kurz danach seine identischen Entsprechungen bei den Schwesterparteien Dänemarks und Schwedens.

Mit der Wortschöpfung des »Volksheims« (= folkhemmet), also der Verheißung, Staat und Gesellschaft Schwedens zu einem Heim des ganzen Volkes zu machen, womit an alte, bis in die Antike zurückreichende Haus- und Familienmetaphern angeknüpft wurde, gelang es Per Albin Hansson und der schwedischen Sozialdemokratie, trotz der politisch unterschiedlichen Konnotationen des »Volkes« wie des »Heims« schlagwortartig einen zivilgesellschaftlichen und partizipatorischen Inhalt zu transportieren, der egalitäre Brüderlichkeit, Empathie und Gemeinschaftsgefühl mit einem sozialen Pflichtgedanken verknüpfte.[61] Zu einem regelrechten gesellschaftspolitischen Konzept wurde das Volksheim indessen erst in Verbindung mit der Kapitalismus verändernden und überwindenden Perspektive von Ernst Wigforss und den bevölkerungs- bzw. familien- und wohnungspolitischen Initiativen von Alva und Gunnar Myrdal. Insofern stand das schwedische Volksheim auch für ein Gesellschaftsbild, das von Funktionalität, Rationalität und Sauberkeit geprägt war. Dabei hatten die Myrdals, die sich offen als Sozial-»Ingenieure« bekannten[62], die Korrektur der ungünstigen demografischen Entwicklung, aber auch die Moralisierung der breiten Bevölkerungsschichten im Auge. Alles das gilt in der Grundtendenz auch für die anderen nordeuropäischen Länder. Die »Dänischen Volksferien« wurden 1938 mit ausgedehnten Programmen für einen billigen Ferienwohnungstausch zwischen städtischen Arbeiterfamilien und Bauern- und Landarbeiterfamilien groß inszeniert.[63]

Die nordische Demokratie bestand ihre Bewährungsprobe im Zweiten Weltkrieg, der für Nordeuropa mit dem Angriff der Sowjetunion auf Finnland begann und dann im April 1940 mit der deutschen Invasion auch Dänemark und Norwegen erfasste. In Finnland zahlten sich die Versöhnungspolitik und die sozialen Verbesserungen unter der Mitte-Links-Regierung Cajander aus, als die Finnen ihr Land in großer Einmütigkeit, bis weit in die radikal-sozialistische und kommunistische Arbeiterschaft hinein,

---

[61] Norbert Götz, Ungleiche Geschwister. Die Konstruktion von nationalsozialistischer Volksgemeinschaft und schwedischem Volksheim, Baden-Baden 2001; Valeska Henze, Das schwedische Volksbeim. Zur Struktur und Funktion eines politischen Ordnungsmodells, Florenz/Berlin 1999; Seppo Hentilä, The Origins of the Folkhem Ideology in Swedish Social Democracy, in: Scandinavian Journal of History 3 (1978), S. 323-345.

[62] Jan-Olof Nilsson, Alva Myrdal – en virvel i den moderna strömmen, Stockholm 1994, S. 176. – Ausgangspunkt der Myrdals bildete die kritische Bevölkerungsentwicklung Schwedens, der die Sozialpolitik in gewisser Weise zugeordnet wurde. Vgl. Tilton, The Political Theory, S. 145-165; Alva och Gunnar Myrdal, Kris i befolkningsfrågan, Stockholm 1934. – In der Literatur wird verschiedentlich auf die Bedeutung der Stockholmer Architektur-Ausstellung von 1930 für den Durchbruch des neuen Funktionalismus verwiesen, der schnell über den architektonischen Bereich hinaus intellektuell, ästhetisch und kulturell bestimmend wurde. Vgl. etwa Henze, Das schwedische Volksheim, S. 61 ff.

[63] Ib Kolbjørn, Ferie- og rejseliv, in: AOF (Hg.), Kulturen for Folket. En Materialesamling til Brug i Oplysningsarbejdet, Kopenhagen 1938, S. 155 ff.

erbittert gegen den Angriff der übermächtigen Sowjetunion verteidigten.[64] Auch im, naturgemäß stärker umstrittenen, sog. Fortsetzungskrieg an der Seite Deutschlands 1941 bis 1944 blieben die Präsidialdemokratie und die anderen Grundelemente der Verfassungsordnung bestehen. In Schweden, das seine Neutralität bewahren konnte, ließ sich die politische Kontinuität auch im Weltkrieg aufrechterhalten. Wie in Norwegen und Dänemark wurden die bestehenden Koalitionen oder Bündnisse bei Beginn des Zweiten Weltkriegs zu Allparteienkoalitionen erweitert, die lediglich kommunistische und rechtsextreme Parteien ausschlossen. Während in Dänemark auch unter Besatzungsverhältnissen (bis 1943) Parteien, Parlament und Regierung weiter fungierten und sogar reguläre Wahlen stattfanden, bekam in Norwegen der Führer der Nationalen Sammlung, Vidkun Quisling, im Januar 1942 seine Chance, ein faschistisches Kollaborationsregime zu errichten. Doch weder hier noch dort gelang es den einheimischen Nationalsozialisten, für ihren Kurs Massenunterstützung zu gewinnen.[65]

Die um 1930 tief gespaltenen nordeuropäischen Gesellschaften hatten im Lauf der 30er-Jahre einen Weg eingeschlagen, der sie den Herausforderungen von Faschismus und Krieg 1939/40 in einer deutlich stärker egalitären, partizipatorischen und nicht zuletzt stabilen Variante der parlamentarischen Demokratie entgegentreten ließ, als das ein Jahrzehnt früher der Fall gewesen wäre. In dem Ensemble »starker« und meist interventionistischer Regierungen unterschiedlichen Systemcharakters, wie sie sich Anfang und Mitte der 30er-Jahre in Europa und Nordamerika etablierten – von Hitlers »Drittem Reich« über MacDonalds »nationaler Regierung«, Doumergues bürgerlicher Sammlung und (unter manchen Aspekten) Léon Blums »Volksfront« sowie nicht zuletzt Roosevelts »New Deal« – stellten die nordeuropäischen Länder die – möglicherweise – nicht unbedingt liberalste, aber sicher die demokratischste Variante dar.

---

64 Jussila u. a., Politische Geschichte, S. 204 ff.
65 John T. Lauridsen, Dansk nazisme 1930–45 – og derefter, København 2002; Magne Skodvin, Norsk historie 1939–1945. Krig og okkupasjon, Oslo 1991. – Die Aussage muss allerdings insofern relativiert werden, als die unmittelbare Anhängerschaft der nationalsozialistischen Parteien unter Besatzungsbedingungen – zunächst – erheblich zunahm und auch die Bereitschaft zu irgendeiner Form der freiwilligen Kollaboration – zunächst – keineswegs eine Randerscheinung war.

23 »1968« – eine radikale Demokratisierungsbewegung

2008

Wenn man die fast schon penetrante Fülle und Intensität von Veröffentlichungen zur 40. Wiederkehr von 1968 in den Medien auf sich wirken lässt, könnte man meinen, hier würde eines der wichtigsten Ereignisse der jüngeren deutschen Geschichte überhaupt gedacht, kurz hinter denen des »Dritten Reiches«. Doch weder die Demokratie noch die politische Linke und auch nicht die gesamtgesellschaftliche Modernisierung im nachfaschistischen Westdeutschland hatten um 1968 ihren Ausgang. Übrigens ebenso wenig, wie von konservativen Kritikern beklagt, Individualisierung und Wertewandel (oder wie man dort sagt: Werteverfall), Massenzuwanderung, Internationalisierung und Multikulturalität. Und doch sind sich Beteiligte und zeitgenössische Gegner, Publizisten und Fachwissenschaftler einig, dass »1968« mental einen tiefen Traditionsbruch markiert, für den – nebenbei bemerkt – zehn Jahre danach, in den späten 70ern, noch das Jahr 1967 als Bezugspunkt diente.

Die Voraussetzungen für eine »Historisierung« (um einen auf andere historische Umstände geprägten, aber inzwischen allgemein eingeführten Begriff zu verwenden) sind heute ungleich günstiger als noch vor zehn Jahren. Es existiert inzwischen eine quantitativ wie auch qualitativ beachtliche Forschungsliteratur; ich nenne als Autorennamen nur Ingrid Gilcher-Holtey und natürlich Wolfgang Kraushaar.[1] Die vielfältigen Quellen sind, teilweise in Spezialarchiven gesammelt, relativ leicht zugänglich.[2] Die eigentliche Herausforderung liegt woanders: Ich bin selbst Zeitzeuge – und zwar nicht nur als Beobachter, sondern als Handelnder. Das ist nicht unproblematisch – ich erinnere an den flapsigen Spruch vom Zeitzeugen als Todfeind des Historikers –, eröffnet aber, so meine Hoffnung, bei einem professionell geschulten und auf analytische Distanz getrimmten Geschichtswissenschaftler auch die Chance einer gegenseitigen Befruchtung beider Rollen.

Wenn ich in der gebotenen Kürze eingangs meine Situation um das Jahr 1968 umreiße, dann geschieht das deshalb, um das angesprochene Spannungsverhältnis zwischen Wissenschaft und Zeitzeugenschaft konkret fassbar und damit meine Ausfüh-

---

1 Vgl. zuletzt Ingrid Gilcher-Holtey, Die 68er Bewegung. Deutschland – Westeuropa – USA, München 2001 u. ö.; Wolfgang Kraushaar, Achtundsechzig. Eine Bilanz, Berlin 2008. Weitere einschlägige Titel (auch der genannten Autoren) im Literaturverzeichnis. – Die Fußnoten beschränken sich im Folgenden hauptsächlich auf den Nachweis von Zitaten, Titeln und Zahlenangaben.
2 Es gibt mindestens zwei sehr nützliche Hilfsmittel: Thomas P. Becker/Ute Schröder (Hg.), Die Studentenproteste der 60er Jahre. Archivführer – Chronik – Bibliographie, Köln u. a. 2000; Philipp Gassert/Pavel A. Richter (Bearb.), 1968 in West Germany. A Guide to Sources and Literature of the Extra-Parlamentarian Opposition, Washington 1998.

rungen nicht zuletzt auch besser kritisierbar zu machen: Ich bin in West-Berlin aufgewachsen, habe dort das Gymnasium besucht und ab Sommersemester 1968 an der Freien Universität das Studium der Geschichte, daneben Politikwissenschaft und Volkswirtschaftslehre, absolviert. Bei den FU-Historikern war es damals noch relativ ruhig. Erst im Laufe dieses Jahres 1968 drang der Geist der Rebellion auch in die alte Villa deutlich abseits des Campus vor, wo das Friedrich-Meinecke-Institut untergebracht war. Als ich an die Universität kam, war ich ein bereits seit Jahren hochgradig politisierter junger Mann; 1963 war ich, schon damals aus politischen Motiven, den linkssozialdemokratischen »Falken« beigetreten und stand etwa seit 1965 auch in Kontakt mit dem Sozialistischen Deutschen Studentenbund, dem SDS. Außerdem, oder besser: vor allem, hatte ich mich im Herbst 1966 der deutschen Sektion der halb konspirativ wirkenden trotzkistischen »Vierten Internationale« angeschlossen, die u. a. einen Flügel der »Falken« kontrollierte. Das waren in Deutschland nicht viel mehr als 50 Personen verschiedenen Alters, die allerdings teilweise über einen gewissen Einfluss in Betriebsräten von Großbetrieben, in Gewerkschaften – das prominenteste Beispiel ist der langjährige Chefredakteur der IG-Metall-Zeitung, Jakob Moneta – und in sozialdemokratischen Teil- bzw. Nebenorganisationen verfügten.

Die Studenten- und Jugendradikalisierung um 1968 führte dazu, dass die deutschen Trotzkisten, seit 1969 gespalten, den »Entrismus« in der SPD aufgaben und über den Aufbau eigener Jugendorganisationen Einfluss zu gewinnen suchten. Ich selbst war im Herbst 1968 daran beteiligt, aus zwei ehemaligen Bezirksverbänden der »Falken« und der Schülergruppe »Neuer Roter Turm« einen Verband namens »Spartacus« (nicht zu verwechseln mit den Studentengruppen der DKP »MSB Spartakus«) ins Leben zu rufen, der zunächst als Initiative für eine breitere, revolutionär-sozialistische Jugendorganisation gedacht war. Spartacus hatte in Berlin nie mehr als 80 Mitglieder samt »Kandidaten« und auf Bundesebene nie mehr als 250, wich aber in seiner sozialen Zusammensetzung von den unmittelbar aus der Studentenbewegung hervorgegangenen Gruppierungen gerade in dieser frühen Phase ab (relativ hoher Anteil von Lehrlingen, Jungarbeitern und anderen »Werktätigen«).[3]

Es mag den Heutigen befremdlich vorkommen, dass man sich als so junger Mensch – wie gesagt: sogar noch vor den Ereignissen von 1967/68 – einer Art internationalem Orden, »Weltpartei der sozialistischen Revolution«, zugesellte. Für mich war es Jahre meines Lebens ein wesentlicher Teil, vielleicht das Zentrum der Existenz. Das bedeutet zugleich, dass manches von dem, was viele junge Leute gerade in den späten Sechzigern beschäftigte, für mich gar nicht (so der Drogenkonsum) oder kaum (so die neue Musikkultur) von Bedeutung war. Die führenden Gestalten der 68er-Be-

---

[3] Vgl. zum deutschen Trotzkismus Peter Brandt/Rudolf Steinke: Die Gruppe Internationale Marxisten (GIM), in: Richard Stöss (Hg.), Parteien-Handbuch. Die Parteien der Bundesrepublik Deutschland 1945–1980, Bd. 3 (Sonderausgabe), Opladen 1986, S. 1599-1647 (mit weiteren Literatur- und Quellenhinweisen).

wegung, die, naturgemäß fünf bis zehn Jahre älter als ich, oft ebenfalls schon Jahre früher zu politischen Aktivisten geworden waren, darf man sich generell nicht als »Gammler« oder Bohèmiens vorstellen, sondern sollte eher an den Typus des russischen revolutionären Intelligenzlers in den Jahrzehnten um 1900 denken.

Ich beginne mit der Schilderung eines für die 68er-Bewegung bedeutenden Ereignisses[4]: Am 17. Februar 1968 versammelten sich an die 5.000 Intellektuelle, Studierende und Jugendliche aus aller Welt im und um das Auditorium Maximum der Technischen Universität Berlin. Ein »Internationaler Vietnamkongress« tagte unter einem riesigen Transparent: »Sieg der vietnamesischen Revolution. Die Pflicht jedes Revolutionärs ist es, die Revolution zu machen!«, veranstaltet von elf linkssozialistischen Organisationen, neben dem einladenden SDS u. a. der italienischen PSIUP (= Sozialistische Partei der proletarischen Einheit, einer Abspaltung der Sozialisten), einer Gliederung der britischen Labour-Jugend und der »Jeunesse Communiste Révolutionnaire«, französischen Trotzkisten, die bei den Pariser Mai-Unruhen desselben Jahres zu den Trägergruppen des Aufruhrs gehören sollten. Der Verleger Gian Giacomo Feltrinelli hatte den Kongress zum Teil finanziert.

Die zitierte Parole ging zurück auf den einige Monate zuvor im bolivianischen Urwald gefangen genommenen und erschossenen argentinisch-kubanischen Revolutionär Ernesto »Che« Guevara. Che Guevara wollte im Herzen Lateinamerikas (vergeblich) einen Guerillakrieg entfesseln: zur Entlastung des von den USA isolierten und wirtschaftlich boykottierten Kuba wie vor allem zur Entlastung Vietnams, das in seinem Kampf gegen den amerikanischen Imperialismus, so hatte er geklagt, auf tragische Weise allein gelassen werde.[5] Die direkte und indirekte Bezugnahme auf »Che«, das Idol der revolutionären Jugend aller Länder, beinhaltete die Abgrenzung vom Sowjetkommunismus unter Führung Moskaus, wo man von solch' »abenteuerlichen«, »linksradikalen« Vorstellungen nichts wissen wollte.

Außer denen, die nach Berlin gekommen waren und sich dort unter der gespannten Aufmerksamkeit von Pressevertretern, Hörfunk- und Fernsehreportern, nicht nur aus Deutschland, zu ihrer Konferenz trafen, hatten sich bekannte Repräsentanten der linken geistes- und sozialwissenschaftlichen sowie künstlerischen Intelligenz Europas in Zeitungsannoncen, Telegrammen und Grußbotschaften mit den Veranstaltern solidarisiert, darunter die Philosophen Bertrand Russell, Jean Paul Sartre und Ernst Bloch, der Historiker Eric Hobsbawm, die Schriftsteller Alberto Moravia und

---

[4] Hauptsächlich nach: Sibylle Plogstedt (Red.), Der Kampf des vietnamesischen Volkes und die Globalstrategie des Imperialismus. Internationaler Vietnam-Kongress 17./18. Februar 1968 Westberlin, Berlin 1968; Tilman P. Fichter/Siegward Lönnendonker, Kleine Geschichte des SDS. Der Sozialistische Deutsche Studentenbund von Helmut Schmidt bis Rudi Dutschke, 4. überarb, u, erg, Aufl., Essen 2007, S. 182-186; Gilcher-Holtey, Die 68er Bewegung, S. 7 ff.

[5] Che Guevara, Schaffen wir zwei, drei, viele Vietnam. Brief an das Exekutivsekretariat von OSPAAL [= Organisation der Solidarität der Völker Afrikas, Asiens und Lateinamerikas], Berlin 1967.

Peter Weiss, die Creme der italienischen Filmregisseure mit Luchino Visconti, Michelangelo Antonioni und Pier Paolo Pasolini, der Komponist Hans Werner Henze sowie Giorgio Strehler und das Piccolo Teatro Milano.

Der Internationale Vietnamkongress beleuchtete in nuce das spannungsreiche Verhältnis zwischen der Protestbewegung und den kommunistischen Parteien, namentlich den in Osteuropa regierenden. Diese waren in gewisser Weise durch einen Redner aus den Reihen der FDJ Westberlins repräsentiert, die sich der Teilnahme nicht hatte entziehen können oder wollen. Die gewiss nicht Moskau- bzw. Pankowhörigen oder im Umgang mit den Kommunisten naiven SDSler hatten diese bewusst einbeziehen und zu einer Stellungnahme zu Gunsten der aktiven Unterstützung der Vietnamesen nötigen wollen. Es war im Vorfeld des Kongresses sogar daran gedacht worden, zusammen mit den etablierten kommunistischen Organisationen Westeuropas (analog dem Spanischen Bürgerkrieg von 1936–1939) eine Art Internationaler Brigade für Vietnam auszurüsten.[6]

Der KPdSU und der SED kam die Existenz einer fundamental-oppositionellen Studentenbewegung in Westdeutschland und West-Berlin vordergründig gelegen, da es dem Gegner im Ost-West-Konflikt Schwierigkeiten bereitete. Bei genauerer Prüfung und Abwägung der eigenen Interessen mussten dann doch die Bedenken gegenüber einer zu engen Tuchfühlung mit den nicht kontrollierbaren Rebellen aus dem Westen überwiegen. Das Risiko einer Infizierung der kommunistischen Organisationen, gar innerhalb des Ostblocks, schien zu groß.

Die radikale Vietnam-Solidarität drückte kein pazifistisches Bekenntnis aus, sondern vielmehr die vollständige oder weitgehende Identifikation mit dem als national- und sozialemanzipatorisch gedeuteten Partisanenkrieg der Nordvietnamesen und der Nationalen Befreiungsfront Südvietnams (FNL) gegen die USA und ihre vietnamesischen Verbündeten. Die Solidaritätsbewegung verstand sich gewissermaßen als europäisch-nordamerikanische Abteilung der antiimperialistischen Kämpfe in der Dritten Welt. Dabei projizierte man in die betreffenden Befreiungsbewegungen und Frontstaaten eigene Emanzipationsziele hinein, statt die dortigen Verhältnisse mit der gebotenen kritischen Distanz in den Blick zu nehmen.

Der Vietnam-Kongress stand unter einer besonderen Spannung, weil der Westberliner Senat die Demonstration und die Kundgebung am 18. Februar verboten hatte. Dieses Verbot wurde erst am Vortag vom Berliner Verwaltungsgericht aufgehoben. Angesichts der Mobilisierung von 15.000 Polizisten einerseits und der Überlegung im SDS, zu den amerikanischen Kasernen zu marschieren, andererseits hatte eine blutige Straßenschlacht gedroht. Zahlreiche protestantische Pfarrer hatten sich für den Fall, dass das Verbot bestehen blieb, bereit erklärt, in Talaren an der Spitze des Demonstrationszugs zu gehen. Dieser verlief dann vollkommen friedlich. Rund 15.000 Menschen demonstrierten unter roten und FNL-Fahnen, antiimperialistischen Transpa-

---

6 Fichter/Lönnendonker, Kleine Geschichte, S. 184.

renten und Bildern Ho Tschi Minhs, des vietnamesischen Revolutionsführers, sowie einer Reihe anderer Revolutionäre, namentlich Ermordeter wie Rosa Luxemburg, Leo Trotzki und Che Guevara. Mehr als 100 Teilnehmer, darunter die bekannten Bezirksstadträte Erwin Beck und Harry Ristock, trugen vorgefertigte Plakate mit der Aufschrift: »Ich protestiere gegen den Krieg der Amerikaner in Vietnam. Ich bin SPD-Mitglied!« Der daraufhin verhängte Ausschluss von Beck und Ristock aus der Berliner und damit aus der Gesamtpartei wurde einige Wochen später vom Nürnberger Bundesparteitag der SPD revidiert.

Drei Tage nach der großen internationalen Vietnamdemonstration riefen die vereinten etablierten Kräfte der Halbstadt unter dem Motto: »Wir wollen sagen, wofür wir sind«, die Berliner zu einer Gegenkundgebung auf. Die Beschäftigten des öffentlichen Dienstes, auch Arbeiter und Angestellte vieler Privatbetriebe hatten dafür frei bekommen. Entgegen den weit übertriebenen Zeitungsmeldungen nahmen laut Polizeiangaben rund 60.000 Menschen an der Anti-SDS-Kundgebung teil. Das war nicht unerheblich, zeigte aber, dass das Kräfteverhältnis im Hinblick auf die Mobilisierungsfähigkeit für die Achtundsechziger sich nicht so hoffnungslos darstellte, wie es vermutlich bei einer Volksabstimmung gewesen wäre. Der verbreitete, durchaus spontane Zorn über das für die meisten Westberliner nicht nachvollziehbare Engagement linker Studenten bezüglich eines sich in weiter Ferne abspielenden, ohne nähere Kenntnisse kaum durchschaubaren Partisanenkriegs (während West-Berlins latente Bedrohung von außen anhielt, der man ohne den Schutz der Amerikaner preisgegeben zu sein schien) entlud sich am Rande der Versammlung in bedenklichen Parolen (etwa: »Dutschke Volksfeind Nr. 1«) auf selbst gefertigten Plakaten und sogar in dem nur durch polizeiliches Eingreifen vereitelten Versuch einer Menschengruppe, einen Verwaltungsbeamten zu lynchen, der Rudi Dutschke ähnlich sah.

Aus all' dem Gesagten wird deutlich, dass hier eine internationale und im strikten Sinn internationalistische Bewegung antrat, die Welt zu verändern. Etwa seit 1966 hatten Organisationen einer »Neuen Linken« – in doppelter Abgrenzung von der gemäßigten Sozialdemokratie und vom diktatorischen Poststalinismus – enge Konsultations- und Kooperationskontakte etabliert. Dabei kam der Verbindung des deutschen SDS mit den amerikanischen, gleich abgekürzten »Students for a Democratic Society«, sowie der afroamerikanischen Studentengruppe SNCC (= Student Nonviolent Coordinating Committee), radikalisiert in der Bürgerrechtsbewegung und im Vietnam-Protest, eine besondere Bedeutung zu. Die friedlichen, aber teilweise bewusst Regeln verletzenden Aktionsformen wie Teach-ins, Sit-ins, Go-ins, Verkehrsblockaden, Institutsbesetzungen usw. waren ebenso großenteils in den USA entwickelt worden (den Anfang machte 1964 das Free-Speech-Movement in Berkeley) wie Ende 1967 die Parole, man müsse nun »vom Protest zum Widerstand« gegen den US-Imperialismus übergehen.

»1968« war indessen nicht nur ein transnationales, sondern ein fast buchstäblich weltweites Phänomen, auch wenn insgesamt kein organisierter globaler Akteur benannt werden kann. Auch in Japan und in Drittweltländern wie Mexiko sowie in kommunistisch regierten Staaten wie Polen und Jugoslawien machten sich jugendliche, vor allem studentische Massenproteste gegen die bestehenden politisch-sozialen Verhältnisse geltend. Besonders auffällig war dabei die Parallelität von Gesellschaftsveränderungsprojekten mit revolutionärem oder radikal-reformerischem Anspruch, die sich der lähmenden Logik des Ost-West-Konflikts entzogen. Besonders stechen die Beispiele des »Prager Frühlings« und des »Pariser Mai« – keineswegs nur ein Studentenaufstand in großem Stil, sondern zugleich der größte Generalstreik in der französischen Geschichte – hervor. Auf der Ost-West-Achse gab es, nach wie vor dem Einmarsch der Warschauer-Pakt-Staaten in die Tschechoslowakei am 21. August 1968, eine Fülle persönlicher und organisatorischer Kontakte, von der indirekten wechselseitigen Beeinflussung ganz abgesehen.[7] Mit dem, international nachweisbaren, Abschwung der Bewegung seit dem Sommer 1968 reduzierte sich auch der bereits erreichte Grad an internationaler Vernetzung sowie Vereinheitlichung von Deutungsschemata und Aktionsformen.

Gelegentlich wird eine Verbindung von »1968« und »1989«, der friedlichen Revolution im Osten Europas, behauptet. Trotz gründlich veränderter Szenerie und – im Unterschied zu den späten 60er-Jahren – der Beschränkung der Ereignisse zwei Jahrzehnte später auf den östlichen Teil des europäischen Kontinents erscheint diese Annahme nicht ganz abwegig. Das gilt offenkundig für manche der Aktivisten von 1989, die erstmals um 1968 in Erscheinung getreten waren – so etwa Adam Michnik in Polen und Petr Uhl in der Tschechoslowakei; aus den jüngst veröffentlichen Tagebüchern des Historikers Hartmut Zwahr haben wir eindrucksvoll bestätigt bekommen, mit welchen Hoffnungen das Prager Experiment von kritischen Sozialisten der jüngeren Generation der DDR verfolgt wurde.[8] Und auch die ursprünglichen Ziele der sozialen Protest- und der Bürgerrechtsbewegung in Osteuropa vor und um 1989, sogar einschließlich der national-katholisch drapierten Solidárnósc, sowie ihre antiautoritäre Stoßrichtung lagen in gewisser Weise näher an »1968« als an dem, was sich dann tatsächlich östlich der Elbe etablierte.

Es ist nicht leicht, wirklich stichhaltige Gründe für die verblüffende übernationale Gleichzeitigkeit der Studenten- und Jugendrevolte auszumachen – und noch weniger für den Zeitpunkt ihrer Kulmination im April/Mai 1968. Selbst wenn hier offenbar

---

7 Pars pro toto: Die in Anmerkung 4 genannte Aktivistin Sibylle Plogstedt war nach der ČSSR-Invasion einige Zeit inhaftiert, weil sie antistalinistische Sozialisten um Petr Uhl unterstützt hatte. Ich selbst wurde wiederholt von Gruppen tschechischer Studenten bzw. Flüchtlinge kontaktiert, die bewusst Rückhalt vor allem bei der Linken Westeuropas suchten. Es ist einzuräumen, dass die schnell abnehmende Bereitschaft der Mehrzahl auch der sowjetkritischen Linken, sich diesbezüglich längerfristig zu engagieren, vielfach Enttäuschung hervorrief.

8 Hartmut Zwahr, Die erfrorenen Flügel der Schwalbe. DDR und »Prager Frühling«. Tagebuch einer Krise, 1968–1970, Bonn 2007; Stefan Wolle, Der Traum von der Revolte. Die DDR 1968, Berlin 2008.

auch Kontingenzen eine Rolle spielten, kann es sich insgesamt kaum um einen Zufall gehandelt haben. Ich will versuchen, die wichtigsten Rahmenbedingungen und Gründe zu nennen:

1. Die Wiederaufbauphase nach 1945, die dann in einen lang anhaltenden Wirtschaftsboom übergegangen war, war vorüber. Mit der nicht allein auf Deutschland beschränkten Rezession von 1966/67 deutete sich eine gewisse »Normalisierung« des kapitalistischen Konjunkturzyklus an, allerdings auf einem in den zwei Jahrzehnten davor ganz erheblich erhöhten Reallohn- und sehr hohen Beschäftigungsniveau. Die jüngere Generation der Lohnabhängigen agierte somit einerseits unter viel günstigeren materiellen Voraussetzungen und trug andererseits nicht mehr so schwer an den demoralisierenden Erfahrungen der Jahrzehnte davor (Weltwirtschaftskrise, Zweiter Weltkrieg, Faschismus und Stalinismus). Das Anspruchsniveau hatte sich dementsprechend verändert, wobei neben die traditionellen Forderungen nach höheren Löhnen und reduzierter Arbeitszeit neue, qualitative Forderungen und Auseinandersetzungen traten, die auf die Autoritätsstrukturen in den Betrieben und Büros gerichtet waren. Sie spielten in den großen Streiks der Jahre ab 1968/69 in etlichen europäischen Ländern eine immer wichtigere Rolle. Westdeutsche Gewerkschaften diskutierten über die »Humanisierung« der Arbeitswelt, etwa durch die Einschränkung der Akkordarbeit und deren Umwandlung in Gruppenarbeit. Das globale, namentlich das europäische »1968« bleibt unverstanden, wenn – gemäß einer überspitzten Deutung der deutschen Vorgänge – eine rebellische Studentenschaft einer durchweg abseitsstehenden, ja feindseligen Restbevölkerung gegenübergestellt wird.

2. Zu der seit Mitte der 60er-Jahre veränderten Konstellation trug maßgeblich die Abschwächung der Ost-West-Konfrontation bei, während in der »Dritten Welt« weiterhin, ja verstärkt bewaffnete Konflikte ausgetragen wurden, meist in der Form nationaler Befreiungskriege unter der Führung antikolonialer bzw. antiimperialistischer und insofern antiwestlicher Gruppierungen. Die beginnende Entspannung in der nördlichen Hemisphäre beruhte auf dem Eigeninteresse der Supermächte, die während der Doppelkrise um Berlin und Kuba 1961/62 am nuklearen Abgrund gestanden hatten, eröffnete dann aber auch den europäischen Staaten einen größeren Spielraum, ihre spezifischen Anliegen einzubringen, so Rumänien innerhalb des Warschauer Pakts und das Frankreich de Gaulles im Atlantischen Bündnis; auch der Berliner Vorläufer der Neuen Ostpolitik der Bundesrepublik, die »Politik der kleinen Schritte«, gehört in diesen Zusammenhang. Die Entkrampfung der (anhaltenden) Blockkonfrontation auf der zwischenstaatlichen Ebene begünstigte mit dem beginnenden Abbau bzw. der Differenzierung der wechselseitigen Feindbilder die freiere Artikulation politischer Neuansätze auch im Innern der jeweiligen Gesellschaften.

3. Die permanent gewordene »wissenschaftlich-technische Revolution« und die Expansion staatlicher Tätigkeit erforderten eine Anpassung des Bildungswesens, ins-

besondere eine Ausweitung der höheren Bildung. Es galt, »Bildungsreserven« in der werktätigen, nicht-akademischen Bevölkerung auszuschöpfen und die Studentenzahlen (in der Bundesrepublik bis in die frühen 60er-Jahre wenige Prozente eines Jahrgangs) erheblich zu vergrößern sowie die Organisation der Universitäten und die Studiengänge entsprechend zu modernisieren. Diese Umstellung war bereits in Gang gekommen, zumindest in der Diskussion, als die Protestbewegung in größerem Umfang einsetzte; es ging jetzt nicht mehr darum, ob sich etwas ändern würde an den Hochschulen, sondern um das Was und das Wie. – Alles das betrifft vor allem die entwickelten kapitalistischen Länder, in zweiter Linie und modifiziert aber auch die Länder des europäischen Ostblocks.

4. Von kaum zu überschätzender Bedeutung ist die Tatsache, dass mit dem Vietnamkrieg ein gemeinsamer Bezugspunkt des Aufbegehrens gegeben war, seit die USA 1964/65 mit der Bombardierung Nordvietnams und dem massenhaften Einsatz von Bodentruppen selbst interveniert hatten. Der Versuch, mit dem vollen Einsatz der Militärmaschine der amerikanischen Weltmacht, die Zivilbevölkerung nicht schonend, einen exemplarischen Sieg über die antiimperialistischen Partisanenkriege in der Dritten Welt zu erringen, desavouierte, je länger er andauerte, offensichtlich den freiheitlichen Anspruch der Führungsmacht des Westens. Auch wurde für jeden unvoreingenommenen Beobachter schnell klar, dass der Vietnam-Konflikt mit dem Ost-West-Schema im Kern nicht zu erfassen war.

Die moralische Seite des Protests machte sich nicht zuletzt und vielleicht besonders dort geltend, wo das Image der USA als antifaschistische Befreier- und antikommunistische Schutzmacht bis dahin noch weitgehend unbeschädigt war wie unter jungen Westdeutschen und namentlich Westberlinern. Als eine jugendliche Schwedin einem Fernsehreporter – weitertransportiert in die ganze Welt – erklärte, sie wünsche sich, eine Kämpferin der südvietnamesischen Befreiungsfront zu sein und die amerikanischen Invasoren zum Teufel zu jagen, schockierte diese etwas exaltierte Aussage nicht nur die US-amerikanische Öffentlichkeit. Und als am 24. Februar 1968 der Bildungsminister und spätere Premier Schwedens, eines neutralen und letztlich eher prowestlichen Landes, Olof Palme, in Stockholm Seite an Seite mit dem nordvietnamesischem Botschafter in Moskau gegen den Krieg der USA in Südostasien demonstrierte, wurde sichtbar, wie breit die Kluft zwischen der Supermacht USA und einem großen und stets wachsenden Teil der Europäer geworden war.

Als Ort der ersten internationalen Manifestation der Solidarität mit Vietnam war West-Berlin bewusst gewählt worden, symbolträchtiger und prestigebeladener Vorposten der amerikanischen Weltmacht und des westlichen Bündnisses, aus den Erfahrungen der Ost-West-Konfrontation und der wiederholten Pressionen der Sowjetunion bzw. der DDR vermutlich die am meisten proamerikanische Großstadt außerhalb der USA selbst, auch wenn der Mauerbau und die Folgeereignisse eine erste Vertrauenskrise im Verhältnis der Westberliner zur Besatzungs- und Schutzmacht herbeigeführt hatten. Berlin war aber auch zusammen mit Frankfurt am Main das Haupt-

23 »1968« – eine radikale Demokratisierungsbewegung

zentrum und gewissermaßen die Avantgarde dessen, was immer häufiger schlicht »die Revolte« genannt wurde. Es macht also nicht nur wegen meiner Zeitzeugenschaft Sinn, diese hauptsächlich am Berliner Beispiel in ihrem Verlauf näher zu beleuchten.

Das Westberliner Gemeinwesen mit seinem eigenartigen Sonderstatus war seit Ende des Zweiten Weltkriegs naturgemäß deutlich stärker politisiert als die westdeutschen Länder der Bundesrepublik. Es gab keine »normale« Kommunal- und Landespolitik, die von Statusfragen und der gesamtdeutschen Problematik unabhängig gewesen wäre. Auch die Universitätslandschaft war dadurch geprägt; denn die Freie Universität war 1948 in Absetzung gegen die zunehmend reglementierte, im Sowjetsektor gelegene Humboldt-Universität gegründet worden: im Amerikanischen Sektor mit amerikanischer Hilfe. Das »Berliner Modell«, ohne Parallele an anderen deutschen Universitäten, beinhaltete ein »antitotalitär« definiertes allgemeinpolitisches Mandat und studentische Mitwirkung auf allen Ebenen der akademischen Selbstverwaltung. Dieses Erbe des antikommunistischen Abwehrkampfes war für die bestimmenden Kräfte relativ unproblematisch, solange der universitäre Gründungs- und politische Grundkonsens im Großen und Ganzen erhalten blieb. Genau diese Voraussetzung schwand spätestens um die Mitte der 60er-Jahre.

Die zunächst nur schleichende Veränderung des politischen Klimas in der jungen Generation der Westdeutschen und Westberliner deutete sich an, als in Reaktion auf das im Schatten der Kuba-Krise Ende Oktober 1962 erfolgte staatliche Vorgehen gegen den »Spiegel« wegen der Veröffentlichung militärischer Geheimnisse heftiger Widerspruch zu vernehmen war; die spontanen Demonstrationen waren allerdings noch recht klein. (Im Juni zuvor hatten die unpolitischen, aber obrigkeitsfeindlichen »Schwabinger Krawalle« bundesweit Aufsehen erregt.) Die 1960 begonnenen Ostermärsche der Atomwaffengegner bekamen nach und nach ein quantitativ größeres Gewicht. In Berlin ereignete sich etwas universitätsintern Einmaliges, als die Studenten der Freien Universität im Februar 1963 den neu gewählten, dem Ring Christlich-Demokratischer Studenten (RCDS) angehörenden ASTA-Vorsitzenden Eberhard Diepgen, den späteren Regierenden Bürgermeister, in einer Urabstimmung mit großer Mehrheit abwählten. Diepgen war zugleich Mitglied in einer schlagenden Verbindung (Burschenschaft »Saravia«), was als Affront gegen den Gründergeist der FU empfunden wurde.

1965 begann dann die nicht mehr abreißende Serie politischer Konflikte zwischen einem Teil, bald der Mehrheit der Studierenden einerseits, den politisch-gesellschaftlichen Eliten und der Mehrzahl der Professoren (nicht nur der konservativen Richtung) andererseits, als dem Publizisten Erich Kuby wegen einer früheren abfälligen Äußerung über die Hochschule ein Vortrag zum 20. Jahrestag der Kapitulation des Deutschen Reiches in der Freien Universität verboten wurde. Im Sommersemester 1966 kam es erstmals zu einem breiten Studentenprotest wegen spezifisch universitärer Themen, als sich diverse Gruppierungen, bis hin zu den schlagenden Verbindungen, gegen die Zwangsexmatrikulation von Langzeitstudenten wehrten.

Es ist charakteristisch, dass der in diesem Sinn inneruniversitäre Protest zwei Stoßrichtungen hatte: Erstens ging es den Progressiven um die Ablehnung der Ordinarienallmacht, um veraltete Lehrinhalte und -formen, um die soziale Öffnung und den quantitativen Ausbau der Gymnasien und Hochschulen, auch um Mitbestimmung der nichtprofessoralen Funktionsgruppen auf dem Weg paritätisch besetzter Gremien. Vieles davon wurde in der bundesdeutschen Öffentlichkeit seit Georg Pichts 1964 erschienener Artikelserie über die vermeintlich drohende »Bildungskatastrophe«[9] intensiv diskutiert. Die Richtung der angedachten und teilweise bereits stattfindenden Veränderungen, die sog. »technokratische« Hochschulreform, stieß bei den kritischen Studenten indessen in manchen Aspekten auf ebenso wenig Gegenliebe. Man befürchtete die verstärkte Funktionalisierung der Bildungseinrichtungen für die Interessen von Staat und Großkonzernen, die »Verwertungsinteressen des Kapitals«, wie man sich mehr und mehr ausdrückte. Diese doppelte Stoßrichtung, anspruchsvoll formuliert schon in der Hochschuldenkschrift des SDS von 1961[10] und zugespitzt durch die Hereinnahme allgemeinpolitischer Kontroversen in den Universitätsbetrieb, erklärt jenes eigenartige Oszillieren der Studentenbewegung (als Hochschulbewegung) zwischen konkreten Reformbemühungen, der Schaffung eigener konkurrierender Strukturen – so der Berliner »Kritischen Universität« – und der oftmals wochenlangen und nicht selten brutalen Störung des Unterrichtsbetriebs, vor allem von Veranstaltungen missliebiger Professoren.

Auch der Vietnam-Protest artikulierte sich in Berlin frühzeitig. Eine Expertengruppe des SDS versuchte, u. a. durch Auswertung der internationalen Presse, die in der Bundesrepublik und besonders in West-Berlin anfangs fast durchweg proamerikanische Berichterstattung über den Vietnamkrieg zu konterkarieren. 1966 erschien im Suhrkamp Verlag die dann in zahlreichen Auflagen verbreitete Analyse zweier Berliner SDSler unter dem Titel: »Vietnam. Genesis eines Konflikts«.[11] Im Februar 1966 gingen rund 2.000 Westberliner (viel für eine linke Demonstration zu dieser Zeit) gegen den »schmutzigen Krieg« auf die Straße, und es kam zu einer ersten Attacke einiger Teilnehmer gegen das Amerika-Haus (mittels des Werfens von Hühnereiern und des Auf-Halbmast-Setzens des Sternenbanners), ein Sakrileg in der Frontstadt des Kalten Krieges und Gegenstand ungeheurer Empörung seitens der etablierten politischen Kräfte der Halbstadt. Irritationen innerhalb des SDS hatten eine illegale Plakataktion in der Nacht vom 3. auf den 4. Februar und die Festnahme von fünf Beteiligten ausgelöst. Eine »Internationale Befreiungsfront«, unverkennbar aus den eigenen Reihen, nahm die vermeintliche Bonner Komplizenschaft und das angebliche Arrangement von »Ost und West« auf Kosten der unterentwickelten Länder aufs Korn.

---

9   Auch als Buch erschienen: Georg Picht, Die deutsche Bildungskatastrophe, Olten/Freiburg 1964.
10 Hochschule in der Demokratie. Denkschrift des Sozialistischen Deutschen Studentenbundes zur Hochschulreform, Frankfurt am Main 1961 (2. überarb. Aufl. 1965)
11 Peter Gäng/Jürgen Horlemann, Vietnam. Genesis eines Konflikts, Frankfurt am Main 1966 u. ö.

Im Innern der Bundesrepublik bildeten vor allem die Regierung der Großen Koalition aus CDU/CSU und SPD (Dezember 1966–Oktober 1969), die damit in den Bereich des Realisierbaren geratenden Pläne für eine verfassungsändernde Notstandsgesetzgebung, die ersten Wahlerfolge der als NPD neu formierten extremen Rechten sowie die vermeintlich mangelnde Gründlichkeit der Auseinandersetzung der westdeutschen Gesellschaft mit ihrer nationalsozialistischen Vorgeschichte Steine des Anstoßes. Dabei setzte sich eine analytische Kritik des »Neo«- oder »Spätkapitalismus« in der Bundesrepublik durch, die alle diese Erscheinungen als Symptome einer sog. »Formierung« des bürgerlichen Staates hin zu einem autoritären System neuen Typs interpretierte, für das die Manipulation der Massen das entscheidende Herrschaftsmittel sei, lediglich ergänzt um die physische Unterdrückung oppositioneller Minderheiten. Diese Deutung, die sich teilweise mit prinzipieller Parlamentarismuskritik in der Tradition der Rätetheorie nach 1918 vermengte, verwischte bewusst die Unterschiede zwischen repräsentativer Demokratie und Rechtsstaat einerseits, Faschismus und Polizeistaat andererseits.

Ein weit verbreitetes Buch des Berliner Politikwissenschaftlers Johannes Agnoli und des Psychologen Peter Brückner über »Die Transformation der Demokratie«[12] analysierte die Entwicklung der Verfassungswirklichkeit in der Bundesrepublik als autoritäre Rückbildung des liberalen Staates unter Beibehaltung seiner Normen. Ein zunehmend fiktiver Parlamentarismus und ein Scheinpluralismus von Parteien, die sich in der Substanz nicht mehr unterschieden, verschleiere die ständige Perfektionierung des Machtapparatus im Interesse des Kapitals.

Trotz dieser pessimistischen Analyse und der teils alarmistischen, teils leichtfertigen Beschwörung der Gefahr eines »neuen Faschismus« war der zwar in der Programmatik diffuse, aber in der Stoßrichtung radikale Demokratisierungsimpuls eine, ja die wesentliche Zielrichtung der 68er-Bewegung schlechthin, die sich auch als »Außerparlamentarische Opposition« (APO) definierte, und bezeichnete die Gemeinsamkeit des recht heterogenen Konglomerats. Dabei ging es um die Politisierung der realen Bedürfnisse und Interessen der Menschen. Die mit dem Anspruch auf demokratische Selbstbestimmung verknüpfte Mitbestimmungsforderung (»participatory democracy« in den USA, »autogestion« in Frankreich usw.) betraf jetzt hauptsächlich diejenigen »Bereiche konkreten Lebens, welche die alltäglichen Erfahrungen der Menschen bestimmten: in den Betrieben, Büros, Schulen, Universitäten.«[13]

Zur Außerparlamentarischen Opposition gehörten in der Bundesrepublik neben dem SDS und den als »Kampagne für Abrüstung« organisierten Ostermarschierern zunehmend auch unabhängige und sozialistische Schülergruppen – die schlossen sich, eher koordinierend, im Frühjahr 1967 in einer bundesweiten »Aktionsgemeinschaft«

---

12 Johannes Agnoli/Peter Brückner, Die Transformation der Demokratie, Berlin 1967.
13 Oskar Negt, Demokratie als Lebensform, in: Neue Gesellschaft/Frankfurter Hefte 3/2008, S. 37-41, hier S. 40.

zusammen (AUSS) – sowie, mit gewisser Verzögerung, entsprechende Lehrlingsinitiativen, ferner die zum linksliberalen Bürgertum hin offenen, in der Grundtendenz traditionell-linken »Republikanischen Clubs« (im Milieu namentlich des Berliner RC und des darin entstandenen Publikationsorgans »Berliner Extra-Dienst« bzw. »Berliner Extrablatt« konnte das ostdeutsche Ministerium für Staatssicherheit einige Agenten platzieren bzw. rekrutieren), die Studenten- und Teile insbesondere der Jugendorganisation von SPD, FDP und DGB-Gewerkschaften sowie der großen Kirchen, hauptsächlich der Evangelischen Kirche; und sogar etablierte Jugendverbände eigentlich unpolitischen Charakters, wie der Bund Deutscher Pfadfinder, gerieten zeitweise in den Bann des Demokratisierungsdiskurses und in den Sog der Protestbewegung. In welchem Ausmaß diese wenigen Jahre stilprägend wirkten, lässt sich daran ablesen, dass Demokratisierungsforderungen sogar von christdemokratischen Jugendorganisationen wie der 1972 gegen die Achtundsechziger ins Leben gerufenen »Schülerunion« erhoben wurden.

Es waren zwei Berliner Ereignisse, die Erschießung Benno Ohnesorgs bei der Demonstration gegen den Besuch des vom Westen gestützten Schahs von Persien am 2. Juni 1967 und der Mordanschlag auf Rudi Dutschke am 11. April 1968, die für die deutsche Gesamtentwicklung bestimmend wurden: durch die flächenbrandartige Ausdehnung des Protests auf Westdeutschland bis tief in die Provinz und durch die Eskalation der Revolte mit Demonstrationen von insgesamt 50.000 Menschen mit (durchweg gescheiterten) Blockaden der Einrichtungen des Springer Verlags und Straßenschlachten, wobei, wie später gerichtsnotorisch festgestellt wurde, zumindest in einem Fall ein V-Mann des Verfassungsschutzes als Scharfmacher fungierte. Zurück blieben nach dem Osterwochenende 1968 zwei Tote, 400 Schwer- und Leichtverletzte. Danach folgten zwar noch »rote« 1. Maidemonstrationen von teilweise beeindruckender Größe (in Berlin-Neukölln marschierten rund 30.000 meist junge Linkssozialisten verschiedener Richtungen auf), und vor allem die Proteste gegen die Verabschiedung der Notstandsgesetze den Mai über; hier kam es (allerdings ohne weitere Folgen), neben dem großen Sternmarsch auf Bonn und anderen Aktionen auf Initiative linksgerichteter Gewerkschafter in nennenswertem Umfang sogar zu Proteststreiks, namentlich im Rhein-Main-Gebiet. Die Gewerkschaftsspitzen hatten sich angesichts der deutlichen Milderung der notstandsgesetzlichen Bestimmungen und der eindeutigen parlamentarischen Mehrheit für ihre Annahme von den Formen und Inhalten der APO-Kampagne abgewandt und eine eigene Kundgebung organisiert.

Bei der Interpretation der westdeutschen Verfassungsordnung als eines nur »formal-demokratischen«, in der Substanz autoritären Systems spielte, wie bereits erwähnt, die Vorstellung eine wesentliche Rolle, die lohnabhängigen Massen würden, außer durch materielle Zugeständnisse, vor allem durch einen mächtigen medialen Manipulationsapparat ruhig gehalten und daran gehindert, ihre Interessen zu erkennen und im Bündnis mit der jungen linken Intelligenz kämpferisch zu vertreten. Durch die weit fortgeschrittene Pressekonzentration und namentlich durch die mancherorts beherrschende, herausragende Position des Springer-Konzerns auf dem Zeitungsmarkt hatte die Kritik eine persönliche Adresse. In der Tat hatten die Springer-Zeitungen jahrelang und systematisch ein Bild vom SDS und seinen führenden Mitgliedern propagiert, das über eine scharfe inhaltliche Auseinandersetzung weit hinausging und dem, in grellen Farben ausgemalt, alle Kennzeichen eines regelrechten Feindbilds zueigen waren.

Als der SDS Anfang 1968 die Kampagne »Enteignet Springer!« startete, konnte er sich bis zu einem gewissen Grad der Rückendeckung durch die großen linksliberalen Presseorgane wie »Der Stern«, »Der Spiegel« und die »Frankfurter Rundschau« sicher sein; deren Verleger und Chefredakteure förderten die Anti-Springer-Kampagne im Übrigen auch direkt mit verdeckten Geldspenden, obwohl auch sie in der Kritik der Studentenbewegung standen. Schon um die Mitte der 60er-Jahre war die Publizistik in der Bundesrepublik politisch scharf polarisiert, und die genannten Zeitschriften wurden Foren der Kritik am Einfluss Axel Springers und an der Ausrichtung seiner Blätter, vor allem der »Bild«-Zeitung. Zugleich förderten die linksliberalen Presseerzeugnisse mit ihrer eher freundlichen Berichterstattung über die Studenten- und Jugendrevolte, deren Botschaften sie somit indirekt transportierten, die öffentliche Aufmerksamkeit für dieses Faszinosum. Erwähnung verdienen auch die diversen kritischen Magazin-Sendungen im Fernsehen; den Anfang hatte »Panorama« gemacht.

Daneben entstand spätestens seit 1965 aber auch eine Publizistik, die offen mit der Protestbewegung sympathisierte oder sich sogar als ihr angehörig verstand. Linke Zeitschriften wie »Konkret« und »Pardon«, selbst ein linksintellektuelles Diskussionsforum wie das von Hans Magnus Enzensberger redigierte »Kursbuch«, erreichten Ende der 60er-Jahre Auflagen im Hunderttausender-Bereich. Dazu kamen eine Fülle weiterer Zeitungs-, Zeitschriften- und Verlagsgründungen sowie rege, meist auf die Verbreitung schwer zugänglicher oder teurer theoretischer Werke gerichtete Raubdruckaktivitäten. Und auch große Publikumsverlage wie Suhrkamp, Fischer, Luchterhand, Kiepenheuer und Witsch, Rowohlt und sogar Ullstein (Bestandteil des Springer-Konzerns) nahmen in erheblichem Maß entsprechende Titel in ihr Programm auf.

Fraglos enthielt das internationalistische Bekenntnis der Studenten in Deutschland von Anfang an einige spezifische Komponenten. Ihr Protest war nur aus dem Klima der westdeutschen Nachkriegsgesellschaft erklärlich. Es war der Aufstand der Jugend gegen die Konformität der deutschen Provinz. Die noch wesentlich vom bürgerlichen Elternhaus geprägten Studenten erhoben sich gegen die Vätergeneration und machten dieser für ihr Versagen unter dem Nationalsozialismus sowie für die in den Familien erfahrene Methode der »Vergangenheitsbewältigung« durch Abwendung und Verschweigen den Prozess. Hinter der inflationär gebrauchten Denunziationsformel »faschistisch« (oder »faschistoid«) für soziale Verhaltensweisen und Strukturen in Schulen und Universitären wie in der gesamten Gesellschaft steckte auch der Versuch einer Vergangenheitsbewältigung – gleichsam eine verspätete Formel des Widerstands, die ihre moralische Rechtfertigung aus der aggressiven Reaktion von Teilen der bundesdeutschen Öffentlichkeit erfuhr – am deutlichsten in West-Berlin.

Die Geschichte der Revolte samt ihrer Probleme und Widersprüche verdichtet sich in der Biografie Rudi Dutschkes.[14] Geprägt von der protestantisch-christlichen Ethik des Elternhauses und der ostdeutschen Jungen Gemeinde, entzog er sich wenige Tage vor dem Mauerbau dem Wehrdienst in der NVA nach West-Berlin. »Ich weigerte mich, auf Deutsche zu schießen!« Bei Protestaktionen gegen die Mauer schloss er Freundschaft mit Bernd Rabehl. Mit dem westdeutschen Konsumkapitalismus konnten sich die beiden nicht anfreunden, ebenso wenig mit der, so meinten sie, hinter der Wiedervereinigungsforderung verborgenen, selbstzufrieden-selbstgerechten Abkehr der Bundesrepublik von den Landsleuten im Osten Deutschlands. Die Erfahrungen im Westen führten Dutschke (und Rabehl) zunächst in die mit der »Situationistischen Internationale« verbundene »Subversive Aktion«, eine anarchoide, sich ebenso künstlerisch wie politisch verstehende Gruppierung, die an den Dadaismus, Surrealismus und Lettrismus anschloss, dann Anfang 1965 zusammen mit der Subversiven Aktion in den SDS. 1968 schrieb Rudi Dutschke rückblickend: »Gerade die Beschäftigung mit internationalen Fragen war Resultat unserer widersprüchlichen Situation: Niemand von uns liebte die Mauer, nur wenige hielten die DDR und die SED für wirklich sozialistisch, aber fast alle hassten die heuchlerische Adenauer-›Republik‹, die Doppelzüngigkeit der SPD und den Verrat der CDU an der Wiedervereinigung.«[15]

Patriotismus und Internationalismus waren also in Dutschkes Engagement umschlossen. Kollektivschuldgefühle und deutscher Selbsthass waren ihm fremd. Er plädierte 1967 für ein »durch direkte Rätedemokratie getragenes West-Berlin« als einen »strategischen Transmissionsriemen für eine zukünftige Wiedervereinigung Deutschlands«.[16] Auch manche Nahestehende hielten das für bodenlose Spekulation. Ich erwähne es dennoch, weil heute vielfach unterstellt wird, die Achtundsechziger hätten sich entweder für die Deutsche Frage gar nicht interessiert oder wären vorbehaltlos für die Zweistaatlichkeit eingetreten. Für Etliche trifft das eine oder das andere zu. Es

---

14 Rudi Dutschke, Mein langer Marsch. Reden, Schriften und Tagebücher aus zwanzig Jahren, hg. v. Gretchen Dutschke-Klotz u. a., Reinbek bei Hamburg 1980; Rudi Dutschke, Jeder hat sein Leben ganz zu leben. Die Tagebücher 1963–1979, hg. v. Gretchen Dutschke, Köln 2003; Gretchen Dutschke, Rudi Dutschke. Wir hatten ein barbarisches, schönes Leben. Eine Biographie, Köln 1996; Ulrich Chaussy, Die drei Leben des Rudi Dutschke. Eine Biographie, Darmstadt 1983.

15 Hier zit. nach Herbert Ammon/Peter Brandt, Patriotismus von links. Rückblick und Zustandsbeschreibung (1982), in: Peter Brandt, Schwieriges Vaterland. Deutsche Einheit. Nationales Selbstverständnis. Soziale Emanzipation. Texte von 1980 bis heute, Berlin 2001, S. 104-161, hier S. 152.

16 R. S. (= Rudi Dutschke), Zum Verhältnis von Organisation und Emanzipationsbewegung, in: Oberbaumblatt Nr. 5 v. 12.06.1967, S. 4. – Die Zuspitzung der öffentlichen Kontroversen anlässlich der Wendung einiger bekannter ehemaliger Achtundsechziger nach rechtsaußen führt von der eigentlichen Problematik weit weg. Vgl. etwa Horst Mahler u. a., Kanonische Erklärung zur Bewegung von 1968, in: Junge Freiheit Nr. 10 v. 05.03.1999; Erklärung »Wir waren nie Nationalisten«, in: Junge Welt v. 15.02.1999.

war aber auch keine rein individuelle, lebensgeschichtlich bedingte Spezialität oder gar ein Spleen, wodurch Dutschke und nicht wenige seiner Genossen, vor allem in West-Berlin, für die deutsche Teilungsproblematik und die Dialektik von globalen und nationalen Prozessen, sozialer und nationaler Frage sensibilisiert wurden.

Dutschkes Persönlichkeit »passte« zu dem, was er vertrat: Auch entschiedene Gegner konnten sich seiner gewinnenden, offenen, unarroganten Art, seiner warmherzigen Ausstrahlung schwer entziehen. Seine »weichen« Charakterzüge waren indessen kombiniert mit einem beinahe fanatischen Sendungsbewusstsein; er war ein asketischer Revolutionär ohne erkennbare Laster, erfüllt von unermüdlichem Lerneifer, mit einem disziplinierten Lebenswandel und einem – als früherer Leistungssportler – gestählten Körper.

Was verband diesen Typus des intellektuellen Asketen, den Dutschke in fast idealer Weise verkörperte, mit jenen jungen Leuten verschiedener Herkunft, die, ähnlich wie die amerikanischen Hippies, den (mittellosen) Lebensgenuss ins Zentrum ihres Strebens stellten, sich in allen ihren Äußerungen von der »Leistungsgesellschaft« und ihren Trägern, also auch der Mehrheitsbevölkerung, abgrenzten und die »Spießer« verachteten? Allen eventuellen ideologischen Gemeinsamkeiten vorgeordnet, einte beide Typen die emotionale Gegnerschaft: gegen den »Konsumterror« und gegen den Konformismus der breiten Volksschichten, namentlich der Akademiker. Das war die Voraussetzung dafür, dass ab 1966 Teile des SDS darüber nachdachten und sich darum bemühten, unpolitisches Protestverhalten von Jugendlichen politisch zu kanalisieren, während umgekehrt der sehr »ernsthafte« Studentenverband durch den Lebensstil, das äußere Erscheinungsbild (Haartracht) und den Habitus der jugendlichen Gegenkultur infiltriert wurde. Nun hieß es: »Die Revolution muss Spaß machen«, wie es der mit Begeisterung aufgenommene Louis-Malle-Film »Viva Maria« (mit Brigitte Bardot und Jeanne Moreau) von 1965 zeigte.

Rudi Dutschke war nicht der einzige Achtundsechziger mit Wurzeln im Protestantismus und mit Prägung durch dessen charakteristische Moralität. Bekannte Theologen aus der Tradition der Bekennenden Kirche, vor allen anderen Helmut Gollwitzer, Dutschkes persönlicher Freund und Gesprächspartner, standen der Protestbewegung zumindest zeitweise nahe. (Ein zweiter, in der Regel weniger beachteter Traditionsstrang verband zahlreiche Akteure mit den Ausläufern der deutschen bürgerlichen Jugendbewegung, namentlich mit den elitären, kaum nationalsozialistisch kontaminierten bündischen Gruppierungen wie der »Deutschen Jungenschaft vom 01.11.1929« (DJ 1/11) und dem »Nerother Wandervogel«, die um 1960 noch einmal einen kleinen Aufschwung erlebt hatten.) War die biografische Verbindung mit dem evangelischen Christentum in der 68er-Bewegung ein weit verbreitetes Phänomen, so personifizierte niemand die quasi-religiösen Züge der Protestbewegung so eindringlich wie der christliche Marxist Dutschke. Sein Appell, eine neue, nie da gewesene, solidarische Gesellschaft der Freien und Gleichen zu schaffen, ständig benutze Metaphern wie der »neue Tag«, dessen Ankunft bevorstehe, und der »neue Mensch«, der nicht einfach als Ergebnis der Revolution zu erwarten sei, sondern, um zum menschheitsbefreienden Ziel zu gelangen, schon im Kampf geboren werden müsse, enthielten metapolitische Heilsbotschaften, wie sie in den heroischen Phasen der sozialistischen Arbeiterbewegung auch früher schon ausgesandt worden waren und zeitnah von Theoretikern der antikolonialen bzw. antiimperialistischen Revolution formuliert wurden: hauptsächlich von Frantz Fanon[17], dem aus Martinique stammenden, später dann im Unabhängigkeitskrieg auf die Seite der algerischen Befreiungsfront getretenen, verstorbenen afroamerikanischen Arzt, und eben von Che Guevara (auch er ursprünglich Arzt), der bei Dutschke und manchen seiner Gesinnungsgenossen geradezu christusähnliche Züge zugesprochen erhielt.

Dutschkes Marxismus war eng mit seiner Deutung der christlichen Botschaft verwoben, und er war dementsprechend weniger deterministisch als vielmehr in hohem Maß voluntaristisch. »Wir sind nicht hoffnungslose Idioten der Geschichte, die unfähig sind, ihr eigenes Schicksal in die Hand zu nehmen [...] Wir können eine Welt gestalten, wie sie die Welt noch nie gesehen hat [...].«[18] Neben (vor allem dem frühen) Marx stützten sich Dutschke und seine engeren Gefolgsleute auf die Schriften von Karl Korsch, dem dissidenten, libertären Kommunisten der Weimarer Zeit, und seinem ungarischen Zeitgenossen, dem 1956 der Regierung von Imre Nagy angehörenden Literaturwissenschaftler und Philosophen Georg Lukács, mit dem Dutschke, wie auch mit Herbert Marcuse und Ernst Bloch, persönlich Kontakt hielt. Auch Dutschkes 1966/67 von großen Teilen des SDS übernommene (Fehl-)Wahrnehmung der chinesischen »Kulturrevolution« einschließlich des Personenkults um Mao Tse-Tung als einer eigenständigen und selbsttätigen, antibürokratischen Massenbewegung ist nur vor dem Hintergrund einer Marx-Interpretation zu begreifen, die den subjektiven Faktor stark betonte.

Neben den genannten Autoren und den marxistischen, doch auch den anarchistischen »Klassikern« (wie Bakunin) gingen bedeutende Einflüsse von der »Kritischen Theorie« der Frankfurter Schule aus, insbesondere von Max Horkheimers Theorie des autoritären Staates und von den Schriften des in Berkeley lehrenden Herbert Marcuse, der die Freudsche Psychoanalyse in seine vom Marxismus inspirierte Gesellschaftstheorie einband.[19] Die Entdeckung bzw. Wiederentdeckung aller dieser Ansät-

---

17 Frantz Fanon, Die Verdammten dieser Erde. Mit einem Vorwort von Jean-Paul Sartre, Frankfurt am Main 1966.
18 Rudi Dutschke in dem berühmten Interview mit Günter Gaus vom 8. Dezember 1967, hier zit. nach Gerd Langguth, Mythos '68. Die Gewaltphilosophie von Rudi Dutschke – Ursachen und Folgen der Studentenbewegung, München 2001.
19 Theodor W. Adorno, Studien zum autoritären Charakter, Frankfurt am Main 1995; Max Horkheimer, Autoritärer Staat, in: Marxismuskollektiv (Hg.), Kritische Theorie der Gesellschaft III, Frankfurt am Main 1968; Herbert Marcuse, Eros und Kultur, Stuttgart 1957; Herbert Marcuse, Der eindimensionale Mensch, Neuwied 1967; Herbert Marcuse, Das Ende der Utopie, Berlin 1967.

ze, wozu noch die »Sexualpolitik« Wilhelm Reichs[20] zu rechnen ist, durch den SDS erfolgte nicht erst im unmittelbaren Vorfeld von »1968«, sondern über etliche Jahre hinweg. Mit den in Deutschland lehrenden Vertretern der Kritischen Theorie kam es seit 1967, als Jürgen Habermas im Hinblick auf Rudi Dutschkes Aktionismus und Voluntarismus von der Gefahr eines »linken Faschismus« sprach[21], zu Konflikten, die in manchen Fällen an Vatermord erinnern.

Obwohl der Graben insbesondere zu den mittleren und älteren Generationen der lohnabhängigen Bevölkerung in der Bundesrepublik tiefer blieb als in den meisten anderen Ländern Westeuropas, waren die überwiegend studentischen Revolutionäre von der Arbeitnehmerschaft doch nicht vollständig isoliert. Von der illegalen und im Herbst 1968 relegalisierten KPD/DKP und ihrem engeren Umfeld abgesehen, hatten sich in der tradierten Arbeiterbewegung linkssozialistische Kerne erhalten, die nun durch die Revolte belebt wurden, etwa im Funktionärskorps der IG Chemie, der IG Druck und der IG Metall, welche mit dem (allerdings noch vor-antiautoritären) SDS-Vorstand bei der seit 1965 forcierten Kampagne gegen die Notstandsgesetzgebung jahrelang direkt zusammenarbeitete. Der IG-Metall-Vorsitzende Otto Brenner, der legendäre »Eiserne Otto«, kam – nicht anders als Willy Brandt, aber im Unterschied zu diesem stärker traditionell-sozialistisch orientiert – aus der Sozialistischen Arbeiterpartei Deutschlands (SAP), die, vereinfacht gesagt, am Ende der Weimarer Republik und ab 1933 in der Illegalität zwischen SPD und KPD stand.

Überall gab es in der 68er Bewegung auch ein werktätiges Element. In West-Berlin waren das, neben Einzelpersonen, etwa die mehrere Dutzend junge Männer umfassenden »Roten Bauarbeiter«, deren Sprecher mit ihrem übertrieben proletenhaften Auftreten das Entzücken mancher großen Versammlung erregten. Dazu kamen die zusammen selbst quantitativ nicht zu vernachlässigenden Veteranen der vorfaschistischen revolutionären Arbeiterbewegung, namentlich der sozialistischen und kommunistischen Splittergruppen, die sich mit dem nun wieder reichlich strömenden »jungen sozialistischen Blut« gemeinmachen und von denen Einzelne ein gewisses Prestige genossen. Das gilt etwa für den Trotzkisten Oskar Hippe, zweimal jahrelang inhaftiert unter Hitler wie unter Stalin und unbeirrbar die »Lehren der Geschichte« verkündend.[22] Praktisch am relevantesten wurde die Zusammenarbeit von Studenten, Oberschülern und Lehrlingen bzw. jungen Arbeitnehmern bei den wiederholten Protesten gegen Fahrpreiserhöhungen kommunaler Verkehrsbetriebe.

Unter dem Eindruck einer begrenzten Belebung selbstständiger Artikulationen sozialen Protests in der Industriearbeiterschaft – von den Demonstrationen gegen das

---

20 Wilhelm Reich, Die sexuelle Revolution, Frankfurt am Main 1966.
21 Hier zit. nach Jürgen Habermas, Protestbewegung und Hochschulreform, Frankfurt am Main 1969, S. 148.
22 Oskar Hippe, »… und uns're Fahn ist rot«. Erinnerungen an 60 Jahre in der Arbeiterbewegung, Hamburg 1979.

Zechensterben im Ruhrgebiet 1966/67 bis zu den spontanen (»wilden«) Septemberstreiks des Jahres 1969 – näherte sich übrigens auch der 1967/68 im SDS dominierende »antiautoritäre« Flügel bezüglich der Bestimmung des »revolutionären Subjekts« wieder traditionell-marxistischen, auf die »historische Mission der Arbeiterklasse« gerichteten Positionen, nachdem einige Zeit wechselnde Theorien über die kommende große Verweigerungsrevolution der Intelligenz und der Randgruppen, der aus der industriellen Leistungsgesellschaft »Herausgefallenen«, ja der Jugendlichen und Kinder zumindest im Berliner SDS en vogue gewesen waren. Die partielle Wiederentdeckung der Arbeiterklasse wurde befördert durch die Bildung von Stadtteil-, später auch Betriebs-»Basisgruppen«, die unter dem Schock des 2. Juni 1967 bzw. des Dutschke-Attentats vom 11. April 1968 und unter dem Eindruck der Isolierung von den breiten Schichten des Volkes überall entstanden.

Einen Anhaltspunkt für Aussagen über die soziale Zusammensetzung des Protests bieten die amtlichen Zahlen über Verhaftungen und Ermittlungsverfahren nach den Osterunruhen des Aprils 1968. Von 389 in Berlin Festgenommenen waren 122 Studenten und 35 Schüler, aber deutlich mehr, nämlich 232, Angehörige verschiedener Berufe. Von 827 Personen, gegen die in der Bundesrepublik insgesamt ermittelt wurde, waren 286 Studenten und 92 Schüler, hingegen 195 Angestellte, 150 Arbeiter und 31 Angehörige diverser sonstiger Berufe; 123 Personen waren ohne Beruf oder hatten einen unbekannten Beruf. Während der studentische Charakter der Unruhen somit deutlich zu relativieren ist, bestätigen die Zahlen den Generationsaspekt: Die große Mehrzahl der Verhafteten bzw. von einem Ermittlungsverfahren Betroffenen waren zwischen 19 und 25 Jahre alt. Dazu passen die Ergebnisse einer Anfang Februar 1968 vom »Spiegel« veröffentlichten Blitzumfrage unter 3.000 Studenten, Schülern und Berufsschülern zwischen 15 und 25 Jahren in Orten über 10.000 Einwohnern, der zufolge zwei Drittel und mehr in allen drei Kategorien Protestdemonstrationen junger Leute befürworteten; insgesamt 58 Prozent äußerten ihre Bereitschaft, selbst zu protestieren. Immerhin 27 % der Befragten erklärten ihre Zustimmung zu den Positionen Rudi Dutschkes (oder was sie dafür hielten).[23]

Einer anderen Umfrage zufolge nahmen im Januar/Februar 1968 36 %, im Juni/Juli gar 53 % der Studenten an Demonstrationen teil; bei der nichtakademischen Jugend waren es nur 5 %, die sich gemäß eigenen Angaben faktisch beteiligten. Nach einer weiteren, zu dieser Zeit erhobenen Repräsentativbefragung gaben 56 % der Studenten und immerhin 25 % der nichtakademischen Jugendlichen an, sehr stark oder stark politisch interessiert zu sein (Gesamtbevölkerung: 14 %).[24]

---

23 Christoph Kleßmann, Zwei Staaten, eine Nation. Deutsche Geschichte 1955–1970, Bonn 1988, S. 272; Fichter/Lönnendonker, Kleine Geschichte, S. 183.
24 Max Kaase, Die politische Mobilisierung von Studenten in der Bundesrepublik, in: Klaus Allerbeck/Leopold Rosenmayr (Hg.), Aufstand der Jugend. Neue Aspekte der Jugendsoziologie, München 1971, S. 161; Detlef Siegfried, Vom Teenager zur Pop-Revolution. Politisierungstendenzen in der westdeutschen Jugendkultur 1959 bis 1968, in: Axel Schildt u. a. (Hg.), Dynamische

Um es noch einmal auf den Punkt zu bringen: die 68er-Bewegung stieß bei der Mehrheit der Bevölkerung, auch der Arbeiterbevölkerung, in der Bundesrepublik auf distanzierte bis klar ablehnende, nicht selten auch aggressive Reaktionen. Es gelang ihr aber, binnen kurzer Zeit nicht nur die Mehrzahl der Studenten und wohl auch der älteren Gymnasiasten, sondern – mit Ausstrahlung auf weitere Kreise – zudem einen beträchtlichen Teil der Lehrlinge bzw. der jungen Arbeitnehmer zu gewinnen; manche von ihnen nahmen etwa in wachsender Zahl an den großen Teach-ins und Vollversammlungen teil, konnten Form und Inhalt der Aktionen allerdings bestenfalls in zweiter Linie bestimmen. Deren studentischer, vom Ursprung der Bewegung und von der Mehrzahl der Beteiligten geprägter Charakter blieb letztlich unverändert.

Ungeachtet dessen, dass sich die quantitative, räumliche und soziale Ausbreitung der von der Protestbewegung ausgehenden Impulse – sich niederschlagend auch in der Entstehung einer links-alternativen kulturellen Infrastruktur mit speziellen Kneipen, Buchläden, Kinos, auch Theatern (in Berlin das Kinder- und Jugendtheater »Grips« und die »Schaubühne am Halleschen Ufer«) – noch jahrelang fortsetzte, trat die Bewegung schon um die Mitte des Jahres 1968 in eine neue, durch Zerfaserung, Stagnation und Rückfluten einerseits, Radikalisierung und Sektenbildung andererseits gekennzeichnete Phase ein. Von der Vielgestaltigkeit des als APO auftretenden Spektrums war bereits die Rede. Selbst im organisatorischen Kern der Bewegung, im SDS, musste die – keinesfalls homogene – »antiautoritäre« Tendenz mit einer – ebenfalls innerlich differenzierten, mancherorts, hauptsächlich in Köln und Bonn, an der illegalen KPD orientierten – »traditionalistischen« Strömung koexistieren. Solange es aufwärtsging, gelang das einigermaßen.

Nachdem mit Rudi Dutschke der am meisten charismatische Führer ausgefallen war (Hans-Jürgen Krahl – er kam 1970 bei einem Autounfall ums Leben –, die zweite, Dutschke in vieler Hinsicht gleichrangige und theoretisch wohl überlegene Führungsgestalt der antiautoritären Mehrheit des SDS[25], konnte ihn nicht ersetzen), nachdem die Aufbrüche des Pariser Mai und dann auch des Prager Frühlings gestoppt worden waren, nachdem schließlich die Notstandsgesetze, »NS-Gesetze« genannt, nicht hatten verhindert werden können (ohne dass sich die Voraussagen über deren Benutzung gegen die Opposition in irgendeiner Weise zu bestätigen schienen), wurde das Fehlen mittel- und längerfristiger Konzepte offenkundig. Es breitete sich eine Stimmung der Ratlosigkeit aus, die sich auf der letzten SDS-Delegiertenkonferenz Mitte September 1968 in Frankfurt am Main in einem basisdemokratisch begründeten Dezentralisierungsbeschluss niederschlug, der mit dem Verzicht auf politische Intervention faktisch schon die Abdankung des Studentenverbandes bedeutete. In gewisser Weise war der SDS mit seinem unerwarteten Erfolg nicht fertig geworden.

Zeiten. Die 68er Jahre in den beiden deutschen Gesellschaften, Hamburg 2000, S. 582-623, hier S. 621.
25 Hans-Jürgen Krahl, Konstitution und Klassenkampf, Frankfurt am Main 1971.

Was folgte, war der totale Zerfall der 68er-Bewegung als einer relativ geschlossenen, wenigstens im Negativen einheitlichen Bewegung. Die unterschiedliche bis absolut konträre Beurteilung des sowjetrussischen Einmarschs und der folgenden »Normalisierung« in der Tschechoslowakei – die neugegründete, von der SED und der KPdSU abhängige DKP durfte keine Konzessionen an die links der Mitte weit überwiegende Kritik des sowjetischen Vorgehens machen – bildete nur die eine Spaltungslinie; und man muss konstatieren, dass die Belastung mit der ČSSR-Invasion wie mit dem Ostblocksystem überhaupt die DKP bzw. die SED Westberlins und ihre Nebenorganisationen in der Folgezeit nicht daran hinderte, etliche durch »1968« politisierte oder anpolitisierte junge Menschen, oft aus Arbeiter- und Angestelltenfamilien, für sich zu gewinnen. Offenbar wirkten die – gerade wegen ihrer Dogmatisierung – etwas einfachere Weltsicht des Sowjetkommunismus und die Aussicht, sich einem mächtigen Fortschrittslager anzuschließen, auf nicht wenige junge Menschen attraktiv.

Deutlich stärker entwickelte sich indessen der Zustrom zur SPD. Die Arbeitsgemeinschaft der Jungsozialisten, wo 1969 der linke Flügel das Ruder in die Hand nahm, konnte im Lauf von vier Jahren rund 100.000 neue Mitglieder rekrutieren, die in ihrer großen Mehrzahl nicht direkt aus der 68er-Bewegung kamen, aber doch, nach der bewussten Öffnung der Mutterpartei seit dem Nürnberger Parteitag vom März 1968, überwiegend davon beeinflusst waren.

Die Kerngruppen der Achtundsechziger und viele Hinzukommende wollten weiterhin weder von der Sozialdemokratie noch vom Parteikommunismus Moskauer Provenienz etwas wissen. Statt dessen konstituierten sich seit Dezember 1968 (Gründung der KPD/ML zum 50. Jahrestag der KPD-Gründung) unterschiedliche maoistische (»marxistisch-leninistische«) Gruppierungen, die sich dann auf Bundesebene parteiförmig organisierten. Der völlige Bruch mit allem Antiautoritären – das war die Lehre, die sie aus »1968« zogen – bedeutete den Übergang zu einem kruden Organisationsfetischismus und zur Anlehnung an die Ideologie und die Außenpolitik der KP Chinas bzw. der Partei der Arbeit Albaniens, überwiegend einschließlich der Rechtfertigung Stalins und der zunehmenden Negativfixierung auf die »sozialimperialistische« Sowjetunion als Hauptfeind.

Gewiss authentischer wurde die Tradition der 68er-Bewegung von jenem Konglomerat anarchistischer, anarchosyndikalistischer oder rätekommunistischer, vielfach vom linksradikalen »operaismo« Italiens beeinflusster, oft auch betont »undogmatischer« und »spontaneistischer« Organisationen, Zirkel und Basisgruppen fortgeführt, die sich bewusst dem Appell der »K-Gruppen« zur straffen Organisierung und zum sofortigen Parteiaufbau entzogen. Eine feste revolutionäre Klassenkampforganisation würde – so nahm man an – allein im Prozess der kommenden sozialen Kämpfe entstehen können. In Berlin wurde aus der Idee linker Studenten, als Arbeiter in die Betriebe zu gehen, um dort politisch zu wirken, eine »Projektgruppe Elektroindustrie«, die dann zur »Proletarischen Linken/Parteiinitiative« (PL/PI) mutierte. Am anderen Ende dieses Spektrums tummelten sich in Berlin die »Umherschweifenden Haschrebellen«. In Frankfurt fand sich mit ähnlicher Zielsetzung und Arbeitsweise wie der der PL/PI der »Revolutionäre Kampf« (RK) zusammen, deren bekanntestes Mitglied Daniel Cohn-Bendit war, einer der Protagonisten des Pariser Mai, und zu der auch der spätere Außenminister Joseph Fischer gehörte. Anfang der 70er-Jahre nahm sich der RK des Frankfurter »Häuserkampfs« an.

Weniger spektakulär, weniger militant und nüchterner in der Einschätzung der Handlungsmöglichkeiten arbeitete das 1969 gegründete, in Offenbach angesiedelte »Sozialistische Büro« (SB), das auf die Koordinierung realer linker Aktivitäten in den diversen Bereichen der Gesellschaft orientierte, mit besonderem Augenmerk auf Großbetriebe und Gewerkschaften und ohne strikte Abgrenzung zur Sozialdemokratie, überdies zweifelsfrei demokratisch in der gesellschaftspolitischen Zielsetzung und inneren Struktur. Das SB strebte die Organisierung der westdeutschen Linken nach sozialen »Interessen«, nicht nach »Köpfen« und vorgefertigten Programmen an und drückte damit das Selbstverständnis einer großen Zahl junger Sozialisten, auch außerhalb der Universitätsstädte, aus, die mit parteikommunistischer Stellvertreterpolitik so wenig anfangen konnten wie mit dem Ultraradikalismus, der Gewaltbereitschaft und dem Chaotismus eines Teils der »Sponti«-Szene.

Das Bundesamt für Verfassungsschutz zählte 1971 fast 400 Organisationen der extremen Linken mit – unter Berücksichtigung von Doppelmitgliedschaften – 67.000 Mitgliedern; 1975 wurden sogar rund 140.000 Mitglieder gezählt, davon jeweils mehr als die Hälfte in der DKP und ihren Umfeldorganisationen.[26] Es wird deutlich, dass die Auffächerung der 68er-Bewegung mit ihren gut 2.000 SDSlern und einigen tausend weiteren Aktivisten von einer beachtlichen quantitativen Ausdehnung begleitet war.

Wenn man nach den Effekten der Protestbewegung der späten 60er-Jahre in der Bundesrepublik fragt, dann lassen sich einige Gesichtspunkte mit hoher Plausibilität hervorheben:

- Die intransigente Opposition gegen die Notstandsgesetzgebung, obwohl sie die Haltung der SPD einschloss, stärkte faktisch die intensiven sozialdemokratischen, namentlich linkssozialdemokratischen Bemühungen um die rechtsstaatliche Einhegung und Entschärfung der betreffenden Gesetze.
- Obwohl vielfach ein gegenseitiges Hochschaukeln befürchtet worden war, brachte die parallel zur NPD zum relevanten politischen Faktor aufgestiegene APO die Rechtsextremen nicht in den Bundestag. Vielmehr trugen die unablässigen Störungen von NPD-Wahlkundgebungen im Bundestagswahlkampf 1969 dazu bei, dass die Nationaldemokraten mit Unruhe und Krawall assoziiert wurden statt wunschgemäß mit Gesetz und Ordnung. Bereits in den Jahren davor, als die NPD in mehrere Landtage einzog, gehörten Sprengungen und Störungen von Veranstaltungen dieser Partei zum festen Repertoire der APO; die Aktionen waren mit dafür ver-

---

26 Zahlen nach Langguth, Mythos '68, S. 111.

antwortlich, dass die Schaffung einer organisatorischen Struktur der NPD mancherorts erschwert oder sogar verhindert wurde.
- Ohne Zweifel bewirkte die Schubkraft des studentisch-jugendlichen Protests, dass sich das innenpolitische Klima in der Bundesrepublik weiter zu Gunsten von sozialem Engagement, Fortschrittsorientierung und Reformbereitschaft wandelte. 1971 erklärten drei Viertel der Befragten ihre Bereitschaft zu aktiver Mitarbeit an gemeinwohlorientierten Arbeiten.[27] Die staatliche Amnestie der meisten Demonstrationsdelikte im Jahr 1970 förderte die allgemeine Anerkennung von Demonstrationen als legitime Ausdrucksform oppositioneller Willensbekundung. Unbeabsichtigt bereitete die 68er-Bewegung die Regierungsübernahme der – von ihr scharf kritisierten – SPD-Führung im Bündnis mit der zeitweise sozialliberal geöffneten FDP mit vor.
- Auf die Durchsetzung des Demokratisierungsparadigmas seitens der Achtundsechziger ist schon hingewiesen worden. Die Parole Willy Brandts in der Antrittsrede als Bundeskanzler (28. Oktober 1969), die neue Regierung wolle »mehr Demokratie wagen«, griff die Intentionen der Protestbewegung auf und versuchte, sie für systemimmanente Reformen nutzbar zu machen. Von den Achtundsechzigern hingegen ging die »Veralltäglichung des Protests« aus, der seither zur Bundesrepublik gehört und in den partikularen Bürgerinitiativen und den »Neuen Sozialen Bewegungen« der 70er- und 80er-Jahre seinen Ausdruck fand: hauptsächlich in der Frauenbewegung, der Anti-AKW- bzw. Umweltbewegung, der Hausbesetzerbewegung sowie in der um 1980 neu belebten Friedensbewegung. Die seit den späten 70er-Jahren zu verzeichnenden Wahlkandidaturen von »alternativen«, »bunten« und »grünen« Listen auf Kommunal- und Landesebene sowie die folgende Etablierung der Bundespartei »Die Grünen« und damit die definitive Integration der Masse des Protestpotenzials in das politische System resultierte letztlich aus diesem ununterbrochenen Prozess.
- Die spätestens seit dem Frankfurter Auschwitzprozess (1963–65) verstärkt in der Öffentlichkeit thematisierte, mehr und mehr als unzureichend empfundene strafrechtliche Ahndung von NS-Verbrechen und die anhaltende nationalsozialistische Belastung sämtlicher Funktionseliten der Bundesrepublik wurden von der Protestbewegung mit verstärkter Vehemenz, polemische Attacken nicht scheuend, beklagt. Kein Respekt vor der unabhängigen Justiz hinderte die Anhänger der APO daran, auch gegen formal einwandfrei zu Stande gekommene Gerichtsurteile auf die Straße zu gehen, so am 14. Dezember 1968 gegen den Freispruch des ehemaligen Besitzers beim Volksgerichtshof, Hans-Joachim Rehse, durch ein Berliner Schwurgericht. Die, in einem Fall auch physischen (Beate Klarsfelds Ohrfeige

---

27 Klaus Jürgen Scherer, Politische Kultur und neue soziale Bewegungen, in: Gert-Joachim Glaeßner u. a. (Hg.), Die Bundesrepublik in den siebziger Jahren. Versuch einer Bilanz, Opladen 1984, S. 71-91, hier S. 72.

vom 7. November 1968), Angriffe auf das frühere NSDAP-Mitglied Bundeskanzler Kurt-Georg Kiesinger – eine nominelle Mitgliedschaft und somit ein vergleichsweise harmloser Fall – entlegitimierten nach dem angeblichen »KZ-Baumeister« Bundespräsident Heinrich Lübke auch den zweiten führenden Repräsentanten des Staates, jedenfalls bei vielen jungen Leuten. Indem das drückende nationalsozialistische Erbe ins Zentrum des kollektiven Bewusstseins geholt und damit der zurückhaltende, teilweise auch abwehrende Umgang mit dieser Problematik in den 50er- und frühen 60er-Jahren überwunden werden sollte, stellten die Achtundsechziger, darüber hinaus, die Legitimität des westdeutschen Staates und der westdeutschen Gesellschaft überhaupt infrage. Faktisch wurden die bis dahin bestimmenden politischen Kräfte liberal-konservativer Färbung dadurch mehr getroffen als die diesbezüglich relativ unangefochtene SPD (mit einem früheren antifaschistischen Flüchtling und Illegalen an der Spitze, der gleichwohl um nationale Versöhnung bemüht war, jetzt aber auf einer neuen, wahrhaftigeren Grundlage).

- Zu den unmittelbaren Konsequenzen von »1968« gehörte die Wiederbelebung marxistisch-sozialistischen Denkens in der Bundesrepublik – sowohl auf der politisch-publizistischen Ebene, hauptsächlich über die Jungsozialisten und ihre älteren Mentoren in der SPD, als auch auf der Ebene der Fachwissenschaften, wenngleich die Berufung von erklärten Marxisten, etwa in der Disziplin Volkswirtschaft, Ausnahme blieb; im akademischen Mittelbau sah es schon anders aus. Jedenfalls wurden marxistische Ansätze wieder zu einem Bestandteil der wissenschaftlichen und intellektuellen Debatten. Charakteristisch war dabei, neben der Enttabuisierung der seriösen Ergebnisse der »parteilichen« Wissenschaft in der DDR und in Osteuropa, die Vielgestaltigkeit des Entdeckten und Wiederentdeckten, namentlich von Arbeiten dissidenter Kommunisten und Sozialisten aus der Zwischenkriegszeit und unabhängiger Linker, nicht zuletzt denen der Frankfurter Schule, aus den Jahren des Exils.
- Die gravierendste Folge der Studenten- und Jugendrevolte war die nachhaltige Politisierung der jungen Intelligenz nach links, nachdem gerade die deutschen Akademiker bzw. Studenten bis 1945 etwa 70 Jahre lang in großer Mehrzahl konservativ angepasst oder völkisch-nationalistisch eingestellt gewesen und in der Nachkriegszeit als desillusioniert-unpolitisch, als Angehörige einer »skeptischen Generation« beschrieben worden waren.[28] In den meisten vergleichbaren Ländern war die politische Orientierung der bürgerlichen Intelligenz auch vor »1968« weniger eindeutig konservativ als in Deutschland – teilweise gab es, so in Frankreich oder Nordeuropa, eine linksrepublikanische bzw. linksnationale Tradition in Teilen des Bürgertums. Die Grundtendenz der 68er-Bewegung, die Linksorientierung der insbesondere jungen, dann auch der älter werdenden Intelligenz einzulei-

---

28 Helmut Schelsky, Die skeptische Generation. Eine Soziologie der deutschen Jugend, Düsseldorf 1957.

ten oder zu bestärken, war indessen nicht auf Deutschland beschränkt. Während die Studentenbewegung mancherorts, vor allem in Frankreich und Italien, tatsächlich wie eine Art Detonator bei der kämpferischen Aktivierung und Radikalisierung erheblicher Teile der Arbeiterschaft wirkte (überdies die Abwendung der kommunistischen Parteien vom Moskauer Vorbild vorantrieben), kann davon in der Bundesrepublik kaum die Rede sein. Unter den führenden Industrieländern des Westens war der Abstand zwischen den linken Studenten und der, zumal älteren, Masse der Arbeiter wohl nur in den USA noch größer als in Westdeutschland. Der beschleunigte soziale Wandel, der Übergang zum Konsumkapitalismus, und der damit verbundene, um die Mitte der 60er-Jahre schubartig verstärkte Wertewandel führten zu jener, allerdings längerfristigen Mobilisierung, die Eric Hobsbawm als »kulturelle Revolution« bezeichnet[29]; diese betraf vor allem das Verhältnis der Geschlechter und das der Generationen. Die Krise der klassischen Kleinfamilie schlug sich in einer Zunahme von Ehescheidungen, unehelichen Geburten sowie der wachsenden Zahl von Alleinerziehenden und allein Lebenden (»Singles«) nieder. Die Etablierung einer neuen Jugendkultur als »einer unabhängigen sozialen Kraft« verlieh der jungen Generation Macht über den Konsumwarenmarkt. Generell waren die 60er-Jahre eine Zeit schneller Verbreitung elektronischer Massenmedien und des Übergangs von der Radio- zur Fernsehgesellschaft. Waren in der Bundesrepublik am Anfang des Jahrzehnts etwa ein Viertel aller Haushalte mit Fernsehgeräten ausgestattet, so an dessen Ende schon rund drei Viertel. Entgegen der Befürchtung vieler linker Fundamentaloppositioneller bedeutete Konsumgesellschaft nicht Entpolitisierung – im Gegenteil: Politisches Interesse und Reformbereitschaft nahmen in Westdeutschland seit den späten 50er-Jahren kontinuierlich zu.

Die Bewertung all' dessen liegt nicht auf der Hand; sie ergibt sich aus dem jeweiligen politisch-weltanschaulichen Standort des Betrachters. Das gilt bis zu einem gewissen Grad auch für den folgenden Versuch der Problematisierung an einigen, m. E. analytisch unabweisbaren Punkten:

- Mit dem aus dem Ruder laufenden, radikalen Antiautoritarismus und mit der Beförderung einer stimmungsmäßigen revolutionären Naherwartung (obwohl gerade Dutschke immer wieder die Langfristigkeit seiner Bewusstseins- und Verweigerungsrevolution betonte) machte der SDS als Kern der Bewegung die Elaborierung einer nüchtern kalkulierten, realistischen, Etappenziele einschließenden sozialistischen Strategie und Taktik unmöglich. Zugleich verhinderte das antiautoritäre Politik- und Organisationsverständnis die Schaffung effektiver, durchsichtiger, kalkulierbarer Strukturen, was gerade angesichts des exponentiellen Wachstums der Bewegung 1967/68 unabdingbar gewesen wäre, um das Erreichte zu konsolidieren. Die Entwicklung ab Sommer 1968, als die Protestbewegung erkennbar

---

29 Eric Hobsbawm, Das Zeitalter der Extreme. Weltgeschichte des 20. Jahrhunderts, München 1995, S. 402-431.

an ihre Grenzen stieß und sich Frustration breitmachte, konnte so von den Protagonisten kaum noch beeinflusst werden.
- Der in den Jahren der Selbstbehauptung seit dem Unvereinbarkeitsbeschluss der SPD vom November 1961 politisch gereifte und zugleich gehärtete SDS war von dem eigenen Erfolg überfordert und außer Stande, die Dynamik der Revolte noch zu beherrschen oder sich wenigstens ihr gegenüber zu behaupten. Dazu kam ein Weiteres: Der emanzipatorische Aufbruch von 1967/68 beinhaltete neben dem politisch-gemeinschaftlichen Aspekt auch den der individuellen Befreiung und Selbstverwirklichung. Die Attraktivität der Bewegung bestand ja gerade in der Erwartung, anders als die tradierten, als langweilig und gegenüber ihren Mitgliedern als repressiv wahrgenommenen Organisationen der Linken, der »Alten Linken«, wie man auch sagte, beides verbinden zu können. Tatsächlich erwies sich dieses von Anfang an als schwierig bis unmöglich – die legendäre Westberliner Kommune 1 ist nur das bekannteste Beispiel für das Abgleiten in den Subjektivismus und Irrationalismus. Die Entfernung von den »normalen« Menschen der Mehrheitsgesellschaft, die bei manchen geradezu zu einem Objekt der Verachtung wurden, hatten eben nicht nur ideologische Gründe, sondern beruhten mindestens gleichermaßen auf dem verabsolutierten Selbstverwirklichungsanspruch.
- Kritikwürdig ist ferner und nicht zuletzt die schrittweise Durchsetzung eines theoretisch schillernden und in der Praxis spielerischen Umgangs mit Gewalt. Die provokativen, doch gezielten und begrenzten Regelverletzungen in den Jahren vor 1968 – etwa bei Sit-ins oder nicht genehmigten Demonstrationen – waren Teil eines Mobilisierungskonzepts, das eventuelle strafrechtliche Folgen billigend in Kauf nahm, allerdings teilweise die Konfrontation regelrecht suchte. Rudi Dutschke kokettierte schon früh mit der Illegalität und dachte im Hinblick auf den Vietnamkrieg über Sabotageakte gegen die amerikanische bzw. NATO-Infrastruktur nach.[30] Die Osterunruhen 1968 in Reaktion auf das Dutschke-Attentat hatten bereits eine andere Qualität als die Demonstrationen des Vorjahres. Doch auch hier war die politische Botschaft – symbolische Verhinderung der Auslieferung von Zeitungen des Verlagshauses Springer, das für den Mordanschlag verantwortlich gemacht wurde – für jeden nachvollziehbar, selbst wenn er die Aktionen nicht billigte. Der Primat der Politik wurde noch gewahrt. Eine weitere Stufe der Eskalation bildete dann am 4. November 1968 die »Schlacht am Tegeler Weg«, als nicht mehr als 1.000 studentische und jugendliche Demonstranten anlässlich des Ehrengerichtsverfahrens gegen den über Jahre vielfach unentgeltlich oder gegen geringes Honorar verteidigenden APO-Anwalt Horst Mahler im Berliner Landgericht mit Schlagstöcken und einem wahren Steinhagel offensiv gegen die in der Minderheit befindlichen Polizeibeamten vorgingen. Einige der ob des »Sieges« – die Polizei wurde zurückgedrängt und

---

30 Einleitung von Gaston Salvatore/Rudi Dutschke zu: Guevara, Vietnam; Gretchen Dutschke, Leben, S. 177 ff.

hatte weitaus mehr Verletzte zu beklagen als die Angreifer – euphorisierten Demonstranten entwickelten daraus eine regelrechte Offensivtheorie, der zufolge die beiseite stehenden Volksmassen niemals mit denen gehen würden, die sich in ihre Opferrolle fügten, sondern nur mit denen, die Stärke zeigten. Auch wenn man vielen der Beteiligten ehrliche Empörung über die beabsichtigte Ausschaltung ihres Rechtsanwalts und über frühere negative Erfahrungen mit unverhältnismäßigen, gelegentlich brutalen Polizeieinsätzen zugutehalten mochte, trat hier, neben dem Kurz- und Fehlschluss bei der Situationseinschätzung – schließlich konnte eine vorbereitete Polizei jederzeit mit stärkeren Mitteln, im Extremfall auch mit Schusswaffen antworten – eine gewisse Verrohung und Gewaltverherrlichung zu Tage.

- Und dennoch: Auch die »Schlacht am Tegeler Weg« war qualitativ etwas anderes als das, was sich 1970 in Gestalt einer »Rote-Armee-Fraktion« (RAF) als abgehobene »Stadtguerilla« inszenierte, für die Verfolgungsbehörden eine »terroristische Vereinigung«, für die breite Öffentlichkeit die »Baader-Meinhof-Bande«. Als ich am 14. Mai 1970 im Radio die Nachricht von der mit Waffengewalt und nur um ein Haar ohne Todesopfer erfolgten Befreiung des (wegen der Frankfurter Kaufhausbrandstiftung vom 3. April 1968 verurteilten) Andreas Baader hörte – übrigens auch das ein Berliner Ereignis –, war mir sofort klar, dass hier eine bestimmte Gruppe den »bewaffneten Kampf« aufgenommen hatte und alles versuchen würde, möglichst große Teile der außerparlamentarischen Linken hineinzuziehen. Ich hielt das Konzept, zumal unter bundesdeutschen Bedingungen, für politischen Wahnsinn – abgesehen davon, dass die meisten Aktionen selbstreferentiell waren – und war entschieden der Meinung, dass es für die Linke in allen ihren Schattierungen ein Gebot der Selbsterhaltung sei, sich dem zu verweigern. Das schloss keineswegs die Bereitschaft zur Kooperation mit der Polizei (sofern es dafür einen Anlass geben würde) ein, wohl aber die unzweideutige Zurückweisung jeglicher, selbst indirekter Hilfeleistung und Unterstützung für die »Guerilla«. Auch wenn einzuräumen ist, dass die Abgrenzung nicht überall so klar vorgenommen wurde, so darf man doch festhalten, dass der Kriegsplan der RAF, sofern man von einem solchen sprechen kann, nicht nur gegenüber Staat und Gesellschaft, dem »Schweinesystem«, sondern auch gegenüber dem vermuteten politischen Umfeld schon im Ansatz gründlich scheiterte. Es gab durchaus das Phänomen des engeren und weiteren – offenen und auch versteckten – Sympathisantentums, es hatte aber keineswegs jene Dimensionen, die ihm damals von dem hysterisierten Teil der Publizistik zugeschrieben wurde. Der Terrorismus der RAF war ein gravierendes inneres Problem der Bundesrepublik während der 70er-Jahre; innerhalb der westdeutschen Linken, auch der radikalen Linken, stellte er qualitativ und quantitativ aber eher ein Randphänomen dar. Die Verbindung des RAF-Terrorismus (einschließlich verwandter Gruppen) zur 68er-Bewegung bestand, konkretisiert in personellen Kontinuitäten, darin, dass er zwar eine der in »1968« enthaltenen Möglichkeiten realisierte, doch keineswegs die nächstliegende und schon gar nicht die logische oder aufgrund der Bewegungsdynamik zwingende. Nur unter dieser Prämisse macht die kritische Auseinandersetzung mit dem Verhältnis zwischen den beiden Phänomenen »1968« und »RAF« Sinn.

- Einen heutzutage gelegentlich beschworenen »linken Antisemitismus« im eigentlichen Sinn, nämlich die Juden in ihrer Eigenschaft als Juden abzulehnen, gab es aufseiten der 68er-Bewegung meiner Erinnerung nach nicht, auch nicht in Andeutungen. Richtig ist, dass die etwa bis zum Sechstagekrieg im Nahen Osten (Juni 1967) eindeutig pro-israelische Haltung linksdeutscher Sozialisten, auch im SDS, einer, teilweise überzogenen, antiimperialistisch motivierten Kritik am Staat Israel mit antizionistischer Tendenz wich, bis hin zur Identifikation mit den linksnationalistischen, in der Wahl der Kampfmittel wenig skrupulösen und auf die Beseitigung Israels zielenden Organisationen der Palästinenser. Einige wenige Achtundsechziger gingen so weit, selbst die jüdischen Einrichtungen in Deutschland (die sich traditionellerweise mit Israel identifizierten) als feindlich wahrzunehmen. Es wurde am 9. November 1969 – 31 Jahre nach dem Reichspogrom! – sogar ein Bombenattentat auf das jüdische Gemeindehaus in West-Berlin verübt.[31] Wenn man von Exzessen dieser Art absieht, bestand das Versagen der 68er-Bewegung eher in einer gewissen Nonchalance, einer verbreiteten Missachtung oder Verdrängung der besonderen deutsch-israelischen (als Teil der deutsch-jüdischen) Problematik. Es wäre jedoch eine Verzeichnung, die Haltung zu Israels Politik nachträglich zum zentralen Kriterium für die Beurteilung des Selbstverständnisses und des politischen Agierens der Protestbewegung zu machen.

- Der »Triumph des Individuums« (E. Hobsbawm), bei dem die 68er-Bewegung zumindest als kräftiger Verstärker diente, war weitgehend erfolgreich in seinem destruktiven Aspekt, die alten, tatsächlich vielfach repressiven, nichtökonomischen Gruppenbildungen und das ihnen zu Grunde liegende moralische System zu untergraben und aufzulösen. Die zunehmend zerstreute Bewegung, die ja zugleich neue Formen der Vergemeinschaftung angestrebt hatte, konnte unter den Bedingungen eines weiterbestehenden – und seit den späten 70er-Jahren wieder mehr und mehr entfesselten – Kapitalismus jedoch nicht verhindern, dass die von ihr einst ausgegangenen, zumindest verstärkten Impulse in pervertierter Form zur Durchsetzung eines schrankenlosen Individualismus ohne ethische Steuerung und soziale Einbindung beitrugen.

Und was ist mit den zahlreichen, bisher allenfalls am Rande erwähnten, lebensreformerischen Projekten und kulturrevolutionären Ansätzen, die das Bild von »1968« mindestens ebenso sehr geprägt haben und die von vielen als das Wesentliche und Wirkungsvolle angesehen werden? Und mit der großen, majoritären Gruppe unter den Jungen, die mit der Bewegung in Berührung kamen und mehr oder weniger davon beeinflusst wurden, aber nur partiell oder sporadisch an Aktivitäten teilnahmen, die

---

31 Wolfgang Kraushaar, Die Bomben im Jüdischen Gemeindehaus, Hamburg 2005.

eventuell mehr die freiheitliche und befriedigende Gestaltung des eigenen Lebens als eine gesamtgesellschaftliche Veränderung im Auge hatten? Die Stichworte lauten »Kommune«- bzw. Wohngemeinschaftsexperimente, nicht- oder »antiautoritäre« Erziehung, auch durch die neu gegründeten »Kinderläden« und autonomen Jugend- bzw. Lehrlingszentren sowie »sexuelle Befreiung«, nicht zuletzt durch Auflösung der lange fast unumgänglichen Verbindung von Sexualität und Ehe (begünstigt durch die seit Jahren verfügbare Antibaby-Pille), ferner das Ausprobieren »bewusstseinserweiternder« Drogen und die Hinwendung zu der neuen, rebellischen Musikkultur des Rock, Beat und Folk. Auch die explosionsartig zunehmende Wehrdienstverweigerung und die grassierende Aufsässigkeit in Schulen und Lehrwerkstätten sind hier zu nennen. Schließlich die erst nach und nach durchschlagende Veränderung von vorpolitischen Einstellungen, alltäglichen Verhaltensweisen und Umgangsformen hin zu einer weniger autoritären und obrigkeitlichen, stärker permissiven, auch toleranteren, doch zugleich eben auch mehr individualistischen Mentalität der Gesellschaft insgesamt – einschließlich des negativen Bedeutungsgehalts dieser Bezeichnung.

Deutlicher als bei der im engeren Sinn politischen Protestbewegung (wobei die Vorläufer, wie angesprochen, auch dort bis in die frühen 60er-Jahre zurückreichen) erscheint die »Kulturrevolution« um 1968 als lediglich beschleunigende, gewiss auch eigene Akzente setzende, aber keine andere Qualität begründende Phase eines längerfristigen soziokulturellen Wandels in den entwickelten, kapitalistischen, parlamentarisch und in Europa zudem sozialstaatlich verfassten Ländern des Westens. Die Rede ist von der Periode zwischen den späten 50er oder den frühen 60er- und den frühen oder mittleren 70er-Jahren, für die die Zeithistoriker inzwischen die Bezeichnung der »langen Sechziger« erfunden haben.[32] In unserem Zusammenhang ist es wichtig, sich zu erinnern, dass der soziokulturelle Wandel und insbesondere die emanzipatorisch-kulturrevolutionären Impulse auch die »harten« politischen Aktivisten nicht unbeeinflusst und angesichts der manchmal damit verbundenen Komplikationen in den zwischenmenschlichen Beziehungen nicht immer ungeschoren ließen. So kam es zeitweise zu einer weitgehenden Überlappung, gelegentlich sogar Verschmelzung von politischer Opposition und jugendlicher Gegenkultur.

Auch wenn die evolutionäre »Neujustierung« der westdeutschen Gesellschaft (wie auch, meist weniger scharf ausgeprägt, der westlichen Gesellschaften überhaupt) über einen längeren, etwa anderthalb Jahrzehnte umfassenden Zeitraum erfolgte, wurden die späten 60er-Jahre von den Befürwortern des Neuen wie von den Widerstrebenden gleichermaßen als markerschütternder kultureller Umbruch erlebt. Dabei wirkte die mediale Teilnahme am Geschehen durch die Fernsehberichterstattung mit der für 1968 charakteristischen, ununterbrochenen Vergegenwärtigung diesbezügli-

---

32 So etwa Christina von Hodenberg, Detlef Siegfried, Reform und Revolte. 1968 und die langen sechziger Jahre in der Geschichte der Bundesrepublik, in: dies. (Hg.), Wo »1968« liegt. Reform und Revolte in der Geschichte der Bundesrepublik, Göttingen 2006, S. 7-14.

cher, buchstäblich sensationeller Ereignisse enorm verstärkend. Die Radikalität und Ungeniertheit, mit denen sich die Achtundsechziger kulturell wie politisch artikulierten, ebenso wie die quantitative Ausbreitung der neuen Phänomene, vermittelten allgemein den Eindruck eines plötzlichen und wuchtigen Einschnitts.

Weiterführende Literatur

Willy Albrecht, Der Sozialistische Deutsche Studentenbund (SDS). Vom parteikonformen Studentenbund zum Repräsentanten der Neuen Linken, Bonn 1994.
Klaus R. Allerbeck/Leopold Rosenmayr (Hg.), Aufstand der Jugend? Neue Aspekte der Jugendsoziologie, München 1971.
Götz Aly, Unser Kampf. 1968 – ein irritierter Blick zurück, Frankfurt am Main 2008.
Günther Amendt (Hg.), Kinderkreuzzug oder Beginnt die Revolution in den Schulen?, Reinbek bei Hamburg 1968.
Arnulf Baring u. Mitarb. v. *Manfred Görtemaker*, Machtwechsel, Die Ära Brandt–Scheel, Stuttgart 1982.
Bedingungen und Organisation des Widerstandes. Der Kongress in Hannover. Protokolle, Flugblätter, Resolutionen. Mit Beiträgen von Helmut Gollwitzer u. a., Berlin 1967.
Uwe Bergmann u. a., Rebellion der Studenten oder Die neue Opposition. Eine Analyse, Reinbek bei Hamburg 1968.
Frank Böckelmann/Herbert Nagel (Hg.), Subversive Aktion. Der Sinn der Organisation ist ihr Scheitern, Frankfurt am Main 1976.
Winni Breines, The Great Refusal. Community and Organization in the New Left 1962–1968, New Brunswick/New York 1989.
Clayborn Carson, In Struggle. SNCC and the Black Awaking of the 1960s, Cambridge/Mass. 1981.
Lin Chun, The British New Left, Edinburgh 1993.
Werner Conze/M. Rainer Lepsius (Hg.), Sozialgeschichte der Bundesrepublik Deutschland. Beiträge zum Kontinuitätsproblem, Stuttgart 1983.
Charles DeBenedetti/Charles Chatfield, An American Ordeal. The Antiwar Movement of the Vietnam Era, New York 1990.
Gerard J. DeGroot (Hg.), Student Protest. The Sixties and After, London/New York 1998.
Claudia Derichs, Japans Neue Linke. Soziale Bewegung und außerparlamentarische Opposition, 1957–1994, Hamburg 1995.
Tilman P. Fichter/Siegward Lönnendonker, Kleine Geschichte des SDS. Der Sozialistische Deutsche Studentenbund von Helmut Schmidt bis Rudi Dutschke, 4. überarb. u. erg. Aufl., Essen 2007.
Carole Fink u. a. (Hg.), 1968: The World Transformed, Washington D. C./Cambridge 1998.
Etienne François u. a. (Hg.), 1968 – ein europäisches Jahr?, Leipzig 1997.
Norbert Frei, 1968. Jugendrevolte und globaler Protest, München 2008.
Bernd Gehrke/Gerd-Rainer Horn (Hg.), 1968 und die Arbeiter. Studien zum »proletarischen Mai« in Europa, Hamburg 2007.
Ingrid Gilcher-Holtey, »Die Phantasie an die Macht«. Mai 68 in Frankreich, Frankfurt am Main 1995.
Dies. (Hg.), 1968 – Vom Ereignis zum Gegenstand der Geschichtswissenschaft, Göttingen 1998.
Dies., Die 68er Bewegung. Deutschland – Westeuropa – USA, München 2001.
Hermann Glaser, Die 60er Jahre. Deutschland zwischen 1960 und 1970, Hamburg 2008.
Jürgen Habermas, Protestbewegung und Hochschulreform, Frankfurt am Main 1969.
Ulrich Herbert (Hg.), Wandlungsprozesse in Westdeutschland. Belastung, Integration, Liberalisierung 1945–1980, Göttingen 2002.
Eric Hobsbawm, Das Zeitalter der Extreme. Weltgeschichte des 20. Jahrhunderts, München 1995.
Christina von Hodenberg/Detlef Siegfried (Hg.), Wo »1968« liegt. Reform und Revolte in der Geschichte der Bundesrepublik, Göttingen 2006.
Ingo Juchler, Die Studentenbewegung in den Vereinigten Staaten und der Bundesrepublik der sechziger Jahre. Eine Untersuchung hinsichtlich ihrer Beeinflussung durch Befreiungsbewegungen und -theorien aus der Dritten Welt, Berlin 1996.

Teil V Die deutsche Arbeiterbewegung und die politische Linke im internationalen Kontext

Michael Kimmel, Studentenbewegungen der 60er Jahre. BRD, Frankreich und USA im Vergleich, Wien 1998.
Christoph Kleßmann, Zwei Staaten, eine Nation. Deutsche Geschichte 1955–1970, Bonn 1988.
Gerd Koenen, Das rote Jahrzehnt. Unsere kleine deutsche Kulturrevolution 1967–1977, Köln 2001.
Wolfgang Kaushaar, Die Protestchronik der Bundesrepublik, 2. Bde., Hamburg 1996.
Ders., 1968. Das Jahr, das alles verändert hat, München/Zürich 1998.
Ders. (Hg.), Frankfurter Schule und Studentenbewegung. Von der Flaschenpost zum Molotowcocktail. 1948 bis 1995, 3 Bde., Hamburg 1999.
Ders., 1968 als Mythos, Chiffre und Zäsur, Hamburg 2000.
Ders. (Hg.), Die RAF und der linke Terrorismus, 2 Bde., Hamburg 2006.
Ders., Achtundsechzig. Eine Bilanz, Berlin 2008.
Jan Kurz, Die Universität auf der Piazza. Entstehung und Zerfall der Studentenbewegung in Italien 1966–1968, Köln 2001.
Gerd Langguth, Die Protestbewegungen in der Bundesrepublik Deutschland 1968–1976, Köln 1976.
Ders., Mythos '68. Die Gewaltphilosophie von Rudi Dutschke – Ursachen und Folgen der Studentenbewegung, München 2001.
Siegward Lönnendonker u. a. (Bearb.), Freie Universität Berlin. Hochschule im Umbruch, 5 Teile, Berlin 1973–83.
Ders. u. a., Die antiautoritäre Revolte. Der Sozialistische Deutsche Studentenbund nach der Trennung von der SPD, Bd. 1: 1960–1967, Wiesbaden 2002.
Robert Lumley, States of Emergency. Cultures of Revolt in Italy from 1968 to 1978, London 1990.
Jürgen Miermeister/Jochen Staadt (Hg.), Provokationen. Die Studenten- und Jugendrevolte in ihren Flugblättern 1965–1971, Darmstadt 1980.
Zdeněk Mlynár, Der tschechoslowakische Versuch einer Reform 1968. Die Analyse seiner Theorie, Köln 1975.
Jaromír Navrátil (Hg.), The Prague Spring 1968. A National Security Archive Documents Reader, Budapest 1998.
Karl A. Otto, Vom Ostermarsch zur APO. Geschichte der außerparlamentarischen Opposition in der Bundesrepublik, Frankfurt am Main/New York 1977.
Ders. (Hg.), Die außerparlamentarische Opposition in Quellen und Dokumenten (1960–1970), Köln 1989.
Keith A. Reader, The May 68 Events in France. Reproduction and Interpretations, Basingstoke u. a. 1993.
Roland Roth/Dieter Rucht (Hg.), Neue soziale Bewegungen in der Bundesrepublik Deutschland, 2. überarb. u. erw. Aufl., Bonn 1991.
Erwin K. Scheuch (Hg.), Die Wiedertäufer der Wohlstandsgesellschaft. Eine kritische Untersuchung der »Neuen Linken« und ihrer Dogmen, Köln 1968.
Axel Schildt u. a. (Hg.), Dynamische Zeiten. Die 60er Jahre in den beiden deutschen Gesellschaften, Hamburg 2000.
Ders./Detlef Siegfried (Hg.), Between Marx and Coca-Cola. Youth Culture in Changing. European Societies, 1960–1980, New York/Oxford 2006.
Michael Schneider, Demokratie in Gefahr? Der Konflikt um die Notstandsgesetze. Sozialdemokratie, Gewerkschaften und intellektueller Protest (1958–1968), Bonn 1986.
Klaus Schönhoven, Wendejahre. Die Sozialdemokratie in der Zeit der Großen Koalition 1966–1969, Bonn 2004.
Venanz Schubert (Hg.), 1968. 30 Jahre danach, St. Ottilien 1999.
Marcia Tolomelli, »Repressiv getrennt« oder »organisch verbündet«. Studenten und Arbeiter 1968 in der Bundesrepublik Deutschland und Italien, Opladen 2001.
Fritz Vilmar, Strategien der Demokratisierung, 2 Bde., Darmstadt 1973.
Friedrich Voss, Die studentische Linke in Japan. Geschichte, Organisation und hochschulpolitischer Kampf, München 1976.

Abkürzungsverzeichnis

ABC-Waffe	Atomare, chemische und biologische Waffe
ADGB	Allgemeiner Deutscher Gewerkschaftsbund
AdsD	Archiv der sozialen Demokratie der Friedrich-Ebert-Stiftung
AFL	American Federation of Labor
AG	Aktiengesellschaft
AOG	Arbeitsordnungsgesetz
APO	Außerparlamentarische Opposition
AUD	Aktionsgemeinschaft Unabhängige Demokraten
AUSS	Arbeitsgemeinschaft Unabhängiger Sozialistischer Schülergruppen
BA	Bundesarchiv
BDV	Bremer Demokratische Volkspartei
BSP	British Socialist Party/Britische Sozialistische Partei
BzG	Bezirksgruppe
CALPO	Comité Allemagne libre pour l'ouest/Partner der Résistance
CDU	Christlich Demokratische Union
CNT	Confederación National de Trabajo/Anarchosyndikalistischer Gewerkschaftsbund Spaniens
ČSSR	Tschechoslowakische Sozialistische Republik
CSU	Christlich Soziale Union
DAF	Deutsche Arbeitsfront
DAG	Deutsche Angestellten Gewerkschaft
DDP	Deutsche Demokratische Partei
DDR	Deutsche Demokratische Republik
DGB	Deutscher Gewerkschaftsbund
DKP	Deutsche Kommunistische Partei
DNVP	Deutschnationale Volkspartei
DRP	Deutsche Reichspartei
DVP	Deutsche Volkspartei
EG	Europäische Gemeinschaft
EKKI	Exekutivkomitee der Kommunistischen Internationale
EWG	Europäische Wirtschaftsgemeinschaft
FDGB	Freier Deutscher Gewerkschaftsbund
FDP	Freie Demokratische Partei
FNL	Front National de Libération
GESTAPO	Geheime Staatspolizei
HQ	Head Quarters
ICD	Information Control Division (Abteilung der OMGUS)
IG	Industriegewerkschaft
IJB	Internationaler Jugend-Bund
IKD	Internationale Kommunisten Deutschlands
ILP	Independent Labour Party/Unabhängige Arbeiterpartei (England)
IML	Institut für Marxismus-Leninismus beim ZK der SED
IML/ZPA	Institut für Marxismus-Leninismus, Zentrales Parteiarchiv beim ZK der SED
ISK	Internationaler Sozialistischer Kampfbund
IWK	Internationale Wissenschaftliche Korrespondenz zur Geschichte der deutschen Arbeiterbewegung
IWW	International Workers of the World/Internationale Arbeiter der Welt (USA)
KGB	Komitee für Staatssicherheit/russischer Geheimdienst
KGF	Kampfgemeinschaft gegen den Faschismus
KI	Kommunistische Internationale
Komintern	Kommunistische Internationale
KP	Kommunistische Partei

KPD	Kommunistische Partei Deutschlands
KPD/ML	Kommunistische Partei Deutschlands/Marxisten-Leninisten
KPdSU	Kommunistische Partei der Sowjetunion
KPF	Kommunistische Partei Frankreichs
KPO	Kommunistische Partei-Opposition (spätere Widerstandsorganisation gegen den Nationalsozialismus 1929-1939)
KPS	Kommunistische Partei Spaniens
KZ	Konzentrationslager
LO	Landesorganisation
LW	Lenin Werke
MEW	Marx-Engels Werke
MR	Militärregierung
NATO	North Atlantic Treaty Organisation/Nordatlantische Verteidigungsorganisation
NEP	Neue Ökonomische Politik
NG	Die Neue Gesellschaft
NKFD	Nationalkomitee Freies Deutschland
NPD	Nationale Partei Deutschland
NS	Nationalsozialismus
NSBO	Nationalsozialistische Betriebszellenorganisation
NSDAP	Nationalsozialistische Deutsche Arbeiterpartei
OECD	Organisation for Economic Cooperation and Development/Organisation für wirtschaftliche Zusammenarbeit
OMG	Office of Military Government
OMGBr	Office of Military Government, Bremen
OMGUS	Office of Military Government, United States
OSS	Office of Strategic Services/Geheimdienst der USA zw. 1942-1945
ÖTV	Gewerkschaft Öffentliche Dienste, Transport und Verkehr
PCI	Partito Communista Italiano/Kommunistische Partei Italiens bis 1990
Pg	Parteigenosse
PH	Pädagogische Hochschule
POUM	Partido Obrero de Unificación Marxista/Arbeiterpartei der Marxistischen Einheit (Spanien)
PPS	Polnische Sozialistische Partei
PSIUP	Sozialistische Partei der proletarischen Einheit (Italien)
PSOE	Partido Socialista Obrero Español/Sozialistische Arbeiterpartei Spaniens
PVS	Politische Vierteljahresschrift
RC	Republikanischer Club
RGO	Revolutionäre Gewerkschafts-Oppositon
RS	Revolutionäre Sozialisten
RSD	Revolutionäre Sozialisten Deutschlands
SA	Sturmabteilung
SAI	Sozialistische Arbeiterinternationale
SAP	Sozialistische Arbeiterpartei (Deutschlands)
SAP	Sveriges Socialdemokratiska Arbetareparti/Schwedische Sozialistische Arbeiterpartei
SBZ	Sowjetische Besatzungszone
SDS	Sozialistischer Deutscher Studentenbund
SDS	Students for a Democratic Society (USA)
SED	Sozialistische Einheitspartei Deutschlands
SEW	Sozialistische Einheitspartei Westberlins
SFIO	Section française de l'Internationale ouvrière/Französische Sektion der Arbeiterinternationale (Französische Sozialistische Partei)
SNCC	Students Nonviolent Coordinating Committee
SOPADE	Sozialdemokratische Partei Deutschlands im Exil
SPD	Sozialdemokratische Partei Deutschlands
SRP	Sozialistische Reichspartei

SS	Schutzstaffel
STAPO	Staatspolizei
UdSSR	Union der Sozialistischen Sowjetrepubliken
UGT	Unión General des Trabajadores/Allgemeine Arbeiter-Union (Spanien)
USA	United States of America/Vereinigte Staaten von Amerika
USAEUR	US Army Europe
USPD	Unabhängige Sozialdemokratische Partei Deutschlands
VfZ	Vierteljahresschrift für Zeitgeschichte
VKPD	Vereinigte Kommunistische Partei Deutschlands
VO	Verordnung
VVN	Vereinigung der Verfolgten des Naziregimes
WVO	Warschauer Vertragsorganisation (Warschauer Pakt)
ZK	Zentralkomitee

Drucknachweis

1 Der Charakter der Novemberrevolution. Die stalinistische Geschichtsschreibung zwischen Dogmatismus und Revisionismus, in: Die Vierte Internationale, hg. v. den Internationalen Kommunisten Deutschlands, 2. Jg. 1971, Heft 1, S. 24-52
2 Deutschland 1918/19 – Revolution und Konterrevolution, in: Peter Brandt (Hg.), 1918/19. Ein Lesebuch, Berlin 1979, S. 5-24
3 Der Platz der Revolution von 1918/19 in der deutschen Geschichte, in: Mannheimer Geschichtsblätter, Neue Folge, Bd. 1, 1994, S. 369-82
4 Der Kapp-Putsch und die Aufstandsbewegung im Ruhrgebiet. Die Ereignisse des Frühjahrs 1920 in ihrem allgemeineren historischen Zusammenhang, in: Hagener Geschichtsverein e. V. (Hg.), »Sie starben, damit wir leben«. Der Kapp-Putsch 1920 und das Märzgefallenendenkmal in Hagen, Hagen 1997 (Hagener Geschichtshefte, H. 3), S. 15-41
5 Einheitsfront und Volksfront in Deutschland, in: Prokla. Zeitschrift für politische Ökonomie und sozialistische Politik, 16. Jg. 1976, Heft 26, S. 35-76
6 Die Kampfgemeinschaft gegen den Faschismus (KGF) in Bremen, in: Peter Brandt u. a. (Hg.), Arbeiterinitiative 1945. Antifaschistische Ausschüsse und Reorganisation der Arbeiterbewegung in Deutschland, Wuppertal 1976, S. 386-414
7 Die antifaschistischen Ausschüsse, in: Ilse Brusis (Hg.), Die Niederlage, die eine Befreiung war. Ein Lesebuch zum 8. Mai 1945, Köln 1985, S. 209-19
8 Antifaschismus in Deutschland – Eine historisch-politische Bestandsaufnahme, in: Peter Brandt/Ulrich Schulze-Marmeling (Hg.), Antifaschismus. Ein Lesebuch. Deutsche Stimmen gegen Nationalsozialismus und Rechtsextremismus von 1922 bis zur Gegenwart, Berlin 1985, S. 8-54
9 Die deutsche Linke, die Arbeiterklasse und die nationalsozialistische »Volksgemeinschaft« in der Kriegs- und frühen Nachkriegszeit, in: Peter Brandt u. a. (Hg.), Sozialismus in Europa – Bilanz und Perspektiven. Festschrift für Willy Brandt, Essen 1989, S. 272-98
10 Betriebsräte, Neuordnungsdiskussionen und betriebliche Mitbestimmung 1945-1948. Das Beispiel Bremen, in: IWK, 20. Jg. 1984, Heft 2, S. 156-202
11 Die Arbeiterbewegung. Deutsche Nachkriegskonzeptionen und ihre Perspektiven unter alliierter Besatzung, in: Journal für Geschichte, Mai/Juni 1985, S. 35-43
12 Demokratischer Sozialismus – Deutsche Einheit – Europäische Friedensordnung. Kurt Schumacher in der deutschen Nachkriegspolitik (1945-1952), in: Dieter Dove (Hg.), Kurt Schumacher und der »Neubau« der deutschen Sozialdemokratie nach 1945: Referate und Podiumsdiskussion eines Kolloquiums des Gesprächskreises Geschichte der Friedrich-Ebert-Stiftung in Bonn am 12./13. Oktober 1995, S. 35-55

13 Stunde Null? Die Hagener Arbeiterbewegung nach 1945. Vortrag anlässlich der Eröffnung der Ausstellung »60 Jahre DGB in Hagen«, (2007, **Erstveröffentlichung**)
14 Von der Nachrüstungsdebatte zur deutschen Einigung (1976-1990), in: Peter Brandt/Dieter Groh, »Vaterlandslose Gesellen«. Sozialdemokratie und Nation 1860-1990, München 1992, S. 309-35
15 Deutschlandpolitische Optionen im linken Spektrum zwischen Grundlagenvertrag und Wende, in: J. Jofmann/D. Nakath (Hg.), Konflikt – Konfrontation – Kooperation. Deutsch-deutsche Beziehungen in 40 Jahren Zweistaatlichkeit, Potsdam 1998, S. 105-18
16 »Vaterlandslose Gesellen? – Die Haltung der deutschen Sozialdemokratie zur nationalen Frage seit der Herausbildung der Partei im 19. Jahrhundert, Vortrag vor der Kurt-Schumacher-Gesellschaft (2001, **Erstveröffentlichung**)
17 Leo Bauer und der Beginn der Kontakte zwischen der SPD und der PCI in den 1960er Jahren, in: Peter Brandt u. a., Karrieren eines Außenseiters. Leo Bauer zwischen Kommunismus und Sozialdemokratie 1912 bis 1972, Berlin/Bonn 1983, S. 266-88
18 Die kommunistische Konzeption der »Volksfront« in der Geschichte der Arbeiterbewegung, in: Sozialistische Politik und Wirtschaft, Bd. 38, 1987, S. 414-23
19 Der Erste Weltkrieg und die europäische Arbeiterbewegung, in: GWU, 47. Jg. 1996, S. 225-38
20 Die Arbeiterbewegung des 19. und 20. Jahrhunderts. Entwicklung – Wirkung – Perspektive, in: Jahrbuch für Forschungen zur Geschichte der Arbeiterbewegung, 1. Jg. 2002, S. 5-20
21 Der Vorhang hält, in: taz, 6./7.07
22 Vom Antikapitalismus zur Krisenpolitik. Die nordeuropäische Arbeiterbewegung in der Zwischenkriegszeit (2008, **Erstveröffentlichung**)
23 »1968« – eine radikale Demokratisierungsbewegung (2008, **Erstveröffentlichung**)

Die Herausgeberin und die Herausgeber

Apl. Prof. Dr. Wolfgang Kruse, Akademischer Oberrat am Lehrgebiet Neuere Deutsche und Europäische Geschichte der FernUniversität in Hagen

Dr. Eva Ochs, Wissenschaftliche Mitarbeiterin am Lehrgebiet Neuere Deutsche und Europäische Geschichte der FernUniversität in Hagen

Apl. Prof. Dr. Arthur Schlegelmilch, Geschäftsführender Direktor des Instituts für Geschichte und Biographie der FernUniversität in Hagen